The쉬운 | 아인슈타인 암기법에 의한

조동훈 **소방관계법규**

한국소방방재연구소 편저

티앤에스
컴퍼니

알립니다! (본서 소수량 인쇄에 대하여~)

- 국내 코로나 사태로 국내 모두가 어려워 이전 출판사가 연락이 되지 않아서 어쩔 수 없이 티엔에스(T&S, 티처&스투던트) 출판사로 변경하게 되었습니다.
- 소방관계법규책을 컬러로 인쇄를 해오다가 흑백 1도 디지털 마스터(전단지 인쇄)로 소수량으로 출간됨에 따라 가격을 일시적 낮추었으나 인쇄가 선명하지 못해 다시 소수량이어서 옵셋(책 인쇄) 공정으로하여 1도지만 예전처럼 가격이 동일하게 되었음을 이해바랍니다.
- 본 교재는 2020년 11월 18일 기준으로 법을 검토하여 인쇄에 들어가며, 출간 전후 법 변경, 오타 등의 주요부분 수정할 사항은 아래 카페주소 좌측 메뉴 18번 "오답 등 정오표 찾기~" (혹은 소사모 메뉴 5번에 5번째 조동훈소방사관)에 넣겠습니다.   고맙습니다!

- 카페명 : 완전정복소방학교 119   • 카페주소 : http://cafe.daum.net/goto119
- 저자메일 : jodh119@hanmail.net   • 인강주소 : jodh.co.kr(=조동훈사관)
- 저자 직통전화 : 051) 503-0106(오후면 더 좋습니다)   - 조동훈 드림-

**WHY?
NOT
THE BEST**

왜? 최선을 다하지 않는가?

누에는 3번을 먹고 자야 **실크**를 만들어 내고,
뱀도 1년을 더 살기 위해 스스로 아픈 **허물**을 벗어야 하며,
매미는 일주일을 살기 위해 7년을 **굼벵이** 과정을 거쳐
살아난다는데...

그 옛날 아주 작은 상처에도 마음 다치고 부질없는 일에도 가슴에는 큰 짐을 부려놓고
무엇 하나 가진 것 무엇 하나 쥔 것 없노라고 허공을 향해 주먹질 발길질 해 대지 않았던가?
거울처럼 닦아도 더 닦아야 하는 것이 수양인줄 모르고... 오던 길만 뒤돌아보고 힘들다 하며
조금만 더 가면 바로 내 앞이 최상의 정상인 줄 모르고 있었으니...
숙명은 못 바꿔도 운명은 바꿀 수 있다고 사람들은 말하는데...
과연 내 자신이 바뀌고 내 인생이 바뀔 수 있겠는가...
정녕! 이제껏 쏟아 부은 그 힘과 그 열정은 그럼 어쩌란 말이냐!

- 어떤 지인이 시험은 포기하지 않으면 패배하지 않는다던데...
또한 시험의 결과는 머리로 하는 것이 아니고 노력보다 앞서 방법이라는데...
그리고 시험공부는 도를 닦듯이 하라 하는데...
허참! 남이 장에 가니까 나도 거름지고 장에 따라간다? 나한테 하는 말이 아닌가?
벗을 만나고 또 사랑하는 사람들을 만나고 언제 내 가슴속의 혁명을 불러일으킬 것인가?
혁명은 하얀 장갑을 끼고 할 수 없지 않는가? 괜찮은 가죽장갑을 끼어야 하지 않는가?

- 수억의 경쟁률로 내 형제 뿌리치고 그 어려운 목숨과 형체를 받아 이 세상에 태어날 땐
창조자가 나를 필요없이 내보내진 않았을 것인데
소방관 영웅이 아니어도 이 세상에 꼭! 할 일이 있기 때문에 내 보냈을 텐데..

머리말

안녕하십니까?

※ 이번 년도 개정된 책은 인쇄일 기준으로 변경된 법령으로 다시 추가 편집 하였습니다.

변경된 법령으로 수십개의 사진과 함께 <u>약 150p 핵심</u>을 The 쉽게 고치고 또 고치고 하였습니다.

※ 책이 있었으나 새책을 사신분은 두 책을 놓고 메모·변경된 문장을 옮겨가며 핵심을 <u>정독</u>해 주십시오.

책의 구성은....

문장 한 줄이지만 가장 함축성 있는 내용의 교재! 가장 적중률 있는 교재로 비록 한 페이지이지만 **폭풍감동! "감동의 기본서"**를 만들기 위한 교재로 혼혈을 다 하였습니다.

과거에 법학(法學)도 전공했던 저는 1999년부터 소방법규책을 출간하면서 대학교재 쪽으로 집필을 아꼈으나 이제 수험서 쪽으로도 **베스트셀러**로서 다가온 점 진심으로 감사하게 생각하고 있습니다.

2005년 ~ 현재까지 기출된 시험의 **약 95% 이상**이 본 저자의 "소방관계법규" 기본서 범위의 이론과 그 내용에서 중복되어 나왔으며 따라서 난도 기출문제까지 포함 "실전 능력 기르기"편에 넣었습니다.

수험서인 이 소방관계법규책이 첫 출간되고 20년 넘어서 수십번 출간하게 되었습니다.

이제 제가 그 성원에 유지하는 길은 실시간 변경되는 소방법을 출간할 때마다 수정하며 더욱 적중률 있는 문장구성으로 핵심이론을 만드는 것과 또한 원문에 밑줄과 고딕체 부분을 정확히 선별하는 것이라 생각하며 새로운 편집, 뉴버젼으로 다시 출간하겠습니다.

우리는 법(法)이라 하면 우선 부드럽지 못하고 난해한 형식의 생각을 하고 있지만 소방인(Fire fighting)으로서는 벗어날 수 없는 필수사항으로서 본서는 그에 대한 불편을 조금이라도 해소하기 위해 다음과 같이 정리하였습니다.

1 법과 시행령, 시행규칙을 "**같은 내용의 조항끼리**" 엄선 조합하여 이해하기 쉽고, 유사조항을 찾는 시간을 줄였으며, 이해가 쉽도록 그림 및 사진을 250여개를 실었습니다.

2 어느 시험이든 자주 출제되는 핵심내용을 각 편수 서두에 **요점을 정리**하여 학습하기 쉽도록 편집(**고딕체와 별표☆표시**)하였으며, 원문에 **완벽한 4대 법령**을 서식을 제외하고 모두 싣도록 하였습니다.

  ※ 다중이용업소의 안전관리에 관한 특별법을 모두(핵심+원문) 싣도록 하였습니다.

3 원문에는 법제처의 4대 법령 원문과 함께 과거에 자주 출제되었던 과년도 소방공무원 임용시험, 과년도 소방공무원 승진시험, 과년도 소방설비(산업)기사를 비롯한 소방관계시험의 **중요도를 법조항 또는 문장의 단어에 밑줄로서 선별**하였습니다.

4 소방공무원 임용 및 승진수험서, 소방설비(산업)기사, 소방시설관리사, 대학교재 등 "**어느 수험서 못지않은 국내 최고의 교재**"로서 최선을 다했습니다.

이제 본서와 함께 효자과목으로 알려져 있는 과목의 "법규만점작전"의 계획으로서 타 과목의 부족한 부분을 부디 조금이라도 채울 수 있었으면 합니다.

저자는 본서를 열심히 썼다고 자부했는데 수시로 발견되는 부족함에 부끄럽기도 합니다.

끝으로 저희 편집 및 교정 도우미 연구원들을 비롯하여 수고해준 제자들, 감사를 드립니다.

▶ **암기** : 암기내용을 무단 복제할 수 없습니다. (※ 인강홈피주소:☞ www.jodh.co.kr)

조 동 훈 올림

소방법규
학습을 위해 지켜야 할 20가지 사항

1. 지금 잠을 자면 꿈을 꾸지만 지금 공부하면 꿈을 이룬다.
2. 내가 헛되이 보낸 오늘은 어제 죽은 이가 갈망하던 내일이다.
3. 성적은 투자한 시간의 절대량에 비례한다. 성공은 결과이지 목적은 아니다.
4. 늦었다고 생각했을 때가 가장 빠른 때이다. Be the miracle! (기적은 일어난다!)
5. 성공이 보이면 지치기 쉽다. 싸워서 이기기는 쉬워도 이긴 것을 지키기는 어렵다.
6. 지금 헛되이 보내는 이 시간이 시험을 코앞에 둔 시점에서 얼마나 절실하게 느껴지겠는가?
7. 오늘 할 일을 내일로 미루지 마라. 공부할 때의 고통은 잠깐이지만 공부 못한 고통은 평생이다.
8. 가장 위대한 일은 남들이 자고 있을 때 이뤄진다. 행복은 성적순이 아닐지 몰라도 성공은 성적순이다.
9. 피할 수 없는 공부의 고통은 즐겨라. 공부는 시간이 부족한 것이 아니라 노력이 부족한 것이다.
10. 오늘 보낸 하루는 내일 다시 돌아오지 않는다. 지금 이 순간에도 적들의 책장은 넘어가고 있다.
11. Aim low, boring Aim high, soaring! (목표를 낮게 잡으면 지루해지고, 목표를 높게 잡으면 솟아오른다!)
12. 불가능이란 노력하지 않는 자의 변명이다. "할 수 없다고 생각하는 것은 하기 싫다고 다짐하는 것"과 같다.
13. 시간은 간다. 오늘 걷지 않으면, 내일 뛰어야 한다. No pains No gains. (고통이 없으면 얻는 것도 없다.)
14. 남보다 더 일찍 더 부지런히 노력해야 성공을 맛볼 수 있다. I will be what I mean. (나는 내 의지대로 될 것이다.)
15. 사람의 일생은 돈과 시간을 쓰는 방법에 의하여 결정된다. 이 두 가지 사용법을 잘못하여서는 결코 성공할 수 없다.
16. 공부가 인생의 전부는 아니다. 그러나 인생의 전부도 아닌 공부 하나도 정복하지 못한다면 과연 무슨 일을 할 수 있겠는가?
17. 지금 흘린 침은 내일 흘릴 눈물이 된다. 개같이 공부해서 정승같이 놀자. 미래에 투자하는 사람은 현실에 충실한 사람이다.
18. 합격이 돈이다. 성공은 아무나 하는 것이 아니다. 철저한 자기 관리와 노력에서 비롯된다. 노력의 대가는 이유 없이 사라지지 않는다.
19. 꿈이 바로 앞에 있는데, 당신은 왜 팔을 뻗지 않는가? 졸지 말고 자라. 눈이 감기는가? 그럼 미래를 향한 눈도 감긴다.
20. 노력을 계속해도 뜻한 대로 되지 않아 실망에 빠졌을 때는 돌을 깨고 다듬는 사람을 생각해 보라. 100번이나 바위를 쪼아도 그 큰 덩어리는 꿈쩍도 하지 않는다. 그러나 101번째 내리쳤을 때 그 바위는 쩍 갈라진다. 101번째 망치질이 그 일을 해낸 것은 아니다.

차례

서두 정리

- ※ 저자가 얘기하는 소방법규 학습법 • 10
- 정리 01 책임별에 의한 분류 • 11
- 정리 02 소방 4분법 벌칙 정리 • 12
- 정리 03 날짜별에 의한 분류(법령별) • 14
- 정리 04 날짜별에 의한 분류(숫자별) • 15
- 정리 05 미만·초과에 의한 분류 • 16
- 정리 06 조동훈 소방학 도해(圖解)개념 학습 정리 • 17
- 정리 07 소방기본법 구성이론 • 20
- 정리 08 명령 등에 의한 분류 • 21

제1편 소방기본법(핵심) 32p

- 01 총 칙 (소방기관, 종합상황실, 박물관, 종합계획) • 1법-22
- 02 소방장비 및 소방용수시설 등 (소방력, 국고보조, 소방업무 응원) • 1법-26
- 03 화재의 예방과 경계 (화재경계지구, 불의 사용, 특수가연물) • 1법-29
- 04 소방활동 등 (교육·훈련, 안전교육사, 소방신호, 긴급통행, 강제처분 등) • 1법-32
- 05 화재의 조사 (화재의 원인과 피해조사, 출입조사, 경찰·보험 협력) • 1법-40
- 06 한국소방안전원 • 1법-43
- 07 벌 칙 (5년3천, 3년1500, 300, 200, 100만 벌금/ 200, 20만 과태료) • 1법-44
- 08 소방기본법 시행령 별표 (보일러~ 불의~, 특수가연물, 과태료부과기준) • 1법-48
- 09 소방기본법 시행규칙 별표 (소방용수표지·설치기준, 소방신호 종류·방법) • 1법-52

제1편 소방기본법(원문) 40p

- 제1장 총 칙 • 1법-58
- 제2장 소방장비 및 소방용수시설 등 • 1법-62
- 제3장 화재의 예방과 경계(警戒) • 1법-65

차례

제4장 소방활동 ·· • ❶법-68
제5장 화재의 조사 ·· • ❶법-77
제6장 구조 및 구급~제7장 의용소방대(삭제됨) ············· • ❶법-78
제7장의2 소방산업의 육성·진흥 및 지원 등 ···················· • ❶법-78
제8장 한국소방안전원 ··· • ❶법-79
제9장 보 칙 ·· • ❶법-81
제10장 벌 칙 ·· • ❶법-85
시행령(p88) ~ 시행규칙(p93) ·· • ❶법-88
❖ **기본형 실전 능력 기르기** ··· • ❶법-98

제2편 화재예방, 소방시설 설치·유지 및 안전관리에 관한 법률(핵심) 25p

※ 소방시설법 구성이론 ·· • ❷법-109
01 총 칙 (용어의 정의) ·· • ❷법-110
02 소방특별조사 등 (소방특별조사 조치명령, 손실보상) ······ • ❷법-112
03 소방시설의 설치유자관리 등 (건축허가등의 동의, 소방시설의 특례, 방염) ··· • ❷법-114
04 소방대상물의 안전관리 (소방안전관리자, 작동·종합의 자체점검) ··· • ❷법-124
05 소방시설관리사 및 소방시설관리업 (과징금) ·············· • ❷법-132
06 소방용품의 품질관리 (소방용품의 형식승인) ·············· • ❷법-134
07 보 칙 (소방안전관리자 실무교육, 청문, 신고포상금의 지급) ··· • ❷법-135
08 벌 칙 (5년5천, 3년3천, 1년1천, 300만 벌금/300만, 200만, 100만 과태료) ··· • ❷법-136
※ 소방용품(소화설비 등) 미리보기 ··································· • ❷법-138
09 화재예방, 소방시설 설차유지 및 안전관리에 관한 법률 시행령(시행령 별표1~9) • ❷법-140
  • 시행령 별표1- P140 / • 시행령 별표3- P142 / • 시행령 별표2- P144
  • 시행령 별표5- P152 / • 시행령 별표4- P156 / • 시행령 별표5의2- P157
  • 시행령 별표6- P158 / • 시행령 별표7- P159 / • 시행령 별표9- P160

제2편 화재예방, 소방시설 설치 · 유지 및 안전관리에 관한 법률(원문) 95p

차례

제1장 총 칙 ··· •2법-164
제2장 소방특별조사 등 ································· •2법-167
제3장 소방시설의 설치 및 유지·관리 등 ········· •2법-173
제4장 소방대상물의 안전관리 ······················· •2법-186
제5장 소방시설관리사 및 소방시설관리업 ······· •2법-203
제6장 소방용품의 품질관리 ·························· •2법-214
제7장 보 칙 ··· •2법-217
제8장 벌 칙 ··· •2법-225
시행령(p228) / 시행규칙(p249) ······················ •2법-250
❖ 기본형 실전 능력 기르기 ·························· •2법-259

제3편 소방시설공사업법(핵심) 25p

※ 소방시설공사업법 구성이론 ························ •3법-273
01 총 칙 (용어의 정의) ··································· •3법-274
02 소방시설업 (시설업등록·운영, 과징금) ········· •3법-275
03 소방시설공사 (착공신고, 완공검사, 하자보수, 감리, 도급, 공시) ········· •3법-280
04 소방기술자 (소방기술경력 인정 등) ············· •3법-289
05 벌 칙 (3년3천, 1년1천, 300만, 100만 벌금/200만 과태료) ········· •3법-292
06 소방시설공사업법 시행령 (소방시설업 등록기준 및 영업범위) ········· •3법-294

제3편 소방시설공사업법(원문) 60p

제1장 총 칙 ··· •3법-302
제2장 소방시설업 ··· •3법-303
제3장 소방시설공사 등 ································· •3법-313
제4장 소방기술자 ··· •3법-332
제5장 소방시설업자협회 ································· •3법-335
제6장 보 칙(p336) / 제7장 벌 칙(p337) ········· •3법-336
시행령(p340) / 시행규칙(p349) ······················ •3법-340
❖ 기본형 실전 능력 기르기 ·························· •3법-362

차례

제4편 위험물안전관리법(핵심) 50p

- ※ 위험물안전관리법 구성이론 · 4법–371
- 01 총 칙 (용어의 정의) · 4법–372
- – 위험물안전관리법 시행령(별표1~3) (유별, 성질, 품명, 지정수량 등) · 4법–374
- 02 위험물시설설치 및 변경 (완공검사, 지위승계·폐지, 과징금) · 4법–382
- 03 위험물시설의 안전관리 (안전관리자, 예방규정, 정기검사, 자체소방대) · 4법–386
- 04 위험물의 운반 (위험물의 운반·운송) · 4법–395
- 05 감독 및 조치명령 (출입·검사 등) · 4법–396
- 06 보 칙 (안전교육, 청문) · 4법–397
- 07 벌 칙 (1년10년, 7년7천~1년1천만 / 1천5백, 1천만 벌금 / 500만 과태료) · 4법–398
- 08 위험물안전관리법 시행규칙 (제조소 / 옥내·옥외탱크·옥내탱크·지하탱크 · 4법–402
  ·간이탱크·이동탱크·옥외·암반탱크저장소 / 주유·판매·이송·일반취급소 순)

제4편 위험물안전관리법(원문) 150p

- 제1장 총 칙 · 4법–422
- 제2장 위험물시설의 설치 및 변경 · 4법–426
- 제3장 위험물시설의 안전관리 · 4법–436
- 제4장 위험물의 운반 등 ~ 제5장 감독 및 조치명령 · 4법–449
- 제6장 보 칙(p454) / 제7장 벌 칙(p457) · 4법–453
- 위험물안전관리법 시행령(별표1) · 4법–459
- 위험물안전관리법 시행규칙(별표1) 요약 · 4법–470
  (1-2 제조소등의 변경허가를 받아야 하는 경우 p472/ 2. 행정처분 p475/ 3. 과징금 p477
  4. 제조소 p478/ 5. 옥내저장소 p487/ 6. 옥외탱크저장소 p493 / 7. 옥내탱크저장소 p505
  8. 지하탱크저장소 p508/ 9. 간이탱크저장소 p513/ 10. 이동탱크저장소(탱크로리) p514
  11. 옥외저장소 p518/ 12. 암반탱크저장소 p520/ 13. 주유취급소 p521/ 14. 판매취급소 p530
  15. 이송취급소 p531/ 16. 일반취급소 p541/ 17. 소화·경보·피난설비의 기준 p549
  18. 위험물의 저장 취급에 관한 기준 p557/ 19. 위험물 운반에 관한 기준 p566 ~)
- ❖ 기본형 실전 능력 기르기 · 4–573

차례

| CONTENTS |

부록 다중이용업소의 안전관리에 관한 특별법(핵심) 7p

다중이용업소의 안전관리에 관한 특별법 핵심요약 · ⑤법 — 582
❖ 기본형 실전 능력 기르기 · ⑤법 — 590

부록 다중이용업소의 안전관리에 관한 특별법(원문) 32p

제1장 총 칙 · ⑤법 — 593
제2장 다중이용업소의 안전관리기본계획 등 · ⑤법 — 596
제3장 허가관청의 통보 등 · ⑤법 — 597
제4장 다중이용업소 안전관리를 위한 기반조성 · ⑤법 — 607
제5장 보 칙 · ⑤법 — 613
제6장 벌 칙 · ⑤법 — 614
다중이용업소의 안전관리에 관한 특별법 시행령(별표1) · ⑤법 — 616
다중이용업소의 안전관리에 관한 특별법 시행규칙(별표1) · ⑤법 — 620

기출문제
· 소방관계법규 테스트(중앙통합 임용시험 2020. 6. 20 시행) · — 628

필자가 얘기하는 소방법규 학습법

1. 먼저 고기를 잡는 낚시꾼은 정보를 잘 파악해야 합니다.

본인이 시험에 응시 할 수 있는 시험에 있어서 과거의 흐름을 지인 혹은 인터넷 카페 등을 통하여 파악하는 과제가 제1의 학습방법입니다.

2. 그 다음은 어떻게 고기를 잡는가입니다.

그 다음 핵심이론을 완파해야 합니다. **핵심이론이 주로 빈출되는 문제**입니다.

그러나 핵심이론만 학습 후 원문을 보지 않는다면 고득점을 올리기가 어렵습니다.

원문은 밑줄 쳐 진 부분으로 학습하며 역시 반복복습을 하지 않으면 자기 것이 되지 않습니다.

법의 구성과 연계되는 흐름을 파악하고 숲을 보면서 나무를 파악하는 복습을 철저히 하여야 합니다.

개념을 잡지 않고 단어와 숫자 등만을 외우면 누구든 곧 잊게 됩니다.

3. 다음은 어떤 방법으로 고기를 잡는가입니다. ☞ 홈피(jodh.co.kr) 및 카페 촬영(무료)

핵심이론은 최소 5회독 이상의 학습과 "반복복습"으로 1주에 1~2번 복습을 해야 합니다.

그리고 그날 계획에 따라 그날 끝나는 시간을 항상 알람을 맞추어 놓고 시작해야합니다.

만일 끝나는 시간의 알람소리를 듣지 못하고 잠을 잤다면, 자다가 종료 알람소리를 들리면 곧 잠을 깨고 그날 학습계획을 미루지 않도록 계획된 학습을 마치고 다시 잠을 자야합니다.

- 구체적인 학습방법은

① 오늘 첫 진도 A를 배우면 9시간 내에 정독과 밑줄 복습에 들어가야 하며

② 2째주 B를 배우면 그 주는 첫 주에 배웠던 A의 30분 정도의 밑줄쳐진 곳의 2회째 복습과 그날 배운 B를 정독복습하며 복습 중에는 A와 B 이론의 다음 주 복습을 위한 타 색상의 밑줄을 또 칩니다. (* 복습 색상: 흑색⋯ 청색⋯ 적색⋯ 형광펜⋯ 작은별 하나둘셋 순서)

③ 3째주는 C를 배우면 이제 A는 10분 정도 밑줄쳐진 속독과 B는 30분 정도의 밑줄 학습을 하며 C는 수 시간의 정독으로... 이렇게 8주까지 단계별로 항상 지난주 밑줄 등 본인의 메모사항을 보면서 반복학습(덮어쓰기 복습)을 함께 할 수 있어야 합니다.

정리1   책임별에 의한 분류(공무원 4명)

책임별	각종 권한
대통령 행정안전부장관	"소방법 시행령"에 필요한 사항들을 정하는 사람 "소방법 시행규칙"에 필요한(제반) 사항들을 정하는 사람
소방청장	• 소방박물관 설립과 운영(기본법 제5조) • 소방안전교육사 시험실시, 자격부여(1법 제17조2) • 한국소방안전원의 인가(1법 제43조) • 화재조사관 시험·소방시설관리사실시(1법 칙 제12조 및 2법 제26조) • 내진설계(2법 제9조의2) 및 소방용품의 형식승인 등(2법 제36조)
소방청장, 소방본부장, 소방서장	• 119종합상황실(기본법 제4조) 및 화재조사전담부서 설치·운영(1법 칙 제12조) • 소방활동 및 소방교육, 훈련실시(1법 제16조 및 제17조) • 화재의 원인 및 피해조사(1법 제29조) • (화재)출입조사(1법 제30조) • 수사기관에 체포된 사람에 대한 조사(1법 제31조) • 소방특별조사(2법 제4조), 소방특별조치명령(2법 제5조)
시·도지사*	• 소방체험관 설립운영(1법 제5조) • 소방용수시설 설치 및 유지관리(1법 제10조) • 소방응원협약(1법 제11조) 및 화재경계지구 지정(1법 제13조) • 각종 손실보상(=소방청장과 함께)(1법 제49조의2) • 각종회사(제조소, 시설업, 관리업 등) 등록·변경·폐지(4법 제6조 외) • 위험물완공검사 및 위험물 예방규정 제출처(4법 제9조, 제17조) • 과태료 부과권자((본·서장 또는 청장과 함께)(1법 56조, 2법 53조)
청·시·본·서장	• 과태료부과권자(2법 제53조) • (위험물)출입·검사(4법 제22조)
청·시·도지사	• 소방업무 계획수립(1법 제6조) 및 소방의 날 제정·운영(1법 제7조) • 각종 손실보상(1법 제49조의2, 2법 제6조) • 관리사·관리업·소방용품 청문실시자(2법 제44조)
시·본·서장	• 과태료부과권자(1법 56조/ 3법 제40조/ 4법 제39조) • (위험물)안전교육 제한자(4법 제28조) • (위험물)청문실시자(4법 제29조)
소방대장, 소방본부장, 소방서장	• 소방활동구역 설정(=소방대장만 해당, 1법 제23조) • 소방활동 종사명령(1법 제24조) • 강제처분(1법 제25조) • 피난명령(1법 제26조) • 위험시설 등에 대한 긴급조치(1법 제27조)
소방본부장 및 소방서장* (각종 작은 권한에 해당)	• 소방용수시설 및 지리조사(월 1회 이상)(1법 규칙 제7조) • 소방업무 응원요청(1법 제11조) 및 화재의 예방조치(1법 제12조) • 화재경계지구 안의 소방특별조사·교육·훈련(1법 영4조) • 화재에 관한 위험경보(1법 제14조) • 20만 원 이하 과태료 부과권자(1법 제57조) • 건축허가등의 동의(2법 제7조) 및 신고포상금지급자(2법 제47조의3) • 소방안전관리자 및 위험물안전관리자 신고대상(2법 제20조, 4법 제15조) • 소방시설공사 착공신고 및 공사감리자 지정신고 등(3법 제13조, 제17조)

정리2 소방4분법 벌칙정리 ➡ (인쇄일기준 법령편집!)

▶ 시험 직전은 혼동되지 않도록 본 정리표로 4대 법령의 벌칙을 함께 학습하도록 한다.

소방기본법	소방시설법(2분법)
- 5년 이하 징역 또는 5천만 원 이하 벌금 1. 소방자동차의 출동을 방해한 사람 2. 사람구출 등 소방활동을 방해한 사람 3. 소방용수, 비상소화장치 효용·사용 방해자 4. 현장에 출동한 소방대의 활동을 방해한 자	- 5년 이하 징역 또는 5천만 원 이하 벌금 1. 소방시설의 기능과 성능에 지장을 초래하는 소방시설 등에 폐쇄·차단 등의 행위를 한 사람 (* 상해: 7년 징역, 7천만 원 /사망: 10년 징역, 1억 원 벌금.)
- 3년 이하 징역, 3천만 원 이하 벌금 1. 제25조 ①항(사람구출, 토지의 제한 또는 강제처분)의 처분을 방해한 사람이나 정당한 사유없이 따르지 아니한 사람	- 3년 이하 징역 또는 3천만 원 이하 벌금 1. 각종 조치명령 위반자 및 이행명령 위반자 2. 소방시설관리업 등록없이(무허가) 영업을 한자 3. 소방용품을 형식승인 등 각종 소방용품 위반자 4. 거짓, 부정한 방법으로 소방용품 전문기관 지정 받은 자
- 300만 원 이하 벌금 1. 제25조 ②③항의 강제처분(긴급할 때의 토지 및 주차·정차된 승용차나 물건의 제거, 이동)을 방해한 사람 등 2. 화재조사시 알게 된 비밀을 누설한 사람	- 1년 이하 징역 또는 1천만 원 이하 벌금 1. 소방특별조사·감독 업무수행 시 관계인의 업무방해나 비밀누설자 2. 관리업(등록증·수첩·증) 대여·이중취업자, 영업정지기간 중 업무한 자 3. 자체점검 미실시, 관리자 등으로 하여금 정기점검 미실시한 사람 4. 소방용품 형식승인의 변경승인, 성능인증의 변경인증을 받지 아니한 자 5. 소방용품(제품검사·성능인증·우수품질 인증)을 허위표시, 위조·변조자
- 200만 원 이하 벌금 1. 화재의 예방조치명령 위반 혹은 방해자 2. 화재조사시 관계공무원 출입조사에 대한 거부·방해·기피한 자 - 100만 원 이하 벌금 1. 화경지구 안의 소방특별조사 거방기 한 자 2. 생활안전활동 방해자 또는 피난명령위반자 3. 사람구출 등, 소방활동을 하지 않은 관계인 4. 가스·전기·유류 등 시설·차단, 조치와 수도개폐장치 사용 방해자	- 300만 원 이하 벌금 1. 소방특별조사를 정당한 사유 없이 거·방·기피한 자 2. 소방안전관리자·안전관리보조자·공동소방안전관리자를 미선임 자 3. 관리업자가 점검기록표를 거짓 작성하거나 해당대상물에 미부착한 자 4. 방염처리업 등록자가 규정에 위반하여 거짓시료를 제출한 사람 5. 불합격된 방염성능검사 물품에 합격표시 하거나 위조·변조 사용자 6. 소방시설 등의 위반된 것의 필요조치를 요구하지 아니한 안전관리자나 위법된 소방시설 조치를 요구한 안전관리자에게 불이익 처우한 관계인 7. 위탁업무 수행 시 업무비밀 누설자나 목적 외 용도로 사용·제공한 자
- 500만 원 이하 과태료 : 화재·구조·구급 허위신고자 - 200만원 이하 과태료 1. 화경지구 소방용수, 소화기구 설치명령 위반자 2. 불의사용, 특수가연물의 저장, 취급기준 위반자 및 소방활동구역 출입위반자 3. 화재조사 명령을 위반하여 보고 또는 자료제출 기피 혹은 허위자료 제출자 4. 소방차 출동에 지장을 준 자 5. 한국소방안전원 유사명칭 사용자	- 300만 원 이하 과태료 1. 화재안전기준 및 방염대상물품 위반자 2. 피난시설 및 방화시설 폐쇄, 훼손, 변경 등 행위자 - 200만 원 이하 과태료 1. 방염대상물품 설치 위반자, 각종신고·업무를 하지 않거나 거짓으로 한 자 2. 소방안전관리 업무 등 성실히 수행하지 않은 관계인·소방안전관리자 등 3. 소방안전관리자 선임신고, 관리업 변경·지위승계신고 위반자 4. 근무·거주자에게 피난유도정보 및 소방훈련·교육을 미실시자 5. 기술력 없는 자체점검, 점검결과를 보고하지 않거나 거짓 보고자 6. 지위승계, 행정처분, 휴·폐업을 관계인에게 알리지 않거나 허위보고자 7. 청사본서장 명령 등 위반하여 보고, 자료제출 하지 않거나 거짓으로 한 자, 또는 정당한 사유없이 공무원의 출입, 조사·검사를 거·방·기한 자
- 100만 원 이하 과태료 1. 전용구역에 차를 주차하거나 전용구역에의 진입을 가로막는 등의 방해 행위를 한 자 - 20만 원 이하 과태료 1. 불의 사용 및 화재로 오인할만한 연막소독 을 미신고로서 소방차출동을 하게 한 자	- 100만 원 이하 과태료 1. 실무 교육을 받지 아니한 소방안전관리자 및 소방안전관리보조자

소방시설공사업법	위험물안전관리법
- 3년 이하 징역, 3천만 원 이하 벌금 1. 소방시설업 등록없이 영업을 한 자	- 1년 이상 징역 10년 이하 징역: 1. 위험물을 유출, 방출, 확산시킨 자(여기서 인체에 상해에 이르면 무기 혹은 3년, 사망이면 무기 또는 5년 이상의 징역)
- 1년 이하 금고, 1천만 원 이하 벌금 1. 영업정지 처분기간 중에 영업을 한 자 2. 화재안전기준 위반한 설계, 시공한 자 3. 공사감리자 미지정자, 거짓감리한 자 4. 감리자 업무 위반 및 위반사항, 감리결과 통보를 거짓으로 보고·제출한 자 5. 도급기준 위반한 자(공사업자 아닌 자에게) 6. 규정 위반하여 제3자에게 하도급한 자 7. 소방기술자 법과 명령위반된 업무수행자	- 7년 이하 금고 또는 7천만 원 이하 벌금: 1. 업무상 과실로 위험물을 유출, 방출, 확산한 자(여기서 사상에 이르면 10년 이하의 징역 또는 금고나 1억 원 이하의 벌금.) - 5년 이하 징역 또는 1억 원 이하 벌금 1. 제조소등의 설치허가를 받지 아니한 자 - 3년 이하 징역 또는 3천만 원 이하 벌금 1. 제조소등이 아닌 장소에서 위험물을 저장·취급 자
- 300만 원 이하 벌금 1. 소방시설 등록증·등록수첩을 대여한 자나 자격수첩·경력수첩을 빌려준 자 2. 공사현장에 감리원 배치하지 아니한 자 3. 소방시설공사의 시정, 보완하도록 한 감리업자의 보완 요구에 따르지 아니한 자 4. 공사감리계약을 해지하거나, 대가 지급을 거부하거나 지연시키거나 불이익 준 자 5. 동시에 둘이상 업체 취업한 소방기술자 6. 검사시 관계인의 업무방해, 비밀 누설자	- 1년 이하 징역 또는 1천만 원 이하 벌금 1. 탱크시험자로 등록하지 아니하고 업무한 자 2. 정기점검을 하지 않거나 점검기록 허위작성자 3. 정기검사를 받지 않거나 자체소방대를 두지 아니하고 허가를 받은 관계인 4. 운반용기 검사 받지 않고 사용, 유통시킨 자 5. 관계공무원의 출입검사에 대한 보고·자료제출하지 않거나 허위 보고·제출한자나 출입·검사 또는 수거를 거부·방해·기피한 자 6. 제조소등에 긴급 사용정지·제한명령을 위반자
- 100만 원 이하 벌금 1. 보고나 자료제출 하지 않거나 거짓한 자 2. 공무원 출입, 검사·조사를 "거·방·기"한 자	- 1천 5백만 원 이하의 벌금 → (요약) 1. 위험물의 저장·취급에 관한 중요기준을 따르지 않는 자 2. 변경허가를 받지 아니하고 제조소등을 변경한 자 3. 완공검사를 받지 아니하고 위험물을 저장·취급한 자 4. 제조소등의 사용정지명령, 업무정지명령, 안전조치 이행명령위반한 자 5. 제조소 위치·구조·설비의 수리·개조·이전의 명령에 따르지 아니한 자 6. 위험물안전관리자 선임 및 대리자를 지정하지 아니하고 허가받은 관계인 7. 탱크안전성능시험 또는 점검업무를 허위, 그 결과 증명서류 허위 교부자 8. 예방규정 제출하지 않거나 변경명령을 따르지 않은 자로 허가를 받은 자 9. 탱크시험자에 대한 감독상 명령에 따르지 아니한 자 10. 무허가장소의 위험물에 대한 조치명령을 따르지 아니한 자 11. 위험물의 저장·취급기준 준수명령 또는 응급조치명령을 위반한 자
- 200만 원 이하 과태료 1. 등록변경·지위승계·착공·공사감리자 지정신고를 하지 않거나 거짓으로 한 자 2. 관계인에게 지위승계, 행정처분, 휴업·폐업을 알리지 않거나 거짓으로 알린 자 3. 하자보수기간동안 관계서류를 미보관자 4. 소방기술자를 공사현장에 미배치자 5. 소방시설의 완공검사를 받지 아니한 6. 3일 내에 하자보수를 아니하거나 하자보수계획을 관계인에게 거짓으로 알린 자 7. 감리 관계서류를 미인수·인계자 8. 감리원 배치통보, 변경통보 등 위반자 9. 방염성능기준 미만으로 방염을 한 자 10. 도급계약 체결시 의무를 미이행자 11. 하도급 통지를 하지 아니 한 자 12. 하도급 계약, 시·본, 서장의 명령을 위반하여 보고 또는 자료제출을 하지 않거나, 각종 서류를 거짓으로 제출하거나 위조, 변조 및 거짓 입찰을 한 자.	- 1천만 원 이하 벌금 1. 위험물 취급에 관한 안전관리와 감독하지 않은 자 2. 안전관리자나 그 대리자가 참여하지 아니한 상태에서 위험물을 취급한 자 3. 변경된 예방규정을 제출하지 아니하고 제조소등 허가를 받은 관계인 4. 위험물의 운반에 관한 중요기준을 따르지 아니한 자 5. 이동탱크저장소의 운송기준을 위반한 위험물운송자 6. 출입·검사시 관계인의 정당한 업무를 방해하거나 비밀을 누설한 공무원 - 500만 원 이하 과태료 1. 위험물의 90일 이내 임시저장 승인을 받지 아니한 자 2. 위험물 운송기준 및 저장·취급·운반의 세부기준을 따르지 아니한 자 3. 품명 등의 변경신고를 기간내에 하지 아니하거나 허위로 한자 4. 지위승계신고를 기간내에 하지 아니하거나 허위로 한 사람 5. 제조소등의 폐지신고, 안전관리자 선임신고를 기간내 하지 아니한 자 6. 점검결과를 기록·보존하지 않거나 등록변경신고를 기간 내에 아니한 자 7. 점검결과 제출 및 사용중지신고, 재개신고를 하지 않거나 허위로 한자

정리3   날짜별에 의한 분류(법령별)

- **소방기본법**
  ① 소방용수 및 지리조사는 월 1회 이상
  ② 함부로 버려둔 위험물 14일간 게시판에 공고, 그 다음 날로부터 7일에 폐기 혹은 매각.
  ③ 화재경계지구 내에서 소방본부장, 소방서장의 소방특별조사·교육·훈련은 연 1회 이상.

- **화재예방, 소방시설설치유지 및 안전관리에 관한 법률**
  ① 건축허가동의여부 회신기간: 5일 (* 단, 특급소방대상물인 경우 10일)
  ② 관계인은 소방안전관리(보조)자를 30일 이내 선임(* 재선임: 30일) 선임한 날부터 14일 이내 신고
  ③ 자체 점검: 종합정밀(작동기능)점검 실시 후 30일 이내 그 결과를 소방본부장, 소방서장에게 제출
  ④ 소방특별조치명령 손실보상: 불복자가 지급, 공탁 통지일부터 30일 이내 재결 신청.(*중요x)

- **소방시설공사업법**
  ① 시·도지사는 소방시설업 등록 신청을 받은 후 15일 이내에 등록증 발급
  ② 감리자 지정변경신고: 본서장은 변경신고 받은 날 2일 이내 신고인에게 통지
  ③ 소방시설업 등록사항 및 감리자 변경신고: 변경일로부터 30일 이내(*중요x)
  ④ 소방시설업 지위승계 신고기간: 지위를 승계한 날부터 30일 이내
  ⑤ 소방시설업 지위승계 처리기간: 신고를 받은 후 10일 이내(*중요x)
  ⑥ 소방시설업에 대한 과징금 부과 기준: 영업정지 1월을 30일로 계산
  ⑦ 도급계약의 해지: 정당한 사유 없이 30일 이상 소방시설공사를 계속하지 않을 때
  ⑧ 소방시설공사 착공신고 후 변경신고기간: 변경일로부터 30일 이내(처리기간 2일 이내)(*중요x)

- **위험물안전관리법**
  ① 제조소등 용도폐지 신고: 14일 이내에 시·도지사에게 신고
  ② 제조소등 지위승계 신고: 30일 이내에 시·도지사에게 신고
  ③ 안전관리자 30일 이내에 재선임하고 14일 이내에 소방본부장, 소방서장에게 신고
  ④ 안전관리자 직무대행기간: 30일 이내
  ⑤ 위험물 임시저장기간: 90일 이내(소방서장 승인 후!)

  ■ 날짜별 핵심 요약
  - 14일: 사람(소방안전관리자, 위험물안전관리자) 및 건물(제조소 폐지)의 신고.
  - 30일: 대리행위, 지위승계신고, 사람(소방·위험물안전관리자 등)의 선임·재선임, 영업해지
    ▶ **암기**: 14사건, 30대 지선영(* 연상 : 30대 지선영이가..)

정리4 날짜별에 의한 분류(숫자별)

- 1일
  - 위험물 배수, 품명, 지정수량 변경신고(4법 6조)
- 3(4·5)일
  - 시설업 등록증 재발급(3법 칙4조)
  - 감리업자의 공사불이행 보고(3법 칙18조)
  - 건축허가등의 동의(2법 칙4조) – 5일 이내
  - 하자보수 처리기간(3법 법15조)
  - 건축허가 서류보완기간(2법 칙4조) – 4일 이내
  - 시설업 변경신고 처리(3법 칙6) – 5일 이내
- 7일
  - 건축허가 등의 동의 취소 통보(2법 칙4조)
  - 감리원 배치, 변경통보(3법 칙17조)
  - 감리결과 통보 및 보고(3법 칙19조)
  - **종합정밀점검 혹은 작동기능 점검후 소방본부장, 소방서장 서류제출(2법 칙19)**
- 10일
  - 건축허가 등의 동의(특급소방안전관리대상물인 경우) 회신기간(2법 칙4조)
  - 시설업 등록증 및 수첩발급 등의 미비서류 보완기간(3법 칙3조)
  - 통보: 10일 이내(1법 영4조) 〈"통보십"→ 단, 인터넷, 게시판 통보는 20일 이내〉
- 14일
  - 사람 및 건물 신고(2법 칙14조, 4법 11조, 15조)
    (※ 15일: 시설업(설계, 공사, 감리) 등록증 및 수첩 첫 발급(3법 칙3조)
- 30일
  - **지위승계 신고**(2법 칙13조, 26조, 3법 칙7조, 4법 10조)
  - **선임, 재선임**(2법 칙14조, 4법 15조)
  - **영업**(소방시설공사업) 중단 시 해지(3법 23조) / **영업정지**: 1개월은 30일 계산(2법 칙 별표3)
  - **대리행위** – 30일 초과하지 못함(4법 15조)
  - **변경신고** ("배, 품, 수" 신고 등 제외: 4법 6조)
  - **불복**(=불만) (과태료 불복, 소방특별조치명령 보상)(4법 39조, 2법 영11조)
  - **과징금** (한 달을 30일로 산정)(2법 칙 별표2)
  - **공고**(소방안전관리자시험 공고 또는 실무교육 통보)(2법 칙34, 36조)
  - 정기점검을 한 결과를 관계인은 30일 이내 시·도지사에게 제출(4법 18조)
    ▶ **암기**: 3o살 지선영 대변불과 공정
- 그 외
  - 시설업 보관서류: 하자보증기간 동안(3법 칙8조)
  - 공사업자 착공신고: 착공 전 까지(3법 칙12조)
  - 공사감리자 지정신고: 착공신고일 까지(3법 칙15조)

정리5   미만·초과에 의한 분류

- **화재예방, 소방시설 설치유지 및 안전관리에 관한 법률**
  - 【영 18조의2】 지방위원회 심의사항 – 연면적 10만㎡ 미만
  - 【영 22조】 2급 소방안전관리 대상물: 100톤 이상 1천톤 미만
  - 【영 별표2】
    - 근린생활시설: 10곳 단위가 모두 미만으로 됨
    - 운동시설: 체육관, 운동장 1천㎡ 미만
    - 비고 – 벽 높이가 천장높이의 1/2 미만: 벽이 없는 구조
  - 【영 별표5】
    - 간이스프링클러 – 요양병원 600㎡ 미만인 시설
      - 정신의료기관, 의료재활시설로 300㎡ 이상 600㎡ 미만 등
    - 단독경보형감지기 – 4곳 모두 미만 단위로 됨 • 누전경보기 – 100A 초과

- **소방시설공사업법**
  - 【칙 16조】 일반공사감리– 5개 이하로서 10만㎡ 이하(APT는 연면적 관계없이 5개 이내)
  - 【영 별표1】
    - 소방시설설계업(일반) – 연면적 3만㎡ 미만 (공장의 경우 1만㎡ 미만)
    - 소방시설공사업(일반) – 연면적 1만㎡ 미만
    - 소방공사감리업(일반) – 연면적 3만㎡ 미만(공장의 경우 1만㎡ 미만)
  - 【영 별표4】
    - 특급: 연면적 3만㎡ 이상 20만㎡ 미만(APT제외), 지하층 포함 16층 이상 40층 미만
    - 중급: 연면적 5천㎡ 이상 3만㎡ 미만, 지하층포함 16층 미만
    - 초급: 연면적 5천㎡ 미만, 지하구.

- **위험물안전관리법**
  - 【법 15조】 위험물 안전관리자 직무대행기간 – 30일을 초과할 수 없다.
  - 【영 별표1】 위험물 표 비고란에서 인화성 액체(인화점)
    - 1석유류: 21℃ 미만
    - 2석유류: 21℃ 이상~ 70℃ 미만
    - 3석유류: 70℃ 이상~ 200℃ 미만
    - 4석유류: 200℃ 이상~ 250℃ 미만
  - 【영 별표8】 지정수량에 따른 자체소방대의 화학차
    - 12만배 미만: 1대
    - 12만배 이상~24만배 미만: 2대
    - 24만배 이상~48만배 미만: 3대
    - 48만배 이상~: 4대
  - 【규칙 별표4】 제조소 안전거리
    - 사용전압 7,000V 초과 35,000V 이하–3m 이상
    - 사용전압 35,000V 초과 시–5m 이상
  - 【규칙 별표5】 옥내저장소 저장창고: 지면에서 처마까지 높이 6m 미만인 단층건축물
  - 【규칙 별표6】 옥외탱크저장소 방유제의 탱크옆판으로부터 유지거리
    - 지름 15m 미만: 탱크 높이의 1/3 이상
    - 지름 15m 이상: 탱크 높이의 1/2 이상
  - 【규칙 별표7】 옥내탱크저장소– 통기관의 선단: 인화점 40℃ 미만시 1.5m 이상 이격할 것
  - 【규칙 별표11】 옥외저장소 선반: 6m를 초과하지 말 것.
  - 【규칙 별표13】 주유취급소의 사무소, 점포, 전시장 등: 면적의 합 1천㎡를 초과할 수 없다.

정리6 조동훈소방학 도해(圖解)개념 학습정리

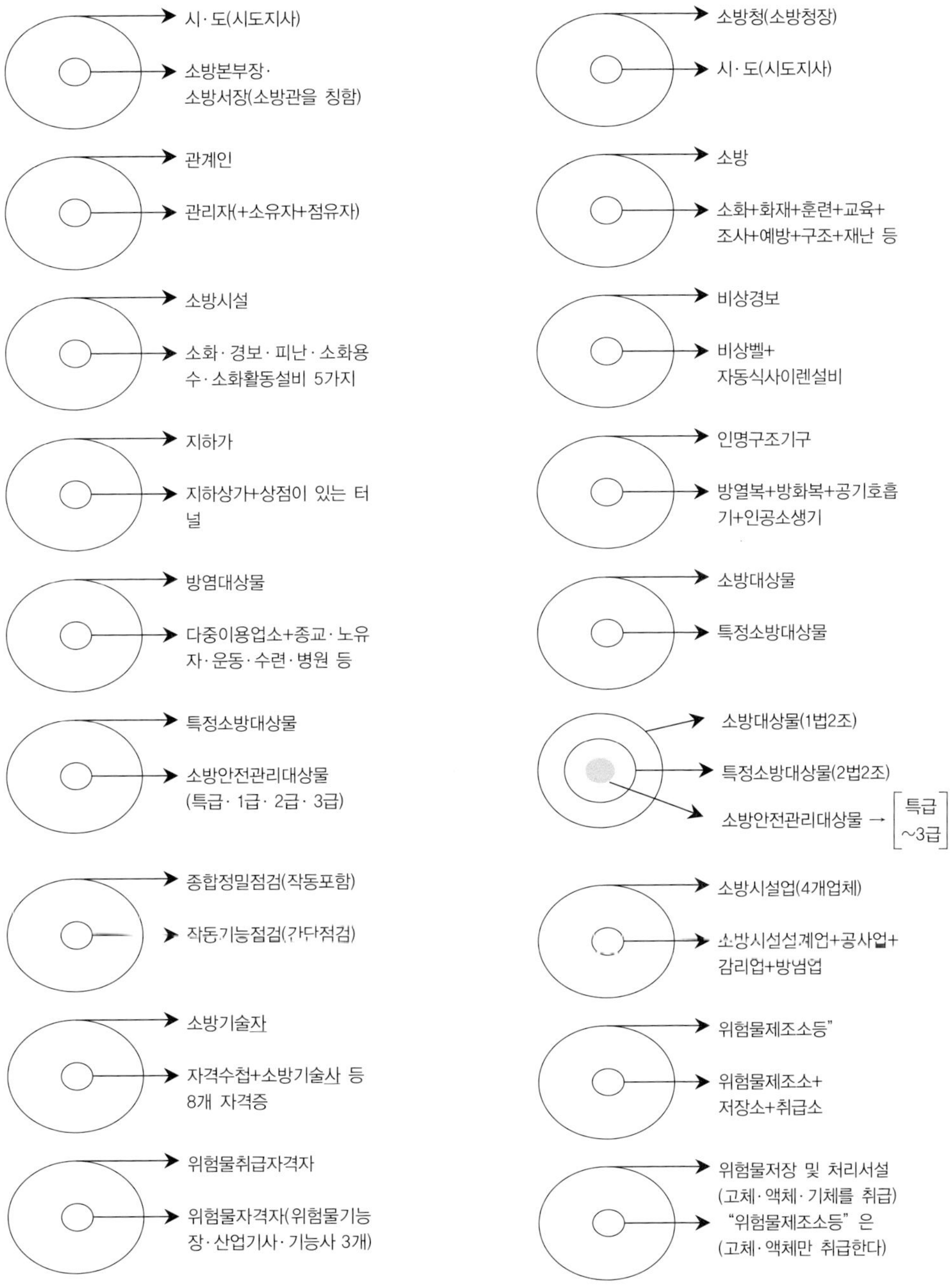

- 시·도(시도지사) ⊃ 소방본부장·소방서장(소방관을 칭함)
- 관계인 ⊃ 관리자(+소유자+점유자)
- 소방시설 ⊃ 소화·경보·피난·소화용수·소화활동설비 5가지
- 지하가 ⊃ 지하상가+상점이 있는 터널
- 방염대상물 ⊃ 다중이용업소+종교·노유자·운동·수련·병원 등
- 특정소방대상물 ⊃ 소방안전관리대상물(특급·1급·2급·3급)
- 종합정밀점검(작동포함) ⊃ 작동기능점검(간단점검)
- 소방기술자 ⊃ 자격수첩+소방기술사 등 8개 자격증
- 위험물취급자격자 ⊃ 위험물자격자(위험물기능장·산업기사·기능사 3개)

- 소방청(소방청장) ⊃ 시·도(시도지사)
- 소방 ⊃ 소화+화재+훈련+교육+조사+예방+구조+재난 등
- 비상경보 ⊃ 비상벨+자동식사이렌설비
- 인명구조기구 ⊃ 방열복+방화복+공기호흡기+인공소생기
- 소방대상물 ⊃ 특정소방대상물
- 소방대상물(1법2조) ⊃ 특정소방대상물(2법2조) ⊃ 소방안전관리대상물 → [특급~3급]
- 소방시설업(4개업체) ⊃ 소방시설설계업+공사업+감리업+방염업
- 위험물제조소등" ⊃ 위험물제조소+저장소+취급소
- 위험물저장 및 처리시설 (고체·액체·기체를 취급) "위험물제조소등"은 (고체·액체만 취급한다)

☞ 본서의 개정된 법령 날짜

1편 소방기본법 : 2020년 10월 20일까지 개정으로 수정함.
2편 화재예방, 소방시설~법률은 2020년 9월 15일까지 수정됨.
3편 소방시설공사업법은 2020년 9월 8일까지 법 개정으로 수정됨.
4편 위험물안전관리법은 2020년 10월 20일까지 법령에 의하여 수정됨.
5편 다중이용업소의~법은 2020년 6월 9일까지 개정 법령에 의하여 수정됨.

- 시험은 패배하는 것이 지는 것이 아니고
  포기하는 것이 지는 것이다. 당신은 특별합니다.

제 1 편

01편 소방기본법 31p

소방기본법(핵심) 32p

소방기본법 구성이론

■ 법의 단계 개념

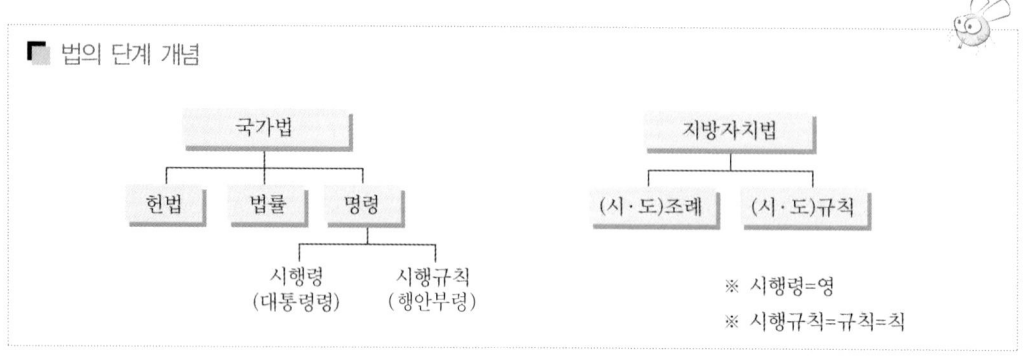

■ 직위 단계 개념

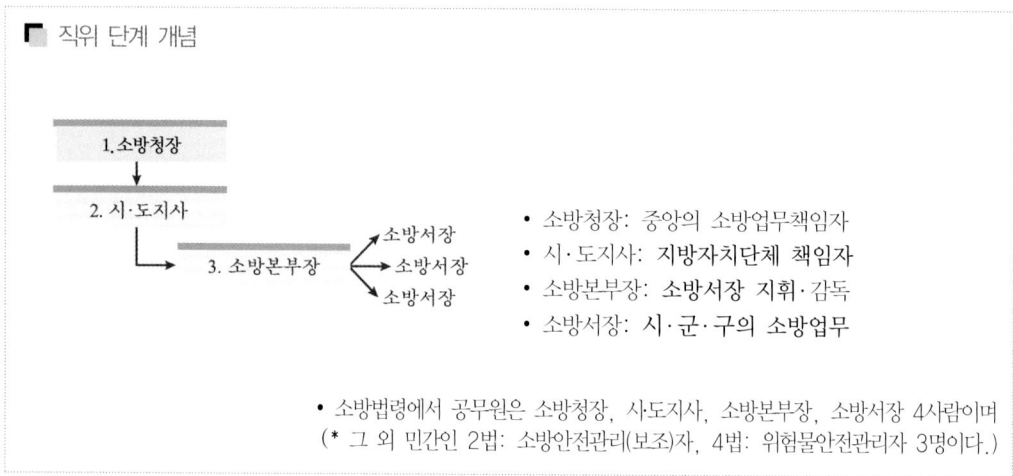

- 소방청장: 중앙의 소방업무책임자
- 시·도지사: 지방자치단체 책임자
- 소방본부장: 소방서장 지휘·감독
- 소방서장: 시·군·구의 소방업무

- 소방법령에서 공무원은 소방청장, 시도지사, 소방본부장, 소방서장 4사람이며
 (* 그 외 민간인 2법: 소방안전관리(보조)자, 4법: 위험물안전관리자 3명이다.)

소방기본법 업무 책임 개념

① 소방청장 → 중앙업무의 책임자, 박물관 설치·운영, 소방용품 형식승인 등.
 중앙 시험실시(예 소방안전교육사, 소방시설관리사, 화재조사관, 소방안전관리자, 위험물안전관리자)
② 시·도지사 → 관할구역의 소방업무 책임자로서 소방용수설치, / 소방체험관 설립·운영, / 소방업체의 등록, 변경·폐지신고 등, / 화재경계지구 지정(연1회↑ 본·서장이 특별조사·교육·훈련을 함)
③ 소방본부장, 소방서장 → 작은 업무 [예 화재의 예방조치, 소방용수 또는 지리조사 등]
※ 소방청장, 소방본부장, 소방서장 → 3사람이 함께하는 일은 중요한 업무에 해당할 때 등이다.
 (예 일반적인 조사, 교육, 훈련 등) 또한 119종합상황실, 화재조사전담부서 설치·운영 등.
- 이 법은 4사람의 공무원이 하는 업무와 소방의 가장 기본적인 내용을 소개하는 법이다.

명령 등에 의한 분류

- **대통령령** -- (큰 범위의 것, 중요사항, 국가에서 관장하는 일 등)
  ① 소방기관의 설치에 관하여 필요한(제반) 사항(기본법 제3조)
  ② 국고보조대상 사업의 범위와 기준보조율(기본법 제9조 관련 영제2조)
  ③ 과태료의 부과기준(1~4법 모든 과태료는 시행령에 기재됨 / 과징금은 시행규칙에)
  ④ 불의 사용에 있어서 지켜야 할 사항 및 특수가연물의 저장·취급의 기준(기본법 제15조)
  ⑤ 특정소방대상물의 분류 및 설치에 관한 제반사항(2분법 제2조 관련 영 별표2, 영별표5)
  ⑥ 소방특별조사 관련사항(세부항목+위원회 구성·운영+방법·절차 등) (2법4조+4조3+5조)
  ⑦ 소방안전교육사(기본법 17조의2) 및 소방시설관리사 시험실시에 필요한 사항(2법 제26조)
  ⑧ 성능위주설계를 할 수 있는 자의 자격·기술인력 및 설계범위 등 필요한 사항(2법 9조의3)
  ⑨ 위험물 및 위험물의 지정수량, 저장소·취급소(4분법 제2조)

- **행정안전부령** -- (작은 범위, 덜 중요한 것, 국가+가격 등의 주로 구체적·협의적 사항 등)
  ① 119종합상황실 또는 박물관 설치·운영에 관하여 필요한 사항(기본법 제4조 및 5조)
  ② 소방력에 관한 기준(기본법 제8조) 및 소방활동장비~ 종류와 기준가격(기본법 칙 제5조)
  ③ 소방신호의 종류와 방법(기본법 제18조, 칙 제10조) 및 과태료의 징수절차(기본법 칙 제15조)
  ④ 자체점검(2분법 제25조), 위험물운반기준(중요·세부기준)(4법 제5조, 20조)
  ⑤ 과징금의 부과기준(2~4법 모든 과징금은 시행규칙에 기재됨/ 1법은 업체가 없으니 빠짐)

- **시·도 조례** -- (국회의원 의결의 국가법이 아닌, 지방자치단체의 시·도의원에 의해 의결되는 시·도법규)
  ① 소방체험관 설립·운영에 관하여 필요한 사항(기본법 제5조)
  ② 불의 사용설비의 세부관리기준(보일러 등 8가지 외)(기본법 영 제5조)
  ③ 주택용 소방시설의 설치기준 및 자율적인 안전관리 사항(소방2분법 제8조)
  ④ 신고포상금의 지급대상·기준·절차 등에 필요한 사항(소방2분법 제47의3조)
  ⑤ 지정수량 미만인 위험물의 저장·취급(4분법 제4조)
  ⑥ 지정수량 이상이지만 제조소등이 아닌 장소에서 그 위험물을 90일 이내 임시로 저장·취급기준 및 군부대가 군사목적의 저장·취급과 위치·구조·설비의 기준(4분법 제5조) ▶ 체불주신 미군90

  ■ 명령 등에 의한 분류 핵심
  - 대통령령: 소방특별조사, 소방기관, 특정소방대상물, 위험물.
    ▶ 조기 특정 위험물 (* 대통령과 조기에 특정 위험물을 보다)
  - 행정안전부령: 위험물의 중요·세부기준, 소방력, 소방신호, 과징금 등
    ▶ 행안부의 중요 역신과 (* 행안부에 중요한 역신과)
  - 시·도 조례: 지정수량 미만의 위험물, 체험관 설립·운영, 90일 이내 임시저장(위험물).
    ▶ 시·도 지체임 (* 시도가 지체하여 90일임)

제1편 소방기본법(주내용)

▶ 2020년 11월 10일까지 개정된 4대 법령에 의하여 시험의 핵심요점을 모두 수록하였습니다.
조금 더 구체적인 소방법령을 보고자 할 때는 원문의 이론에서 상세 내용을 볼 수 있습니다.

 총 칙 (* 제정 2003. 5. 29)

【법 제1조】 소방기본법의 목적*

이 법은 화재를 예방·경계하거나 진압하고, ① 화재, 재난·재해* 그 밖의 위급한 상황에서의 구조·구급활동 등을 통하여 ② 국민의 생명·신체 및 재산을 보호함으로써 ③ 공공의 안녕 및 질서 유지와 복리증진에 이바지함을 목적으로 한다. (*89자)
(*^^ 소방기본법의 궁극적인 최종목적은 공공의 안녕 및 질서 유지와 복리증진에 이바지함이다.)
▶ 예경진 국생공복 (* 예경진이는 생국을 공복에 먹고 기본법의 목적을 생각)

【법 제2조】 용어의 정의***

이 법에서 사용하는 용어의 뜻은 아래와 같다.

1. 소방대상물
   선박건조구조물*, 산림·선박*, 건축물·인공구조물·차량*·물건을 말한다.
   ▶ 선산 선건 인물차 (* 선산에 선건이가 인물차로 소방대상물을 관리)
   * 소방대상물 오답: 항해 중인 선박, 나는 비행기, 인축,* 지하매설물, 철도, 관계지역
   (*^^ 해설: 소방대상물은 화재 시 소방대원이 책임지고 소화가 가능한 모든 물건으로 생각한다.)

2. 관계지역
   소방대상물이 있는 장소 및 그 이웃 지역으로서 화재의 예방·경계·진압, 구조·구급 등의 활동에 필요한 지역을 말한다. ▶ 오답: 특정소방대상물
   (*^^ 해설: 불이 날 수 있는 지역과 연기, 불꽃, 열, 연소가스가 주위로 확대될 수 있는 지역)

---

* 재해: 재난으로 입은 피해   * 선박: 항구에 매어둔.(기선, 범선, 부선) 선박
* 선박건조구조물: 부두에 선박이 정박하는 곳.   * 인축: 사람과 가축
* 차량: 지하철도차량, 삭도(케이블카), 달리는 차량 포함.

3. 관계인: 소방대상물의 소유자*, 관리자*, 점유자*를 말한다.
   ▶ 소관점 * 오답: 신고자, 종업원, 승객, 수험생
   (*^^ 해설: 관계인은 소방대상물인 건축물 등의 직접적인 관계인만을 생각한다.)
4. 소방본부장: 시·도*에서 화재의 예방·경계·진압·조사 및 구조·구급 등의 업무를 담당하는 부서의 장을 말한다. ▶오답: 본부에서, 기관의 장
5. 소방대: 화재를 진압하고 화재, 재난, 재해 그 밖의 위급한 상황에서의 구조·구급활동 등을 하기 위한 조직체를 말한다.
   ① 소방대원: 소방공무원·의무소방원*·의용소방대원으로 구성됨.
      ▶ 공무용(* 공무용으로 소방대를 구성 설치한다) 오답: 자체·자위소방대
   (*^^ 소방대는 현장에서 화재를 즉시 진압해야 하니 예방·경계라는 단어가 들어가지 않는다.)
6. 소방대장*: 소방본부장 또는 소방서장 등 화재·재난·재해 그 밖의 위급한 상황이 발생한 현장에서 소방대를 지휘하는 사람. ▶오답: 자체·의무·의용소방대장
   (*^^ 소방대장은 계급이 아니며 현장을 지휘하는 책임자로서 소방공무원 중에서만 가능하다.)

【법 제3조】 소방기관의 설치 등*

관할구역 안에서 소방업무를 수행하는 소방본부장, 소방서장은 그 소재지를 관할하는 시·도지사의 지휘·감독을 받는다. (* 소방청장은 필요한 경우 소방본부장, 소방서장을 지휘·감독할 수 있다.)
1. 소방본부장, 소방서장: 시·도지사의 지휘·감독을 받는다.
2. 소방기관의 설치에 관하여 필요한 사항: 대통령령으로 한다.

   ➡ 직위단계: 대통령>행안부장관>소방청장>시·도지사>본부장>서장

【법 제4조】 119종합상황실의 설치와 운영

소방청장·소방본부장·소방서장은 화재, 재난·재해, 구조·구급 등 신속한 소방활동을 위한 정보를 수집·분석과 판단·전파 등을 위하여 119종합상황실을 설치·운영한다.
1. 설치·운영: 소방청과 소방본부 및 소방서에 설치·운영한다.
2. 필요한 사항: 행정안전부령
   (*^^ 구체적인 제반사항은 다음 페이지의 행안부령인 시행규칙으로 정한다는 뜻)

---

* 소유자: 사용·임대·파괴할 수 있는 물건의 임자를 말한다. (예 건물의 주인, 버스의 차주)
* 관리자: 재산에 대해서는 처분권이 없고 오직 관리만 하는 사람(예 건물의 경비, 버스의 안내원)
* 점유자: 자기를 위한 의사로서 유체물을 소지하는 권리를 가진 사람 (예 건물의 전세권자, 버스기사)
* 의무소방원: 18세 이상의 국가에서 선발·시험에 합격된 군인으로 소방업무를 보조하는 사람을 말한다.
* 시·도: 특별시(1), 광역시(6개), 특별자치시(세종시), 도(9개), 특별자치도(제주시) 총 17곳을 말한다.
* 소방대장: 소방본부장, 소방서장 등으로서 정해진 계급없이 화재 등의 현장에서 잠정적으로 지휘하는 자.
* 행안부장관(=행장관): 행정안전부장관. * 청장: 소방청장 * 본부장: 소방본부장 * 서장: 소방서장의 약칭

【시행규칙 제2조 및 3조】 종합상황실의 설치·운영 및 종합상황실 실장의 업무 등***
  소방청장이 정하는 유·무선통신을 갖추고 24시간 운영하여야 한다.
  1. 보고사항(즉시):
  종합상황실장은 서면·모사전송*·컴퓨터통신 등으로 소방서 ⋯▶ 소방본부 ⋯▶ 소방청 종합상황실에
  다음 상황을 지체 없이 각각 보고하여야 한다.
  ① 사망 5인 이상, 사상자*10인 이상, 재산피해액 50억 이상의 화재
  ② 이재민 100인 이상, 11층 이상 건축물*
  ③ 지정수량* 3천 배 이상의 위험물제조소등(제조소·저장소·취급소)
  ④ 연면적*15,000㎡ 이상인 공장 또는 화재경계지구의 화재
  ⑤ 5층 이상이거나 30실 이상인 숙박시설·종합병원*·정신병원·한방병원·요양소
  ⑥ 다중이용업소 및 관광호텔, 관공서, 학교, 정부미 도정공장, 문화재
  ⑦ 지하철, 지하구,* 지하상가,* 시장, 백화점, 가스 및 화약류 폭발화재
  ⑧ 철도차량, 정박된 1천톤 이상의 선박, 항공기, 발전·변전소에서 발생한 화재
  ⑨ 언론에 보도된 재난상황 및 통제단장 현장지휘가 필요한 재난상황
  ⑩ 그 밖에 소방청장이 정하는 재난상황 (*^^ 즉시 보고사항 숫자 10개에 유의!..)

【법 제5조】 소방박물관 등의 설립과 운영*

소방의 역사와 안전문화를 발전시키고 국민의 안전의식을 높이기 위해 설립·운영한다.
1. 소방박물관 설립·운영: 소방청장
2. 소방체험관 설립·운영: 시·도지사 ▶ 청박시체
3. 소방체험관 설립·운영에 필요한 사항은 시·도의 조례*로 정한다.
   (*^^ 체험관 기능: 체험교육 제공, 프로그램 개발, 인력 양성, 유관기관과 협력, 홍보·전시 등.)

- 박물관은 전시, 체험관은 체험의 개념으로 생각한다.
- 행안부령(칙4조)에서 박물관에는 관장 1명, 부관장 1명, 위원 7명 이내를 두되(총9명),
  관광업무·조직·운영위원회의 구성 등 필요사항은 소방청장이 정한다.
- 그러나 소방체험관에는 소방체험관장을 두고 혹은 두지 않고 등의 필요한(제반) 사항은
  시·도의 조례 즉, 시·도법으로 정한다는 뜻임.
  (*^^ 체험관은 관장 1명 외 생활·자연재난·교통·보건안전분야 외 사회기반·범죄안전체험실 6개
   각 바닥면적은 100㎡↑단, 소방안전 체험실은 900㎡↑ / 서류는 3년간 보관한다.)

---

* 사상자: 사망+부상자 (* 부상: 중상+경상)   * 모사전송: 팩시밀리, fax   * 행안부령: 행전안전부령
* 11층 이상 건축물: 고층건축물(지하층을 제외한 11층 이상 건축물), 즉, 31m 높이를 말한다.
* 연면적: 한 건물에서 한층의 가로X세로인 바닥면적의 연속된 합산(= 그 건물 내 각층의 모든 바닥면적)
* 지정수량: 법령에 정하여 저축을 받는 최소의 수치   * 종합병원: 병실이 100개 이상(* 병원·의원은 아님)
* 지하구: 너비 1.8m, 높이 2m, 길이 50m 이상(전력·통신사업용은 500m 이상)   * 지하가: 지하상가+상점있는 터널

【법 제6조】 소방업무에 대한 종합계획의 수립·시행 등

소방청장은 소방업무에 관한 종합계획을 5년마다 수립·시행 한다.
시·도지사는 종합계획의 세부계획을 매년 수립하고 소방업무를 성실히 수행한다.
소방업무에 관한 종합계획에는 다음의 상황이 포함되어야 한다.

① 소방서비스의 질 향상을 위한 정책의 기본방향
② 소방업무에 필요한 장비의 구비
③ 소방전문인력 양성, 소방업무에 필요한 기반조성
④ 소방업무에 필요한 체계의 구축, 소방기술의 연구·개발 및 보급
⑤ 소방업무의 교육 및 홍보(소방자동차 우선통행에 관한 홍보 포함)
⑥ 그 밖에 소방업무의 효율적 수행을 위하여 대통령령으로 정하는 사항 계획·수립·시행.

→ 소방
→ 소화+훈련+교육
　 +조사+방염 등

- 소방청장은 소방업무에 관한 종합계획을 5년마다 수립·시행 한다.
- 시·도지사는 종합계획의 세부계획을 매년 수립하고 소방업무를 성실히 수행한다.
- 종합계획과 세부계획의 수립·시행에 필요한 사항은 대통령령으로 정한다. ▶ 세종대
  ▶ 서장인기 연구홍보(* 서장이 인기를 얻기 위해 연구·교육·홍보를 효율적으로 수행했다)

> 【시행령 1조의2】 소방업무에 관한 종합계획 및 세부계획의 수립 시행
> 법 제6조⑥항에서 대통령령으로 정하는 사항이란:
> ㉠ 재난재해 환경 변화에 따른 소방업무에 필요한 대응 체계 마련
> ㉡ 장애인, 노인, 임산부, 영유아, 어린이 등 이동이 어려운 사람의 소방활동에 필요한 조치.
>   (* 소방청장은 전년도 10/31까지 수립. / 시·도지사→ 소방청장, 전년 12/31까지 제출)

【법 제7조】 소방의 날 제정과 운영 (* 제1조~7조까지를 총칙이라 한다.)

국민의 안전의식과 화재에 대한 경각심을 높이고 안전문화의 정착을 위하여 기념행사를 한다.
행사에 필요한 사항은 (소방청장) 또는 (시·도지사)가 따로 시행할 수 있다.
1. 소방의 날: 11월 9일을 소방의 날로 정하여 기념행사를 한다.

- [법 제5조] 본문과, 비교해서 "국민" 뒤에는 항상 "안전의식" 이라는 단어가 붙는다.
- [법 제5조]~[제7조]는 소방청장과 시·도지사가 각각 행할 수 있는 조항이다.)
  (*^^ 기본법 제1조, 5, 7, 40조 및 2법 영 제17조 등은 괄호문제로 출제될 수 있다.)

- 소방의 날은 겨울철 11월 9일이다. 1월 19일과 혼동할 수가 있는데
  겨울이 오기 전, 즉 연인들 초콜릿을 주고받는 "빼빼로데이 이틀 전"이다.
  그 날은 정부를 비롯, 소방인들의 봉사를 알리는 각종 행사가 열리고 있다.

02 소방장비 및 소방용수시설 등

【법 제8조】 소방력의 기준 등

시·도지사는 소방력을 확충하기 위하여 인원과 장비(소방력)의 계획을 수립하고,
소방기관이 소방업무를 수행하는데 필요한 소방력에 관한 기준은 행정안전부령으로 정한다.
소방자동차 등 소방장비 분류·표준화 등에 필요사항은 따로 법률(소방장비관리법)에서 정한다.
1. 소방력 계획수립자: 시·도지사 가 수립한다.

【법 제9조】 소방장비 등의 국고 보조

1. 보조: 국가는 소방장비 구입 등 시·도 업무에 필요한 경비의 일부를 보조한다.
2. 국고보조 대상사업의 범위와 기준보조율: 대통령령 (즉, 종류와 보조율을 말함.)

> 【시행령 제2조】 국고보조 대상사업의 범위와 기준보조율
> ① 국고보조 대상사업의 범위(종류)는 다음과 같다.
>   ㉠ 소방자동차, 소방헬리콥터, 소방정*, 소방전용통신설비, 전산설비, 방화복 및 소방장비.
>   ▶ 전통정장 헬자방청(* 전대통령 정장입고 헬기타고 국고보조대상을 자신이 방청)
>   ㉡ 소방관서용 청사 의 건축   *오답: 소방복,* 소방관인건비, 소방용수시설
> ② 국고보조 대상사업의 기준보조율은 "보조금관리에 관한법률 시행령"에서 정한다.
> ③ 소방활동장비 및 설비의 종류와 규격: 행정안전부령
>
> 【시행규칙 제5조】 소방활동장비 및 설비의 규격 및 종류와 기준가격
> ① 국내조달품: 정부고시가격
> ② 수입물품: 조달청에서 조사한 해외시장의 시가   ▶ 국정수조
> ③ 시가가 없는 물품: 2 이상의 공신력 있는 물가조사기관에서 조사한 가격의 평균가격

【방화복】

- **대통령령(시행령) 및 행정안전부령(시행칙) 해설**
- **대통령령**: 국고보조 대상사업의 범위와 기준보조율 ▶ 국사와 기보
  ※ 우리나라는 소방장비 구입 등 경비의 일부를 보조하기로 하며 국고보조대상의 종류와 기준 보조율
  (예 119장비 50%)은 국회 법률(법 9조)에서 대통령령(시행령 2조)으로 넘긴다는 뜻이다.
- **행안부령**: 소방활동장비·설비 규격·종류와 기준가격 (= 규격은 시행규칙 별표1에 명시됨)
  ※ 일부 보조가격 등 협의적인 사항은 행안부령으로 넘긴다는 뜻임. ※자동차보험도 국가에서 보조함.

---

*소방정: 화재진압 소방선박을 말함.   *소방관서용 청사: 소방서 등.   *소방복: 소방의(소방옷)

【법 제10조】 소방용수시설의 설치 및 관리

시·도지사는 소화전·급수탑·저수조를 설치하고 유지·관리한다.
1. 소방용수 설치·유지·관리자: 시·도지사
2. 소방용수시설: 소화전, 급수탑, 저수조를 말한다. ▶ 소급저
   (*^^ 수도소화전은 그 설치자인 일반수도사업자가 유지·관리한다.)

【소화전, 급수탑, 저수조】

> 【시행규칙 제7조】 소방용수시설 및 지리조사
> 소방본부장 또는 소방서장은 원활한 소방활동을 위하여 조사를 실시한다.
> ① 조사 횟수: 소방본부장, 소방서장이 월 1회 이상
> ② 지리조사 대상: 도로의 폭, 교통상황, 도로주변 토지의 고저, 건축물의 개황
>   ▶ 도교토건 (* 지리조사는 동경 도교토건에서 한다)
> ③ 조사 보관: 조사 결과를 2년간 보관한다.

(* 정당한 사유 없이 소방용수시설 또는 비상소화장치를 사용하거나, 효용을 해하거나 그 정당한 사용을 방해한 자는 소방기본법에서 제일 큰 벌칙인 5년 이하의 징역 또는 5천만 원 이하의 벌금에 처한다.)

 소방용수 등 이야기

- 소방용수는 시·도지사가 설치한다. 그 설치에 있어서 수도소화전은 일반수도사업자가 하는 이유는 수도는 본디 주민을 위한 공급이며 화재 시 소방에서 잠깐 가까이 연결해서 빌려 쓸 수 있는 것이다. 소방용수 및 지리조사 등은 월 1회 이상 본·서장(소방관 지칭)이 관할구역 예방차원에서 한다. "조사" 하면 주로 청·본·서장이 책임자이지만 본 조사는 관할구역(자기 동네) 조사이기 때문에 소방청장이 속하지 않는다. / • 소방법규 년수는 주로 2년을 기준으로 법령 등을 정하고 있다.

> ■ 소방 헬기
> 시·도에서 소방 헬리콥터를 구입 시 [소방기본법 제9조]에 의해 정부로부터 국고보조를 받을 수 있다. 헬리콥터는 인명구조 및 긴급환자 이송, 화재진압, 공중수송 및 피난유도, 공중지휘, 통제 및 소방력 운반과 공중방역 및 방제지원 그 밖의 시정 임무지원 등을 운영하고 있으며 항공기 조종시간은 1일 8시간 이내로 규정하고 있다.
> 우리나라는 현재 15개의 항공대와 27개의 소방 헬기를 보유하고 있다.

---

* 소화전(消火栓): 소화호스를 장치하기 위하여 상수도의 급수관에 설치하는 시설.(즉, 물을 빼내기 위한 시설)
* 급수탑(給水塔): 소방 물탱크차가 화재현장으로 출발 시 급수에 필요한 시설. 119안전센터·소방서 등에 설치됨.
* 저수조(貯水槽): 물을 담아 놓기 위한 시설.(* 물을 저장하는 수조로서 주로 지하에 위치함.)
* 건축물의 개황: 건축물 대강의 상황.(예) 목조 건물 혹은 콘크리트 건물)
* 비상소화장치: 화재 발생 초기 지역주민이 활용하여 소화하는 시설로서. 전통시장·상가밀집지역, 연립주택의 좁은길 등 소방차 진입이 곤란할 경우에 소방용수시설고 연결하여 옥외에 만들어진 옥내소화전과 유사한 방식이다.

【법 제11조】 소방업무의 응원*

소방본부장, 소방서장은 소방활동에 있어서 긴급한 때에는 이웃한 소방본부장, 소방서장에게 소방업무의 응원*을 요청할 수 있다.

① 요청받은 대상자는 정당한 사유 없이 이를 거절하여서는 아니 된다.
② 파견된 소방대원은 요청한 소방본부장, 소방서장의 지휘를 따른다.(지휘권범위)
③ 시·도지사는 응원을 요청하는 경우를 대비하여 출동대상지역 및 규모와 소요경비의 부담 등을 행안부령이 정하는 바에 따라 이웃하는 시·도지사와 협의하여 미리 규약*으로 정하여야 한다.

- 응원요청: 소방본부장 및 소방서장
- 응원협정: 시·도지사
- [제11조]는 긴급한 때 시·군·구간의 응원이 아닌 이웃한 시·도간의 협정에 대한 이론이며,
- [제11조의2]는 이웃한 시·도간에 협력이 안 될 때 소방청장이 각 시·도에 요청하는 이론임

【시행규칙 제8조】 소방업무의 상호응원협정**

시·도지사는 이웃하는 다른 시·도지사와 소방업무에 관하여 상호응원협정*을 체결하고자 하는 때에는 다음의 사항이 포함되도록 하여야 한다.

1. 다음의 소방활동에 관한 사항 ▶ 조경구
   ① 화재조사활동   ② 화재의 경계·진압활동   ③ 구조·구급업무의 지원
2. 응원출동대상지역 및 규모
3. 다음 각 목의 소요경비의 부담에 관한 사항
   ① 출동대원의 수당·식사 및 피복의 수선
   ② 소방장비 및 기구의 정비와 연료의 보급 및 그 밖의 경비
4. 응원출동의 요청방법 및 응원출동훈련 및 평가
   ▶ 전체암기: 소경 요대규 훈평 (* 소경 오대규氏 훈련평가)
      * 오답: 환자치료, 화재예방조치, 지휘권범위.
   (* 환자치료는 개인치료비로 부담되지 않으며 각자 자기 지역에서 입원하자는 취지이다.)

【법 제11조의2】 소방력의 동원

① 소방청장은 해당 시·도의 소방력만으로는 소방활동을 효율적으로 수행하기 어렵거나 특별히 국가적차원에서 소방활동을 수행할 필요가 인정될 때에는 (각 시·도지사)에게 소방력을 동원할 것을 요청할 수 있다.
② 파견·지원된 소방대원은 특별한 사정이 없으면 관할 소방본부장, 소방서장의 지휘를 따르되 소방청장이 직접 편성된 소방활동 경우는 소방청장의 지휘에 따른다.

---

* 응원(應援): 호응하여 도와줌.   * 규약(規約): 서로 지키도록 정해 놓은 척   * 협정(協定): 협의하여 결정함

03 화재의 예방과 경계(警戒)

【법 제12조】화재의 예방조치

소방본부장이 또는 소방서장은 화재 예방상 위험하다고 인정되는 행위를 하는 사람이나 소화활동에 지장이 있다고 인정되는 물건의 관계인에게 다음의 명령을 할 수 있다.
(*^^ 소방본부장, 소방서장이란 소방관의 책임자로서 법령에서는 일반적으로 소방관을 뜻한다)
-----*

1. 불장난·모닥불·흡연·화기취급, 풍등 등 소형 열기구 날리기의 금지·제한
2. 타고 남은 불·화기가 있을 우려가 있는 재의 처리
3. 함부로 버려두거나 그냥 둔 위험물, 불에 탈 수 있는 물건을 옮기는 등의 조치
4. 관계인이 없는 위험물이나 물건: 소속 공무원에게 옮기거나 치우게 할 수 있다.
5. 관계인이 없는 위험물 등의 보관: 14일 동안 소방본부나 소방서 게시판에 공고한다.
   (*^^ 화재의 예방조치 명령에 따르지 아니하거나 방해한 자는 200만 원 이하의 벌금.)

> **【시행령 제3조】** 위험물 또는 물건의 보관기간 및 보관기간 경과 후 처리 등
> ① 소방본부 또는 소방서의 게시판에 공고하는 기간의 종료일 다음날부터 7일로 한다.
> ② 보관기간이 종료되는 때에는 보관하고 있는 위험물 또는 물건을 매각하여야 한다.
>   (단, 보관 중인 위험물이 부패·파손 등으로 계속 사용할 수 없을시 폐기할 수 있다.)
> ③ 보관하던 위험물 또는 물건을 매각한 경우에는 지체 없이 「국가재정법」에 의하여 세입조치를 하여야 한다. (* 시·도는 관계없음.)
>
>   또한 이 조항은 「국가」라는 단어가 들어가므로 대통령령으로 정하는 "시행령"이다.
>
> ④ 소방본부장 또는 소방서장은 매각되거나 폐기된 위험물 또는 물건의 소유자가 보상을 요구하는 경우에는 보상금액에 대하여 소유자와 협의를 거쳐 이를 보상한다.
>
>   ((1)에서 종료일로부터 7일은 20일이 되며, 종료일 다음날부터 7일이 21일, 즉 3주가 된다.)
>   ※ 14일 + 1(15), 2(16), 3(17), 4(18), 5(19), 6(20), 7일(21일)

【법 제13조】 화재경계지구의 지정***

1. 시·도지사는 화재가 발생할 우려가 높거나 화재가 발생하는 경우 그로 인하여 피해가 클 것으로 예상되는 다음에 해당하는 지역을 화재경계지구로 지정할 수 있다.

   > (1) 지정권자: 시·도지사
   > ① 목조건물이 밀집한 지역
   > ② 석유화학제품을 생산하는 공장이 있는 지역
   > ③ 소방시설·소방용수시설 또는 소방 출동로가 없는 지역.(예 달동네)
   > ④ 위험물저장 및 처리시설이 밀집한 지역
   > ⑤ 시장지역
   > ⑥ 공장·창고 등이 밀집한 지역 ▶ 3밀집(①④⑥)
   > ⑦ 산업단지. 그 밖에 ①~⑦에 준하는 지역으로서 소방청장, 소방본부장, 소방서장이 화재경계지구로 지정할 필요가 있다고 인정하는 지역 ▶ **암기**: 목석소위 시공창 산업인정
   >   * **오답**: 아파트, 주택건물, 콘크리트(내화구조)건물, 고층건물(업무지역) 등

2. 소방청장은 시·도지사가 화재경계지구 필요 지역을 지정하지 아니하는 경우 해당 시·도지사에게 화재경계지구(화경지구) 지정을 요청할 수 있다.
3. 소방본부장 또는 소방서장은 화재경계지구 안의 소방대상물의 "위치·구조·설비" 등에 대하여 「화재예방, 소방시설 설치·유지 및 안전관리~ 법률」 제4조의 소방특별조사를 하여야 한다.
4. 소방본부장, 소방서장은 소방특별조사를 한 결과 필요하다고 인정할 때에는 관계인에게 소방용수시설, 소화기구, 소방설비의 설치를 명할 수 있다.
5. 본·서장은 화경지구 안의 관계인에게 대통령령으로 정하는 훈련·교육을 실시할 수 있다.

   > 【영 제4조】소방특별조사·훈련 및 교육 (*~~예방차원에서 본·서장이 연 1회↑)
   > ① 소방특별조사: 소방대상물의 위치·구조·설비 등을 실시하여야 한다. (*필수!)
   > ② 소방훈련 및 교육: 10일 전까지 통보, 관계인에 대하여 실시할 수 있다. (*선택!)
   > ③ 시·도지사는 화경지구 관리대장에 매년 작성·관리하여야 한다. (▶ 중요도 적음)
   >   ㉠ 화재경계지구의 지정 현황 ㉡ 소방특별조사의 결과 ㉢ 소방설비의 설치 명령 현황
   >   ㉣ 소방교육 또는 소방훈련의 실시 현황 ㉤ 화재예방·경계에 필요사항 등

■ Reference
- 화경지구는 화재발생 우려가 높은 위험지역이다.(* 그러나 APT는 소방시설이 잘 되어 있으며 경비원 상주 및 목조가 아닌 내화조로서 화경지구 지정지역 등 소방법에서 대부분 제외된다.)
- 화경지구 안의 소방특별조사를 거방기(거부·방해·기피)한 자는 100만 원 이하 벌금이다.
  소방특별조사 후, 본부장·서장은 관계인에게 소화기구, 소방용수시설 설치 등을 명할 수 있다.
  (* 이를 위반 시 1회 50만 원, 2회 100만 원, 3회 150만 원, 4회 200만 원의 과태료에 해당한다.)

【법 제14조】 화재에 관한 위험경보

소방본부장 또는 소방서장은 기상법에 따른 이상 기상의 예보 또는 특보가 있는 때에는 화재에 관한 경보를 발하고 그에 따른 조치를 할 수 있다.

【법 제15조】 불을 사용하는 설비 등의 관리와 특수가연물의 저장·취급

1. 불의 사용: 보일러, 난로, 불꽃용접·용단기구, 수소가스, 건조설비, 노·화덕, 음식조리, 전기시설의 위치·구조, 관리와 불의 사용에 지켜야 하는 사항은 대통령령으로 정한다.
2. 특수가연물의 저장 및 취급: 화재가 발생 시 불길이 빠르게 번지는 고무류·면화류·석탄·목탄 등 특수가연물의 저장 및 취급에 대한 기준은 대통령령으로 정한다.

- 불을 사용하는 설비와 특수가연물은 중요하니 대통령령(시행령)으로 구체적으로 밝힌다는 뜻.

【영 제7조】 특수가연물의 저장 및 취급기준

1. 표지 기재사항
    ① 품명 (예 면화류, 석탄)
    ② 최대수량
    ③ "화기취급금지"의 글씨를 기재한 표지를 설치할 것
        ▶ 최하품 (* 특수가연물은 최하품이다)   * **오답**: 위험물안전관리자 성명

2. 특수가연물은 다음에 따라 쌓아 저장할 것
    단, 석탄·목탄류 발전용은 제외한다.
    ① 품명별로 쌓으며, 바닥면적 사이는 1m 이상.
    ② 높이는 10m 이하.
    ③ 바닥면적은 50㎡(석탄·목탄은 200㎡) 이하.

    [단, 살수설비나 대형수동식소화기 설치시 높이는
    15m 이하, 면적은 200㎡ 이하(석탄·목탄은 300㎡ 이하)로 할 수 있다.]

〈특수가연물〉
- 기재: 최대수량, "화기취급금지", 품명
- 단서: (살수설비, 대형수동식소화기)

(*^^ 특수가연물 취급 위반 시 1회 20만 원, 2회 50만 원, 3회 및 4회는 100만 원의 과태료이다.)

■ 특수가연물은?
연소가 가능한 물품으로서 연소 시 불이 특수하게 빠르게 번진다는 명칭이다.
이러한 특수가연물은 준위험물의 개념으로 종류는 소방기본법에서 11가지로 구분하여 표지에
① 최대수량 ② "화기취급금지" ③ 품명 3가지를 기재하고, 위험하기 때문에 가능한 적게 나누어서
(소분=小分) 저장·취급하여야 한다. 이를 위반 시 1회 20만 원부터~과태료가 부과된다.
또한 특수가연물 중 화력발전소 등에서 사용되는 석탄·목탄류 발전용은 이법에서 제외된다.

04 소방활동 등

【법 제16조, 제16조의2】 소방활동 및 소방지원활동＊

1. 소방청장, 소방본부장, 소방서장은 위급한 상황이 발생 시 소방대를 현장에 신속하게 출동시켜 소방활동 외에 다음의 소방지원활동을 하게 할 수 있다.

   ① 산불에 대한 예방·진압 등 지원활동
   ② 집회·공연 등 각종 행사 시 사고에 대비한 근접대기 등 지원활동
   ③ 화재·재난·재해로 인한 피해복구 지원활동
   ④ 자연재해에 따른 급수·배수, 제설 등 지원활동

   > 【칙 제8조의4】 소방지원활동
   > ① 소방시설 오작동 신고에 따른 조치활동
   > ② 방송제작·촬영 지원활동
   > ③ 군·경찰 등 유관기관에서 실시하는 훈련지원 활동   ▶ 산집 화자(오방군)

2. 소방지원활동은 소방활동 수행에 지장을 주지 아니하는 범위에서 할 수 있다.
3. 소방지원활동에 드는 비용은 지원요청을 한 유관기관·단체 등에게 부담하게 할 수 있다.

【법 제16조의3】 생활안전활동＊

1. 소방청장, 소방본부장, 소방서장은 생활안전 및 위험제거 활동에 대응하기 위하여 다음의 생활안전활동을 하게 하여야 한다. (화재, 재난 등 위급한 상황은 제외)

   ① 붕괴, 낙하 등이 우려되는 고드름, 나무, 위험 구조물 등의 제거활동
   ② 위해동물, 벌 등의 포획 및 퇴치 활동
   ③ 끼임, 고립 등에 따른 위험제거 및 구출 활동
   ④ 단전(斷電)사고 시 비상전원 또는 조명의 공급
   ⑤ 그 밖에 방치하면 급박해질 우려가 있는 위험을 예방하기 위한 활동
   (＊ 위 생활안전활동으로 손실을 입은 자는 소방청장, 시·도지사가 보상한다.)

▶ 용어 비교 해설

- **소방활동**: 청·본·서장의 기본적 임무(예 화재·재난 위급상황)인 소방에 필요한 활동이다.
- **소방지원활동**: 단체 지원으로 "소방시설 오작동~ 조치활동" 외에는 모두 "지원"자가 있다.
- **생활안전활동**: 국민의 개인생활을 지원하기위한 붕괴, 벌, 끼임, 비상전원 공급 등을 말한다.

【법 제17조】 소방교육·훈련

1. 소방청장, 소방본부장, 소방서장은 소방업무를 수행하기 위하여 행정안전부령에 의하여 소방대원(3사람)에게 필요한 교육·훈련을 실시하여야 한다.

   【칙 별표3의2】 소방교육·훈련의 종류 등
   ① 현장지휘훈련: 소방위, 소방경, 소방령, 소방정
   ② 화재진압훈련: 화재진압업무 소방공무원, 의무소방원, 의용소방대원
   ③ 응급처치훈련: 구급업무 소방공무원, 의무소방원, 의용소방대원
   ④ 인명구조훈련: 구조업무 소방공무원, 의무소방원, 의용소방대원
   ⑤ 인명대피훈련: 소방공무원, 의무소방원, 의용소방대원. ▶ 대구 지지처
   (*^^ 의무소방원, 의용소방대원은 ①의 훈련을 하지 않으며, 모든 소방대원은 ⑤의 훈련은 한다.)
   ※ 횟수 및 기간: 2년마다 1회 이상 실시하되, 기간은 2주 이상으로 한다.

2. 소방청장, 소방본부장, 소방서장은 소방안전교육과 훈련을 협의하에 다음에 해당하는 사람을 대상으로 실시할 수 있다.(또한 청·본서장은 피난 및 행동 방법 등을 홍보하여야 한다.)
   ① 어린이집의 영·유아   ② 유치원의 유아   ③ 초·중등교육법에 따른 학생

   (*^^ 소방법규에서 주는 주로 2주가 많다.(* 단, 화재조사 응시조건은 8주 이상.)
   • 초·중등교육법에 따른 학생이란 초등학교, 중학교, 고등학교 학생을 말한다.)

【법 제17조의2】 소방안전교육사**

1. 업무: 소방안전교육의 기획·진행·분석·평가 및 교수업무를 수행한다.
2. 소방청장은 소방안전교육을 위하여 시험실시 및 자격을 부여한다.
   ① 시험실시 및 자격부여: 소방청장
   ② 필요한 사항: 대통령령
   (*^^ 시험출제자는 소방청장 / 그 시험에 필요한 응시자격, 과목 등은 시행령으로 정한다는 뜻)

   【영 별표2의2】 응시자격**
   ① 소방공무원으로서 3년 이상 근무한 경력이 있는 사람이나, 소방공무원으로서 중앙·지방소방학교에서 소방안전교육사 전문교육과정을 2주 이상 이수한 사람
   ② 교원, 어린이집의 원장, 보육교사자격을 취득한 사람으로써 3년 이상 경력자
   ③ 소방안전교과목(응급구조학과, 교육학과 등)을 6학점 이상 이수한자.
   ④ 안전관리분야의 기술사 자격 및 소방시설관리사 자격을 취득한 사람
   ⑤ 안전관리분야의 기사 자격을 취득한 후 1년 이상 종사자.(산업기사는 3년 이상)
   ⑥ 간호사·1급응급구조사는 1년 이상 업무종사자(※ 2급응급구조사는 3년 이상)
   ⑦ 소방안전관리자로서 특급경력자(1급은 1년 이상, 2급은 3년 이상 경력자)
   ⑧ 의용소방대 5년 이상의 경력자.   (*^^ 이 조항은 3년이 ①②⑤⑥⑦에 있다.)

【영 제7조의4~6】 과목 등

소방안전교육사 시험 과목은 다음과 같다.
① 1차: ㉠ 소방학개론 ㉡ 구급·응급처치론 ㉢ 재난관리론 ㉣ 교육학개론 중 3과목.
  2차: 국민안전교육실무. (※ 시험은 1차 선택형, 2차 주관식.)
② 시험의 시행: 2년마다 1회 시행함을 원칙으로 필요시 그 횟수를 증감할 수 있다.
  (*^^ 부정행위자는 2년간 정지나 무효로, 제1차 시험에 합격자는 다음 회 1차를 면제함)

【법 제17조의3】 소방안전교육사 결격사유*

소방안전교육사로서 자격이 결여되며 시험을 응시하지 못하거나 그 자격을 취소할 수 있다.
① 피성년후견인 또는 피한정후견인
② 금고 이상의 실형을 선고 받고 그 집행이 끝나거나(집행이 끝나는 것으로 보는 경우를 포함한다) 집행이 면제된 날부터 2년이 경과되지 아니한 사람
③ 금고 이상의 형의 집행유예를 선고 받고 그 유예기간 중에 있는 자
④ 법원의 판결 또는 다른 법률에 의하여 자격이 정지 또는 상실된 자
  ▶ 오답: 파산자로 복권되지 아니한 자

【법 17조의5】 소방안전교육사의 배치*

1. 배치대상: 소방청, 소방본부, 소방서, 한국소방안전원, 한국소방산업기술원.
  그 배치대상 및 배치기준, 그 밖에 필요한 사항은 대통령령으로 정한다.

【영 별표 2의3】 소방안전교육사 배치 대상별 배치기준*

배치대상	배치기준(단위: 명)
① 소방청, 소방본부, 한국소방산업기술원	2 이상
② 소방서	1 이상
③ 한국소방안전원	본원: 2 이상, 시·도 지원: 1 이상

【법 17조의6】 한국119청소년단

청소년에게 소방안전에 관한 올바른 이해와 안전의식을 함양시키기 위하여 설립한다.
① 민법 중 **사단법인**에 관한 규정을 준용하며 필요한 사항은 **행정안전부령**으로 정한다.
② 국가나 지방자치단체는 한국119청소년단의 시설, 장비, 필요한 경비를 보조할 수 있으며 개인·법인 또는 단체는 이를 지원하기 위하여 금전이나 그 밖의 재산을 기부할 수 있다.
  (*^^ 119청소년단은 사단법인, 제40조 안전원은 재단법인에 관한 규정을 준용한다.)

【법 제18조】소방신호

화재예방, 소방활동, 소방훈련을 위한 소방신호의 종류와 방법은 행정안전부령으로 정한다.
1. 소방신호의 목적: 화재예방 소방활동 소방훈련 ▶ 방동련

> 【칙 제10조】소방신호의 종류와 방법*
> ① 발화신호: 화재발생 시
> ② 해제신호: 소화활동상 필요 없을 시
> ③ 경계신호: 화재예방상 필요시, 화재위험경보 시
> ④ 훈련신호: 훈련 시, 비상소집 시
> ⑤ 그 밖의 신호: "기", "게시판", "통풍대" ▶ 기게통

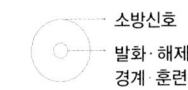

■ 소방신호의 방법*

구 분	타 종	사이렌신호	그 밖의 신호
① 발화신호	난타	5초 간격 5초씩 3회	"통풍대" "게시판" "기"
② 해제신호	상당한 간격 1타씩 반복	1분간 1회	
③ 경계신호	1타와 연 2타를 반복	5초 간격 30초씩 3회	
④ 훈련신호	연 3타 반복	10초 간격 1분씩 3회	

※ 1. 소방신호의 방법은 그 전부 또는 일부를 함께 사용할 수 있다.
   2. 소방대의 비상소집을 하는 경우에는 훈련신호를 사용할 수 있다. ▶ 오답: 비상신호

(*^^ 화재예방, 소방활동, 소방훈련은 "소방신호" 목적에 해당하며, 그 종류는 해제, 경계, 훈련, 발화의 4가지 신호로서 타종과 사이렌의 청각적인 신호와 그 밖의 신호의 시각적인 신호 3가지가 있다.)

【법 제19조】화재 등의 통지

다음의 지역에서 화재로 오인할 만한 우려가 있는 불을 피우거나 연막소독을 하려는 자는 시·도의 조례로 정하는 바에 따라 관할 소방본부장, 소방서장에게 신고하여야 한다.
① 목조건물이 밀집한 지역
② 석유화학제품을 생산하는 공장이 있는 지역
③ 시·도의 조례가 정하는 지역 또는 장소
④ 위험물의 저장 및 처리시설이 밀집한 지역
⑤ 시장지역
⑥ 공장·창고가 밀집한 지역 ▶ 목석시위 시공창 (*오답: 아파트·업무지역)

(*^^ 화재로 오인하여 소방차가 출동한 때에는 미신고자는 20만 원 이하의 과태료에 해당된다.)
※ 화경지구 제13조와 차이점은 그법의 ③⑦번이 빠지고, 이법에서는 ③번 내용이 다르게 추가된다.

【법 제20조】 관계인의 소방활동

관계인은 소방대가 현장에 도착할 때까지 경보를 울리거나 대피 유도를 하는 등의 방법으로 인명구조 또는 불을 끄는 소화작업 등의 필요한 조치를 하여야 한다. ▶ 소경인대
 (*^^ 소방대가 도착할 때까지 사람구출, 소화활동을 하지 아니한 관계인은 100만 원 이하 벌금.)

【법 제21조】 소방자동차의 우선통행 등*

모든 차와 사람은 소방자동차(지휘·구조·구급차 포함)가 화재진압 및 구조·구급을 위하여 출동하는 때에는 이를 방해해서는 안 된다.
 1. 소방자동차: 우선통행에 관하여는 도로교통법에 따른다. ▶ 오답: 소방기본법, 교통안전법
 2. 사이렌: 화재 진압 및 구조·구급활동을 위한 출동 및 훈련 시 사용할 수 있다.
 (*^^ 소방자동차의 출동을 방해한 자는 5년 이하의 징역 또는 5천만 원 이하의 벌금에 해당한다.)

【법 제21조의2】 소방자동차 전용구역 등

1. 대통령령으로 정하는 공동주택의 건축주는 소방자동차 전용구역을 설치하여야 한다.
2. 누구든지 전용구역에 차를 주차하거나 전용구역 진입을 가로막는 방해행위를 하여서는 아니 된다

> 【영 제7조의 12~13】 소방자동차 전용구역 설치 대상
> ① 100세대 이상인 아파트, 3층 이상의 기숙사는 소방자동차 전용구역을 설치하여야 한다.
> ② 공동주택의 건축주는 각 동별 전면 또는 후면에 전용구역을 1개소 이상 설치하여야 한다.
>
> 【영 제7조의 14】 전용구역 방해행위 기준
> ① 전용구역에 물건 등을 쌓거나 주차하는 행위
> ② 전용구역의 앞면, 뒷면 또는 양 측면에 물건 등을 쌓거나 주차하는 행위.
>   (다만, 부설주차장의 주차구획 내에 주차하는 경우는 제외한다.)
> ③ 전용구역 진입로에 물건 등을 쌓거나 주차하여 전용구역으로의 진입을 가로막는 행위
> ④ 전용구역 노면표지를 지우거나 훼손하는 행위
> ⑤ 소방자동차가 전용구역에 주차하는 것을 방해하거나 전용구역으로 진입을 방해하는 행위
>   ※ 전용구역 노면표지 도료의 색채는 황색을, 문자(P, 소방차 전용)는 백색으로 표시한다.

【법 제22조】 소방대의 긴급통행*

소방대는 화재, 재난·재해 그 밖의 위급한 상황이 발생한 현장에 신속히 출동하기 위해 긴급할 때*에는 일반적인 통행에 쓰이지 아니하는 도로·빈터*, 물 위*로 통행할 수 있다.
 (※ 소방서로 돌아오는 귀서 중인 차량은 도로교통법 긴급자동차의 특례에 따르지 않는다.)

---

* 물 위: 호수·양식장·댐 등을 말함.   * 빈터: 개인 소유지로 공지.   * 긴급할 때: 긴급 시(* 긴급하게: 긴급히)
* 일반적인 통행에 쓰이지 아니하는 도로: 차량 교통금지 도로, 가옥 부지내의 도로, 개인주택 전용도로 등.

【법 제23조】 소방활동구역의 설정*

소방대장은 화재, 재난·재해 그 밖의 위급한 상황이 발생한 현장에 소방활동구역을 정하여 소방활동에 필요한 자로서 대통령령으로 정하는 자 외에는 그 구역에 출입하는 것을 제한할 수 있다.
(* 경찰공무원은 소방대장 요청 시 규정에 따른 조치를 할 수 있다.)

1. 소방대장: 대통령령으로 정하는 사람 외에는 출입을 제한할 수 있다.
 (*^^ 소방활동구역 출입제한을 위반자는 과태료 200만 원 이하 중 1회에 한하여 100만 원이다.)

> 【영 제8조】 소방활동구역 출입자 ***
> ① 소방활동구역 안의 관계인(소유자, 관리자, 점유자)
> ② 의사·간호사, 그 밖의 구조·구급업무종사자, 수사·보도업무자, 소방대장 출입허가자
> ③ 전기·통신·가스·수도·교통의 업무에 종사한 자로서 원활한 소방활동을 위하여 필요한 사람
> ▶ 소관점+(구)² 소수의보간+전통가수교 ▶ 별도암기: 전통가수교
> * 오답: 경찰서장 허가자, 보험회사직원, 소방대상물의 종업원
> (*^^ ③번 업무자는 필수가 아닌, 선택적으로 필요한자만이 소방활동구역을 출입할 수 있다.)

(*^^ 제23조~27조까지는 화재 등의 현장에 소방본부장, 소방서장, 소방대장이 책임자로 관계되는 법조항이다. 그러나 제23조는 "소방대장" 만이 명시되며, 벌칙은 벌금이 아닌 "과태료"에 해당한다)

【법 제24조】 소방활동종사명령**

소방본부장, 소방서장, 소방대장은 화재, 재난, 재해, 위급한 상황발생 시 필요할 때에는 그 관할구역 안에 사는 사람 또는 그 현장에 있는 사람으로 하여금 사람을 구출하는 일 또는 불을 끄거나 번지지 아니하도록 하는 일을 하게 할 수 있다. 이 경우 소방활동에 종사한 사람은 시·도지사로부터 소방활동의 비용을 지급받을 수 있다.

1. 의의: 사람 구출, 소화 및 불의 확대방어를 위한 안전조치
2. 소방활동종사 명령자: 보호장구를 지급하는 등 소방활동의 안전조치를 하여야 한다.
3. 소방활동종사에 종사한 사람이 시·도지사로부터 소방활동의 비용을 지급받을 수 없는 경우는 다음에 해당된다. (* 3가지 조건에 한하여 비용을 지급받을 수 없다.)
 ① 소방대상물에 화재, 재난·재해 그 밖의 위급한 상황이 발생한 경우 그 관계인
 ② 고의 또는 과실로 인하여 화재, 구조·구급활동이 필요한 상황을 발생시킨 사람
 ③ 화재 또는 구조·구급현장에서 물건을 가져간 사람(도둑)
 (* 소방활동 종사로 인하여 사망하거나 부상을 입은 자는 소방청장, 시·도지사가 보상한다.)

(*^^ 사람을 구출하는 일, 또는 불을 끄거나 번지지 아니하도록 하는 일을 방해한 자는 소방기본법에서 제일 큰 벌칙인 5년 이하의 징역 또는 5천만 원 이하의 벌금에 처한다.)

【법 제25조】 강제처분

① 소방본부장, 소방서장 또는 소방대장은 사람을 구출하거나 불이 번지는 것을 막기 위하여 <u>필요할 때</u>에는 화재가 발생하거나 불이 번질 우려가 있는 소방대상물 및 토지를 일시적으로 사용하거나 그 사용의 제한 또는 소방활동에 필요한 처분*을 할 수 있다.

② <u>긴급</u>하다고 인정할 때에는 제 ①항에 따른 소방대상물 또는 토지 외의 소방대상물과 토지에 대하여 제 ①항에 따른 처분을 할 수 있다.

③ 소방활동을 위하여 긴급하게 출동할 때에는 소방자동차의 통행과 소방활동에 방해가 되는 주차 또는 정차된 차량 및 물건 등을 제거하거나 이동시킬 수 있다.

④ 제거나 이동을 위하여 관할 지방자치단체 등 관련 기관에 견인차량과 인력 등에 대한 지원을 요청할 수 있다.(※ 이 경우 시·도지사는 시·도의 조례에 따라 비용을 지급할 수 있다.)

【① 내용: 불난집】　　【② 불난 옆집】　　【③ 진입로 승용차 및 물건】

▶ 개념 정리(예시로 해설):

강제처분이란 화재진압 현장에서 정원 등 토지 사용, 인접 건물, 창고 등의 파괴이다.
　①항은 불을 낸 집이다. "필요할 때" 소방관들은 현장에서 강제처분의 권한이 있다.
　②항은 불이 난 옆집이며 ③항은 불난집 옆 진입로에 주·정차된 차량 및 물건이다.

　②③항은 불난집 인근으로서 <u>죄가 없는</u> 상태였고 소방관들은 강제처분의 권한이 없다. 하지만 ①항 불난집으로부터 불똥이 튀는 경우의 "긴급할 때" 는 소방관들은 강제처분권을 가지고 행할 수 있다.
　　(∴ ①항 불낸집은 소방관들이 출동하여 화재진압 중 "필요할 때" 언제든지 행하는 처분이며
　②③항은 ①항 불낸집으로 부터 화재확대로 "긴급할 때<u>만</u>" 행하는 건물과 땅에 대한 처분의 개념이다.)
　　　　─ ①항 "필요할 때", / ②③항 "긴급할 때" 로 생각한다. ─

■ 손실보상:
　①항은 불을 낸 집으로서 보상은 없다. 그러나 ②③항에 따른 처분으로 죄없는 주민이 손실을 입은 경우 그 손실을 소방청장, 시·도지사가 보상한다.(단, ③항에서 법령을 위반한 불법의 경우는 제외.)
■ 벌금:
　만일 ①항의 불낸집 주인이 소방관의 강제처분 방해 시 3년 이하 징역, 3천만 원 이하 벌금이며, 반면 불낸집 인근 ②③항 소유 주인이 소방관의 강제처분을 방해 시 300만 원 이하의 벌금이다.

 손실보상: 소화전에 주차된 차량을 소방활동에 방해가 되어 만일 소방대장이 차량을 파손하였다면 '소화전 주차금지'라는 표시를 위반하여 불법이므로 그 보상은 하지 않아도 된다. [기출]

【법 제26조】 피난명령

소방본부장, 소방서장, 소방대장은 화재, 재난, 재해 등의 상황이 발생하여 사람의 생명을 위험하게 할 것으로 인정할 때에는 일정한 구역을 지정하여 그 구역에 있는 사람에게 그 구역 밖으로 피난할 것을 명할 수 있다.

1. 명령권자: 소방본부장, 소방서장, 소방대장 ▶ 오답: 경찰서장
2. 협조대상: 필요시 경찰서장 또는 자치경찰단장에게 협조를 요청할 수 있다.
   (*^^ 법 제26조를 위반한 자는 100만 원 이하의 벌금에 해당한다.)
   ※ 인간의 불안한계 최고 높이 11m(약 4층)에서 뛰어내리는 피난명령 등을 포함한다.

【법 제27조】 위험시설 등에 대한 긴급조치

소방본부장, 소방서장, 소방대장은 화재 진압 등 소방활동을 위하여 필요할 때에는 소방용수 외에 댐, 저수지, 수영장의 물을 사용하거나 수도개폐장치 등을 조작할 수 있다.

또한 화재의 발생을 막거나 폭발 등으로 화재가 확대되는 것을 막기 위하여 가스·전기 또는 유류 등의 시설에 대하여 위험물질의 공급을 차단하는 등 필요한 조치를 할 수 있다.

1. 의의: 화재의 진압 등 소방활동을 위하여
2. 대상: 소방용수 외에 댐, 저수지, 수영장, 수도개폐장치
3. 손실보상: 소방청장, 시·도지사. (* 법 제27조를 위반한 자는 100만 원 이하의 벌금.)

▶ 손실보상(제49조의2):

아래에 손실을 받은 자는 소방청장 또는 시·도지사(= 소방청장등)가 보상한다.
① 생활안전활동에 따른 조치로 손실을 입은 자(제16조3)
② 소방활동 종사로 인하여 사망하거나 부상을 입은 자(제24조)
③ 강제처분으로 인하여 손실을 입은 자(단, 위법인 경우는 제외)(제25조제②③항)
④ 위험시설 등에 대한 긴급조치로 손실을 입은 자(제27조) ▶ 생강사위 / ▶ 사모613

※ 손실보상의 청구 권리는 손실이 있음을 안 날부터 3년, 손실이 발생한 날부터 5년간이다.
(소방청장등은 청구서 받은날 60일 이내 결정하고, 10일 이내 통지하고, 30일 이내 지급한다.)

【영 제3조】 손실보상심의위원회의 설치 및 구성 (▶ 중요도 적음)

소방청장등은 사건을 심의하기 위해 "보상위원회"를 둔다.
1. 위원장 1명을 포함하여 5명 이상 7명 이하의 위원으로 구성한다.
2. 과반수는 소방공무원이 아닌 사람으로 소방청장등이 위촉·임명한다.
   ① 소방공무원, 판·검사·변호사, 법학·행정학 부교수 이상 5년↑ 재직자
   ② 손해사정사, 소방안전 또는 의학 분야에 관한 학식과 경험이 풍부한 사람
3. 위원의 임기는 2년(1차 연임), 간사 1명(간사는 소방공무원 중에서 소방청장등이 지명.)

05 화재의 조사

【법 제29조】화재의 원인 및 피해조사*

소방청장·소방본부장, 소방서장은 화재발생 시 화재의 원인 및 피해 등에 대한 조사를 해야 한다. 또한 규정에 따른 화재조사의 방법 및 전담조사반의 운영과 화재조사자의 자격 등 화재조사에 필요한 사항은 행정안전부령으로 정한다.
1. 조사권자: 소방청장·소방본부장 또는 소방서장
2. 화재조사의 방법 등 화재조사에 필요한 사항: 행안부령

> **【칙 제1조】화재조사와 방법 등****
> 소방청장, 소방본부장, 소방서장은 화재의 원인과 피해 등의 조사를 하여야 한다.
> ① 화재조사는 화재사실을 인지하는 즉시 장비를 활용하여 실시한다.
>   (*^^ 소화활동은 인지시점, 즉 119상황실 신고 접수가 시작된 시점부터 시작한다.)
>
> **【칙 제2조】화재조사전담부서의 설치·운영 등**
> 소방청, 시·도의 소방본부와 소방서에 화재조사를 전담하는 부서를 설치·운영한다.
> 1. 화재조사전담부서의 장은 소방공무원 가운데 다음에 해당하는 자로서 소방청장이 실시하는 화재조사에 관한 시험에 합격한 자로 하여금 화재조사를 실시하도록 하여야 한다.
>   ① 소방교육기관(중앙·지방, 시·도)에서 8주 이상 화재조사의 전문교육 이수자
>   ② 국립과학수사연구원, 외국의 관련기관에서 8주 이상 화재조사 전문교육을 이수한 자
>
>   ■ 다만, 화재조사 시험에 합격자가 없는 경우에는 소방공무원 중에서 <u>건축·전기·위험물·안전관리</u>(소방·소방설비·가스·전기안전화재감식평가)분야 산업기사 이상 자격 취득자 또는 소방공무원으로서 화재조사분야에서 1년 이상 근무한 자를 실시하도록 할 수 있다.
>   ▶ 건전위안(소셜가전화) * 오답: 기계, 화공
>
> 2. 화재조사전담부서의 장은 다음의 업무를 관장한다.(▶ 중요도 적음)
>   ① 화재조사의 총괄·조정 및 화재조사의 실시
>   ② 화재조사의 발전과 조사요원의 능력향상에 관한 사항
>   ③ 화재조사를 위한 장비의 관리운영에 관한 사항 등
> 3. 소방청장은 화재조사에 관한 시험에 합격한 자에게 2년마다 전문보수교육*을 실시한다.
> 4. 화재전담부서의 운영 및 에 관한 시험의 응시자격, 시험방법, 시험과목, 그 밖에 시험의 시행에 필요한 사항은 소방청장이 정한다.

---

* 보수교육: 보충수업 교육   * 인지시점: 각지(覺知)시점

【법 제30조】 출입, 조사(화재조사관)*

소방청장, 소방본부장 또는 소방서장은 화재조사를 하기 위하여 필요하면 관계인에게 ① 필요한 보고 또는 ② 자료 제출을 명하거나 관계 공무원으로 하여금 관계장소에 출입하여 화재의 원인과 피해상황을 조사하거나 ③ 관계인에게 질문하게 할 수 있다.
 (*^^ 자료제출이란? 1년에 1회 이상을 점검하여 2년간 보관하는 작동기능점검 등을 말한다.)
1. 수행자: 소방청장, 소방본부장, 소방서장
2. 증표제시: 화재조사 시 관계공무원은 관계인에게 증표*를 보여주어야 한다.
3. 비밀누설금지: 관계공무원은 수행 시 알게 된 비밀을 누설하여서는 아니 된다.

■ 화재조사의 벌칙
 ① 화재조사 시 관계 공무원의 출입·조사를 거부·방해·기피한 자는 <u>200만 원 이하의 벌금</u>
 ② (화재조사관이 출입 후) 화재 출입·조사에 따른 명령을 위반하여 보고 또는 자료제출을 하지 아니하거나 거짓으로 보고 또는 자료제출을 한 사람은 <u>200만 원 이하의 과태료</u>에 해당된다.
 (* 200만 원 이하의 과태료= 1회: 50만 원 / 2회: 100만 원 / 3회: 150만 원 / 4회: 200만 원)
 ③ 화재조사를 하는 관계 공무원은 업무방해나 비밀 누설 시 300만 원 이하의 벌금에 해당된다.
 (*^^ 화재조사와 화재수사는 그 성격이 다르다. "소방"에서는 조사만을 할 수 있다.)

【규칙 별표5】 화재종류 및 조사의 범위***

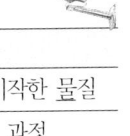

1. 화재원인조사

종 류	조사범위
① 발화원인 조사	화재가 발생한 과정·지점 및 불이 붙기 시작한 물질
② 발견·통보 및 초기소화상황 조사	화재의 발견·통보 및 초기소화 등 일련의 과정
③ 연소상황 조사	화재의 연소경로 및 확대원인 등의 상황
④ 피난상황 조사	피난경로, 피난상의 장애요인 등의 상황
⑤ 소방시설 등 조사	소방시설의 사용 또는 작동 등의 상황

▶ 발발통초 연피소   * 오답: 방화원인.소화활동상황.피해활동.피해상황조사

2. 화재피해조사

종 류	조사범위
① 인명피해조사	• 소방활동 중 발생한 사망자 및 부상자 • 그 밖에 화재로 인한 사망자 및 부상자
② 재산피해조사	• 열에 의한 탄화, 용융, 파손 등의 피해 • 소화활동 중 사용된 물로 인한 피해 • 그 밖에 연기, 물품반출, 화재로 인한 폭발 등에 의한 피해

(*^^ 화재원인조사에서 틀린 것을 묻는 질문에 주로 "피해조사"가 보기에 출제된다.)

【법 제31조】 수사기관에 체포된 사람에 대한 조사**

소방청장, 소방본부장, 소방서장은 수사*기관이 방화(放火)* 또는 실화(失火)*의 혐의가 있어서 ① 이미 피의자를 체포하였거나 ② 증거물을 압수한 때에, 화재조사를 위하여 필요한 경우에는 수사에 지장을 주지 아니하는 범위에서 그 피의자 또는 압수된 증거물에 대한 조사를 할 수 있다.(*^^ 이 경우 수사기관은 청·본·서장의 신속한 화재조사를 위해 특별한 사유가 없으면 협조한다.)

1. 청·본·서장: 경찰이 이미 피의자를 체포, 증거물을 압수한 때에도 조사를 할 수 있다.

  화재조사와 화재수사*
- 화재 수사: 경찰이 한다.(즉, 소방관은 수갑이 없다고 생각한다.)
- 화재 조사: 소방이 한다.(원인 및 피해조사)
  (* 청·본·서장은 피의자 체포권 및 증거물 압수권은 없다.)

【법 제32조】 소방공무원과 경찰공무원의 협력 등*

소방공무원과 국가경찰공무원은 화재조사를 할 때에 서로 협력하여야 한다.
또한 소방본부장이나 소방서장은 화재조사 결과 방화 또는 실화의 혐의가 있다고 인정하면 지체 없이 관할 경찰서장에게 그 사실을 알리고 필요한 증거를 수집·보존하여 그 범죄수사에 협력하여야 한다.

1. 대상: 소방공무원과 국가경찰공무원은 서로 협력하여야 한다.
    (*^^ 방화 실화혐의가 있어서 즉시 경찰서장에게 알리는 것은 소방청장이 제외된다.)

【법 제33조】 소방기관과 관계보험회사와의 협력*

소방본부·소방서 등 소방기관과 관계보험회사는 화재가 발생한 경우 그 원인 및 피해상황을 조사할 때 필요한 사항에 대하여 서로 협력하여야 한다. ▶ 오답: 수사기관

(*^^ 소방기관과 관계 보험회사는 화재조사에 있어서 비밀유지권이 없다.)

 Reference

- 우리나라 소방기관은 아직 수사권이 없다. 경찰이 가지고 있다.(형법 164~176조)
  언젠가 우리나라도 소방의 발전과 함께 선진국처럼 소방이 수사권을 가질 수 있는 날을 기대해 본다.

---

* 방화(放火): 고의로 불을 지름.   * 실화(失火): 실수로 불이 남   * 조사: 내용을 자세히 찾거나 살펴봄.
* 피의자: 범죄의 혐의는 받았으나 아직 기소되지 않은 사람. 용의자(* 반대말: 피해자)
* 수사: 검사나 사법 경찰관이 공소를 제기하고 유지하기 위하여, 범인, 범죄의 증거를 발견하고 수집하는 활동.

소방관계법규

 ## 06 한국소방안전원

【법 제40조~제44조의2】 한국소방안전원("안전원") 설립 등

소방기술과 안전관리기술의 향상 및 홍보 그 밖의 교육·훈련 등 행정기관이 위탁하는 업무의 수행과 소방관계 종사자의 기술향상을 위하여 한국소방안전원은 소방청장의 인가를 받아 설립한다.

1. 안전원은 다음의 업무를 수행한다.
    ① 소방기술과 안전관리에 관한 교육 및 조사·연구
    ② 소방기술과 안전관리에 관한 각종 간행물 발간
    ③ 화재 예방과 안전관리의식의 고취를 위한 대국민 홍보
    ④ 소방업무에 관하여 행정기관이 위탁하는 업무
    ⑤ 소방안전에 관한 국제협력
    ⑥ 그 밖에 회원에 대한 기술지원 등 정관으로 정하는 사항
    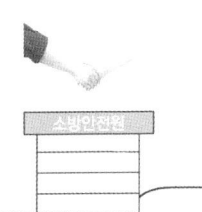
    ▶ 교관 국정대위 (* 소방안전원의 교관은 국정원 대위였다) ▶ 오답: 소방시설
    (*^^ 소방기술과 소방시설의 혼동에 주의하고 ①의 "교육"은 소방기술자의 교육 등을 말한다.)

2. 구성 등: 소방청장의 인가로서 민법 중 재단법인 규정을 준용한다.
3. 안전원의 정관:
    - ① 목적 ② 재정·회계 ③ 회원·임원·직원 ④ 사업 ⑤ 사무소의 소재지 ⑥ 명칭
      ⑦ 정관의 변경에 관한 사항 ⑧ 이사회 ▶ 목재회사 사명정리 ▶ 오답: 대표자

4. 임원: 원장 1명 포함 9명 이내 이사와 1명 감사.(* 원장·감사는 소방청장이 임명.)
5. 회원의 자격: ① 소방기술자·소방안전관리자·위험물안전관리자 등으로 선임·채용된 사람
             ② 소방법에 따라 등록 허가를 받거나 소방의 학식과 경험이 풍부한 사람
6. 운영경비: 운영경비는 회비와 수입금, 자산운영수익금, 부대수입 등으로 충당한다.
             (*^^ 안전원의 사업계획 및 예산에 관하여는 소방청장의 승인을 얻어야 한다.

【영 제9조】 교육평가 심의 위원회 구성운영

1. 안전원장은 다음을 심의하기 위해 "평가위원회"를 둔다.
    ① 교육평가·운영 ② 교육결과 분석·개선 ③ 다음 연도 교육계획에 관한 사항
2. 평가위원회는 위원장 1명을 포함하여 9명 이하의 위원으로 구성한다.
3. 평가위원은 다음에 해당하는 사람 중에서 안전원장이 임명·위촉한다
    ① 소방안전교육 업무 담당 소방공무원 중 소방청장이 추천하는 사람
    ② 소방안전교육전문가, 소방안전교육수료자, 소방안전의 학식·경험이 풍부한 사람

07 벌 칙

다음의 벌칙*은 소방기본법의 벌칙으로서 각 조항별로 살펴본다.

【법 제50조】 5년 이하의 징역* 또는 5천만 원 이하의 벌금***

1. 소방자동차 출동을 방해한 사람(제21조 ①항)
2. 사람 구출, 또는 불을 끄는 소방활동을 방해한 사람(법 제24조 관련)
3. 정당한 사유 없이 소방용수시설·비상소화장치를 사용하거나, 효용·사용을 방해한 자
4. 출동한 소방대원에게 위력을 사용하여 화재진압·인명구조·구급활동을 방해하는 행위
5. 출동·현장 출입하는 소방대원의 화재진압·인명구조, 구급활동을 고의로 방해하는 행위
6. 출동한 소방대원에게 폭행·협박을 하여 화재진압·인명구조·구급활동을 방해하는 행위
7. 출동한 소방대의 소방장비를 파손하거나 화재진압·인명구조·구급활동을 방해하는 행위
   (*^^ 4,5,6,7번은 출동한 소방대원의 현장업무를 방해한 사람으로 생각하면 쉽다.)

【법 제51조】 3년 이하의 징역 또는 3천만 원 이하의 벌금*

1. 제25조 ①항(사람구출, 방화상 필요할 때 소방대상물, 토지의 제한 또는 강제처분)의 처분을 방해한 사람이나 정당한 사유없이 따르지 아니한 사람. ▶ 3년 강제
   (*^^ 소방기본법에는 1년 이하의 징역 또는 1천만 원 이하의 벌금조항은 없다.)

【법 제52조】 300만 원 이하의 벌금

1. 제25조 ②③항의 강제처분(긴급할 때의 토지 및 주차·정차된 승용차나 물건의 제거, 이동)을 방해한 사람 또는 정당한 사유없이 그 처분에 따르지 아니한 사람.
2. 화재조사 수행 시 알게 된 비밀을 누설한 사람* ▶ 3백 비밀

【법 제53조】 200만 원 이하의 벌금*

1. 화재조사 시 관계공무원*의 출입·조사를 거부·방해·기피한 사람.
2. 화재의 예방조치 명령에 따르지 아니하거나 방해한 사람. ▶ 2백 예방
   (*^^ "200만 원 이하의 벌금"* 조항은 소방기본법에만 해당한다.)

---

* 벌착: 법금+과태료   * 벌금: 범죄의 처벌로서 부과하는 돈   * 관계공무원: 담당부서의 소방공무원
* 징역: 교도소에 구치하여 노동에 복무시키는 형(* 금고: 노동을 하지 않는 감옥살이)
* 과태료: 과실(過失), 태만(怠慢)한 자에 부과시키는 요금 (지나칠 過, 게으를 怠자임)

【법 제54조】 100만 원 이하의 벌금*

1. 화재경계지구 안의 소방특별조사를 거부·방해·기피한 사람
2. 정당한 사유 없이 소방대의 생활안전활동을 방해한 사람
3. 소방대가 도착할 때까지 사람구출, 소화활동을 하지 아니한 관계인
4. 피난명령을 위반한 사람 및 수도개폐장치 사용 등을 방해한 사람
5. 가스, 전기, 유류 등에 있어서 시설·차단 등의 조치를 방해한 사람

【법 제55조】 양벌규정

법인 대표자, 법인, 개인의 대리인, 사용인, 종업원이 그 법인 또는 개인의 업무에 관하여 제50조~54조의 위반시 그 행위자를 벌하는 외에 그 법인, 개인에게도 벌금형을 과(科)한다.
(*↷ 행위자와 법인·개인에게 양쪽으로 주는 양벌규정 아닌 벌칙: 과태료에만 해당한다.)

【법 제56조】 과태료*

1. 500만 원 이하의 과태료:
    화재 또는 구조·구급이 필요한 상황을 거짓으로 알린 사람.
2. 200만 원 이하의 과태료:
    ① 화재경계지구 안의 소방용수시설, 소화기구 및 설비 등 설치명령을 위반한 사람.
    ② 불을 사용할 때 지켜야할 사항, 특수가연물의 저장·취급을 위반한 사람.
    ③ 화재 출입·조사에 따른 명령을 위반하여 보고 또는 자료제출을 하지 아니하거나 거짓으로 보고 또는 자료제출을 한 사람.
    ④ 소방활동구역 출입을 위반한 사람.
    ⑤ 소방자동차의 (사이렌) 출동에 지장을 준 자(제21조 ③항)··· [법50조①항 비교]
    ⑥ 한국소방안전원 또는 이와 유사한 명칭을 사용한 자.
    ⑦ 한국119청소년단 또는 이와 유사한 명칭을 사용한 자.
3. 100만 원 이하의 과태료:
    전용구역에 차를 주차하거나 전용구역에의 진입을 가로막는 등의 방해행위를 한 자.
4. 과태료: 대통령령으로 시·도지사, 소방본부장, 소방서장이 부과·징수한다.

 과태료 등 이야기

- 200만 원 이하 과태료는 최대가 200만 원이라는 뜻이며, 각 종목마다 그 금액이 정해져 있다. 또한 이 법은 500만 원 이하부터 ·200만 원·100만 원·20만 원 이하까지 4가지 과태료가 있다.
- 학습 때는 법마다 이해 위주로, / 시험 때는 p12~13에서 4대법을 함께 비교 학습한다

【법 제57조】 20만 원 이하의 과태료*

1. 20만 원 이하의 과태(過怠)료는 아래와 같다.
   법 19조에 해당되는 지역(위험한 지역)에서 신고를 아니하고 불을 피우거나
   연막소독 등 소방관이 화재로 오인하여 소방차를 출동하게 한 자. ▶ 2십불연
2. 상기 과태료는 조례로 정하는 바에 따라 소방본부장, 소방서장이 부과·징수한다.

> 【시행령 제19조】 과태료부과
> 　과태료 부과기준은 시행령 별표3과 같다.
> 【칙 제5조】 과태료의 징수절차
> 　규정에 의한 과태료의 징수절차에 관하여는 "국고금관리법시행규칙"을 준용한다.
> 　　(*^^ 과태료 부과는 대통령령이며, 과태료 징수절차는 행정안전부령이 된다)

▶ 소방관계법규

소방관계법규는 시·도체제의 법령으로서 그 내용에 있어서 4사람의 공무원이 소개된다.
소방청장을 ①번, 시·도지사를 ②번, 소방본부장을 ③번, 소방서장을 ④번으로 볼 때
- 소방기본법에서 과태료 부과권자:
  ① 5백만, 2백만, 1백만 원 이하: ②③④ / ② 2십만 원 이하: ③④
- 소방2분법(소방시설법)에서 과태료 부과권자: ①②③④
- 소방시설공사업법에서 과태료 부과권자: ②③④
- 위험물안전관리법에서 과태료 부과권자: ②③④

※ 소방법의 제정은 1958년 3월 11일이며, 소방기본법 ~ 위험물안전관리법 제정은 2003년 5월 29일이다.

---

gossip

■ 브레인(brain)

사람의 두뇌는 1백40억 개의 뉴런 또는 약 1억 4,000만 개의 뇌세포로 조직되어 있다고 통계한다. 우뇌 밑에 자리 잡은 해마(번영개)가 약 4,000만 개의 뇌세포를 조작하고 있는데, 사람은 이곳을 통하여 학습의 기억과 인출을 담당하고 있다.
시험날짜가 정해지면 6일 전까지 적당 기간을 5등분하여 최소 5번 이상의 복습을 반복하며 기억)망각의 한계에서 기억을 놓치지 않아야 하며, 시험 당일 전날 오전에는 한 과목을 눈으로 복습했을 때 책 한 권의 정독이 2시간을 초과하지 않았을 때 비로소 한 과목에 대한 절대의 자신감이 존재할 수 있다.

소방기본법 — 주요기출 시험흐름 파악하기

기출 1 소방기본법 용어의 정의 중 옳은 것은? [기출문제]

① "소방대상물"이란 건축물, 차량, 항해 중인 선박, 선박건조구조물, 산림 그 밖의 인공구조물 또는 물건을 말한다.
② "소방대장"이란 소방본부장 또는 소방서장, 방화서장 등 화재, 재난, 재해 그 밖의 위급한 상황이 발생한 현장에서 소방대를 지휘하는 사람을 말한다.
③ "소방대"란 화재를 진압하고 화재, 재난, 재해 그 밖의 위급한 상황에서 구조·구급 활동 등을 위하여 소방공무원, 의무소방원, 자위소방대원으로 구성된 조직체이다
④ "관계지역"이란 소방대상물이 있는 장소 및 이웃 지역으로서 화재의 예방·경계·진압, 구조·구급 등의 활동에 필요한 지역을 말한다.

■ 해설: ① 항해 중인 선박(×) ② 방화서장(×) ③ 자위소방대원(×) (기본법 제2조) // ④

기출 2 다음 중 소방대상물에 해당되는 것은? [기출문제]

① 차량   ② 지하매설물   ③ 철도   ④ 나는 항공기

■ 해설: 소방대상물은 선박건조구조물, 산림·선박, 건축물·인공구조물·차량(달리는 차량 포함)·물건에 해당하며, 지하매설물, 철도, 나는 항공기는 해당되지 않는다. (기본법 제2조) // ①

기출 3 다음 중 소방기본법 총칙에 해당되지 않는 것은? [기출문제]

| ㄱ. 소방기관의 설치 | ㄴ. 소방업무에 대한 종합계획의 수립시행 |
| ㄷ. 소방의 날 제정과 운영 | ㄹ. 소방력의 기준   ㅁ. 화재 예방 조치 등 |

① ㄱ, ㄴ   ② ㄷ, ㄹ   ③ ㄴ, ㄷ   ④ ㄹ, ㅁ

■ 해설: 소방기본법 총칙은 제1조~7조까지이며 오답은 ㄹ, ㅁ 이다. (법 제1조 & 7조 및 8조 12조) // ④

도로교통법(소방기본법 2조, 29~30조 관련)

1. (긴급자동차의 정의) 소방차, 구급차, 혈액공급차량 등을 말한다.
2. (긴급자동차의 우선 통행) ① 긴급자동차는 도로의 중앙이나 좌측부분을 통행할 수 있다.
   ② 긴급하고 부득이한 경우에는 정지하지 아니할 수 있다.
3. (긴급자동차에 대한 특례) 앞지르기 금지, 끼어들기 금지, 속도제한 등을 적용하지 아니한다.

08 소방기본법 시행령 별표

【시행령 별표 1】 보일러 등의 위치·구조 및 관리와 불의 사용에 있어서 지켜야 하는 사항

건조설비, 전기시설, 일반음식점조리, 난로, 불꽃, 노·화덕, 보일러, 수소가스는 다음과 같다.
▶ 건전 음난불 노보수(* 불의 사용에서..)   * **오답**: 주택난방

종류	내 용(요약)

1. 보일러	1. 경유·등유 등 액체연료를 사용하는 경우. (기름보일러를 뜻함.)
	  ① 연료탱크는 보일러 본체로부터 수평거리 1m 이상의 간격을 유지할 것
	  ② 연료탱크로부터 0.5m 이내에 개폐밸브를 설치할 것
	2. 기체연료를 사용하는 경우 (가스 보일러를 뜻함.)
	  ① 연료공급관의 재질은 금속관으로 할 것. ▶ 기금속 ▶ **오답**: 플라스틱관
	  ② 긴급 시 연료를 차단하는 개폐밸브를 연료용기로부터 0.5 m 이내에 설치할 것
	3. 보일러와 벽·천장 사이의 거리는 0.6m 이상으로 할 것

2. 난로	1. 연통은 천장으로부터 (0.6m) 이상, 건물 밖으로부터 (0.6m) 이상 나오도록 설치
	2. <u>이동식난로</u>는 다음의 장소에 사용하여서는 안 된다.
	  (단, 난로가 쓰러지지 아니하도록 받침대로 고정시키거나, 난로가 쓰러지는 경우 즉시 소화되고 연료누출 차단장치가 부착된 경우는 제외.)
	  ① 다중이용업소
	  ② 학원, 독서실 / 박물관, 미술관
	  ③ 숙박업·목욕장업·세탁업영업장 / 영화상영관, 공연장
	  ④ 종합병원·병원·치과병원·한방병원·요양병원·의원·치과의원·한의원, 조산원
	  ⑤ 휴게음식점·일반음식점·단란주점·유흥주점영업장
	  ⑥ 상점가, 가설건축물, 역·터미널 ▶ **오답**: 도서관, 동물병원

3. 건조설비	1. 건조설비와 벽·천장 사이의 거리는 0.5m 이상 유지할 것 2. 건조물품이 열원과 직접 접촉하지 않도록 할 것 3. 실내에 설치하는 경우 벽·천장 또는 바닥은 불연재료로 할 것

■ 불의 사용에 있어서 지켜야 하는 사항 숫자 정리
  • 0.5: 개폐밸브, 건조설비, 배기덕트(* 기준)   ▶ **암기**: 개건배, 벽조연
  • 0.6m: 벽·천장(단, 건조설비 0.5m), 조리기구, 연통. / (• 1m: 보일러, 노주위.)

(*^^ 소방법령은 타 법령에 비해서 꽤 쉬운 법령이다. 숫자는 영단어처럼 익히면 생각보다 많지 않다)

■ 불의 사용에 있어서 지켜야 하는 사항
  불의 사용을 위반 시 1회 50만원, 2회 100만원, 3회 150만원, 4회 200만원의 과태료이다.
  (단, 위반으로 인한 화재 시는 1회 100만원, 2회 150만원, 3회 및 4회는 200만원의 과태료이다)

4. 수소가스를 넣는 기구	1. 다음의 장소에서는 운반하거나 취급하지 말 것. 　공연장, 집회장, 관람장(경마장), 전시장 등 (* 사람 많은 곳) 2. 수소가스를 넣거나 뺄 때 지켜야 할 사항 　① 통풍이 잘 되는 옥외의 장소에서 행할 것 　② 수소가스를 넣을 때 기구 내 수소나 공기를 제거한 후 감압기를 사용 3. 수소가스는 용량 90v% 이상을 유지할 것 4. 각도는 지표면에서 45도 이하, 바람이 초속 7m 이상 불때는 띄우지 말 것	
5. 불꽃 용접·용단기구	－ 불꽃을 사용하는 용접·용단기구 (주의사항) － 1. 용접·용단 작업자로부터 5m 이내에 소화기를 갖출 것 2. 용접·용단 작업장 주변 반경 10m 이내에는 가연물을 쌓아두거나 놓지 말 것 　(단, 가연물의 제거가 곤란하여 방지포 등으로 방호조치를 한 경우는 제외.)	
6. 전기시설	1. 전류가 통하는 전선에는 과전류차단기를 설치할 것 2. 전선의 접속기구는 내열성이 있는 것을 사용할 것	
7. 노·화덕 설비	1. 노, 화덕 주위에 녹는 물질이 확산되지 않도록 높이 0.1m 이상의 턱을 설치 2. 시간당 열량이 30만kcal 이상인 노를 설치하는 경우 　① 주요구조부는 불연재료로 할 것 　② 창문과 출입구는 갑종방화문 또는 을종방화문 설치 　③ 노 주위에는 1m 이상의 공간보유한다. ▶ 노주일	
8. 음식조리를 위하여 설치하는 설비	1. 주방 배기덕트는 0.5mm 이상의 아연도금강판, 내식성 불연재료를 설치할 것 2. 주방에는 동·식물의 기름을 제거할 수 있는 필터를 설치할 것 3. 열을 발생하는 조리기구는 반자나 선반으로부터 0.6m 이상 떨어질 것 4. 열을 발생하는 조리기구로부터 0.15m 이내에 있는 가연성주요구조부는 석면판 또는 단열성이 있는 불연재료로 덮어씌울 것.	

내화구조, 불연재료, 갑종방화문 보충설명

- 내화(耐火)구조는 불에 견딜 수 있는 구조의 철근콘크리트 구조로서 두께가 주로 10cm 이상이며
- 방화(防火)구조는 열·연기를 막을 수 있는 구조로서 주로 2cm 정도의 약 5배 두께의 차이다.
- 불연(不燃)재료는 "불에 타지 않는" 재료로서 석재, 철강, 콘크리트, 알루미늄, 기와 등이며
- 난연(難燃)재료는 "불에 잘 타지 않는" 난연합판, 난연플라스틱 등이다.

　※ 학습 시, 구조는 "내화구조"를, 재료는 "불연재료"를 우선적으로 생각한다.
　　(*^^ 내화·방화는 구조를, 불연·난연은 재료를 말함.) ▶ 내방구조 불난재료

방화문은 "갑종방화문"을 또는 "갑종 또는 을종방화문"을 묻는 문제가 있는데
- 갑종은 화재시 자동으로 닫히는 자동폐쇄식ను, 방화벽, 방화구획, 방화지구 등에 사용되며 그 외는 갑종 또는 을종방화문으로 주로 법령을 상정한다.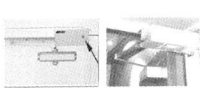

【영 별표 2】 특수가연물의 품명 및 지정수량

특수가연물의 품명과 법에 적용되는 지정수량의 수치는 다음과 같다. [이상]

품 명	지정수량[kg]	품 명		지정수량[kg]
① 면화류	<u>200</u>	⑦ 가연성 고체류		3,000
② 나무껍질 및 대팻밥	400	⑧ 석탄·목탄류		10,000
③ 넝마	1,000	⑨ 가연성 액체류		2m³
④ 볏짚류	1,000	⑩ 목재가공품, 나무부스러기		10[m³]
⑤ 종이부스러기	1,000	⑪ 합 성 수지류	발포된 것	20[m³]
⑥ 사류(실과 누에고치)	1,000		그 밖의 것	3,000

▶ 나대면 나볏자식 석가가 나무포기 (*해설: 사이천 / 만삼이 123)

* **오답**: 유황(황), 유지류, 이황화탄소·디에틸에테르

■ 비고　　　　　　　　　　　　　　　　　　　　　　　②번  ⑩번

1. "면화류"란 불연성·난연성이 <u>아닌</u> 면상 또는 팽이모양의 섬유와 마사(麻絲)원료를 말한다.
2. 넝마, 종이부스러기는 불연성·난연성이 <u>아닌</u> 것(동식물유가 스며있는 옷감·종이 등 포함)
3. "사류"란 불연성·난연성이 <u>아닌</u> 실(실 부스러기와 솜털을 포함)과 누에고치를 말한다.
4. "볏짚류"란 <u>마른 볏짚</u>·마른 북데기와 이들의 제품 및 건초를 말한다. ▶ **오답**: 젖은볏짚
5. "가연성 고체류"란 고체로서 다음의 것을 말한다.
    ① 인화점이 <u>40℃ 이상 100℃ 미만</u>인 것. 예 장뇌(녹나무에서 응축)
    ② 인화점이 100℃ 이상~200℃ 미만이고, 연소열량이 1g당 8kcal 이상인 것. 예 고체파라핀
    ③ 인화점이 200℃ 이상, 연소열량이 1g당 8kca 이상으로 융점이 <u>100℃</u> 미만인 것. 예 아스팔트
    ④ 1기압 20도 초과 40도 이하에서 액상으로 인화점 70℃ 이상 200℃ 미만이거나 ②항 또는 ③항.
6. 석탄·목탄류에는 연탄, 조개탄, 활성탄, 코크스, 석유코크스, 석탄가루를 물에 갠 것. ▶ 탄탄탄
7. "가연성 액체류"란 다음의 것을 말한다.
    ① 1기압과 20℃ 이하에서 액상인 것으로서 가연성 액체량이 40중량% 이하이면서 <u>인화점이 40℃ 이상 70℃ 미만이고 연소점이 60℃ 이상</u>인 물품. (* 이하 원문 혹은 p55 참고)
8. "합성수지류"란 불연·난연성이 아닌 고체의 합성수지제품, 합성수지반제품, 원료합성수지, 합성수지부스러기(고무제품, 고무반제품, 원료고무, 고무부스러기 포함)를 말한다.
    (다만, 합성수지의 섬유·옷감·종이 및 실과 이들의 넝마와 부스러기를 <u>제외</u>한다.)

■ 비고 요약*
    ① "<u>볏짚류</u>"란 마른 볏짚·마른 북데기와 이들의 제품 및 건초를 말한다. ▶ **오답**: 젖은볏짚
    ② 석탄·목탄류: 연탄, 조개탄, 활성탄, <u>코크스</u>, 석유코크스, 석탄가루를 물에 갠 것. ▶ 탄탄탄
    ③ 가연성 고체류: 인화점이 40℃ 이상 100℃ 미만인 것과 이 외의 조건 등을 말함.
        (* <u>40℃</u> 미만에서 불이 붙는 물질은 더 위험하니 제2류 위험물 중 인화성고체로 분류한다.)
        (*^^ ② 나무껍질은 얇은 나무조각이고 ⑩ 나무부스러기는 가루형태여서 단위가 [m³]이다.)

【영 별표 3】 과태료 부과기준

1. 일반기준 (* 일반기준은 소방의 4대법령이 같다는 뜻이다.)
    ① 과태료부과권자는 50/100까지 경감 부과할 수 있다. (*1년에 2회 이상 위반한 자는 제외.)
    ② 위반행위의 횟수에 따른 과태료의 가중된 부과기준은 최근 1년간 같은 위반행위로 부과처분을 받은 경우에 적용한다. (이 경우 기간의 계산은 위반행위에 대하여 과태료 부과처분을 받은 날과 그 처분 후 다시 같은 위반행위를 하여 적발된 날을 기준으로 한다.)
    ③ ②항에 따라 가중된 부과처분을 하는 경우 가중처분의 적용 차수는 그 위반행위 전 부과처분 차수(②항의 기간에 부과처분이 둘 이상 있었던 경우는 높은 차수)의 다음 차수로 한다.
2. 개별기준* (* 개별기준은 소방의 4대법령이 다르다는 뜻이다.)

위반 행위	과태료 금액(단위: 만원)
① 화재경계지구내의 소방용수시설·소화기구 및 설비 등의 설치명령을 위반한 경우 ② 불의 사용에 있어서 지켜야할 사항을 위반한 경우 (* 위반행위로 말미암아 화재가 발생하지 <u>않은</u> 경우)	1회: 50 2회: 100 3회: 150 4회 이상: 200
③ <u>화재</u> 출입·<u>조사</u> 명령에 위반하여 보고 또는 자료제출을 하지 않거나 거짓으로 보고 또는 자료제출 한 경우	▶ 웅소불화
④ 전용구역에 주차하거나 진입을 가로막는 등 방해행위를 한 경우	1회: 50, 2회~4회: 100
⑤ 화재 또는 구조·구급의 상황을 허위로 알린 경우(**개정 예정**) ⑥ 불의 사용에 있어서 지켜야 하는 사항 위반한 경우 (* 위반행위로 말미암아 <u>화재가 발생한</u> 경우)	1회: 100 2회: 150 3회: 200 4회 이상: 200
⑦ 특수가연물의 저장·취급을 위반한 경우 ▶ 이오백백(* 이태백) / * "특수~" 하게 1회가 20만원	1회: 20 2회: 50 3회: 100 4회 이상: 100
⑧ 소방자동차 출동(사이렌)에 지장을 준 경우(제21조③항) ⑨ 소방활동구역 출입·제한을 위반한 경우(제23조①항)	1회: 100만 원
⑩ 한국소방안전원 또는 이와 유사한 명칭을 사용한 자	1회: 200만 원

■ 습관 이야기

조사에 의하면 3%는 왼손잡이이고, 나머지는 오른손잡이이다.
그런데 갓난아이의 경우 통계는 오른손잡이는 17% 왼손잡이는 3%이며 나머지 80%는 좌·우 양손을 다 쓸 수 있었다는 것이다. 그러다가 성인이 되면 거의 오른손을 쓰는데 이것은 주위환경이 오른손을 쓰기에 편리했기 때문이다. 유명한 왼손잡이는 독일의 작곡가 바흐, 영국의 채플린과 토마스 카알라, 이태리의 레오나르도 다빈치이다. 이들은 처음부터 왼손잡이로서 여생을 마친 사람들이다. "습관이 무섭다"라는 말은 우리는 실생활에서 표현하기도 하는데 그러한 습관을 책으로 옮겨보자.
"항상 책을 가까이 하는 습관을 기르자. 독서도 습관에 익숙해지면 평생이 취미가 될 수 있다."

09 소방기본법 시행규칙 별표

【시행규칙 별표 2】 소방용수표지*

1. 지하의 소화전, 저수조 소방용수표지는 다음과 같다.

   ① 맨홀뚜껑은 지름 648mm 이상의 것으로 할 것
      (다만, 승하강식 소화전의 경우 이를 적용하지 아니한다.)
   ② 맨홀뚜껑에는 "소화전 주정차금지" 또는 "저수조 주정차금지"의 표시를 할 것
   ③ 맨홀뚜껑 부근에는 황색 반사도료로 폭 15cm의 선을 그 둘레를 따라 칠할 것
      ▶ 648 소주 저주(* 맨홀뚜껑위 648원에 소주를 저주세요)
      (*^^ 맨홀 지름은 65cm이다. 뚜껑 지름은 맨홀 안으로 들어가서 덮이므로 64.8cm이다.)

2. 급수탑 및 지상의 소화전, 저수조 소방용수표지는 다음과 같다.
   ① 안쪽 바탕은 적색, 안쪽 문자는 백색 / 바깥쪽 바탕은 청색, 바깥쪽 문자는 황색으로 하고 반사재료를 사용한다. ▶ 붉은백수 청나라 황제
   (*^^ 안쪽 적색바탕은 불의 상징, 백색이 잘 보이며 / 바깥쪽 청색바탕은 물의 상징, 황색이 잘 보임)

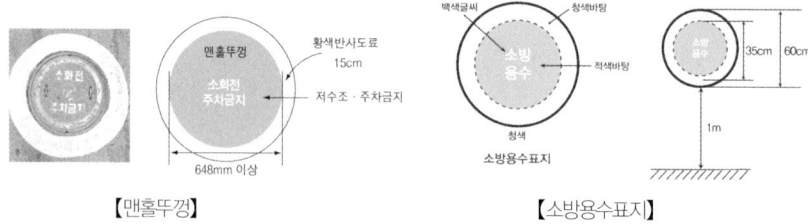

【맨홀뚜껑】   【소방용수표지】

 맨홀 이야기

- 맨홀뚜껑은 땅속에 묻은 소화전이나 수도관·하수관·지하 케이블 등을 검사하거나 청소하기 위해 드나들 수 있게 만든 구멍의 뚜껑이다. 맨홀뚜껑의 지름 648mm 이상이라는 숫자는 맨홀 구멍이 650mm 이상이며 그 뚜껑은 구멍 위로 덮어서 돌출되지 않고 평평하게 구멍 안으로 들어가므로 648mm가 된다. 즉, 맨홀 구멍의 두께가 양쪽으로 2mm가 된다는 뜻이다.
- 맨홀뚜껑 부근에는 황색 반사도료로 폭 15cm의 선을 그 둘레를 따라 칠할 것이라는 뜻은 "소화전 주차금지"를 읽기위해서 황색이 근거리에서는 인간의 눈에 가장 잘 띄기 때문이고 또한 폭이 15cm, 연결금속구가 65mm는 숫자가 더 크면 안 되기 때문에 "이상"이 아니라는 점에도 유의한다.

【시행규칙 별표 3】 소방용수시설의 설치기준*

소방용수시설의 설치기준은 다음과 같다.*
1. 소방대상물과 수평거리 100m 이하: 주거지역, 상업지역, 공업지역
2. 소방대상물과 수평거리 140m 이하: 기타 지역
   ▶ 주상공백 (* 주거, 상업, 공업은 100m 이하)

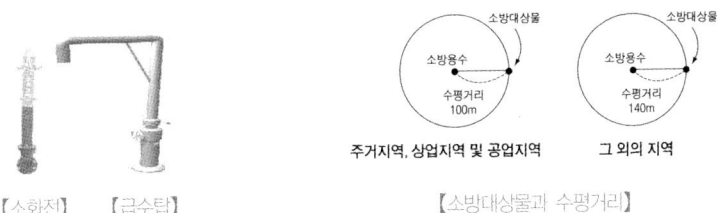

【소화전】 【급수탑】 　　　　【소방대상물과 수평거리】

3. 소화전 설치기준
   상수도와 연결하여 지하식 또는 지상식의 구조로 하고, 소방용호스와 연결하는
   소화전의 연결금속구의 구경은 65mm로 할 것.(* 65mm 이상 아님)

4. 급수탑 설치기준
   ① 급수배관구경은 100mm 이상으로 한다.
   ② 개폐밸브는 1.5m 이상 ~ 1.7m 이하에 설치한다.

5. 저수조 설치기준**
   ① 지면으로부터 낙차가 4.5m 이하일 것
   ② 흡수부분의 수심이 0.5m 이상일 것
   ③ 흡수관*투입구가 사각형인 경우엔 한 변의 길이가, 원형의 경우엔 지름이 60cm 이상일 것
   ④ 저수조에 물을 공급하는 방법은 상수도에 연결하여 자동으로 급수되는 구조일 것
   ⑤ 흡수에 지장이 없도록 토사 및 쓰레기 등을 제거할 수 있는 설비를 갖출 것

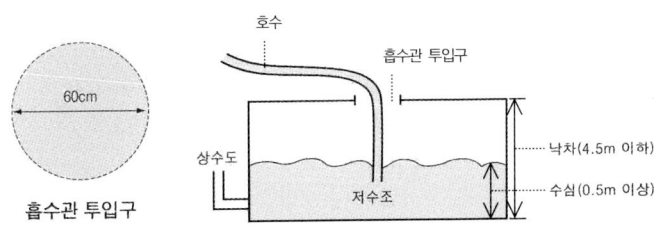

*흡수관: 저수조의 물을 흡수하기 위한 호스(수관)를 말함.

• 보충수업 공간

【시행규칙 별표 4】 소방신호의 종류와 방법 (암기학습)

종별	신호방법	타종신호	사이렌신호
1. 발화신호		난타	5초 간격을 두고 5초씩 3회
2. 해제신호		상당한 간격을 두고 1타씩 반복	1분간 1회
3. 경계신호		1타와 연 2타를 반복	5초 간격을 두고 30초씩 3회
4. 훈련신호		연 3타 반복	10초 간격을 두고 1분씩 3회

먼저 타종과 사이렌의 2가지 유별을 구분하며, / 긴급순서는 <u>발화-경계-훈련-해제</u> 순이다.

① 타종 시
- 발화: 불이 났으니 난타이고,
- 해제: 해제니 상당한 간격이 된다.
- 경계: 화재의 위험경보니까 1타와 연 2타 반복
- 훈련: 경계보다 급하지 않으니 연 3타 된다.

② 사이렌 시
- 발화: 불이 났으니 5, 5, 3 전법이고,
- 해제: 해제니 1분 간격이라는 문자를 익힌다.
- 경계: 화재 위험경보이니까 5초 간격이며,
- 훈련: 경계보다 급하지 않으니 10초가 된다.

■ 피교육자의 입장에서 수업은
1. 듣기 즉 교육자의 강의에 90% 가까이 청강을 놓치지 말아야 한다.
2. 쓰기 즉 자기만의 메모(memo) 방식을 간략하게 강의도중 삽입하도록 한다.
3. 읽기 즉 그날 들은 강의는 그날 빠지지 않고 복습하는 습관을 놓치지 않도록 한다.

■ 교육자의 입장에서 강의는
1. 선별을 정확히 할 수 있어야 하며,
2. 전달을 피교육자 수준에 맞게 쉽게 할 수 있어야 하며,
3. 교재를 보지 않고 담당 과목에 대한 지식을 말할 수 있어야 한다.

☞ 핵심이론에서 100% 기출되더라도 핵심이론으로는 부연설명에 따른 개념이 잡히지 않기 때문에 고득점이 어렵다. 핵심학습 이후 원문의 <u>고딕체</u>와 <u>밑줄부분</u>을 Reading 하여야 한다.

소방기본법 주요기출 시험흐름 파악하기

기출 1 다음 중 화재의 원인조사의 종류가 아닌 것은? [빈출 문제]

① 연소상황조사   ② 인명피해조사   ③ 피난상황조사   ④ 소방시설등조사

해설: 화재조사는 원인조사와 피해조사로 구분한다. 인명피해조사는 피해조사이다.(기본법 칙 별표5) // ②

기출 2 특수가연물에서 "가연성 고체류"의 조건이 아닌 것은? [2016 중앙 유사]

① 인화점이 40℃~100℃ 미만인 것
② 인화점이 100℃~200℃ 미만이고, 연소열량이 1그램당 8 kcal 이상인 것
③ 인화점이 200℃ 이상이고 연소열량이 8 kcal/g 이상인 것으로서 융점이 100℃ 미만인 것
④ 1기압과 20℃ 초과 40℃ 이하에서 액상인 것으로 인화점이 섭씨 70℃~200℃ 미만이거나 ②③번에 해당되지 않는 것.

해설: 1기압과 20℃ 초과 40℃ 이하에서 액상인 것으로 인화점이 70℃~200℃ 미만이거나 ②③번(= 연소열량이 8 kcal/g 이상인 것으로서 융점이 100℃ 미만인 것)에 해당되는 것.) (기본법 영 별표2) // ④
(* 상압, 상온 = 1atm, 20℃ 전후 = NTP) (*상온은 법적 명시는 없지만 20℃ 전후를 말한다.)

```
                    ①         ② (연소열량8)   ③ (연소열량8, 융점100)
가연성 고체류 ⇨   40℃   →    100℃    →    200℃    →
```

(*^^ 법령에서 온도는 상온이 20℃, 국내 최고온도 40℃, 물의 비점 100℃를 기준으로 주로 만듦)

기출 특수가연물에서 "가연성 액체류"의 조건이 아닌 것은?

① 1기압과 섭씨 20도 이하에서 액상인 것으로서 가연성 액체량이 40중량퍼센트 이하이면서 인화점이 섭씨 40도 이상 섭씨 70도 미만이고 연소점이 섭씨 60도 이상인 물품
② 1기압과 섭씨 20도에서 액상인 것으로서 가연성 액체량이 40중량퍼센트 이하이고 인화점이 섭씨 70도 이상 섭씨 250도 미만인 물품
③ 동물의 기름기와 살코기 또는 식물의 씨나 과일의 살로부터 추출한 것으로서 1기압과 섭씨 20도에서 액상이고 인화점이 250도 미만인 것으로서 「위험물안전관리법」 제20조제1항의 규정에 의한 용기기준과 수납·저장기준에 적합하고 용기외부에 물품명·수량 및 "화기엄금" 등의 표시를 하지 아니한 것
④ 동물의 기름기와 살코기 또는 식물의 씨나 과일의 살로부터 추출한 것으로서 1기압과 섭씨 20도에서 액상이고 인화점이 섭씨 250도 이상인 것

해설: 동물의 기름기와 살코기 또는 식물의 씨나 과일의 살로부터 추출한 것으로서 1기압과 섭씨 20도에서 액상이고 인화점이 250도 미만인 것으로서 「위험물안전관리법」 제20조제1항의 규정에 의한 용기기준과 수납·저장기준에 적합하고 용기외부에 물품명·수량 및 "화기엄금" 등의 표시를 한 것 (* 표시를 하지 아니한 것은 위험하니 「위험물안전관리법」에 의하여 특수가연물이 아닌 "위험물"로 취급한다. // ③

제 1 편

소방기본법(원문) 40p

시행령·시행규칙·별표

(* 별표 중 중요도 낮은 것은 요약되었으니 법제처에서 찾아주세요)

http://www.moleg.go.kr/main.html

01편 소방기본법 40p

▶ 출제자들이 선호했던 소방관계시험의 중요문제 조항은 그 (법조항) 밑에, 단어 문제는 그 문장의 단어 밑에 **고딕체** 및 <u>밑줄</u>로서 선별하였습니다.
※ 기본법 질문: 소방청(소방정책과) 044-205-7217 외 메일

제1편 소방기본법(원문)

법 개정 2020.10.20 법률 제17517호

시행령
개정 2020.3.10 대통령령 제30515호

시행규칙
개정 2020.2.20 행정안전부령 제160호

제1장 총 칙

제1조 (목적)

이 법은 화재를 예방·경계하거나 진압하고 화재, 재난, 재해 그 밖의 위급한 상황에서의 구조·구급 활동 등을 통하여 국민의 생명·신체 및 재산을 보호함으로써 공공의 안녕 및 질서 유지와 복리증진에 이바지함을 목적으로 한다. 〈개정 2011.5.30〉

> **영** 제1조 (목적)
> 이 영은 「소방기본법」에서 위임된 사항과 그 시행에 관하여 필요한 사항을 규정함을 목적으로 한다.
>
> **칙** 제1조 (목적)
> 이 규칙은 「소방기본법」 및 같은 법 시행령에서 위임된 사항과 그 시행에 관하여 필요한 사항을 규정함을 목적으로 한다.

제2조 (정의)

이 법에서 사용하는 용어의 뜻은 다음과 같다. 〈개정 2011.5.30〉

1. "소방대상물"이란 건축물, 차량, 선박(선박법 제1조의2 제1항에 따른 선박으로서 항구에 매어둔 선박만 해당한다), 선박건조구조물, 산림 그 밖의 인공구조물 또는 물건을 말한다.
2. "관계지역"이란 소방대상물이 있는 장소 및 이웃 지역으로서 화재의 예방·경계·진압, 구조·구급 등의 활동에 필요한 지역을 말한다.
3. "관계인"이란 소방대상물의 소유자·관리자 또는 점유자를 말한다.
4. "소방본부장"이란 특별시·광역시·특별자치시·도 또는 특별자치도(이하 "시·도"라 한다)에서 화재의 예방·경계·진압·조사 및 구조·구급 등의 업무를 담당하는 부서의 장을 말한다.
5. "소방대(消防隊)"란 화재를 진압하고 화재, 재난, 재해 그 밖의 위급한 상황에서 구조·구급 활동 등을 하기 위하여 다음 각 목의 사람으로 구성된 조직체를 말한다.
   가. 「소방공무원법」에 따른 소방공무원
   나. 「의무소방대설치법」 제3조에 따라 임용된 의무소방원(義務消防員)
   다. 「의용소방대 설치 및 운영에 관한 법률」에 따른 의용소방대원(義勇消防隊員)
6. "소방대장(消防隊長)"이란 소방본부장 또는 소방서장 등 화재, 재난, 재해 그 밖의 위급한 상황이 발생한 현장에서 소방대를 지휘하는 사람을 말한다.

제2조의2 (국가와 지방자치단체의 책무)

국가와 지방자치단체는 화재, 재난·재해, 그 밖의 위급한 상황으로부터 국민의 생명·신체 및 재산을 보호하기 위하여 필요한 시책을 수립·시행하여야 한다.

제3조 (소방기관의 설치 등)

① 시·도의 화재 예방·경계·진압 및 조사, 소방안전교육·홍보와 화재, 재난, 재해 그 밖의 위급한 상황에서의 구조·구급 등의 업무(이하 "소방업무"라 한다)를 수행하는 소방기관의 설치에 필요한 사항은 <U>대통령령</U>으로 정한다.
② 소방업무를 수행하는 소방본부장 또는 소방서장은 그 소재지를 관할하는 특별시장·광역시장·특별자치시장·도지사 또는 특별자치도지사(이하 "<U>시·도지사</U>"라 한다)의 지휘와 감독을 받는다.
③ 제2항에도 불구하고 소방청장은 화재 예방 및 대형 재난 등 필요한 경우 시·도 소방본부장 및 소방서장을 지휘·감독할 수 있다.
④ 시·도에서 소방업무를 수행하기 위하여 시·도지사 직속으로 소방본부를 둔다

제3조의2 (소방공무원의 배치)

제3조제1항의 소방기관 및 같은 조 제4항의 소방본부에는 「지방자치단체에 두는 국가공무원의 정원에 관한 법률」에도 불구하고 대통령령으로 정하는 바에 따라 소방공무원을 둘 수 있다.

제3조의3 (다른 법률과의 관계)

제주특별자치도에는 「제주특별자치도 설치 및 국제자유도시 조성을 위한 특별법」 제44조에도 불구하고 같은 법 제6조제1항 단서에 따라 이 법 제3조의2를 우선하여 적용한다.

제4조 (119종합상황실의 설치와 운영)

① 소방청장, 소방본부장 및 소방서장은 화재, 재난, 재해 그 밖에 구조·구급이 필요한 상황이 발생하였을 때에 신속한 소방활동(소방업무를 위한 모든 활동을 말한다. 이하 같다)을 위한 정보의 수집·분석과 판단·전파, 상황관리, 현장 지휘 및 조정통제 등의 업무를 수행하기 위하여 119종합상황실을 설치·운영하여야 한다. 〈개정 2014.12.30〉
② 제1항에 따른 119종합상황실의 설치·운영에 필요한 사항은 행정안전부령으로 정한다.

칙 제2조 (종합상황실의 설치·운영)
① 「소방기본법」(이하 "법"이라 한다) 제4조제2항의 규정에 의한 종합상황실은 소방청과 특별시·광역시·특별자치시·도 또는 특별자치도(이하 "시·도"라 한다)의 소방본부 및 소방서에 각각 설치·운영하여야 한다.
② 소방청장, 소방본부장 또는 소방서장은 신속한 소방활동을 위한 정보를 수집·전파하기 위하여 종합상황실에 「소방력 기준에 관한 규칙」에 의한 전산·통신요원을 배치하고, 소방청장이 정하는 유·무선통신시설을 갖추어야 한다.
③ 종합상황실은 24시간 운영체제를 유지하여야 한다.

제3조 (종합상황실의 실장의 업무 등)

① 종합상황실의 실장[종합상황실에 근무하는 자 중 최고직위에 있는 자(최고직위에 있는 자가 2인 이상인 경우에는 선임자)를 말한다. 이하 같다]은 다음 각 호의 업무를 행하고, 그에 관한 내용을 기록·관리하여야 한다.
  1. 화재, 재난·재해 그 밖에 구조·구급이 필요한 상황(이하 "재난상황"이라 한다)의 발생의 신고접수
  2. 접수된 재난상황을 검토하여 가까운 소방서에 인력 및 장비의 동원을 요청하는 등의 사고수습
  3. 하급소방기관에 대한 출동지령 또는 동급 이상의 소방기관 및 유관기관에 대한 지원요청
  4. 재난상황의 전파 및 보고
  5. 재난상황이 발생한 현장에 대한 지휘 및 피해현황의 파악
  6. 재난상황의 수습에 필요한 정보수집 및 제공

② 종합상황실의 실장은 다음 각호의 1에 해당하는 상황이 발생하는 때에는 그 사실을 지체 없이 별지 제1호서식에 의하여 서면·모사전송 또는 컴퓨터통신 등으로 소방서의 종합상황실의 경우는 소방본부의 종합상황실에, 소방본부의 종합상황실의 경우는 소방청의 종합상황실에 각각 보고하여야 한다.
  1. 다음 각 목의 1에 해당하는 화재
     가. 사망자가 5인 이상 발생하거나 사상자가 10인 이상 발생한 화재
     나. 이재민이 100인 이상 발생한 화재
     다. 재산피해액이 50억 원 이상 발생한 화재
     라. 관공서·학교·정부미도정공장·문화재·지하철 또는 지하구의 화재
     마. 관광호텔, 층수(「건축법 시행령」제119조제1항제9호의 규정에 따라 산정한 층수를 말한다. 이하 이 목에서 같다)가 11층 이상인 건축물, 지하상가, 시장, 백화점, 「위험물안전관리법」제2조제2항의 규정에 의한 지정수량의 3천배 이상의 위험물의 제조소·저장소·취급소, 층수가 5층 이상이거나 객실이 30실 이상인 숙박시설, 층수가 5층 이상이거나 병상이 30개 이상인 종합병원·정신병원·한방병원·요양소, 연면적 1만5천㎡ 이상인 공장 또는 소방기본법 시행령(이하 "영"이라 한다) 제4조제1항 각 목에 따른 화재경계지구에서 발생한 화재
     바. 철도차량, 항구에 매어둔 총 톤수가 1천톤 이상인 선박, 항공기, 발전소 또는 변전소에서 발생한 화재
     사. 가스 및 화약류의 폭발에 의한 화재
     아. 「다중이용업소의 안전관리에 관한 특별법」 제2조에 따른 다중이용업소의 화재
  2. 「긴급구조대응활동 및 현장지휘에 관한 규칙」에 의한 통제단장의 현장지휘가 필요한 재난상황
  3. 언론에 보도된 재난상황
  4. 그 밖에 소방청장이 정하는 재난상황

③ 종합상황실 근무자의 근무방법 등 종합상황실의 운영에 관하여 필요한 사항은 종합상황실을 설치하는 소방청장, 소방본부장 또는 소방서장이 각각 정한다.

제5조 (소방박물관 등의 설립과 운영)

① 소방의 역사와 안전문화를 발전시키고 국민의 안전의식을 높이기 위하여 소방청장은 소방박물관을, 시·도지사는 소방체험관(화재 현장에서의 피난 등을 체험할 수 있는 체험관을 말한다. 이하 이 조에서 같다)

을 설립하여 운영할 수 있다.
② 제1항에 따른 소방박물관의 설립과 운영에 필요한 사항은 행정안전부령으로, 소방체험관의 설립과 운영에 필요한 사항은 행정안전부령으로 정하는 기준에 따라 시·도의 조례로 정한다.

칙 제4조(소방박물관의 설립과 운영)
① 소방청장은 법 제5조제2항의 규정에 따라 소방박물관을 설립·운영하는 경우에는 소방박물관에 소방박물관장 1인과 부관장 1인을 두되, 소방박물관장은 소방공무원 중에서 소방청장이 임명한다.
② 소방박물관은 국내·외의 소방의 역사, 소방공무원의 복장 및 소방장비 등의 변천 및 발전에 관한 자료를 수집·보관 및 전시한다.
③ 소방박물관에는 그 운영에 관한 중요한 사항을 심의하기 위하여 7인 이내의 위원으로 구성된 운영위원회를 둔다.
④ 제1항의 규정에 따라 설립된 소방박물관의 관광업무·조직·운영위원회의 구성 등에 관하여 필요한 사항은 소방청장이 정한다.

칙 제4조의2(소방체험관의 설립 및 운영)
① 법 제5조제1항에 따라 설립된 소방체험관(이하 "소방체험관"이라 한다)은 다음 각 호의 기능을 수행한다. [본조신설 2017.7.6.]
  1. 재난 및 안전사고 유형에 따른 예방, 대처, 대응 등에 관한 체험교육(이하 "체험교육"이라 한다)의 제공
  2. 체험교육 프로그램의 개발 및 국민 안전의식 향상을 위한 홍보·전시
  3. 체험교육 인력의 양성 및 유관기관·단체 등과의 협력
  4. 그 밖에 체험교육을 위하여 시·도지사가 필요하다고 인정하는 사업의 수행
② 법 제5조제2항에서 "행정안전부령으로 정하는 기준"이란 별표 1에 따른 기준을 말한다.

제6조(소방업무에 관한 종합계획의 수립·시행 등)
① 소방청장은 화재, 재난·재해, 그 밖의 위급한 상황으로부터 국민의 생명·신체 및 재산을 보호하기 위하여 소방업무에 관한 종합계획(이하 이 조에서 "종합계획"이라 한다)을 5년마다 수립·시행하여야 하고, 이에 필요한 재원을 확보하도록 노력하여야 한다.
② 종합계획에는 다음 각 호의 사항이 포함되어야 한다.
  1. 소방서비스의 질 향상을 위한 정책의 기본방향
  2. 소방업무에 필요한 체계의 구축, 소방기술의 연구·개발 및 보급
  3. 소방업무에 필요한 장비의 구비
  4. 소방전문인력 양성   5. 소방업무에 필요한 기반조성
  6. 소방업무의 교육 및 홍보(제21조에 따른 소방자동차의 우선 통행 등에 관한 홍보를 포함한다)
  7. 그 밖에 소방업무의 효율적 수행을 위하여 필요한 사항으로서 대통령령으로 정하는 사항
③ 소방청장은 제1항에 따라 수립한 종합계획을 관계 중앙행정기관의 장, 시·도지사에게 통보하여야 한다.
④ 시·도지사는 관할 지역의 특성을 고려하여 종합계획의 시행에 필요한 세부계획(이하 이 조에서 "세부계획"이라 한다)을 매년 수립하여 소방청장에게 제출하여야 하며, 세부계획에 따른 소방업무를 성실히

수행하여야 한다.
⑤ 소방청장은 소방업무의 체계적 수행을 위하여 필요한 경우 제4항에 따라 시·도지사가 제출한 세부계획의 보완 또는 수정을 요청할 수 있다.
⑥ 그 밖에 종합계획 및 세부계획의 수립·시행에 필요한 사항은 대통령령으로 정한다.

영 제1조의2 (소방업무에 관한 종합계획 및 세부계획의 수립·시행)
① 소방청장은「소방기본법」(이하 "법"이라 한다) 제6조제1항에 따른 소방업무에 관한 종합계획을 관계 중앙행정기관의 장과의 협의를 거쳐 계획 시행 전년도 10월 31일까지 수립하여야 한다.
② 법 제6조 제2항 제7호에서 "대통령령으로 정하는 사항"이란 다음 각 호의 사항을 말한다.
  1. 재난·재해 환경 변화에 따른 소방업무에 필요한 대응 체계 마련
  2. 장애인, 노인, 임산부, 영유아 및 어린이 등 이동이 어려운 사람을 대상으로 한 소방활동에 필요한 조치
③ 특별시장·광역시장·특별자치시장·도지사 또는 특별자치도지사(이하 "시·도지사"라 한다)는 법 제6조제4항에 따른 종합계획의 시행에 필요한 세부계획을 계획 시행 전년도 12월 31일까지 수립하여 소방청장에게 제출하여야 한다. 〈개정 2016.6.26〉

제7조 (소방의 날 제정과 운영 등)
① 국민의 안전의식과 화재에 대한 경각심을 높이고 안전문화를 정착시키기 위하여 매년 11월 9일을 소방의 날로 정하여 기념행사를 한다.
② 소방의 날 행사에 관하여 필요한 사항은 소방청장 또는 시·도지사가 따로 정하여 시행할 수 있다.
③ 소방청장은 다음 각 호의 해당하는 사람을 명예직 소방대원으로 위촉할 수 있다.
  1. 「의사상자 등 예우 및 지원에 관한 법률」제2조에 따른 의사상자(義死傷者)로서 같은 법 제3조제3호 또는 제4호에 해당하는 사람
  2. 소방행정 발전에 공로가 있다고 인정되는 사람

제2장 소방장비 및 소방용수시설 등

제8조 (소방력의 기준 등)
① 소방기관이 소방업무를 수행하는 데에 필요한 인력과 장비 등[이하 "소방력(消防力)"이라 한다]에 관한 기준은 행정안전부령으로 정한다.
② 시·도지사는 제1항에 따른 소방력의 기준에 따라 관할구역의 소방력을 확충하기 위하여 필요한 계획을 수립하여 시행하여야 한다. 〈개정 2011.5.30〉
③ 소방자동차 등 소방장비의 분류·표준화와 그 관리 등에 필요한 사항은 따로 법률에서 정한다.

제9조 (소방장비 등에 대한 국고보조)
① 국가는 소방장비의 구입 등 시·도의 소방업무에 필요한 경비의 일부를 보조한다.
② 제1항에 따른 보조대상사업의 범위와 기준보조율은 대통령령으로 정한다.

영 제2조 (국고보조의 대상사업의 범위와 기준보조율)
① 법 제9조제2항에 따른 국고보조 대상사업의 범위는 다음 각 호와 같다.
　1. 다음 각 목의 소방활동장비와 설비의 구입 및 설치
　　가. 소방자동차
　　나. 소방헬리콥터 및 소방정
　　다. 소방전용통신설비 및 전산설비
　　라. 그 밖에 방화복 등 소방활동에 필요한 소방장비
　2. 소방관서용 청사의 건축(「건축법」 제2조제1항 제8호에 따른 건축을 말한다.)
② 제1항제1호에 따른 소방활동장비 및 설비의 종류와 규격은 행정안전부령으로 정한다.
③ 제1항에 따른 국고보조 대상사업의 기준보조율은 「보조금 관리에 관한 법률 시행령」에서 정하는 바에 따른다.

칙 제5조 (소방활동장비 및 설비의 규격 및 종류와 기준가격)
① 영 제2조제2항의 규정에 의한 국고보조의 대상이 되는 소방활동장비 및 설비의 종류 및 규격은 별표 1의2와 같다.
② 영 제2조제2항의 규정에 의한 국고보조산정을 위한 기준가격은 다음 각 호와 같다.
　1. 국내조달품: 정부고시가격
　2. 수입물품: 조달청에서 조사한 해외시장의 시가
　3. 정부고시가격 또는 조달청에서 조사한 해외시장의 시가가 없는 물품: 2 이상의 공신력 있는 물가조사기관에서 조사한 가격의 평균가격

제10조 (소방용수시설의 설치 및 관리 등)
① 시·도지사는 소방활동에 필요한 소화전(消火栓)·급수탑(給水塔)·저수조(貯水槽)(이하 "소방용수시설"이라 한다)를 설치하고 유지·관리하여야 한다. 다만, 「수도법」 제45조에 따라 소화전을 설치하는 일반수도사업자는 관할 소방서장과 사전협의를 거친 후 소화전을 설치하여야 하며, 설치 사실을 관할 소방서장에게 통지하고, 그 소화전을 유지·관리하여야 한다. 〈개정 2011.3.8〉
② 시·도지사는 제21조제1항에 따른 소방자동차의 진입이 곤란한 지역 등 화재발생 시에 초기 대응이 필요한 지역으로서 대통령령으로 정하는 지역에 소방호스 또는 호스 릴 등을 소방용수시설에 연결하여 화재를 진압하는 시설이나 장치(이하 "비상소화장치"라 한다)를 설치하고 유지관리할 수 있다.
③ 제1항에 따른 소방용수시설과 제2항의 비상소화장치의 설치기준은 행정안전부령으로 정한다.

영 제2조의2 (비상소화장치의 설치대상지역)
법 제10조제2항에서 "대통령령으로 정하는 지역"이란 다음 각 호의 어느 하나에 해당하는 지역을 말한다.[본조신설 2018.6.26]
　1. 법 제13조제1항에 따라 지정된 화재경계지구
　2. 시·도지사가 법 제10조 제2항에 따른 비상소화장치의 설치가 필요하다고 인정하는 지역

칙 제6조 (소방용수시설 및 비상소화장치의 설치기준)
① 특별시·광역시·특별자치시·도 또는 특별자치도(이하 "시·도"라 한다)는 법 제10조제1항의 규정에 따라 설치된 소방용수시설에 대하여 별표 2의 소방용수표지를 보기 쉬운 곳에 설치하여야 한다.

② 법 제10조제1항에 따른 소방용수시설의 설치기준은 별표 3과 같다.
③ 법 제10조제2항에 따른 비상소화장치의 설치기준은 다음 각 호와 같다.[본항신설 2018.6.26]
  1. 비상소화장치는 비상소화장치함, 소화전, 소방호스(소화전의 방수구에 연결하여 소화용수를 방수하기 위한 도관으로서 호스와 연결금속구로 구성되어 있는 소방용릴호스 또는 소방용고무내장호스를 말한다), 관창(소방호스용 연결금속구 또는 중간연결금속구 등의 끝에 연결하여 소화용수를 방수하기 위한 나사식 또는 차입식 토출기구를 말한다)을 포함하여 구성할 것
  2. 소방호스 및 관창은 「화재예방, 소방시설 설치·유지 및 안전관리에 관한 법률」 제36조제5항에 따라 소방청장이 정하여 고시하는 형식승인 및 제품검사의 기술기준에 적합한 것으로 설치할 것
  3. 비상소화장치함은 「화재예방, 소방시설 설치·유지 및 안전관리에 관한 법률」 제39조제4항에 따라 소방청장이 정하여 고시하는 성능인증 및 제품검사의 기술기준에 적합한 것으로 설치할 것
④ 제3항에서 규정한 사항 외에 비상소화장치의 설치기준에 관한 세부 사항은 소방청장이 정한다.

칙 제7조 (소방용수시설 및 지리조사)
① 소방본부장 또는 소방서장은 원활한 소방활동을 위하여 다음 각 호의 조사를 월 1회 이상 실시하여야 한다.
  1. 법 제10조의 규정에 따라 설치된 소방용수시설에 대한 조사
  2. 소방대상물에 인접한 도로의 폭·교통상황, 도로주변의 토지의 고저·건축물의 개황 그 밖의 소방활동에 필요한 지리에 대한 조사
② 제1항의 조사결과는 전자적 처리가 불가능한 특별한 사유가 없으면 전자적 처리가 가능한 방법으로 작성·관리하여야 한다.
③ 제1항제1호의 조사는 별지 제2호서식에 의하고, 제1항 제2호의 조사는 별지 제3호 서식에 의하되, 그 조사결과를 2년간 보관하여야 한다.

제11조 (소방업무의 응원)

① 소방본부장이나 소방서장은 소방활동을 할 때에 긴급한 경우에는 이웃한 소방본부장 또는 소방서장에게 소방업무의 응원(應援)을 요청할 수 있다.
② 제1항에 따라 소방업무의 응원 요청을 받은 소방본부장 또는 소방서장은 정당한 사유 없이 그 요청을 거절하여서는 아니 된다.
③ 제1항에 따라 소방업무의 응원을 위하여 파견된 소방대원은 응원을 요청한 소방본부장 또는 소방서장의 지휘에 따라야 한다.
④ 시·도지사는 제1항에 따라 소방업무의 응원을 요청하는 경우를 대비하여 출동 대상지역 및 규모와 필요한 경비의 부담 등에 관하여 필요한 사항을 행정안전부령으로 정하는 바에 따라 이웃하는 시·도지사와 협의하여 미리 규약(規約)으로 정하여야 한다.

칙 제8조 (소방업무의 상호응원협정)
법 제11조제4항의 규정에 따라 시·도지사는 이웃하는 다른 시·도지사와 소방업무에 관하여 상호응원협정을 체결하고자 하는 때에는 다음 각 호의 사항이 포함되도록 하여야 한다.
  1. 다음 각 목의 소방활동에 관한 사항
      가. 화재의 경계·진압활동   나. 구조·구급업무의 지원   다. 화재조사활동

2. 응원출동대상지역 및 규모
3. 다음 각 목의 소요경비의 부담에 관한 사항
    가. 출동대원의 수당·식사 및 피복의 수선
    나. 소방장비 및 기구의 정비와 연료의 보급
    다. 그 밖의 경비
4. 응원출동의 요청방법
5. 응원출동훈련 및 평가

제11조의2 (소방력의 동원)
① 소방청장은 해당 시·도의 소방력만으로는 소방활동을 효율적으로 수행하기 어려운 화재, 재난·재해, 그 밖의 구조·구급이 필요한 상황이 발생하거나 특별히 국가적 차원에서 소방활동을 수행할 필요가 인정될 때에는 각 시·도지사에게 행정안전부령으로 정하는 바에 따라 소방력을 동원할 것을 요청할 수 있다.
② 제1항에 따라 동원 요청을 받은 시·도지사는 정당한 사유 없이 요청을 거절하여서는 아니 된다.
③ 소방청장은 시·도지사에게 제1항에 따라 동원된 소방력을 화재, 재난·재해 등이 발생한 지역에 지원·파견하여 줄 것을 요청하거나 필요한 경우 직접 소방대를 편성하여 화재진압 및 인명구조 등 소방에 필요한 활동을 하게 할 수 있다.
④ 제1항에 따라 동원된 소방대원이 다른 시·도에 파견·지원되어 소방활동을 수행할 때에는 특별한 사정이 없으면 화재, 재난·재해 등이 발생한 지역을 관할하는 소방본부장 또는 소방서장의 지휘에 따라야 한다. 다만, 소방청장이 직접 소방대를 편성하여 소방활동을 하게 하는 경우에는 소방청장의 지휘에 따라야 한다.
⑤ 제3항 및 제4항에 따른 소방활동을 수행하는 과정에서 발생하는 경비 부담에 관한 사항, 제3항 및 제4항에 따라 소방활동을 수행한 민간 소방 인력이 사망하거나 부상을 입었을 경우의 보상주체·보상기준 등에 관한 사항, 그 밖에 동원된 소방력의 운용과 관련하여 필요한 사항은 대통령령으로 정한다.

영 제2조의3 (소방력의 동원)
① 법 제11조의2제3항 및 제4항에 따라 동원된 소방력의 소방활동 수행 과정에서 발생하는 경비는 화재, 재난·재해 또는 그 밖의 구조·구급이 필요한 상황이 발생한 특별시·광역시·도 또는 특별자치도(이하 "시·도"라 한다)에서 부담하는 것을 원칙으로 하되, 구체적인 내용은 해당 시·도가 서로 협의하여 정한다.
② 법 제11조의2제3항 및 제4항에 따라 동원된 민간 소방 인력이 소방활동을 수행하다가 사망하거나 부상을 입은 경우 화재, 재난·재해 또는 그 밖의 구조·구급이 필요한 상황이 발생한 시·도가 해당 시·도의 조례로 정하는 바에 따라 보상한다.
③ 제1항 및 제2항에서 규정한 사항 외에 법 제11조의2에 따라 동원된 소방력의 운용과 관련하여 필요한 사항은 소방청장이 정한다.

칙 제8조의2 (소방력의 동원 요청)
① 소방청장은 법 제11조의2제1항에 따라 각 시·도지사에게 소방력 동원을 요청하는 경우 동원 요청 사실과 다음 각 호의 사항을 팩스 또는 전화 등의 방법으로 통지하여야 한다. 다만, 긴급을 요하는 경우에는 시·도 소방본부 또는 소방서의 종합상황실장에게 직접 요청할 수 있다.
1. 동원을 요청하는 인력 및 장비의 규모
2. 소방력 이송 수단 및 집결장소

    3. 소방활동을 수행하게 될 재난의 규모, 원인 등 소방활동에 필요한 정보
  ② 제1항에서 규정한 사항 외에 그 밖의 시·도 소방력 동원에 필요한 사항은 소방청장이 정한다.

제3장 화재의 예방과 경계(警戒)

제12조 (화재의 예방조치 등)
  ① 소방본부장 또는 소방서장은 화재의 예방상 위험하다고 인정되는 행위를 하는 사람이나 소화(消火)활동에 지장이 있다고 인정되는 물건의 소유자·관리자 또는 점유자에게 다음 각 호의 명령을 할 수 있다.
    1. 불장난, 모닥불, 흡연, 화기(火氣) 취급, 풍등 등 소형 열기구 날리기, 그 밖에 화재예방상 위험하다고 인정되는 행위의 금지 또는 제한
    2. 타고 남은 불 또는 화기가 있을 우려가 있는 재의 처리
    3. 함부로 버려두거나 그냥 둔 위험물, 그 밖에 불에 탈 수 있는 물건을 옮기거나 치우게 하는 등의 조치
  ② 소방본부장이나 소방서장은 제1항제3호에 해당하는 경우로서 그 위험물 또는 물건의 소유자·관리자 또는 점유자의 주소와 성명을 알 수 없어서 필요한 명령을 할 수 없을 때에는 소속 공무원으로 하여금 그 위험물 또는 물건을 옮기거나 치우게 할 수 있다.
  ③ 소방본부장이나 소방서장은 제2항에 따라 옮기거나 치운 위험물 또는 물건을 보관하여야 한다.
  ④ 소방본부장이나 소방서장은 제3항에 따라 위험물 또는 물건을 보관하는 경우에는 그 날부터 14일 동안 소방본부 또는 소방서의 게시판에 그 사실을 공고하여야 한다.
  ⑤ 제3항에 따라 소방본부장이나 소방서장이 보관하는 위험물 또는 물건의 보관기간 및 보관기간 경과 후 처리 등에 대하여는 대통령령으로 정한다.

  영 제3조 (위험물 또는 물건의 보관기간 및 보관기간 경과후 처리 등)
    ① 법 제12조제5항의 규정에 의한 위험물 또는 물건의 보관기간은 법 제12조제4항의 규정에 따라 소방본부 또는 소방서의 게시판에 공고하는 기간의 종료일 다음 날부터 7일로 한다.
    ② 소방본부장 또는 소방서장은 제1항의 규정에 의한 보관기간이 종료되는 때에는 보관하고 있는 위험물 또는 물건을 매각하여야 한다. 다만, 보관하고 있는 위험물 또는 물건이 부패·파손 또는 이와 유사한 사유로 소정의 용도에 계속 사용할 수 없는 경우에는 폐기할 수 있다.
    ③ 소방본부장 또는 소방서장은 보관하던 위험물 또는 물건을 제2항의 규정에 따라 매각한 경우에는 지체 없이 「국가재정법」에 의하여 세입조치를 하여야 한다. 〈개정 2006.12.29〉
    ④ 소방본부장 또는 소방서장은 제2항의 규정에 따라 매각되거나 폐기된 위험물 또는 물건의 소유자가 보상을 요구하는 경우에는 보상금액에 대하여 소유자와 협의를 거쳐 이를 보상하여야 한다.

제13조 (화재경계지구의 지정 등)
  ① 시·도지사는 다음 각 호의 어느 하나에 해당하는 지역 중 화재가 발생할 우려가 높거나 화재가 발생하는 경우 그로 인하여 피해가 클 것으로 예상되는 지역을 화재경계지구(火災警戒地區)로 지정할 수 있다.
    1. 시장지역
    2. 공장·창고가 밀집한 지역

3. 목조건물이 밀집한 지역
4. 위험물의 저장 및 처리시설이 밀집한 지역
5. 석유화학제품을 생산하는 공장이 있는 지역
6. 「산업입지 및 개발에 관한 법률」 제2조제8호에 따른 산업단지
7. 소방시설·소방용수시설 또는 소방출동로가 없는 지역
8. 그 밖에 제1호부터 제7호까지에 준하는 지역으로서 소방청장·소방본부장 또는 소방서장이 화재경계지구로 지정할 필요가 있다고 인정하는 지역

② 제1항에도 불구하고 시·도지사가 화재경계지구로 지정할 필요가 있는 지역을 화재경계지구로 지정하지 아니하는 경우 소방청장은 해당 시·도지사에게 해당 지역의 화재경계지구 지정을 요청할 수 있다.

③ 소방본부장이나 소방서장은 대통령령으로 정하는 바에 따라 제1항에 따른 화재경계지구 안의 소방대상물의 위치·구조 및 설비 등에 대하여 「화재예방, 소방시설 설치유지 및 안전관리에 관한 법률」 제4조에 따른 소방특별조사를 하여야 한다.

④ 소방본부장이나 소방서장은 제3항에 따른 소방특별조사를 한 결과 화재의 예방과 경계를 위하여 필요하다고 인정할 때에는 관계인에게 소방용수시설, 소화기구, 그 밖에 소방에 필요한 설비의 설치를 명할 수 있다.

⑤ 소방본부장이나 소방서장은 화재경계지구 안의 관계인에 대하여 대통령령으로 정하는 바에 따라 소방에 필요한 훈련 및 교육을 실시할 수 있다.

⑥ 시·도지사는 대통령령으로 정하는 바에 따라 제1항에 따른 화재경계지구의 지정 현황, 제3항에 따른 소방특별조사의 결과, 제4항에 따른 소방설비 설치 명령 현황, 제5항에 따른 소방교육의 현황 등이 포함된 화재경계지구에서의 화재예방 및 경계에 필요한 자료를 매년 작성·관리하여야 한다.

영 제4조 (화재경계지구의 지정대상지역 등)
① 〈삭제 2018.3.20〉
② 소방본부장 또는 소방서장은 법 제13조제3항에 따라 화재경계지구 안의 소방대상물의 위치·구조 및 설비 등에 대한 소방특별조사를 연 1회 이상 실시하여야 한다.
③ 소방본부장 또는 소방서장은 법 제13조제5항에 따라 화재경계지구 안의 관계인에 대하여 소방상 필요한 훈련 및 교육을 연 1회 이상 실시할 수 있다.
④ 소방본부장 또는 소방서장은 제3항의 규정에 의한 소방상 필요한 훈련 및 교육을 실시하고자 하는 때에는 화재경계지구 안의 관계인에게 훈련 또는 교육 10일 전까지 그 사실을 통보하여야 한다.
⑤ 시·도지사는 법 제13조제6항에 따라 다음 각 호의 사항을 행정안전부령으로 정하는 화재경계지구 관리대장에 작성하고 관리하여야 한다.
1. 화재경계지구의 지정 현황   2. 소방특별조사의 결과   3. 소방설비의 설치 명령 현황
4. 소방교육의 실시 현황   5. 소방훈련의 실시 현황   6. 그 밖에 화재예방 및 경계에 필요한 사항

제14조 (화재에 관한 위험경보)

소방본부장이나 소방서장은 「기상법」 제13조제1항에 따른 이상기상(異常氣象)의 예보 또는 특보가 있을 때에는 화재에 관한 경보를 발령하고 그에 따른 조치를 할 수 있다.

제15조 (불을 사용하는 설비 등의 관리와 특수가연물의 저장·취급)
① 보일러, 난로, 건조설비, 가스·전기시설, 그 밖에 화재 발생 우려가 있는 설비 또는 기구 등의 위치·구조 및 관리와 화재 예방을 위하여 불을 사용할 때 지켜야 하는 사항은 <u>대통령령</u>으로 정한다.
② 화재가 발생하는 경우 불길이 빠르게 번지는 고무류·면화류·석탄 및 목탄 등 대통령령으로 정하는 특수가연물(特殊可燃物)의 저장 및 취급 기준은 대통령령으로 정한다.

영 제5조 (불을 사용하는 설비의 관리기준 등)
① 법 제15조제1항의 규정에 의한 보일러, 난로, 건조설비, 가스·전기시설 그 밖에 화재발생의 우려가 있는 설비 또는 기구 등의 위치·구조 및 관리와 화재예방을 위하여 불의 사용에 있어서 지켜야 하는 사항은 별표 1과 같다.
② 제1항에 규정된 것 외에 불을 사용하는 설비의 세부관리기준은 시·도의 조례로 정한다.

영 제6조 (화재의 확대가 빠른 특수가연물)
법 제15조제2항에서 "대통령령으로 정하는 특수가연물(特殊可燃物)"이란 별표 2에 규정된 품명별 수량 이상의 가연물을 말한다. 〈개정 2012.7.10.〉

영 제7조 (특수가연물의 저장 및 취급의 기준)
법 제15조제2항의 규정에 의한 특수가연물의 저장 및 취급의 기준은 다음 각 호와 같다.
1. 특수가연물을 저장 또는 취급하는 장소에는 <u>품명·최대수량 및 화기취급의 금지표지</u>를 설치할 것
2. 다음 각 목의 기준에 따라 쌓아 저장할 것. 다만, 석탄·목탄류를 발전(發電)용으로 저장하는 경우에는 <u>그러하지 아니하다.</u>
   가. 품명별로 구분하여 쌓을 것
   나. 쌓는 높이는 10m 이하가 되도록 하고, 쌓는 부분의 바닥면적은 50㎡(석탄·목탄류의 경우에는 200㎡) 이하가 되도록 할 것. 다만, 살수설비를 설치하거나, 방사능력 범위 내에 해당 특수가연물이 포함되도록 대형수동식소화기를 설치하는 경우에는 쌓는 높이를 <u>15미터</u> 이하, 쌓는 부분의 바닥면적을 <u>200㎡</u>(석탄·목탄류의 경우에는 300㎡) 이하로 할 수 있다.
   다. 쌓는 부분의 바닥면적 사이는 1m <u>이상</u>이 되도록 할 것

제4장 소방활동

제16조 (소방활동)
① <u>소방청장, 소방본부장</u> 또는 <u>소방서장</u>은 화재, 재난, 재해 그 밖의 위급한 상황이 발생한 때에는 소방대를 현장에 신속하게 출동시켜 화재진압과 인명구조·구급 등 소방에 필요한 활동을 하게 하여야 한다.
② 누구든지 정당한 사유 없이 제1항에 따라 출동한 소방대의 화재진압 및 인명구조·구급 등 소방활동을 방해하여서는 아니 된다.

제16조의2 (<u>소방지원활동</u>)
① <u>소방청장, 소방본부장</u> 또는 <u>소방서장</u>은 공공의 안녕질서 유지 또는 복리증진을 위하여 필요한 경우 소방활동 외에 다음 각 호의 활동(이하 "소방지원활동"이라 한다)을 하게 할 수 있다.

1. 산불에 대한 예방·진압 등 지원활동
2. 자연재해에 따른 급수·배수 및 제설 등 지원활동
3. 집회·공연 등 각종 행사 시 사고에 대비한 근접대기 등 지원활동
4. 화재, 재난·재해로 인한 피해복구 지원활동   5.항 〈삭제〉
6. 그 밖에 행정안전부령으로 정하는 활동

② 소방지원활동은 제16조의 소방활동 수행에 지장을 주지 아니하는 범위에서 할 수 있다.

③ 유관기관·단체 등의 요청에 따른 소방지원활동에 드는 비용은 지원요청을 한 유관기관·단체 등에게 부담하게 할 수 있다. 단, 부담금액 및 부담방법에 관하여는 지원요청을 한 유관기관·단체 등과 협의하여 결정한다.

제8조의4 (소방지원활동)

법 제16조의2제1항제6호에서 "그 밖에 행정안전부령으로 정하는 활동"이란 다음 각 호의 어느 하나에 해당하는 활동을 말한다.
1. 군·경찰 등 유관기관에서 실시하는 훈련지원 활동
2. 소방시설 오작동 신고에 따른 조치활동   3. 방송제작 또는 촬영 관련 지원활동

제16조의3 (생활안전활동)

① 소방청장·소방본부장 또는 소방서장은 신고가 접수된 생활안전 및 위험제거 활동(화재, 재난·재해, 그 밖의 위급한 상황에 해당하는 것은 제외한다)에 대응하기 위하여 소방대를 출동시켜 다음 각 호의 활동(이하 "생활안전활동"이라 한다)을 하게 하여야 한다.
1. 붕괴, 낙하 등이 우려되는 고드름, 나무, 위험 구조물 등의 제거활동
2. 위해동물, 벌 등의 포획 및 퇴치 활동
3. 끼임, 고립 등에 따른 위험제거 및 구출 활동
4. 단전사고 시 비상전원 또는 조명의 공급
5. 그 밖에 방치하면 급박해질 우려가 있는 위험을 예방하기 위한 활동

② 누구든지 정당한 사유 없이 제1항에 따라 출동하는 소방대의 생활안전활동을 방해하여서는 아니 된다.

제16조의4 (소방자동차의 보험 가입 등)

① 시·도지사는 소방자동차의 공무상 운행 중 교통사고가 발생한 경우 그 운전자의 법률상 분쟁에 소요되는 비용을 지원할 수 있는 보험에 가입하여야 한다.

② 국가는 제1항에 따른 보험 가입비용의 일부를 지원할 수 있다.

제16조의5 (소방활동에 대한 면책)

① 소방공무원이 제16조제1항에 따른 소방활동으로 인하여 타인을 사상(死傷)에 이르게 한 경우 그 소방활동이 불가피하고 소방공무원에게 고의 또는 중대한 과실이 없는 때에는 그 정상을 참작하여 사상에 대한 형사책임을 감경하거나 면제할 수 있다.

제16조의6 (소송지원)

① 소방청장, 소방본부장 또는 소방서장은 소방공무원이 제16조제1항에 따른 소방활동, 제16조의2제1항에 따른 소방지원활동, 제16조의3제1항에 따른 생활안전활동으로 인하여 민·형사상 책임과 관련된 소송을 수행할 경우 변호인 선임 등 소송수행에 필요한 지원을 할 수 있다.

제17조 (소방교육·훈련)
① 소방청장, 소방본부장 또는 소방서장은 소방업무를 전문적이고 효과적으로 수행하기 위하여 소방대원에게 필요한 교육·훈련을 실시하여야 한다.
② 소방청장, 소방본부장 또는 소방서장은 화재를 예방하고 화재 발생 시 인명과 재산피해를 최소화하기 위하여 다음 각 호에 해당하는 사람을 대상으로 행정안전부령으로 정하는 바에 따라 소방안전에 관한 교육과 훈련을 실시할 수 있다. 이 경우 소방청장, 소방본부장 또는 소방서장은 해당 어린이집·유치원·학교의 장과 교육일정 등에 관하여 협의하여야 한다.
  1. 「영유아보육법」 제2조에 따른 어린이집의 영유아
  2. 「유아교육법」 제2조에 따른 유치원의 유아
  3. 「초·중등교육법」 제2조에 따른 학교의 학생
③ 소방청장, 소방본부장 또는 소방서장은 국민의 안전의식을 높이기 위하여 화재 발생 시 피난 및 행동 방법 등을 홍보하여야 한다.
④ 제1항에 따른 교육·훈련의 종류 및 대상자, 그 밖에 교육·훈련의 실시에 필요한 사항은 행정안전부령으로 정한다.

> **직** 제9조 (소방교육·훈련의 종류 등)
> ① 법 제17조제1항에 따라 소방대원에게 실시할 교육·훈련의 종류, 해당 교육·훈련을 받아야 할 대상자 및 교육·훈련기간 등은 별표 3의2와 같다.
> ② 법 제17조제2항에 따른 소방안전에 관한 교육과 훈련(이하 "소방안전교육훈련"이라 한다)에 필요한 시설, 장비, 강사자격 및 교육방법 등의 기준은 별표 3의3과 같다.
> ③ 소방청장, 소방본부장 또는 소방서장은 소방안전교육훈련을 실시하려는 경우 매년 12월 31일까지 다음 해의 소방안전교육훈련 운영계획을 수립하여야 한다
> ④ 소방청장은 제3항에 따른 소방안전교육훈련 운영계획의 작성에 필요한 지침을 정하여 소방본부장과 소방서장에게 매년 10월 31일까지 통보하여야 한다. [전문개정 2017.7.6.]

제17조의2 (소방안전교육사)
① 소방청장은 제17조제2항에 따른 소방안전교육을 위하여 소방청장이 실시하는 시험에 합격한 사람에게 소방안전교육사 자격을 부여한다.
② 소방안전교육사는 소방안전교육의 기획·진행·분석·평가 및 교수업무를 수행한다.
③ 제1항에 따른 소방안전교육사 시험의 응시자격, 시험방법, 시험과목, 시험위원, 그 밖에 소방안전교육사 시험의 실시에 필요한 사항은 대통령령으로 정한다.
④ 제1항에 따른 소방안전교육사 시험에 응시하고자 하는 사람은 대통령령으로 정하는 바에 따라 수수료를 내야 한다.

> **영** 제7조의3 (시험방법)
> ① 소방안전교육사시험은 제1차 시험 및 제2차 시험으로 구분하여 시행한다.
> ② 제1차 시험은 선택형을, 제2차 시험은 논술형을 원칙으로 한다. 다만, 제2차 시험에는 주관식 단답형 또는 기입형을 포함할 수 있다.
> ③ 제1차 시험에 합격한 사람에 대해서는 다음 회의 시험에 한정하여 제1차 시험을 면제한다.

제7조의4 (시험과목)

① 소방안전교육사시험의 제1차 시험 및 제2차 시험 과목은 다음 각 호와 같다.
   1. 제1차 시험: 소방학개론, 구급·응급처치론, 재난관리론 및 교육학개론 중 응시자가 선택하는 3과목
   2. 제2차 시험: 국민안전교육 실무
② 제1항에 따른 시험 과목별 출제 범위는 행정안전부령으로 정한다.

제7조의5 (시험위원 등)

① 소방청장은 소방안전교육사시험 응시자격심사, 출제 및 채점을 위하여 다음 각 호의 어느 하나에 해당하는 사람을 응시자격심사위원 및 시험위원으로 임명 또는 위촉하여야 한다.
   1. 소방안전 관련 학과, 교육학과 또는 응급구조학과 박사학위 취득자
   2. 「고등교육법」 제2조제1호부터 제6호까지의 규정 중 어느 하나에 해당하는 학교에서 소방 관련 학과·교육학과 또는 응급구조학과 조교수 이상으로 2년 이상 재직한 자
   3. 소방위 이상의 소방공무원
   4. 소방안전교육사 자격을 취득한 자
② 제1항에 따른 응시자격심사위원 및 시험위원의 수는 다음 각 호와 같다.
   1. 응시자격심사위원: 3명
   2. 시험위원 중 출제위원: 시험과목별 3명
   3. 시험위원 중 채점위원: 시험과목별 5명   4. 〈삭제〉
③ 제1항에 따라 응시자격심사위원 및 시험위원으로 임명 또는 위촉된 자는 소방청장이 정하는 시험문제 등의 작성 시 유의사항 및 서약서 등에 따른 준수사항을 성실히 이행해야 한다.
④ 제1항에 따라 임명 또는 위촉된 응시자격심사위원 및 시험위원과 시험감독업무에 종사하는 자에 대하여는 예산의 범위에서 수당 및 여비를 지급할 수 있다.

제7조의6 (시험의 시행 및 공고)

① 소방안전교육사시험은 2년마다 1회 시행함을 원칙으로 하되, 소방청장이 필요하다고 인정하는 때에는 그 횟수를 증감할 수 있다.
② 소방청장은 소방안전교육사시험을 시행하려는 때에는 응시자격·시험과목·일시·장소 및 응시절차 등에 관하여 필요한 사항을 모든 응시 희망자가 알 수 있도록 소방안전교육사시험의 시행일 90일 전까지 1개 이상의 일간신문(「신문 등의 진흥에 관한 법률」 제9조제1항제9호에 따라 전국을 보급지역으로 등록한 일간신문으로서 동법 제2조제1호가목 또는 나목에 해당하는 것을 말한다. 이하 같다)·소방기관의 게시판 또는 인터넷 홈페이지 그 밖의 효과적인 방법에 따라 공고해야 한다.

제7조의7 (응시원서 제출 등)

① 소방안전교육사시험에 응시하려는 자는 행정안전부령으로 정하는 소방안전교육사시험응시원서를 소방청장에게 제출(정보통신망에 의한 제출을 포함한다. 이하 이 조에서 같다)해야 한다.
② 소방안전교육사시험에 응시하려는 자는 행정안전부령으로 정하는 제7조의2에 따른 응시자격에 관한 증명서류를 소방청장이 정하는 기간 내에 제출해야 한다.
③ 소방안전교육사시험에 응시하려는 자는 행정안전부령으로 정하는 응시수수료를 납부해야 한다.
④ 제3항에 따라 납부한 응시수수료는 다음 각 호의 어느 하나에 해당하는 경우에는 해당 금액을 반환하

여야 한다.
1. 응시수수료를 과오납한 경우: 과오납한 응시수수료 전액
2. 시험 시행기관의 귀책사유로 시험에 응시하지 못한 경우: 납입한 응시수수료 전액
3. 시험시행일 20일 전까지 접수를 철회하는 경우: 납입한 응시수수료 전액
4. 시험시행일 10일 전까지 접수를 철회하는 경우: 납입한 응시수수료의 100분의 50.

칙 제9조의3 (응시원서)
① 영 제7조의7제1항에 따른 소방안전교육사시험 응시원서는 별지 제4호서식과 같다.
② 영 제7조의7제2항에 따라 응시자가 제출하여야 하는 증명서류는 다음 각 호의 서류 중 응시자에게 해당되는 것으로 한다.
1. 자격증 사본. 다만, 영 별표 2의2 제6호, 제8호 및 제9호에 해당하는 사람이 응시하는 경우 해당 자격증 사본은 제외한다.
2. 교육과정 이수증명서 또는 수료증
3. 교과목 이수증명서 또는 성적증명서
4. 별지 제5호서식에 따른 경력(재직)증명서. 다만, 발행 기관에 별도의 경력(재직)증명서 서식이 있는 경우는 그에 따를 수 있다.
5. 「화재예방, 소방시설 설치·유지 및 안전관리에 관한 법률 시행규칙」 제35조에 따른 소방안전관리자수첩 사본
③ 소방청장은 제2항제1호 단서에 따라 응시자가 제출하지 아니한 영 별표 2의2 제6호, 제8호 및 제9호에 해당하는 국가기술자격증에 대해서는 「전자정부법」 제36조제1항에 따른 행정정보의 공동이용을 통하여 확인하여야 한다. 다만, 응시자가 확인에 동의하지 아니하는 경우에는 해당 국가기술자격증 사본을 제출하도록 하여야 한다.

칙 제9조의4 (응시수수료)
① 영 제7조의7제3항에 따른 응시수수료는 3만 원으로 한다.
② 수수료는 수입인지 또는 정보통신망을 이용한 전자화폐·전자결제 등의 방법으로 납부하여야 한다.

영 제7조의8 (시험의 합격자 결정 등)
① 제1차 시험은 매과목 100점을 만점으로 하여 매과목 40점 이상, 전과목 평균 60점 이상 득점한 자를 합격자로 한다.
② 제2차 시험은 100점을 만점으로 하되, 시험위원의 채점점수 중 최고점수와 최저점수를 제외한 점수의 평균이 60점 이상인 사람을 합격자로 한다.
③ 소방청장은 제1항 및 제2항에 따라 소방안전교육사시험 합격자를 결정한 때에는 이를 일간신문·소방기관의 게시판 또는 인터넷 홈페이지 그 밖의 효과적인 방법에 따라 공고해야 한다.
④ 소방청장은 제3항에 따른 시험합격자 공고일부터 1개월 이내에 행정안전부령으로 정하는 소방안전교육사증을 시험합격자에게 발급하며, 이를 소방안전교육사증 교부대장에 기재하고 관리하여야 한다.
⑤ 〈삭제〉

칙 제9조의5 (소방안전교육사증 등의 서식)
영 제7조의8제4항에 따른 소방안전교육사증 및 소방안전교육사증 교부대장은 별지 제6호서식 및 별지 제7호서식과 같다. 〈2017.2.3〉

제17조의3 (<u>소방안전교육사의 결격사유</u>)
다음 각 호의 어느 하나에 해당하는 사람은 소방안전교육사가 될 수 없다.
1. 피성년후견인 또는 피한정후견인
2. 금고 이상의 실형을 선고받고 그 집행이 <u>끝나거나</u>(집행이 끝난 것으로 보는 경우를 포함한다) 집행이 면제된 날부터 2년이 지나지 <u>아니한 사람</u>
3. 금고 이상의 형의 집행유예를 선고 받고 그 유예기간 중에 있는 사람
4. 법원의 판결 또는 다른 법률에 의하여 자격이 정지 또는 상실된 사람

제17조의4 (<u>부정행위자에 대한 조치</u>)
① 소방청장은 제17조의2에 따른 소방안전교육사 시험에서 부정행위를 한 사람에 대하여는 해당 시험을 정지시키거나 무효로 처리한다.
② 제1항에 따라 시험이 정지되거나 무효로 처리된 사람은 그 처분이 있은 날부터 2년간 소방안전교육사 시험에 응시하지 못한다. 〈신설 2016.1.27〉

제17조의5 (<u>소방안전교육사의 배치</u>)
① 제17조의2제1항에 따른 소방안전교육사를 <u>소방청, 소방본부 또는 소방서</u> 그 밖에 대통령령이 정하는 대상에 배치할 수 있다.
② 제1항에 따른 소방안전교육사의 배치대상 및 배치기준, 그 밖에 필요한 사항은 <u>대통령령</u>으로 정한다.

> 제7조의10 (<u>소방안전교육사의 배치대상</u>)
> 법 제17조의5제1항에서 "그 밖에 대통령령으로 정하는 대상"이란 다음 각 호의 어느 하나에 해당하는 기관이나 단체를 말한다.
> 1. 법 제40조에 따라 설립된 한국소방안전원(이하 "안전원"이라 한다)
> 2. 「소방산업의 진흥에 관한 법률」 제14조에 따른 한국소방산업기술원

제17조의6 (<u>한국119청소년단</u>)
① 청소년에게 소방안전에 관한 올바른 이해와 안전의식을 함양시키기 위하여 한국119청소년단을 설립한다.
② 한국119청소년단은 법인으로 하고, 그 주된 사무소의 소재지에 설립등기를 함으로써 성립한다.
③ 국가나 지방자치단체는 한국119청소년단에 그 조직 및 활동에 필요한 시설·장비를 지원할 수 있으며, 운영경비와 시설비 및 국내외 행사에 필요한 경비를 보조할 수 있다.
④ 개인·법인 또는 단체는 한국119청소년단의 시설 및 운영 등을 지원하기 위하여 금전이나 그 밖의 재산을 기부할 수 있다.
⑤ 이 법에 따른 한국119청소년단이 아닌 자는 한국119청소년단 또는 이와 유사한 명칭을 사용할 수 없다.
⑥ 한국119청소년단의 정관 또는 사업의 범위·지도·감독 및 지원에 필요한 사항은 행정안전부령으로 정한다.
⑦ 한국119청소년단에 관하여 이 법에서 규정한 것을 제외하고는 「민법」 중 사단법인에 관한 규정을 준용한다.

제18조 (소방신호)

화재예방, 소방활동 또는 소방훈련을 위하여 사용되는 소방신호의 종류와 방법은 행정안전부령으로 정한다.

> 칙 제10조 (소방신호의 종류 및 방법)
> ① 법 제18조의 규정에 의한 소방신호의 종류는 다음 각 호와 같다.
>   1. 경계신호: 화재예방상 필요하다고 인정되거나 법 제14조의 규정에 의한 화재위험경보 시 발령
>   2. 발화신호: 화재가 발생한 때 발령
>   3. 해제신호: 소화활동이 필요없다고 인정되는 때 발령
>   4. 훈련신호: 훈련상 필요하다고 인정되는 때 발령
> ② 제1항의 규정에 의한 소방신호의 종류별 소방신호의 방법은 별표 4와 같다.

제19조 (화재 등의 통지)

① 화재 현장 또는 구조·구급이 필요한 사고현장을 발견한 사람은 그 현장의 상황을 소방본부, 소방서 또는 관계 행정기관에 지체 없이 알려야 한다.

② 다음 각 호의 어느 하나에 해당하는 지역 또는 장소에서 화재로 오인할 만한 우려가 있는 불을 피우거나 연막(煙幕)소독을 하려는 자는 시·도의 조례로 정하는 바에 따라 관할 소방본부장 또는 소방서장에게 신고하여야 한다.

1. 시장지역
2. 공장·창고가 밀집한 지역
3. 목조건물이 밀집한 지역
4. 위험물의 저장 및 처리시설이 밀집한 지역
5. 석유화학제품을 생산하는 공장이 있는 지역
6. 그 밖에 시·도의 조례가 정하는 지역 또는 장소

제20조 (관계인의 소방활동)

관계인은 소방대상물에 화재, 재난·재해, 그 밖의 위급한 상황이 발생한 경우에는 소방대가 현장에 도착할 때까지 경보를 울리거나 대피를 유도하는 등의 방법으로 사람을 구출하는 조치 또는 불을 끄거나 불이 번지지 아니하도록 필요한 조치를 하여야 한다.

제21조 (소방자동차의 우선 통행 등)

① 모든 차와 사람은 소방자동차(지휘를 위한 자동차와 구조·구급차를 포함한다. 이하 같다)가 화재진압 및 구조·구급 활동을 위하여 출동을 할 때에는 이를 방해하여서는 아니 된다.

② 소방자동차가 화재진압 및 구조·구급 활동을 위하여 출동하거나 훈련을 위하여 필요할 때에는 사이렌을 사용할 수 있다.

③ 모든 차와 사람은 소방자동차가 화재진압 및 구조·구급 활동을 위하여 제2항에 따라 사이렌을 사용하여 출동하는 경우에는 다음 각 호의 행위를 하여서는 아니 된다.
  1. 소방자동차에 진로를 양보하지 아니하는 행위
  2. 소방자동차 앞에 끼어들거나 소방자동차를 가로막는 행위
  3. 그 밖에 소방자동차의 출동에 지장을 주는 행위

④ 제3항의 경우를 제외하고 소방자동차의 우선 통행에 관하여는 「도로교통법」에서 정하는 바에 따른다.

제21조의2 (소방자동차 전용구역 등)
① 「건축법」 제2조제2항제2호에 따른 공동주택 중 대통령령으로 정하는 공동주택의 건축주는 제16조제1항에 따른 소방활동의 원활한 수행을 위하여 공동주택에 소방자동차 전용구역(이하 "전용구역"이라 한다)을 설치하여야 한다.
② 누구든지 전용구역에 차를 주차하거나 전용구역에의 진입을 가로막는 등의 방해행위를 하여서는 아니 된다.
③ 전용구역의 설치 기준·방법, 제2항에 따른 방해행위의 기준, 그 밖의 필요한 사항은 대통령령으로 정한다.

영 제7조의12 (소방자동차 전용구역 설치 대상)
법 제21조의2제1항에서 "대통령령으로 정하는 공동주택"이란 다음 각 호의 주택을 말한다.
1. 「건축법 시행령」 별표 1 제2호가목의 아파트 중 세대수가 100세대 이상인 아파트
2. 「건축법 시행령」 별표 1 제2호라목의 기숙사 중 3층 이상의 기숙사[본조신설 2018.8.7]

영 제7조의13 (소방자동차 전용구역 설치 기준·방법)
① 제7조의12에 따른 공동주택의 건축주는 소방자동차가 접근하기 쉽고 소방활동이 원활하게 수행될 수 있도록 각 동별 전면 또는 후면에 소방자동차 전용구역(이하 "전용구역"이라 한다)을 1개소 이상 설치하여야 한다. 다만, 하나의 전용구역에서 여러 동에 접근하여 소방활동이 가능한 경우로서 소방청장이 정하는 경우에는 각 동별로 설치하지 아니할 수 있다.
② 전용구역의 설치 방법은 별표 2의5와 같다.[본조신설 2018.8.7.]

영 별표2의5 (전용구역 설치 방법)
① 전용구역 노면표지의 외곽선은 빗금무늬로 표시하되, 빗금은 두께를 30센티미터로 하여 50센티미터 간격으로 표시한다.
② 전용구역 노면표지 도료의 색채는 황색을 기본으로 하되, 문자(P, 소방차 전용)는 백색으로 표시한다.

영 제7조의14 (전용구역 방해행위 기준)
법 제21조의2제2항에 따른 방해행위의 기준은 다음 각 호와 같다.
1. 전용구역에 물건 등을 쌓거나 주차하는 행위
2. 전용구역의 앞면, 뒷면 또는 양 측면에 물건 등을 쌓거나 주차하는 행위. 다만, 「주차장법」 제19조에 따른 부설주차장의 주차구획 내에 주차하는 경우는 제외한다.
3. 전용구역 진입로에 물건 등을 쌓거나 주차하여 전용구역으로의 진입을 가로막는 행위
4. 전용구역 노면표시를 지우거나 훼손하는 행위
5. 그 밖의 방법으로 소방자동차가 전용구역에 주차하는 것을 방해하거나 전용구역으로 진입하는 것을 방해하는 행위[본조신설 2018.8.7.]

제22조 (소방대의 긴급통행)
소방대는 화재, 재난·재해, 그 밖의 위급한 상황이 발생한 현장에 신속하게 출동하기 위하여 긴급할 때에는 일반적인 통행에 쓰이지 아니하는 도로·빈터 또는 물 위로 통행할 수 있다.

제23조 (소방활동구역의 설정)
① 소방대장은 화재, 재난·재해, 그 밖의 위급한 상황이 발생한 현장에 소방활동구역을 정하여 소방활동에 필요한 사람으로서 대통령령으로 정하는 사람 외에는 그 구역에 출입하는 것을 제한할 수 있다.

② 경찰공무원은 소방대가 제1항에 따른 소방활동구역에 있지 아니하거나 소방대장의 요청이 있을 때에는 제1항에 따른 조치를 할 수 있다.

> **영** 제8조 (소방활동구역의 출입자)
> 법 제23조제1항에서 "대통령령으로 정하는 사람"이란 다음 각 호의 사람을 말한다.
> 1. 소방활동구역 안에 있는 소방대상물의 소유자·관리자 또는 점유자
> 2. 전기·가스·수도·통신·교통의 업무에 종사하는 자로서 원활한 소방활동을 위하여 <u>필요한 사람</u>
> 3. 의사·간호사 그 밖의 구조·구급업무에 종사하는 사람
> 4. 취재인력 등 보도업무에 종사하는 사람
> 5. 수사업무에 종사하는 사람
> 6. 그 밖에 소방대장이 소방활동을 위하여 출입을 허가한 사람

제24조 (소방활동 종사명령)

① 소방본부장, 소방서장 또는 소방대장은 화재, 재난·재해, 그 밖의 위급한 상황이 발생한 현장에서 소방활동을 위하여 <u>필요할 때에는</u> 그 관할 구역에 사는 사람 또는 <u>그 현장</u>에 있는 사람으로 하여금 사람을 구출하는 일 또는 불을 끄거나 불이 번지지 아니하도록 하는 일을 하게 할 수 있다. 이 경우 소방본부장, 소방서장 또는 소방대장은 소방활동에 필요한 보호장구를 지급하는 등 안전을 위한 조치를 하여야 한다.
② 〈삭제 2017.12.26〉
③ 제1항에 따른 명령에 따라 소방활동에 종사한 사람은 시·도지사로부터 소방활동의 비용을 지급받을 수 있다. 다만, 다음 각 호의 어느 하나에 해당하는 사람의 경우에는 그러하지 아니하다.
  1. 소방대상물에 화재, 재난, 재해 그 밖의 위급한 상황이 발생한 경우 그 관계인
  2. 고의 또는 과실로 화재 또는 구조·구급 활동이 필요한 상황을 발생시킨 사람
  3. 화재 또는 구조·구급 현장에서 물건을 가져간 사람

제25조 (강제처분 등)

① 소방본부장, 소방서장 또는 소방대장은 사람을 구출하거나 불이 번지는 것을 막기 위하여 <u>필요할 때에는</u> 화재가 발생하거나 불이 번질 우려가 있는 소방대상물 및 토지를 일시적으로 사용하거나 그 사용의 제한 또는 소방활동에 필요한 처분을 할 수 있다.
② 소방본부장, 소방서장 또는 소방대장은 사람을 구출하거나 불이 번지는 것을 막기 위하여 <u>긴급하다고 인정할 때에는</u> 제1항에 따른 소방대상물 또는 토지 외의 소방대상물과 토지에 대하여 제1항에 따른 처분을 할 수 있다.
③ 소방본부장, 소방서장 또는 소방대장은 소방활동을 위하여 <u>긴급하게</u> 출동할 때에는 소방자동차의 통행과 소방활동에 방해가 되는 주차 또는 정차된 차량 및 물건 등을 제거하거나 이동시킬 수 있다.
④ 소방본부장, 소방서장 또는 소방대장은 제3항에 따른 소방활동에 방해가 되는 주차 또는 정차된 차량의 제거나 이동을 위하여 관할 지방자치단체 등 관련 기관에 견인차량과 인력 등에 대한 지원을 요청할 수 있고, 요청을 받은 관련 기관의 장은 정당한 사유가 없으면 이에 협조하여야 한다.
⑤ 시·도지사는 제4항에 따라 견인차량과 인력 등을 지원한 자에게 시·도의 조례로 정하는 바에 따라 비용을 지급할 수 있다. 〈④ ⑤항 신설 2018.3.27〉

제26조 (피난명령)
  ① 소방본부장, 소방서장 또는 소방대장은 화재, 재난·재해, 그 밖의 위급한 상황이 발생하여 사람의 생명을 위험하게 할 것으로 인정할 때에는 일정한 구역을 지정하여 그 구역에 있는 사람에게 그 구역 밖으로 피난할 것을 명할 수 있다. 〈개정 2011.5.30〉
  ② 소방본부장, 소방서장 또는 소방대장은 제1항에 따른 명령을 할 때 필요하면 관할 경찰서장 또는 자치경찰단장에게 협조를 요청할 수 있다.

제27조 (위험시설 등에 대한 긴급조치)
  ① 소방본부장, 소방서장 또는 소방대장은 화재 진압 등 소방활동을 위하여 필요할 때에는 소방용수 외에 댐·저수지 또는 수영장 등의 물을 사용하거나 수도(水道)의 개폐장치 등을 조작할 수 있다.
  ② 소방본부장, 소방서장 또는 소방대장은 화재 발생을 막거나 폭발 등으로 화재가 확대되는 것을 막기 위하여 가스·전기 또는 유류 등의 시설에 대하여 위험물질의 공급을 차단하는 등 필요한 조치를 할 수 있다.
  ③ 〈삭제 2017.12.26〉

제28조 (소방용수시설 또는 비상소화장치의 사용금지 등)
  누구든지 다음 각 호의 어느 하나에 해당하는 행위를 하여서는 아니 된다.
  1. 정당한 사유 없이 소방용수시설 또는 비상소화장치를 사용하는 행위
  2. 정당한 사유 없이 손상·파괴, 철거 또는 그 밖의 방법으로 소방용수시설 또는 비상소화장치의 효용(效用)을 해치는 행위
  3. 소방용수시설 또는 비상소화장치의 정당한 사용을 방해하는 행위

제5장 화재의 조사

제29조 (화재의 원인 및 피해 조사)
  ① 소방청장, 소방본부장 또는 소방서장은 화재가 발생하였을 때에는 화재의 원인 및 피해 등에 대한 조사(이하 "화재조사"라 한다)를 하여야 한다.
  ② 제1항에 따른 화재조사의 방법 및 전담조사반의 운영과 자의 자격 등에 필요한 사항은 행정안전부령으로 정한다. 〈개정 2011.5.30〉
    칙 제11조 (화재조사의 방법 등)
      ① 법 제29조제1항에 따른 화재조사는 관계 공무원이 화재사실을 인지하는 즉시 제12조제4항에 따른 장비를 활용하여 실시되어야 한다.
      ② 화재조사의 종류 및 조사의 범위는 별표 5와 같다.
    칙 제12조 (화재조사전담부서의 설치·운영 등)
      ① 법 제29조제2항의 규정에 따라 화재의 원인과 피해 조사를 위하여 소방청, 시·도의 소방본부와 소방서에 화재조사를 전담하는 부서를 설치·운영한다.
      ② 화재조사전담부서의 장은 다음 각 호의 업무를 관장한다.

1. 화재조사의 총괄·조정
2. 화재조사의 실시
3. 화재조사의 발전과 조사요원의 능력향상에 관한 사항
4. 화재조사를 위한 장비의 관리운영에 관한 사항
5. 그 밖의 화재조사에 관한 사항

③ 화재조사전담부서의 장은 소속 소방공무원 가운데 다음 각 호의 어느 하나에 해당하는 자로서 소방청장이 실시하는 화재조사에 관한 시험에 합격한 자로 하여금 를 실시하도록 하여야 한다. 다만, 화재조사에 관한 시험에 합격한 자가 없는 경우에는 소방공무원 중 「국가기술자격법」에 따른 <u>건축·위험물·전기·안전관리</u>(가스·소방·소방설비·전기안전·화재감식평가 종목에 한한다) 분야 산업기사 이상의 자격을 취득한 자 또는 소방공무원으로서 분야에서 1년 이상 근무한 자로 하여금 화재조사를 실시하도록 할 수 있다.

1. 소방교육기관(중앙·지방소방학교 및 시·도에서 설치·운영하는 소방교육대를 말한다. 이하 같다)에서 8주 이상 에 관한 전문교육을 이수한 자
2. 국립과학수사연구원 또는 외국의 관련 기관에서 <u>8주 이상</u> 에 관한 전문교육을 이수한 자

④ 화재조사전담부서에는 별표 6의 기준에 의한 장비 및 시설을 갖추어야 한다.
⑤ 소방청장·소방본부장 또는 소방서장은 화재조사전담부서에서 근무하는 자의 업무능력 향상을 위하여 국내·외의 소방 또는 안전에 관련된 전문기관에 위탁교육을 실시할 수 있다.
⑥ 제2항에 따른 화재전담부서의 운영 및 제3항에 따른 에 관한 시험의 응시자격, 시험방법, 시험과목, 그 밖에 시험의 시행에 필요한 사항은 <u>소방청장이</u> 정한다.

칙 제13조 (화재조사에 관한 전문교육 등)
① 제12조제3항제1호에 따른 전문교육과정의 교육과목은 별표 7과 같으며, 교육과목별 교육시간과 실습교육의 방법은 전문교육과정을 운영하는 소방교육기관에서 정한다.
② 소방청장은 화재조사에 관한 시험에 합격한 자에게 <u>2년마다</u> 전문보수교육을 실시하여야 한다.
③ 소방청장은 제2항에 따른 전문보수교육을 소방본부장 또는 소방교육기관에 위탁하여 실시할 수 있다.
④ 제2항의 규정에 의한 전문보수교육을 받지 아니한 자에 대하여는 전문보수교육을 이수하는 때까지 화재조사를 실시하게 하여서는 아니 된다.

제30조 (출입·조사 등)

① 소방청장, 소방본부장 또는 소방서장은 화재조사를 하기 위하여 필요하면 관계인에게 보고 또는 <u>자료 제출을 명하거나</u> 관계 공무원으로 하여금 관계 장소에 출입하여 화재의 원인과 피해의 상황을 조사하거나 <u>관계인에게 질문하게</u> 할 수 있다.
② 제1항에 따라 화재조사를 하는 관계 공무원은 그 권한을 표시하는 <u>증표를</u> 지니고 이를 관계인에게 보여주어야 한다.
③ 제1항에 따라 화재조사를 하는 관계 공무원은 관계인의 정당한 업무를 방해하거나 화재조사를 수행하면서 알게 된 <u>비밀을</u> 다른 사람에게 누설하여서는 아니 된다.

제31조 (수사기관에 체포된 사람에 대한 조사)

소방청장, 소방본부장 또는 소방서장은 수사기관이 방화(放火) 또는 실화(失火)의 혐의가 있어서 이미 피의자를 체포하였거나 <u>증거물을 압수하였을</u> 때에 화재조사를 위하여 필요한 경우에는 수사에 지장을 주지 아니하는 범

위에서 그 피의자 또는 압수된 증거물에 대한 조사를 할 수 있다. 이 경우 수사기관은 소방청장, 소방본부장 또는 소방서장의 신속한 화재조사를 위하여 특별한 사유가 없으면 조사에 협조하여야 한다.

제32조(소방공무원과 경찰공무원의 협력 등)
① 소방공무원과 국가경찰공무원은 화재조사를 할 때에 서로 협력하여야 한다.
② 소방본부장이나 소방서장은 화재조사 결과 방화 또는 실화의 혐의가 있다고 인정하면 지체 없이 관할 경찰서장에게 그 사실을 알리고 필요한 증거를 수집·보존하여 그 범죄수사에 협력하여야 한다.

제33조(소방기관과 관계보험회사와의 협력)
소방본부, 소방서 등 소방기관과 관계 보험회사는 화재가 발생한 경우 그 원인 및 피해상황을 조사할 때 필요한 사항에 대하여 서로 협력하여야 한다.

제7장의2 소방산업의 육성·진흥 및 지원 등

제39조의3(국가의 책무)
국가는 소방산업(소방용 기계·기구의 제조, 연구·개발 및 판매 등에 관한 일련의 산업을 말한다)의 육성·진흥을 위하여 필요한 계획의 수립 등 행정상·재정상의 지원시책을 마련하여야 한다.

제39조의5(소방산업과 관련된 기술개발 등의 지원)
① 국가는 소방산업과 관련된 기술(이하 "소방기술"이라 한다)의 개발을 촉진하기 위하여 기술개발을 실시하는 자에게 그 기술개발에 드는 자금의 전부나 일부를 출연하거나 보조할 수 있다.
② 국가는 우수소방제품의 전시·홍보를 위하여 「대외무역법」 제4조제2항에 따른 무역전시장 등을 설치한 자에게 다음 각 호에서 정한 범위에서 재정적인 지원을 할 수 있다.
  1. 소방산업전시회 운영에 따른 경비의 일부
  2. 소방산업전시회 관련 국외 홍보비
  3. 소방산업전시회 기간 중 국외의 구매자 초청 경비

제39조의6(소방기술의 연구·개발사업의 수행)
① 국가는 국민의 생명과 재산을 보호하기 위하여 다음 각 호의 어느 하나에 해당하는 기관이나 단체로 하여금 소방기술의 연구·개발사업을 수행하게 할 수 있다.
  1. 국공립 연구기관
  2. 「과학기술분야 정부출연연구기관 등의 설립·운영 및 육성에 관한 법률」에 따라 설립된 연구기관
  3. 「특정연구기관 육성법」 제2조에 따른 특정연구기관
  4. 「고등교육법」에 따른 대학·산업대학·전문대학 및 기술대학
  5. 「민법」이나 다른 법률에 따라 설립된 소방기술 분야의 법인인 연구기관 또는 법인 부설연구소
  6. 「기초연구진흥 및 기술개발지원」에 관한 법률 제14조제1항제2호에 따라 인정받은 기업부설 연구소
  7. 「소방산업의 진흥에 관한 법률」 제14조에 따른 한국소방산업기술원
  8. 그 밖에 대통령령으로 정하는 소방에 관한 기술개발 및 연구를 수행하는 기관·협회
② 국가가 제1항에 따른 기관이나 단체로 하여금 소방기술의 연구·개발사업을 수행하게 하는 경우에는 필요한 경비를 지원하여야 한다.

제39조의7 (소방기술 및 소방산업의 국제화사업)
① 국가는 소방기술 및 소방산업의 국제경쟁력과 국제적 통용성을 높이는 데 필요한 기반조성을 촉진하기 위한 시책을 마련하여야 한다.
② 소방청장은 소방기술 및 소방산업의 국제경쟁력과 국제적 통용성을 높이기 위하여 다음 각 호의 사업을 추진하여야 한다.
  1. 소방기술 및 소방산업의 국제 협력을 위한 조사·연구
  2. 소방기술 및 소방산업에 관한 국제 전시회·국제 학술회의의 개최 등 국제 교류
  3. 소방기술 및 소방산업의 국외 시장의 개척
  4. 그 밖에 소방기술 및 소방산업의 국제경쟁력과 국제적 통용성을 높이기 위하여 필요하다고 인정하는 사업

제8장 한국소방안전원

제1절 한국소방안전원

제40조 (한국소방안전원의 설립 등)
① 소방기술과 안전관리기술의 향상 및 홍보 그 밖의 교육·훈련 등 행정기관이 위탁하는 업무의 수행과 소방 관계 종사자의 기술 향상을 위하여 한국소방안전원(이하 "안전원"이라 한다)을 소방청장의 인가를 받아 설립한다. 〈개정 2017.12.26〉
② 제1항에 따라 설립되는 안전원은 법인으로 한다.
③ 안전원에 관하여 이 법에 규정된 것을 제외하고는 민법 중 재단법인에 관한 규정을 준용한다.

제40조의2 (교육계획의 수립 및 평가 등)
① 안전원의 장(이하 "안전원장"이라 한다)은 소방기술과 안전관리의 기술향상을 위하여 매년 교육 수요조사를 실시하여 교육계획을 수립하고 소방청장의 승인을 받아야 한다.
② 안전원장은 소방청장에게 해당 연도 교육결과를 평가·분석하여 보고하여야 하며, 소방청장은 교육평가 결과를 제1항의 교육계획에 반영하게 할 수 있다.
③ 안전원장은 제2항의 교육결과를 객관적이고 정밀하게 분석하기 위하여 필요한 경우 교육 관련 전문가로 구성된 위원회를 운영할 수 있다.
④ 제3항에 따른 위원회의 구성·운영에 필요한 사항은 대통령령으로 정한다.

영 제9조 (교육평가심의위원회 구성운영)
① 안전원의 장(이하 "안전원장"이라 한다)은 법 제40조의2 제3항에 따라 다음 각 호의 사항을 심의하기 위하여 교육평가심의위원회(이하 "평가위원회"라 한다)를 둔다.
  1. 교육평가 및 운영에 관한 사항
  2. 교육결과 분석 및 개선에 관한 사항
  3. 다음 연도의 교육계획에 관한 사항
② 평가위원회는 위원장 1명을 포함하여 9명 이하의 위원으로 성별을 고려하여 구성한다.
③ 평가위원회의 위원장은 위원 중에서 호선(互選)한다.

④ 평가위원회의 위원은 다음 각 호의 어느 하나에 해당하는 사람 중에서 안전원장이 임명 또는 위촉한다.
1. 소방안전교육 업무 담당 소방공무원 중 소방청장이 추천하는 사람
2. 소방안전교육 전문가
3. 소방안전교육 수료자
4. 소방안전에 관한 학식과 경험이 풍부한 사람

⑤ 평가위원회에 참석한 위원에게는 예산의 범위에서 수당을 지급할 수 있다. 다만, 공무원인 위원이 소관 업무와 직접 관련되어 참석하는 경우에는 수당을 지급하지 아니한다.

⑥ 제1항부터 제5항까지에서 규정한 사항 외에 평가위원회의 운영 등에 필요한 사항은 안전원장이 정한다.[본조신설 2018.6.26.]

제41조 (안전원의 업무)
안전원은 다음 각 호의 업무를 수행한다.
1. 소방기술과 안전관리에 관한 교육 및 조사·연구
2. 소방기술과 안전관리에 관한 각종 간행물의 발간
3. 화재 예방과 안전관리의식의 고취를 위한 대국민 홍보
4. 소방업무에 관하여 행정기관이 위탁하는 업무
5. 소방안전에 관한 국제협력 〈개정 2017.12.26〉
6. 그 밖에 회원에 대한 기술지원 등 정관으로 정하는 사항

제42조 (회원의 관리)
안전원은 소방기술과 안전관리 역량의 향상을 위하여 다음 각호의 사람을 회원으로 관리할 수 있다.
1. 「화재예방, 소방시설 설치유지 및 안전관리에 관한 법률」, 「소방시설공사업법」 또는 「위험물 안전관리법」에 따라 등록을 하거나 허가를 받은 사람으로서 회원이 되려는 사람
2. 「화재예방, 소방시설 설치유지 및 안전관리에 관한 법률」, 「소방시설공사업법」 또는 「위험물 안전관리법」에 따라 소방안전관리자, 소방기술자 또는 위험물안전관리자로 선임되거나 채용된 사람으로서 회원이 되려는 사람
3. 그 밖에 소방 분야에 관심이 있거나 학식과 경험이 풍부한 사람으로서 회원이 되려는 사람

제43조 (안전원의 정관)
① 안전원의 정관에는 다음 각 호의 사항이 포함되어야 한다.
1. 목적
2. 명칭
3. 주된 사무소의 소재지
4. 사업에 관한 사항
5. 이사회에 관한 사항
6. 회원과 임원 및 직원에 관한 사항
7. 재정 및 회계에 관한 사항
8. 정관의 변경에 관한 사항

② 안전원은 정관을 변경하려면 소방청장의 인가를 받아야 한다.

제44조 (안전원의 운영경비)
안전원의 운영 및 사업에 소요되는 경비는 다음 각 호의 재원으로 충당한다.
1. 제41조제1호 및 제4호의 업무 수행에 따른 수입금
2. 제42조에 따른 회원의 회비
3. 자산운영수익금
4. 그 밖의 부대수입

제44조의2 (안전원의 임원)
① 안전원에 임원으로 원장 1명을 포함한 9명 이내의 이사와 1명의 감사를 둔다.
② 제1항에 따른 원장과 감사는 소방청장이 임명한다.

제44조의3 (유사명칭 사용금지)
이 법에 따른 안전원이 아닌 자는 한국소방안전원 또는 이와 유사한 명칭을 사용하지 못한다.

제9장 보 칙

제48조 (감독)
① 소방청장은 안전원의 업무를 감독한다.
② 소방청장은 안전원에 대하여 업무·회계 및 재산에 관하여 필요한 사항을 보고하게 하거나, 소속 공무원으로 하여금 안전원의 장부·서류 및 그 밖의 물건을 검사하게 할 수 있다.
③ 소방청장은 제2항에 따른 보고 또는 검사의 결과 필요하다고 인정되면 시정명령 등 필요한 조치를 할 수 있다.

영 제10조 (감독 등)
① 법 제48조에 따라 소방청장은 안전원의 다음 각 호의 업무를 감독하여야 한다.
 1. 이사회의 중요의결 사항
 2. 회원의 가입·탈퇴 및 회비에 관한 사항
 3. 사업계획 및 예산에 관한 사항
 4. 기구 및 조직에 관한 사항
 5. 그 밖에 소방청장이 위탁한 업무의 수행 또는 정관에서 정하고 있는 업무의 수행에 관한 사항
② 협회(안전원)의 사업계획 및 예산에 관하여는 소방청장의 승인을 얻어야 한다.
③ 소방청장은 협회(=안전원)의 업무감독을 위하여 필요한 자료의 제출을 명하거나 「화재예방, 소방시설 설치유지 및 안전관리에 관한 법률」 제45조, 「소방시설공사업법」 제33조 및 「위험물안전관리법」 제30조의 규정에 따라 위탁된 업무와 관련된 규정의 개선을 명할 수 있다. 이 경우 협회(=안전원은)는 정당한 사유가 없는 한 이에 따라야 한다.

제49조 (권한의 위임)
소방청장은 이 법에 따른 권한의 일부를 대통령령으로 정하는 바에 따라 시·도지사, 소방본부장 또는 소방서장에게 위임할 수 있다. 〈개정 2011.5.30.〉

제49조의2 (<u>손실보상</u>)
① 소방청장 또는 시·도지사는 다음 각 호의 어느 하나에 해당하는 자에게 제3항의 손실보상심의위원회의 심사의결에 따라 정당한 보상을 하여야 한다.
 1. 제16조의3제1항에 따른 조치로 인하여 손실을 입은 자
 2. 제24조제1항 전단에 따른 소방활동 종사로 인하여 사망하거나 부상을 입은 자
 3. 제25조제2항 또는 제3항에 따른 처분으로 인하여 손실을 입은 자. 다만, 같은 조 제3항에 해당하는 경우로서 법령을 위반하여 소방자동차의 통행과 소방활동에 방해가 된 경우는 <u>제외</u>한다.
 4. 제27조제1항 또는 제2항에 따른 조치로 인하여 손실을 입은 자

5. 그 밖에 소방기관 또는 소방대의 적법한 소방업무 또는 소방활동으로 인하여 손실을 입은 자

② 제1항에 따라 손실보상을 청구할 수 있는 권리는 손실이 있음을 안 날부터 3년, 손실이 발생한 날부터 5년간 행사하지 아니하면 시효의 완성으로 소멸한다.

③ 제1항에 따른 손실보상청구 사건을 심사의결하기 위하여 손실보상심의위원회를 둔다.

④ 제1항에 따른 손실보상의 기준, 보상금액, 지급절차 및 방법, 제3항에 따른 손실보상심의위원회의 구성 및 운영, 그 밖에 필요한 사항은 대통령령으로 정한다.

제11조 (손실보상의 기준 및 보상금액)

① 법 제49조의2제1항에 따라 같은 항 각 호(제2호는 제외한다)의 어느 하나에 해당하는 자에게 물건의 멸실·훼손으로 인한 손실보상을 하는 때에는 다음 각 호의 기준에 따른 금액으로 보상한다. 이 경우 영업자가 손실을 입은 물건의 수리나 교환으로 인하여 영업을 계속할 수 없는 때에는 영업을 계속할 수 없는 기간의 영업이익액에 상당하는 금액을 더하여 보상한다.[본조신설 2018.6.26]

1. 손실을 입은 물건을 수리할 수 있는 때: 수리비에 상당하는 금액
2. 손실을 입은 물건을 수리할 수 없는 때: 손실을 입은 당시의 해당 물건의 교환가액

② 물건의 멸실·훼손으로 인한 손실 외의 재산상 손실에 대해서는 직무집행과 상당한 인과관계가 있는 범위에서 보상한다.

③ 법 제49조의2제1항제2호에 따른 사상자의 보상금액 등의 기준은 별표 2의4와 같다.

제12조 (손실보상의 지급절차 및 방법)

① 법 제49조의2제1항에 따라 소방기관 또는 소방대의 적법한 소방업무 또는 소방활동으로 인하여 발생한 손실을 보상받으려는 자는 행정안전부령으로 정하는 보상금 지급 청구서에 손실내용과 손실금액을 증명할 수 있는 서류를 첨부하여 소방청장 또는 시·도지사(이하 "소방청장등"이라 한다)에게 제출하여야 한다. 이 경우 소방청장등은 손실보상금의 산정을 위하여 필요하면 손실보상을 청구한 자에게 증빙·보완 자료의 제출을 요구할 수 있다.

② 소방청장등은 제13조에 따른 손실보상심의위원회의 심사·의결을 거쳐 특별한 사유가 없으면 보상금 지급 청구서를 받은 날부터 60일 이내에 보상금 지급 여부 및 보상금액을 결정하여야 한다.

③ 소방청장등은 다음 각 호의 어느 하나에 해당하는 경우에는 그 청구를 각하(却下)하는 결정을 하여야 한다.

1. 청구인이 같은 청구 원인으로 보상금 청구를 하여 보상금 지급 여부 결정을 받은 경우. 다만, 기각 결정을 받은 청구인이 손실을 증명할 수 있는 새로운 증거가 발견되었음을 소명(疎明)하는 경우는 제외한다.
2. 손실보상 청구가 요건과 절차를 갖추지 못한 경우. 다만, 그 잘못된 부분을 시정할 수 있는 경우는 제외한다.

④ 소방청장등은 제2항 또는 제3항에 따른 결정일부터 10일 이내에 행정안전부령으로 정하는 바에 따라 결정 내용을 청구인에게 통지하고, 보상금을 지급하기로 결정한 경우에는 특별한 사유가 없으면 통지한 날부터 30일 이내에 보상금을 지급하여야 한다.

⑤ 소방청장등은 보상금을 지급받을 자가 지정하는 예금계좌(「우체국예금·보험에 관한 법률」에 따른 체신관서 또는 「은행법」에 따른 은행의 계좌를 말한다)에 입금하는 방법으로 보상금을 지급한다. 다만, 보상금을 지급받을 자가 체신관서 또는 은행이 없는 지역에 거주하는 등 부득이한 사유가 있는 경우에는

그 보상금을 지급받을 자의 신청에 따라 현금으로 지급할 수 있다.
⑥ 보상금은 일시불로 지급하되, 예산 부족 등의 사유로 일시불로 지급할 수 없는 특별한 사정이 있는 경우에는 청구인의 동의를 받아 분할하여 지급할 수 있다.
⑦ 제1항부터 제6항까지에서 규정한 사항 외에 보상금의 청구 및 지급에 필요한 사항은 소방청장이 정한다.[본조신설 2018.6.26]

칙 제14조 (보상금 지급청구서 등의 서식)
① 영 제12조제1항에 따른 보상금 지급 청구서는 별지 제8호서식에 따른다.
② 영 제12조제4항에 따라 결정 내용을 청구인에게 통지하는 경우에는 다음 각 호의 서식에 따른다.
1. 보상금을 지급하기로 결정한 경우: 별지 제9호서식의 보상금 지급 결정 통지서
2. 보상금을 지급하지 아니하기로 결정하거나 보상금 지급 청구를 각하한 경우: 별지 제10호서식의 보상금 지급 청구 (기각·각하) 통지서[본조신설 2018.6.26]

영 제13조 (손실보상심의위원회의 설치 및 구성)
① 소방청장등은 법 제49조의2제3항에 따라 손실보상청구 사건을 심사·의결하기 위하여 각각 손실보상심의위원회(이하 "보상위원회"라 한다)를 둔다.
② 보상위원회는 위원장 1명을 포함하여 5명 이상 7명 이하의 위원으로 구성한다.
③ 보상위원회의 위원은 다음 각 호의 어느 하나에 해당하는 사람 중에서 소방청장등이 위촉하거나 임명한다. 이 경우 위원의 과반수는 성별을 고려하여 소방공무원이 아닌 사람으로 하여야 한다.
  1. 소속 소방공무원
  2. 판사·검사 또는 변호사로 5년 이상 근무한 사람
  3. 「고등교육법」 제2조에 따른 학교에서 법학 또는 행정학을 가르치는 부교수 이상으로 5년 이상 재직한 사람
  4. 「보험업법」 제186조에 따른 손해사정사
  5. 소방안전 또는 의학 분야에 관한 학식과 경험이 풍부한 사람
④ 제3항에 따라 위촉되는 위원의 임기는 2년으로 하며, 한 차례만 연임할 수 있다.
⑤ 보상위원회의 사무를 처리하기 위하여 보상위원회에 간사 1명을 두되, 간사는 소속 소방공무원 중에서 소방청장등이 지명한다.[본조신설 2018.6.26]

영 제14조 (보상위원회의 위원장)
① 보상위원회의 위원장(이하 "보상위원장"이라 한다)은 위원 중에서 호선한다.
② 보상위원장은 보상위원회를 대표하며, 보상위원회의 업무를 총괄한다.
③ 보상위원장이 부득이한 사유로 직무를 수행할 수 없는 때에는 보상위원장이 미리 지명한 위원이 그 직무를 대행한다.[본조신설 2018.6.26]

영 제15조 (보상위원회의 운영)
① 보상위원장은 보상위원회의 회의를 소집하고, 그 의장이 된다.
② 보상위원회의 회의는 재적위원 과반수의 출석으로 개의(開議)하고, 출석위원 과반수의 찬성으로 의결한다.
③ 보상위원회는 심의를 위하여 필요한 경우에는 관계 공무원이나 관계 기관에 사실조사나 자료의 제출 등을 요구할 수 있으며, 관계 전문가에게 필요한 정보의 제공이나 의견의 진술 등을 요청할 수 있다

영 제16조 (보상위원회의 제척·기피·회피)
① 보상위원회의 위원이 다음 각 호의 어느 하나에 해당하는 경우에는 보상위원회의 심의·의결에서 제척(除斥)된다.
  1. 위원 또는 그 배우자나 배우자였던 사람이 심의 안건의 청구인인 경우
  2. 위원이 심의 안건의 청구인과 친족이거나 친족이었던 경우
  3. 위원이 심의 안건에 대하여 증언, 진술, 자문, 용역 또는 감정을 한 경우
  4. 위원이나 위원이 속한 법인(법무조합 및 공증인가합동법률사무소를 포함한다)이 심의 안건 청구인의 대리인이거나 대리인이었던 경우
  5. 위원이 해당 심의 안건의 청구인인 법인의 임원인 경우
② 청구인은 보상위원회의 위원에게 공정한 심의·의결을 기대하기 어려운 사정이 있는 때에는 보상위원회에 기피 신청을 할 수 있고, 보상위원회는 의결로 이를 결정한다. 이 경우 기피 신청의 대상인 위원은 그 의결에 참여하지 못한다.
③ 보상위원회의 위원이 제1항 각 호에 따른 제척 사유에 해당하는 경우에는 스스로 해당 안건의 심의·의결에서 회피(回避)하여야 한다.

영 제17조 (보상위원회의 해촉 및 해임)
① 소방청장등은 보상위원회의 위원이 다음 각 호의 어느 하나에 해당하는 경우에는 해당 위원을 해촉(解囑)하거나 해임할 수 있다.
  1. 심신장애로 인하여 직무를 수행할 수 없게 된 경우
  2. 직무태만, 품위손상이나 그 밖의 사유로 위원으로 적합하지 아니하다고 인정되는 경우
  3. 제16조제1항 각 호의 어느 하나에 해당하는 데에도 불구하고 회피하지 아니한 경우
  4. 제17조의2를 위반하여 직무상 알게 된 비밀을 누설한 경우[본조신설 2018.6.26.]

영 제17조의2 (보상위원회의 비밀 누설 금지)
보상위원회의 회의에 참석한 사람은 직무상 알게 된 비밀을 누설해서는 아니 된다.

영 제18조 (보상위원회의 운영 등에 필요한 사항)
제13조부터 제17조까지 및 제17조의2에서 규정한 사항 외에 보상위원회의 운영 등에 필요한 사항은 소방청장등이 정한다.

제49조의3 (벌칙 적용에서 공무원의 의제)
제41조제4호에 따라 위탁받은 업무에 종사하는 안전원의 임직원은 「형법」 제129조부터 제132조까지를 적용할 때에는 공무원으로 본다.

영 제18조의2 (고유식별정보의 처리)
소방청장(해당 권한이 위임·위탁된 경우에는 그 권한을 위임·위탁받은 자를 포함한다), 시·도지사는 다음 각 호의 사무를 수행하기 위하여 불가피한 경우 「개인정보 보호법 시행령」 제19조제1호 또는 제4호에 따른 주민등록번호 또는 외국인등록번호가 포함된 자료를 처리할 수 있다
  1. 법 제17조의2에 따른 소방안전교육사 자격시험 운영관리에 관한 사무
  2. 법 제17조의3에 따른 소방안전교육사의 결격사유 확인에 관한 사무
  3. 법 제49조의2에 따른 손실보상에 관한 사무[본조신설 2014.9.30.]

제10장 벌 칙

제50조 (벌칙)
다음 각 호의 어느 하나에 해당하는 사람은 <u>5년 이하의 징역</u> 또는 <u>5천만 원 이하의 벌금</u>에 처한다.
  1. 제16조제2항을 위반하여 다음 각 목의 어느 하나에 해당하는 행위를 한 사람
      가. 위력(威力)을 사용하여 출동한 소방대의 화재진압·인명구조 또는 구급활동을 방해하는 행위
      나. 소방대가 화재진압·인명구조 또는 구급활동을 위하여 현장에 출동하거나 현장에 출입하는 것을 고의로 방해하는 행위
      다. 출동한 소방대원에게 폭행 또는 협박을 행사하여 화재진압·인명구조 또는 구급활동을 방해하는 행위
      라. 출동한 소방대의 소방장비를 파손하거나 그 효용을 해하여 화재진압·인명구조 또는 구급활동을 방해하는 행위
  2. 제21조제1항을 위반하여 소방자동차의 출동을 방해한 사람
  3. 제24조제1항에 따른 사람을 구출하는 일 또는 불을 끄거나 불이 번지지 아니하도록 하는 일을 방해한 사람
  4. 제28조를 위반하여 정당한 사유 없이 소방용수시설 또는 비상소화장치를 사용하거나 소방용수시설 또는 비상소화장치의 효용을 해치거나 그 정당한 사용을 방해한 사람

제51조 (벌칙)
제25조제1항에 따른 <u>처분을 방해한 자</u> 또는 정당한 사유 없이 그 처분에 따르지 아니한 자는 3년 이하의 징역 또는 3천만 원 이하의 벌금에 처한다.

제52조 (벌칙)
다음 각 호의 어느 하나에 해당하는 자는 300만 원 이하의 벌금에 처한다.
  1. 제25조제2항 및 제3항에 따른 처분을 방해한 자 또는 정당한 사유 없이 그 처분에 따르지 아니한 자
  2. 제30조제3항을 위반하여 관계인의 정당한 업무를 방해하거나 를 수행하면서 알게 된 <u>비밀</u>을 다른 사람에게 <u>누설한 사람</u>

제53조 (벌칙)
다음 각 호의 어느 하나에 해당하는 자는 200만 원 이하의 벌금에 처한다.
  1. 정당한 사유없이 제12조제1항 각 호의 어느 하나에 따른 명령에 따르지 아니하거나 이를 방해한 자
  2. 정당한 사유 없이 제30조제1항에 따른 관계 공무원의 출입 또는 <u>조사를 거부·방해</u> 또는 기피한 자

제54조 (벌칙)
다음 각 호의 어느 하나에 해당하는 자는 100만 원 이하의 벌금에 처한다.
  1. 제13조제3항에 따른 화재경계지구 안의 소방대상물에 대한 소방특별조사를 거부·방해 또는 기피한 자
  1의2. 제16조의3제2항을 위반하여 정당한 사유 없이 소방대의 생활안전활동을 방해한 자
  2. 제20조를 위반하여 정당한 사유 없이 소방대가 현장에 도착할 때까지 사람을 구출하는 조치 또는 불을 끄거나 불이 번지지 아니하도록 하는 <u>조치를 하지 아니한 사람</u>
  3. 제26조제1항에 따른 피난 명령을 위반한 사람

4. 제27조제1항을 위반하여 정당한 사유 없이 물의 사용이나 수도의 개폐장치의 사용 또는 조작을 하지 못하게 하거나 방해한 자
5. 제27조제2항에 따른 조치를 정당한 사유 없이 방해한 자

제55조 (양벌규정)
법인의 대표자나 법인 또는 개인의 대리인, 사용인, 그 밖의 종업원이 그 법인 또는 개인의 업무에 관하여 제50조부터 제54조까지의 어느 하나에 해당하는 위반행위를 하면 그 행위자를 벌하는 외에 그 법인 또는 개인에게도 해당 조문의 벌금형을 과(科)한다. 다만, 법인 또는 개인이 그 위반행위를 방지하기 위하여 해당 업무에 관하여 상당한 주의와 감독을 게을리하지 아니한 경우에는 그러하지 아니하다.

제56조 (과태료)
① 제19조제1항을 위반하여 화재 또는 구조·구급이 필요한 상황을 거짓으로 알린 사람에게는 500만원 이하의 과태료를 부과한다. 〈신설 2020. 10. 20.〉
② 다음 각 호의 어느 하나에 해당하는 자에게는 200만 원 이하의 과태료를 부과한다.
  1. 제13조제4항에 따른 소방용수시설, 소화기구 및 설비 등의 설치 명령을 위반한 자
  2. 제15조제1항에 따른 불을 사용할 때 지켜야 하는 사항 및 같은 조 제2항에 따른 특수가연물의 저장 및 취급 기준을 위반한 자
  2의2. 제17조의6제5항을 위반하여 한국119청소년단 또는 이와 유사한 명칭을 사용한 자
  3의2. 제21조제3항을 위반하여 소방자동차의 출동에 지장을 준 자 / 3. 삭제 〈2020. 10. 20.〉
  4. 제23조제1항을 위반하여 소방활동구역을 출입한 사람
  5. 제30조제1항에 따른 명령을 위반하여 보고 또는 자료 제출을 하지 아니하거나 거짓으로 보고 또는 자료 제출을 한 자
  6. 제44조의3을 위반하여 한국소방안전원 또는 이와 유사한 명칭을 사용한 자
③ 제21조의2제2항을 위반하여 전용구역에 차를 주차하거나 전용구역에의 진입을 가로막는 등의 방해행위를 한 자에게는 100만 원 이하의 과태료를 부과한다.
④ 제1항 및 3항에 따른 과태료는 대통령령으로 정하는 바에 따라 관할 시·도지사, 소방본부장 또는 소방서장이 부과·징수한다.

제57조 (과태료)
① 제19조제2항에 따른 신고를 하지 아니하여 소방자동차를 출동하게 한 자에게는 20만 원 이하의 과태료에 부과한다.
② 제1항에 따른 과태료는 조례로 정하는 바에 따라 관할 소방본부장 또는 소방서장이 부과·징수한다.

  영 제19조 (과태료 부과기준)
  법 제56조제1항 및 제2항에 따른 과태료의 부과기준은 별표 3과 같다.

  칙 제15조 (과태료의 징수절차)
  영 제19조제4항 규정에 의한 과태료의 징수절차에 관하여는 「국고금관리법 시행규칙」을 준용한다. 이 경우 납입고지서에는 이의방법 및 이의기간 등을 함께 기재하여야 한다.

시행령

[영 별표 1]

보일러 등의 위치·구조 및 관리와 화재예방을 위하여 불의 사용에 있어서 지켜야 하는 사항(제5조관련)

종 류	내 용

보일러	1. 가연성 벽·바닥 또는 천장과 접촉하는 증기기관 또는 연통의 부분은 규조토·석면 등 난연성 단열재로 덮어씌워야 한다.
	2. 경유·등유 등 액체연료를 사용하는 경우에는 다음 각목의 사항을 지켜야 한다.
	  가. 연료탱크는 보일러 본체로부터 수평거리 1m 이상의 간격을 두어 설치할 것
	  나. 연료탱크에는 화재 등 긴급상황이 발생하는 경우 연료를 차단할 수 있는 개폐밸브를 연료탱크로부터 0.5m 이내에 설치할 것
	  다. 연료탱크 또는 연료를 공급하는 배관에는 여과장치를 설치할 것
	  라. 사용이 허용된 연료 외의 것을 사용하지 아니할 것
	  마. 연료탱크에는 불연재료(「건축법 시행령」 제2조제10호의 규정에 의한 것을 말한다. 이하 이 표에서 같다)로 된 받침대를 설치하여 연료탱크가 넘어지지 아니하도록 할 것
	3. 기체연료를 사용하는 경우에는 다음 각목에 의한다.
	  가. 보일러를 설치하는 장소에는 환기구를 설치하는 등 가연성가스가 머무르지 아니하도록 할 것
	  나. 연료를 공급하는 배관은 금속관으로 할 것
	  다. 화재 등 긴급시 연료를 차단할 수 있는 개폐밸브를 연료용기 등으로부터 0.5m 이내에 설치할 것
	  라. 보일러가 설치된 장소에는 가스누설경보기를 설치할 것
	4. 보일러와 벽·천장 사이의 거리는 0.6m 이상 되도록 하여야 한다.
	5. 보일러를 실내에 설치하는 경우에는 콘크리트바닥 또는 금속외의 불연재료로 된 바닥 위에 설치하여야 한다.

난 로	1. 연통은 천장으로부터 0.6m 이상 떨어지고, 건물 밖으로 0.6m 이상 나오게 설치하여야 한다.
	2. 가연성 벽·바닥 또는 천장과 접촉하는 연통의 부분은 규조토·석면 등 난연성 단열재로 덮어씌워야 한다.
	3. 이동식난로는 다음 각목의 장소에서 사용하여서는 아니 된다. 다만, 난로가 쓰러지지 아니하도록 받침대를 두어 고정시키거나 쓰러지는 경우 즉시 소화되고 연료의 누출을 차단할 수 있는 장치가 부착된 경우에는 그러하지 아니하다.
	  가. 「화재예방, 소방시설 설치유지 및 안전관리에 관한 법률」 제8조의 규정에 의한 다중이용업소
	  나. 「학원의 설립·운영 및 과외교습에 관한 법률」 제2조제1호의 규정에 의한 학원
	  다. 「학원의 설립·운영 및 과외교습에 관한 법률 시행령」 제2조제1항제 4호의 규정에 의한 독서실
	  라. 「공중위생관리법」 제2조제1항제2호·제3호 및 제6호에 따른 숙박업·목욕장업·세탁업의 영업장
	  마. 「의료법」 제3조제2항의 규정에 의한 종합병원·병원·치과 병원·한방병원·요양병원·의원·치과의원·한의원 및 조산원
	  바. 「식품위생법 시행령」 제7조제8호의 규정에 의한 휴게음식점·일반음식점·단란주점·유흥주점 및 제과점영업의 영업장
	  사. 「영화진흥법」 제2조제13호의 규정에 의한 영화상영관아. 「공연법」 제2조제4호의 규정에 의한 공연장
	  자. 「박물관 및 미술관 진흥법」 제2조제1호 및 제2호의 규정에 의한 박물관 및 미술관
	  차. 「유통산업발전법」 제2조제6호의 규정에 의한 상점가
	  타. 「건축법」 제20조에 따른 가설건축물
	  카. 역·터미널

건조 설비	1. 건조설비와 벽·천장 사이의 거리는 0.5m 이상 되도록 하여야 한다. 2. 건조물품이 열원과 직접 접촉하지 아니하도록 하여야 한다. 3. 실내에 설치하는 경우에 벽·천장 또는 바닥은 불연재료로 하여야 한다.

종류	내용

수소 가스를 넣는 기구	1. 연통 그 밖의 화기를 사용하는 시설의 부근에서 띄우거나 머물게 하여서는 아니 된다.
	2. 건축물의 지붕에서 띄워서는 아니 된다. 다만, 지붕이 불연재료로 된 평지붕으로서 그 넓이가 기구 지름의 2배 이상인 경우에는 그러하지 아니하다.
	3. 다음 각목의 장소에서 운반하거나 취급하여서는 아니 된다.
	  가. 공연장: 극장·영화관·연예장·음악당·서커스장 그 밖의 이와 비슷한 것
	  나. 집회장: 회의장·공회장·예식장 그 밖의 이와 비슷한 것
	  다. 관람장: 운동경기관람장(운동시설에 해당하는 것을 제외한다)·경마장·자동차경주장 그 밖의 이와 비슷한 것
	  라. 전시장: 박물관·미술관·과학관·기념관·산업전시장·박람회장 그 밖의 이와 비슷한 것
	4. 수소가스를 넣거나 빼는 때에는 다음 각목의 사항을 지켜야 한다.
	  가. 통풍이 잘 되는 옥외의 장소에서 할 것
	  나. 조작자 외의 사람이 접근하지 아니하도록 할 것
	  다. 전기시설이 부착된 경우에는 전원을 차단하고 할 것
	  라. 마찰 또는 충격을 주는 행위를 하지 말 것
	  마. 수소가스를 넣을 때에는 기구 안에 수소가스 또는 공기를 제거한 후 감압기를 사용할 것
	5. 수소가스는 용량의 90% 이상을 유지하여야 한다.
	6. 띄우거나 머물게 하는 때에는 감시인을 두어야 한다. 다만, 건축물 옥상에서 띄우거나 머물게 하는 경우에는 그러하지 아니하다.
	7. 띄우는 각도는 지표면에 대하여 45도 이하로 유지하고 바람이 초속 7m 이상 부는 때에는 띄워서는 아니 된다.

불꽃을 사용하는 용접·용단 기구	용접 또는 용단 작업장에서는 다음의 사항을 지켜야 한다. 다만 「산업보건법」 제23조 적용을 받는 사업장은 적용하지 아니한다. 1. 용접 또는 용단 작업자로부터 5m 이내에 소화기를 갖출 것. 2. 용접 또는 용단 작업장 주변 반경 10m 이내에는 가연물을 쌓아두거나 놓아두지 말 것. 단, 가연물의 제거가 곤란하여 방지포 등으로 방호조치를 한 경우는 제외한다.
전기 시설	1. 전류가 통하는 전선에는 과전류차단기를 설치하여야 한다. 2. 전선 및 접속기구는 내열성이 있는 것으로 하여야 한다.

노·화덕 설비	1. 실내에 설치하는 경우에는 흙바닥, 금속 외의 불연재료로 된 바닥이나 흙바닥에 설치하여야 한다.
	2. 노 또는 화덕을 설치하는 장소의 벽·천장은 불연재료로 된 것이어야 한다.
	3. 노 또는 화덕의 주위에는 녹는 물질이 확산되지 않도록 높이 0.1m 이상의 턱을 설치하여야 한다.
	4. 시간당 열량이 30만킬로칼로리 이상인 노를 설치하는 경우에는 다음 각목의 사항을 지켜야 한다.
	  가. 주요구조부(「건축법」 제2조1항 제7호에 따른 것을 말한다. 이하 이 표에서 같다)는 불연재료로 할 것
	  나. 창문과 출입구는 「건축법 시행령」 제64조의 규정에 의한 갑종방화문 또는 을종방화문으로 설치할 것
	  다. 노 주위에는 1m 이상 공간을 확보할 것

음식 조리를 위하여 설치하는 설비	일반음식점에서 조리를 위하여 불을 사용하는 설비를 설치하는 경우에는 다음 각목의 사항을 지켜야 한다.
	  가. 주방설비에 부속된 배기닥트는 0.5mm 이상의 아연도금강판 또는 이와 동등 이상의 내식성 불연재료로 설치할 것
	  나. 주방시설에는 동물 또는 식물의 기름을 제거할 수 있는 필터 등을 설치할 것
	  다. 열을 발생하는 조리기구는 반자 또는 선반으로부터 0.6m 이상 떨어지게 할 것
	  라. 열을 발생하는 조리기구로부터 0.15m 이내의 거리에 있는 가연성 주요구조부는 석면판 또는 단열성이 있는 불연재료로 덮어씌울 것.

[영 별표 2]

특수가연물(제6조관련)

품 명	지정수량[kg] 이상	품 명		지정수량[kg] 이상
면화류	200	가연성고체류		3,000
나무껍질 및 대팻밥	400	석탄·목탄류		10,000
넝마	1,000	가연성액체류		2m³
볏짚류	1,000	목재가공품, 나무부스러기		10[m³]
종이부스러기	1,000	합 성 수지류	발포된 것	20[m³]
사류(실과 누에고치)	1,000		그 밖의 것	3,000

※ 비 고

1. "면화류"란 불연성 또는 난연성이 아닌 면상 또는 팽이모양의 섬유와 마사(麻絲) 원료를 말한다.
2. 넝마 및 종이부스러기는 불연성·난연성이 아닌 것(동식물유가 깊이 스며들어 있는 옷감·종이 및 이들의 제품을 포함한다)에 한한다.
3. "사류"란 불연성 또는 난연성이 아닌 실(실부스러기와 솜털을 포함한다)과 누에고치를 말한다.
4. "볏짚류"란 마른 볏짚·마른 북데기와 이들의 제품 및 건초를 말한다.
5. "가연성고체류"란 고체로서 다음 각목의 것을 말한다.
    가. 인화점이 섭씨 40도 이상 100도 미만인 것
    나. 인화점이 섭씨 100도 이상 200도 미만이고, 연소열량이 1그램당 8킬로칼로리 이상인 것
    다. 인화점이 섭씨 200도 이상이고 연소열량이 1그램당 8킬로칼로리 이상인 것으로서 융점이 100도 미만인 것
    라. 1기압과 섭씨 20도 초과 40도 이하에서 액상인 것으로서 인화점이 섭씨 70도 이상 섭씨 200도 미만이거나 나목 또는 다목에 해당하는 것
6. 석탄·목탄류에는 코크스, 석탄가루를 물에 갠 것, 조개탄, 연탄, 석유코크스, 활성탄 및 이와 유사한 것을 포함한다.
7. "가연성액체류"란 다음 각목의 것을 말한다.
    가. 1기압과 섭씨 20도 이하에서 액상인 것으로서 가연성 액체량이 40중량퍼센트 이하이면서 인화점이 섭씨 40도 이상 섭씨 70도 미만이고 연소점이 섭씨 60도 이상인 물품
    나. 1기압과 섭씨 20도에서 액상인 것으로서 가연성 액체량이 40중량퍼센트 이하이고 인화점이 섭씨 70도 이상 섭씨 250도 미만인 물품
    다. 동물의 기름기와 살코기 또는 식물의 씨나 과일의 살로부터 추출한 것으로서 다음의 1에 해당하는 것
        (1) 1기압과 섭씨 20도에서 액상이고 인화점이 250도 미만인 것으로서 「위험물안전관리법」 제20조제1항의 규정에 의한 용기기준과 수납·저장기준에 적합하고 용기외부에 물품명·수량 및 "화기엄금" 등의 표시를 한 것
        (2) 1기압과 섭씨 20도에서 액상이고 인화점이 섭씨 250도 이상인 것
8. "합성수지류"란 불연성 또는 난연성이 아닌 고체의 합성수지제품, 합성수지반제품, 원료합성수지 및 합성수지 부스러기(불연성 또는 난연성이 아닌 고무제품, 고무반제품, 원료고무 및 고무 부스러기를 포함한다)를 말한다. 다만, 합성수지의 섬유·옷감·종이 및 실과 이들의 넝마와 부스러기를 제외한다.

[영 별표 2의2]

소방안전교육사의 응시자격(제7조의2관련)

1. 소방공무원으로서 다음 각 목의 어느 하나에 해당하는 사람
   가. 소방공무원으로서 3년 이상 근무한 경력이 있는 사람
   나. 중앙소방학교 또는 지방소방학교에서 2주 이상의 소방안전교육사 관련 전문교육과정을 이수한 사람
2. 「초·중등교육법」 제21조에 따라 교원의 자격을 취득한 사람
3. 「유아교육법」 제22조에 따라 교원의 자격을 취득한 사람
4. 「영유아보육법」 제21조에 따라 어린이집의 원장 또는 보육교사의 자격을 취득한 사람(보육교사 자격을 취득한 사람은 보육교사 자격을 취득한 후 3년 이상의 보육업무 경력이 있는 사람만 해당한다)
5. 다음 각 목의 어느 하나에 해당하는 기관에서 소방안전교육 관련 교과목(응급구조학과, 교육학과 또는 제15조제2호에 따라 소방청장이 정하여 고시하는 소방 관련 학과에 개설된 전공과목을 말한다)을 총 6학점 이상 이수한 사람
   가. 「고등교육법」 제2조제1호부터 제6호까지의 규정의 어느 하나에 해당하는 학교
   나. 「학점인정 등에 관한 법률」 제3조에 따라 학습과정의 평가인정을 받은 교육훈련기관
6. 「국가기술자격법」 제2조제3호에 따른 국가기술자격의 직무분야 중 안전관리 분야(국가기술자격의 직무분야 및 국가기술자격의 종목 중 중직무분야의 안전관리를 말한다. 이하 같다)의 기술사 자격을 취득한 사람
7. 「화재예방, 소방시설 설치·유지 및 안전관리에 관한 법률」 제26조에 따른 소방시설관리사 자격을 취득한 사람
8. 「국가기술자격법」 제2조제3호에 따른 국가기술자격의 직무분야 중 안전관리 분야의 기사 자격을 취득한 후 안전관리 분야에 1년 이상 종사한 사람
9. 「국가기술자격법」 제2조제3호에 따른 국가기술자격의 직무분야 중 안전관리 분야의 산업기사 자격을 취득한 후 안전관리 분야에 3년 이상 종사한 사람
10. 「의료법」 제7조에 따라 간호사 면허를 취득한 후 간호업무 분야에 1년 이상 종사한 사람
11. 「응급의료에 관한 법률」 제36조제2항에 따라 1급 응급구조사 자격을 취득한 후 응급의료 업무 분야에 1년 이상 종사한 사람
12. 「응급의료에 관한 법률」 제36조제3항에 따라 2급 응급구조사 자격을 취득한 후 응급의료 업무 분야에 3년 이상 종사한 사람
13. 「화재예방, 소방시설 설치·유지 및 안전관리에 관한 법률 시행령」 제23조제1항 각 호의 어느 하나에 해당하는 사람
14. 「화재예방, 소방시설 설치·유지 및 안전관리에 관한 법률 시행령」 제23조제2항 각 호의 어느 하나에 해당하는 자격을 갖춘 후 소방안전관리대상물의 소방안전관리에 관한 실무경력이 1년 이상 있는 사람
15. 「화재예방, 소방시설 설치·유지 및 안전관리에 관한 법률 시행령」 제23조제3항 각 호의 어느 하나에 해당하는 자격을 갖춘 후 소방안전관리대상물의 소방안전관리에 관한 실무경력이 3년 이상 있는 사람
16. 「의용소방대 설치 및 운영에 관한 법률」 제3조에 따라 의용소방대원으로 임명된 후 5년 이상 의용소방대 활동을 한 경력이 있는 사람

[영 별표 2의3] 소방안전교육사의 배치대상별 배치기준(제7조의11관련)

배치대상	배치기준(단위: 명)
① 소방청, 소방본부, 한국소방산업기술원	2 이상
② 소방서	1 이상
③ 한국소방안전원	본원: 2 이상, 시·도지부: 1 이상

* [영 별표 2의4~5] 소방활동종사 사상자의 보상금액 등의 기준(제11조의3항관련) 등 – 생략

[영 별표 3] 과태료부과기준(제19조 관련)

1. 일반기준

   가. 과태료 부과권자는 위반행위자가 다음 중 어느 하나에 해당하는 경우에는 제2호 각 목의 과태료 금액의 100분의 50의 범위에서 그 금액을 감경하여 부과할 수 있다. 다만, 감경할 사유가 여러 개 있는 경우라도 「질서위반행위규제법」 제18조에 따른 감경을 제외하고는 감경의 범위는 100분의 50을 넘을 수 없다.

   1) 위반행위자가 「질서위반행위규제법 시행령」 제2조의2제1항 각 호의 어느 하나에 해당하는 경우
   2) 위반행위자가 화재 등 재난으로 재산에 현저한 손실이 발생한 경우 또는 사업의 부도·경매 또는 소송 계속 등 사업여건이 악화된 경우로서 과태료 부과권자가 자체위원회의 의결을 거쳐 감경하는 것이 타당하다고 인정하는 경우[위반행위자가 최근 1년 이내에 소방 관계 법령(「소방기본법」, 「화재예방, 소방시설설치유지 및 안전관리에 관한 법률」, 「소방시설공사업법」, 「위험물안전관리법」, 「다중이용업소의 안전관리에 관한 특별법」 및 그 하위법령을 말한다)을 2회 이상 위반한 자는 제외한다]
   3) 위반행위자가 위반행위로 인한 결과를 시정하거나 해소한 경우

   나. 위반행위의 횟수에 따른 과태료의 가중된 부과기준은 최근 1년간 같은 위반행위로 과태료 부과처분을 받은 경우에 적용한다. 이 경우 기간의 계산은 위반행위에 대하여 과태료 부과처분을 받은 날과 그 처분 후 다시 같은 위반행위를 하여 적발된 날을 기준으로 한다.

   다. 나목에 따라 가중된 부과처분을 하는 경우 가중처분의 적용 차수는 그 위반행위 전 부과처분 차수(나목에 따른 기간 내에 과태료 부과처분이 둘 이상 있었던 경우에는 높은 차수를 말한다)의 다음 차수로 한다.

2. 개별기준

위반행위	근거 법조문	과태료 금액(만원)			
		1회	2회	3회	4회이상
가. 법 제13조제4항에 따른 소방용수시설·소화기구 및 설비 등의 설치명령을 위반한 경우	법 제56조제1항	50	100	150	200
나. 제15조제1항에 따른 불의 사용에 있어서 지켜야하는사항을 위반한 경우 1) 위반행위로 말미암아 화재가 발생한 경우 2) 위반행위로 말미암아 화재가 발생하지 않은 경우	법 제56조제1항 제2호	100 50	150 100	200 150	200 200
다. 제15조제2항에 따른 특수가연물의 저장 및 취급의 기준 위반	법 제56조제1항	20	50	100	100
라. 법 제19조제1항을 위반하여 화재 또는 구조·구급이 필요한 상황을 허위로 알린 경우(* 개정 예정)	법 제56조제1항	100	150	200	200
마. 법 제21조제3항을 위반하여 소방자동차의 출동에 지장을 준 경우	법 제56조제1항	100			
바. 법 제21조제2항을 위반하여 전용구역에 차를 주차하거나 전용구역에의 진입을 가로막는 등의 방해행위를 한 경우	법 제56조제2항	50	100	100	100
사. 법 제23조제1항을 위반하여 소방활동구역 출입한 경우	법 제56조제1항	100			
아. 법 제30조제1항에 따른 명령에 위반하여 보고 또는 자료제출을 하지 아니하거나 거짓으로 보고 또는 자료제출을 한 경우	법 제56조제1항	50	100	150	200
자. 법 제44조의3을 위반하여 한국소방안전원 또는 이와 유사한 명칭을 사용한 경우	법 제56조제1항	200			

시행규칙

[규칙 별표 1]

소방체험관의 설립 및 운영에 관한 기준(제4조의2제2항 관련) - 요약

1. 설립 입지 및 규모 기준과 시설기준

   가. 소방체험관 중 소방안전 체험실로 사용되는 부분의 바닥면적의 합이 900m² 이상이 되어야 한다.

   가. 소방체험관에는 다음의 체험실을 모두 갖추어야 한다. 체험실별 바닥면적은 100m² 이상이어야 한다.

분야	체험실	분야	체험실
생활안전	화재안전 체험실	자연재난안전	기후성 재난 체험실
	시설안전 체험실		지질성 재난 체험실
교통안전	보행안전 체험실	보건안전	응급처치 체험실
	자동차안전 체험실		

   나. 소방체험관은 다음 표에 따른 체험실을 갖출 수 있다. 이 경우 바닥면적은 100제곱미터 이상이어야 한다.

분야	체험실
생활안전	전기안전 체험실, 가스안전 체험실, 작업안전 체험실, 여가활동 체험실, 노인안전 체험실
교통안전	버스안전 체험실, 이륜차안전 체험실, 지하철안전 체험실
자연재난안전	생물권 재난안전 체험실(조류독감, 구제역 등)
사회기반안전	화생방·민방위안전체험실, 환경안전체험실, 에너지·정보통신안전체험실, 사이버안전체험실
범죄안전	미아안전체험실, 유괴안전체험실, 폭력안전체험실, 성폭력안전체험실, 사기범죄 안전체험실
보건안전	중독안전체험실(게임·인터넷, 흡연 등), 감염병안전체험실, 식품안전체험실, 자살방지체험실
기타	시·도지사가 필요하다고 인정하는 체험실

3. 체험교육 인력의 자격 기준

   가. 체험실별 체험교육을 총괄하는 교수요원은 소방공무원 중 다음에 해당하는 사람이어야 한다.

   1) 소방 관련학과의 석사학위 이상을 취득한 사람

   2) 소방안전교육사, 소방시설관리사, 소방기술사 또는 소방설비기사 자격을 취득한 사람

   3) 간호사, 응급구조사 자격을 취득한 사람   4) 인명구조사시험 또는 화재대응능력시험에 합격한 사람

   5) 「소방기본법」에 따른 소방활동이나 생활안전활동을 3년 이상 수행한 경력이 있는 사람

   6) 5년 이상 근무한 소방공무원 중 시·도지사가 체험실의 교수요원으로 적합하다고 인정하는 사람

4. 체험실별 체험교육을 지원하고 실습을 보조하는 조교는 다음에 해당하는 사람이어야 한다.

   1) 가목에 따른 교수요원의 자격을 갖춘 사람

   2) 소방활동이나 생활안전활동을 1년 이상 수행한 경력이 있는 사람

   3) 중앙소방학교 또는 지방소방학교에서 2주 이상의 소방안전교육사 관련 전문교육과정을 이수한 사람

   4) 소방체험관에서 2주 이상의 체험교육에 관한 직무교육을 이수한 의무소방원

5. 체험교육 인력의 자격 기준 등

   • 체험실에는 1명 이상 교수요원을 배치하고, 조교는 체험교육대상자 30명당 1명 이상이 배치되도록 한다.

   • 소방체험관의 장은 체험교육의 운영결과, 만족도 조사결과 등을 기록하고 이를 3년간 보관하여야 한다.

[규칙 별표 1의2]

국고보조의 대상이 되는 소방활동장비 및 설비의 종류와 규격(제5조제1항관련) - 요약

구분	종 류			규 격
소방활동장비	소방자동차	펌프차	대형	240마력 이상
			중형	170마력 이상 240마력 미만
			소형	120마력 이상 170마력 미만
		물탱크소방차	대형	240마력 이상
			중형	170마력 이상 240마력 미만
		소방정	소방정	100톤 이상 급, 50톤급
			구조정	30톤급
		소방헬리콥터		5~17인승
소방전용통신설비 및 전산설비	통신설비	유선통신장비	디지털전화교환기	국내 100회선 이상, 내선 1000회선 이상
			키폰장치	국내 100회선 이상, 내선 200회선 이상
			팩스	일제 개별 동보 장치
			영상장비 다중화장치	동화상 및 정지화상 E1급 이상
		무선통신기기	극초단파 무선기기 고정용	공중전력 50와트 이하
			극초단파 무선기기 이동용	공중전력 20와트 이하
			극초단파 무선기기 휴대용	공중전력 5와트 이하
			초단파 무선기기 고정용	공중전력 50와트 이하
			초단파 무선기기 이동용	공중전력 20와트 이하
			초단파 무선기기 휴대용	공중전력 5와트 이하
			단파 무전기 고정용	공중전력 100와트 이하
			단파 무전기 이동용	공중전력 50와트 이하
	전산설비	단말기	중앙처리장치	클럭속도: 100메가헤르즈 이상
			주기억장치	용량: 16메가바이트 이상
			보조기억장치	용량: 1기가바이트 이상
			모니터	칼라, 15인치 이상
		라우터		6시리얼포트 이상
		스위칭 허브		16이더넷포트 이상
		디에스유, 씨에스유		초당 56킬로바이트 이상
		스캐너		A4사이즈, 칼라600, 인치당 2400도트 이상

[규칙 별표 2]

소방용수표지(제6조제1항관련)

1. 지하에 설치하는 소화전 또는 저수조의 경우 소방용수표지는 다음 각목의 기준에 의한다. 다만, 승하강식 소화전의 경우에는 이를 적용하지 아니한다.

   가. 맨홀뚜껑은 지름 648mm 이상의 것으로 할 것

   나. 맨홀뚜껑에는 "소화전·주정차금지" 또는 "저수조·주정차금지"의 표시를 할 것

   다. 맨홀뚜껑 부근에는 황색반사도료로 폭 15cm의 선을 그 둘레를 따라 칠할 것

2. 급수탑 및 지상에 설치하는 소화전·저수조의 경우 소방용수표지는 다음과 같다.

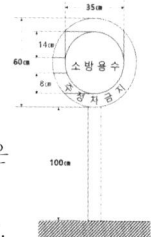

※ 비 고

1. 안쪽 문자는 흰색, 바깥쪽 문자는 노란색으로, 안쪽 바탕은 붉은색, 바깥쪽 바탕은 파란색으로 하고 반사재료를 사용한다.

2. 소방용수표지를 세우는 것이 매우 어렵거나 부적당한 경우에는 그 규격 등을 다르게 할 수 있다.

[규칙 별표 3]   소방용수시설의 설치기준(제6조제2항관련)
1. 공통기준
   가. 국토의 계획 및 이용에 관한 법률 제36조제1항제1호의 규정에 의한 주거지역·상업지역 및 공업지역에 설치하는 경우: 소방대상물과의 수평거리를 100m 이하가 되도록 할 것
   나. 가목 외의 지역에 설치하는 경우: 소방대상물과의 수평거리를 140m 이하가 되도록 할 것
2. 소방용수시설별 설치기준
   가. 소화전의 설치기준: 상수도와 연결하여 지하식 또는 지상식의 구조로 하고, 소방용호스와 연결하는 소화전의 연결금속구의 구경은 65mm로 할 것
   나. 급수탑의 설치기준: 급수배관의 구경은 100mm 이상으로 하고, 개폐밸브는 지상에서 1.5m 이상 1.7m 이하의 위치에 설치하도록 할 것
   다. 저수조의 설치기준
      (1) 지면으로부터의 낙차가 4.5m 이하일 것
      (2) 흡수부분의 수심이 0.5m 이상일 것
      (3) 소방펌프자동차가 쉽게 접근할 수 있도록 할 것
      (4) 흡수에 지장이 없도록 토사 및 쓰레기 등을 제거할 수 있는 설비를 갖출 것
      (5) 흡수관의 투입구가 사각형의 경우에는 한 변의 길이가 60cm 이상, 원형의 경우에는 지름이 60cm 이상일 것
      (6) 저수조에 물을 공급하는 방법은 상수에 연결하여 자동으로 급수되는 구조일 것.

[규칙 별표 3의2]   소방대원에게 실시할 교육·훈련의 종류 등(제9조제1항)

종 류	교육을 받아야 할 대상자
가. 화재진압훈련	1) 화재진압업무를 담당하는 소방공무원 2) 의무소방원 3) 의용소방대원
나. 인명구조훈련	1) 구조업무를 담당하는 소방공무원 2) 의무소방원 3) 의용소방대원
다. 응급처치훈련	1) 구급업무를 담당하는 소방공무원 2) 의무소방원 3) 의용소방대원
라. 인명대피훈련	1) 소방공무원 2) 의무소방원 3) 의용소방대원
마. 현장지휘훈련	1) 지방소방정 2) 지방소방령 3) 지방소방경 4) 지방소방위

※ 교육·훈련 횟수 및 기간: 2년마다 1회, 2주 이상

[규칙 별표 3의3]
   소방안전교육훈련의 시설, 장비, 강사자격 및 교육방법 등의 기준(제9조제2항 관련)- 요약
1. 시설 및 장비 기준
   가. 소방안전교육훈련에 필요한 장소 및 차량의 기준은 다음과 같다.
   1) 소방안전교실: 화재안전 및 생활안전 등을 체험할 수 있는 100제곱미터 이상의 실내시설
   2) 이동안전체험차량: 어린이 30명(성인은 15명)을 동시에 수용할 수 있는 실내공간을 갖춘 자동차
   - 이하 생략 법제처 참고 (* 중요도 낮음) -

[규칙 별표 3의4]

소방안전교육사 시험과목별 출제범위(제9조2 관련)

구분	시험과목	출제범위	비고
제1차 시험 ※ 4과목 중 3과목 선택	소방학개론	소방조직, 연소이론, 화재이론, 소화이론.	선택형 (객관식)
	구급·응급처치론	응급환자 관리, 임상응급의학, 인공호흡 및 심폐소생술(기도폐쇄 포함), 화상환자 및 특수환자 응급처치	
	재난관리론	재난의 정의·종류, 재난유형론, 재난단계별 대응이론	
	교육학개론	교육의 이해, 교육심리, 교육사회, 교육과정, 교육방법 및 교육공학, 교육평가	
제2차 시험	국민안전교육 실무	재난 및 안전사고의 이해, 안전교육의 개념과 기본원리, 안전교육 지도의 실제	논술형 (주관식)

[규칙 별표 4]

소방신호의 방법(제10조제2항관련)

신호방법 종 별	타종신호	사이렌신호	그 밖의 신호
경계신호	1타와 연 2타를 반복	5초 간격을 두고 30초씩 3회	"통풍대" "게시판" "기"
발화신호	난타	<u>5초 간격을 두고 5초씩 3회</u>	
해제신호	상당한 간격을 두고 1타씩 반복	1분간 1회	
훈련신호	연 3타 반복	10초 간격을 두고 1분씩 3회	

※ 비 고
1. 소방신호의 방법은 그 전부 또는 일부를 함께 사용할 수 있다.
2. 게시판을 철거하거나 통풍대 또는 기를 내리는 것으로 소방활동이 해제되었음을 알린다.
3. 소방대의 비상소집을 하는 경우에는 훈련신호를 사용할 수 있다.

[규칙 별표 5]

화재조사의 종류 및 조사의 범위(제11조제2항 관련)

1. 화재원인조사

종 류	조사범위
가. 발화원인 조사	화재가 발생한 과정, 화재가 발생한 지점 및 불이 붙기 시작한 물질 ▶ **암기**: 과지물 (* 연상: 과제물)
나. 발견·통보 및 초기 소화상황 조사	화재의 발견·통보 및 초기소화 등 일련의 과정
다. 연소상황 조사	화재의 연소경로 및 확대원인 등의 상황
라. 피난상황 조사	피난경로, 피난상의 장애요인 등의 상황
<u>마. 소방시설 등 조사</u>	소방시설의 사용 또는 작동 등의 상황

2. 화재피해조사

종 류	조사범위
가. <u>인명피해조사</u>	(1) 소방활동 중 발생한 사망자 및 부상자 (2) 그 밖에 화재로 인한 사망자 및 부상자
나. <u>재산피해조사</u>	(1) 열에 의한 탄화, 용융, 파손 등의 피해 (2) 소화활동 중 사용된 물로 인한 피해 (3) 그 밖에 연기, 물품반출, 화재로 인한 폭발 등에 의한 피해

[규칙 별표 6] 화재조사전담부서에 갖추어야 할 장비(제12조제4항관련) - 요약

1. 소방본부(거점소방서 포함)

구 분	기자재명 및 시설 규모
발굴용구(1종―셋트)	공구류(니퍼, 펜치~ 등), 톱(나무, 쇠) 등, 전동 드릴, 다용도 칼, U형 자석 등
기록용기기(16종)	디지털카메라(DSLR)세트, 비디오카메라세트, 소형디지털방수카메라 등
감식·<u>감정용기기</u>(16종)	절연저항계, 멀티테스터기, <u>적외선열상카메라</u>, 접지저항계, 휴대용디지털현미경 등

2. 소방서

구 분	기자재명
발굴용구(1종―셋트)	공구류(니퍼, 펜치, 와이어커터, 드라이버세트, 스패너세트, 망치 등), 톱(나무, 쇠) 등
기록용기기(15종)	디지털카메라(DSLR)세트, 비디오카메라세트, 소형디지털방수카메라 등
감식용기기(10종)	절연저항계, 멀티테스터기, 클램프메타, 누설전류계, 검전기, 복합가스측정기 등
추가 권장 장비(2종)	휴대용디지털현미경, 정전기측정장치

- 1.2 이하 생략 법제처 참고(* 중요도 낮음)-

[규칙 별표 7] 화재조사에 관한 전문교육과정의 교육과목 및 시간(제13조제1항관련)

구 분	과 목
소양교육	국정시책, 기초소양, 심리상담기법 등
전문교육	기초화학, 기초전기, 구조물과 화재, 관계법령, 화재학, 화재패턴, 방법론, 보고서작성법, 화재피해액산정, 발화지점판정, 전기화재감식, 화학화재감식, 가스화재감식, 폭발화재감식, 차량화재감식, 미소화원감식, 방화화재감식, 증거물수집보존, 화재모델링, 범죄심리학, 법과학(의학), 방·실화수사, 조사와 법적문제, 소방시설조사, 촬영기법, 법정 증언기법, 형사소송의 기본절차
실습교육	실습, 현장실습, 사례연구 및 발표
행 정	입교식, 과정소개, 평가, 교육효과측정, 수료식

※ 비고: 전문교육의 경우 교육과목의 본질적인 내용을 훼손하지 않는 필요 최소한의 범위에서 교육과목을 병합·세분·추가·변경하여 운영할 수 있다.

실전 능력 기르기

▶ 현, 출간일까지 기출된 기본적인 문제만 선별함.

소방기본법

01 다음은 소방기본법의 목적이다. ( )에 가장 적합한 말은? • 암기 2단계

> 소방기본법 제1조 (목적): 이 법은 화재를 예방·( )하거나 ( )하고 화재, 재난·재해 그 밖의 위급한 상황에서의 구조·구급활동 등을 통하여 국민의 생명·신체 및 재산을 보호함으로써 공공의 ( )유지와 복리증진에 이바지함을 목적으로 한다.

① 경계, 진압, 안녕 및 질서
② 소화, 진압, 안전
③ 경계, 소화, 복지
④ 예방, 소화, 사회 및 질서

➡ 소방기본법의 목적: 이 법은 화재를 예방·<u>경계</u>하거나 <u>진압</u>하고 화재·재난·재해 그 밖의 위급한 상황에서의 구조·구급활동을 통하여 국민의 생명·신체 및 재산을 보호함으로써 공공의 <u>안녕 및 질서</u> 유지와 복리증진에 이바지함을 목적으로 한다. (소방기본법 제1조)

02 다음 중 소방대상물이 <u>아닌</u> 것은? • 기본 1단계

① 달리는 차량
② 항해 중인 선박
③ 선박건조구조물
④ 인공 구조물, 물건

➡ 소방기본법에서 소방대상물은 항구 안에 매어둔 선박에 한한다. (소방기본법 제2조)

03 용어의 정의에 관한 설명 중 옳은 것은? • 학습 2단계 문제

① "관계인"이란 소방대상물의 소유자·관리자 또는 점유자를 말한다.
② "관계지역"이란 소방대상물이 있는 장소만을 말한다.
③ "소방대"란 화재를 진압하는 소방공무원으로 구성된 단체를 말한다.
④ "소방본부장"이란 시·도의 화재 등의 업무를 담당하는 기관의 장을 말한다.

➡ ② "관계지역"이란 소방대상물이 있는 장소 및 그 이웃 지역으로 화재의 예방·경계·진압하고 구조·구급 등의 활동에 필요한 지역. ③ "소방대"란 화재를 진압하는 소방공무원, 의무소방원, 의용소방대원으로 구성된 단체. ④ "소방본부장"이란 시·도의 화재 등의 업무를 담당하는 <u>부서</u>의 장.(소방기본법 제2조)

Ans. 01. ① 02. ② 03. ①

04 다음 중 소방대의 구성원이 <u>아닌</u> 것은? • 용어 1단계
① 의용소방대 ② 의무소방원
③ 지방소방공무원 ④ 자체소방대

▶ 소방대의 구성원은 소방공무원·의무소방원·의용소방대이다. (소방기본법 제2조)

05 소방기본법에서 그 내용이 옳지 <u>않은</u> 것은? • 개념 3단계
① 소방본부장이나 소방서장은 지방자치단체장(시·도지사)의 지휘·감독을 받는다.
② 소방청장은 소방업무에 관한 종합계획을 5년마다 수립·시행하여야 한다.
③ 소방업무의 종합계획에는 소방서비스의 양 향상을 위한 정책의 기본방향이 포함된다.
④ 국민의 안전의식과 안전문화를 정착시키기 위하여 11월 9일을 소방의 날로 정한다.

▶ 소방업무의 종합계획에는 소방서비스의 질 향상을 위한 정책의 기본방향이 포함된다. (소방기본법 제3조, 6조, 7조)

06 화재 시 소방서 119종합상황실의 경우 소방본부의 119종합상황실에 지체 없이 보고해야 할 기준으로 옳지 <u>않은</u> 것은? • 학습 2단계
① 이재민 100인 이상 발생한 화재
② 재산피해액 50억 원 이상 발생한 화재
③ 사망자 3인 이상 발생하거나 사상자 5인 이상 발생한 화재
④ 관공서, 학교, 정부미 도정공장, 문화재, 지하철 또는 지하구 등에 발생한 화재

▶ 사망자 5인 이상 발생하거나 사상자 10인 이상 발생한 화재에 해당된다. (기본법 시행규칙 제3조)

07 소방박물관과 소방체험관의 설립과 운영권자는? • 기본 1단계
① 문화재청장관, 시·도지사 ② 소방청차관, 시·도지사
③ 소방청장, 시·도지사 ④ 대통령, 소방청장

▶ 소방박물관은 소방청장이며, 소방체험관은 시·도지사가 설립과 운영을 한다.(소방기본법 제5조)

08 다음 중 일부 국고보조 대상이 <u>아닌</u> 것은? • 학습 2단계
① 소방자동차 ② 방화복
③ 소방관서용 청사 ④ 소방용수시설 소방의, 인건비

▶ 소방용수시설, 소방의(소방복), 소방관 인건비는 일부 국고보조 대상이 아니다.(기본법 시행령 제2조)

Ans. 04. ④ 05. ③ 06. ③ 07. ③ 08. ④

09 다음 중 바르게 설명한 것을 <u>모두</u> 고르시오. • 난도 3단계

   a. 국내조달품은 조달청에서 조사한 가격으로 한다.
   b. 일부 국고보조의 대상사업의 범위와 기준보조율은 대통령령으로 정한다.
   c. 소방기관이 필요한 인력과 장비 등에 관한 기준은 시·도의 조례로 정한다.

   ① a   ② b   ③ a, b   ④ a, b, c

   ➡ b.가 옳은 설명이다.(* a. 국내조달품은 정부고시가격으로 한다. C 에서 소방기관이 소방업무를 수행하는 데에 필요한 인력과 장비 등에 관한 기준은 <u>행정안전부령</u>으로 정한다.) (소방기본법 제8조, 제9조)

10 다음 중 소방용수시설을 설치·관리하는 사람은? • 기본 1단계

   ① 시·도지사   ② 소방본부장
   ③ 소방서장   ④ 소방청장

   ➡ 소방용수시설을 설치·유지·관리하는 자는 시·도지사이다. (기본법 제10조)

11 이웃하는 시·도지사와 소방업무를 미리 규약으로 정하여 체결하는 것은? • 학습 2단계

   ① 응원협정   ② 예방협정   ③ 대응협정   ④ 방법협정

   ➡ 상호응원협정을 체결하는 것을 말한다. (기본법 시행규칙 제8조)

12 다음 중 화재의 예방조치 명령권자는? • 개념 2단계

   ① 시장 또는 군수   ② 시·도지사
   ③ 소방본부장 또는 소방서장   ④ 소방본부장 또는 소방대장

   ➡ 소방본부장 또는 소방서장은 관계인에 대하여 화재의 예방조치 명령을 할 수 있다. (기본법 제12조)

13 화재경계지구에 대한 설명 중 그 기준으로 옳지 <u>않은</u> 것은? • 관찰 3단계

   ① 산업단지도 화재경계지구로 지정할 수 있다.
   ② 소방청장, 소방본부장 또는 소방서장이 인정하는 지역도 시·도지사가 지정할 수 있다.
   ③ 소방본부장이나 소방서장은 소방에 필요한 훈련 및 교육을 실시할 수 있다.
   ④ 소방대상물의 위치·구조 및 가연물에 대하여 「화재예방, 소방시설 설치유지 및 안전관리에 관한 법률」 제4조에 따른 소방특별조사를 하여야 한다.

   ➡ 소방특별조사는 화재경계지구 안의 소방대상물의 <u>위치·구조 및 설비 등</u>에 대하여 실시한다. (기본법 제13조)

Ans. 09. ② 10. ① 11. ① 12. ③ 13. ④

14 다음 중 화재경계지구의 지정권자는? • 필수 1단계
① 소방본부장 ② 시·도지사 ③ 소방서장 ④ 소방청장

➡ 화재경계지구의 지정권자는 시·도지사에 해당된다. (기본법 제13조)

15 다음 중 소방기본법에서의 화재경계지구 지정대상 기준이 아닌 것은? • 개념 3단계
① 한옥건물이 밀집한 지역 ② 공장·창고 등이 밀집한 지역
③ 시장지역 ④ 위험물저장 및 처리시설 지역

➡ 위험물저장 및 처리시설이 밀집한 지역이 해당한다. (* 한옥건물= 목조건물) (기본법 시행령 제4조)

16 특수가연물을 저장·취급함에 있어서 기준으로 옳은 것은? • 학습 2단계
① 쌓는 부분의 바닥면적 사이는 1m 이하가 되도록 할 것
② 살수설비를 설치하는 경우에는 쌓는 높이를 15m 이하, 쌓는 부분의 바닥면적을 200㎡(석탄·목탄류의 경우에는 300㎡) 이하로 할 수 있다.
③ 쌓는 높이는 10m 이하가 되도록 하고, 쌓는 부분의 바닥면적은 50㎡ (발전용으로 사용하는 석탄·목탄의 경우 200㎡) 이하가 되도록 할 것
④ 특수가연물을 저장·취급하는 장소에는 품명·최대수량·위험물안전관리자 성명 및 화기취급금지 표지를 설치할 것

➡ ① 1m 이하 → 1m 이상 ③ 발전용으로 사용 → 발전용을 제외 ④ 위험물안전관리자 성명(x). (기본법 시행령 제7조)

17 다음 중 소방지원활동에 해당하지 않는 것은? • 개념 3단계
① 단전사고 시 비상전원 공급 ② 산불에 대한 지원활동
③ 소방시설 오작동 신고 조치활동 ④ 급수, 배수, 제설 등 지원활동

➡ 단전사고 시 비상전원 공급 또는 조명의 공급은 생활안전활동에 해당된다. (기본법 제16조의2~3)

18 소방대원이 할 수 있는 훈련의 종류가 아닌 것은? • 학습 2단계
① 응급처치훈련 ② 화재복구훈련
③ 현장지휘훈련 ④ 인명구조훈련

➡ 소방교육·훈련의 종류는 ①③④ 외 인명대피훈련, 화재진압훈련이 있다. (기본법 시행규칙 제9조)

Ans. 14. ② 15. ④ 16. ② 17. ① 18. ②

19 소방신호를 발하는 요건(발령시기, 타종신호, 사이렌신호)으로 틀린 것은? • 학습 2단계

① 훈련신호 ― 비상소집 시 → 연 3타를 반복 → 10초 간격을 두고 1분씩 3회
② 발화신호 ― 화재가 발생한 때 → 난타 → 5초 간격을 두고 5초씩 3회
③ 해제신호 ― 해제 시 → 상당한 간격을 두고 1타씩 반복 → 1분간 1회
④ 경계신호 ― 화재발생지역에 출동 시 → 연 3타 반복 → 10초 간격을 두고 1분씩 3회

➡ 경계신호는 화재예방상 필요하다고 인정되거나 화재위험 경보 시 발령한다. (기본법 시행규칙 제10조)

20 화재로 오인할만한 불을 피우거나 연막소독을 할 때 신고 않아도 되는 지역은? • 혼동 3단계

① 시장이 밀집한 지역
② 공장·창고가 밀집한 지역
③ 소방시설 소방용수시설 또는 소방 출동로가 없는 지역
④ 석유 화학 제품을 생산하는 공장이 밀집한 지역

➡ ③번 지역은 제13조 화재경계지구 지정지역에 해당하지만 제19조 화재로 오인할만한 불을 피우거나 연막 소독을 실시할 때 신고하지 않아도 되는 지역이다.(소방기본법 제19조, 제57조 참고)

21 다음 중 소방자동차 관련사항이 아닌 것은? • 개념 2단계

① 소방자동차가 출동 시는 모든 사람과 차는 방해해서는 안 된다.
② 소방자동차의 우선통행에 관하여는 소방기본법 또는 교통안전법에 따른다.
③ 소방자동차가 출동을 할 때에는 차량 교통금지도로, 가옥부지내의 도로, 개인주택 전용도로를 통행할 수 있다.
④ 긴급한 때에는 도로·빈터·물위를 통행할 수 있다.

➡ 소방자동차의 우선통행에 관해서는 도로교통법을 따른다. (기본법 제21조)

22 다음 중 소방활동구역에 출입할 수 있는 자가 아닌 것은? • 개념 2단계

① 소방활동구역 안에 있는 소방대상물의 관계인
② 전기·가스·수도·교통·통신 등의 업무에 종사하는 자
③ 의사·간호사 그 밖의 구조·구급업무에 종사하는 자
④ 수사업무에 종사하는 자

➡ ②번의 업무종사자는 원활한 소방활동을 위하여 필요한 자만이 해당된다. (기본법 시행령 제8조)

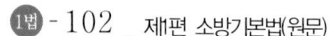

Ans. 19. ④ 20. ③ 21. ② 22. ②

23 소방공무원의 강제처분 및 소방활동종사명령에 대한 설명으로 **틀린** 것은? • 개념 2단계

① 소방대장은 필요한 때에는 소방대상물 및 토지를 강제처분을 할 수 있다.
② 소방대장은 긴급하게 출동하는 때에는 차량 및 물건 등을 제거 또는 이동시킬 수 있다.
③ 소방대장은 필요한 때에는 현장에 있는 사람에게 불을 끄는 일을 하게 할 수 있다.
④ 소방청장, 시·도지사는 소방활동에 종사한 자에게 비용을 지급하고 강제처분 등으로 인하여 손실을 받은 자가 있는 경우 모든 손실을 보상한다.

▶ 소방청장, 시·도지사는 손실을 받은 자가 있는 경우 모든 손실이 아니고 해당되는 손실만을 보상한다. 즉, 법령에 위반된 경우는 보상하지 <u>아니</u>하다. (기본법 제25조)

24 화재조사의 종류 및 조사범위 사항 중 화재원인조사의 항목이 <u>아닌</u> 것은?* • 관찰 2단계

① 발화원인조사   ② 피해상황조사
③ 피난상황조사   ④ 소방시설 등 조사

▶ 화재원인조사에 인명피해조사, 재산피해조사, 피해상황조사, 피해활동조사, 소화활동조사 등은 해당되지 않는다. (소방기본법 제29조 및 시행규칙 제11조 별표5 관련)

25 다음 중 화재조사에 대하여 맞지 <u>않는</u> 것은?** • 개념 2단계

① 화재사실을 인지하는 즉시 실시한다.
② 장비를 활용하여 화재진압 후에 즉시 실시한다.
③ 소방청장 및 소방본부장, 소방서장이 실시한다.
④ 화재의 종류 및 조사의 범위는 원인과 피해 등에 대한 조사를 말한다.

▶ 화재조사는 장비를 활용하여 소방청장 및 소방본부장·소방서장이, 화재의 종류 및 조사의 범위는 원인과 피해 등에 대하여 화재사실을 인지하는 즉시 실시한다. (기본법 제29조)

26 소방기본법 제30조에서 화재조사 시 부여된 강제조사권이 아닌 것은? • 개념 3단계

① 관계인에 대한 질문권   ② 증거물에 대한 압수권
③ 관계인에 대한 자료제출권   ④ 관계인에 대한 필요사항 보고요구권

▶ 피의자의 체포, 증거물에 대한 압수권은 방화원인조사 등의 화재조사가 아니고 수사기관의 협조가 필요한 화재<u>수사</u>의 성격을 띤다고 생각한다.(* ①③④번 ⋯ 제30조) (기본법 제30~31조)

Ans. 23. ④ 24. ② 25. ② 26. ②

27 소방청장 또는 시도지사(소방청장등)가 실시하는 손실보상심의위원회의 설치 및 구성에 대하여 옳지 않은 것은? • 학습 2단계

① 소방청장등은 손실보상청구 사건을 심사·의결하기 위해 손실보상심의위원회를 둔다.
② 보상위원회는 위원장 1명을 포함하여 7명 이상 9명 이하의 위원으로 구성한다.
③ 보상위원의 과반수는 소방공무원이 아닌 사람으로 소방청장등이 위촉·임명한다.
④ 위원의 임기는 2년(1차 연임 가능), 간사 1명이다.

▶ 보상위원회는 위원장 1명을 포함하여 5명 이상 7명 이하의 위원으로 구성한다.(기본법 시행령 제3조)

28 다음 중 소방기본법에서 과태료 부과권자가 아닌 것은? • 학습 2단계

① 소방본부장   ② 소방서장   ③ 소방청장   ④ 시·도지사

▶ 소방기본법에서 100만 원 이하 및 200만 원 이하의 과태료부과권자는 사도지사, 소방본부장, 소방서장이다.(소방기본법 제56조) • 2015 중앙

29 소방차의 출동 방해 시, 몇 년 이하의 징역 또는 몇 만 원 이하의 벌금인가?* • 이도 1단계

① 3년 ― 1,500만 원   ② 1년 ― 1,000만 원
③ 5년 ― 3,000만 원   ④ 5년 ― 5,000만 원

▶ 소방자동차의 출동을 방해한 자, 사람을 구출하는 일 또는 소화활동을 방해한 자, 소방용수시설의 효용을 해하거나 그 정당한 사용을 방해한 자는 기본법에서 제일 큰 형벌인 5년 이하의 징역 또는 5천만 원 이하의 벌금에 처한다. (기본법 제50조)

30 다음 중 벌칙 금액이 제일 많은 것은? • 학습 2단계

① 소방대가 도착할 때까지 사람구출, 소화활동을 하지 아니한 관계인
② 화재의 예방조치 명령에 따르지 아니하거나 방해한 자
③ 소방대상물 및 토지의 강제처분을 방해한 자
④ 사람의 구출, 또는 불을 끄는 소화활동을 방해한 자

▶ ① 100만 원 이하 ② 200만 원 이하 ③은 3년 이하의 징역 또는 3,000만 원 ④는 5년 이하의 징역 또는 5,000만 원 이하의 벌금 (기본법 제50~54조)

Ans. 27. ② 28. ③ 29. ④ 30. ④

•REFFERNCE

 기적처럼..

기적! 어디선가 기적이 일어나고 있기 때문에 우리는 "기적"이라는 말을 쓰고 있다.

☞ "고품격 명품강의"의 장점!
1. The 쉽다!(짧은 개념으로 직접 와닿게 전달한다)
2. 선별한다!(출제범위지만 '중요도 없음' 등 항상 선별한다)
3. 적중한다!(16년간 기출문제를 교수님들 중 혼자만이 복원, 그 흐름을 분석했다)

- 강한자가 이기는 것이 아니고
  이기는 자가 강한자이다. 당신은 특별합니다.

제 2 편

화재예방, 소방시설설치·유지 및 안전관리에 관한 법률(핵심) 50p

- 국민신문고 외 각 부서별 전화 및 국민신문고 메일(100% 회신됨)
    ① 기본법 법령질문: 소방청(소방정책과) 044-205-7413 외 국민신문고 메일 가능
    ② 2분법 법령질문: 소방청(화재예방과) 044-205-7447~9 외 국민신문고 메일 가능
    ③ 3분법 법령질문: 소방청(소방산업과) 044-205-7507 외 국민신문고로 메일 가능
    ④ 4분법 법령질문: 소방청(화재대응조사과) 044-205-7482 외 국민신문고 메일 가능
    ⑤ 다중법 법령질문: 소방청(화재예방과) 044-205-7453 외 국민신문고로 메일 가능
    ⑥ 소방공무원법 등: 소방청(운영지원과) 044-205-7044 외 국민신문고 메일가능

 **"화재예방, 소방시설 설치·유지 및 안전관리~" 구성이론**

※ 법명: "화재예방, 소방시설 설치·유지 및 안전관리에 관한 법률"(약칭: 소방시설법)

■ 소방시설법의 개념

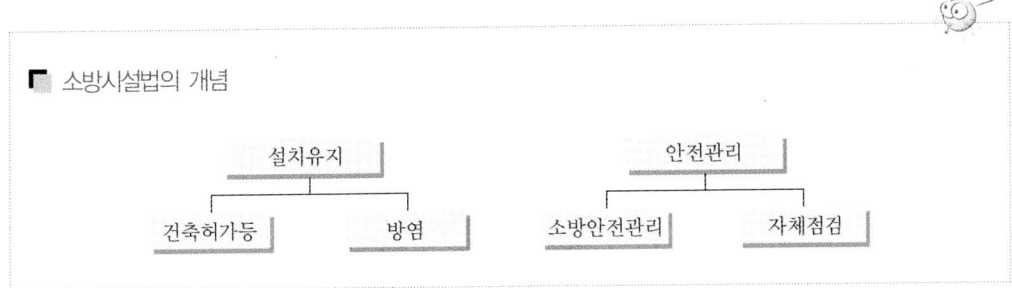

■ 기타 핵심이론 개념

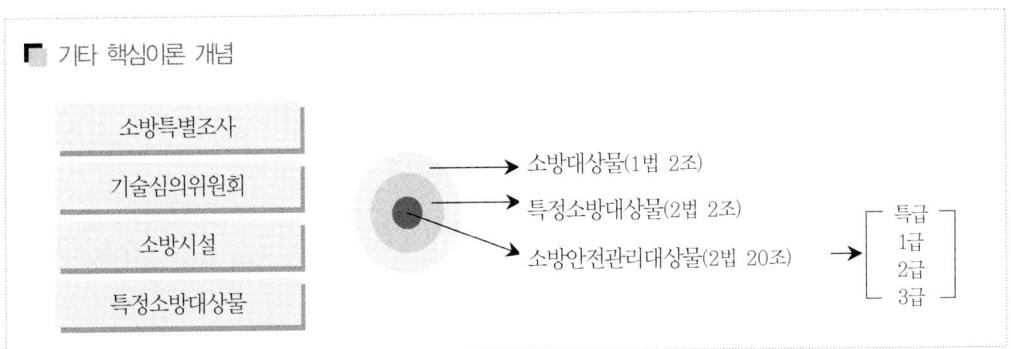

2분법 학습방법

- 소방특별조사: 소방특별조사의 제반사항을 숙지하도록 한다.
- 소방특별조사 결과에 따른 조치명령: 명령권자가 소방청장, 소방본부장, 소방서장이다.
- 건축허가등의 동의: 그 절차를 숙지하여야 하며 동의범위(면적과 비면적)에서 출제된다.
- 성능위주설계의 대상물 및 방염대상물, 방염물품, 방염성능기준 등 모두 중요하다.
- 기술심의 위원회: 중앙기술심의위원회, 지방기술심의위원회 업무 등을 잘 파악하도록 한다.
- 소방안전관리: 소방안전관리자업무와 소방안전관리대상물, 선임대상자 등으로 선별 숙지한다.
- 관리업 결격사유: 모든 업체의 결격사유는 동일하며 2년이라는 단어에 유의한다.
- 소방시설: 소화설비를 비롯하여 소화활동설비까지 그 구체적인 분류 약 60가지가 빈출되고 있다.
- 특정소방대상물: 근린생활을 비롯하여 30가지의 분류가 다소 복잡하여 여기서 학습의 흐름이 끊길 수 있지만 그 줄의 첫 대상물에 유의하며 [별표2]와 [별표5]에 대하여는 문제집을 통하여 그 흐름을 익히는 방법이 필요하며 수험생이 생각만큼 크게 중요한 부분이 아님을 이해한다.
- 이 법에서 자격증과 업체는 소방시설관리사와 소방시설관리업이 소개된다.

제2편 화재예방, 소방시설 설치·유지 및 안전관리에 관한 법률(핵심)

호스릴 옥내소화전

▶ 2020년 11월 10일까지 개정된 법령에 의하여 편집하였습니다.

01 총칙

【법 제1조】목적

이 법은 화재와 재난·재해 그 밖의 위급상황으로부터 국민의 생명, 신체 및 재산을 보호하기 위하여 화재의 예방 및 안전관리에 관한 국가와 지방자치단체의 책무와 소방시설 등의 설치·유지 및 소방대상물의 안전관리에 관하여 필요한 사항을 정함으로써 공공의 안전과 복리 증진에 이바지함을 목적으로 한다.

【법 제2조】용어의 정의***

소방시설 등에 관한 용어의 뜻은 다음과 같다.

1. 소방시설*: 소화설비, 경보설비, 피난구조설비, 소화용수설비 그 밖에 소화활동설비로서 대통령령으로 정하는 것을 말한다.
   ① 소화설비 ② 경보설비 ③ 피난구조설비 ④ 소화활동설비 ⑤ 소화용수설비
   ▶ 소경피활용 (* 소방시설은 소경의 피를 활용할 만큼 중요시설이다.)
2. 소방시설등: 소방시설, 비상구,* 그 밖의 대통령령으로 정하는 소방관련시설(방화문 및 방화셔터)을 말한다. (*^^ 비상구: 문틀을 제외하고 가로 75cm × 세로 150cm 이상)
3. 특정소방대상물*:
   소방시설을 설치하여야 하는 소방대상물로서 대통령령이 정하는 것

   소방대상물
   특정소방대상물

- **소방대상물과 특정소방대상물의 차이**
  - 소방대상물: 불이 날 수 있는 대상물을 말한다. 예 단독주택, 산림(소방기본법 제2조)
  - 특정소방대상물: 소방대상물에 소방시설이 설치된 대상물. 예 아파트, 공장(영 별표2)
  (※ [법제2조] 1~4번까지 내용은 모두 시행령(별표)에서 구체적으로 밝히는 "대통령령"이다.)

4. 소방용품: 소방용으로 사용되는 제품 또는 기기로서 대통령령으로 정하는 것을 말한다.

---

* 소방시설: 시행령 별표1의 5개로 분류한 세부적으로 약 60가지를 말한다.
* 특정소방대상물: 시행령 별표2의 30개로 분류한 세부적으로 약 300가지이다.

소방관계법규

【법 제2조의3】화재안전정책기본계획 등의 수립시행
1. 국가는 화재안전정책에 관한 기본계획을 5년마다 수립·시행하여야 한다.
2. 소방청장은 기본계획을 시행하기 위해 매년 시행계획을 수립·시행하여야 한다.

> 【영 제2조의3】화재안전정책기본계획 등의 수립·시행
> ① 화재안전분야 전문인력의 육성·지원 및 관리에 관한 사항
> ② 화재안전 관련 기술의 개발·보급에 관한 사항
> ③ 화재안전분야 국제경쟁력 향상에 관한 사항
> ④ 화재예방을 위한 대국민 홍보·교육에 관한 사항
> ⑤ 화재안전정책의 기본목표 및 추진방향
> ⑥ 화재안전을 위한 법령·제도의 마련 등 기반 조성에 관한 사항
> ⑦ 그 밖에 대통령령으로 정하는 화재안전 개선에 필요한 사항 ▶ 6개국 대기법(현발안)
> ⑦-1 화재현황, 화재발생, 화재안전정책의 여건 변화에 관한 사항 ▶ 행복안전 *오답: 예방
> ⑦-2 소방시설의 설치·유지 및 화재안전기준의 개선에 관한 사항

▶ 소방업무의 계획(1법)과 화재안전정책 계획(2법)의 비교
- 소방업무 종합계획: 소방청장은 5년마다(* 시·도지사는 매년 세부계획 수립) (1법 제6조)
- 화재안전정책 기본계획: 국가는 5년마다(* 소방청장은 매년 시행계획 수립) (2법 제2조3)

> 【영 제2조】용어의 정의 ***
> 이 영(시행령)에서 사용하는 용어의 정의는 다음과 같다.
> 1. 무창층: 지상층 중 개구부*가 바닥면적의 1/30 이하가 되는 층.
> 2. 개구부*(무창층에 대한)
>   ① 지름 50cm 이상의 원이 내접할 것
>   ② 바닥으로부터 개구부 밑 부분까지 높이가 1.2m 이내일 것
>   ③ 도로 또는 차량이 진입할 수 있는 빈터를 향할 것
>   ④ 내부 또는 외부에서 쉽게 부수거나 열수 있을 것.
>   ⑤ 창살이나 장애물이 설치되지 아니할 것. ▶ 지름50 바닥1.2
> 3. 피난층: 곧바로 지상으로 갈 수 있는 출입구가 있는 층. ▶ 곧지출
>   (* 2 ②에서 허리높이 1.2m 이상이면 발판 등을 설치한다.)

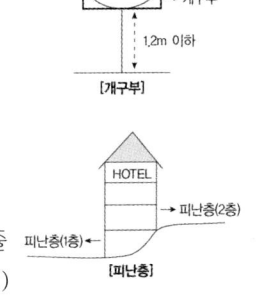

* 개구부: 채광, 통풍, 환기, 출입목적으로 만든 구멍 등   * 50cm 이상의 원에(x) → 원이(o)
* 연면적: 각층 바닥면적의 합계(지하층, 옥상 포함)
* 바닥면적: 수평투영 면적(한 층을 눈으로 투영한 것처럼 볼 수 있는 가로×세로 크기의 면적을 말함.)

소방특별조사 등

【법 제4조】소방특별조사***

소방청장·소방본부장 또는 소방서장은 필요한 때(선택) • 소방대상물 • 관계지역 • 관계인에 대하여 관계공무원으로 하여금 "소방특별조사"를 하게 할 수 있다.

　단, 개인 주거지는 ① 관계인의 승낙이 있거나 ② 긴급한 때에 한한다.

또한 소방청장, 소방본부장, 소방서장은 필요하면 소방기술사, 소방시설관리사, 그 밖에 소방·방재 분야에 전문지식을 갖춘 사람(예 교수)을 소방특별조사에 참여하게 할 수 있다.
－－－－－－*

1. 특별조사자: 소방청장, 소방본부장, 소방서장.(* 증표를 제시해야 함)
2. 통보: 소방청장, 소방본부장 또는 소방서장은 7일 전까지 조사사유, 조사대상, 조사기간 등을 관계인에게 서면으로 알려야 한다. ▶ 싸대기
3. 통보(날짜 및 시간) 예외사항.(* 해뜨기 전, 해진 뒤 할 수 있다)
    ① 화재, 재난·재해 발생우려가 뚜렷하여 긴급하게 조사할 필요가 있는 경우
    ② 소방특별조사의 실시를 사전에 통지하면 조사목적을 달성할 수 없을 경우
4. 소방특별조사의 방법 및 절차에 필요한 사항: 대통령령

> 【영 제7조】소방특별조사의 항목
> 　소방안전관리 업무 수행, 소방계획서의 이행, 자체점검 및 정기적 점검, 화재의 예방조치, 불을 사용하는 설비 등의 관리와 특수가연물 저장·취급. 「다중이용업소의 안전관리에 관한 특별법」 규정에 따른 안전관리에 관한 사항, 「위험물 안전관리법」에 따른 안전관리에 관한 사항
> 　▶ 안계점 예불특다   ▶ 오답: 보수관리
>
> 【영 제7조의2】소방특별조사위원회 구성 등**
> 　① 소방청장, 소방본부장, 소방서장은 객관적이고 공정한 기준에 따라 소방특별조사의 대상을 선정하여야 하며, 소방본부장은 소방특별조사의 대상을 객관적이고 공정하게 선정하기 위하여 필요하면 "소방특별조사위원회"를 구성할 수 있다.
> 　　－－－－－*
> 　② 소방본부장은 위원장이 되며 위원은 위원장 1명 포함, 7명 이내로 구성하며 다음과 같다.
> 　　㉠ 과장급 직위 이상의 소방공무원이나 소방기술사 및 소방시설관리사
> 　　㉡ 소방관련분야 석사학위 이상을 취득한 사람 및 소방 관련 업무에 5년 이상 종사한 사람
> 　　㉢ 소방공무원 교육기관, 대학 또는 연구소에서 소방교육 또는 연구에 5년 이상 종사한 사람
>
> 　* 소방특별조사자(=대상선정자): 청·본·서장. / * 특별조사위원회 구성자(=위원장): 본부장.

【영 제7조의6】 중앙소방특별조사단 편성·운영

　소방청장이 편성·운영하며 단장은 아래 ①②③의 단원 중에서 임명·위촉한다.
　중앙소방특별조사단은 단장을 포함 21명 이내로 성별을 고려하여 구성한다.
　① 소방공무원   ② 소방업무와 관련된 단체 또는 연구기관 등의 임직원
　③ 소방 관련 분야에서 5년 이상 연구 또는 실무 경험이 풍부한 사람
　　　소방특별조사 할 때 필요시 구성하며, 단장은 단원 중에서 임명, 단장을 포함 21명.

【영 제9조】 소방특별조사의 방법
　① 중앙행정기관, 시·군·자치구, 한국화재보험협회·한국전기안전공사·한국소방안전원·한국가스안전공사·한국소방산업기술원, 소방청장이 정하는 소방관련단체와 합동으로 소방특별조사를 실시할 수 있다. ▶ 시화전 안가기 청중 (* 시화전 안가고 청중하고 합동조사 하기)

【법 제5조】 소방특별조사에 따른 조치 명령**

　소방청장, 본부장, 소방서장은 소방특별조사 결과 필요시 관계인 등에게 그 소방대상물의 개수,* 이전, 제거, 사용금지, 사용폐쇄, 제한, 공사의 정지·중지(8가지)를 명할 수 있다.
1. 명령권자: 소방청장, 소방본부장, 소방서장
2. 특별조사결과 필요조치: 개수,* 이전, 제거, 사용금지·제한, 사용폐쇄, 공사의 정지·중지를 명할 수 있다. ▶ 개이 제사(금폐) 제공정중   * 오답: 용도변경, 처분

　① 소방특별조사를 정당한 사유 없이 거부·방해, 기피한 사람은 300만 원 이하의 벌금이며
　② 소방특별조치명령에 위반한 자는 3년 이하의 징역 또는 3천만 원 이하의 벌금에 처한다.
　　(* 1법 "화경지구" 소방특별조사와 비교: ① 100만 원 이하 벌금 / ② 1차~4까지 과태료임.)

【법 제6조】 손실보상 (소방특별조치명령에 의한)

　소방청장, 시·도지사는 소방특별조치명령으로 손실을 받은 경우 이를 보상하여야 한다.
1. 손실보상: ① 소방청장   ② 시·도지사 (* 협의하여 시가로 보상)

▶ 보충수업

　소방특별조사를 청·본·서장이 한 결과 미비 혹은 위험 시 그 조치명령도 그들이 한다.
• 관계인은 소방특별조사를 태풍, 홍수 등으로 3일 전까지 청·본·서장에게 연기할 수 있다.
• 관계인은 "조치명령 등"을 이행기간 만료 5일 전까지 청·본·서장에게 연기 신청할 수 있다.

---

　　* 개수(改修): 개조하여 수리   * 시가: 실제 시장가격

03 소방시설의 설치유지·관리 등

【법 제7조】 건축허가등의 동의 등**

건축물 등의 신축·증축·개축·재축·이전·용도변경, 대수선, 허가·협의, 사용승인의 권한이 있는 행정기관은 건축허가등을 함에 있어서 미리 그 건축물 등의 시공지 또는 소재지를 관할하는 소방본부장, 소방서장의 동의를 받아야 한다.

 (*^^ 이 경우 사용승인에 대한 동의는 본부장·서장의 "완공검사증명서" 교부로 사용할 수 있다.)
1. 건축허가등*의 동의 요청자: 행정기관
2. 건축허가등의 동의권자: 소방본부장, 소방서장 ⋯→ 설계업→ 행정기관→ 본·서장

> 【영 제2조】 건축허가등*의 동의범위 등
> 미리 소방본부장 또는 소방서장의 동의를 받아야 하는 범위는 다음과 같다.
>
> 1. 범 위**
>   ① 승강기 등 기계장치에 의한 주차시설로서 자동차 20대 이상
>   ② 6층 이상의 건축물, 학교시설은 100㎡ 이상
>   ③ 지하층·무창층 건물은 바닥면적 150㎡(단, 공연장 100㎡) 이상
>   ④ "노유자"·수련시설은 200㎡ 이상, 차고·주차장은 바닥면적 200㎡ 이상
>   ⑤ 정신의료기관(입원실 없는 정신건강의학과의원 제외), 장애인의료재활시설 300㎡ 이상
>   ⑥ 상기(①~⑤) 외 연면적 400㎡ 이상
>   ⑦ 지하구,* 방송용 송수신탑, 위험물저장 및 처리시설,* 항공기격납고, 항공관제탑, 관망탑
>   ⑧ 요양병원(정신병원과 의료재활시설은 제외)
>   > ⑨ 상기 ④의 "노유자시설"이 아닌(즉, 200㎡ 미만)
>   > ㉠ 노인주거복지·노인의료복지·재가노인복지시설.
>   > ㉡ 학대피해노인 전용쉼터.(* ㉡~㉥ 1층의 단독주택·공동주택은 제외)
>   > ㉢ 아동복지시설(아동상담소, 아동전용시설, 지역아동센터는 제외)
>   > ㉣ 장애인 거주시설 ㉤ 정신질환관련시설(24시간 주거하지 않으면 제외)
>   > ㉥ 노숙인 관련시설 및 결핵환자·한센인이 24시간 생활하는 노유자시설.
>
>   ▶ 기계(20), 공학(100), 무지(150), 노수차(200), 정(300), 연(400)
>   ▶ 지방위 항공관 노복정장 노숙 결핵·한센인요 (* 기계공학이 무지 약한 노숙자 정연이가 지방위 6층 항공관에서 요양하다 노복 정장을 입고 노숙인처럼 결핵 한센병으로 세상을 떠났다)
>
> 2. 건축허가등의 동의 제외대상 : 누전경보기, 피난·소화기구, 유도등, 유도표지, 인명구조기구, 성능위주특정대상물 등 ▶ 누피소 성유인 (* 건축허가를 제외하기 위해 누피소 성유인)

■ 【법 제7조】 건축허가등의 동의 등 (■ 허가동의 절차)*

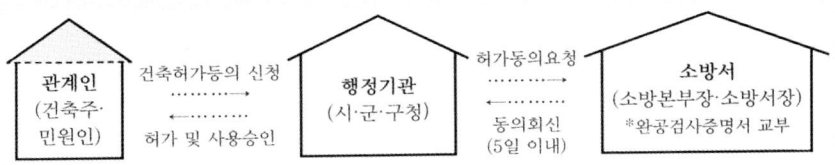

 ※ 특급소방(안전관리)대상물의 동의회신기간: 10일 이내 (*미비서류 보완 시 4일 이내.)

(*^^ 건축물의 건축허가등 동의 절차: 건축주(발주자) - 설계사무소 - 행정기관(구청) - 소방서 순.)

【규칙 제4조】 건축허가등의 동의 요구

1. 소방본부장, 소방서장은 건축허가등의 동의요구서류를 접수한 날부터 5일 이내에 건축허가등의 동의여부를 회신하여야 한다. (단, 특급소방안전관리대상물인 경우에는 10일 이내)
2. 소방본부장, 소방서장은 동의요구서 및 첨부서류의 보완이 필요한 경우에는 4일 이내의 기간동안 보완을 요구할 수 있다. (* 보완기간은 본·서장의 동의여부 회신기간에 산입하지 않는다)
3. 건축허가등*의 동의를 요구한 건축허가청 등이 그 건축허가등을 취소한 때에는 취소한 날부터 7일 이내에 소방본부장 또는 소방서장에게 통보한다.

  • 동의여부 회신기간 : 5일(특급소방대상물은 10일) 이내
  • 동의요구 서류보완 : 4일 이내 / 취소통보 : 7일 이내

 건축허가등의 동의대상물 숫자별 정리 (이상)

- 6층 이상 건축물
- 20대 : 승강기 등 기계장치에 의한 주차시설
- 100m² : 공연장, 학교시설
- 150m² : 무창층·지하층 건물
- 200m² : 노유자·수련시설, 차고·주차장
- 300m² : 정신의료기관(입원실이 없는 정신건강의학과 의원 제외), (장애인)의료재활시설.
- 400m² : 상기 숫자(6~300)에 해당사항이 없는 대상물은 연면적 400m² 이상
- 지하구, 방송용 송수신탑, 위험물저장 및 처리시설, 항공기격납고, 항공관제탑, 관망탑, 요양병원.
- 상기 200m² 이상인 노유자시설 외 200m² 미만인 노유자시설(= 노인 관련 시설, 아동복지시설, 정신질환관련시설, 장애인거주시설, 노숙인 관련 시설, 결핵, 한센인)
  ▶ 기계공학 무지 노숙차 정연, 지방원 6층 항공관 요양 노복정장 노숙 결핵·한센인

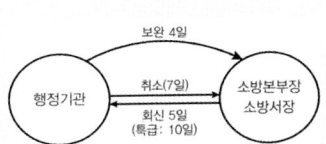

---

* 건축허가등: 건축허가 외 그 건축물 내의 소방시설, 가스시설, 지하구 등
* 바닥면적: 수평투영면적(한 층을 눈으로 투영한 것처럼 볼 수 있는 가로×세로 크기의 면적)
* 항공기격납고: 비행기 넣는 창고   * 위험물저장 및 처리시설: 위험물제조소등(고체·액체)과 가스시설.
* 지하구: 너비 1.8m, 높이 2m, 길이 50m 이상(전력·통신시설은 500m 이상)   * 연면적: 각 층 바닥면적의 합계

【규칙 제4조】 건축허가등의 동의 요구**

신축·증축·개축·재축 또는 이전의 허가·협의 및 사용승인의 동의요구는 건축물 등의 공사 시공지나 소재지를 관할하는 소방본부장, 소방서장에게 이를 제출하여야 한다.

1. 첨부서류*
   ① 건축허가신청서 및 건축허가서 또는 건축·대수선·용도변경신고서 등 건축허가등을 확인할 수 있는 서류의 사본
   ② 다음의 설계도서
      ㉠ 건축물의 단면도 및 주단면 상세도(내장재료를 명시한 것)
      ㉡ 소방시설의 층별 평면도 및 층별 계통도(시설별계산서 포함)
      ㉢ 창호도* ▶ (주)평창계단 (* 설계도서는 평창동 계단에서)
   ③ 소방시설설계업 등록증 ▶ 건설설계 * 오답: 소방시설공사업 등록증
   ④ 소방시설을 설계한 기술인력자의 기술자격증 사본
   ⑤ 소방시설 설치계획표   ⑥ 소방시설설계 계약서 사본 1부
   ⑦ 임시소방시설 설치계획서(설치시기·위치·종류·방법 등 설치·관련 세부사항 포함)
      ▶ 건설설계등 설기자 설치임 (* 건축허가첨부서류 건설설계등은 설기자 설치임)
   ➪ 소방법에서 서류는 크게 중요하지 않지만 상기 "칙 제4조"의 서류는 숙지하도록 한다.

【규칙 제7조】 연소우려가 있는 건축물의 구조*

동일구내에 2 이상의 건물이 다음의 조건에 모두 해당될 때에는 이를 하나의 소방대상물로 본다.
1. 건축물대장의 건축물현황도에 표시된 대지경계선 안에 2 이상의 건축물이 있는 경우.
2. 각각의 건축물이 다른 건축물의 외벽과 수평거리는
   ① 1층: 6m 이하
   ② 2층: 10m 이하인 경우.
3. 개구부*가 다른 건축물을 향하여 설치되어 있는 경우.

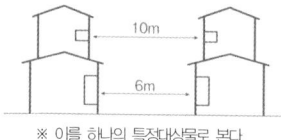
※ 이를 하나의 특정대상물로 본다.

【법 제8조】 주택에 설치하는 소방시설*

시·도의 조례로 정하는 주택의 소유자는 소화기 및 단독경보형감지기를 설치하여야 한다.
1. 대상: 단독주택, 공동주택(아파트 및 기숙사는 제외한다.)
2. 종류: 소화기, 단독경보형감지기* ▶ 주택소단 (아기 제외)

➪ 시·도조례로 정한다면 주택도 가격이 싼 소화기나, 단독경보형감지기는 설치한다
   (* 주택의 대상은 다중주택, 다가구주택, 다세대주택, 공관, 연립주택을 포함한다.)

---

* 창호도: 창문·비상구 등 개구부의 규격 등.   * 개구부: 창문 등을 말함(문틈x)
* 단독경보형감지기: 천장 등에 부착되며 감지기 안에 건전지로 사용되며 화재시 열을 받으면 삐~ 소리가 남.

【법 제9조의2】 소방시설의 내진설계기준**

소방시설을 설치하려는 자는 지진 발생에 대비하여 (소방청장)이 정하는 내진(耐震)설계기준(지진화산재해대책법 등)에 맞게 소방시설을 설치하여야 한다.

1. 대상: 옥내소화전설비, 스프링클러설비, 물분무등소화설비. ▶ 옥내스물

➔ 실내의 무게감 있는 소방시설이다! (옥외소화전·소화활동·소화용수·경보·피난구조설비 제외)
(※물분무등: 물분무·포·이산화탄소·미분무·고체에어로졸·할론 분말·강화액·할로겐화합물 및 불활성기체)

【법 제9조의3】 성능위주설계*

대통령령으로 정하는 특정소방대상물에 소방시설을 설치하려는 자는 그 용도, 위치, 구조, 수용인원, 가연물의 종류 및 양 등을 고려하여 "성능위주설계"를 하여야 한다.

1. 고려사항: 구조, 용도, 수용인원, 위치, 가연물의 종류 및 양.
   ▶ 구용수 위종양 (*성능위주 설계자 구용수는 위종양에 걸렸다)

> 【영 제5조의 3】 성능위주설계를 해야 할 특정소방대상물의 범위**
>
> 전문소방시설설계업에서 소방기술사 2명 이상이 신축건축물에 하는 (크고 중요한)설계이다.
> ① 연면적 20만m² 이상
> ② 높이가 100m 이상.(지하층을 포함한 30층 이상).
>   (*^^단, ①②번은 '아파트등' 제외.) ▶ 20-30-100m
> ③ 연면적 3만m² 이상인 철도 및 도시철도시설, 공항시설 * 오답: 증설
> ④ 하나의 건축물에 영화상영관이 10개 이상. ▶ 20만, 100m(30층-5층), 3만, 10개
>   (* 연상: 20만명이 100m 달리기 하다가 3만명이 철도를 지나 10개 영화관으로 들어갔다.)

【법 제9조의4】 특정소방대상물별로 설치하여야 하는 소방시설의 정비 등

규모·용도 및 수용인원 등을 고려하며, 소방청장은 건축 환경 및 화재위험특성 변화사항을 효과적으로 반영할 수 있도록 소방시설 규정을 3년에 1회 이상 정비한다.

1. 정비: 3년에 1회 이상

> 【영 제5조의 4】 내용연수 설정 대상 소방용품
> 내용연수를 10년으로 설정하여야 하는 소방용품은 분말형태의 소화약제 소화기로 한다.
>
> 【영 제5조의 5】 임시소방시설의 종류 및 설치기준 등
> 공사시공자는 현장에서 작업 전에, 화재대비시설(임시소방시설)을 설치·유지·관리한다.
> ① 인화성·가연성·폭발성 물질을 취급하거나, 가연성 가스를 발생시키는 작업.
> ② 용접·용단, 불꽃을 발생시키거나 화기를 취급하는 작업
> ③ 전열기구, 가열전선 등 열이 발생시키는 작업
> ④ 소방청장이 정하여 고시하는 폭발성 부유분진을 발생시킬 수 있는 작업

【법 제11조】 소방시설기준 적용의 특례*

[원칙] 소방본부장이나 소방서장은 대통령령* 또는 화재안전기준*이 변경되어 그 기준이 강화되는 경우 기존의 특정소방대상물의 소방시설 등에 대하여는 <u>변경 전</u>의 대통령령 또는 화재안전기준을 적용한다. (*^^ 여기까지는 원칙을 얘기하고 있다. 그러나 단서 즉, 특례는 아래와 같다)

[특례] <u>다만</u>(단서), 다음에 해당하는 소방시설 등의 경우에 대통령령 또는 화재안전기준의 변경으로 강화된 기준을 적용한다.
   ① 소화기구·비상경보설비·자동화재속보설비 및 피난구조설비
   ② 지하구(전력 또는 통신사업용, 공동구)에 설치하는 소방시설
   ③ 노유자시설, 의료시설에 설치하여야 하는 소방시설 중 대통령령으로 정하는 것

> 【영 제5조의 6】 강화된 소방시설기준의 적용대상
> 노유자, 의료시설에 설치하여야 하는 소방시설 중 대통령령으로 정하는 것이란 다음과 같다.
> ① 노유자시설: <u>간</u>이스프링클러·자동화재<u>탐</u>지설비·단독경보형감지기
> ② 의료시설: 간이스프링·자동화재탐지 + 스프링클러·자동화재속보설비
>   ▶ 소경속 피난 지하구, 교토단 교토쓰시   *오답: 비상방송, 제연설비

■ 특례 정리

구 분	원 칙(일반상식 사항)	단 서(특별 예외사항)
내용	본디 <u>변경 전</u>의 대통령령 또는 화재안전기준 그대로를 적용하는 것이 원칙인데..	새로운 대통령령이나 화재안전기준 <u>변경</u>으로 강화된 기준을 적용하겠다는 법임.
특례 대상	• 소화기구·비상경보·자동화재속보·피난구조설비(예 유도등) • 지하구(공동구 포함)에 설치하는 소방시설(예 무선통신보조설비) • 노유자시설: 간이스프링클러·자동화재탐지설비.단독감지형경보기.(3가지) • 의료시설: 간이스프링, 자동화재탐지, 스프링클러, 자동화재속보설비.(4가지)	

🔍 소방시설기준 적용의 특례 해설

법11조와 영17조에서 "소방시설기준 적용 특례"란 일반상식이 아닌 <u>특별</u>한 <u>예</u>로서 법령이나 기준의 변경으로 일반인의 상식적인 생각을 벗어난 소방시설 등의 법률 예외사항을 말한다.
즉, 법령이 변경되어도 원칙에 따르지 않고 단서에 따르는 조건으로서 소방시설을 강화 혹은 완화를 시킬 수 있는 특례에 대한 내용의 조건이다.
또한 이 법령(법과 영) 조항에서 대통령령이란 [시행령 별표5] 소방시설 관련 법령을 말한다.

---

* 특례(特例): 특별한 예.   * 공동구: 전기, 통신, 가스, 수도 등을 공동 수용하여 지하에 설치하는 시설물.
* 화재안전기준: 소방관계법규로서 소방시설의 규제를 기준으로 만든 소방청 담당의 법령.

【영 제7조】 특정소방대상물의 증축 또는 용도변경시의 소방시설기준 적용의 특례

1. 증축의 특례

[원칙] 소방본부장, 소방서장은 특정소방대상물이 증축되는 경우에는 기존 부분을 포함한 특정 소방대상물의 전체에 대하여 증축 당시의 소방시설의 설치에 관한 대통령령 또는 화재안전기준을 적용하여야 한다. (*^^ 여기까지 설명은 원칙을 얘기하고 있다. 그러나 단서는 아래와 같다)

[특례] 다만, 다음 어느 하나에 해당하는 경우에는 기존 부분에 대하여 증축 당시 소방시설의 설치에 관한 대통령령 또는 화재안전기준을 적용하지 아니한다.
　 ＿＿＿＿*
① 기존 부분과 증축 부분이 내화구조로 된 바닥과 벽으로 구획된 경우
② 기존 부분과 증축 부분이 갑종방화문(자동방화셔터 포함)으로 구획된 경우
③ 자동차생산공장 등 화재위험이 낮은 내부에 연면적 33㎡(10평)이하의 직원휴게실 증축
④ 자동차생산공장 등 화재위험이 낮은 곳에 캐노피(3면 이상에 벽이 없는 구조의 캐노피)를 설치하는 경우. (*^^ ①~④번 특히 ④번에 3면 이상에 벽이 없으면 화재 위험이 적다.)

* 해설: 예) 5층 건물에서 11층의 증축 시, 6층~11층에만 소방시설을 필요로 하는 특례임.

구 분	원 칙	단 서(특례)
증 축	• 기존 부분을 포함한 전체에 대하여	• 기존 부분에 대하여는 적용하지 아니함

2. 용도변경의 특례

[원칙] 소방본부장, 소방서장은 특정소방대상물이 용도변경 되는 경우에는 용도변경 되는 부분에 한하여 용도변경 당시의 소방시설의 설치에 관한 대통령령 또는 화재안전기준을 적용한다.
(*^^ 여기까지 설명은 원칙을 얘기하고 있다. 그러나 단서 즉, 특례는 아래와 같다)
　 ＿＿＿＿*

[특례] 다만, 다음의 경우 특정소방대상물 전체에 대하여 용도변경 전에 해당 특정소방대상물에 적용되던 소방시설의 설치에 관한 대통령령 또는 화재안전기준을 적용한다.

① 화재 연소확대 요인이 적어지거나 피난·화재진압이 쉬워지도록 변경되는 경우
② 공연장, 물류터미널, 운수시설, 관람장, 판매시설, 집회장이 불특정 다수인(손님)이 이용하지 아니하고 근무자가 이용하는 용도로 변경되는 경우
③ 용도변경으로 천장·바닥·벽 등에 고정되어 있는 가연성 물질의 양이 줄어드는 경우
④ 노유자·판매·숙박·의료·수련·문화 및 집회시설, 장례식장·물류터미널·가스·위락·종교·운동·운수시설, 다중이용업소가 각각 이 호에 규정된 시설 외의 용도로 변경되는 경우

* 해설: 용도변경시라도 전체에 대하여 새로운 소방시설을 필요로 하지 않는 특례임.

구 분	원 칙	단 서(특례)
용도변경	• 용도변경 되는 그 부분에 한하여	• 전체에 대하여 용도변경 전 그대로

【법 제11조의2】 소방기술심의위원회**

소방시설 및 소방기술 등에 대한 심사·토의를 하기 위하여 중앙소방기술심의위원회와 지방소방기술심의위원회를 두며 그 내용은 다음과 같다.

1. 중앙소방기술심의위원회(이하 "중앙위원회")*
   다음 각 호의 사항을 심의하기 위하여 소방청에 중앙소방기술심의위원회를 둔다.
   ① 화재안전기준에 관한 사항
   ② 소방시설의 구조 및 원리 등에서 공법이 특수한 설계 및 시공에 관한 사항
   ③ 소방시설의 설계 및 공사감리의 방법에 관한 사항
   ④ 소방시설공사의 하자를 판단하는 기준에 관한 사항   ▶ 중공기준
   ⑤ 그 밖에 소방기술 등에 관하여 대통령령이 정하는 사항
      ▶ 중화특설 기대 (* 중앙, 화재, 특수, 설계, 기준 대통령)

2. 지방소방기술심의위원회(이하 "지방위원회")
   다음의 사항을 심의하기 위하여 시·도에 지방소방기술심의위원회를 둔다.
   ① 소방시설에 하자가 있는지의 판단에 관한 사항   ▶ 지시있는
   ② 그 밖에 소방기술 등에 관하여 대통령령이 정하는 사항
   (*^^ 비교하여 지방위원회 ①번 외 심의 사항은 모두 중앙위원회 사항이다.)

3. 제1항, 제2항에 따른 위원회의 구성 및 운영 등에 필요한 사항은 대통령령으로 정한다.
   ▶ 중공지시(* 중앙위원회는 시설공사의 하자판단기준, 지방위원회는 시설에 하자가 있는지)

   ■ 비교 요약
   1. 중앙: 소방시설공사의 하자를 판단하는 기준에 관한 사항   ▶ 중공기준
   2. 지방: 소방시설에 하자가 있는지의 판단에 관한 사항   ▶ 지시있는

▶ 강의 해설

중앙위원회 하는 내용이 5개이고, 지방위원회 하는 내용이 2개이다.
그렇지만 중앙위원회 내용 중 ⑤번과, 지방위원회 내용 중 ②번이 같은 내용이다.
그렇다면 지방위원회 내용 ①번만 숙지하면, 나머지 내용은 중앙이 하는 일이 된다.
그러나 중앙위원회 ④번과, 지방위원회 ①번이 유사한 단어로서 혼동되기 쉬우므로
* 암기법   ▶ 중공기준   ▶ 지시있는 으로 비교 요약하도록 한다.
또한 심의사항에서 중앙의 책임자는 소방청장이며, 지방의 책임자는 시·도지사가 된다.
중앙은 10만㎡ 이상을 심의(60명···13명)하며, 지방은 10만㎡ 미만을 심의(5~9명)한다.

【영 제18조의2~3】 소방기술위원회 심의사항
1. 중앙위원회심의사항 (성별을 고려, 위원장을 포함 60명 이내)
   ─ 회의는 위원장과 위원장이 회의마다 지정하는 6~12명으로 구성함 ─
      (*^^ 중앙위원회는 인원이 많아 분야별 소위원회를 구성할 수 있다.)
   ① 연면적 10만㎡ 이상에 설치된 소방시설 설계·시공·감리의 하자유무에 관한 사항
   ② 새로운 소방시설과 소방용품 등의 도입 여부에 관한 사항
   ③ 그 밖에 소방기술과 관련하여 소방청장이 심의에 부치는 사항

2. 지방위원회심의사항 (위원장을 포함 5~9명으로 함)
   ① 연면적 10만㎡ 미만의 소방시설의 설계·시공·감리의 하자유무에 관한 사항
   ② 소방본부장이나 소방서장이 화재안전기준 또는 위험물 제조소등의 시설기준의 적용에 관하여 기술검토를 요청하는 사항
   ③ 그 밖에 소방기술과 관련하여 시·도지사가 심의에 부치는 사항
   (*^^ 중앙위원회는 소방청장이, 지방위원회는 시·도지사가 심의에 부치는 사항)

■ 기술위원회 요약
   1. 중앙: 10만㎡ 이상, 60명(매회의 13명으로). 소방용품 도입. 소방청장 심의.
   2. 지방: 10만㎡ 미만, 5~9명으로, 시·도지사 심의(소방본부장·서장의 기술검토)

(*^^ 중앙위원회 위원은 [영 제7조의2] "소방특별조사위원회" 위원과 유사하다.)

■ 참고: 석·박사 비교 분류
소방 관련 석사학위 및 박사학위의 자격에 대한 중요부분만 살펴본다.

박사	석사
• 소방안전교육사 시험위원 자격	• 소방특별조사위원 자격
• 소방시설관리사 시험위원 자격	• 중앙기술심의위원 자격

※ 해당법령: 1법 영 제7조의5 / 2법 영7조의2, 영18조의4, 영30조. ▶ 박사시험 석사조심

【법 제12조】 소방대상물의 방염 등

방염물품은 소방청장(대통령령이 정하는 것은 시·도지사)의 방염성능검사를 받아야 한다.
방염성능검사 방법과 검사결과에 따른 합격표시 등 필요한 사항은 행정안전부령으로 정한다.
1. 방염(防炎)성능 기준: 대통령령.

【영 제19조】 방염성능기준 이상의 실내장식물 등을 설치하여야 하는 특정소방대상물**
  1. 방염대상물
    ① 옥내의 문화 및 집회시설·종교시설·운동시설(수영장 제외)
    ② 노유자시설, 합숙소, 11층 이상 고층 건축물(아파트 제외)
    ③ 의원, 의료시설, 숙박시설, 숙박이 가능한 수련시설.
    ④ 공연장 및 종교집회장, 방송국 및 촬영소, 체력단련장, 다중이용업소
    ▶ 종노운수 합문숙 공찰의 체고다방(* 종로운수 합문숙 공차로 최고 다방으로)
    * 오답: 수영장, 아파트, 백화점

[합문숙]

【영 제20조】 방염대상물품 및 방염성능기준**
  1. 방염물품은 다음과 같다
  (1) "제조·가공공정에서 방염처리한 것"(예 공장)
    ① 커튼류(블라인드 포함)
    ② 카펫, 두께 2mm 미만인 벽지류(종이벽지 제외.)
    ③ 무대용·전시용 합판 및 섬유판, 암막, 무대막(스크린 포함)
      (합판·목재류는 설치 현장에서 방염처리 한 것을 포함.)
    ④ 다중이용업소의 유흥주점, 노래연습장, 단란주점에 설치하는 섬유류, 합성수지류 등을
      원료로 하여 제작된 의자·소파. (*^^유노단의소파)
      ▶ 막판 커블 스카이 다의소.   * 오답: 2mm 미만의 종이벽지, 가구류, 침구류
      (* 해설: 암막, 무대막, 합판, 섬유판, 커튼, 블라인드. 스크린, 카펫, 2mm미만 벽지 등)
      ——————*

  (2) "건축물 내부의 천장·벽에 부착·설치하는 것"(예 실내)
    ① 합성수지류·섬유류 물품
    ② 합판·목재
    ③ 간이칸막이.(이동 가능한 접이식, 천장·반자가 실내 접하는 곳까지 구획하지 않는 벽체.)
    ④ 흡음재·방음재.(흡음·방음용 커튼포함)
    ⑤ 종이류(두께 2mm 이상인 것) - 다만, 가구류(옷장, 찬장, 계산대, 식탁·식탁용 의자, 사무용
      책상·의자)와 너비 10센티미터 이하인 반자돌림대 등과 내부마감재료는 제외한다.
      ▶ 합섬 합목간 흡방종이(* 화수 화목간 해방종이)

  (1)②에서 2mm 미만 종이벽지는 "제조·가공공정에서 쳐져서 방염의 액체 가공처리를 할 수 없으나,
  (2)⑤ 2mm 이상 종이류는 건축물 내부의 천장·벽에 부착해서는 액체의 방염처리가 가능하다는 뜻.

2. 방염성능기준
   ① 불꽃에 의해 완전히 녹을 때까지 불꽃의 접촉횟수는 3회 이상.
   ② 버너의 불꽃을 제거한 때부터 불꽃을 올리고 연소상태가 그칠 때까지의 시간은 20초 이내.···→ (* 불꽃연소, 잔염시간)
   ③ 버너의 불꽃을 제거한 때부터 불꽃을 올리지 아니하고 연소상태가 그칠 때까지 시간은 30초 이내.···→ (* 불씨연소, 잔신시간)
   ④ 탄화한 면적 50㎠ 이내, 탄화한 길이 20㎝ 이내.
   ⑤ 발연량을 측정하는 경우 최대 연기밀도는 400 이하.
   ▶ 올리20, 아니30, 면오길이, 연밀400(* 올리20, 아니30, 면적50 길이20, 연기밀도 400)
   * 오답: 탄화깊이, 접염시간, 연기발생시간
   ---------*

   【방염성능검사 버너】

3. 방염권장물품:
   소방본부장 또는 소방서장은 제1항의 방염물품 외에 노유자시설, 다중이용업소·숙박시설·의료시설·장례식장에서 사용하는 의자·소파·침구류 및 가구류에 대하여 필요하면 방염처리된 제품을 사용하도록 권장할 수 있다. (*^^ 5곳의 4가지)
   ① 방염처리 권장물품: 의자, 소파, 침구류(매트리스)
   ▶ 노다숙 의장, 의가소침(* 소방서장이 방염처리를 권장하니 노다숙 의장이 의기소침하다)

■ 소방법령에서 방염에 대한 해설
화재 시 피해가 크게 예상되는 특정 대상물과 물품을 대통령령으로 방염을 법제화하고 있다.
방염대상물품 설치 위반자는 200만 원 이하의 과태료이지만, 소방관의 방염성능물품의 조치명령을 위반한 사람은 3년 이하 징역, 3천만 원 이하 벌금이다.
방염대상물품은 "제조·가공공정에서 방염처리한 것"과 "건축물 내부의 천장·벽에 부착·설치 하는 것"으로 2가지로 구분한다. 그러나 방염처리가 고가이다 보니 숙박시설 등(5곳)의 침구류 등(4가지) 물품은 방염권장물품으로 소방관들이 업소 등에 부탁을 하고 있다.
그러므로 이 방염권장물품은 미 이행시 방염물품과 달리 행정지도로서 벌칙 등의 강제력이 없다.
- 또한 영 제20조에서 방염성능기준이란 방염이 세탁공장의 드라이크리닝처럼 액체가공처리이다 보니 방염이 기준 이상으로 되지 않았을 때를 대비하여 방염된 물품을 시험하는 기준치를 정하고 있다. 그 기준치에서 ②항 버너의 불을 붙여 불꽃이 그치는 시간을 잔염시간이라 하며, ③항 버너의 불을 붙여 작은 불씨가 있는 상태에서 그치는 시간을 잔신(잔진)시간이라 한다.

1. 방염대상물: 종노운수 합문숙 공찰의 체고다방
2. 방염성능기준: 올리이십, 아니삼십, 면오길이, 연밀400
3. 방염물품: ① "제조·가공공정에서 방염처리한 것": 막판 커블 스카이, 다의소
          ② "건축물 내부의 천장·벽에 부착·설치하는 것": 합섬 합목간 흡방종이
4. 방염권장물품: 노다숙 의장, 의가소침. (* 노다숙 의장이 의기소침)
   ▶ 수울아 적길도(횟수, 올리, 아니, 면적, 길이, 밀도: 3회 / 20, 30 / 50, 20 / 400)

소방대상물의 안전관리

【법 제20조】 특정소방대상물의 소방안전관리**

관계인은 대통령령이 정하는 곳(영 22조)에 행정안전부령에 의해(규칙 14조) 30일 이내로 소방안전관리자 및 소방안전관리보조자를 선임하고 성실히 지도·감독한다.

1. 선임 및 신고: 30일 이내로 선임, 14일 이내 소방본부장, 소방서장에게 신고.
2. 관계인과 소방안전관리자의 업무(* 2사람 업무.)
   ① 피난계획에 관한 사항과 대통령령이 정하는 사항의 소방계획서의 작성 및 시행
   ② 자위소방대 및 초기대응체계의 구성·운영·교육
   ③ 소방시설, 소방관련시설의 유지관리
   ④ 화기 취급의 감독
   ⑤ 소방안전관리에 필요한 업무
   ⑥ 소방훈련 및 교육 ▶ ①②⑥: 계자교훈
   ⑦ 피난시설, 방화구획 및 방화시설의 유지·관리.   * 오답: 소방시설설치, 화기취급자선임.
   단, ①②⑥호의 중요 업무는 소방안전관리대상물의 경우에 한한다.(* 관계인 하지 않음)
   ▶ 계자시 감방 소피방 (* 소방안전관리자인 계자氏는 감옥에 소피방이 있다.)

【영 제22조】 소방안전관리자를 두어야 하는 특정소방대상물** (* 특급~3급 공공기관은 제외)

- 특급소방안전관리대상물
  ① 아파트: 50층 이상, 200m 이상.
  ② 30층(지하층 포함) 이상, 120m 이상 것
  ③ 연면적 20만m² 이상 ▶ 50층·200m, 20-30-120
- 1급소방안전관리대상물
  ① 아파트: 30층 이상, 120m 이상.
  ② 11층 이상인 것, 연면적 1만 5천m² 이상.
  ③ 가연성 가스 1천톤 이상 저장·취급시설. ▶ 30층·120m, 11-15-1천톤

  • 특·1급 제외: 공공기관, 지하구, 위험물제조소등, 동식물원, 불연성창고.   ▶ 공지위 동창

- 2급소방안전관리대상물
  ① 국보·보물로 지정된 목조건축물 / 가연성 가스 100톤 이상 ~ 1천톤 미만 저장·취급시설.
     지하구, 공동주택(* 300세대↑, 승강기·중앙집중난방식·주택복합시 150세대↑).
  ② 간이스프링클러·스프링클러·물분무등(호스릴방식 제외)·옥내소화전설비.
     ▶ 암기: 국보 백지영 갓스물 옥내(* 2급관리자 백지영이가 갓 스물에 옥내~)
- 3급소방안전관리대상물: 자동화재탐지설비 설치대상물.

【영 제24조】소방안전관리대상물의 소방계획 작성 등

법 제20조에서 대통령령이 정하는 사항이 포함된 소방계획서의 작성은 다음과 같다.
1. 소방계획의 작성 및 그 실시에 관하여 지도·감독하는 자: 소방본부장 및 소방서장
2. 소방계획서에 포함되어야 할 사항*
   ① 화재예방을 위한 자체점검계획 및 진압대책
   ② 근무자, 거주자의 자위소방대의 조직과 대원의 임무(장애인, 노약자 피난보조임무 포함)
   ③ 방화구획·제연구획·내부마감재료·방염물품사용 및 방화구조 및 설비의 유지·관리계획
   ④ 위험물시설현황 및 저장·취급에 관한 사항 (*^^ 예방규정을 정하지 않는 소규모 위험물)
   ⑤ 위치·구조·용도·연면적·수용인원현황   ⑥ 공동 및 분임소방안전관리에 관한 사항
   ⑦ 소방본부장, 소방서장이 요청하는 사항   ⑧ 피난층 등 위치와 경로의 피난계획
   ⑨ 소화 및 연소 방지에 관한 사항   ⑩ 화기취급작업에 대한 공사 중 소방안전관리
   ⑪ 소방훈련 및 교육에 관한 계획   ⑫ 소방시설·피난·방화시설의 점검·정비계획
   ▶ 자자방위 인분소피 소화훈시   * 오답: 시설물의 성능시험, 소방특별조사
   (* 소방계획을 짜지 않고 잠만 자는 방위에게 대소변 가리라고 소화후 훈시를..)

【영 제22조의2】소방안전관리보조자를 두어야 하는 특정소방대상물
① 아파트: 300세대 이상 1명(* 300세대 초과마다 1명 이상을 추가로 선임).
② 연면적 1만 5천㎡ 이상 1명(* 1만 5천㎡ 초과마다 1명 이상을 추가로 선임).
③ 노유자·공동주택 중 기숙사·숙박·의료·수련시설: 1명. ▶ 노기숙의 수련 1만5천Ⓐ

■ 소방안전관리보조자 선임자격(영 23조, 칙14조의2)
   ① 소방안전관리자 ② 소방안전관리강습교육자 ③ 소방관련 업무 2년 이상 경력자.
   ④ 위험물, 건축, 전기, 기계제작, 기계장비설비·설치, 안전관리, 화공 자격이 있는 자.

관계인 및 (소방)안전관리자의 업무 비교(법 제20조 관련)

관계인 업무(특정소방대상물) 4가지	소방안전관리자 업무(소방안전관리대상물)
① 피난시설·방화구획 및 방화시설의 유지·관리	① 피난계획에 관한 사항과 소방계획서의 작성
② 소방시설 그 밖의 소방관련시설의 유지·관리	② 자위소방대의 조직
③ 화기 취급의 감독	③ 피난시설·방화구획 및 방화시설의 유지·관리
④ 그 밖에 소방안전관리상 필요한 업무	④ 소방시설 그 밖의 소방관련시설의 유지·관리
	⑤ 화기 취급의 감독
	⑥ 소방훈련 및 교육
	⑦ 그 밖에 소방안전관리상 필요한 업무

■ 해설 및 추가 이론(법제20조 관련)
• 소방안전관리자는 연 1회 이상 자위소방대를 소집하여 소방교육을 실시하여야 한다.(칙14조④)
  (* 전국 소방안전관리대상물= 특급: 약600, 1급: 1만2천, 2급: 15만, 3급: 13만, 공공기관: 5만개.)

【영 제23조】 소방안전관리자 선임대상자 *
시행령(영) 제22조의 자격이 될 수 있는 사람은 다음과 같다.

특급 특급소방안전관리자 자격

① 소방공무원 20년 이상, 소방기술사, 소방시설관리사 자격자.
② 소방설비기사 5년(소방설비산업기사 7년) 이상 1급경력자.
③ 5년(단, 소방설비기사 2년, 소방설비산업기사 3년)이상 1급경력자.
④ 1급선임자격자로서 7년 이상 특급·1급 소방안전관리보조자 경력자.
⑤ 특급 소방안전관리보조자 10년 이상 경력자, 소방공무원 10년 이상자.
⑥ 2년(소방안전관리학과 졸업, 석사취득 후)이상 1급경력자. 특급안전관리 강습수료자.
⑦ 3년(소방안전교과목 12학점↑졸업자)이상 1급경력자. 총괄재난관리자 1년 이상 경력자.

1급 1급소방안전관리자 자격

① 소방공무원 7년 이상, 소방설비(산업)기사 자격자
② 위험물자격자로서 위험물안전관리자로 선임된 자
③ 가스법·전기사업법에 따라 안전관리자로 선임된 자.
④ 산업안전(산업)기사로서 2년 이상 2·3급 실무경력자.
⑤ 소방안전 관리학과 졸업하고 2년 이상 2·3급 경력자.
⑥ 3년(소방안전교과목 12학점↑졸업자, 소방안전관련학과 졸업자) 이상 2·3급 경력자
⑦ 소방행정학 또는 소방안전공학분야에서 석사 이상 취득자.
⑧ 5년 이상 2급 소방안전관리자 실무경력자.
⑨ 5년 이상 특급·1급(2급은 7년) 소방안전관리보조자 실무경력자.
⑩ 특급·1급·공공기관 강습 수료자. (* ⑤~⑩ 1급시험 합격자를 말함)

(*^^ 특급의 ③~⑦항, 1급의 ③~⑩항 등은 별도의 시험을 쳐서 합격을 해야 해당 자격이 된다.)

■ 자격 연수   (* 밑줄 경력자는 시험대상 아님)
- 1년↑: 소방공무원, 자체·경호·별정(3급) / 군부대·의무소방, 본부·서 화재진압보조(2급).
- 2년↑: 의용·경찰, 소방안전관리보조자.(=3급대상) / 경호·별정직·3급안전관리자(2급대상),
  산업안전(산업)기사 2·3급, 관리학과졸업2·3급(1급) / 소방설비기사 1급경력(특급),
  소방안전관리학과 졸업 또는 석사취득 후 1급 경력자(=특급자격대상).
- 3년↑: 소방공무원, 의용·자체·경찰·소방안전관리보조자(2급) / 관련학과 졸업 2·3급(1급),
  소방안전교과목12학점 이상 졸업자 1급 경력(=특급자격대상).
  _____*
- 5년↑: 소방설비기사 1급경력, 1급경력(특급) / 2급소방안전관리자, 특·1급보조자(1급)
- 7년↑: 소방공무원, 2급보조자(1급대상) 소방산업기사 1급경력, 특·1급보조자(특급대상).
- 10년↑: 소방공무원, 보조자(특급대상) / · 20년↑: 소방공무원(특급대상)

2급 2급소방안전관리자 자격

① 소방공무원으로 <u>3년</u> 이상 경력자
② 위험물자격(위험물기능장·산업기사·기능사)을 가진 자
③ 광산보안(산업)기사 자격자로서 광산안전관리직원(관리자·감독자)으로 <u>선임</u>된 자
④ 산업안전(산업)기사·<u>건축사</u>·건축(산업)기사·일반기계기사·전기기능장·전기(산업)기사·
   전기공사(산업)기사 자격자.
⑤ 소방안전 <u>관리</u>학과 졸업자
⑥ 소방안전 <u>관련</u>학과 졸업자, 소방안전관련교과목을 6학점 이상 이수하고 졸업자 등
⑦ <u>1년 이상</u> 군부대·의무소방대 경력자(소방본부·소방서에서 화재진압 보조경력자)
⑧ 2년 이상 경호공무원·별정직공무원(안전검측업무)·3급소방안전관리자 경력자
⑨ <u>3년 이상</u> 의용·자체소방대원, 경찰공무원, 소방안전관리보조자(특~3급) 경력자
⑩ 특급~2급·공공기관 강습교육 수료자. (* ⑤~⑩ <u>2급시험 합격자</u>를 말함)

3급 3급소방안전관리자 자격   (※ 상위직은 하위직의 자격이 된다.)

① 소방공무원 <u>1년 이상</u> 경력자.
② <u>1년 이상</u> 자체소방대원, 경호공무원·별정직공무원(안전검측업무).
③ <u>2년 이상</u> 의용소방대·경찰공무원, 소방안전관리보조자(특~3급) 경력자.
④ 특급~3급·공공기관 강습교육 수료자. (* ②~④ <u>3급시험 합격자</u>를 말함)

【칙 제14조】 소방안전관리자 신고 등 (▶ 중요도 적음)
1. 선임 시기: 해당 날부터 <u>30일</u> 이내
   ① 신축·증축·개축·대수선, 용도변경 등으로 신규로 선임의 경우: 해당 완공일
   ② 증축·용도변경: 증축공사의 완공일, 용도변경 사실을 건축물관리대장에 기재한 날
   ③ 양수, 경매: 해당 권리를 취득한 날 또는 소방서장으로부터 선임 안내를 받은 날
   ④ 공동소방안전관리 대상으로 지정한 날 또는 소방안전관리업무 대행이 끝난 날
   ⑤ 소방안전관리자를 해임한 경우 해임한 날.(* 즉 재선임: 30일)
2. 출입자가 쉽게 알도록 소방안전관리대상물의 명칭·등급과 성명·연락처·선임일자를 기재한다.
3. 선임 연기: <u>2</u>·3급(보조자 포함) 관계인은 본부장·서장에게 선임연기를 신청할 수 있다.
   └ 관리업자는 11층↑, 2.3급 대상물에 안전관리업무를 대행할 수 있다.(영23조2)

■ 소방안전관리자(보충설명)
1. 소방안전관리란? 공공기관이 아닌 일반 특정대상물(소방시설이 되어 있는 건축물)로서 그 규모 등에 따라 특급·1급·2급·3급 소방안전관리대상물로 나누고 있다.
2. 강습시간은 특급: 80시간 / 1급 및 공공기관 소방안전관리자: 40시간 / 2급: 32시간 / 3급: 24시간 의 이론과 실무교육을 받아야 한다. ▶ 하루 8시간기준 10일, 5일, 4일, 3일

• 보충수업(심화과정)

소방안전관리자의 시험의 출제·합격자 결정 등은 소방청장이 고시한다.(칙 제34조)
그 이후 안전관리자의 교육 등에 대한 한국소방안전원장과의 이론이다.(▶ 중요도 적음)

【칙 제29조】 소방안전관리자에 대한 강습교육의 실시
① 소방안전관리자의 강습교육의 일정·횟수 등은 안전원장이 연간계획을 수립실시한다.
② 안전원장은 강습교육을 실시할 때 20일전까지 안전원 홈페이지나 게시판에 공고한다.

【칙 제36조】 소방안전관리(보조)자 실무교육 등
① 안전원장은 30일 전까지 실무교육 통보(첫 실무교육은 6개월 이내, 그 이후 2년마다 실시)
② 안전원장은 실무교육이 끝난 날부터 30일 이내에 본·서장에게 알려야 한다.
③ 본·서장은 소방안전관리(보조)자의 선임신고 받은 경우 1개월 이내에 안전원장에게 통보.

■ 요약 (실무교육 등)
① 실무교육·횟수: 소방안전원장이 6개월 이내.(그 후에는 2년마다 1회 이상.)
   (단, 소방안전관리교육을 받은 후 1년 이내 선임된 자는 실무교육을 받은 것으로 본다).
② 안전원장: 실무교육이 끝난 날부터 30일 이내 본부장, 서장에게 알린다.
③ 본·서장: 안전관리(보조)자 선임신고를 받은 경우 1개월 이내 안전원장에게 통보.

※ 통보 정리: 칙 제36조 ①②③ = 30일.(안전관리자 / 안전원장 ⇆ 본·서장)
   (* 타법 통보는 주로 10일 / 제4조 소방특별조사: 7일 / 인터넷, 게시판: 20일

【칙 제40조】 소방안전관리자 등의 업무정지
① 소방본부장, 소방서장은 소방안전관리자가 실무교육을 받지 아니한 때는 실무교육을 받을 때까지
   그 업무의 정지나 소방안전관리자 수첩 반납을 명할 수 있다.
② 본·부장, 서장은 제①항에 따라 그 업무 정지시, 시·도 공보에 공고하고 소방안전원장에게 통보하며
   소방안전관리자 수첩에 적어 소방안전관리자에게 내주어야 한다.

■ 요약– 실무교육 받지 않았을 때?
① 본·서장은 실무교육 받을 때까지: ㉠ 업무의 정지 ㉡ 소방안전관리자 수첩 반납 명함.
   (* 업무정지시: ㉠ 시·도 공보에 공고 ㉡ 안전원장에게 통보 ㉢ 수첩에 적어 내준다.)

➲ TIP ; 소방안전관리자와 위험물안전관리자의 상호 업무 관계
• 소방안전관리자는 예방규정을 정하지 않는 위험물 저장·취급을 할 수 있으며,(영24조-2 ④)
• 위험물자격로서 위험물안전관리자로 선임된자는 1급 소방안전관리를 할 수 있다.(영23조 1급②)

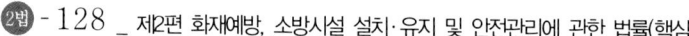

【법 제20조의2】 소방안전 특별시설물의 소방안전관리

소방청장은 재난 시 다음시설에 소방안전특별관리를 하여야 한다.
1. 대상: 항만·공항·지정문화재·(도시)철도, 영화상영관 1,000명 이상, 석유비축시설, 산업(기술)단지, 천연가스 인수기지 및 공급망, 초고층건축물 및 지하연계 복합건축물, 전력용·통신용 지하구, 발전소(수력발전소 제외), 전통시장(500개 이상 점포) 등.
   ▶ 항공지도 영천석산 천공 초지발전 (▶ 항공지도가 영천석산에서 천공이 났어도 초지 발전했다)

【영 제24조2】 소방안전 특별관리기본계획·시행계획의 수립·시행 (▶ 중요도 적음)

소방청장은 5년마다 수립·시행하고, 전년도 10월 31일까지 수립하여 시·도에 통보한다.
① 화재예방을 위한 중기·장기 안전관리정책
② 화재대응 및 사후조치에 관한 역할 및 공조체계
③ 화재예방을 위한 교육·홍보 및 점검·진단
④ 화재대응을 위한 훈련   ▶ 중사교훈기본
⑤ 그 밖에 화재 등의 안전관리를 위하여 필요한 사항
  - 시·도지사는 특별관리기본계획을 시행하기 위하여 다음의 특별관리시행계획을 수립하고, 그 결과를 다음해 1월 말까지 소방청장에게 통보하여야 한다.
* 특별관리기본계획의 집행 또는 시·도에서 화재 등의 안전관리를 위하여 필요한 사항

【법 제21조】 공동소방안전관리*

특정소방대상물로서 그 관리의 권원(權原)이 분리 되어 있는 것 가운데 소방본부장, 소방서장이 지정하는 관계인은 (행정안전부령)이 정하는 바에 따라 (대통령령)이 정하는 자를 공동소방안전관리자로 선임하여야 한다. (*^^ 행안부령(칙14조) * 대통령령(영23조) 단, 3급제외)
(*^^ 공동소방안전관리란 소규모의 집단 대상물로서 한사람이 여러 곳을 관리한다는 뜻.)
1. 대상: 지하가,* 고층건축물* 및 대통령령(영25조)이 정하는 대상물.
   ▶ 고소 복지도 *오답: 지하층

【영 제25조】 공동 소방안전 관리자 선임대상 특정소방대상물*

법 제21조에서 "대통령령이 정하는 특정소방대상물"이란 다음과 같다.
1. 대상: ① 복합건축물로서 연면적 5천㎡ 이상 또는 층수가 5층 이상.
        ② 도·소매시장 및 소방본부장, 소방서장의 지정지역.
   (*^^ ①에서 "또는"이라는 뒷문장의 의미는 복합건축물로서 5층이라는 뜻.)

▶ 복오(* 복어)

---

* 고층건축물: 지하층 제외한 11층 이상 건축물. 높이는 31m를 말함.   * 지하가 지하상가 + 상점이 있는 터널
* 관리의 권원이 분리: 각 주인이 별도로 된 도·소매 시장의 집단 혹은 지하상가 등의 작은 가게 등을 말한다.

【규칙 제14조4】 피난계획의 수립·시행
　　관계인은 다음의 피난계획을 수립하여 시행하여야 한다.
　1. 화재경보의 수단 및 방식
　2. 층별, 구역별 피난대상 인원의 현황
　3. 피난시설, 방화구획, 그 밖에 피난에 영향을 줄 수 있는 제반 사항
　4. 각 거실에서 옥외(옥상 또는 피난안전구역을 포함)로 이르는 피난경로
　5. 재해약자 및 재해약자를 동반한 사람의 피난동선과 피난방법　▶ 화재거인장피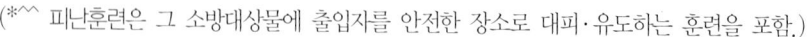
　6. 장애인, 노인, 임산부, 영유아, 어린이 등 이동이 어려운 사람("재해약자"라 한다)의 현황

【규칙 제14조5】 피난유도 안내정보의 제공
　　관계인은 피난유도 안내정보(피난시설의 위치, 피난경로, 대피요령이 포함된)를 근무자, 거주자에게 정기적으로 제공하여야 한다.
　1. 연 2회 피난안내 교육을 실시하는 방법
　2. 분기별 1회 이상 피난안내방송을 실시하는 방법
　3. 피난안내도를 층마다 보기 쉬운 위치에 게시하는 방법
　4. 엘리베이터, 출입구 등 시청이 용이한 지역에 피난안내영상을 제공하는 방법

【법 제22조】 특정소방대상물의 근무자 및 거주자에 대한 소방훈련

11명 이상이 근무하는 특정소방대상물의 관계인은 그 장소에 상시 근무·거주하는 자에게 소화·피난·통보 등의 훈련과 소방안전관리 교육을 실시하여야 한다.

　1. 소방훈련: 소화·피난·통보 훈련　▶ 소피통

　　(*^^ 피난훈련은 그 소방대상물에 출입자를 안전한 장소로 대피·유도하는 훈련을 포함.)

【규칙 제15조】 소방훈련과 교육
　1. 횟수: 연 1회 이상.(단, 소방서장이 2회의 범위 안에서 추가로 실시할 수 있다.)
　2. 훈련 및 보관: 소방서와 합동으로 할 수 있으며, 훈련·교육실시 기록을 2년간 보관.

【법 제24조】 공공기관 등의 소방안전관리

국가, 지방자치단체, 국·공립학교 등 대통령령으로 정하는 공공기관장은 건축물·물품 등을 화재예방, 자위소방대의 조직 및 편성, 소방시설의 자체점검과 소방훈련 등의 소방안전관리를 한다.

- 공공기관에 대한 다음 각 호의 사항은 대통령령으로 정하는 바에 따른다.
　① 소방안전관리자의 자격, 책임 및 선임 등　　② 소방안전관리의 업무대행
　③ 근무자 등에 대한 소방훈련 및 교육　　　　④ 자위소방대의 구성, 운영 및 교육
　⑤ 그 밖에 소방안전관리에 필요한 사항

【법 제25조】 소방시설 등의 자체점검 등

관계인은 그 건물 소방시설 등을 정기적인 자체점검을 실시하며 행안부령으로 살펴본다.

【규칙 별표1】 소방시설 점검

1. <u>작동기능</u> 점검(연 1회 이상)
   소방시설등이 정상적으로 작동하는지를 (간단히)점검하는 것.
   ① 자격: 관계인, 소방안전관리자, 소방시설관리업자
   ② 제외: 위험물제조소등, 소화기구만을 설치하는 대상물, 특급소방안전관리대상물.
   ③ 종합정밀점검대상: 종합정밀점검을 받은 달부터 6월 되는 달에 실시. 그 밖에는 연중.

2. <u>종합정밀</u> 점검(연 1회 이상, 반기별 1회 이상)*
   소방시설등의 작동기능점검을 포함하여 주요 구조기준을 점검하는 것.
   ① 횟수: 연 1회 이상 혹은 반기별 1회 이상(*^^ 우수업체는 3년간 면제.)
   ② 자격: 소방시설관리업자, 소방안전관리자로 선임된 소방시설관리사·소방기술사
   ③ 제외: 위험물제조소등(*^^ "위험물안전관리법" 에서는 점검자가 별도 있음.)
   ④ 연 1회 이상 대상:
      ㉠ 스프링클러설비가 설치된 특정소방대상물
      ㉡ <u>제연설비</u>가 설치된 터널. 물분무등설비가 설치된 연면적 <u>5천㎡</u> 이상
      ㉢ 연면적 <u>1천㎡</u> 이상: 옥내소화전·자동화재탐지설비가 설치된 공공기관.
      ㉣ 연면적 <u>2천㎡</u> 이상: 위험한 다중이용업소 9가지(고시원, 산후조리업, 노래연습장업, 단란주점영업, 유흥주점영업, 영화상영관, 비디오물 감상실업, 복합영상물제공업, 안마시술소)
         ▶ 스프링, 제연터널, 물5천 / 천옥자 / 2천 고산 노래 단란 유흥 영화 비디오 복합 안마
         (* 스프링 제연터널에 사는 물5천 / 천옥자가 / 2천번 고산에 올라 노래부르다 단란하여 유흥이나
         영화관 갔려다 비디오 감상하고 복합 안마시술소를 갔다)
      ⑤ 반기별 1회 이상 대상: 특급소방안전관리대상물.(* 특급: 20-30-120)

         【특급반기별】

【규칙 별표2】 자체점검 시 점검인력 배치기준

① 1일 점검한도 특정소방대상물 면적(1단위):
   • 종합정밀은 10,000㎡ / 작동기능: 12,000㎡(소규모점검: 3,500㎡) ▶ 만만이(소사모)
   (보조인력 1명씩 추가시 종합정밀점검: 3,000㎡ / 작동기능점검: 3,500㎡씩 더한다.)

② <u>1단위</u>가 할 수 있는 <u>아</u>파트 점검한도:
   • 종합정밀은 300세대 / 작동기능: 350세대(소규모점검: 90세대) ▶ 삼백사모(소구경)
   (보조인력을 1명씩 추가시 종합정밀점검: 70세대 / 작동기능점검: 90세대씩 더한다.)
   (*^^ 종합점검은 정밀한 점검으로서 많이 할수 없으니 작동점검보다 항상 그 수치가 적다)

【규칙 제19조】 점검결과 보고서 제출

작동기능점검 및 종합정밀점검 후 모두 7일 이내 소방본부장 또는 소방서장에게 제출(보고)하며 또한 작동기능점검을 실시한 자는 그 점검결과를 2년간 자체 보관한다.

05 소방시설관리사 및 소방시설관리업

【법 제26조】 소방시설관리사

소방시설관리사가 되려면 소방청장이 실시(출제)하는 관리사 시험에 합격해야 한다.
시험실시에 관하여 필요한 사항(응시자격 등)은 대통령령으로 한다.(*시험: 1년 1회)

> 【영 제27조】 응시자격
> ① 소방공무원으로 5년 이상 근무경력이 있는 사람
> ② 소방설비기사 취득 후 2년 이상 실무경력이 있는 사람
> ③ 소방설비산업기사, 산업안전기사 취득 후 3년 이상 실무경력이 있는 사람
> ④ 위험물산업기사·위험물기능사 자격취득 후 3년 이상 실무경력이 있는 사람
> ⑤ 소방안전 관련 학과의 학사학위를 취득 후 3년 이상 실무경력이 있는 사람
> ⑥ 소방안전공학(소방방재공학·안전공학) 석사 이상 취득하거나 2년 이상 실무경력자
> ⑦ 이공계전공 후 박사학위 취득자(석사 취득 후 2년 경력, 학사 취득 후 3년 경력자.)
> ⑧ 10년 이상 소방실무경력이 있는 사람(예 소방안전관리자) 및 소방기술사·위험물기능장·
>   건축사·건축기계설비기술사·건축전기설비기술사·공조냉동기계기술사 등
> ⑨ 특급소방안전관리자 2년 이상 실무경력자   ⑩ 1급소방안전관리자 3년 이상 실무경력자
> ⑪ 2급소방안전관리자 5년 이상 실무경력자   ⑫ 3급소방안전관리자 7년 이상 실무경력자

【법 제28조】 관리사 자격의 취소·정지

소방청장은 다음의 경우 그 자격을 취소하거나 2년 이하의 정지를 명할 수 있다.
① 거짓이나 부정한 방법으로 시험에 합격한 때.(취소)
② 결격사유에 해당하게 된 때.(취소)
③ 소방시설관리사증을 다른 자에게 빌려준 때.(취소)
④ 동시에 둘 이상의 업체에 취업한 때.(취소) (※ 기술인정 자격수첩은 정지.)
⑤ 소방안전관리업무 및 관리 점검을 하지 아니하거나 거짓으로 한 때.(정지)
⑥ 성실하게 자체점검업무를 수행하지 아니한 때. (*^^ 국내 모든 법에서 ①②번은 취소이다.)

- ■ 행정 처분(시행규칙 별표8)
  - 관리사가 점검을 하지 않거나 거짓일 때 → 1차: 경고, 2차: 정지 <u>6개월</u>, 3차: 취소.
  - 관리업체가 점검을 하지 않거나 거짓일 때 → 1차: 경고, 2차: 정지 <u>3개월</u>, 3차: 취소.
  - 관리업 등록기준에 미달될 때 → 1차: 경고, 2차: 정지 <u>3개월</u>, 3차: 취소. (*개인6, 업체3)
  - ➲ 등록 허가자인 시·도지사가 정지를 6월 이상 명하게 되면 업체가 업무를 지속하기 힘들다.
    하여 소방법령에서 업체 정지하면 주로 6월 이하이다. 그러나 소방청장이 실시하는 소방시설관리
    사·기술인정 자격정지는 2년 이하에 해당한다. (소방시설공사업법 28조 참고)

소방관계법규

【법 제29조】소방시설관리업

소방안전관리업무의 대행 또는 소방시설 등의 점검 및 유지·관리의 업을 하고자 하는 자는 시·도지사에게 소방시설관리업의 등록*을 하여야 한다. (또한 명칭·상호, 영업소소재지, 대표자, 기술인력이 변경되었을 때에는 시·도지사에게 그 변경사항을 신고하여야 한다.)

1. 등록: 시·도지사에게 (*~~ 모든 업체는 시·도에서 영업을 하므로 시·도에 등록을 한다.)
2. 업무: 업무의 대행 또는 소방시설 등의 점검 및 유지·관리 ▶ 오답: 설치
3. 등록의 사항변경(명·상·소·대·기): 30일 이내 시·도지사에게 서류 제출

【법 제30조】등록의 결격사유

다음에 해당하는 자는 결여된 자격으로 관리업의 등록을 할 수 없다.

1. 피성년후견인
2. 금고 이상의 실형을 선고받고 그 집행이 끝나거나(집행이 끝난 것으로 보는 경우를 포함) 집행이 면제된 날부터 2년이 지나지 아니한 사람
3. 금고*이상의 형의 집행유예*를 선고받고 그 유예기간 중에 있는 사람
4. 관리업의 등록이 취소된 날부터 2년이 지나지 아니한 자
5. 임원 중에 제1호부터 제4호까지의 어느 하나에 해당하는 사람이 있는 법인
   ▶ 오답: 파산자로 복권되지 아니한 자, 피한정후견인

【법 제35조】과징금 처분*

시·도지사는 영업정지를 명하는 경우로서 그 영업정지가 국민에게 심한 불편을 주거나 공익을 해칠 우려가 있는 때에는 영업정지처분에 갈음*하여 과징금*을 부과할 수 있다.

1. 부과권자: 시·도지사가
2. 금액: 3천만 원 이하(* 비교: 3법·4법은 2억 원 이하)
3. 계산방법: 영업정지 1월은 30일로 계산
4. 필요한 사항: 행정안전부령으로 정한다. (*~~ 공사업법 제10조의 과징금 처분도 준용한다.)

 자격사유 이야기

다음의 표에서 결격사유의 비교부분을 살펴본다.　　　　　　X(자격안됨) / O(자격가능)

구 분	피성년후견	피한정후견	파산자 미복권	금고이상	집행유예
소방안전교육사	X	X	O	2년↑필요.	끝나면 됨
그 외 법조항	X	O	O	〃	끝나면 됨
(※ 공무원법	X	X	X	5년↑필요.	2년↑필요)

소방용품의 품질관리

【법 제36조】 소방용품의 형식승인

소방용품을 제조하거나 수입하고자 하는 자는 소방청장의 심사 ⋯→ 형식승인 ⋯→ 제품검사를 받아야 한다.(단, 연구개발 목적으로 제조·수입, 하는 것은 형식승인을 제외한다.)
또한 누구든지 형식승인을 받지 아니한 것, 형상 등을 임의로 변경한 것, 제품검사를 받지 아니하거나 합격표시를 하지 아니한 것을 판매·진열 및 소방시설공사에 사용할 수 없다.

1. 형식승인권자: 소방청장.
2. 판매목적 등에 사용할 수 없는 것: 형식승인(×)·형상(×)·제품검사(×)·합격표시(×) 등
    ▶ 오답: 성능시험을 받지 아니한 것.

- ■ 요 약
  - 제조·수입자: 소방청장의 ① 심사 ② 형식승인 ③ 제품검사를 받아야 한다.
  - 판매·진열·공사시: ① 형식승인 ② 제품검사 ③ 형상유지 ④ 합격표시를 한다.
    (*^^ 심사⋯→ 형식승인⋯→ 제품검사 순으로 받아야 한다. / ▶ 심형제 형제상표가 있어야 한다.)

【영 제39조】 권한의 위임·위탁 등
1. 소방청장은 소방용품의 수거·폐기·교체 등 명령의 권한을 시·도지사에게 위임한다.
2. 소방청장은 소방용품의 다음 업무를 기술원에 위탁한다.
    ① 방염성능검사 업무(합판·목재를 설치하는 현장에서 방염처리한 경우는 제외)
    ② 형식승인(시험시설 심사 포함), 형식승인의 변경승인, 성능인증, 성능인증의 변경인증
    ③ 형식승인의 취소, 성능인증의 취소, 우수품질인증 및 그 취소. (③은 청문을 포함.)

---

* 소방시설관리사: 법 규정에 의한 큰 건축물 등에서 소방시설을 점검할 수 있는 소방시설관리업의 주인력
* 등록: 국민이 어떠한 업체를 차리기 위하여 규정된 허가를 위한 서류를 시도에 올리는 것.
* 결격사유: 일정한 공직(公職)이나 자격 따위를 얻는 데 제한(자격이 결여되는)이 되는 사유.
* 집행유예: 어떠한 사유에 의해 형의 집행을 유예하며 그 기간이 지나면 형의 선고효력을 잃는 제도.
* 금고: 노동을 하지 않는 교도소(감옥) 생활.   * 파산자: 법원에서 파산 선고를 받은 채무자.
* 과징금: 업체의 정지대신 부과하는 돈.   * 갈음: 대신

보 칙

【법 제44조】 청 문*

소방청장 또는 시·도지사는 다음의 처분을 하고자 하는 경우에는 청문*을 실시한다.
① 소방시설 관리사 자격 취소 및 정지
② 소방시설 관리업 등록 취소 및 영업정지
③ 소방용품 형식승인 취소 및 제품검사 중지
④ 소방용품 우수품질인증 취소
⑤ 소방용품 전문기관의 지정 취소 및 업무정지
⑥ 소방용품 성능인증의 취소 ▶ 성인취소
1. 청문 실시자: 소방청장, 시·도지사. ▶ 2청 ①②

> ▶ 보충수업
>
> 청문(聽聞)이란 행정 기관이 규칙 제정·쟁송을 해결함에 이해관계인이나 제3자로부터 의견을 듣는 것을 말하며 자격증이나 업체의 정지나 취소할 때 실시한다. (* ④, ⑥은 본디 정지가 없다.)

【법 제47조의3】 위반행위 신고 및 신고포상금의 지급

본부장·서장은 다음의 신고자에게 시·도 조례에 따라 포상금을 지급할 수 있다.
1. 소방시설을 폐쇄·차단 등의 행위를 한 자
2. 규정을 위반하여 소방시설을 설치 또는 유지·관리한 자
3. 피난시설, 방화구획 및 방화시설을 폐쇄·훼손·변경 또는 용도에 장애를 주거나 소방활동에 지장을 주는 행위 또는 주위에 물건을 쌓아두거나 장애물을 설치하는 행위.

 소방공무원의 경력

소방공무원의 경력은 다음과 같다.
• 3년 이상: 2급소방안전관리자, 소방시설설계업·소방시설공사업·소방시설관리업 보조인력, 초급소방감리원(지하구, 연면적 5천m² 미만), 위험물안전관리자(제4류 위험물 취급)
• 5년 이상: 소방특별조사위원회 위원 및 중앙소방기술위원회 위원, 소방시설관리사 응시자격.

08 벌 칙

【법 제48조】 5년 이하의 징역 또는 5천만 원 이하의 벌금
  1. 소방시설의 기능과 성능에 지장을 초래하는 폐쇄·차단 등 행위를 한 사람.
  2. 제1항의 죄를 범하여 사람을 상해에 이르면 7년 이하의 징역 또는 7천만 원 이하의 벌금, 사망 시는 10년 이하의 징역 또는 1억 원 이하의 벌금에 처한다.

【법 제48조의 2】 3년 이하의 징역 또는 3천만 원 이하의 벌금

  1. 소방특별조사 결과에 따른 조치명령 등 위반한 사람
  2. 소방시설이 화재안전기준에 따른 조치명령을 위반한 사람
  3. 피난·방화시설, 방화구획의 유지관리 조치명령을 위반한 사람
  4. 방염성능물품, 임시소방시설 또는 소방시설 등의 조치명령을 위반한 사람
  5. 소방안전관리자 선임명령 및 소방안전관리자 업무를 이행 명령을 위반한 사람.
  6. 소방시설관리업의 등록을 하지 아니하고 영업을 한 사람. ▶ 유령회사
  7. 소방용품 제조자·수입자에 대한 회수·교환·폐기 및 판매중지 명령을 위반한 사람
  8. 소방용품을 형식승인 없이 제조·수입한 사람
  9. 소방용품에 관한 규정에 위반하여 제품검사를 받지 아니한 사람
  10. 규정에 위반된 소방용품을 판매·진열 또는 소방시설공사에 사용한 사람
  11. 거짓이나 그 밖의 부정한 방법으로 소방용품 전문기관으로 지정을 받은 사람

  • 48조의2는 주로 명령(조치) 위반자(1~5번) 및 소방용품(7~11번) 위반자에 관한 조항이다.
  • 53조에서 1·2, 2) 1을 위반 시 과태료이지만, 조치명령 위반자는 3년~3천 벌금에 해당.
  • 48조의2에서 7~11(소방용품)을 위반 시 3년 3천이지만, 49조의 4번 변경승인 참고

  (* 1·2분법에서 제일 큰 벌칙은 55 33으로 시작한다. ▶ 삼삼오오)

【법 제49조】 1년 이하의 징역 또는 1천만 원 이하의 벌금
  1. 소방특별조사·감독 업무 수행 시 관계인의 업무방해나 비밀 누설자*
  2. 관리업(등록증·수첩·관리사증) 대여 및 이중 취업자, 영업정지기간 중 업무 한자.
  3. 자체점검 미실시, 관리업자 등으로 하여금 정기점검 미실시한 사람
  4. 소방용품 형식승인의 변경승인이나 성능인증의 변경인증을 받지 아니한 사람
  5. 소방용품(제품검사·성능인증·우수품질 인증)을 허위표시 또는 위조·변조한 사람

【법 제50조】 300만 원 이하의 벌금

1. 소방특별조사를 정당한 사유 없이 거부·방해 또는 기피한 사람
2. 소방안전관리자·안전관리보조자·공동소방안전관리자 미선임 자 ▶ 3백안전
3. 관리업자가 점검기록표를 거짓으로 작성하거나 해당 대상물에 미부착한 자
4. 방염처리업 등록자가 규정에 위반하여 거짓시료를 제출한 사람
5. 불합격된 방염성능검사 물품에 합격표시 하거나 위조·변조 사용자
6. 소방시설 등이 위반된 것을 발견하였어도 필요조치를 요구하지 아니한 안전관리자나 위법된 소방시설의 조치 등을 요구한 안전관리자에게 불이익 처우한 관계인
7. 위탁업무 수행 시 업무비밀 누설자나 목적 외 용도 사용 또는 제공한 사람

- 49조 1은 소방특별조사·감독의 비밀누설 / 50조의 7은 위탁업무의 비밀누설
- 49조 5는 소방용품 위조·변조 / 50조의 5는 방염물품 위조·변조에 해당한다.
- ➔ 49조에서 관리업의 위법은 1년~ / 50조에서 안전관리자 위법은 3백 벌금이다.

【법 제53조】 과태료

1) 300만 원 이하의 과태료

1. 화재안전기준을 위반하여 소방시설을 설치 또는 유지·관리한 자
2. 피난·방화시설, 방화구획의 폐쇄·훼손·변경 등 행위를 한 자
3. 임시소방시설을 설치 또는 유지·관리하지 아니한 자

(* 48조 1항 소방시설의 폐쇄와 비교하여 상기 2조항은 피난·방화시설 폐쇄이다)

2) 200만 원 이하의 과태료
1. 방염대상물품 설치 위반자, 각종 신고·업무를 하지 않거나 거짓으로 한 자
2. 소방안전관리 관계 업무를 성실히 수행하지 아니한 관계인, 소방안전관리자 등
3. 근무자 거주자에게 피난유도정보 또는 소방훈련·교육을 실시하지 아니한 사람
4. 기술인력 참여 없는 자체점검, 점검결과를 보고가 없거나 거짓으로 보고한 사람
5. 지위승계, 행정처분, 휴·폐업을 관계인에게 알리지 않거나 허위로 알린 관리업자
6. 청·시·본·서장 명령을 위반하여 보고, 자료제출을 하지 않거나 거짓으로 한 사람, 또는 정당한 사유 없이 공무원의 출입·조사·검사를 거부·방해·기피한 사람.

3) 100만 원 이하의 과태료
1. 실무 교육을 받지 아니한 소방안전관리자 및 소방안전관리보조자

■ 과태료 부과권자: ① 소방청장 ② 시·도지사 ③ 본부장 ④ 서장 4사람 모두 해당한다.
(• 과태료는 주로 과실(過失), 태만(怠慢)한 자에 부과시키는 요금, 지나칠 過, 게으를 怠자.)

참고 | 소방용품(소화설비 등) 미리보기

▶ 소방용품은 소방청장의 심사⋯ 형식승인⋯ 제품검사를 받아야 한다.

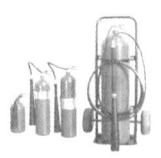
【이산화탄소 소화기】

【할론소화기】

【제3종 분말소화기】

【할·불소화기】

(▶ 상기 소화설비 4가지는 "가스계소화설비 소화설비"에 해당됨)

【캐비닛형 자동소화장치】

【자동확산 소화기】

【에어로졸식소화용구】

【투척용소화용구】

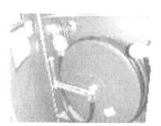
【호스릴옥내소화전】

【옥외소화전】

【소화전함】

【관창=노즐】

【소방호스】

【자동소화장치】

【방수구】

【스프링클러헤드】

【가스관선택밸브】

【기동용수압개폐장치】

【습식제어밸브】

【건식제어밸브】

【준비작동식제어밸브】

【일제개방제어밸브】

| 참고 | 소방용품(기타설비) 미리보기 |

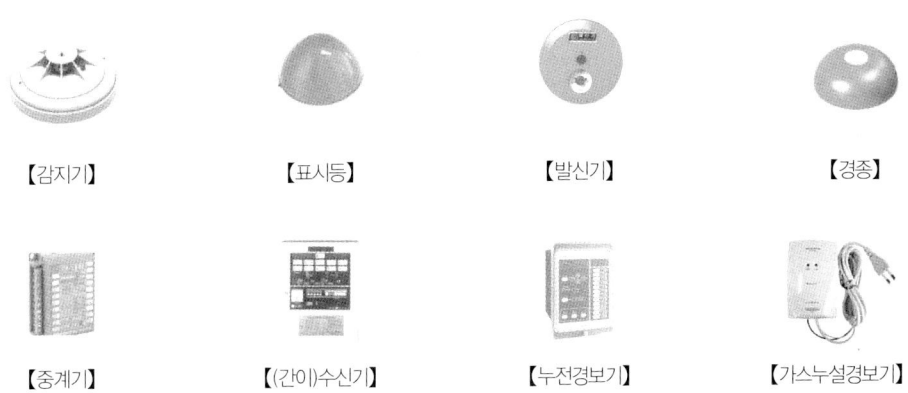

【감지기】　【표시등】　【발신기】　【경종】

【중계기】　【(간이)수신기】　【누전경보기】　【가스누설경보기】

(▶ 상기 감지기부터 수신기까지 6개 사진은 "자동화재탐지설비" 구성요소임)

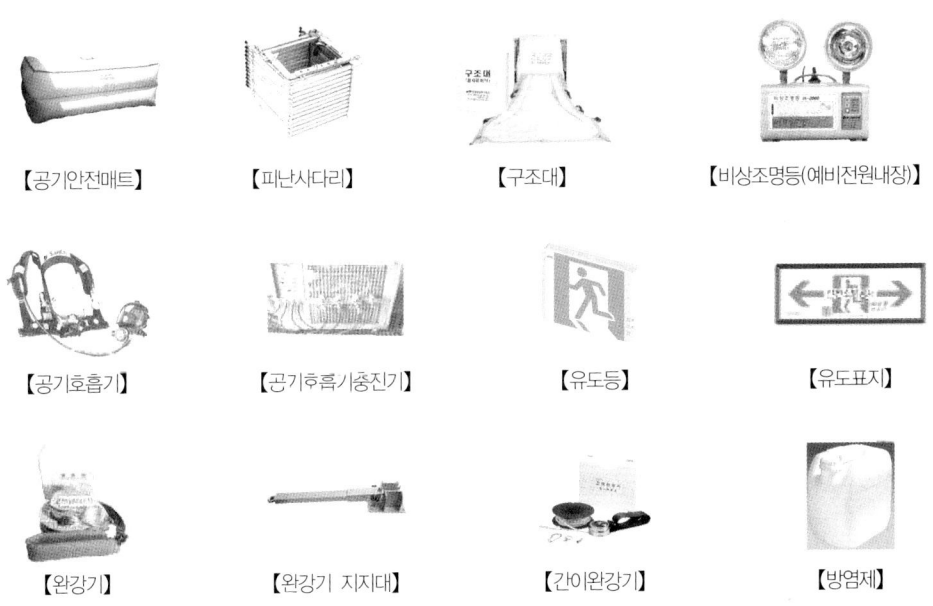

【공기안전매트】　【피난사다리】　【구조대】　【비상조명등(예비전원내장)】

【공기호흡기】　【공기호흡기충진기】　【유도등】　【유도표지】

【완강기】　【완강기 지지대】　【간이완강기】　【방염제】

■ 형식승인 제외: 유도표지, 예비전원, 비상콘센트, 표시등, 소화전함, 배관, 전선, 압력계, 공기안전매트, 시각경보기, (물분무)헤드, 피난유도선, 자동화재속보기, 방수구 등은 소방용품이지만 형식승인을 받지 않음.

09 화재예방, 소방시설 설치·유지 및 안전관리에 관한 법률 시행령

【영 별표 1】 소방시설**** ▶ 소경피활용

1. 소화설비*
물 그 밖의 소화약제를 사용하여 소화하는 기계·기구, 설비*로서 다음과 같다.

① 소화기구
  ㉠ 소화기   ㉡ 자동확산소화기
  ㉢ 간이소화용구: 에어로졸식소화용구, 투척용 소화용구, 소공간용 소화용구 및 소화약제 외의 것을 이용한 간이소화용구. (예) 모래) ▶ 소에투척(* 간이소화용구를 소에 투척!)

② 자동소화장치

㉠ 분말자동소화장치	㉡ 주거용 주방자동소화장치
㉢ 가스자동소화장치	㉣ 고체에어로졸자동소화장치
㉤ 상업용 주방자동소화장치	㉥ 캐비닛형자동소화장치

  ▶ 분주가고 상캐(* 연상: 분주가고 상캐!)

③ 옥내소화전설비(호스릴 옥내소화전설비를 포함)
④ 스프링클러설비등: 스프링클러, 간이스프링클러(캐비닛형 포함), 화재조기진압용 스프링클러설비
⑤ 물분무등소화설비: 물분무·포·이산화탄소·미분무·고체에어로졸·할론·분말·강화액·할로겐화합물 및 불활성기체 소화설비 ▶ (제)물포이미 고할분 강할불
⑥ 옥외소화전설비 ▶ 소옥스물옥자 (* 설비친구 소옥이는 스물에 옥자를 낳았다)

【물분무소화설비】

2. 경보설비*
화재발생 사실을 통보하는 기계·기구 또는 설비로서 다음과 같다.

① 비상경보: 비상벨설비, 자동식사이렌설비
② 비상방송설비
③ 자동화재속보설비
④ 자동화재탐지설비 및 시각경보기
⑤ 누전경보기
⑥ 가스누설경보기
⑦ 통합감시시설
⑧ 단독경보형감지기

【자동화재속보설비】

【단독경보형감지기】

  ▶ 비비자 시누가 통단 (* 경보설비 울리는데 시누이가 비비자 통탄!)

---

* 소방시설: 소방과 관련된 소화·경보·피난·소화용수·소화활동설비 5가지를 말한다.
* 소화설비: 관계인 등이 할 수 있는 1차적 소화(초기소화)설비를 말한다. * 설비: 시설(=공설)만이 아닌 것
* 인명구조기구: 소방시설 중 피난구조설비에 속하며 방열복, 방화복, 공기호흡기, 인공소생기의 4가지를 말한다.

3. 피난구조설비*
화재 시 피난하기 위하여 사용하는 기계·기구 또는 설비로서 다음과 같다.
① 인명구조기구:* 방열복, 방화복, 공기호흡기, 인공소생기 ▶ 방방호인
　　(*^^ 방화복: 안전헬멧, 보호장갑, 안전화를 포함한다.) ▶ 머리,손,발/안보안전
② 비상조명등 및 휴대용 비상조명등
③ 유도등: 피난구유도등, 통로유도등, 객석유도등, 피난유도선, 유도표지
④ 피난기구: 피난사다리, 구조대, 완강기, 그 밖에 (* 공기안전매트 등) 소방청장이 정하여
　　　　　　고시하는 화재안전기준으로 정하는 것.
　　　　　▶ 인조유피 (* 피난구조설비는 인조가죽처럼..)

【방열복】

4. 소화용수설비　– 기본법 제10조는 시·도에서 설치하는 "소방용수 시설"*임.
화재를 진압하는데 필요한 물을 공급하거나 저장하는 설비로서 다음과 같다.
① 상수도소화용수설비
② 소화수조·저수조 그 밖의 소화용수설비
　　(*^^ 소화용수설비는 현장에서 필요한 물이며, 소방용수시설은 예방차원에서 필요한 물이다.)

5. 소화활동설비***
화재를 진압하거나 인명구조활동을 위하여 사용하는 설비로서 다음과 같다.
① 무선통신보조설비　　　　　　② 제연설비
③ 비상콘센트설비　　　　　　　④ 연결송수관설비
⑤ 연결살수설비　　　　　　　　⑥ 연소방지설비
　　▶ 암기: 무제비 3연 (* 연상: 소방관의 소화활동으로 3년간 제비가 오지 않는다.)

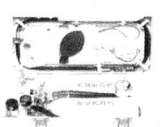

(*^^ 4, 5번은 소방대원이 수동조작하는 본격소화설비, 좌측 1번은 관계인이 하는 1차적 초기소화이다.)

■ 3. 피난구조설비 ④에서 소방청장이 정하여 고시하는 화재안전기준으로 정하는 것:
　　　미끄럼대, 피난교, 피난용트랩, 공기안전매트, 간이완강기, 다수인피난장비, 승강식피난기를 말함.
　※ 피난유도선: 어두운 상태에서 피난을 유도할 수 있도록 띠 형태로 설치되는 것을 말한다.
　※ 연결송수관설비는 외부 송수구를 통해 복도 등의 방수구로 물이 쏟아지는 봉상주수이며,
　　　연결살수설비 및 연소방지설비는 송수구를 통해 천장 헤드로 물이 나오는 적상주수이다.
　[• 연결송수관: 송수구→방수구(봉상주수) / • 연결살수, 연소방지: 송수구→헤드(적상주수)]

 인공소생기

호흡부전상태인 사람에 대하여 인공호흡을 시켜 환자를 보호하거나 구급하는
기구이다. 즉, 유독성가스에 질식되었거나 중독성에 의하여 심폐기능이 악화되어
정상적으로 호흡을 할 수 없는 사람에게 인공호흡시켜, 소생하도록 하는 구급용
기구이다. (*^^ 사진에서 좌측은 작은 산소통 2개, 우측은 산소마스크가 보인다.)

【영 별표 3】소방용품 (법 제2조 관련)

▶ 영별표3은 영별표1과 비교하기 위하여 본 위치에 순서를 바꾸어 편집함.

1. 소화설비를 구성하는 제품 또는 기기
   ① 소화기구
      ㉠ 소화기   ㉡ 자동확산소화기
      ㉢ 간이소화용구: 에어로졸식소화용구, 투척용 소화용구, 소공간용 소화용구(단, 소화약제 외의 것인 간이소화용구는 제외) → 모래 등은 본디 소화약제 외 건축용으로서 형식승인을 받는 소방용품에서 제외
   ② 자동소화장치 ▶ 분주가고 상캐

㉠ 분말자동소화장치	㉡ 주거용 주방자동소화장치
㉢ 가스자동소화장치	㉣ 고체에어로졸자동소화장치
㉤ 캐비닛형자동소화장치	㉥ 상업용 주방자동소화장치(=형식승인 제외)

   ③ 소화설비를 구성하는 소화전, 관창, 소방호스, 스프링클러헤드, 기동용수압개폐장치, 유수제어밸브, 가스관선택밸브

2. 경보설비를 구성하는 제품 또는 기기
   ① 누전경보기 및 가스누설경보기
   ② 발신기, 수신기, 중계기, 감지기 및 음향장치(경종만 해당)

3. 피난구조설비를 구성하는 제품 또는 기기
   ① 피난사다리, 구조대, 완강기(간이완강기 및 지지대 포함)
   ② 공기호흡기(충전기 포함)
   ③ 피난구유도등, 통로유도등, 객석유도등 및 예비전원이 내장된 비상조명등

4. 소화용으로 사용하는 제품 또는 기기
   ① 상업용주방·캐비닛형 자동소화장치
   ② 방염제(방염액·방염도료·방염성물질)
   ③ 포·이산화탄소·할론·분말·할로겐화합물 및 불활성기체·강화액소화설비

5. 그 밖에 행정안전부령으로 정하는 소방 관련 제품 또는 기기(* 형식승인을 제외한다.)

> ■ "소방용품의 품질관리 등에 관한 규칙"(상기 5항 행정안전부령)
> 다음의 소방용품은 2법 제37조에 따라 소방청장의 형식승인을 제외한다.
> 축광표지(유도표지, 위치표지), 예비전원, 비상콘센트설비, 표시등, 소화전함, 공기안전매트
> 자동화재속보기, 소화설비용 헤드(물분무헤드·살수·분말·포), 방수구 등(이하 별표7 참고)
> – 그 외 소방청장이 고시하는 소방용품("성능인증의 대상이 되는 소방용품의 품목에 관한 고시")
>   시각경보장치, 방염제품, 피난유도선, 포소화약제 혼합장치 및 상업용주방자동소화장치 등

• 포함: 완강기(간이완강기, 지지대), 공기호흡기(충전기), 음향장치(경종) 등
• 제외: 소화기구 중 소화약제 외의 것을 이용한 간이소화용구 등.(예 모래 등).

소방2분법 — 주요기출 시험흐름 파악하기 및 학습 자료

기출 1 다음 중 인명구조기구로 옳지 않은 것은? [기출]

① 방열복   ② 공기안전매트   ③ 인공소생기   ④ 공기호흡기

해설: 공기안전매트는 피난자가 활용할 수 있는 피난기구이다. 에어매트. (영 별표1) // ②

■ 인명구조기구?

예 유치원에 화재가 발생 시 '구조대원'이 인명을 구조하기 위한 인명구조기구는 4가지이다. 방열(방화)복을 입고, 공기호흡기를 메고, 인공소생기를 들고 불 속에 뛰어든다고 생각한다.

■ 소방 혼동용어
- 공기호흡기: 구조대원이 소유할 수 있는 것이 인명구조기구이다.
- 공기안전매트: 피난자가 활용할 수 있는 피난기구이다. 에어매트.
- 인공소생기: 호흡 부전상태인 사람에 대하여 인공호흡을 시키는 휴대용(가방) 기구.
- 인공호흡기: 호흡 부전상태인 사람에 대하여 인공호흡을 시키는 병원에 설치되는 기계.
- 방열복: 열을 방어할 수 있는 알루미늄으로 특수코팅 처리된 고온 고열 근접 보호장비이다.
- 방화복: 화재진압 등을 수행할 수 있는 피복(약 600℃ 가까이 방열된 가장 많이 사용하는 옷.)

Study

■ 특정소방대상물 30가지(예습하기)

① 공동주택 ② 근린생활시설 ③ 문화 및 집회시설 ④ 종교시설 ⑤ 판매시설 ⑥ 운수시설
⑦ 의료시설 ⑧ 교육연구시설 ⑨ 노유자시설 ⑩ 수련시설 ⑪ 운동시설 ⑫ 업무시설 ⑬ 숙박시설
⑭ 위락시설 ⑮ 공장 ⑯ 창고시설 ⑰ 위험물저장 및 처리시설 ⑱ 항공기 및 자동차 관련시설
⑲ 동물 및 식물 관련시설 ⑳ 자연순환 관련 시설 ㉑ 교정 및 군사시설 ㉒ 방송통신시설
㉓ 발전시설 ㉔ 묘지 관련 시설 ㉕ 관광휴게시설 ㉖ 장례시설 ㉗ 지하가 ㉘ 지하구
㉙ 문화재 ㉚ 복합건축물 ▶ **오답**: 단독주택, 산림 등

평수 이야기

우리는 아직까지 ㎡에 대한 상식이 습관화되어 있지 않다. 다수의 사람들이 실생활인 아파트에 살면서 평수를 떠올리며 그 규모에 익숙해져 있다. 하지만 모든 교재에서 다루고 있는 면적은 ㎡로 표시되고 있으며 우리는 학습하는 데 숫자를 단순히 암기해가고 있다. 그러나 그 규모를 짐작할 수 있는 계산식을 알아두면 ㎡에 대한 면적이 좀 더 우리 머릿속에 가까이 접근되며 학습의 기억이 오래 머물 수 있다.
(* 계산식: ㎡ ÷ 3.3058 = 평. / 예 33㎡ ÷ 3.3 = 10평, 66㎡ ÷ 3.3 = 20평, / 100㎡ ÷ 3.3 = 30평.)

【영 별표 2】 특정소방대상물*

이법 제2조의 특정소방대상물(=소방시설을 설치하여야 하는 소방대상물)에서 대통령령이 정하는 것이란 30가지로 구분되며 구체적 사항은 아래와 같다. ▶ **오답**: 단독주택

1. **공동주택**
   ① 아파트등: 주택으로 쓰이는 5층 이상인 주택(이하 '아파트등')
   ② 기숙사: 학교 또는 공장 등에서 공동취사 등을 할 수 있는 구조를 갖추되, 독립된 주거의 형태를 갖추지 않은 것.(학생복지주택을 포함.)
   (*^^ 기숙사는 공동취사 구조이면, 위험하니 특별소방대상물로 분류하며 소방시설을 설치해야 함.)

2. **근린생활시설**
   ① 슈퍼마켓과 일용품(식품, 잡화, 의류, 완구, 서적, 건축자재, 의약품, 의료기기 등) 등의 소매점으로서 같은 건축물(하나의 대지에 두 동 이상의 건축물이 있는 경우에는 이를 같은 건축물로 본다.)에 해당 용도로 쓰는 바닥면적 1천㎡ 미만인 것. (* ⇨ 판매시설)
   ② 노래연습장, 단란주점(바닥면적 150㎡ 미만인 것) (* 단란주점 ⇨ 위락시설)
   ③ 휴게음식점, 제과점, 일반음식점, 기원, 이·미용원·목욕장, 세탁소(공장이 부설된 것 등은 제외)
   ④ 의원, 치과의원, 한의원, 침술원, 접골원, 조산원(산후조리원 포함) 및 안마원(안마시술소를 포함)
   ⑤ 탁구장, 테니스장, 체육도장, 체력단련장, 에어로빅장, 볼링장, 당구장, 실내낚시터, 골프연습장, 물놀이형 시설 등으로서 바닥면적 500㎡ 미만인 것 (⇨ 운동시설)
   ⑥ ㉠ 공연장(극장, 영화상영관, 연예장, 음악당, 서커스장, 비디오물감상실업의 시설, 비디오물소극장업의 시설) / ㉡ 종교집회장[교회, 성당, 사찰, 기도원, 수도원, 수녀원, 제실(祭室), 사당]으로서 바닥면적 300㎡ 미만인 것 (⇨ ㉠ 문화·집회시설)
   ⑦ 금융업소, 사무소, 부동산중개업소, 결혼상담소 등 소개업소, 출판사, 서점 등 같은 건축물에 해당 용도로 쓰는 바닥면적 500㎡ 미만인 것 (⇨ 업무시설)
   ⑧ 제조업소, 수리점 등 바닥면적 500㎡ 미만이고 "대기환경보전법" "물환경보전법" "소음·진동관리법" 배출시설의 설치허가 또는 신고의 대상이 아닌 것.
   ⑨ 청소년게임제공업 및 일반게임제공업의 시설, 인터넷컴퓨터게임시설제공업(PC방)의 시설 및 복합유통게임제공업의 시설 등 바닥면적 500㎡ 미만인 것 (* 4개의 게임제공업) (⇨ 판매시설)
   ⑩ 사진관, 표구점, 학원 등(바닥면적 500㎡ 미만인 것에 한하되, 자동차학원 및 무도학원을 제외), 독서실, 고시원(독립된 주거의 형태를 갖추지 않은 것으로서 바닥면적 합계가 500㎡ 미만인 것), 장의사, 동물병원, 총포판매사 등 (* 학원 ⇨ 교육연구시설, / * 고시원 ⇨ 숙박시설)
   ⑪ 의약품 판매소, 의료기기 판매소 및 자동차영업소로서 같은 건축물에 해당 용도로 쓰는 바닥면적 1천㎡ 미만인 것.

   ■ 근린생활시설은 가까운 이웃의 필수적인 생활로서 주로 500㎡ 미만의 작은 시설로 생각한다.
   (단, ①⑪번 1천㎡↑은 판매시설 / ② 단란주점: 150㎡↑은 위락시설 / ⑥ 300㎡↑은 문화 및 집회시설.)

3. 문화 및 집회시설*
   ① 공연장(극장 등)으로서 근린생활시설에 해당하지 않는 것(* 즉, 300㎡ 이상)
   ② 집회장: 예식장, 공회당, 회의장, 마권(馬券) 장외 발매소, 마권 전화투표소 등 근린생활시설에 해당하지 않는 것.(*^^ 300㎡ 이상인 것)
   ③ 관람장: 경마장, 경륜장, 경정장, 자동차 경기장, 그 밖에 이와 비슷한 것과 체육관 및 운동장으로서 관람석의 바닥면적의 합계가 1천㎡ 이상인 것. (* ⇌ 운동시설)
   ④ 전시장: 박물관, 미술관, 과학관, 문화관, 체험관, 기념관, 산업전시장, 박람회장 등
   ⑤ 동·식물원: 동물원, 식물원, 수족관 등 (동·식물관련시설 ×)

4. 종교시설
   ① 종교집회장으로서 근린생활시설에 해당하지 않는 것(*^^ 300㎡ 이상인 것)
   ② 종교집회장 안에 설치하는 봉안당(奉安堂) (* 밖에: ⇌ 묘지·관련시설)

5. 판매시설
   ① 도매시장: 농수산물도매시장, 농수산물공판장 등(도매시장 안에 있는 근린생활시설을 포함)
   ② 소매시장: 대규모점포 등(그 안에 있는 근린생활시설을 포함) (*^^ 백화점, 할인마트 등)
   ③ 상점: 다음에 해당하는 것(그 안에 있는 근린생활시설을 포함)
      ㉠ 근린생활(①번)에 해당되는 "슈퍼마켓 일용품" 바닥면적 1천㎡ 이상. (⇌ 근린생활)
      ㉡ 근린생활(⑨번)에 해당되는 "게임제공업" 바닥면적 500㎡ 이상인 것. (⇌ 근린생활)

6. 운수시설 (*^^ 버스·기차·항공기·배를 타는 시설)
   ① 여객자동차터미널
   ② 철도 및 도시철도 시설(정비창 등 관련 시설을 포함한다)
   ③ 공항시설(항공관제탑을 포함한다)   ④ 항만시설 및 종합여객시설
      (*^^ ②, ③에서 주된 시설 용도기능에 부수되는 시설로서 필수적인 시설은 주된 시설에 포함한다.)

7. 의료시설*
   ① 병원: 종합병원, 병원, 치과병원, 한방병원, 요양병원   ② 격리병원: 전염병원, 마약진료소 등
   ③ 정신의료기관   ④ 장애인 의료재활시설
      (*^^ 치과의원- 근린생활 / 치과병원= 의료시설 / 장애인의료시설은 노유자시설이 아닌 의료시설이다)

8. 교육연구시설*
   ① 학 교
      ㉠ 초등학교(병설유치원 제외), 중학교, 고등학교, 특수학교 등: 교사(교실·도서실 등 교수·학습활동에 직·간접적으로 필요한 시설물.), 체육관, 급식시설, 합숙소(학교의 운동부, 기능선수 등이 집단으로 숙식하는 장소를 말한다.) (* 병설유치원: 노유자시설)
      ㉡ 대학, 대학교 그 밖에 이에 준하는 각종 학교: 교사 및 합숙소
   ② 교육원(연수원 그 밖에 이와 비슷한 것을 포함)   ③ 직업훈련소
   ④ 학원(근린생활시설에 해당하는 것과 자동차 운전학원·정비학원 및 무도학원을 제외한다.)
      (*^^ 500㎡ 미만 학원은 근린~ / 자동차운전학원·정비학원은 항공기·자동차시설 / 무도학원은 위락시설)
   ⑤ 도서관 및 연구소(시험소와 계량계측소 포함)

9. 노유자시설(老幼者)* (*^^ 노인, 유아, 장애인 등 피난 시 고려해야할 시설)
   ① 노인관련시설: 노인주거복지시설(재가장기요양기관을 포함), 학대피해노인전용쉼터 등
   ② 아동관련시설: 어린이집, 아동복지시설, 유치원(병설유치원 포함)
   ③ 장애인관련시설: 장애인거주·장애인지역사회·장애인직업재활시설(심부름·수화·출판시설 제외)
   ④ 정신질환자관련시설: 정신질환자사회복귀시설(정신질환자 생산품판매시설을 제외.)
   ⑤ 노숙인 관련시설: 노숙인복지시설(노숙인일시보호시설, 노숙인자활시설, 노숙인재활시설, 노숙인요양시설 및 쪽방상담소만 해당한다), 노숙인종합지원센터.
   ⑥ 사회복지시설 중 결핵환자 또는 한센인 요양시설 등 다른 용도로 분류되지 않는 것.
   (*^^ 장애인 심부름센터는 비장애인이 하며, 정신질환자 생산품판매는 비정신질환자가 하기 때문이다.)

10. 수련시설
    ① 생활권 수련시설: 청소년수련관·청소년문화의 집, 청소년특화시설 등
    ② 자연권 수련시설: 청소년수련원·청소년야영장 등
    ③ 유스호스텔

11. 운동시설
    ① 탁구장, 테니스장, 체육도장, 체력단련장, 에어로빅장, 볼링장, 당구장, 실내낚시터, 골프연습장, 물놀이형 시설 등 근린생활시설에 해당하지 않는 것(*^^ 500m² 이상인 것) (⇌ 근린생활)
    ② 체육관으로서 관람석이 없거나 관람석의 바닥면적이 1천m² 미만인 것. (* ②③은 실내에 한함)
    ③ 운동장: 육상장, 구기장, 볼링장, 수영장, 스케이트장, 롤러스케이트장, 승마장, 사격장, 궁도장, 골프장 등과 이에 딸린 건축물로서 관람석이 없거나 관람석의 바닥면적이 1천m² 미만인 것
    (*^^ 체육관, 운동장으로서 1천m² 이상은 많은 사람이 집회, 선거 등을 하니 문화 및 집회시설로 분류.)

12. 업무시설*
    ① 공공업무시설: 국가·지방자치단체의 청사와 외국공관의 건축물로서 근린생활에 해당하지 않는 것
    ② 일반업무시설: 금융업소, 사무소, 신문사, 오피스텔(업무를 주로 하며, 분양하거나 임대하는 구획 중 일부의 구획에서 숙식을 할 수 있도록 한 건축물) 등 근린생활시설에 해당하지 않는 것
    ③ 주민자치센터(동사무소), 경찰서, 지구대, 파출소, 소방서, 119안전센터, 공공도서관, 우체국, 보건소, 국민건강보험공단 등 * 독서실(근린생활) ⇌ 도서관(교육연구) ⇌ 공공도서관(업무시설)
    ④ 마을회관, 마을공동작업소·공동구판장, 변전소, 양수장, 정수장, 대피소, 공중화장실

13. 숙박시설 ▶오답: 오피스텔
    ① 일반형 숙박시설: 손님이 잠을 자고 머물 수 있도록 하는 시설(취사시설을 제외)
    ② 생활형 숙박시설: 손님이 잠을 자고 머물 수 있도록 하는 시설(취사시설을 포함)
    ③ 고시원(근린생활에 해당하지 않는 바닥면적의 합계가 500m² 이상인 것) (⇌ 근린생활)

14. 위락시설*
    ① 단란주점(근린생활시설에 해당하지 않는 바닥면적 150m² 이상) (⇌ 근린생활)
    ② 유흥주점(나이트클럽, 카바레 등)
    ③ 유원시설업의 시설 (* 유원지: 관광휴게시설)
    ④ 무도장 및 무도학원   ⑤ 카지노영업소

15. 공 장

    물품의 제조·가공(세탁·염색·도장·표백·재봉·건조·인쇄 등 포함)
    또는 수리에 계속적으로 이용되는 건축물로서 타 시설로 따로 분류되지 아니한 것

16. 창고시설(위험물 저장 및 처리 시설 또는 그 부속용도에 해당하는 것은 제외)
    ① 창고(냉장·냉동창고 포함), 하역장,
    ② 물류터미널, 집배송 시설

17. 위험물저장 및 처리시설 (*^^ 위험물제조소등+가스시설)
    ① 위험물제조소등(* 고체+액체의 제조소·저장소·취급소)
    ② 가스시설: 산소 또는 가연성 가스를 제조·저장·취급하는 시설 중 지상의 탱크 저장용량의 합계가 100톤 이상이거나 저장용량이 30톤 이상인 탱크가 있는 가스시설로서 다음에 해당하는 것
      (*^^ 가스는 일반적인 법적기준이 "합계"라는 단어가 나오면 100톤, 그 외는 30톤으로 분류된다.)
      ㉠ 가스제조시설: 고압가스의 제조허가나 도시가스사업 허가를 받아야 하는 시설
      ㉡ 가스저장시설: 고압가스·액화석유가스 저장소의 설치허가를 받아야 하는 시설
      ㉢ 가스취급시설: 액화석유가스 충전사업 또는 집단공급사업의 허가를 받는 시설
        (*^^ 우리나라 가스법은 고압가스법, 액화가스법, 도시가스법이 있다.)

18. 항공기 및 자동차관련시설(건설기계 관련 시설을 포함)
    ① 항공기격납고
    ② 주차용 건축물·차고, 기계장치 주차시설
    ③ 세차장, 폐차장
    ④ 자동차검사장·매매장·정비공장
    ⑤ 운전학원·정비학원
    ⑥ (여객자동차운수사업법·화물자동차운수사업법·건설기계관리법에 의한) 차고 및 주기장
    ⑦ 단독주택, 공동주택 중 50세대 미만인 연립주택·다세대주택을 제외한 건축물 내부의 주차장

19. 동·식물관련시설
    ① 축사(부화장을 포함한다.)
    ② 가축시설: 가축용온돈시설·인공수정센터·관리사·가축용창고·시장·검역소·실험사육시설
    ③ 도축장
    ④ 도계장
    ⑤ 작물재배사
    ⑥ 종묘배양시설
    ⑦ 화초 및 분재 등의 온실
    ⑧ 기타 식물과 관련된 시설과 비슷한 것(동·식물원을 제외)
      (*^^ 동식물원은 다수인이 모이는 곳이므로 소방시설이 강화되어 "문화 및 집회시설"로 분류된다.)

20. 자원순환 관련 시설
    ① 하수 등 처리시설   ② 고물상
    ③ 폐기물처분시설, 폐기물재활용시설, 폐기물감량화시설

21. 교정 및 군사시설
    ① 보호감호소, 보호시설, 교도소, 구치소 및 그 지소
    ② 보호관찰소, 갱생보호시설, 갱생·보호·교육·보건 등의 용도의 시설
    ③ 치료감호시설   ④ 소년원, 소년분류심사원
    ⑤ 유치장   ⑥ 국방·군사시설

22. 방송통신시설
    ① 촬영소   ② 방송국(방송프로그램 제작·송신·수신·중계시설 포함)
    ③ 전신전화국   ④ 통신용시설 그 밖에 이와 비슷한 것

23. 발전시설
    ① 원자력발전소   ② 수력·조력발전소*
    ③ 풍력발전소   ④ 화력발전소
    ⑤ 그 밖에 비슷한 시설(집단에너지 공급시설을 포함)

24. 묘지 관련 시설
    ① 화장시설   ② 봉안당* (종교집회장에 설치되는 봉안당 제외)
    ③ 묘지와 자연장지에 부수되는 건축물   ④ 동물화장·동물건조장·동물전용의 납골시설

25. 관광휴게시설
    ① 야외음악당, 야외극장 (* 극장: 근린생활 혹은 문화·집회)
    ② 어린이회관 (* 어린이집: 노유자)
    ③ 관망탑, 휴게소
    ④ 공원·유원지 또는 관광지에 부수되는 건축물(* 유원시설: 위락시설)

26. 장례시설(의료시설의 부수시설은 제외.) 또는 동물 전용의 장례식장
    (예) 병원의 장례식장은 의료시설로 본다) (* 장의사: 근린생활)

27. 지하가(地下街)
    지하의 공작물 안에 설치되어 있는 상점·사무실 등으로서 지하도에 설치되거나 그 지하도를 합한 것
    ① 지하상가
    ② 터널: 차량(궤도차량용 제외) 등의 통행을 목적으로 지하, 해저, 산을 뚫어서 만든 것

28. 지하구*
    ① 전력·통신용의 전선이나 가스·냉난방용의 배관 등을 집합수용하기 위하여 설치한 지하 공작물로서 사람이 점검 또는 보수하기 위하여 출입이 가능한 것 중 폭 1.8m 이상이고 높이가 2m 이상이며 길이가 50m 이상(전력 또는 통신사업용인 것은 500m 이상)인 것.
    ② 공동구   ▶ 암기: 1.8, 2, 50 (* 연상: 지하구의 길이가 한팔이 50m 혹은 한팔이 500m)

29. 문화재: 문화재보호법에 의하여 문화재로 지정된 건축물

---

* 봉안당: 안치하는 납골당.   * 전력 또는 통신사업용: 예) 한국전력이나 KT   * 지하가: 지하상가+상점이 있는 터널
* 개구부: 건축물에서 채광, 통풍, 환기, 출입목적으로 만든 창이나 출입구를 말한다.   * 1자: 약 30cm

30. 복합건축물
  1) 하나의 건축물 안에 제1호 내지 제27호의 것 중 2 이상의 용도로 사용되는 것.
     다만, 다음에 해당하는 경우에는 복합건축물로 보지 <u>아니한다.</u>
     ① 관계법령에서 주된 용도의 부수시설로서 그 설치를 <u>의무화</u>하는 용도나 시설
     ② 주택 안에 설치하는 부대시설 또는 복리시설이 설치되는 것
     ③ 건축물의 주된 용도의 기능에 필수적인 용도로서 다음에 해당하는 용도
        ㉠ 건축물의 설비·대피 및 위생 등
        ㉡ 사무·작업·집회·물품저장·주차 등
        ㉢ 구내식당·세탁소·운동시설 등 종업원후생복리시설(기숙사 제외) 및 구내소각시설 등
  2) 하나의 건축물이 근린생활·판매·업무·숙박시설 또는 위락 및 주택의 용도로 함께 사용되는 것.

※ 비 고

1. 내화구조로 된 하나의 특정소방대상물의 개구부가 <u>없는</u> 내화구조의 바닥과 벽으로 구획되어 있는 경우(이하 "<u>완전구획</u>")에는 그 구획된 부분을 각각 <u>별개</u>로 본다. (*^^ 별개로 보니까 소방시설이 <u>완화된다</u>)

2. 둘이상의 특정소방대상물이 다음에 해당되는 구조의 복도 또는 통로(이하 "<u>연결통로</u>"라 한다)로 연결된 경우에는 이를 <u>하나</u>로 본다. (*^^ 하나로 보니까 면적이 합쳐져서 소방시설이 <u>강화된다</u>)
   ① 내화구조로 된 연결통로가 다음의 어느 하나에 해당되는 경우
      ㉠ 벽이 <u>없는</u> 구조로서 그 길이가 <u>6m</u> 이하인 경우 (*^^ 벽이 없으니 화재진압이 빠르다) ♂⁶
      ㉡ 벽이 있는 구조로서 그 길이가 <u>10m</u> 이하인 경우(단, 벽 높이가 바닥에서 천장 높이의 1/2 이상인 경우에는 벽이 있는 구조로 보고, 벽 높이가 바닥에서 천장 높이의 1/2 미만인 경우에는 벽이 없는 구조로 본다.)
      (*^^ 연결통로로서 벽이 어느 정도 막혀 있으니 불길이 벽을 타며 화재진압이 더 어려워 위험하니 큰 범위 10m 까지를 하나로 본다고 생각한다.) ▶ 무6, 유10' (♂⁶ □¹⁰)
   ② 내화구조가 <u>아닌</u> 연결통로로 연결된 경우
   ③ 지하보도, 지하상가, 지하가로 <u>연결</u>된 경우
   ④ 컨베이어로 연결되거나 플랜트설비의 배관 등으로 연결되어 있는 경우
   ⑤ 방화셔터 또는 갑종방화문이 설치되지 <u>아니</u>한 피드로 연결된 경우.(* 즉, 위험하다는 뜻)
   ⑥ 지하구로 연결된 경우 (*^^ ②~⑥까지는 모두 끝자가 "연결된 경우"로서 하나로 본다.)

3. 제2호의 규정에 불구하고 연결통로 또는 지하구와 소방대상물의 양쪽에 다음 각목의 어느 하나에 적합한 경우에는 <u>별개</u>의 소방대상물로 본다. (*^^ 소방시설이 잘 되어 있으니 별개로 본다)
   ① 화재 시 경보설비 또는 자동소화설비의 작동과 연동하여 자동방화셔터 또는 갑종방화문이 설치된 경우
   ② 화재 시 자동으로 방수되는 방식의 드렌처설비 또는 개방형스프링클러헤드가 설치된 경우

4. 제1호~제30호까지에서 <u>지하층이 지하가와</u> 연결되어 있는 경우 지하층을 지하가로 본다.
   <u>다만,</u> 다음 지하가와 연결되는 지하층에 지하층 또는 지하가에 설치된 방화문이 자동폐쇄장치·자동화재탐지설비 또는 자동소화설비와 연동하여 닫히는 구조이거나 상부에 드렌처설비를 설치한 경우에는 지하가로 보지 아니한다. (*^^ 자동폐쇄장치 등 소방시설이 잘 되어 있으니 지하가로 보지 아니하고 별개로 본다)

기초요약정리(별표2)

【영 별표 2】특정소방대상물

대통령령이 정하는 30가지 특정소방대상물 중 요약하여 정리하면 다음과 같다.

1. 근린생활시설
   ① 슈퍼마켓, 일용품점, 자동차영업소, 의약품판매소 등: 1,000㎡ 미만에 해당
   ② 사무소, 금융업소, 탁구장, 체육도장, 당구장, 볼링장, 학원, 고시원: 500㎡ 미만에 해당
   ③ 공연장(실내극장, 영화관 등), 종교집회장: 300㎡ 미만
   ④ 단란주점(150㎡ 미만)
   ⑤ 기원, 부동산중개업소, 결혼상담소, 한의원, 안마시술소 및 산후조리원, 접골원, 장의사, 치과의원, 독서실, 학원(무도·자동차학원 제외) 등

   - 150㎡: 단란주점, · 300㎡: 공연장, 종교집회장.
   - 1,000㎡: 슈퍼마켓, 일용품점.(의약품·의료기판매소, 자동차영업소).

2. 문화 및 집회시설: 300㎡ 이상인 공연장·집회장·예식장·마권장외발매소, 동·식물원 등

3. 의료시설
   ① 병원: 병원, 종합병원, 치과병원, 한방병원, 요양병원
   ② 격리병원: 전염병원, 마약진료소
   ③ 정신의료기관
   ④ 장애인 의료재활시설

4. 교육연구시설: 도서관, 학교, 직업훈련소

5. 위락시설
   ① 유원시설업　　　　　　　　　　② 단란주점(150㎡ 이상)
   ③ 주점영업(유흥주점)　　　　　　④ 무도장 및 무도학원
   ⑤ 카지노영업소

6. 노유자시설
   ① 노인관련시설, 노숙인관련시설　　② 장애인관련시설, 정신질환자관련시설
   ③ 아동관련시설　　　　　　　　　　④ 사회복지시설(결핵, 한센인)

7. 수련시설: 유스호스텔, 청소년수련원 등
8. 업무시설: 오피스텔, 변전소, 공중화장실, 동사무소, 마을회관, 공공도서관, 국민건강보험공단 등
9. 자연순환 관련 시설: 고물상, 하수 등 처리시설·폐기물재활용, 폐기물처분, 폐기물감량화시설
10. 관광휴게시설: 어린이회관, 야외극장, 공원, 휴게소, 관망탑, 야외음악당, 유원지 등
11. 묘지관련시설: 화장시설, 봉안당(종교집회장 안에 설치 제외) 등
12. 지하구: 폭 1.8m 이상, 높이가 2m 이상, 길이가 50m 이상(전력·통신사업용인 것은 <u>500m</u> 이상)

근린생활시설 중 면적에 따라 다른 특정소방대상물로 바뀌는 장소(정리)

근린생활시설 대상물의 용도	면적의 한계 ⇒	타 용도로 달라지는 특정소방대상물 종류
• 슈퍼마켓, 일용품 등 소매점 — (①호)	1,000㎡ 이상일 때	판매시설(상점) — (5번)
• 의약품 및 의료기기 판매소, 자동차영업소		판매시설 — (5번)
• 탁구장, 테니스장, 체육도장, 체력단련장, 볼링장, 당구장, 골프연습장, 물놀이형시설 등 — (⑤호)	500㎡ 이상일 때	운동시설 — (11번) 단, 체육관은 문화집회나 운동시설 분류
• 금융업소·사무소 등 — (⑦호)		업무시설 — (12번)
• 제조업소·수리점 등 — (⑧호)		공장 — (15번)
• 게임제공업 등 — (⑨호)		판매시설(상점) — (5번)
• 학원 (⑩호)		교육연구시설 — (8번)
• 고시원 — (⑩호)		숙박시설 — (13번)
• 공연장·집회장 — (⑥호)	300㎡ 이상일 때	문화 및 집회시설 — (3번)
• 단란주점 — (②호)	150㎡ 이상일 때	위락시설 — (14번)

※ 체육관은 관람석이 없거나 1,000㎡ 미만은 운동시설, 1,000㎡ 이상은 문화 및 집회시설로 분류한다.

혼동되는 특정대상물 정리

- 오피스텔: 업무시설(O) – 숙박시설(×)
- 유스호스텔: 수련시설(O) – 숙박시설(×)
- 동식물원, 마권장외발매소: 문화 및 집회시설(O) ⋯→ 동식물관련(×) 판매시설(×)

유사명칭 시설의 분류(정리)

특정대상물	유사명칭 특정대상물
• 치과의원: 근린생활시설	• 치과병원: 의료시설
• 동물병원: 근린생활시설	• 병원: 의료시설
• 독서실: 근린생활시설	• 도서관: 교육연구시설 • 공공도서관: 업무시설
• 장의사: 근린생활시설	• 봉안당: 묘지관련시설(※ 종교집회장에 설치 시 종교시설)
• 세탁소: 근린생활시설	• 가공(세탁): 공장
• 학원(500㎡ 미만): 근린생활시설	• 학원(500㎡ 이상): 교육연구시설 • 무도학원: 위락시설 • 운전학원·정비학원: 항공기 및 자동차 관련시설
• 유원시설업: 위락시설	• 유원지: 관광휴게시설
• 정신요양시설: 노유자시설	• 요양병원: 의료시설
• 어린이집: 노유자시설	• 어린이회관: 관광휴게시설
• 야외극장: 관광휴게시설	• (실내)극장: 근린생활시설 또는 문화 및 집회시설(300㎡ 이상)

요약정리(별표5)

【영 별표 5】특정소방시설의 종류

특정소방대상물의 관계인이 특정소방대상물의 <u>규모</u>·용도 및 수용인원 등을 고려하여 갖추어야 하는 소방시설 등의 종류는 다음과 같다. ▶ 규용수(* **오답**: 구조, 층수, 면적)

소화설비

① 소화기구 설치대상물
  ㉠ 소화기구: 연면적 33㎡ 이상, 가스시설, 지정문화재, 터널 ▶ **암기**: 33가문터
  ㉡ 주거용 주방자동소화장치: 아파트 및 30층 이상 오피스텔의 모든 층

② 옥내소화전 설비 설치대상물(가스시설, 지하구, 무인변전소 제외)
  ㉠ 연면적 3,000㎡ 이상, 4층 이상으로 바닥면적이 600㎡ 이상 모든층
  ㉡ 근린생활·판매·숙박·의료·위락·업무시설 등으로서 연면적 <u>1,500㎡ 이상</u>
  ▶ **암기**: 삼천육백천오백 (* 옥내에서 삼천만이 육백이라는 화투를 쳐서 천오백 소득을 얻었다.)

③ 옥외소화전 설비 설치대상물(가스시설, 지하구, 터널, 아파트 제외)*
  ㉠ 지상 1·2층의 바닥면적의 합계가 <u>9,000㎡ 이상</u> (*^^ 옥내의 3배 혹은 6배)
  ㉡ 국보 또는 보물로 지정된 목조건축물
  ㉢ 공장·창고 등 지정수량 750배 이상 특수가연물을 저장·취급하는 것
  ▶ **암기**: 옥외구천 (* 옥외소화전에 9,000원이 버려져 있다)

④ 스프링클러설비 설치대상물(가스시설, 지하구 제외)*
  ㉠ 6층 이상은 모든 층
  ㉡ 문화 및 집회시설, 종교시설, 운동시설로서 수용인원 100인 이상 또는 영화상영관 바닥면적이 지하층·무창층인 경우 (500㎡) 이상, 그 밖의 층의 경우 (1천㎡) 이상인 것은 모든 층
  ㉢ <u>판매시설</u>, 운수시설, 창고시설(물류터미널에 한정)로서 <u>바닥면적 합계가 5천㎡ 이상</u>이거나 수용인원 <u>500인</u> 이상인 경우에는 모든 층   ㉣ 지하가로서 연면적 1,000㎡ 이상
  ㉤ 부속된 보일러실 또는 연결통로 등   ㉥ 「출입국관리법」에 의한 보호시설로 사용 부분
  ㉦ 종합병원, 병원, 치과병원, 한방병원, 요양병원(정신병원 제외) (▶ 병원들..)

⑤ 간이스프링클러설비를 설치하여야 하는 특정소방대상물
  ㉠ 근린생활시설 바닥면적 합계가 1천㎡ 이상 모든 층
  ㉡ 복합건축물 연면적 1천㎡ 이상 모든 층   ㉢ 생활형 숙박시설 바닥면적 600㎡ 이상인 것
  ㉣ 교육연구시설 내 합숙소 연면적 100㎡ 이상   ㉤ 의원, 치과의원, 한의원.(▶ 의원들)
  ㉥ 건물을 임차하여 「출입국관리법」 보호시설로 사용부분

⑥ 물분무등 소화설비 설치대상물*(가스시설, 지하구 제외)
  ㉠ 주차용건축물 연면적 800㎡ 이상
  ㉡ 주차장차고 바닥면적 200㎡ 이상 및 기계식 주차시설 <u>20대</u> 이상
  ㉢ 항공기격납고   ㉣ 전기실, 발전실 바닥면적 300㎡ 이상
  ▶ 주연팔 주바리 비행기 전발삼(* 주윤발이 주바리와 함께 비행기타고 전발산으로 <u>물분무등</u>을 하러 갔다)

경보설비

① 누전경보기(가스시설, 지하구, 터널 제외): 계약전류용량 합계 100A 초과.
② 시각경보기: 근린생활시설, 교육연구시설 중 도서관, 방송통신시설 중 방송국, 지하상가.
③ 비상경보설비(가스시설, 지하구, 불연성 창고 제외)
  ㉠ 연면적 400㎡ 이상
  ㉡ 50인 이상의 근로자가 작업하는 옥내작업장
  ㉢ 지하층·무창층의 바닥면적 150㎡ 이상(공연장은 100㎡ 이상)
④ 비상방송설비(가스시설, 지하구 제외)* ▶ 비경사백 누경일백 비방사모113
  ㉠ 연면적 3,500㎡ 이상   ㉡ 11층 이상   ㉢ 지하 3층 이상
     (* 누경이는 100, 비경이는 400원주고 유괴해. 비방받는 사모님은 113에 자진신고)
⑤ 자동화재탐지설비 설치대상물**

특정소방대상물	연면적
정신의료기관 또는 의료재활시설(창살 설치시 300㎡ 미만)···▶ 바닥면적 합계 300㎡ 이상	
연면적 400㎡ 이상인 노유자시설 및 숙박시설이 있는 수련시설로서 수용인원 100인 이상	
장례시설, 근린생활시설, 숙박시설, 의료시설, 복합건축물 및 위락시설.	600㎡ 이상
목욕장, 공동주택, 운수시설, 공장, 창고시설, 문화 및 집회시설, 판매시설, 지하가(터널제외), 국방·군사시설, 방송통신시설, 위험물저장 및 처리시설, 운동시설, 항공기 및 자동차 관련시설, 업무시설, 종교시설, 발전시설, 관광휴게시설.	1,000㎡ 이상
동물 및 식물관련시설, 자연순환관련시설, 교정 및 군사시설, 수련시설 또는 교육연구시설(기숙사, 합숙소 포함), 묘지관련시설.	2,000㎡ 이상
지하구, 1천m↑ 터널, 요양병원, 전통시장, 노유자생활시설, 공장·창고의 특수가연물 500배↑	

  ▶ 암기: 1. 정신 재활 300 / 노유자 400 (* 노유자는 400$이 있다)
         2. 장근숙 의복위 600 (* 장근숙 의복 위에 6백$이 있다)
         3. 동식물 자연교수 교묘 기합 2,000 (* 동식물 자연교수 교묘한 기합으로 2천$을)
         4. 목공운공 창문판지 국군방위 운항업종 발관 1,000(* 목공소 운전공 창문판지 1천$짜리~)

피난구조설비 *

① 피난기구는 모든 층에 설치한다(피난층, 지상 1·2층, 11층 이상, 가스시설, 지하구, 터널 제외).
② 인명구조기구(방열복, 방화복, 공기호흡기, 인공소생기) 설치장소*
  ㉠ 7층 이상의 관광호텔   ㉡ 5층 이상의 병원 (㉠㉡ 지하층 포함)
  ▶ 암기: 7관 5병 (* 인명구조기구는 7간호병에 설치한다.) (* 병원은 인공소생기 제외)
③ 비상조명등 설치장소: 지하층을 포함한 5층 이상으로서 연면적 3,000㎡ 이상에 설치.
  ▶ 암기: 비조 오삼천 (* 비상조명등 공장은 외삼촌이 사장이다.)
④ 피난구유도등·통로유도등 및 유도표지: 별표 2의 특정소방대상물 모두.
⑤ 객석유도등: 유흥주점영업, 문화 및 집회시설, 종교·운동시설에 설치.
⑥ 휴대용 비상조명등을 설치하여야 하는 대상물.
  ㉠ 숙박시설 ㉡ 수용인원 100인 이상의 영화상영관, 지하역사 등
⑦ 공기호흡기: 수용인원 100인 이상의 영화상영관, 지하상가, 지하역사, 대규모점포 등

소화용수(상수도) 설비의 설치대상물
① 연면적 5,000㎡ 이상
② 가스시설로 저장용량 합계 100톤 이상

소화활동설비
① 제연설비*
  ㉠ 문화 및 집회·종교·운동시설로 무대부 바닥면적 200㎡ 이상 ▶ 문운리
     또는 문화 및 집회시설 중 영화상영관으로서 수용인원 100명 이상인 것.
  ㉡ 근린생활시설, 위락시설 등, 지하층 또는 무창층 바닥면적이 1,000㎡ 이상
  ㉢ 지하가로서 연면적이 1,000㎡ 이상 등
     ▶ **암기**: 제섬 문운리 지하천 (* 문운리 지하천에 제섬작업을 하다.)
② 연결송수관설비(가스시설, 지하구 제외)
  ㉠ 지하 3층 이상이고 지하층 바닥면적 1,000㎡ 이상
  ㉡ 5층 이상 연면적 6,000㎡ 이상
  ㉢ ㉡항 이외 지하층을 포함한 7층 이상인 것
     ▶ **암기**: 연송 3·5·7, 6000 (* 연속 3·5·7 고스톱쳐서 6,000원 소득)
③ 연결살수설비*
  ㉠ 학교, 아파트 지하층 700㎡ 이상(그 외 지하층은 바닥면적 150㎡ 이상)
  ㉡ 판매시설 등으로서 바닥면적 1,000㎡ 이상.
  ㉢ 부속된 연결통로 등
     ▶ **암기**: 연살 학교칠 판매1,000(* 하늘을 나는 연의 살대를 학교에서 칠을 해서 천원 판매)
④ 비상콘센트(가스시설, 지하구 제외)
  ㉠ 11층 이상인 경우에는 11층 이상의 층
  ㉡ 지하 3층 이상이고 지하층 바닥면적 합계가 1,000㎡ 이상인 경우는 지하 모든 층
⑤ 무선통신보조설비
  ㉠ 지하공동구
  ㉡ 지하가로 연면적 1,000㎡ 이상 및 지하층 바닥면적 3,000㎡ 이상
⑥ 연소방지설비: 전력, 통신사업용 지하구 설치

(*^^ 소화활동설비에서 면적을 물었을 때 주로 "1,000㎡ 이상"이 많다고 생각한다.)
• 5층: 인명구조기구, 비상조명등, 연결송수관설비. • 11층: 비상방송, 비상콘센트.

【연결송수관 송수구】

【항공기격납고】

【구조차】

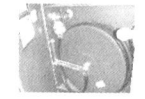
【호스릴 옥내소화전】

참고 — 소방시설 보충설명 요약 정리

■ 1. 소방법규 중복되는 단어 요약-(학습용으로 정리)
- 3밀집: 화재경계지구(목조건물, 위험물저장 및 처리시설, 공장·창고) – [1법 영4조, 법19조]
- 3상황: 화재원인조사(초기소화상황, 연소상황, 피난상황) – [1법 칙 별표5]
- 3경보기: 경보설비(누전경보기, 가스누설경보기, 시각경보기) – [2법 영 별표1]
- 3연: 연결송수관설비, 연결살수설비, 연소방지설비 – [2법 영 별표1]
- 4비(뽀삐): 비상경보·비상방송(경보설비), 비상조명등(피난구조설비), 비상콘센트(소화활동설비)

■ 2. 수용인원(해당 대상물)
- 공기호흡기, 자동화재탐지설비, 제연설비, 휴대용비상조명등, 스프링클러설비(100인, 500인)
  ▶ 암기: 공자제휴 스프링(* 수용인원과 함께 공자 제휴 스프링)

■ 특수가연물(해당 대상물)
- 500배↑: 자동화재탐지설비   • 750배↑: 옥내·옥외소화전,   • 1,000배↑: 스프링클러설비

■ 3. 지하층 포함
특급소방안전관리대상물, 연결송수관, 인명구조기구, 비상조명등, 성능위주설계. 감리원 배치(3법)
  ▶ 특급연인 조성감

■ 4. 지하가 중 터널의 길이에 따른 소방시설
- 모든 터널: 소화기구
- 500m 이상: 무선통신보조설비, 비상조명등, 비상콘센트설비, 비상경보,
- 1천m 이상: 옥내소화전, 연결송수관, 자동화재탐지설비, (*^^ 500m 등 포함)
  ▶ 오백 무조콘경보(* 오백 터널에서 무조건 경보), 천 옥내연송탐지(* 1천터널 옥내에서 연속 탐지)

■ 5. 지하가, 지하구, 지하상가 등의 분류
- 지하상가: 종합상황실, 현장확인(3법)
- 지하구: 연소방지설비, 2급소방안전관리대상물, 건축허가등의 동의, 자동화재탐지설비, 종합상황실, 초급감리(3법)
- 지하가: 공동소방안전관리
- 지하공동구: 무선통신보조설비.

■ 6. 지하가 중 지하상가에 따른 소방시설 (▶ 중요도 없음)
- 지하상가 연면적 1천㎡ 이상: 제연설비, 스프링클러, 무선통신, 자동화재탐지설비.
  ▶ 천제스무자 (* 천재 사미자씨는 지하상가 면적을 외운다)

■ 7. 가스시설, 지하구 제외 (▶ 중요도 없음)
옥내·외소화전, 스프링클러, 물분무등, 연결송수관, 누전경보기, 비상경보, 비상방송, 비상콘센트 등.

【영 별표 4】 수용인원의 산정방법(영 제15조-별표5 관련)

▶ 영 별표4는 별표5의 학습 후 위치에, 순서를 바꾸어 편집함.

1. 특정소방대상물 (예 기숙학원)
   ① 침대가 있는 숙박시설: <u>종사자의 수</u> + 침대의 수(2인용 침대는 2인 산정)를 합한 수
   ② 침대가 없는 숙박시설: 종사자의 수 + 바닥면적 합계를 <u>3㎡</u>로 나누어 얻은 합한 수
   ③ 강의실, 상담실, 실습실, 휴게실, 교무실: 바닥면적의 합계를 1.9m²로 나누어 얻은 수
      ▶ 강의상실 휴교 19일
   ④ 강당·문화 및 집회시설, 종교시설, 운동시설: 바닥면적의 합계를 4.6m²로 나누어 얻은 수
      ㉠ 관람석이 있는 경우: 고정식 의자를 설치한 부분은 그 해당 부분의 의자수
      ㉡ 긴의자의 경우: 의자의 정면 너비를 0.45m로 나누어 얻은 수
         ▶ 강당 문종 운동 46시간
   ⑤ 그 밖의 것: 바닥면적의 합계를 3m²로 나누어 얻은 수
      ▶ 강의하구, 강당사유, 긴의자 사고

※ 비고
1. 바닥면적 산정 시 복도·계단 및 화장실을 포함하지 아니한다.
2. 계산결과 소수점 이하는 <u>반올림</u>한다. ▶ 복계화 *오답: 휴게실 면적

■ 제이디훈(J.D.Hoon)의 상대성 이론

- 겨울철 추우면 손이 호주머니 속에 들어가는 이유는? 호주머니가 손 속에 들어오지 못하는 이론이다.
- 자본주의 사회에서는 돈이 필요하다! <u>돈을 버는 방법</u>은 돈을 쫓지말고 돈이 따라오게 만들어야 한다.
- 사람이 살다보면 기회가 온다고 한다. 그러나 우리는 무엇이 기회인줄 모른다. 그 <u>기회를 잡는 방법</u>은 기회이든 아니든 배제하지 않고 내 주위의 모두를 포용하는 것이다. 포용하다보면 기회를 알게 된다.
- 수험생활에서 우리는 빨리 합격하고자 한다. <u>빨리 합격방법</u>은 학교 생활처럼 학습하지 않는 것이다. 학교생활처럼 학습하지 않는 방법이란 나 자신하고 싸움이니 나 자신을 깊이 분석할 수 있어야 한다. 자신을 깊이 분석할 수 있는 방법은 자신의 장·단점을 써보며 발견하고 그것을 잡을 수 있어야 한다. 노력은 차선으로 하고 판단·응용·이해·기억력 순의 내 자신 위치와 학습의 맥과 흐름을 찾아야 한다. <u>그 정답</u>은 공부에 정점을 이루었을 때 비로소 알게 된다!(우리는 착각하며 습관으로 노력을 한다.)
  * ✎ 천재란 99%의 노력과 1% 영감이다. 99% 노력보다 1% 영감(착상과 방법)이 중요하다.

【영 별표 5의2】 임시소방시설의 종류와 설치기준 등

1. 임시소방시설의 종류
   ① 소화기   ② 간이소화장치   ③ 비상경보장치   ④ 간이피난유도선
   ▶ 소비간간

2. 임시소방시설을 설치하여야 하는 공사의 종류와 규모
   ① 소화기: 본 서장의 건축허가등의 공사 중 인화성 물품 등 화재위험작업을 하는 현장에 설치한다.
   ② 간이소화장치: ㉠ 연면적 3천㎡ 이상 ㉡ 지하층, 무창층, 4층 이상 층(바닥면적 600㎡ 이상)   *간죽
   ③ 비상경보장치: ㉠ 연면적 400㎡ 이상 ㉡ 지하층·무창층(이 경우 바닥면적 150㎡ 이상)
   ④ 간이피난유도선: 바닥면적이 150㎡ 이상 지하층·무창층의 작업현장에 설치한다.
   (*^^ ②는 별표5의 옥내소화전대상과 유사 ③은 비상경보와 유사. ④ 바닥면적하면 주로 150㎡ 이상이다)

3. 임시소방시설과 기능 및 성능이 유사한 소방시설로서 임시소방시설을 설치한 것으로 보는 소방시설
   ① 간이소화장치를 설치한 것으로 보는 소방시설: 소화기, 옥내소화전
   ② 비상경보장치를 설치한 것으로 보는 소방시설: 비상방송설비, 자동화재탐지설비
   ③ 간이피난유도선을 설치한 것으로 보는 소방시설: 피난유도선, 피난구유도등, 통로유도등, 비상조명등
   ▶ 오답: 소화기(* 소화기는 저가로서 대체시설이 없다)

- **방열복·방화복**

- 방열복: 화재진압현장 등에서 고온의 복사열에 근접할 수 있는 고열 근접 보호장비로서 내열섬유 표면에 알루미늄으로 특수코팅 처리한다. 방화복과 함께 소방시설법 [영 별표1]의 인명구조기구에 포함된다.
- 방화복: 내열성능과 방열·방수효과가 뛰어난 소재를 사용하여 상·하의로 분리 제작한 화재현장의 주된 활동복이 화재신압용 피복이다. 소방기본법 [기본법 영 제2조] 국고보조대상에 포함된다.(* 570℃, 4kg)
- 방수복: 반코트식 소방작업 피복으로 방수용 목적의 피복이다. 화제 진압용이 아닌 주로 구조·구급 시 사용한다. 그 외 보통 화재진압대 "기동복"(작업복)과 행정근무할 때 입는 "근무복" 등이 있다.

【방열복】

【방화복】

【방수복】

【영 별표 6】 특정소방대상물의 소방시설 설치의 면제기준(요약)*

특정소방대상물의 소방시설 설치의 면제기준은 다음과 같다.
(*^^ 왼쪽 칸의 "설치가 면제되는 소방시설"을 오른쪽 칸의 "설치 면제요건" 소방 대체시설로 화재안전 기준에 적합하게 설치한 경우에는 그 설비의 유효범위에서 표에서 왼쪽 란의 소방시설 설치가 면제된다.)

설치가 면제되는 소방시설	설치 면제 요건 (* 대체시설을 맟한다)
1. 스프링클러설비*	스프링클러설비 설치대상물에 물분무등 소화설비를 설치한 경우에는 그 설비의 유효범위(해당 소방시설이 화재를 감지·소화·경보할 수 있는 부분.)에서 설치가 면제된다.
2. 물분무등소화설비*	물분무등 소화설비 설치대상의 차고·주차장에 스프링클러설비를 설치한 경우에는 그 설치가 면제된다.
3. 간이스프링클러 설비	간이스프링클러설비 설치대상물에 스프링클러설비, 물분무소화설비 또는 미분무소화설비를 설치한 경우에는 그 설치가 면제된다.
4. 비상경보설비 또는 단독경보형 감지기	비상경보설비 또는 단독경보형감지기 설치대상물에 자동화재탐지설비를 설치한 경우에는 그 설치가 면제된다.
5. 비상경보설비	비상경보설비 설치대상물에 단독경보형감지기를 2개 이상의 단독경보형감지기와 연동하여 설치하는 경우에는 그 설치가 면제된다.
6. 연결살수설비	• 연결살수설비 설치대상물에 송수구를 부설한 스프링클러설비·간이스프링클러설비, 물분무소화설비 또는 미분무소화설비를 설치한 경우. • 가스관계법령에 따라 설치되는 물분무장치 등에 소방대가 사용할 수 있는 연결송수구가 설치되거나 물분무장치 등에 6시간 이상 공급할 수 있는 수원이 확보된 경우는 설치가 면제된다.
7. 제연설비	제연설비 설치대상물(별표5 제5호가목6)은 제외)의 면제조건. ① 공기조화설비를 제연설비기준에 적합하게 설치하고 공기조화설비가 화재 시 제연설비기능으로 자동전환되는 구조로 설치되어 있는 경우 ② 직접 외부공기와 통하는 배출구 면적의 합계가 해당 제연구역 바닥면적의 100분의 1 이상이고, 배출구부터 각 부분까지의 수평거리가 30m 이내이며, 공기유입구가 화재안전기준에 적합하게(외부공기를 직접 자연 유입할 경우에 유입구의 크기는 배출구의 크기 이상이어야 한다) 설치되어 있는 경우
8. 비상조명등	비상조명등을 설치하여야 하는 특정소방대상물에 피난구유도등 또는 통로유도등을 화재안전기준에 적합하게 설치한 경우에는 그 유도등의 유효범위에서 설치가 면제된다.
9. 상수도소화용수설비	상수도소화용수설비 설치대상물의 각 부분으로부터 수평거리 140m 이내에 공공의 소방을 위한 소화전이 설치되어 있는 경우에는 그 설치가 면제된다.
10. 연소방지설비	연소방지설비 설치대상물에 스프링클러설비, 물분무소화설비, 미분무소화설비를 설치한 경우에는 그 설치가 면제된다.
11. 자동화재탐지설비*	자동화재탐지설비의 기능(감지·수신·경보기능을 말함)과 성능을 가진 스프링클러설비 또는 물분무등소화설비를 설치한 경우에는 그 설치가 면제된다.
12. 연결송수관설비	연결송수관설비 설치대상물 옥외에 연결송수구 및 옥내에 방수구가 부설된 옥내소화전설비·스프링클러설비, 간이스프링클러설비, 연결살수설비를 설치한 경우에는 그 설치가 면제된다. (다만 최상층 방수구가 70m 이상인 경우는 제외)
13. 옥외소화전설비	국보 또는 보물로 지정된 목조문화재에 상수도소화용수설비를 옥외소화전설비의 방수압력·방수량·옥외소화전함 및 호스의 기준에 적합하게 설치한 경우에는 그 설치가 면제된다.
14. 옥내소화전	옥내소화전을 설치하여야 하는 장소에 호스릴방식의 미분무소화설비 또는 옥외소화전 설비를 설치한 경우에는 그 설치가 면제된다.

(* 되요 오답: 비상콘센트, 통합감시시설, 소화기구, 시각경보기, 가스누설경보기, 자동화재속보) ▶ 암기: 콘통소시 가자

요약정리(별표6)

설치면제가 되는 소방시설로서 설치면제요건의 요약은 다음과 같다.

면제되는 소방시설	설치 면제요건 소방시설
① 스프링클러설비*	물분무등소화설비
② 물분무등소화설비*	스프링클러설비
③ 간이스프링클러 ⑨ 연소방지*	스프링클러, 물분무, 미분무
④ 비상경보, 단독경보형감지기	자동화재탐지설비
⑤ 비상경보설비	단독경보형감지기간(2개 이상)
비상방송(원문참고)	자동화재탐지, 비상경보설비
비상조명등(원문참고)	피난구유도등 또는 통로유도등
누전경보기(원문참고)	아크경보기, 지락차단장치
⑥ 연결살수설비	(간이)스프링클러, 물분무, 미분무
⑪ 자동화재탐지	스프링클러, 물분무
⑫ 연결송수관설비	옥내소화전, (간이)스프링클러, 연결살수

【영 별표 7】 소방시설을 설치하지 아니할 수 있는 특정소방대상물 및 소방시설의 범위

소방시설 설치가 모두 면제되는 특정소방대상물로서 그 구분은 다음과 같다.

구 분	특정소방대상물	소방시설 (* 모두면제)
1. 화재위험도가 낮은 대상물 ▶ 낮어다자(* 낮게닿자)	석재·불연성금속·불연성 건축재료 등 저장창고 가공·기계조립·주물공장 등	옥외소화전 및 연결살수
	[소방기본법 제2조 5호]에 의한 소방대가 24시간 근무하고 있는 청사·차고 ▶ 24살 피방송용	스프링클러·물분무등·옥내소화전·연결살수·피난기구, 비상방송·연결송수관·소화용수
2. 화재안전기준을 적용하기 어려운 대상물	펄프공장의 작업장·음료수공장의 세정 또는 충전하는 작업장 등	① 스프링클러 ② 상수도소화용수 ③ 연결살수설비
	정수장, 수영장, 목욕장, 농예·축산·어류 양식용시설 등	① 자동화재탐지 ② 상수도소화용수 ③ 연결살수설비
3. 화재안전기준을 다르게 적용하는 특수용도와 구조대상물	-원자력발전소, 핵폐기물처리시설-	연결송수관, 연결살수
4. 자체소방대가 설치된 대상물	자체소방대가 설치된 위험물제조소등에 부속된 사무실	옥내소화전, 소화용수 연결송수관, 연결살수

(*^^ 영 별표7에서 구분은 "낮어다자"로 구분하며, 소방시설에 있어서 연결살수설비는 모두 면제된다.)

【영 별표 9】 소방시설관리업의 등록기준

1. 인력기준(주된 기술인력: 소방시설관리사 1인 이상)
   ① 보조 기술인력: 다음의 1에 해당하는 자 2인 이상
      ㉠ 소방설비기사, 소방설비산업기사, 소방공무원으로 3년 이상 근무한 자
      ㉡ 소방 관련 학과 학사학위를 취득한 사람 ▶오답: 산업안전기사
      ㉢ 행정안전부령으로 정하는 소방기술과 관련된 자격·경력 및 학력이 있는 자

 대한민국 긴급전화 "119"를 "999"로 바꿔야 한다.

우리나라의 119 유래는 안타깝게도 일제 치하 시절 소방 문물이 도입되는 것과 함께 시작되었다.
일제강점기 때 사용해오던 국민학교를 "초등학교"로 바꾸었고
좌측통행을 "우측통행"으로 바꾸어 사용하는 시점에서 119도 999(혹은 111)로 바꿔야 한다.
그 이유는 여러 가지이다.
과거의 전화기는 돌리는 다이얼이었지만 지금은 누르는 버튼식으로 바뀌었다.
노인들도 기억하기 좋아졌듯이 야밤에 긴급 상황을 신고할 때도 9자를 한 번만 찾아서 같은 번호를 3번 눌렀을 때 다른 번호를 누를 수 있는 실수가 줄어들기 때문이다.
여기에 **구**조·**구**급에 긴급히"**구**"해달라는 의미로서 999를 처음에는 119와 병용하여 사용하다가 점차 999로 변경하는 것이 더 좋지 않을까 생각이 된다.
70억이 넘는 200개국 이상의 지구촌 국가에서 10위권대에 들어 있는 나라! 국민 청원이 필요하다.
119 라는 숫자는 국민 청원 등이 부족하여 정부가 아직 변경을 고려하지 못하고 있다.
대한민국 소방도 선진 문화를 창조해 나가는 대한민국의 위상과 자존심으로 평가되어야 한다.

― 제이디 훈 ―

【자동식사이렌】

【특수형감지기】

【자동확산소화장치】

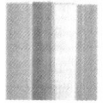
【투척용소화기】

【비상조명등】

【단독경보형감지기】

【무선통신 장면】

【물분무소화설비】

■ **나는 내 나이를 사랑한다.**

지금 어렵다고 해서 오늘 알지 못한다고 해서 주눅들 필요는 없다는 것,
그리고 기다림 뒤에 알게 되는 일상의 풍요가 진정한 기쁨을 가져다준다는 것을 깨닫곤 한다.
다른 사람의 속도에 신경 쓰지 말자.
중요한 건 - 내가 지금 확실한 목표를 가지고 내가 가진 능력을 잘 나누어서 알맞은 속도로 가고 있는 것이다. 그렇다 나는 아직도 모든 것에 초보자다.
그래서 나는 모든 일을 익히고 사랑하지 않으면 안 된다고 생각하고 있는 것이다.
나는 현재의 내 나이를 사랑한다.
인생의 어둠과 빛이 녹아들어 내 나이의 빛깔로 떠오르는…… 내 나이를 사랑한다.

- 당신은 당신이 생각하는 당신보다 더 높습니다
  당신은 당신이 생각하는 당신보다 더 빛이 납니다

제 2 편

화재예방, 소방시설설치·유지 및 안전관리에 관한 법률(원문) 95p

시행령·시행규칙·별표

(* 중요도 낮은 조항은 생략되었으니 법제처 찾아주세요)

http://www.moleg.go.kr/main.html

▶ 출제자들이 선호했던 소방관계시험의 중요문제 조항은 그 (법조항) 밑에 단어 문제는 그 문장의 단어 밑에 **고딕체** 및 밑줄로서 선별하였습니다.
※ 2분법 질문: 소방청(소방제도과) 044-205-7448 외 메일

제2편 화재예방, 소방시설 설치·유지 및 안전관리에 관한 법률(원문)

법 개정 2020.6.9 법률 제17395호

시행령
개정 2020. 11. 10 대통령령 제31148호

시행규칙
개정 2019. 8. 13 행정안전부령 제132호

제1장 총 칙

제1조 (목적)

이 법은 화재와 재난·재해 그 밖의 위급한 상황으로부터 국민의 생명·신체 및 재산을 보호하기 위하여 화재의 예방 및 안전관리에 관한 국가와 지방자치단체의 책무와 소방시설등의 설치·유지 및 소방대상물의 안전관리에 관하여 필요한 사항을 정함으로써 공공의 안전과 복리 증진에 이바지함을 목적으로 한다.

> **영** 제1조 (목적)
> 이 영은 「화재예방, 소방시설 설치·유지 및 안전관리에 관한 법률」에서 위임된 사항과 그 시행에 필요한 사항을 규정함을 목적으로 한다.

> **칙** 제1조 (목적)
> 이 규칙은 「화재예방, 소방시설 설치유지 및 안전관리에 관한 법률」 및 동법 시행령에서 위임된 사항과 그 시행에 관하여 필요한 사항을 규정함을 목적으로 한다.

제2조 (정의)

① 이 법에서 사용하는 용어의 뜻은 다음과 같다.
  1. "소방시설"이란 소화설비, 경보설비, 피난구조설비, 소화용수설비, 그 밖에 소화활동설비로서 대통령령으로 정하는 것을 말한다.
  2. "소방시설등"이란 소방시설과 비상구(非常口) 그 밖에 소방 관련 시설로서 대통령령으로 정하는 것을 말한다.
  3. "특정소방대상물"이란 소방시설을 설치하여야 하는 소방대상물로서 대통령령으로 정하는 것을 말한다.
  4. "소방용품"이란 소방시설등을 구성하거나 소방용으로 사용되는 제품 또는 기기로서 대통령령으로 정하는 것을 말한다.

② 이 법에서 사용하는 용어의 뜻은 제1항에서 규정하는 것을 제외하고는 「소방기본법」, 「소방시설공사업법」, 「위험물안전관리법」 및 「건축법」이 정하는 바에 따른다.

> **영** 제2조 (정의)
> 이 영에서 사용하는 용어의 정의는 다음과 같다. 〈개정 2012.9.14〉
>   1. "무창층(無窓層)"이란 지상층 중 다음 각 목의 요건을 모두 갖춘 개구부(건축물에서 채광·환기·통풍 또는 출입 등을 위하여 만든 창·출입구, 그 밖에 이와 비슷한 것을 말한다)의 면적의 합계가 해당 층의 바닥면적(「건축법 시행령」 제119조제1항제3호에 따라 산정된 면적을 말한다. 이하 같다)의 1/30 이하가 되는 층을 말한다.

가. 크기는 지름 50cm 이상의 원이 내접(內接)할 수 있는 크기일 것
나. 해당 층의 바닥면으로부터 개구부 밑부분까지의 높이가 1.2m 이내일 것
다. 도로 또는 차량이 진입할 수 있는 빈터를 향할 것
라. 화재 시 건축물로부터 쉽게 피난할 수 있도록 창살이나 그 밖의 장애물이 설치되지 아니할 것
마. 내부 또는 외부에서 쉽게 부수거나 열 수 있을 것
2. "피난층"이란 곧바로 지상으로 갈 수 있는 출입구가 있는 층을 말한다. / 3. 4. 〈삭제〉

[영] 제3조 (소방시설)
「화재예방, 소방시설 설치·유지 및 안전관리에 관한 법률」(이하 "법"이라 한다) 제2조제1항제1호에서 "대통령령으로 정하는 것"이란 별표1의 설비를 말한다.

[영] 제4조 (소방시설등)
법 제2조제1항제2호에서 "그 밖에 소방 관련 시설로서 대통령령으로 정하는 것"이란 방화문 및 방화셔터를 말한다.

[영] 제5조 (특정소방대상물)
법 제2조제1항제3호에서 "대통령령이 정하는 것"이란 별표 2의 소방대상물을 말한다.

[영] 제6조 (소방용품)
법 제2조제1항제4호에서 "대통령령으로 정하는 것"이란 별표 3의 제품 또는 기기를 말한다.

제2조의2 (국가 및 지방자치단체의 책무)
① 국가는 화재로부터 국민의 생명과 재산을 보호할 수 있도록 종합적인 화재안전정책을 수립·시행하여야 한다.
② 지방자치단체는 국가의 화재안전정책에 맞추어 지역의 실정에 부합하는 화재안전정책을 수립·시행하여야 한다.
③ 국가와 지방자치단체가 제1항 및 제2항에 따른 화재안전정책을 수립·시행할 때에는 과학적 합리성, 일관성, 사전 예방의 원칙이 유지되도록 하되, 국민의 생명·신체 및 재산보호를 최우선적으로 고려하여야 한다.

제2조의3 (화재안전정책기본계획 등의 수립·시행)
① 국가는 화재안전 기반 확충을 위하여 화재안전정책에 관한 기본계획(이하 "기본계획"이라 한다)을 5년마다 수립·시행하여야 한다.
② 기본계획은 대통령령으로 정하는 바에 따라 소방청장이 관계 중앙행정기관의 장과 협의하여 수립한다.
③ 기본계획에는 다음 각 호의 사항이 포함되어야 한다.
  1. 화재안전정책의 기본목표 및 추진방향
  2. 화재안전을 위한 법령·제도의 마련 등 기반 조성에 관한 사항
  3. 화재예방을 위한 대국민 홍보·교육에 관한 사항
  4. 화재안전 관련 기술의 개발·보급에 관한 사항
  5. 화재안전분야 전문인력의 육성·지원 및 관리에 관한 사항
  6. 화재안전분야 국제경쟁력 향상에 관한 사항

7. 그 밖에 대통령령으로 정하는 화재안전 개선에 필요한 사항

④ 소방청장은 기본계획을 시행하기 위하여 <u>매년 시행계획</u>을 수립·시행하여야 한다.

⑤ 소방청장은 제1항 및 제4항에 따라 수립된 기본계획 및 시행계획을 관계 중앙행정기관의 장, 특별시장·광역시장·특별자치시장·도지사·특별자치도지사(이하 이 조에서 "시·도지사"라 한다)에게 통보한다.

⑥ 제5항에 따라 기본계획과 시행계획을 통보받은 관계 중앙행정기관의 장 또는 시·도지사는 소관 사무의 특성을 반영한 세부 시행계획을 수립하여 시행하여야 하고, 시행결과를 소방청장에게 통보하여야 한다.

⑦ 소방청장은 기본계획 및 시행계획을 수립하기 위하여 필요한 경우에는 관계 중앙행정기관의 장 또는 시·도지사에게 관련 자료의 제출을 요청할 수 있다. 이 경우 자료제출을 요청받은 관계 중앙행정기관의 장 또는 시·도지사는 특별한 사유가 없으면 이에 따라야 한다.

⑧ 기본계획, 시행계획 및 세부시행계획 등의 수립·시행에 관하여 필요한 사항은 <u>대통령령으로</u> 정한다.

> **영** 제6조의2 (화재안전정책기본계획의 협의 및 수립)
> 소방청장은 법 제2조의3에 따른 화재안전정책에 관한 기본계획(이하 "기본계획"이라 한다)을 계획 시행 전년도 8월 31일까지 관계 중앙행정기관의 장과 협의를 마친 후 계획 시행 전년도 9월 30일까지 수립하여야 한다.

> **영** 제6조의3 (기본계획의 내용)
> 법 제2조의3제3항제7호에서 "대통령령으로 정하는 화재안전 개선에 필요한 사항"이란 다음 각 호의 사항을 말한다.
> 1. <u>화재현황, 화재발생 및 화재안전정책의 여건 변화에 관한 사항</u>
> 2. 소방시설의 설치·유지 및 화재안전기준의 개선에 관한 사항

> **영** 제6조의4 (화재안전정책시행계획의 수립·시행)
> ① 소방청장은 법 제2조의3제4항에 따라 기본계획을 시행하기 위한 시행계획(이하 "시행계획"이라 한다)을 계획 시행 전년도 10월 31일까지 수립하여야 한다.
> ② 시행계획에는 다음 각 호의 사항이 포함되어야 한다.
> 1. 기본계획의 시행을 위하여 필요한 사항
> 2. 그 밖에 화재안전과 관련하여 소방청장이 필요하다고 인정하는 사항

> **영** 제6조의5 (화재안전정책세부시행계획의 수립·시행)
> ① 관계 중앙행정기관의 장 또는 특별시장·광역시장·특별자치시장·도지사·특별자치도지사(이하 "시·도지사"라 한다)는 법 제2조의3제6항에 따른 세부 시행계획(이하 "세부시행계획"이라 한다)을 계획 시행 전년도 12월 31일까지 수립하여야 한다.
> ② 세부시행계획에는 다음 각 호의 사항이 포함되어야 한다.
> 1. 기본계획 및 시행계획에 대한 관계 중앙행정기관 또는 특별시·광역시·특별자치시·도·특별자치도(이하 "시·도"라 한다)의 세부 집행계획
> 2. 그 밖에 화재안전과 관련하여 관계 중앙행정기관의 장 또는 시·도지사가 필요하다고 결정한 사항

제3조 (다른 법률과의 관계)

특정소방대상물 가운데 「위험물 안전관리법」에 따른 위험물 제조소등의 안전관리와 위험물 제조소등에 설치하는 소방시설등의 설치기준에 관하여는 「위험물 안전관리법」에서 정하는 바에 따른다.

제2장 소방특별조사 등

제4조 (소방특별조사)

① 소방청장, 소방본부장 또는 소방서장은 관할구역에 있는 소방대상물, 관계 지역 또는 관계인에 대하여 소방시설등이 이 법 또는 소방 관계 법령에 적합하게 설치·유지·관리되고 있는지, 소방대상물에 화재, 재난·재해 등의 발생 위험이 있는지 등을 확인하기 위하여 관계 공무원으로 하여금 소방안전관리에 관한 특별조사(이하 "소방특별조사"라 한다)를 하게 할 수 있다. 다만, 개인의 주거에 대하여는 관계인의 승낙이 있거나 화재발생의 우려가 뚜렷하여 긴급한 필요가 있는 때에 한정한다.

② 소방특별조사는 다음 각 호의 어느 하나에 해당하는 경우에 실시한다.
  1. 관계인이 이 법 또는 다른 법령에 따라 실시하는 소방시설등, 방화시설, 피난시설 등에 대한 자체점검 등이 불성실하거나 불완전하다고 인정되는 경우
  2. 「소방기본법」 제13조에 따른 화재경계지구에 대한 소방특별조사 등 다른 법률에서 소방특별조사를 실시하도록 한 경우
  3. 국가적 행사 등 주요 행사가 개최되는 장소 및 그 주변의 관계 지역에 대하여 소방안전관리 실태를 점검할 필요가 있는 경우
  4. 화재가 자주 발생하였거나 발생할 우려가 뚜렷한 곳에 대한 점검이 필요한 경우
  5. 재난예측정보, 기상예보 등을 분석한 결과 소방대상물에 화재, 재난·재해의 발생 위험이 높다고 판단되는 경우
  6. 제1호부터 제5호까지에서 규정한 경우 외에 화재, 재난·재해, 그 밖의 긴급한 상황이 발생할 경우 인명 또는 재산 피해의 우려가 현저하다고 판단되는 경우

③ 소방청장, 소방본부장 또는 소방서장은 객관적이고 공정한 기준에 따라 소방특별조사의 대상을 선정하여야 하며, 소방본부장은 소방특별조사의 대상을 객관적이고 공정하게 선정하기 위하여 필요하면 소방특별조사위원회를 구성하여 소방특별조사의 대상을 선정할 수 있다.

④ 소방청장은 소방특별조사를 할 때 필요하면 대통령령으로 정하는 바에 따라 중앙소방특별조사단을 편성하여 운영할 수 있다.

⑤ 소방청장은 중앙소방특별조사단의 업무수행을 위하여 필요하다고 인정하는 경우 관계 기관의 장에게 그 소속 공무원 또는 직원의 파견을 요청할 수 있다. 이 경우 공무원 또는 직원이 파견요청을 받은 관계 기관의 장은 특별한 사유가 없으면 이에 협조하여야 한다.

⑥ 소방청장, 소방본부장 또는 소방서장은 소방특별조사를 실시하는 경우 다른 목적을 위하여 조사권을 남용하여서는 아니 된다.

⑦ 소방특별조사의 세부 항목, 제3항에 따른 소방특별조사위원회의 구성·운영에 필요한 사항은 대통령령으로 정한다. 이 경우 소방특별조사의 세부 항목에는 소방시설등의 관리 상황 및 소방대상물의 화재 등의 발생 위험과 관련된 사항이 포함되어야 한다. 〈개정 2016.1.27〉

영 제7조 (소방특별조사의 항목)

법 제4조에 따른 소방특별조사(이하 "소방특별조사"라 한다)는 다음 각 호의 세부 항목에 대하여 실시한다. 다만, 소방특별조사의 목적을 달성하기 위하여 필요한 경우에는 법 제9조에 따른 소방시설, 법 제

10조에 따른 피난시설, 방화구획 및 방화시설 및 법 제10조2에 따른 임시소방시설의 설치·유지 및 관리에 관한 사항을 조사할 수 있다.

1. 법 제20조 및 제24조에 따른 소방안전관리 업무 수행에 관한 사항
2. 법 제20조제6항제1호에 따라 작성한 소방계획서의 이행에 관한 사항
3. 법 제25조제1항에 따른 자체점검 및 정기적 점검 등에 관한 사항
4. 「소방기본법」 제12조에 따른 화재의 예방조치 등에 관한 사항
5. 「소방기본법」 제15조에 따른 불을 사용하는 설비 등의 관리와 특수가연물의 저장·취급에 관한 사항
6. 「다중이용업소의 안전관리에 관한 특별법」 제8조부터 제13조까지의 규정에 따른 안전관리에 관한 사항
7. 「위험물안전관리법」 제5조·제6조·제14조·제15조 및 제18조에 따른 안전관리에 관한 사항

영 제7조의2 (소방특별조사위원회의 구성 등)

① 법 제4조제3항에 따른 소방특별조사위원회(이하 이 조 및 제7조의3부터 제7조의5까지에서 "위원회"라 한다)는 위원장 1명을 포함한 7명 이내의 위원으로 성별을 고려하여 구성하고, 위원장은 소방본부장이 된다.
② 위원회의 위원은 다음 각 호의 어느 하나에 해당하는 사람 중에서 소방본부장이 임명하거나 위촉한다.

1. 과장급 직위 이상의 소방공무원
2. 소방기술사
3. 소방시설관리사
4. 소방 관련 분야의 석사학위 이상을 취득한 사람
5. 소방 관련 법인 또는 단체에서 소방 관련 업무에 5년 이상 종사한 사람
6. 소방공무원 교육기관, 「고등교육법」 제2조의 학교 또는 연구소에서 소방과 관련한 교육 또는 연구에 5년 이상 종사한 사람

③ 위촉위원의 임기는 2년으로 하고, 한 차례만 연임할 수 있다.
④ 위원회에 출석한 위원에게는 예산의 범위에서 수당, 여비, 그 밖에 필요한 경비를 지급할 수 있다. 다만, 공무원인 위원이 그 소관 업무와 직접적으로 관련하여 위원회에 출석하는 경우는 그러하지 아니하다. ⑤ 〈삭제 2013.1.9.〉

영 제7조의3 (위원의 제척·기피·회피)

① 위원회의 위원이 다음 각 호의 어느 하나에 해당하는 경우에는 위원회의 심의·의결에서 제척(除斥)된다.

1. 위원, 그 배우자나 배우자였던 사람 또는 위원의 친족이거나 친족이었던 사람이 다음 각 목의 어느 하나에 해당하는 경우
   가. 해당 안건의 소방대상물 등(이하 이 조에서 "소방대상물등"이라 한다)의 관계인이거나 그 관계인과 공동권리자 또는 공동의무자인 경우
   나. 소방대상물등의 설계, 공사, 감리 등을 수행한 경우
   다. 소방대상물등에 대하여 제7조 각 호의 업무를 수행한 경우 등 소방대상물등과 직접적인 이해관계가 있는 경우
2. 위원이 소방대상물등에 관하여 자문, 연구, 용역(하도급을 포함한다), 감정 또는 조사를 한 경우
3. 위원이 임원 또는 직원으로 재직하고 있거나 최근 3년 내에 재직하였던 기업 등이 소방대상물등에

관하여 자문, 연구, 용역(하도급을 포함한다), 감정 또는 조사를 한 경우
② 소방대상물등의 관계인은 위원에게 공정한 심의·의결을 기대하기 어려운 사정이 있는 경우에는 위원회에 기피(忌避) 신청을 할 수 있고, 위원회는 의결로 이를 결정한다. 이 경우 기피 신청의 대상인 위원은 그 의결에 참여하지 못한다.
③ 위원이 제1항 각 호에 따른 제척 사유에 해당하는 경우에는 스스로 해당 안건의 심의·의결에서 회피(回避)하여야 한다. [본조신설 2013.1.9]

영 제7조의4 (위원의 해임·해촉)
소방본부장은 위원회의 위원이 다음 각 호의 어느 하나에 해당하는 경우에는 해당 위원을 해임하거나 해촉(解囑)할 수 있다.
1. 심신장애로 인하여 직무를 수행할 수 없게 된 경우
2. 직무태만, 품위손상이나 그 밖의 사유로 위원으로 적합하지 아니하다고 인정된 경우
3. 제7조의3제1항 각 호의 어느 하나에 해당함에도 불구하고 회피하지 아니한 경우
4. 직무와 관련된 비위사실이 있는 경우
5. 위원 스스로 직무를 수행하는 것이 곤란하다고 의사를 밝히는 경우

영 제7조의5 (운영 세칙)
제7조의2~4까지에서 규정한 사항 외에 위원회의 구성 및 운영에 필요한 사항은 소방청장이 정한다.

영 제7조의6 (중앙소방특별조사단의 편성·운영)
① 법 제4조제4항에 따른 중앙소방특별조사단(이하 "조사단"이라 한다)은 단장을 포함하여 21명 이내의 단원으로 성별을 고려하여 구성한다.
② 조사단의 단원은 다음 각 호의 어느 하나에 해당하는 사람 중에서 소방청장이 임명 또는 위촉하고, 단장은 단원 중에서 소방청장이 임명 또는 위촉한다.
1. 소방공무원
2. 소방업무와 관련된 단체 또는 연구기관 등의 임직원
3. 소방 관련 분야에서 5년 이상 연구 또는 실무 경험이 풍부한 사람

제4조의2 (소방특별조사에의 전문가 참여)
① 소방청장, 소방본부장 또는 소방서장은 필요하면 소방기술사, 소방시설관리사, 그 밖에 소방·방재 분야에 관한 전문지식을 갖춘 사람을 소방특별조사에 참여하게 할 수 있다.
② 제1항에 따라 조사에 참여하는 외부 전문가에게는 예산의 범위에서 수당, 여비, 그 밖에 필요한 경비를 지급할 수 있다.

제4조의3 (소방특별조사의 방법·절차 등)
① 소방청장, 소방본부장 또는 소방서장은 소방특별조사를 하려면 7일 전에 관계인에게 조사대상, 조사기간 및 조사사유 등을 서면으로 알려야 한다. 다만, 다음 각 호의 어느 하나에 해당하는 경우에는 그러하지 아니하다.
1. 화재, 재난·재해가 발생할 우려가 뚜렷하여 긴급하게 조사할 필요가 있는 경우
2. 소방특별조사의 실시를 사전에 통지하면 조사목적을 달성할 수 없다고 인정되는 경우
② 소방특별조사는 관계인의 승낙 없이 해가 뜨기 전이나 해가 진 뒤에 할 수 없다. 다만, 제1항 각 호의

어느 하나에 해당하는 경우에는 그러하지 아니하다.
③ 제1항에 따른 통지를 받은 관계인은 천재지변이나 그 밖에 대통령령으로 정하는 사유로 소방특별조사를 받기 곤란한 경우에는 소방특별조사를 통지한 소방청장, 소방본부장 또는 소방서장에게 대통령령으로 정하는 바에 따라 소방특별조사를 연기하여 줄 것을 신청할 수 있다.
④ 제3항에 따라 연기신청을 받은 소방청장, 소방본부장 또는 소방서장은 연기신청 승인 여부를 결정하고 그 결과를 조사 개시 전까지 관계인에게 알려주어야 한다.
⑤ 소방청장, 소방본부장 또는 소방서장은 소방특별조사를 마친 때에는 그 조사결과를 관계인에게 서면으로 통지하여야 한다.
⑥ 제1항부터 제5항까지에서 규정한 사항 외에 소방특별조사의 방법 및 절차에 필요한 사항은 대통령령으로 정한다.

영 제8조 (소방특별조사의 연기)
① 법 제4조의3제3항에서 "대통령령으로 정하는 사유"란 다음 각 호의 어느 하나에 해당하는 사유를 말한다.
  1. 태풍, 홍수 등 재난(「재난 및 안전관리 기본법」 제3조제1호에 해당하는 재난을 말한다)이 발생하여 소방대상물을 관리하기가 매우 어려운 경우
  2. 관계인이 질병, 장기출장 등으로 소방특별조사에 참여할 수 없는 경우
  3. 권한 있는 기관에 자체점검기록부, 교육·훈련일지 등 소방특별조사에 필요한 장부·서류 등이 압수되거나 영치(領置)되어 있는 경우
② 법 제4조의3제3항에 따라 소방특별조사의 연기를 신청하려는 관계인은 행정안전부령으로 정하는 연기신청서에 연기의 사유 및 기간 등을 적어 소방청장, 소방본부장 또는 소방서장에게 제출하여야 한다.
③ 소방청장, 소방본부장 또는 소방서장은 법 제4조의3제4항에 따라 소방특별조사의 연기를 승인한 경우라도 연기기간이 끝나기 전에 연기사유가 없어졌거나 긴급히 조사를 하여야 할 사유가 발생하였을 때에는 관계인에게 통보하고 소방특별조사를 할 수 있다. 〈개정 2012.9.14.〉

칙 제1조의2 (소방특별조사의 연기신청 등)
① 「화재예방, 소방시설 설치·유지 및 안전관리에 관한 법률」(이하 "법"이라 한다) 제4조의3제3항 및 「화재예방, 소방시설 설치·유지 및 안전관리에 관한 법률 시행령」(이하 "영"이라 한다) 제8조제2항에 따라 소방특별조사의 연기를 신청하려는 자는 소방특별조사 시작 3일 전까지 별지 제1호서식의 소방특별조사 연기신청서(전자문서로 된 신청서를 포함한다)에 소방특별조사를 받기가 곤란함을 증명할 수 있는 서류(전자문서로 된 서류를 포함한다)를 첨부하여 소방청장, 소방본부장 또는 소방서장에게 제출하여야 한다.
② 제1항에 따른 신청서를 제출받은 소방청장, 소방본부장 또는 소방서장은 연기신청의 승인 여부를 결정한 때에는 별지 제1호의2서식의 소방특별조사 연기신청 결과 통지서를 조사 시작 전까지 연기신청을 한 자에게 통지하여야 하고, 연기기간이 종료하면 지체 없이 조사를 시작하여야 한다.

영 제9조 (소방특별조사의 방법)
① 소방청장, 소방본부장 또는 소방서장은 법 제4조의3제6항에 따라 소방특별조사를 위하여 필요하면 관계 공무원으로 하여금 다음 각 호의 행위를 하게 할 수 있다.
  1. 관계인에게 필요한 보고를 하도록 하거나 자료의 제출을 명하는 것

2. 소방대상물의 위치·구조·설비 또는 관리 상황을 조사하는 것
3. 소방대상물의 위치·구조·설비 또는 관리 상황에 대하여 관계인에게 질문하는 것

② 소방청장, 소방본부장 또는 소방서장은 필요하면 다음 각 호의 기관의 장과 합동조사반을 편성하여 소방특별조사를 할 수 있다.
1. 관계 중앙행정기관 및 시(행정시를 포함한다)·군·자치구
2. 「소방기본법」 제40조에 따른 한국소방안전원
3. 「소방산업의 진흥에 관한 법률」 제14조에 따른 한국소방산업기술원(이하 "기술원"이라 한다)
4. 「화재로 인한 재해보상과 보험가입에 관한 법률」 제11조에 따른 한국화재보험협회
5. 「고압가스 안전관리법」 제28조에 따른 한국가스안전공사
6. 「전기사업법」 제74조에 따른 한국전기안전공사
7. 그 밖에 소방청장이 정하여 고시한 소방 관련 단체

③ 제1항 및 제2항에서 규정한 사항 외에 소방특별조사계획의 수립 등 소방특별조사에 필요한 사항은 소방청장이 정한다. [전문개정 2012.9.14]

제4조의4 (증표의 제시 및 비밀유지 의무 등)

① 소방특별조사 업무를 수행하는 관계 공무원 및 관계 전문가는 그 권한 또는 자격을 표시하는 증표를 지니고 이를 관계인에게 내보여야 한다.
② 소방특별조사 업무를 수행하는 관계 공무원 및 관계 전문가는 관계인의 정당한 업무를 방해하여서는 아니 되며, 조사업무를 수행하면서 취득한 자료나 알게 된 비밀을 다른 자에게 제공 또는 누설하거나 목적 외의 용도로 사용하여서는 아니 된다.

제5조 (소방특별조사 결과에 따른 조치명령)

① 소방청장, 소방본부장 또는 소방서장은 소방특별조사 결과 소방대상물의 위치·구조·설비 또는 관리의 상황이 화재나 재난·재해 예방을 위하여 보완될 필요가 있거나 화재가 발생하면 인명 또는 재산의 피해가 클 것으로 예상되는 때에는 행정안전부령으로 정하는 바에 따라 관계인에게 그 소방대상물의 개수(改修)·이전·제거, 사용의 금지 또는 제한, 사용폐쇄, 공사의 정지 또는 중지, 그 밖의 필요한 조치를 명할 수 있다.
② 소방청장, 소방본부장 또는 소방서장은 소방특별조사 결과 소방대상물이 법령을 위반하여 건축 또는 설비되었거나 소방시설등, 피난시설·방화구획, 방화시설 등이 법령에 적합하게 설치·유지·관리되고 있지 아니한 경우에는 관계인에게 제1항에 따른 조치를 명하거나 관계 행정기관의 장에게 필요한 조치를 하여 줄 것을 요청할 수 있다.
③ 소방청장, 소방본부장 또는 소방서장은 관계인이 제1항 및 제2항에 따른 조치명령을 받고도 이를 이행하지 아니한 때에는 그 위반사실 등을 인터넷 등에 공개할 수 있다.
④ 제3항에 따른 위반사실 등의 공개 절차, 공개 기간, 공개 방법 등 필요한 사항은 대통령령으로 정한다.

영 제10조 (조치명령 미이행 사실 등의 공개)

① 소방청장, 소방본부장 또는 소방서장은 법 제5조제3항에 따라 소방특별조사 결과에 따른 조치명령(이하 "조치명령"이라 한다)의 미이행 사실 등을 공개하려면 공개내용과 공개방법 등을 공개대상 소방대상물의 관계인에게 미리 알려야 한다. 〈개정 2012.9.14〉

② 소방청장, 소방본부장 또는 소방서장은 조치명령 이행기간이 끝난 때부터 소방청, 소방본부 또는 소방서의 인터넷 홈페이지에 조치명령 미이행 소방대상물의 명칭, 주소, 대표자의 성명, 조치명령의 내용 및 미이행 횟수를 게재하고, 다음 각 호의 어느 하나에 해당하는 매체를 통하여 1회 이상 같은 내용을 알려야 한다.
   1. 관보 또는 해당 소방대상물이 있는 지방자치단체의 공보
   2. 「신문 등의 진흥에 관한 법률」 제9조제1항제9조에 따라 전국 또는 해당 소방대상물이 있는 지역을 보급지역으로 등록한 같은 법 제2조제1호가목 또는 나목에 해당하는 일간신문
   3. 유선방송   4. 반상회보
   5. 해당 소방대상물이 있는 지방자치단체에서 지역 주민들에게 배포하는 소식지
③ 소방청장, 소방본부장 또는 소방서장은 소방대상물의 관계인이 조치명령을 이행하였을 때에는 즉시 제2항에 따른 공개내용을 해당 인터넷 홈페이지에서 삭제하여야 한다.
④ 조치명령 미이행 사실 등의 공개가 제3자의 법익을 침해하는 경우에는 제3자와 관련된 사실을 제외하고 공개하여야 한다.

칙 제2조 (소방특별조사에 따른 조치명령 등의 절차)
① 소방청장, 소방본부장 또는 소방서장은 법 제5조제1항에 따른 소방대상물의 개수(改修)·이전·제거, 사용의 금지 또는 제한, 사용폐쇄, 공사의 정지 또는 중지, 그 밖의 필요한 조치를 명할 때에는 별지 제2호서식의 소방특별조사 조치명령서를 해당 소방대상물의 관계인에게 발급하고, 별지 제2호의2서식의 소방특별조사 조치명령대장에 이를 기록하여 관리하여야 한다.
② 소방청장, 소방본부장 또는 소방서장은 법 제5조에 따른 명령으로 인하여 손실을 입은 자가 있는 경우에는 별지 제2호의3서식의 소방특별조사 조치명령 손실확인서를 작성하여 관련 사진 및 그 밖의 증빙자료와 함께 보관하여야 한다. [전문개정 2012.2.3]

제6조 (손실보상)

소방청장, 특별시장·광역시장·특별자치시장·도지사 또는 특별자치도지사(이하 "시·도지사"라 한다)는 제5조제1항에 따른 명령으로 인하여 손실을 입은 자가 있는 경우에는 대통령령으로 정하는 바에 따라 보상하여야 한다. 〈개정 2014.1.7〉

영 제11조 (손실보상)
① 법 제6조에 따라 시·도지사가 손실을 보상하는 경우에는 시가(時價)로 보상하여야 한다.
② 제1항에 따른 손실 보상에 관하여는 시·도지사와 손실을 입은 자가 협의하여야 한다.
③ 제2항에 따른 보상금액에 관한 협의가 성립되지 아니한 경우에는 시·도지사는 그 보상금액을 지급하거나 공탁하고 이를 상대방에게 알려야 한다.
④ 제3항에 따른 보상금의 지급 또는 공탁의 통지에 불복하는 자는 지급 또는 공탁의 통지를 받은 날부터 30일 이내에 관할 토지수용위원회에 재결(裁決)을 신청할 수 있다.

칙 제3조 (손실보상 청구자가 제출하여야 하는 서류 등)
① 법 제5조제1항에 따른 명령으로 손실을 받은 자가 손실보상을 청구하고자 하는 때에는 별지 제3호서식의 손실보상청구서(전자문서로 된 청구서를 포함한다)에 다음 각 호의 서류(전자문서를 포함한다)를 첨부하여 특별시장·광역시장·특별자치시장·도지사 또는 특별자치도지사(이하 "시·도지사"라 한

다)에게 제출하여야 한다. 이 경우 담당 공무원은 「전자정부법」 제36조제1항에 따른 행정정보의 공동이용을 통하여 건축물대장(소방대상물의 관계인임을 증명할 수 있는 서류가 건축물대장인 경우만 해당한다)을 확인하여야 한다. 〈개정 2015.1.9〉
1. 소방대상물의 관계인임을 증명할 수 있는 서류(건축물대장은 제외한다)
2. 손실을 증명할 수 있는 사진 그 밖의 증빙자료

② 시·도지사는 영 제11조제2항에 따른 손실보상에 관하여 협의가 이루어진 때에는 손실보상을 청구한 자와 연명으로 별지 제4호서식의 손실보상합의서를 작성하고 이를 보관하여야 한다.

제3장 소방시설의 설치 및 유지·관리 등

제1절 건축허가등의 동의 등

제7조 (건축허가등의 동의 등)

① 건축물 등의 신축·증축·개축·재축(再築)·이전·용도변경 또는 대수선(大修繕)의 허가·협의 및 사용승인(「주택법」 제16조에 따른 승인 및 같은 법 제29조에 따른 사용검사, 「학교시설사업 촉진법」 제4조에 따른 승인 및 같은 법 제13조에 따른 사용승인을 포함하며, 이하"건축허가등"이라 한다)의 권한이 있는 행정기관은 건축허가등을 할 때 미리 그 건축물 등의 시공지(施工地) 또는 소재지를 관할하는 소방본부장이나 소방서장의 동의를 받아야 한다. 〈개정 2014.1.7〉

② 건축물 등의 대수선·증축·개축·재축 또는 용도변경의 신고를 수리(受理)할 권한이 있는 행정기관은 그 신고를 수리하면 그 건축물 등의 시공지 또는 소재지를 관할하는 소방본부장이나 소방서장에게 지체 없이 그 사실을 알려야 한다. 〈개정 2014.1.7〉

③ 제1항에 따른 건축허가등의 권한이 있는 행정기관과 제2항에 따른 신고를 수리할 권한이 있는 행정기관은 제1항에 따라 건축허가등의 동의를 받거나 제2항에 따른 신고를 수리한 사실을 알릴 때 관할 소방본부장이나 소방서장에게 건축허가등을 하거나 신고를 수리할 때 건축허가등을 받으려는 자 또는 신고를 한 자가 제출한 설계도서 중 건축물의 내부구조를 알 수 있는 설계도면을 제출하여야 한다. 다만, 국가안보상 중요하거나 국가기밀에 속하는 건축물을 건축하는 경우로서 관계 법령에 따라 행정기관이 설계도면을 확보할 수 없는 경우에는 그러하지 아니하다. 〈신설 2018. 10. 16.〉

④ 소방본부장이나 소방서장은 제1항에 따른 동의를 요구받으면 그 건축물 등이 이 법 또는 이 법에 따른 명령을 따르고 있는지를 검토한 후 행정안전부령으로 정하는 기간 이내에 해당 행정기관에 동의 여부를 알려야 한다.

⑤ 제1항에 따라 사용승인에 대한 동의를 할 때에는 「소방시설공사업법」 제14조제3항에 따른 소방시설공사의 완공검사증명서를 교부하는 것으로 동의를 갈음할 수 있다. 이 경우 제1항에 따른 건축허가등의 권한이 있는 행정기관은 소방시설공사의 완공검사증명서를 확인하여야 한다.

⑥ 제1항에 따른 건축허가등을 할 때에 소방본부장이나 소방서장의 동의를 받아야 하는 건축물 등의 범위는 대통령령으로 정한다.

⑦ 다른 법령에 따른 인가·허가 또는 신고 등(건축허가등과 제2항에 따른 신고는 제외하며, 이하 이 항에서 "인허가등"이라 한다)의 시설기준에 소방시설등의 설치·유지 등에 관한 사항이 포함되어 있는 경우 해당 인허가등의 권한이 있는 행정기관은 인허가등을 할 때 미리 그 시설의 소재지를 관할하는 소방본부장이나 소방서장에게 그 시설이 이 법 또는 이 법에 따른 명령을 따르고 있는지를 확인하여 줄 것을 요청할 수 있다. 이 경우 요청을 받은 소방본부장 또는 소방서장은 행정안전부령으로 정하는 기간 이내에 확인 결과를 알려야 한다.

영 제12조 (건축허가등의 동의대상물의 범위 등)

① 법 제7조제1항에 따라 건축허가등을 할 때 미리 소방본부장 또는 소방서장의 동의를 받아야 하는 건축물 등의 범위는 다음 각 호와 같다. 〈개정 2019.8.6〉

1. 연면적(「건축법 시행령」 제119조 제1항 제4호에 따라 산정된 면적을 말한다. 이하 같다)이 400㎡ 이상인 건축물. 다만, 다음 각 목의 어느 하나에 해당하는 시설은 해당 목에서 정한 기준 이상인 건축물로 한다.
   가. 「학교시설사업 촉진법」 제5조의2제1항에 따라 건축등을 하려는 학교시설: 100㎡
   나. 노유자시설(老幼者施設) 및 수련시설: 200㎡
   다. 「정신건강증진 및 정신질환자 복지서비스 지원에 관한 법률」 제3조제5호에 따른 정신의료기관(입원실이 없는 정신건강의학과 의원은 제외하며, 이하 "정신의료기관"이라 한다): 300㎡
   라. 「장애인복지법」제58조제1항제4호에 따른 장애인 의료재활시설(이하 "의료재활시설"이라 한다): 300㎡

1의2. 층수(「건축법 시행령」 제119조 제1항 제9호에 따라 산정된 층수를 말한다. 이하 같다)가 6층 이상인 건축물

2. 차고·주차장 또는 주차용도로 사용되는 시설로서 다음 각 목의 어느 하나에 해당하는 것
   가. 차고·주차장으로 사용되는 바닥면적이 200㎡ 이상인 층이 있는 건축물이나 주차시설
   나. 승강기 등 기계장치에 의한 주차시설로서 자동차 20대 이상을 주차할 수 있는 시설

3. 항공기격납고, 관망탑, 항공관제탑, 방송용 송수신탑

4. 지하층 또는 무창층이 있는 건축물로서 바닥면적이 150㎡(공연장의 경우에는 100㎡) 이상인 층이 있는 것

5. 별표 2의 특정소방대상물 중 위험물 저장 및 처리 시설, 지하구.

6. 제1호에 해당하지 않는 노유자시설 중 다음 각 목의 어느 하나에 해당하는 시설. 다만, 가목2) 및 나목부터 바목까지의 시설 중 「건축법 시행령」 별표 1의 단독주택 또는 공동주택에 설치되는 시설은 제외한다.〈개정 2020.9.15.〉

가. 별표 2 제9호가목에 따른 노인 관련 시설 중 다음의 어느 하나에 해당하는 시설
1) 「노인복지법」 제31조제1호·제2호 및 제4호에 따른 노인주거복지시설·노인의료복지시설 및 재가노인복지시설
2) 「노인복지법」 제31조제7호에 따른 학대피해노인 전용쉼터

나. 「아동복지법」제52조에 따른 아동복지시설(아동상담소, 아동전용시설 및 지역아동센터는 제외한다)
다. 「장애인복지법」제58조제1항제1호에 따른 장애인 거주시설
라. 정신질환자 관련 시설(「정신건강증진 및 정신질환자 복지서비스 지원에 관한 법률」제27조제1항제2호에 따른 공동생활가정을 제외한 재활훈련시설과 같은 법 시행령 제16조제3호에 따른 종합시설 중 24시간 주거를 제공하지 아니하는 시설은 제외한다)
마. 별표 2 제9호마목에 따른 노숙인 관련 시설 중 노숙인자활시설, 노숙인재활시설 및 노숙인요양시설
바. 결핵환자나 한센인이 24시간 생활하는 노유자시설

7. 「의료법」제3조제2항제3호라목에 따른 요양병원(이하 "요양병원"이라 한다). 다만, 정신의료기관 중 정신병원(이하 "정신병원"이라 한다)과 의료재활시설은 제외한다.

② 제1항에도 규정에 불구하고 다음 각 호의 어느 하나에 해당하는 특정소방대상물은 소방본부장 또는 소방서장의 건축허가등의 동의대상에서 제외된다.
 1. 별표 5에 따라 특정소방대상물에 설치되는 소화기구, 누전경보기, 피난기구, 방열복·방화복·공기호흡기 및 인공소생기, 유도등 또는 유도표지가 법 제9조제1항 전단에 따른 화재안전기준(이하 "화재안전기준"이라 한다)에 적합한 경우 그 특정소방대상물 〈개정 2018.6.26〉
 2. 건축물의 증축 또는 용도변경으로 인하여 해당 특정소방대상물에 추가로 소방시설이 설치되지 아니하는 경우 그 특정소방대상물
 3. 법 제9조의3 제1항에 따라 성능위주설계를 한 특정소방대상물

③ 법 제7조제1항에 따라 건축허가등의 권한이 있는 행정기관은 건축허가등의 동의를 받으려는 경우에는 동의요구서에 행정안전부령으로 정하는 서류를 첨부하여 해당 건축물 등의 소재지를 관할하는 소방본부장 또는 소방서장에게 동의를 요구하여야 한다. 이 경우 동의 요구를 받은 소방본부장 또는 소방서장은 첨부서류가 미비한 경우에는 그 서류의 보완을 요구할 수 있다.

제4조 (건축허가등의 동의요구)

① 법 제7조제1항에 따른 건축물 등의 신축·증축·개축·재축·이전·용도변경 또는 대수선의 허가·협의 및 사용승인(이하 "건축허가등"이라 한다)의 동의요구는 다음 각 호의 구분에 따른 기관이 건축물 등의 시공지(施工地) 또는 소재지를 관할하는 소방본부장 또는 소방서장에게 제출하여야 한다.
 1. 영 제12조제1항제1호부터 제4호까지 및 제6호에 따른 건축물 등과 영 별표 2 제17호 가목에 따른 위험물 제조소등의 경우: 「건축법」제11조에 따른 허가(「건축법」제29조제1항에 따른 협의, 「주택법」제16조에 따른 승인, 같은 법 제29조에 따른 사용검사, 「학교시설사업 촉진법」제4조에 따른 승인 및 같은 법 제13조에 따른 사용승인을 포함한다)의 권한이 있는 행정기관
 2. 영 별표 2 제17호나목에 따른 가스시설의 경우: 「고압가스 안전관리법」제4조, 「도시가스사업법」제3조 및 「액화석유가스의 안전관리 및 사업법」제3조·제6조에 따른 허가의 권한이 있는 행정기관
 3. 영 별표 2 제28호에 따른 지하구의 경우: 「국토의 계획 및 이용에 관한 법률」제88조제2항에

　　　　따른 도시·군계획시설사업 실시계획 인가의 권한이 있는 행정기관
② 제1항 각 호의 어느 하나에 해당하는 기관은 영 제12조제3항의 규정에 따라 건축허가 등의 동의를 요구하는 때에는 동의요구서(전자문서로 된 요구서를 포함한다)에 다음 각 호의 서류(전자문서를 포함한다)를 첨부하여야 한다. 이 경우 동의 요구를 받은 담당공무원은 특별한 사정이 없는 한 「전자정부법」 제36조제1항에 따른 행정정보의 공동이용을 통하여 건축허가서를 확인함으로써 첨부서류의 제출에 갈음하여야 한다. 〈개정 2018.9.5.〉
　1. 「건축법 시행규칙」 제6조·제8조 및 제12조의 규정에 의한 <u>건축허가신청서</u> 및 <u>건축허가서</u> 또는 건축·대수선·용도변경신고서 등 건축허가등을 확인할 수 있는 서류의 사본
　2. 다음 각 목의 설계도서 다만, 가목 및 다목의 설계도서는 「소방시설공사업법 시행령」 제4조에 의한 소방시설공사 착공신고대상에 해당되는 경우에 한한다.
　　가. 건축물의 <u>단면도</u> 및 <u>주단면 상세도</u>(내장재료를 명시한 것에 한한다)
　　나. <u>소방시설</u>(기계·전기분야의 시설을 말한다)의 <u>층별 평면도</u> 및 <u>층별 계통도</u>(시설별 계산서를 포함한다)　　　　　　　　　　　　　　다. <u>창호도</u>
　3. <u>소방시설 설치계획표</u>
　4. 임시소방시설 설치계획서(설치 시기·위치·종류·방법 등 임시소방시설의 설치와 관련한 세부사항을 포함한다)
　5. <u>소방시설설계업등록증과 소방시설을 설계한 기술인력자의 기술자격증 사본</u>
　6. 「소방시설공사업법」 제21조의3제2항에 따라 체결한 소방시설설계 계약서 사본 1부
③ 제1항에 따른 동의요구를 받은 소방본부장 또는 소방서장은 법 제7조제3항에 따라 건축허가등의 동의요구서류를 접수한 날부터 <u>5일</u>(허가를 신청한 건축물 등이 영 제22조제1항제1호 각 목의 어느 하나에 해당하는 경우에는 10일) 이내에 건축허가등의 동의여부를 회신하여야 한다.
④ 소방본부장 또는 소방서장은 제3항의 규정에 불구하고 제2항의 규정에 의한 동의요구서 및 첨부서류의 보완이 필요한 경우에는 <u>4일 이내</u>의 기간을 정하여 보완을 요구할 수 있다. 이 경우 보완기간은 제3항의 규정에 의한 회신기간에 <u>산입하지 아니하고</u>, 보완기간내에 보완하지 아니하는 때에는 동의요구서를 <u>반려하여야</u> 한다.
⑤ 제1항에 따라 건축허가등의 동의를 요구한 기관이 그 건축허가등을 취소하였을 때에는 취소한 날부터 7일 이내에 건축물 등의 시공지 또는 소재지를 관할하는 소방본부장 또는 소방서장에게 그 사실을 통보하여야 한다. 〈개정 2013.4.16〉
⑥ 소방본부장 또는 소방서장은 제3항의 규정에 따라 동의 여부를 회신하는 때에는 별지 제5호서식의 건축허가등의 동의대장에 이를 기재하고 관리하여야 한다.
⑦ 법 제7조제6항 후단에서 "행정안전부령으로 정하는 기간"이란 7일을 말한다.

제7조의2 (전산시스템 구축 및 운영)

① 소방청장, 소방본부장 또는 소방서장은 제7조제3항에 따라 제출받은 설계도면의 체계적인 관리 및 공유를 위하여 전산시스템을 구축·운영하여야 한다.
② 소방청장, 소방본부장 또는 소방서장은 전산시스템의 구축·운영에 필요한 자료의 제출 또는 정보

의 제공을 관계 행정기관의 장에게 요청할 수 있다. 이 경우 자료의 제출이나 정보의 제공을 요청받은 관계 행정기관의 장은 정당한 사유가 없으면 이에 따라야 한다.

제8조 (주택에 설치하는 소방시설)

① 다음 각 호의 주택의 소유자는 대통령령으로 정하는 소방시설을 설치하여야 한다.
  1. 「건축법」 제2조제2항제1호의 단독주택
  2. 「건축법」 제2조제2항제2호의 공동주택(아파트 및 기숙사는 제외한다)
② 국가 및 지방자치단체는 제1항에 따라 주택에 설치하여야 하는 소방시설(이하 "주택용 소방시설"이라 한다)의 설치 및 국민의 자율적인 안전관리를 촉진하기 위하여 필요한 시책을 마련하여야 한다.
③ 주택용 소방시설의 설치기준 및 자율적인 안전관리 등에 관한 사항은 특별시·광역시·특별자치시·도 또는 특별자치도의 조례로 정한다.

> **영** 제13조 (주택용 소방시설)
> 법 제8조제1항 각 호 외의 부분에서 "대통령령으로 정하는 소방시설"이란 소화기 및 단독경보형감지기를 말한다. [* 영 제14~15조〈삭제됨 2007.3.23.〉]

제2절 특정소방대상물에 설치하는 소방시설 등의 유지·관리 등

제9조 (특정소방대상물에 설치하는 소방시설의 유지·관리 등)

① 특정소방대상물의 관계인은 대통령령으로 정하는 소방시설을 소방청장이 정하여 고시하는 화재안전기준에 따라 설치 또는 유지·관리하여야 한다. 이 경우「장애인·노인·임산부 등의 편의증진 보장에 관한 법률」제2조제1호에 따른 장애인등이 사용하는 소방시설(경보설비 및 피난구조설비를 말한다)은 대통령령으로 정하는 바에 따라 장애인등에 적합하게 설치 또는 유지·관리하여야 한다.
② 소방본부장이나 소방서장은 제1항에 따른 소방시설이 제1항의 화재안전기준에 따라 설치 또는 유지·관리되어 있지 아니할 때에는 해당 특정소방대상물의 관계인에게 필요한 조치를 명할 수 있다.
③ 특정소방대상물의 관계인은 제1항에 따라 소방시설을 유지·관리할 때 있어서 소방시설의 기능과 성능에 지장을 줄 수 있는 폐쇄(잠금을 포함한다. 이하 같다)·차단 등의 행위를 하여서는 아니 된다. 다만, 소방시설의 점검·정비를 위한 폐쇄·차단은 할 수 있다.

> **영** 제15조 (특정소방대상물의 규모 등에 따라 갖추어야 하는 소방시설)
> 법 제9조제1항 전단 및 제9조의4제1항의 규정에 따라 특정소방대상물의 관계인이 특정소방대상물의 규모·용도 및 별표 4에 따라 산정된 수용 인원(이하 "수용인원"이라한다) 등을 고려하여 갖추어야 하는 소방시설의 종류는 별표 5와 같다. 〈개정 2017.1.26.〉

> **칙** 제6조 (물분무등소화설비 및 제연설비를 설치하여야 하는 터널)
> ① 영 별표 5 제1호다목2)나 본문에서 "행정안전부령으로 정하는 터널"이란 「도로의 구조·시설 기준에 관한 규칙」제48조에 따라 국토교통부장관이 정하는 도로의 구조 및 시설에 관한 세부기준에 의하여 옥내소화전설비를 설치하여야 하는 터널을 말한다. 〈개정 2017.2.10〉
> ② 영 별표 5 제1호바목7) 본문에서 "행정안전부령으로 정하는 터널"이란 「도로의 구조·시설 기준에 관한 규칙」제48조에 따라 국토교통부장관이 정하는 도로의 구조 및 시설에 관한 세부기준에 의하여

물분무설비를 설치하여야 하는 터널을 말한다. 〈개정 2017.2.10〉

③ 영 별표 5 제5호가목5)에서 "행정안전부령으로 정하는 터널"이란 「도로의 구조·시설 기준에 관한 규칙」제48조에 따라 국토교통부장관이 정하는 도로의 구조 및 시설에 관한 세부기준에 의하여 제연설비를 설치하여야 하는 터널을 말한다. 〈신설 2017.2.10〉

칙 제7조 (연소 우려가 있는 건축물의 구조)

영 별표5 제1호 사목1) 후단에서 "행정안전부령으로 정하는 연소(延燒) 우려가 있는 구조"란 다음 각 호의 기준에 모두 해당하는 구조를 말한다.

1. 건축물대장의 건축물 현황도에 표시된 대지경계선 안에 둘 이상의 건축물이 있는 경우
2. 각각의 건축물이 다른 건축물의 외벽으로부터 수평거리가 1층의 경우에는 6미터 이하, 2층 이상의 층의 경우에는 10미터 이하인 경우
3. 개구부(영 제2조제1호에 따른 개구부를 말한다)가 다른 건축물을 향하여 설치되어 있는 경우

제9조의2 (소방시설의 내진설계기준)

「지진·화산재해대책법」제14조제1항 각 호의 시설 중 대통령령으로 정하는 특정소방대상물에 대통령령으로 정하는 소방시설을 설치하려는 자는 지진이 발생할 경우 소방시설이 정상적으로 작동될 수 있도록 소방청장이 정하는 내진설계기준에 맞게 소방시설을 설치하여야 한다.

영 제15조2 (소방시설의 내진설계)

① 법 제9조의2에서 "대통령령으로 정하는 특정소방대상물"이란 「건축법」제2조제1항제2호에 따른 건축물로서 「지진·화산재해대책법 시행령」 제10조제1항 각 호에 해당하는 시설을 말한다.
② 법 제9조의2에서 "대통령령으로 정하는 소방시설"이란 소방시설 중 옥내소화전설비, 스프링클러설비, 물분무등소화설비를 말한다.

제9조의3 (성능위주설계)

① 대통령령으로 정하는 특정소방대상물(신축하는 것만 해당한다)에 소방시설을 설치하려는 자는 그 용도, 위치, 구조, 수용 인원, 가연물(可燃物)의 종류 및 양 등을 고려하여 설계(이하 "성능위주설계"라 한다)하여야 한다.
② 성능위주설계의 기준과 그 밖에 필요한 사항은 소방청장이 정하여 고시한다.

영 제15조3 (성능위주설계를 하여야 하는 특정소방대상물의 범위)

법 제9조의3제1항에서 "대통령령으로 정하는 특정소방대상물"이란 다음 각 호의 어느 하나에 해당하는 특정소방대상물(신축하는 것만 해당한다)을 말한다.

1. 연면적 20만m^2 이상인 특정소방대상물. 다만, 별표 2 제1호에 따른 공동주택 중 주택으로 쓰이는 층수가 5층 이상인 주택(이하 이 조에서 "아파트등"이라 한다)은 제외한다.
2. 다음 각 목의 어느 하나에 해당하는 특정소방대상물. 다만, 아파트등은 제외한다.
   가. 건축물의 높이가 100미터 이상인 특정소방대상물
   나. 지하층을 포함한 층수가 30층 이상인 특정소방대상물
3. 연면적 3만m^2 이상인 특정소방대상물로서 다음 각 목의 어느 하나에 해당하는 특정소방대상물
   가. 별표 2 제6호나목의 철도 및 도시철도 시설   나. 별표 2 제6호다목의 공항시설

4. 하나의 건축물에「영화 및 비디오물의 진흥에 관한 법률」제2조제10호에 따른 영화상영관이 10개 이상인 특정소방대상물

제9조의4 (특정소방대상물별로 설치하여야 하는 소방시설의 정비 등)
① 제9조제1항에 따라 대통령령으로 소방시설을 정할 때에는 특정소방대상물의 규모·용도 및 수용인원 등을 고려하여야 한다.
② 소방청장은 건축 환경 및 화재위험특성 변화사항을 효과적으로 반영할 수 있도록 제1항에 따른 소방시설 규정을 3년에 1회 이상 정비하여야 한다.
③ 소방청장은 건축 환경 및 화재위험특성 변화 추세를 체계적으로 연구하여 제2항에 따른 정비를 위한 개선방안을 마련하여야 한다.
④ 제3항에 따른 연구의 수행 등에 필요한 사항은 행정안전부령으로 정한다.[본조신설 2016.1.27]

제9조의5 (소방용품의 내용연수 등)
① 특정소방대상물의 관계인은 내용연수가 경과한 소방용품을 교체하여야 한다. 이 경우 내용연수를 설정하여야 하는 소방용품의 종류 및 그 내용연수 연한에 필요한 사항은 대통령령으로 정한다.
② 제1항에도 불구하고 행정안전부령으로 정하는 절차 및 방법 등에 따라 소방용품의 성능을 확인받은 경우에는 그 사용기한을 연장할 수 있다.[본조신설 2016.1.27]

> 15조4 (내용연수 설정 대상 소방용품)
> ① 법 제9조의5제1항 후단에 따라 내용연수를 설정하여야 하는 소방용품은 분말형태의 소화약제를 사용하는 소화기로 한다.
> ② 제1항에 따른 소방용품의 내용연수는 10년으로 한다.[〈신설 2017.1.26.〉]

제10조 (피난시설 방화구획 및 방화시설의 유지·관리)
① 특정소방대상물의 관계인은「건축법」제49조에 따른 피난시설, 방화구획(防火區劃) 및 같은 법 제50조부터 제53조까지의 규정에 따른 방화벽, 내부 마감재료 등(이하 "방화시설"이라 한다)에 대하여 다음 각 호의 행위를 하여서는 아니 된다.
1. 피난시설, 방화구획 및 방화시설을 폐쇄하거나 훼손하는 등의 행위
2. 피난시설, 방화구획 및 방화시설의 주위에 물건을 쌓아두거나 장애물을 설치하는 행위
3. 피난시설, 방화구획 및 방화시설의 용도에 장애를 주거나 소방기본법 제16조에 따른 소방활동에 지장을 주는 행위
4. 그 밖에 피난시설, 방화구획 및 방화시설을 변경하는 행위
② 소방본부장이나 소방서장은 특정소방대상물의 관계인이 제1항 각 호의 행위를 한 경우에는 피난시설, 방화구획 및 방화시설의 유지·관리를 위하여 필요한 조치를 명할 수 있다.

제10조의2 (특정소방대상물의 공사 현장에 설치하는 임시소방시설의 유지·관리 등)
① 특정소방대상물의 건축·대수선·용도변경 또는 설치 등을 위한 공사를 시공하는 자(이하 이 조에서 "시공자"라 한다)는 공사 현장에서 인화성(引火性) 물품을 취급하는 작업 등 대통령령으로 정하는 작업(이하

이 조에서 "화재위험작업"이라 한다)을 하기 전에 설치 및 철거가 쉬운 화재대비시설(이하 이 조에서 "임시소방시설"이라 한다)을 설치하고 유지·관리하여야 한다.

② 제1항에도 불구하고 시공자가 화재위험작업 현장에 소방시설 중 임시소방시설과 기능 및 성능이 유사한 것으로서 대통령령으로 정하는 소방시설을 제9조제1항 전단에 따른 화재안전기준에 맞게 설치하고 유지·관리하고 있는 경우에는 임시소방시설을 설치하고 유지·관리한 것으로 본다.

③ 소방본부장 또는 소방서장은 제1항이나 제2항에 따라 임시소방시설 또는 소방시설이 설치 또는 유지·관리되지 아니할 때에는 해당 시공자에게 필요한 조치를 하도록 명할 수 있다.

④ 제1항에 따라 임시소방시설을 설치하여야 하는 공사의 종류와 규모, 임시소방시설의 종류 등에 관하여 필요한 사항은 대통령령으로 정하고, 임시소방시설의 설치 및 유지·관리 기준은 소방청장이 정하여 고시한다. 〈신설 2014.1.7〉

영 15조5 (임시소방시설의 종류 및 설치기준 등)

① 법 제10조의2제1항에서 "인화성(引火性) 물품을 취급하는 작업 등 대통령령으로 정하는 작업"이란 다음 각 호의 어느 하나에 해당하는 작업을 말한다.
1. 인화성·가연성·폭발성 물질을 취급하거나 가연성 가스를 발생시키는 작업
2. 용접·용단 등 불꽃을 발생시키거나 화기(火氣)를 취급하는 작업
3. 전열기구, 가열전선 등 열을 발생시키는 기구를 취급하는 작업
4. 소방청장이 정하여 고시하는 폭발성 부유분진을 발생시킬 수 있는 작업
5. 그 밖에 제1호부터 제4호까지와 비슷한 작업으로 소방청장이 정하여 고시하는 작업

② 법 제10조의2제1항에 따라 공사 현장에 설치하여야 하는 설치 및 철거가 쉬운 화재대비시설(이하 "임시소방시설"이라 한다)의 종류와 임시소방시설을 설치하여야 하는 공사의 종류 및 규모는 별표 5의2 제1호 및 제2호와 같다.

③ 법 제10조의2제2항에 따른 임시소방시설과 기능과 성능이 유사한 소방시설은 별표 5의2 제3호와 같다.

제11조 (소방시설기준 적용의 특례)

① 소방본부장이나 소방서장은 제9조제1항 전단에 따른 대통령령 또는 화재안전기준이 변경되어 그 기준이 강화되는 경우 기존의 특정소방대상물(건축물의 신축·개축·재축·이전 및 대수선 중인 특정소방대상물을 포함한다)의 소방시설에 대하여는 변경 전의 대통령령 또는 화재안전기준을 적용한다. 다만, 다음 각 호의 어느 하나에 해당하는 소방시설의 경우에는 대통령령 또는 화재안전기준의 변경으로 강화된 기준을 적용한다.
1. 다음 소방시설 중 대통령령으로 정하는 것
   가. 소화기구   나. 비상경보설비   다. 자동화재속보설비   라. 피난구조설비
2. 다음 각 목의 지하구에 설치하여야 하는 소방시설 〈개정 2020년 6월9일〉
   가. 「국토의 계획 및 이용에 관한 법률」 제2조제9호에 따른 공동구
   나. 전력 또는 통신사업용 지하구
3. 노유자(老幼者)시설, 의료시설에 설치하여야 하는 소방시설 중 대통령령으로 정하는 것

② 소방본부장 또는 소방서장은 특정소방대상물에 설치하여야 하는 소방시설 가운데 기능과 성능이 유사한

물분무소화설비, 간이스프링클러설비, 비상경보설비 및 비상방송설비 등의 소방시설의 경우에는 대통령령으로 정하는 바에 따라 유사한 소방시설의 설치를 면제할 수 있다.

③ 소방본부장이나 소방서장은 기존의 특정소방대상물이 증축되거나 용도변경되는 경우에는 대통령령으로 정하는 바에 따라 증축 또는 용도변경 당시의 소방시설의 설치에 관한 대통령령 또는 화재안전기준을 적용한다.

④ 다음 각 호의 어느 하나에 해당하는 특정소방대상물 가운데 대통령령으로 정하는 특정소방대상물에는 제9조제1항에 불구하고 대통령령으로 정하는 소방시설을 설치하지 아니할 수 있다.
  1. 화재 위험도가 낮은 특정소방대상물
  2. 화재안전기준을 적용하기 어려운 특정소방대상물
  3. 화재안전기준을 다르게 적용하여야 하는 특수한 용도 또는 구조를 가진 특정소방대상물
  4. 「위험물안전관리법」 제19조에 따른 자체소방대가 설치된 특정소방대상물

⑤ 제4항 각 호의 어느 하나에 해당하는 특정소방대상물에 구조 및 원리 등에서 공법이 특수한 설계로 인정된 소방시설을 설치하는 경우에는 제11조의2제1항에 따른 중앙소방기술심의위원회의 심의를 거쳐 제9조제1항 전단에 따른 화재안전기준을 적용하지 아니 할 수 있다.

제15조6 (강화된 소방시설기준의 적용대상)
법 제11조 제1항 제3호에서 "대통령령으로 정하는 것"이란 다음 각 호의 어느 하나에 해당하는 설비를 말한다.
  1. 노유자(老幼者)시설에 설치하는 간이스프링클러설비, 자동화재탐지설비 및 단독경보형감지기
  2. 의료시설에 설치하는 스프링클러설비, 간이스프링클러설비, 자동화재탐지설비 및 자동화재속보설비

제16조 (유사한 소방시설의 설치면제의 기준)
법 제11조제2항에 따라 소방본부장 또는 소방서장은 특정소방대상물에 설치하여야 하는 소방시설 가운데 기능과 성능이 유사한 소방시설의 설치를 면제하려는 경우에는 별표 6의 기준에 따른다.

제17조 (특정소방대상물의 증축 또는 용도변경시의 소방시설기준 적용의 특례)
① 법 제11조제3항에 따라 소방본부장 또는 소방서장은 특정소방대상물이 증축되는 경우에는 기존 부분을 포함한 특정소방대상물의 전체에 대하여 증축 당시의 소방시설의 설치에 관한 대통령령 또는 화재안전기준을 적용하여야 한다. 다만, 다음 각 호의 어느 하나에 해당하는 경우에는 기존 부분에 대해서 증축 당시의 소방시설의 설치에 관한 대통령령 또는 화재안전기준을 적용하지 아니한다.
  1. 기존 부분과 증축 부분이 내화구조(耐火構造)로 된 바닥과 벽으로 구획된 경우
  2. 기존 부분과 증축 부분이 「건축법 시행령」 제64조에 따른 갑종 방화문(국토교통부장관이 정하는 기준에 적합한 자동방화셔터를 포함한다)으로 구획되어 있는 경우
  3. 자동차 생산공장 등 화재위험이 낮은 특정소방대상물 내부에 연면적 33㎡ 이하의 직원 휴게실을 증축하는 경우
  4. 자동차 생산공장 등 화재위험이 낮은 특정소방대상물에 캐노피(3면 이상에 벽이 없는 구조를 캐노피를 말한다)를 설치하는 경우

② 법 제11조제3항에 따라 소방본부장 또는 소방서장은 특정소방대상물이 용도변경되는 경우에는 용도변경되는 부분에 대해서만 용도변경 당시의 소방시설의 설치에 관한 대통령령 또는 화재안전기준을

적용한다. 다만, 다음 각 호의 어느 하나에 해당하는 경우에는 특정소방대상물 전체에 대하여 <u>용도변경 전에</u> 해당 특정소방대상물에 적용되던 소방시설의 설치에 관한 대통령령 또는 화재안전기준을 적용한다.
1. 특정소방대상물의 구조·설비가 화재연소 확대 요인이 적어지거나 피난 또는 화재진압활동이 쉬워지도록 변경되는 경우
2. 문화 및 집회시설 중 공연장·집회장·관람장, 판매시설, 운수시설, 창고시설 중 물류터미널이 불특정다수인이 이용하는 것이 아닌 일정한 근무자가 이용하는 용도로 변경되는 경우
3. 용도변경으로 인하여 천장·바닥·벽 등에 고정되어 있는 가연성 물질의 양이 줄어드는 경우
4. 「다중이용업소의 안전관리에 관한 특별법」 제2조 제1항제1호에 따른 다중이용업의 영업소(이하 "다중이용업소"라 한다), 문화 및 집회시설, 종교시설, 판매시설, 운수시설, 의료시설, 노유자시설, 수련시설, 운동시설, 숙박시설, 위락시설, 창고시설 중 물류터미널, 위험물 저장 및 처리 시설 중 가스시설, 장례식장이 각각 이 호에 규정된 시설 외의 용도로 변경되는 경우

영 제18조 (소방시설을 설치하지 아니하는 특정소방대상물의 범위)
법 제11조제4항에 따라 소방시설을 설치하지 아니할 수 있는 특정소방대상물 및 소방시설의 범위는 별표 7과 같다.

제11조의2 (소방기술심의 위원회)

① 다음 각 호의 사항을 심의하기 위하여 소방청에 중앙소방기술심의위원회(이하 "중앙위원회")를 둔다.
1. 화재안전기준에 관한 사항
2. 소방시설의 구조 및 원리 등에서 공법이 특수한 설계 및 시공에 관한 사항
3. 소방시설의 설계 및 공사감리의 방법에 관한 사항
4. <u>소방시설공사의 하자를 판단하는 기준에 관한 사항</u>
5. 그 밖에 소방기술 등에 관하여 대통령령으로 정하는 사항

② 다음 각 호의 사항을 심의하기 위하여 특별시·광역시·특별자치시·도 및 특별자치도에 지방소방기술심의위원회(이하 "지방위원회"라 한다)를 둔다.
1. <u>소방시설에 하자가 있는지의 판단에 관한 사항</u>
2. 그 밖에 소방기술 등에 관하여 대통령령으로 정하는 사항

③ 제1항과 제2항에 따른 중앙위원회 및 지방위원회의 구성·운영에 필요한 사항은 대통령령으로 정한다.

영 제18조의2 (소방기술심의위원회의 심의사항)
법 제11조의2제1항제5호에서 "대통령령으로 정하는 사항"이란 다음 각 호의 사항을 말한다.
1. 연면적 10만제곱미터 이상의 특정소방대상물에 설치된 소방시설의 설계·시공·감리의 하자 유무에 관한 사항
2. 새로운 소방시설과 소방용품 등의 도입 여부에 관한 사항
3. 그 밖에 소방기술과 관련하여 <u>소방청장이</u> 심의에 부치는 사항

② 법 제11조의2제2항제2호에서 "대통령령으로 정하는 사항"이란 다음 각 호의 사항을 말한다.
1. 연면적 10만제곱미터 미만의 특정소방대상물에 설치된 소방시설의 설계·시공·감리의 하자 유무에 관한 사항

2. 소방본부장 또는 소방서장이 화재안전기준 또는 위험물 제조소등(「위험물 안전관리법」 제2조제1항제6호에 따른 제조소등을 말한다. 이하 같다)의 시설기준의 적용에 관하여 기술검토를 요청하는 사항
3. 그 밖에 소방기술과 관련하여 시·도지사가 심의에 부치는 사항

제18조의3 (소방기술심의위원회의 구성 등)
① 법 제11조의2제1항에 따른 중앙소방기술심의위원회(이하 "중앙위원회"라 한다)는 성별을 고려하여 위원장을 포함한 60명 이내의 위원으로 구성한다.
② 법 제11조의2제2항에 따른 지방소방기술심의위원회(이하 "지방위원회"라 한다)는 위원장을 포함하여 5명 이상 9명 이하의 위원으로 구성한다.
③ 중앙위원회의 회의는 위원장과 위원장이 회의마다 지정하는 6명 이상 12명 이하의 위원으로 구성하고, 중앙위원회는 분야별 소위원회를 구성·운영할 수 있다.

제18조의4 (위원의 임명·위촉)
① 중앙위원회의 위원은 과장급 직위 이상의 소방공무원과 다음 각 호의 어느 하나에 해당하는 사람 중에서 소방청장이 임명하거나 성별을 고려하여 위촉한다.
  1. 소방기술사
  2. 석사 이상의 소방 관련 학위를 소지한 사람
  3. 소방시설관리사
  4. 소방 관련 법인·단체에서 소방 관련 업무에 5년 이상 종사한 사람
  5. 소방공무원 교육기관, 대학교 또는 연구소에서 소방과 관련된 교육이나 연구에 5년 이상 종사한 사람
② 지방위원회의 위원은 해당 특별시·광역시·특별자치시·도 및 특별자치도 소속 소방공무원과 제1항 각 호의 어느 하나에 해당하는 사람 중에서 시·도지사가 임명하거나 성별을 고려하여 위촉한다.
③ 중앙위원회의 위원장은 소방청장이 해당 위원 중에서 위촉하고, 지방위원회의 위원장은 시·도지사가 해당 위원 중에서 위촉한다.
④ 중앙위원회 및 지방위원회의 위원 중 위촉위원의 임기는 2년으로 하되, 한 차례만 연임할 수 있다.

제18조의5 (위원장 및 위원의 직무)
① 중앙위원회 및 지방위원회(이하 "위원회"라 한다)의 위원장(이하 "위원장"이라 한다)은 위원회의 회의를 소집하고 그 의장이 된다.
② 위원장이 부득이한 사유로 직무를 수행할 수 없을 때에는 위원장이 지정한 위원이 그 직무를 대리한다.

제18조의6 (위원의 제척·기피·회피)
① 위원회의 위원이 다음 각 호의 어느 하나에 해당하는 경우에는 위원회의 심의·의결에서 제척된다.
  1. 위원이나 그 배우자 또는 배우자였던 사람이 해당 안건의 당사자(당사자가 법인·단체 등인 경우에는 그 임원을 포함한다. 이하 이 호 및 제2호에서 같다)가 되거나 그 안건의 당사자와 공동권리자 또는 공동의무자인 경우
  2. 위원이 해당 안건의 당사자와 친족인 경우
  3. 위원이 해당 안건에 관하여 증언, 진술, 자문, 연구, 용역 또는 감정을 한 경우
  4. 위원이나 위원이 속한 법인·단체 등이 해당 안건의 당사자의 대리인이거나 대리인이었던 경우
② 해당 안건의 당사자는 위원에게 공정한 심의·의결을 기대하기 어려운 사정이 있는 경우에는 위원회

에 기피신청을 할 수 있고, 위원회는 의결로 이를 결정한다. 이 경우 기피신청의 대상인 위원은 그 의결에 참여하지 못한다.

③ 위원이 제1항 각 호에 따른 제척사유에 해당하는 경우에는 스스로 해당 안건의 심의·의결에서 회피(回避)하여야 한다. [본조신설 2016.1.19.]

제18조의7 (위원의 해임 및 해촉)

① 소방청장 또는 시·도지사는 위원이 다음 각 호의 어느 하나에 해당하는 경우에는 해당 위원을 해임하거나 해촉(解囑)할 수 있다.
1. 심신장애로 인하여 직무를 수행할 수 없게 된 경우
2. 직무와 관련된 비위사실이 있는 경우
3. 직무태만, 품위손상이나 그 밖의 사유로 인하여 위원으로 적합하지 아니하다고 인정되는 경우
4. 제18조의6제1항 각 호의 어느 하나에 해당하는 데에도 불구하고 회피하지 아니한 경우
5. 위원 스스로 직무를 수행하는 것이 곤란하다고 의사를 밝히는 경우 [본조신설 2016.1.19.]

제18조의8 (시설 등의 확인 및 의견청취) (위원의 제척·기피·회피)

① 소방청장 또는 시·도지사는 위원회의 원활한 운영을 위하여 필요하다고 인정하는 경우 위원회 위원으로 하여금 관련 시설 등을 확인하게 하거나 해당 분야의 전문가 또는 이해관계자 등으로부터 의견을 청취하게 할 수 있다.

제18조의9 (위원의 수당)

위원회의 위원에게는 예산의 범위에서 참석 및 조사·연구 수당을 지급할 수 있다.

제18조의10 (운영세척)

이 영에서 정한 것 외에 위원회의 운영에 필요한 사항은 소방청장 또는 시·도지사가 정한다.

제3절 방염(防炎) 등

제12조 (소방대상물의 방염 등)

① 대통령령으로 정하는 특정소방대상물에 실내장식 등의 목적으로 설치 또는 부착하는 물품으로서 대통령령으로 정하는 물품(이하 "방염대상물품"이라 한다)은 방염성능기준 이상의 것으로 설치하여야 한다.

② 소방본부장이나 소방서장은 방염대상물품이 제1항에 따른 방염성능기준에 미치지 못하거나 제13조제1항에 따른 방염성능검사를 받지 아니한 것이면 소방대상물의 관계인에게 방염대상물품을 제거하도록 하거나 방염성능검사를 받도록 하는 등 필요한 조치를 명할 수 있다.

③ 제1항에 따른 방염성능기준은 대통령령으로 정한다.

제19조 (방염성능기준 이상의 실내장식물 등을 설치하여야 하는 특정소방대상물)

법 제12조제1항에서 "대통령령으로 정하는 특정소방대상물"이란 다음 각 호의 어느 하나에 해당하는 것을 말한다. 〈개정 2019.8.6〉
1. 근린생활시설 중 의원, 체력단련장, 공연장 및 종교집회장
2. 건축물의 옥내에 있는 시설로서 다음 각 목의 시설
   가. 문화 및 집회시설   나. 종교시설   다. 운동시설(수영장은 제외한다)
3. 의료시설   4. 교육연구시설 중 합숙소   5. 노유자시설   6. 숙박이 가능한 수련시설

7. 숙박시설   8. 방송통신시설 중 방송국 및 촬영소   9. 다중이용업의 영업장
10. 제1호부터 제9호까지의 시설에 해당하지 않는 것으로서 층수가 11층 이상인 것(아파트는 제외한다)

제20조 (방염대상물품 및 방염성능기준)

① 법 제12조제1항에서 "대통령령이 정하는 물품"이란 다음 각 호의 어느 하나에 해당하는 것을 말한다.

1. 제조 또는 가공 공정에서 방염처리를 한 물품(합판·목재류의 경우에는 설치 현장에서 방염처리를 한 것을 포함한다)으로서 다음 각 목의 어느 하나에 해당하는 것
   가. 창문에 설치하는 커튼류(블라인드를 포함한다.)
   나. 카펫, 두께가 2mm 미만인 벽지류(종이벽지는 제외한다.)
   다. 전시용 합판 또는 섬유판, 무대용 합판 또는 섬유판
   라. 암막·무대막(「영화 및 비디오물의 진흥에 관한 법률」 제2조제10호에 따른 영화상영관에 설치하는 스크린과 「다중이용업소의 안전관리에 관한 특별법 시행령」 제2조제7호의4에 따른 골프 연습장업에 설치하는 스크린을 포함한다.)
   마. 섬유류 또는 합성수지류 등을 원료로 하여 제작된 소파·의자(「다중이용업소의 안전관리에 관한 특별법 시행령」 제2조제1호나목 및 같은 조 제6호에 따른 단란주점영업, 유흥주점영업 및 노래연습장업의 영업장에 설치하는 것만 해당한다)

2. 건축물 내부의 천장이나 벽에 부착하거나 설치하는 것으로서 다음 각 목의 어느 하나에 해당하는 것. 다만, 가구류(옷장, 찬장, 식탁, 식탁용 의자, 사무용 책상, 사무용 의자 및 계산대 및 그 밖에 이와 비슷한 것을 말한다 이하 이 조에서 같다)와 너비 10센티미터 이하인 반자돌림대 등과 「건축법」제52조에 따른 내부마감재료는 제외한다.
   가. 종이류(두께 2밀리미터 이상인 것을 말한다)·합성수지류 또는 섬유류를 주원료로 한 물품
   나. 합판이나 목재
   다. 공간을 구획하기 위하여 설치하는 간이 칸막이(접이식 등 이동 가능한 벽체나 천장 또는 반자가 실내에 접하는 부분까지 구획하지 아니하는 벽체를 말한다)
   라. 흡음(吸音)이나 방음(防音)을 위하여 설치하는 흡음재(흡음용 커튼을 포함한다) 또는 방음재(방음용 커튼을 포함한다)

② 법 제12조제3항에 따른 방염성능기준은 다음 각 호의 기준에 따르되, 제1항에 따른 방염대상물품의 종류에 따른 구체적인 방염성능기준은 다음 각 호의 기준의 범위에서 소방청장이 정하여 고시하는 바에 따른다.

1. 버너의 불꽃을 제거한 때부터 불꽃을 올리며 연소하는 상태가 그칠 때까지 시간은 20초 이내 일 것
2. 버너의 불꽃을 제거한 때부터 불꽃을 올리지 아니하고 연소하는 상태가 그칠 때까지 시간은 30초 이내 일 것
3. 탄화(炭化)한 면적은 50cm² 이내, 탄화한 길이는 20cm 이내 일 것
4. 불꽃에 의하여 완전히 녹을 때까지 불꽃의 접촉 횟수는 3회 이상일 것
5. 소방청장이 정하여 고시한 방법으로 발연량(發煙量)을 측정하는 경우 최대연기밀도는 400 이하 일 것

③ 소방본부장 또는 소방서장은 제1항에 따른 물품 외에 다음 각 호의 어느 하나에 해당하는 물품의 경우에는 방염처리된 물품에 대하여 방염처리가 필요하다고 인정되는 경우에는 방염처리된 제품을 사용하도록 권장할 수 있다.
1. 다중이용업소·의료시설·노유자시설·숙박시설 또는 장례식장에서 사용하는 침구류·소파 및 의자
2. 건축물 내부의 천장 또는 벽에 부착하거나 설치하는 가구류

제13조 (방염성능의 검사)

① 제12조제1항에 따른 특정소방대상물에서 사용하는 방염대상물품은 소방청장(대통령령으로 정하는 방염대상물품의 경우에는 시·도지사를 말한다)이 실시하는 방염성능검사를 받은 것이어야 한다.
② 「소방시설공사업법」제4조에 따라 방염처리업의 등록을 한 자는 제1항에 따른 방염성능검사를 할 때에 거짓 시료(試料)를 제출하여서는 아니 된다.
③ 제1항에 따른 방염성능검사의 방법과 검사 결과에 따른 합격 표시 등에 필요한 사항은 행정안전부령으로 정한다. 〈개정 2014.12.30〉

> **영** 제20조의2 (시·도지사가 실시하는 방염성능 검사)
> ① 법 제13조제1항에서 "대통령령으로 정하는 방염대상물품"이란 제20조제1항에 따른 방염대상물품 중 설치 현장에서 방염처리를 하는 합판·목재를 말한다. 〈신설 2014.7.7〉

제14~15조 〈삭제됨 2014.12.30.〉 영제21조〈삭제 2015.6.30.〉 칙제13조〈삭제 2015.7.16〉

제4장 소방대상물의 안전관리

제20조 (특정소방대상물의 소방안전관리)

① 특정소방대상물의 관계인은 그 특정소방대상물에 대하여 제6항에 따른 소방안전관리 업무를 수행하여야 한다.
② 대통령령으로 정하는 특정소방대상물(이하 이 조에서 "소방안전관리대상물"이라 한다)의 관계인은 소방안전관리 업무를 수행하기 위하여 대통령령으로 정하는 자를 행정안전부령으로 정하는 바에 따라 소방안전관리자 및 소방안전관리보조자로 선임하여야 한다. 이 경우 소방안전관리보조자의 최소인원 기준 등 필요한 사항은 대통령령으로 정하고, 제4항·제5항 및 제7항은 소방안전관리보조자에 대하여 준용한다.
③ 대통령령으로 정하는 소방안전관리대상물의 관계인은 제2항에도 불구하고 제29조제1항에 따른 소방시설관리업의 등록을 한 자(이하 "관리업자"라 한다)로 하여금 제1항에 따른 소방안전관리 업무 중 대통령령으로 정하는 업무를 대행하게 할 수 있으며, 이 경우 소방안전관리 업무 중 대통령령으로 정하는 업무를 대행하는 자를 감독할 수 있는 자를 소방안전관리자로 선임할 수 있다.
④ 소방안전관리대상물의 관계인이 소방안전관리자를 선임한 경우에는 행정안전부령으로 정하는 바에 따라 선임한 날부터 14일 이내에 소방본부장이나 소방서장에게 신고하고, 소방안전관리대상물의 출입자가 쉽게 알 수 있도록 소방안전관리자의 성명과 그 밖에 행정안전부령으로 정하는 사항을 게시하여야 한다.
⑤ 소방안전관리대상물의 관계인이 소방안전관리자를 해임한 경우에는 그 관계인 또는 해임된 소방안전관리자

는 소방본부장이나 소방서장에게 그 사실을 알려 해임한 사실의 확인을 받을 수 있다.
⑥ 특정소방대상물(소방안전관리대상물은 제외한다)의 관계인과 소방안전관리대상물의 소방안전관리자의 업무는 다음 각 호와 같다. 다만, 제1호·제2호 및 제4호의 업무는 소방안전관리대상물의 경우에만 해당한다.
  1. 제21조의2에 따른 피난계획에 관한 사항과 대통령령으로 정하는 사항이 포함된 소방계획서의 작성 및 시행
  2. 자위소방대(自衛消防隊) 및 초기대응체계의 구성·운영·교육
  3. 제10조에 따른 피난시설, 방화구획 및 방화시설의 유지·관리
  4. 제22조에 따른 소방훈련 및 교육
  5. 소방시설이나 그 밖의 소방 관련 시설의 유지·관리
  6. 화기(火氣) 취급의 감독
  7. 그 밖에 소방안전관리에 필요한 업무
⑦ 소방안전관리대상물의 관계인은 소방안전관리자가 소방안전관리 업무를 성실하게 수행할 수 있도록 지도·감독하여야 한다.
⑧ 소방안전관리자는 인명과 재산을 보호하기 위하여 소방시설·피난시설·방화시설 및 방화구획 등이 법령에 위반된 것을 발견한 때에는 지체 없이 소방안전관리대상물의 관계인에게 소방대상물의 개수·이전·제거·수리 등 필요한 조치를 할 것을 요구하여야 하며, 관계인이 시정하지 아니하는 경우 소방본부장 또는 소방서장에게 그 사실을 알려야 한다. 이 경우 소방안전관리자는 공정하고 객관적으로 그 업무를 수행하여야 한다.
⑨ 소방안전관리자로부터 제8항에 따른 조치요구 등을 받은 소방안전관리대상물의 관계인은 지체 없이 이에 따라야 하며 제8항에 따른 조치요구 등을 이유로 소방안전관리자를 해임하거나 보수(報酬)의 지급을 거부하는 등 불이익한 처우를 하여서는 아니 된다. 〈전문개정 2011.8.4〉
⑩ 제3항에 따라 소방안전관리 업무를 관리업자에게 대행하게 하는 경우의 대가(代價)는 「엔지니어링산업진흥법」제31조에 따른 엔지니어링사업의 대가 기준 가운데 행정안전부령으로 정하는 방식에 따라 산정한다.
⑪ 제6항 제2호에 따른 자위소방대와 초기대응체계의 구성, 운영 및 교육 등에 관하여 필요한 사항은 행정안전부령으로 정한다.
⑫ 소방본부장 또는 소방서장은 제2항에 따른 소방안전관리자를 선임하지 아니한 소방안전관리대상물의 관계인에게 소방안전관리자를 선임하도록 명할 수 있다.
⑬ 소방본부장 또는 소방서장은 제6항에 따른 업무를 다하지 아니하는 특정소방대상물의 관계인 또는 소방안전관리자에게 그 업무를 이행하도록 명할 수 있다.

제22조 (소방안전관리자를 두어야 하는 특정소방대상물)
  ① 법 제20조제2항의 규정에 따라 소방안전관리자를 선임하여야 하는 특정소방대상물(이하 "소방안전관리대상물"이라 한다)은 다음 각 호의 어느 하나에 해당하는 특정소방대상물로 한다. 다만, 「공공기관의 소방안전관리에 관한 규정」을 적용받는 특정소방대상물은 제외한다. 〈개정 2017.1.27〉
    1. 별표 2의 특정소방대상물 중 다음 각 목의 어느 하나에 해당하는 것으로서 동·식물원, 철강 등

불연성 물품을 저장·취급하는 창고, 위험물 저장 및 처리 시설 중 위험물제조소등, 지하구를 제외한 것(이하 "특급 소방안전관리대상물"이라 한다)

  가. 50층 이상(지하층은 제외한다)이거나 지상으로부터 높이가 200미터 이상인 아파트

  나. 30층 이상(지하층을 포함한다)이거나 지상으로부터 높이가 120m 이상인 특정소방대상물(아파트는 제외한다)

  다. 나목에 해당하지 아니하는 특정소방대상물로서 연면적이 20만㎡ 이상인 특정소방대상물(아파트는 제외한다)

2. 별표 2의 특정소방대상물 중 특급소방대상물을 제외한 다음 각 목의 어느 하나에 해당하는 것으로서 동·식물원, 철강 등 불연성 물품을 저장·취급하는 창고, 위험물 저장 및 처리 시설 중 위험물 제조소등, 지하구를 제외한 것(이하 "1급 소방안전관리대상물"이라 한다)

  가. 30층 이상(지하층은 제외한다)이거나 지상으로부터 높이가 120미터 이상인 아파트

  나. 연면적 1만5천㎡ 이상인 것(아파트는 제외한다)

  다. 나목에 해당하지 아니하는 특정소방대상물로서 층수가 11층 이상인 특정소방대상물(아파트는 제외한다)

  라. 가연성 가스를 1천t 이상 저장·취급하는 시설

3. 별표 2의 특정소방대상물 중 특급 소방안전관리대상물 및 1급 소방안전관리대상물을 제외한 다음 각 목의 어느 하나에 해당하는 것(이하 "2급 소방안전관리대상물"이라 한다)

  가. 별표 5 제1호 다목부터 바목까지의 규정에 해당하는 특정소방대상물[호스릴(Hose Reel) 방식의 물분무등소화설비만을 설치한 경우는 제외한다]   나. 〈삭제〉

  다. 가스 제조설비를 갖추고 도시가스사업의 허가를 받아야 하는 시설 또는 가연성 가스를 100t 이상 1천t 미만 저장·취급하는 시설

  라. 지하구

  마. 「공동주택관리법 시행령」 제2조 각 호의 어느 하나에 해당하는 공동주택

  바. 「문화재보호법」 제23조에 따라 보물 또는 국보로 지정된 목조건축물

4. 별표 2의 특정소방대상물 중 이 항 제1호부터 제3호까지에 해당하지 아니하는 특정소방대상물로서 별표 5 제2호 라목에 해당하는 특정소방대상물(이하 "3급 소방안전관리대상물"이라 한다)

② 제1항에도 불구하고 건축물대장의 건축물현황도에 표시된 대지경계선 안의 지역 또는 인접한 2개 이상의 대지에 제1항에 따라 소방안전관리자를 두어야 하는 특정소방대상물이 둘 이상 있고, 그 관리에 관한 권원(權原)을 가진 자가 동일인인 경우에는 이를 하나의 특정소방대상물로 보되, 그 특정소방대상물이 제1항 제1호부터 제4호까지의 규정 중 둘 이상에 해당하는 경우에는 그 중에서 급수가 높은 특정소방대상물로 본다. 〈개정 2017.1.27.〉

제22조의2 (소방안전관리보조자를 두어야 하는 특정소방대상물)

① 법 제20조제2항에 따라 소방안전관리보조자를 선임하여야 하는 특정소방대상물은 제22조에 따라 소방안전관리자를 두어야 하는 특정소방대상물 중 다음 각 호의 어느 하나에 해당하는 특정소방대상물(이하 "보조자선임대상 특정소방대상물"이라 한다)로 한다. 다만, 제3호에 해당하는 특정소방대상물로서 해당 특정소방대상물이 소재하는 지역을 관할하는 소방서장이 야간이나 휴일에 해당 특정소

방대상물이 이용되지 아니한다는 것을 확인한 경우에는 소방안전관리보조자를 선임하지 아니할 수 있다. 〈신설 2015.6.30〉

1. 「건축법 시행령」별표 1 제2호 가목에 따른 아파트(300세대 이상인 아파트만 해당한다)
2. 제1호에 따른 아파트를 제외한 연면적이 1만5천제곱미터 이상인 특정소방대상물
3. 제1호 및 제2호에 따른 특정소방대상물을 제외한 공동주택 중 기숙사, 의료시설, 노유자시설, 수련시설 및 숙박시설(숙박시설로 사용되는 바닥면적의 합계가 1천500제곱미터 미만이고 관계인이 24시간 상시 근무하고 있는 숙박시설은 제외한다)

② 보조자선임대상 특정소방대상물의 관계인이 선임하여야 하는 소방안전관리보조자의 최소 선임기준은 다음 각 호와 같다.

1. 제1항 제1호의 경우: 1명. 다만, 초과되는 300세대마다 1명 이상을 추가로 선임하여야 한다.
2. 제1항 제2호의 경우: 1명. 다만, 초과되는 연면적 1만5천제곱미터(특정소방대상물의 방재실에 자위소방대가 24시간 상시 근무하고 「소방장비관리법 시행령」 별표 1 제1호가목에 따른 소방자동차 중 소방펌프차, 소방물탱크차, 소방화학차 또는 무인방수차를 운용하는 경우에는 3만제곱미터로 한다)마다 1명 이상을 추가로 선임해야 한다.
3. 제1항 제3호의 경우: 1명

제23조 (소방안전관리자 및 소방안전관리보조자의 선임대상자)

① 특급 소방안전관리대상물 의 관계인은 다음 각 호의 어느 하나에 해당하는 사람 중에서 소방안전관리자를 선임해야 한다.

1. 소방기술사 또는 소방시설관리사의 자격이 있는 사람
2. 소방설비기사의 자격을 취득한 후 5년 이상 1급 소방안전관리대상물의 소방안전관리자로 근무한 실무경력(법 제20조제3항에 따라 소방안전관리자로 선임되어 근무한 경력은 제외한다. 이하 이 조에서 같다.)이 있는 사람
3. 소방설비산업기사의 자격을 취득한 후 7년 이상 1급 소방안전관리대상물의 소방안전관리자로 근무한 실무경력이 있는 사람
4. 소방공무원으로 20년 이상 근무한 경력이 있는 사람
5. 다음 각 목의 어느 하나에 해당하는 사람으로서 소방청장이 정하여 실시하는 특급 소방안전관리대상물의 소방안전관리에 관한 시험에 합격한 사람 이 경우 해당 시험은 다음 각 목의 어느 하나에 해당하는 사람만 응시할 수 있다.
   가. 1급 소방안전관리대상물의 소방안전관리자로 5년(소방설비기사의 경우 2년, 소방설비산업기사의 경우 3년) 이상 근무한 실무경력이 있는 사람
   나. 1급 소방안전관리대상물의 소방안전관리자로 선임될 수 있는 자격이 있는 사람으로서 특급 또는 1급 소방안전관리대상물의 소방안전관리보조자로 7년 이상 근무한 실무경력이 있는 사람
   다. 소방공무원으로 10년 이상 근무한 경력이 있는 사람
   라. 「고등교육법」 제2조제1호부터 제6호까지의 어느 하나에 해당하는 학교(이하 "대학"이라 한다)에서 소방안전관리학과(소방청장이 정하여 고시하는 학과를 말한다. 이하

같다)를 전공하고 졸업한 사람(법령에 따라 이와 같은 수준의 학력이 있다고 인정되는 사람을 포함한다)으로서 해당 학과를 졸업한 후 2년 이상 1급 소방안전관리대상물의 소방안전관리자로 근무한 실무경력이 있는 사람

마. 다음 1)부터 3)까지의 어느 하나에 해당하는 사람으로서 해당 요건을 갖춘 후 3년 이상 1급 소방안전관리대상물의 소방안전관리자로 근무한 실무경력이 있는 사람
  1) 대학에서 소방안전 관련 교과목(소방청장이 정하여 고시하는 교과목을 말한다. 이하 같다)을 12학점 이상 이수하고 졸업한 사람
  2) 법령에 따라 1)에 해당하는 사람과 같은 수준의 학력이 있다고 인정되는 사람으로서 해당 학력 취득 과정에서 소방안전 관련 교과목을 12학점 이상 이수한 사람
  3) 대학에서 소방안전 관련 학과(소방청장이 정하여 고시하는 학과를 말한다. 이하 같다)를 전공하고 졸업한 사람(법령에 따라 이와 같은 수준의 학력이 있다고 인정되는 사람을 포함한다)

바. 소방행정학(소방학 및 소방방재학을 포함한다) 또는 소방안전공학(소방방재공학 및 안전공학을 포함한다) 분야에서 석사학위 이상을 취득한 후 2년 이상 1급 소방안전관리대상물의 소방안전관리자로 근무한 실무경력이 있는 사람

사. 특급 소방안전관리대상물의 소방안전관리보조자로 10년 이상 근무한 실무경력이 있는 사람

아. 법 제41조제1항제3호 및 이 영 제38조에 따라 특급 소방안전관리대상물의 소방안전관리에 대한 강습교육을 수료한 사람

자. 「초고층 및 지하연계 복합건축물 재난관리에 관한 특별법」 제12조제1항 본문에 따라 총괄재난관리자로 지정되어 1년 이상 근무한 경력이 있는 사람

② <u>1급 소방안전관리대상물</u>의 관계인은 다음 각 호의 어느 하나에 해당하는 사람 중에서 소방안전관리자를 선임하여야 한다. 다만, 제4호부터 제6호까지에 해당하는 사람은 안전관리자로 선임된 해당 소방안전관리대상물의 소방안전관리자로만 선임할 수 있다.

1. 소방설비기사 또는 소방설비산업기사의 자격이 있는 사람
2. 산업안전기사 또는 산업안전산업기사의 자격을 취득한 후 <u>2년 이상</u> 2급 또는 3급 소방안전관리대상물의 소방안전관리자로 근무한 실무경력이 있는 사람
3. 소방공무원으로 7년 이상 근무한 경력이 있는 사람
4. 위험물기능장·위험물산업기사 또는 위험물기능사 자격을 가진 사람으로서 「위험물안전관리법」 제15조제1항에 따라 위험물안전관리자로 선임된 사람
5. 「고압가스 안전관리법」 제15조제1항, 「액화석유가스의 안전관리 및 사업법」 제34조제1항 또는 「도시가스사업법」 제29조제1항에 따라 안전관리자로 선임된 사람
6. 「전기사업법」 제73조제1항 및 제2항에 따라 전기안전관리자로 선임된 사람
7. 다음 각 목의 어느 하나에 해당하는 사람으로서 소방청장이 실시하는 1급 소방안전관리대상물의 소방안전관리에 관한 <u>시험에 합격한 사람.</u> 이 경우 해당 시험은 다음 각 목의 어느 하나에 해당하는 사람만 응시할 수 있다.
  가. 대학에서 소방안전관리학과를 전공하고 졸업한 사람(법령에 따라 이와 같은 수준의 학력이

있다고 인정되는 사람을 포함한다)으로서 해당 학과를 졸업한 후 2년 이상 2급 또는 3급 소방안전관리대상물의 소방안전관리자로 근무한 실무경력이 있는 사람

나. 다음 1)부터 3)까지의 어느 하나에 해당하는 사람으로서 해당 요건을 갖춘 후 3년 이상 2급 소방안전관리대상물 또는 3급 소방안전관리대상물의 소방안전관리자로 근무한 실무경력이 있는 사람

1) 대학에서 소방안전 관련 교과목을 12학점 이상 이수하고 졸업한 사람
2) 법령에 따라 1)에 해당하는 사람과 같은 수준의 학력이 있다고 인정되는 사람으로서 해당 학력 취득 과정에서 소방안전 관련 교과목을 12학점 이상 이수한 사람
3) 대학에서 소방안전 관련 학과를 전공하고 졸업한 사람(법령에 따라 이와 같은 수준의 학력이 있다고 인정되는 사람을 포함한다)

다. 소방행정학(소방학, 소방방재학을 포함한다) 또는 소방안전공학(소방방재공학, 안전공학을 포함한다) 분야에서 석사학위 이상을 취득한 사람

라. 가목 및 나목에 해당하는 경우 외에 5년 이상 2급 소방안전관리대상물의 소방안전관리자로 근무한 실무경력이 있는 사람

마. 법 제41조제1항제3호 및 이 영 제38조에 따라 특급 소방안전관리대상물 또는 1급 소방안전관리대상물의 소방안전관리에 대한 강습교육을 수료한 사람

바. 「공공기관의 소방안전관리에 관한 규정」제5조제1항 제2호 나목에 따른 강습교육을 수료한 사람

사. 2급 소방안전관리대상물의 소방안전관리자로 선임될 수 있는 자격이 있는 사람으로서 특급 또는 1급 소방안전관리대상물의 소방안전관리보조자로 <u>5년 이상</u> 근무한 실무경력이 있는 사람

아. 2급 소방안전관리대상물의 소방안전관리자로 선임될 수 있는 자격이 있는 사람으로서 2급 소방안전관리대상물의 소방안전관리보조자로 <u>7년 이상</u> 근무한 실무경력(특급 또는 1급 소방안전관리대상물의 소방안전관리보조자로 근무한 5년 미만의 실무경력이 있는 경우에는 이를 포함하여 <u>합산한다</u>)이 있는 사람

8. 제1항에 따라 특급 소방안전관리대상물의 소방안전관리자 자격이 인정되는 사람

③ <u>2급 소방안전관리대상물</u>의 관계인은 다음 각 호의 어느 하나에 해당하는 사람 중에서 소방안전관리자를 선임하여야 한다. 다만, 제3호에 해당하는 사람은 보안관리자 또는 보안감독자로 선임된 해당 소방안전관리대상물의 소방안전관리자로만 선임할 수 있다.

1. 건축사·산업안전기사·산업안전산업기사·건축기사·건축산업기사·일반기계기사·전기기능장·전기기사·전기산업기사·전기공사기사 또는 전기공사 산업기사 자격을 가진 사람
2. 위험물기능장·위험물산업기사 또는 위험물기능사 자격을 가진 사람
3. 광산보안기사 또는 광산보안산업기사 자격을 가진 사람으로서「광산안전법」제13조에 따라 광산안전관리직원(안전관리자 또는 안전감독자만 해당한다)으로 선임된 사람
4. 소방공무원으로 3년 이상 근무한 경력이 있는 사람
5. 다음 각 목의 어느 하나에 해당하는 사람으로서 소방청장이 실시하는 2급 소방안전관리대상물의

소방안전관리에 관한 시험에 합격한 사람. 이 경우 해당 시험은 다음 각 목의 어느 하나에 해당하는 사람만 응시할 수 있다.
  가. 대학에서 소방안전관리학과를 전공하고 졸업한 사람
  나. 다음 1)부터 3)까지의 어느 하나에 해당하는 사람
    1) 대학에서 소방안전 관련 교과목을 6학점 이상 이수하고 졸업한 사람
    2) 법령에 따라 1)에 해당하는 사람과 같은 수준의 학력이 있다고 인정되는 사람으로서 해당 학력 취득 과정에서 소방안전 관련 교과목을 6학점 이상 이수한 사람
    3) 대학에서 소방안전 관련 학과를 전공하고 졸업한 사람(법령에 따라 이와 같은 수준의 학력이 있다고 인정되는 사람을 포함한다)
  다. 소방본부 또는 소방서에서 1년 이상 화재진압 또는 그 보조 업무에 종사한 경력이 있는 사람
  라. 의용소방대원으로 3년 이상 근무한 경력이 있는 사람
  마. 군부대(주한 외국군부대를 포함한다) 및 의무소방대의 소방대원으로 1년 이상 근무한 경력이 있는 사람
  바. 「위험물안전관리법」 제19조에 따른 자체소방대의 소방대원으로 3년 이상 근무한 경력이 있는 사람
  사. 「대통령 등의 경호에 관한 법률」에 따른 경호공무원 또는 별정직공무원으로서 2년 이상 안전검측 업무에 종사한 경력이 있는 사람
  아. 경찰공무원으로 3년 이상 근무한 경력이 있는 사람
  자. 법 제41조제1항제3호 및 이 영 제38조에 따라 특급 소방안전관리대상물, 1급 소방안전관리대상물 또는 2급 소방안전관리대상물의 소방안전관리에 대한 강습교육을 수료한 사람
  차. 제2항제7호 바목에 해당하는 사람
  카. 소방안전관리보조자로 선임될 수 있는 자격이 있는 사람으로서 특급 소방안전관리대상물, 1급 소방안전관리대상물, 2급 소방안전관리대상물 또는 3급 소방안전관리대상물의 소방안전관리보조자로 3년 이상 근무한 실무경력이 있는 사람
  타. 3급 소방안전관리대상물의 소방안전관리자로 2년 이상 근무한 실무경력이 있는 사람
 6. 제1항 및 제2항에 따라 특급 또는 1급 소방안전관리대상물의 소방안전관리자 자격이 인정되는 사람

④ 3급 소방안전관리대상물 의 관계인은 다음 각 호의 어느 하나에 해당하는 사람 중에서 소방안전관리자를 선임하여야 한다.
 1. 소방공무원으로 1년 이상 근무한 경력이 있는 사람
 2. 소방청장이 실시하는 3급 소방안전관리대상물의 소방안전관리에 관한 시험에 합격한 사람. 이 경우 해당 시험은 다음 각 목의 어느하나에 해당하는 사람만 응시할 수 있다.
  가. 의용소방대원으로 2년 이상 근무한 경력이 있는 사람
  나. 「위험물안전관리법」제19조에 따른 자체소방대의 소방대원으로 1년 이상 근무한 경력이 있는 사람
  다. 「대통령 등의 경호에 관한 법률」에 따른 경호공무원 또는 별정직공무원으로 1년 이상 안전검

　　　　측 업무에 종사한 경력이 있는 사람
　　라. 경찰공무원으로 <u>2년 이상</u> 근무한 경력이 있는 사람
　　마. 법 제41조제1항제3호 및 이 영 제38조에 따라 특급 소방안전관리대상물, 1급 소방안전관리대상물, 2급 소방안전관리대상물 또는 3급 소방안전관리대상물의 소방안전관리에 대한 강습교육을 수료한 사람
　　바. 제2항 제7호 바목에 해당하는 사람
　　사. 소방안전관리보조자로 선임될 수 있는 자격이 있는 사람으로서 특급 소방안전관리대상물, 1급 소방안전관리대상물, 2급 소방안전관리대상물 또는 3급 소방안전관리대상물의 소방안전관리<u>보조자로 2년 이상</u> 근무한 실무경력이 있는 사람
　3. 제1항부터 제3항까지의 규정에 따라 특급 소방안전관리대상물, 1급 소방안전관리대상물 또는 2급 소방안전관리대상물의 소방안전관리자 자격이 인정되는 사람
⑤ 제22조의2 제1항에 따라 <u>소방안전관리보조자</u> 를 선임하여야 하는 특정소방대상물의 관계인은 다음 각 호의 어느 하나에 해당하는 사람을 소방안전관리보조자로 선임하여야 한다.
　1. 제1항부터 제4항까지의 규정에 따라 특급 소방안전관리대상물, 1급 소방안전관리대상물, 2급 소방안전관리대상물 또는 3급 소방안전관리대상물의 소방안전관리자 자격이 있는 사람
　2.「국가기술자격법」제9조제1항제1호에 따른 기술·기능 분야 국가기술자격 중에서 행정안전부령으로 정하는 국가기술자격이 있는 사람
　3. 제2항제7호 바목 또는 제4항제2호 마목에 해당하는 사람
　4. 소방안전관리대상물에서 소방안전 관련 업무에 <u>2년 이상</u> 근무한 경력이 있는 사람
⑥ 제1항제5호, 제2항제7호, 제3항제5호 및 제4항제2호에 따른 강습교육의 시간·기간·교과목 및 소방안전관리에 관한 시험 등에 관하여 필요한 사항은 행정안전부령으로 정한다.

영 제23조의2 (소방안전관리 업무의 대행)
① 법 제20조제3항에서 "대통령령으로 정하는 소방안전관리대상물"이란 제22조제1항제2호다목 또는 같은 항 제3호·제4호에 해당하는 특정소방대상물을 말한다. 〈개정 2017.1.26.〉
② 법 제20조제3항에서 "소방안전관리 업무 중 대통령령으로 정하는 업무"란 법 제20조제6항제3호 또는 제5호에 해당하는 업무를 말한다.

영 제24조 (소방안전관리대상물의 소방계획 작성 등)
① 법 제20조제6항제1호의 규정에 따른 소방계획서에는 다음 각 호의 사항이 포함되어야 한다.
　1. 소방안전관리대상물의 위치·구조·연면적·용도 및 수용인원 등 일반 현황
　2. 소방안전관리대상물에 설치한 소방시설·방화시설(防火施設), 전기시설·가스시설 및 위험물시설의 현황
　3. 화재 예방을 위한 자체점검계획 및 진압대책
　4. 소방시설·피난시설 및 방화시설의 점검·정비계
　5. 피난층 및 피난시설의 위치와 피난경로의 설정, 장애인 및 노약자의 피난계획 등을 포함한 피난계획
　6. 방화구획, 제연구획, 건축물의 내부 마감재료(불연재료·준불연재료 또는 난연재료로 사용된 것

을 말한다) 및 방염물품의 사용현황과 그 밖의 방화구조 및 설비의 유지·관리계획
    7. 법 제22조의에 따른 소방훈련 및 교육에 관한 계획
    8. 법 제22조를 적용받는 특정소방대상물의 근무자 및 거주자의 자위소방대 조직과 대원의 임무(장애인 및 노약자의 피난 보조 임무를 포함한다)에 관한 사항
    9. 화기 취급 작업에 대한 사전 안전조치 및 감독 등 공사 중 소방안전관리에 관한 사항
    10. 공동 및 분임소방안전관리에 관한 사항
    11. 소화와 연소 방지에 관한 사항
    12. 위험물의 저장·취급에 관한 사항(「위험물안전관리법」 제17조에 따라 예방규정을 정하는 제조소등을 제외한다)
    13. 그 밖에 소방안전관리를 위하여 소방본부장 또는 소방서장이 소방안전관리대상물의 위치·구조·설비 또는 관리 상황 등을 고려하여 소방안전관리에 필요하여 요청하는 사항
② <u>소방본부장 또는 소방서장</u>은 제1항에 따른 특정소방대상물의 소방계획의 작성 및 실시에 관하여 지도·감독한다.

칙 제14조 (<u>소방안전관리자의 선임신고 등</u>)

① 법 제20조제2항에 따른 특정소방대상물(이하 "소방안전관리대상물"이라 한다)의 관계인은 법 제20조제2항 및 법 제21조에 따라 소방안전관리자를 다음 각 호의 어느 하나에 해당하는 날부터 30일 이내에 선임하여야 한다.
    1. 신축·증축·개축·재축·대수선 또는 용도변경으로 해당 특정소방대상물의 소방안전관리자를 신규로 선임하여야 하는 경우: 해당 특정소방대상물의 <u>완공일</u>(건축물의 경우에는 「건축법」 제22조에 따라 건축물을 사용할 수 있게 된 날을 말한다. 이하 이 조 및 제14조의2에서 같다)
    2. <u>증축 또는 용도변경으로</u> 인하여 특정소방대상물이 영 제22조제1항제1호에 따른 특급 소방안전관리대상물, 영 제22조제1항제2호에 따른 1급 소방안전관리대상물 또는 영 제22조제1항 제3호에 따른 2급 소방안전관리대상물로 된 경우: 증축공사의 완공일 또는 용도변경 사실을 <u>건축물관리대장에 기재한 날</u>
    3. 특정소방대상물을 양수하거나 「민사집행법」에 의한 경매, 「채무자 회생 및 파산에 관한 법률」에 의한 환가, 「국세징수법」·「관세법」 또는 「지방세기본법」에 의한 압류재산의 매각 그 밖에 이에 준하는 절차에 의하여 관계인의 권리를 취득한 경우: 해당 <u>권리를 취득한 날</u> 또는 관할 소방서장으로부터 소방안전관리자 <u>선임 안내를 받은 날</u>. 다만, 새로 권리를 취득한 관계인은 종전의 특정소방대상물의 관계인이 선임신고한 소방안전관리자를 해임하지 아니하는 경우를 제외한다.
    4. 법 제21조에 따른 특정소방대상물의 경우: 소방본부장 또는 소방서장이 <u>공동 소방안전관리 대상으로 지정한 날</u>
    5. 소방안전관리자를 해임한 경우: 소방안전관리자를 <u>해임한 날</u>
    6. 법 제20조제3항에 따라 소방안전관리업무를 대행하는 자를 감독하는 자를 소방안전관리자로 선임한 경우로서 그 업무대행 계약이 해지 또는 종료된 경우: 소방안전관리업무 대행이 끝난 날

② 영 제22조제1항제3호에 따른 <u>2급 또는 3급</u> 소방안전관리대상물의 관계인은 제29조에 따른 소방안전관리자에 대한 강습교육이나 영 제23조 제3항 제5호 또는 같은 조 제4항제2호에 따른 2급 또는 3급 소방안전관리대상물의 소방안전관리에 관한 시험이 제1항에 따른 소방안전관리자 선임기간 내

에 있지 아니하여 소방안전관리자를 선임할 수 없는 경우에는 소방안전관리자 선임의 연기를 신청할 수 있다. 〈개정 2012. 2. 3, 2017. 2. 10.〉

③ 제2항에 따라 소방안전관리자 선임의 연기를 신청하려는 2급 또는 3급 소방안전관리대상물의 관계인은 별지 제18호서식의 선임 연기신청서에 소방안전관리 강습교육접수증 사본 또는 소방안전관리자 시험응시표 사본을 첨부하여 소방본부장 또는 소방서장에게 제출하여야 한다. 이 경우 2급 또는 3급 소방안전관리대상물의 관계인은 소방안전관리자가 선임될 때까지 법 제20조 제6항 각 호의 소방안전관리 업무를 수행하여야 한다.〈개정 2018. 9. 5.〉

④ 소방본부장 또는 소방서장은 제3항에 따라 선임 연기신청서를 제출받은 경우에는 소방안전관리자 선임기간을 정하여 2급 또는 3급 소방안전관리대상물의 관계인에게 통보하여야 한다.

⑤ 소방안전관리대상물의 관계인은 법 제20조제2항에 따른 소방안전관리자 및 법 제21조에 따른 공동소방안전관리자(「기업활동 규제완화에 관한 특별조치법」 제29조제3항·제30조제2항 또는 제32조제2항에 따라 소방안전관리자를 겸임하거나 공동으로 선임되는 자를 포함한다)를 선임한 때에는 법 제20조 제4항에 따라 별지 제19호서식의 소방안전관리자 선임신고서(전자문서로 된 신고서를 포함한다)에 다음 각 호의 어느 하나에 해당하는 서류(전자문서를 포함한다)를 첨부하여 소방본부장 또는 소방서장에게 제출하여야 한다. 이 경우 담당 공무원은 「전자정부법」 제36조 제1항에 따른 행정정보의 공동이용을 통하여 선임된 소방안전관리자의 국가기술자격증(영 제23조제1항제2호·제3호, 같은 조 제2항제1호·제2호 및 같은 조 제3항제1호·제2호에 해당하는 사람만 해당한다)을 확인하여야 하며, 신고인이 확인에 동의하지 아니하는 경우에는 그 서류(국가기술자격증의 경우에는 그 사본을 말한다)를 제출하도록 하여야 한다.〈개정 2017. 2. 10.〉

1. 소방시설관리사증   2. 〈삭제 2007.12.13〉
3. 제35조의 규정에 의한 소방안전관리자수첩(영 제23조제1항제6호 내지 제10호 및 동조제2항제4호 내지 제13호의 1에 해당하는 자의 경우에 한한다)
4. 소방안전관리대상물의 소방안전관리에 관한 업무를 감독할 수 있는 직위에 있는 자임을 증명하는 서류(법 제20조제3항에 따라 소방안전관리대상물의 관계인이 소방안전관리 업무를 대행하게 하는 경우만 해당한다) 1부
5. 「위험물안전관리법」 제19조에 따른 자체소방대장임을 증명하는 서류 또는 소방시설관리업자에게 소방안전관리 업무를 대행하게 한 사실을 증명할 수 있는 서류(법 제20조제3항에 따라 소방대상물의 자체소방대장 또는 소방시설관리업자에게 소방안전관리 업무를 대행하게 한 경우에 한한다) 1부
6. 「기업활동 규제완화에 관한 특별조치법」 제29조제3항 또는 제30조제2항에 따라 해당 특정소방대상물의 소방안전관리자를 겸임할 수 있는 안전관리자로 선임된 사실을 증명할 수 있는 서류 또는 선임사항이 기록된 자격수첩

⑥ 소방본부장 또는 소방서장은 특정소방대상물의 관계인이 법 제20조제3항에 따른 소방안전관리자를 선임하여 신고하는 경우에는 신고인에게 별지 제19호의3서식의 소방안전관리자 선임증을 발급하여야 한다.

⑦ 특정소방대상물의 관계인은 「전자정부법」제9조에 따라 소방청장이 설치한 전산시스템을 이용하여 제5항에 따른 소방안전관리자의 선임신고를 할 수 있으며, 이 경우 소방본부장 또는 소방서장은 별지

제19호의3서식의 소방안전관리자 선임증을 발급하여야 한다.
⑧ 법 제20조 제4항에서 "행정안전부령으로 정하는 사항"이란 다음 각 호의 사항을 말한다.
1. 소방안전관리대상물의 명칭
2. 소방안전관리자의 선임일자
3. 소방안전관리대상물의 등급
4. 소방안전관리자의 연락처
⑨ 법 제20조 제4항에 따른 소방안전관리자 성명 등의 게시는 별지 제19호의3서식에 따른다.

제14조의2 (소방안전관리보조자의 선임신고 등)

① 특정소방대상물의 관계인은 법 제20조제2항에 따라 소방안전관리자보조자를 다음 각 호의 어느 하나에 해당하는 날부터 30일 이내에 선임하여야 한다.
1. 신축·증축·개축·재축·대수선 또는 용도변경으로 해당 특정소방대상물의 소방안전관리보조자를 신규로 선임하여야 하는 경우: 해당 특정소방대상물의 완공일
2. 특정소방대상물을 양수하거나 「민사집행법」에 의한 경매,「채무자 회생 및 파산에 관한 법률」에 의한 환가,「국세징수법」·「관세법」 또는 「지방세기본법」에 의한 압류재산의 매각 그 밖에 이에 준하는 절차에 의하여 관계인의 권리를 취득한 경우: 해당 권리를 취득한 날 또는 관할 소방서장으로부터 소방안전관리보조자 선임 안내를 받은 날. 다만, 새로 권리를 취득한 관계인이 종전의 특정소방대상물의 관계인이 선임신고한 소방안전관리보조자를 해임하지 아니하는 경우를 제외한다.
3. 소방안전관리보조자를 해임한 경우: 소방안전관리보조자를 해임한 날

② 영 제22조의2제1항에 따른 소방안전관리보조자를 선임하여야 하는 특정소방대상물(이하 "보조자선임대상 특정소방대상물"이라 한다)의 관계인은 제29조의 강습교육이 제1항에 따른 소방안전관리보조자 선임기간 내에 있지 아니하여 소방안전관리보조자를 선임할 수 없는 경우에는 소방안전관리보조자 선임의 연기를 신청할 수 있다.〈신설 2018. 9. 5.〉

③ 제2항에 따라 소방안전관리보조자 선임의 연기를 신청하려는 보조자선임대상 특정소방대상물의 관계인은 별지 제18호서식의 선임 연기신청서에 소방안전관리 강습교육접수증 사본을 첨부하여 소방본부장 또는 소방서장에게 제출하여야 한다.〈신설 2018. 9. 5.〉

④ 소방본부장 또는 소방서장은 제3항에 따라 선임 연기신청서를 제출받은 경우에는 소방안전관리보조자 선임기간을 정하여 보조자선임대상 특정소방대상물의 관계인에게 통보하여야 한다.

⑤ 특정소방대상물의 관계인은 법 제20조제2항에 따른 소방안전관리보조자를 선임한 때에는 법 제20조제4항에 따라 별지 제19호의4서식의 소방안전관리보조자 선임신고서(전자문서로 된 신고서를 포함한다)에 다음 각 호의 어느 하나에 해당하는 서류(전자문서를 포함하며, 영 제23조제5항 각 호의 자격요건 중 해당 자격을 증명할 수 있는 서류를 말한다)를 첨부하여 소방본부장 또는 소방서장에게 제출하여야 한다. 이 경우 담당 공무원은「전자정부법」제36조제1항에 따른 행정정보의 공동이용을 통하여 선임된 소방안전관리보조자의 국가기술자격증(영 제23조제5항제1호에 해당하는 사람 중 같은 조 제1항제2호·제3호, 같은 조 제2항제1호·제2호, 같은 조 제3항제1호·제2호에 해당하는 사람 및 같은 조 제5항제2호에 해당하는 사람만 해당한다)을 확인하여야 하며, 신고인이 확인에 동의하지 아니하는 경우에는 국가기술자격증의 사본을 제출하도록 하여야 한다.〈개정 2017.2.10〉
1. 소방시설관리사증
2. 제35조에 따른 소방안전관리자수첩
3. 특급, 1급. 2급 또는 3급 소방안전관리에 관한 강습교육수료증 1부
4. 해당 소방안전관리대상물에 소방안전 관련 업무에 근무한 경력이 있는 사람임을 증명할 수 있는

서류 1부
⑥ 영 제23조 제5항제2호에서 "행정안전부령으로 정하는 국가기술자격"이란 「국가기술자격법 시행규칙」 별표 2의 중직무분야에서 건축, 기계제작, 기계장비설비·설치, 화공, 위험물, 전기, 안전관리에 해당하는 국가기술자격을 말한다.
⑦ 특정소방대상물의 관계인은「전자정부법」제9조에 따라 소방청장이 설치한 전산시스템을 이용하여 제2항에 따른 소방안전관리자보조자의 선임신고를 할 수 있으며, 이 경우 소방본부장 또는 소방서장은 별지 제19호의서식의 소방안전관리보조자 선임증을 발급하여야 한다.

제14조의3 (자위소방대 및 초기대응체계의 구성, 운영 및 교육 등)

① 소방안전관리대상물의 소방안전관리자는 법 제20조제6항제2호에 따른 자위소방대를 다음 각 호의 기능을 효율적으로 수행할 수 있도록 편성·운영하되, 소방안전관리대상물의 규모·용도 등의 특성을 고려하여 응급구조 및 방호안전기능 등을 추가하여 수행할 수 있도록 편성할 수 있다.
  1. 화재 발생 시 비상연락, 초기소화 및 피난유도
  2. 화재 발생 시 인명·재산피해 최소화를 위한 조치
② 소방안전관리대상물의 소방안전관리자는 법 제20조제6항제2호에 따른 초기대응체계를 제1항에 따른 자위소방대에 포함하여 편성하되, 화재 발생 시 초기에 신속하게 대처할 수 있도록 해당 소방안전관리대상물에 근무하는 사람의 근무위치, 근무인원 등을 고려하여 편성하여야 한다.
③ 소방안전관리대상물의 소방안전관리자는 해당 특정소방대상물이 이용되고 있는 동안 제2항에 따른 초기대응체계를 상시적으로 운영하여야 한다.
④ 소방안전관리대상물의 소방안전관리자는 연 1회 이상 자위소방대(초기대응체계를 포함한다)를 소집하여 그 편성 상태를 점검하고, 소방교육을 실시하여야 한다. 이 경우 초기대응체계에 편성된 근무자 등에 대하여는 화재 발생 초기대응에 필요한 기본 요령을 숙지할 수 있도록 소방교육을 실시하여야 한다.
⑤ 소방안전관리대상물의 소방안전관리자는 제4항에 따른 소방교육을 제15조제1항에 따른 소방훈련과 병행하여 실시할 수 있다.
⑥ 소방안전관리대상물의 소방안전관리자는 제4항에 따른 소방교육을 실시하였을 때에는 그 실시 결과를 별지 제19호의5서식의 자위소방대 및 초기대응체계 소방교육 실시 결과 기록부에 기록하고, 이를 2년간 보관하여야 한다.
⑦ 소방청장은 자위소방대의 구성, 운영 및 교육, 초기대응체계의 편성·운영 등에 필요한 지침을 작성하여 배포할 수 있으며, 소방본부장 또는 소방서장은 소방안전관리대상물의 소방안전관리자가 해당 지침을 준수하도록 지도할 수 있다.

제20조의2 (소방안전 특별시설물의 소방안전관리)

① 소방청장은 화재 등 재난이 발생할 경우 사회·경제적으로 피해가 큰 다음 각 호의 시설(이하 이 조에서 "소방안전 특별관리시설물"이라 한다)에 대하여 소방안전 특별관리를 하여야 한다.
  1. 「공항시설법」제2조제7호의 공항시설
  2. 「철도산업발전기본법」제3조제2호의 철도시설
  3. 「도시철도법」제2조제3호의 도시철도시설
  4. 「항만법」제2조제5호의 항만시설
  5. 「문화재보호법 제2조제2항의 지정문화재인 시설(시설이 아닌 지정문화재를 보호하거나 소장하고 있는

시설을 포함한다)
6. 「산업기술단지 지원에 관한 특례법」제2조제1호의 산업기술단지
7. 「산업입지 및 개발에 관한 법률」제2조제8호의 산업단지
8. 「초고층 및 지하연계 복합건축물 재난관리에 관한 특별법」제2조제1호 및 제2호의 초고층 건축물 및 지하연계 복합건축물
9. 「영화 및 비디오물의 진흥에 관한 법률」제2조제10호의 영화상영관 중 수용인원 1,000명 이상인 영화상영관
10. 전력용 및 통신용 지하구
11. 「한국석유공사법」제10조제1항제3호의 석유비축시설
12. 「한국가스공사법」제11조제1항제2호의 천연가스 인수기지 및 공급망
13. 「전통시장 및 상점가 육성을 위한 특별법」제2조제1호의 전통시장으로서 전통시장
14. 그 밖에 대통령령으로 정하는 시설물

② 소방청장은 제1항에 따른 특별관리를 체계적이고 효율적으로 하기 위하여 시·도지사와 협의하여 소방안전 특별관리기본계획을 수립하여 시행하여야 한다.

③ 시·도지사는 제2항에 따른 소방안전 특별관리기본계획에 저촉되지 아니하는 범위에서 관할 구역에 있는 소방안전 특별관리시설물의 안전관리에 적합한 소방안전 특별관리시행계획을 수립하여 시행하여야 한다.

④ 그 밖에 제2항 및 제3항에 따른 소방안전 특별관리기본계획 및 소방안전 특별관리시행계획의 수립·시행에 필요한 사항은 대통령령으로 정한다.

영 제24조의2 (소방안전특별관리시설물)

① 법 제20조의2제1항제13호에서 "대통령령으로 정하는 전통시장"이란 점포가 500개 이상인 전통시장을 말한다. 〈신설 2018.6.26.〉

② 법 제20조의2제1항 제14호에서 "대통령령으로 정하는 시설물"이란 「전기사업법」제2조제4호에 따른 발전사업자가 가동 중인 발전소(발전원의 종류별로 「발전소주변지역 지원에 관한 법률 시행령」제2조제2항에 따른 발전소는 제외한다)를 말한다. [본조신설 2017.1.26.]

영 제24조의3 (소방안전 특별관리기본계획·시행계획의 수립·시행)

① 소방청장은 법 제20조의2제2항에 따른 소방안전 특별관리기본계획(이하 이 조에서 "특별관리기본계획"이라 한다)을 5년마다 수립·시행하여야 하고, 계획 시행 전년도 10월 31일까지 수립하여 시·도에 통보한다.

② 특별관리기본계획에는 다음 각 호의 사항이 포함되어야 한다.
 1. 화재예방을 위한 중기·장기 안전관리정책
 2. 화재예방을 위한 교육·홍보 및 점검·진단
 3. 화재대응을 위한 훈련
 4. 화재대응 및 사후조치에 관한 역할 및 공조체계
 5. 그 밖에 화재 등의 안전관리를 위하여 필요한 사항

③ 시·도지사는 특별관리기본계획을 시행하기 위하여 매년 법 제20조의2제3항에 따른 소방안전 특별관리시행계획(이하 이 조에서 "특별관리시행계획"이라 한다)을 계획 시행 전년도 12월 31일까지 수립하여 야 하고, 시행 결과를 계획 시행 다음 연도 1월 31일까지 소방청장에게 통보하여야 한다.

④ 특별관리시행계획에는 다음 각 호의 사항이 포함되어야 한다.
 1. 특별관리기본계획의 집행을 위하여 필요한 사항
 2. 시·도에서 화재 등의 안전관리를 위하여 필요한 사항

⑤ 소방청장 및 시·도지사는 특별관리기본계획 및 특별관리시행계획을 수립하는 경우 성별, 연령별, 재해약자(장애인·노인·임산부·영유아·어린이 등 이동이 어려운 사람을 말한다)별 화재 피해현황 및 실태 등에 관한 사항을 고려하여야 한다.[본조신설 2016.1.19]

제21조 (공동소방안전관리)
다음 각 호의 어느 하나에 해당하는 특정소방대상물로서 그 관리의 권원(權原)이 분리되어 있는 것 가운데 소방본부장이나 소방서장이 지정하는 특정소방대상물의 관계인은 행정안전부령으로 정하는 바에 따라 대통령령으로 정하는 자를 공동 소방안전관리자로 선임하여야 한다.
  1. 고층 건축물(지하층을 제외한 층수가 11층 이상인 건축물만 해당한다)
  2. 지하가(지하의 인공구조물 안에 설치된 상점 및 사무실, 그 밖에 이와 비슷한 시설이 연속하여 지하도에 접하여 설치된 것과 그 지하도를 합한 것을 말한다)
  3. 그 밖에 대통령령으로 정하는 특정소방대상물

영 제24조의4 (공동소방안전관리자)
법 제21조 각 호 외의 부분에서 "대통령령으로 정하는 자"란 제23조제3항 각 호의 어느 하나에 해당하는 사람을 말한다. [본조신설 2017.1.26.]

영 제25조 (공동소방안전관리자 선임대상 특정소방대상물)
법 제21조제3호에서 "대통령령으로 정하는 특정소방대상물"이란 다음 각 호 어느 하나에 해당하는 특정소방대상물을 말한다. 〈개정 2012.9.14〉
  1. 별표 2에 따른 복합건축물로서 연면적이 5천㎡ 이상인 것 또는 층수가 5층 이상인 것
  2. 별표 2에 따른 판매시설 중 도매시장 및 소매시장
  3. 제22조제1항에 따른 특정소방대상물 중 소방본부장 또는 소방서장이 지정하는 것

제21조의2 (피난계획의 수립 및 시행)
① 제20조제2항에 따른 소방안전관리대상물의 관계인은 그 장소에 근무하거나 거주 또는 출입하는 사람들이 화재가 발생한 경우에 안전하게 피난할 수 있도록 피난계획을 수립하여 시행하여야 한다.
② 제1항의 피난계획에는 그 특정소방대상물의 구조, 피난시설 등을 고려하여 설정한 피난경로가 포함되어야 한다.
③ 제1항의 소방안전관리대상물의 관계인은 피난시설의 위치, 피난경로 또는 대피요령이 포함된 피난유도 안내정보를 근무자 또는 거주자에게 정기적으로 제공하여야 한다.
④ 제1항에 따른 피난계획의 수립·시행, 제3항에 따른 피난유도 안내정보 제공에 필요한 사항은 행정안전부령으로 정한다.

칙 제14조의4 (피난계획의 수립·시행)
① 법 제21조의2제1항에 따른 피난계획(이하 "피난계획"이라 한다)에는 다음 각 호의 사항이 포함되어야 한다.
  1. 화재경보의 수단 및 방식
  2. 층별, 구역별 피난대상 인원의 현황

3. 장애인, 노인, 임산부, 영유아 및 어린이 등 이동이 어려운 사람(이하 "재해약자"라 한다)의 현황
4. 각 거실에서 옥외(옥상 또는 피난안전구역을 포함한다)로 이르는 피난경로
5. 재해약자 및 재해약자를 동반한 사람의 피난동선과 피난방법
6. 피난시설, 방화구획, 그 밖에 피난에 영향을 줄 수 있는 제반 사항

② 소방안전관리대상물의 관계인은 해당 소방안전관리대상물의 구조·위치, 소방시설 등을 고려하여 피난계획을 수립하여야 한다.

③ 소방안전관리대상물의 관계인은 해당 소방안전관리대상물의 피난시설이 변경된 경우에는 그 변경사항을 반영하여 피난계획을 정비하여야 한다.

④ 제1항부터 제3항까지에서 규정한 사항 외에 피난계획의 수립·시행에 필요한 세부사항은 소방청장이 정하여 고시한다.

[칙] 제14조의5 (피난유도 안내정보의 제공)

① 법 제21조의2제3항에 따른 피난유도 안내정보 제공은 다음 각 호의 어느 하나에 해당하는 방법으로 하여야 한다.
1. 연 2회 피난안내 교육을 실시하는 방법
2. 분기별 1회 이상 피난안내방송을 실시하는 방법
3. 피난안내도를 층마다 보기 쉬운 위치에 게시하는 방법
4. 엘리베이터, 출입구 등 시청이 용이한 지역에 피난안내영상을 제공하는 방법

② 제1항에서 규정한 사항 외에 피난유도 안내정보의 제공에 필요한 세부사항은 소방청장이 정하여 고시한다.

제22조 (특정소방대상물의 근무자 및 거주자에 대한 소방훈련 등)

① 대통령령으로 정하는 특정소방대상물의 관계인은 그 장소에 상시 근무하거나 거주하는 사람에게 소화·통보·피난 등의 훈련(이하 "소방훈련"이라 한다)과 소방안전관리에 필요한 교육을 하여야 한다. 이 경우 피난훈련은 그 소방대상물에 출입하는 사람을 안전한 장소로 대피시키고 유도하는 훈련을 포함하여야 한다.

② 소방본부장이나 소방서장은 제1항에 따라 특정소방대상물의 관계인이 실시하는 소방훈련을 지도·감독할 수 있다.

③ 제1항에 따른 소방훈련과 교육의 횟수 및 방법 등에 관하여 필요한 사항은 행정안전부령으로 정한다.

[영] 제26조 (근무자 및 거주자에게 소방훈련·교육을 실시하여야 하는 특정소방대상물)

법 제22조제1항 전단에서 "대통령령으로 정하는 특정소방대상물"이란 제22조제1항에 따른 특정소방대상물 중 상시 근무하거나 거주하는 인원(숙박시설의 경우에는 상시 근무하는 인원을 말한다)이 10명 이하인 특정소방대상물을 제외한 것"을 말한다.

[칙] 제15조 (특정소방대상물의 근무자 및 거주자에 대한 소방훈련과 교육)

① 영 제22조의 규정에 의한 특정소방대상물의 관계인은 법 제22조제3항의 규정에 의한 소방훈련과 교육을 연 1회 이상 실시하여야 한다. 다만, 소방서장이 화재예방을 위하여 필요하다고 인정하여 2회의 범위 안에서 추가로 실시할 것을 요청하는 경우에는 소방훈련과 교육을 실시하여야 한다.

② 소방서장은 영 제22조제1항제1호 및 제2호에 따른 특급 및 1급 소방안전관리대상물의 관계인으로

하여금 제1항에 따른 소방훈련을 소방기관과 합동으로 실시하게 할 수 있다.
③ 법 제22조의 규정에 따라 소방훈련을 실시하여야 하는 관계인은 소방훈련에 필요한 장비 및 교재 등을 갖추어야 한다.
④ 소방안전관리대상물의 관계인은 제1항에 따른 소방훈련과 교육을 실시하였을 때에는 그 실시 결과를 별지 제20호서식의 소방훈련·교육 실시 결과 기록부에 기록하고, 이를 소방훈련과 교육을 실시한 날의 다음 날부터 2년간 보관하여야 한다. 〈개정 2018.9.5〉

제23조 (특정소방대상물의 관계인에 대한 소방안전교육)

① 소방본부장이나 소방서장은 제22조를 적용받지 아니하는 특정소방대상물의 관계인에 대하여 특정소방대상물의 화재 예방과 소방안전을 위하여 행정안전부령으로 정하는 바에 따라 소방안전교육을 하여야 한다.
② 제1항에 따른 교육대상자 및 특정소방대상물의 범위 등에 관하여 필요한 사항은 행정안전부령으로 정한다.

칙 제16조 (소방안전교육 대상자 등)
① 소방본부장 또는 소방서장은 법 제23조제1항의 규정에 따라 소방안전교육을 실시하고자 하는 때에는 교육일시·장소 등 교육에 필요한 사항을 명시하여 교육일 10일전까지 교육대상자에게 통보하여야 한다.
② 법 제23조제2항에 따른 소방안전교육대상자는 다음 각 호의 어느 하나에 해당하는 특정소방대상물의 관계인으로서 관할 소방서장이 교육이 필요하다고 인정하는 사람으로 한다.
 1. 소규모의 공장·작업장·점포 등이 밀집한 지역 안에 있는 특정소방대상물
 2. 주택으로 사용하는 부분 또는 층이 있는 특정소방대상물
 3. 목조 또는 경량철골조 등 화재에 취약한 구조의 특정소방대상물
 4. 그 밖에 화재에 대하여 취약성이 높다고 관할 소방본부장 또는 소방서장이 인정하는 특정소방대상물

제24조 (공공기관의 소방안전관리)

① 국가기관, 지방자치단체, 국공립학교 등 대통령령으로 정하는 공공기관의 장은 소관 기관의 근무자 등의 생명·신체와 건축물·인공구조물 및 물품 등을 화재로부터 보호하기 위하여 화재 예방, 자위소방대 및 초기대응체계의 구성·운영·교육및 편성, 소방시설의 자체점검과 소방훈련 등의 소방안전관리를 하게 하여야 한다.
② 제1항에 따른 공공기관에 대한 다음 각 호의 사항에 관하여는 제20조부터 제23조까지의 규정에도 불구하고 대통령령으로 정하는 바에 따른다.
 1. 소방안전관리자의 자격, 책임 및 선임 등
 2. 소방안전관리의 업무대행
 3. 자위소방대의 구성, 운영 및 교육
 4. 근무자 등에 대한 소방훈련 및 교육
 5. 그 밖에 소방안전관리에 필요한 사항

제25조 (소방시설등의 자체점검 등)

① 특정소방대상물의 관계인은 그 대상물에 설치되어 있는 소방시설등에 대하여 정기적으로 자체점검을 하거나

관리업자 또는 행정안전부령으로 정하는 기술자격자로 하여금 정기적으로 점검하게 하여야 한다.

② 제1항에 따라 특정소방대상물의 관계인 등이 점검을 한 경우에는 관계인이 그 점검 결과를 행정안전부령으로 정하는 바에 따라 소방본부장이나 소방서장에게 보고하여야 한다.

③ 제1항에 따른 점검의 구분과 그 대상, 점검인력의 배치기준 및 점검자의 자격, 점검 장비, 점검 방법 및 횟수 등 필요한 사항은 행정안전부령으로 정한다.

④ 제1항에 따라 관리업자나 기술자격자로 하여금 점검하게 하는 경우의 점검 대가는 「엔지니어링산업 진흥법」 제31조에 따른 엔지니어링사업 대가의 기준 가운데 행정안전부령으로 정하는 방식에 따라 산정한다.

칙 제17조 (소방시설등 자체점검 기술자격자의 범위)

법 제25조제1항에서 "행정안전부령이 정하는 기술자격자"란 소방안전관리자로 선임된 소방시설관리사 및 소방기술사를 말한다.

칙 제18조 (소방시설등 자체점검의 구분 및 대상)

① 법 제25조제3항에 따른 소방시설등의 자체점검의 구분·대상·점검자의 자격·점검방법 및 점검횟수는 별표 1과 같고, 소방시설관리업자 또는 소방안전관리자로 선임된 소방시설관리사 및 소방기술사가 점검하는 경우 점검인력의 배치기준은 별표 2와 같다. 〈개정 2018.9.5〉

② 법 제25조제3항에 따른 소방시설별 점검 장비는 영 별표 9 제2호의 장비기준에 따른 장비로 한다.

③ 소방시설관리업자는 법 제25조제1항에 따라 점검을 실시한 경우 점검이 끝난 날부터 10일 이내에 별표 2에 따른 점검인력 배치 상황을 포함한 소방시설등에 대한 자체점검실적(별표 1 제4호에 따른 외관점검은 제외한다)을 법 제45조제6항에 따라 소방시설관리업자에 대한 평가 등에 관한 업무를 위탁받은 법인 또는 단체(이하 "평가기관"이라 한다)에 통보하여야 한다.

④ 제1항의 규정에 의한 자체점검 구분에 따른 점검사항·소방시설등점검표·점검인원 및 세부점검방법 그 밖의 자체점검에 관하여 필요한 사항은 소방청장이 이를 정하여 고시한다.

칙 제19조 (점검결과보고서의 제출)

① 법 제20조제2항 전단에 따른 소방안전관리대상물의 관계인 및「공공기관의 소방안전관리에 관한 규정」제5조에 따라 소방안전관리자를 선임하여야 하는 공공기관의 장은 별표 1에 따른 작동기능점검을 실시한 경우 법 제25조제2항에 따라 <u>7일 이내</u>에 별지 제21호서식의 작동기능점검 실시 결과 보고서를 <u>소방본부장 또는 소방서장에게 제출</u>하여야 한다. 이 경우 소방청장이 지정하는 전산망을 통하여 그 점검결과보고서를 제출할 수 있다. 〈개정 2019.8.13〉

② 법 제20조제2항 전단에 따른 소방안전관리대상물의 관계인 및 「공공기관의 소방안전관리에 관한 규정」제5조에 따라 소방안전관리자를 선임하여야 하는 공공기관의 장은 별표 1에 따른 종합정밀점검을 실시한 경우 법 제25조제2항에 따라 7일 <u>이내</u>에 그 결과를 적은 별지 제21호의2서식의 소방시설등 종합정밀점검 실시 결과 보고서에 제18조제4항에 따라 소방청장이 정하여 고시하는 소방시설등점검표를 첨부하여 소방본부장 또는 소방서장에게 제출하여야 한다. 이 경우 소방청장이 지정하는 전산망을 통하여 그 점검결과보고서를 제출할 수 있다. 〈개정 2019.8.13〉

③ 법 제20조제2항 전단에 따른 소방안전관리대상물의 관계인 및 「공공기관의 소방안전관리에 관한 규정」제5조에 따라 소방안전관리자를 선임하여야 하는 공공기관의 기관장은 법 제25조제3항에 따라 별표 1에 따른 작동기능점검을 실시한 경우 그 점검결과를 <u>2년간</u> 자체 보관하여야 한다.

제20조 (소방안전관리 업무대행 등의 대가)
법 제20조제10항 및 제25조제4항에서 "행정안전부령으로 정하는 방식"이란 「엔지니어링산업 진흥법」 제31조에 따라 산업통상자원부장관이 인가한 엔지니어링사업대가의 기준 중 실비정액가산방식을 말한다.

제25조의2 (우수 소방대상물 관계인에 대한 포상 등)
① 소방청장은 소방대상물의 자율적인 안전관리를 유도하기 위하여 안전관리 상태가 우수한 소방대상물을 선정하여 우수 소방대상물 표지를 발급하고, 소방대상물의 관계인을 포상할 수 있다.
② 제1항에 따른 우수 소방대상물의 선정 방법, 평가 대상물의 범위 및 평가 절차 등 필요한 사항은 행정안전부령으로 정한다.

제20조의2 (우수 소방대상물의 선정 등)
① 소방청장은 법 제25조의2에 따른 우수 소방대상물의 선정 및 관계인에 대한 포상을 위하여 우수 소방대상물의 선정 방법, 평가 대상물의 범위 및 평가 절차 등에 관한 내용이 포함된 시행계획(이하 "시행계획"이라 한다)을 <u>매년</u> 수립·시행하여야 한다.   ②, ③, ④ 〈삭제〉
⑤ 소방청장은 제4항에 따라 우수 소방대상물로 선정된 소방대상물의 관계인 또는 소방안전관리자를 포상할 수 있다.
⑥ 소방청장은 우수소방대상물 선정을 위하여 필요한 경우에는 소방대상물을 직접 방문하여 필요한 사항을 확인할 수 있다.
⑦ 소방청장은 우수 소방대상물 선정 등 업무의 객관성 및 전문성을 확보하기 위하여 필요한 경우에는 다음 각 호의 어느 하나에 해당하는 사람이 2명 이상 포함된 평가위원회를 구성하여 운영할 수 있다. 이 경우 평가위원회의 위원에게는 예산의 범위에서 수당, 여비 등 필요한 경비를 지급할 수 있다.
   1. 소방기술사(소방안전관리자로 선임된 사람은 제외한다)
   2. 소방 관련 석사 학위 이상을 취득한 사람
   3. 소방 관련 법인 또는 단체에서 소방 관련 업무에 <u>5년</u> 이상 종사한 사람
   4. 소방공무원 교육기관, 대학 또는 연구소에서 소방과 관련한 교육 또는 연구에 <u>5년</u> 이상 종사한 사람
⑧ 제1항부터 제7항까지에서 규정한 사항 외에 우수 소방대상물의 평가, 평가위원회 구성·운영, 포상의 종류·명칭 및 우수 소방대상물 인증표지 등에 관한 사항은 소방청장이 정하여 고시한다.

제5장 소방시설관리사 및 소방시설관리업

제1절 소방시설관리사

제26조 (<u>소방시설관리사</u>)
① 소방시설관리사(이하 "관리사"라 한다)가 되려는 사람은 소방청장이 실시하는 관리사시험에 합격하여야 한다.

② 제1항에 따른 관리사시험의 응시자격, 시험 방법, 시험 과목, 시험 위원, 그 밖에 관리사시험에 필요한 사항은 대통령령으로 정한다.
③ 소방기술사 등 대통령령으로 정하는 사람에 대하여는 제2항에 따른 관리사시험 과목 가운데 일부를 면제할 수 있다.
④ 소방청장은 제1항에 따른 관리사시험에 합격한 사람에게는 행정안전부령으로 정하는 바에 따라 소방시설관리사증을 발급하여야 한다.
⑤ 제4항에 따라 소방시설관리사증을 발급받은 사람은 소방시설관리사증을 잃어버렸거나 못 쓰게 된 경우에는 행정안전부령으로 정하는 바에 따라 소방시설관리사증을 재발급받을 수 있다.
⑥ 관리사는 제4항에 따라 받은 소방시설관리사증을 다른 자에게 빌려주어서는 아니 된다.
⑦ 관리사는 동시에 둘 이상의 업체에 취업하여서는 아니 된다.
⑧ 제25조제1항에 따른 기술자격자 및 제29조제2항에 따라 관리업의 기술 인력으로 등록된 관리사는 성실하게 자체점검 업무를 수행하여야 한다. 〈전문개정 2015.7.24〉

칙 제20조의3 (소방시설관리사증의 발급)

영 제39조제5항제1호에 따라 소방시설관리사증의 발급·재발급에 관한 업무를 위탁받은 법인 또는 단체(이하 "소방시설관리사증발급자"라 한다)는 법 제26조제4항에 따라 소방시설관리사 시험 합격자에게 합격자 공고일부터 1개월 이내에 별지 제40호서식의 소방시설관리사증을 발급하여야 하며, 이를 별지 제41호서식의 소방시설관리사증 발급대장에 기록하고 관리하여야 한다. 〈개정 2017.2.10.〉

칙 제20조의4 (소방시설관리사증의 재발급)

① 법 제26조제5항에 따라 소방시설관리사가 소방시설관리사증을 잃어버리거나 못쓰게 되어 소방시설관리사증의 재발급을 신청하는 때에는 별지 제40호의2서식의 소방시설관리사증 재발급 신청서(전자문서로 된 신청서를 포함한다)를 소방시설관리사증발급자에게 제출하여야 한다.
② 소방시설관리사증발급자는 제1항에 따라 재발급신청서를 제출받은 때에는 3일 이내에 소방시설관리사증을 재발급하여야 한다. 〈개정 2017.2.10.〉

영 제27조 (소방시설관리사 시험의 응시자격)

법 제26조제2항에 따른 소방시설 관리사 시험(이하 "관리사시험"이라 한다)에 응시할 수 있는 사람은 다음 각 호와 같다. 〈개정 2017.1.26〉

1. 소방기술사·위험물기능장·건축사·건축기계설비기술사·건축전기설비기술사 또는 공조냉동기계기술사
2. 소방설비기사 자격을 취득한 후 2년 이상 소방청장이 정하여 고시하는 소방에 관한 실무경력(이하 "소방실무경력"이라 한다)이 있는 사람
3. 소방설비산업기사 자격을 취득한 후 3년 이상 소방실무경력이 있는 사람
4. 「국가과학기술 경쟁력 강화를 위한 이공계지원 특별법」 제2조제1호에 따른 이공계(이하 "이공계"라 한다) 분야를 전공한 사람으로서 다음 각 목의 어느 하나에 해당하는 사람.
    가. 이공계 분야의 박사학위를 취득한 사람
    나. 이공계 분야의 석사학위를 취득한 후 2년 이상 소방실무경력이 있는 사람
    다. 이공계 분야의 학사학위를 취득한 후 3년 이상 소방실무경력이 있는 사람

5. 소방안전공학(소방방재공학, 안전공학을 포함한다) 분야를 전공한 후 다음 각 목의 어느 하나에 해당하는 사람
   가. 해당 분야의 석사학위 이상을 취득한 사람
   나. 2년 이상 소방실무경력이 있는 사람
6. 위험물산업기사 또는 위험물기능사 자격을 취득한 후 3년 이상 소방실무경력이 있는 자
7. 소방공무원으로 5년 이상 근무한 경력이 있는 사람
8. 소방안전 관련 학과의 학사학위를 취득한 후 3년 이상 소방실무경력이 있는 사람
9. <u>산업안전기사 자격을 취득한 후 3년 이상</u> 소방실무경력이 있는 사람
10. 다음 각 목의 어느 하나에 해당하는 사람
    가. 특급 소방안전관리대상물의 소방안전관리자로 2년 이상 근무한 실무경력이 있는 사람
    나. 1급 소방안전관리대상물의 소방안전관리자로 3년 이상 근무한 실무경력이 있는 사람
    다. 2급 소방안전관리대상물의 소방안전관리자로 <u>5년 이상</u> 근무한 실무경력이 있는 사람
    라. 3급 소방안전관리대상물의 소방안전관리자로 7년 이상 근무한 실무경력이 있는 사람
    마. 10년 이상 소방실무경력이 있는 사람

제28조 (시험의 시행방법)

① 관리사시험은 제1차 시험과 제2차 시험으로 구분하여 시행한다. 다만, 소방청장은 필요하다고 인정하는 경우에는 제1차 시험과 제2차 시험을 구분하되, 같은 날에 순서대로 시행할 수 있다.
② 제1차 시험은 선택형을 원칙으로 하고, 제2차 시험은 논문형을 원칙으로 하되, 제2차 시험의 경우에는 기입형을 포함할 수 있다.
③ 제1차 시험에 합격한 사람에 대해서는 다음 회의 관리사시험에 한정하여 제1차 시험을 면제한다. 다만, 면제 받으려는 시험의 응시자격을 갖춘 경우로 한정한다.
④ 제2차 시험은 제1차 시험에 합격한 사람만 응시할 수 있다. 다만, 제1항 단서에 따라 제1차 시험과 제2차 시험을 병행하여 시행하는 경우에 제1차 시험에 불합격한 사람의 제2차 시험 응시는 무효로 한다.

제29조 (시험과목)

관리사시험의 제1차 시험 및 제2차 시험 과목은 다음 각호와 같다.
1. 제1차 시험
   가. 소방안전관리론(연소 및 소화, 화재예방관리, 건축물소방안전기준, 인원수용 및 피난계획에 관한 부분으로 한정한다) 및 화재역학[화재성상, 화재하중(火災荷重), 열전달, 화염 확산, 연소속도, 구획화재, 연소생성물 및 연기의 생성·이동에 관한 부분으로 한정한다]
   나. 소방수리학, 약제화학 및 소방전기(소방 관련 전기공사재료 및 전기제어에 관한 부분으로 한정한다)
   다. 다음의 소방 관련 법령
      1) 「소방기본법」, 같은 법 시행령 및 같은 법 시행규칙
      2) 「소방시설공사업법」, 같은 법 시행령 및 같은 법 시행규칙
      3) 「화재예방, 소방시설 설치·유지 및 안전관리에 관한 법률」, 같은 법 시행령 및 같은 법 시행규칙

4) 「위험물 안전관리법」, 같은 법 시행령 및 같은 법 시행규칙
5) 「다중이용업소의 안전관리에 관한 특별법」, 같은 법 시행령 및 같은 법 시행규칙
라. 위험물의 성상 및 시설기준
마. 소방시설의 구조 원리(고장진단 및 정비를 포함한다)
2. 제2차 시험
가. 소방시설의 점검실무행정(점검절차 및 점검기구 사용법을 포함한다)
나. 소방시설의 설계 및 시공

제30조 (시험위원)

① 소방청장은 법 제26조제2항에 따라 관리사시험의 출제 및 채점을 위하여 다음 각 호의 어느 하나에 해당하는 사람 중에서 시험위원을 임명하거나 위촉하여야 한다.
1. 소방 관련 분야의 박사학위를 가진 사람
2. 대학에서 소방안전 관련 학과 조교수 이상으로 2년 이상 재직한 사람
3. 소방위 또는 지방소방위 이상의 소방공무원
4. 소방시설관리사
5. 소방기술사

② 제1항에 따른 시험위원의 수는 다음 각 호의 구분에 따른다.
1. 출제위원: 시험 과목별 3명
2. 채점위원: 시험 과목별 5명(제2차 시험의 경우로 한정한다)

③ 제1항에 따라 시험위원으로 임명되거나 위촉된 사람은 소방청장이 정하는 시험문제 등의 출제 시 유의사항 및 서약서 등에 따른 준수사항을 성실히 이행하여야 한다.

④ 제1항에 따라 임명되거나 위촉된 시험위원과 시험감독 업무에 종사하는 사람에게는 예산의 범위 안에서 수당과 여비를 지급할 수 있다. 〈전문개정 2017.1.26.〉

제31조 (시험과목의 일부면제)

① 법 제26조제3항에 따라 관리사시험의 제1차 시험 과목 가운데 일부를 면제받을 수 있는 사람과 그 면제과목은 다음 각 호의 구분에 따른다. 다만, 제1호 및 제2호에 모두 해당하는 사람은 본인이 선택한 한 과목만 면제받을 수 있다.
1. 소방기술사 자격을 취득한 후 15년 이상 소방실무경력이 있는 사람: 제29조제1호나목의 과목
2. 소방공무원으로 15년 이상 근무한 경력이 있는 사람으로서 5년 이상 소방청장이 정하여 고시하는 소방 관련 업무 경력이 있는 사람: 제29조제1호다목의 과목

② 법 제26조제3항에 따라 관리사시험의 제2차 시험 과목 가운데 일부를 면제받을 수 있는 사람과 그 면제과목은 다음 각 호의 구분에 따른다. 다만, 제1호 및 제2호에 모두 해당하는 사람은 본인이 선택한 한 과목만 면제받을 수 있다.
1. 제27조제1호에 해당하는 사람: 제29조제2호나목의 과목
2. 제27조제7호에 해당하는 사람: 제29조제2호가목의 과목

제32조 (시험의 시행 및 공고)

① 관리사시험은 1년마다 1회 시행하는 것을 원칙으로 하되, 소방청장이 필요하다고 인정하는 경우에는

그 횟수를 늘리거나 줄일 수 있다.
② 소방청장은 관리사시험을 시행하려면 응시자격, 시험 과목, 일시·장소 및 응시절차 등에 관하여 필요한 사항을 모든 응시 희망자가 알 수 있도록 관리사시험 시행일 90일 전까지 소방청 홈페이지 등에 공고하여야 한다.

제33조 (응시원서 제출 등)
① 관리사시험에 응시하려는 사람은 행정안전부령으로 정하는 관리사시험 응시원서를 소방청장에게 제출하여야 한다.
② 제31조에 따라 시험 과목의 일부를 면제받으려는 사람은 제1항에 따른 응시원서에 그 뜻을 적어야 한다.
③ 관리사시험에 응시하는 사람은 제27조에 따른 응시자격에 관한 증빙서류를 소방청장이 정하는 원서 접수기간 내에 제출하여야 하며, 증빙서류는 해당 자격증 사본과 행정안전부령으로 정하는 경력·재직증명원 또는 「소방시설공사업법 시행령」 제20조제4항에 따른 수탁기관이 발행하는 경력증명서로 한다. 다만, 국가·지방자치단체, 「공공기관의 운영에 관한 법률」 제4조에 따른 공공기관, 「지방공기업법」에 따른 지방공사 또는 지방공단이 증명하는 경력증명원은 해당 기관에서 정하는 서식에 따를 수 있다.
④ 제1항에 따라 응시원서를 제출받은 소방청장은 「전자정부법」 제36조제1항에 따른 행정정보의 공동이용을 통하여 응시자의 다음 각 호의 서류를 확인해야 한다. 다만, 응시자가 확인에 동의하지 않는 경우에는 그 사본을 첨부하게 해야 한다. 〈개정 2019.8.6.〉
1. 응시자의 해당 국가기술자격증
2. 국민연금가입자가입증명 또는 건강보험자격득실확인서

제42조 (서식)
② 영 제33조제1항의 규정에 의한 소방시설관리사시험응시원서는 별지 제37호서식과 같다.
③ 영 제33조제3항의 규정에 의한 경력(재직)증명원은 별지 제38호서식과 같다.
① 삭제 〈2012.2.3.〉　　　　　④ 삭제 〈2016.1.26〉

제34조 (시험의 합격자 결정 등)
① 제1차 시험에서는 과목당 100점을 만점으로 하여 모든 과목의 점수가 40점 이상이고, 전 과목 평균 점수가 60점 이상인 사람을 합격자로 한다.
② 제2차 시험에서는 과목당 100점을 만점으로 하되, 시험위원의 채점점수 중 최고점수와 최저점수를 제외한 점수가 모든 과목에서 40점 이상, 전과목에서 평균 60점 이상인 사람을 합격자로 한다.
③ 소방청장은 제1항 및 제2항에 따라 관리사시험 합격자를 결정하였을 때에는 이를 소방청 홈페이지 등에 공고하여야 한다.　　　　　④ 삭제 〈2016.1.19〉

제26조의2 (부정행위자에 대한 제재)
소방청장은 시험에서 부정한 행위를 한 응시자에 대하여는 그 시험을 정지 또는 무효로 하고, 그 처분이 있은 날부터 2년간 시험 응시자격을 정지한다. [* 영 제35조 〈삭제됨 2012.1.31.〉]

제27조 (관리사의 결격사유)

다음 각 호의 어느 하나에 해당하는 자는 관리사가 될 수 없다.
1. 피성년후견인
2. 이 법,「소방기본법」,「소방시설공사업법」또는「위험물 안전관리법」에 따른 금고 이상의 실형을 선고받고 그 집행이 끝나거나(집행이 끝난 것으로 보는 경우를 포함한다) 집행이 면제된 날부터 2년이 지나지 아니한 사람
3. 이 법,「소방기본법」,「소방시설공사업법」또는「위험물 안전관리법」에 따른 금고 이상의 형의 집행유예를 선고받고 그 유예기간 중에 있는 사람
4. 제28조에 따라 자격이 취소(제27조제1호에 해당하여 자격이 취소된 경우는 제외한다)된 날부터 2년이 지나지 아니한 사람 〈전문개정 2011.8.4〉

제28조 (자격의 취소·정지)

소방청장은 관리사가 다음 각 호의 어느 하나에 해당할 때에는 행정안전부령으로 정하는 바에 따라 그 자격을 취소하거나 2년 이하의 기간을 정하여 그 자격의 정지를 명할 수 있다. 다만, 제1호, 제4호, 제5호 또는 제7호에 해당하면 그 자격을 취소하여야 한다.
1. 거짓이나 그 밖의 부정한 방법으로 시험에 합격한 경우
2. 제20조제6항에 따른 소방안전관리 업무를 하지 아니하거나 거짓으로 한 경우
3. 제25조에 따른 점검을 하지 아니하거나 거짓으로 한 경우
4. 제26조제6항을 위반하여 소방시설관리사증을 다른 자에게 빌려준 경우
5. 제26조제7항을 위반하여 동시에 둘 이상의 업체에 취업한 경우
6. 제26조제8항을 위반하여 성실하게 자체점검 업무를 수행하지 아니한 경우
7. 제27조 각 호의 어느 하나에 따른 결격사유에 해당하게 된 경우 / 8. 9. 삭제

제2절 소방시설관리업

제29조 (소방시설관리업의 등록 등)

① 제20조에 따른 소방안전관리 업무의 대행 또는 소방시설등의 점검 및 유지·관리의 업을 하려는 자는 시·도지사에게 소방시설관리업(이하"관리업"이라 한다)의 등록을 하여야 한다.
② 제1항에 따른 기술 인력, 장비 등 관리업의 등록기준에 관하여 필요한 사항은 대통령령으로 정한다.
③ 제1항에 따른 관리업의 등록신청과 등록증·등록수첩의 발급·재발급 신청, 그 밖에 관리업의 등록에 필요한 사항은 행정안전부령으로 정한다.

> **영** 제36조 (소방시설관리업의 등록기준)
> ① 법 제29조제2항에 따른 소방시설관리업의 등록기준은 별표 9와 같다.
> ② 시·도지사는 법 제29조제1항에 따른 등록신청이 다음 각 호의 어느 하나에 해당하는 경우를 제외하고는 등록을 해 주어야 한다.
>   1. 제1항에 따른 등록기준에 적합하지 아니한 경우
>   2. 등록을 신청한 자가 법 제30조 각 호의 결격사유 중 어느 하나에 해당하는 경우

3. 그 밖에 이 법 또는 다른 법령에 따른 제한에 위배되는 경우

제21조 (소방시설관리업의 등록신청)

① 법 제29조제1항에 따라 소방시설관리업을 하려는 자는 별지 제22호서식의 소방시설관리업등록신청서(전자문서로 된 신청서를 포함한다)에 별지 제23호서식의 기술인력연명부 및 기술자격증(자격수첩을 포함한다)을 첨부하여 시·도지사에게 제출(전자문서로 제출하는 경우를 포함한다)하여야 한다.

② 제1항에 따른 신청서를 제출받은 담당 공무원은 「전자정부법」 제36조제1항에 따라 행정정보의 공동이용을 통하여 법인등기부 등본(법인인 경우만 해당한다)과 제1항에 따라 제출하는 기술인력연명부에 기록된 소방기술인력의 국가기술자격증을 확인하여야 한다. 다만, 신청인이 국가기술자격증의 확인에 동의하지 아니하는 경우에는 그 사본을 제출하도록 하여야 한다.

제22조 (소방시설관리업의 등록증 및 등록수첩 발급 등)

① 시·도지사는 제21조에 따른 소방시설관리업의 등록신청 내용이 영 제36조제1항 및 별표 9에 따른 소방시설관리업의 등록기준에 적합하다고 인정되면 신청인에게 별지 제24호서식의 소방시설관리업등록증과 별지 제25호서식의 소방시설관리업등록수첩을 발급하고, 별지 제26호서식의 소방시설관리업등록대장을 작성하여 관리하여야 한다. 이 경우 시·도지사는 제21조제1항제1호에 따라 제출된 소방기술인력의 기술자격증(자격수첩을 포함한다)에 해당 소방기술인력이 그 소방시설관리업자 소속임을 기록하여 내주어야 한다. 〈개정 2013.4.16〉

② 시·도지사는 제21조의 규정에 따라 제출된 서류를 심사한 결과 다음 각 호의 어느 하나 해당하는 때에는 10일 이내의 기간을 정하여 이를 보완하게 할 수 있다.
1. 첨부서류가 미비되어 있는 때
2. 신청서 및 첨부서류의 기재내용이 명확하지 아니한 때

③ 시·도지사는 제1항의 규정에 따라 소방시설관리업등록증을 교부하거나 법 제34조의 규정에 따라 등록의 취소 또는 영업정지처분을 한 때에는 이를 시·도의 공보에 공고하여야 한다.

제23조 (소방시설관리업의 등록증·등록수첩의 재교부 및 반납)

① 법 제29조제3항의 규정에 따라 소방시설관리업자는 소방시설관리업등록증 또는 등록수첩을 잃어버리거나 소방시설관리업등록증 또는 등록수첩이 헐어 못쓰게 된 경우에는 시·도지사에게 소방시설관리업등록증 또는 등록수첩의 재교부를 신청할 수 있다.

② 소방시설관리업자는 제1항의 규정에 따라 재교부를 신청하는 때에는 별지 제27호서식의 소방시설관리업등록증(등록수첩)재교부신청서(전자문서로 된 신청서를 포함한다)를 시·도지사에게 제출하여야 한다.

③ 시·도지사는 제1항의 규정에 의한 재교부신청서를 제출받은 때에는 3일 이내에 소방시설관리업등록증 또는 등록수첩을 재교부하여야 한다.

④ 소방시설관리업자는 다음 각호의 1에 해당하는 때에는 지체 없이 시·도지사에게 그 소방시설관리업등록증 및 등록수첩을 반납하여야 한다.
1. 법 제34조의 규정에 따라 등록이 취소된 때
2. 소방시설관리업을 휴·폐업한 때
3. 제1항의 규정에 따라 재교부를 받은 때. 다만, 등록증 또는 등록수첩을 잃어버리고 재교부를 받은 경우에는 이를 다시 찾은 때에 한한다.

제30조 (등록의 결격사유)

다음 각 호의 어느 하나에 해당하는 자는 관리업의 등록을 할 수 없다.
1. 피성년후견인
2. 이 법, 「소방기본법」, 「소방시설공사업법」 또는 「위험물 안전관리법」에 따른 금고 이상의 실형을 선고받고 그 집행이 끝나거나(집행이 끝난 것으로 보는 경우를 포함한다) 집행이 면제된 날부터 2년이 지나지 아니한 사람
3. 이 법, 「소방기본법」, 「소방시설공사업법」 또는 「위험물 안전관리법」에 따른 금고 이상의 형의 집행유예를 선고받고 그 유예기간 중에 있는 사람
4. 제34조제1항에 따라 관리업의 등록이 취소(제30조제1호에 해당하여 등록이 취소된 경우는 제외한다.)된 날부터 2년이 지나지 아니한 자
5. 임원 중에 제1호부터 제4호까지의 어느 하나에 해당하는 사람이 있는 법인 〈전문개정 2015.7.24.〉

제31조 (등록사항의 변경신고)

관리업자는 제29조의 규정에 따라 등록한 사항 중 행정안전부령이 정하는 중요사항이 변경되었을 때에는 행정안전부령으로 정하는 바에 따라 시·도지사에게 그 변경사항을 신고하여야 한다.

칙 제24조 (등록사항의 변경신고 사항)

법 제31조에서 "행정안전부령이 정하는 중요사항"이란 다음 각호의 1에 해당하는 사항을 말한다.
1. 명칭·상호 또는 영업소소재지   2. 대표자   3. 기술인력

칙 제25조 (등록사항의 변경신고 등)

① 소방시설관리업자는 법 제31조의 규정에 따라 등록사항의 변경이 있는 때에는 변경일부터 30일 이내에 별지 제28호서식의 소방시설관리업등록사항변경신고서(전자문서로 된 신고서를 포함한다)에 그 변경사항별로 다음 각 호의 구분에 의한 서류(전자문서를 포함한다)를 첨부하여 시·도지사에게 제출하여야 한다. 〈개정 2005.12.21, 2006.9.7〉
1. 명칭·상호 또는 영업소소재지를 변경하는 경우: 소방시설관리업등록증 및 등록수첩
2. 대표자를 변경하는 경우: 소방시설관리업 등록증 및 등록수첩
3. 기술인력을 변경하는 경우
   가. 소방시설관리업등록수첩
   나. 변경된 기술인력의 기술자격증(자격수첩)
   다. 별지 제23호서식의 기술인력연명부
② 제1항에 따른 신고서를 제출받은 담당 공무원은 「전자정부법」 제36조제1항에 따라 행정정보의 공동이용을 통하여 다음 각 호의 서류를 확인하여야 한다. 다만, 신고인이 사업자등록증 및 국가기술자격증의 확인에 동의하지 않는 때에는 그 사본을 첨부하도록 하여야 한다.
1. 법인등기부 등본(지위승계인이 법인인 경우에 한한다)
2. 사업자등록증(지위승계인이 개인인 경우만 해당한다)
3. 제21조에 따라 제출하는 기술인력연명부에 기록된 소방기술인력의 국가기술자격증
③ 시·도지사는 제1항의 규정에 따라 변경신고를 받은 때에는 5일 이내에 소방시설관리업등록증 및 등록수첩을 새로 교부하거나 제1항의 규정에 따라 제출된 소방시설관리업등록증 및 등록수첩과 기술인

력의 기술자격증(자격수첩)에 그 변경된 사항을 기재하여 교부하여야 한다.
④ 시·도지사는 제1항의 규정에 따라 변경신고를 받은 때에는 별지 제26호서식의 소방시설관리업등록대장에 변경사항을 기재하고 관리하여야 한다. 〈개정 2006.9.7〉

제32조 (소방시설관리업자의 지위승계)
① 다음 각 호의 어느 하나에 해당하는 자는 관리업자의 지위를 승계한다.
  1. 관리업자가 사망한 경우 그 상속인
  2. 관리업자가 그 영업을 양도한 경우 그 양수인
  3. 법인인 관리업자가 합병한 경우 합병 후 존속하는 법인이나 합병으로 설립되는 법인
② 「민사집행법」에 따른 경매, 「채무자 회생 및 파산에 관한 법률」에 따른 환가, 「국세징수법」, 「관세법」 또는 「지방세기본법」에 따른 압류재산의 매각과 그 밖에 이에 준하는 절차에 따라 관리업의 시설 및 장비의 전부를 인수한 자는 그 관리업자의 지위를 승계한다.
③ 제1항이나 제2항에 따라 관리업자의 지위를 승계한 자는 행정안전부령으로 정하는 바에 따라 시·도지사에게 신고하여야 한다.
④ 제1항이나 제2항에 따른 지위승계에 관하여는 제30조를 준용한다. 다만, 상속인이 제30조 각 호의 어느 하나에 해당하는 경우에는 상속받은 날부터 3개월 동안은 그러하지 아니하다.

칙 제26조 (지위승계신고 등)
① 법 제32조제1항 또는 제2항의 규정에 따라 소방시설관리업자의 지위를 승계한 자는 그 지위를 승계한 날부터 30일 이내에 법 제32조제3항의 규정에 따라 상속인, 영업을 양수한 자 또는 시설의 전부를 인수한 자는 법 별지 제29호서식의 소방시설관리업지위승계신고서(전자문서로 된 신고서를 포함한다)에, 합병후 존속하는 법인 또는 합병에 의하여 설립되는 법인은 별지 제30호서식의 소방시설관리업합병신고서(전자문서로 된 신고서를 포함한다)에 각각 다음 각 호의 서류(전자문서를 포함한다)를 첨부하여 시·도지사에게 제출하여야 한다.
  1. 소방시설관리업등록증 및 등록수첩   2. 계약서사본 등 지위승계를 증명하는 서류 1부
  3. 4. 〈삭제 2006.9.7.〉   5. 별지 제23호서식의 소방기술인력연명부 및 기술자격증(자격수첩)
  6. 영 별표 8 제2호의 장비기준에 따른 장비명세서 1부
② 제1항에 따른 신고서를 제출받은 담당 공무원은 「전자정부법」 제36조제1항에 따라 행정정보의 공동이용을 통하여 다음 각 호의 서류를 확인하여야 한다. 다만, 신고인이 이에 동의하지 아니하는 경우에는 이를 첨부하도록 하여야 한다. 〈신설 2006.9.7, 개정 2010.9.10〉
  1. 법인등기부 등본(지위승계인이 법인인 경우에 한한다)
  2. 사업자등록증 사본(지위승계인이 개인인 경우에 한한다)
③ 시·도지사는 제1항의 규정에 따라 신고를 받은 때에는 소방시설관리업등록증 및 등록수첩을 새로 교부하고, 기술인력의 자격증 및 자격수첩에 그 변경사항을 기재하여 교부하며, 별지 제26호서식의 소방시설관리업등록대장에 지위승계에 관한 사항을 기재하고 관리하여야 한다.

제33조 (관리업의 운영)
① 관리업자는 관리업의 등록증이나 등록수첩을 다른 자에게 빌려주어서는 아니 된다.

② 관리업자는 다음 각 호의 어느 하나에 해당하면 제20조에 따라 소방안전관리 업무를 대행하게 하거나 제25조제1항에 따라 소방시설등의 점검업무를 수행하게 한 특정소방대상물의 관계인에게 지체 없이 그 사실을 알려야 한다.
  1. 제32조에 따라 관리업자의 지위를 승계한 경우
  2. 제34조제1항에 따라 관리업의 등록취소 또는 영업정지처분을 받은 경우
  3. 휴업 또는 폐업을 한 경우
③ 관리업자는 제25조제1항에 따라 자체점검을 할 때에는 행정안전부령으로 정하는 바에 따라 기술인력을 참여시켜야 한다. 〈개정 2014.1.7.〉

칙 **제26조의2 (자체점검 시의 기술인력 참여기준)**
법 제33조제3항에 따라 소방시설관리업자가 자체점검을 할 때 참여시켜야 하는 기술인력의 기준은 다음 각 호와 같다. 〈개정 2017.2.10.〉
  1. 작동기능점검(영 제22조제1항 각 호의 소방안전관리대상물만 해당한다) 및 종합정밀점검: 소방시설관리사와 영 별표 9 제2호의 보조기술인력
  2. 그 밖의 특정소방대상물에 대한 작동기능점검: 소방시설관리사 또는 영 별표 9 제2호의 보조기술인력
  3. 삭제 〈2017.2.10.〉

제33조의2 (점검능력 평가 및 공시 등)
① 소방청장은 관계인 또는 건축주가 적정한 관리업자를 선정할 수 있도록 하기 위하여 관리업자의 신청이 있는 경우 해당 관리업자의 점검능력을 종합적으로 평가하여 공시할 수 있다.
② 제1항에 따라 점검능력 평가를 신청하려는 관리업자는 소방시설 등의 점검실적을 증명하는 서류 등 행정안전부령으로 정하는 서류를 소방청장에게 제출하여야 한다.
③ 제1항에 따른 점검능력 평가 및 공시방법, 수수료 등 필요한 사항은 행정안전부령으로 정한다.
④ 소방청장은 제1항에 따른 점검능력을 평가하기 위하여 관리업자의 기술인력 및 장비 보유현황, 점검실적, 행정처분이력 등 필요한 사항에 대하여 데이터베이스를 구축할 수 있다.

칙 **제26조의3 (점검능력 평가의 신청 등)**
① 법 제33조의2에 따라 점검능력을 평가받으려는 소방시설관리업자는 별지 제30호의2서식의 소방시설등 점검능력 평가신청서(전자문서로 된 신청서를 포함한다)에 다음 각 호의 서류(전자문서를 포함한다)를 첨부하여 평가기관에 매년 2월 15일까지 제출하여야 한다.
  1. 소방시설등의 점검실적을 증명하는 서류로서 다음 각 목의 구분에 따른 서류
    가. 국내 소방시설등에 대한 점검실적: 발주자가 별지 제30호의3서식에 따라 발급한 소방시설등의 점검실적 증명서 및 세금계산서(공급자 보관용) 사본
    나. 해외 소방시설등에 대한 점검실적: 외국환은행이 발행한 외화입금증명서 및 재외공관장이 발행한 해외점검실적 증명서 또는 관리계약서 사본
    다. 주한 외국군의 기관으로부터 도급받은 소방시설등에 대한 점검실적: 외국환은행이 발행한 외화입금증명서 및 도급계약서 사본
  2. 소방시설관리업등록수첩 사본
  3. 별지 제30호의4서식의 소방기술인력 보유 현황 및 국가기술자격증 사본 등 이를 증명할 수 있는

서류

4. 별지 제30호의5서식의 신인도평가 가점사항 신고서 및 가점 사항을 확인할 수 있는 다음 각 목의 해당 서류

    가. 품질경영인증서(ISO 9000시리즈) 사본　　나. 소방시설등의 점검 관련 표창 사본
    다. 특허증 사본　　　　　　　　　　　　라. 소방시설관리업 관련 기술 투자를 증명할 수 있는 서류

② 제1항에 따른 신청을 받은 평가기관의 장은 제1항 각 호의 서류가 첨부되어 있지 않은 경우에는 신청인으로 하여금 15일 이내의 기간을 정하여 보완하게 할 수 있다.

③ 제1항에도 불구하고 다음 각 호의 어느 하나에 해당하는 자는 2월 15일 후에 점검능력 평가를 신청할 수 있다.

1. 법 제29조에 따라 신규로 소방시설관리업의 등록을 한 자
2. 법 제32조제1항 또는 제2항에 따라 소방시설관리업자의 지위를 승계한 자

제26조의4 (점검능력의 평가)

① 법 제33조의2에 따른 점검능력 평가 항목은 다음과 같다. 〈전문개정 2014.7.8〉

1. 대행실적(법 제20조제3항에 따라 소방안전관리 업무를 대행하여 수행한 실적을 말한다)
2. 점검실적(법 제25조제1항에 따른 소방시설등에 대한 점검실적을 말한다). 이 경우 점검실적은 제18조제1항 및 별표2에 따른 점검인력 배치기준에 적합한 것으로 확인된 경우만 인정한다.
3. 기술력　　　　　　　　4. 경력　　　　　　　　5. 신인도

② 평가기관은 점검능력 평가 결과를 매년 7월 31일까지 1개 이상의 일간신문(「신문 등의 진흥에 관한 법률」 제9조제1항에 따라 전국을 보급지역으로 등록한 일간신문을 말한다) 또는 평가기관의 인터넷 홈페이지를 통하여 공시하고, 시·도지사에게 이를 통보하여야 한다.

③ 점검능력 평가 결과는 소방시설관리업자가 도급받을 수 있는 1건의 점검 도급금액으로 하고, 점검능력 평가의 유효기간은 평가 결과를 공시한 날(이하 이 조에서 "정기공시일"이라 한다)부터 1년간으로 한다. 다만, 제4항 및 제26조의3제3항에 해당하는 자에 대한 점검능력 평가 결과가 정기공시일 후에 공시된 경우에는 그 평가 결과를 공시한 날부터 다음 해의 정기공시일 전날까지를 유효기간으로 한다. 〈2017.2.10.〉

④ 평가기관은 제26조의2에 따라 제출된 서류의 일부가 거짓으로 확인된 경우에는 확인된 날부터 10일 이내에 점검능력을 새로 평가하여 공시하고, 시·도지사에게 이를 통보하여야 한다.

⑤ 제2항 및 제4항에 따라 점검능력 평가 결과를 통보받은 시·도지사는 해당 소방시설관리업자의 등록수첩에 그 사실을 기록하여 발급하여야 한다.

⑥ 점검능력 평가에 따른 수수료(제1항에 따른 점검인력 배치기준 적합 여부 확인에 관한 수수료를 포함한다)는 평가기관이 정하여 소방청장의 승인을 받아야 한다. 이 경우 소방청장은 승인한 수수료 관련 사항을 고시하여야 한다.

⑦ 제1항의 평가 항목에 대한 세부적인 평가기준은 소방청장이 정하여 고시한다.

제33조의3 (점검실명제)

① 관리업자가 소방시설등의 점검을 마친 경우 점검일시, 점검자, 점검업체 등 점검과 관련된 사항을 점검기록표에 기록하고 이를 해당 특정소방대상물에 부착하여야 한다.

② 제1항에 따른 점검기록표에 관한 사항은 행정안전부령으로 정한다.

> 칙 제26조의5 (점검기록표)
> 소방시설관리업자는 법 제33조의3에 따라 별표 3의 점검기록표에 점검과 관련된 사항을 기록하여야 한다. 〈신설 2014.7.8〉

제34조 (등록의 취소와 영업정지 등)
① 시·도지사는 관리업자가 다음 각 호의 어느 하나에 해당할 때에는 행정안전부령으로 정하는 바에 따라 그 등록을 취소하거나 6개월 이내의 기간을 정하여 이의 시정이나 그 영업의 정지를 명할 수 있다. 다만, 제1호·제4호 또는 제7호에 해당할 때에는 등록을 취소하여야 한다.
  1. 거짓이나 그 밖의 부정한 방법으로 등록을 한 경우
  2. 제25조제1항에 따른 점검을 하지 아니하거나 거짓으로한 경우
  3. 제29조제2항에 따른 등록기준에 미달하게 된 경우
  4. 제30조 각 호의 어느 하나의 등록의 결격사유에 해당하게 된 경우 다만, 제30조제5호에 해당하는 법인으로서 결격사유에 해당하게 된 날부터 2개월 이내에 그 임원을 결격사유가 없는 임원으로 바꾸어 선임한 경우는 제외한다. 5, 6, 8, 9, 10. 〈삭제 2014.1.7〉
  7. 제33조제1항을 위반하여 다른 자에게 등록증이나 등록수첩을 빌려준 경우
② 제32조에 따라 관리업자의 지위를 승계한 상속인이 제30조 각 호의 어느 하나에 해당하는 경우에는 상속을 개시한 날부터 6개월 동안은 제1항제4호를 적용하지 아니한다. 〈전문개정 2011.8.4〉

> 칙 제44조 (행정처분의 기준)
> 법 제19조·법 제28조 및 법 제34조에 따른 방염처리업자·소방시설관리사 및 소방시설관리업의 등록의 취소(자격취소를 포함한다)·영업정지(자격정지를 포함한다) 등행정처분의 기준은 별표 8과 같다.

제35조 (과징금처분)
① 시·도지사는 제34조제1항에 따라 영업정지를 명하는 경우로서 그 영업정지가 국민에게 심한 불편을 주거나 그 밖에 공익을 해칠 우려가 있을 때에는 영업정지처분을 갈음하여 3천만 원 이하의 과징금을 부과할 수 있다.
② 제1항에 따른 과징금을 부과하는 위반행위의 종류와 위반 정도 등에 따른 과징금의 금액, 그 밖의 필요한 사항은 행정안전부령으로 정한다.
③ 시·도지사는 제1항에 따른 과징금을 내야 하는 자가 납부기한까지 내지 아니하면 「지방행정제재·부과금의 징수 등에 관한 법률」에 따라 징수한다. 〈개정 2020.3.24.〉

제6장 소방용품의 품질관리

제36조 (소방용품의 형식승인 등)
① 대통령령으로 정하는 소방용품을 제조하거나 수입하려는 자는 소방청장의 형식승인을 받아야 한다. 다만, 연구개발 목적으로 제조하거나 수입하는 소방용품은 그러하지 아니하다.
② 제1항에 따른 형식승인을 받으려는 자는 행정안전부령으로 정하는 기준에 따라 형식승인을 위한 시험시설

을 갖추고 소방청장의 심사를 받아야 한다. 다만, 소방용품을 수입하는 자가 판매를 목적으로 하지 아니하고 자신의 건축물에 직접 설치하거나 사용하려는 경우 등 행정안전부령으로 정하는 경우에는 시험시설을 갖추지 아니할 수 있다.
③ 제1항과 제2항에 따라 형식승인을 받은 자는 그 소방용품에 대하여 소방청장이 실시하는 제품검사를 받아야 한다.
④ 제1항에 따른 형식승인의 방법·절차 등과 제3항에 따른 제품검사의 구분·방법·순서·합격표시 등에 관한 사항은 행정안전부령으로 정한다.
⑤ 소방용품의 형상·구조·재질·성분·성능 등 (이하 "형상등"이라 한다)의 형식승인 및 제품검사의 기술기준 등에 관한 사항은 소방청장이 정하여 고시한다.
⑥ 누구든지 다음 각 호의 어느 하나에 해당하는 소방용품을 판매하거나 판매 목적으로 진열하거나 소방시설 공사에 사용할 수 없다.
 1. 형식승인을 받지 아니한 것
 2. 형상등을 임의로 변경한 것
 3. 제품검사를 받지 아니하거나 합격표시를 하지 아니한 것
⑦ 소방청장은 제6항을 위반한 소방용품에 대하여는 그 제조자·수입자·판매자 또는 시공자에게 수거·폐기 또는 교체 등 행정안전부령으로 정하는 필요한 조치를 명할 수 있다.
⑧ 소방청장은 소방용품의 작동기능, 제조방법, 부품 등이 제5항에 따라 소방청장이 고시하는 형식승인 및 제품검사의 기술기준에서 정하고 있는 방법이 아닌 새로운 기술이 적용된 제품의 경우에는 관련 전문가의 평가를 거쳐 행정안전부령으로 정하는 바에 따라 제4항에 따른 방법 및 절차와 다른 방법 및 절차로 형식승인을 할 수 있으며, 외국의 공인기관으로부터 인정받은 신기술 제품은 형식승인을 위한 시험 중 일부를 생략하여 형식승인을 할 수 있다.
⑨ 다음 각 호의 어느 하나에 해당하는 소방용품의 형식승인 내용에 대하여 공인기관의 평가결과가 있는 경우 형식승인 및 제품검사 시험 중 일부만을 적용하여 형식승인 및 제품검사를 할 수 있다.
 1. 「군수품관리법」 제2조에 따른 군수품
 2. 주한외국공관 또는 주한외국군 부대에서 사용되는 소방용품
 3. 외국의 차관이나 국가 간의 협약 등에 의하여 건설되는 공사에 사용되는 소방용품으로서 사전에 합의된 것
 4. 그 밖에 특수한 목적으로 사용되는 소방용품으로서 소방청장이 인정하는 것
⑩ 하나의 소방용품에 두 가지 이상의 형식승인 사항 또는 형식승인과 성능인증 사항이 결합된 경우에는 두 가지 이상의 형식승인 또는 형식승인과 성능인증 시험을 함께 실시하고 하나의 형식승인을 할 수 있다.
⑪ 제9항 및 제10항에 따른 형식승인의 방법 및 절차 등에 관하여는 행정안전부령으로 정한다.

영 제37조 (형식승인대상 소방용품)
법 제36조제1항 본문에서 "대통령령으로 정하는 소방용품"이란 별표 3 제1호 [별표1에 따른 상업용 주방소화장치는 제외한다] 및 같은 표 제2호부터 제4호까지에 해당하는 소방용품을 말한다.

제37조 (형식승인의 변경)
① 제36조제1항 및 제10항에 따른 형식승인을 받은 자가 해당 소방용품에 대하여 형상등의 일부를 변경하려

면 소방청장의 변경승인을 받아야 한다.
② 제1항에 따른 변경승인의 대상·구분·방법 및 절차 등에 관하여 필요한 사항은 행정안전부령으로 정한다.

제38조 (형식승인의 취소 등)
① 소방청장은 소방용품의 형식승인을 받았거나 제품검사를 받은 자가 다음 각 호의 어느 하나에 해당될 때에는 행정안전부령으로 정하는 바에 따라 그 형식승인을 취소하거나 6개월 이내의 기간을 정하여 제품검사의 중지를 명할 수 있다. 다만, 제1호·제3호 또는 제7호의 경우에는 형식승인을 취소하여야 한다.
 1. 거짓이나 그 밖의 부정한 방법으로 제36조제1항 및 제10항에 따른 형식승인을 받은 경우
 2. 제36조제2항에 따른 시험시설의 시설기준에 미달되는 경우
 3. 거짓이나 그 밖의 부정한 방법으로 제36조제3항에 따른 제품검사를 받은 경우
 4. 제품검사 시 제36조제5항에 따른 기술기준에 미달되는 경우 / 5. 6. 〈삭제 2014.1.7〉
 7. 제37조에 따른 변경승인을 받지 아니하거나 거짓이나 그 밖의 부정한 방법으로 변경승인을 받은 경우
 8. 9. 〈삭제 2014.1.7〉
② 제1항에 따라 소방용품의 형식승인이 취소된 자는 그 취소된 날부터 2년 이내에는 형식승인이 취소된 동일 품목에 대하여 형식승인을 받을 수 없다.

제39조 (소방용품의 성능인증 등)
① 소방청장은 제조자 또는 수입자 등의 요청이 있는 경우 소방용품에 대하여 성능인증을 할 수 있다.
② 제1항에 따라 성능인증을 받은 자는 그 소방용품에 대하여 소방청장의 제품검사를 받아야 한다.
③ 제1항에 따른 성능인증의 대상·신청·방법 및 성능인증서 발급에 관한 사항과 제2항에 따른 제품검사의 구분·대상·절차·방법·합격표시 및 수수료 등에 관한 사항은 행정안전부령으로 정한다.
④ 제1항에 따른 성능인증, 제2항에 따른 제품검사의 기술기준 등에 관한 사항은 소방청장이 고시한다.
⑤ 제2항에 따른 제품검사에 합격하지 아니한 소방용품에는 성능인증을 받았다는 표시를 하거나 제품검사에 합격하였다는 표시를 하여서는 아니되며, 제품검사를 받지 아니하거나 합격표시를 하지 아니한 소방용품을 판매 또는 판매 목적으로 진열하거나 소방시설공사에 사용하여서는 아니 된다.
⑥ 하나의 소방용품에 성능인증 사항이 두 가지 이상 결합된 경우에는 해당 성능인증 시험을 모두 실시하고 하나의 성능인증을 할 수 있다. 〈신설 2016.1.27.〉

제39조의2 (성능인증의 변경)
① 제39조제1항 및 제6항에 따른 성능인증을 받은 자가 해당 소방용품에 대하여 형상등의 일부를 변경하려면 소방청장의 변경인증을 받아야 한다.
② 제1항에 따른 변경인증의 대상·구분·방법 및 절차 등에 필요한 사항은 행정안전부령으로 정한다.

제39조의3 (성능인증의 취소 등)
① 소방청장은 소방용품의 성능인증을 받았거나 제품검사를 받은 자가 다음 각 호의 어느 하나에 해당되는 때에는 행정안전부령으로 정하는 바에 따라 해당 소방용품의 성능인증을 취소하거나 6개월 이내의 기간을 정하여 해당 소방용품의 제품검사 중지를 명할 수 있다. 다만, 제1호·제2호 또는 제5호에 해당하는 경우에는 해당 소방용품의 성능인증을 취소하여야 한다.
 1. 거짓이나 그 밖의 부정한 방법으로 제39조제1항 및 제6항에 따른 성능인증을 받은 경우
 2. 거짓이나 그 밖의 부정한 방법으로 제39조제2항에 따른 제품검사를 받은 경우

3. 제품검사 시 제39조제4항에 따른 기술기준에 미달되는 경우
4. 제39조제5항을 위반한 경우
5. 제39조의2에 따라 변경인증을 받지 아니하고 해당 소방용품에 대하여 형상 등의 일부를 변경하거나 거짓이나 그 밖의 부정한 방법으로 변경인증을 받은 경우
② 제1항에 따라 소방용품의 성능인증이 취소된 자는 그 취소된 날부터 2년 이내에 성능인증이 취소된 소방용품과 동일한 품목에 대하여는 성능인증을 받을 수 없다. [본조신설 2016.1.27.]

제40조 (우수품질제품에 대한 인증)
① 소방청장은 제36조에 따른 형식승인의 대상이 되는 소방용품 중 품질이 우수하다고 인정하는 소방용품에 대하여 인증(이하 "우수품질인증"이라 한다)을 할 수 있다.
② 우수품질인증을 받으려는 자는 행정안전부령으로 정하는 바에 따라 소방청장에게 신청하여야 한다.
③ 우수품질인증을 받은 소방용품에는 우수품질인증 표시를 할 수 있다.
④ 우수품질인증의 유효기간은 5년의 범위에서 행정안전부령으로 정한다.
⑤ 소방청장은 다음 각 호의 어느 하나에 해당하는 경우에는 우수품질인증을 취소할 수 있다. 다만, 제1호에 해당하는 경우에는 우수품질인증을 취소하여야 한다.
  1. 거짓이나 그 밖의 부정한 방법으로 우수품질인증을 받은 경우
  2. 우수품질인증을 받은 제품이 「발명진흥법」 제2조제4호에 따른 산업재산권 등 타인의 권리를 침해하였다고 판단되는 경우
⑥ 제1항부터 제5항까지에서 규정한 사항 외에 우수품질인증을 위한 기술기준, 제품의 품질관리 평가, 우수품질인증의 갱신, 수수료, 인증표시 등 우수품질인증에 관하여 필요한 사항은 행정안전부령으로 정한다

제40조의2 (우수품질인증 소방용품에 대한 지원 등)
다음 각 호의 어느 하나에 해당하는 기관 및 단체는 건축물의 신축·증축 및 개축 등으로 소방용품을 변경 또는 신규 비치하여야 하는 경우 우수품질인증 소방용품을 우선 구매·사용하도록 노력하여야 한다.
  1. 중앙행정기관   2. 지방자치단체   3. 「공공기관의 운영에 관한 법률」제4조에 따른 공공기관

 제37조의2 (우수품질인증 소방용품 우선 구매·사용 기관)
법 제40조의2제4호에서 "대통령령으로 정하는 기관"이란 다음에 해당하는 기관을 말한다.
  1. 「지방공기업법」제49조에 따라 설립된 지방공사 및 같은 법 제76조에 따라 설립된 지방공단
  2. 「지방자치단체 출자·출연 기관의 운영에 관한 법률」제2조에 따른 출자·출연기관

제40조의3 (소방용품의 수집검사 등)
① 소방청장은 소방용품의 품질관리를 위하여 필요하다고 인정할 때에는 유통 중인 소방용품을 수집하여 검사할 수 있다.
② 소방청장은 제1항에 따른 수집검사 결과 행정안전부령으로 정하는 중대한 결함이 있다고 인정되는 소방용품에 대하여는 그 제조자 및 수입자에게 행정안전부령으로 정하는 바에 따라 회수·교환·폐기 또는 판매중지를 명하고, 형식승인 또는 성능인증을 취소할 수 있다.
③ 소방청장은 제2항에 따라 회수·교환·폐기 또는 판매중지를 명하거나 형식승인 또는 성능인증을 취소한 때에는 행정안전부령으로 정하는 바에 따라 그 사실을 소방청 홈페이지 등에 공표할 수 있다.

제7장 보 칙

제41조 (소방안전관리자 등에 대한 교육)
① 다음 각 호의 어느 하나에 해당하는 자는 화재 예방 및 안전관리의 효율화, 새로운 기술의 보급과 안전의식의 향상을 위하여 행정안전부령으로 정하는 바에 따라 소방청장이 실시하는 강습 또는 실무 교육을 받아야 한다.
  1. 제20조제2항에 따라 선임된 소방안전관리자 및 소방안전관리보조자
  2. 제20조제3항에 따라 선임된 소방안전관리자
  3. 소방안전관리자의 자격을 인정받으려는 자로서 대통령령으로 정하는 자
② 소방본부장이나 소방서장은 제1항제1호 또는 제2호에 따른 소방안전관리자나 소방안전관리 업무 대행자가 정하여진 교육을 받지 아니하면 교육을 받을 때까지 행정안전부령으로 정하는 바에 따라 그 소방안전관리자나 소방안전관리 업무 대행자에 대하여 제20조에 따른 소방안전관리 업무를 제한할 수 있다.

[영] 제38조 (소방안전관리자의 자격을 인정받고자 하는 자)
법 제41조제1항제3호에서 "대통령령으로 정하는 자"란 특급 소방안전관리대상물, 1급 소방안전관리대상물, 2급 소방안전관리대상물, 3급 소방안전관리대상물 또는「공공기관의 소방안전관리에 관한 규정」제2조에 따른 공공기관의 소방안전관리자가 되려는 사람을 말한다.

[칙] 제29조 (소방안전관리자에 대한 강습교육의 실시)
① 법 제41조제1항에 따른 소방안전관리자의 강습교육의 일정·횟수 등에 관하여 필요한 사항은 한국소방안전원의 장(이하 "안전원장"이라 한다)이 연간계획을 수립하여 실시하여야 한다.
② 안전원장은 법 제41조제1항의 규정에 의한 강습교육을 실시하고자 하는 때에는 강습교육실시 20일 전까지 일시·장소 그 밖의 강습교육실시에 관하여 필요한 사항을 한국소방안전원의 인터넷 홈페이지 및 게시판에 공고하여야 한다.
③ 안전원장은 강습교육을 실시한 때에는 수료자에게 별지 제31호서식의 수료증을 교부하고 별지 제32호서식의 강습교육수료자 명부대장을 강습교육의 종류별로 작성·보관하여야 한다.
④ 제1항의 규정에 따라 강습교육을 받는 자가 3시간 이상 결강한 때에는 수료증을 교부하지 아니한다.

[칙] 제30조 (강습교육 수강신청 등)
① 법 제41조제1항에 따른 강습교육을 받고자 하는 자는 강습교육의 종류별로 별지 제33호서식의 강습교육원서(전자문서로 된 원서를 포함한다)에 다음 각 호의 서류(전자문서를 포함한다)를 첨부하여 안전원장에게 제출하여야 한다. 1. 사진(가로 3.5cm×세로 4.5cm) 1매 / 2. 위험물안전관리자수첩 사본(위험물안전관리법령에 의하여 안전관리자 강습교육을 수료한 자에 한한다) 1부 / 3. 재직증명서(공공기관에 재직하는 자에 한한다) / 4. 소방안전관리자 경력증명서(특급 또는 1급 소방안전관리대상물의 소방안전관리에 관한 강습교육을 받으려는 사람만 해당한다)
② 안전원장은 강습교육원서를 접수한 때에는 수강증을 교부하여야 한다.

[칙] 제31조 (강습교육의 강사)
강습교육을 담당할 강사는 과목별로 소방에 관한 학식과 경험이 풍부한 자 중에서 안전원장이 위촉한다.

제32조(강습교육의 과목 및 시간)
특급, 1급, 2급 및 3급 소방안전관리대상물의 소방안전관리에 관한 강습교육과 「공공기관의 소방안전관리에 관한 규정」 제5조제1항제2호나목에 따른 공공기관 소방안전관리자에 대한 강습교육의 과목, 시간 및 운영방법 등은 별표 5와 같다. 〈개정 2017.2.10.〉

제33조 〈삭제 2017.2.10.〉

제34조(시험방법, 시험의 공고 및 합격자 결정 등)
① 영 제23조제1항제5호에 따른 특급 소방안전관리대상물의 소방안전관리에 관한 시험(이하 "특급 소방안전관리자시험"이라 한다)은 선택형과 서술형으로 구분하여 실시하고, 영 제23조제2항제7호에 따른 1급 소방안전관리대상물의 소방안전관리에 관한 시험(이하 "1급 소방안전관리자시험"이라 한다), 같은 조 제3항제5호에 따른 2급 소방안전관리대상물의 소방안전관리에 관한 시험(이하 "2급 소방안전관리자시험"이라 한다) 및 같은 조 제4항제2호에 따른 3급 소방안전관리대상물의 소방안전관리에 관한 시험(이하 "3급 소방안전관리자시험"이라 한다)은 선택형을 원칙으로 하되, 기입형을 덧붙일 수 있다. 〈2017.2.10.〉

② 소방청장은 특급, 1급, 2급 또는 3급 소방안전관리자시험을 실시하고자 하는 때에는 응시자격·시험과목·일시·장소 및 응시절차 등에 관하여 필요한 사항을 모든 응시 희망자가 알 수 있도록 시험 시행일 30일 전에 일간신문 또는 인터넷 홈페이지에 공고하여야 한다.

③ 소방안전관리자시험에 응시하고자 하는 자는 별지 제34호서식의 특급, 1급, 2급 또는 3급 소방안전관리자시험 응시원서에 사진(가로 3.5센티미터×세로 4.5센티미터) 2매와 학력·경력증명서류(해당하는 사람만 제출하되, 특급·1급·2급 또는 3급 소방안전관리에 대한 강습교육 수료증을 포함한다)를 첨부하여 소방청장에게 제출하여야 한다. 〈2017.2.10.〉

④ 소방청장은 제3항에 따른 특급, 1급, 2급 또는 3급 소방안전관리자시험응시원서를 접수한 때에는 응시표를 발급하여야 한다. 〈2017.2.10.〉

⑤ 특급, 1급, 2급 또는 3급 소방안전관리자시험의 과목은 각각 제32조 및 별표 5에 따른 특급, 1급, 2급 또는 3급 소방안전관리대상물의 소방안전관리에 관한 강습교육의 과목으로 한다.

⑥ 제1항의 규정에 의한 시험에 있어서는 매과목 100점을 만점으로 하여 매과목 40점 이상, 전과목 평균 70점 이상을 득점한 자를 합격자로 한다.

⑦ <u>시험문제의 출제방법</u>, 시험위원의 위촉, 합격자의 발표, 응시수수료 및 부정행위자에 대한 조치 등 시험실시에 관하여 필요한 사항은 <u>소방청장</u>이 이를 정하여 고시한다.

제35조(소방안전관리자수첩의 발급) ①~④항 -중요도 낮음-
① 다음 각 호의 어느 하나에 해당하는 자가 소방안전관리자수첩을 발급받고자 하는 때에는 소방청장에게 소방안전관리자수첩의 발급을 신청할 수 있다.〈2017.2.10.〉
  1. 제34조에 따라 특급, 1급, 2급 또는 3급 소방안전관리자시험에 합격한 자
  2. 영 제23조제1항제2호부터 제4호까지, 같은 조 제2항제2호·제3호, 같은 조 제3항제4호 및 같은 조 제4항제1호에 해당하는 사람

② 소방청장은 제1항에 따라 소방안전관리자수첩의 발급을 신청받은 때에는 신청인에게 특급, 1급, 2급 또는 3급 소방안전관리대상물 소방안전관리자수첩 중 해당하는 수첩을 발급하여야 한다.

③ 소방청장은 제1항에 따른 수첩을 발급받은 자가 그 수첩을 잃어버리거나 수첩이 헐어 못쓰게 되어

수첩의 재발급을 신청한 때에는 수첩을 재발급하여야 한다.
④ 소방안전관리자수첩의 서식 그 밖에 소방안전관리자수첩의 발급·재발급에 관하여 필요한 사항은 소방청장이 이를 정하여 고시한다.

[칙] 제36조 (소방안전관리자 및 소방안전관리보조자의 실무교육 등)
① 안전원장은 법 제41조제1항에 따른 소방안전관리자 및 소방안전관리보조자에 대한 실무교육의 교육대상, 교육일정 등 실무교육에 필요한 계획을 수립하여 매년 소방청장의 승인을 얻어 교육실시 30일 전까지 교육대상자에게 통보하여야 한다.
② 소방안전관리자는 그 선임된 날부터 6개월 이내에 법 제41조제1항에 따른 실무교육을 받아야 하며, 그 후에는 2년마다(최초 실무교육을 받은 날을 기준일로 하여 매 2년이 되는 해의 기준일과 같은 날 전까지를 말한다) 1회 이상 실무교육을 받아야 한다. 다만, 소방안전관리 강습교육 또는 실무교육을 받은 후 1년 이내에 소방안전관리자로 선임된 사람은 해당 강습교육 또는 실무교육을 받은 날에 실무교육을 받은 것으로 본다. 〈2017.2.10.〉
③ 소방안전관리보조자는 그 선임된 날부터 6개월(영 제23조 제5항제4호에 따라 소방안전관리보조자로 지정된 사람의 경우 3개월을 말한다) 이내에 법 제41조에 따른 실무교육을 받아야 하며, 그 후에는 2년마다(최초 실무교육을 받은 날을 기준일로 하여 매 2년이 되는 해의 기준일과 같은 날 전까지를 말한다) 1회 이상 실무교육을 받아야 한다. 다만, 소방안전관리자 강습교육 또는 실무교육이나 소방안전관리보조자 실무교육을 받은 후 1년 이내에 소방안전관리보조자로 선임된 사람은 해당 강습교육 또는 실무교육을 받은 날에 실무교육을 받은 것으로 본다.
④ 소방본부장 또는 소방서장은 제14조 및 제14조의2에 따라 소방안전관리자나 소방안전관리보조자의 선임신고를 받은 경우에는 신고일부터 1개월 이내에 별지 제42호서식에 따라 그 내용을 안전원장에게 통보하여야 한다.

[칙] 제38조 (실무교육 수료 사항의 기재 및 실무교육 결과의 통보 등)
① 안전원장은 제36조제1항에 따른 실무교육을 수료한 사람의 소방안전관리자수첩 또는 기술자격증에 실무교육 수료 사항을 기록하여 발급하고, 별지 제35호서식의 실무교육수료자명부를 작성하여 관리하여야 한다.
② 안전원장은 해당 연도의 실무교육이 끝난 날부터 30일 이내에 그 결과를 제36조제4항에 따른 통보를 한 소방본부장 또는 소방서장에게 알려야 한다.
③ 안전원장은 해당 연도의 실무교육 결과를 다음 연도 1월 31일까지 소방청장에게 보고하여야 한다.

[칙] 제39조 (실무교육의 강사)
실무교육을 담당하는 강사는 과목별로 소방 또는 안전관리에 관한 학식과 경험이 풍부한 자 중에서 안전원장이 위촉한다.

[칙] 제40조 (소방안전관리자 등의 업무정지)
① 소방본부장 또는 소방서장은 소방안전관리자가 제36조제1항에 따른 실무교육을 받지 아니하면 법 제41조제2항에 따라 실무교육을 받을 때까지 그 업무의 정지 및 소방안전관리자수첩의 반납을 명할 수 있다.
② 소방본부장 또는 소방서장은 제1항에 따라 소방안전관리자 업무의 정지를 명하였을 때에는 그 사실을 시·도의 공보에 공고하고, 안전원장에게 통보하며, 소방안전관리자수첩에 적어 소방안전관리자에

게 내주어야 한다.

제42조 (제품검사 전문기관의 지정 등)
① 소방청장은 제36조제3항 및 제39조제2항에 따른 제품검사를 전문적·효율적으로 실시하기 위하여 다음 각 호의 요건을 모두 갖춘 기관을 제품검사 전문기관(이하 "전문기관"이라 한다)으로 지정할 수 있다.
  1. 다음 각 목의 어느 하나에 해당하는 기관일 것
      가. 「과학기술분야 정부출연연구기관 등의 설립·운영 및 육성에 관한 법률」제8조에 따라 설립된 연구기관
      나. 「공공기관의 운영에 관한 법률」제4조에 따라 지정된 공공기관
      다. 소방용품의 시험·검사 및 연구를 주된 업무로 하는 비영리 법인
  2. 「국가표준기본법」제23조에 따라 인정을 받은 시험·검사기관일 것
  3. 행정안전부령으로 정하는 검사인력 및 검사설비를 갖추고 있을 것
  4. 기관의 대표자가 제27조제1호부터 제3호까지의 어느 하나에 해당하지 아니할 것
  5. 제43조에 따라 전문기관의 지정이 취소된 경우에는 지정이 취소된 날부터 2년이 경과하였을 것
      -이하 생략-

제43조 (전문기관의 지정취소 등)
소방청장은 전문기관이 다음 각 호의 어느 하나에 해당할 때에는 그 지정을 취소하거나 6개월 이내의 기간을 정하여 그 업무의 정지를 명할 수 있다. 다만, 제1호에 해당할 때에는 그 지정을 취소하여야 한다.
  1. 거짓이나 그 밖의 부정한 방법으로 지정을 받은 경우
  2. 정당한 사유 없이 1년 이상 계속하여 제품검사 또는 실무교육 등 지정받은 업무를 수행하지 아니한 경우
  3. 제42조제1항에 따른 각 호의 요건을 갖추지 못하거나 제42조제3항에 따른 조건을 위반한 때
  4. 제46조제1항제7호에 따른 감독 결과 이 법이나 다른 법령을 위반하여 전문기관으로서의 업무를 수행하는 것이 부적당하다고 인정되는 경우

제44조 (청문)
소방청장 또는 시·도지사는 다음 각 호의 어느 하나에 해당하는 처분을 하려면 청문을 하여야 한다.
  1. 제28조에 따른 관리사 자격의 취소 및 정지
  2. 제34조제1항에 따른 관리업의 등록취소 및 영업정지
  3. 제38조에 따른 소방용품의 형식승인취소 및 제품검사 중지
  3의2. 제39조의3에 따른 성능인증의 취소
  4. 제40조5항에 따른 우수품질인증의 취소
  5. 제43조에 따른 전문기관의 지정취소 및 업무정지

제45조 (권한의 위임·위탁 등)
① 이 법에 따른 소방청장 또는 시·도지사의 권한은 그 일부를 대통령령으로 정하는 바에 따라 시·도지사, 소방본부장 또는 소방서장에게 위임할 수 있다.

② 소방청장은 다음 각 호의 업무를 「소방산업의 진흥에 관한 법률」 제14조에 따른 한국소방산업기술원(이하 "기술원"이라 한다)에 위탁할 수 있다. 이 경우 소방청장은 기술원에 소방시설 및 소방용품에 관한 기술개발·연구 등에 필요한 경비의 일부를 보조할 수 있다.
  1. 제13조에 따른 방염성능검사 중 대통령령으로 정하는 검사
  2. 제36조제1항·제2항 및 제8항부터 제10항까지에 따른 <u>소방용품의 형식승인</u>
  3. 제37조에 따른 형식승인의 변경승인
  3의2. 제38조제1항에 따른 형식승인의 취소
  4. 제39조제1항·제6항에 따른 성능인증 및 제39조의3에 따른 성능인증의 취소
  5. 제39조의2에 따른 성능인증의 변경인증
  6. 제40조에 따른 우수품질인증 및 취소
③ 소방청장은 제41조에 따른 소방안전관리자 등에 대한 교육 업무를 「소방기본법」 제40조에 따른 한국소방안전원(이하 "안전원"이라 한다)에 위탁할 수 있다.
④ 소방청장은 제36조제3항 및 제39조제2항에 따른 제품검사 업무를 기술원 또는 전문기관에 위탁할 수 있다.
⑤ 제2항부터 제4항까지의 규정에 따라 위탁받은 업무를 수행하는 안전원, 기술원 및 전문기관이 갖추어야 하는 시설기준 등에 관하여 필요한 사항은 행정안전부령으로 정한다.
⑥ 소방청장은 다음 각 호의 업무를 대통령령으로 정하는 바에 따라 소방기술과 관련된 법인 또는 단체에 위탁할 수 있다. 〈개정 2015.7.24〉
  1. 제26조제4항 및 제5항에 따른 소방시설관리사증의 발급·재발급에 관한 업무
  2. 제33조의2제1항에 따른 점검능력 평가 및 공시에 관한 업무
  3. 제33조의2제4항에 따른 데이터베이스 구축에 관한 업무
⑦ 소방청장은 제9조의4제3항에 따른 건축 환경 및 화재위험특성 변화 추세 연구에 관한 업무를 대통령령이 정하는 바에 따라 화재안전 관련 전문 연구기관에 위탁할 수 있다. 이 경우 소방청장은 연구에 필요한 경비를 지원할 수 있다.
⑧ 제6항 및 제7항에 따라 위탁받은 업무에 종사하고 있거나 종사하였던 사람은 업무를 수행하면서 알게 된 비밀을 이 법에서 정한 목적 외의 용도로 사용하거나 다른 사람 또는 기관에 제공하거나 누설하여서는 아니 된다. [전문개정 2011.8.4.]

영 제39조 (권한의 위임·위탁 등)
  ① 법 제45조제1항에 따라 소방청장은 법 제36조제7항에 따른 소방용품에 대한 <u>수거·폐기 또는 교체</u> 등의 명령에 대한 권한을 <u>시·도지사</u>에게 위임한다.
  ② 법 제45조제2항에 따라 소방청장은 다음 각 호의 업무를 <u>기술원</u>에 위탁한다.
    1. 법 제13조에 따른 방염성능검사 업무(합판·목재를 설치하는 현장에서 방염처리한 경우의 방염성능검사는 <u>제외</u>한다)
    2. 법 제36조제1항·제2항 및 제8항부터 제10항까지의 규정에 따른 형식승인(시험시설의 심사를 포함한다)
    3. 법 제37조에 따른 형식승인의 변경승인
    4. 법 제38조제1항에 따른 형식승인의 취소(법 제44조제3호에 따른 청문을 포함한다)

5. 법 제39조제1항 및 제6항에 따른 성능인증
6. 법 제39조의2에 따른 성능인증의 변경인증
7. 법 제39조의3에 따른 성능인증의 취소(법 제44조제3호의2에 따른 청문을 포함한다)
8. 법 제40조에 따른 우수품질인증 및 그 취소(법 제44조제4호에 따른 청문을 포함한다)

③ 법 제45조제3항에 따라 소방청장은 법 제41조에 따른 소방안전관리자에 대한 교육 업무를「소방기본법」제40조의 규정에 따른 한국소방안전원에 위탁한다. - 본 조항 ④, ⑤항 이하 생략 -

제39조의2 (고유식별정보의 처리) (* -이하 생략- / 필요시 인터넷 "법제처" 참조바람)
제41조 (한국소방안전원이 갖추어야 하는 시설기준 등)
(한국소방안전원이 갖추어야 하는 시설기준은 별표 6과 같다.)

제45조의2 (벌칙 적용 시의 공무원 의제)
제4조제3항에 따른 소방특별조사위원회의 위원 중 공무원이 아닌 사람, 제4조의2제1항에 따라 소방특별조사에 참여하는 전문가, 제45조제2항부터 제6항까지의 규정에 따라 위탁받은 업무를 수행하는 안전원·기술원 및 전문기관, 법인 또는 단체의 담당 임직원은「형법」제129조부터 제132조까지의 규정을 적용할 때에는 공무원으로 본다.

제46조 (<u>감독</u>)
① <u>소방청장</u>, <u>시·도지사</u>, <u>소방본부장</u> 또는 <u>소방서장</u>은 다음 각 호 어느 하나에 해당하는 자, 사업체 또는 소방대상물 등의 감독을 위하여 필요하면 관계인에게 필요한 보고 또는 자료제출을 명할 수 있으며, 관계 공무원으로 하여금 소방대상물·사업소·사무소 또는 사업장에 출입하여 관계 서류·시설 및 제품 등을 검사하거나 관계인에게 질문하게 할 수 있다.
1. 제29조제1항에 따른 관리업자
2. 제25조에 따라 관리업자가 점검한 특정소방대상물
3. 제26조에 따른 관리사
4. 제36조제1항부터 제3항까지 및 제10항의 규정에 따른 소방용품의 형식승인, 제품검사 및 시험시설의 심사를 받은 자
5. 제37조제1항에 따라 변경승인을 받은 자
6. 제39조제1항, 제2항 및 제6항에 따라 성능인증 및 제품검사를 받은 자
7. 제42조제1항에 따라 지정을 받은 전문기관   8. 소방용품을 판매하는 자
② 제1항에 따라 출입·검사 업무를 수행하는 관계 공무원은 그 권한을 표시하는 증표를 지니고 이를 관계인에게 내보여야 한다.
③ 제1항에 따라 출입·검사 업무를 수행하는 관계 공무원은 관계인의 정당한 업무를 방해하거나 출입·검사 업무를 수행하면서 알게 된 비밀을 다른 사람에게 누설하여서는 아니 된다.

제47조 (수수료 등)　　제43조 (수수료 및 교육비)
(* -이하생략- "법제처" 참조)

제47조의2 (조치명령등의 기간연장)

① 다음 각 호에 따른 조치명령·선임명령 또는 이행명령(이하 "조치명령 등"이라 한다)을 받은 관계인 등은 천재지변이나 그 밖에 대통령령으로 정하는 사유로 조치명령 등을 그 기간 내에 이행할 수 없는 경우에는 조치명령 등을 명령한 소방청장, 소방본부장 또는 소방서장에게 대통령령으로 정하는 바에 따라 조치명령 등을 연기하여 줄 것을 신청할 수 있다.

1. 제5조제1항 및 제2항에 따른 소방대상물의 개수·이전·제거, 사용의 금지 또는 제한, 사용폐쇄, 공사의 정지 또는 중지, 그 밖의 필요한 조치명령 – 본조항 2~8번 이하 생략(중요도 낮음) –

영 제38조의2 (조치명령 등의 연기)

① 법 제47조의2제1항 각 호 외의 부분에서 "그 밖에 대통령령으로 정하는 사유"란 다음 각 호의 어느 하나의 경우에 해당하는 사유를 말한다.

1. 태풍, 홍수 등 재난(「재난 및 안전관리 기본법」 제3조제1호에 해당하는 재난을 말한다)이 발생하여 법 제47조의2 각 호에 따른 조치명령·선임명령 또는 이행명령(이하 "조치명령 등"이라 한다)을 이행할 수 없는 경우
2. 관계인이 질병, 장기출장 등으로 조치명령 등을 이행할 수 없는 경우
3. 경매 또는 양도·양수 등의 사유로 소유권이 변동되어 조치명령기간에 시정이 불가능 한 경우
4. 시장·상가·복합건축물 등 다수의 관계인으로 구성되어 조치명령기간 내에 의견조정과 시정이 불가능하다고 인정할 만한 상당한 이유가 있는 경우 – 본조항 ②③항 이하 생략 –

칙 제44조의2 (조치명령등의 연기신청)

① 법 제47조의2제1항에 따른 조치명령·선임명령 또는 이행명령(이하 "조치명령 등"이라 한다)의 연기를 신청하려는 관계인 등은 영 제38조의2제2항에 따라 조치명령 등의 이행기간 만료 5일 전까지 별지 제43호서식에 따른 조치명령 등의 연기신청서에 조치명령 등을 이행할 수 없음을 증명할 수 있는 서류를 첨부하여 소방청장, 소방본부장 또는 소방서장에게 제출하여야 한다.

② 제1항에 따른 신청서를 제출받은 소방청장, 소방본부장 또는 소방서장은 신청받은 날부터 3일 이내에 조치명령 등의 연기 여부를 결정하여 별지 제44호서식의 조치명령 등의 연기 통지서를 관계인 등에게 통지하여야 한다.

제47조의3 (위반행위의 신고 및 신고포상금의 지급)

① 누구든지 소방본부장 또는 소방서장에게 다음 각 호의 어느 하나에 해당하는 행위를 한 자를 신고할 수 있다.

1. 제9조제1항을 위반하여 소방시설을 설치 또는 유지·관리한 자
2. 제9조제3항을 위반하여 폐쇄·차단 등의 행위를 한 자
3. 제10조제1항 각 호의 어느 하나에 해당하는 행위를 한 자

② 소방본부장 또는 소방서장은 제1항에 따른 신고를 받은 경우 신고 내용을 확인하여 이를 신속하게 처리하고, 그 처리결과를 행정안전부령으로 정하는 방법 및 절차에 따라 신고자에게 통지하여야 한다.

③ 소방본부장 또는 소방서장은 제1항에 따른 신고를 한 사람에게 예산의 범위에서 포상금을 지급할 수 있다.

④ 제3항에 따른 신고포상금의 지급대상, 지급기준, 지급절차 등에 필요한 사항은 특별시·광역시·특별자치시·도 또는 특별자치도의 조례로 정한다. [본조신설 2016.1.27.]〈개정 2018.10.16〉

제8장 벌 칙

제48조 (벌칙)
제9조제3항 본문을 위반하여 소방시설에 폐쇄·차단 등의 행위를 한 자는 5년 이하의 징역 또는 5천만 원 이하의 벌금에 처한다. 〈개정 2016.1.27.〉
② 제1항의 죄를 범하여 사람을 상해에 이르게 한 때에는 7년 이하의 징역 또는 7천만 원 이하의 벌금에 처하며, 사망에 이르게 한 때에는 10년 이하의 징역 또는 1억 원 이하의 벌금에 처한다.

제48조의2 (벌칙)
다음 각 호의 어느 하나에 해당하는 자는 3년 이하의 징역 또는 3천만 원 이하의 벌금에 처한다.
1. 제5조제1항·제2항, 제9조제2항, 제10조제2항, 제10조의2제3항, 제12조제2항, 제20조제12항, 제20조제13항, 제36조제7항 또는 제40조의3제2항에 따른 명령을 정당한 사유 없이 위반한 자
2. 제29조제1항을 위반하여 관리업의 등록을 하지 아니하고 영업을 한 자
3. 제36조제1항, 제2항 및 제10항을 위반하여 소방용품의 형식승인을 받지 아니하고 소방용품을 제조하거나 수입한 자
4. 제36조제3항을 위반하여 제품검사를 받지 아니한 자
5. 제36조제6항을 위반하여 같은 항 각 호의 어느 하나에 해당하는 소방용품을 판매·진열하거나 소방시설공사에 사용한 자
6. 제39조제5항을 위반하여 제품검사를 받지 아니하거나 합격표시를 하지 아니한 소방용품을 판매·진열하거나 소방시설공사에 사용한 자
7. 거짓이나 그 밖의 부정한 방법으로 제42조제1항에 따른 전문기관으로 지정을 받은 자

제49조 (벌칙)
다음 각 호 어느 하나에 해당하는 자는 1년 이하의 징역 또는 1천만 원 이하의 벌금에 처한다.
1. 제4조의4제2항 또는 제46조제3항을 위반하여 관계인의 정당한 업무를 방해한 자, 조사·검사 업무를 수행하면서 알게 된 비밀을 제공 또는 누설하거나 목적 외의 용도로 사용한 자
2. 제33조제1항을 위반하여 관리업의 등록증이나 등록수첩을 다른 자에게 빌려준 자
3. 제34조제1항에 따라 영업정지처분을 받고 그 영업정지기간 중에 관리업의 업무를 한 자
4. 제25조제1항을 위반하여 소방시설등에 대한 자체점검을 하지 아니하거나 관리업자 등으로 하여금 정기적으로 점검하게 하지 아니한 자
5. 제26조제6항을 위반하여 소방시설관리사증을 다른 자에게 빌려주거나 같은 조 제7항을 위반하여 동시에 둘 이상의 업체에 취업한 사람
6. 제36조제3항에 따른 제품검사에 합격하지 아니한 제품에 합격표시를 하거나 합격표시를 위조 또는 변조하여 사용한 자

7. 제37조제1항을 위반하여 형식승인의 변경승인을 받지 아니한 자
8. 제39조제5항을 위반하여 제품검사에 합격하지 아니한 소방용품에 성능인증을 받았다는 표시 또는 제품검사에 합격하였다는 표시를 하거나 성능인증을 받았다는 표시 또는 제품검사에 합격하였다는 표시를 위조 또는 변조하여 사용한 자
9. 제39조의2제1항을 위반하여 성능인증의 변경인증을 받지 아니한 자
10. 제40조제1항에 따른 우수품질인증을 받지 아니한 제품에 우수품질인증 표시를 하거나 우수품질인증 표시를 위조하거나 변조하여 사용한 자. 〈전문개정 2017.12.26.〉

제50조 (벌칙)

다음 각 호의 어느 하나에 해당하는 자는 300만 원 이하의 벌금에 처한다. 〈개정 2014.1.7〉
1. 제4조제1항에 따른 소방특별조사를 정당한 사유 없이 거부·방해 또는 기피한 자
2. 삭제 〈2017.12.26.〉
3. 제13조를 위반하여 방염성능검사에 합격하지 아니한 물품에 합격표시를 하거나 합격표시를 위조하거나 변조하여 사용한 자
4. 제13조제2항을 위반하여 거짓 시료를 제출한 자
5. 제20조제2항을 위반하여 소방안전관리자 또는 소방안전관리보조자를 선임하지 아니한 자

5의2. 제21조를 위반하여 공동소방안전관리자를 선임하지 아니한 자
6. 제20조제8항을 위반하여 소방시설·피난시설·방화시설 및 방화구획 등이 법령에 위반된 것을 발견하였음에도 필요한 조치를 할 것을 요구하지 아니한 소방안전관리자
7. 제20조제9항을 위반하여 소방안전관리자에게 불이익한 처우를 한 관계인
8. 제33조의3제1항을 위반하여 점검기록표를 거짓으로 작성하거나 해당 특정소방대상물에 부착하지 아니한 자
9. 삭제 〈2017.12.26.〉   9의2. 삭제 〈2017.12.26.〉   10. 삭제 〈2017.12.26.〉
11. 제45조제8항을 위반하여 업무를 수행하면서 알게 된 비밀을 이 법에서 정한 목적 외의 용도로 사용하거나 다른 사람 또는 기관에 제공하거나 누설한 사람

제51조 (벌칙) - 삭제됨 -

제52조 (양벌규정)

법인의대표자나 법인 또는 개인의 대리인, 사용인, 그 밖의 종업원이 그 법인 또는 개인의 업무에 관하여 제48조부터 제51조까지의 어느 하나에 해당하는 위반행위를 하면 그 행위자를 벌하는 외에 그 법인 또는 개인에게도 해당 조문의 벌금형을 과한다. 다만, 법인 또는 개인이 그 위반행위를 방지하기 위하여 해당 업무에 관하여 상당한 주의와 감독을 게을리하지 아니한 경우에는 그러하지 아니하다. [전문개정 2008.12.26]

제53조 (과태료)

① 다음 각 호의 어느 하나에 해당하는 자는 300만 원 이하의 과태료에 처한다. 〈개정 2020.6.9〉
1. 제9조제1항 전단의 화재안전기준을 위반하여 소방시설을 설치 또는 유지·관리한 자
2. 제10조제1항을 위반하여 피난시설, 방화구획 또는 방화시설의 폐쇄·훼손·변경 등의 행위를 한 자
3. 제10조의2제1항을 위반하여 임시소방시설을 설치·유지·관리하지 아니한 자

② 다음 각 호의 어느 하나에 해당하는 자에게는 <u>200만 원 이하</u>의 과태료를 부과한다.
  1. 제12조제1항을 위반한 자 / 2. 삭제
  3. 제20조제4항, 제31조 또는 제32조제3항에 따른 신고를 하지 아니한 자 또는 거짓으로 신고한 자
    / 3의2.~4. 삭제
  5. 제20조제1항을 위반하여 소방안전관리 업무를 수행하지 아니한 자
  6. 제20조제6항에 따른 소방안전관리 업무를 하지 아니한 특정소방대상물의 관계인 또는 소방안전관리 대상물의 소방안전관리자
  7. 제20조제7항을 위반하여 지도와 감독을 하지 아니한 자
    / 7의2. 제21조의2제3항을 위반하여 피난유도 안내정보를 제공하지 아니한 자
  8. 제22조제1항을 위반하여 소방훈련 및 교육을 하지 아니한 자
  9. 제24조제1항을 위반하여 소방안전관리 업무를 하지 아니한 자
  10. 제25조제2항을 위반하여 소방시설등의 점검결과를 보고하지 아니한 자 또는 거짓으로 보고한 자
  11. 제33조제2항을 위반하여 지위승계, 행정처분 또는 휴업·폐업의 사실을 특정소방대상물의 관계인에게 알리지 아니하거나 거짓으로 알린 관리업자
  12. 제33조제3항을 위반하여 기술인력의 참여 없이 자체점검을 한 자
  12의2. 제33조의2제2항에 따른 서류를 거짓으로 제출한 자
  13. 제46조제1항에 따른 명령을 위반하여 보고 또는 자료제출을 하지 아니하거나 거짓으로 보고 또는 자료제출을 한 자 또는 정당한 사유 없이 관계 공무원의 출입 또는 조사·검사를 거부·방해 또는 기피한 자
③ 제41조제1항제1호 또는 제2호를 위반하여 실무 교육을 받지 아니한 소방안전관리자 및 소방안전관리보조자에게는 100만 원 이하의 과태료를 부과한다.〈신설 2018.3.2〉
④ 제1항부터 제3항까지에 따른 과태료는 대통령령으로 정하는 바에 따라 <u>소방청장, 관할 시·도지사, 소방본부장 또는 소방서장</u>이 부과·징수한다.〈신설 2018.3.2〉

 제40조 (과태료 부과기준)
법 제53조제1항 부터 3항까지의 규정에 따른 과태료의 부과기준은 별표 10과 같다.

 제39조의3조 (규제의 재검토)
제45조 (규제의 재검토)
  ① 삭제 <2012.2.3>   ④ 삭제 <2016.1.26>
  소방청장은 다음 각 호의 사항에 대하여 다음 각 호의 기준일을 기준으로 3년마다(매 3년이 되는 해의 기준일과 같은 날 전까지를 말한다) 그 타당성을 검토하여 개선 등의 조치를 하여야 한다.
  - 이하 생략(법제처 참조) -

시행령

[영 별표 1]

소방시설(제3조관련)

1. 소화설비: 물 또는 그 밖의 소화약제를 사용하여 소화하는 기계·기구 또는 설비로서 다음 각목의 것
   가. 소화기구
      1) 소화기
      2) 간이소화용구: 에어로졸식소화용구, 투척용소화용구, 소공간용 소화용구 및 소화약제 외의 것을 이용한 간이소화용구
      3) 자동확산소화기
   나. 자동소화장치
      1) 주거용 주방자동소화장치   2) 상업용 주방자동소화장치   3) 캐비닛형 자동소화장치
      4) 가스자동소화장치   5) 분말자동소화장치   6) 고체에어로졸자동소화장치
   다. 옥내소화전설비(호스릴 옥내소화전설비를 포함한다)
   라. 스프링클러설비등
      1) 스프링클러설비
      2) 간이스프링클러설비(캐비닛형 간이스프링클러설비를 포함한다)
      3) 화재조기진압용스프링클러설비
   마. 물분무등소화설비
      1) 물분무소화설비   2) 미분무소화설비   3) 포소화설비   4) 이산화탄소소화설비
      5) 할론소화설비   6) 할로겐화합물 및 불활성기체 소화설비   7) 분말소화설비
      8) 강화액소화설비   9) 고체에어로졸소화설비
   바. 옥외소화전설비

2. 경보설비: 화재발생 사실을 통보하는 기계·기구 또는 설비로서 다음 각목의 것
   가. 단독경보형감지기   나. 비상경보설비: 1) 비상벨설비 2) 자동식사이렌설비
   다. 시각경보기   라. 자동화재탐지설비   마. 비상방송설비
   바. 자동화재속보설비   사. 통합감시시설   아. 누전경보기   자. 가스누설경보기

3. 피난구조설비: 화재가 발생할 경우 피난하기 위하여 사용하는 기구 또는 설비로서 다음 각목의 것
   가. "피난기구
      1) 피난사다리   2) 구조대   3) 완강기
      4) 그 밖에 법 제9조제1항에 따라 소방청장이 정하여 고시하는 화재안전기준(이하 "화재안전기준"이라 한다)으로 정하는 것.
   나. 인명구조기구
      1) 방열복, 방화복(안전헬멧, 보호장갑 및 안전화를 포함한다)   2) 공기호흡기   3) 인공소생기
   다. 유도등: 1) 피난유도선   2) 피난구유도등   3) 통로유도등   4) 객석유도등   5) 유도표지
   라. 비상조명등 및 휴대용비상조명등

4. 소화용수설비: 화재를 진압하는데 필요한 물을 공급하거나 저장하는 설비로서 다음 각목의 것
   가. 상수도소화용수설비   나. 소화수조·저수조, 그 밖의 소화용수설비

5. 소화활동설비: 화재를 진압하거나 인명구조활동을 위하여 사용하는 설비로서 다음 각목의 것
   가. 제연설비   나. 연결송수관설비   다. 연결살수설비
   라. 비상콘센트설비   마. 무선통신보조설비   바. 연소방지설비

[영 별표 2]

특정소방대상물(제5조관련)

1. 공동주택
   가. 아파트등: 주택으로 쓰이는 층수가 5층 이상인 주택
   나. 기숙사: 학교 또는 공장 등에서 학생이나 종업원 등을 위하여 쓰는 것으로서 공동취사 등을 할 수 있는 구조를 갖추되, 독립된 주거의 형태를 갖추지 않은 것(「교육기본법」 제27조제2항에 따른 학생복지주택을 포함한다)
2. 근린생활시설
   가. 수퍼마켓과 일용품(식품, 잡화, 의류, 완구, 서적, 건축자재, 의약품, 의료기기 등) 등의 소매점으로서 같은 건축물(하나의 대지에 두 동 이상의 건축물이 있는 경우에는 이를 같은 건축물로 본다. 이하 같다)에 해당 용도로 쓰는 바닥면적의 합계가 1천㎡ 미만인 것
   나. 휴게음식점, 제과점, 일반음식점, 기원(棋院), 노래연습장 및 단란주점(단란주점으로서 같은 건축물에 해당 용도로 쓰는 바닥면적의 합계가 150㎡ 미만인 것만 해당한다
   다. 이용원, 미용원, 목욕장 및 세탁소(공장이 부설된 것과 「대기환경보전법」, 「물환경보전법」 또는 「소음·진동관리법」에 따른 배출시설의 설치허가 또는 신고의 대상이 되는 것은 제외한다)
   라. 의원, 치과의원, 한의원, 침술원, 접골원(接骨院), 조산원(「모자보건법」 제2조제11호에 따른 산후조리원을 포함한다) 및 안마원(「의료법」 제82조제4항에 따른 안마시술소를 포함한다)
   마. 탁구장, 테니스장, 체육도장, 체력단련장, 에어로빅장, 볼링장, 당구장, 실내낚시터, 골프연습장, 물놀이형 시설(「관광진흥법」 제33조에 따른 안전성검사의 대상이 되는 물놀이형 시설을 말한다. 이하 같다), 그 밖에 이와 비슷한 것으로서 같은 건축물에 해당 용도로 쓰는 바닥면적의 합계가 500㎡ 미만인 것
   바. 공연장(극장, 영화상영관, 연예장, 음악당, 서커스장, 「영화 및 비디오물의 진흥에 관한 법률」 제2조제16호 가목에 따른 비디오물감상실업의 시설, 같은 호 나목에 따른 비디오물소극장업의 시설, 그 밖에 이와 비슷한 것을 말한다. 이하 같다) 또는 종교집회장[교회, 성당, 사찰, 기도원, 수도원, 수녀원, 제실(祭室), 사당, 그 밖에 이와 비슷한 것을 말한다. 이하 같다]으로서 같은 건축물에 해당 용도로 쓰는 바닥면적의 합계가 300㎡ 미만인 것
   사. 금융업소, 사무소, 부동산중개사무소, 결혼상담소 등 소개업소, 출판사, 서점, 그 밖에 이와 비슷한 것으로서 같은 건축물에 해당 용도로 쓰는 바닥면적의 합계가 500㎡ 미만인 것
   아. 제조업소, 수리점, 그 밖에 이와 비슷한 것으로서 같은 건축물에 해당 용도로 쓰는 바닥면적의 합계가 500㎡ 미만이고, 「대기환경보전법」, 「물환경보전법」 또는 「소음·진동관리법」에 따른 배출시설의 설치허가 또는 신고의 대상이 아닌 것
   자. 「게임산업진흥에 관한 법률」 제2조제6호의2에 따른 청소년게임제공업 및 일반게임제공업의 시설, 같은 조 세 7호에 따른 인터넷컴퓨터게임시설제공업의 시설 및 같은 조 제8호에 따른 복합유통게임제공업의 시설로서 같은 건축물에 해당 용도로 쓰는 바닥면적의 합계가 500㎡ 미만인 것
   차. 사진관, 표구점, 학원(같은 건축물에 해당 용도로 쓰는 바닥면적의 합계가 500㎡ 미만인 것만 해당하며, 자동차학원 및 무도학원은 제외한다), 독서실, 고시원(「다중이용업소의 안전관리에 관한 특별법」에 따른 다중이용업 중 고시원업의 시설로서 독립된 주거의 형태를 갖추지 않은 것으로서 같은 건축물에 해당 용도로 쓰는 바닥면적의 합계가 500㎡ 미만인 것을 말한다), 장의사, 동물병원, 총포판매사, 그 밖에 이와 비슷한 것
   카. 의약품 판매소, 의료기기 판매소 및 자동차영업소로서 같은 건축물에 해당 용도로 쓰는 바닥면적의 합계가 1천㎡ 미만인 것

3. 문화 및 집회시설
   가. 공연장으로서 근린생활시설에 해당하지 않는 것
   나. 집회장: 예식장, 공회당, 회의장, 마권(馬券)장외 발매소, 마권 전화투표소, 그 밖에 이와 비슷한 것으로서 근린생활시설에 해당하지 않는 것
   다. 관람장: 경마장, 경륜장, 경정장, 자동차 경기장, 그 밖에 이와 비슷한 것과 체육관 및 운동장으로서 관람석의 바닥면적의 합계가 1천㎡ 이상인 것
   라. 전시장: 박물관, 미술관, 과학관, 문화관, 체험관, 기념관, 산업전시장, 박람회장, 그 밖에 이와 비슷한 것
   마. 동·식물원: 동물원, 식물원, 수족관, 그 밖에 이와 비슷한 것
4. 종교시설
   가. 종교집회장으로서 근린생활시설에 해당하지 않는 것
   나. 가목의 종교집회장에 설치하는 봉안당(奉安堂)
5. 판매시설
   가. 도매시장: 「농수산물유통 및 가격안정에 관한 법률」 제2조제2호에 따른 농수산물도매시장, 같은 조 제5호에 따른 농수산물공판장, 그 밖에 이와 비슷한 것(그 안에 있는 근린생활시설을 포함한다)
   나. 소매시장: 시장, 「유통산업발전법」 제2조제3호에 따른 대규모점포, 그 밖에 이와 비슷한 것(그 안에 있는 근린생활시설을 포함한다)
   다. 상점: 다음의 어느 하나에 해당하는 것(그 안에 있는 근린생활시설을 포함한다)
      1) 제2호가목에 해당하는 용도로서 같은 건축물에 해당 용도로 쓰는 바닥면적 합계가 1천㎡ 이상인 것
      2) 제2호자목에 해당하는 용도로서 같은 건축물에 해당 용도로 쓰는 바닥면적 합계가 500㎡ 이상인 것
6. 운수시설
   가. 여객자동차터미널   나. 철도 및 도시철도 시설(정비창 등 관련시설을 포함)
   다. 공항시설(항공관제탑을 포함한다)   라. 항만시설 및 종합여객시설
7. 의료시설
   가. 병원: 종합병원, 병원, 치과병원, 한방병원, 요양병원
   나. 격리병원: 전염병원, 마약진료소, 그 밖에 이와 비슷한 것
   다. 정신의료기관
   라. 「장애인복지법」 제58조제1항 제4호에 따른 장애인 의료재활시설
8. 교육연구시설
   가. 학교
      1) 초등학교, 중학교, 고등학교, 특수학교, 그 밖에 이에 준하는 학교: 「학교시설사업 촉진법」 제2조제1호나목의 교사(校舍)(교실·도서실 등 교수·학습활동에 직·간접적으로 필요한 시설물을 말하되, 병설유치원으로 사용되는 부분은 제외한다. 이하 같다), 체육관, 「학교급식법」 제6조에 따른 급식시설, 합숙소(학교의 운동부, 기능선수 등이 집단으로 숙식하는 장소를 말한다. 이하 같다)
      2) 대학, 대학교, 그 밖에 이에 준하는 각종 학교: 교사 및 합숙소
   나. 교육원(연수원, 그 밖에 이와 비슷한 것을 포함한다)
   다. 직업훈련소
   라. 학원(근린생활시설에 해당하는 것과 자동차운전학원·정비학원 및 무도학원은 제외한다)
   마. 연구소(연구소에 준하는 시험소와 계량계측소를 포함한다)
   바. 도서관

9. 노유자시설
    가. 노인 관련 시설: 「노인복지법」에 따른 노인주거복지시설, 노인의료복지시설, 노인여가복지시설, 주·야간보호서비스나 단기보호서비스를 제공하는"재가노인복지시설(「노인장기요양보험법」에 따른 재가장기요양기관을 포함한다), 노인보호전문기관, 노인일자리지원기관, 학대피해노인 전용쉼터" 그 밖에 이와 비슷한 것.
    나. 아동 관련 시설: 「아동복지법」에 따른 아동복지시설, 「영유아보육법」에 따른 어린이집, 「유아교육 법」에 따른 유치원([제8호가목1)에 따른 학교의 교사 중 병설유치원으로 사용되는 부분을 포함한다]), 그 밖에 이와 비슷한 것
    다. 장애인 관련 시설: 「장애인복지법」에 따른 장애인 거주시설, 장애인 지역사회재활시설(장애인 심부름센터, 한국수어통역센터, 점자도서 및 녹음서 출판시설 등 장애인이 직접 그 시설 자체를 이용하는 것을 주된 목적으로 하지 않는 시설은 제외한다), 장애인직업재활시설, 그 밖에 이와 비슷한 것
    라. 정신질환자 관련 시설:「정신보건법」에 따른 정신질환자사회복귀시설(정신질환자생산품판매시설을 제외한다), 정신요양시설, 그 밖에 이와 비슷한 것
    마. 노숙인 관련시설: 「노숙인 등의 복지 및 자립지원에 관한 법률」제2조제2호에 따른 노숙인복지시설(노숙인일시보호시설, 노숙인자활시설, 노숙인재활시설, 노숙인요양시설 및 쪽방상담소만 해당한다) 노숙인종합지원센터 및 그 밖에 이와 비슷한 것
    바. 가목부터 마목까지에서 규정한 것 외에 「사회복지사업법」에 따른 사회복지시설 중 결핵환자 또는 한센인 요양시설 등 다른 용도로 분류되지 않는 것
10. 수련시설
    가. 생활권 수련시설: 「청소년활동진흥법」에 따른 청소년수련관, 청소년문화의집, 청소년특화시설, 그 밖에 이와 비슷한 것
    나. 자연권 수련시설: 「청소년활동진흥법」에 따른 청소년수련원, 청소년야영장, 그 밖에 이와 비슷한 것
    다. 「청소년활동진흥법」에 따른 유스호스텔
11. 운동시설
    가. 탁구장, 체육도장, 테니스장, 체력단련장, 에어로빅장, 볼링장, 당구장, 실내낚시터, 골프연습장, 물놀이형 시설, 그 밖에 이와 비슷한 것으로서 근린생활시설에 해당하지 않는 것
    나. 체육관으로서 관람석이 없거나 관람석의 바닥면적이 1천㎡ 미만인 것
    다. 운동장: 육상장, 구기장, 볼링장, 수영장, 스케이트장, 롤러스케이트장, 승마장, 사격장, 궁도장, 골프장 등과 이에 딸린 건축물로서 관람석이 없거나 관람석의 바닥면적이 1천㎡ 미만인 것
12. 업무시설
    가. 공공업무시설: 국가 또는 지방자치단체의 청사와 외국공관의 건축물로서 근린생활시설에 해당하지 않는 것
    나. 일반업무시설: 금융업소, 사무소, 신문사, 오피스텔(업무를 주로 하며, 분양하거나 임대하는 구획 중 일부의 구획에서 숙식을 할 수 있도록 한 건축물로서 국토교통부장관이 고시하는 기준에 적합한 것을 말한다), 그 밖에 이와 비슷한 것으로서 근린생활시설에 해당하지 않는 것
    다. 주민자치센터(동사무소), 경찰서, 지구대, 파출소, 소방서, 119안전센터, 우체국, 보건소, 공공도서관, 국민건강보험공단, 그 밖에 이와 비슷한 용도로 사용하는 것
    라. 마을회관, 마을공동작업소, 마을공동구판장, 그 밖에 이와 유사한 용도로 사용되는 것
    마. 변전소, 양수장, 정수장, 대피소, 공중화장실, 그 밖에 이와 유사한 용도로 사용되는 것
13. 숙박시설
    가. 일반형 숙박시설: 「공중위생관리법 시행령」제4조제1호 가목에 따른 숙박업의 시설

나. 생활형 숙박시설: 「공중위생관리법 시행령」 제4조제1호 나목에 따른 숙박업의 시설
다. 고시원(근린생활시설에 해당하지 않는 것을 말한다)   라. 그 밖에 가목부터 다목까지의 시설과 비슷한 것

14. 위락시설
    가. 단란주점으로서 근린생활시설에 해당하지 않는 것
    나. 유흥주점, 그 밖에 이와 비슷한 것
    다. 「관광진흥법」에 따른 유원시설업(遊園施設業)의 시설, 그 밖에 이와 비슷한 시설(근린생활시설에 해당하는 것은 제외한다)   라. 무도장 및 무도학원   마. 카지노영업소

15. 공장
    물품의 제조·가공[세탁·염색·도장(塗裝)·표백·재봉·건조·인쇄 등을 포함한다] 또는 수리에 계속적으로 이용되는 건축물로서 근린생활시설, 위험물 저장 및 처리 시설, 항공기 및 자동차 관련 시설, 자연순환 관련 시설, 묘지관련 시설 등으로 따로 분류되지 않는 것

16. 창고시설(위험물 저장 및 처리 시설 또는 그 부속용도에 해당하는 것은 제외한다)
    가. 창고(물품저장시설로서 냉장·냉동창고를 포함한다)   나. 하역장
    다. 「물류시설의 개발 및 운영에 관한 법률」에 따른 물류터미널
    라. 「유통산업발전법」 제2조제15호에 따른 집배송시설

17. 위험물 저장 및 처리 시설
    가. 위험물제조소등
    나. 가스시설: 산소 또는 가연성가스를 제조·저장 또는 취급하는 시설 중 지상에 노출된 산소 또는 가연성가스 탱크의 저장용량의 합계가 100톤 이상이거나 저장용량이 30톤 이상인 탱크가 있는 가스시설로서 다음의 어느 하나에 해당하는 것
        1) 가스제조시설 : 가) 「고압가스 안전관리법」 제4조제1항에 따른 고압가스의 제조허가를 받아야 하는 시설
                        나) 「도시가스사업법」 제3조에 따른 도시가스사업허가를 받아야 하는 시설
        2) 가스저장시설 : 가) 「고압가스 안전관리법」 제4조제3항에 따른 고압가스 저장소의 설치허가를 받아야하는 시설
                        나) 「액화석유가스의 안전관리 및 사업법」 제8조제1항에 따른 액화석유가스 저장소의 설치 허가를 받아야 하는 시설
        3) 가스취급시설 : 「액화석유가스의 안전관리 및 사업법」 제5조에 따른 액화석유가스 충전사업 또는 액화석유가스 집단공급사업의 허가를 받아야 하는 시설

18. 항공기 및 자동차 관련 시설(건설기계 관련 시설을 포함한다)
    가. 항공기격납고
    나. 차고, 주차용 건축물, 철골 조립식 주차시설(바닥면이 조립식이 아닌 것을 포함한다) 및 기계장치에 의한 주차시설   다. 세차장   라. 폐차장   마. 자동차검사장
    바. 자동차매장   사. 자동차정비공장   아. 운전학원·정비학원
    자. 다음의 건축물을 제외한 건축물의 내부(「건축법 시행령」제119조 제1항제3호다목에 따른 필로티와 건축물 지하를 포함한다)에 설치된 주차장
        1) 「건축법 시행령」별표1 제1호에 따른 단독주택
        2) 「건축법 시행령」별표1 제2호에 따른 공동주택 중 50세대 미만인 연립주택 또는 50세대 미만인 다세대주택
    차. 「여객자동차 운수사업법」, 「화물자동차 운수사업법」 및 「건설기계관리법」에 따른 차고 및 주기장(駐機場)

19. 동물 및 식물 관련 시설
    가. 축사[부화장(孵化場)을 포함한다]
    나. 가축시설: 가축용 운동시설, 인공수정센터, 관리사(管理舍), 가축용 창고, 가축시장, 동물검역소, 실험동물

사육시설, 그 밖에 이와 비슷한 것
  다. 도축장　　　　　　라. 도계장　　　　　　마. 작물 재배사(栽培舍)　　　　바. 종묘배양시설
  사. 화초 및 분재 등의 온실　　아. 식물과 관련된 마목부터 사목까지의 시설과 비슷한 것(동·식물원은 <u>제외</u>한다)
20. 자원순환 관련 시설
  가. 하수 등처리시설　　　　　　　　　　　나. 고물상
  다. 폐기물재활용시설　　　　　　　　　　라. 폐기물처분시설　　　　　　마. 폐기물감량화시설
21. 교정 및 군사시설
  가. 보호감호소, 교도소, 구치소 및 그 지소
  나. 보호관찰소, 갱생보호시설, 그 밖에 범죄자의 갱생·보호·교육·보건 등의 용도로 쓰는 시설
  다. 치료감호시설　　　　　　　　　　　　라. 소년원 및 소년분류심사원
  마. 「출입국관리법」 제52조제2항에 따른 보호시설　　바. 「경찰관직무집행법」 제9조에 따른 유치장
  사. 국방·군사시설(「국방·군사시설 사업에 관한 법률」 제2조제1호가목부터 마목까지의 시설을 말한다.)
22. 방송통신시설
  가. 방송국(방송프로그램 제작시설 및 송신·수신·중계시설을 포함한다)
  나. 전신전화국　　다. 촬영소　　라. 통신용 시설　　마. 그 밖에 가목부터 라목까지의 시설과 비슷한 것
23. 발전시설
  가. 원자력발전소　　　　　　　　　　　　나. 화력발전소
  다. 수력발전소(조력발전소를 포함한다)　　라. 풍력발전소
  마. 그 밖에 가목부터 라목까지의 시설과 비슷한 것(집단에너지 공급시설을 포함한다)
24. 묘지 관련 시설
  가. 화장시설　　　　　　　　　　　　　　나. 봉안당(제4호나목의 봉안당은 <u>제외</u>한다)
  다. 묘지와 자연장지에 부수되는 건축물
  라. 동물화장시설, 동물건조장(乾燥葬)시설 및 동물 전용의 납골시설
25. 관광 휴게시설
  가. 야외음악당　　나. 야외극장　　　　　　다. 어린이회관　　　　　　라. 관망탑
  마. 휴게소　　　　　　　　　　　　　　　바. 공원·유원지 또는 관광지에 부수되는 건축물
26. 장례시설
  가. 장례식장 [의료시설의 부수시설(「의료법」 제36조제1호에 따른 의료기관의 종류에 따른 시설을 말한다)은 제외한다]　　나. 동물 전용의 장례식장
27. 지하가
  지하의 인공구조물 안에 설치되어 있는 상점, 사무실 및 그 밖에 이와 비슷한 시설이 연속하여 지하도에 면하여 설치된 것과 그 지하도를 합한 것
  가. 지하상가
  나. 터널: 차량(궤도차량용은 제외한다) 등의 통행을 목적으로 지하, 해저 또는 산을 뚫어서 만든 것

28. 지하구
  가. 전력·통신용의 전선이나 가스·냉난방용의 배관 또는 이와 비슷한 것을 집합수용하기 위하여 설치한 지하인공구조물로서 사람이 점검 또는 보수를 하기 위하여 출입이 가능한 것 중 폭 1.8m 이상이고 높이가 2m 이상이며 길이가 50m 이상(<u>전력 또는 통신사업용인 것은 500m 이상</u>)인 것
  나. 「국토의 계획 및 이용에 관한 법률」 제2조제9호에 따른 공동구

29. 문화재

「문화재보호법」에 따라 문화재로 지정된 건축물

30. 복합건축물
    가. 하나의 건축물이 제1호부터 제27호까지의 것 중 둘 이상의 용도로 사용되는 것. 다만, 다음의 어느 하나에 해당하는 경우에는 복합건축물로 보지 않는다.
        1) 관계 법령에서 주된 용도의 부수시설로서 그 설치를 의무화하고 있는 용도 또는 시설
        2) 「주택법」 제21조제1항 제2호 및 제3호에 따라 주택 안에 부대시설 또는 복리시설이 설치되는 특정소방대상물
        3) 건축물의 주된 용도의 기능에 필수적인 용도로서 다음의 어느 하나에 해당하는 용도
            가) 건축물의 설비·대피 또는 위생을 위한 용도, 그 밖에 이와 비슷한 용도
            나) 사무, 작업, 집회, 물품저장 또는 주차를 위한 용도, 그 밖에 이와 비슷한 용도
            다) 구내식당, 구내세탁소, 구내운동시설 등 종업원후생복리시설(기숙사는 제외한다) 또는 구내소각 시설의 용도, 그 밖에 이와 비슷한 용도
    나. 하나의 건축물이 근린생활시설, 판매시설, 업무시설, 숙박시설 또는 위락시설의 용도와 주택의 용도로 함께 사용되는 것

※ 비 고

1. 내화구조로 된 하나의 특정소방대상물이 개구부(건축물에서 채광·환기·통풍·출입 등을 위하여 만든 창이나 출입구를 말한다)가 없는 내화구조의 바닥과 벽으로 구획되어 있는 경우에는 그 구획된 부분을 각각 별개의 특정소방대상물로 본다.

2. 둘 이상의 특정소방대상물이 다음 각 목의 어느 하나에 해당되는 구조의 복도 또는 통로(이하 이 표에서 "연결통로"라 한다)로 연결된 경우에는 이를 하나의 소방대상물로 본다.
    가. 내화구조로 된 연결통로가 다음의 어느 하나에 해당되는 경우
        1) 벽이 없는 구조로서 그 길이가 6m 이하인 경우
        2) 벽이 있는 구조로서 그 길이가 10m 이하인 경우. 다만, 벽 높이가 바닥에서 천장까지의 높이의 2분의 1 이상인 경우에는 벽이 있는 구조로 보고, 벽 높이가 바닥에서 천장까지의 높이의 2분의 1 미만인 경우에는 벽이 없는 구조로 본다.
    나. 내화구조가 아닌 연결통로로 연결된 경우
    다. 컨베이어로 연결되거나 플랜트설비의 배관 등으로 연결되어 있는 경우
    라. 지하보도, 지하상가, 지하가로 연결된 경우
    마. 방화셔터 또는 갑종방화문이 설치되지 않은 피트로 연결된 경우
    바. 지하구로 연결된 경우

3. 제2호에도 불구하고 연결통로 또는 지하구와 소방대상물의 양쪽에 다음 각 목의 어느 하나에 적합한 경우에는 별개의 소방대상물로 본다.
    가. 화재 시 경보설비 또는 자동소화설비의 작동과 연동하여 자동으로 닫히는 방화셔터 또는 갑종방화문이 설치된 경우
    나. 화재 시 자동으로 방수되는 방식의 드렌처설비 또는 개방형스프링클러헤드가 설치된 경우

4. 위 제1호부터 제30호까지의 특정소방대상물의 지하층이 지하가와 연결되어 있는 경우 해당 지하층의 부분을 지하가로 본다. 다만, 다음 지하가와 연결되는 지하층에 지하층 또는 지하가에 설치된 방화문이 자동폐쇄장치·자동화재탐지설비 또는 자동소화설비와 연동하여 닫히는 구조이거나 그 윗부분 드렌처설비가 설치된 경우에는 지하가로 보지 않는다.

[영 별표 3]

소방용품(제6조 관련)

1. 소화설비를 구성하는 제품 또는 기기
   가. 별표 1 제1호가목의 소화기구(소화약제 외의 것을 이용한 간이소화용구는 제외한다)
   나. 별표 1 제1호나목의 자동소화장치
   다. 소화설비를 구성하는 소화전, 관창(菅槍), 소방호스, 스프링클러헤드, 기동용수압개폐장치, 유수제어밸브 및 가스관선택밸브
2. 경보설비를 구성하는 제품 또는 기기
   가. 누전경보기 및 가스누설경보기
   나. 경보설비를 구성하는 발신기, 수신기, 중계기, 감지기 및 음향장치(경종만 해당한다)
3. 피난구조설비를 구성하는 제품 또는 기기
   가. 피난사다리, 구조대, 완강기(간이완강기 및 지지대를 포함한다)
   나. 공기호흡기(충전기를 포함한다)
   다. "피난구유도등, 통로유도등, 객석유도등" 및 예비전원이 내장된 비상조명등
4. 소화용으로 사용하는 제품 또는 기기
   가. 소화약제(별표1 제1호 나목 2)와 3)의 자동소화장치와 <u>나목 3)부터 8)</u>까지의 소화설비용만 해당한다)
   나. 방염제(방염액·방염도료 및 방염성물질)
5. 그 밖에 행정안전부령으로 정하는 소방 관련 제품 또는 기기
   (※ 상기 5항에서 행정안전부령이란 "소방용품의 품질관리 등에 관한 규칙"을 말한다.…→ 인터넷 법제처 참고)

[영 별표 4]

수용인원의 산정방법(제15조관련)

1. 숙박시설이 있는 특정소방대상물
   가. 침대가 있는 숙박시설: 해당 특정소방대상물의 <u>종사자의 수</u>에 침대의 수(2인용 침대는 2개로 산정한다)를 합한 수
   나. 침대가 없는 숙박시설: 해당 특정소방대상물의 종사자의 수에 숙박시설의 바닥면적의 합계를 <u>3㎡</u>로 나누어 얻은 수를 합한 수
2. 제1호 외의 특정소방대상물
   가. 강의실·교무실·상담실·실습실·휴게실 용도로 쓰이는 특정소방대상물: 해당 용도로 사용하는 바닥면적의 합계를 1.9㎡로 나누어 얻은 수
   나. 강당, 문화 및 집회시설, 운동시설, 종교시설: 해당 용도로 사용하는 바닥면적의 합계를 4.6㎡로 나누어 얻은 수(관람석이 있는 경우 고정식 의자를 설치한 부분은 그 부분의 의자수로 하고, 긴의자의 경우에는 의자의 정면너비를 0.45m로 나누어 얻은 수로 한다)
   다. 그 밖의 특정소방대상물: 해당 용도로 사용하는 바닥면적의 합계를 3㎡로 나누어 얻은 수

※ 비 고
1. 위 표에서 바닥면적을 산정하는 때에는 복도(「건축법 시행령」 제2조제11호에 따른 준불연재료 이상의 것을 사용하여 바닥에서 천장까지 벽으로 구획한 것을 말한다), 계단 및 화장실의 바닥면적을 포함하지 않는다.
2. 계산 결과 소수점 이하의 수는 <u>반올림</u>한다.

[영 별표 5]
특정소방대상물의 관계인이 특정소방대상물의 규모·용도 및 수용인원 등을 고려하여 갖추어야 하는 소방시설의 종류(제15조 관련)

1. 소화설비

가. 화재안전기준에 따라 **소화기구**를 설치하여야 하는 특정소방대상물은 다음의 어느 하나와 같다.
  1) 연면적 33㎡ 이상인 것. 다만, 노유자시설의 경우에는 투척용 소화용구 등을 화재안전기준에 따라 산정된 소화기 수량의 2분의 1 이상으로 설치할 수 있다.
  2) 1)에 해당하지 않는 시설로서 지정문화재 및 가스시설
  3) 터널

나. 자동소화장치를 설치하여야 하는 특정소방대상물은 다음의 어느 하나와 같다.
  1) 주거용 주방자동소화장치를 설치하여야 하는 것: 아파트등 및 30층 이상 오피스텔의 모든 층
  2) 캐비닛형 자동소화장치, 가스자동소화장치, 분말자동소화장치 또는 고체에어로졸자동소화장치를 설치하여야 하는 것: 화재안전기준에서 정하는 장소

다. **옥내소화전설비**를 설치하여야 하는 특정소방대상물(위험물 저장 및 처리 시설 중 가스시설, 지하구 및 방재실 등에서 스프링클러설비 또는 물분무등소화설비를 원격으로 조정할 수 있는 업무시설 중 무인변전소는 제외한다)은 다음의 어느 하나와 같다.
  1) 연면적 3천㎡ 이상(지하가 중 터널은 제외한다)이거나 지하층·무창층(축사는 제외한다) 또는 층수가 4층 이상인 것 중 바닥면적이 600㎡ 이상인 층이 있는 것은 모든 층
  2) 지하가 중 터널로서 다음에 해당하는 터널
    가) 길이가 1천미터 이상인 터널
    나) 예상교통량, 경사도 등 터널의 특성을 고려하여 행정안전부령으로 정하는 터널
  3) 1)에 해당하지 않는 근린생활시설, 판매시설, 운수시설, 의료시설, 노유자시설, 업무시설, 숙박시설, 위락시설, 공장, 창고시설, 항공기 및 자동차 관련 시설, 교정 및 군사시설 중 국방·군사시설, 방송통신시설, 발전시설, 장례식장 또는 복합건축물로서 연면적 1천5백㎡ 이상이거나 지하층·무창층 또는 층수가 4층 이상인 층 중 바닥면적이 300㎡ 이상인 층이 있는 것은 모든 층
  4) 건축물의 옥상에 설치된 차고 또는 주차장으로서 차고 또는 주차의 용도로 사용되는 부분의 면적이 200㎡ 이상인 것
  5) 1) 및 3)에 해당하지 않는 공장 또는 창고시설로서 「소방기본법 시행령」 별표 2에서 정하는 수량의 750배 이상의 특수가연물을 저장·취급하는 것

라. **스프링클러설비**를 설치하여야 하는 특정소방대상물(위험물 저장 및 처리 시설 중 가스시설 또는 지하구는 제외한다)은 다음의 어느 하나와 같다.
  1) 문화 및 집회시설(동·식물원은 제외한다), 종교시설(주요구조부가 목조인 것은 제외한다), 운동시설(물놀이형 시설은 제외한다)로서 다음의 어느 하나에 해당하는 경우에는 모든 층
    가) 수용인원이 100명 이상인 것
    나) 영화상영관의 용도로 쓰이는 층의 바닥면적이 지하층 또는 무창층인 경우에는 500㎡ 이상, 그 밖의 층의 경우에는 1천㎡ 이상인 것
    다) 무대부가 지하층·무창층 또는 4층 이상의 층에 있는 경우에는 무대부의 면적이 300㎡ 이상인 것
    라) 무대부가 다) 외의 층에 있는 경우에는 무대부의 면적이 500㎡ 이상인 것

2) 판매시설, 운수시설 및 창고시설(물류터미널에 한정한다)로서 바닥면적의 합계가 5천㎡ 이상이거나 수용인원이 500명 이상인 경우에는 모든 층
3) 층수가 6층 이상인 특정소방대상물의 경우에는 모든 층. 다만, 다음의 어느 하나에 해당하는 경우에는 제외한다.
   가) 주택 관련 법령에 따라 기존의 아파트등을 리모델링하는 경우로서 건축물의 연면적 및 층높이가 변경되지 않는 경우. 이 경우 해당 아파트등의 사용검사 당시의 소방시설의 설치에 관한 대통령령 또는 화재안전기준을 적용한다.
   나) 스프링클러설비가 없는 기존의 특정소방대상물을 용도변경하는 경우. 다만, 1)·2)·4)·5) 및 8)부터 12)까지의 규정에 해당하는 특정소방대상물로 용도변경하는 경우에는 해당 규정에 따라 스프링클러설비를 설치한다.
4) 다음의 어느 하나에 해당하는 용도로 사용되는 시설의 바닥면적의 합계가 600㎡ 이상인 것은 모든 층
   가) 의료시설 중 정신의료기관   나) 의료시설 중 종합병원, 병원, 치과병원, 한방병원 및
       요양병원(정신병원은 제외한다)   다) 노유자시설   라) 숙박이 가능한 수련시설
5) 창고시설(물류터미널은 제외한다)로서 바닥면적 합계가 5천㎡ 이상인 경우에는 모든 층
6) 천장 또는 반자(반자가 없는 경우에는 지붕의 옥내에 면하는 부분)의 높이가 10m를 넘는 랙식 창고(rack warehouse)(물건을 수납할 수 있는 선반이나 이와 비슷한 것을 갖춘 것을 말한다)로서 바닥면적의 합계가 1천5백㎡ 이상인 것
7) 1)부터 6)까지의 특정소방대상물에 해당하지 않는 특정소방대상물의 지하층·무창층(축사는 제외한다) 또는 층수가 4층 이상인 층으로서 바닥면적이 1천㎡ 이상인 층
8) 6)에 해당하지 않는 공장 또는 창고시설로서 다음의 어느 하나에 해당하는 시설
   가) 「소방기본법 시행령」 별표 2에서 정하는 수량의 1천 배 이상의 특수가연물을 저장·취급하는 시설
   나) 「원자력안전법 시행령」 제2조제1호에 따른 중·저준위방사성폐기물(이하 "중·저준위방사성폐기물"이라 한다)의 저장시설 중 소화수를 수집·처리하는 설비가 있는 저장시설
9) 지붕 또는 외벽이 불연재료가 아니거나 내화구조가 아닌 공장 또는 창고시설로서 다음의 어느 하나에 해당하는 것
   가) 창고시설(물류터미널에 한정한다) 중 2)에 해당하지 않는 것으로서 바닥면적의 합계가 2천5백㎡ 이상이거나 수용인원이 250명 이상인 것
   나) 창고시설(물류터미널은 제외한다) 중 5)에 해당하지 않는 것으로서 바닥면적의 합계가 2천5백㎡ 이상인 것
   다) 랙식 창고시설 중 6)에 해당하지 않는 것으로서 바닥면적의 합계가 750㎡ 이상인 것
   라) 공장 또는 창고시설 중 7)에 해당하지 않는 것으로서 지하층·무창층 또는 층수가 4층 이상인 것 중 바닥면적이 500㎡ 이상인 것
   마) 공장 또는 창고시설 중 8)가)에 해당하지 않는 것으로서 「소방기본법 시행령」 별표 2에서 정하는 수량의 500배 이상의 특수가연물을 저장·취급하는 시설
10) 지하가(터널은 제외한다)로서 연면적 1천㎡ 이상인 것
11) 기숙사(교육연구시설·수련시설 내에 있는 학생 수용을 위한 것을 말한다) 또는 복합건축물로서 연면적 5천㎡ 이상인 경우에는 모든 층
12) 교정 및 군사시설 중 다음의 어느 하나에 해당하는 경우에는 해당 장소
   가) 보호감호소, 교도소, 구치소 및 그 지소, 보호관찰소, 갱생보호시설, 치료감호시설, 소년원 및 소년분

　　　　류심사원의 수용거실
　　　나)「출입국관리법」제52조제2항에 따른 보호시설(외국인보호소의 경우에는 보호대상자의 생활공간으로 한정한다. 이하 같다)로 사용하는 부분. 다만, 보호시설이 임차건물에 있는 경우는 제외한다.
　　　다)「경찰관 직무집행법」제9조에 따른 유치장
　13) 1)부터 12)까지의 특정소방대상물에 부속된 보일러실 또는 연결통로 등
마. <u>간이스프링클러설비</u>를 설치하여야 하는 특정소방대상물은 다음의 어느 하나와 같다.
　1) 근린생활시설 중 다음의 어느 하나에 해당하는 것
　　가) <u>근린생활시설</u>로 사용하는 부분의 <u>바닥면적</u> 합계가 <u>1천㎡</u> 이상인 것은 모든 층
　　나) 의원, 치과의원 및 한의원으로서 입원실이 있는 시설
　2) 교육연구시설 내에 합숙소로서 <u>연면적 100㎡</u> 이상인 것
　3) 의료시설 중 다음의 어느 하나에 해당하는 시설
　　가) 종합병원, 병원, 치과병원, 한방병원 및 요양병원(정신병원과 의료재활시설은 제외한다)으로 사용되는 바닥면적의 합계가 600㎡ 미만인 시설
　　나) <u>정신의료기관 또는 의료재활시설</u>로 사용되는 바닥면적의 합계가 300㎡ 이상 600㎡ 미만인 시설
　　다) 정신의료기관 또는 의료재활시설로 사용되는 바닥면적의 합계가 300㎡ 미만이고, 창살(철재·플라스틱 또는 목재 등으로 사람의 탈출 등을 막기 위하여 설치한 것을 말하며, 화재 시 자동으로 열리는 구조로 되어 있는 창살은 제외한다)이 설치된 시설
　4) 노유자시설로서 다음의 어느 하나에 해당하는 시설
　　가) 제12조제1항제6호 각 목에 따른 시설(제12조제1항제6호 가목2) 및 같은호 나목부터 바목까지의 시설 중 단독주택 또는 공동주택에 설치되는 시설은 제외하며, 이하 "노유자 생활시설"이라 한다)
　　나) 가)에 해당하지 않는 노유자시설로 해당 시설로 사용하는 바닥면적의 합계가 300㎡ 이상 600㎡ 미만인 시설
　　다) 가)에 해당하지 않는 노유자시설로 해당 시설로 사용하는 바닥면적의 합계가 300㎡ 미만이고, 창살(철재·플라스틱 또는 목재 등으로 사람의 탈출 등을 막기 위하여 설치한 것을 말하며, 화재 시 자동으로 열리는 구조로 되어 있는 창살은 제외한다)이 설치된 시설
　5) 건물을 임차하여「출입국관리법」제52조제2항에 따른 <u>보호시설</u>로 사용하는 부분
　6) 숙박시설 중 <u>생활형 숙박시설</u>로서 해당 용도로 사용되는 바닥면적의 합계가 <u>600㎡</u> 이상인 것
　7) <u>복합건축물</u>(별표 2 제30호나목의 복합건축물만 해당한다)로서 연면적 1천㎡ 이상인 것은 모든 층
바. <u>물분무등소화설비</u>를 설치하여야 하는 특정소방대상물(위험물 저장 및 처리 시설 중 가스시설 또는 지하구는 제외한다)은 다음의 어느 하나와 같다.
　1) 항공기 및 자동차 관련 시설 중 항공기격납고
　2) 차고, 주차용 건축물 또는 철골 조립식 주차시설. 이 경우 연면적 800㎡ 이상인 것만 해당한다.
　3) 건축물 내부에 설치된 차고 또는 주차장으로서 차고 또는 주차의 용도로 사용되는 부분의 바닥면적이 200㎡ 이상인 층
　4) 기계장치에 의한 주차시설을 이용하여 20대 이상의 차량을 주차할 수 있는 것
　5) 특정소방대상물에 설치된 전기실·발전실·변전실(가연성 절연유를 사용하지 않는 변압기·전류차단기 등의 전기기기와 가연성 피복을 사용하지 않은 전선 및 케이블만을 설치한 전기실·발전실 및 변전실은 제외한다)·축전지실·통신기기실 또는 전산실, 그 밖에 이와 비슷한 것으로서 바닥면적이 300㎡ 이상인 것[하나

의 방화구획 내에 둘 이상의 실(室)이 설치되어 있는 경우에는 이를 하나의 실로 보아 바닥면적을 산정한다]. 다만, 내화구조로 된 공정제어실 내에 설치된 주조정실로서 양압시설이 설치되고 전기기기에 220볼트 이하인 저전압이 사용되며 종업원이 24시간 상주하는 곳은 제외한다.

   6) 소화수를 수집·처리하는 설비가 설치되어 있지 않은 중·저준위방사성폐기물의 저장시설. 다만, 이 경우에는 이산화탄소소화설비, 할론소화설비 또는 할로겐화합물 및 불활성기체소화설비를 설치하여야 한다
   7) 지하가 중 예상 교통량, 경사도 등 터널의 특성을 고려하여 행정안전부령으로 정하는 터널. 다만, 이 경우에는 물분무소화설비를 설치하여야 한다.
   8) 「문화재보호법」 제2조제3항제1호 및 제2호에 따른 지정문화재 중 소방청장이 문화재청장과 협의하여 정하는 것

사. **옥외소화전설비**를 설치하여야 하는 특정소방대상물(아파트등, 위험물 저장 및 처리 시설 중 가스시설, 지하구 또는 지하가 중 터널은 제외한다)은 다음의 어느 하나와 같다.
   1) 지상 1층 및 2층의 바닥면적의 합계가 9천㎡ 이상인 것. 이 경우 같은 구(區) 내의 둘 이상의 특정소방대상물이 행정안전부령으로 정하는 연소(延燒) 우려가 있는 구조인 경우에는 이를 하나의 특정소방대상물로 본다.
   2) 「문화재보호법」 제23조에 따라 보물 또는 국보로 지정된 목조건축물
   3) 1)에 해당하지 않는 공장 또는 창고시설로서 「소방기본법 시행령」 별표 2에서 정하는 수량의 750배 이상의 특수가연물을 저장·취급하는 것

2. 경보설비

가. **비상경보설비**를 설치하여야 할 특정소방대상물(지하구, 모래·석재 등 불연재료 창고 및 위험물 저장·처리 시설 중 가스시설은 제외한다)은 다음의 어느 하나와 같다.
   1) 연면적 400㎡(지하가 중 터널 또는 사람이 거주하지 않거나 벽이 없는 축사 등 동식물 관련시설은 제외한다) 이상이거나 지하층 또는 무창층의 바닥면적이 150㎡(공연장의 경우 100㎡) 이상인 것
   2) 지하가 중 터널로서 길이가 500m 이상인 것
   3) 50명 이상의 근로자가 작업하는 옥내 작업장

나. **비상방송설비**를 설치하여야 하는 특정소방대상물(위험물 저장 및 처리 시설 중 가스시설, 사람이 거주하지 않는 동물 및 식물 관련 시설, 지하가 중 터널, 축사 및 지하구는 제외한다)은 다음의 어느 하나와 같다.
   1) 연면적 3천5백㎡ 이상인 것
   2) 지하층을 제외한 층수가 11층 이상인 것
   3) 지하층의 층수가 3층 이상인 것

다. **누전경보기**는 계약전류용량(같은 건축물에 계약 종류가 다른 전기가 공급되는 경우에는 그 중 최대계약전류용량을 말한다)이 100암페어를 초과하는 특정소방대상물(내화구조가 아닌 건축물로서 벽·바닥 또는 반자의 전부나 일부를 불연재료 또는 준불연재료가 아닌 재료에 철망을 넣어 만든 것만 해당한다)에 설치하여야 한다. 다만, 위험물 저장 및 처리 시설 중 가스시설, 지하가 중 터널 또는 지하구의 경우에는 그러하지 아니하다.

라. **자동화재탐지설비**를 설치하여야 하는 특정소방대상물은 다음의 어느 하나와 같다.
   1) 근린생활시설(목욕장은 제외한다), 의료시설(정신의료기관 또는 요양병원은 제외한다), 숙박시설, 위락시설, 장례시설 및 복합건축물로서 연면적 600㎡ 이상인 것
   2) 공동주택, 근린생활시설 중 목욕장, 문화 및 집회시설, 종교시설, 판매시설, 운수시설, 운동시설, 업무시설,

공장, 창고시설, 위험물 저장 및 처리 시설, 항공기 및 자동차 관련 시설, 교정 및 군사시설 중 국방·군사시설, 방송통신시설, 발전시설, 관광 휴게시설, 지하가(터널은 제외한다)로서 연면적 1천㎡ 이상인 것

3) 교육연구시설(교육시설 내에 있는 기숙사 및 합숙소를 포함한다), 수련시설(수련시설 내에 있는 기숙사 및 합숙소를 포함하며, 숙박시설이 있는 수련시설은 제외한다), 동물 및 식물 관련 시설(기둥과 지붕만으로 구성되어 외부와 기류가 통하는 장소는 제외한다), 자연순환 관련 시설, 교정 및 군사시설(국방·군사시설은 제외한다) 또는 묘지 관련 시설로서 연면적 2천㎡ 이상인 것

4) 지하구   5) 지하가 중 터널로서 길이가 1천m 이상인 것   6) 노유자 생활시설

7) 6)에 해당하지 않는 노유자시설로서 연면적 400㎡ 이상인 노유자시설 및 숙박시설이 있는 수련시설로서 수용인원 100명 이상인 것

8) 2)에 해당하지 않는 공장 및 창고시설로서 「소방기본법 시행령」 별표 2에서 정하는 수량의 500배 이상의 특수가연물을 저장·취급하는 것

9) 의료시설 중 정신의료기관 또는 요양병원으로서 다음의 어느 하나에 해당하는 것
   가) 요양병원(정신병원과 의료재활시설은 제외한다)
   나) 정신의료기관 또는 의료재활시설로 사용되는 바닥면적의 합계가 300㎡ 이상인 시설
   다) 정신의료기관 또는 의료재활시설로 사용하는 바닥면적의 합계가 300㎡ 미만이고, 창살(철재·플라스틱 또는 목재 등으로 사람의 탈출 등을 막기 위하여 설치한 것을 말하며, 화재 시 자동으로 열리는 구조로 되어 있는 창살은 제외한다)이 설치된 것   10) 판매시설 중 전통시장

마. <u>자동화재속보설비</u>를 설치하여야 하는 특정소방대상물은 다음의 어느 하나와 같다.

1) 업무시설, 공장, 창고시설, 교정 및 군사시설 중 국방·군사시설, 발전시설(사람이 근무하지 않는 시간에는 무인경비시스템으로 관리하는 시설만 해당한다)로서 바닥면적이 1천5백㎡ 이상인 층이 있는 것. 다만, 사람이 24시간 상시 근무하고 있는 경우에는 자동화재속보설비를 설치하지 않을 수 있다.

2) 노유자 생활시설

3) 2)에 해당하지 않는 노유자시설로서 바닥면적이 500㎡ 이상인 층이 있는 것. 다만, 사람이 24시간 상시 근무하고 있는 경우에는 자동화재속보설비를 설치하지 않을 수 있다.

4) 수련시설(숙박시설이 있는 건축물만 해당한다)로서 바닥면적이 500㎡ 이상인 층이 있는 것. 다만, 사람이 24시간 상시 근무하고 있는 경우에는 자동화재속보설비를 설치하지 않을 수 있다.

5) 「문화재보호법」 제23조에 따라 보물 또는 국보로 지정된 목조건축물. 다만, 사람이 24시간 상시 근무하고 있는 경우에는 자동화재속보설비를 설치하지 않을 수 있다.

6) 근린생활시설 중 의원, 치과의원 및 한의원으로서 입원실이 있는 시설

7) 의료시설 중 다음의 어느 하나에 해당하는 것
   가) 종합병원, 병원, 치과병원, 한방병원 및 요양병원(정신병원과 의료재활시설은 제외한다)
   나) 정신병원과 의료재활시설로 사용되는 바닥면적의 합계가 500㎡ 이상인 층이 있는 것

8) 판매시설 중 전통시장

9) 1)부터 8)까지에 해당하지 않는 특정소방대상물 중 층수가 30층 이상인 것

바. <u>단독경보형 감지기</u>를 설치하여야 하는 특정소방대상물은 다음의 어느 하나와 같다.

1) 연면적 1천㎡ 미만의 아파트등   2) 연면적 1천㎡ 미만의 기숙사

3) 교육연구시설 또는 수련시설 내에 있는 합숙소 또는 기숙사로서 연면적 2천㎡ 미만인 것

4) 연면적 <u>600㎡</u> 미만의 숙박시설   6) 연면적 400㎡ 미만의 유치원

5) 라목7)에 해당하지 않는 수련시설(숙박시설이 있는 것만 해당한다)
사. <u>시각경보기</u>를 설치하여야 하는 특정소방대상물은 라목에 따라 자동화재탐지설비를 설치하여야 하는 특정소방대상물 중 다음의 어느 하나에 해당하는 것과 같다.
   1) 근린생활시설, 문화 및 집회시설, 종교시설, 판매시설, 운수시설, 운동시설, 위락시설, 창고시설 중 물류터미널
   2) 의료시설, 노유자시설, 업무시설, 숙박시설, 발전시설 및 장례식장
   3) 교육연구시설 중 도서관, 방송통신시설 중 방송국   4) 지하가 중 지하상가
아. <u>가스누설경보기</u>를 설치하여야 하는 특정소방대상물(가스시설이 설치된 경우만 해당한다)은 다음의 어느 하나와 같다.
   1) 판매시설, 운수시설, 노유자시설, 숙박시설, 창고시설 중 물류터미널
   2) 문화 및 집회시설, 종교시설, 의료시설, 수련시설, 운동시설, 장례식장
자. <u>통합감시시설</u>을 설치하여야 하는 특정소방대상물은 지하구로 한다.

3. 피난구조설비
가. <u>피난기구</u>는 특정소방대상물의 모든 층에 화재안전기준에 적합한 것으로 설치하여야 한다. 다만, 피난층, 지상 1층, 지상 2층(별표2 제9호에 따른 노유자시설 중 피난층이 아닌 지상 1층과 피난층이 아닌 지상 2층은 제외한다) 및 층수가 11층 이상인 층과 위험물 저장 및 처리시설 중 가스시설, 지하가 중 터널 또는 지하구의 경우에는 그러하지 아니하다.
나. <u>인명구조기구</u>를 설치하여야 하는 특정소방대상물은 다음의 어느 하나와 같다.
   1) 방열복 또는 방화복(안전헬멧, 보호장갑 및 안전화를 포함한다), <u>인공소생기</u> 및 공기호흡기를 설치하여야 하는 특정소방대상물: 지하층을 포함하는 층수가 <u>7층 이상인 관광호텔</u>
   2) 방열복 또는 방화복(안전헬멧, 보호장갑 및 안전화를 포함한다) 및 공기호흡기를 설치하여야 하는 특정소방대상물: 지하층을 포함하는 층수가 5층 이상인 병원
   3) 공기호흡기를 설치하여야 하는 특정소방대상물은 다음의 어느 하나와 같다.
      가) 수용인원 100명 이상인 문화 및 집회시설 중 영화상영관
      나) 판매시설 중 대규모점포   다) 운수시설 중 지하역사   라) 지하가 중 지하상가
      마) 제1호바목 및 화재안전기준에 따라 이산화탄소소화설비(호스릴이산화탄소소화설비는 제외한다)를 설치하여야 하는 특정소방대상물
다. <u>유도등</u>을 설치하여야 할 대상은 다음의 어느 하나와 같다.
   1) 피난구유도등, 통로유도등 및 유도표지는 별표 2의 특정소방대상물에 설치한다. 다만, 다음의 어느 하나에 해당하는 경우는 제외한다.
      가) 지하가 중 터널 및 지하구
      나) 별표 2 제19호에 따른 동물 및 식물 관련 시설 중 축사로서 가축을 직접 가두어 사육하는 부분
   2) 객석유도등은 다음의 어느 하나에 해당하는 특정소방대상물에 설치한다.
      가) 유흥주점영업시설(「식품위생법 시행령」 제21조제8호라목의 유흥주점영업 중 손님이 춤을 출 수 있는 무대가 설치된 카바레, 나이트클럽 또는 그 밖에 이와 비슷한 영업시설만 해당한다)
      나) 문화 및 집회시설   다) 종교시설   라) 운동시설
라. <u>비상조명등</u>을 설치하여야 하는 특정소방대상물(창고시설 중 창고 및 하역장, 위험물 저장 및 처리 시설 중 가스시설은 제외한다)은 다음의 어느 하나와 같다.

1) 지하층을 포함하는 층수가 5층 이상인 건축물로서 연면적 3천㎡ 이상인 것
2) 1)에 해당하지 않는 특정소방대상물로서 그 지하층 또는 무창층의 바닥면적이 450㎡ 이상인 경우에는 그 지하층 또는 무창층   3) 지하가 중 터널로서 그 길이가 500m 이상인 것

마. <u>휴대용 비상조명등</u>을 설치하여야 하는 특정소방대상물은 다음의 어느 하나와 같다.
  1) 숙박시설   2) 수용인원 100명 이상의 영화상영관, 판매시설 중 대규모점포, 철도 및 도시철도 시설 중 지하역사, 지하가 중 지하상가

4. 소화용수설비

<u>상수도소화용수설비</u>를 설치하여야 하는 특정소방대상물은 다음 각 목의 어느 하나와 같다. 다만, 상수도소화용수설비를 설치하여야 하는 특정소방대상물의 대지 경계선으로부터 180m 이내에 구경 75mm 이상인 상수도용 배수관이 설치되지 않은 지역의 경우에는 화재안전기준에 따른 소화수조 또는 저수조를 설치하여야 한다.

가. <u>연면적 5천㎡ 이상인 것</u>. 다만, 위험물 저장 및 처리시설 중 가스시설, 지하가 중 터널 또는 지하구의 경우에는 그러하지 아니하다.
나. 가스시설로서 지상에 노출된 탱크의 저장용량의 합계가 100톤 이상인 것

5. 소화활동설비

가. <u>제연설비</u>를 설치하여야 하는 특정소방대상물은 다음의 어느 하나와 같다.
  1) <u>문화 및 집회시설</u>, 종교시설, 운동시설로서 무대부의 바닥면적이 200㎡ 이상 또는 <u>문화 및 집회시설 중 영화상영관</u>으로서 수용인원 <u>100명 이상</u>인 것
  2) 지하층이나 무창층에 설치된 근린생활시설, 판매시설, 운수시설, 숙박시설, 위락시설, 의료시설, 노유자시설 또는 창고시설(물류터미널만 해당한다)로서 해당용도로 사용되는 바닥면적의 합계가 <u>1천㎡</u> 이상인 것
  3) 운수시설 중 시외버스정류장, 철도 및 도시철도시설, 공항시설 및 항만시설의 대합실 또는 휴게시설로서 지하층 또는 무창층의 바닥면적이 1천㎡ 이상인 것
  4) 지하가(터널은 제외한다)로서 연면적 1천㎡ 이상인 것
  5) 지하가 중 예상 교통량, 경사도 등 터널의 특성을 고려하여 행정안전부령으로 정하는 터널
  6) 특정소방대상물(갓복도형 아파트등은 제외한다)에 부설된 특별피난계단 또는 비상용승강기의 승강장

나. <u>연결송수관설비</u>를 설치하여야 하는 특정소방대상물(위험물 저장 및 처리 시설 중 가스시설 또는 지하구는 제외한다)은 다음의 어느 하나와 같다.
  1) 층수가 5층 이상으로서 연면적 6천㎡ 이상인 것
  2) 1)에 해당하지 않는 특정소방대상물로서 지하층을 포함하는 층수가 7층 이상인 것
  3) 1) 및 2)에 해당하지 않는 특정소방대상물로서 지하층의 층수가 3층 이상이고 지하층의 바닥면적의 합계가 1천㎡ 이상인 것   4) 지하가 중 터널로서 길이가 1천m 이상인 것

다. <u>연결살수설비</u>를 설치하여야 하는 특정소방대상물(지하구는 제외한다)은 다음의 어느 하나와 같다.
  1) 판매시설, 운수시설, 창고시설 중 물류터미널로서 해당 용도로 사용되는 부분의 바닥면적의 합계가 1천㎡ 이상인 것
  2) 지하층(피난층으로 주된 출입구가 도로와 접한 경우는 제외한다)으로서 바닥면적의 합계가 150㎡ 이상인 것. 다만, 「주택법 시행령」 제21조제4항에 따른 국민주택규모 이하인 아파트의 지하층(대피시설로 사용하는 것만 해당한다)과 교육연구시설 중 <u>학교의 지하층의 경우에는 700㎡</u> 이상인 것
  3) 가스시설 중 지상에 노출된 탱크의 용량이 30톤 이상인 탱크시설
  4) 1) 및 2)의 특정소방대상물에 부속된 연결통로

라. 비상콘센트설비를 설치하여야 하는 특정소방대상물(위험물 저장 및 처리 시설 중 가스시설 또는 지하구는 제외한다)은 다음의 어느 하나와 같다.
   1) 층수가 11층 이상인 특정소방대상물의 경우에는 11층 이상의 층
   2) 지하층의 층수가 3층 이상이고 지하층의 바닥면적의 합계가 1천㎡ 이상인 것은 지하층의 모든 층
   3) 지하가 중 터널로서 길이가 5백m 이상인 것
마. 무선통신보조설비를 설치하여야 하는 특정소방대상물(위험물 저장 및 처리시설 중 가스시설은 제외한다)은 다음의 어느 하나와 같다.
   1) 지하가(터널은 제외한다)로서 연면적 1천㎡ 이상인 것
   2) 지하층의 바닥면적의 합계가 3천㎡ 이상인 것 또는 지하층의 층수가 3층 이상이고 지하층의 바닥면적의 합계가 1천㎡ 이상인 것은 지하층의 모든 층
   3) 지하가 중 터널로서 길이가 5백m 이상인 것
   4) 「국토의 계획 및 이용에 관한 법률」 제2조제9호에 따른 공동구
   5) 층수가 30층 이상인 것으로서 16층 이상 부분의 모든 층
바. 연소방지설비는 지하구(전력 또는 통신사업용인 것만 해당)에 설치하여야 한다.

※ 비 고: 별표 2 제1호부터 제27호까지 중 어느 하나에 해당하는 시설(이하 이 표에서 "근린생활시설등"이라 한다)의 소방시설 설치기준이 복합건축물의 소방시설 설치기준보다 강한 경우 복합건축물 안에 있는 해당 근린생활시설등에 대해서는 그 근린생활시설등의 소방시설 설치기준을 적용한다.

[영 별표 5의2] 임시소방시설의 종류와 설치기준 등(제15조의5제2항·제3항 관련)

1. 임시소방시설의 종류
   가. 소화기
   나. 간이소화장치: 물을 방사(放射)하여 화재를 진화할 수 있는 장치로서 소방청장이 정하는 성능을 갖추고 있을 것
   다. 비상경보장치: 화재가 발생한 경우 주변에 있는 작업자에게 화재사실을 알릴 수 있는 장치로서 소방청장이 정하는 성능을 갖추고 있을 것
   라. 간이피난유도선: 화재가 발생한 경우 피난구 방향을 안내할 수 있는 장치로서 소방청장이 정하는 성능을 갖추고 있을 것

2. 임시소방시설을 설치하여야 하는 공사의 종류와 규모
   가. 소화기: 제12조제1항에 따라 건축허가등을 할 때 소방본부장 또는 소방서장의 동의를 받아야 하는 특정소방대상물의 건축·대수선·용도변경 또는 설치 등을 위한 공사 중 제15조의5제1항 각 호에 따른 작업을 하는 현장(이하 "작업현장"이라 한다)에 설치한다.
   나. 간이소화장치: 다음의 어느 하나에 해당하는 공사의 작업현장에 설치한다.
      1) 연면적 3천㎡ 이상
      2) 지하층, 무창층 또는 4층 이상의 층. 이 경우 해당 층의 바닥면적이 600㎡ 이상인 경우만 해당한다.
   다. 비상경보장치: 다음의 어느 하나에 해당하는 공사의 작업현장에 설치한다.
      1) 연면적 400㎡ 이상
      2) 지하층 또는 무창층. 이 경우 해당 층의 바닥면적이 150㎡ 이상인 경우만 해당한다.
   라. 간이피난유도선: 바닥면적이 150㎡ 이상인 지하층 또는 무창층의 작업현장에 설치한다.

3. 임시소방시설과 기능 및 성능이 유사한 소방시설로서 임시소방시설을 설치한 것으로 보는 소방시설
   가. 간이소화장치를 설치한 것으로 보는 소방시설: 옥내소화전 또는 소방청장이 정하여 고시하는 기준에 맞는 소화기

나. 비상경보장치를 설치한 것으로 보는 소방시설: 비상방송설비 또는 자동화재탐지설비
다. 간이피난유도선을 설치한 것으로 보는 소방시설: 피난유도선, 피난구유도등, 통로유도등 또는 비상조명등

[영 별표 6]

특정소방대상물의 소방시설 설치의 면제기준(제16조관련)

설치가 면제되는 소방시설	설치면제 요건
1. 스프링클러설비	• 스프링클러설비를 설치하여야 하는 특정소방대상물에 물분무등소화설비를 화재안전기준에 적합하게 설치한 경우에는 그 설비의 유효범위(해당 소방시설이 화재를 감지·소화 또는 경보할 수 있는 부분을 말한다. 이하 같다)에서 설치가 면제된다.
2. 물분무등소화설비	• 물분무등소화설비를 설치하여야 하는 차고·주차장에 스프링클러설비를 화재안전기준에 적합하게 설치한 경우에는 그 설비의 유효범위에서 설치가 면제된다.
3. 간이스프링클러설비	• 간이스프링클러설비를 설치하여야 하는 특정소방대상물에 스프링클러설비, 물분무소화설비 또는 미분무소화설비를 화재안전기준에 적합하게 설치한 경우에는 그~ 설치가 면제된다.
4. 비상경보설비 또는 단독경보형감지기	• 비상경보설비 또는 단독경보형감지기를 설치하여야 하는 특정소방대상물에 자동화재탐지설비를 화재안전기준에 적합하게 설치한 경우에는 그 설비의 유효범위에서 설치가 면제된다.
5. 비상경보설비	• 비상경보설비를 설치하여야 할 특정소방대상물에 단독경보형감지기를 2개 이상의 단독경보형감지기와 연동하여 설치하는 경우에는 그 설비의 유효범위에서 설치가 면제된다.
6. 비상방송설비	• 비상방송설비를 설치하여야 하는 특정소방대상물에 자동화재탐지설비 또는 비상경보설비와 같은 수준 이상의 음향을 발하는 장치를 부설한 방송설비를 화재안전기준에 적합하게 설치한 경우에는 그 설비의 유효범위에서 설치가 면제된다.
7. 피난구조설비	• 피난구조설비를 설치하여야 하는 특정소방대상물에 그 위치·구조 또는 설비의 상황에 따라 피난상 지장이 없다고 인정되는 경우에는 화재안전기준에서 정하는 바에 따라 설치가 면제된다.
8. 연결살수설비	• 연결살수설비를 설치하여야 하는 특정소방대상물에 송수구를 부설한 스프링클러설비·간이스프링클러설비, 물분무소화설비 또는 미분무소화설비를 화재안전기준에 적합하게 설치한 경우에는 그 설비의 유효범위에서 설치가 면제된다. • 가스관계법령에 따라 설치되는 물분무장치등에 소방대가 사용할 수 있는 연결송수구가 설치되거나 물분무장치등에 6시간 이상 공급할 수 있는 수원(水源)이 확보된 경우에는 설치가 면제된다.

9. 제연설비	• 가. 제연설비를 설치하여야 하는 특정소방대상물(별표5 제5호가목6)은 제외한다)에 다음의 어느 하나에 해당하는 설비를 설치한 경우에는 설치가 면제된다.
	  1) 공기조화설비를 화재안전기준의 제연설비기준에 적합하게 설치하고 공기조화설비가 화재 시 제연설비기능으로 자동전환되는 구조로 설치되어 있는 경우
	  2) 직접 외부 공기와 통하는 배출구의 면적의 합계가 해당 제연구역[제연경계(제연설비의 일부인 천장을 포함한다)에 의하여 구획된 건축물 내의 공간을 말한다] 바닥면적의 100분의 1 이상이고, 배출구부터 각 부분까지의 수평거리가 30m 이내이며, 공기유입구가 화재안전기준에 적합하게(외부 공기를 직접 자연 유입할 경우에 유입구의 크기는 배출구의 크기 이상이어야 한다) 설치되어 있는 경우
	• 나. 별표5 제5호가목6)에 따라 제연설비를 설치하여야 하는 특정소방대상물 중 노대와 연결된 특별피난계단 또는 노대가 설치된 비상용 승강기의 승강장 또는 「건축법 시행령」 제91조제5호의 기준에 따라 배연설비가 설치된 피난용 승강기의 승강장에는 설치가 면제된다.

설치가 면제되는 소방시설	설치면제 요건
10. 비상조명등	• 비상조명등을 설치하여야 하는 특정소방대상물에 피난구유도등 또는 통로유도등을 화재안전기준에 적합하게 설치한 경우에는 그 유도등의 유효범위에서 설치가 면제된다.
11. 누전경보기	• 누전경보기를 설치하여야 하는 특정소방대상물 또는 그 부분에 아크경보기(옥내배전선로의 단선이나 선로손상 등으로 인하여 발생하는 아크를 감지하고 경보하는 장치를 말한다) 또는 전기관련법령에 따른 지락차단장치를 설치한 경우에는 그 설비의 유효범위에서 설치가 면제된다.
12. 무선통신보조설비	• 무선통신보조설비를 설치하여야 하는 특정소방대상물에 이동통신구내 중계기선로설비 또는 무선이동중계기(「전파법」 제58조의2에 따른 적합성평가를 받은 제품만 해당한다) 등을 화재안전기준의 무선통신보조설비기준에 적합하게 설치한 경우에는 설치가 면제된다.
13. 상수도소화용수설비	• 상수도소화용수설비를 설치하여야 하는 특정소방대상물의 각 부분으로부터 수평거리 140m 이내에 공공의 소방을 위한 소화전이 화재안전기준에 적합하게 설치되어 있는 경우에는 설치가 면제된다. • 소방본부장 또는 소방서장이 상수도소화용수설비를 설치가 곤란하다고 인정하는 경우로서 화재안전기준에 적합한 소화수조 또는 저수조가 설치되어 있거나 이를 설치하는 경우에는 그 설비의 유효범위에서 설치가 면제된다.
14. 연소방지설비	• 연소방지설비를 설치하여야 하는 특정소방대상물에 스프링클러설비, 물분무소화설비 또는 미분무소화설비를 화재안전기준에 적합하게 설치한 경우에는 그 설비의 유효범위에서 설치가 면제된다.
15. 연결송수관설비	• 연결송수관설비를 설치하여야 하는 소방대상물에 옥외에 연결송수구 및 옥내에 방수구가 부설된 옥내소화전설비, 스프링클러설비, 간이스프링클러설비 또는 연결살수설비를 화재안전기준에 적합하게 설치한 경우에는 그 설비의 유효범위에서 설치가 면제된다. 다만 지표면에서 최상층 방수구의 높이가 70m 이상인 경우에는 설치하여야 한다.
16. 자동화재탐지설비	• 자동화재탐지설비의 기능(감지·수신·경보기능을 말한다)과 성능을 가진 스프링클러설비 또는 물분무소화설비를 화재안전기준에 적합하게 설치한 경우에는 그 설비의 유효범위에서 설치가 면제된다
17. 옥외소화전설비	• 옥외소화전설비를 설치하여야 하는 보물 또는 국보로 지정된 목조문화재에 상수도소화용수설비를 옥외소화전설비의 화재안전기준에서 정하는 방수압력·방수량·옥외소화전함 및 호스의 기준에 적합하게 설치한 경우에는 설치가 면제된다.
18. 옥내소화전	• 소방본부장 또는 소방서장이 옥내소화전 설비의 설치가 곤란하다고 인정하는 경우로서 호스릴 방식의 미분무소화 설비 또는 옥외소화전 설비를 화재안전기준에 적합하게 설치한 경우에는 그 설비의 유효범위에서 설치가 면제된다.
19. 사동소화장치	• 자동소화장치(주거용 주방자동소화장치는 제외한다)를 설치하여야 하는 특정소방대상물에 물분무등소화설비를 화재안전기준에 적합하게 설치한 경우에는 그 설비의 유효범위에서 설치가 면제된다.

■ 화재의 통계(2)

우리나라 화재로 인한 사망인원은 2003년 대구 지하철 방화사건이 192명(+ 부상 148명)이며 2위는 1971년도 서울 대연각 호텔의 163명이다. 재산피해액은 2005년 대구 서문시장 화재의 186억원이 가장 크며, 2위는 1953년 부산 부산역 화재가 176억이다. 2007년부터의 최근상황을 살펴보면 가스폭발, 임야화재 등을 포함, 통계를 달리하여 화재건수는 2007년~2009년 평균 48,236건, 2010년은 41,862건(일일 약 114건, 인명피해: 1,891명, 재산피해: 266,765백만 원)이며 장소별 순서는 비주거 ⇨ 주거 ⇨ 차량 순이다.

[영 별표 7]

소방시설을 설치하지 아니할 수 있는 특정소방대상물 및 소방시설의 범위(제18조관련)

구 분	특정소방대상물	소방시설
1. 화재위험도가 낮은 특정소방대상물	• 석재·불연성금속·불연성 건축재료 등의 가공공장·기계조립공장·주물공장 또는 불연성 물품을 저장하는 창고	• 옥외소화전 및 연결살수설비
	• 소방기본법 제2조제5호의 규정에 의한 소방대(消防隊)가 조직되어 24시간 근무하고 있는 청사 및 차고	• 옥내소화전설비, 스프링클러설비, 물분무등소화설비, 비상방송설비, 피난기구, 소화용수설비, 연결송수관설비, 연결살수설비
2. 화재안전기준을 적용하기가 어려운 특정소방대상물	• 펄프공장의 작업장·음료수공장의 세정 또는 충전을 하는 작업장 그 밖에 이와 비슷한 용도로 사용하는 것	• 스프링클러설비, 상수도소화용수설비 및 연결살수설비
	• 정수장, 수영장, 목욕장, 농예·축산·어류양식용시설 그 밖에 이와 비슷한 용도로 사용되는 것	• 자동화재탐지설비, 상수도소화용수설비 및 연결살수설비
3. 화재안전기준을 달리 적용하여야 하는 특수한 용도 또는 구조를 가진 특정소방대상물	• 원자력발전소, 핵폐기물처리시설	• 연결송수관설비 및 연결살수설비
4. 위험물안전관리법제19조의 규정에 따른 자체소방대가 설치된 특정소방대상물	• 자체소방대가 설치된 위험물제조소등에 부속된 사무실	• 옥내소화전설비, 소화용수설비, 연결살수설비 및 연결송수관설비

[영 별표 8] – 삭제됨<2015.6.30> –

[영 별표 9]

소방시설관리업의 등록기준(제36조1항관련)

1. 인력기준
   가. 주된 기술인력: 소방시설관리사 1명 이상
   나. 보조 기술인력: 다음의 어느 하나에 해당하는 사람 2명 이상. 다만, 나목 부터 라목까지의 규정에 해당하는 사람은 "소방시설공사업법" 제28조제2항에 따른 소방기술인정자격 수첩을 발급받은 사람이어야 한다.
      가. 소방설비기사 또는 소방설비산업기사
      나. 소방공무원으로 3년 이상 근무한 사람
      다. 소방 관련 학과를 학사학위를 취득한 사람
      라. 행정안전부령으로 정하는 소방기술과 관련된 자격·경력 및 학력이 있는 사람

■ 늘 반복되는 지루한 일상이지만 마음과 생각이 통하여, 도서관에 가면 어떤 작은 것에도 웃음과 대화를 나눌 수 있는 소중한 사람들을 만날 수 있으니…   오늘 하루도 좋은 선물입니다.

[영 별표 10]

과태료부과기준(제40조 관련)

1. 일반기준

   가. 과태료부과권자는 다음의 어느 하나에 해당하는 경우에는 제2호의 개별기준에 따른 과태료 금액의 2분의 1까지 그 금액을 줄여 부과할 수 있다. 다만, 과태료를 체납하고 있는 위반행위자에 대해서는 그러하지 아니하다.
   1) 위반행위자가 「질서위반행위규제법 시행령」 제2조의2제1항 각 호의 어느 하나에 해당하는 경우
   2) 위반행위자가 처음 위반행위를 하는 경우로서 3년 이상 해당 업종을 모범적으로 영위한 사실이 인정되는 경우
   3) 위반행위자가 화재 등 재난으로 재산에 현저한 손실을 입거나 사업여건의 악화로 그 사업이 중대한 위기에 처하는 등 사정이 있는 경우
   4) 위반행위가 사소한 부주의나 오류 등 과실로 인한 것으로 인정되는 경우
   5) 위반행위자가 같은 위반행위로 다른 법률에 따라 과태료·벌금·영업정지 등의 처분을 받은 경우
   6) 위반행위자가 위법행위로 인한 결과를 시정하거나 해소한 경우
   7) 그 밖에 위반행위의 정도, 위반행위의 동기와 그 결과 등을 고려하여 과태료를 줄일 필요가 있다고 인정되는 경우

   나. 위반행위의 횟수에 따른 과태료의 가중된 부과기준은 최근 1년간 같은 위반행위로 과태료 부과처분을 받은 경우에 적용한다. 이 경우 기간의 계산은 위반행위에 대하여 과태료 부과처분을 받은 날과 그 처분 후 다시 같은 위반행위를 하여 적발된 날을 기준으로 한다.

   다. 나목에 따라 가중된 부과처분을 하는 경우 가중처분의 적용 차수는 그 위반행위 전 부과처분 차수(나목에 따른 기간 내에 과태료 부과처분이 둘 이상 있었던 경우에는 높은 차수를 말한다)의 다음 차수로 한다.

2. 개별기준 (2020년 11월 10일 개정)

위반행위	근거 법조문	과태료 금액 (단위: 만원)		
		1차	2차	3차 이상
가. 법 제9조제1항 전단을 위반한 경우	법 제53조제1항제1호			
1) 2) 및 3)의 규정을 제외하고 소방시설을 최근 1년 이내 2회 이상 화재안전기준에 따라 관리·유지하지 않은 경우		100		
2) 소방시설을 다음에 해당하는 고장상태 등으로 방치한 경우		200		
가) 소화펌프를 고장상태로 방치한 경우 나) 수신반, 동력(감시)제어반, 또는 소방시설용 비상전원을 차단하거나, 고장난 상태로 방치하거나 임의로 조작하여 자동으로 작동되지 않도록 한 경우 다) 소방시설이 작동하는 경우 소화배관을 통하여 소화수의 방수 또는 소화약제가 방출되지 않는 상태로 방치한 경우				
3) 소방시설을 설치하지 않은 경우		300		
나. 법 제10조제1항을 위반하여 피난시설, 방화구획 또는 방화시설을 폐쇄·훼손·변경하는 등의 행위를 한 경우	법 제53조제1항제2호	100	200	300
다. 법 제10조의2제1항을 위반하여 임시소방시설을 설치 유지 관리하지 않은 경우		300		
라. 법 제12조제1항을 위반한 경우	법 제53조제2항제1호	200		

위반행위	근거 법조문	과태료 금액 (단위: 만원)		
		1차	2차	3차 이상
마. 법 제20조제4항·제31조 또는 제32조제3항에 따른 신고를 하지 않거나 거짓으로 신고한 경우	법 제53조제2항제3호			
1) 지연신고기간이 1개월 미만인 경우		30		
2) 지연신고기간이 1개월 이상 3개월 미만인 경우		50		
3) 지연신고기간이 3개월 이상이거나 신고를 하지 않은 경우		100		
4) 거짓으로 신고한 경우		200		
마. 〈삭제〉 2015.6.30				
바. 〈삭제〉 2015.6.30				
사. 법 제20조제1항을 위반하여 소방안전관리업무를 수행하지 않은 경우	법 제53조제2항제5호	50	100	200
아. 특정소방대상물의 관계인 또는 소방안전관리대상물의 소방안전관리자가 법 제20조제6항에 따른 소방안전관리 업무를 하지 않은 경우	법 제53조제2항제6호	50	100	200
자. 법 제20조제7항을 위반하여 소방안전관리대상물의 관계인이 소방안전관리자에 대한 지도와 감독을 하지 않은 경우	법 제53조제2항제7호	200		
차. 법 제201조의 2 제3항을 위반하여 피난유도 안내정보를 제공하지 아니한 경우	법 제53조제2항제7호의2	50	100	200
카. 법 제22조제1항을 위반하여 소방훈련 및 교육을 하지 않은 경우	법 제53조제2항제8호	50	100	200
타. 법 제24조제1항을 위반하여 소방안전관리업무를 하지 않은 경우	법 제53조제2항제9호	50	100	200
파. 법 제25조제2항을 위반하여 소방시설 등의 점검결과를 보고하지 않거나 거짓으로 보고한 경우	법 제53조제2항제10호			
1) 지연보고기간이 1개월 미만인 경우		30		
2) 지연보고기간이 1개월 이상 3개월 미만인 경우		50		
3) 지연보고기간이 3개월 이상 또는 보고하지 않은 경우		100		
4) 거짓으로 보고한 경우		200		
하. 관리업자가 법 제33조제2항을 위반하여 지위승계, 행정처분 또는 휴업·폐업의 사실을 특정소방대상물의 관계인에게 알리지 않거나 거짓으로 알린 경우	법 제53조제2항제11호	200		
거. 관리업자가 법 제33조제3항을 위반하여 기술인력의 참여 없이 자체점검을 실시한 경우	법 제53조제2항제12호	200		
너. 관리업자가 법 제33조의2제2항에 따른 서류를 거짓으로 제출한 경우	법 제53조제2항제12호의2	200		
더. 소방안전관리자 및 소방안전관리보조자가 법 제41조제1항제1호 또는 제2호를 위반하여 실무 교육을 받지 않은 경우	법 제53조제3항	50		
러. 법 46조제1항에 따른 명령을 위반하여 보고 또는 자료제출을 하지 않거나 거짓으로 보고 또는 자료제출을 한 경우 또는 정당한 사유없이 관계공무원의 출입 또는 조사·검사를 거부·방해 또는 기피 한 경우	법 제53조제2항제13호	50	100	200

시행규칙

[규칙 별표 1] 〈개정 2019.8.13〉

소방시설등의 자체점검의 구분·대상·점검인원·점검자의 자격·점검방법 및 점검횟수(제18조제1항 관련)

1. 소방시설등에 대한 자체점검은 다음 각 목과 같이 구분한다.
   가. 작동기능점검: 소방시설등을 인위적으로 조작하여 정상적으로 작동하는지를 점검하는 것.
   나. 종합정밀점검: 소방시설등의 작동기능점검을 포함하여 소방시설 설비별 주요 구성 부품의 구조기준이 법 제9조제1항에 따라 소방청장이 정하여 고시하는 화재안전기준 및 「건축법」등 관련 법령에서 정하는 기준에 적합한지 여부를 점검하는 것을 말한다.

2. 작동기능점검은 다음의 구분에 따라 실시한다.
   가. 작동기능점검은 영 제5조에 따른 특정소방대상물을 대상으로 한다. 다만, 다음의 어느 하나에 해당하는 특정소방대상물은 제외한다.
      1) 위험물 제조소등과 영 별표 5에 따라 소화기구만을 설치하는 특정소방대상물
      2) 영 제22조제1항제1호에 해당하는 특정소방대상물
   나. 작동기능점검은 해당 특정소방대상물의 관계인·소방안전관리자 또는 소방시설관리업자(소방시설관리사를 포함하여 등록된 기술인력을 말한다)가 점검할 수 있다. 이 경우 소방시설관리업자 또는 소방안전관리자로 선임된 소방시설관리사 및 소방기술사가 점검하는 경우에는 별표2에 따른 점검인력 배치기준을 따라야 한다.
   다. 작동기능점검은 별표 2의2에 따른 점검 장비를 이용하여 점검할 수 있다.
   라. 작동기능점검은 연 1회 이상 실시한다.
   마. 작동기능점검의 점검시기는 다음과 같다.
      1) 제3호가목에 따른 종합정밀점검대상: 종합정밀점검을 받은 달부터 6개월이 되는 달에 실시한다.
      2) 제19조제1항에 따라 작동기능점검 결과를 보고하여야 하는 대상 [1]에 해당하는 경우는 제외한다]
         가) 건축물의 사용승인일(건축물의 경우에는 건축물관리대장 또는 건물 등기사항증명서에 기재되어 있는 날, 시설물의 경우에는 「시설물의 안전 및 유지관리에 관한 특별법」제55조제1항에 따른 시설물통합정보관리체계에 저장·관리되고 있는 날을 말하며, 건축물관리대장, 건물 등기사항증명서 및 시설물통합정보관리체계를 통해 확인되지 않는 그 외의 경우에는 소방시설완공검사증명서에 기재된 날을 말한다. 이하 이 표에서 같다)이 속하는 달의 말일까지 실시한다.
         나) 신규로 건축물의 사용승인을 받은 건축물은 그 다음 해(건축물이 아닌 경우에는 그 특정소방대상물을 이용 또는 사용하기 시작한 해의 다음 해를 말한다. 이하 이 표에서 같다)부터 실시하되, 소방시설완공검사증명서를 받은 후 1년이 경과한 후에 사용승인을 받은 경우에는 사용승인을 받은 그 해부터 실시한다. 다만, 그 해의 작동기능점검은 가)에도 불구하고 사용승인일부터 3개월 이내에 실시할 수 있다.
      3) 그 밖의 점검대상: 연중 실시한다.

3. 종합정밀점검은 다음의 구분에 따라 실시한다.
   가. 종합정밀점검은 다음의 어느 하나에 해당하는 특정소방대상물을 대상으로 한다.
      1) 스프링클러설비가 설치된 특정소방대상물
      2) 물분무등소화설비[호스릴(Hose Reel) 방식의 물분무등소화설비만을 설치한 경우는 제외한다]가 설치된 연면적 5,000㎡ 이상인 특정소방대상물(위험물 제조소등은 제외한다).
      3) 「다중이용업소의 안전관리에 관한 특별법 시행령」제2조제1호나목, 같은 조 제2호(비디오물소극장업은 제

외한다)·제6호·제7호·제7호의2 및 제7호의5의 다중이용업의 영업장이 설치된 특정소방대상물로서 연면적이 2,000㎡ 이상인 것   4) 제연설비가 설치된 터널
   5) 「공공기관의 소방안전관리에 관한 규정」 제2조에 따른 공공기관 중 연면적(터널·지하구의 경우 그 길이와 평균폭을 곱하여 계산된 값을 말한다)이 1,000㎡ 이상인 것으로서 옥내소화전설비 또는 자동화재탐지설비가 설치된 것. 다만, 「소방기본법」제2조제5호에 따른 소방대가 근무하는 공공기관은 제외한다.
 나. 종합정밀점검은 소방시설관리업자 또는 소방안전관리자로 선임된 소방시설관리사 및 소방기술사가 실시할 수 있다. 이 경우 별표 2에 따른 점검인력 배치기준을 따라야 한다.
   1) 소방시설관리업자(소방시설관리사가 참여한 경우만 해당한다) 또는 소방안전관리자로 선임된 소방시설관리사·소방기술사 1명 이상을 점검자로 한다.
   2) 소방시설관리업자가 점검하는 경우에는 별표 2에 따른 점검인력 배치기준을 따라야 한다.
   3) 소방안전관리자로 선임된 소방시설관리사·소방기술사가 점검하는 경우에는 영 제23조제1항부터 제4항까지의 어느 하나에 해당하는 소방안전관리자의 자격을 갖춘 사람을 보조점검자로 둘 수 있다.
 다. 종합정밀점검은 별표 2의2에 따른 점검 장비를 이용하여 점검하여야 한다.
 라. 종합정밀점검의 점검횟수는 다음과 같다.
   1) 연 1회 이상(영 제22조제1항제1호에 해당하는 특정소방대상물의 경우에는 반기에 1회 이상) 실시한다.
   2) 1)에도 불구하고 소방본부장 또는 소방서장은 소방청장이 소방안전관리가 우수하다고 인정한 특정소방대상물에 대해서는 3년의 범위에서 소방청장이 고시하거나 정한 기간 동안 종합정밀점검을 면제할 수 있다. 다만, 면제기간 중 화재가 발생한 경우는 제외한다.
 마. 종합정밀점검의 점검시기는 다음 기준에 의한다.
   1) 건축물의 사용승인일이 속하는 달에 실시한다. 다만, 「공공기관의 안전관리에 관한 규정」 제2조제2호 또는 제5호에 따른 학교의 경우에는 해당 건축물의 사용승인일이 1월에서 6월 사이에 있는 경우에는 6월 30일까지 실시할 수 있다.
   2) 1)에도 불구하고 신규로 건축물의 사용승인을 받은 건축물은 그 다음 해부터 실시하되, 건축물의 사용승인일이 속하는 달의 말일까지 실시한다. 다만, 소방시설완공검사증명서를 받은 후 1년이 경과한 이후에 사용승인을 받은 경우에는 사용승인을 받은 그 해부터 실시하되, 그 해의 종합정밀점검은 사용승인일부터 3개월 이내에 실시할 수 있다.
   3) 건축물 사용승인일 이후 가목3)에 해당하게 된 때에는 그 다음 해부터 실시한다.
   4) 하나의 대지경계선 안에 2개 이상의 점검 대상 건축물이 있는 경우에는 그 건축물 중 사용승인일이 가장 빠른 건축물의 사용승인일을 기준으로 점검할 수 있다.
4. 제1호에도 불구하고 「공공기관의 소방안전관리에 관한 규정」 제2조에 따른 공공기관의 장(이하 "기관장"이라 한다)은 공공기관에 설치된 소방시설등의 유지·관리상태를 육안 또는 신체감각을 이용하여 점검하는 외관점검을 월 1회 이상 실시(작동기능점검 또는 종합정밀점검을 실시한 달에는 실시하지 않을 수 있다)하고, 그 점검결과를 2년간 자체 보관하여야 한다. 이 경우 외관점검의 점검자는 해당 특정소방대상물의 관계인, 소방안전관리자 또는 소방시설관리업자(소방시설관리사를 포함하여 등록된 기술인력을 말한다)로 하여야 한다.
5. 제1호 및 제4호에도 불구하고 기관장은 해당 공공기관의 전기시설물 및 가스시설에 대하여 다음 각 목의 구분에 따른 점검 또는 검사를 받아야 한다.
 가. 전기시설물의 경우: 「전기사업법」 제63조에 따른 사용전검사, 같은 법 제65조에 따른 정기검사 및 같은 법 제66조에 따른 일반용전기설비의 점검.
 나. 가스시설의 경우: 「도시가스사업법」 제17조에 따른 검사, 「고압가스 안전관리법」 제16조의2 및 제20조제4항에 따른 검사 또는 「액화석유가스의 안전관리 및 사업법」 제37조 및 제44조제2항·4항에 따른 검사.

[규칙 별표 2] 〈개정 2018.9.5.〉

소방시설등의 자체점검 시 점검인력 배치기준(제18조제1항 관련)

1. 소방시설관리업자가 점검하는 경우에는 소방시설관리사 1명과 영 별표 9 제2호에 따른 보조 기술인력(이하 "보조인력"이라 한다) 2명을 점검인력 1단위로 하되, 점검인력 1단위에 2명(같은 건축물을 점검할 때에는 4명) 이내의 보조인력을 추가할 수 있다. 다만, 제26조의2제2호에 따른 작동기능점검(이하 "소규모점검"이라 한다)의 경우에는 보조인력 1명을 점검인력 1단위로 한다.
1의2. 소방안전관리자로 선임된 소방시설관리사 및 소방기술사가 점검하는 경우에는 소방시설관리사 또는 소방기술사 중 1명과 보조인력 2명을 점검인력 1단위로 하되, 점검인력 1단위에 4명 이내의 보조인력을 추가할 수 있다. 다만, 보조인력은 해당 특정소방대상물의 관계인 또는 소방안전관리보조자로 할 수 있으며, 소규모점검의 경우에는 보조인력 1명을 점검인력 1단위로 한다.
2. 점검인력 1단위가 하루 동안 점검할 수 있는 특정소방대상물의 연면적(이하 "점검한도 면적"이라 한다)은 다음 각 목과 같다.
   가. 종합정밀점검: 10,000㎡
   나. 작동기능점검: 12,000㎡(소규모점검의 경우에는 3,500㎡)
3. 점검인력 1단위에 보조인력을 1명씩 추가할 때마다 종합정밀점검의 경우는 3,000제곱미터, 작동기능점검의 경우는 3,500제곱미터씩을 점검한도 면적에 더한다.
4. 소방시설관리업자 또는 소방안전관리자로 선임된 소방시설관리사 및 소방기술사가 하루 동안 점검한 면적은 실제 점검면적(지하구는 그 길이에 폭의 길이 1.8m를 곱하여 계산된 값을 말하며, 터널은 3차로 이하인 경우에는 그 길이에 폭의 길이 3.5m를 곱하고, 4차로 이상인 경우에는 그 길이에 폭의 길이 7m를 곱한 값을 말한다. 다만, 한쪽 측벽에 소방시설이 설치된 4차로 이상인 터널의 경우는 그 길이와 폭의 길이 3.5m를 곱한 값을 말한다. 이하 같다)에 다음 각 목 기준을 적용하여 계산한 면적(이하 "점검면적"이라 한다)으로 하되, 점검면적은 점검한도 면적을 초과하여서는 안된다.
   가. 실제 점검면적에 다음의 가감계수를 곱한다.

구분	대상 용도	가중계수
1류	노유자시설, 숙박시설, 위락시설, 의료시설(정신보건의료기관), 수련시설, 복합건축물(1류에 속하는 시설이 있는 경우)	1.2
2류	문화 및 집회시설, 종교시설, 의료시설(정신보건시설 제외), 교정 및 군사시설(군사시설 제외), 지하가, 복합건축물(1류에 속하는 시설이 있는 경우 제외), 발전시설, 판매시설	1.1
3류	근린생활시설, 운동시설, 업무시설, 방송통신시설, 운수시설	1.0
4류	공장, 위험물 저장 및 처리시설, 창고시설	0.9
5류	공동주택(아파트 제외), 교육연구시설, 항공기 및 자동차 관련시설, 동물 및 식물 관련시설, 자연순환 관련시설, 군사시설, 묘지 관련시설, 관광휴게시설, 장례식장, 지하구, 문화재	0.8

   나. 점검한 특정소방대상물이 다음의 어느 하나에 해당할 때에는 다음에 따라 계산된 값을 가목에 따라 계산된 값에서 뺀다.
      1) 영 별표 5 제1호라목에 따라 스프링클러설비가 설치되지 않은 경우: 가목에 따라 계산된 값에 0.1을 곱한 값
      2) 영 별표 5 제1호바목에 따라 물분무등소화설비가 설치되지 않은 경우: 가목에 따라 계산된 값에 0.15

를 곱한 값

　　　3) 영 별표 5 제5호가목에 따라 제연설비가 설치되지 않은 경우: 가목에 따라 계산된 값에 0.1을 곱한 값

　다. 2개 이상의 특정소방대상물을 하루에 점검하는 경우에는 나중에 점검하는 특정소방대상물에 대하여 특정소방대상물 간의 최단 주행거리 5km마다 나목에 따라 계산된 값(나목에 따라 계산된 값이 없을 때에는 가목에 따라 계산된 값을 말한다)에 0.02를 곱한 값을 더한다.

5. 제2호부터 제4호까지의 규정에도 불구하고 아파트(공용시설, 부대시설 또는 복리시설은 포함하고, 아파트가 포함된 복합건축물의 아파트 외의 부분은 제외한다. 이하 이 표에서 같다)를 점검할 때에는 다음 각 목의 기준에 따른다.

　가. 점검인력 1단위가 하루 동안 점검할 수 있는 <u>아파트의 세대수</u>(이하 "점검한도 세대수"라 한다)는 다음과 같다.
　　　1) 종합정밀점검: 300세대
　　　2) 작동기능점검: 350세대(소규모점검의 경우에는 90세대)

　나. 점검인력 1단위에 보조인력을 1명씩 추가할 때마다 종합정밀점검의 경우에는 <u>70세대</u>, 작동기능점검의 경우에는 <u>90세대</u>씩을 점검한도 세대수에 더한다.

　다. 소방시설관리업자 또는 소방안전관리자로 선임된 소방시설관리사 및 소방기술사가 하루 동안 점검한 세대수는 실제 점검 세대수에 다음의 기준을 적용하여 계산한 세대수(이하 "점검세대수"라 한다)로 하되, 점검세대수는 점검한도 세대수를 초과하여서는 아니 된다.

　　　1) 점검한 아파트가 다음의 어느 하나에 해당할 때에는 다음에 따라 계산된 값을 실제 점검 세대수에서 뺀다.
　　　　(가) 영 별표 5 제1호라목에 따라 스프링클러설비가 설치되지 않은 경우: 실제 점검 세대수에 0.1을 곱한 값
　　　　(나) 영 별표 5 제1호바목에 따라 물분무등소화설비가 설치되지 않은 경우: 실제 점검 세대수에 0.15를 곱한 값
　　　　(다) 영 별표 5 제5호가목에 따라 제연설비가 설치되지 않은 경우: 실제 점검 세대수에 0.1을 곱한 값

　　　2) 2개 이상의 아파트를 하루에 점검하는 경우에는 나중에 점검하는 아파트에 대하여 아파트 간의 최단 주행거리 5km마다 1)에 따라 계산된 값(1)에 따라 계산된 값이 없을 때에는 실제 점검 세대수를 말한다)에 0.02를 곱한 값을 더한다.

6. 아파트와 아파트 외 용도의 건축물을 하루에 점검할 때에는 종합정밀점검의 경우 제5호에 따라 계산된 값에 33.3, 작동기능점검의 경우 제5호에 따라 계산된 값에 34.3(소규모점검의 경우에는 38.9)을 곱한 값을 점검면적으로 보고 제2호 및 제3호를 적용한다.

7. 종합정밀점검과 작동기능점검을 하루에 점검하는 경우에는 작동기능점검의 점검면적 또는 점검세대수에 0.8을 곱한 값을 종합정밀점검 점검면적 또는 점검세대수로 본다.

8. 제3호부터 제7호까지의 규정에 따라 계산된 값은 소수점 이하 둘째 자리에서 반올림한다.

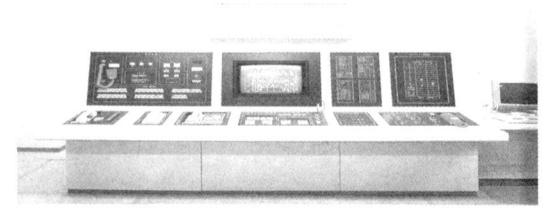

【소방안전관리자의 방재실】

[규칙 별표 2의2] **소방시설별 점검장비**(제18조 제2항 관련)

소방시설	장 비	규 격
공통시설	방수압력측정계, 절연저항계, 전류전압측정계	
소화기구	저울	
옥내소화전설비, 옥외소화전설비	소화전밸브압력계	
스프링클러설비, 포소화설비	헤드결합렌치	
이산화탄소소화설비, 분말소화설비, 할론소화설비, 할로겐화합물 및 불활성기체소화설비	검량계, 기동관누설시험기, 그 밖에 소화약제의 저장량을 측정할 수 있는 점검기구	
자동화재탐지설비, 시각경보기	열감지기시험기, 연(煙)감지기시험기, 공기주입시험기, 감지기시험기연결폴대, 음량계	
누전경보기	누전계	누전전류 측정용
무선통신보조설비	무선기	통화시험용
제연설비	풍속풍압계, 폐쇄력측정기, 차압계	
통로유도등, 비상조명등	조도계	최소눈금이 0.1럭스 이하인 것

※ 비고: 종합정밀점검의 경우에는 위 점검 장비를 사용하여야 하며, 작동기능점검의 경우에는 점검 장비를 사용하지 않을 수 있다.

[규칙 별표 3] **점검기록표**- 생략(중요도 낮음)

[규칙 별표 4] **과징금의 부과기준**(제27조 관련)
1. 일반기준
    가. 영업정지 1개월은 30일로 계산한다.
    나. 과징금 산정은 영업정지기간(일)에 제2호나목의 영업정지 1일에 해당하는 금액을 곱한 금액으로 한다.
    다. 위반행위가 둘 이상 발생한 경우 과징금 부과에 의한 영업정지기간(일) 산정은 제2호가목의 개별기준에 따른 각각의 영업정지 처분기간을 합산한 기간으로 한다.
    라. 영업정지에 해당하는 위반사항으로서 위반행위의 동기·내용·횟수 또는 그 결과를 고려하여 그 처분기준의 2분의 1까지 감경한 경우 과징금 부과에 의한 영업정지기간(일) 산정은 감경한 영업정지기간으로 한다.
    마. 연간 매출액은 해당 업체에 대한 처분일이 속한 연도의 전년도의 1년간 위반사항이 적발된 업종의 각 매출금액을 기준으로 한다. 다만, 신규사업·휴업 등으로 인하여 1년간의 위반사항이 적발된 업종의 각 매출금액을 산출할 수 없거나 1년간의 위반사항이 적발된 업종의 각 매출금액을 기준으로 하는 것이 불합리하다고 인정되는 경우에는 분기별·월별 또는 일별 매출금액을 기준으로 산출 또는 조정한다.
    바. 가목부터 마목까지의 규정에도 불구하고 과징금 산정금액이 3천만 원을 초과하는 경우 3천만 원으로 한다.
2. 개별기준
    가. 과징금을 부과할 수 있는 위반행위의 종별   1) 〈삭제 2015.7.16〉
    2) 소방시설관리업

위반사항	근거 법조문	행정처분기준		
		1차	2차	3차
가) 법 제25조제1항에 따른 점검을 하지 않은 경우	법 제34조제1항제2호		영업정지3개월	
나) 법 제29조제2항에 따른 등록을미달하게 된 경우	법 제34조제1항제3호		영업정지3개월	

나. 과징금 금액 산정기준 - 생략

[규칙 별표 5] 강습교육 과목, 시간 및 운영방법 등(제32조 관련)

1. 교육과정별 과목 및 시간 〈개정 2017.2.10〉

구 분	교육 과목	시간
가. 특급 소방 안전 관리 자	직업윤리 및 리더십, 소방관계법령, 건축·전기·가스 관계법령 및 안전관리, 재난관리 일반 및 관련 법령, 초고층특별법, 소방기초이론, 연소·방화·방폭공학, 고층건축물 소방시설 적용기준 소방시설(소화설비, 경보설비, 피난구조설비, 소화용수설비, 소화활동설비)의 구조·점검·실습·평가, 공사장 안전관리 계획 및 화기취급 감독, 종합방재실 운용, 고층건축물 화재 등 재난사례 및 대응방법, 화재원인 조사실무, 위험성 평가기법 및 성능위주 설계, 소방계획 수립 이론·실습·평가, 방재계획 수립 이론·실습·평가, 작동기능점검표 작성 실습·평가, 구조 및 응급처치 이론·실습·평가, 소방안전 교육 및 훈련 이론·실습·평가, 화재대응 및 피난 실습·평가, 화재피해 복구, 초고층 건축물 안전관리 우수사례 토의, 소방신기술 동향, 시청각 교육	80 시간
나. 1급 소방 안전 관리 자	소방관계법령, 건축관계법령, 소방학개론, 화기취급감독(위험물·전기·가스 안전관리 등) 종합방재실 운용, 소방시설(소화설비, 경보설비, 피난구조설비, 소화용수설비, 소화활동설비)의 구조·점검·실습·평가, 소방계획 수립 이론·실습·평가, 작동기능점검표 작성 실습·평가 구조 및 응급처치 이론·실습·평가, 소방안전 교육 및 훈련 이론·실습·평가, 화재대응 및 피난 실습·평가형성평가(시험)	40 시간
다. 공공 기관 소방 안전 관리 자	소방관계법령, 건축관계법령, 공공기관 소방안전규정의 이해, 소방학개론, 소방시설(소화설비, 경보설비, 피난구조설비, 소화용수설비, 소화활동설비)의 구조·점검·실습·평가, 종합방재실 운용, 소방안전관리 업무대행 감독, 공사장 안전관리 계획 및 감독, 화기취급감독(위험물·전기·가스 안전관리 등), 소방계획 수립 이론·실습·평가, 외관점검표 작성 실습·평가, 응급처치 이론·실습·평가, 소방안전 교육 및 훈련 이론·실습·평가, 화재대응 및 피난 실습·평가, 공공기관 소방안전관리 우수사례 토의	40 시간
라.2 급소 방안 전관 리자	소방관계법령(건축관계법령 포함), 소방학개론, 화기취급감독(위험물·전기·가스 안전관리 등), 소방시설(소화설비, 경보설비, 피난구조설비)의 구조·점검·실습·평가, 소방계획 수립 이론·실습·평가, 작동기능점검 방법 및 점검표 작성방법 실습·평가, 응급처치 이론·실습·평가, 소방안전 교육 및 훈련 이론·실습·평가, 화재대응 및 피난 실습·평가, 형성평가(시험)	32 시간
마.3 급소 방안 전관 리자	화재예방, 소방시설 설치·유지 및 안전관리에 관한 법령, 화재일반, 화기취급감독(위험물·전기·가스 안전관리 등), 소방시설(소화기, 경보설비, 피난구조설비)의 구조·점검·실습·평가, 소방계획 수립 이론·실습·평가, 작동기능점검표 작성 실습·평가, 응급처치 이론·실습·평가 소방안전 교육 및 훈련 이론·실습·평가, 화재대응 및 피난 실습·평가, 형성평가(시험)	24 시간

2. 교육 운영 방법 등

구 분	이론(30%)	실 무	
		일반(30%)	실습 및 평가(40%)
특급 소방안전관리자	24시간	24시간	32시간
1급 및 공공기관 소방안전관리자	12시간	12시간	16시간
2급 소방안전관리자	9시간	10시간	13시간
3급 소방안전관리자	7시간	7시간	10시간

- 「위험물안전관리법」 제28조제1항에 따라 위험물 안전관리에 관한 강습교육을 받은 자가 2급 소방안전관리대상물의 소방안전관리에 관한 강습교육을 받으려는 경우에는 8시간 범위에서 면제할 수 있다.
- 공공기관 소방안전관리 업무에 관한 일부과목은 16시간 범위에서 사이버교육으로 실시할 수 있다.

[별표 5의2] 〈개정 2015.1.9〉
소방안전관리자 및 소방안전관리보조자에 대한 실무교육의 과목 및 시간(제37조관련)

1. 소방안전관리자에 대한 실무교육의 과목 및 시간

교육과목		시간
가. 소방 관계 법규 및 화재 사례	나. 소방시설의 구조원리 및 현장실습	8시간 이내
다. 소방시설의 유지·관리요령	라. 소방계획서의 작성 및 운영	
마. 자위소방대의 조직과 소방 훈련	바. 피난시설 및 방화시설의 유지·관리	
사. 피난설비의 활용 및 인명 대피 요령	아. 소방 관련 질의회신 등	

* 비고 : 이론 과목(가목의 소방관계법규, 아목의 소방 관련 질의회신 등)은 4시간 이내 사이버교육으로 실시할 수 있다.

2. 소방안전관리보조자에 대한 실무교육의 과목 및 시간

교육과목			시간
가. 소방 관계 법규 및 화재사례	나. 화재의 예방·대비	다. 소방시설 유지관리 실습	4시간
라. 초기대응체계 교육 및 훈련 실습	마. 화재발생 시 대응 실습 등		

[별표 6] **한국소방안전원이 갖추어야 하는 시설기준**(제41조관련) -요약-

1. 사무실 : 바닥면적 60m² 이상일 것
2. 강의실 : 바닥면적 100m² 이상이고 책상·의자, 음향시설, 컴퓨터, 빔프로젝터 등 비품을 갖출 것
3. 실습실 : 바닥면적 100제곱미터 이상이고, 교육과정별 실습·평가를 위한 교육기자재 등을 갖출 것
4. 교육용 기자재 등

교육대상	교육용 기자재 등	수량
공통(특급·1급·2급·3급 소방안전관리자, 소방안전관리보조자)	1. 소화기(분말, 이산화탄소, 할로겐화합물 및 불활성기체) 2. 소화기 실습·평가설비- 3. 자동화재탐지설비(P형) 실습·평가설비 4. 응급처치 실습·평가장비(마네킹, 심장충격기) 5. 피난설비(유도등, 완강기) 6. 별표 2의2에 따른 소방시설별 점검 장비 7. 사이버교육을 위한 전산장비 및 콘텐츠	각 1개 1식 3식 각 1개 각 1식 각 1개 1식
특급소방안전관리자	1. 옥내소화전설비 실습평가설비 2. 스프링클러설비 실습평가설비 3. 가스계소화설비 실습평가설비 5. 제연설비 실습·평가설비 4. 자동화재탐지설비(R형) 실습평가설비	각 1식
1급소방안전관리자	1. 옥내소화전설비 실습·평가설비 2. 스프링클러설비 실습·평가설비 3. 자동화재탐지설비(R형) 실습·평가설비	각 1식
2급 및 공공안전관리자	1. 옥내소화전설비 실습·평가설비 2. 스프링클러설비 실습·평가설비	각 1식

[별표 7] **수수료 및 교육비**(제43조 관련)   [별표 5]~[별표 7] (법제처 참고)

[규칙 별표 8] 〈개정 2019.8.13〉

행정처분기준(제44조관련)

1. 일반기준
   가. 위반행위가 동시에 둘 이상 발생한 때에는 그 중 중한 처분기준(중한 처분기준이 동일한 경우에는 그 중 하나의 처분기준을 말한다. 이하 같다)에 의하되, 둘 이상의 처분기준이 동일한 영업정지이거나 사용정지인 경우에는 중한 처분의 2분의 1까지 가중하여 처분할 수 있다.
   나. 영업정지 또는 사용정지 처분기간 중 영업정지 또는 사용정지에 해당하는 위반사항이 있는 경우에는 종전의 처분기간 만료일의 다음 날부터 새로운 위반사항에 의한 영업정지 또는 사용정지의 행정처분을 한다.
   다. 위반행위의 차수에 따른 행정처분의 가중된 처분기준은 최근 1년간 같은 위반행위로 행정처분을 받은 경우에 적용한다. 이 경우 기간의 계산은 위반행위에 대하여 행정처분을 받은 날과 그 처분 후 다시 같은 위반행위를 하여 적발된 날을 기준으로 한다.
   라. 다목에 따라 가중된 행정처분을 하는 경우 가중처분의 적용 차수는 그 위반행위 전 행정처분 차수(다목에 따른 기간 내에 행정처분이 둘 이상 있었던 경우에는 높은 차수를 말한다)의 다음 차수로 한다.
   마. 영업정지 등에 해당하는 위반사항으로서 위반행위의 동기·내용·횟수·사유 또는 그 결과를 고려하여 다음의 어느 하나에 해당하는 경우에는 그 처분을 가중하거나 감경할 수 있다. 이 경우 그 처분이 영업정지 또는 자격정지일 때에는 그 처분기준의 2분의 1의 범위에서 가중하거나 감경할 수 있고, 등록취소 또는 자격취소일 때에는 등록취소 또는 자격취소 전 차수의 행정처분이 영업정지 또는 자격정지이면 그 처분기준의 2배 이상의 영업정지 또는 자격정지로 감경(법 제19조제1항제1호·제3호, 법 제28조제1호·제4호·제5호·제7호, 및 법 제34조제1항제1호·제4호·제7호를 위반하여 등록취소 또는 자격취소된 경우는 제외한다)할 수 있다.
      1) 가중 사유
         가) 위반행위가 사소한 부주의나 오류가 아닌 고의나 중대한 과실에 의한 것으로 인정되는 경우
         나) 위반의 내용·정도가 중대하여 관계인에게 미치는 피해가 크다고 인정되는 경우
      2) 감경 사유
         가) 위반행위가 사소한 부주의나 오류 등 과실에 의한 것으로 인정되는 경우
         나) 위반의 내용·정도가 경미하여 관계인에게 미치는 피해가 적다고 인정되는 경우
         다) 위반행위를 처음으로 한 경우로서, 5년 이상 방염처리업, 소방시설관리업 등을 모범적으로 해온 사실이 인정되는 경우
         라) 그 밖에 다음의 경미한 위반사항에 해당되는 경우
            (1) 스프링클러설비 헤드가 살수(撒水)반경에 미치지 못하는 경우
            (2) 자동화재탐지설비 감지기 2개 이하가 설치되지 않은 경우
            (3) 유도등(誘導燈)이 일시적으로 점등(點燈)되지 않는 경우
            (4) 유도표지(誘導標識)가 정해진 위치에 붙어 있지 않은 경우

2. 개별기준
   가. 〈2015.7.16〉
   나. 소방시설관리사에 대한 행정처분기준

위반사항	근거 법조문	행정처분기준		
		1차	2차	3차
(1) 거짓, 그 밖의 부정한 방법으로 시험에 합격한 경우	법 제28조 제1호	자격취소		
(2) 법 제20조제6항에 따른 소방안전관리 업무를 하지 않거나 거짓으로 한 경우	법 제28조 제2호	경고 (시정명령)	자격정지 6월	자격취소
(3) 법 제25조에 따른 점검을 하지 않거나 거짓으로 한 경우	법 제28조 제3호	경고 (시정명령)	자격정지 6월	자격취소
(4) 법 제26조제5항을 위반하여 소방시설관리증을 다른 자에게 빌려준 경우	법 제28조 제4호	자격취소		
(5) 법 제26조제7항을 위반하여 동시에 둘이상의 업체에 취업한 경우	법 제28조 제6호	자격취소		
(6) 법 제26조제8항을 위반하여 성실하게 자체점검업무를 수행하지 아니한 경우	법 제28조 제6호	경고	자격정지 6월	자격취소
(7) 법 제27조 각 호의 어느 하나의결격사유에 해당하게 된 경우	법 제28조 제7호	자격취소		

다. 소방시설관리업에 대한 행정처분기준

위반사항	근거 법조문	행정처분기준		
		1차	2차	3차
(1) 거짓, 그 밖의 부정한 방법으로 등록을 한 경우	법 제34조 제1항제1호	등록취소		
(2) 법 제25조제1항에 따른 점검을 하지 않거나 거짓으로 하는 경우	법 제34조 제1항제2호	경고 (시정명령)	영업정지 3개월	등록취소
(3) 법 제29조제2항에 따른 등록기준에 미달하게 된 경우. 다만, 기술인력이 퇴직하거나 해임되어 30일 이내에 재선임하여 신고하는 경우는 제외한다.	법 제34조 제1항제3호	경고 (시정명령)	영업정지 3개월	등록취소
(4) 법 제30조 각 호의 어느 하나의 등록의 결격사유에 해당하게 된 경우	법 제34조 제1항제4호	등록취소		
(5) 법 제33조제1항을 위반하여 다른 자에게 등록증 또는 등록수첩을 빌려준 경우	법 제34조 제1항제7호	등록취소		

- 합격으로 향하는 길목에는 반드시 실패가 있다.
  한번쯤의 실패는 가볍지만 2~3년의 실패는 자신을 뒤돌아보면서 또 다른 인생을 배우는 스승이다
  패배는 용서할 수 있으나 포기는 용서할 수 없다. 한번의 포기는 곧 도미노반응을 갖게 된다.

■ 인생의 짐

"지고 가는 배낭이 너무 무거워 벗어버리고 싶었지만
참고 참으며 산정상까지 올라가
배낭을 열어 보니 먹을 것이 가득했다"
인생도 이와 다를 바 없습니다. 짐 없이 사는 사람은 없습니다.
사람은 누구나 이 세상에 태어나서 저마다 힘든 짐을 감당하다가 저세상으로 갑니다.
인생 자체가 짐입니다.

가난도 짐이고, 때론 부유도 짐입니다.
질병도 짐이고, 때론 건강도 짐입니다.
책임도 짐이고, 권세도 짐입니다.
헤어짐도 짐이고, 만남도 짐입니다.
미움도 짐이고, 사랑도 짐입니다.
살면서 부닥치는 일 중에서 짐 아닌게 하나도 없습니다.
이럴 바엔 기꺼이 짐을 짊어지세요.
언젠가 짐을 풀 때 짐의 무게만큼 보람과 행복을 얻게 됩니다.

아프리카의 어느 원주민들은 강을 건널 때 큰 돌덩이를 진다고 합니다.
급류에 휩쓸리지 않기 위해서입니다. 무거운 짐이 자신을 살린다는 것을 깨우친 것입니다.
헛바퀴가 도는 차에는 일부러 짐을 싣기도 합니다.
그러고 보면 짐이 마냥 나쁜 것만은 아닙니다.
손쉽게 들거나 주머니에 넣을 수 있다면 그건 짐이 아닙니다.

짐을 한 번 져 보세요. 자연스럽게 걸음걸이가 조심스러워 집니다.
절로 고개가 수그러지고 허리가 굽어집니다. 자꾸 시선이 아래로 향합니다.
한 번 실행해보십시오
누군가 나를 기억해 주는 이가 있다는 건 참으로 고마운 일입니다.
누군가 나를 걱정해 주는 이가 있다는 건 참으로 행복한 일입니다.
괜찮은 거지? 별일 없지? 아프지마!
나도 누군가에게 고맙고 행복을 주는 사람이 되고 싶습니다.
행복은 멀리있는 게 아닙니다.

* 페이지의 짝수 홀수를 맞추기 위해 삽입합니다.

실전 능력 기르기

▶ 현, 출간일까지 소방관계시험에 기출된 주요문제만 선별함.

화재예방, 소방시설 설치·유지 및 안전관리에 관한 법률

01 다음 중 소방시설에 해당하는 것이 <u>아닌</u> 것은? • 기본 1단계

① 소화설비   ② 경보설비   ③ 비상구   ④ 피난구조설비

➡ 소방시설에는 소화·경보·피난구조·소화용수설비 그 밖에 소화활동설비로서 대통령령이 정하는 것을 말한다. 소방시설에 ③의 비상구는 해당되지 않는다. (설치·유지 및 안전관리법 제2조)

02 다음은 무창층이 되기 위한 개구부의 요건에 해당되지 <u>않는</u> 것은?*** • 학습 2단계

① 개구부의 크기는 비상구의 크기 이상일 것
② 해당 층의 바닥면으로부터 개구부의 밑부분까지의 높이가 1.2m 이내일 것
③ 개구부에 피난상 장애가 되는 창살 또는 장애물 등이 설치되어 있지 아니할 것
④ 내부 또는 외부에서 쉽게 부수거나 또는 열 수 있어야 하며 도로 또는 차량이 진입할 수 있는 빈터를 향할 것

➡ "무창층(無窓層)"이란 지상층 중 개구부(채광, 통풍, 환기 또는 출입 등을 위하여 만든 창·출입구 등)의 면적의 합계가 해당 층의 바닥면적의 1/30 이하가 되는 층을 말하며 개구부의 크기는 지름 50cm 이상의 원이 내접(內接)할 수 있어야 한다. (설치·유지 및 안전관리법 시행령 제2조)

03 다음 중 피난층이란?* • 기본 1단계

① 곧바로 지상으로 갈 수 있는 출입구가 있는 층
② 직접 1층으로 갈 수 있는 출입구가 있는 층
③ 내부로부터 지상 그 밖의 안전한 곳으로 피난할 수 있는 층
④ 개구부가 도로 또는 차량이 진입할 수 있는 층

➡ 피난층이란 1층만 존재하지 않으며 곧바로 지상으로 갈 수 있는 출입구가 있는 층을 말한다. (설치·유지 및 안전관리법 시행령 제2조)

Ans. 01. ③   02. ①   03. ①

04 다음 중 소방용품으로 옳지 않은 것은? • 학습 2단계
① 소화약제   ② 소화기구   ③ 사이렌   ④ 방염제

➡ 경종은 해당되나 사이렌은 소방용품에서 제외대상이다. (설치·유지 및 안전관리법 시행령 별표3)

05 다음 중 소방특별조사에 대한 설명 중 틀린 것은?* • 개념 3단계
① 원칙적으로 해가 뜨고 지기 전까지 가능하다.
② 주거지에 관하여서는 관계인의 동의가 있어야만 가능하다.
③ 관계공무원은 그 권한을 표시하는 증표를 지니고 관계인에게 내보여야 한다.
④ 소방특별조사를 하고자 할 경우는 7일 전에 관계인에게 통보하여야 한다.

➡ 거주지에 관하여서는 관계인의 동의가 있어야만 가능한 것이 아니고, 개인의 주거에 있어서는 관계인의 승낙이 있거나 화재발생의 우려가 뚜렷하여 긴급한 필요가 있는 때에 한한다. (설치·유지 및 안전관리법 제4조)

06 특정소방대상물의 소방특별조사와 관련된 사항이다. 가장 틀린 것은?** • 혼동 2단계
① 소방특별조사는 소방청장, 소방본부장, 소방서장이 실시한다.
② 소방특별조사의 실시를 사전에 통지하면 조사목적을 달성할 수 없다고 인정되는 경우는 7일전 조사대상, 조사기간 및 조사사유 등을 서면으로 알리지 아니할 수 있다.
③ 소방청장, 소방본부장, 소방서장은 소방특별조사의 대상을 객관적이고 공정하게 선정하기 위하여 필요하면 소방특별조사위원회를 성별을 고려하여 구성한다.
④ 소방특별조사위원회 위원은 위원장 1명을 포함하여 7명 이내의 위원으로 구성하고, 위원장은 소방본부장이 된다.

➡ 소방청장, 소방본부장 또는 소방서장은 소방특별조사의 대상을 객관적이고 공정하게 선정하여야하며, 소방본부장은 소방특별조사의 대상을 객관적이고 공정하게 선정하기 위하여 필요하면 소방특별조사위원회를 구성하여 소방특별조사의 대상을 선정할 수 있다. (설치·유지 및 안전관리법 제4조 관련)

07 소방대상물의 소방특별조치명령으로 인한 손실보상자는? • 개념 1단계
① 소방본부장   ② 소방서장   ③ 소방대장   ④ 시·도지사

➡ 소방청장, 소방본부장 또는 소방서장이 소방특별조사를 한다. 이후 미비되거나 개선이 필요시 소방대상물의 개수(改修)·이전·제거, 사용의 금지 또는 제한, 사용폐쇄, 공사의 정지 또는 중지, 그 밖의 필요한 조치명령으로 피해를 입은 사람은 소방청장 또는 시도지사가 이를 보상하여야 한다. (설치·유지 및 안전관리법 제6조)

Ans. 04. ③   05. ②   06. ③   07. ④

08 건축허가등의 동의 요구 시 제출하여야할 첨부서류가 아닌 것은? ● 학습 2단계

① 소방시설설치계획표 및 임시소방시설 설치계획서
② 건축허가 신청서 및 건축허가서
③ 소방시설공사업 등록증 및 소방시설설계계약서 사본 1부
④ 소방시설설계업 등록증과 설계한 기술인력자의 기술자격증 사본

▣ ③에서 "소방시설공사업 등록증"은 제7조 관련 건축허가등의 동의 요구 첨부서류가 아니고, 3법(소방시설공사업법) 착공신고 서류이다.(설치·유지 및 안전관리법 제7조 관련 칙 제4조)

09 소방본부장, 소방서장의 건축허가등의 동의사항으로 옳지 않은 것은? ● 개념 2단계

① 연면적 500m² 이상인 건축물
② 차고 바닥면적 15,000m² 이상인 것
③ 자동차 10대 이상 기계식 주차시설
④ 연면적 500m² 이상의 학교시설

▣ 건축허가등의 동의를 받아야 하는 것은 승강기 등 기계장치에 의한 주차시설로서 자동차 20대 이상을 주차할 수 있는 시설에 해당된다..(* ① 연면적 400m² 이상인 건축물 / ② 차고 바닥면적 200m² 이상인 것. / ④ 연면적 100m² 이상의 학교시설) (설치·유지 및 안전관리법 영 제12조)

10 시·도의 조례에 의하여 주택에 설치하는 소방시설로 옳은 것은? ● 개념 2단계

① 소화기구   ② 소화기
③ 단독경보기   ④ 스프링클러설비

▣ 시도의 조례에 의하여 주택에 설치하는 소방시설에 해당하는 시설은 소화기, 단독경보형감지기를 말한다. (설치·유지 및 안전관리법 제8조)

11 다음 중 소방청장이 정하는 내진설계 기준으로 옳지 않은 것은? ● 개념 2단계

① 호스릴 옥내소화전설비   ② 소화활동설비
③ 강화액소화설비   ④ 스프링클러설비

▣ "소방청장이 정하는 내진설계기준에 해당하는 소방시설"이란 소방시설 중 옥내소화전설비, 스프링클러설비, 물분무등소화설비(물분무 포함 9가지) 및 "지진·화산재해대책법" 시행령 제10조 제1항 각 호에 해당하는 시설을 말한다. (설치·유지 및 안전관리법 제9조의 2 관련 시행령 15조의2)

Ans. 08. ③ 09. ③ 10. ② 11. ②

12 다음 중 성능위주설계 대상으로 옳지 않은 것은?*** • 필수 2단계

① 연면적 20만m² 이상의 특정소방대상물
② 연면적 3만m² 이상인 철도 및 도시철도시설, 공항시설 신축
③ 높이 100m 이상의 특정소방대상물
④ 하나의 건축물에 영화관 5개 이상 특정소방대상물의 신축

➡ 영화관 10개 이상 특정소방대상물의 신축에 해당한다.(설치·유지 및 안전관리법 시행령 15조의3)

13 다음 중 분말형태 소화약제 소화기 내용연수로 옳은 것은?* • 필수 1단계

① 10년   ② 15년   ③ 20년   ④ 반영구적

➡ 분말형태 소화약제 소화기 내용연수는 10년에 해당한다.(설치·유지 및 안전관리법 시행령 15조의4)

14 소방시설기준 작용의 특례에서 강화된 기준으로 설치하지 않아도 되는 것은?** • 난도 3단계

① 의료시설의 피난구조설비   ② 노유자시설의 자동화재탐지설비
③ 의료시설의 비상방송설비   ④ 노유자시설의 자동화재속보설비

➡ 의료시설에 설치하는 비상방송설비, 옥내소화전은 강화된 기준으로 설치하지 않아도 된다. ① 번의 피난구조설비 ④번의 자동화재속보설비는 어느 시설이거나 설치를 하여야 한다. (설치·유지 및 안전관리법 제11조)

15 증축 또는 용도변경 시의 소방시설기준 적용의 특례에 대하여 옳지 않은 것은? • 개념 3단계

① 특정소방대상물이 증축되는 경우에는 기존부분을 포함한 전체에 대하여 증축당시의 소방시설등의 설치에 관한 대통령령 또는 화재안전기준을 적용하여야한다.
② 기존부분과 증축부분이 내화구조로 된 바닥과 벽으로 구획된 경우, 기존부분에 대하여 증축 당시의 대통령령 또는 화재안전기준을 적용하지 아니한다.
③ 용도변경되는 경우 기존부분을 포함한 전체에 대하여 용도변경 당시의 소방시설등의 설치에 관한 대통령령 또는 화재안전기준을 적용한다.
④ 용도변경되는 경우에 가연성물질의 양이 감소되는 경우 용도변경되기 전에 적용되던 대통령령 또는 화재안전기준을 적용한다.

➡ 특정소방대상물이 용도변경 경우 용도변경되는 부분에 한하여 용도변경 당시의 기준 등을 적용한다. 법령조문과 단서 규정을 선별할 수 있어야 한다.(설치·유지 및 안전관리법 시행령 제17조)

Ans. 12. ④ 13. ① 14. ③ 15. ③

16. 다음 중 중앙소방기술심의위원회 심의사항이 아닌 것은?** • 개념 2단계

① 소방시설 등 설계 변경 사항의 적합성 검토
② 소방시설공사의 하자를 판단하는 기준에 관한 사항
③ 소방시설의 설계 및 공사감리의 방법에 관한 사항
④ 소방시설의 구조 및 원리 등에서 공법이 특수한 설계 및 시공에 관한 사항

▶ 소방시설 등 설계 변경 사항의 적합성 검토는 해당되지 아니한다. 소방기술심의위원회는 소방시설의 기술을 심의(심사 토의)하는 곳이다. (설치·유지 및 안전관리법 11조의2)

17. 방염성능기준 이상으로 설치하여야 하는 특정소방대상물로서 틀린 것은?* • 관찰 2단계

① 요양병원, 합숙소 및 다중이용업소
② 지하층을 포함한 층수가 11층 이상인 것
③ 의원, 의료시설, 숙박시설, 숙박시설이 있는 수련시설
④ 공연장 및 종교집회장, 방송통신시설 중 방송국 및 촬영소

▶ 고층건축물이란 본디 지하층을 제외한 층수가 11층 이상이다.(설치·유지 ~ 시행령 제9조 및 21조1항 참고)

18. 다음 중 "제조·가공공정에서 방염처리한 것"으로서 방염물품은?** • 혼동 2단계

① 합성수지류, 섬유류
② 2mm 미만의 종이벽지
③ 암막, 무대막(스크린 포함)
④ 흡음재, 방음재(커튼 포함)

▶ "제조·가공공정에서 방염처리한 것"으로서 방염물품은 커튼, 카펫, 블라인드, 전시용 합판, 섬유판 등에 해당되며 ①②④는 방염물품에 해당되지 않는다. (설치·유지 및 안전관리법 시행령 제20조)

19. 다음 중 방염성능 측정기준에서 옳은 내용은?* • 난도 3단계

① 잔염시간이란 버너의 불꽃을 올리며 연소상태가 그칠 때까지의 30초 이내이다.
② 잔신시간이란 버너의 불꽃을 올리지 아니하고 연소상태가 그칠 때까지의 시간이다.
③ 탄화한 길이는 탄소화된 시험치의 기준으로 50㎠ 이내, 탄화한 면적은 20㎠ 이내이다.
④ 행정안전부장관 고시에 의하여 연기밀도란 발연량을 측정 시 400 이하가 되어야 한다.

▶ ② 잔신시간(= 잔진시간)은 30초 이내이다. / ① 잔염시간은 20초 이내이다. / ③ 탄화 면적은 탄소화된 시험치의 기준으로 50㎠ 이내, 탄화 길이는 20㎠ 이내이다. / ④ 소방청장이 고시한 방법으로 연기밀도란 발연량을 측정 시 400 이하가 되어야 한다. (설치·유지 및 안전관리법 시행령 제20조)

Ans. 16. ① 17. ② 18. ③ 19. ②

20 다음 중 관계인 및 소방안전관리자의 업무가 <u>아닌</u> 것은?** • 개념 2단계
① 화기취급자의 선임
② 소방계획서의 작성 및 시행
③ 소방훈련 및 교육
④ 소방관련시설의 유지관리

➡ ① 화기취급자의 선임이 아니며 화기취급의 감독에 해당된다. 화기취급자의 선임은 회사의 운영진이 한다. (설치·유지 및 안전관리법 제20조) · 소방설비기사

21 다음 중 소방안전관리대상물에 관하여 틀린 것은?* • 학습 3단계
① 지하구는 2급 소방안전관리대상물이다.
② 가연성 가스를 1천 톤 이상 저장·취급하는 시설은 1급 소방안전관리대상물이다.
③ 복합건축물로써 11층 이상인 것은 1급 소방안전관리대상물이다.
④ 100세대 승강기를 둔 공동주택은 2급 소방안전관리대상물이다.

➡ "공동주택법" 시행령 제2조에 의하여 150세대 이상 승강기이다.(설치유지법 영 제22조)

22 다음 중 소방안전관리대상물의 소방계획서의 작성에 관하여 옳지 <u>않은</u> 것은? • 난도 3단계
① 화재예방을 위한 자체점검계획 및 진압대책
② 소방안전관리대상물의 위치·구조·연면적·용도 및 수용인원 등 일반현황
③ 소방시설·피난시설 및 방화시설의 점검·정비계획
④ 피난시설의 규모와 피난 수용인원의 설정 등을 포함한 피난계획

➡ 소방안전관리대상물의 소방계획서의 작성에서 ④번은 해당하지 아니하고 <u>피난시설의 위치와 피난경로의 설정 등을 포함한 피난계획</u>에 해당한다. (설치유지 및 안전관리법 시행령 제24조)

23 소방안전 특별시설물의 소방안전관리에 대하여 옳지 않은 것은?* • 혼동 2단계
① 천연가스 인수기지 및 공급망
② 10개 이상의 영화상영관
③ 석유비축시설, 전통시장(500개 이상 점포)
④ 공항시설, 철도시설, 도시철도시설, 항만시설

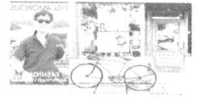

➡ 영화상영관 중 수용인원 1,000명 이상인 영화상영관에 해당된다.(설치·유지 및 안전관리법 제20조의2)

Ans. 20. ① 21. ④ 22. ④ 23. ②

24. 다음 중 공동 소방안전관리대상이 아닌 것은? • 혼동 2단계

① 지하가
② 지하층 제외한 11층 이상 고층건축물
③ 여객 자동차 터미널
④ 복합건축물로서 연면적 5천㎡ 인 것

▶ 고층건축물, 지하가, 복합건축물로서 연면적 5천㎡ 이상인 것 또는 복합건축물로서 층수가 5층 이상인 것, 도·소매시장 등이다. (설치·유지 및 안전관리법 제21조, 시행령 제25조)

25. 소방시설의 자체점검 중 종합정밀점검에 대하여 가장 옳지 않은 사항은? • 개념 2단계

① 점검자의 자격은 소방시설관리업자(소방시설관리사가 참여한 경우만 해당한다) 또는 소방안전관리자로 선임된 소방시설관리사·소방기술사 1명 이상을 점검자로 한다.
② 종합정밀점검에서는 소방시설등의 작동기능점검과는 별도로 소방시설 설비별 주요 구성 부품의 구조기준이 화재안전기준에 적합한지 여부를 점검한다.
③ 종합정밀점검대상은 스프링클러설비 또는 물분무등 소화설비가 설치된 연면적 5,000㎡ 이상 특정소방대상물(단, 위험물제조소등 제외.), 다만, 아파트는 연면적이 5천제곱미터 이상, 층수가 11층 이상인 것만 해당한다.
④ 종합정밀점검대상은 고시원, 산후조리업, 노래연습장업, 단란주점영업, 유흥주점영업, 영화상영관, 비디오물 감상실업(비디오물소극장업 제외), 안마시술소로서 연면적 2천㎡ 이상이다.

▶ 종합정밀점검은 작동기능점검을 포함하여, 소방시설 설비별 주요 구성 부품의 구조기준이 화재안전기준에 적합한지 여부를 점검하는 것을 말한다. (설치·유지 및 안전관리법 시행규칙 별표1)

26. 소방청장 또는 시·도지사가 하는 청문의 내용으로 옳지 않은 것은? • 혼동 3단계

① 관리사 자격의 취소 및 정지
② 관리업의 등록취소 및 영업정지
③ 소방용품 성능시험 취소 및 제품검사 중지
④ 소방용품 전문기관의 지정취소 및 업무정지

▶ 소방용품의 성능시험 취소가 아니고 형식승인취소 및 제품검사 중지에 해당한다.(화재예방, 소방시설 설치·유지 및 안전관리법 제44조)

Ans. 24. ③ 25. ② 26. ③

27 다음 중 3년 이하의 징역 또는 3천만 원 이하의 벌금이 아닌 것은? ● 학습 2단계

① 소방특별조사 결과에 따른 조치명령 등 위반한 사람
② 소방시설이 화재안전기준에 따른 조치명령을 위반한 사람
③ 피난·방화시설, 방화구획의 유지관리 조치명령을 위반한 사람
④ 소방시설의 기능과 성능에 지장을 초래하는 소방시설에 폐쇄·차단 등 행위를 한 사람

➡ ①②③번은 "명령 위반자"로서 3년 이하의 징역 또는 3천만 원 이하의 벌금이며 ④번은 5년 이하의 징역 또는 5천만 원 이하의 벌금이다.(설치·유지 및 안전관리법 제48조, 48조의2)

28 다음 중 연결이 바르지 않는 것은?** ● 기본 1단계

① 소화설비 – 소화기구, 옥내소화설비, 스프링클러설비
② 경보설비 – 비상방송설비, 누전경보기, 통합감시시설
③ 피난구조설비 – 유도등, 비상조명등, 방열복
④ 소화활동설비 – 소화수조, 저수조, 제연설비

➡ 소화수조, 저수조는 소화용수설비에 해당된다. (설치·유지 및 안전관리법 시행령 별표1)

29 다음 중 인명구조기구를 설치하여야 할 특정소방대상물은?* ● 학습 2단계

① 지하층을 제외한 7층 이상인 관광호텔 및 5층 이상인 병원
② 지하층을 포함한 7층 이상인 관광호텔 및 5층 이상인 병원
③ 지하층을 제외한 5층 이상인 관광호텔 및 7층 이상인 병원
④ 지하층을 포함한 5층 이상인 관광호텔 및 7층 이상인 병원

➡ 지하층을 포함한 7층 이상의 관광호텔(방열복 또는 방화복, 인공소생기, 공기호흡기) 및 5층 이상인 병원(방열복 또는 방화복, 공기호흡기)에 해당한다. (설치·유지 및 안전관리법 시행령 별표1)

30 화재를 진압하거나 인명구조활동을 위하여 사용하는 설비가 아닌 것은?*** ● 상식 1단계

① 옥내소화전설비   ② 연결살수설비
③ 연결송수관설비   ④ 무선통신보조설비

➡ 설문은 소화활동설비를 묻고 있다. 옥내소화전설비는 소화설비이다. (설치·유지 및 안전관리법 시행령 별표1)

Ans. 27. ④ 28. ④ 29. ② 30. ①

31 다음 중 특정소방대상물의 분류가 **잘못** 연결된 것은?

① 숙박시설 – 오피스텔, 선박건조구조물
② 의료시설 – 마약진료소 및 한방병원
③ 교육연구시설 – 직업훈련소, 도서관
④ 근린생활시설 – 치과의원, 산후조리원

▷ 오피스텔은 "특정소방대상물"로서 업무시설이며 선박건조구조물은 "소방대상물"에 해당된다. (설치유지 및 안전관리에 관한 법률 시행령 별표2)

• 학습 2단계

32 전력 또는 통신사업용의 경우 지하구는 길이가 몇 미터 이상인 경우인가?

① 50미터 이상
② 500미터 이상
③ 1,000미터 이상
④ 2,000미터 이상

▷ **지하구**: 폭 1.8m 이상, 높이 2m 이상, 길이 50m 이상(전력 또는 통신사업용의 경우는 500m 이상)에 해당된다. (설치·유지 및 안전관리법 시행령 별표2) • 소방시설관리사

• 학습 2단계

■ 무소유

따지고 보면 본질적으로 내 소유란 있을 수 없다.
내가 태어날 때부터 가지고 온 소유가 아닌 바에야 내 것이란 없다.
어떤 인연으로 해서 내게 왔다가 그 인연이 다하면 가버리는 것이다.
더 극단극적으로 말한다면 나의 실체도 없는데 그 밖에 내 소유가 어디 있겠는가?
그저 한동안 내가 맡아 있을 뿐이다.

Ans. 31. ① 32. ②

참고 유사 벌칙 정리(심화) - 1·2·4법 정리

■ 1. 소방기본법부터~위험물안전관리법까지 혼동되는 "조사·검사 등"에 대한 벌칙을 정리하였음.

구 분	벌 칙	조사자, 조사대상 등
① 소방특별조사(화경지구 안) 거·방·기	100만 원 이하 벌금	본·서장 - 위치·구조·설비
② 출입·조사(화재조사관)	200만 원 이하 벌금	청·본·서장 - (* 보고·자료제출·질문권)
③ 소방특별조사(소방대상물 등)거·방·기	300만 원 이하 벌금	청·본·서장 - (* 영7조의 안계점 예불특위다)
④ 출입·검사, 수거 등을 거·방·기한 자. (위험물의 저장·취급)	1년 이하 징역 또는 1천만 원 이하 벌금	청·시·본·서장 - (* 그 장소의 위치·구조·설비, 위험물의 저장·취급상황에 대하여)

※ 해당조항: ① 1법 제54조 ② 1법 제53조 ③ 2법 제50조 ④ 4법 제35조

■ 1.2. 거부·방해·기피(거방기) 등과 그에 따른 벌칙 정리

구 분	벌 칙(이하)	조 항
① 화재경계지구 안의 소방특별조사를 거·방·기한 자	100만 원 이하 벌금	1법 54조
• 화경지구 안에서 소방용수, 소화기구, 설비 등 설치명령 위반자	200만 원 이하 과태료	1법 56조
② 출입·조사(화재원인·피해조사)를 거·방·기한 자	200만 원 이하 벌금	1법 53조
• 출입조사의 보고·자료 제출 아니하거나 거짓보고, 자료제출자	200만 원 이하 과태료	1법 56조
③ 소방특별조사(소방대상물, 관계지역, 관계인)를 거·방·기한 자	300만 원 이하 벌금	2법 50조
• 소방특별조사 결과에 따른 조치명령 위반자	3년↓징역, 3천만 원↓벌금	2법 49조
④ 출입·검사 허위 보고, 제출자, 수거 등을 거·방·기한 자	1년↓징역, 1천만 원↓벌금	4법 35조

※ 해당조항 조사자: ① 본·서장 ② 청·본·서장 ③ 청·본·서장 ④ 청·시·본·서장

■ 혼동되는 단체의 인원수에 따른 정리! (* ①③ 별도, 그 외 모두 단체장 포함됨)

① 박물관에는 관장 1명, 부관장 1명 외 위원 7명 이내를 둔다. [총9명]- (1법 칙4조)
② 한국소방안전원에 원장 1명을 포함한 9명 이내의 이사와 1명의 감사를.. [총10명]-(1법44조2)
③ 안전교육사 응시자격심사위원 3명,(출제: 과목별 3명 / 채점: 과목별 5명). [11명]-(1법영7조5)
④ 교육평가심의위원회는 위원장 1명을 포함하여 9명 이하의 위원으로 구성. [총9명]-(1법영9조)
⑤ 손실보상위원회: 위원장 1명을 포함하여 5명~7명 이하의 위원으로 구성.[5~7명]-(1법영13조)
⑥ 소방특별조사위원장 1명을 포함한 7명 이내의 위원, 위원장: 소방본부장. [총7명]-(2법영7조2)
⑦ 중앙소방특별조사단은 단장을 포함하여 21명 이내의 단원으로 구성. [총21명]- (2법영7조의6)
⑧ 중앙소방기술심의위원회는 위원장을 포함하여 60명 이내로 구성한다. [총60명]- (2법영18조3)
   (* 중앙위원회의 회의는 13명으로 구성하고 분야별 소위원회를 구성할 수 있다- (2법영18조3)
⑨ 지방소방기술심의위원회는 위원장을 포함 5명~9명으로 구성한다. [총5~9명]- (2법영18조3)
⑩ 하도급계약 심사위원회는 위원장 1명, 부위원장 1명포함 10명 이내.[총10명]- (3법영12조3)

| 참고 | 소방장비 등 |

【절연저항계】

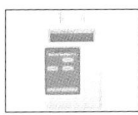
【차압계】

【수압기】

【음량계】

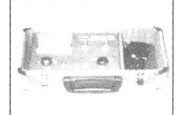
【할론·CO_2 농도측정기】

【풍속계】

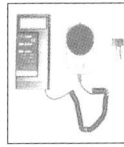
【조도계】

【감지기 시험기】

- 개정일 기준과 시행일 기준

  법이 개정될 때 각 조항마다 시행일은 다를 수 있습니다.

  그래서 법제처에서 시행일이 될 때까지 법 조문을 삭제하지 않고 국민들의 불편 해소를 위해 기존 법령 바로 위에 예 표시로서 별도로 창을 띄워 구분·표시하고 있습니다.
- 그러나 필자들의 입장에서는~
  법제처처럼 개정일 기준과 시행일 기준을 별도로 구분하며 책을 낼 수가 없어 누구나 개정법에 의한 기준으로 출간을 합니다. / 출제자 역시 꽤 지난 법 변경을 고려하고 신간 법규책을 선호하여 출제하기도 하니 곧 개정일 기준이 되기도 하였으며. 결국 그동안의 시험은 시행일 이후가 아니고 개정일 기준으로 출제되기도 하였습니다.
- 또한 출제자들이 법이 변경되었어도 미처 알지못하고 출제하는 경우가 꽤 있었기에 교재에 법 변경을 기록할 때, 화이트로 지우지 마시고 한 줄로 긋고 그 위에 메모하며, 따라서 수험생은 법 변경 전과 법 변경 후의 내용을 2가지 모두 알아둘 필요가 있습니다.
- 출제자들의 법 변경 출제범위에서 개정일 혹은 시행일 기준의 명시는 규정에 없으며 한 문제 보기에 변경 전·후가 나온 적은 없었으며, 법 변경 내용은 빈출이 아닙니다.

- 시험은 패배하는 것이 지는 것이 아니고
  포기하는 것이 지는 것이다. 당신은 특별합니다.

제3편 소방시설공사업법(핵심)

■ 국민신문고 외 각 부서별 전화 및 국민신문고 메일(100% 회신됨)
　① 기본법 법령질문: 소방청(소방정책과) 044-205-7413 외 국민신문고 메일 가능
　② 2분법 법령질문: 소방청(화재예방과) 044-205-7447~9 외 국민신문고 메일 가능
　③ 3분법 법령질문: 소방청(소방산업과) 044-205-7507 외 국민신문고로 메일 가능
　④ 4분법 법령질문: 소방청(화재대응조사과) 044-205-7482 외 국민신문고 메일 가능
　⑤ 다중법 법령질문: 소방청(화재예방과) 044-205-7453 외 국민신문고로 메일 가능
　⑥ 소방공무원법 등: 소방청(운영지원과) 044-205-7044 외 국민신문고 메일가능

 # 소방시설공사업법 구성이론

▶ 이 법은 공사업체에 관한 관련법규로서 먼저 그 숲(구성)을 보도록 한다.

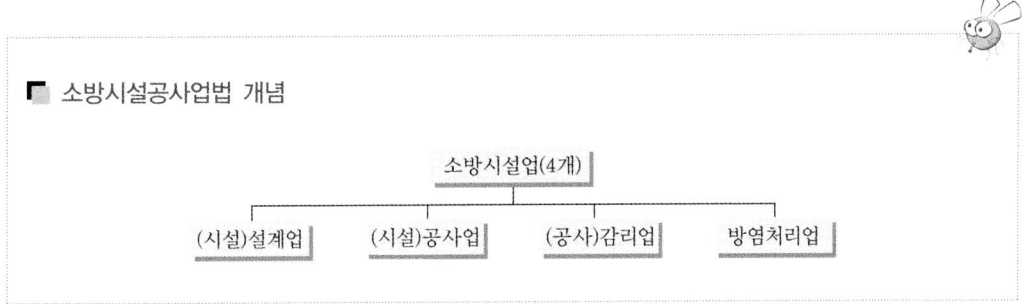

■ 소방시설공사업법 개념

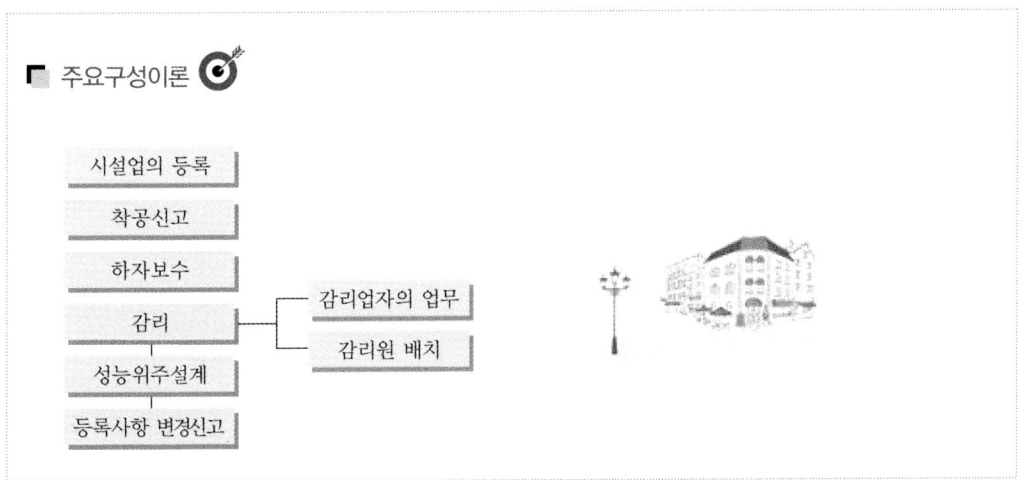

■ 주요구성이론

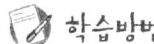 학습방법

이 법은 소방시설업(설계업, 공사업, 감리업, 방염업)의 제반사항에 대한 관련법규를 얘기한다.
- 소방시설설계업: 주인력(소방기술사) 1명과 보조 1명으로 규모가 큰 전문설계업과 규모가 작은 일반설계업으로 구분된다. 설계업에서는 성능위주설계에 대하여 학습하도록 한다.
- 소방시설공사업: 착공신고대상부터 완공검사, 하자보수의 보증기간이 중요시되고 있다. 또한 하도급 일부를 한번만 관계업자에게 허락하고 있다. 또한 이법에서 모든 업체의 결격사유는 유사하다.
- 소방공사감리업: 감리업자의 업무가 빈출되고 있으며 감리원의 배치와 감리결과의 통보까지 분류할 수 있어야 한다. 이 법은 날림공사를 방지하기 위해 공사업과 감리업을 동일인에게는 제한한다.
- 방염처리업: 방염처리업이 소방시설업에 포함된다는 것이 중요하다.
- 이법은 학습 분량이 적고 법조항이 드라마처럼 연결되므로 이를 연결하여 이해할 수 있도록 한다.

제3편 소방시설공사업법(주내용)

▶ 2020년 9월 8일까지 개정된 법령에 의하여 편집됨.

총 칙

【법 제1조】목 적

이 법은 소방시설공사 및 소방기술의 관리에 필요한 사항을 규정함으로써 소방시설업을 건전하게 발전시키고 소방기술을 진흥시켜 화재로부터 공공의 안전을 확보하고 국민경제에 이바지함을 목적으로 한다. ▶ 기공국

【법 제2조】용어의 정의**

이 법에서 사용하는 용어의 뜻은 아래와 같다.

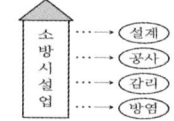

1. "소방시설업"이란 다음의 영업을 말한다.***
   ① 소방시설설계업: 소방시설공사에 기본이 되는 공사계획, 설계도면, 설계설명서, 기술계산서 및 이와 관련된 서류(이하 "설계도서")를 작성(설계)하는 영업.
   ② 소방시설공사업: 설계도서에 따라 소방시설을 신설, 증설, 개설, 이전 및 정비(이하 "시공")하는 영업.
   ③ 소방공사감리업: 소방시설공사에 관한 발주자의 권한을 대행하여 소방시설공사가 설계도서와 관계법령에 따라 적법하게 시공되는지를 확인하고, 품질·시공관리에 대한 기술지도를 하는(이하 "감리")영업.
   ④ 방염처리업: 방염대상물품에 대하여 방염처리(이하 "방염")하는 영업.
   ▶ **암기**: 설공감방 *오답: 관리업, 점검업, 정비업, 설비업, 설치업

   ■ 소방시설을 하기위해서는?
      ① 먼저 설계를 한 다음~
      ② 공사를 시작하고~(* 방염대상물에 해당되며, 방염처리 물품이 있다면 방염을 함)
      ③ 그 공사가 설계대로 하는지 관계인은 감독·관리하는 감리업체를 선정하여야 한다.
         또한 감리회사는 커튼, 카펫 등의 방염처리까지 완공된 소방시설의 성능시험을 할 수 있도록 한다. - 이 법은 "설계공사·감리·방염" 4개의 업체에 대한 내용의 이론이다.

2. 소방시설업자: 소방시설업을 경영하기 위하여 소방시설업을 등록한 자를 말한다.
3. 감리원: 소방공사감리업자에 소속된 소방기술자로서 소방시설공사를 감리하는 사람.

4. 소방기술자: 소방기술 경력 등을 인정받은 사람, 소방기술사, 소방시설관리사, 소방설비기사, 소방설비산업기사, 위험물기능장, 위험물산업기사, 위험물기능사.

> ▶ 소방기술자란?
>
> 소방기술자란? 소방기술사를 포함하여 8개의 자격자를 말하는데
> ① 소방기술사는 "설계업에"근무하며 주로 "설계"를,(그러나 모든 공사업, 감리업도 가능.)
> ② 소방시설관리사는 "관리업에"근무하며 주로 "점검·유지·관리"를,(* 다른업은 할 수 없다)
> ③ 소방설비기사나 산업기사는 "공사업에"근무하며, 주로 "공사"를,(* 일반설계업, 감리업 가능.)
> ④ 위험물쪽은 기사가 없다.(위험물기능장·산업기사·기능사를 "위험물자격자"라하며 "위험물안전관리자"는 시험은 치지만 수료증 소지자로서 "위험물자격자"나 "소방기술자"에 포함하지 않는다.
> ⑤ 또한 "소방기술경력등을 인정받은 사람"이란 이법28조에서 말하는 소방관련 자격증이 있거나 학력·경력이 있는 사람에게 시험을 치지않고 소방청에서 일정한 수수료를 받고 소방기술을 인정하여 발급하는 "기술인정자격수첩(자격수첩)"소지자를 말한다.

5. 발주자: 소방시설의 설계, 시공, 감리, 방염(이하 "소방시설공사등")을 소방시설업자에게 도급하는 자를 말한다.(다만, 수급인으로서 도급받은 공사를 하도급 하는 자는 제외한다.)

* 발주자(도급인)란 ①번만을 말하며 ②가 ③에게 하도급(하청)한 것은 발주자라 하지 않는다.

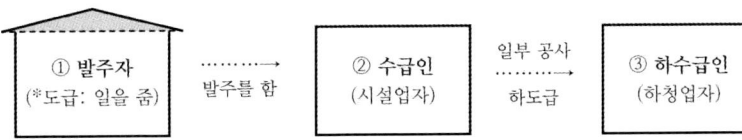

02 소방시설업

【법 제4조】 소방시설업 등록

소방시설공사등을 하려는 자는 업종별로 자본금(개인인 경우에는 자산평가액), 기술인력 등 요건을 갖추어 시·도지사에게 소방시설업의 등록을 하여야 한다.

1. 등록처: 시·도
2. 등록조건: 자본금(개인: 자산평가액), 기술인력 ▶ 자자기 *오답: 시설(사무실)
3. 등록서류: 소방기술인력의 기술자격증(자격수첩), 신청인 성명, 주민번호, 주소지 등.

【법 제5조】 등록의 결격사유**

다음에 해당하는 자는 소방시설업의 등록을 할 수 없다.
1. 피성년후견인
2. 금고 이상의 형을 받고 그 집행이 종료(집행 면제된 날)로부터 2년이 지나지 아니한 사람
3. 금고 이상의 집행유예*선고를 받고 그 유예기간 중에 있는 사람
4. 소방시설업 등록이 취소된 날부터 2년이 지나지 아니한 자
5. 법인으로서 그 대표자가 상기 결격사유에 해당하는 경우
   * 오답: 미성년자, 피한정후견인, 파산자로 복권되지 아니한 자

➡ 피한정후견인과 파산자로 복권되지 않은 자는 결격사유가 아니다.
  소방법규 결격사유*의 그 개념은 소방의 4개 법령 어느 법이나 유사하다.
  (* 다만 1법 "소방안전교육사" 4법 "탱크시험자" 에서는 "피한정후견인"이 결격사유가 된다.
  그 이유는 안전교육사는 기획·진행·분석·평가 및 교수업무를 수행하기 위해서는 한정적 후견인 보다도 본인이 기획·진행 등 교수업무를 수행해야 하기 때문이다.)
  - 또한 파산자로서 복권되지 않은 자는 결격사유가 아니다. 그 이유는 1997~2000년 국내 IMF사태 후 약 3백만 명의 법원 파산선고자를 보호하고 회생의 길을 주기 위함이다.
  (* 소방공무원법은 소방공무원이 대상이지만, "소방관계법규"는 국민을 대상으로 한다.)

(*^^ 소방시설업 등록없이 영업을 한 자는 3년 이하의 징역 또는 3천만 원 이하의 벌금에 처한다.)

【규칙 제3조】 소방시설업 등록증 및 수첩의 교부 등
  시·도지사는 등록신청을 받은 날부터 15일 이내에 소방시설업자협회(= 협회)를 경유하여 소방시설업 등록증 및 소방시설업등록수첩을 발급한다. 또한 협회는 첨부서류가 미비되어 있는 때에는 10일 이내에 이를 보완하게 할 수 있다.
  ① 발급기간: 등록신청을 받은 날부터 15일 이내
  ② 서류보완: 미비된 첨부서류 등은 10일 이내

【규칙 제4조】 소방시설업등록증 또는 등록수첩의 재교부 및 반납
  1. 소방시설업자가 등록수첩을 잃어버리거나, 소방시설업 등록증 또는 등록수첩이 (오래되어) 헐어 못 쓰게 된 경우에 시·도지사는 재교부신청 후 3일 이내 재발급을 하여야 한다.
  2. 다음의 경우 지체 없이 시·도지사에게 소방시설업 등록증 및 등록수첩을 반납하여야 한다.
     ① 소방시설업 등록이 취소된 경우
     ② 헐어 못쓰게 된 경우에 재발급을 받은 경우

---

* 피성년후견인: 법률상 무능력자. 금치산자.   * 집행유예: 형 판결 후 집행을 유예하는 제도.
* 파산자: 채무자가 경제적 파탄에 빠졌을 때 그 총재산으로 총채권자에게 공평한 만족(분배)을 주는 재판절차.
* 파산자로 복권되지 아니한 자: 채권 혹은 채무자가 파산을 신청해서 파산선고 후 면책이 아직 결정되지 않은 자

【법 제6조】 등록사항의 변경신고

소방시설업자는 제4조의 규정에 따라 등록한 사항 중 행정안전부령이 정하는 중요사항을 변경할 때에는 행정안전부령으로 정하는 바에 따라 시·도지사에게 신고하여야 한다.

【규칙 제5조】 등록사항의 변경신고사항***

법 제6조에서 "행정안전부령이 정하는 중요사항"이란 다음과 같다.
1. 상호(명칭) 또는 영업소 소재지 2. 대표자 3. 기술인력
   ▶ **암기**: 명상소대기 (* 연상: 소방시설업변경신고에 명상소에 대기 중이다)
   * 오답: 자본금, 장비변경, 시설업재개업.

【규칙 제6조】 등록사항의 변경신고 등

소방시설업자는 해당하는 등록사항의 변경이 있는 경우에는 변경일부터 30일 이내에 다음의 서류를 첨부하여 협회에 제출하여야 한다.
또한 협회는 규정에 따라 변경신고를 받은 경우에는 5일 이내에 소방시설업 등록증 및 등록수첩을 새로이 발급하거나 제출된 소방시설업등록증·등록수첩·기술인력의 기술자격증 및 자격수첩에 그 변경된 사항을 기재하여 발급하여야 한다.
1. 상호(명칭), 영업소 소재지를 변경하는 경우의 서류
   ① 소방시설업등록증 및 등록수첩
2. 대표자를 변경하는 경우의 서류
   ① 소방시설업등록증 및 등록수첩
   ② 변경된 대표자의 성명, 주민등록번호, 주소지 등의 인적사항이 적힌 서류
   ③ 외국인인 경우에는 해당 국가의 정부나 공증인, 우리나라 영사가 확인한 서류 등
3. 기술인력(기술자)을 변경하는 경우의 서류
   ① 소방시설업 등록수첩
   ② 기술인력 증빙서류

   * ☞ 서류는 2법 칙4조 "건축허가등의 동의" 서류 외는 이해 정도만 한다.

【규칙 제8조】 소방시설업자가 보관하여야 하는 관계서류

소방시설업자는 다음의 서류를 하자보수 보증기간 동안 보관하여야 한다.
1. 소방시설설계업: 소방시설 설계기록부 및 소방시설설계도서
2. 소방시설공사업: 소방시설 공사기록부
3. 소방공사감리업: 소방공사 감리기록부, 소방시설의 완공 당시 설계도서, 소방공사감리일지

➲ 기록부는 하자보수 보증기간(2년~3년) 동안 3업체 보관 서류이며, 설계업은 설계도서를, 감리업은 공사업체가 설계대로 공사를 하는지 감독 관리했던 그 설계도서를 보관하며, 추가로 감리업에서는 감리를 철저히 하기 위한 공사감리일지를 또한 보관하여야 한다.

【법 제8조】 소방시설업의 운영

영업정지처분, 취소처분을 받은 소방시설업자는 그 날부터 소방시설공사등을 하여서는 아니 된다. (다만, 공사·감리·방염업자가 그 일을 하는 동안에는 그러하지 아니하다.)
(* 업체가 정지나 취소 시 국민 보호차원에서 업체는 중단 없이 완공시까지 그 일을 계속한다)
또한 소방시설업자는 다음에 해당하는 때에는 소방시설공사 등을 맡긴 관계인에게 지체 없이 그 사실을 알려야 한다. (* 업체가 관계인에게 알려주어야 할 의무를 말한다.)

① 소방시설업자의 지위를 승계한 경우
② 소방시설업의 등록취소처분 또는 영업정지처분을 받은 경우
③ 휴업하거나 폐업한 경우 * 오답: 주소지변경, 업체합병, 경고처분
▶ 지영 휴·폐업 관통 (* 연상: 지영이가 휴·폐업할 때 관계인에게 통지한다)

☞ 영업정지처분을 받고 영업을 한 자는 1년 이하 징역 또는 1,000만 원 이하의 벌금에 처한다.

■ 소방시설업 등록 절차(도해) • 법 제4조~법 제8조(칙 제2조~칙 제7조)

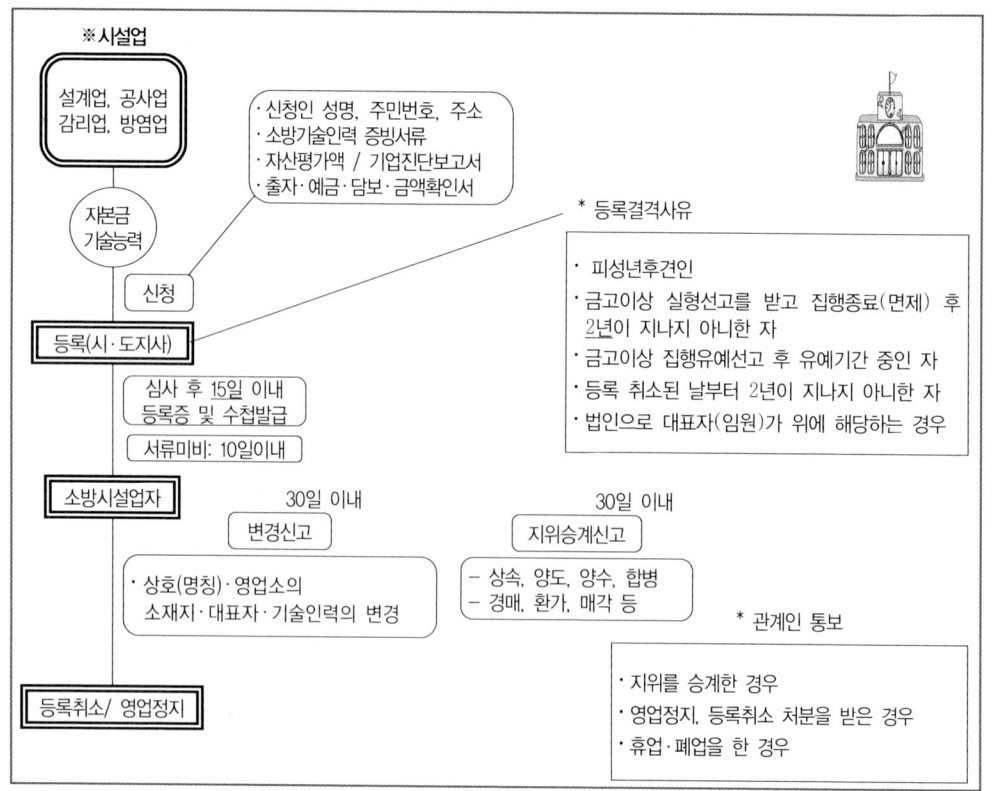

【법 제9조】 등록의 취소와 영업정지 등

시·도지사는 소방시설업자가 다음에 해당하는 때에는 그 등록을 취소하거나 6월 이내의 기간을 정하여 시정이나 영업의 정지를 명할 수 있다. (* 업체의 정지는 최고가 6월이다.)

1. 등록의 취소 (* 국내 모든법에서 ①, ②번은 취소이다.)
   ① 거짓이나 그 밖의 부정한 방법으로 등록한 경우
   ② 법 제5조 등록의 결격사유에 해당하게 된 때
   ③ 영업정지 기간 중에 소방시설공사등을 한 경우

2. 영업정지 및 시정
   ① 규정에 따른 등록기준에 미달하게 된 후 30일이 경과한 경우
   ② 규정을 위반하여 다른 자에게 등록증 또는 등록수첩을 빌려준 경우
   ③ 등록 후 사유없이 1년 이상 영업을 하지 아니하거나 계속하여 1년 이상 휴업한 때
   ④ 규정을 위반하여 동일인이 공사 및 감리를 한 경우 등
   ⑤ 이 법 또는 이 법에 따른 명령을 위반한 때

【법 제10조】 과징금 - 2억 원 이하의 과징금을 부과할 수 있다.

【법 제11조】 설계** - (성능위주설계)

소방시설설계업 등록을 한 자는 이 법과 화재안전기준에 맞게 설계하여야 한다.
구조, 용도, 수용인원, 위치, 가연물의 종류·양 등을 고려하여 성능위주설계를 하여야 한다.
(단, 중앙소방기술심의위원회의 심의를 거쳐 특수한 설계로 인정된 경우는 제외한다)

1. 전문 소방시설 설계업에서 기술사 2명 이상이 설계하며 신축건물에 한한다.
   ▶ 구용수 위종양 (* 성능위주 설계자 구용수는 위종양에 걸렸다)

   ➲ 성능위주설계란?
   높고 중요한 신축건물의 특정소방대상물에 기술사 2명 이상이 하는 설계를 말한다.
   영국에서 도입된 설계로서 연면적 20만㎡ 이상, 높이 100m 이상(지하층 포함한 30층 이상), 연면적 3만㎡ 이상 철도, 도시철도시설, 공항시설, 하나의 건축물에 영화상영관이 10개 이상이다.
   (* 또한 소방법에서 중앙기술심의위원회의 심의를 거친 내용은 예외사항으로 인정해주고 있다.)

■ 합격으로 향하는 길목에는 반드시 실패가 있다.

한번쯤의 실패는 가볍지만 2~3년의 실패는 자신을 뒤돌아보면서 또 다른 인생을 배우게 되는 스승이다.
패배는 용서할 수 있으나 포기는 용서할 수 없다. 한번의 포기는 곧 도미노반응을 갖게 된다.

소방시설공사

【법 제13조】 착공신고 등

공사업자는 대통령령으로 정하는 소방시설공사를 하려면 그 공사의 내용, 시공 장소 등을 소방본부장이나 소방서장에게 신고하여야 한다. (※ 공사업자 ⋯ 소방서 신고)

공사를 완공 후에는 소방관 등이 천장이나 벽 속으로 들어가 있는 소방시설의 점검 등이 어려우므로 공사업자는 공사의 착공 전(시작 전)까지 소방서(소방본부장, 소방서장)에 알려야 한다.

【영 제4조】 소방시설공사의 착공신고 대상**
특정소방대상물의 신설, 증설, 개설, 이전, 정비하는 공사의 대상은 다음과 같다.

1. 신설하는 공사
① 연결송수관·연결살수·연소방지·자동화재탐지·제연·비상콘센트·옥내소화전·옥외소화전·스프링클러·물분무등소화·간이스프링클러설비.
② 비상경보설비, 비상방송설비, 무선통신보조설비, 소화용수설비
  ▶ 3연 자제비 옥·내외 스물간 + 비비무용

2. 증설하는 공사
① 연결송수관설비의 송수구역, 연결살수설비·연소방지설비의 살수구역.
  자동화재탐지설비의 경계구역, 제연설비의 제연구역, 비상콘센트설비의 전용회로.
② 옥내·옥외소화전설비 (* 신설·증설: 호스릴 옥내소화전을 포함)
③ 스프링클러설비·물분무등·간이스프링클러설비 소화설비의 방호구역.
  ▶ 3연 자제비 옥·내외 스물간

3. 개설, 이전, 정비하는 공사
① 수신반   ② 소화펌프   ③ 제어반(감시·동력)*   ▶ 수소제

  (* 고장, 파손 등으로 작동시킬 수 없는 긴급히 교체·보수하여야 하는 경우는 제외)
* **오답**: 헤드·경보기·소화기구·등종류·피난구조설비·자동화재속보설비·함종류
  ▶ 헤경 소등 피자함 (* 헤경이가 소등을 하고 피자함을 열었다)

■ 핵심
① 신설공사: 3연 자제비 옥·내외 스물간 + 비비무용(15가지)
② 증설공사: 3연 자제비 옥·내외 스물간(11가지)
  (* 신설·증설공사 공통암기는 3연 자제비 옥·내외 스물간이며,
    신설공사에는 비상경보·비상방송·무선통신보조설비·소화용수설비가 추가된다.)
  ▶ **암기**: 비비무용 (* **연상**: 비비꼬며 신설에는 무용)
※ "호스릴 옥내소화전"은 [2법별표1], [3법영4조]에는 포함(설치는 가능), 그 외는 모두 제외.

【규칙 제12조】 착공신고 등*
공사업자는 소방시설공사를 하는 경우 착공 전까지 다음 서류를 첨부하여 신고한다.
1. 신고: 소방본부장, 소방서장
2. 소방시설공사착공(변경)신고서에 첨부할 서류*
   ① 공사업자의 소방시설공사업 등록증 사본 1부 및 등록수첩 사본1부
   ② 소방공사책임시공 및 기술관리를 하는 기술인력의 기술등급을 증명하는 서류 사본1부
   ③ 설계도서(설계설명서 포함, 건축허가 동의 시 제출된 설계도서에 변동이 있는 경우)
   ④ 소방시설공사등의 하도급통지서 사본(소방시설공사를 하도급 하는 경우)
      (*^^ 요약: 공사업등록증 사본 및 수첩, 기술등급사본, 설계도서, 하도급통지서 사본)
      ▶ 공기설하 (* 착공신고 서류는 공기숙 설하에서)
      * 오답: 건축허가서, 설계업등록증
3. 중요사항 ① 시공자, ② 설치되는 소방시설의 종류, ③ 책임시공 및 기술관리 소방기술자의 변경사항이 있는 경우에는 30일 이내에 본·서장에게 신고하여야 한다. * 오답: 용도변경

【법 제14조】 완공검사* (※ 공사업자 ⋯ 소방서에서 완공검사를 받음)

공사업자는 소방시설공사를 완공하면 소방본부장, 소방서장의 완공검사를 받아야 한다.
1. 공사업자: 소방본부장, 소방서장의 완공검사의 신청과 발급을 받음.

【영 제5조】 완공검사를 위한 현장확인 대상 특정소방대상물의 범위**
   [법 제14조]에서 일부 완공검사를 할 수 있는 현장의 특정소방대상물이란
   가연성 가스 1천톤 이상 시설(지하매립 제외), 연면적 1만㎡ 이상 특정소방대상물, 스프링클러설비 등, 물분무등소화설비(호스릴 소화설비 제외), 11층 이상의 고층건축물(아파트 제외), 문화집회·숙박·종교·노유자·판매·창고, 지하상가, 운동·수련시설, 다중이용업소를 말한다.
   ▶ 암기: 천만스물 고문숙중 노판창 지운수다

■ 보충 설명
• 소방시설공사를 완공하면 공사업자는 본부장, 서장의 완공검사를 받아야 한다.
  공사감리자가 지정되어 있는 경우, 공사감리 결과보고서로 완공검사를 갈음하되 [영 제5조]의 경우에는 본부장·장이 그 공사가 공사감리 결과보고서대로 되었는지를 현장으로 직접 가서 확인할 수 있다는 뜻이다.
• "업무시설"이나 "근린생활시설"은 "완공검사를 위한 현장확인 대상"이 아니다. 그러나 연면적 1만㎡ 이상의 업무시설이나 근린생활시설은 현장확인 대상이다. 그 이유는 [영 제5조]의 연면적 1만㎡ 이상 특정소방대상물에 해당하기 때문이다.

(*^^ 벌칙: 소방시설의 완공검사를 받지 아니한 자는 200만 원 이하의 과태료에 처한다.)

【법 제15조】 공사의 하자 보수 보증 등*

1. 공사업자는 소방시설공사 결과 하자가 있을 때에는 대통령령으로 정하는 하자보수 기간동안 그 하자를 보수하여야 한다. (*^^ 2년, 3년 A/S 기간을 말한다.)
2. 관계인에게 하자보증기간 이내에 통보를 받은 공사업자는 3일 이내에 하자를 보수하거나 보수 일정을 기록한 하자보수계획을 관계인에게 서면으로 알려야 한다.
3. 관계인은 공사업자가 하자보수를 이행하지 아니한 경우, 하자보수계획을 서면으로 알리지 아니한 경우, 하자보수계획이 불합리하다고 인정되는 경우에 소방 본부장이나 소방서장에게 그 사실을 알릴 수 있다. ▶ 이서불(* 이서진)
4. 소방본부장, 소방서장은 통보를 받았을 때에는 지방소방기술심의위원회에 심의를 요청하여야 하며, 그 심의 결과에 따라 시공자에게 하자보수를 명하여야 한다.

  ① 하자 보수일: 공사업자는 관계인에게 통보받은 3일 이내에 이를 보수하거나 보수 일정을 기록한 하자보수계획을 관계인에게 서면으로 알린다.
  ② 이를 이행치 않을 경우: 관계인은 소방본부장이나 소방서장에게 그 사실을 알린다.
  ③ 통보를 받았을 때: 소방본부장, 소방서장은 지방소방기술심의위원회에 심의를 요청한다.

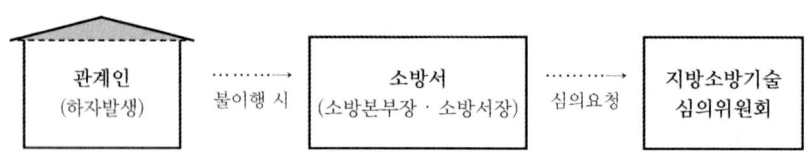

【영 제6조】 하자보증기간***

하자보수를 하여야 하는 소방시설과 하자보수 보증기간은 다음과 같다.
  ① 2년 하자보증기간: 피난기구, 비상경보설비·비상방송설비·비상조명등, 유도등, 유도표지, 무선통신보조설비.(7가지) ▶ 3비 피 유 무
  ② 3년: 자동소화장치, 옥내소화전·스프링클러·물분무등·자동화재탐지·옥외소화전·간이스프링클러·상수도소화용수·소화활동설비(무선통신보조설비 제외)(9가지) ▶ 자옥스물 자옥간상소
        └, (* 소화활동설비: 비상콘센트를 포함한 6가지로서 3연 제비이다.)

- ➲ 2년은 주로 소방전기설비분야, 3년은 주로 소방기계설비분야로 이해한다.
- 3년은 주로 소방기계분야지만 자동화재탐지설비와 비상콘센트는 3년에 해당한다).
- 4비(비상경보설비·비상방송설비·비상조명등·비상콘센트) 중 3비는 2년에 해당한다.
- 하자보증기간이 없는 소방시설도 있다.(예 자동화재속보설비, 소화수조, 저수조 등)

【예습】감리

시·도 등록기준과 현장 배치기준에 따른 감리업의 구분에 대하여 먼저 알아본다.

 등록기준과 배치기준에 따른 감리업의 구분(예습)

■ 시·도 등록기준에 따른 감리업의 구분 (영 별표1 참고)
- 전문소방공사감리업: 소방기계·소방전기 분야의 모든 감리
- 일반소방공사감리업: 하나의 분야만, 3만㎡ 미만(공장:1만㎡ 미만) 감리.
  시·도 등록을 할 때 "전문소방감리업"은 소방기계·소방전기의 모든 분야를 감리할 수 있고 기술사감리원·특급감리원·고급감리원·중급감리원·초급감리원의 5명 이상이 있어야 한다.
  ① 기술사 감리원은 기술사의 자격증을 가지고 있어야 하며,
  ② 특급감리원은 기사(8년) 산업기사(12년)
  ③ 고급감리원은 기사(5년) 산업기사(8년)
  ④ 중급감리원은 기사(3년) 산업기사(6년)
  ⑤ 초급감리원은 기사(1년) 산업기사(2년) 이상의 경력자로서 기술인정자격자이다.
  그러나 "일반소방감리업"은 소방기계분야나 전기분야 중 하나의 분야만 감리할 수 있고
  시·도 등록 시 특급감리원, 고급감리원(혹은 중급), 초급감리원의 3명 이상이 있어야 한다.

■ 현장 배치기준에 따른 감리업의 구분 (칙 16조 및 영 별표3 참고)
- 상주공사감리: 매일 방문, 배관 매립시 부터 완공검사증명서가 나올 때 까지.
  ① 3만㎡ 이상.
  ② 아파트는 지하층 포함 16층 이상으로서 500세대 이상.
- 일반공사감리: ① 주 1회 이상 방문.(한 사람이 5곳 이하로서 총 10만㎡ 이하)
  ② 아파트는 연면적 관계없이 5곳 이하.

 요약(보충설명)

소방설비기사 및 소방설비산업기사는 기계분야와 전기분야의 2가지의 자격증 시험이 있다.
 (* 그래서 현장 배치시, 기계분야와 전기분야의 감리원 자격을 취득한 자를 배치하거나
 한 사람이 기계전기분야의 감리원 자격을 함께 취득한 자가 있으면 1명을 배치할 수 있다.)

1. 상주공사감리란?
   3만㎡(1만평) 이상 특정소방대상물, / 아파트의 경우는 지하층 포함 16층 이상으로서 500세대 이상으로서 배관을 설치하거나 매립하는 때부터 소방시설 완공검사증명서를 교부받는 때까지 매일 방문한다.

2. 일반공사감리란?
   3만㎡(= 1만평) 미만 특정소방대상물은 주 1회 이상, 1명이 5군데 까지 감리할 수 있으며 총 10만㎡ 이하까지 할 수 있다. / 아파트 경우 연면적 관계없이 1명의 감리원이 5군데 (예) 월·화·수·목·금) 공사현장을 감리가능하다.

【법 제16조】 감 리

감리업자는 소방공사감리를 함에 있어서 다음의 업무를 수행하여야 한다.
또한 용도와 구조에 있어서 특별히 안전성과 보안성이 요구되는 소방대상물(원자로, 핵, 계측, 방사선 등)로서 대통령령으로 정하는 장소에 시공되는 소방시설물에 대한 감리는 감리업자가 아닌 자도 할 수 있다.

1. 감리의 종류, 방법 및 대상: 대통령령으로 정한다.
   ------*

2. 감리업자의 업무**

   • 적법성 검토
   ① 방염물품의 적법성 검토 및 실내장식물의 불연화(부연화)
   ② 소방시설등의 설치계획표의 적법성 검토
   ③ 피난시설 및 방화시설의 적법성 검토

   • 적합성 검토
   ④ 공사업자가 작성한 시공 상세 도면의 적합성 검토
   ⑤ 공사업자의 소방시설 등 시공이 설계도서와 화재안전기준에 맞는지에 대한 지도·감독
   ⑥ 소방용품의 위치·규격 및 사용 자재에 대한 적합성 검토
   ⑦ 소방시설 등 설계 변경 사항의 적합성 검토
   ⑧ 소방시설 등 설계도서의 적합성(적법성과 기술상의 합리성) 검토

   • 성능시험
   ⑨ 완공된 소방시설 등의 성능시험   ▶ 완성시 * 오답: 검사
      ▶ 방실표피, 상시옹변도 완성   【방실】
      (* 감리업자 방실표피방에서 상시 옹변도가 완성되었다)

   *^^ 적법성은 법에 맞는가? 적합성은 화재안전기준에 적합한가? 성능시험은 완공 후 한다.

【칙 제16조】 감리원의 세부배치기준 등
    감리원의 세부적인 배치 기준은 다음과 같다.
    ① 상주 공사감리 대상(매일 방문):
       소방시설용 배관(전선관 포함)을 설치하거나 매립하는 때부터 완공검사증명서를 발급받을 때까지.
    ② 일반 공사감리 대상(주 1회 방문):
       1명의 감리원이 소방공사감리현장은 5개 이하로서 연면적의 총 합계가 10만㎡ 이하일 것.
       다만, 아파트의 경우 연면적 합계에 관계없이 1명이 5개 이내의 공사현장을 감리할 수 있다.
       (* 자탐설비, 옥내소화전 중 어느 하나만 설치하는 2개 현장이 30Km 이내는 1개로 본다)

【법 제17조】 공사감리자의 지정 등

관계인이 소방시설공사를 할 때에는 감리업자를 공사감리자로 지정하여야 한다.
관계인은 공사감리자를 지정하였을 때에 소방본부장이나 소방서장에게 신고하여야 하며 착공신고일까지 서류를 첨부하여 제출하여야 한다.

1. 공사감리자를 지정하는 자: 관계인
  (*^^ 공사감리자를 지정하지 않으면 1년 이하의 징역 또는 1,000만 원 이하의 벌금에 해당됨.)

> 【영 제10조】 공사감리자 지정대상 특정소방대상물의 범위**
> 대통령령이 정하는 공사감리자 지정대상 특정소방대상물이란 다음과 같다.
> ① 자동화재탐지설비를 신설·개설할 때
> ② 옥내·외소화전설비를 신설·개설·증설할 때
> ③ 스프링클러설비등(캐비닛형 간이스프링클러설비 제외) 또는
>   물분무등소화설비(호스릴소화설비 제외)를 신설·개설하거나 방호·방수구역 증설할 때   【캐비닛형 제외】
> ④ 비상조명등·비상방송설비·소화용수설비·통합감시시설을 신설·개설할 때
> ⑤ 소화활동설비 중 무선통신보조설비·연결송수관설비를 신설·개설할 때,
>   또는 제연설비·비상콘센트·연결살수·연소방지설비를 신설·개설·증설할 때
>
>   ■ 요약(보충설명)
>   자동화재탐지, 옥내·외, 스프링클러, 물분무등, 비상조명등, 비상방송, 소화용수, 통합감시, 소화활동설비.(* 캐비닛형간이스프링, 호스릴소화설비 제외.) * 오답: 비상경보
>   ▶ 암기: 자옥내외 스물조방용 통합활동.(* 자옥내외가 20세 조방용과 통합활동)

【법 제19조】 위반사항에 대한 조치

감리업자는 감리*를 할 때 소방시설공사가 설계도서나 화재안전기준에 맞지 아니한 때에는
① 관계인에게 알리고,
② 공사업자에게 그 공사의 시정 또는 보완 등을 요구하여야 하며,
  (공사업자가 규정에 따른 요구를 받았을 때에는 그 요구에 따라야 한다.)
③ 감리업자는 공사업자가 규정에 따른 요구를 이행하지 아니하고 그 공사를 계속하는 때는 소방본부장이나 소방서장에게 그 사실을 보고하여야 하며 3일 이내에 위반사항보고서를 제출한다.
  ▶ 오답: 공사를 중지시킨다.
  (*^^ 더불어 관계인은 보고한 것을 이유로 감리계약을 해지하거나 불이익을 주어서는 안 된다.)
  ➲ 감리업자는 배치일부터 7일 이내에 소방본부장, 소방서장에게 통보하여야 한다.

---

* 감리: 감독과 관리.   * 소방기술자인정자: 소방기술과 관련된 자격·학력 및 경력의 인정업무를 위탁받은 법인

【법 제20조】 공사감리결과의 통보 등*

감리업자는 소방공사 감리를 마쳤을 때에는 그 감리 결과를 7일 이내 그 특정소방대상물의 관계인, 소방시설공사의 도급인, 또는 그 공사를 감리한 건축사가 있다면 서면으로 알리고, 소방본부장이나 소방서장에게 공사감리 결과보고서를 제출 보고하여야 한다.

1. 통보: 관계인, 도급인, 건축사 ▶ 관도건축사
2. 보고: 소방본부장, 소방서장

【법 제22조】 하도급의 제한 등*

소방시설공사 설계, 시공, 감리를 제3자에게 하도급할 수 없다. 다만, 시공의 경우는 예외이다.
1. 하수급인은 하도급받은 소방시설공사를 제3자에게 다시 하도급*할 수 없다.
2. 발주자는 하수급*인의 시공·수행능력·하도급계약 내용이 적정하지 아니한 경우에는 수급인에게 하수급인 또는 하도급계약 내용을 변경하여 줄 것을 요구할 수 있다.
3. 발주자는 수급인이 정당한 사유 없이 2항의 요구에 따르지 아니하여 공사에 영향을 미칠 우려가 있는 경우에는 해당 소방시설공사등의 도급계약을 해지할 수 있다.

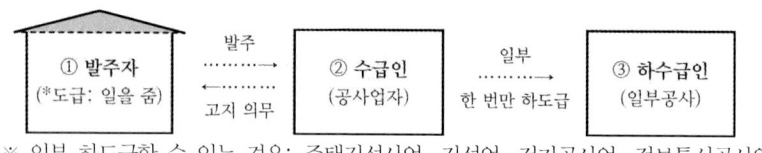

※ 일부 하도급할 수 있는 경우: 주택건설사업, 건설업, 전기공사업, 정보통신공사업

■ 하도급의 제한 해설 (* 중요도 없음)
　위 도해에서 ① 발주자→ ② 수급인… ③ 하수급인의 이야기
　①의 발주자가 ②의 수급인에게 공사를 발주(도급)했을 때
　②의 공사업자인 수급인은 원칙은 아니지만 1차에 한해서 미리서 ①의 발주자에게 알리고
　　└ (수급인이 건설·주택건설·전기·정보통신업과 함께 소방시설공사를 함께 도급 받은 경우)
　③에게 일부를 하도급을 할 수 있다. 이 경우 ① ②간에는 정당하여야 한다.
　　└ (①은 ②가 ③에게 행하는 하도급이 적정치 아니한 경우 ③의 내용을 참견할 수 있다.)
　　└ (①은 ③의 내용을 참견하는 과정에서 {제23조 ④항의 권한으로 ②를 해지할 수 있다.}
　③의 하수급인은 또 다른 사람에게 공사의 일부를 줄 수 없으므로(2차 도급금지!) 하수급인이 된다.
　　또한 공사과정에서 공사업자가 도급받은 금액 중 근로자에게 지급하여야 할 노임은 압류할 수 없다.

---

*발주(發注): 공사 등을 주문하는 일 ↔ 수주(受注). 　　*도급: 해당 공사의 일을 주는 사람
*하도급: 공사 일부를 아래로 한번만 주는 도급. 청부, 하청　　*하수급안: 하도급 공사를 도급받은 건설업자 등

【법 제23조】 도급계약의 해지

관계인(= 발주자, 도급인)은 수급인이 다음에 해당하는 때에는 도급계약을 해지할 수 있다.
① 소방시설업의 등록이 취소되거나 영업이 정지된 경우
② 소방시설업을 휴업하거나 폐업한 경우   *오답: 지위승계
③ 정당한 사유 없이 30일 이상 소방시설공사를 계속하지 않는 경우
④ 발주자는 하수급인이 적당하지 아니하다고 인정되어 수급인에게 하수급인의 변경을 요구하였으나(법 제22조 2항) 정당한 사유 없이 따르지 아니하는 경우
   (*~~ ④에 대한 하도급계약심사위원회는 위원장 1명과 부위원장 1명을 포함하여 10명 이내.)

【법 제24조】 공사업자의 감리제한

다음의 경우 동일한 특정소방대상물의 소방시설에 대한 시공과 감리를 함께 할 수 없다.
① 공사업자와 감리업자가 같은 자인 경우
② 친족관계인 경우나 기업집단의 관계인 경우
③ 법인과 그 법인의 임직원의 관계인 경우
   ▶ 공감 친기법임   *오답: 공사와 설계

■ 소방공시설공사와 도급관련 흐름도

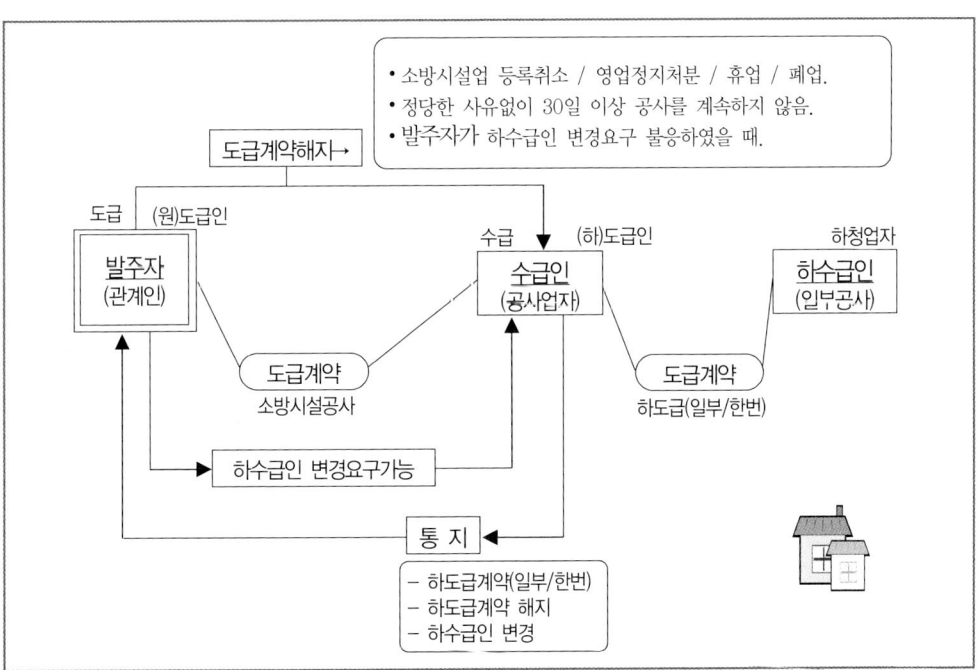

【법 제26조】 시공능력 평가 및 공시

소방청장은 관계인 또는 발주자가 적절한 공사업자를 선정할 수 있도록 공사업자의 신청이 있으면 해당 공사업자의 실적, 자본금 등을 시공능력 평가하여 공시할 수 있다.
1. 공시자: 소방청장

> 【칙 별표 4】시공능력의 평가의 방법
> ① 시공능력평가액: 경력평가액+기술력평가액+자본금평가액+실적평가액 ± 신인도평가액
>   ▶ 경기자 싫신(* 경기가 싫신으로 시공능력평가액을 산정) *오답: 부채상황평가액
> ② 산정방법: 경력평가액(20/100), 기술력평가액(30/100), 자본금평가액(70/100), 실적평가액(연평균 공사실적액) ▶ 경리 기상 자치 싫연
>
> 【칙 제23조】시공능력의 평가 (▶ 중요도 없음)
> 1. 평가된 시공능력은 1건으로 하고, 시공능력의 유효기간은 공시일부터 1년간으로 한다.
>   (*^^ 업체의 과거의 실적보다 현재 실적 규모를 위한 최근 1년 간 실적을 필요로 한다)
>   ① 기간: 해당 시공능력평가 결과의 공시일로부터 1년 동안으로 한다.
>   ② 평가: 매년 7.31까지 각 공사업자의 시공능력을 일간신문 또는 인터넷을 통하여 공시

■ 시공능력 평가 및 공시 보충설명
- 소방시설업(설계·공사·감리·방염업)은 TV의 CF 등 홍보가 없는 비교적 소규모 업체이다.
- 공사업의 최저인원은 2명(설계업 2명, 감리업은 3명)이면 시·도에 등록 후 영업할 수 있다.
- 국민들은 큰 빌딩을 지으면서 소방시설공사가 필요할 때 홍보가 없는 이러한 소규모 소방업체를 찾기가 쉽지 않아(설령 찾는다 하여도 믿음이 가지 않을 수 있다.) 불편해 하고 있다.
- 이에 소방청에서는 국민들이 믿음 있게 소방공사업자를 선정할 수 있도록 하기 위하여 공사업자에게 매년 2월 15일까지 신청을 받아 그 공사업체의 시공(공사)능력을 평가하여 매년 7.31까지 인터넷 또는 일간신문에 공시(공고)한다.

―――――＊

소방청의 시공능력의 평가의 방법[칙 별표4]은 다음과 같다.
+경력평가액(몇 년된 업체인가?)
+기술력평가액(기술자가 몇 명 있는가?)
+자본금평가액(자본금 규모가 얼마나 되는가?)
+실적평가액(공시일로부터 1년 동안 실적이 얼마나 되는가? − 연평균공사실적액)
± 신인도평가액(우수소방시설공사업자지정, 품질경영인증취득, 소방시설공사 표창수상 경력)에 따라 시공능력을 평가한다.

04 소방기술자

【법 제28조】소방기술경력 등의 인정 등

1. 소방청장은 소방기술의 효율적인 향상을 위하여 자격·학력·경력을 인정받은 자에게 소방기술자로 인정하는 자격수첩(소방기술인정수첩)과 경력수첩을 발급할 수 있다.

    *^^ 소방기술인정수첩을 "자격수첩", 소방기술자 경력수첩을 "경력수첩"이라 한다.

    _____*

2. 소방청장은 자격수첩을 발급받은 사람이 다음에 해당하는 경우에는 그 인정자격을 취소하거나 6월 이상 ~ 2년 이하의 기간을 정하여 정지시킬 수 있다.
    (다만, 제①호, ②호로, 취소된 자는 그 날부터 2년간 자격수첩을 발급 받을 수 없다.)
    ① 거짓이나 그 밖의 부정한 방법으로 자격수첩 또는 경력수첩을 발급받은 때(취소)
    ② 자격수첩 또는 경력수첩을 다른 사람에게 빌려준 경우(취소)
    ③ 동시에 둘 이상의 업체에 취업한 경우(정지) - (※ 관리사는 취소.)
    ④ 이 법 또는 이 법에 따른 명령을 위반한 경우(정지)

    ■ 정지의 비교

구 분	개월	실시자
• 모든 업체	6개월 이하	시·도지사
• 자격수첩	6월 이상~2년 이하	소방청장
• 소방시설관리사	2년 이하	소방청장

    ※ 동시에 둘 이상 업체에 취업한 경우 관리사는 취소! 자격수첩은 정지이다. (▶ 관취자정)

【칙 제24조】소방기술과 관련된 자격·학력 및 경력의 인정범위 등 (▶ 중요도 없음)
 ① 소방기술과 관련된 자격: 소방기술사, 소방시설관리사, 소방설비기사, 소방설비산업기사, 위험물기능장, 위험물산업기사, 위험물기능사 등
 ② 소방기술과 관련된 학력: 소방안전관리학과, 전기공학과, 산업안전공학과, 기계공학과, 건축공학과, 화학공학과 등을 졸업한 사람
 ③ 소방기술과 관련된 경력: 소방시설공사업, 소방시설설계업, 소방공사감리업, 소방시설관리업, 위험물안전관리업무대행기관, 국가, 지방자치단체, 정부출자기관, 지방공사, 지방공단, 한국소방안전원, 한국소방산업기술원, 한국화재보험협회, 협회, 소방안전관리 경력자 등

【칙 제26·29·31·35조】소방기술자의 실무교육
 ① 교육횟수 및 통보: 2년마다 1회 이상, 교육 실시 10일 전까지

【법 제30조의 3】 소방시설업자 협회의 업무

소방시설업자의 권익보호와 소방기술의 개발 등 소방시설업의 건전한 발전을 위하여 소방청장의 인가를 받아 사단법인으로 설립하며 그 업무는 다음과 같다.
① 소방시설업의 기술발전과 소방기술 진흥의 조사·연구·분석·평가
② 소방산업의 발전 및 소방기술의 향상을 위한 지원
③ 소방시설업의 기술발전과 관련된 국제교류·활동 및 행사의 유치
④ 이 법에 따른 위탁 업무의 수행

【법 제32조】 청문*

소방시설업의 등록 취소처분 및 소방기술인정자격취소의 처분을 하려면 청문을 실시한다. 그 대상은 다음과 같다.
① 소방시설업(설계업, 공사업, 감리업, 방염업)의 등록 취소처분이나 영업정지처분
② 소방기술인정자격(자격수첩) 취소의 처분을 하고자 하는 경우

- 청 문
  청문은 행정청이 처분을 하기 앞서 당사자 등의 의견을 직접 듣고 증거를 조사하는 절차로서 업체가 한번 취소되면 2년간 다시 개업을 하지 못하므로 신중하자는 취지이다.
  이 법에는 4개의 업체와, 1개의 자격수첩에 대한 청문이 있다.
  (*^^ 상기 ①번은 취소처분이나 정지처분이지만 ②번은 취소 처분뿐이며 정지는 해당되지 않는다.)

- 술은 장수의 영약인가?

  스카치 위스키 '올드파'에 그 이름을 남긴 토마스파는 영국의 유명한 장수자이다.
  그는 10사람 국왕의 치세 동안을 살다가 1635년에 152세로 죽었다고 한다. 평범한 농민 출신이나, 후에 루벤스, 반다이크가 그의 초상화를 그려서 국왕 찰스 1세에 헌상하여 더욱 유명해졌다.
  장수자의 모습을 술의 상표로 삼은 것은, 음주가 건강에 해롭다고 역설적으로 설명하기도 한다.
  어쩌다 우리는 한 잔의 술을 마시고 자신의 고뇌와 시험에 얽힌 실패담을 얘기하기도 한다.

- 남과 경쟁하지 말고 자기 자신과 경쟁하라. 자기 자신을 낮추지 말고 항상 격려하라.
  자신에게 남보다 더 많은 장점과 남보다 더 작은 단점이 있음을 생각하라.
  합격은 자신을 움직이고 다른 사람들을 움직이는 크고 위험하고 대담한 목표가 필요하다.
  Aim low, boring Aim high, soaring!(목표를 낮게 잡으면 지루해지고, 높게 잡으면 솟아오른다!)

소방관계법규

소방시설공사업법 주요기출 시험흐름 파악하기

기출 1 소방시설업자가 설계·시공 또는 감리를 수행하게 한 특정소방대상물의 관계인에게 지체 없이 그 사실을 알려야하는 내용으로 옳지 않은 것은? [기출문제]

① 시설업자의 지위승계를 하였을 때
② 등록 취소 또는 영업정지처분을 받았을 때
③ 휴업 또는 폐업을 하였을 때
④ 소방기술인력을 변경하였을 때

해설: 소방기술인력을 변경하였을 때는 해당하지 않는다.(공사업법 제8조) // ④

기출 2 완공검사를 위한 현장확인대상 특정소방대상물의 범위가 아닌 것은? [기출문제]

① 다중이용업소
② 가스 1천톤 이상의 특정소방대상물
③ 지하가
④ 연면적 1만제곱미터 이상인 특정소방대상물

해설: 지하상가에 해당된다. 지하가는 지하상가+ 상점이 있는 터널이다.(소방시설공사업법 시행령 제5조) // ③

기출 3 대통령령이 정하는 공사감리자 지정대상 특정소방대상물의 범위로 틀린 것은? [기출문제]

① 옥외소화전
② 자동화재탐지설비
③ 캐비닛형 간이스프링클러설비
④ 물분무등소화설비(호스릴 소화설비 제외)

해설: 캐비닛형 간이스프링클러설비는 제외한다.(공사업법 시행령 제10조) // ③

기출 4 공사현장을 매일 감리하는 상주공사감리의 대상은 연면적 몇 만㎡ 이상인가? [기출유사]

① 1천㎡ 이상 ② 2만㎡ 이상 ③ 3만㎡ 이상 ④ 5만㎡ 이상

해설: 상주공사감리의 대상인 것은 연면적 3만㎡ 이상에 해당한다.(규칙 제16조) // ③

기출 5 소방시설공사업법 하자보증기간 내용 중 옳지 않은 것은? [개념 문제]

① 소화용수설비는 하자보증기간이 3년이다
② 감지기, 수신기, 발신기, 중계기 등은 하자보증기간이 3년이다.
③ 시각경보기, 누전경보기, 가스누설경보기는 하자보증기간이 없다.
④ 피난기구, 유도등, 유도표지, 비상조명등, 비상경보설비, 비상방송설비, 무선통신보조설비는 2년이며, 자동소화장치, 비상콘센트설비, 자동화재탐지설비, 상수도소화설비 등은 3년이다.

해설: 3경보기(시각경보기, 누전경보기, 가스누설경보기), 단독경보형감지기, 통합감시시설, 소화기구, 인명구조기구, 물분무등소화설비 등은 하자보증 대상물품이 아니다. / 그러나 감지기, 수신기 발신기, 중계기 등은 자동화재탐지시설로 하자보증기간이 3년이다. 유사 기출문제는 아니지만 개념을 잡기 위해 만든 문제이다. (* 실제시험에서는 보기 ④번을 중시한다.) (소방시설공사업법 시행령 제6조). // ①

05 벌 칙

【법 제35조】 3년 이하 징역 또는 3,000만 원 이하의 벌금*
 1. 소방시설업 등록없이 소방시설 영업을 한 사람
   ▶ 3년 유령 (*연상: 3·3 부정선거 유령회사 차린 자)

【법 제36조】 1년 이하 징역 또는 1,000만 원 이하의 벌금
 1. 영업정지 처분기간에 소방시설업 영업을 한 사람
 2. 화재안전기준*을 위반하여 설계나 시공을 한 사람 등
 3. 공사감리자를 지정하지 아니한 관계인
 4. 감리자 업무 위반 및 위반사항, 감리결과 통보를 거짓으로 보고·제출한 사람
 5. 도급기준을 위반한 자.(공사업자가 아닌 자에게 소방시설공사를 도급한 사람)
 6. 규정에 위반하여 하도급을 위반한 사람   ▶ 천만원 하도급
 7. 소방기술자의 법과 명령에 따르지 아니하고 업무를 수행한 사람

【법 제37조】 300만 원 이하의 벌금
 1. 소방시설 등록증·등록수첩을 대여한 자나 자격수첩이나 경력수첩을 빌려준 사람
 2. 소방시설공사 현장에 감리원을 배치하지 아니한 사람   ▶ 3백 감배
 3. 소방시설공사가 설계 또는 화재안전기준에 적합하지 아니하여 시정 또는 보완하도록 한 감리업자의 보완 요구에 따르지 아니한 사람
 4. 공사감리계약을 해지하거나, 대가 지급을 거부하거나 지연시키거나 불이익을 준 사람
 5. 동시에 둘 이상의 업체에 취업한 소방기술자
 6. 검사 시 관계인의 정당한 업무를 방해하거나 업무상 알게 된 비밀을 누설한 사람.
 7. 소방시설공사를 다른 업종의 공사와 분리하여 도급하지 아니한 자.
(*^^ 공사업법은 5년 이하의 징역 또는 5천만 원 이하의 벌금조항과 200만 원 이하의 벌금 조항이 없다.)

【법 제38조】 100만 원 이하의 벌금
 1. 보고 또는 자료제출을 하지 아니하거나 거짓으로 한 사람
 2. 정당한 사유 없이 관계공무원의 출입, 검사·조사를 거부·방해 또는 기피한 사람

【법 제39조】 양벌규정

"화재예방, 소방시설설치유지 및 안전관리에 관한 법률"의 양벌규정에 준용한다.

【법 제40조】 200만 원 이하의 과태료*

1. 등록변경·지위승계·착공·공사감리자 지정신고를 하지 아니하거나 거짓으로 한 사람
2. 관계인에게 지위승계, 행정처분, 휴업·폐업을 알리지 아니하거나 거짓으로 알린 사람
3. 하자보수 보증기간동안 관계 서류를 보관하지 아니한 사람
4. 소방기술자를 공사 현장에 배치하지 아니한 사람
5. 소방시설의 완공검사를 받지 아니한 사람
6. 3일 이내에 하자보수를 아니하거나 하자보수계획을 관계인에게 거짓으로 알린 사람
7. 감리 관계 서류를 인수·인계, 배치통보, 변경통보를 하지 아니하거나 거짓으로 통보한 자
8. 방염성능기준 미만으로 방염을 한 자
9. 도급계약 체결 시 의무를 이행하지 아니한 자
10. 하도급 통지를 하지 아니 한 자. (* 하도급 받은 소방시설업자는 제외)
11. 시·도지사, 소방본부장, 소방서장의 명령을 위반하여 보고하거나 자료 제출 또는 각종 서류를 거짓으로 제출하거나 위조 변조 및 거짓 입찰을 한 자.

※ 과태료: 시·도지사, 소방본부장, 소방서장이 부과·징수한다. (▶ 시·본·서장)

■ 소방 4대 법칙의 벌칙 유무 비교 (이하)

	기본법(5개)	설치·유지법(4개)	공사업법(4개)	위험물법(7개)
1	5년, 5천만	5년, 5천만	X	1년 이상~10년
2	3년, 3천만	3년, 3천만	3년, 3천만	7년금고, 7천만
3	X	1년, 1천만	1년, 1천만	5년, 1억 원
4	300만	300만	300만	3년, 3천만
5	200만	X	100만	1년, 1천만
6	100만	X	X	1,5백만 원
7	X	X	X	1천만 원
과태료	20,100,200,500만	100,200,300만	200만 원	500만 원

※ 벌칙에 따른 법의 경중: 4법 > 1법, 2법 > 3법 순에 해당된다.

06 소방시설공사업법 시행령

【영 별표 1】 소방시설업의 업종별 등록기준 및 영업범위(영 제2조 관련) (▶ 중요도 적음)

1. 소방시설 설계업의 등록기준 및 영업범위
   소방시설설계업의 등록기준 및 영업범위는 다음과 같다.

업종별		항목 기술 인력 (이상)	영업 범위
전문소방시설 설계업		① 주인력: 소방기술사 1명 ② 보조: 1명	• 모든(all) 기계·전기분야의 설계.
일반 소방 시설 설계업	기계 분야	① 주인력: 소방기술사나 기계분야소방설비기사 1명 ② 보조: 1명	① 아파트의 기계분야 소방시설. ② 연면적 3만m²(공장: 1만m²) 미만에 설치되는 기계분야의 설계(* 단, ①②항 제연설비 설치대상물은 제외) ③ 위험물제조소등의 기계분야 소방시설 설계.
	전기 분야	① 주인력: 소방기술사나 전기분야소방설비기사 1명 ② 보조: 1명	① 아파트에 설치되는 전기분야 소방시설의 설계. ② 3만m²(공장: 1만m²) 미만에 설치되는 전기분야 설계. ③ 위험물제조소등의 전기분야 소방시설 설계.

※ 비 고
1. 위 표의 일반소방시설설계업에 있어서 기계 및 전기분야 대상이 되는 범위는 다음과 같다.
   ① 기계분야
      ㉠ 소화기구·자동소화장치·옥내소화전·스프링클러·물분무등소화설비·옥외소화전설비·피난기구·인명구조기구·상수도소화용수설비·소화수조·저수조·그 밖의 소화용수설비·제연설비·연결송수관설비·연결살수설비 및 연소방지설비
      ㉡ 기계분야 소방시설에 부설되는 전기시설.(단, 비상전원·동력회로·제어회로·기계분야 소방시설을 작동을 위한 화재감지기에 의한 화재감지장치 및 전기신호에 의한 소방시설의 작동장치를 제외)
   ② 전기분야
      ㉠ 단독경보형감지기·비상경보·비상방송·누전경보기·자동화재탐지설비·시각경보기·자동화재속보설비·가스누설경보기·통합감시시설·유도등·비상조명등·휴대용비상조명등·비상콘센트, 무선통신보조설비
      ㉡ 기계분야 소방시설에 부설되는 전기시설 중 ①의 ㉡ 단서의 전기시설
2. 일반소방시설설계업의 기계분야 및 전기분야를 함께 하는 경우 주된 기술인력은 소방기술사 또는 기계분야 소방설비기사와 전기분야 소방설비기사 자격을 함께 취득한 자 1명 이상으로 할 수 있다.
3. "보조기술인력"이란 다음에 해당하는 자를 말한다.
   ① 소방기술사, 소방설비기사, 소방설비산업기사 자격 취득자
   ② 소방공무원으로 경력이 3년 이상인 사람
   ③ 행정안전부령으로 정하는 자격수첩을 발급받은 사람

2. 소방시설 공사업의 등록기준 및 영업범위

소방시설공사업의 등록기준 및 영업범위는 다음과 같다 여기서는 자본금을 중요시 하고 있다.

즉, 전문 소방시설공사업체를 차릴 때는 "자본금"이 1억 원 이상이 있어야 된다.

일반 소방시설공사업체를 차릴 때는 "자산평가액"이 1억 원 이상이 있어야 된다.

업종별	항목	기술 인력 (이상)	자본금 (자산평가액)	영업 범위
전문소방시설공사업		① 주인력: 소방기술사 또는 기계·전기분야의 소방설비기사 각 1명(혹은 기계·전기분야 함께 취득자 1명) ② 보조: 2명	① 법인: 1억원 ② 개인: 1억원	• 모든(all) 기계·전기분야의 공사·개설·이전·정비
일반소방시설공사업	기계분야	① 주인력: 소방기술사 또는 기계분야 소방설비기사 1명 ② 보조: 1명	① 법인: 1억원 ② 개인: 1억원	① 연면적 1만m² 미만 기계분야의 공사·개설·이전·정비 ② 위험물제조소등 기계분야의 공사·개설·이전·정비
	전기분야	① 주인력: 소방기술사 또는 전기분야 소방설비기사 1명 ② 보조기술인력: 1명	① 법인: 1억 원 ② 개인: 1억 원	① 연면적 1만m² 미만 전기분야의 공사·개설·이전·정비 ② 위험물제조소등 전기분야의 공사·개설·이전·정비

※ 비 고
1. 기계분야 및 전기분야 대상이 되는 범위는 소방시설설계업에 준용한다.
2. 기계분야 및 전기분야의 일반소방시설공사업을 함께 하는 경우 주된 기술인력은 소방기술사 1명 또는 기계분야 및 전기분야의 자격을 취득한 소방설비기사 1명으로 한다.
3. 자본금(자산평가액)은 해당 소방시설공사업의 최근 결산일 현재의 총자산에서 총부채를 뺀 금액이고, 소방시설공사업 외의 다른업을 함께하는 경우에는 자본금에서 겸업비율의 금액을 뺀 금액이다.
4. "보조기술인력"이란 소방시설설계업의 등록기준 및 영업범위의 비고란 제4호에 해당하는 자를 말한다.
5. "<u>개설</u>" : 소방대상물에 설치된 소방시설 등의 전부 또는 일부를 철거하고 새로이 설치하는 것을 말함
6. "이전" : 이미 설치된 소방시설등을 현재 설치된 장소에서 다른 장소로 옮기어 설치하는 것을 말한다.
7. "정비" : 이미 설치된 소방시설 등을 구성하고 있는 기계·기구를 교체하거나 보수하는 것을 말한다.
※ 소방기술자에서 상위등급의 기술 인력 보유는 하위등급을 보유한 것으로 간주한다.

3. 소방공사 감리업의 등록기준 및 영업범위

　소방공사 감리업의 등록기준 및 영업범위는 다음과 같다.

　소방공사감리업의 영업범위는 소방시설 설계업의 영업범위와 같으며 등록기준에 있어서 기술인력도 전문소방업체에 있어서는 기술사가 1명 이상이 필수로 있어야 한다.

업종별		항목 기술 인력 (이상)	영업 범위 (* 설계업과 동일)
전문소방공사 감리업		① 소방기술사 1명 ② 기계 및 전기분야 특급감리원 각 1명(기계 및 전기분야의 자격을 함께 가지고 있는 자는 그에 해당하는 자 1명 - 이하 ③항 ④항 ⑤항에서 같다.) ③ 기계 및 전기분야의 고급감리원 각 1명 ④ 기계 및 전기분야의 중급감리원 각 1명 ⑤ 기계 및 전기분야의 초급감리원 각 1명	• 모든(all) 기계·전기분야의 소방시설공사 감리
일반 소방 공사 감리업	기계 분야	① 기계분야 특급감리원 1명 ② 기계분야 고급 또는 중급감리원 1명 ③ 기계분야 초급감리원 1명	① 연면적 3만m²(공장: 1만) 미만의 기계분야 감리 ② 아파트에 설치되는 기계분야의 감리(단, ①② 제연설비 설치대상물은 제외) ③ 위험물제조소등에 설치되는 기계분야의 감리
	전기 분야	① 전기분야 특급감리원 1명 이상 ② 전기분야 고급 또는 중급감리원 1명 ③ 전기분야 초급감리원 1명	① 연면적 3만m²(공장: 1만m²) 미만에 설치되는 전기분야의 감리 ② 아파트의 전기분야 감리 ③ 위험물제조소등의 전기분야 감리

※ 비 고
1. 기계분야 : "실내장식물 및 방염대상물품"을 포함하여 전기분야와 함께 소방시설설계업에 준용한다.
2. 위 표에서 "감리원"이란 부표 2의 구분에 따라 기술자격을 갖추거나 학력·경력이 있는 사람을 말한다.
3. 일반소방공사감리업의 기계분야 및 전기분야를 함께 하는 경우 기계분야 및 전기분야를 함께 취득한 감리원을 해당 기술인력등급별로 각 1명 이상을 두어야 한다.

4. 방염처리업의 종류

방염업
① 섬유류 방염업 ② 합판·목재류 방염업 ③ 합성수지류 방염업 : 제조설비, 가공설비, 성형설비 중 하나 이상을 갖출 것

• REFFERNCE

 **시설업 정리**

소방시설은 광의적으로 2가지로 분류된다. "소방시설기계분야"와 "소방시설전기분야"이다. 여기서 기계시설과 전기시설 쪽 일을 모두 수용할 수 있으면 "전문"이라 칭하고 기계시설쪽이나 전기시설쪽 한 쪽만 일을 할 수 있으면 "일반"으로 칭한다.

1. 소방시설 설계업
   ① 전문 소방시설 설계업
      ㉠ 기술인력: 주인력 소방기술사 <u>1명 이상</u>, 보조인력 1명 이상.
      ㉡ 대상: 모든 특정소방대상물의 설계를 할 수 있다.
   ② 일반 소방시설 설계업
      ㉠ 기술인력: 소방기술사 또는 각 해당 소방설비기사 1명, (보조인력 1명) 이상
      ㉡ 기계분야: 연면적 <u>3만</u>m²(공장은 1만m²) 미만 특정소방대상물(*아파트 제연설비 제외)
      ㉢ 전기분야: 연면적 <u>3만</u>m²(공장은 1만m²) 미만 특정소방대상물

2. 소방시설 공사업
   ① 전문소방시설 공사업
      ㉠ 주인력: 소방기술사 또는 소방설비기사 기계분야·전기분야 각 1명 이상, 보조 2명 이상
      ㉡ 자본금: <u>법인 자본금 1억 원 이상</u>, <u>개인 1억 원 이상</u>
   ② 일반소방시설 공사업(주 인력 소방기술사 또는 소방설비기사 1명 이상, 보조 1명 이상)
      ㉠ 영업범위: 연면적 <u>1만</u>m² 미만의 소방대상물
      ㉡ 기계분야 자본금: 법인 <u>1억</u> 원 이상, 개인 1억 원 이상
      ㉢ 전기분야 자본금: 법인 <u>1억</u> 원 이상, 개인 1억 원 이상

3. 소방공사 감리업
   ① 전문소방공사 감리업: 소방기술사 1명 이상, 특급·고급·중급·초급감리원 각 1명 이상
      • 대상: 모든 특정소방대상물
   ② 일반소방공사 감리업: 각 분야 특급·고급(또는 중급)·초급 감리원 각 1명 이상
      • 대상: 연면적 3만m²(공장은 1만m²)미만의 대상물(* 기계분야: 아파트 제연설비 제외)

종류	구분	분야	기술인력(이상)	범위(미만)	자본금(개인)
소방시설 설계업	전문	·	기술사 1인, 보조 1명		
	일반	기계	기술사 또는 해당 기사 1인, 보조 1명	3만m²	
		전기	기술사 또는 해당 기사 1인, 보조 1명	3만m²	
소방시설 공사업	전문	·	기술사 또는 기사 2명(혹은 1명), 보조 2명		1억(법인 1억)
	일반	기계	기술사 또는 기사 1명, 보조 1명	1만m²	〃
		전기	기술사 또는 기사 1명, 보조 1명	1만m²	〃
소방공사 감리업	전문	·	기술사 1인, 특급·고급·중급·초급 각 1명		
	일반	기계	특급·고급(또는 중급)·초급 감리원 각 1명	3만m²	
방염업	① 섬유류방염업 ② 합성수지류방염업(제조·가공·성형설비) ③ 합판·목재류방염업				

• 보충수업(심화과정)

【영 별표 3】 소방공사감리의 종류 및 방법(요약) (영 제9조 관련)

공사		내 용
상주공사감리	대상	① 연면적 <u>3만㎡</u> 이상의 특정소방대상물(아파트를 제외한다)에 대한 소방시설의 공사. ② 지하층을 <u>포함</u>한 16층 이상으로서 500세대 이상인 아파트에 대한 소방시설 공사
	방법	① 감리원이 행정안전부령이 정하는 기간 중 부득이한 사유로 <u>1일 이상</u> 현장을 이탈하는 경우에는 감리일지 등에 기록하여 발주청 또는 발주자의 확인을 받아야 한다.
일반공사감리		• 상주공사감리에 해당하지 아니하는 소방시설의 공사 (* 연면적 3만㎡ 미만)
	방법	① 감리원은 공사현장을 방문하여 법 제16조제1항 각호의 규정에 의한 업무를 수행한다. 다만, 법 제16조제1항제9호의 규정에 의한 업무(실내장식물의 불연화 및 방염물품의 적법성 검토)는 행정안전부령이 정하는 기간 중에 공사가 이루어지는 경우만 해당한다. ② 감리원은 <u>주 1회 이상</u> 공사현장에 배치되어 업무를 수행하고 감리일지에 기록해야 한다. ③ 감리업자는 감리원이 부득이한 사유로 14일 이내의 범위에서 ②항의 업무를 수행할 수 없는 경우에는 업무대행자를 지정하여 그 업무를 수행하게 해야 한다. ④ ③항에 의하여 지정된 업무대행자는 <u>주 2회</u> 이상 공사현장을 방문하여 가목의 업무를 수행하며 그 업무수행 내용을 책임감리원에게 통보하고 감리일지에 기록해야 한다.

【영 별표 2】 소방기술자의 배치기준 (영 제3조 관련) (▶ 중요도 없음)

소방기술자(기계·전기분야)를 공사 현장에 배치하여야 하는 소방시설공사의 기준은 다음과 같다.

구 분	배 치 기 준
1. 특급 소방기술자	① 연면적 20만㎡ 이상 ② 지하층을 포함한 40층 이상.
2. 고급 소방기술자	① 연면적 3만㎡ ~ 20만㎡ 미만(아파트 제외) ② 지하층을 포함한 16층 ~ 40층 미만
3. 중급 소방기술자	① 물분무등소화설비, 제연설비가 설치되는 현장 ② 연면적 5천㎡ ~ 3만㎡ 미만(아파트 제외) ③ 연면적 1만㎡ ~ 20만㎡ 미만인 아파트의 공사 현장
4. 초급 소방기술자	① 연면적 1천㎡~5천㎡ 미만(아파트 제외) ② 연면적 1천㎡ 이상~1만㎡ 미만인 아파트 및 지하구
5. 자격수첩 발급자	연면적 1천㎡ 미만인 특정소방대상물의 공사현장

(* 1. <u>특급소방기술자 범위는 영별표4 기술사감리원과 동일 / 2.고급기술자는 영별표4 특급감리원과 동일하다</u>)

※ 공사업자는 다음 경우를 제외하고 1명의 기술자를 2개의 공사현장을 초과 배치해서는 아니 된다.
   ① 연면적 5천㎡ 미만인 공사 현장에만 배치하는 경우.(단, 그 면적이 2만㎡를 초과금지.)
   ② 건축물이 5천㎡ 이상인 공사 현장 2개 이하와 5천㎡ 미만인 공사 현장에 같이 배치하는 경우.
      (단, 5천㎡ 미만의 공사 현장의 연면적의 합계는 1만㎡를 초과하여서는 아니 된다.)

【영 별표 1 부표2】
소방시설공사 현장에 배치하기 위한 감리원의 구분에서 그 분류(자격수첩)는
소방설비(산업)기사는 각각 해당 년수 이상의 소방관련업무를 수행한 사람을 말한다.

구 분	기 사	산업기사
1. 기술사 특급소방감리원	기술사 시험에 합격 후 "기술사"자격증이 있는 사람	
2. 특급소방감리원	8년	12년
3. 고급소방감리원	5년	8년
4. 중급소방감리원	3년	6년
5. 초급소방감리원	1년	2년

▶ 고급 5,8년 (* **연상**: 고급오빠 감리원)

【영 별표 4】 소방공사감리원의 배치기준 (영 제11조 관련)

1. 특급소방감리원 중 소방기술사 1명 이상 배치:
   연면적이 20만㎡ 이상 또는 지하층을 포함한 40층 이상인 특정소방대상물의 공사현장.
2. 특급소방감리원 이상의 감리원 1명 이상 배치: 연면적이 3만㎡ 이상 20만㎡ 미만(아파트는 제외)
   또는 지하층을 포함한 16층 이상 40층 미만인 특정소방대상물의 공사현장.
3. 고급 이상의 소방감리원 1명 이상 배치: 물분무등소화설비(호스릴방식 제외) 또는 제연설비가
   설치되는 특정소방대상물이나 연면적이 3만㎡ 이상 20만㎡ 미만인 아파트의 공사현장.
4. 중급 이상 소방감리원 1명 이상 배치: 연면적 5천㎡ 이상 3만㎡ 미만인 특정소방대상물.
5. 초급소방감리원: 연면적이 5천㎡ 미만 또는 지하구의 경우 초급 이상의 소방감리원 1명 이상.
   (*~~1,2,3,번은 초급 이상의 감리원을 보조감리원으로 두어야 한다.)

■ 정리

구 분	면 적(㎡)	층 수	보조(초급↑)
1. 기술사특급소방감리원	20만 이상	40층 이상	필요
2. 특급소방감리원	3만~20만 미만	16층~40층 미만	필요
3. 고급소방감리원	(APT 3만~20만 미만)	(제물=제연, 물분무등)	필요
4. 중급소방감리원	5천~3만 미만	•	x
5. 초급소방감리원	5천 미만	지하구	x

- 포기는 지는 것이다. 포기보다 더 수치스러운건
그것을 딛고 일어서지 못하는 나약한 마음이다
패배는 나에게 약이고 포기는 가족에게 벌이다 -

제3편

소방시설공사업법(원문) 60p

03편 소방시설공사업법 60p

시행령·시행규칙·별표

(* 중요도 낮은 조항은 생략되었으니 법제처 참조바람)

http://www.moleg.go.kr/main.html

▶ 출제자들이 선호했던 소방관계시험의 중요문제 조항은 그 (법조항) 밑에 단어 문제는 그 문장의 <u>단어</u> 밑에 **고딕체** 및 밑줄로서 선별하였습니다.
※ 3분법 질문: 소방청(소방제도과) 044-205-7286 외 메일

제3편 소방시설공사업법(원문)

법 개정 2020.6.9 법률 제17378호

시행령
개정 2020.9.8 대통령령 제31000호

시행규칙
개정 2020.1.15 행정안전부령 제156호

제1장 총 칙

제1조 (목적)
이 법은 소방시설공사 및 소방기술의 관리에 필요한 사항을 규정함으로써 소방시설업을 건전하게 발전시키고 소방기술을 진흥시켜 화재로부터 공공의 안전을 확보하고 국민경제에 이바지함을 목적으로 한다.

제2조 (정의)
① 이 법에서 사용하는 용어의 뜻은 다음과 같다.
1. "소방시설업"이란 다음 각목의 영업을 말한다.
   가. 소방시설설계업: 소방시설공사에 기본이 되는 공사계획, 설계도면, 설계설명서, 기술계산서 및 이와 관련된 서류(이하 "설계도서"라 한다)를 작성(이하 "설계"라 한다)하는 영업
   나. 소방시설공사업: 설계도서에 따라 소방시설을 신설, 증설, 개설, 이전 및 정비(이하 "시공"이라 한다)하는 영업
   다. 소방공사감리업: 소방시설공사에 관한 발주자의 권한을 대행하여 소방시설공사가 설계도서와 관계법령에 따라 적법하게 시공되는지를 확인하고, 품질·시공관리에 대한 기술지도를 하는(이하 "감리"라 한다)영업
   라. 방염처리업: 「화재예방, 소방시설 설치·유지 및 안전관리에 관한 법률」 제12조제1항에 따른 방염대상물품에 대하여 방염처리(이하 "방염"이라 한다)하는 영업
2. "소방시설업자"란 소방시설업을 경영하기 위하여 제4조에 따라 소방시설업을 등록한 자를 말한다.
3. "감리원"이란 소방공사감리업자에 소속된 소방기술자로서 해당 소방시설공사를 감리하는 사람을 말한다.
4. "소방기술자"란 제28조에 따라 소방기술 경력 등을 인정받은 사람과 다음 각 목의 어느 하나에 해당하는 사람으로서 소방시설업과 「화재예방, 소방시설설치유지 및 안전관리에 관한 법률」에 따른 소방시설관리업의 기술인력으로 등록된 사람을 말한다.
   가. 「화재예방, 소방시설 설치유지 및 안전관리에 관한 법률」에 따른 소방시설관리사
   나. 국가기술자격법령에 따른 소방기술사, 소방설비기사, 소방설비산업기사, 위험물기능장, 위험물산업기사, 위험물기능사
5. "발주자"란 소방시설의 설계, 시공, 감리 및 방염(이하 "소방시설공사등"이라 한다)을 소방시설업자에게 도급하는 자를 말한다. 다만, 수급인으로서 도급받은 공사를 하도급하는 자는 제외한다.

제2조의2 (소방시설공사등 관련 주체의 책무)
① 소방청장은 소방시설공사등의 품질과 안전이 확보되도록 소방시설공사등에 관한 기준 등을 정하여 보급하여야 한다.[①②③ 본조신설 2018.2.9]
② 발주자는 소방시설이 공공의 안전과 복리에 적합하게 시공되도록 공정한 기준과 절차에 따라 능력 있는 소방시설업자를 선정하여야 하고, 소방시설공사등이 적정하게 수행되도록 노력하여야 한다.
③ 소방시설업자는 소방시설공사등의 품질과 안전이 확보되도록 소방시설공사등에 관한 법령을 준수하고, 설계도서·시방서(示方書) 및 도급계약의 내용 등에 따라 성실하게 소방시설공사등을 수행하여야 한다.

제2장 소방시설업

제4조 (소방시설업의 등록)
① 특정소방대상물의 소방시설공사등을 하려는 자는 업종별로 자본금(개인인 경우에는 자산 평가액을 말한다), 기술인력 등 대통령령으로 정하는 요건을 갖추어 특별시장·광역시장·특별자치시장·도지사 또는 특별자치도지사(이하 "시·도지사"라 한다)에게 소방시설업을 등록하여야 한다.
② 제1항에 따른 소방시설업의 업종별 영업범위는 대통령령으로 정한다.
③ 제1항에 따른 소방시설업의 등록신청과 등록증·등록수첩의 발급·재발급 신청, 그 밖에 소방시설업의 등록에 관하여 필요한 사항은 행정안전부령으로 정한다.
④ 제1항의 규정에 불구하고 「공공기관의 운영에 관한 법률」 제5조에 따른 공기업·준정부기관 및 「지방공기업법」 제49조에 따라 설립된 지방공사나 같은 법 제76조에 따라 설립된 지방공단이 다음 각 호의 요건을 모두 갖춘 경우에는 시·도지사에게 등록을 하지 아니하고 자체 기술인력을 활용하여 설계·감리를 할 수 있다. 이 경우 대통령령으로 정하는 기술인력을 보유하여야 한다.
  1. 주택의 건설·공급을 목적으로 설립되었을 것
  2. 설계·감리 업무를 주요 업무로 규정하고 있을 것

영 제2조 (소방시설업의 등록기준 및 영업범위)
① 「소방시설공사업법」(이하 "법"이라 한다) 제4조제1항 및 제2항에 따른 소방시설업의 업종별 등록기준 및 영업범위는 별표 1과 같다.
② 소방시설공사업의 등록을 하려는 자는 별표 1의 기준을 갖추어 소방청장이 지정하는 금융회사 또는 「소방산업의 진흥에 관한 법률」 제23조에 따른 소방산업공제조합이 별표 1에 따른 자본금 기준금액의 100분의 20 이상에 해당하는 금액의 담보를 제공받거나 현금의 예치 또는 출자를 받은 사실을 증명하여 발행하는 확인서를 특별시장·광역시장·특별자치시장·도지사 또는 특별자치도지사(이하 "시·도지사"라 한다)에게 제출하여야 한다.
③ 시·도지사는 법 제4조제1항에 따른 등록신청이 다음 각 호의 어느 하나에 해당되는 경우를 제외하고는 등록을 해주어야 한다.
  1. 제1항에 따른 등록기준을 갖추지 못한 경우 2. 제2항에 따른 확인서를 제출하지 아니한 경우
  3. 등록을 신청한 자가 법 제5조 각 호의 어느 하나에 해당하는 경우
  4. 그 밖에 법, 이 영 또는 다른 법령에 따른 제한에 위반되는 경우

칙 제2조 (소방시설업의 등록신청)

① 「소방시설공사업법」(이하 "법"이라 한다) 제4조제1항에 따라 소방시설업을 등록하려는 자는 별지 제1호서식의 소방시설업 등록신청서(전자문서로 된 소방시설업 등록신청서를 포함한다)에 다음 각 호의 서류(전자문서를 포함한다)를 첨부하여 「소방시설공사업법 시행령」(이하 "영"이라 한다) 제20조제3항에 따라 법 제30조의2에 따른 소방시설업자협회(이하 "협회"라 한다)에 제출하여야 한다. 다만, 「전자정부법」 제36조제1항에 따른 행정정보의 공동이용을 통하여 첨부서류에 대한 정보를 확인할 수 있는 경우에는 그 확인으로 첨부서류를 갈음할 수 있다.

1. 신청인(외국인을 포함하되, 법인의 경우에는 대표자를 포함한 임원을 말한다)의 성명, 주민등록번호 및 주소지 등의 인적사항이 적힌 서류
2. 등록기준 중 기술인력에 관한 사항을 확인할 수 있는 다음 각 목의 어느 하나에 해당하는 서류(이하 "기술인력 증빙서류"라 한다)
   가. 국가기술자격증
   나. 법 제28조제2항에 따라 발급된 소방기술 인정 자격수첩(이하 "자격수첩"이라 한다) 또는 소방기술자 경력수첩(이하 "경력수첩"이라 한다)
3. 영 제2조제2항에 따라 소방청장이 지정하는 금융회사 또는 소방산업공제조합에 출자·예치·담보한 금액 확인서(이하 "출자·예치·담보 금액 확인서"라 한다) 1부(소방시설공사업만 해당한다). 다만, 소방청장이 지정하는 금융회사 또는 소방산업공제조합에 해당 금액을 확인할 수 있는 경우에는 그 확인으로 갈음할 수 있다.
   가. 「공인회계사법」 제7조에 따라 금융위원회에 등록한 공인회계사
   나. 「세무사법」 제6조에 따라 기획재정부에 등록한 세무사
   다. 「건설산업기본법」 제49조제2항에 따른 전문경영진단기관
4. 다음 각 목의 어느 하나에 해당하는 자가 신청일 전 최근 90일 이내에 작성한 자산평가액 또는 소방청장이 정하여 고시하는 바에 따라 작성된 기업진단 보고서(소방시설공사업만 해당한다)
   가. 「공인회계사법」 제7조에 따라 금융위원회에 등록한 공인회계사
   나. 「세무사법」 제6조에 따라 기획재정부에 등록한 세무사
   다. 「건설산업기본법」 제49조제2항에 따른 전문경영진단기관
5. 신청인(법인인 경우에는 대표자를 말한다)이 외국인인 경우에는 법 제5조 각 호의 어느 하나에 해당하는 사유와 같거나 비슷한 사유에 해당하지 아니함을 확인할 수 있는 서류로서 다음 각 목의 어느 하나에 해당하는 서류
   가. 해당 국가의 정부나 공증인(법률에 따른 공증인의 자격을 가진 자만 해당한다), 그 밖의 권한이 있는 기관이 발행한 서류로서 해당 국가에 주재하는 우리나라 영사가 확인한 서류
   나. 「외국공문서에 대한 인증의 요구를 폐지하는 협약」을 체결한 국가의 경우에는 해당 국가의 정부나 공증인(법률에 따른 공증인의 자격을 가진 자만 해당한다), 그 밖의 권한이 있는 기관이 발행한 서류로서 해당 국가의 아포스티유(Apostille) 확인서 발급 권한이 있는 기관이 그 확인서를 발급한 서류

② 제1항에 따른 신청서류는 업종별로 제출하여야 한다.

③ 제1항에 따라 등록신청을 받은 협회는 「전자정부법」 제36조제1항에 따른 행정정보의 공동이용을 통

하여 다음 각 호의 서류를 확인하여야 한다. 다만, 신청인이 제2호부터 제4호까지의 서류의 확인에 동의하지 아니하는 경우에는 해당 서류를 제출하도록 하여야 한다.
1. 법인등기사항 전부증명서(법인인 경우만 해당한다)
2. 사업자등록증(개인인 경우만 해당한다)
3. 「출입국관리법」 제88조제2항에 따른 외국인등록 사실증명(외국인 경우만 해당한다)
4. 「국민연금법」 제16조에 따른 국민연금가입자 증명서(이하 "국민연금가입자 증명서"라 한다) 또는 「국민건강보험법」 제11조에 따라 건강보험의 가입자로서 자격을 취득하고 있다는 사실을 확인할 수 있는 증명서("건강보험자격취득 확인서"라 한다)〈전문개정 2015.8.4〉

칙 제2조의2 (등록신청 서류의 보완)
협회는 제2조에 따라 받은 소방시설업의 등록신청 서류가 다음 각 호의 어느 하나에 해당되는 경우에는 10일 이내의 기간을 정하여 이를 보완하게 할 수 있다.
1. 첨부서류(전자문서를 포함한다)가 첨부되지 아니한 경우
2. 신청서(전자문서로 된 소방시설업 등록신청서를 포함한다) 및 첨부서류(전자문서를 포함한다)에 기재되어야 할 내용이 기재되어 있지 아니하거나 명확하지 아니한 경우

칙 제2조의3 (등록신청 서류의 검토·확인 및 송부)
① 협회는 제2조에 따라 소방시설업 등록신청 서류를 받았을 때에는 영 제2조 및 영 별표 1에 따른 등록기준에 맞는지를 검토·확인하여야 한다.
② 협회는 제1항에 따른 검토·확인을 마쳤을 때에는 제2조에 따라 받은 소방시설업 등록신청 서류에 그 결과를 기재한 별지 제1호의2서식에 따른 소방시설업 등록신청서 서면심사 및 확인 결과를 첨부하여 접수일(제2조의2에 따라 신청서류의 보완을 요구한 경우에는 그 보완이 완료된 날을 말한다. 이하 같다)부터 7일 이내에 특별시장·광역시장·특별자치시장·도지사 또는 특별자치도지사(이하 "시·도지사"라 한다)에게 보내야 한다.

칙 제3조 (소방시설업등록증 및 등록수첩의 교부 등)
시·도지사는 제2조에 따른 접수일부터 15일 이내에 협회를 경유하여 별지 제3호서식에 따른 소방시설업 등록증 및 별지 제4호서식에 따른 소방시설업 등록수첩을 신청인에게 발급해 주어야 한다.

칙 제4조 (소방시설업등록증 또는 등록수첩의 재교부 및 반납)
① 법 제4조제3항에 따라 소방시설업자는 소방시설업 등록증 또는 등록수첩을 잃어버리거나 소방시설업 등록증 또는 등록수첩이 헐어 못쓰게 된 경우에는 시·도지사에게 소방시설업등록증 또는 등록수첩의 재발급을 신청할 수 있다.
② 소방시설업자는 제1항에 따라 재발급을 신청하는 경우에는 별지 제6호서식의 소방시설업 등록증(등록수첩) 재발급신청서[전자문서로 된 소방시설업 등록증(등록수첩) 재발급신청서를 포함한다]를 협회를 경유하여 시·도지사에게 제출하여야 한다.
③ 시·도지사는 제2항에 따른 재발급신청서[전자문서로 된 소방시설업 등록증(등록수첩) 재발급신청서를 포함한다]를 제출받은 경우에는 3일 이내에 협회를 경유하여 재발급신청서를 포함한다]를 제출받은 경우에는 3일 이내에 소방시설업 등록증 또는 등록수첩을 재발급하여야 한다.
④ 소방시설업자는 다음 각 호의 어느 하나에 해당하는 경우에는 지체 없이 협회를 경유하여 시·도지사에게 그 소방시설업 등록증 및 등록수첩을 반납하여야 한다.

1. 법 제9조의 규정에 따라 소방시설업 등록이 취소된 경우   2. 〈삭제〉
3. 제1항에 따라 재발급을 받은 경우. 다만, 소방시설업 등록증 또는 등록수첩을 잃어버리고 재발급을 받은 경우에는 이를 다시 찾은 경우에만 해당한다.

> **칙** 제4조의2 (등록관리)
> ① 시·도지사는 제3조에 따라 소방시설업 등록증 및 등록수첩을 발급(제4조에 따른 재발급, 제6조제4항 단서 및 제7조제5항에 따른 발급을 포함한다)하였을 때에는 별지 제4호의2서식에 따른 소방시설업 등록증 및 등록수첩 발급(재발급)대장에 그 사실을 일련번호 순으로 작성하고 이를 관리(전자문서를 포함한다)하여야 한다. 〈신설 2015.8.4〉
> ② 협회는 제1항에 따라 발급한 사항에 대하여 별지 제5호서식에 따른 소방시설업 등록대장에 등록사항을 작성하여 관리(전자문서를 포함한다)하여야 한다. 이 경우 협회는 다음 각 호의 사항을 협회 인터넷 홈페이지를 통하여 공시하여야 한다.
> 1. 등록업종 및 등록번호   2. 등록 연월일
> 3. 상호(명칭) 및 성명(법인의 경우에는 대표자의 성명을 말한다)   4. 영업소 소재지

제5조 (등록의 결격사유)

다음 각 호의 어느 하나 해당하는 자는 소방시설업의 등록을 할 수 없다.
1. 피성년후견인   2. 〈삭제 2015.7.20〉
3. 이 법, 「소방기본법」, 「화재예방, 소방시설설치유지 및 안전관리에 관한 법률」 또는 「위험물안전관리법」에 따른 금고 이상의 실형을 선고받고 그 집행이 끝나거나(집행이 끝난 것으로 보는 경우를 포함한다) 면제된 날부터 2년이 지나지 아니한 사람
4. 이 법, 「소방기본법」, 「화재예방, 소방시설설치유지 및 안전관리에 관한 법률」 또는 「위험물안전관리법」에 따른 금고 이상의 형의 집행유예를 선고받고 그 유예기간 중에 있는 사람
5. 등록하려는 소방시설업 등록이 취소(제1호에 해당하여 등록이 취소된 경우는 제외한다)된 날부터 2년이 지나지 아니한 자
6. 법인의 대표자가 제1호부터 제5호까지의 규정에 해당하는 경우 그 법인
7. 법인의 임원이 제3호부터 제5호까지의 규정에 해당하는 경우 그 법인

제6조 (등록사항의 변경신고)

소방시설업자는 제4조에 따라 등록한 사항 중 행정안전부령으로 정하는 중요 사항을 변경할 때에는 행정안전부령으로 정하는 바에 따라 시·도지사에게 신고하여야 한다.

> **칙** 제5조 (등록사항의 변경신고사항)
> 법 제6조에서 "행정안전부령이 정하는 중요사항"이란 다음 각 호의 어느 하나에 해당하는 사항을 말한다.
> 1. 상호(명칭) 또는 영업소 소재지   2. 대표자   3. 기술인력

> **칙** 제6조 (등록사항의 변경신고 등)
> ① 법 제6조에 따라 소방시설업자는 제5조 각 호의 어느 하나에 해당하는 등록사항이 변경된 경우에는 변경일부터 30일 이내에 별지 제7호서식의 소방시설업 등록사항 변경신고서(전자문서로 된 소방시설업 등록사항 변경신고서를 포함한다)에 변경사항별로 다음 각 호의 구분에 따른 서류(전자문서를

포함한다)를 첨부하여 협회에 제출하여야 한다. 다만, 「전자정부법」 제36조제1항에 따른 행정정보의 공동이용을 통하여 첨부서류에 대한 정보를 확인할 수 있는 경우에는 그 확인으로 첨부서류를 갈음할 수 있다.
1. 상호(명칭) 또는 영업소 소재지가 변경된 경우: 소방시설업 등록증 및 등록수첩
2. 대표자가 변경된 경우: 다음 각 목의 서류
   가. 소방시설업 등록증 및 등록수첩
   나. 변경된 대표자의 성명, 주민등록번호 및 주소지 등의 인적사항이 적힌 서류
   다. 외국인인 경우에는 제2조제1항제5호 각 목의 어느 하나에 해당하는 서류
3. <u>기술인력이 변경된 경우</u>: 다음 각 목의 서류
   가. 소방시설업 등록수첩   나. 기술인력 증빙서류   다. 〈삭제〉
② 제1항에 따른 신고서를 제출받은 협회는 「전자정부법」 제36조제1항에 따라 행정정보의 공동이용을 통하여 다음 각 호의 서류를 확인하여야 한다. 다만, 신청인이 제2호부터 제4호까지의 서류의 확인에 동의하지 아니하는 경우에는 해당 서류를 제출하도록 하여야 한다.
   1. 법인등기사항 전부증명서(법인인 경우만 해당한다)   2. 사업자등록증(개인인 경우만 해당한다)
   3. 「출입국관리법」 제88조제2항에 따른 외국인등록 사실증명(외국인인 경우만 해당한다)
   4. 국민연금가입자 증명서 또는 건강보험자격취득 확인서(기술인력을 변경하는 경우에만 해당한다)
③ 제1항에 따라 변경신고 서류를 제출받은 협회는 등록사항의 변경신고 내용을 확인하고 5일 이내에 제1항에 따라 제출된 소방시설업 등록증·등록수첩 및 기술인력 증빙서류에 그 변경된 사항을 기재하여 발급하여야 한다.
④ 제3항에도 불구하고 영업소 소재지가 등록된 특별시·광역시·특별자치시·도 및 특별자치도(이하 "시·도"라 한다)에서 다른 시·도로 변경된 경우에는 제1항에 따라 제출받은 변경신고 서류를 접수일로부터 7일 이내에 해당 시·도지사에게 보내야 한다. 이 경우 해당 시·도지사는 소방시설업 등록증 및 등록수첩을 협회를 경유하여 신고인에게 새로 발급하여야 한다.
⑤ 제1항에 따라 변경신고 서류를 제출받은 협회는 별지 제5호서식의 소방시설업 등록대장에 변경사항을 작성하여 관리(전자문서를 포함한다)하여야 한다.
⑥ 협회는 등록사항의 변경신고 접수현황을 매월 말일을 기준으로 작성하여 다음 달 10일까지 별지 제7호의2서식에 따라 시·도지사에게 알려야 한다.
⑦ 변경신고 서류의 보완에 관하여는 제2조의2를 준용한다. 이 경우 "소방시설업의 등록신청 서류"는 "소방시설업의 등록사항 변경신고 서류"로 본다.

제6조의2 (휴업·폐업 등의 신고)

① 소방시설업자는 소방시설업을 휴업·폐업 또는 재개업하는 때에는 행정안전부령으로 정하는 바에 따라 시·도지사에게 신고하여야 한다.
② 제1항에 따른 폐업신고를 받은 시·도지사는 소방시설업 등록을 말소하고 그 사실을 행정안전부령으로 정하는 바에 따라 공고하여야 한다. [본조신설 2016.1.27.]
③ 제1항에 따른 폐업신고를 한 자가 제2항에 따라 소방시설업 등록이 말소된 후 6개월 이내에 같은 업종의 소방시설업을 다시 제4조에 따라 등록한 경우 해당 소방시설업자는 폐업신고 전 소방시설

업자의 지위를 승계한다.〈개정 2020.6.9〉

④ 제3항에 따라 소방시설업자의 지위를 승계한 자에 대해서는 폐업신고 전의 소방시설업자에 대한 행정처분의 효과가 승계된다.〈개정 2020.6.9〉

직 **제6조의2 (소방시설업의 휴업·폐업 등의 신고)**

① 소방시설업자는 법 제6조의2제1항에 따라 휴업·폐업 또는 재개업 신고를 하려면 휴업·폐업 또는 재개업일부터 30일 이내에 별지 제7호의3서식의 소방시설업 휴업·폐업·재개업 신고서(전자문서로 된 신고서를 포함한다)에 다음 각 호의 구분에 따른 서류(전자문서를 포함한다)를 첨부하여 협회를 경유하여 시·도지사에게 제출하여야 한다. 다만,「전자정부법」제36조 제1항에 따른 행정정보의 공동이용을 통하여 첨부서류에 대한 정보를 확인할 수 있는 경우에는 그 확인으로 첨부서류를 갈음할 수 있다.

  1. 휴업·폐업의 경우: 등록증 및 등록수첩
  2. 재개업의 경우: 제2조제1항제2호 및 제3호, 같은 조 제3항제4호에 해당하는 서류

② 제1항에 따른 신고서를 제출받은 협회는「전자정부법」제36조제1항에 따라 행정정보의 공동이용을 통하여 국민연금가입자 증명서 또는 건강보험자격취득 확인서를 확인하여야 한다. 다만, 신고인이 서류의 확인에 동의하지 아니하는 경우에는 해당 서류를 제출하도록 하여야 한다.

③ 제1항에 따른 신고서를 제출받은 협회는 법 제6조의2제2항에 따라 다음 각 호의 사항을 협회 인터넷 홈페이지에 공고하여야 한다.

  1. 등록업종 및 등록번호   2. 휴업·폐업 또는 재개업 연월일
  3. 상호(명칭) 및 성명(법인의 경우에는 대표자의 성명을 말한다)   4. 영업소 소재지

제7조 (소방시설업자의 지위승계)

① 다음 각 호의 어느 하나에 해당하는 자가 종전의 소방시설업자의 지위를 승계하려는 경우에는 그 상속일, 양수일 또는 합병일부터 30일 이내에 행정안전부령으로 정하는 바에 따라 그 사실을 시·도지사에게 신고하여야 한다.

  1. 소방시설업자가 사망한 경우 그 상속인
  2. 소방시설업자가 그 영업을 양도한 경우 그 양수인
  3. 법인인 소방시설업자가 다른 법인과 합병한 경우 합병 후 존속하는 법인이나 합병으로 설립되는 법인

② 다음 각 호의 어느 하나에 해당하는 절차에 따라 소방시설업자의 소방시설의 전부를 인수한 자가 종전의 소방시설업자의 지위를 승계하려는 경우에는 그 인수일부터 30일 이내에 행정안전부령으로 정하는 바에 따라 그 사실을 시·도지사에게 신고하여야 한다.

  1.「민사집행법」에 따른 경매
  2.「채무자 회생 및 파산에 관한 법률」에 따른 환가(換價)
  3.「국세징수법」,「관세법」또는「지방세기본법」에 따른 압류재산의 매각
  4. 그 밖에 제1호부터 제3호까지의 규정에 준하는 절차

③ 시·도지사는 제1항 또는 제2항에 따른 신고를 받은 경우 그 내용을 검토하여 이 법에 적합하면 신고를 수리하여야 한다.

④ 제1항이나 제2항에 따른 지위승계에 관하여는 제5조를 준용한다. 다만, 상속인이 제5조 각 호의 어느

하나에 해당하는 경우 상속받은 날부터 3개월 동안은 그러하지 아니하다.
⑤ 제1항 또는 제2항에 따른 신고가 수리된 경우에는 제1항 각 호에 해당하는 자 또는 소방시설업자의 소방시설의 전부를 인수한 자는 그 상속일, 양수일, 합병일 또는 인수일부터 종전의 소방시설업자의 지위를 승계한다. 〈개정 2020.6.9〉

칙 제7조 (지위승계신고 등)
① 법 제7조제3항에 따라 소방시설업자 지위 승계를 신고하려는 자는 그 지위를 승계한 날부터 30일 이내에 다음 각 호의 구분에 따른 서류(전자문서를 포함한다)를 협회에 제출하여야 한다.
  1. 양도·양수의 경우(분할 또는 분할합병에 따른 양도·양수의 경우를 포함한다. 이하 이 조에서 같다): 다음 각 목의 서류
    가. 별지 제8호서식에 따른 소방시설업 지위승계신고서
    나. 양도인 또는 합병 전 법인의 소방시설업 등록증 및 등록수첩
    다. 양도·양수 계약서 사본, 분할계획서 사본 또는 분할합병계약서 사본(법인의 경우 양도·양수에 관한 사항을 의결한 주주총회 등의 결의서 사본을 포함한다)
    라. 제2조제1항 각 호에 해당하는 서류. 이 경우 같은 항 제1호 및 제5호의 "신청인"은 "신고인"으로 본다.
    마. 양도·양수 공고문 사본
  2. 상속의 경우: 다음 각 목의 서류
    가. 별지 제8호 서식에 따른 소방시설업 지위승계신고서
    나. 피상속인의 소방시설업 등록증 및 등록수첩
    다. 제2조 제1항 각 호에 해당하는 서류. 이 경우 같은 항 제1호 및 제5호의 "신청인"은 "신고인"으로 본다.
    라. 상속인임을 증명하는 서류
  3. 합병의 경우: 다음 각 목의 서류
    가. 별지 제9호 서식에 따른 소방시설업 합병신고서
    나. 합병 전 법인의 소방시설업 등록증 및 등록수첩
    다. 합병계약서 사본(합병에 관한 사항을 의결한 총회 또는 창립총회 결의서 사본을 포함.)
    라. 제2조 제1항 각 호에 해당하는 서류. 이 경우 같은 항 제1호 및 제5호의 "신청인"은 "신고인"으로 본다.
    마. 합병공고문 사본
② 제1항에 따라 소방시설업자 지위 승계를 신고하려는 상속인이 법 제6조의2제1항에 따른 폐업 신고를 함께 하려는 경우에는 제1항제2호다목 전단의 서류 중 제2조제1항제1호 및 제5호의 서류만을 첨부하여 제출할 수 있다. 이 경우 같은 항 제1호 및 제5호의 "신청인"은 "신고인"으로 본다.
③ 제1항에 따른 신고서를 제출받은 협회는 「전자정부법」 제36조제1항에 따라 행정정보의 공동이용을 통하여 다음 각 호의 서류를 확인하여야하며, 신고인이 제2호부터 제4호까지의 서류의 확인에 동의하지 아니하는 경우에는 해당 서류를 첨부하게 하여야 한다.
  1. 법인등기사항 전부증명서(지위승계인이 법인인 경우에만 해당한다)
  2. 사업자등록증(지위승계 인이 개인인 경우에만 해당한다)
  3. 「출입국관리법」 제88조제2항에 따른 외국인등록 사실증명(지위승계인이 외국인인 경우에만 해당한다)
  4. 국민연금가입자 증명서 또는 건강보험자격취득 확인서

④ 제1항에 따른 지위승계 신고 서류를 제출받은 협회는 접수일부터 7일 이내에 지위를 승계한 사실을 확인한 후 그 결과를 시·도지사에게 보고하여야 한다.
⑤ 시·도지사는 제3항에 따라 소방시설업의 지위승계 신고의 확인 사실을 보고받은 날부터 3일 이내에 협회를 경유하여 법 제7조제1항에 따른 지위승계인에게 등록증 및 등록수첩을 발급하여야 한다.
⑥ 제1항에 따라 지위승계 신고 서류를 제출받은 협회는 별지 제5호서식에 따른 소방시설업 등록대장에 지위승계에 관한 사항을 작성하여 관리(전자문서를 포함한다)하여야 한다.
⑦ 지위승계 신고 서류의 보완에 관하여는 제2조의2를 준용한다. 이 경우 "소방시설업의 등록신청 서류"는 "소방시설업의 지위승계 신고 서류"로 본다.

제8조 (소방시설업의 운영)

① 소방시설업자는 다른 자에게 자기의 성명이나 상호를 사용하여 소방시설공사등을 수급 또는 시공하게 하거나 소방시설업의 등록증 또는 등록수첩을 빌려주어서는 아니 된다. 〈개정 2020.6.9〉
② 제9조제1항에 따라 영업정지처분이나 등록취소처분을 받은 소방시설업자는 그 날부터 소방시설을 소방시설공사등을 하여서는 아니 된다. 다만, 소방시설의 착공신고가 수리(受理)되어 공사를 하고 있는 자로서 도급계약이 해지되지 아니한 소방시설공사업자 또는 소방공사감리업자가 그 공사를 하는 동안이나 제4조제1항에 따라 방염처리업을 등록한 자(이하 "방염처리업자"라 한다)가 도급을 받아 방염 중인 것으로서 도급계약이 해지되지 아니한 상태에서 그 방염을 하는 동안에는 그러하지 아니하다.
③ 소방시설업자는 다음 각 호의 어느 하나에 해당하는 경우에는 소방시설공사등을 맡긴 특정소방 대상물의 관계인에게 지체 없이 그 사실을 알려야 한다.
 1. 제7조에 따라 소방시설업자의 지위를 승계한 경우
 2. 제9조제1항에 따라 소방시설업의 등록취소처분 또는 영업정지처분을 받은 경우
 3. 휴업하거나 폐업한 경우
④ 소방시설업자는 행정안전부령으로 정하는 관계 서류를 제15조제1항에 따른 하자보수 보증기간 동안 보관하여야 한다.

[칙] 제8조 (소방시설업자가 보관하여야 하는 관계서류)
법 제8조제4항에서 "행정안전부령이 정하는 관계서류"란 다음 각호의 구분에 따른 해당 서류(전자문서를 포함한다)를 말한다.
 1. 소방시설설계업: 별지 제10호서식의 소방시설 설계기록부 및 소방시설 설계도서
 2. 소방시설공사업: 별지 제11호서식의 소방시설공사 기록부
 3. 소방공사감리업: 별지 제12호서식의 소방공사 감리기록부, 별지 제13호서식의 소방공사 감리일지 및 소방시설의 완공 당시 설계도서

제9조 (등록의 취소와 영업정지 등)

① 시·도지사는 소방시설업자가 다음 각 호의 어느 하나에 해당하면 행정안전부령으로 정하는 바에 따라 그 등록을 취소하거나 6개월 이내의 기간을 정하여 시정이나 그 영업의 정지를 명할 수 있다. 다만, 제1호·제3호 또는 제7호에 해당하는 경우에는 그 등록을 취소하여야 한다. 〈개정 2020.6.9〉
 1. 거짓이나 그 밖의 부정한 방법으로 등록한 경우
 2. 제4조제1항에 따른 등록기준에 미달하게 된 후 30일이 경과한 경우 다만, 자본금기준에 미달한 경우 중 「채무자 회생 및 파산에 관한 법률」에 따라 법원이 회생절차의 개시의 결정을 하고 그 절차가 진행

중인 경우 등 대통령령으로 정하는 경우는 30일이 경과한 경우에도 예외로 한다.
3. 제5조 각 호의 등록 결격사유에 해당하게 된 경우
4. 등록을 한 후 정당한 사유 없이 1년이 지날 때까지 영업을 시작하지 아니하거나 계속하여 1년 이상 휴업한 때   5. 〈삭제 2013.5.22〉
6. 제8조제1항을 위반하여 다른 자에게 자기의 성명이나 상호를 사용하여 소방시설공사등을 수급 또는 시공하게 하거나 소방시설업의 등록증 또는 등록수첩을 빌려준 경우
7. 제8조제2항을 위반하여 영업정지 기간 중에 소방시설공사등을 한 경우
8. 제8조제3항 또는 제4항을 위반하여 통지를 하지 아니하거나 관계서류를 보관하지 아니한 경우
9. 제11조나 제12조제1항을 위반하여 「화재예방, 소방시설설치유지 및 안전관리에 관한 법률」 제9조제1항에 따른 화재안전기준(이하 "화재안전기준"이라 한다) 등에 적합하게 설계·시공을 하지 아니하거나, 제16조제1항에 따라 적합하게 감리를 하지 아니한 경우
10. 제11조, 제12조제1항 또는 제16조제1항에 따른 설계, 시공 또는 감리의 업무수행의무 등을 고의 또는 과실로 위반하여 다른 자에게 상해를 입히거나 재산피해를 입힌 경우
11. 제12조제2항을 위반하여 소속 소방기술자를 공사현장에 배치하지 아니하거나 거짓으로 한 경우
12. 제13조나 제14조를 위반하여 착공신고(변경신고를 포함한다)를 하지 아니하거나 거짓으로 한 때 또는 완공검사(부분완공검사를 포함한다)를 받지 아니한 경우
13. 제13조제2항 후단을 위반하여 착공신고사항 중 중요한 사항에 해당하지 아니하는 변경사항을 같은 항 각 호의 어느 하나에 해당하는 서류에 포함하여 보고하지 아니한 경우
14. 제15조제3항을 위반하여 하자보수 기간 내에 하자보수를 하지 아니하거나 하자보수계획을 통보하지 아니한 경우
14의2. 제16조제3항에 따른 감리의 방법을 위반한 경우
15. 제17조제3항을 위반하여 인수·인계를 거부·방해·기피한 경우
16. 제18조제1항을 위반하여 소속 감리원을 공사현장에 배치하지 아니하거나 거짓으로 한 경우
17. 제18조제3항의 감리원 배치기준을 위반한 경우
18. 제19조제1항에 따른 요구에 따르지 아니한 경우
19. 제19조제3항을 위반하여 보고하지 아니한 경우
20. 제20조를 위반하여 감리 결과를 알리지 아니하거나 거짓으로 알린 경우 또는 공사감리 결과보고서를 제출하지 아니하거나 거짓으로 제출한 경우
20의2. 제20조의2를 위반하여 방염을 한 경우
20의3. 제20조의3제2항에 따른 방염처리능력 평가에 관한 서류를 거짓으로 제출한 경우
20의4. 제21조의3제4항을 위반하여 하도급 등에 관한 사항을 관계인과 발주자에게 알리지 아니하거나 거짓으로 알린 경우
21. 제22조제1항 본문을 위반하여 도급받은 소방시설의 설계, 시공, 감리를 하도급한 경우
21의2. 제22조제2항을 위반하여 하도급받은 소방시설공사를 다시 하도급한 경우
23. 제22조의2제2항을 위반하여 정당한 사유 없이 하수급인 또는 하도급 계약내용의 변경요구를 따르지 아니한 경우
23의2. 제22조의3을 위반하여 하수급인에게 대금을 지급하지 아니한 경우

24. 제24조를 위반하여 동일인이 시공과 감리를 함께 한 경우
24의2. 제26조제2항에 따른 시공능력 평가에 관한 서류를 거짓으로 제출한 경우
25. 제31조에 따른 명령을 위반하여 보고 또는 자료 제출을 하지 아니하거나 거짓으로 보고 또는 자료 제출을 한 경우
26. 정당한 사유 없이 제31조에 따른 관계 공무원의 출입 또는 검사·조사를 거부·방해 또는 기피한 경우

② 제7조에 따라 소방시설업자의 지위를 승계한 상속인이 제5조 각 호의 어느 하나에 해당할 때에는 상속을 개시한 날부터 6개월 동안은 제1항제3호를 적용하지 아니한다.
③ 발주자는 소방시설업자가 제1항 각 호의 어느 하나에 해당하는 경우 그 사실을 시·도지사에게 통보하여야 한다.
④ 시·도지사는 제1항 또는 제10조제1항에 따라 등록취소, 영업정지 또는 과징금 부과 등의 처분을 하는 경우 해당 발주자에게 그 내용을 통보하여야 한다.

칙 제2조의2 (일시적인 등록기준 미달에 관한 예외)
법 제9조제1항제2호 단서에서 "「채무자 회생 및 파산에 관한 법률」에 따라 법원이 회생절차의 개시의 결정을 하고 그 절차가 진행 중인 경우 등 대통령령으로 정하는 경우"란 다음 각 호의 어느 하나에 해당하는 경우를 말한다.

1. 「상법」 제542조의8제1항 단서의 적용 대상인 상장회사가 최근 사업연도 말 현재의 자산 총액 감소에 따라 등록기준에 미달하는 기간이 50일 이내인 경우
2. 제2조제1항에 따른 업종별 등록기준 중 자본금 기준에 미달하는 경우로서 다음 각 목의 어느 하나에 해당하는 경우
   가. 「채무자 회생 및 파산에 관한 법률」에 따라 법원이 회생절차 개시의 결정을 하고, 그 절차가 진행 중인 경우
   나. 「채무자 회생 및 파산에 관한 법률」에 따라 법원이 회생계획의 수행에 지장이 없다고 인정하여 해당 소방시설업자에 대한 회생절차 종결의 결정을 하고, 그 회생계획을 수행 중인 경우
   다. 「기업구조조정 촉진법」에 따라 금융채권자협의회가 금융채권자협의회에 의한 공동관리절차 개시의 의결을 하고, 그 절차가 진행 중인 경우

제10조 (과징금처분)
① 시·도지사는 제9조제1항 각 호의 어느 하나에 해당하는 경우로서 영업정지가 그 이용자에게 불편을 주거나 그 밖에 공익을 해칠 우려가 있을 때에는 영업정지처분을 갈음하여 2억 원 이하의 과징금을 부과할 수 있다.〈개정 2020.6.9〉
② 제1항에 따른 과징금을 부과하는 위반행위의 종류와 위반 정도 등에 따른 과징금과 그 밖에 필요한 사항은 행정안전부령으로 정한다.
③ 시·도지사는 제1항에 따른 과징금을 내야 할 자가 납부기한까지 과징금을 내지 아니하면 「지방행정제재·부과금의 징수 등에 관한 법률」에 따라 징수한다.

칙 제10조 (과징금을 부과하는 위반행위의 종별과 과징금의 부과기준)
법 제10조제2항에 따라 과징금을 부과하는 위반행위의 종류와 그에 대한 과징금의 부과기준은 별표 2와 같다. [전문개정 2010.11.1.]

제11조2 (소방시설업자의 처분통지 등)
시·도지사는 다음 각 호의 어느 하나에 해당하는 경우에는 협회에 그 사실을 알려주어야 한다.
1. 법 제9조제1항에 따라 등록취소·시정명령 또는 영업정지를 하는 경우
2. 법 제10조제1항에 따라 과징금을 부과하는 경우

제3장 소방시설공사 등

제1절 설 계

제11조 (설계)
① 제4조제1항에 따라 소방시설설계업을 등록한 자(이하 "설계업자"라 한다)는 이 법이나 이 법에 따른 명령과 화재안전기준에 맞게 소방시설을 설계하여야 한다. 다만, 「화재예방, 소방시설 설치·유지 및 안전관리에 관한 법률」 제11조의2제1항에 따른 중앙소방기술심의위원회의 심의를 거쳐 소방시설의 구조와 원리 등에서 특수한 설계로 인정된 경우는 화재안전기준을 따르지 아니할 수 있다.
② 제1항 본문에도 불구하고 「화재예방, 소방시설 설치·유지 및 안전관리에 관한 법률」 제9조의3에 따른 특정소방대상물(신축하는 것만 해당한다)에 대해서는 그 용도, 위치, 구조, 수용 인원, 가연물(可燃物)의 종류 및 양 등을 고려하여 설계(이하 "성능위주설계"라 한다)하여야 한다.
③ 성능위주설계를 할 수 있는 자의 자격, 기술인력 및 자격에 따른 설계의 범위와 그 밖에 필요한 사항은 대통령령으로 정한다.   ④ 〈삭제〉

제2조의2 (일시적인 등록기준 미달에 관한 예외)
법 제9조제1항제2호 단서에서 "「채무자 회생 및 파산에 관한 법률」에 따라 법원이 회생절차의 개시의 결정을 하고 그 절차가 진행 중인 경우 등 대통령령으로 정하는 경우"란 다음 각 호의 어느 하나에 해당하는 경우를 말한다.
1. 「상법」 제542조의8제1항 단서의 적용 대상인 상장회사가 최근 사업연도 말 현재의 자산 총액 감소에 따라 등록기준에 미달하는 기간이 50일 이내인 경우
2. 제2조제1항에 따른 업종별 등록기준 중 자본금 기준에 미달하는 경우로서 다음 각 목의 어느 하나에 해당하는 경우
   가. 「채무자 회생 및 파산에 관한 법률」에 따라 법원이 회생절차 개시의 결정을 하고, 그 절차가 진행 중인 경우
   나. 「채무자 회생 및 파산에 관한 법률」에 따라 법원이 회생계획의 수행에 지장이 없다고 인정하여 해당 소방시설업자에 대한 회생절차 종결의 결정을 하고, 그 회생계획을 수행 중인 경우
   다. 「기업구조조정 촉진법」에 따라 채권금융기관협의회가 채권금융기관 공동관리절차 개시의 의결을 하고, 그 절차가 진행 중인 경우

제2절 시 공

제12조 (시공)

① 제4조제1항에 따라 소방시설공사업을 등록한 자(이하 "공사업자"라 한다)는 이 법이나 이 법에 따른 명령과 화재안전기준에 맞게 시공하여야 한다. 이 경우 소방시설의 구조와 원리 등에서 그 공법이 특수한 시공에 관하여는 제11조제1항 단서를 준용한다.
② 공사업자는 소방시설공사의 책임시공 및 기술관리를 위하여 대통령령으로 정하는 바에 따라 소속 소방기술자를 공사 현장에 배치하여야 한다.

> **영** 제3조 (소방기술자의 배치기준 및 배치기간)
> 법 제4조제1항에 따라 소방시설공사업을 등록한 자(이하 "공사업자"라 한다)는 법 제12조제2항에 따라 별표 2의 배치기준 및 배치기간에 맞게 소속 소방기술자를 소방시설공사 현장에 배치하여야 한다.

제13조 (착공신고)

① 공사업자는 대통령령으로 정하는 소방시설공사를 하려면 행정안전부령으로 정하는 바에 따라 그 공사의 내용, 시공 장소, 그 밖에 필요한 사항을 소방본부장이나 소방서장에게 신고하여야 한다.
② 공사업자가 제1항에 따라 신고한 사항 가운데 행정안전부령으로 정하는 중요한 사항을 변경하였을 때에는 행정안전부령으로 정하는 바에 따라 변경신고를 하여야 한다. 이 경우 중요한 사항에 해당하지 아니하는 변경 사항은 다음 각 호의 어느 하나에 해당하는 서류에 포함하여 소방본부장이나 소방서장에게 보고하여야 한다.〈개정 2020.6.9.〉
  1. 제14조제1항 또는 제2항에 따른 완공검사 또는 부분완공검사를 신청하는 서류
  2. 제20조에 따른 공사감리 결과보고서
③ 소방본부장 또는 소방서장은 제1항 또는 제2항 전단에 따른 착공신고 또는 변경신고를 받은 날부터 2일 이내에 신고수리 여부를 신고인에게 통지하여야 한다.〈개정 2020.6.9〉
④ 소방본부장 또는 소방서장이 제3항에서 정한 기간 내에 신고수리 여부 또는 민원 처리 관련 법령에 따른 처리기간의 연장을 신고인에게 통지하지 아니하면 그 기간(민원처리 관련 법령에 따라 처리기간이 연장 또는 재연장된 경우에는 해당 처리기간을 말한다)이 끝난 날의 다음 날에 신고를 수리한 것으로 본다.〈개정 2020.6.9〉

> **영** 제4조 (소방시설공사의 착공신고 대상)
> 법 제13조제1항에서 "대통령령으로 정하는 소방시설공사"란 다음 각 호의 어느 하나에 해당하는 소방시설공사를 말한다.
> 1. 특정소방대상물(「위험물 안전관리법」 제2조 제1항 제6호에 따른 제조소등은 제외한다. 이하 제2호 및 제3호에서 같다)에 다음 각 목의 어느 하나에 해당하는 설비를 신설하는 공사
>   가. 옥내소화전설비(호스릴옥내소화전설비를 포함한다. 이하 같다), 옥외소화전설비, 스프링클러설비·간이스프링클러설비(캐비닛형 간이스프링클러설비를 포함한다. 이하 같다) 및 화재조기진압용 스프링클러설비(이하 "스프링클러설비등"이라 한다), 물분무소화설비·포소화설비·이산화탄소소화설비·할론소화설비·할로겐화합물 및 불활성기체 소화설비·미분무소화설비·강화액소화설비 및 분말소화설비(이하 "물분무등소화설비"라 한다), 연결송수관설비, 연결살수설비, 제연설비(소방용 외의 용도와 겸용되는 제연설비를 「건설산업기본법 시행령」 별표1에 따른 기계설비공사업자가 공사하는 경우는 제외한다), 소화용수설비(소화용수설비를 「건설산업기본법 시행령」 별표1에 따른 기계설비공사업자 또는 상·하수도설비공사업자가 공사하는 경우는 제외한다) 또는 연소방지설비

나. 자동화재탐지설비, 비상경보설비, 비상방송설비(소방용 외의 용도와 겸용되는 비상방송설비를 「정보통신공사업법」에 따른 정보통신공사업자가 공사하는 경우는 제외한다), 비상콘센트설비(비상콘센트설비를 「전기공사업법」에 따른 전기공사업자가 공사하는 경우는 제외한다) 또는 무선통신보조설비(소방용 외의 용도와 겸용되는 무선통신보조설비를 「정보통신공사업법」에 따른 정보통신공사업자가 공사하는 경우는 제외한다)
2. 특정소방대상물에 다음 각목의 어느 하나에 해당하는 설비 또는 구역 등을 증설하는 공사
  가. 옥내·옥외소화전설비
  나. 스프링클러설비·간이스프링클러설비 또는 물분무등소화설비의 방호구역, 자동화재탐지설비의 경계구역, 제연설비의 제연구역(소방용 외의 용도와 겸용되는 제연설비를 「건설산업기본법 시행령」 별표 1에 따른 기계설비공사업자가 공사하는 경우는 제외한다), 연결살수설비의 살수구역, 연결송수관설비의 송수구역, 비상콘센트설비의 전용회로, 연소방지설비의 살수구역
3. 특정소방대상물에 설치된 소방시설등을 구성하는 다음 각목의 어느 하나에 해당하는 것의 전부 또는 일부를 개설(改設), 이전(移轉) 또는 정비(整備)하는 공사. 다만, 고장 또는 파손 등으로 인하여 작동시킬 수 없는 소방시설을 긴급히 교체하거나 보수하여야 하는 경우에는 신고하지 않을 수 있다.
  가. 수신반(受信盤)   나. 소화펌프   다. 동력(감시)제어반

제12조 (착공신고 등)
① 소방시설공사업자(이하 "공사업자"라 한다)는 소방시설공사를 하려면 법 제13조제1항에 따라 해당 소방시설공사의 착공 전까지 별지 제14호서식의 소방시설공사 착공(변경)신고서[전자문서로 된 소방시설공사 착공(변경)신고서를 포함한다]에 다음 각 호의 서류(전자문서를 포함한다)를 첨부하여 소방본부장 또는 소방서장에게 신고하여야 한다. 다만, 「전자정부법」 제36조제1항에 따른 행정정보의 공동이용을 통하여 첨부서류에 대한 정보를 확인할 수 있는 경우에는 그 확인으로 첨부서류를 갈음할 수 있다.
1. 공사업자의 소방시설공사업 등록증 사본 1부 및 등록수첩 사본 1부
2. 해당 소방시설공사의 책임시공 및 기술관리를 하는 기술인력의 기술등급을 증명하는 서류 사본 1부
3. 법 제21조의3제2항에 따라 체결한 소방시설공사 계약서 사본 1부
4. 설계도서(설계설명서를 포함하되, 「화재예방, 소방시설 설치·유지 및 안전관리에 관한 법률」 제4조제2항에 따라 건축허가등의 동의요구서에 첨부된 서류 중 제출된 설계도서가 변경된 경우에만 첨부한다) 1부
5. 소방시설공사를 하도급하는 경우 다음 각 목의 서류
  가. 제20조제1항 및 별지 제31호서식에 따른 소방시설공사등의 하도급통지서 사본 1부
  나. 하도급대금 지급에 관한 다음의 어느 하나에 해당하는 서류
    1) 「하도급거래 공정화에 관한 법률」 제13조의2에 따라 공사대금 지급을 보증한 경우에는 하도급대금 지급보증서 사본 1부
    2) 「하도급거래 공정화에 관한 법률」 제13조의2제1항 각 호 외의 부분 단서 및 같은 법 시행령 제8조제1항에 따라 보증이 필요하지 않거나 보증이 적합하지 않다고 인정되는 경우에는 이를 증빙하는 서류 사본 1부

② 법 제13조제2항에서 "행정안전부령으로 정하는 중요한 사항"이란 다음 각 호의 어느 하나에 해당하는 사항을 말한다.
   1. 시공자   2. 설치되는 소방시설의 종류   3. 책임시공 및 기술관리 소방기술자
③ 법 제13조제2항에 따라 공사업자는 제2항 각 호의 어느 하나에 해당하는 사항이 변경된 경우에는 변경일부터 30일 이내에 별지 제14호서식의 소방시설공사 착공(변경)신고서[전자문서로 된 소방시설공사 착공(변경)신고서를 포함한다]에 제1항 각 호의 서류(전자문서를 포함한다) 중 변경된 해당 서류를 첨부하여 소방본부장 또는 소방서장에게 신고하여야 한다.
④ 소방본부장 또는 소방서장은 소방시설공사 착공신고 또는 변경신고를 받은 경우에는 2일 이내에 처리하고 그 결과를 신고인에게 통보하며, 소방시설공사현장에 배치되는 소방기술자의 성명, 자격증번호·등급, 시공현장의 명칭·소재지·면적 및 현장 배치기간을 법 제26조의3제1항에 따른 소방시설업 종합정보시스템에 입력해야 한다. 이 경우 소방본부장 또는 소방서장은 별지 제15호서식의 소방시설 착공 및 완공대장에 필요한 사항을 기록하여 관리하여야 한다.〈개정 2020. 1. 15.〉
⑤ 소방본부장 또는 소방서장은 소방시설공사 착공신고 또는 변경신고를 받은 경우에는 공사업자에게 별지 제16호서식의 소방시설공사현황 표지에 따른 소방시설공사현황의 게시를 요청할 수 있다.

제14조 (완공검사)

① 공사업자는 소방시설공사를 완공하면 소방본부장 또는 소방서장의 완공검사를 받아야 한다. 다만, 제17조제1항에 따라 공사감리자가 지정되어 있는 경우에는 공사감리 결과보고서로 완공검사를 갈음하되, 대통령령으로 정하는 특정소방대상물의 경우에는 소방본부장이나 소방서장이 소방시설공사가 공사감리 결과보고서대로 완공되었는지를 현장에서 확인할 수 있다.
② 공사업자가 소방대상물 일부분의 소방시설공사를 마친 경우로서 전체 시설이 준공되기 전에 부분적으로 사용할 필요가 있는 경우에는 그 일부분에 대하여 소방본부장이나 소방서장에게 완공검사(이하 "부분완공검사"라 한다)를 신청할 수 있다. 이 경우 소방본부장이나 소방서장은 그 일부분의 공사가 완공되었는지를 확인하여야 한다.
③ 소방본부장이나 소방서장은 제1항에 따른 완공검사나 제2항에 따른 부분완공검사를 하였을 때에는 완공검사증명서나 부분완공검사증명서를 발급하여야 한다.
④ 제1항부터 제3항까지의 규정에 따른 완공검사 및 부분완공검사의 신청과 검사증명서의 발급, 그 밖에 완공검사 및 부분완공검사에 필요한 사항은 행정안전부령으로 정한다.

영 제5조 (완공검사를 위한 현장확인대상 특정소방대상물의 범위)
법 제14조제1항 단서에서 "대통령령으로 정하는 특정소방대상물"이란 특정소방대상물 중 다음 각 호의 대상물을 말한다.
1. 문화 및 집회시설, 종교시설, 판매시설, 노유자(老幼者)시설, 수련시설, 운동시설, 숙박시설, 창고시설, 지하상가 및 「다중이용업소의 안전관리에 관한 특별법」에 따른 다중이용업소
2. 다음 각 목의 어느 하나에 해당하는 설비가 설치되는 특정소방대상물
   가. 스프링클러설비등
   나. 물분무등소화설비(호스릴 방식의 소화설비는 제외한다)
3. 연면적 1만제곱미터 이상이거나 11층 이상인 특정소방대상물(아파트는 제외한다)

4. 가연성가스를 제조·저장 또는 취급하는 시설 중 지상에 노출된 가연성가스 탱크의 저장용량 합계가 1천톤 이상인 시설

칙 제13조 (소방시설의 완공검사 신청 등)
① 공사업자는 소방시설공사의 완공검사 또는 부분완공검사를 받으려면 법 제14조제4항에 따라 별지 제17호서식의 소방시설공사 완공검사신청서(전자문서로 된 소방시설공사 완공검사신청서를 포함한다) 또는 별지 제18호서식의 소방시설 부분완공검사신청서(전자문서로 된 소방시설 부분완공검사신청서를 포함한다)를 소방본부장 또는 소방서장에게 제출하여야 한다. 다만, 「전자정부법」제36조제1항에 따른 행정정보의 공동이용을 통하여 첨부서류에 대한 정보를 확인할 수 있는 경우에는 그 확인으로 첨부서류를 갈음할 수 있다.
② 제1항에 따라 소방시설 완공검사신청 또는 부분완공검사신청을 받은 소방본부장 또는 소방서장은 법 제14조제1항 및 제2항에 따른 현장 확인 결과 또는 감리 결과보고서를 검토한 결과 해당 소방시설공사가 법령과 화재안전기준에 적합하다고 인정하면 별지 제19호서식의 소방시설 완공검사증명서 또는 별지 제20호서식의 소방시설 부분완공검사증명서를 공사업자에게 발급하여야 한다.

제15조 (공사의 하자보수 등)
① 공사업자는 소방시설공사 결과 자동화재탐지설비 등 대통령령으로 정하는 소방시설에 하자가 있을 때에는 대통령령으로 정하는 기간 동안 그 하자를 보수하여야 한다.　　　② 〈삭제〉
③ 관계인은 제1항에 따른 기간에 소방시설의 하자가 발생하였을 때에는 공사업자에게 그 사실을 알려야 하며, 통보를 받은 공사업자는 3일 이내에 하자를 보수하거나 보수 일정을 기록한 하자보수계획을 관계인에게 서면으로 알려야 한다.
④ 관계인은 공사업자가 다음 각 호의 어느 하나에 해당하는 경우에는 소방본부장이나 소방서장에게 그 사실을 알릴 수 있다.
  1. 제3항에 따른 기간에 하자보수를 이행하지 아니한 경우
  2. 제3항에 따른 기간에 하자보수계획을 서면으로 알리지 아니한 경우
  3. 하자보수계획이 불합리하다고 인정되는 경우
⑤ 소방본부장이나 소방서장은 제4항에 따른 통보를 받았을 때에는 「화재예방, 소방시설 설치·유지 및 안전관리에 관한 법률」제11조의2 제2항에 따른 지방 소방기술 심의위원회에 심의를 요청하여야 하며, 그 심의 결과 제4항 각 호의 어느 하나에 해당하는 것으로 인정할 때에는 시공자에게 기간을 정하여 하자보수를 명하여야 한다.　　⑥ 〈삭제 2015.7.20〉

영 제6조 (하자보수대상 소방시설과 하자보수보증기간)
법 제15조제1항에 따라 하자를 보수하여야 하는 소방시설과 소방시설별 하자보수 보증기간은 다음 각 호의 구분과 같다. [전문개정 2010.10.18]
  1. 피난기구, 유도등, 유도표지, 비상경보설비, 비상조명등, 비상방송설비 및 무선통신보조설비: 2년
  2. 자동소화장치, 옥내소화전설비, 스프링클러설비, 간이스프링클러설비, 물분무등소화설비, 옥외소화전설비, 자동화재탐지설비, 상수도소화용수설비 및 소화활동설비(무선통신보조설비는 제외한다): 3년

제3절 감　리

제16조 (감리)
① 제4조제1항에 따라 소방공사감리업을 등록한 자(이하 "감리업자"라 한다)는 소방공사를 감리할 때 다음 각 호의 업무를 수행하여야 한다.
  1. 소방시설등의 설치계획표의 적법성 검토
  2. 소방시설등 설계도서의 적합성(적법성과 기술상의 합리성을 말한다. 이하 같다) 검토
  3. 소방시설등 설계 변경 사항의 적합성 검토
  4. 「화재예방, 소방시설 설치·유지 및 안전관리에 관한 법률」 제2조제1항제4호의 소방용품의 위치·규격 및 사용자재의 적합성 검토
  5. 공사업자가 한 소방시설등의 시공이 설계도서와 화재안전기준에 맞는지에 대한 지도·감독
  6. 완공된 소방시설등의 성능시험
  7. 공사업자가 작성한 시공 상세 도면의 적합성 검토
  8. 피난시설 및 방화시설의 적법성 검토
  9. 실내장식물의 불연화(부연화)와 방염 물품의 적법성 검토
② 용도와 구조에서 특별히 안전성과 보안성이 요구되는 소방대상물로서 대통령령으로 정하는 장소에서 시공되는 소방시설물에 대한 감리는 감리업자가 아닌 자도 할 수 있다.
③ 감리업자는 제1항 각 호의 업무를 수행할 때에는 대통령령으로 정하는 감리의 종류 및 대상에 따라 공사기간 동안 소방시설공사 현장에 소속 감리원을 배치하고 업무수행 내용을 감리일지에 기록하는 등 대통령령으로 정하는 감리의 방법에 따라야 한다. 〈개정 2020.6.9〉

> **영** 제8조 (감리업자가 아닌 자가 감리할 수 있는 보안성 등이 요구되는 소방대상물의 시공장소)
> 법 제16조제2항에서 "대통령령으로 정하는 장소"란 「원자력안전법」 제2조제10호에 따른 관계시설이 설치되는 장소를 말한다.

제17조 (공사감리자의 지정 등)
① 대통령령으로 정하는 특정소방대상물의 관계인이 특정소방대상물에 대하여 자동화재탐지설비, 옥내소화전설비 등 대통령령으로 정하는 소방시설을 시공할 때에는 소방시설공사의 감리를 위하여 감리업자를 공사감리자로 지정하여야 한다.
② 관계인은 제1항에 따라 공사감리자를 지정하였을 때에는 행정안전부령으로 정하는 바에 따라 소방본부장이나 소방서장에게 신고하여야 한다. 공사감리자를 변경하였을 때에도 또한 같다.
③ 관계인이 제1항에 따른 공사감리자를 변경하였을 때에는 새로 지정된 공사감리자와 종전의 공사감리자는 감리 업무 수행에 관한 사항과 관계 서류를 인수·인계하여야 한다.
④ 소방본부장 또는 소방서장은 제2항에 따른 공사감리자 지정신고 또는 변경신고를 받은 날부터 2일 이내에 신고수리 여부를 신고인에게 통지하여야 한다. 〈개정 2020.6.9〉
⑤ 소방본부장 또는 소방서장이 제4항에서 정한 기간 내에 신고수리 여부 또는 민원 처리 관련 법령에 따른 처리기간의 연장을 신고인에게 통지하지 아니하면 그 기간(민원처리 관련 법령에 따라 처리기간이 연장 또는 재연장된 경우에는 해당 처리기간을 말한다)이 끝난 날의 다음 날에 신고를 수리한 것으로 본다. 〈개정 2020.6.9〉

> **영** 제10조 (공사감리자 지정대상 특정소방대상물의 범위)
> ① 법 제17조제1항 본문에서 "대통령령으로 정하는 특정소방대상물"이란 「화재예방, 소방시설 설치·유

지 및 안전관리에 관한 법률」제2조제1항제3호의 특정소방대상물을 말한다.

② 법 제17조제1항 본문에서 "자동화재탐지설비, 옥내소화전설비 등 대통령령으로 정하는 소방시설을 시공할 때"란 다음 각 호의 어느 하나에 해당하는 소방시설을 시공할 때를 말한다.
1. 옥내소화전설비를 신설·개설 또는 증설할 때
2. 스프링클러설비등(캐비닛형 간이스프링클러설비는 제외한다)을 신설·개설하거나 방호·방수구역을 증설할 때
3. 물분무등소화설비(호스릴 방식의 소화설비는 제외한다)를 신설·개설하거나 방호·방수 구역을 증설할 때
4. 옥외소화전설비를 신설·개설 또는 증설할 때
5. 자동화재탐지설비를 신설·개설할 때
5의2. 비상방송설비를 신설 또는 개설할 때
6. 통합감시시설을 신설 또는 개설할 때
6의2. 비상조명등을 신설 또는 개설할 때
7. 소화용수설비를 신설 또는 개설할 때
8. 다음 각 목에 따른 소화활동설비에 대하여 각 목에 따른 시공을 할 때
   가. 제연설비를 신설·개설하거나 제연구역을 증설할 때
   나. 연결송수관설비를 신설 또는 개설할 때
   다. 연결살수설비를 신설·개설하거나 송수구역을 증설할 때
   라. 비상콘센트설비를 신설·개설하거나 전용회로를 증설할 때
   마. 무선통신보조설비를 신설 또는 개설할 때
   바. 연소방지설비를 신설·개설하거나 살수구역을 증설할 때 / 9. 삭제 〈2017.12.12.〉

제15조 (소방공사감리자의 지정신고 등)

① 법 제17조제2항에 따라 특정소방대상물의 관계인은 공사감리자를 지정한 경우에는 착공신고일까지 별지 제21호서식의 소방공사감리자 지정신고서에 다음 각 호의 서류(전자문서를 포함한다)를 첨부하여 소방본부장 또는 소방서장에게 제출하여야 한다. 다만, 「전자정부법」제36조제1항에 따른 행정정보의 공동이용을 통하여 첨부서류에 대한 정보를 확인할 수 있는 경우에는 그 확인으로 첨부서류를 갈음할 수 있다.
1. 소방공사감리업 등록증 사본 1부 및 등록수첩 사본 1부
2. 해당 소방시설공사를 감리하는 소속 감리원의 감리원 등급을 증명하는 서류(전자문서를 포함한다) 각 1부
3. 별지 제22호서식의 소방공사감리계획서 1부
4. 법 제21조의3제2항에 따라 체결한 소방설계 감리계약서 사본 및 소방공사 감리계약서 사본 1부

② 특정소방대상물의 관계인은 공사감리자가 변경된 경우에는 법 제17조제2항 후단에 따라 변경일부터 30일 이내에 별지 제23호서식의 소방공사감리자 변경신고서(전자문서로 된 소방공사감리자 변경신고서를 포함한다)에 제1항 각 호의 서류(전자문서를 포함한다)를 첨부하여 소방본부장 또는 소방서장에게 제출하여야 한다. 다만, 「전자정부법」제36조제1항에 따른 행정정보의 공동이용을 통하여 첨부서류에 대한 정보를 확인할 수 있는 경우에는 그 확인으로 첨부서류를 갈음할 수 있다.

③ 소방본부장 또는 소방서장은 제1항 및 제2항에 따라 공사감리자의 지정신고 또는 변경신고를 받은 경우에는 2일 이내에 처리하고 그 결과를 신고인에게 통보해야 한다. 〈개정 2020. 1. 15.〉

제18조 (감리원의 배치 등)
① 감리업자는 소방시설공사의 감리를 위하여 소속 감리원을 대통령령으로 정하는 바에 따라 소방시설공사 현장에 배치하여야 한다.
② 감리업자는 제1항에 따라 소속 감리원을 배치하였을 때에는 행정안전부령으로 정하는 바에 따라 소방본부장이나 소방서장에게 통보하여야 한다. 감리원의 배치를 변경하였을 때에도 또한 같다.
③ 제1항에 따른 감리원의 세부적인 배치 기준은 행정안전부령으로 정한다.

영 제11조 (소방공사감리원의 배치기준)
법 제18조제1항에 따라 감리업자는 별표 4의 배치기준 및 배치기간에 맞게 소속 감리원을 소방시설공사 현장에 배치하여야 한다.

칙 제16조 (감리원의 세부배치기준 등)
① 법 제18조제3항에 따른 감리원의 세부적인 배치 기준은 다음 각 호의 구분에 따른다.
  1. 영 별표 3에 따른 상주 공사감리 대상인 경우
    가. 기계분야의 감리원 자격을 취득한 사람과 전기분야의 감리원 자격을 취득한 사람 각 1명 이상을 감리원으로 배치할 것. 다만, 기계분야 및 전기분야의 감리원 자격을 함께 취득한 사람이 있는 경우에는 그에 해당하는 사람 1명 이상을 배치할 수 있다.
    나. 소방시설용 배관(전선관을 포함한다. 이하 같다)을 설치하거나 매립하는 때부터 소방시설 완공검사증명서를 발급받을 때까지 소방공사감리현장에 감리원을 배치할 것
  2. 영 별표 3에 따른 일반 공사감리 대상인 경우
    가. 기계분야의 감리원 자격을 취득한 사람과 전기분야의 감리원 자격을 취득한 사람 각 1명 이상을 감리원으로 배치할 것. 다만, 기계분야 및 전기분야의 감리원 자격을 함께 취득한 사람이 있는 경우에는 그에 해당하는 사람 1명 이상을 배치할 수 있다.
    나. 별표 3에 따른 기간 동안 감리원을 배치할 것
    다. 감리원은 주 1회 이상 소방공사감리현장에 배치되어 감리할 것
    라. 1명의 감리원이 담당하는 소방공사감리현장은 5개 이하(자동화재탐지설비 또는 옥내소화전설비 중 어느 하나만 설치하는 2개의 소방공사감리현장이 최단 차량주행거리로 30킬로미터 이내에 있는 경우에는 1개의 소방공사감리현장으로 본다)로서 감리현장 연면적의 총 합계가 10만제곱미터 이하일 것. 다만, 일반 공사감리 대상인 아파트의 경우에는 연면적의 합계에 관계없이 1명의 책임감리원이 5개 이내의 공사현장을 감리할 수 있다.
② 영 별표3 상주 공사감리의 방법란 각 호에서 "행정안전부령으로 정하는 기간"이란 소방시설용배관을 설치하거나 매립하는 때부터 소방시설완공검사증명서를 발급받을 때까지를 말한다.
③ 영 별표 3 일반공사감리의 방법란 제1호 및 제2호에서 "행정안전부령으로 정하는 기간"이란 별표 3에 따른 기간을 말한다.

칙 제17조 (감리원배치통보 등)
① 소방공사감리업자는 법 제18조제2항에 따라 감리원을 소방공사감리현장에 배치하는 경우에는 별지 제24호서식의 소방공사감리원 배치통보서(전자문서로 된 소방공사감리원 배치통보서를 포함한다)에, 배치한 감리원이 변경된 경우에는 별지 제25호서식의 소방공사감리원 배치변경통보서(전자문서로 된 소방공사감리원 배치변경통보서를 포함한다)에 다음 각 호의 구분에 따른 해당 서류(전자문서

를 포함한다)를 첨부하여 감리원 배치일부터 7일 이내에 소방본부장 또는 소방서장에게 알려야 한다. 이 경우 소방본부장 또는 소방서장은 배치되는 감리원의 성명, 자격증 번호·등급, 감리현장의 명칭·소재지·면적 및 현장 배치기간을 법 제26조의3제1항에 따른 소방시설업 종합정보시스템에 입력해야 한다. 〈개정 2020. 1. 15.〉

1. 소방공사감리원 배치통보서에 첨부하는 서류(전자문서를 포함한다)
   가. 별표 4의2 제3호나목에 따른 감리원의 등급을 증명하는 서류
   나. 법 제21조의3제2항에 따라 체결한 소방공사 감리계약서 사본 1부   다. 〈삭제〉
2. 소방공사감리원 배치변경통보서에 첨부하는 서류(전자문서를 포함한다)
   가. 변경된 감리원의 등급을 증명하는 서류(감리원을 배치하는 경우에만 첨부한다)
   나. 변경 전 감리원의 등급을 증명하는 서류   다. 〈삭제〉 / ②, ③, ④ 〈삭제〉

제19조 (위반사항에 대한 조치)

① 감리업자는 감리를 할 때 소방시설공사가 설계도서나 화재안전기준에 맞지 아니할 때에는 관계인에게 알리고, 공사업자에게 그 공사의 시정 또는 보완 등을 요구하여야 한다.
② 공사업자가 제1항에 따른 요구를 받았을 때에는 그 요구에 따라야 한다.
③ 감리업자는 공사업자가 제1항에 따른 요구를 이행하지 아니하고 그 공사를 계속할 때에는 행정안전부령으로 정하는 바에 따라 소방본부장이나 소방서장에게 그 사실을 보고하여야 한다.
④ 관계인은 감리업자가 제3항에 따라 소방본부장이나 소방서장에게 보고한 것을 이유로 감리계약을 해지하거나 감리의 대가 지급을 거부하거나 지연시키거나 그 밖의 불이익을 주어서는 아니 된다.

칙 제18조 (위반사항의 보고 등)

소방공사감리업자는 법 제19조제1항에 따라 공사업자에게 해당 공사의 시정 또는 보완을 요구하였으나 이행하지 아니하고 그 공사를 계속할 때에는 법 제19조제3항에 따라 시정 또는 보완을 이행하지 아니하고 공사를 계속하는 날부터 3일 이내에 별지 제28호서식의 소방시설공사 위반사항보고서(전자문서로 된 소방시설공사 위반사항보고서를 포함한다)를 소방본부장 또는 소방서장에게 제출하여야 한다. 이 경우 공사업자의 위반사항을 확인할 수 있는 사진 등 증명서류(전자문서를 포함한다)가 있으면 이를 소방시설공사 위반사항보고서(전자문서로 된 소방시설공사 위반사항보고서를 포함한다)에 첨부하여 제출하여야 한다. 다만, 「전자정부법」 제36조제1항에 따른 행정정보의 공동이용을 통하여 첨부서류에 대한 정보를 확인할 수 있는 경우에는 그 확인으로 첨부서류를 갈음할 수 있다.

제20조 (공사감리결과의 통보 등)

감리업자는 소방공사의 감리를 마쳤을 때에는 행정안전부령으로 정하는 바에 따라 그 감리 결과를 그 특정소방대상물의 관계인, 소방시설공사의 도급인, 그 특정소방대상물의 공사를 감리한 건축사에게 서면으로 알리고, 소방본부장이나 소방서장에게 공사감리 결과보고서를 제출하여야 한다.

칙 제19조 (감리결과의 통보 등)

법 제20조에 따라 감리업자가 소방공사의 감리를 마쳤을 때에는 별지 제29호서식의 소방공사감리 결과보고(통보)서[전자문서로 된 소방공사감리 결과보고(통보)서를 포함한다]에 다음 각 호의 서류(전자문서를 포함한다)를 첨부하여 공사가 완료된 날부터 7일 이내에 특정소방대상물의 관계인, 소방시설공사의 도급인 및 특정소방대상물의 공사를 감리한 건축사에게 알리고, 소방본부장 또는 소방서장에게 보고하여

야 한다.
1. 별지 제30호서식의 소방시설 성능시험조사표 1부(소방청장이 정하여 고시하는 소방시설 세부성능시험조사표 서식을 첨부한다)
2. 착공신고 후 변경된 소방시설설계도면(변경사항이 있는 경우에 한하여 첨부하되, 법 제11조에 따른 설계업자가 설계한 도면만 해당된다) 1부
3. 별지 제13호서식의 소방공사 감리일지(소방본부장 또는 소방서장에게 보고하는 경우에만 첨부한다)

제3절의2 방 염

제20조의2 (방염)

제4조제1항에 따라 방염처리업을 등록한 자는 「화재예방, 소방시설 설치·유지 및 안전관리에 관한 법률」 제1조제3항에 따른 방염성능기준 이상이 되도록 방염을 하여야 한다.

제20조의3 (방염처리능력 평가 및 공시)

① 소방청장은 방염처리업자의 방염처리능력 평가 요청이 있는 경우 해당 방염처리업자의 방염처리 실적 등에 따라 방염처리능력을 평가하여 공시할 수 있다.
② 제1항에 따른 평가를 받으려는 방염처리업자는 전년도 방염처리 실적이나 그 밖에 행정안전부령으로 정하는 서류를 소방청장에게 제출하여야 한다.
③ 제1항 및 제2항에 따른 방염처리능력 평가신청 절차, 평가방법 및 공시방법 등에 필요한 사항은 행정안전부령으로 정한다.[본조신설 2018.2.9]

> **직** 제19조의2 (방염처리능력 평가의 신청)
>
> ① 법 제4조제1항에 따라 방염처리업을 등록한 자(이하 "방염처리업자"라 한다)는 법 제20조의3제2항에 따라 방염처리능력을 평가받으려는 경우에는 별지 제30호의2서식의 방염처리능력 평가 신청서(전자문서를 포함한다)를 협회에 매년 2월 15일까지 제출해야 한다. 다만, 제2항제4호의 서류의 경우에는 법인은 매년 4월 15일, 개인은 매년 6월 10일(「소득세법」 제70조의2제1항에 따른 성실신고확인대상사업자는 매년 7월 10일)까지 제출해야 한다.
> ② 별지 제30호의2서식의 방염처리능력 평가 신청서에는 다음 각 호의 서류(전자문서를 포함한다)를 첨부해야 하며, 협회는 방염처리업자가 첨부해야 할 서류를 갖추지 못한 경우에는 15일의 보완기간을 부여하여 보완하게 해야 한다. 이 경우 「전자정부법」 제36조제1항에 따른 행정정보의 공동이용을 통하여 첨부서류에 대한 정보를 확인할 수 있는 경우에는 그 확인으로 첨부서류를 갈음할 수 있다.
> 1. 방염처리 실적을 증명하는 다음 각 목의 구분에 따른 서류
>   가. 제조·가공 공정에서의 방염처리 실적   나. 현장에서의 방염처리 실적
>   다. 가목 및 나목 외의 방염처리 실적   - 이하 서류 생략 -
> ③ 제1항에 따른 기간 내에 방염처리능력 평가를 신청하지 못한 방염처리업자가 다음 각 호의 어느 하나에 해당하는 경우에는 제1항의 신청 기간에도 불구하고 다음 각 호의 어느 하나의 경우에 해당하게 된 날부터 6개월 이내에 방염처리능력 평가를 신청할 수 있다.
>   1. 법 제4조제1항에 따라 방염처리업을 등록한 경우

2. 법 제7조제1항 또는 제2항에 따라 방염처리업을 상속·양수·합병하거나 소방시설 전부를 인수한 경우
3. 법 제9조에 따른 방염처리업 등록취소 처분의 취소 또는 집행정지 결정을 받은 경우

④ 제1항부터 제3항까지에서 규정한 사항 외에 방염처리능력 평가 신청에 필요한 세부규정은 협회가 정하되, 소방청장의 승인을 받아야 한다.

칙 제19조의3 (방염처리능력 평가 및 공시)

① 법 제20조의3제1항에 따른 방염처리능력 평가의 방법은 별표 3의2와 같다.
② 협회는 방염처리능력을 평가한 경우에는 그 사실을 해당 방염처리업자의 등록수첩에 기재하여 발급해야 한다.
③ 협회는 제19조의2에 따라 제출된 서류가 거짓으로 확인된 경우에는 확인된 날부터 10일 이내에 해당 방염처리업자의 방염처리능력을 새로 평가하고 해당 방염처리업자의 등록수첩에 그 사실을 기재하여 발급해야 한다.
④ 협회는 방염처리능력을 평가한 경우에는 법 제20조의3제1항에 따라 다음 각 호의 사항을 매년 7월 31일까지 협회의 인터넷 홈페이지에 공시해야 한다. 다만, 제19조의2제3항 또는 제3항에 따라 방염처리능력을 평가한 경우에는 평가완료일부터 10일 이내에 공시해야 한다.

1. 상호 및 성명(법인인 경우에는 대표자의 성명을 말한다)   2. 주된 영업소의 소재지
3. 업종 및 등록번호   4. 방염처리능력 평가 결과

⑤ 방염처리능력 평가의 유효기간은 공시일부터 1년간으로 한다. 다만, 제19조의2제3항 또는 제3항에 따라 방염처리능력을 평가한 경우에는 해당 방염처리능력 평가 결과의 공시일부터 다음 해의 정기 공시일(제4항 본문에 따라 공시한 날을 말한다)의 전날까지로 한다.
⑥ 제1항부터 제5항까지에서 규정한 사항 외에 방염처리능력 평가 및 공시에 필요한 세부규정은 협회가 정하되, 소방청장의 승인을 받아야 한다.

제4절 도 급

제21조 (소방시설공사 등의 도급)

① 특정소방대상물의 관계인 또는 발주자는 소방시설공사등을 도급할 때에는 해당 소방시설업자에게 도급하여야 한다.
② 소방시설공사는 다른 업종의 공사와 분리하여 도급하여야 한다. 다만, 공사의 성질상 또는 기술관리상 분리하여 도급하는 것이 곤란한 경우로서 대통령령으로 정하는 경우에는 다른 업종의 공사와 분리하지 아니하고 도급할 수 있다. 〈개정 2020.6.9〉

영 제11조의2 (소방시설공사 분리 도급의 예외)

법 제21조제2항 단서에서 "대통령령으로 정하는 경우"란 다음 각 호의 어느 하나에 해당하는 경우를 말한다.
1. 「재난 및 안전관리 기본법」 제3조제1호에 따른 재난의 발생으로 긴급하게 착공해야 하는 공사인 경우
2. 국방 및 국가안보 등과 관련하여 기밀을 유지해야 하는 공사인 경우
3. 제4조 각 호에 따른 소방시설공사에 해당하지 않는 공사인 경우

4. 연면적이 1천제곱미터 이하인 특정소방대상물에 비상경보설비를 설치하는 공사인 경우
5. 다음 각 목의 어느 하나에 해당하는 입찰로 시행되는 공사인 경우
    가. 「국가를 당사자로 하는 계약에 관한 법률 시행령」 제79조제1항제4호 또는 제5호 및 「지방자치단체를 당사자로 하는 계약에 관한 법률 시행령」 제95조제4호 또는 제5호에 따른 대안입찰 또는 일괄입찰
    나. 「국가를 당사자로 하는 계약에 관한 법률 시행령」 제98조제2호 또는 제3호 및 「지방자치단체를 당사자로 하는 계약에 관한 법률 시행령」 제127조제2호 또는 제3호에 따른 실시설계 기술제안입찰 또는 기본설계 기술제안입찰
6. 그 밖에 문화재수리 및 재개발·재건축 등의 공사로서 공사의 성질상 분리하여 도급하는 것이 곤란하다고 소방청장이 인정하는 경우 〈본조 신설 2020.9.8〉

제21조의2 (노임에 대한 압류 금지)

① 공사업자가 도급받은 소방시설공사의 도급금액 중 그 공사(하도급한 공사를 포함한다)의 근로자에게 지급하여야 할 노임(勞賃)에 해당하는 금액은 압류할 수 없다.
② 제1항의 노임에 해당하는 금액의 범위와 산정방법은 대통령령으로 정한다. 〈전문신설 2011.8.4〉

> **영** 제11조의3 (압류대상에서 제외되는 노임)
> 법 제21조의2에 따라 압류할 수 없는 노임(勞賃)에 해당하는 금액은 해당 소방시설공사의 도급 또는 하도급 금액 중 설계도서에 기재된 노임을 합산하여 산정한다.

제21조의3 (도급의 원칙 등)

① 소방시설공사등의 도급 또는 하도급의 계약당사자는 서로 대등한 입장에서 합의에 따라 공정하게 계약을 체결하고, 신의에 따라 성실하게 계약을 이행하여야 한다.
② 소방시설공사등의 도급 또는 하도급의 계약당사자는 그 계약을 체결할 때 도급 또는 하도급 금액, 공사기간, 그 밖에 대통령령으로 정하는 사항을 계약서에 분명히 밝혀야 하며, 서명날인한 계약서를 서로 내주고 보관하여야 한다.
③ 수급인은 하수급인에게 하도급과 관련하여 자재구입처의 지정 등 하수급인에게 불리하다고 인정되는 행위를 강요하여서는 아니 된다.
④ 제21조에 따라 도급을 받은 자가 해당 소방시설공사등을 하도급할 때에는 행정안전부령으로 정하는 바에 따라 미리 관계인과 발주자에게 알려야 한다. 하수급인을 변경하거나 하도급 계약을 해지할 때에도 또한 같다.
⑤ 하도급에 관하여 이 법에서 규정하는 것을 제외하고는 그 성질에 반하지 아니하는 범위에서 「하도급거래 공정화에 관한 법률」의 해당 규정을 준용한다.

> **영** 제11조의4 (도급계약서의 내용)
> ① 법 제21조의3제2항에서 "그 밖에 대통령령으로 정하는 사항"이란 다음 각 호의 사항을 말한다.
> 1. 소방시설의 설계, 시공, 감리 및 방염(이하 "소방시설공사등"이라 한다)의 내용
> 2. 도급(하도급을 포함한다. 이하 이 항에서 같다)금액 중 노임(勞賃)에 해당하는 금액
> 3. 소방시설공사등의 착수 및 완성 시기

4~17번 생략(중요도 낮음)
② 소방청장은 계약 당사자가 대등한 입장에서 공정하게 계약을 체결하도록 하기 위하여 소방시설공사 등의 도급 또는 하도급에 관한 표준계약서(하도급의 경우에는 「하도급거래 공정화에 관한 법률」에 따라 공정거래위원회가 권장하는 소방시설공사업종 표준하도급계약서를 말한다)를 정하여 보급할 수 있다.

제22조 (하도급의 제한)
① 제21조에 따라 도급을 받은 자는 소방시설의 설계, 시공, 감리를 제3자에게 하도급할 수 없다. 다만, 시공의 경우에는 대통령령으로 정하는 바에 따라 도급받은 소방시설공사의 일부를 다른 공사업자에게 하도급할 수 있다. 〈개정 2020.6.9〉
② 하수급인은 제1항 단서에 따라 하도급받은 소방시설공사를 제3자에게 다시 하도급할 수 없다.

영 제12조 (소방시설공사의 시공을 하도급 할 수 있는 경우)
① 법 제22조제1항 단서에서 "대통령령으로 정하는 경우"란 소방시설공사업과 다음 각 호의 어느 하나에 해당하는 사업을 함께 하는 공사업자가 소방시설공사와 해당 사업의 공사를 함께 도급하는 경우를 말한다.
  1. 「주택법」 제4조에 따른 주택건설사업
  2. 「건설산업기본법」 제9조에 따른 건설업
  3. 「전기공사업법」 제4조에 따른 전기공사업
  4. 「정보통신공사업법」 제14조에 따른 정보통신공사업
② 법 제22조제1항 단서에서 "도급받은 소방시설공사의 일부"란 제4조제1호 각목의 어느 하나에 해당하는 소방설비 중 하나 이상의 소방설비를 설치하는 공사를 말한다.

칙 제20조 (하도급의 통지)
① 소방시설업자는 소방시설의 설계, 시공, 감리 및 방염(이하 "소방시설공사등"이라 한다)을 하도급하려고 하거나 하수급인을 변경하는 경우에는 법 제21조의3제4항에 따라 별지 제31호서식의 소방시설공사등의 하도급통지서(전자문서로 된 소방시설공사등의 하도급통지서를 포함한다)에 다음 각 호의 서류(전자문서를 포함한다)를 첨부하여 미리 관계인 및 발주자에게 알려야 한다.
  1. 하도급계약서 1부   2. 예정공정표 1부
  3. 하도급내역서 1부   4. 하수급인의 소방시설업 등록증 사본 1부
② 제1항에 따라 하도급을 하려는 소방시설업자는 관계인 및 발주자에게 통지한 소방시설공사등의 하도급통지서(전자문서로 된 소방시설공사등의 하도급통지서를 포함한다) 사본을 하수급자에게 주어야 한다.
③ 소방시설업자는 하도급계약을 해지하는 경우에는 법 제21조의3제4항에 따라 하도급계약 해지사실을 증명할 수 있는 서류(전자문서를 포함한다)를 관계인 및 발주자에게 알려야 한다.

제22조의2 (하도급계약의 적정성 심사 등)
① 발주자는 하수급인이 계약내용을 수행하기에 현저하게 부적당하다고 인정되거나 하도급계약금액이 대통령령으로 정하는 비율에 따른 금액에 미달하는 경우에는 하수급인의 시공 및 수행능력, 하도급계약 내용

의 적정성 등을 심사할 수 있다. 이 경우, 국가, 지방자치단체 또는 대통령령으로 정하는 공공기관이 발주자인 때에는 적정성 심사를 실시하여야 한다.

② 발주자는 제1항에 따라 심사한 결과 하수급인의 시공 및 수행능력 또는 하도급계약 내용이 적정하지 아니한 경우에는 그 사유를 분명하게 밝혀 수급인에게 하수급인 또는 하도급계약 내용의 변경을 요구할 수 있다. 이 경우 제1항 후단에 따라 적정성 심사를 하였을 때에는 하수급인 또는 하도급계약 내용의 변경을 요구하여야 한다.

③ 발주자는 수급인이 정당한 사유 없이 제2항에 따른 요구에 따르지 아니하여 공사 등의 결과에 중대한 영향을 끼칠 우려가 있는 경우에는 해당 소방시설공사등의 도급계약을 해지할 수 있다.

④ 제1항 후단에 따른 발주자는 하수급인의 시공 및 수행능력, 하도급계약 내용의 적정성 등을 심사하기 위하여 하도급계약심사위원회를 두어야 한다.

⑤ 제1항 및 제2항에 따른 하도급계약의 적정성 심사기준, 하수급인 또는 하도급계약 내용의 변경 요구 절차, 그 밖에 필요한 사항 및 제4항에 따른 하도급계약심사위원회의 설치·구성 및 심사방법 등에 관하여 필요한 사항은 대통령령으로 정한다.

영 제12조의2 (하도급계약의 적정성 심사 등)

① 법 제22조의2제1항 전단에서 "하도급계약금액이 대통령령으로 정하는 비율에 따른 금액에 미달하는 경우"란 다음 각 호의 어느 하나에 해당하는 경우를 말한다.

1. 하도급계약금액이 도급금액 중 하도급부분에 상당하는 금액[하도급하려는 소방시설공사등에 대하여 수급인의 도급금액 산출내역서의 계약단가(직접·간접 노무비, 재료비 및 경비를 포함한다)를 기준으로 산출한 금액에 일반관리비, 이윤 및 부가가치세를 포함한 금액을 말하며, 수급인이 하수급인에게 직접 지급하는 자재의 비용 등 관계 법령에 따라 수급인이 부담하는 금액은 제외한다]의 100분의 82에 해당하는 금액에 미달하는 경우
2. 하도급계약금액이 소방시설공사등에 대한 발주자의 예정가격의 100분의 60에 해당하는 금액에 미달하는 경우

② 법 제22조의2제1항 후단에서 "대통령령으로 정하는 공공기관"이란 다음 각 호의 어느 하나에 해당하는 기관을 말한다.

1. 「공공기관의 운영에 관한 법률」 제5조에 따른 공기업 및 준정부기관
2. 「지방공기업법」에 따른 지방공사 및 지방공단

③ 소방청장은 법 제22조의2제1항에 따라 하수급인의 시공 및 수행능력, 하도급 계약 내용의 적정성 등을 심사하는 경우에 활용할 수 있는 기준을 정하여 고시하여야 한다.

④ 발주자는 법 제22조의2제2항에 따라 하수급인 또는 하도급계약 내용의 변경을 요구하려는 경우에는 법 제21조의3제4항에 따라 하도급에 관한 사항을 통보받은 날 또는 그 사유가 있음을 안 날부터 30일 이내에 서면으로 하여야 한다.

영 제12조의3 (하도급계약심사위원회의 구성 및 운영)

① 법 제22조의2제4항에 따른 하도급계약심사위원회(이하 "위원회"라 한다)는 <u>위원장 1명과 부위원장 1명을 포함하여 10명 이내</u>의 위원으로 구성한다.

② 위원회의 위원장(이하 "위원장"이라 한다)은 발주기관의 장(발주기관이 특별시·광역시·특별자치시·도 및 특별자치도인 경우에는 해당 기관 소속 2급 또는 3급 공무원 중에서, 발주기관이 제12조

의2제2항에 따른 공공기관인 경우에는 1급 이상 임직원 중에서 발주기관의 장이 지명하는 사람을 각각 말한다)이 되고, 부위원장과 위원은 다음 각 호의 어느 하나에 해당하는 사람 중에서 위원장이 임명하거나 성별을 고려하여 위촉한다.
1. 해당 발주기관의 과장급 이상 공무원(제12조의2제2항에 따른 공공기관의 경우에는 2급 이상의 임직원을 말한다)
2. 소방 분야 연구기관의 연구위원급 이상인 사람
3. 소방 분야의 박사학위를 취득하고 그 분야에서 3년 이상 연구 또는 실무경험이 있는 사람
4. 대학(소방 분야로 한정한다)의 조교수 이상인 사람
5. 「국가기술자격법」에 따른 소방기술사 자격을 취득한 사람

③ 제2항제2호부터 제5호까지의 규정에 해당하는 위원의 임기는 3년으로 하며, 한 차례만 연임할 수 있다.
④ 위원회의 회의는 재적위원 과반수의 출석으로 개의하고, 출석위원 과반수의 찬성으로 의결한다.
⑤ 제1항부터 제4항까지에서 규정한 사항 외에 위원회의 운영에 필요한 사항은 위원회의 의결을 거쳐 위원장이 정한다.

영 제12조의4 (위원회 위원의 제척·기피·회피)
① 위원회의 위원은 다음 각 호의 어느 하나에 해당하는 경우에는 해당 하도급계약심사에서 제척된다.
1. 위원 또는 그 배우자나 배우자이었던 사람이 해당 안건의 당사자(당사자가 법인·단체 등인 경우에는 그 임원을 포함한다. 이하 이 호 및 제2호에서 같다)가 되거나 그 안건의 당사자와 공동권리자 또는 공동의무자인 경우
2. 위원이 해당 안건의 당사자와 친족이거나 친족이었던 경우
3. 위원이 해당 안건에 대하여 진술이나 감정을 한 경우
4. 위원이나 위원이 속한 법인·단체 등이 해당 안건의 당사자의 대리인이거나 대리인이었던 경우
5. 위원이 해당 안건의 원인이 된 처분 또는 부작위에 관여한 경우

② 해당 안건의 당사자는 위원에게 공정한 심사를 기대하기 어려운 사정이 있는 경우에는 위원회에 기피 신청을 할 수 있으며, 위원회는 의결로 이를 결정한다. 이 경우 기피 신청의 대상인 위원은 그 의결에 참여하지 못한다.
③ 위원이 제1항 각 호에 따른 제척 사유에 해당하는 경우에는 스스로 해당 안건의 심사에서 회피(回避)하여야 한다.

제22조의3 (하도급대금의 지급 등)
① 수급인은 발주자로부터 도급받은 소방시설공사등에 대한 준공금(竣工金)을 받은 경우에는 하도급대금의 전부를, 기성금(旣成金)을 받은 경우에는 하수급인이 시공하거나 수행한 부분에 상당한 금액을 각각 지급받은 날(수급인이 발주자로부터 대금을 어음으로 받은 경우에는 그 어음만기일을 말한다)부터 15일 이내에 하수급인에게 현금으로 지급하여야 한다.
② 수급인은 발주자로부터 선급금을 받은 경우에는 하수급인이 자재의 구입, 현장근로자의 고용, 그 밖에 하도급 공사 등을 시작할 수 있도록 그가 받은 선급금의 내용과 비율에 따라 하수급인에게 선금을 받은 날(하도급 계약을 체결하기 전에 선급금을 받은 경우에는 하도급 계약을 체결한 날을 말한다)부터 15일 이내에 선급금을 지급하여야 한다. 이 경우 수급인은 하수급인이 선급금을 반환하여야 할 경우에 대비하

여 하수급인에게 보증을 요구할 수 있다.
③ 수급인은 하도급을 한 후 설계변경 또는 물가변동 등의 사정으로 도급금액이 조정되는 경우에는 조정된 금액과 비율에 따라 하수급인에게 하도급 금액을 증액하거나 감액하여 지급할 수 있다.

제22조의4 (하도급계약 자료의 공개)
① 국가·지방자치단체 또는 대통령령으로 정하는 공공기관이 발주하는 소방시설공사등을 하도급한 경우 해당 발주자는 다음 각 호의 사항을 누구나 볼 수 있는 방법으로 공개하여야 한다.
　1. 공사명　 2. 예정가격 및 수급인의 도급금액 및 낙찰률
　3. 수급인(상호 및 대표자, 영업소 소재지, 하도급 사유)
　4. 하수급인(상호 및 대표자, 업종 및 등록번호, 영업소 소재지)　 5. 하도급 공사업종
　6. 하도급 내용(도급금액 대비 하도급 금액 비교명세, 하도급률)　 7. 선급금 지급 방법 및 비율
　8. 기성금 지급 방법(지급 주기, 현금지급 비율) 9. 설계변경 및 물가변동에 따른 대금 조정 여부
　11. 하도급대금 지급보증서 발급 여부(발급하지 아니한 경우에는 그 사유를 말한다)
　12. 표준하도급계약서 사용 유무　　　　　　　　　　　　13. 하도급계약 적정성 심사 결과
② 제1항에 따른 하도급계약 자료의 공개와 관련된 절차 및 방법, 공개대상 계약규모 등에 관하여 필요한 사항은 대통령령으로 정한다.

> **영** 제12조의5 (하도급계약 자료의 공개)
> ① 법 제22조의4제1항 각 호 외의 부분에서 "대통령령으로 정하는 공공기관"이란 제12조의2제2항 각 호의 어느 하나에 해당하는 기관을 말한다.
> ② 법 제22조의4제1항에 따른 소방시설공사등의 하도급계약 자료의 공개는 법 제21조의3제4항에 따라 하도급에 관한 사항을 통보받은 날부터 30일 이내에 해당 소방시설공사등을 발주한 기관의 인터넷 홈페이지에 게재하는 방법으로 하여야 한다.
> ③ 법 제22조의4제1항에 따른 소방시설공사등의 하도급계약 자료의 공개대상 계약규모는 하도급계약금액[하수급인의 하도급금액 산출내역서의 계약단가(직접·간접 노무비, 재료비 및 경비를 포함한다)를 기준으로 산출한 금액에 일반관리비, 이윤 및 부가가치세를 포함한 금액을 말하며, 수급인이 하수급인에게 직접 지급하는 자재의 비용 등 관계 법령에 따라 수급인이 부담하는 금액은 제외한다]이 1천만 원 이상인 경우로 한다.

제23조 (도급계약의 해지)
특정소방대상물의 관계인 또는 발주자는 해당 도급계약의 수급인이 다음 각 호의 어느 하나에 해당 하는 경우에는 도급계약을 해지할 수 있다.
1. 소방시설업이 등록취소되거나 영업정지된 경우
2. 소방시설업을 휴업하거나 폐업한 경우
3. 정당한 사유 없이 30일 이상 소방시설공사를 계속하지 아니하는 경우
4. 제22조의2제2항 전단에 따른 요구에 정당한 사유 없이 따르지 아니하는 경우

제24조 (공사업자의 감리제한)
다음 각 호의 어느 하나에 해당되면 동일한 특정소방대상물의 소방시설에 대한 시공과 감리를 함께 할 수

없다.
1. 공사업자와 감리업자가 같은 자인 경우
2. 「독점규제 및 공정거래에 관한 법률」 제2조제2호에 따른 기업집단의 관계인 경우
3. 법인과 그 법인의 임직원의 관계인 경우
4. 「민법」 제777조에 따른 친족관계인 경우

제25조 (소방기술용역의 대가기준)
소방시설공사의 설계와 감리에 관한 약정을 할 때 그 대가는 「엔지니어링산업 진흥법」 제31조에 따른 엔지니어링사업의 대가 기준 가운데 행정안전부령으로 정하는 방식에 따라 산정한다. 〈개정 2020.6.9〉

> **직** 제21조 (소방기술용역의 대가기준 산정방식)
> 법 제25조에서 "행정안전부령이 정하는 방식"이란 「엔지니어링기술 진흥법」 제31조제2항에 따라 산업통상자원부장관이 인가한 엔지니어링사업의 대가 기준 중 다음 각호에 따른 방식을 말한다.
> 1. 소방시설설계의 대가: 통신부문에 적용하는 공사비 요율에 따른 방식
> 2. 소방공사감리의 대가: 실비정액 가산방식

제26조 (시공능력평가 및 공시)
① <u>소방청장</u>은 관계인 또는 발주자가 적절한 공사업자를 선정할 수 있도록 하기 위하여 공사업자의 신청이 있으면 그 공사업자의 소방시설공사 실적, 자본금 등에 따라 <u>시공능력</u>을 평가하여 공시할 수 있다.
② 제1항에 따른 평가를 받으려는 공사업자는 전년도 소방시설공사 실적, 자본금, 그 밖에 행정안전부령으로 정하는 사항을 소방청장에게 제출하여야 한다.
③ 제1항 및 제2항에 따른 시공능력 평가신청 절차, 평가방법, 공시방법 등에 관하여 필요한 사항은 행정안전부령으로 정한다.

> **직** 제22조 (소방시설공사 시공능력 평가의 신청)
> ① 법 제26조제1항에 따라 소방시설공사의 시공능력을 평가받으려는 공사업자는 법 제26조제2항에 따라 별지 제32호서식의 소방시설공사 시공능력평가신청서(전자문서로 된 소방시설공사 시공능력평가신청서를 포함한다)에 다음 각 호의 서류(전자문서를 포함한다)를 첨부하여 협회에 매년 2월 15일[제5호의 서류는 법인의 경우에는 매년 4월 15일, 개인의 경우에는 매년 6월 10일(소득세법」 제70조의2제1항에 따른 성실신고확인대상사업자는 매년 7월 10일)]까지 제출하여야 하며, 이 경우 협회는 공사업자가 첨부하여야 할 서류를 갖추지 못하였을 때에는 15일의 보완기간을 부여하여 보완하게 하여야 한다. 다만, 「전자정부법」 제36조제1항에 따른 행정정보의 공동이용을 통하여 첨부서류에 대한 정보를 확인할 수 있는 경우에는 그 확인으로 첨부서류를 갈음할 수 있다.
> 1. <u>소방공사실적을 증명하는</u> 다음 각 목의 구분에 따른 해당 <u>서류</u>(전자문서를 포함한다)
>   가. 국가, 지방자치단체, 「공공기관의 운영에 관한 법률」 제5조에 따른 공기업·준정부기관 또는 「지방공기업법」 제49조에 따라 설립된 지방공사나 같은 법 제76조에 따라 설립된 지방공단(이하 "국가등"이라 한다. 이하 같다)이 발주한 국내 소방시설공사의 경우: 해당 발주자가 발행한 별지 제33호서식의 소방시설공사 실적증명서 / 나. - 이하 구체적인 서류생략 -
> ② 제1항에서 규정한 사항 외에 시공능력 평가 등 업무수행에 필요한 세부규정은 협회가 정하되, 소방청

장의 승인을 받아야 한다.

칙 **제23조(시공능력의 평가)**
① 법 제26조제3항에 따른 시공능력평가의 방법은 별표 4와 같다.
② 제1항에 따라 평가된 시공능력은 공사업자가 도급받을 수 있는 1건의 공사도급금액으로 하고, 시공능력 평가의 유효기간은 공시일부터 <u>1년간</u>으로 한다. 다만, 다음 각 호의 어느 하나에 해당하는 사유로 평가된 시공능력의 유효기간은 그 시공능력 평가 결과의 공시일부터 다음 해의 정기 공시일(제3항 본문에 따라 공시한 날을 말한다)의 전날까지로 한다.
　1. 법 제4조에 따라 소방시설공사업을 등록한 경우
　2. 법 제7조제1항이나 제2항에 따라 소방시설공사업을 상속·양수·합병하거나 소방시설 전부를 인수한 경우
　3. 제22조제1항 각 호의 서류가 거짓으로 확인되어 제4항에 따라 새로 평가한 경우
③ 협회는 시공능력을 평가한 경우에는 그 사실을 해당 공사업자의 등록수첩에 기재하여 발급하고, 매년 7월 31일까지 각 공사업자의 시공능력을 일간신문(「신문 등의 진흥에 관한 법률」 제2조제1호가목 또는 나목에 해당하는 일간신문으로서 같은 법 제9조제1항에 따른 등록 시 전국을 보급지역으로 등록한 일간신문을 말한다. 이하 같다) 또는 인터넷 홈페이지를 통하여 공시하여야 한다. 다만, 제2항 각 호의 어느 하나에 해당하는 사유로 시공능력을 평가한 경우에는 인터넷 홈페이지를 통하여 공시하여야 한다.
④ 협회는 시공능력평가 및 공시를 위하여 제22조에 따라 제출된 자료가 거짓으로 확인된 경우에는 그 확인된 날부터 10일 이내에 제3항에 따라 공시된 해당 공사업자의 시공능력을 새로 평가하고 해당 공사업자의 등록수첩에 그 사실을 기재하여 발급하여야 한다.

제26조의2(설계·감리업자의 선정)
① 국가, 지방자치단체 또는 대통령령으로 정하는 공공기관은 그가 발주하는 소방시설의 설계·공사 감리 용역 중 소방청장이 정하여 고시하는 금액 이상의 사업에 대하여는 대통령령으로 정하는 바에 따라 집행 계획을 작성하여 공고하여야 한다.
② 제1항에 따라 공고된 사업을 하려면 기술능력, 경영능력, 그 밖에 대통령령으로 정하는 사업수행능력 평가기준에 적합한 설계·감리업자를 선정하여야 한다.
③ 제2항에 따른 설계·감리업자의 선정 절차 등에 필요한 사항은 대통령령으로 정한다.

영 **제12조의6(설계 및 공사감리 용역사업의 집행·계획 작성공고대상자)**
① 법 제26조의2제1항에서 "대통령령으로 정하는 공공기관"이란 제12조의2제2항 각 호의 어느 하나에 해당하는 기관을 말한다.

영 **제12조의7(설계 및 공사감리 용역사업의 집행·계획 내용 등)**
① 법 제26조의2제1항에 따른 집행 계획에는 다음 각 호의 사항이 포함되어야 한다.
　1. 설계·공사 감리 용역명　　2. 설계·공사 감리 용역사업 시행 기관명
　3. 설계·공사 감리 용역사업의 주요 내용　　4. 총사업비 및 해당 연도 예산 규모
　5. 입찰 예정시기　　6. 그 밖에 입찰 참가에 필요한 사항
② 법 제26조의2제1항에 따른 집행 계획의 공고는 입찰공고와 함께 할 수 있다.

[영] 제12조의8(설계·감리업자의 선정 절차 등)
① 법 제26조의2제2항에서 "대통령령으로 정하는 사업수행능력 평가기준"이란 다음 각 호의 사항에 대한 평가기준을 말한다.
  1. 참여하는 소방기술자의 실적 및 경력
  2. 입찰참가 제한, 영업정지 등의 처분 유무 또는 재정상태 건실도 등에 따라 평가한 신용도
  3. 기술개발 및 투자 실적   4. 참여하는 소방기술자의 업무 중첩도
  5. 그 밖에 행정안전부령으로 정하는 사항   - 이하 생략 -

[칙] 제23조의2(설계업자 또는 감리업자의 선정 등)
① 영 제12조의8제4항에 따른 사업수행능력 평가의 세부기준은 다음 각 호의 평가기준을 말한다.
  1. 설계용역의 경우: 별표 4의3의 사업수행능력 평가기준
  2. 공사감리용역의 경우: 별표 4의4의 사업수행능력 평가기준   - 이하 생략 -

[칙] 제23조의3(기술능력평가·기준방법)
① 국가등은 법 제26조의2 및 영 제12조의8제3항에 따라 기술과 가격을 분리하여 낙찰자를 선정하려는 경우에는 다음 각 호의 기준에 따라야 한다.   - 이하 생략 -

제26조의3(소방시설업 종합정보시스템의 구축 등)
① 소방청장은 다음 각 호의 정보를 종합적이고 체계적으로 관리·제공하기 위하여 소방시설업 종합정보시스템을 구축·운영할 수 있다.
  1. 소방시설업자의 자본금·기술인력 보유 현황, 소방시설공사등 수행상황, 행정처분 사항 등 소방시설업자에 관한 정보
  2. 소방시설공사등의 착공 및 완공에 관한 사항, 소방기술자 및 감리원의 배치 현황 등 소방시설공사등과 관련된 정보
② 소방청장은 제1항에 따른 정보의 종합관리를 위하여 소방시설업자, 발주자, 관련 기관 및 단체 등에게 필요한 자료의 제출을 요청할 수 있다. 이 경우 요청을 받은 자는 특별한 사유가 없으면 이에 따라야 한다.
③ 소방청장은 제1항에 따른 정보를 필요로 하는 관련 기관 또는 단체에 해당 정보를 제공할 수 있다.
④ 제1항에 따른 소방시설업 종합정보시스템의 구축 및 운영 등에 필요한 사항은 행정안전부령으로 정한다.

[칙] 제23조의4(소방시설업 종합정보시스템의 구축·운영)
① 소방청장은 법 제26조의3 제1항에 따른 소방시설업 종합정보시스템(이하 "소방시설업 종합정보시스템"이라 한다)의 구축 및 운영 등을 위하여 다음 각 호의 업무를 수행할 수 있다.
  1. 소방시설업 종합정보시스템의 구축 및 운영에 관한 연구개발
  2. 법 제26조의3제1항 각 호의 정보에 대한 수집·분석 및 공유
  3. 소방시설업 종합정보시스템의 표준화 및 공동활용 촉진
② 소방청장은 소방시설업 종합정보시스템의 효율적인 구축과 운영을 위하여 협회, 소방기술과 관련된 법인 또는 단체와 협의체를 구성·운영할 수 있다.
③ 소방청장은 법 제26조의3제2항 전단에 따라 필요한 자료의 제출을 요청하는 경우에는 그 범위, 사용목적, 제출기한 및 제출방법 등을 명시한 서면으로 해야 한다.
④ 법 제26조의3제3항에 따른 관련 기관 또는 단체는 소방청장에게 필요한 정보의 제공을 요청하는

경우에는 그 범위, 사용 목적 및 제공방법 등을 명시한 서면으로 해야 한다.

제4장 소방기술자

제27조 (소방기술자의 의무)
① 소방기술자는 이 법과 이 법에 따른 명령과 「화재예방, 소방시설설치유지 및 안전관리에 관한 법률」 및 같은 법에 따른 명령에 따라 업무를 수행하여야 한다.
② 소방기술자는 다른 사람에게 자격증[제28조에 따라 소방기술 경력 등을 인정받은 사람의 경우에는 소방기술 인정(이하 "자격수첩"이라 한다)과 소방기술자 경력수첩(이하 "경력수첩"이라 한다)을 말한다]을 빌려주어서는 아니 된다.
③ 소방기술자는 동시에 둘 이상의 업체에 취업하여서는 아니 된다. 다만, 제1항에 따른 소방기술자 업무에 영향을 미치지 아니하는 범위에서 근무시간 외에 소방시설업이 아닌 다른 업종에 종사하는 경우는 제외한다.

제28조 (소방기술 경력 등의 인정 등)
① 소방청장은 소방기술의 효율적인 활용과 소방기술의 향상을 위하여 소방기술과 관련된 자격·학력 및 경력을 가진 사람을 소방기술자로 인정할 수 있다.
② 소방청장은 제1항에 따라 자격·학력 및 경력을 인정받은 사람에게 소방기술 인정 자격수첩과 경력수첩을 발급할 수 있다.
③ 제1항에 따른 소방기술과 관련된 자격·학력 및 경력의 인정 범위와 제2항에 따른 자격수첩의 발급 절차 등에 관하여 필요한 사항은 행정안전부령으로 정한다.
④ 소방청장은 제2항에 따라 자격수첩과 경력수첩을 발급받은 사람이 다음 각 호의 어느 하나에 해당하는 경우에는 행정안전부령으로 정하는 바에 따라 그 자격을 취소하거나 6개월 이상 2년 이하의 기간을 정하여 그 자격을 정지시킬 수 있다. 다만, 제1호와 제2호에 해당하는 경우에는 그 자격을 취소하여야 한다.
  1. 거짓이나 그 밖의 부정한 방법으로 자격수첩 또는 경력수첩을 발급받은 경우
  2. 제27조제2항을 위반하여 자격수첩 또는 경력수첩을 다른 사람에게 빌려준 경우
  3. 제27조제3항을 위반하여 동시에 둘 이상의 업체에 취업한 경우
  4. 이 법 또는 이 법에 따른 명령을 위반한 경우
⑤ 제4항에 따라 자격이 취소된 사람은 취소된 날부터 2년간 자격수첩 또는 경력수첩을 발급받을 수 없다.

직 제24조 (소방기술과 관련된 자격·학력 및 경력의 인정범위 등)
① 법 제28조제3항에 따른 소방기술과 관련된 자격·학력 및 경력의 인정 범위는 별표 4의2와 같다.
② 협회 또는 영 제20조제4항에 따라 소방기술과 관련된 자격·학력 및 경력의 인정업무를 위탁받은 소방기술과 관련된 법인 또는 단체는 법 제28조제1항에 따라 소방기술과 관련된 자격·학력 및 경력을 가진 사람을 소방기술자로 인정하는 경우에는 별지 제39호서식의 소방기술 인정 자격수첩과 별지 제39호의2서식에 따른 소방기술자 경력수첩을 발급하여야 한다. 〈개정 2020. 1. 15.〉
③ 제1항 및 제2항에서 규정한 사항 외에 자격수첩과 경력수첩의 발급절차 수수료 등에 관하여 필요한 사항은 소방청장이 정하여 고시한다. 〈개정 2015.8.4.〉

제29조 (소방기술자의 실무교육)

① 화재 예방, 안전관리의 효율화, 새로운 기술 등 소방에 관한 지식의 보급을 위하여 소방시설업 또는 「화재예방, 소방시설설치유지 및 안전관리에 관한 법률」 제29조에 따른 소방시설관리업의 기술인력으로 등록된 소방기술자는 행정안전부령으로 정하는 바에 따라 실무교육을 받아야 한다.
② 제1항에 따른 소방기술자가 정하여진 교육을 받지 아니하면 그 교육을 이수할 때까지 그 소방기술자는 소방시설업 또는 「화재예방, 소방시설 설치유지 및 안전관리에 관한 법률」 제29조에 따른 소방시설관리업의 기술인력으로 등록된 사람으로 보지 아니한다.
③ 소방청장은 제1항에 따른 소방기술자에 대한 실무교육을 효율적으로 하기 위하여 실무교육기관을 지정할 수 있다.
④ 제3항에 따른 실무교육기관의 지정방법·절차·기준 등에 관하여 필요한 사항은 행정안전부령으로 정한다.
⑤ 제3항에 따라 지정된 실무교육기관의 지정취소, 업무정지 및 청문에 관하여는 「화재예방, 소방시설설치유지 및 안전관리에 관한 법률」 제43조 및 제44조를 준용한다.

칙 제26조 (소방기술자의 실무교육)
① 소방기술자는 법 제29조제1항에 따라 실무교육을 2년마다 1회 이상 받아야 한다.
② 영 제20조제1항에 따라 소방기술자 실무교육에 관한 업무를 위탁받은 실무교육기관 또는 「소방기본법」 제40조에 따른 한국소방안전원의 장(이하 "실무교육기관등의 장"이라 한다)은 소방기술자에 대한 실무교육을 실시하려면 교육일정 등 교육에 필요한 계획을 수립하여 소방청장에게 보고한 후 교육 10일 전까지 교육대상자에게 알려야 한다.
③ 제1항에 따른 실무교육의 시간, 교육과목, 수수료, 그 밖에 실무교육에 관하여 필요한 사항은 소방청장이 정하여 고시한다.

칙 제27조 (교육수료 사항의 기재 등)
① 실무교육기관등의 장은 실무교육을 수료한 소방기술자의 기술자격증(자격수첩)에 교육수료 사항을 기재·날인하여 발급하여야 한다.
② 실무교육기관등의 장은 별지 제40호서식의 소방기술자 실무교육수료자 명단을 교육대상자가 소속된 소방시설업의 업종별로 작성하고 필요한 사항을 기록하여 갖춰 두어야 한다.

칙 제28조 (감독)
소방청장은 실무교육기관등의 장이 실시하는 소방기술자 실무교육의 계획·실시 및 결과에 대하여 지도·감독하여야 한다.

칙 제29조 (소방기술자 실무교육기관의 지정기준)
① 법 제29조제4항에 따라 소방기술자에 대한 실무교육기관의 지정을 받으려는 자가 갖추어야 하는 실무교육에 필요한 기술인력 및 시설장비는 별표 6과 같다.
② 제1항에 따라 실무교육기관의 지정을 받으려는 자는 비영리법인이어야 한다.

칙 제30조 (지정신청)
① 법 제29조제4항에 따라 실무교육기관의 지정을 받으려는 자는 별지 제41호서식의 실무교육기관 지정신청서(전자문서로 된 실무교육기관 지정신청서를 포함한다)에 다음 각 호의 서류(전자문서를 포함한다)를 첨부하여 소방청장에게 제출하여야 한다. - 이하 구체적 서류 생략 -

제31조 (서류심사 등)

① 제30조에 따라 실무교육기관의 지정신청을 받은 소방청장은 제29조의 지정기준을 충족하였는지를 현장 확인하여야 한다. 이 경우 소방청장은 「소방기본법」 제40조에 따른 한국소방안전원에 소속된 사람을 현장 확인에 참여시킬 수 있다.

② 소방청장은 신청자가 제출한 신청서(전자문서로 된 신청서를 포함한다) 및 첨부서류(전자문서를 포함한다)가 미비되거나 현장 확인 결과 제29조에 따른 지정기준을 충족하지 못하였을 때에는 15일 이내의 기간을 정하여 이를 보완하게 할 수 있다. 이 경우 보완기간 내에 보완하지 않으면 신청서를 되돌려 보내야 한다.

제32조 (지정서교부 등)

① 소방청장은 제30조에 따라 제출된 서류(전자문서를 포함한다)를 심사하고 현장 확인한 결과 제29조의 지정기준을 충족한 경우에는 신청일부터 30일 이내에 별지 제42호서식의 실무교육기관 지정서(전자문서로 된 실무교육기관 지정서를 포함한다)를 발급하여야 한다.

② 제1항에 따라 실무교육기관을 지정한 소방청장은 지정한 실무교육기관의 명칭, 대표자, 소재지, 교육실시 범위 및 교육업무 개시일 등 교육에 필요한 사항을 관보에 공고하여야 한다.

제33조 (지정사항의 변경)

제32조제1항에 따라 실무교육기관으로 지정된 기관은 다음 각 호의 어느 하나에 해당하는 사항을 변경하려면 변경일부터 10일 이내에 소방청장에게 보고하여야 한다.
1. 대표자 또는 각 지부의 책임임원
2. 기술인력 또는 시설장비 등 지정기준
3. 교육기관명칭 또는 교육기관의 소재지

제34조 (휴·폐업 신고 등)

① 제32조제1항에 따라 지정을 받은 실무교육기관은 휴업·재개업 또는 폐업을 하려면 그 휴업 또는 재개업을 하려는 날의 14일 전까지 별지 제43호서식의 휴업·재개업·폐업 보고서에 실무교육기관 지정서 1부를 첨부(폐업하는 경우에만 첨부한다)하여 소방청장에게 보고하여야 한다.

② 제1항에 따른 보고는 방문·전화·팩스 또는 컴퓨터통신으로 할 수 있다.

③ 소방청장은 제1항에 따라 휴업보고를 받은 경우에는 실무교육기관 지정서에 휴업기간을 기재하여 발급하고, 폐업보고를 받은 경우에는 실무교육기관 지정서를 회수하여야 한다. 이 경우 소방청장은 휴업·재개업·폐업 사실을 인터넷 등을 통하여 널리 알려야 한다.

제35조 (교육계획의 수립·공고 등)

① 실무교육기관등의 장은 매년 11월 30일까지 다음 해 교육계획을 실무교육의 종류별·대상자별·지역별로 수립하여 이를 일간신문에 공고하고 소방본부장 또는 소방서장에게 보고하여야 한다.

② 제1항에 따른 교육계획을 변경하는 경우에는 변경한 날부터 10일 이내에 이를 일간신문에 공고하고 소방본부장 또는 소방서장에게 보고하여야 한다.

제36조 (교육대상자 관리 및 교육실적 보고)

① 실무교육기관등의 장은 그 해의 교육이 끝난 후 직능별·지역별 교육수료자 명부를 작성하여 소방본부장 또는 소방서장에게 다음 해 1월 말까지 알려야 한다.

② 실무교육기관등의 장은 매년 1월 말까지 전년도 교육 횟수·인원 및 대상자 등 교육실적을 소방청장에게 보고하여야 한다.

제5장 소방시설업자협회

제30조의 2 (소방사설업자의 설립)
① 소방시설업자는 소방시설업자의 권익보호와 소방기술의 개발 등 소방시설업의 건전한 발전을 위하여 소방시설업자협회(이하 "협회"라 한다)를 설립할 수 있다.
② 협회는 법인으로 한다.
③ 협회는 소방청장의 인가를 받아 주된 사무소의 소재지에 설립등기를 함으로써 성립한다.
④ 협회의 설립인가 절차, 정관의 기재사항 및 협회에 대한 감독에 관하여 필요한 사항은 대통령령으로 정한다.

> **영** 제19조2 (소방시설업자협회의 설립인가 절차 등)
> ① 법 제30조의2제1항에 따라 소방시설업자협회(이하 "협회"라 한다)를 설립하려면 법 제2조제1항 제2호에 따른 소방시설업자 10명 이상이 발기하고 창립총회에서 정관을 의결한 후 소방청장에게 인가를 신청하여야 한다.
> ② 소방청장은 제1항에 따른 인가를 하였을 때에는 그 사실을 공고하여야 한다.

> **영** 제19조3 (정관의 기재사항)
> 협회의 정관에는 다음 각 호의 사항이 포함되어야 한다.
> 1. 목적
> 2. 명칭
> 3. 주된 사무소의 소재지
> 4. 사업에 관한 사항
> 5. 회원의 가입 및 탈퇴에 관한 사항
> 6. 회비에 관한 사항
> 7. 자산과 회계에 관한 사항
> 8. 임원의 정원·임기 및 선출방법
> 9. 기구와 조직에 관한 사항
> 10. 총회와 이사회에 관한 사항
> 11. 정관의 변경에 관한 사항 〈본조신설 2010.10.18.〉

> **영** 제19조4 (감독)
> ① 법 제30조의2제4항에 따라 소방청장은 협회에 대하여 다음 각 호의 사항을 보고하게 할 수 있다.
> 1. 총회 또는 이사회의 중요 의결사항
> 2. 회원의 가입·탈퇴와 회비에 관한 사항
> 3. 그 밖에 협회 및 회원에 관계되는 중요한 사항

제30조의 3 (협회의 업무)
협회의 업무는 다음 각 호와 같다.
1. 소방시설업의 기술발전과 소방기술의 진흥을 위한 조사·연구·분석 및 평가
2. 소방산업의 발전 및 소방기술의 향상을 위한 지원
3. 소방시설업의 기술발전과 관련된 국제교류·활동 및 행사의 유치
4. 이 법에 따른 위탁 업무의 수행

제30조의 4 (민법의 준용)
협회에 관하여 이 법에 규정되지 아니한 사항은 「민법」 중 사단법인에 관한 규정을 준용한다.

제6장 보 칙

제31조 (감독)
① 시·도지사, 소방본부장 또는 소방서장은 소방시설업의 감독을 위하여 필요할 때에는 소방시설업자나 관계인에게 필요한 보고나 <u>자료 제출</u>을 명할 수 있고, 관계 공무원으로 하여금 소방시설업체나 특정소방대상물에 출입하여 관계 서류와 시설 등을 검사하거나 소방시설업자 및 관계인에게 질문하게 할 수 있다.
② 소방청장은 제33조제2항부터 제4항까지의 규정에 따라 소방청장의 업무를 위탁받은 제29조제3항에 따른 실무교육기관(이하 "실무교육기관"이라 한다) 또는 「소방기본법」 제40조에 따른 한국소방안전원, 협회, 법인 또는 단체에 필요한 보고나 자료 제출을 명할 수 있고, 관계 공무원으로 하여금 실무교육기관, 한국소방안전원, 협회, 법인 또는 단체의 사무실에 출입하여 관계 서류 등을 검사하거나 관계인에게 질문하게 할 수 있다.
③ 제1항과 제2항에 따라 출입·검사를 하는 관계 공무원은 그 권한을 표시하는 증표를 지니고 이를 관계인에게 보여주어야 한다.
④ 제1항과 제2항에 따라 출입·검사업무를 수행하는 관계 공무원은 관계인의 정당한 업무를 방해하거나 출입·검사업무를 수행하면서 알게 된 비밀을 다른 자에게 누설하여서는 아니 된다.

제32조 (청문)
제9조제1항에 따른 소방시설업 등록취소처분이나 영업정지처분 또는 제28조제4항에 따른 소방기술 인정 자격 취소처분을 하려면 청문을 하여야 한다.

제33조 (권한의 위임·위탁 등)
① 소방청장은 이 법에 따른 권한의 일부를 대통령령으로 정하는 바에 따라 시·도지사에게 위임할 수 있다.
② 소방청장은 제29조에 따른 실무교육에 관한 업무를 대통령령으로 정하는 바에 따라 실무교육기관 또는 한국소방안전원에 위탁할 수 있다.
③ 소방청장 또는 시·도지사는 다음 각 호의 업무를 대통령령으로 정하는 바에 따라 협회에 위탁할 수 있다.
  1. 제4조제1항에 따른 소방시설업 등록신청의 접수 및 신청내용의 확인
  2. 제6조에 따른 소방시설업 등록사항 변경신고의 접수 및 신고내용의 확인
  2의2. 제6조의2에 따른 소방시설업 휴업·폐업 등 신고의 접수 및 신고내용의 확인
  3. 제7조제3항에 따른 소방시설업자의 지위승계 신고의 접수 및 신고내용의 확인
  4. 제20조의3에 따른 방염처리능력   5. 제26조에 따른 시공능력 평가 및 공시
  6. 제26조의3제1항에 따른 소방시설업 종합정보시스템의 구축·운영 〈개정 2020.6.9〉
④ 소방청장은 제28조에 따른 소방기술과 관련된 자격·학력·경력의 인정 업무를 대통령령으로 정하는 바에 따라 협회, <u>소방기술과 관련된 법인 또는 단체</u>에 위탁할 수 있다. / ⑤항 〈삭제〉

영 제20조 (업무의 위탁)
① 소방청장은 법 제33조제2항에 따라 법 제29조에 따른 소방기술자 실무교육에 관한 업무를 법 제29조제3항에 따라 소방청장이 지정하는 실무교육기관 또는 「소방기본법」 제40조에 따른 <u>한국소방안전원</u>에 위탁한다.

② 소방청장은 법 제33조제3항에 따라 다음 각 호의 업무를 협회에 위탁한다.
1. 법 제20조의3에 따른 방염처리능력 평가 및 공시에 관한 업무
2. 법 제26조에 따른 시공능력 평가 및 공시에 관한 업무

③ 시·도지사는 법 제33조제3항에 따라 다음 각 호의 업무를 협회에 위탁한다.
1. 법 제4조제1항에 따른 소방시설업 등록신청의 접수 및 신청내용의 확인
2. 법 제6조에 따른 소방시설업 등록사항 변경신고의 접수 및 신고내용의 확인
2의2. 법 제6조의2에 따른 소방시설업 휴업·폐업 또는 재개업 신고의 접수 및 신고내용의 확인
3. 법 제7조제3항에 따른 소방시설업자의 지위승계 신고의 접수 및 신고내용의 확인

④ 소방청장은 법 제33조제4항에 따라 법 제28조에 따른 소방기술과 관련된 자격·학력·경력의 인정 업무를 협회, 소방기술과 관련된 법인 또는 단체에 위탁한다. 이 경우 소방청장은 수탁기관을 지정하여 관보에 고시하여야 한다.

제34조 (수수료 등)

직 제37조 (수수료 기준)
① 법 제34조의 규정에 의한 수수료 또는 교육비는 별표 7과 같다. - 이하 생략 -

제34조의2 (벌칙 적용 시의 공무원 의제)

다음 각 호의 어느 하나에 해당하는 사람은 「형법」 제129조부터 제132조까지의 규정을 적용할 때에는 공무원으로 본다.
1. 제16조, 제19조 및 제20조에 따라 그 업무를 수행하는 감리원
2. 제33조제2항부터 제4항까지의 규정에 따라 위탁받은 업무를 수행하는 실무교육기관, 한국소방안전원, 협회 및 소방기술과 관련된 법인 또는 단체의 담당 임원 및 직원

제7장 벌 칙

제35조 (벌칙)

제4조제1항을 위반하여 소방시설업 등록을 하지 아니하고 영업을 한 자는 3년 이하의 징역 또는 3천만 원 이하의 벌금에 처한다.

제36조 (벌칙)

다음 각 호의 어느 하나에 해당하는 자는 1년 이하의 징역 또는 1천만 원 이하의 벌금에 처한다.
1. 제9조제1항을 위반하여 영업정지처분을 받고 그 영업정지 기간에 영업을 한 자
2. 제11조나 제12조제1항을 위반하여 설계나 시공을 한 자
3. 제16조제1항을 위반하여 감리를 하거나 거짓으로 감리한 자
4. 제17조제1항을 위반하여 공사감리자를 지정하지 아니한 자
4의2. 제19조제3항에 따른 보고를 거짓으로 한 자
4의3. 제20조에 따른 공사감리 결과의 통보 또는 공사감리 결과보고서의 제출을 거짓으로 한 자

5. 제21조1항을 위반하여 공사업자가 아닌 자에게 소방시설공사를 도급한 자
6. 제22조제1항을 위반하여 도급받은 소방시설의 설계, 시공, 감리를 하도급한 자
6의2. 제22조제2항을 위반하여 하도급받은 소방시설공사를 다시 하도급한 자
7. 제27조제1항을 위반하여 같은 항에 따른 법 또는 명령을 따르지 아니하고 업무를 수행한 자

제37조 (벌칙)
다음 각호의 어느 하나에 해당하는 자는 300만 원 이하의 벌금을 처한다. 〈개정 2020.6.9〉
1. 제8조제1항을 위반하여 다른 자에게 자기의 성명이나 상호를 사용하여 소방시설공사등을 수급 또는 시공하게 하거나 소방시설업의 등록증이나 등록수첩을 빌려준 자
2. 제18조1항을 위반하여 소방시설공사 현장에 감리원을 배치하지 아니한 자
3. 제19조제2항을 위반하여 감리업자의 보완 요구에 따르지 아니한 자
4. 제19조제4항을 위반하여 공사감리 계약을 해지하거나 대가 지급을 거부하거나 지연시키거나 불이익을 준 자
4의2. 제21조제2항 본문을 위반하여 소방시설공사를 다른 업종의 공사와 분리하여 도급하지 아니한 자
5. 제27조제2항을 위반하여 자격수첩 또는 경력수첩을 빌려 준 사람
6. 제27조제3항을 위반하여 동시에 둘 이상의 업체에 취업한 사람
7. 제31조제4항을 위반하여 관계인의 정당한 업무를 방해하거나 업무상 알게 된 비밀을 누설한 사람

제38조 (벌칙)
다음 각호의 어느 하나에 해당하는 자는 100만 원 이하의 벌금에 처한다.
1. 제31조제2항에 따른 명령을 위반하여 보고 또는 자료 제출을 하지 아니하거나 거짓으로 한 자
2. 제31조제1항 및 제2항을 위반하여 정당한 사유 없이 관계 공무원의 출입 또는 검사·조사를 거부·방해 또는 기피한 자

제39조 (양벌규정)
법인의 대표자나 법인 또는 개인의 대리인, 사용인, 그 밖의 종업원이 그 법인 또는 개인의 업무에 관하여 제35조부터 제38조까지의 어느 하나에 해당하는 위반행위를 하면 그 행위자를 벌하는 외에 그 법인 또는 개인에게도 해당 조문의 벌금형을 과(科)한다. 다만, 법인 또는 개인이 그 위반행위를 방지하기 위하여 해당 업무에 관하여 상당한 주의와 감독을 게을리하지 아니한 경우에는 그러하지 아니하다. [전문개정 2008.12.26]

제40조 (과태료)
① 다음 각호의 어느 하나에 해당하는 자에게는 200만 원 이하의 과태료에 처한다.〈개정 2020.6.9〉
1. 제6조, 제6조의2제1항, 제7조제3항, 제13조제1항 및 제2항 전단, 제17조제2항을 위반하여 신고를 하지 아니하거나 거짓으로 신고한 자
2. 제8조제3항을 위반하여 관계인에게 지위승계, 행정처분 또는 휴업·폐업의 사실을 거짓으로 알린 자
3. 제8조제4항을 위반하여 관계 서류를 보관하지 아니한 자
4. 제12조제2항을 위반하여 소방기술자를 공사 현장에 배치하지 아니한 자
5. 제14조제1항을 위반하여 완공검사를 받지 아니한 자
6. 제15조제3항을 위반하여 3일 이내에 하자를 보수하지 아니하거나 하자보수계획을 거짓으로 알린 자
7. 〈삭제〉
8. 제17조제3항을 위반하여 감리 관계 서류를 인수·인계하지 아니한 자
8의2. 제18조제2항에 따른 배치통보 및 변경통보를 하지 아니하거나 거짓으로 통보한 자

9. 제20조의2를 위반하여 방염성능기준 미만으로 방염을 한 자
10. 제20조의3제2항에 따른 방염처리능력 평가에 관한 서류를 거짓으로 제출한 자
10조의2 〈삭제〉
10조의3. 제21조의3제2항에 따른 도급계약 체결 시 의무를 이행하지 아니한 자(하도급 계약의 경우에는 하도급 받은 소방시설업자는 제외한다)
11. 제21조의3제4항에 따른 <u>하도급 등의 통지를 하지 아니한 자</u> / 12. 13. 〈삭제〉
13의2. 제26조제2항에 따른 자료제출을 거짓으로 한 자
13의3. 제26조의2제2항에 따른 사업수행능력 평가에 관한 서류를 위조하거나 변조하는 등 거짓이나 그 밖의 부정한 방법으로 입찰에 참여한 자
14. 제31조제1항에 따른 명령을 위반하여 보고 또는 자료 제출을 하지 아니하거나 거짓으로 보고 또는 자료 제출을 한 자

② 제1항에 따른 과태료는 대통령령으로 정하는 바에 따라 관할 <u>시·도지사, 소방본부장 또는 소방서장</u>이 부과·징수한다.

영 제20조의2 (고유식별정보의 처리)
영 제20조의3 (규제의 재검토)
영 제21조 (과태료 부과기준) 법 제40조제1항에 따른 과태료의 부과기준은 별표 5와 같다.

– 이하 생략 –

사람의 두뇌는 1백40억 개의 뉴런 또는 약 1억 4,000만 개의 뇌세포로 조직되어 있다고 통계한다. 우뇌 밑에 자리잡은 해마(번영개)가 약 4,000만 개의 뇌세포를 조직하고 있는데, 사람은 이곳을 통하여 학습의 기억과 인출을 담당하고 있다.

시행령

[영 별표 1] 〈개정 2020. 9. 8〉

소방시설업의 업종별 등록기준 및 영업범위(제2조관련)

1. 소방시설설계업

업종별	항목	기술인력	영업범위
전문소방시설 설계업		가. 주된 기술인력: 소방기술사 1인 이상 나. 보조기술인력: 1명 이상	• 모든 특정소방대상물에 설치되는 소방시설의 설계
일반소방시설 설계업	기계 분야	가. 주된 기술인력: 소방기술사 또는 기계분야 소방설비기사 1인 이상 나. 보조기술인력: 1명 이상	가. 아파트에 설치되는 기계분야소방시설(제연설비를 제외한다)의 설계 나. 연면적 3만m²(공장의 경우에는 1만m²) 미만의 특정소방대상물(제연설비가 설치되는 특정소방대상물을 제외한다)에 설치되는 기계분야 소방시설의 설계 다. 위험물제조소등에 설치되는 기계분야 소방시설의 설계
	전기 분야	가. 주된 기술인력: 소방기술사 또는 전기분야 소방설비기사 1인 이상 나. 보조기술인력: 1명 이상	가. 아파트에 설치되는 전기분야 소방시설의 설계 나. 연면적 3만m²(공장의 경우에는 1만m²) 미만의 특정소방대상물에 설치되는 전기분야 소방시설의 설계 다. 위험물제조소등에 설치되는 전기분야 소방시설의 설계

※ 비 고
1. 위 표의 일반소방시설설계업에서 기계분야 및 전기분야의 대상이 되는 소방시설의 범위는 다음과 같다.
   가. 기계분야
      (1) 소화기구·자동소화장치·옥내소화전설비·스프링클러설비등·물분무등소화설비·옥외소화전설비·피난기구·인명구조기구·상수도소화용수설비·소화수조·저수조·그 밖의 소화용수설비·제연설비·연결송수관설비·연결살수설비 및 연소방지설비
      (2) 기계분야 소방시설에 부설되는 전기시설. 다만, 비상전원·동력회로·제어회로·기계분야 소방시설을 작동하기 위하여 설치하는 화재감지기에 의한 화재감지장치 및 전기신호에 의한 소방시설의 작동장치 제외
   나. 전기분야
      (1) 단독경보형감지기·비상경보·비상방송설비·누전경보기·자동화재탐지설비·시각경보기·자동화재속보설비·가스누설경보기·통합감시시설·유도등·비상조명등·휴대용비상조명등·비상콘센트설비 및 무선통신보조설비
      (2) 기계분야 소방시설에 부설되는 전기시설 중 가목(2) 단서의 전기시설
2. 일반소방시설설계업의 기계분야 및 전기분야를 함께 하는 경우 주된 기술인력은 소방기술사 1명 또는 기계분야 소방설비기사와 전기분야 소방설비기사 자격을 함께 취득한 자 1명 이상으로 할 수 있다.
3. 소방시설설계업을 하려는 자가 소방시설공사업, 「화재예방, 소방시설 설치·유지 및 안전관리에 관한 법률」제29조1항에 따른 소방시설관리업(이하 "소방시설관리업"이라 한다) 또는 「다중이용업소의 안전관리에 관한 특별법」제16조에 따른 화재위험평가 대행 업무(이하 "화재위험평가 대행업"이라 한다) 중 어느 하나를 함께 하려는 경우 소방시설공사업, 소방시설관리업 또는 화재위험평가 대행업 기술인력으로 등록된 기술인력은 다음 각 목의 기준에 따라 소방시설설계업 등록 시 갖추어야 하는 해당 자격을 가진 기술인력으로 볼 수 있다.

가. 전문소방시설설계업과 소방시설관리업을 함께 하는 경우: 소방기술사 자격과 소방시설관리사 자격을 취득한 자
나. 전문소방시설설계업과 전문소방시설공사업을 함께 하는 경우: 소방기술사 자격을 취득한 사람
다. 일반소방시설설계업과 소방시설관리업을 함께 하는 경우: 기계분야 또는 전기분야 소방설비기사 자격과 소방시설관리사 자격을 취득한 사람
라. 일반소방시설설계업과 일반소방시설공사업을 함께 하는 경우: 소방기술사자격을 취득하거나 기계분야 또는 전기분야 소방설비기사 자격을 취득한 사람
  1) 소방기술사 자격과 소방시설관리사 자격을 함께 취득한 사람
  2) 기계분야 소방설비기사 또는 전기분야 소방설비기사 자격을 취득한 사람 중 소방시설관리사 자격을 취득한 사람
마. 일반 소방시설설계업과 전문 소방시설공사업을 함께 하는 경우: 소방기술사 자격을 취득하거나 기계분야 및 전기분야 소방설비기사 자격을 취득한 사람
바. 전문 소방시설설계업과 일반 소방시설공사업을 함께하는 경우: 소방기술사 자격을 취득한 사람
4. "보조기술인력"은 다음 각 목의 어느 하나에 해당하는 자를 말한다.
  가. 소방기술사, 소방설비기사 또는 소방설비산업기사 자격을 취득한 사람
  나. 소방공무원으로 재직한 경력이 3년 이상인 사람으로서 자격수첩을 발급받은 사람
  다. 법 제28조제3항에 따라 행정안전부령으로 정하는 소방기술과 관련된 자격·경력 및 학력을 갖춘 사람으로서 자격수첩을 발급받은 사람
5. 위 표 및 제2호에도 불구하고 다음 각 목의 어느 하나에 해당하는 자가 소방시설설계업을 등록하는 경우 「엔지니어링산업 진흥법」, 「건축사법」, 「기술사법」 및 「전력기술관리법」에 따른 신고 또는 등록기준을 충족하는 기술인력을 확보한 경우로서 해당 기술인력이 위 표의 기술인력(주된 기술인력만 해당한다)의 기준을 충족하는 경우에는 위 표의 등록기준을 충족한 것으로 본다. -이하 생략-
6. 가스계소화설비의 경우에는 해당 설비의 설계프로그램 제조사가 참여하여 설계(변경을 포함한다)할 수 있다.

2. 소방시설공사업

업종별		항목 기술인력	자본금 (자산평가액)	영업범위
전문소방시설공사업		가. 주된 기술인력: 소방기술사 또는 기계분야와 전기분야의 소방설비기사 각1명(기계분야 및 전기분야의 자격을 함께 취득한 자 1명) 이상 나. 보조기술인력: 2명 이상	가. 법인: 1억 원 이상 나. 개인: 자산평가액 1억 원 이상	• 특정소방대상물에 설치되는 기계분야 및 전기분야 소방시설의 공사·개설·이전 및 정비
일반 소방 시설 공사업	기계 분야	가. 주된 기술인력: 소방기술사 또는 기계분야 소방설비기사 1명 이상 나. 보조기술인력: 1명 이상	가. 법인: 1억 원 이상 나. 개인: 자산평가액1억 원 이상	가. 연면적 1만㎡ 미만의 특정소방대상물에 설치되는 기계분야 소방시설의 공사·개설·이전 및 정비 나. 위험물제조소등에 설치되는 기계분야 소방시설의 공사·개설·이전 및 정비
	전기 분야	• 주된 기술인력: 소방기술사 또는 전기분야 소방설비기사 1명 이상 • 보조기술인력: 1명 이상	가. 법인: 1억 원 이상 나. 개인: 자산평가액 1억 원 이상	가. 연면적 1만㎡ 미만의 특정소방대상물에 설치되는 전기분야 소방시설의 공사·개설·이전·정비 나. 위험물제조소등에 설치되는 전기분야 소방 시설의 공사·개설·이전·정비

※ 비 고
1. 위 표의 일반소방시설공사업에 있어서 기계분야 및 전기분야의 대상이 되는 소방시설의 범위는 이 표 제1호 비

고 제1호 각목과 같다.
2. 기계분야 및 전기분야의 일반소방시설공사업을 함께 하는 경우 주된 기술인력은 소방기술사 1인 또는 기계분야 및 전기분야의 자격을 함께 취득한 소방설비기사 1명으로 한다.
3. 자본금(자산평가액)은 해당 소방시설공사업의 최근 결산일 현재(새로 등록한 자는 등록을 위한 기업진단기준일 현재)의 총자산에서 총부채를 뺀 금액을 말하고, 소방시설공사업 외의 다른 업을 함께 하는 경우에는 자본금에서 겸업비율에 해당하는 금액을 뺀 금액을 말한다.
4. "보조기술인력"이란 소방시설설계업의 등록기준 및 영업범위의 비고란 제4호 각목의 어느 하나에 해당하는 사람을 말한다.
5. 소방시설공사업을 하려는 자가 소방시설설계업 또는 소방시설관리업 중 어느 하나를 함께 하려는 경우 소방시설설계업 또는 소방시설관리업 기술인력으로 등록된 기술인력은 다음 각 목의 기준에 따라 소방시설공사업 등록 시 갖추어야 하는 해당 자격을 가진 기술인력으로 볼 수 있다.
   가. 전문 소방시설공사업과 전문 소방시설설계업을 함께 하는 경우: 소방기술사 자격을 취득한 사람
   나. 전문 소방시설공사업과 일반 소방시설설계업을 함께 하는 경우: 소방기술사 자격을 취득하거나 기계분야 및 전기분야 소방설비기사 자격을 취득한 사람
   다. 일반 소방시설공사업과 전문 소방시설설계업을 함께 하는 경우: 소방기술사 자격을 취득한 사람
   라. 일반 소방시설공사업과 일반 소방시설설계업을 함께 하는 경우: 소방기술사 자격을 취득하거나 기계분야 또는 전기분야 소방설비기사 자격을 취득한 사람
   마. 전문소방시설공사업과 소방시설관리업을 함께 하는 경우: 소방시설관리사와 소방설비기사(기계분야 및 전기분야를 함께 취득한 사람) 또는 소방기술사를 함께 취득한 사람
   바. 일반소방시설공사업 기계분야와 소방시설관리업을 함께 하는 경우: 소방기술사 또는 기계분야 소방설비기사와 소방시설관리사를 함께 취득한 사람
   사. 일반소방시설공사업 전기분야와 소방시설관리업을 함께 하는 경우: 소방기술사 또는 전기분야 소방설비기사와 소방시설관리사를 함께 취득한 사람
6. "개설"이란 이미 특정소방대상물에 설치된 소방시설등의 전부 또는 일부를 철거하고 새로이 설치하는 것을 말한다.
7. "이전"이란 이미 설치된 소방시설등을 현재 설치된 장소에서 다른 장소로 옮기어 설치하는 것을 말한다.
8. "정비"란 이미 설치된 소방시설등을 구성하고 있는 기계·기구를 교체하거나 보수하는 것을 말한다.

3. 소방공사감리업

업종별 \ 항목	기술인력	영업범위
전문소방공사감리업	가. 소방기술사 1명 이상 나. 기계분야 및 전기분야의 특급감리원 각 1명(기계분야 및 전기분야의 자격을 함께 가지고 있는 자가 있는 경우에는 그에 해당하는 자 1명 이하 다목부터 마목까지에서 같다) 이상 다. 기계분야 및 전기분야의 고급감리원 이상의 감리원 각 1명 이상 라. 기계분야 및 전기분야의 중급감리원 이상의 감리원 각 1명 이상 마. 기계분야 및 전기분야의 초급감리원 이상의 감리원 각 1명 이상	• 모든 특정소방대상물에 설치되는 소방시설공사 감리
일반소방공사 기계분야	가. 기계분야 특급감리원 1명 이상 나. 기계분야 고급감리원 또는 중급감리원 이상의 감리원 1명 이상	가. 연면적 3만m²(공장의 경우에는 1만m²) 미만의 특정소방대상물(제연설비가 설치되는 특정소방대상물을 제외한다)에 설치되는 기계분야소방시설의 감리

		다. 기계분야 초급감리원 이상의 감리원 1명 이상	나. 아파트에 설치되는 기계분야소방시설(제연설비를 제외한다)의 감리 다. 위험물제조소등에 설치되는 기계분야의 소방시설의 감리
감리업	전기분야	가. 전기분야 특급감리원 1명 이상 나. 전기분야 고급감리원 또는 중급감리원 이상의 감리원 1명 이상 다. 전기분야 초급감리원 이상의 감리원 1명 이상	가. 연면적 3만m²(공장의 경우에는 1만m²) 미만의 특정소방대상물에 설치되는 전기분야 소방시설의 감리 나. 아파트에 설치되는 전기분야 소방시설의 감리 다. 위험물제조소등에 설치되는 전기분야의 소방시설의 감리

※ 비 고
1. 위 표의 일반소방공사감리업에 있어서 기계분야 및 전기분야의 대상이 되는 소방시설 등은 다음 각 목과 같다.
    가. 기계분야
        (1) 이 표 제1호 비고 제1호가목에 따른 기계분야 소방시설
        (2) 실내장식물 및 방염대상물품
    나. 전기분야
        이 표 제1호 비고 제1호가목에 따른 기계분야 소방시설
2. 위 표에서 "특급소방감리원", "고급소방감리원", "중급소방감리원" 및 "초급소방감리원"은 행정안전부령으로 정하는 소방기술과 관련된 자격·경력 및 학력을 갖춘 사람으로서 소방공사감리원의 기술등급 자격에 따른 경력수첩을 발급받은 사람을 말한다.
3. 일반소방공사감리업의 기계분야 및 전기분야를 함께 하는 경우 기계분야 및 전기분야를 함께 취득한 감리원 각 1명 이상 또는 기계분야 및 전기분야 일반소방공사감리업의 등록기준 중 각각의 분야에 해당하는 기술인력을 두어야 한다.
4. 소방공사감리업을 하려는 자가「엔지니어링산업 진흥법」제21조제1항에 따른 엔지니어링사업,「건축사법」제23조에 따른 건축사사무소 운영,「건설기술 진흥법」제26조제1항에 따른 건설기술용역업, 「전력기술관리법」제14조제1항에 따른 전력시설물공사감리업,「기술사법」제6조제1항에 따른 기술사사무소 운영 또는 화재위험평가 대행업(이하 "엔지니어링사업등"이라 한다) 중 어느 하나를 함께 하려는 경우 엔지니어링사업등의 보유 기술인력으로 신고나 등록된 소방기술사는 전문 소방공사감리업 등록 시 갖추어야 하는 기술인력으로 볼 수 있고, 특급감리원은 일반 소방공사감리업의 등록 시 갖추어야 하는 기술인력으로 볼 수 있다.
5. 기술인력 등록기준에서 기준 등급보다 초과하여 상위등급의 기술인력을 보유하고 있는 경우 하위등급을 보유한 것으로 간주한다.

4. 방염처리업 〈개정 2020.9.8〉

종 류	실험실	방염처리시설 및 시험기기	영업범위
섬유류 방염업	1개 이상 갖출 것	부표에 따른 섬유류 방염업의 방염처리시설 및 시험기기를 모두 갖추어야 한다.	커튼·카펫 등 섬유류를 주된 원료로 하는 방염대상물품을 제조 또는 가공 공정에서 방염처리
합성 수지류 방염업		부표에 따른 합성수지류방염업의 방염처리시설 및 시험기기를 모두 갖추어야 한다.	합성수지류를 주된 원료로 하는 방염대상물품을 제조 또는 가공 공정에서 방염처리
합판· 목재류 방염업		부표에 따른 합판·목재류방염업의 방염처리시설 및 시험기기를 모두 갖추어야 한다.	합판 또는 목재류를 제조·가공 공정 또는 설치 현장에서 방염처리

※ 비 고
1. 방염처리업자가 2개 이상의 방염업을 함께 하는 경우 갖춰야 하는 실험실은 1개 이상으로 한다.

2. 방염처리업자가 2개 이상의 방염업을 함께 하는 경우 공통되는 방염처리시설 및 시험기기는 중복하여 갖추지 않을 수 있다.

[영 별표1 부표]

방염처리시설 및 시험기기 기준 〈개정 2020.9.8〉

종 류	방염처리시설	시험기기
섬유류 방염업	1. 커튼 등 섬유류(벽포지를 포함한다)를 방염처리하는 시설: 200℃ 이상의 온도로 1분 이상 열처리가 가능한 가공기를 갖출 것 2. 카펫을 방염처리하는 시설: 다음 중 하나 이상의 설비를 갖출 것 가. 카펫의 라텍스 코팅설비 나. 카펫 직조설비 다. 타일카펫 가공설비	1. 다음의 어느 하나에 해당하는 연소시험기 1개 이상 가. 카펫 방염처리업: 연소시험함, 에어믹스버너, 가열시간계, 잔염시간계, 가스압력계, 전기불꽃발생장치가 부착된 연소시험기 나. 그 밖의 방염처리업: 연소시험함, 마이크로버너, 맥켈버너, 가열시간계, 잔염시간계, 잔신시간계, 착염후초가열시간계, 전기불꽃발생장치가 부착된 연소시험기 2. 항온기 1개 이상: 열풍순환식으로서 상온부터 107℃ 이상으로 온도조절이 가능하고, 최소눈금이 1℃ 이하일 것 3. 데시케이터 1개 이상: 지름이 36cm 이상일 것 4. 세탁기 1대 이상(커튼만 해당한다): 커튼의 방염성능시험에 적합할 것 5. 건조기 1대 이상(커튼만 해당한다): 커튼의 방염성능시험에 적합할 것 6. 카펫세탁기 1대 이상(카펫만 해당한다): 카펫의 방염성능시험에 적합할 것
합성수지류 방염업	다음 중 하나 이상의 설비를 갖출 것 1) 제조설비 2) 가공설비 3) 성형설비	섬유류 방염처리업과 같음
합판·목재류 방염업	1) 섬유판 외의 합판·목재류를 방염처리하는 경우: 다음 중 하나 이상의 설비를 갖출 것 가) 합판의 제조설비 나) 감압설비(300mmHg이하) 및 가압설비(7kg/cm² 이상) 다) 합판·목재 도장설비 2) 섬유판을 방염처리하는 경우: 제조설비 또는 가공설비를 갖출 것	1. 연소시험기: 방염성능시험에 적합하도록 연소시험함, 마이크로 버너, 맥켈버너, 가열시간계, 잔염시간계, 잔신시간계, 착염후초가열시간계, 전기불꽃발생장치가 부착되어 있는 것 2. 항온기: 열풍순환식이며 상온부터 42℃ 이상으로 온도조절이 가능하고, 최소눈금 1℃ 이하일 것 3. 데시케이터: 지름이 36cm 이상일 것

[영 별표 1의2] <개정 2016.1.19>

성능위주설계를 할 수 있는 자의 자격·기술인력 및 자격에 따른 설계범위(제2조의3 관련)

성능위주설계자의 자격	기술인력	설계범위
1. 법 제4조에 따라 <u>전문 소방시설설계업</u>을 등록한 자 2. 전문 소방시설설계업 등록기준에 따른 기술인력을 갖춘 자로서 소방청장이 정하여 고시하는 연구기관 또는 단체	소방기술사 <u>2명</u> 이상	「화재예방, 소방시설 설치·유지 및 안전관리에 관한 법률 시행령」제15조의3에 따라 성능위주설계를 하여야 하는 특정소방대상물

[영 별표 2] 소방기술자의 배치기준(제3조관련) <개정 2019.12.10.>

구분	배치기준
가. 행정안전부령으로 정하는 특급기술자인 소방기술자 (기계분야 및 전기분야)	1) 연면적 20만제곱미터 이상인 특정소방대상물의 공사 현장 2) 지하층을 포함한 층수가 40층 이상인 특정소방대상물의 공사 현장
나. 행정안전부령으로 정하는 고급기술자 이상의 소방기술자(기계분야 및 전기분야)	1) 연면적 3만제곱미터 이상 20만제곱미터 미만인 특정소방대상물(아파트는 제외한다)의 공사 현장 2) 지하층을 포함한 층수가 16층 이상 40층 미만인 특정소방대상물의 공사 현장
다. 행정안전부령으로 정하는 중급기술자 이상의 소방기술자(기계분야 및 전기분야)	1) 물분무등소화설비(호스릴소화설비는 제외한다) 또는 제연설비가 설치되는 특정소방대상물의 공사 현장 2) 연면적 5천제곱미터 이상 3만제곱미터 미만인 특정소방대상물(아파트는 제외한다)의 공사 현장 3) 연면적 연면적 1만제곱미터 이상 20만제곱미터 미만인 아파트의 공사 현장
라. 행정안전부령으로 정하는 초급기술자 이상의 소방기술자(기계분야 및 전기분야)	1) 연면적 1천제곱미터 이상 5천제곱미터 미만인 특정소방대상물(아파트는 제외한다)의 공사 현장 2) 연면적 1천제곱미터 이상 1만제곱미터 미만인 아파트의 공사 현장 3) 지하구(地下溝)의 공사 현장
마. 법 제28조에 따라 자격수첩을 발급받은 소방기술자	연면적 1천제곱미터 미만인 특정소방대상물의 공사 현장

※ 비 고
가. 다음의 어느 하나에 해당하는 기계분야 소방시설공사의 경우에는 소방기술자의 배치기준에 따른 기계분야의 소방기술자를 공사 현장에 배치하여야 한다.
  1) 옥내소화전설비, 스프링클러설비등, 물분무등소화설비 또는 옥외소화전설비의 공사
  2) 상수도소화용수설비, 소화수조·저수조 또는 그 밖의 소화용수설비의 공사
  3) 제연설비, 연결송수관설비, 연결살수설비 또는 연소방지설비의 공사
  4) 기계분야 소방시설에 부설되는 전기시설의 공사. 다만, 비상전원, 동력회로, 제어회로, 기계분야의 소방시설을 작동하기 위해 설치하는 화재감지기에 의한 화재감지장치 및 전기신호에 의한 소방시설의 작동장치의 공사는 제외한다.
나. 다음의 어느 하나에 해당하는 전기분야 소방시설공사의 경우에는 소방기술자의 배치기준에 따른 전기분야의 소방기술자를 공사 현장에 배치해야 한다.
  1) 비상경보설비, 시각경보기, 자동화재탐지설비, 비상방송설비, 자동화재속보설비, 통합감시시설의 공사
  2) 비상콘센트설비 또는 무선통신보조설비의 공사
  3) 기계분야 소방시설에 부설되는 전기시설 중 가목4) 단서의 전기시설 공사
다. 가목 및 나목에도 불구하고 기계분야 및 전기분야의 자격을 모두 갖춘 소방기술자가 있는 경우에는 소방시설공사를 분야별로 구분하지 않고 그 소방기술자를 배치할 수 있다.
라. 가목 및 나목에도 불구하고 소방공사감리업자가 감리하는 소방시설공사가 다음의 어느 하나에 해당하는 경우에는 소방기술자를 소방시설공사 현장에 배치하지 않을 수 있다.
  1) 소방시설의 비상전원을 「전기공사업법」에 따른 전기공사업자가 공사하는 경우 / 2) 상수도소화용수설비, 소화수조·저수조 또는 그 밖의 소화용수설비를 「건설산업기본법 시행령」 별표 1에 따른 기계설비공사업자 또는 상·하수도설비공사업자가 공사하는 경우 / 3) 소방 외의 용도와 겸용되는 제연설비를 「건설산업기본법 시행령」

별표 1에 따른 기계설비공사업자가 공사하는 경우 / 4) 소방 외의 용도와 겸용되는 비상방송설비 또는 무선통신보조설비를「정보통신공사업법」에 따른 정보통신공사업자가 공사하는 경우

마. 공사업자는 다음의 경우를 제외하고는 1명의 소방기술자를 2개의 공사 현장을 초과하여 배치해서는 안 된다. 다만, 연면적 3만제곱미터 이상의 특정소방대상물(아파트는 제외한다)이거나 지하층을 포함한 층수가 16층 이상으로서 500세대 이상인 아파트에 대한 소방시설 공사의 경우에는 1개의 공사 현장에만 배치해야 한다.
1) 건축물의 연면적이 5천제곱미터 미만인 공사 현장에만 배치하는 경우. 다만, 그 연면적의 합계는 2만제곱미터를 초과해서는 안 된다. / 2) 건축물의 연면적이 5천제곱미터 이상인 공사 현장 2개 이하와 5천제곱미터 미만인 공사 현장에 같이 배치하는 경우. 다만, 5천제곱미터 미만의 공사 현장의 연면적의 합계는 1만제곱미터를 초과해서는 안 된다.

2. 소방기술자의 배치기간
가. 공사업자는 제1호에 따른 소방기술자를 소방시설공사의 착공일부터 소방시설 완공검사증명서 발급일까지 배치한다. / 나. 공사업자는 가목에도 불구하고 시공관리, 품질 및 안전에 지장이 없는 경우로서 다음의 어느 하나에 해당하여 발주자가 서면으로 승낙하는 경우에는 해당 공사가 중단된 기간 동안 소방기술자를 공사 현장에 배치하지 않을 수 있다. 1) 민원 또는 계절적 요인 등으로 해당 공정의 공사가 일정 기간 중단된 경우 / 2) 예산의 부족 등 발주자(하도급의 경우에는 수급인을 포함. 이 목에서 같다)의 책임 있는 사유 또는 천재지변 등 불가항력으로 공사가 일정기간 중단된 경우 / 3) 발주자가 공사의 중단을 요청하는 경우

[영 별표 3] <개정 2016.7.28.> **소방공사감리의 종류 및 방법**(제9조관련)

종류	대 상	방 법
상주공사감리	1. 연면적 3만m² 이상의 특정소방대상물(아파트를 제외한다)에 대한 소방시설의 공사. 2. 지하층을 포함한 층수가 16층 이상으로서 500세대 이상인 아파트에 대한 소방시설의 공사	1. 감리업자가 지정하는 감리원은 행정안전부령으로 정하는 기간 동안 공사현장에 상주하여 법 제16조제1항 각 호에 따른 업무를 수행하고 감리일지에 기록해야 한다. 다만, 법 제16조제1항제9호에 따른 업무는 행정안전부령으로 정하는 기간 동안에 공사가 이루어지는 경우만 해당한다. 2. 감리원이 행정안전부령으로 정하는 기간 중 부득이한 사유로 <u>1일 이상</u> 현장을 이탈하는 경우에는 감리일지 등에 기록하여 발주청 또는 발주자의 확인을 받아야 한다. 이 경우 감리업자는 감리원의 업무를 대행할 자를 감리현장에 배치하여 감리업무에 지장이 없도록 해야 한다. 3. 감리업자는 감리원이 행정안전부령으로 정하는 기간 중 법에 따른 교육이나「민방위기본법」또는「향토예비군설치법」에 따른 교육을 받는 경우나「근로기준법」에 따른 유급휴가로 현장을 이탈하게 되는 경우에는 감리업무에 지장이 없도록 감리원의 업무를 대행할 자를 감리현장에 배치하여야 한다. 이 경우 감리원은 새로이 배치되는 업무대행자에게 업무인계인수 등의 필요한 조치를 해야 한다.
일반공사감리	• 상주공사감리에 해당하지 않는 소방시설의 공사	1. 감리원은 공사현장에 배치되어 법 제16조제1항 각 호에 따른 업무를 수행한다. 다만, 법 제16조 제1항 제9호에 따른 업무는 행정안전부령으로 정하는 기간 중에 공사가 이루어지는 경우만 해당한다. 2. 감리원은 행정안전부령으로 정하는 기간 중에는 <u>주 1회 이상</u> 공사현장에 배치되어 1호의 업무를 수행하고 감리일지에 기록해야 한다. 3. 감리업자는 감리원이 부득이한 사유로 <u>14일</u> 이내의 범위에서 나목의 업무를 수행할 수 없는 경우에는 업무대행자를 지정하여 그 업무를 수행하게 해야 한다. 4. 제3호에 따라 지정된 업무대행자는 <u>주 2회 이상</u> 공사현장에 배치되어 1호의 업무를 수행하며, 그 업무수행 내용을 감리원에게 통보하고 감리일지에 기록해야 한다.

[영 별표 4] 소방공사감리원의 배치기준(제11조관련) <개정 2019.12.10.>

1. 소방공사 감리원의 배치기준

감리원의 배치기준		소방시설공사 현장의 기준
책임감리원	보조감리원	
가. 행정안전부령으로 정하는 특급감리원 중 소방기술사	행정안전부령으로 정하는 초급감리원 이상의 소방공사 감리원(기계분야 및 전기분야)	가. 연면적 20만제곱미터 이상인 특정소방대상물의 공사 현장 나. 지하층을 포함한 층수가 40층 이상인 특정소방대상물의 공사 현장
나. 행정안전부령으로 정하는 특급감리원 이상의 소방공사 감리원(기계분야 또는 전기분야)	행정안전부령으로 정하는 초급감리원 이상의 소방공사 감리원(기계분야 및 전기분야)	가. 연면적 3만제곱미터 이상 20만제곱미터 미만인 특정소방대상물(아파트는 제외한다)의 공사 현장 나. 지하층을 포함한 층수가 16층 이상 40층 미만인 특정소방대상물의 공사 현장
다. 행정안전부령으로 정하는 고급감리원 이상의 소방공사 감리원(기계분야 또는 전기분야)	행정안전부령으로 정하는 초급감리원 이상의 소방공사 감리원(기계분야 및 전기분야)	가. 물분무등소화설비(호스릴소화설비는 제외한다) 또는 제연설비가 설치되는 특정소방대상물의 공사 현장 나. 연면적 3만제곱미터 이상 20만제곱미터 미만인 아파트의 공사 현장
라. 행정안전부령으로 정하는 중급감리원 이상의 소방공사 감리원(기계분야 또는 전기분야)		연면적 5천제곱미터 이상 3만제곱미터 미만인 특정소방대상물의 공사 현장
마. 행정안전부령으로 정하는 초급감리원 이상의 소방공사 감리원(기계분야 또는 전기분야)		가. 연면적 5천제곱미터 미만인 특정소방대상물의 공사 현장 나. 지하구(地下溝)의 공사 현장

※ 비 고
가. "책임감리원"이란 해당 공사 전반에 관한 감리업무를 총괄하는 사람을 말한다.
나. "보조감리원"이란 책임감리원을 보좌하고 책임감리원의 지시를 받아 감리업무를 수행하는 사람을 말한다.
다. 소방시설공사 현장의 연면적 합계가 20만m² 이상인 경우에는 20만제곱미터를 초과하는 연면적에 대하여 10만m²(20만제곱미터를 초과하는 연면적이 10만m²에 미달하는 경우에는 10만m²로 본다)마다 보조감리원 1명 이상을 추가로 배치해야한다.
라. 위 표에도 불구하고 상주 공사감리에 해당하지 않는 소방시설의 공사에는 보조감리원을 배치하지 않을 수 있다.
마. 특정 공사 현장이 2개 이상의 공사 현장 기준에 해당하는 경우에는 해당 공사 현장 기준에 따라 배치해야 하는 감리원을 각각 배치하지 않고 그 중 상위 등급 이상의 감리원을 배치할 수 있다.

2. 소방공사 감리원의 배치기간

가. 감리업자는 제1호의 기준에 따른 소방공사 감리원을 상주 감리 및 일반 공사감리로 구분하여 소방시설공사의 착공일부터 소방시설 완공검사증명서 발급일까지의 기간 중 행정안전부령으로 정하는 기간 동안 배치한다.
나. 감리업자는 가목에도 불구하고 시공관리, 품질 및 안전에 지장이 없는 경우로서 다음에 해당하여 발주자가 서면으로 승낙하는 경우에는 해당 공사가 중단된 기간 동안 감리원을 공사현장에 배치하지 않을 수 있다.
   1) 민원 또는 계절적 요인 등으로 해당 공정의 공사가 일정 기간 중단된 경우
   2) 예산의 부족 등 발주자(하도급의 경우에는 수급인을 포함한다. 이하 이 목에서 같다)의 책임 있는 사유 또는 천재지변 등 불가항력으로 공사가 일정기간 중단된 경우
   3) 발주자가 공사의 중단을 요청하는 경우

[영 별표 5] 과태료부과기준(제21조 관련) <개정 2019.10.8>

1. 일반기준

가. 위반행위의 횟수에 따른 과태료의 부과기준은 최근 1년간 같은 위반행위로 과태료를 부과받은 경우에 적용한다.

이 경우 기간의 계산은 위반행위에 대하여 과태료 부과처분을 받은 날과 그 처분 후 다시 같은 위반행위를 하여 적발된 날을 기준으로 한다.

나. 가목에 따라 가중된 부과처분을 하는 경우 가중처분의 적용 차수는 그 위반행위 전 부과처분 차수(가목에 따른 기간 내에 과태료 부과처분이 둘 이상 있었던 경우에는 높은 차수를 말한다)의 다음 차수로 한다.

다. 과태료 부과권자는 위반행위자가 다음 어느 하나에 해당하는 경우에는 제2호에 따른 과태료 금액의 1/2의 범위에서 그 금액을 줄여 부과할 수 있다. 다만, 과태료를 체납하고 있는 위반행위자에 대해서는 그렇지 않다.
  1) 위반행위자가 〈질서위반행위규제법 시행령〉 제2조의2제1항 각 호의 어느 하나에 해당하는 경우
  2) 위반행위자가 처음의 경우로서 3년 이상 해당 업종을 모범적으로 영위한 사실이 인정되는 경우
  3) 위반행위자가 화재 등 재난으로 재산에 현저한 손실이 발생하거나 사업 여건의 악화로 사업이 중대한 위기에 처하는 등의 사정이 있는 경우
  4) 위반행위자가 사소한 부주의나 오류 등 과실로 인한 것으로 인정되는 경우
  5) 위반행위자가 같은 위반행위로 다른 법률에 따라 과태료·벌금·영업정지 등의 처분을 받은 경우
  6) 위반행위자가 위법행위로 인한 결과를 시정하거나 해소한 경우
  7) 그 밖에 위반행위의 정도, 위반행위의 동기와 그 결과 등을 고려하여 감경할 필요가 있다고 인정되는 경우

2. 개별기준(2019.10.8. 개정)

위반행위	근거 법조문	과태료 금액(단위: 만 원) / 이상		
		1차	2차	3차
가. 법 제6조, 제6조의2제1항, 제7조제3항, 제13조제1항 및 제2항 전단, 제17조 제2항을 위반하여 신고를 하지 않거나 거짓으로 신고한 경우	법 제40조제1항제호	60	100	200
나. 법 제8조제3항을 위반하여 관계인에게 지위승계, 행정처분 또는 휴업·폐업의 사실을 거짓으로 알린 경우	법 제40조제1항제2호	60	100	200
다. 법 제8조제4항을 위반하여 관계서류를 보관하지 않은 경우	법 제40조제1항제3호	200		
라. 법 제12조제2항을 위반하여 소방기술자를 공사현장에 배치하지 않은 경우	법 제40조제1항제4호	200		
마. 법 제14조제1항을 위반하여 완공검사를 받지 않은 경우	법 제40조제1항제5호	200		
바. 법 제15조제3항을 위반하여 3일 이내에 하자를 보수하지 않거나 하자보수계획을 관계인에게 거짓으로 알린 경우 1) 4일 이상 30일 이내에 보수하지 않은 경우 2) 30일을 초과하도록 보수하지 않은 경우 3) 거짓으로 알린 경우	법 제40조제1항제6호	50 100 200		
사. 법 제17조제3항을 위반하여 감리관계서류를 인수·인계하지 않은 경우	법 제40조제1항제8호	200		
아. 법 제18조제2항에 따른 배치통보 및 변경통보를 하지 아니하거나 거짓으로 통보한 경우	법 제40조제1항제8호의2	60	100	200
자. 법 제20조의2를 위반하여 방염성능기준 미만으로 방염을 한 경우	법제40조제1항제9호	200		
차. 법 제20조의3제2항에 따른 자료제출을 거짓으로 한 경우	법제40조제1항제10호			
카. 법 제21조의3제2항에 따른 도급계약 체결 시 의무를 이행하지 않은 경우 (하도급 계약의 경우에는 하도급 받은 소방시설업자는 제외한다)	법 제40조제1항제10호의3	200		
타. 법 제21조의3 제4항에 따른 하도급 등의 통지를 하지 않은 경우	법제40조제1항제11호	60	100	200
파. 법 제26조2항에 따른 자료제출을 거짓으로 한 경우	법제40조제1항제13호의2	200		
하. 법 제31조제1항에 따른 명령을 위반하여 보고 또는 자료제출을 하지 않거나 거짓으로 보고 또는 자료 제출을 한 경우	법제40조제1항제14호	60	100	200

시행규칙

[규칙 별표 1] 〈개정 2016.8.25〉

소방시설업에 대한 행정처분기준(제9조제1항 관련)

1. 일반기준
   가. 위반행위가 동시에 둘 이상 발생한 경우에는 그 중 중한 처분기준(중한 처분기준이 동일한 경우에는 그 중 하나의 처분기준을 말한다. 이하 같다)에 따르되, 둘 이상의 처분기준이 동일한 영업정지인 경우에는 중한 처분의 2분의 1까지 가중하여 처분할 수 있다.
   나. 영업정지 처분기간 중 영업정지에 해당하는 위반사항이 있는 경우에는 종전의 처분기간 만료일의 다음날부터 새로운 위반사항에 대한 영업정지의 행정처분을 한다.
   다. 위반행위의 차수에 의한 행정처분기준은 <u>최근 1년간</u> 같은 위반행위로 행정처분을 받은 경우에 적용한다. 이 경우 기준적용일은 위반사항에 대한 <u>행정처분일</u>과 그 처분 후 다시 적발한 날을 기준으로 한다.
   라. 영업정지에 해당하는 위반사항으로서 위반행위의 동기·내용·횟수·사유 또는 그 결과를 고려하여 다음 각 목에 해당하는 경우 그 처분을 가중하거나 감경할 수 있다. 이 경우 그 처분이 영업정지일 때에는 그 처분기준의 2분의 1의 범위에서 가중하거나 감경할 수 있고, 등록취소일 때에는 등록취소 전 차수의 행정처분이 영업정지일 경우 처분기준의 2배 이상의 영업정지처분으로 감경(법 제9조제1항제1호·제3호·제6호를 위반하여 등록취소가 된 경우는 제외한다)할 수 있다.
      1) 가중사유
         가) 위반행위가 사소한 부주의나 오류가 아닌 고의나 중대한 과실에 의한 것으로 인정되는 경우
         나) 위반의 내용·정도가 중대하여 관계인에게 미치는 피해가 크다고 인정되는 경우
      2) 감경 사유
         가) 위반행위가 고의나 중대한 과실이 아닌 사소한 부주의나 오류로 인한 것으로 인정되는 경우
         나) 위반의 내용·정도가 경미하여 관계인에게 미치는 피해가 적다고 인정되는 경우
         다) 위반행위자의 위반행위가 처음이며 5년 이상 소방시설업을 모범적으로 해 온 사실이 인정되는 경우
         라) 위반행위자가 그 위반행위로 인하여 검사로부터 기소유예 처분을 받거나 법원으로부터 선고유예의 판결을 받은 경우

2. 개별기준

위반사항	근거 법령	행정처분기준		
		1차	2차	3차
가. 거짓이나 그 밖의 부정한 방법으로 등록한 경우	법 제9조	등록취소	–	–
나. 법 제4조제1항에 따른 등록기준에 미달하게 된 후 30일이 경과한 경우(법 제9조제1항제2호 단서에 해당하는 경우는 제외한다)	법 제9조	경고(시정명령) 등록취소	영업정지 3개월	등록취소
다. 법 제5조 각 호의 등록 결격사유에 해당하게 된 경우	법 제9조	등록취소	–	–
라. 등록을 한 후 정당한 사유 없이 1년이 지날 때까지 영업을 시작하지 아니하거나 계속하여 1년 이상 휴업한 때	법 제9조	경고(시정명령)	등록취소	–
마. 〈2013.11.22 삭제〉				
바. 법 제8조제1항을 위반하여 다른 자에게 등록증 또는 등록수첩을 빌려준 경우	법 제9조	영업정지 6개월	등록취소	–

위반사항	근거법령	1차	2차	3차
사. 법 제8조제2항을 위반하여 영업정지 기간 중에 소방시설공사등을 한 경우	법 제9조	등록취소	-	-
아. 법 제8조제3항 또는 제4항을 위반하여 통지를 하지 아니하거나 관계서류를 보관하지 아니한 경우	법 제9조	경고(시정명령)	영업정지 1개월	등록취소
자. 법 제11조 또는 제12조제1항을 위반하여 화재안전기준 등에 적합하게 설계·시공을 하지 아니하거나, 법 제16조제1항에 따라 적합하게 감리를 하지 아니한 경우	법 제9조	영업정지 1개월	영업정지 3개월	등록취소
차. 법 제11조, 제12조제1항, 제16조제1항 또는 제20조의2에 따른 소방시설공사등의 업무수행의무 등을 고의 또는 과실로 위반하여 다른 자에게 상해를 입히거나 재산피해를 입힌 경우	법 제9조	영업정지 6개월	등록취소	
카. 법 제12조제2항을 위반하여 소속 소방기술자를 공사현장에 배치하지 아니하거나 거짓으로 한 경우	법 제9조	경고(시정명령)	영업정지 1개월	등록취소
타. 법 제13조 또는 제14조를 위반하여 착공신고(변경신고를 포함한다)를 하지 아니하거나 거짓으로 한 때 또는 완공검사(부분완공 검사를 포함한다)를 받지 아니한 경우	법 제9조	경고(시정명령)	영업정지 3개월	등록취소
파. 법 제13조제2항을 위반하여 착공신고사항 중 중요한 사항에 해당하지 아니하는 변경사항을 공사감리 결과보고서에 포함하여 보고하지 아니한 경우	법 제9조	경고(시정명령)	영업정지 1개월	등록취소
하. 법 제15조제3항을 위반하여 하자보수 기간 내에 하자보수를 하지 아니하거나 하자보수계획을 통보하지 아니한 경우	----	경고(시정명령)	영업정지 1개월	등록취소
거. 법 제17조제3항을 위반하여 인수·인계를 거부·방해·기피한 경우	법 제9조	영업정지 1개월	영업정지 3개월	등록취소
너. 법 제18조제1항을 위반하여 소속 감리원을 공사현장에 배치하지 아니하거나 거짓으로 한 경우	법 제9조	영업정지 1개월	영업정지 3개월	등록취소
더. 법 제18조제3항의 감리원 배치 기준을 위반한 경우	법 제9조	경고(시정명령)	영업정지 1개월	등록취소
러. 법 제19조제1항에 따른 요구에 따르지 아니한 경우	법 제9조	영업정지 1개월	영업정지 3개월	등록취소
머. 법 제19조제3항을 위반하여 보고하지 아니한 경우	법 제9조	경고(시정명령)	영업정지 1개월	등록취소
버. 법 제20조를 위반하여 감리 결과를 알리지 아니하거나 거짓으로 알린 경우 또는 공사감리 결과보고서를 제출하지 아니하거나 거짓으로 제출한 경우	법 제9조	경고(시정명령)	영업정지 3개월	등록취소
서. 법 제20조의2를 위반하여 방염을 한 경우	법 제9조	영업정지 3개월	영업정지 6개월	등록취소
어. 법 제22조제1항을 위반하여 하도급한 경우	법 제9조	영업정지 3개월	영업정지 6개월	등록취소
저. 법 제21조의3제4항을 위반하여 하도급 등에 관한 사항을 관계인과 발주자에게 알리지 아니하거나 거짓으로 알린 경우	법 제9조	경고(시정명령)	영업정지 1개월	등록취소
처. 법 제22조의2제2항을 위반하여 정당한 사유 없이 하수급인 또는 하도급 계약내용의 변경요구에 따르지 아니한 경우	법 제9조	경고(시정명령)	영업정지 1개월	등록취소
커. 법 제22조의3을 위반하여 하수급인에게 대금을 지급하지 아니한 경우	법 제9조	영업정지 1개월	영업정지 3개월	등록취소
터. 법 제24조를 위반하여 시공과 감리를 함께 한 경우	법 제9조	영업정지 3개월	등록취소	-
퍼. 법 제26조의2에 따른 사업수행능력 평가에 관한 서류를 위조하거나 변조하는 등 거짓이나 그 밖의 부정한 방법으로 입찰에 참여한 경우	법 제9조	영업정지 3개월	영업정지 6개월	등록취소
허. 법 제31조에 따른 명령을 위반 하여 보고 또는 자료 제출을 하지 아니하거나 거짓으로 보고 또는 자료 제출을 한 경우	법 제9조	영업정지 3개월	영업정지 6개월	등록취소
고. 정당한 사유 없이 법 제31조에 따른 관계 공무원의 출입 또는 검사·조사를 거부·방해 또는 기피한 경우	법 제9조	영업정지 3개월	영업정지 6개월	등록취소

[규칙 별표 2] **과징금의 부과기준**(제10조 관련)〈개정 2016.8.25〉
1. 일반기준
    가. 영업정지 1개월은 30일로 계산한다.
    나. 과징금 산정은 별표 1 제2호의 영업정지기간(일)에 제2호가목부터 다목까지의 영업정지 1일에 해당하는 금액란의 금액을 곱한 금액으로 한다.
    다. 위반행위가 둘 이상 발생한 경우 과징금 부과에 따른 영업정지기간(일) 산정은 별표 1 제2호의 개별기준에 따른 각각의 영업정지처분기간을 합산한 기간으로 한다.
    라. 영업정지에 해당하는 위반사항으로서 위반행위의 동기·내용·횟수 또는 그 결과를 고려하여 그 처분기준의 2분의 1까지 감경한 경우 과징금 부과에 따른 영업정지기간(일) 산정은 감경한 영업정지기간으로 한다.
    마. 제2호나목에 따른 도급(계약)금액은 위반사항이 적발된 소방시설공사현장의 해당 공사 도급금액(법 제22조에 적합한 하도급인 경우 그 하도급금액은 제외한다) 또는 소방시설 설계·공사감리 기술용역대가를 말하며, 연간 매출액은 위반사업자에 대한 처분일이 속한 연도의 전년도의 1년간 위반사항이 적발된 방염처리업의 매출금액을 기준으로 한다. 다만, 신규사업·휴업 등에 따라 1년간의 위반사항이 적발된 방염처리업의 매출금액을 기준으로 하는 것이 불합리하다고 인정되는 경우에는 분기별·월별 또는 일별 매출금액을 기준으로 산출 또는 조정한다.
    바. 별표 1 제2호 행정처분 개별기준 중 나목·바목·거목·퍼목 및 허목의 위반사항에는 법 제10조제1항에 따른 영업정지를 갈음하여 과징금을 부과할 수 없다.
2. 개별기준 : 가. 소방시설설계업 및 소방공사감리업 과징금 금액 산정기준(생략)
           나. 소방시설공사업 과징금 금액 산정기준(생략)   다. 방염처리업 과징금 금액 산정기준(생략)

[규칙 별표 3] **일반공사감리기간**(제16조관련)
1. 옥내소화전설비·스프링클러설비·포소화설비·물분무소화설비·연결살수설비 및 연소방지설비의 경우: 가압송수장치의 설치, 가지배관의 설치, 개폐밸브·유수검지장치·체크밸브·템퍼스위치의 설치, 앵글밸브·소화전함의 매립·스프링클러헤드·포헤드·포방출구·포노즐·포호스릴·물분무헤드·연결살수헤드·방수구의 설치, 포소화약제 탱크 및 포혼합기의 설치, 포소화약제의 충전, 입상배관과 옥상탱크의 접속, 옥외 연결송수구의 설치, 제어반의 설치, 동력전원 및 각종 제어회로의 접속, 음향장치의 설치 및 수동조작함의 설치를 하는 기간
2. 이산화탄소소화설비·할로겐화합물소화설비·청정소화약제소화설비 및 분말소화설비의 경우: 소화약제 저장용기와 집합관의 접속, 기동용기 등 작동장치의 설치, 제어반·화재표시반의 설치, 동력전원 및 각종 제어회로의 접속, 가지배관의 설치, 선택밸브의 설치, 분사헤드의 설치, 수동기동장치의 설치 및 음향경보장치의 설치를 하는 기간
3. 자동화재탐지설비·시각경보기·비상경보설비·비상방송설비·통합감시시설·유도등·비상콘센트설비 및 무선통신보조설비의 경우: 전선관의 매립, 감지기·유도등·조명등 및 비상콘센트의 설치, 증폭기의 접속, 누설동축케이블 등의 부설, 무선기기의 접속단자·분배기·증폭기의 설치 및 동력전원의 접속공사를 하는 기간
4. 피난기구의 경우: 고정금속구를 설치하는 기간
5. 제연설비의 경우: 가동식 제연경계벽·배출구·공기유입구의 설치, 각종 댐퍼 및 유입구 폐쇄장치의 설치, 배출기 및 공기유입기의 설치 및 풍도와의 접속, 배출풍도 및 유입풍도의 설치·단열조치, 동력전원 및 제어회로의 접속, 제어반의 설치를 하는 기간
6. 비상전원이 설치되는 소방시설의 경우: 비상전원의 설치 및 소방시설과의 접속을 하는 기간

※ 비 고 : 위 각호에 따른 소방시설의 일반공사감리기간은 소방시설의 성능시험, 소방시설완공검사필증의 발급·인수인계 및 소방공사의 정산을 하는 기간을 포함한다.

[규칙 별표 3의2] **방염처리능력평가의 방법** 〈신설 2019.2.18.〉

1. 방염처리업자의 방염처리능력은 다음 계산식으로 산정하되, 10만 원 미만의 숫자는 버린다. 이 경우 산정기준일은 평가를 하는 해의 전년도 12월 31일로 한다.

$$방염처리능력평가액 = 실적평가액 + 자본금평가액 + 기술력평가액 + 경력평가액 ± 신인도평가액$$

2. 실적평가액 : 실적평가액 = 연평균 방염처리실적액 -(요약함)-
3. 자본금평가액 : 자본금평가액 = 실질자본금
4. 기술력평가액 : 전년도 연구·인력개발비 + 전년도 방염처리시설 및 시험기기 구입비용
5. 경력평가액 : 실적평가액 x 방염처리업 경영기간 평점 x 20/100
6. 신인도평가액 : (실적평가액 + 자본금평가액 + 기술력평가액 + 경력평가액) x 신인도 반영비율

[규칙 별표 4] **시공능력평가의 방법**(제23조관련) 〈개정 2020.1.15.〉

소방시설공사업자의 시공능력 평가는 다음 계산식으로 산정하되, 10만 원 미만의 숫자는 버린다. 이 경우 산정기준일은 평가를 하는 해의 전년도 말일로 한다.

$$시공능력평가액 = 실적평가액 + 자본금평가액 + 기술력평가액 + 경력평가액 ± 신인도평가액$$

1. <u>실적평가액</u>은 다음 계산식으로 산정한다.

$$실적평가액 = 연평균공사 실적액$$

가. 공사실적액(발주자가 공급하는 자재비를 제외한다)은 해당 업체의 수급금액중 하수급금액은 포함하고 하도급금액은 제외한다.
나. 공사업을 한 기간이 산정일을 기준으로 3년 이상인 경우에는 최근 3년간의 공사실적을 합산하여 3으로 나눈 금액을 연평균공사실적액으로 한다.
다. 공사업을 한 기간이 산정일을 기준으로 1년 이상 3년 미만인 경우에는 그 기간의 공사실적을 합산한 금액을 그 기간의 개월수로 나눈 금액에 12를 곱한 금액을 연평균공사실적액으로 한다.
라. 공사업을 한 기간이 산정일을 기준으로 1년 미만인 경우에는 그 기간의 공사실적액을 연평균공사실적액으로 한다.
마. 다음의 어느 하나에 해당하는 경우에 실적은 종전 공사업자의 실적과 공사업을 승계한 자의 실적을 합산한다.
  1) 공사업자인 법인이 분할에 의하여 설립되거나 분할합병한 회사에 그가 경영하는 소방시설공사업 전부를 양도하는 경우
  2) 개인이 경영하던 소방시설공사업을 법인사업으로 전환하기 위하여 소방시설공사업을 양도하는 경우(소방시설공사업의 등록을 한 개인이 해당 법인의 대표자가 되는 경우에만 해당한다)
  3) 합명회사와 합자회사 간, 주식회사와 유한회사 간의 전환을 위하여 소방시설공사업을 양도하는 경우
  4) 공사업자는 법인 간에 합병을 하는 경우 또는 공사업자인 법인과 공사업자가 아닌 법인이 합병을 하는 경우
  5) 공사업자가 영 제2조 별표 1 제2호에 따른 소방시설공사업의 업종 중 일반 소방시설공사업에서 전문 소방시설공사업으로 전환하거나 전문 소방시설공 사업에서 일반 소방시설공사업으로 전환하는 경우
  6) 법 제6조의2에 따른 폐업신고로 소방시설공사업의 등록이 말소된 후 6개월 이내에 다시 소방시설공사업을 등록하는 경우

2. 자본금평가액은 다음 계산식으로 산정한다.

$$자본금평가액 = (실질자본금 \times 실질자본금의 평점 + 소방청장이 지정한 금융회사 또는 소방산업공제조합에 출자·예치·담보한 금액) \times 70/100$$

가. 실질자본금은 해당 공사업체 최근 결산일 현재(새로 등록한 자는 등록을 위한 기업진단기준일 현재)의 총자산에서 총부채를 뺀 금액을 말하며, 소방시설공사업 외의 다른 업을 겸업하는 경우에는 실질자본금에서 겸업비율에 해당하는 금액을 공제한다.

나. 실질자본금의 평점은 다음 표에 따른다.

실질자본금의 규모	등록기준 자본금의 2배 미만	등록기준 자본금의 2배 이상 3배 미만	등록기준 자본금의 3배 이상 4배 미만	등록기준 자본금의 4배 이상 5배 미만	등록기준 자본금의 5배 이상
평 점	1.2	1.5	1.8	2.1	2.4

다. 출자금액은 평가연도의 직전연도 말 현재 출자한 좌수에 소방청장이 지정한 금융회사 또는 소방산업공제조합이 평가한 지분액을 곱한 금액으로 한다. 다만, 제23조제2항 각 호의 어느 하나의 사유로 시공능력을 평가하는 경우에는 시공능력 평가의 신청일을 기준으로 한다.

3. 기술력평가액은 다음 계산식으로 산정한다.

$$기술력평가액 = 전년도 공사업계의 기술자1인당 평균생산액 \times 보유기술인력 가중치합계 \times 30/100 + 전년도 기술개발투자액$$

가. 전년도 공사업계의 기술자 1인당 평균생산액은 공사업계의 국내 총기성액을 공사업계에 종사하는 기술자의 총수로 나눈 금액으로 하되, 이 경우 국내 총기성액 및 기술자 총수는 협회가 관리하고 있는 정보를 기준으로 한다(전년도 공사업계 기술자 1인당 평균생산액이 산출되지 아니하는 경우에는 전전년도 공사업계의 기술자 1인당 평균생산액을 적용한다)

나. 보유기술인력 가중치의 계산은 다음의 방법에 따른다.
  1) 보유기술인력은 해당 공사업체에 소속되어 6개월 이상 근무한 사람(신규등록·신규양도·합병 후 공사업을 한 기간이 6개월 미만인 경우에는 등록신청서·양도신고서·합병신고서에 적혀 있는 기술인력자로 한다)만 해당한다.
  2) 보유기술인력의 등급은 특급기술자, 고급기술자, 중급기술자 및 초급기술자로 구분하되, 등급구분의 기준은 별표4의2 제3호가목과 같다.
  3) 보유기술인력의 등급별 가중치는 다음 표와 같다.

보유기술인력	특급기술자	고급기술자	중급기술자	초급기술자
가 중 치	2.5	2	1.5	1

  4) 보유기술인력 1명이 기계분야 기술과 전기분야 기술을 함께 보유한 경우에는 3)의 가중치에 0.5를 가산한다.

다. 전년도 기술개발투자액은 「조세특례제한법 시행령」 별표 6에 규정된 비용 중 소방시설공사업 분야에 실제로 사용된 금액으로 한다.

4. 경력평가액은 다음 계산식으로 산정한다.

$$경력평가액 = 실적평가액 \times 공사업 경영기간 평점 \times 20/100$$

  가. 공사업경영기간은 등록일·양도신고일 또는 합병신고일부터 산정기준일까지로 한다.
  나. 종전 공사업자의 공사업 경영기간과 공사업을 승계한 자의 공사업 경영기간의 합산에 관해서는 제1호마목을 준용한다.
  다. 공사업경영기간 평점은 다음 표에 따른다.

공사업 경영기간	2년 미만	2년 이상 4년 미만	4년 이상 6년 미만	6년 이상 8년 미만	8년 이상 10년 미만
평점	1.0	1.1	1.2	1.3	1.4

10년 이상 12년 미만	12년 이상 14년 미만	14년 이상 16년 미만	16년 이상 18년 미만	18년 이상 20년 미만	20년 이상
1.5	1.6	1.7	1.8	1.9	2.0

5. 신인도평가액은 다음 계산식으로 산정하되, 신인도평가액은 실적평가액·자본금평가액·기술력평가액·경력평가액을 합친 금액의 ±10%의 범위를 초과할 수 없으며, 가점요소와 감점요소가 있는 경우에는 이를 상계한다

$$신인도평가액 = (실적평가액 + 자본금평가액 + 기술력평가액 + 경력평가액) \\ \times 신인도 반영비율 합계$$

  가. 신인도 반영비율 가점요소는 다음과 같다.
    1) 최근 1년간 국가기관·지방자치단체·공공기관으로부터 우수시공업자로 선정된 경우(+3%)
    2) 최근 1년간 국가기관·지방자치단체 및 공공기관으로부터 공사업과 관련한 표창을 받은 경우
      - 대통령 표창(+3%)
      - 그 밖의 표창(+2%)
    3) 공사업자의 공사 시공 상 환경관리 및 공사폐기물의 처리실태가 우수하여 환경부장관으로부터 시공능력의 증액 요청이 있는 경우(+2%)
    4) 소방시설공사업에 관한 국제품질경영인증(ISO)을 받은 경우(+2%)
  나. 신인도 반영비율 감점요소는 아래와 같다.
    1) 최근 1년간 국가기관·지방자치단체·공공기관으로부터 부정당업자로 제재처분을 받은 사실이 있는 경우(-3%)
    2) 최근 1년간 부도가 발생한 사실이 있는 경우(-2%)
    3) 최근 1년간 법 제9조 또는 제10조에 따라 영업정지처분 및 과징금처분을 받은 사실이 있는 경우
      - 1개월 이상 3개월 이하(-2%)
      - 3개월 초과(-3%)
    4) 최근 1년간 법 제40조에 따라 사유로 과태료처분을 받은 사실이 있는 경우(-2%)
    5) 최근 1년간 환경관리법령에 따른 과태료 처분, 영업정지 처분 및 과징금 처분을 받은 사실이 있는 경우(-2%)

[규칙 별표 4의2] 〈개정 2020.1.15.〉

소방기술과 관련된 자격·학력 및 경력의 인정 범위(제24조 1항 관련)

1. 공통기준
   가. 「화재예방, 소방시설 설치·유지 및 안전관리에 관한 법률 시행령」 별표 9 제1호나목4) 및 「소방시설공사업법 시행령」 별표 1 제1호 비고 제4호다목에서 "소방기술과 관련된 자격"이란 다음 각 목의 어느 하나에 해당하는 자격을 말한다.
      1) 소방기술사, 소방시설관리사, 소방설비기사, 소방설비산업기사
      2) 건축사, 건축기사, 건축산업기사
      3) 건축기계설비기술사, 건축설비기사, 건축설비산업기사
      4) 건설기계기술사, 건설기계설비기사, 건설기계설비산업기사, 일반기계기사
      5) 공조냉동기계기술사, 공조냉동기계기사, 공조냉동기계산업기사
      6) 화공기술사, 화공기사, 화공산업기사
      7) 가스기술사, 가스기능장, 가스기사, 가스산업기사
      8) 건축전기설비기술사, 전기기능장, 전기기사, 전기산업기사, 전기공사기사, 전기공사산업기사
      9) 산업안전기사, 산업안전산업기사
      10) 위험물기능장, 위험물산업기사, 위험물기능사
   나. 「화재예방, 소방시설 설치·유지 및 안전관리에 관한 법률 시행령」 별표 9 제1호나목4) 및 「소방시설공사업법 시행령」 별표 1 제1호 비고 제4호다목에서 "소방기술과 관련된 학력"이란 다음 각 목의 어느 하나에 해당하는 학과를 졸업한 사람을 말한다.
      1) 소방안전관리학과(소방안전관리과, 소방시스템과, 소방학과, 소방환경관리과, 소방공학과 및 소방행정학과를 포함한다)
      2) 전기공학과(전기과, 전기설비과, 전자공학과, 전기전자과, 전기전자공학과, 전기제어공학과를 포함한다)
      3) 산업안전공학과(산업안전과, 산업공학과, 안전공학과, 안전시스템공학과를 포함한다)
      4) 기계공학과(기계과, 기계학과, 기계설계학과, 기계설계공학과, 정밀기계공학과를 포함한다)
      5) 건축공학과(건축과, 건축학과, 건축설비학과, 건축설계학과를 포함한다)
      6) 화학공학과(공업화학과, 화학공업과를 포함한다)
      7) 학군 또는 학부제로 운영되는 대학의 경우에는 1)부터 6)까지 학과에 해당하는 학과
   다. 「화재예방, 소방시설 설치·유지 및 안전관리에 관한 법률 시행령」 별표 9 제1호나목4) 및 「소방시설공사업법 시행령」 별표 1 제1호 비고 제4호다목에서 "소방기술과 관련된 경력"이란 다음 어느 하나에 해당하는 경력을 말한다.
      1) 소방시설공사업, 소방시설설계업, 소방공사감리업, 소방시설관리업, 국가, 지방자치단체, 「공공기관의 운영에 관한 법률」 제4조에 따른 공공기관, 「공기업의 경영구조 개선 및 민영화에 관한 법률」 제2조에 따른 정부출자기관, 「지방공기업법」에 따른 지방공사 또는 지방공단에서 소방시설의 설계·시공·감리 또는 소방시설의 점검 및 유지관리업무를 수행한 경력
      2) 한국소방안전원, 한국소방산업기술원, 「화재로 인한 재해보상과 보험가입에 관한 법률」에 따른 한국화재보험협회 또는 협회에서 소방 관련 법령에 따라 소방과 관련된 정부 위탁 업무를 수행한 경력
      3) 소방기술사, 소방시설관리사, 소방설비기사, 소방설비산업기사 자격을 취득한 사람이 「화재예방, 소방시설 설치·유지 및 안전관리에 관한 법률」 제20조제2항에 따라 소방안전관리자로 선임되거나

「초고층 및 지하연계 복합건축물 재난관리에 관한 특별법」 제12조제1항에 따라 총괄재난관리자로 지정되어 소방안전관리 업무를 수행한 경력

4) 위험물안전관리업무대행기관에서 위험물안전관리 업무를 수행하거나 위험물기능장, 위험물산업기사, 위험물기능사 자격을 취득한 사람이 「위험물 안전관리법」 제15조제1항에 따른 위험물안전관리자로 선임되어 위험물안전관리 업무를 수행한 경력

라. 나목 및 다목의 소방기술분야는 다음 표에 따르되, 해당 학과를 포함하는 학군 또는 학부제로 운영되는 대학의 경우에는 해당 학과의 학력·경력을 인정하고, 해당 학과가 두 가지 이상의 소방기술분야에 해당하는 경우에는 다음 표의 소방기술분야(기계, 전기)를 모두 인정한다.

구분			소방기술분야	
			기계	전기
학과·학위	• 소방안전관리학과(소방안전관리과, 소방시스템과, 소방학과, 소방환경관리과, 소방공학과, 소방행정학과)		O	O
	• 전기공학과(전기과, 전기설비과, 전자공학과, 전기전자과, 전기전자공학과, 전기제어공학과)		×	O
	• 산업안전공학과(산업안전과, 산업공학과, 안전공학과, 안전시스템공학과) • 기계공학과(기계과, 기계학과, 기계설계학과, 기계설계공학과, 정밀기계공학과) • 건축공학과(건축과, 건축학과, 건축설비학과, 건축설계학과) • 화학공학과(공업화학과, 화학공업과)		O	×
경력	• 소방업체에서 소방 관련 업무를 수행한 경력	소방시설설계업 소방시설공사업 소방공사감리업	전문	O	O
			일반전기	×	O
			일반기계	O	×
		소방시설관리업		O	O
	• 국가, 지방자치단체, 공공기관, 정부출자기관, 지방공사, 지방공단에서 소방 관련 업무를 수행한 경력		O	O
	• 소방 관련 기관(한국소방안전원·한국소방산업기술원·한국화재보험협회, 협회)에서 소방 관련 업무를 수행한 경력		O	O
	• 소방기술사, 소방시설관리사, 소방설비기사, 소방설비산업기사 자격을 취득한 사람이 소방안전관리자로 선임되거나 총괄재난관리자로 지정되어 소방안전관리 업무를 수행한 경력		O	O
	• 위험물안전관리업무대행기관에서 위험물안전관리 업무를 수행하거나 위험물기능장, 위험물산업기사, 위험물기능사 자격을 취득한 사람이 「위험물 안전관리법」 제15조제1항에 따른 위험물안전관리자로 선임되어 위험물안전관리 업무를 수행한 경력		O	×

2. 소방기술 인정 자격수첩의 자격 구분

소방업체 구분	기술능력	자격·학력·경력인정기준	
소방시설공사업 소방시설	기계분야 보조인력	가. 소방기술과 관련된 자격 　제1호가목1)부터7)까지, 9) 및 　10) 자격을 취득한 사람 나. 소방기술과 관련된 학력	기계·전기분야 공통

		고등교육법 제2조제1호부터 제6호까지에 해당하는 학교에서 제1호나목3)부터 6)까지를 졸업한 사람	
설계업	전기분야 보조인력	가. 소방기술과 관련된 자격 　제1호가목1) 및 8)의 자격을 취득한 사람 나. 소방기술과 관련된 학력 　고등교육법 제2조제1호부터 제6호까지에 해당하는 학교에서 제1호나목2)를 졸업한 사람	가. 고등교육법 제2조제1호부터 제6호까지에 해당하는 학교에서 제1호나목1)에 해당하는 학과를 졸업한 사람 나. 4년제 대학 이상 또는 이와 동등 이상의 교육기관을 졸업한 후 1년 이상 제1호다목에 해당하는 경력이 있는 사람 다. 전문대학 또는 이와 동등 이상의 교육기관을 졸업한 후 3년 이상 제1호다목에 해당하는 경력이 있는 사람 라. 5년 이상 제1호다목에 해당하는 경력이 있는 사람 마. 소방공무원으로 3년 이상 근무한 경력이 있는 사람 바. 제1호가목에 해당하는 자격으로 1년 이상 같은 호 다목에 해당하는 경력이 있는 사람
소방시설 관리업	보조 인력	가. 소방기술과 관련된 자격 　제1호가목에 해당하는 자격을 취득한 사람	
		나. 소방기술과 관련된 학력·경력 　1) 고등교육법 제2조제1호부터 제6호까지에 해당하는 학교에서 제1호나목에 해당하는 학과를 졸업한 사람 　2) 4년제 대학 이상 또는 이와 동등 이상의 교육기관을 졸업한 후 1년 이상 제1호다목에 해당하는 경력이 있는 사람 　3) 전문대학 또는 이와 동등 이상의 교육기관을 졸업한 후 3년 이상 제1호다목에 해당하는 경력이 있는 사람 　4) 5년 이상 제1호다목에 해당하는 경력이 있는 사람 　5) 소방공무원으로 3년 이상 근무한 경력이 있는 사람 　6) 제1호가목에 해당하는 자격으로 1년 이상 같은 호 다목에 해당하는 경력이 있는 사람	

3. 소방기술자 경력수첩의 자격 구분
　가. 소방기술자의 기술등급 자격
　　(1) 기술자격에 따른 기술등급

등급	기계분야	전기분야
	• 소방기술사　• 소방시설관리사 자격을 취득한 후 5년 이상 소방 관련 업무를 수행한 사람	
특급 기술자	• 건축사, 건축기계설비기술사, 공조냉동기계기술사, 화공기술사, 가스기술사 자격을 취득한 후 5년 이상 소방 관련 업무를 수행한 사람 • 소방설비기사 기계분야의 자격을 취득한 후 8년 이상 소방 관련 업무를 수행한 사람 • 소방설비산업기사 기계분야의 자격을 취득한 후 11년 이상 소방 관련 업무를 수행한 사람 • 건축설비기사, 건축기사, 공조냉동기계기사, 일반기계기사, 항공기사 산업안전기사, 가스기사, 위험물기능장, 가스기	• 건축전기설비기술사 자격을 취득한 후 5년 이상 소방 관련 업무를 수행한 사람 • 소방설비기사 전기분야의 자격을 취득한 후 8년 이상 소방 관련 업무를 수행한 사람 • 소방설비산업기사 전기분야의 자격을 취득한 후 11년 이상 소방 관련 업무를 수행한 사람 • 전기기사, 전기공사기사, 전기기능장 자

	능장 자격을 취득한 후 13년 이상 소방 관련 업무를 수행한 사람	격을 취득한 후 13년 이상 소방 관련 업무를 수행한 사람
고급 기술자	• 소방시설관리사	
	• 건축사, 건축기계설비기술사, 공조냉동기계기술사, 화공기술사, 가스기술사 자격을 취득한 후 3년 이상 소방 관련 업무를 수행한 사람	• 건축전기설비기술사를 취득한 후 3년 이상 소방 관련 업무를 수행한 사람
	• 소방설비기사 기계분야의 자격을 취득한 후 5년 이상 소방 관련 업무를 수행한 사람 • 소방설비산업기사 기계분야의 자격을 취득한 후 8년 이상 소방 관련 업무를 수행한 사람 • 건축설비기사, 건축기사, 공조냉동기계기사, 일반기계기사, 화공기사, 산업안전기사, 가스기사, 위험물기능장, 가스기능장 자격을 취득한 후 11년 이상 소방 관련 업무를 수행한 사람 • 건축설비산업기사, 건축산업기사, 공조냉동기계산업기사, 위험물산업기사, 화공산업기사, 산업안전산업기사, 가스산업기사 자격을 취득한 후 13년 이상 소방 관련 업무를 수행한 사람	• 소방설비기사 전기분야의 자격을 취득한 후 5년 이상 소방 관련 업무를 수행한 사람 • 소방설비산업기사 전기분야의 자격을 취득한 후 8년 이상 소방 관련 업무를 수행한 사람 • 전기기사, 전기공사기사, 전기기능장 자격을 취득한 후 11년 이상 소방 관련 업무를 수행한 사람 • 전기산업기사, 전기공사산업기사 자격을 취득한 후 13년 이상 소방 관련 업무를 수행한 사람
중급 기술자	• 건축사, 건축기계설비기술사, 공조냉동기계기술사, 화공기술사, 가스기술사 • 소방설비기사(기계분야)	• 건축전기설비기술사 • 소방설비기사(전기분야)
	• 소방설비산업기사 기계분야의 자격을 취득한 후 3년 이상 소방 관련 업무를 수행한 사람 • 건축설비기사, 건축기사, 공조냉동기계기사, 일반기계기사, 화공기사, 산업안전기사, 가스기사, 위험물기능장, 가스기능장 자격을 취득한 후 5년 이상 소방 관련 업무를 수행한 사람 • 건축설비산업기사, 건축산업기사, 공조냉동기계산업기사, 위험물산업기사, 화공산업기사, 산업안전산업기사, 가스산업기사 자격을 취득한 후 8년 이상 소방 관련 업무를 수행한 사람	• 소방설비산업기사 전기분야의 자격을 취득한 후 3년 이상 소방 관련 업무를 수행한 사람 • 전기기사, 전기공사기사, 전기기능장자격을 취득한 후 5년 이상 소방 관련 업무를 수행한 사람 • 전기산업기사, 전기공사산업기사 자격을 취득한 후 8년 이상 소방 관련 업무를 수행한 사람
초급 기술자	• 소방설비산업기사(기계분야) • 건축설비기사, 건축기사, 공조냉동기계기사, 일반기계기사, 화공기사, 산업안전기사, 가스기사, 위험물기능장, 가스기능장 자격을 취득한 후 2년 이상 소방 관련 업무를 수행한 사람 • 건축설비산업기사, 건축산업기사, 공조냉동기계산업기사, 위험물산업기사, 화공산업기사, 산업안전산업기사, 가스산업기사 자격을 취득한 후 4년 이상 소방 관련 업무를 수행한 사람 • 위험물기능사 자격을 취득한 후 6년 이상 소방 관련 업무를 수행한 사람	• 소방설비산업기사(전기분야) • 전기기사, 전기공사기사, 전기기능장 자격을 취득한 후 2년 이상 소방 관련 업무를 수행한 사람 • 전기산업기사, 전기공사산업기사 자격을 취득한 후 4년 이상 소방 관련 업무를 수행한 사람

(2) 학력·경력 등에 따른 기술등급

등 급	학력·경력자	경력자
특급 기술자	• 박사학위를 취득한 후 3년 이상 소방 관련 업무를 수행한 사람 • 석사학위를 취득한 후 9년 이상 소방 관련 업무를 수행한 사람 • 학사학위를 취득한 후 12년 이상 소방 관련 업무를 수행한 사람 • 전문학사학위를 취득한 후 15년 이상 소방 관련 업무를 수행한 사람	
고급 기술자	• 박사학위를 취득한 후 1년 이상 소방 관련 업무를 수행한 사람 • 석사학위를 취득한 후 6년 이상 소방 관련 업무를 수행한 사람 • 학사학위를 취득한 후 9년 이상 소방 관련 업무를 수행한 사람 • 전문학사학위를 취득한 후 12년 이상 소방 관련 업무를 수행한 사람 • 고등학교를 졸업한 후 15년 이상 소방 관련 업무를 수행한 사람	• 학사 이상의 학위를 취득한 후 12년 이상 소방 관련 업무를 수행한 사람 • 전문학사학위를 취득한 후 15년 이상 소방 관련 업무를 수행한 사람 • 고등학교를 졸업한 후 18년 이상 소방 관련 업무를 수행한 사람 • 22년 이상 소방 관련 업무를 수행한 사람
중급 기술자	• 박사학위를 취득한 사람 • 석사학위를 취득한 후 3년 이상 소방 관련 업무를 수행한 사람 • 학사학위를 취득한 후 6년 이상 소방 관련 업무를 수행한 사람 • 전문학사학위를 취득한 후 9년 이상 소방 관련 업무를 수행한 사람 • 고등학교를 졸업한 후 12년 이상 소방 관련 업무를 수행한 사람	• 학사 이상의 학위를 취득한 후 9년 이상 소방 관련 업무를 수행한 사람 • 전문학사학위를 취득한 후 12년 이상 소방 관련 업무를 수행한 사람 • 고등학교를 졸업한 후 15년 이상 소방 관련 업무를 수행한 사람 • 18년 이상 소방 관련 업무를 수행한 사람
초급 기술자	• 석사 또는 학사학위를 취득한 사람 • 「고등교육법 시행령」 제8조에 따른 대학 이상의 소방안전관리학과를 졸업한 사람 • 전문학사학위를 취득한 후 2년 이상 소방 관련 업무를 수행한 사람 • 고등학교를 졸업한 후 4년 이상 소방 관련 업무를 수행한 사람	• 학사 이상의 학위를 취득한 후 3년 이상 소방 관련업무를 수행한 사람 • 전문학사학위를 취득한 후 5년 이상 소방 관련 업무를 수행한 사람 • 고등학교를 졸업한 후 7년 이상 소방 관련 업무를 수행한 사람 • 9년 이상 소방 관련 업무를 수행한 사람

※ 비 고
1. 동일한 기간에 수행한 경력이 두 가지 이상의 자격 기준에 해당하는 경우에는 하나의 자격 기준에 대해서만 그 기간을 인정하고 기간이 중복되지 아니하는 경우에는 각각의 기간을 경력으로 인정한다. 이 경우 동일 기술등급의 자격 기준별 경력기간을 해당 경력기준기간으로 나누어 합한 값이 1 이상이면 해당 기술등급의 자격 기준을 갖춘 것으로 본다.
2. 위 표에서 "학력·경력자"란 고등학교·대학 또는 이와 같은 수준 이상의 교육기관의 소방 관련학과의 정해진 교육과정을 이수하고 졸업하거나 그 밖의 관계법령에 따라 국내 또는 외국에서 이와 같은 수준 이상의 학력이 있다고 인정되는

사람을 말한다.
3. 위 표에서 "경력자"란 소방 관련학과 외의 학과의 졸업자를 말한다.
4. "소방 관련 업무"란 다음 각 목의 어느 하나에 해당하는 업무를 말한다.
    가. 제1호다목에 해당하는 경력으로 인정되는 업무 / 나. 소방공무원으로서 근무한 업무

나. 소방공사감리원의 기술등급 자격(기계분야, 전기분야 공통)

구 분	기술자격기준(기계분야, 전기분야)
특급 감리원	1. 소방기술사 자격을 취득한 사람 2. 소방설비기사 자격을 취득한 후 8년 이상 소방 관련 업무를 수행한 사람 3. 소방설비산업기사 자격을 취득한 후 12년 이상 소방 관련 업무를 수행한 사람
고급 감리원	1. 소방설비기사 자격을 취득한 후 5년 이상 소방 관련 업무를 수행한 사람 2. 소방설비산업기사 자격을 취득한 후 8년 이상 소방 관련 업무를 수행한 사람
중급 감리원	1. 소방설비기사 자격을 취득한 후 3년 이상 소방 관련 업무를 수행한 사람 2. 소방설비산업기사 자격을 취득한 후 6년 이상 소방 관련 업무를 수행한 사람
초급 감리원	1. 소방설비기사 자격을 취득한 후 1년 이상 소방 관련 업무를 수행한 사람 2. 소방설비산업기사 자격을 취득한 후 2년 이상 소방 관련 업무를 수행한 사람 3. 제1호나목 2), 3)부터 ~ 6)까지의 규정 중 어느 하나에 해당하는 학과 학사학위를 취득한 후 1년 이상 소방 관련 업무를 수행한 사람 4. 「고등교육법」 제2조제1호~제6호까지 규정 중 어느 하나에 해당하는 학교에서 제1호나목 2), 3)부터 ~ 6)까지의 규정에 해당하는 학과 전문학사학위를 취득한 후 3년 이상 소방 관련 업무를 수행한 사람 5. 소방공무원으로서 3년 이상 근무한 경력이 있는 사람

※ 비 고
1. 동일한 기간에 수행한 경력이 두 가지 이상의 자격 기준에 해당하는 경우에는 하나의 자격 기준에 대해서만 그 기간을 인정하고 기간이 중복되지 아니하는 경우에는 각각의 기간을 경력으로 인정한다. 이 경우 동일 기술등급의 자격 기준별 경력기간을 해당 경력기준기간으로 나누어 합한 값이 1 이상이면 해당 기술등급의 자격 기준을 갖춘 것으로 본다.
2. "소방 관련 업무"란 다음 각 목의 어느 하나에 해당하는 업무를 말한다.
    가. 제1호다목에 해당하는 경력으로 인정되는 업무   나. 소방공무원으로서 근무한 업무
3. 비고 제2호에 따른 소방 관련 업무를 수행한 경력으로서 위 표에서 정한 기술자격 취득 전의 경력은 그 경력의 50퍼센트만 인정한다.

[규칙 별표 4의3] **설계업자의 사업수행능력 평가기준**(제23조의2제1항제1호 관련)

구 분	배점범위	기술자격기준
1. 참여소방기술자	50	참여한 소방기술자의 등급·실적 및 경력 등에 따라 평가
2. 유사용역 수행 실적		업체의 수행 실적에 따라 평가
3. 신용도	10	관계 법령에 따른 입찰참가 제한, 영업정지 등의 처분내용에 따라 평가 및 재정상태 건실도(健實度)에 따라 평가
4. 기술개발 및 투자 실적 등	15	기술개발 실적, 투자 실적 및 교육 실적에 따라 평가
5. 업무 중첩도	10	참여소방기술자의 업무 중첩 정도에 따라 평가

[규칙 별표 4의4] ~ [규칙 별표 4의6] 각 능력 평가기준 -생략(법제처 참고)-

[규칙 별표 5] 소방기술자의 자격의 정지 및 취소에 관한 기준(제25조관련)

위반사항	근거 법령	행정처분기준 1차	행정처분기준 2차	행정처분기준 3차
가. 거짓이나 그 밖의 부정한 방법으로 자격수첩 또는 경력수첩을 발급받은 경우	법 제28조 제4항	자격취소		
나. 법 제27조제2항의 규정을 위반하여 자격수첩 또는 경력수첩을 다른 자에게 빌려준 경우	법 제28조 제4항	자격취소		
다. 법 제27조제3항의 규정을 위반하여 동시에 둘 이상의 업체에 취업한 경우	법 제28조 제4항	자격정지 1년	자격취소	
라. 법 또는 법에 의한 명령을 위반한 경우	법 제28조 제4항			
(1) 법 제27조제1항의 업무수행중 해당자격과 관련하여 고의 또는 중대한 과실로 타인에게 손해를 끼치고 형의 선고를 받은 경우		자격취소		
(2) 법 제28조제4항의 규정에 따라 자격정지처분을 받고도 동 기간내에 자격증을 사용한 경우		자격정지 1년	자격정지 2년	자격취소

[규칙 별표 6] 소방기술자 실무교육에 필요한 기술인력 및 시설장비(제29조관련)

1. 조직구성 〈개정 2019.2.26.〉
   가. 수도권(서울, 인천, 경기), 중부권(대전, 세종, 강원, 충남, 충북), 호남권(광주, 전남, 전북, 제주), 영남권(부산, 대구, 울산 경남, 경북)등 권역별로 1 이상의 지부를 설치할 것
   나. 각 지부에는 법인에 선임된 임원 1인 이상을 책임자로 지정할 것
   다. 각 지부에는 기술인력 및 시설·장비 등 교육에 필요한 시설을 갖출 것
2. 기술인력
   가. 인원: 강사 4인 및 교무요원 2인 이상을 확보할 것
   나. 자격요건: (1) 강　사
      (가) 소방관련학의 박사학위를 가진 사람
      (나) 전문대학 또는 이와 동등 이상의 교육기관에서 소방안전관련학과 전임강사 이상으로 재직한 사람
      (다) 소방기술사, 소방시설관리사, 위험물관리기능장 자격을 소지한 사람
      (라) 소방설비기사 및 위험물관리산업기사 자격을 소지한 자로서 소방관련기관(단체)에서 2년 이상 강의경력이 있는 사람
      (마) 소방설비산업기사 및 위험물관리기능사 자격을 소지한 자로서 소방관련기관(단체)에서 5년 이상 강의경력이 있는 사람
      (바) 대학 또는 이와 동등 이상의 교육기관에서 소방안전관련학과를 졸업하고 소방관련기관(단체)에서 5년 이상 강의경력이 있는 사람
      (사) 소방관련기관(단체)에서 10년 이상 실무경력이 있는 자로서 5년 이상 강의경력이 있는 사람
      (아) 소방경 또는 지방소방경 이상의 소방공무원 또는 소방설비기사 자격을 소지한 소방위 또는 지방소방위 이상의 소방공무원
   (2) 외래 초빙강사: 강사의 자격요건에 해당하는 자일 것　　　3. 시설 및 장비 - 이하 생략 -

[규칙 별표 7] 수수료 및 교육비(제37조관련) - 생략 -
　　소방시설업 등록증을 재발급 받으려는 자 - 1만 원　　　- 이하 생략 -

실전 능력 기르기

▶ 현, 출간일까지 소방관계시험에 기출된 주요 문제만 선별하였습니다.

소방시설공사업법

01 다음 중 소방시설업이 아닌 것은?*** • 필수 1단계
① 소방시설 설계업 ② 소방시설 공사업
③ 소방공사 감리업 ④ 소방시설 설비업

▶ 소방시설업은 설계를 하는 소방시설 설계업, 공사를 하는 소방시설 공사업, 공사를 잘 하는가의 감독·관리를 하는 소방공사 감리업과 방염을 하는 방염처리업이 있다고 이해한다. (공사업법 제2조)
■ **소방시설업의 정의**
① 소방시설설계업: 소방시설공사에 기본이 되는 공사계획·설계도면·설계설명서(시방서)·기술계산서 및 이와 관련된 서류("설계도서")를 작성("설계")하는 영업
② 소방시설공사업: 설계도서에 따라 소방시설을 신설·증설·개설·이전 및 정비("시공"이라 한다)하는 영업
③ 소방공사감리업: 소방시설공사에 관한 발주자의 권한을 대행하여 소방시설공사가 설계도서와 관계법령에 따라 적법하게 시공되는지를 확인하고, 품질·시공관리에 대한 기술지도를 하는("감리") 영업
④ 방염처리업: 방염대상물품에 대하여 방염처리("방염")하는 영업

02 다음 중 소방시설공사업 등록은 어디에 하는가?* • 상식 1단계
① 소방서   ② 소방본부   ③ 시·도   ④ 소방청

▶ 모든 업체 등록신청 서류제출처는 시·도에 해당된다. (* 참고: 소방법령에서 업체 창업으로 허가를 받기위한 모든 서류는 시·도에 등록을 한다. 그 이유는 시·도에서 영업을 하기 때문이다.) (공사업법 제4조)

03 소방시설공사업자가 시·도지사에게 신고하여야 할 변경사항이 아닌 것은?*** • 기본 2단계
① 대표자   ② 기술인력
③ 점검기구 교체   ④ 상호(명칭) 또는 영업소 소재지

▶ 소방시설업자는 ① 대표자 ② 기술인력 ④ 상호(명칭) 또는 영업소 소재지 변경할 때에는 행정안전부령으로 정하는 바에 따라 시·도지사에게 신고하여야 한다. (소방시설공사업법 규칙 제5조)
(* **오답**: 점검기구 교체, 정비변경, 자본금, 시설업 재개, 업종변경, 사무실 임대계약 등으로 기출됨)

Ans. ‖ 01. ④   02. ③   03. ③

소방관계법규

04 완공검사를 위해 현장확인을 할 수 있는 특정소방대상물이 아닌 것은?** • 학습 2단계

① 창고시설
② 연면적 1만m² 이상 특정대상물
③ 근린생활시설
④ 물분무등 또는 스프링클러설비등 소화설비

▷ 현장확인을 할 수 있는 특정소방대상물에 근린생활시설에 해당하지 않는다.(* 참고 : 하지만 연면적 1만m² 이상 근린생활시설은 "연면적 1만m² 이상의 특정소방대상물" 이니 현장확인 대상에 해당된다) (공사업법 영 제5조)

05 소방시설공사의 증설공사 착공신고 대상이 아닌 것은?** • 명품 2단계

① 옥내소화전설비(호스릴옥내소화전설비를 포함한다.), 옥외소화전설비
② 스프링클러설비등 소화설비, 물분무등소화설비 연결송수관설비, 연결살수설비
③ 제연설비(단, 제연설비 중 기계설비공사업자가 하는 해당설비는 제외한다.)
④ 비상경보설비, 비상방송설비, 무선통신보조설비, 소화용수설비

▷ 비상경보설비, 비상방송설비, 무선통신보조설비, 소화용수설비는 신설공사에 해당하지만 증설공사 대상에서는 해당하지 않는다.(공사업법 영 제4조)

06 소방시설등을 구성하는 것으로서 개설·이전·정비하는 공사로서 틀린 것은?(단, 고장, 파손 등으로 작동시킬 수 없는 긴급히 교체·보수하는 경우는 제외) • 명품 2단계

① 일부를 교체하는 수신반
② 전부를 보수하는 동력제어반
③ 전부 또는 일부를 교체하거나 보수하는 소화펌프
④ 기계설비공사업자가 공사하는 소방용 용도의 제연설비

▷ 기계설비공사업자가 공사하는 소방용 용도의 제연설비는 신설 혹은 증설하는 공사에 해당된다. (소방시설공사업법 영 제4조)

07 다음 중 소방시설공사의 하자보증기간이 다른 하나는?*** • 필수 2단계

① 무선통신보조설비
② 자동소화장치
③ 자동화재탐지설비
④ 비상콘센트설비

▷ 무선통신보조설비는 2년이고, 나머지는 3년에 해당된다. (공사업법 영 제6조) ·소방시설관리사

Ans. 04. ③ 05. ④ 06. ④ 07. ①

08 소방시설공사업법에서 소방시설과 하자보수보증기간으로 틀린 것은?*** • 개념 1단계

① 자동소화장치 – 3년
② 비상방송설비 – 2년
③ 자동화재탐지설비 – 2년
④ 비상경보설비 – 2년

▶ 자동화재탐지설비는 전기분야에 해당되며 보증기간은 3년이다. (공사업법 영 제6조)

09 다음 중 감리업자가 할 내용이 아닌 것은?*** • 혼동 3단계

① 완공된 소방시설 성능시험
② 소방시설 등의 공사에 관한 성능검사
③ 소방시설의 설계도서 적합성 검토
④ 실내장식물의 불연화 및 방염물품 적법성 검토

▶ 소방시설 등의 공사에 관한 성능검사는 해당되지 않는다. (공사업법 제16조)

10 다음 중 상주공사감리방법으로 잘못된 것은? • 개념 2단계

① 주 1회 방문하며 한 사람이 5곳 이하의 감리로서 10만m² 이하에 해당한다.
② 연면적 30,000m² 이상의 특정소방대상물에 대한 소방시설의 공사
③ 16층 이상(지하층 포함)으로 500세대 이상인 아파트에 대한 소방시설의 공사
④ 상주공사감리는 행정안전부령이 정하는 기간 동안 공사현장에 상주하여야 한다.

▶ 주 1회 방문, 한 사람이 5곳 이하, 10만m² 이하는 일반감리에 해당한다. (공사업법 영 제9조)

11 상주공사 감리 시 감리현장에 책임감리원 배치에 관하여 맞는 것은?* • 상식 1단계

① 소방시설용 배관을 설치하거나 매립하는 때부터
② 소방시설용 배관을 설치하거나 매립하는 때부터 착공신고 때까지
③ 소방시설용 배관을 설치하거나 매립하는 때부터 준공검사 때까지
④ 소방시설용 배관을 설치하거나 매립하는 때부터 완공검사필증을 교부받는 때까지

▶ 상주공사 감리 시 소방시설용 배관을 설치하거나 매립하는 때부터 소방시설의 완공검사필증을 교부받는 때까지 소방공사 감리현장에 책임감리원을 배치한다. (공사업법 규칙 제16조)

Ans. 08. ③ 09. ② 10. ① 11. ④

12 다음 중 전문소방설계업의 주된 기술인력은?* • 상식 1단계

① 소방기술사 1인 이상
② 소방전기기사 1인 이상
③ 소방관리사 각 1인 이상
④ 소방기계기사 1인 이상

▶ 전문소방설계업과 전문감리업의 주 기술인력은 소방기술사 1인 이상이다. (공사업법 영 별표1)

13 소방시설업과 관련된 업종별 등록기준에 대한 설명 중 틀린 것은? • 개념 2단계

① 전문 공사업의 등록기준은 법인 자본금 1억 원 이상, 개인 자산평가액 1억 원 이상
② 일반 공사업의 등록기준은 법인 자본금 1억 원 이상, 개인 자산평가액 1억 원 이상
③ 소방시설업의 등록없이 영업을 한 자는 1년 이하의 징역 또는 1천만 원 이하의 벌금
④ 관계인이 공사감리자를 지정하지 아니한 때는 1년 이하의 징역 또는 1천만 원 이하 벌금

▶ 소방시설업의 등록을 하지 아니하고 영업을 한 자는 공사업법에서 제일 무거운 3년 이하의 징역 또는 1,500만 원 이하의 벌금을 부과할 수 있다. (공사업법 제35~36조)

14 다음 감리원 중 고급소방감리원의 소방관련업무를 수행할 수 있는 자는? • 학습 2단계

① 소방설비기사 8년 이상, 소방설비산업기사 12년 이상 소방관련 업무를 수행한 자
② 소방설비기사 5년 이상, 소방설비산업기사 8년 이상 소방관련 업무를 수행한 자
③ 소방설비기사 3년 이상, 소방설비산업기사 6년 이상 소방관련 업무를 수행한 자
④ 소방설비기사 1년 이상, 소방설비산업기사 2년 이상 소방관련 업무를 수행한 자

▶ 고급소방감리원은 소방설비기사 5년 이상, 소방설비산업기사 8년 이상 소방관련 업무를 수행한 자에 해당한다. (공사업법 영 별표1 부표2)

15 다음 감리원의 세부배치기준에 대하여 옳지 않은 것은? • 관찰 2단계

① 상주공사감리는 매일 소방공사감리현장에 책임감리원을 배치하여야 한다.
② 상주공사감리는 3만㎡ 이상 공사현장을 감리하여야 한다.
③ 일반공사감리는 월 1회 이상 소방공사감리현장을 방문하여 감리하여야 한다.
④ 일반공사감리대상인 아파트의 경우에는 연면적에 관계없이 1명의 책임감리원이 5개 이내의 공사현장을 감리할 수 있다.

▶ 일반공사감리는 주 1회 이상 소방공사감리현장을 방문하여 감리하여야 한다. (공사업법 칙 제16조)

Ans. 12. ① 13. ③ 14. ② 15. ③

16 다음 중 방염처리업의 종류로 옳지 않은 것은? • 기본 1단계

① 섬유류 방염업　　　　　　② 합성수지 방염업
③ 합판목재류 방염업　　　　 ④ 고무류 방염업

▶ 방염업의 종류에는 섬유류 방염업, 합성수지 방염업, 합판목재류 방염업이 있다.(공사업법 영 별표1)

17 시·도지사는 소방시설업자에게 그 등록을 취소하거나 6개월 이내의 기간을 정하여 시정이나 그 영업의 정지를 명할 수 있다. 등록의 취소 요건이 아닌 것은? • 개념 2단계

① 거짓으로 등록한 경우　　　② 영업정지기간 중 영업을 한 자
③ 등록 결격사유인 경우　　　④ 부정한 방법으로 등록한 경우

▶ ②번은 1년 이하의 징역 또는 1,000만 원 이하의 벌금에 해당한다.(공사업법 제9조)

18 다음 중 소방시설업 시공능력평가 공시자는? • 기본 1단계

① 소방서장　　② 소방본부장　　③ 소방대장　　④ 소방청장

▶ 소방시설업 시공능력평가 공시자는 소방청장이 된다.(공사업법 제26조)

19 소방시설업자가 설계시공 또는 감리를 수행하게 한 특정소방대상물의 관계인에게 지체 없이 그 사실을 알려야하는 내용으로 옳지 않은 것은? • 학습 2단계

① 휴업 또는 폐업을 하였을 때
② 소방시설업자의 지위승계를 하였을 때
③ 등록의 취소처분 또는 영업정지처분을 받았을 때
④ 기술인력, 주소지 변경 및 업체의 합병을 하였을 때

▶ 소방기술인력, 주소지 변경 및 업체의 합병을 하였을 때는 해당하지 않는다. (공사업법 제8조)

20 소방시설의 기술사 특급감리원 배치 내용(면적, 층수)으로 옳은 것은? • 학습 2단계

① 20만㎡ 이상, 50층 이상　　　② 5천~3만㎡ 이상, 16층 미만
③ 20만㎡ 이상, 40층 이상　　　④ 3~20만㎡ 미만, 16~40층 미만

▶ 소방기술인력의 기술사 특급감리원 배치는 20만㎡ 이상, 40층 이상에 해당한다.(공사업법 영 별표4)

Ans. 16. ④　17. ②　18. ④　19. ④　20. ③

• Memo

- 강한자가 이기는 것이 아니고
  이기는 자가 강한자인 것이다. 당신은 특별합니다.

제4편 위험물안전관리법(핵심) 50p

법령질문

학습질문을 위한 사례 17가지 사항

본 예는 수험생이 학습하면서 법령이 이해가 되지 않아 소방제도 발전을 위하여 질문한 내용입니다. 위험물안전법상 위험물안전관리자 선임 기재가 누락되어 있어서 전화한 결과, 부서가 달라서 전화상 답변이 명확하지 못하여 소방청 담당자가 "국민신문고(www.epeople.go.kr)"를 통하여 질문을 해달라고 하였기에 그에 대한 내용과 회신입니다.(20xx년 2월)

☞ **수험생 질문**: 소방시설법과 위험물안전관리법의 비교

소방시설법의 규칙 14조에는 소방안전관리자 선임을 30일 이내에 하라고 되어있습니다. 그러나 위험물법 15조 2항에는 위험물안전관리자 해임 시 재선임을 30일 이내로 하라고만 되어있지 최초 선임일의 기준이 나와 있지 않습니다. 이것 또한 잘못된 점이라고 생각합니다. 법대로라면 위험물 안전관리자를 선임하지 않아도 법의 저촉을 받지 않는다는 말 아닌가요?

☞ **소방청 부서 담당자 회신**: 위험물안전관리자의 경우 위험물은 저장 및 취급하기 전에 관할 소방서에 위험물안전관리자 선임신고를 하여야 하고, 위반 시 벌칙 조항이 있습니다.(답변이 요약됨)

▶ 바른 답변 예: 위험물안전관리자의 경우 선임 명시가 명확하지 않는 점 죄송합니다. 또한 위험물은 저장 및 취급하기 전이라는 명시도 명확히 하겠으며, 미선임 시 벌칙 조항은 제36조에 있습니다.

※ 답변내용 중 궁금한 사항에 대하여는 소방청 담당자: 이메일로 문의하시거나 추가로 민원을 신청하시면 성심껏 답변 드리겠습니다. 예 "국민신문고(www.epeople.go.kr)" 등

※ 또한, 소방제도 발전을 위하여 "민원만족도 조사"에 적극 협조해 주시길 부탁 드립니다.

※ 본 회신내용은 해당 질의사항에만 국한되어 개별 사실 관계의 변동 등으로 인한 유사사례인 경우에 본 회신내용과 다른 해석이 있을 수 있습니다.

- 국민신문고 외 각 부서별 전화 및 국민신문고 메일(100% 회신됨)
  ① 기본법 법령질문: 소방청(소방정책과) 044-205-7413 외 국민신문고 메일 가능
  ② 2분법 법령질문: 소방청(화재예방과) 044-205-7447~9 외 국민신문고 메일 가능
  ③ 3분법 법령질문: 소방청(소방산업과) 044-205-7507 외 국민신문고로 메일 가능
  ④ 4분법 법령질문: 소방청(화재대응조사과) 044-205-7482 외 국민신문고 메일 가능
  ⑤ 다중법 법령질문: 소방청(화재예방과) 044-205-7453 외 국민신문고로 메일 가능
  ⑥ 소방공무원법 등: 소방청(운영지원과) 044-205-7044 외 국민신문고 메일가능

위험물안전관리법 구성이론

▶ 이 법은 위험물(고체액체)에 관한 관련법규로서 먼저 그 숲(구성)을 보도록 한다.

■ 위험물안전관리법 구성

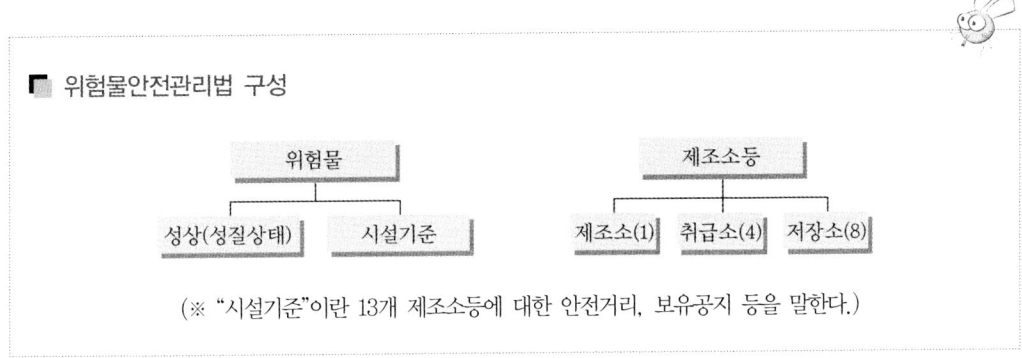

(※ "시설기준"이란 13개 제조소등에 대한 안전거리, 보유공지 등을 말한다.)

■ 주요구성이론

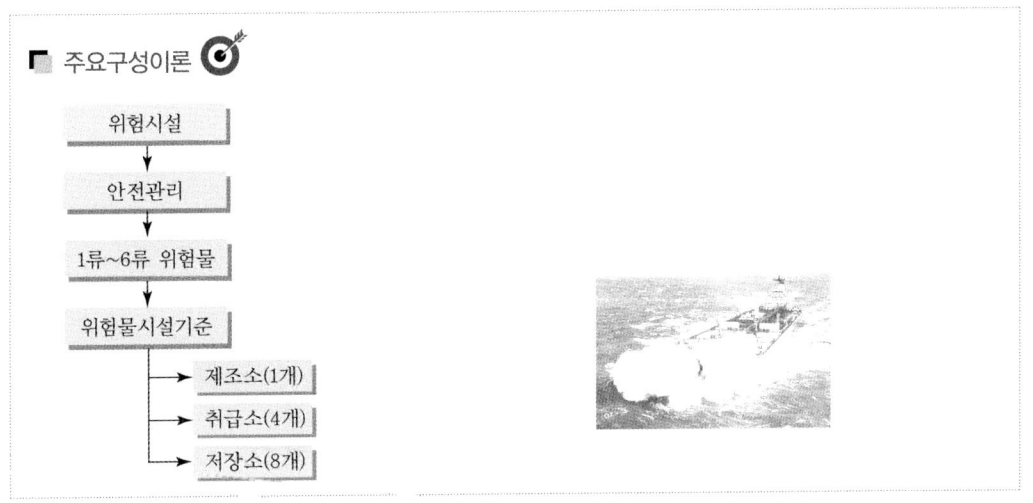

학습방법

위험물안전관리법은 위험물제조소등(제조소, 저장소, 취급소)의 제반사항을 얘기한다. 그 구성은 위험물시설설치 및 변경, 위험물시설의 안전관리, 위험물의 운반, 감독 및 조치명령으로 분류된다.
- 위험물시설설치 및 변경: 위험물시설설치 및 탱크의 안전성능검사가 빈출되고 있다.
- 위험물시설의 안전관리: 위험물안전관리자, 예방규정, 자체소방대가 중요시 되고 있다.
- 위험물제조소: 위험물제조소의 안전거리 및 제조소게시판 등 제반사항을 학습하도록 한다.
- 위험물저장소: 옥외탱크저장소 등에서 방유제 등이 출제되고 있다.
- 위험물취급소: 주유취급소와 판매취급소가 주요 출제되고 있다.
- 이법에서는 1류위험물부터 6류위험물의 성질, 품명, 지정수량까지 모두 학습할 수 있도록 한다.

제4편 위험물안전관리법(주내용)

▶ 2020년 10월 20일까지 개정된 법령에 의하여 편집하였습니다.

 총 칙

【법 제1조】 목 적

이 법은 위험물 저장·취급 및 운반과 안전관리사항을 규정함으로써 위험물로 인한 위해를 방지하여 공공의 안전을 확보함을 목적으로 한다.

【법 제2조】 용어의 정의***

1. 위험물: 대통령령이 정하는 인화성*·발화성*등의 물품을 말한다.
   ▶ 대인발 (*연상: 위험물은 대인의 발처럼 굉장하다.)
2. 지정수량: 위험물의 종류별로 위험성을 고려하여 대통령령이 정하는 수량으로서 규정에 의한 제조소등의 설치허가 등에 있어서 최저의 기준이 되는 수량을 말한다.
3. 제조소: 위험물을 제조할 목적으로 지정수량 이상의 위험물을 취급하기 위하여 규정에 따른 허가를 받은 장소를 말한다.
4. 저장소: 지정수량 이상의 위험물을 저장하기 위한 대통령령이 정하는 장소로서 규정에 따른 허가를 받은 장소를 말한다.
5. 취급소: 지정수량 이상의 위험물을 제조 외의 목적으로 취급하기 위한 대통령령이 정하는 장소로서 규정에 따른 허가를 받은 장소를 말한다.
6. 제조소등: 대통령령이 정하는 장소로서 저장소, 취급소, 제조소를 말한다.
   ▶ 저취제 (* 제조소등 앞에서 저를 제쳐해 주세요)

   ■ 취급소 및 저장소 종류
   • 취급소 종류: 이송·주유·일반·판매 취급소 ▶ 이주일 판매
   • 저장소 종류: 옥내·옥외·옥내탱크·옥외탱크·이동탱크·지하탱크·간이탱크·암반탱크저장소
     ▶ 옥내·외 이지간암 (* 옥내·외 저장소의 이 지역은 8개 간암탱크가 있다)

---

* 인화성: 가연성 중에서 불이 잘 붙는 성질을 말한다.
* 발화성: 자연발화성, 자동발화점

- 칠판대신 학습하는
위험물제조소등 이야기

제조소등 용어의 뜻

1. 제조소
이 법에서 위험물은 고체 및 액체를 취급한다.(* 기체는 가스법에서 취급한다.)

2. 취급소(4개) - 이주일 판매
① 이송취급소: <u>배관</u> 등에 의하여 위험물을 이송하는 장소(송유관 설비)
② 주유취급소: <u>고정된</u> 주유설비에 의하여 자동차, 항공기, 선박 등에 주유하는 장소.(주유소)
　　(* 차량에 고정된 5천ℓ 이하의 탱크에 주입하기 위해 고정된 급유설비를 병설한 장소 포함)
③ 일반취급소: ①②④ 취급소 외의 장소.(* 취급소 중에서는 ①③번이 위험하다)
④ 판매취급소: <u>용기</u>에 담아 판매하는 지정수량 40배 이하의 위험물을 취급하는 장소
　㉠ 1종 판매취급소: 지정수량 20배 이하의 위험물을 취급하는 장소
　㉡ 2종 판매취급소: 지정수량 40배 이하의 위험물을 취급하는 장소

3. 저장소(8개) - 옥내·외 이지간암
① 옥내저장소: 주로 3·5류 등의 위험한 고체.(▶ 소화시설이 잘됨)
② 옥외저장소: ①의 옥내저장소 외의 것으로 ①에 비해 위험도가 다소 낮은 것.
③ 옥내탱크저장소: 주로 3·5류 및 4류위험물의 특수인화물 등의 액체 위험물
④ 옥외탱크저장소: ③의 옥내탱크저장소 외의 것(▶ 주로 100만 이상 탱크)
⑤ 이동탱크저장소: 유조차(탱크로리)에 의하여 위험물을 저장하는 장소
⑥ 지하탱크저장소: 지하 60cm 이상 아래에 있는 지장소
⑦ 간이탱크저장소: 600ℓ 이하의 간이탱크에 위험물을 저장하는 장소
⑧ 암반탱크저장소: 천연 암반 내의 공간을 이용한 탱크에 액체 위험물을
저장한다.(▶ 위험한 탱크이니 주로 탱크 크기의 숫자에 관계없이 법에 적용함)

【옥외탱크저장소】

(*^^ 제조소, 이송·일반취급소, 암반탱크저장소는 위험도가 높지만, 옥내·지하·간이탱크저장소는 낮다.)

■ 위험물의 위험도 순서: 3·5류 위험물 〉 4류 위험물 〉 2류 위험물 〉 1·6류 위험물 순

▶ 암기: 사모님 사이에서 1,6

위험물안전관리법 시행령(별표1)

※ 위험물의 위험도: 3·5류 〉 4류 〉 2류 〉 1·6류 순./ ※ 지정수량 기준치는 작을수록 위험하다.

유별	성질	위험물 품명	지정수량
제1류	산화성고체	① 아염소산염류	50kg
		② 염소산염류	50kg
		③ 과염소산염류	50kg
		④ 무기과산화물(예 알칼리금속의 과산화물 등)	50kg
		⑤ 질산염류(예 질산나트륨 등)	300kg
		⑥ 요오드산염류	300kg
		⑦ 브롬산염류	300kg
		⑧ 과망간산염류	1,000kg
		⑨ 중크롬산염류	1,000kg
		⑩ 그 밖에 행정안전부령으로 정하는 것(8가지, 규칙 제3조 참고) ⑪ 제1호~제10호의 1에 해당하는 어느 하나 이상을 함유한 것	50kg, 300kg 또는 1,000kg
제2류	가연성고체	① 황화린	100kg
		② 유황(순도 60% 이상)	100kg
		③ 적린	100kg
		④ 마그네슘	500kg
		⑤ 금속분	500kg
		⑥ 철분 ▶ 황화유적 마금철인(* 철인마적 황금유)	500kg
		⑦ 그 밖에 행정안전부령으로 정하는 것 ⑧ 제1호~제7호의 1에 해당하는 어느 하나 이상을 함유한 것	100kg 또는 500kg
		⑨ 인화성고체	1,000kg
제3류	자연발화성 및 금수성물질	① 칼륨	10kg
		② 나트륨	10kg
		③ 알킬알루미늄	10kg
		④ 알킬리튬	10kg
		⑤ 황린	20kg
		⑥ 알칼리금속(칼륨 및 나트륨을 제외한다) 및 알칼리토금속	50kg
		⑦ 유기금속화합물(알킬알루미늄 및 알킬리튬을 제외한다)	50kg
		⑧ 금속의 수소화물	300kg
		⑨ 금속의 인화물 ▶ 알킬알칼 황금탄 유나칼	300kg
		⑩ 칼슘 또는 알루미늄의 탄화물	300kg
		⑪ 그 밖에 행정안전부령으로 정하는 것(염소화규소화합물) ⑫ 제①호~제⑪호의 1에 해당하는 어느 하나 이상을 함유한 것	10kg, 20kg 50kg 또는 300kg

제4류	인화성액체	① 특수인화물*	(이황화탄소, 디에틸에테르 등)	50ℓ
		② 제1석유류	비수용성액체 – (휘발유 등)	<u>200ℓ</u>.---(*1드럼)
			수용성액체 – (아세톤 등)	<u>400L</u>
		③ 알코올류(60%↑)	(예) 메탄올, 에탄올, 프로판올)	400ℓ
		④ 제2석유류	비수용성액체 – (등유, 경유 등)	1,000ℓ.---(*5드럼)
			수용성액체	2,000ℓ
		⑤ 제3석유류	비수용성액체 – (중유, 클레오소오트 등)	2,000ℓ.---(*10드럼)
			수용성액체	4,000ℓ
		⑥ 제4석유류 – (기어유, 실린더유 등)		6,000ℓ
		⑦ 동식물유류(예) 아마인유)		10,000ℓ
제5류	자기반응성물질	① 유기과산화물		10kg
		② 질산에스테르류(예) 니트로셀룰로오스 등)		10kg
		③ 히드록실아민		100kg
		④ 히드록실아민염류		100kg
		⑤ 히드라진 유도체		200kg
		⑥ 니트로화합물		200kg
		⑦ 니트로소화합물		200kg
		⑧ 아조화합물		200kg
		⑨ 디아조화합물		200kg
		⑩ 그 밖에 행정안전부령으로 정하는 것 (질산구아니딘 외 1종) ⑪ 제1호~제10호의 1에 해당하는 어느 하나 이상을 함유한 것		10kg, 100kg, 200kg
제6류	산화성액체	① 과염소산		300kg
		② 과산화수소(농도 36% 이상)		300kg
		③ 질산(비중 1.49 이상)		300kg
		④ 그 밖에 행정안전부령이 정하는 것(할로겐간화합물)		300kg
		⑤ 제1호~제4호의 1에 해당하는 어느 하나 이상을 함유한 것		300kg

 지정품목 외 정리

- 1류위험물의 종류 품명란 10호에서 그 밖에 행안부령이 정하는 것이란 (제3류·5류·6류가 아닌)
  ① <u>과요오드산</u> ② <u>염소화이소시아눌산</u> ③ <u>크롬</u>, 납 또는 요오드의 산화물 ④ 과요오드산염류
  ⑤ 아질산염류 ⑥ 차아염소산염류 ⑦ 퍼옥소이황산염류 ⑧ 퍼옥소붕산염류. (*모두 <u>산</u>자가 있다.)
- 3류위험물의 종류 품명란 11호에서 "행정안전부령이 정하는 것"이란 염소화<u>규</u>소화합물을 말한다.
- 5류위험물의 종류 품명란 10호에서 말하는 것은 ① 금속의 <u>아지</u>화합물 ② 질산<u>구아니딘</u>을 말한다.
- 6류위험물은 종류 품명란 4호에서 말하는 것은 할로겐간화합물을 말한다.

■ 비 고*

1. "산화성 고체"란

    고체[액체(1기압 및 섭씨 20도에서 액상인 것 또는 섭씨 20℃ 초과 섭씨 40℃ 이하에서 액상인 것을 말한다.) 또는 기체(1기압 및 섭씨 20도에서 기상인 것을 말한다.) 외의 것을 말한다]로서
    <u>산화력의 잠재적인</u> 위험성 또는 충격에 대한 민감성을 판단하기 위하여 소방청장이 정하여 고시하는 시험에서 고시로 정하는 성질과 상태를 나타내는 것을 말한다.

    > 이 경우 "액상"이란 수직으로 된 시험관
    > (안지름 30mm, 높이 120mm의 원통형유리관)에
    > 시료를 <u>55mm</u>까지 채운 다음, 해당 시험관을 수평으로
    > 하였을 때 시료 액면의 선단이 <u>30mm</u>(3cm)를 이동하는 데
    > 걸리는 시간이 <u>90초</u> 이내에 있는 것을 말한다.

    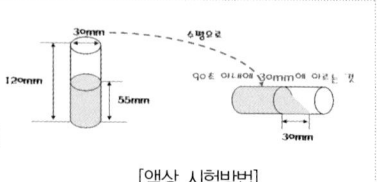
    [액상 시험방법]

2. "가연성 고체"란

    고체로서 화염에 의한 발화의 위험성 또는 인화의 위험성을 판단하기 위하여 고시로 정하는 시험에서 고시로 정하는 성질과 상태를 나타내는 것을 말한다.

3. 유황은 순도가 60중량% <u>이상</u>인 것.(이 경우 순도측정의 불순물은 활석 등 불연성물질과 수분에 한함)
    ▶ 철금오십 유양육십 (* 철분, 금속분 50% 이상, 유황·알코올류 60% 이상)

4. "철분"이란 철의 분말로서 53m^{-6}의 표준체를 통과하는 것이 50중량% 미만인 것은 제외한다.

5. "금속분"이란 알칼리금속·알칼리토류금속·철 및 마그네슘 외의 금속의 분말을 말하고, 구리분·니켈분 및 150m^{-6}의 체를 통과하는 것이 50중량% 미만인 것은 제외한다.

6. 마그네슘 및 제2류 제8호의 물품 중 마그네슘을 함유한 것에 있어서 다음에 해당하는 것은 제외한다.
    ① 2mm의 체를 통과하지 아니하는 덩어리 상태의 것
    ② 직경 2mm 이상의 막대 모양의 것

7. 황화린·적린·유황 및 철분은 제2호의 규정에 의한 성상이 있는 것으로 본다.

8. "인화성고체"란 고형알코올 그 밖에 1기압에서 인화점이 섭씨 40℃ <u>미만</u>인 고체를 말한다.
    (*^^ 인화점이 섭씨 40℃ <u>이상</u>인 고체는 덜 위험하니 특수가연물 중 "가연성 고체류"로 분류한다.)

9. "자연발화성물질 및 금수성물질"이란

    고체 또는 액체로서 공기 중에서 발화의 위험성이 있거나 물과 접촉하여 발화하거나 가연성가스를 발생하는 위험성이 있는 것을 말한다.

10. 칼륨·나트륨·알킬알루미늄·알킬리튬 및 황린은 제9호의 규정에 의한 성상이 있는 것으로 본다.

11. "인화성액체"란

    액체(제3석유류, 제4석유류 및 동식물유류에 있어서는 1기압과 섭씨 20℃에서 액상인 것에 한한다)로서 인화의 위험성이 있는 것을 말한다. 다만 화장품, 의약품, 의약외품(알코올류는 제외), 50V% 이하, 체외진단용 의료기기, 안전확인대상생활화학제품(알코올류 제외) 중 수용성인 인화성 액체를 50V% 이하로 포함하고 있는 것은 제외한다.

12. "특수인화물"이란 이황화탄소, 디에틸에테르 그 밖에 1기압에서 ① <u>발화점이 섭씨 100℃</u> 이하인 것 또는 ② 인화점이 섭씨 <u>-20℃ 이하</u>이고 비점이 섭씨 40℃ 이하인 것을 말한다. ▶ 암기: 백마이사
    ▶ **암기: 특이디1245**(* **연상**: 특수인화물은 이황화탄소, 디에틸에테르, 100, -20. 40, 50L)

13. "제1석유류"란 아세톤, 휘발유 그 밖에 1기압에서 인화점이 섭씨 21℃ 미만인 것을 말한다.
14. "알코올류"란 1분자를 구성하는 탄소원자수가 1개부터 3개까지인 포화 1가 알코올(변성알코올 포함.)을 말한다. 다만, 다음 각목의 1에 해당하는 것은 제외한다. (예 메탄올, 에탄올, 프로판올)
    ① 1분자를 구성하는 탄소원자의 수가 1~3개의 포화1가 알코올의 함유량이 60중량% 미만인 수용액
    ② 가연성 액체량이 60중량% 미만이고 인화점 및 연소점(태그개방식 인화점측정기에 의한 연소점을 말한다.) 이 에틸알코올 60중량% 수용액의 인화점 및 연소점을 초과하는 것.
    (※용어= *포화: 더 이상 결합할 수 없는 상태, *1가 알코올: OH(수산기)가 1개인 알코올)
15. "제2석유류"란 등유, 경유 그 밖에 1기압에서 인화점이 섭씨 21℃ 이상 70℃ 미만인 것을 말한다. (다만, 도료류 그 밖의 물품에 있어서 가연성 액체량이 40중량% 이하이면서 인화점이 섭씨 40℃ 이상인 동시에 연소점이 섭씨 60℃ 이상인 것은 제외한다.)
16. "제3석유류"란 중유, 클레오소트유 그 밖에 1기압에서 인화점이 섭씨 70℃ 이상 200℃ 미만인 것을 말한다. (다만, 도료류 등은 가연성 액체량이 40중량% 이하인 것은 제외한다.)
17. "제4석유류"란 기어유, 실린더유 그 밖에 1기압에서 인화점이 섭씨 200℃ 이상 250℃ 미만의 것을 말한다. (다만, 도료류 등은 가연성 액체량이 40중량% 이하인 것은 제외한다.)
18. "동식물유류"란 동물의 지육 등 또는 식물의 종자나 과육으로부터 추출한 것으로서 1기압에서 인화점이 섭씨 250℃ 미만인 것을 말한다.
    [다만, 법 제20조제1항의 규정에 따라 행정안전부령이 정하는 용기기준과 수납·저장기준에 따라 수납되어 저장·보관되고 용기의 외부에 물품의 통칭명, 수량 및 화기엄금(화기엄금과 같은 의미를 갖는 표시를 포함.)의 표시가 있는 경우를 제외한다] – (*^^표시가 있는 것은 특수가연물 중 "가연성 액체류"로 분류한다.)
    (*^^ 또한 상단 동식물유류의 조건 중 1기압에서 인화점이 섭씨 250℃ 이상인 것은 덜 위험하니 소방기본법 시행령 별표2 특수가연물 비고란 중 "가연성 액체류"로 분류한다.)

19. "자기반응성물질"이란 고체 또는 액체로서 폭발의 위험성 또는 가열분해의 격렬함을 나타내는 것이다.
20. "산화성 액체"란 액체로서 산화력의 잠재적인 위험성을 판단하기 위하여 나타내는 것을 말한다.
21. 과산화수소는 그 농도가 36중량% 이상인 것에 한하며, 제21호의 성상이 있는 것으로 본다.
22. 질산은 그 비중이 1.49 이상인 것에 한하며, 제21호의 성상이 있는 것으로 본다.
23. 위 표 성질란에 2가지 이상 포함 물품(복수성상물품)이 속하는 품명은 다음에 의한다.(* 중요도 없음)
    ① 제1류 위험물 및 제2류 위험물의 성상을 가지는 경우 : 제2류 위험물 규정에 의한 품명
    ② 제1류 위험물 및 제5류 위험물의 성상을 가지는 경우 : 제5류 위험물 규정에 의한 품명
    ③ 제2류 위험물의 성상과 제3류 위험물의 성상을 가지는 경우 : 제3류 위험물 규정에 의한 품명
    ④ 제3류 위험물의 성상 및 제4류 위험물의 성상을 가지는 경우 : 제3류 위험물 규정에 의한 품명
    ⑤ 제4류 위험물의 성상 및 제5류 위험물의 성상을 가지는 경우 : 제5류 위험물 규정에 의한 품명
    (* 복수성상상품은 위험도의 개념인 3·5류 > 4류 > 2류 > 1·6류 위험물 순으로 규정한다.)
24. 동 표에 의한 필요한 실험은 국가표준기본법에 의한 공인시험기관, 한국소방산업기술원, 중앙소방학교 또는 소방청이 지정하는 기관에서 실시할 수 있다.

• REFFERNCE

 **요약 정리(영별표1)**

【영 별표 1】위험물 및 지정수량 ★★★

1. **제1류(산화성고체)**: 아염소산염류, 질산염류, 염소산염류, 브롬산염류, 과염소산염류, 무기과산화물, 요오드산염류, 과망간산염류, 중크롬산염류 등
   ▶ 1산고 (* **해설**: 1류 산화성고체는 끝자가 주로 "염류"자로 구분한다)
   (*^^ 무기과산화물에 주의하고 "염소"자와 무기물은 모두 50kg 이다.)

2. **제2류(가연성고체)**: 황화린, 유황, 적린, 마그네슘, 금속분, 철분, 인화성고체
   ▶ 2가고
   ▶ 황화유적 마금철인 (* **연상**: 2류위험물이 있는 황화유적지를 막았다 철인이)
   (*^^ 인화성고체에 주의하고 유황을 "황"이라고도 명명한다. 또한 철분, 마그네슘, 금속분의 금속종류는 모두 지정수량을 500kg으로 생각한다.)

3. **제3류(금수성 및 자연발화성)**: 칼륨, 나트륨, 알킬알루미늄, 알킬리튬, 황린, 칼슘, 알칼리(토)금속, 금속인화물, 유기금속화합물 등
   ▶ 3금자 ▶ 알킹 알칼 황금탄 유나칼. (* 주로 거센발음으로 분류)
   (*^^ 칼륨, 나트륨, 알킬알루미늄, 알킬리튬의 지정수량은 모두 10kg부터 법적 적용을 받음으로써 지정수량의 수치는 적을수록 위험하다.) * 금수성: 물기를 금하는 성질

4. **제4류(인화성액체)**: 특수인화물, 제1~제4석유류, 알코올류, 동식물유류 등
   ▶ 4인화 (* 기름성분인 것)
   (*^^ 제4류위험물은 특수인화물, 석유류, 알코올류, 동식물유류의 4가지로 생각하고 석유류는 인화점을 기준으로 제1~제4석유류까지 4가지로 분류된다. ▶ 특석알동)

5. **제5류(자기반응성)**: 유기과산화물, 질산에스테르류, 니트로화합물, 아조화합물, 히드록실아민 등
   ▶ 5자반 (* 끝자가 주로 "물"자인 것)
   (*^^ 10kg인 유기과산화물, 질산에스테르류 외 산화제로서 화재 시 공기 중 산소 없이도 내부에서 산소와 자기반응을 한다. 품명은 끝자 + 첫자가 "물"자(5개)+히히히(3개)로 구분한다.)
   * 자기반응성물질 물질 내부에 함유한 자체산소와 연소 시 자기반응(자기연소, 내부연소)하는 물질

6. **제6류(산화성액체)**: 질산(비중 1.49 이상), 과산화수소(농도 36% 이상), 과염소산
   ▶ **암기**: 6산액 (* 끝자가 이산에 1소인 것) / ▶ 지정수량 **암기**: 63빌딩(* 모두 300)
   (*^^ 제6류위험물은 끝자가 "산" 사이에 하나의 "소"가 있으며 지정수량은 모두 300kg이다.)
   ▶ 전체암기: 1산고, 2가고, 3금자, 4인화, 5자반, 6산액 (* **연상**: 첫번째 산에 가고, 2번째 또가고, 3번째 금자와 함께 가고, 4번째 인화와 가고, 5번째 자기반성하고, 6번째 산에서 액체를 보았다)

• REFFERNCE

 **요약 정리(영별표2~3)**

【영 별표2】 지정수량 이상의 위험물을 저장하기 위한 장소와 그에 따른 저장소의 구분

지정수량 이상의 위험물을 저장하기 위한 장소(▶ 중요도 적음)

1. 옥내저장소: 옥내에 저장하는 장소.(*주로 고체)
2. 옥외저장소: 옥외에 다음에 해당하는 위험물을 저장하는 장소.(단, 제4호장소를 제외.)
   ① 제2류 위험물 중 유황 또는 인화성고체(인화점이 0℃ 이상인 것).
   ② 제4류 위험물 중 제1석유류(인화점이 0℃ 이상인 것)·알코올류·제2·제3·제4석유류, 동식물유류
   ③ 제6류 위험물 ④ 제2류 위험물 및 제4류 위험물 중 특별시·광역시 또는 도의 조례에서 정하는 위험물
      (관세법의 규정에 의한 보세구역 안에 저장하는 경우)
   ⑤ 국제해사기구가 채택한 「국제해상위험물규칙」(IMDG Code) 적합 용기에 수납된 것.
3. 옥내탱크저장소: 옥내에 있는 탱크에 위험물을 저장하는 장소.(*주로 액체)
4. 옥외탱크저장소: 옥외에 있는 탱크에 위험물을 저장하는 장소
5. 이동탱크저장소: 차량에 고정된 탱크에 위험물을 저장하는 장소(* 피견인자동차 포함) - 유조차
6. 지하탱크저장소: 지하에 매설한 탱크에 위험물을 저장하는 장소(* 지하 60cm 이상 아래)
7. 간이탱크저장소: 간이탱크에 위험물을 저장하는 장소(* 600ℓ 이하)
8. 암반탱크저장소: 암반내의 공간을 이용한 탱크에 액체의 위험물을 저장하는 장소
   ▶ 2. 옥외저장소 *오답: 1류·3류·5류, 4류특수인화물, 2류 유황을 제외. ①② 0℃ 이하인 것.

【영 별표3】 위험물을 제조 외의 목적으로 취급하기 위한 장소와 그에 따른 취급소의 구분

위험물을 제조 외의 목적으로 취급하기 위한 장소(▶ 중요도 적음)

1. 주유취급소: 고정된 주유설비에 의하여 자동차·항공기 또는 선박 등의 연료탱크에 주유하기 위하여 위험물(위험물을 용기에 옮겨 담거나 차량에 고정된 5천ℓ 이하의 탱크에 주입하기 위하여 고정된 급유설비를 병설한 장소를 포함)을 취급하는 장소
2. 판매취급소: 점포에서 위험물을 용기에 옮겨 담거나 지정수량의 40배 이하를 취급하는 장소
3. 이송취급소: 배관 및 이에 부속된 설비에 의하여 위험물을 이송하는 장소. 단, 다음의 장소를 제외한다.
   ① 송유관에 의하여 위험물을 이송하는 경우
   ② 시설(배관 제외) 및 그 부지가 같은 사업소에 있고 사업소 안에서만 이송하는 경우
   ③ 사업소와 사업소의 사이에 도로(폭 2m 이상의 자동차의 통행이 가능한 것)만 있고 사업소와 사업소 사이의 이송배관이 그 도로를 횡단하는 경우
   ④ 사업소와 사업소 사이의 이송배관이 제3자의 토지만 통과하는 경우로서 배관이 100m 이하인 경우
   ⑤ 해상구조물에 설치된 배관(제4류 위험물 중 제1석유류 경우는 내경이 30cm 미만인 것)
      으로서 해당 해상구조물에 설치된 배관의 길이가 30m 이하인 경우
   ⑥ 사업소 사이의 이송배관이 제1호~제5호에 의한 경우 중 2 이상에 해당하는 경우
   ⑦ 「농어촌전기공급사업 촉진법」의 자가발전시설에 사용되는 위험물을 이송하는 경우
4. 일반취급소: 제1호 내지 제3호 외의 장소(「석유 및 석유대체연료 사업법」 규정에 의한 유사 석유제품에 해당하는 위험물을 취급하는 경우의 장소를 제외한다.

【법 제3조】 적용 제외

이 법*은 항공기·선박·철도* 및 궤도에 의한 위험물의 저장·취급 및 운반에 있어서는 이를 적용하지 아니한다. (*^^ 항공기·선박·철도법령이 별도로 있음) ▶오답: 차량(트럭)

> 【규칙 제2조, 제5조】 용어의 정의*
> 1. 도로: 항만·도로·사도*법에 의한 도로 및 너비 2m 이상 자동차 통행이 가능한 일반도로
> 2. 내화구조: 불을 차단하는 성능이 있고 소화 후 강도변화가 없는 것
> 3. 불연재료: 불에 타지 않는 성능의 재료로 유리* 외의 것
> 4. 탱크용적 산정기준: 위험물을 저장 또는 취급하는 탱크의 용량은 해당 탱크의 내용적에서 공간용적을 뺀 용적으로 한다. ▶ 내용공간
> (*^^ 유리는 300℃~700℃ 사이에서 녹기 때문에 소방에서는 불연재료에서 제외한다.)

【법 제3조의2】 국가의 책무*

국가는 위험물의 사고를 예방하기 위하여 다음의 시책을 수립·시행하여야 한다.
① 위험물의 유통실태 분석
② 위험물에 의한 사고 유형의 분석
③ 사고 예방을 위한 안전기술 개발
④ 전문인력 양성 등 ▶ 유사안전

【법 제4조】 지정수량 미만인 위험물의 저장취급*

제1류~제6류까지의 위험물표에서 지정수량* 미만인 위험물의 저장 또는 취급에 관한 기술상의 기준은 시·도의 조례로 정한다.
1. 기술상 기준: 시·도의 조례로 정한다.

【법 제5조】 위험물 저장 및 취급의 제한**

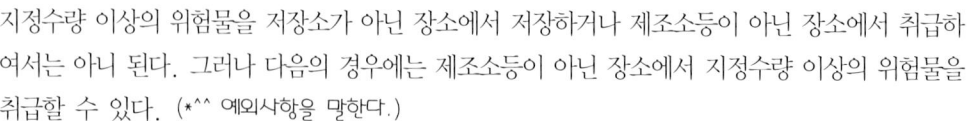

지정수량 이상의 위험물을 저장소가 아닌 장소에서 저장하거나 제조소등이 아닌 장소에서 취급하여서는 아니 된다. 그러나 다음의 경우에는 제조소등이 아닌 장소에서 지정수량 이상의 위험물을 취급할 수 있다. (*^^ 예외사항을 말한다.)

1. 시·도의 조례가 정하는 바에 따라 관할소방서장의 승인을 받아 지정수량 이상의 위험물을 90일 이내의 기간 동안 임시로 저장 또는 취급하는 경우

---

* 사도: 개인도로   * 이 법: 위험물안전관리법   * 철도: 궤도를 이용하여 철도차량 등을 운반하는 시설.
* 책무: 책임과 의무 (* [법 제3조의2]는 국가도 위험물에 대하여 책임과 의무를 가져야 한다는 뜻)

2. 군부대가 지정수량 이상의 위험물을 군사목적으로 임시로 저장 또는 취급하는 경우
   이 경우 임시로 저장 또는 취급하는 장소에서의 저장 또는 취급의 기준과 임시로 저장 또는 취급하는 장소의 위치·구조 및 설비의 기준은 시·도의 조례로 정한다.

   ■ 제조소등 외 장소에서 지정수량 이상을 취급할 수 있는 경우.(시·도 조례)
   ① 임시저장기간: 소방서장 승인 후 90일 이내 저장 또는 취급 ▶ 임시 90일
   ② 군부대가 지정수량 이상의 위험물을 군사목적으로 임시로 저장 또는 취급하는 경우

3. 둘 이상의 위험물을 같은 장소에서 저장 또는 취급하는 경우에 있어서 해당 장소에서 저장 또는 취급하는 각 위험물의 수량을 그 위험물의 지정수량*으로 각각 나누어 얻은 수의 합계가 1 이상인 경우 해당 위험물은 지정수량 이상의 위험물로 본다.

   ■ 해설: 하나의 창고에 지정수량 미만의 위험물이 둘 이상 존재할 때 각각의 배수를 계산한 결과 그 합이 1 이상이면 시·도법이 아닌 이 위험물안전관리법을 적용한다.

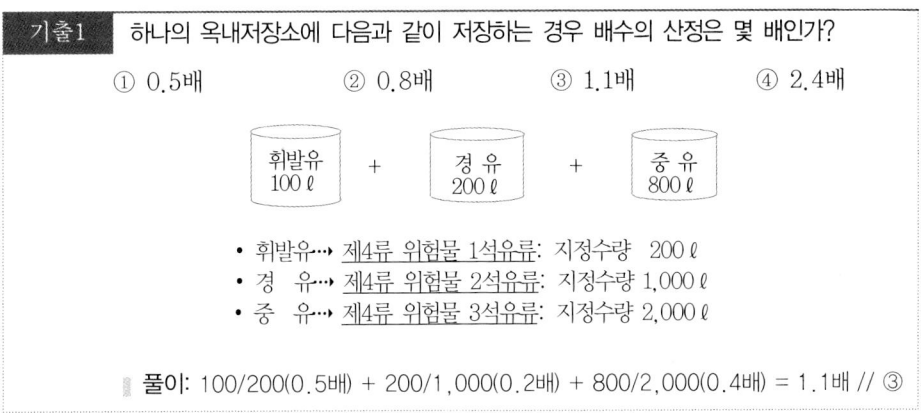

기출1 하나의 옥내저장소에 다음과 같이 저장하는 경우 배수의 산정은 몇 배인가?
① 0.5배 ② 0.8배 ③ 1.1배 ④ 2.4배

휘발유 100ℓ + 경유 200ℓ + 중유 800ℓ

- 휘발유 … 제4류 위험물 1석유류: 지정수량 200ℓ
- 경 유 … 제4류 위험물 2석유류: 지정수량 1,000ℓ
- 중 유 … 제4류 위험물 3석유류: 지정수량 2,000ℓ

풀이: 100/200(0.5배) + 200/1,000(0.2배) + 800/2,000(0.4배) = 1.1배 // ③

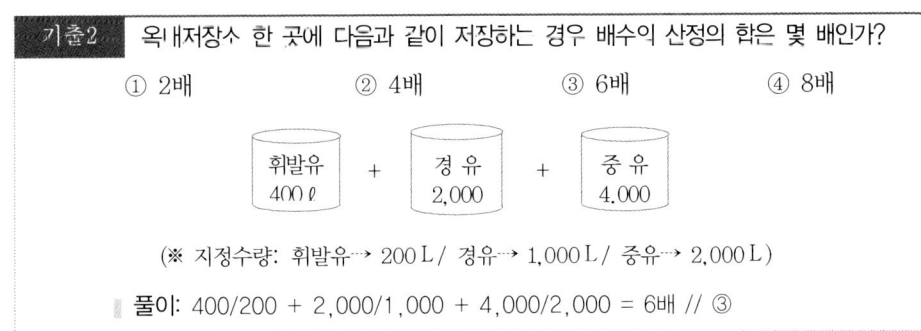

기출2 옥내저장소 한 곳에 다음과 같이 저장하는 경우 배수의 산정의 합은 몇 배인가?
① 2배 ② 4배 ③ 6배 ④ 8배

휘발유 400ℓ + 경유 2,000 + 중유 4,000

(※ 지정수량: 휘발유 → 200L / 경유 → 1,000L / 중유 → 2,000L)

풀이: 400/200 + 2,000/1,000 + 4,000/2,000 = 6배 // ③

---

* 지정수량: 법에 저촉을 받는 최저의 기준이 되는 수량(예: 휘발류 200ℓ = 1드럼)

위험물시설 설치 및 변경

【법 제6조】위험물시설의 설치 및 변경 등*

1. 제조소등을 설치하고자 하는 자는 대통령이 정하는 바에 따라 그 설치 장소를 관할하고 있는 시·도지사의 허가를 받아야 한다. (*^^ 위치, 구조, 설비의 변경 또한 같다.)
2. 제조소등의 위치·구조 또는 설비의 변경없이 해당 제조소등에서 저장하거나 취급하는 위험물에 대한 지정수량의 배수, 품명·수량을 변경하고자 하는 자는 변경하고자 하는 날의 1일 전까지 (행정안전부령)이 정하는 바에 따라 시·도지사에게 신고하여야 한다.
  (* 타 변경과 달리 위험물제조소등 업무변경은 하루 전까지 영업하는 그 시·도에 신고를 한다.)
3. 제1항~2항의 규정에 불구하고 다음에 해당하는 (다소 위험성이 적은) 제조소등의 경우에는 허가를 받지 아니하고 제조소등을 설치하거나 그 위치·구조·설비를 변경할 수 있으며, 신고를 하지 아니하고 지정수량의 배수와 위험물의 품명·수량을 변경할 수 있다.
   ① 주택 난방시설(공동주택 중앙난방시설 제외)을 위한 저장소·취급소.
   ② 농예용·축산용 또는 수산용으로 필요한 난방시설 또는 건조시설을 위한 지정수량 20배 이하의 저장소.

▶정리

1. 제조소등 허가: 시·도지사.
2. 지정수량의 배수·품명·수량 변경의 경우: 1일 전까지 시·도지사에게 신고.
3. 허가 및 신고 제외사항   ▶ 암기: 배품수 (* 연상: 배철수)
   ① 주택의 난방시설(공동주택 중앙난방시설 제외)을 위한 저장소, 취급소.
   ② 농예용·축산용·수산용의 난방시설, 건조시설을 위한 지정수량 20배 이하 저장소.
      ▶ 농주수축 20배 (* 연상: 허가제외는 농주수축을 20배 이하로)

■해설

1. 제조소등 허가를 시·도지사에게 받는 이유는 시·도에서 영업을 하기 때문이다.
2. 위험물 지정수량의 배수·품명·수량 변경신고를 하루 전까지 시·도에 신고하는 이유는?
  "위험물"이기 때문이다.(다른 변경신고는 30일 전이다.) ▶ 배품수 하루전
3. 허가 및 신고 제외사항이란 위험하고 중요하지 않다는 뜻이다.
   ① 가정주택의 난방시설을 위한 저장소, 취급소는 허가·신고 제외사항이지만, 서민 아파트 등 "공동주택의 중앙난방시설"은 허가·신고 "제외사항에서 제외"된다.(즉, 허가·신고를 해야한다)
   ② 농예·축산·수산용 난방·건조시설의 지정수량 20배 이하 저장소만 ⋯▶ 허가·신고 제외

【영 제6조】 제조소등 설치 및 변경의 허가
제조소등의 설치허가 또는 변경허가를 받고자 하는 자는 행정안전부령이 정하는 서류를 첨부하여 시·도지사에게 제출하여야 한다. 설치허가 변경허가를 받고자 하는 저장소가 50만ℓ 이상인 옥외탱크저장소, 암반탱크저장소인 경우에는 기술원으로부터 적합한 것으로 인정될 것.
  ① 제조소등의 설치허가: 시·도지사에게 제출.
  ② 제조소등의 변경허가: 지정수량 1천배 이상의 제조소, 일반취급소의 구조·설비
              또는 50만ℓ 이상 옥외탱크저장소, 암반탱크저장소

【영 제8조】 탱크안전성능검사의 대상이 되는 탱크 등
탱크안전성능검사를 받아야 하는 위험물탱크는 다음과 같다.
① 기초·지반검사: 옥외탱크저장소의 액체위험물탱크 중 그 용량이 100만ℓ 이상인 탱크
② 충수(充水)·수압검사: 액체위험물 탱크. 다만, 다음에 해당하는 탱크는 제외한다.
  ㉠ 제조소 또는 일반취급소에 설치된 탱크로서 용량이 지정수량 미만인 것
  ㉡ 「고압가스 안전관리법」에 따른 특정설비에 관한 검사에 합격한 탱크
  ㉢ 「산업안전보건법」에 따른 탱크
③ 용접부검사: 제①호에 의한 탱크.(다만, 탱크의 저부에 관계된 변경공사(탱크 옆판과 관련되는 공사 제외)시에 행하여진 정기검사 기준에 적합하다고 인정된 탱크를 제외)
④ 암반탱크검사: 액체위험물을 저장·취급하는 암반내의 공간을 이용한 탱크

【영 제9조】 탱크성능검사의 면제
시·도지사로부터 충수·수압검사를 면제받고자 하는 자는 탱크시험자나 기술원으로부터 충수·수압검사에 관한 탱크안전성능시험을 받아 탱크시험필증을 시·도지사에게 제출하여야 한다.
① 탱크성능검사의 면제: 충수·수압검사.

■ 탱크안전성능검사 정리**

검사 종류	안전성능 검사 대상
① 기초·지반검사	100만ℓ 이상인 액체 옥외탱크저장소
② 충수·수압검사	액체위험물 저장 탱크.(누설·변형 포함)
③ 용접부 검사	100만ℓ 이상인 액체 옥외탱크저장소
④ 암반탱크검사	암반내의 공간을 이용한 위험물탱크

▶ 기지충수 옹암

■ 탱크 안전성능검사 해설
① 기초·지반검사: 탱크바닥의 기초가 튼튼한가? 지반(땅)이 튼튼한가? ⋯→ 100만ℓ 이상만 한다.
② 충수·수압검사: 탱크에 기름이 채워져 있을 때 압력 등에 견디는가? ⋯→ 누설·변형을 포함
③ 용접부검사: 액체·특수액체위험물·지중탱크에 용접이 잘되었는지? ⋯→ 100만ℓ 이상만 한다.
④ 암반탱크검사: 천연바위 냉암소 공간에 제대로 위치하는지? ⋯→ 탱크 크기에 관계없이 한다.
   (※ 탱크안전성능검사 신청시기는 공사 개시 전에 행하는 배관 등을 부착하기 전에 한다.)

【법 제9조】 완공검사*

제조소등에 대한 완공검사를 받고자 하는 자는 이를 시·도지사에게 신청하여야 한다.
1. 완공검사: 시·도지사 (*^^ 소방서장에게 위임 및 한국소방산업기술원에 위탁할 수 있다.)

【영 제21조】 권한의 위임 (▶ 중요도 적음)

다음의 시·도지사 권한을 <u>소방서장</u>에게 위임한다.(단, 동일한 시·도에 있는 <u>2 이상</u> 소방서에 걸쳐 설치되는 <u>이</u>송취급소 권한을 제외한다.)
① 위험물의 지정수량의 배수·품명·수량 변경신고의 수리
② 제조소등의 설치허가 또는 변경허가 군사목적, 군부대시설을 위한 제조소등을 설치하거나 그 위치·구조·설비의 변경에 관한 군부대의 장과의 협의
③ 탱크안전성능검사 또는 완공검사(기술원에 위탁하는 것을 제외)
④ 제조소등의 설치자의 지위승계신고의 수리 및 제조소등의 용도폐지신고의 수리
⑤ 제조소등의 설치허가 취소와 사용정지, 과징금처분, 예방규정의 수리·반려, 변경명령

【영 제22조】 업무의 위탁 (▶ 중요도 적음)

다음에 해당하는 업무는 기술원에 위탁한다.
1. 시·도지사의 탱크안전성능검사 중 다음에 해당하는 탱크에 대한 탱크안전성능검사
   ① 용량이 100만리터 이상인 액체위험물을 저장하는 탱크 및 암반탱크
   ② 지하탱크저장소의 위험물탱크 중 행정안전부령이 정하는 액체위험물탱크
2. 시·도지사의 완공검사에 관한 권한 중 다음에 해당하는 완공검사
   ① 지정수량의 3천배 이상의 위험물을 취급하는 제조소 또는 일반취급소의 설치 또는 변경 (사용 중인 제조소, 일반취급소의 보수 또는 부분적인 증설은 제외)에 따른 완공검사
   ② 옥외탱크저장소(50만 리터 이상), 암반탱크저장소의 설치 또는 변경에 따른 완공검사
3. 소방본부장 또는 소방서장의 정기검사 및 사·도지사의 운반용기검사
4. 소방청장의 안전교육에 관한 권한 중 탱크시험자에 대한 안전교육
   (*^^ 기술원은 검사결과 등을 기재한 완공검사업무대장을 작성하여 10년간 보관한다.)

【규칙 제20조】 완공검사의 신청시기

법 제9조 규정에 의한 제조소등의 완공검사 신청시기는 다음과 같다.
① 지하탱크가 있는 제조소등의 경우: 해당 지하탱크를 매설하기 전
② 이동탱크저장소의 경우: 이동저장탱크를 완공하고 상치장소를 확보한 후
③ 이송취급소의 경우: 이송배관 공사의 전체 또는 일부를 완료한 후. (다만, 지하·하천 등에 매설하는 이송배관 공사의 경우에는 이송배관을 매설하기 전.)
④ 전체 공사가 완료된 후에는 완공검사를 실시하기 곤란한 경우: 다음에서 정하는 시기
   ㉠ 비파괴시험, 내압시험, 기밀시험을 실시하는 시기   ▶ 비내기

【법 제10조】 제조소등 설치자의 지위승계*

제조소등의 지위를 승계한 자는 30일 이내에 시·도지사에게 그 사실을 신고하여야 한다.

【법 제11조】 제조소등의 폐지**

제조소등의 관계인은 용도를 폐지한 날부터 14일 이내에 시·도지사에게 신고하여야 한다.

【법 제12조】 제조소등의 설치허가의 취소와 사용정지 등 (▶ 중요도 적음)

시·도지사는 허가를 취소하거나 6월 이내 제조소등의 전부 또는 일부의 사용정지를 명할 수 있다.
 1. 변경허가를 받지 아니하고 제조소등의 위치·구조·설비를 변경한 때
 2. 완공검사를 받지 않고 제조소등을 사용한 때, 수리·개조, 이전의 명령에 위반한 때
 3. 위험물안전관리자를 선임하지 아니한 때 또는 유고 시 대리자를 지정하지 아니한 때
 4. 정기점검·검사를 받지 아니한 때, 저장·취급기준 준수명령에 위반한 때

【법 제13조】 과징금처분**

시·도지사는 제조소등에 대한 정지처분에 갈음하여 2억 원 이하의 과징금을 부과할 수 있으며, 과징금의 금액 그 밖의 필요한 사항(종별·정도 등에 금액)은 행정안전부령으로 정한다.
1. 과징금 부과권자: 시·도지사
2. 과징금 금액: 2억 원 이하
3. 필요한 사항: 행정안전부령. (※ 1월을 30일로 계산)

▶ 날짜별 요·약·정·리**

- **14일**
  - 사람 및 건물 신고(2법 칙14조, 4법 11조, 15조) ▶ **암기**: 14사건
    (*^^ 사람은 소방안전관리자·위험물안전관리자 / 건물은 제조소 폐지를 뜻한다.)

- **30일**
  - 지위승계 신고(3법 칙7조, 4법 10조)
  - 선임, 재선임(2법 칙14조, 4법 15조)
  - 영업(소방시설공사업) 중단 시 해지(3법 23조)
  - 대리행위 – 30일 초과하지 못함(4법 15조)
  - 변경신고 ("배, 품, 수" 신고 등 제외: 4법 6조)
  - 불복 (과태료 불복, 소방특별조치명령 보상)(4법 39조, 2법 영11조)
  - 과징금 (한 달을 30일로 산정)(2법 칙 별표2)
  - 공고(안전관리자 시험공고, 실무교육 통보)(2법 칙34, 36조)
  - 정기점검 결과를 관계인은 30일 이내 시·도지사에게 제출(4법 18조)
    ▶ **암기**: 지선영 대변불과 공정 (*연상: 30살 지선영이가 치질로 대변이 불과하게 공정하다)

위험물시설의 안전관리

【법 제15조】 위험물안전관리자(이하 "안전관리자")**

1. 제조소등 관계인은 (제4류)위험물의 안전관리에 관한 직무를 수행하기 위하여 제조소등마다 위험물안전관리자(소방안전관리자 또는 유해화학물관리자로 선임된 자 포함)를 선임하여야 한다.(단, 이동탱크저장소는 제외한다.)
2. 관계인은 안전관리자가 해임되거나 퇴직한 때에는 그날로부터 30일 이내에 다시 안전관리자를 재선임하여야 한다.(* 해임·퇴직한 경우 그 사실을 확인받을 수 있다)
3. 관계인은 안전관리자를 선임한 경우 그날부터 14일 이내에 행정안전부령으로 정하는 바에 따라 소방본부장, 소방서장에게 신고하여야 한다.
4. 관계인은 안전관리자가 여행·질병으로 일시적으로 직무를 수행할 수 없거나 해임·퇴직과 동시에 다른 안전관리자를 선임하지 못하는 경우에는 자격취득자나 위험물안전에 관한 기본지식과 경험자를 대리자로 지정하여 그 직무를 대행하게 한다.

> ① 대리자가 안전관리자의 직무를 대행하는 기간은 30일을 초과할 수 없다.
> ② 위험물취급자가 아닌 자는 안전관리자나 대리자가 참여한 상태에서 취급하여야 한다.
> ③ 대리자는 안전교육을 받은 자나 안전관리자를 지휘·감독하는 직위에 있는 자를 말한다.

> 【규칙 제53조】 위험물안전관리자의 선임신고 등
> 관계인이 안전관리자의 선임·해임·퇴직 신고의 경우 소방본부장, 소방서장에게 제출서류.
> ① 위험물안전관리업무 대행계약서   ② 위험물안전관리교육 수료증
> ③ 안전관리자를 겸직할 수 있는 관련 안전관리자로 선임된 사실을 증명할 수 있는 서류
> ④ 소방공무원 경력증명서   ▶ 대수선경(* 대수와 선경이)

▶ 안전관리자 요약**

① 제4류 위험물 취급하는 곳.(단 유조차에는 타서 근무할 수 없다)
   ② 신고: 안전관리자를 선임 시 14일 이내 소방본부장 및 소방서장
- 사람신고는 소방본부장·소방서장에게, 업체신고는 시·도지사에게..

③ 재선임: 퇴직 또는 해임 후 30일 이내 재선임.
④ 직무대행기간(대리행위): 안전관리자 직무대행은 30일을 초과할 수 없다.
➪ 안전관리자가 주로 근무하는 전국 주유소가 1만3천 곳 뿐이므로 특·1·2·3급 분류는 없다.

5. 다수의 제조소등을 동일인(동일 회사)이 설치한 경우에는 관계인은 1인의 안전관리자를 중복하여 선임할 수 있다 (또한 "제조소, 이송취급소, 일반취급소"는 대리자 자격이 있는 자를 제조소 등별로 지정하여 안전관리자를 보조하게 하여야 한다.)

> 【영 제12조】 1인의 안전관리자를 중복하여 선임할 수 있는 경우 등
> 동일인이 1인의 안전관리자를 중복하여 선임할 수 있는 경우. (☞ 공동소방안전관리의 개념)
> ① 보일러·버너 등으로서 7개 이하의 일반취급소와 그 일반취급소에 공급하기 위한 저장소.
> ② 차량에 고정된 탱크 또는 운반용기에 옮겨 담기 위한 5개 이하 300m 이내의 일반취급소와 그 일반취급소에 공급하기 위한 위험물을 저장하는 저장소.
> ③ 동일구내 혹은 100m 이내에 있는 저장소로서 행정안전부령(규칙 제56조)이 정하는 저장소.
> ④ 동일구내 100m 이내에 지정수량의 3천배 미만(저장소 제외)으로서 5개 이하의 제조소등
>
> ①의 "보일러·버너" ②의 "용기에 옮겨 담는" 단어가 나오면 소방시설이 완화가 되며,
> 위 내용은 100m와 300m 중에 100m가 2곳이 있고, 5개와 7개 중에 5개가 2곳이 있다.
>
> 【규칙 제56조】 1인의 안전관리자를 중복하여 선임할 수 있는 저장소 등*
> 영 제12조 ③에서 "행정안전부령이 정하는 저장소"란 다음에 해당하는 저장소를 말한다.
> ① 10개 이하의 옥내저장소   ② 10개 이하의 옥외저장소
> ③ 옥내탱크저장소   ④ 30개 이하의 옥외탱크저장소 (⑤제외)
> ⑥ 지하탱크저장소   ⑦ 간이탱크저장소
> ⑧ 10개 이하의 암반탱크저장소   * 오답: 이동탱크저장소 ▶ 128-4367 ☎
>
> ■ 저장소순서: ① 옥내저장소 ② 옥외저장소 ③ 옥내탱크저장소 ④ 옥외탱크저장소
>   ⑤ 이동탱크저장소 ⑥ 지하탱크저장소 ⑦ 간이탱크저장소 ⑧ 암반탱크저장소

■ 보충 수업
예) 우리는 고속국도를 지나다보면 같은 회사인데도 가까이 있는 주유소가 꽤 있다.
주유소는 "제4류 위험물"을 취급하기 때문에 위험물안전관리자가 근무하여야 한다.
하지만 그러한 주유소는 그 지침에 따라 주의를 하기 때문에 불이 거의 나지 않는다.
그래서 안전관리자 한 사람이 여러 군데를 공동소방안전관리하듯이 근무하는 조건이다.
————*
즉, 다수의 제조소등을 동일인이 설치한 경우, 1인의 안전관리자를 중복 선임할 수 있다.
[규칙 56조]는 100m 안에 있는 저장소로서 중복선임 조건이다.
①②⑧번째 저장소는 10개 이하 중복 선임 할 수 있고,
④번째 저장소는 30개 이하까지 중복 선임 할 수 있고,
③⑥⑦저장소는 무제한 중복 선임 할 수 있다. ▶ 암기: 128- 4 367(* 하니팔 사상유치)
(* ⑤번째 이동탱크저장소는 위험물안전관리자가 [법15조]에 의해 제외된다.)

【법 제16조】 탱크시험자의 등록 등 (탱크시험업)

시·도지사 또는 제조소등의 관계인은 안전관리업무를 전문적이고 효율적으로 수행하기 위하여 탱크(안전성능)시험자로 하여금 이 법에 의한 검사 또는 점검의 일부를 실시하게 할 수 있다. 탱크시험자가 되고자 하는 자는 기술능력·시설·장비를 갖추어 시·도지사에게 등록하여야 하며 등록 후 변경의 경우, <u>30일</u> 내에 시·도지사에게 변경신고를 하여야 한다.

1. 등록조건: 기술능력·시설 및 장비
2. 변경신고: 시·도지사에게 30일 이내
3. 결격사유: 피성년후견인 또는 피한정후견인

* 여기서 "탱크시험자"는 탱크시험업을 뜻하며, "기술능력"은 기술자, "시설"은 사무실을 뜻한다.

【규칙 제55조】 안전관리자의 책무

안전관리자는 위험물의 취급·감독에 관한 다음의 업무를 성실하게 수행하여야 한다.
① 위험물의 취급작업에 참여하여 규정에 의한 저장·취급에 관한 기술기준과 예방규정에 적합하도록 해당 작업자에 대하여 지시·감독하는 업무(해당 작업에 참여하는 위험물취급자격자를 포함.)
② 화재 등의 재난이 발생한 경우 응급조치 및 소방관서 등에 대한 연락업무
③ 위험물시설의 안전을 담당하는 자를 따로 두거나 그 밖의 제조소등의 경우 규정에 의한 지시나 업무
  ㉠ 제조소등의 위차·구조·설비를 유지하기 위한 점검, 점검상황 기록·보존
  ㉡ 제조소등의 구조 또는 설비의 이상을 발견한 경우 관계자에 대한 연락 및 응급조치
  ㉢ 화재가 발생하거나 그 위험성이 현저한 경우 소방관서 등에 대한 연락 및 응급조치
  ㉣ 제조소등의 계측장치·제어장치 및 안전장치 등의 적정한 유지·관리
  ㉤ 제조소등의 위치·구조·설비에 관한 설계도서의 정비·보존 및 구조·설비의 안전에 관한 사무관리
④ 화재 등 재해방지, 응급조치에 인접한 제조소등과 그 밖의 시설의 관계자와 협조체제 유지
⑤ 위험물의 취급에 관한 일지의 작성·기록,
⑥ 그 밖에 위험물을 수납한 용기를 차량에 적재하는 작업, 위험물설비를 보수하는 작업 등 취급과 관련된 작업의 안전에 관하여 필요한 감독의 수행.

■ 위험물취급자

위험물취급자격자의 구분*	취급 위험물
① 위험물기능장, 위험물산업기사, 위험물기능사.(즉, 위험물자격자)	제1~6류 위험물
② 안전관리자 교육이수자(안전관리자, 탱크시험자, 위험물운송자)	제4류 위험물
③ 소방공무원 3년 이상 경력자	제4류 위험물

【규칙 제57조】 안전관리대행기관의 지정 등
"기업활동규제완화에 관한 특별조치법" 에 따라 안전관리자 업무를 위탁받아 수행하는 대행기관은
　① 탱크시험자로 등록한 법인이나
　② 안전관리업무를 대행하는 기관으로 지정·승인 등을 받은 법인으로서
　　안전관리대행기관의 지정기준을 갖추어 소방청장의 지정을 받아야 한다.

【규칙 제58조】 안전관리대행기관의 지정취소 등
　소방청장은 안전관리대행기관이 다음에 해당하는 때에는 그 지정을 취소하거나 6월 이내의 기간을 정하여 그 업무의 정지를 명하거나 시정하게 할 수 있다.
　① 허위 그 밖의 부정한 방법으로 지정을 받은 때.(취소)
　② 다른 사람에게 지정서를 대여한 때.(취소)
　③ 탱크시험자의 등록 또는 다른 법령에 의하여 지정·승인 등이 취소된 때.(취소)
　④ 안전관리대행기관의 지정기준에 미달되는 때
　⑤ 소방청장의 지도·감독에 정당한 이유 없이 따르지 아니하는 때
　⑥ 변경·휴업 또는 재개업의 신고를 연간 2회 이상 하지 아니한 때
　⑦ 안전관리대행기관의 기술인력이 안전관리업무를 성실하게 수행하지 아니한 때
　소방청장은 안전관리대행기관의 지정·업무정지나 지정취소를 한 때에는 이를 관보에 공고하여야 하며 지정을 취소한 때에는 지정서를 회수하여야 한다.

【규칙 제59조】 안전관리대행기관의 업무수행
　① 안전관리대행기관은 기술인력을 제조소등의 수가 <u>25</u>를 초과하지 아니하도록 지정하여야 한다.
　② 이 경우 각 제조소(지정수량 20배 이하 저장소는 제외) 등의 관계인은 국가기술자격자 또는 안전교육을 받은 자를 안전관리원으로 지정하여 안전관리자의 업무를 보조하게 하여야 한다.
　③ 기술인력이 위험물의 취급작업에 참여하지 아니하는 경우에 기술인력은 [규칙55조] ③번 ㉠의 점검 및 [규칙55조] ⑥번의 감독을 매월 4회(저장소는 월 2회) 이상 실시하여야 한다.
　　(▶ 시행규칙 제55조~제59조 까지는 시험에 아직 기출된 적이 없으며 중요하지는 않다.)

* 안전관리대행기관이란?
　소방청장의 지정을 받아 위험물안전관리자를 두지 않는 소규모 위험물을 취급하는 곳에 위탁을 받아 25곳까지 규모에 따라 한달에 수회 정기적으로 방문하여 위험물을 점검 및 감독을 하는 업체이다.

【법 제17조】 예방규정*

대통령령(영 제15조)이 정하는 제조소등의 관계인은 해당 제조소등의 화재예방과 화재 등 재해발생 시의 비상조치를 위하여 행정안전부령이 정하는 바에 따라 예방규정을 정하여 해당 제조소등의 사용을 시작하기 전에 시·도지사에게 제출하여야 한다.

1. 제출처: 관계인이 제조소등의 사용을 시작하기 전 작성하여 시·도지사에게 제출한다.

【영 제15조】 관계인이 예방규정을 정하여야 하는 제조소등***

법 제17조에서 "대통령령이 정하는 제조소등"이란 다음을 말한다.

① 지정수량 10배 이상의 위험물을 취급하는 제조소
② 지정수량 <u>150배</u> 이상의 위험물을 저장하는 **옥내저장소**
③ 지정수량 100배 이상의 위험물을 저장하는 옥외저장소
④ 지정수량 200배 이상의 위험물을 저장하는 옥외탱크저장소

▶ **오답**: 옥내탱크저장소

⑤ 암반 탱크저장소
⑥ 이송취급소
⑦ 지정수량 10배 이상의 위험물을 취급하는 일반취급소. ▶ ①⑦**암기**: 10배 제일취급소

■ 요약 (7가지)***
① 10배 이상의 제조소, 일반취급소 ② 150배 이상의 옥내저장소
③ 100배 이상의 옥외저장소 ④ 200배 이상의 옥외탱크 ⑤ 암반탱크 ⑥ 이송취급소

【규칙 제63조】 예방규정의 작성 등 (철저하게 예방관리하기 위하여..)

영 제15조에 해당하는 제조소등의 관계인은 다음 사항이 포함된 예방규정을 작성하여야 한다. 예방규정을 제정하거나 변경한 경우에는 시·도지사 또는 소방서장에게 제출한다.

① 위험물의 안전관리업무를 담당하는 자의 직무 및 조직에 관한 사항
② 안전관리자가 여행·질병 등으로 그 직무를 수행할 수 없을 때 그 직무의 대리자에 관한 사항
③ 자체소방대를 설치하는 경우에는 자체소방대의 편성과 화학소방자동차의 배치 사항
④ 위험물의 안전에 관계된 작업에 종사하는 자에 대한 안전교육 및 훈련에 관한 사항
⑤ 위험물시설 및 작업장에 대한 안전순찰에 관한 사항 또한 위험물 안전기록에 관한 사항
⑥ 위험물시설·소방시설 그 밖의 관련시설에 대한 점검 및 정비에 관한 사항
⑦ 위험물시설의 운전 또는 조작에 관한 사항 및 위험물 취급작업의 기준에 관한 사항
⑧ 이송취급소에서 배관공사 현장책임자의 조건 등 배관공사 현장에 대한 감독체제에 관한 사항과 배관주위에 있는 이송취급소 시설 외의 공사를 하는 경우 배관의 안전확보 사항
⑨ 재난 그 밖의 비상시의 경우에 취하여야 하는 조치에 관한 사항
⑩ 제조소등의 위치·구조 및 설비를 명시한 서류와 도면의 정비에 관한 사항
⑪ 그 밖에 위험물의 안전관리에 관하여 필요한 사항   * **오답**: 소방훈련 사항

【법 제18조】 정기점검 및 정기검사

대통령령이 정하는 제조소등(50만ℓ 이상의 옥외탱크저장소)의 관계인은 소방본부장, 소방서장으로부터 기술기준에 적합하게 유지되고 있는지에 대하여 정기적으로 검사를 받아야 한다.
관계인은 점검을 한 날부터 30일 이내 그 결과를 시·도지사에게 제출해야 한다.

1. 정기 검사자: 소방본부장, 소방서장.(* 기술원에 위탁할 수 있다.)

- 개념 해설
  - 정기검사: 십수년 만에 한번씩 하는 정밀한 검사.(구조안전점검도 함께한다고 생각한다)
  - 정기점검: 짧은 기간(연 1회 이상)에 일반적으로 한 번씩 하는 간단한 점검을 말한다.

【규칙 제70조】 정기검사의 시기*
법 제18조에 따라 "50만ℓ 이상 옥외탱크저장소"는 정밀정기검사와 중간검사를 받아야 한다.
① 옥외탱크저장소의 설치허가에 따른 완공검사필증을 발급받은 날부터 12년
② 최근의 정기검사를 받은 날부터 11년
③ 중간정기검사는 4년

【규칙 제65조】 특정준특정 옥외탱크저장소의 정기점검(구조안전점검) (▶ 중요도 적음)
"50만ℓ 이상 옥외탱크저장소"는 다음 기간 내에 1회 이상 구조안전점검을 실시한다.
① 완공검사필증을 발급받은 날부터 12년
② 최근의 정밀정기검사를 받은 날부터 11년
③ 구조안전점검시기 연장신청을 하는 경우에는 최근의 정기검사일로부터 13년

【규칙 제64·67조】 정기점검의 횟수 및 정기점검의 실시자
관계인은 연 1회 이상 정기점검을 실시하여야 하며 정기점검의 실시자는 다음과 같다.
① 위험물운송자 ② 위험물안전관리자 ③ 탱크시험자 ④ 안전관리대행기관

【영 제16조】 정기점검의 대상인 제조소등*
법 제18조 1항에서 "대통령령이 정하는 제조소등"이란 다음의 제조소등을 말한다.
① 예방규정을 정하는 영 제15조 각 호에 해당하는 제조소등-(7가지)
② 이동탱크저장소 및 지하탱크저장소 ▶ 예방이지 주유소
③ 위험물 취급 탱크로서 지하에 매설된 탱크가 있는 제조소, 일반취급소, 주유취급소
  * 오답: 옥내탱크·간이탱크저장소·판매취급소(▶ 내탱간판)

- 핵심 요점
  - 정기검사: 본·서장이 50만ℓ 이상의 옥외탱크저장소로서 완공날…▶ 12년…▶ 11년…▶ 11년
  - 정기점검: 안전관리자, 운송자, 시험자, 대행기관이 10가지 제조소등을 1년에 1회 이상

- 정기점검·구조안전점검 및 정기검사 요약

① 정기검사(50만ℓ 이상의 옥외탱크저장소)
  - 횟수: 완공날로부터 12년 → 11년
  - 점검자: 소방본부장, 소방서장(•보관: 차기검사시 까지, 즉 11년 까지)
② 구조안전점검(50만ℓ 이상의 옥외탱크저장소)
  - 횟수: 완공 → 12년 → 11년(소방서장 연장신청은 1년이내, 기술원 연장신청은 13년까지)
  - 점검자: 위험물안전관리자(+탱크시험자) 등 (•보관: 25년-연장의 경우는 30년)
③ 정기점검(10가지 단, 옥내탱크·간이탱크 저장소·판매취급소 제외)
  - 예방규정을 정하는 제조소등 7가지+지하탱크·이동탱크 저장소, 지하의 주유취급소 등
  - 횟수: 1년에 1회 이상
  - 점검자: 안전관리자, 위험물운송자, 대행기관, 탱크시험자(•보관: 3년간)

■ 정기검사와 정기점검 개념 정리
정기검사와 정기점검을 자동차와 비교하면 쉽다.
자동차 정기검사는 가까운 자동차검사장에 가서 일반적으로 2년에 한 번씩 정밀하게 받아야 하고, 자동차 정기점검은 운전자 본인이 스스로 할 수 있는, 검사보다는 가벼운 간단한 점검이다.
• 위험물탱크 정기검사는 소방본부장·소방서장이 50만ℓ 이상의 옥외탱크저장소에만 해당되며 완공날로부터 12년만에 첫 검사를 받고 그 다음은 11년 → 11년에 한 번씩 받게 되어 있다.
• 반면 정기점검은 위험물안전관리자, 위험물운송자, 탱크시험자, 안전관리대행기관이 10가지 제조소등을 1년에 1회 이상 받게 되어있다. 여기서 10가지 제조소등이란
① 영 제15조에 해당하는 7가지 제조소등
② 지하탱크저장소 및 이동탱크저장소
③ 위험물 취급 탱크로서 제조소, 일반취급소, 주유취급소
이지만 암기하기가 쉽지 않아 총 13가지 제조소등에서 3가지(옥내탱크저장소, 간이탱크 저장소, 판매취급소)를 제외한 것으로 생각해야 쉽다.
옥내탱크저장소는 탱크지만 옥내에 있어서 소화시설이 잘되어 있고, 간이탱크 저장소는 600리터 이하로서 작으니, 판매취급소는 손님에게 유류를 판매하기 위한 시설이니 적용이 달라서 면제된다고 생각하며 또한 지하에 매설된 탱크가 있는 ③에서 제조소, 일반취급소는 지상에 있는 ①에서 10배 이상이 아닌, 지정수량 관계없이 받아야 한다는 뜻이다.

【법 제19조】 자체소방대*

다량의 위험물을 저장·취급하는 제조소등으로서 동일한 사업소에서 지정수량 이상의 위험물을 저장 또는 취급하는 경우 해당 사업소의 관계인은 대통령령이 정하는 바에 따라 해당 사업소에 자체소방대를 설치하여야 한다.

> 【영 제8조】 자체소방대를 설치하여야 하는 사업소*
> 법 제19조에서 "대통령령이 정하는 제조소등"이란 제4류 위험물을 취급하는 지정수량 3천 배 이상의 제조소, 일반취급소와 50만 배 이상의 옥외탱크저장소를 말한다.

■ 자체소방대 설치조건:
-- 제4류 위험물을 취급하는 지정수량 3천배 이상의 제조소, 일반취급소, 옥외탱크저장소. --
자체소방대를 설치하는 관계인은 화학소방자동차 및 자체소방대원을 두어야 한다. 그 이유는 화재 시 대부분의 유류는 물보다 가벼워, 물을 주수 시 물 위 유류에 불이 붙어서 물이 흐르고 그 유류면의 확대로 물로 소화할 수 없기 때문이다.
(* ☞ 자체소방대는 주로 정유공장에, 위험물안전관리자는 주유소 근무로 생각한다.
위험물안전관리자는 4류위험물 지정수량 1배 이상 제조소등에 근무하는 민간인이다.)

【영 별표 8】 자체소방대에 두는 화학소방자동차 및 인원(영 제18조 관련)**

제4류 위험물을 취급하는 자체소방대에는 화학소방자동차와 인원을 두어야 한다.

제조소 또는 일반취급소 등에서 취급하는 사업소의 구분	화학소방자동차	자체소방대원
① 지정수량의 3천배 이상 12만배 미만인 사업소	1대	5인
② 지정수량의 12만배 이상 24만배 미만인 사업소	2대	10인
③ 지정수량의 24만배 이상 48만배 미만인 사업소	3대	15인
④ 최대수량의 합이 지정수량의 48만배 이상인 사업소	4대	20인
⑤ 옥외탱크저장소에 지정수량의 50만배 이상인 사업소	2대	10인

▶ ① 번은 1자가 1개이니 1대 / ②는 2자가 2개니 2대 / ③은 평균이 36이니 3대 / ④는 48이니 4대

> 【규칙 제73조】 자체소방대의 설치 제외대상인 일반취급소
> 영 제18조에서 행정안전부령이 정하는 일반취급소로서 다음의 경우는 설치를 제외한다.
> ① 유압장치, 윤활유 순환장치 그 밖에 이와 유사한 장치로 위험물을 취급하는 일반취급소
> ② 보일러, 버너 그 밖에 이와 유사한 장치로 위험물을 소비하는 일반취급소
> ③ 광산보안법의 적용을 받는 일반취급소
> ④ 이동저장탱크 그 밖에 이와 유사한 것에 위험물을 주입하는 일반취급소
> ⑤ 용기에 위험물을 옮겨담는 일반취급소. ▶ 유보광 이용

【규칙 별표 23】화학소방자동차에 갖추어야 하는 소화능력 및 설비의 기준

물탱크차가 아닌 화학소방자동차에 갖추어야 하는 소화능력 및 설비의 기준은 다음과 같다. 화학차란 물탱크차가 아닌 포수용액·이산화탄소·할로겐화합물·분말방사차, 제독차를 말한다.

화학소방자동차	방사능력(소화능력 및 설비의 기준)
포수용액차	매분 2,000ℓ 이상일 것.(* 10만ℓ 이상 비치할 것)
이산화탄소차	매초 40kg 이상 방사할 것.(* 3,000kg 이상 비치)
할로겐차	매초 40kg 이상 방사할 것.(* 1,000kg 이상 비치)
분말차	매초 35kg 이상 방사할 것.(* 1,400kg 이상 비치)
제독차	가성소다 및 규조토를 각각 50kg 이상 비치할 것

▶ 포이할분 2,000…40…40…35. / * 13145= 10만, 3,000, 1,000, 1,400, 50.

■ 화학차 소화능력 이야기

가스계 소화약제를 비교했을 때 소화효과 크기는 할로겐 > 분말 > 이산화탄소 순이다.
그러므로 할로겐(1,000kg) = 분말(1,400kg) = 이산화탄소(3,000kg)가 동일 효과가 된다.
즉, 할로겐은 이산화탄소(3,000kg)보다 약 3배의 소화효과가 크니 1,000kg 이 된다.

【화학차】　　　　　　　　　【내폭화학차】

예제 제4류 위험물을 취급하는 자체소방대 설치하여야 할 지정수량과 제조소등은?

① 3천배 이상의 저장소　　② 3천배 이상의 취급소
③ 3천배 이상의 제조소　　④ 2천배 이상의 일반취급소

■ 해설: 지정수량 3천배 이상의 제조소 또는 일반취급소에 해당한다. 저장소(x), 취급소(x) // ③

예제 4류위험물 중 휘발유 8,000만ℓ를 갖추어야할 화학소방차 대수와 자체소방대원은?

① 1대 - 5인　② 2대 - 10인　③ 3대 - 15인　④ 4대 - 20인

■ 해설: 휘발유 8000만 리터를 휘발유의 지정수량 200ℓ로 나눈다. $\frac{80,000,000}{200}$ = 400,000
　　40만 배이므로 화학차 3대 이상(24만배~48만배), 인원 15인 이상에 해당한다. // ③

04 위험물의 운반

【법 제20조】위험물의 운반

위험물의 운반은 그 용기·적재방법·운반방법에 관한 중요기준과 세부기준에 따라 행하여야 한다.
(*^^ 시·도지사는 운반용기 제작·수입자들의 신청에 따라 운반용기를 검사하게 할 수 있다.)
1. 중요기준: 직접적으로 화재를 일으킬 가능성이 큰 기준으로 행정안전부령이 정하는 기준
2. 세부기준: 간접적으로 화재를 일으킬 수 있는 기준 및 위험물안전관리 표시와 서류·기구 등의 비치에 관한 기준으로서 행정안전부령이 정하는 기준 ▶ 중직세간

- 중요기준: 직접적 기준
- 세부기준: 간접적 기준으로서 행정안전부령으로 정한다.
  (* 직접적기준은 인화성물질, 간접적 기준은 자연발화성물질로 생각한다.)
  ➔ 위험물은 대통령령으로 정하지만 그 "기준"은 구체적이니 행정안전부령으로 정한다.

【법 제21조】위험물의 운송 (▶ 운송자 규정에 관한 법률)

1. 이동탱크저장소(유조차)에 의하여 위험물을 운송하는 자는 국가기술자격자나 법 제28조에 따른 (위험물)안전교육을 받은 자이어야 한다.
2. 위험물운송자가 위험물을 운송할 때에는 국가기술자격증이나 교육수료증을 지녀야 한다.
3. 위험물의 운송에 있어서는 운송책임자의 감독 또는 지원을 받아 이를 운송하여야 한다.
   운송책임자의 범위, 감독, 지원방법 등에 관한 구체적인 기준은 행정안전부령으로 정한다.

【영 제9조】운송책임자의 감독·지원을 받아 운송하여야 하는 위험물**
법 제21조 제2항에서 "대통령령이 정하는 위험물"이란 다음과 같다.
① 알킬알루미늄*
② 알킬리튬*
③ 알킬알루미늄, 알킬리튬 물질을 함유하는 위험물 ▶ 알킬형제들 * 오답: 알칼리금속
(*^^ ①②번은 제3류 위험물로서 지정수량 10kg의 자연발화성 및 금수성 물질이다.)

---

* 알킬알루미늄: 제3류위험물로서 상온에서 무색투명한 액체로서 물과 공기 중에 자연발화 할 수 있다.
* 알킬리튬: 제3류위험물로 분류되며 알킬기와 리튬의 유기금속화합물로서 자연발화 할 수 있다.
* 위험물운반자: 이동탱크저장소운전자   * 위험물운송자: 운송책임자 및 이동탱크저장소운전자

05 감독 및 조치명령

【법 제22조】 출입·검사 등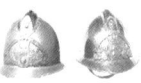

1. 소방청장, 시·도지사, 소방본부장·소방서장은 화재의 예방·진압대책을 위하여 필요한 때 위험물을 저장 또는 취급하고 있다고 인정되는 장소의 관계인에 대하여
   ① 필요한 보고·자료제출을 명할 수 있으며, 관계공무원에게 해당 장소에 출입하여
   ② 그 장소의 위치·구조·설비 및 위험물의 저장·취급상황에 대하여 검사하게 하거나
   ③ 관계인에게 질문하게 하고, (* 관계공무원은 증표를 지니고 관계인에게 내보여야 한다.)
   ④ 시험에 필요한 최소한의 위험물, 위험물로 의심되는 물품을 수거하게 할 수 있다.

   > 단, 개인의 주거는 ⊙ 관계인의 승낙을 얻은 경우나 ⓒ 긴급한 경우가 아니면 출입할 수 없다.
   > (*^^ 개인 주거는 약 2천만 세대로서 원칙적으로 검사대상이 아니다.)

2. 출입·검사 등은 그 장소의 공개시간이나 근무시간 내 또는 해가 뜬 후부터 해가 지기 전까지의 시간 내에 행하여야 한다.(단, 관계인의 승낙이 있거나 긴급한 경우에는 그러하지 아니하다)

   ▶ 요약
   ① 출입·검사자: 소방청장, 시·도지사, 소방본부장 또는 소방서장.
   ② 출입·검사시간: 공개시간이나 근무시간 내, 해 뜬 후~해가 지기 전(*원칙은 낮에 검사함.)
   ③ 주행 중인 이동탱크저장소 검사자: 소방공무원, 국가경찰공무원
   ④ 검사자: 관계공무원은 비밀누설금지 및 증표제시의무
   ➡ 기본법에서 화재경계지구 소방특별조사는 본·서장이, 2분법에서 소방특별조사는 청·본·서장이, 그러나 이 법의 검사는 (청·시·본·서장) 공무원 4사람이 모두 할 수 있다.

【법 제22조의2】 위험물 누출 등의 사고 조사

소방청장, 소방본부장, 소방서장은 위험물의 누출·화재·폭발 등의 사고가 발생한 경우 사고의 원인 및 피해 등을 조사하여야 한다.

【법 제23~26조】 무허가장소의 위험물에 대한 조치명령 등

시·도지사, 소방본부장·소방서장은 탱크시험자에 대한 명령(제23조), 위험물에 대한 조치명령(제24조), 제조소등에 대한 긴급 사용정지명령 등(제25조), 저장·취급기준 준수명령 등(제26조)을 명할 수 있다.(*^^ 이 법에서 명령은 주로 사·본·서장이 된다.)

보 칙

【법 제28조】 안전교육(위험물)

안전관리자·탱크시험자·위험물운송자 등 대통령령이 정하는 자는 해당 업무에 관한 능력의 습득 또는 향상을 위하여 소방청장이 실시하는 교육을 받아야 한다.
또한 시·도지사, 소방본부장, 소방서장은 교육대상자가 교육을 받지 아니한 때에는 교육을 받을 때까지 이 법에 따라 그 자격으로 행하는 행위를 제한할 수 있다.
  1. 실시자: 소방청장
  2. 제한자: 시·도지사, 소방본부장, 소방서장

> 【영 제20조】 안전교육 대상자*
>   법 제28조에서 "대통령령이 정하는 자" 란 아래와 같다.
>   ① (위험물)안전관리자로 선임된 자
>   ② 탱크시험자의 기술인력으로 종사하는 자
>   ③ 위험물 운송자로 종사하는 자   ▶오답: 관계인
>   (*~ ①②③항의 안전교육 대상자는 제4류 위험물만 취급할 수 있다.)
>
>
>
> 【칙 제78조】 안전교육
>   ① 실시처: 기술원 또는 안전원.(강습교육과 실무교육으로 구분하여 실시)
>   ② 지도·감독: 소방본부장은 매년 10월말까지 안전원에 통보하고 지도·감독한다.

【법 제29조】 청 문

시·도지사, 소방본부장, 소방서장은 다음의 처분을 할 때에는 청문을 실시하여야 한다.
  1. 제조소등 설치허가의 취소
  2. 탱크시험자의 등록취소

■ 해설
청문은 업체가 한번 취소가 되면 2년간 차릴 수 없기 때문에 신중을 기하자는 뜻으로 실시한다.
이 법에서 청문은 1·2번 14개의 업체의 취소 시에 적용한다.
즉, 상기 [법 제29조] 1번 제조소등의 13개 업체(1개의 제조소+4개의 취급소+8개의 저장소)와 2번 탱크시험자(탱크시험업)까지 이법에서 소개되는 14개 업체의 취소시에만 적용이 된다.

벌칙

【법 제33조】 1년 이상 10년 이하의 징역*

1. 위험물을 유출, 방출, 확산시켜 사람의 생명·신체 또는 재산에 대하여 위험을 발생시킨 사람. (즉 고의로 유출한 자를 뜻한다) ▶ 10년 고의
2. 제1항 규정에 따른 행위자로 상해에 이르게 한 때는 무기 또는 3년 이상의 징역, 또한 사망이면 무기 또는 5년 이상의 징역에 처한다.

> ■ 양벌규정: 제1항은 행위자를 벌하는 외에 그 법인 또는 개인을 5천만 원 이하의 벌금에 처하고, 제2항 위반 시 그 행위자를 벌하는 외에 그 법인 또는 개인을 1억 원 이하의 벌금에 처한다.

【법 제34조】 7년 이하의 금고 또는 7천만 원 이하의 벌금*

1. 업무상 과실로 위험물을 유출, 방출, 확산시켜 사람의 생명·신체·재산에 위험을 발생시킨 사람
   ▶ 7년 과실(* 과실: 고의가 아닌 부주의)
2. 1항 규정에 따른 행위자로 사상에 이르게 한 때는 10년 이하의 징역 또는 금고*나 1억 원 이하의 벌금에 처한다. (*^^ 여기서 금고는 10년 이하의 금고를 말한다.)

【법 제34조의2】 5년 이하의 징역 또는 1억 원 이하의 벌금

1. 제조소등의 설치허가를 받지 아니하고 설치한 사람 ▶ 제조소등 유령회사

【법 제34조의3】 3년 이하의 징역 또는 3천만 원 이하의 벌금

1. 제조소등이 아닌 장소에서 지정수량 이상의 위험물을 저장·취급한 사람

【법 제35조】 1년 이하의 징역 또는 1천만 원 이하의 벌금

1. 탱크시험자로 등록하지 아니하고 업무를 한 사람 ▶ 탱크 유령회사
2. 정기점검을 하지 않거나 점검기록을 허위로 작성한 관계인으로 허가를 받은 사람
3. 정기검사를 받지 않거나 자체소방대를 두지 아니한 관계인으로 허가를 받은 사람
4. 운반용기에 대한 검사를 받지 아니하고 사용하거나 유통시킨 사람
5. 관계공무원의 출입검사에 대한 보고·자료제출 하지 않거나 허위로 보고·제출한자 또는 관계공무원의 출입·검사 또는 수거를 거부·방해·기피한 사람
6. 제조소등에 대한 긴급 사용정지·제한명령을 위반한 사람.

【법 제36조】 1천500만 원 이하의 벌금

1. 위험물 저장·취급에 관한 중요기준을 따르지 아니한 사람
2. 변경허가를 받지 아니하고 제조소등을 변경한 사람
3. 완공검사를 받지 아니하고 위험물을 저장·취급한 사람 ▶ 천오백 완공
4. 제조소등의 사용정지명령, 업무정지명령, 안전조치 이행명령을 위반한 자
5. 제조소 위치·구조·설비의 수리·개조·이전의 명령에 따르지 아니한 사람
6. 위험물안전관리자 선임 및 대리자를 지정하지 아니하고 허가를 받은 관계인
7. 탱크안전성능시험 또는 점검업무를 허위로 하거나 그 결과 증명서류를 허위 교부한 자
8. 예방규정을 제출하지 않거나 변경명령을 따르지 않은 사람으로 허가를 받은 사람
9. 이동탱크저장소의 정지 지시를 거부하거나 국가기술자격증·교육수료증 신원확인을 위한 증명서의 제시 요구 또는 신원확인을 위한 질문에 응하지 아니한 사람
10. 탱크시험자에 대해 공무원 출입검사에 대한 명령을 위반하여 보고·자료제출 하지 아니하거나 허위보고·자료제출한 사람 또는 사무소에 출입한 공무원의 업무를 거부·방해, 기피한 사람
11. 탱크시험자에 대한 감독상 명령에 따르지 아니한 사람
12. 무허가장소의 위험물에 대한 조치명령을 따르지 아니한 사람
13. 위험물의 저장·취급기준 준수명령 또는 응급조치명령을 위반한 사람

【법 제37조】 1천만 원 이하의 벌금

1. 위험물 취급에 관한 안전관리와 감독을 하지 아니한 사람
2. 안전관리자나 그 대리자가 참여하지 아니한 상태에서 위험물을 취급한 사람
3. 변경한 예방규정을 제출하지 아니하고 제조소등 허가를 받은 관계인
4. 위험물의 운반에 관한 중요기준을 따르지 아니한 사람
5. 이동탱크저장소의 운송기준을 위반한 위험물운송자, 자격·교육 미수료자인 위험물운반자
6. 출입·검사시 관계인의 정당한 업무를 방해하거나 비밀을 누설한 공무원

■ 해설
- 위험물을 고의로 유출시켜 위험을 발생시킨자는 1년~10년 이하의 징역과 5천만 원 이하 벌금
  (* 위험물을 고의로 유출시켜 사람에게 이상 있으면 1년~10년 이하 징역과 1억 원 이하 벌금)
- 위험물을 과실로 유출시켜 위험을 발생시킨 사람은 7년 이하의 금고나 7천만 원 이하의 벌금
  (* 위험물을 과실로 유출시켜 사람이 이상 있으면 10년 이하 징역금고나 1억 원 이하의 벌금)
- 제소소등 허가를 받지 않고 설치하면 5년 이하의 징역 또는 1억 원 이하의 벌금이며
- 탱크시험자로 허가를 받지 않고 업무를 하면 1천만 원 이하의 벌금이다.
- 4법의 벌칙은 과태료까지 8가지이며, 중요기준은 벌금이며 세부기준은 과태료이다.

【법 제39조】 500만 원 이하의 과태료*

1. 90일 이내의 위험물 임시저장 승인을 받지 아니한 사람
2. 위험물의 운송기준 및 저장·취급·운반에 관한 세부기준을 따르지 아니한 사람
3. 품명 등의 변경신고를 기간이내에 하지 아니하거나 허위로 한 사람
4. 지위승계신고를 기간 이내에 하지 아니하거나 허위로 한 사람
5. 제조소등의 폐지신고 또는 안전관리자의 선임신고를 기간 이내에 하지 아니한 사람
6. 점검결과를 기록·보존하지 아니거나 등록사항 변경신고를 기간 이내에 아니한 사람

※ 과태료 부과·징수권자: 대통령령으로 정하는 바에 따라 관할 시·도지사, 소방본부장 또는 소방서장이 부과·징수한다. (▶ 시·본·서장)

청문정리

- 청문 내용: (주로 주요한 업체, 주요한 자격 등을 취소·정지 시 적용)*
  - 기본법 – 업체나 자격 등이 없어 청문이 없음.
  - 2분법 ① 관리업 등록 취소 및 영업정지
       ② 관리사 자격 취소 및 정지
       ③ 소방용품 형식승인 취소 및 제품검사 중지
       ④ 소방용품 우수품질인증의 취소
       ⑤ 소방용품 전문기관의 지정 취소 및 업무정지
       ⑥ 성능인증의 취소 ▶ 성인취소
  - 3분법 ① 소방시설업 등록취소나 영업정지 ② 소방기술인정자격 취소 시
  - 4분법 ① 위험물제조소등 등록 취소 시   ② 탱크시험자 등록 취소 시

※ 청문 실시자는..
 – ① 소방청장 ② 시·도지사 ③ 소방본부장 ④ 소방서장으로 볼 때 –
- 2분법은 ①②번이 실시한다. • 4분법은 ②③④번이 실시한다.(* 3분법은 명시가 없다.)

법의 구분	청문 내용	청문 실시자
• 2분법 (시설법)	① 관리업 등록 취소 및 영업정지 ② 관리사 자격 취소 및 정지 ③ 소방용품 형식승인 취소 및 제품검사 중지 ④ 소방용품 우수품질인증 취소 및 성능인증 취소 ⑤ 소방용품 전문기관의 지정 취소 및 업무정지	소방청장, 시·도지사
• 공사업법	① 소방시설업 등록취소나 영업정지 ② 소방기술인정자격 취소 시	(명시 없음)
• 위험물법	① 위험물제조소등 등록 취소 시 ② 탱크시험자 등록 취소 시	시·도지사, 소방본부장, 소방서장

- 보충수업(심화과정)

【영 별표5】 위험물 취급자격자의 자격*

1. 기술능력:
   ① 위험물기능장　　　　② 위험물산업기사　　　③ 위험물기능사
   ④ 소방공무원 3년 이상 경력자　　⑤ 소방청장이 실시하는 안전관리자 교육 이수자.

   ■ ①②③번의 "위험물자격자"는 제1류~제6류위험물의 모든 위험물을 취급할 수 있으며,
   　④⑤번의 "위험물자격자"가 아닌, 취급하는 자는 제4류 위험물만을 취급할 수 있다.
   　⑤번 교육 이수자란? [법28조]의 위험물안전관리자, 탱크시험자, 위험물운송자를 말한다.
   　그러나 ⑤번 교육 이수자가 "제조소" 등에서는 지정수량 5배 이하만 근무할 수 있다. (*별표6)

【영 별표7】 탱크시험자의 기술능력·시설 및 장비

1. 기술능력 중 필수인력:
   ① 위험물기능장·위험물산업기사, 위험물기능사 중 1명 이상.
   ② 비파괴검사기술사 1명, 초음파비파괴·자기비파괴·침투비파괴검사 (산업)기사 1명 이상

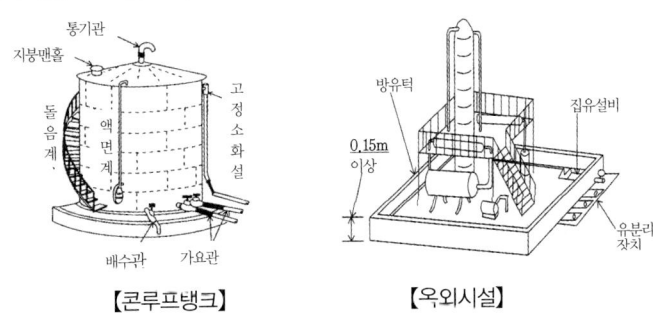

【콘루프탱크】　　【옥외시설】

■ 소방학에서 사용되는 "등"에 대한 정리**
① 소방청장등: 소방청장 + 시도지사(1법 영12조)
② 소방시설등: 소방시설(5가지) + 비상구, 방화문, 방화셔터(2법2조, 영4조)
③ 건축허가등: 건축허가 + 소방시설 등의 허가동의를 포함(2법 제7조)
④ 물분무등: 물분무+포·CO_2·미분무·고체에어로졸·할론·분말·강화액·할로겐화합물 및 불활성기체(2법)
⑤ 소방시설공사등: 소방시설의 설계, 시공(공사), 감리, 방염의 4가지(3법 제2조)
⑥ 제조소등: 제조소 + 저장소, 취급소(4법 제2조)
⑦ 소방청장등: 소방청장 + 소방본부장, 소방서장(119구조·구급 법령).
⑧ 관계자등: 관계인 + 화재의 발견자, 통보자, 초기 소화자, 기타 조사참고인(화재조사).

08 위험물안전관리법 시행규칙

1- 제조소 위험물 제조소의 위치·구조 및 설비의 기준

1. 제조소〔규칙 별표4〕 ★★★

(1) 위험물 제조소의 안전거리

제조소 건축물의 외벽 또는 이에 상당하는 공작물의 외측으로부터 해당 제조소의 외벽 또는 이에 상당하는 공작물의 외측까지의 사이에 다음 규정에 의한 수평거리(이하 "안전거리"라 한다)를 두어야 한다.(단, 6류위험물은 제외)

① 주거용: 10m 이상
② 가스저장 및 취급시설: 20m 이상
③ 학교, 병원, 극장 등: 30m 이상
④ 문화재: 50m 이상
 ▶ 주가학문 1235사모(▶ ↑오삼이 문병가주 535321)
⑤ 사용전압이 7천V 초과 3만5천V 이하의 특고압 가공전선: 3m 이상
⑥ 사용전압이 3만5천V를 초과하는 특고압 가공전선: 5m 이상

■ 제조소 안전거리

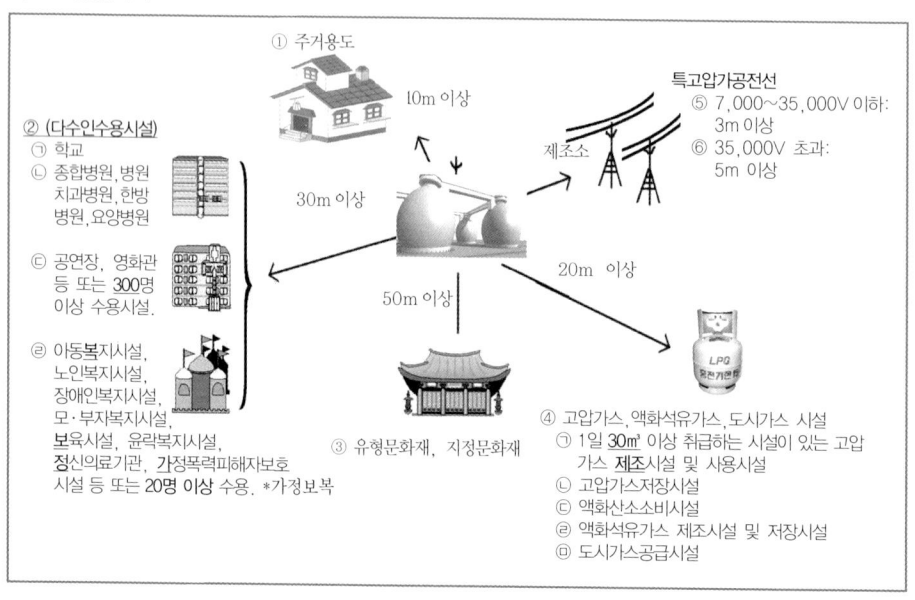

(2) 위험물 제조소의 보유공지
① 위험물을 취급하는 건축물 그 밖의 시설(배관 등 제외)의 주위에는 그 취급하는 위험물의 최대수량에 따라 위험물로부터 안전을 위하여 다음에 의한 너비의 공지를 보유하여야 한다.
- 보유공지: 건축물 주위에 소화·피난활동, 공간의 확보 및 점검·보수에 필요한 공지.

■ (위험물) 제조소 보유공지

취급하는 위험물의 최대수량	공지의 너비
지정수량의 10배 이하	3m 이상
지정수량의 10배 초과	5m 이상

② 제조소의 작업공정이 다음의 기준에 따라 방화상 유효한 격벽(방화벽)을 설치한 경우에는 전항의 규정에 의한 공지를 보유하지 아니할 수 있다.
  ㉠ 방화벽은 내화구조로 할 것.(단, 제6류 위험물은 불연재료로 할 수 있다.)
  ㉡ 방화벽에 설치하는 출입구 및 창 등의 개구부는 가능한 한 최소로 하고, 출입구 및 창에는 자동폐쇄식의 갑종방화문을 설치할 것
  ㉢ 방화벽의 양단 및 상단이 외벽 또는 지붕으로부터 50cm 이상 돌출하도록 할 것

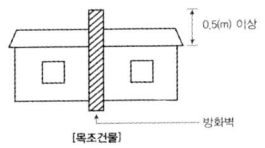

(3) 위험물 제조소 표지 및 게시판*
① 제조소에는 보기 쉬운 곳에 "위험물 제조소" 표지 및 게시판을 설치하여야 한다.

■ (위험물) "제조소 표지 및 게시판" 정리 (예 제조소 정문 앞)

구 분	설치 및 표시
공통사항☆	•규격: 0.3m × 0.6m 이상 •색상: 바탕은 백색, 문자는 흑색
표 지	•"위험물 제조소" 표시를 한 표지를 설치한다.
게시판	•기재사항: 지정수량의 배수, 위험물안전관리자의 성명 또는 직명, 저장최대수량, 취급최대수량, 유별·품명을 기재한다. ▶ 배성직~ (* 제조소 게시판에 배성직 저장·취급 유품)

■ "위험물 (주의사항) 게시판" 정리** (예 위험물 창고 앞)

게시판	품 명	게시판 색상
화기주의	2류위험물(인화성고체 제외)	적색바탕에 백색
화기엄금	4류, 5류 위험물, 2류의 인화성고체, 3류의 자연발화성 물질	적색바탕에 백색
물기엄금	3류 금수성물질, 1류 알칼리금속의 과산화물	청색바탕에 백색

(*^^ 제조소 표지 및 게시판과 위험물 게시판과의 색상·글씨 혼동에 주의한다.)
  ➲ 불을 상징하니 적색, 물을 상징하니 청색바탕 두 바탕의 글씨는 백색이 더 잘 보인다.

물기엄금	바탕…청색 글자…백색	제1류 위험물중 알칼리금속의 과산화물(이를 함유한 것 포함) 또는 제3류 위험물중 금수성물질
화기주의	바탕…적색 글자…백색	제2류 위험물(인화성고체는 제외)의 제조소등
화기엄금	바탕…적색 글자…백색	제2류 위험물중 인화성고체, 제3류 위험물중 자연발화성물질, 제4류 위험물 또는 제5류 위험물의 제조소등

(4) 건축물 구조*

위험물을 취급하는 건축물의 구조는 원칙적으로 지하층을 없도록 하여야 한다.
① 불연재료: 벽, 기둥, 바닥, 보, 서까래 및 계단은 불연재료로 한다.
② 내화구조: 연소우려가 있는 외벽은 개구부가 없는 내화구조로 한다.
③ 지붕은 폭발에 의해 날아가도록 가벼운 불연재료로 덮어야 한다.
④ 출입구 및 비상구에는 갑종방화문 또는 을종방화문을 설치하되
   연소우려가 있는 외벽에 설치하는 출입구에는 수시로 열 수 있는
   자동폐쇄식의 갑종방화문을 설치하여야 한다.
⑤ 위험물을 취급하는 건축물의 창 및 출입구의 유리는 망입유리로 한다.
⑥ 액체의 위험물을 취급하는 바닥은 적당한 경사를 두어 그 최저부에 집유설비를 설치할 것

【자동폐쇄식 문】

➫ 이 법에서 가장 안전한 건축물의 구조는 내화구조이며 재료는 불연재료가 된다.
   지하 혹은 2층은 계단이 있으니 제조소, 판매취급소 등은 1층이 가장 안전하다

■ 제조소 표지 및 게시판:
  이 법에서 표지 및 게시판의 규격은 한 변이 0.3m × 0.6m 이상으로서 세워도 눕혀도 된다.
  게시판의 색상은 일반적으로 우리의 교재처럼 바탕은 백색, 문자는 흑색이라고 생각한다.

■ 위험물(주의사항) 게시판:
• 위험물 주의사항 게시판은 "화기주의"나 "화기엄금"은 불을 상징하니 적색바탕이 되며,
  "물기엄금"은 물을 상징하니 청색이며, 글씨는 2색상 바탕은 백색이 잘 보이니 백색이 된다.
• 제조소표지·게시판= 제조소 정문 앞에/위험물게시판= 위험물 창고 앞의 팻말로 생각한다.
  ─────*
• 1류 및 6류 위험물은 불연성으로서 위험물(창고) 주의사항 게시판이 없다.
• 그러나 1류 위험물 중 무기과산화물에 속해 있는 알칼리금속의 과산화물은 금수성 물질로서
  물과 접촉하면 산소를 발생하니 물기엄금이며,
• 2류 위험물 중 인화성고체는 불이 빨리 붙는 인화성이므로 화기엄금이다.
• 또한 3류 위험물은 2가지 성질로서 자연발화성은 "화기엄금" 금수성은 "물기엄금"이며
  "물기주의"는 이 법에서 규정되어 있지 않다.

(5) 채광·조명 및 환기설비*

① 환기: 자연배기방식　　▶오답: 강제배기방식

② 급기구의 설치 및 크기: 급기구의 설치는 바닥면적 150㎡마다 1개 이상 급기구 크기는 800㎠ 이상일 것 다만, 바닥면적이 150㎠ 미만인 경우에는 다음의 크기로 하여야 한다.

■ 바닥면적에 따른 급기구의 면적

바닥면적	급기구의 면적	바닥면적	급기구의 면적
60㎡ 미만	150㎠ 이상	90㎡ 이상 120㎡ 미만	450㎠ 이상
60㎡~90㎡ 미만	300㎠ 이상	120㎡ 이상 150㎡ 미만	600㎠ 이상
150㎡ 이상	800㎠ 이상.(*바닥면적 150㎡마다 1개 이상)		

③ 급기구는 낮은 곳에 설치하고 가는 눈의 구리망 등으로 인화방지망을 설치할 것
④ 환기구: 지붕위 또는 지상 2m 이상의 높이에 회전식 고정벤티레이터 또는 루푸팬방식
⑤ 채광설비: 불연재료로 하고 채광면적은 최소로 할 것.(* 햇볕으로 실내가 열팽창하니..)
⑥ 조명설비: 가연성가스 등이 체류할 우려가 있는 장소의 조명등은 방폭등(✦)으로 하며, 또한 전선은 내화·내열전선으로 하며 점멸스위치(□)는 출입구 바깥부분에 설치할 것

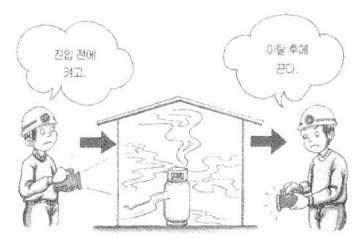

(6) 옥외시설의 바닥
　바닥의 둘레에 높이 0.15m 이상의 턱을 설치하는 등 위험물이 외부로 흐르지 않도록 할 것

(7) 정전기 제거설비***

① 접지를 한다(도체를 사용한다).
② 상대습도를 70% 이상으로 한다.
③ 공기를 이온화하는 방법이 있다.

접지선(도체)

▶오답: 피뢰설비. 부도체를 사용. 집진시설, 70% 이하로 한다.

---

* 피뢰: 낙뢰(벼락)　　* 집진: 먼지 등을 한군데에 모음
* 접지: 전기기구를 땅으로 연결.(* **지**구하고 **접**함)　　* 도체: 전기가 통하는 물체. 전도체

⑻ 피뢰설비(단, 제6류 위험물은 제외.)
지정수량의 10배 이상을 취급하는 제조소에는 낙뢰(= 벼락)를 피하는 피뢰침을 설치한다.
(*^^ 제1류~6류위험물 중에서 안전거리, 보유공지, 피뢰침 등 "제외"하면 주로 제6류이다)

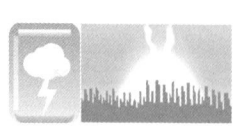 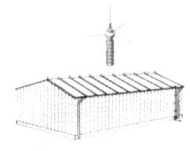 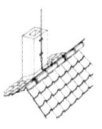

【피뢰설비】

⑼ 알킬알루미늄 등을 취급하는 제조소.
알킬알루미늄 등을 취급하는 설비에는 불활성기체(예 질소)를 봉입하는 장치를 갖출 것.

⑽ 아세트알데히드 취급 제조소
① 아세트알데히드 등을 취급하는 설비는 동·은·수은·마그네슘 또는 이들을 성분으로 하는 합금으로 만들지 아니할 것. (* 아세트알데히드는 알루미늄이나 철의 용기에 저장한다.)

■ 아세트알데이드: 동(Cu), 은(Ag), 마그네슘(Mg), 수은(Hg)을 피할 것.
▶ 동은마수(* 동쪽은 마수가 있으니 피한다)

② 아세트알데히드 등을 취급하는 설비에는 불활성기체나 수증기를 봉입하는 장치를 갖출 것

⑾ 제조소 옥외탱크 방유제 용량(이황화탄소를 제외):
해당 탱크용량의 50% 이상으로 하고, 2 이상의 취급탱크 주위에 하나의 방유제를 설치하는 경우 그 방유제의 용량은 해당 탱크 중 용량이 최대인 것의 50%에 나머지 탱크용량 합계의 10%를 가산한 양 이상이 되게 할 것 (*^^ "옥외탱크저장소" 방유제 아님. 제조소 마당인 옥외탱크임.)
(*^^ 제조소 옥외탱크 방유제: 큰 탱크의 50% 이상 + 작은 탱크의 10%를 합산 설치한다.)

⑿ 고인화점 위험물: 인화점이 100℃ 이상인 제4류 위험물을 말한다

 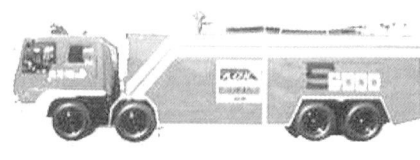

【방유제】 【소방구조차】
➲ 소방구조차에는 구조를 위한 모든 장비가 들어 있다.

---

* 보유공지: 건축물 등 주위에 위험성을 차단·완화시킬 수 있는 공간적 확보 및 화재 시 소방활동에 필요 공지
* 방유제: 기름의 유출을 막기 위하여 탱크주위에 쌓은 둑
* ⑼ 알킬알루미늄(= 제3류위험물)   * ⑽ 아세트알데히드(= 제4류위험물)

2- 저장소   위험물 저장소의 위치·구조 및 설비의 기준

1. 옥내저장소【칙 별표5】 (▶ 중요도 적음)

1) 옥내저장소의 안전거리: 위험물제조소의 안전거리와 동일
   (1) 안전거리 제외대상
      ① 지정수량의 20배 미만의 제4석유류, 동식물유류를 저장·취급하는 옥내저장소
      ② 제6류 위험물을 저장·취급하는 옥내저장소
      ③ 지정수량의 20배 이하의 위험물을 저장·취급하는 옥내저장소
   (2) 옥내저장소의 구조 및 설비 등
      ① 창고의 처마까지의 높이가 6m 미만인 단층건축물로 하고 그 바닥은 지면보다 높아야 한다.

1,000㎡ 이하로 하여야 하는 위험물을 저장하는 창고 기준면적
① 제1류 위험물(아염소산염류, 과염소산염류, 무기과산화물) 그 밖에 지정수량 50kg인 것
② 제3류 위험물(칼륨, 나트륨, 알킬알루미늄, 알킬리튬), 황린 외 지정수량 10kg인 것
③ 제4류 위험물(특수인화물, 제1석유류, 알코올류) 및 제6류 위험물
④ 제5류 위험물(유기과산화물, 질산에스테르류) 그 밖에 지정수량이 10kg인 위험물
위의 ①~④의 위험물 외의 위험물: 2,000㎡ 이하

2. 옥내탱크저장소【칙 별표 7】 (▶ 중요도 적음)

(1) 옥내저장탱크와 벽사이 및 옥내저장탱크의 상호간에는 0.5m 이상의 간격을 유지할 것
(2) 탱크의 용량: 지정수량의 40배(제4석유류 및 동식물유류 외의 제4류 위험물에 있어서 해당수량이 2만ℓ를 초과할 때에는 2만ℓ) 이하일 것

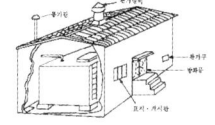
【옥내탱크저장소】

■ 옥내탱크저장소가 규제를 받지 않는 주요법령(정리)**
   ① 예방규정(영15조)   ② 정기점검(영16조)   ③ 보유공지(칙 별표)   ④ 안전거리(칙 별표)

3. 옥외저장소【칙 별표11】

① 선반은 불연재료로 만들고 견고한 지반면에 고정하며, 선반의 높이는 6m를 초과하지 말 것
② 인화성고체, 제1석유류 또는 알코올류를 저장 또는 취급하는 장소에는 해당 위험물을 적당한 온도로 유지하기 위한 살수설비 등을 설치하여야 한다.
③ 과산화수소 또는 과염소산을 저장하는 옥외저장소에는 불연성 또는 난연성의 천막 등을 설치하여 햇빛을 가릴 것.

4. 옥외탱크저장소 [칙 별표6] ★

위험물 시행규칙 별표 6에서 말하는 규정의 중요사항은 다음과 같다.

(1) 옥외탱크저장소의 안전거리: 위험물제조소의 안전거리와 동일함.
(2) 옥외탱크저장소의 보유공지 (* 중요도 적음)

저장 또는 취급하는 위험물의 최대수량	공지의 너비
• 지정수량의 500배 이하	3m 이상
• 지정수량의 500배 초과 1,000배 이하	5m 이상 (*지정수량의 1천배 초과 4천배 이하 생략)
• 지정수량의 4,000배 초과	탱크의 수평단면의 최대지름과 높이 중 큰 것과 같은 거리 이상(30m 초과는 30m, 15m 미만은 15m로 한다)

 옥외탱크저장소 제반사항

옥외탱크저장소에는 안전거리 및 보유공지, 게시판, 탱크의 구조에 대한 규정이 있다. 그러나 건축물의 구조는 위험물제조소, 주유취급소 등에서는 규정이 있으나 옥외탱크저장소에는 없다.

【옥외탱크저장소】

(3) 옥외저장탱크의 외부구조 및 설비 (* 중요도 적음)
  ① 특정·준특정 옥외저장탱크 외에 3.2mm 이상의 강철판으로 할 것
  ② 밸브 없는 통기관(= 공기통)
    ㉠ 직경: 30mm 이상, 가는 눈의 구리망 등으로 인화방지장치를 할 것
    ㉡ 선단은 수평면보다 45도 이상 구부려 빗물 등의 침투를 막는 구조로 할 것
    ㉢ 위험물의 주입시를 제외하고 항상 개방되며 폐쇄 시에는 10kPa 이하에서 개방될 것
  ③ 대기밸브부착 통기관
    ㉠ 5kPa 이하의 압력차이로 작동되며 가는눈의 구리망으로 인화방지장치를 할 것
  ④ 옥외저장탱크 펌프 주위: 3m 이상의 공지를 보유할 것   【펌프】
(4) 인화점이 21℃ 미만인 옥외탱크저장소 주입구의 게시판의 설치기준 - (즉, 제1석유류 이하)
  ① 게시판 크기: 0.3m 이상 × 0.6m 이상   ② 표시: 옥외저장탱크 주입구
  ③ 기재사항: 유별, 품명, 주의사항   ④ 게시판의 색상: 백색바탕, 흑색문자
(5) 옥외저장탱크의 배수관은 탱크의 옆판에 설치하여야 한다. (다만, 탱크와 배수관과의 결합부분이 지진 등에 의하여 손상을 받을 우려가 없는 방법으로 배수관을 설치 시 탱크의 밑판에 설치할 수 있다.)

(6) 옥외탱크저장소의 방유제(이황화탄소는 제외. … 물속에 저장하기 때문에.)*
  ① 용량 (* 옥외탱크저장소 방유제와 제조소 옥외탱크 방유제와 혼동에 주의한다)
    ㉠ 방유제안에 탱크가 하나인 때에는 그 탱크용량의 110% 이상
    ㉡ 2기 인 때에는 가장 큰 탱크용량의 110% 이상으로 할 것
  ② 높이: 0.5m 이상, 3m 이하
  ③ 면적: 80,000㎡ 이하. (두께 0.2m 이상, 지하매설깊이 1m 이상) ▶ 방유팔만
  ④ 방유제 내에 최대설치 개수: 10기 이하(인화점이 200℃ 이상은 예외 - 즉, 제4석유류 이상)
    (* 탱크의 용량이 20만ℓ 이하이고, 인화점이 70℃ 이상 200℃ 미만인 경우: 20기 이하)
  ⑤ 방유제의 탱크 옆판으로부터 유지거리(인화점 200℃ 이상은 제외)

탱크의 지름	이격거리
지름이 15m 이상	탱크높이의 1/2 이상
지름이 15m 미만	탱크높이의 1/3 이상

  ⑥ 1m를 넘는 방유제 및 간막이 둑의 안팎에는 계단 또는 경사로를 약 50m마다 설치할 것.

※ 아세트알데히드 등의 옥외탱크저장소
    동, 은, 마그네슘, 수은을 피하며 냉각장치, 보냉장치, 불활성의 기체 봉입장치를 설치할 것

🔖 옥외저장탱크 도해정리

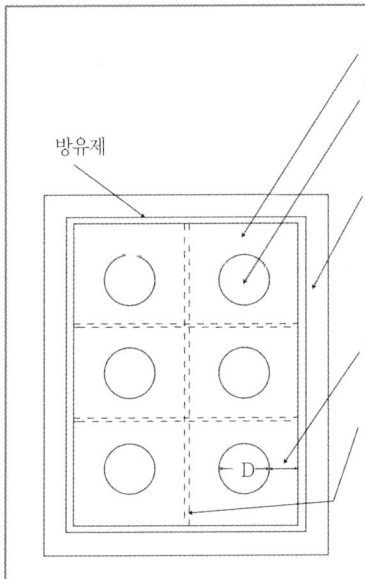

• 방유제 안의 면적(8만㎡ 이하)
• 방유제 내의 탱크수
  ① 원칙 ……… 10기 이하
  ② 전체탱크가 20만ℓ 이하이고, 70℃ ≤ fp<200℃일 때 20기 이하)
  ③ 전체 탱크가 fp ≥ 200℃일 때 …… 제한 없음 (* fp: 인화점)
• 구내도로 (소방활동을 고려하여 탱크에 직접 연결하도록 설치한 도로)
  ① 원칙 ……… 방유제 외면의 ½ 이상은 자동차등이 통행 가능한
                 노면폭 3m 이상의 구내도로에 접하여야 함
  ② 전체 탱크 용량합계가 20만ℓ 이하이고 소방활동상 지장이
     없다고 인정될 때 …… 일반 도로 또는 공지에 접하는 것도 가능
• 탱크와 방유제와의 이격거리
  ① D<15m일 때 … 탱크높이의 ⅓ 이상 거리
  ② D≥15m일 때… 탱크높이의 ½ 이상 거리
• 칸막이 둑(흙 또는 철근콘크리트)
  ① 대상 … 1,000만ℓ 이상 옥외저장탱크의 주위에 설치하는 방유제
  ② 높이 … 0.3m 이상(방유제 내 탱크의 용량합계가 2억ℓ를 넘는
             방유제는 1m 이상)으로, 방유제보다 0.2m 이상 낮게
  ③ 용량 … 둑 안에 설치된 탱크용량의 10% 이상

---
* **통기장치**: 제품 입·출고 시 외기온도 변화에 따른 파손방지를 위한 장치   * **통기관**: 공기통

5. 이동탱크저장소【칙 별표 10】(▶ 중요도 적음)

(1) 이동탱크저장소의 상치장소 (*~~ 유조차, 탱크로리를 말한다.)
① 옥외에 있는 상치장소는 화기를 취급하는 장소 또는 인근의 건축물로부터 5m 이상(인근건축물이 1층인 경우: 3m 이상)의 거리를 확보할 것(* 옥내는 1층에 설치할 것)

■ 이동탱크저장소 요약
- 방파판의 두께: 1.6mm 이상의 강철판을 <u>2개 이상</u> 설치 ▶ 방파리
- 방호틀의 두께: 2.3mm 이상의 강철판
- 이동탱크저장소의 탱크의 두께: <u>3.2mm 이상 강철판</u>(맨홀 및 주입관의 뚜껑 포함)
- 칸막이: 내부에 4,000ℓ 이하마다 3.2mm 이상 설치
- 주유설비의 분당 토출량: 200ℓ 이하

(*~~ 강판 혹은 강철판 두께는 주로 <u>3.2mm</u>이다.) ▶ 강산이(* 강산에)

(2) 표지 및 상치장소 표시
① 이동탱크저장소에는 위험물의 위험성을 알리는 표지를 설치하여야 한다.
② 탱크 외부에 도장 등을 하여 쉽게 식별할 수 있도록 하고 상치장소 위치를 표시하여야 한다.

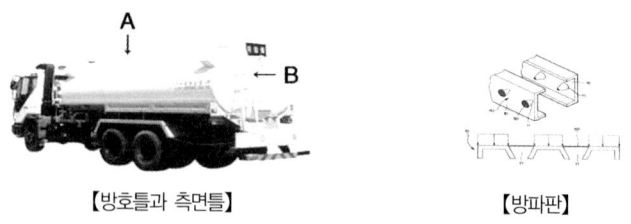

【방호틀과 측면틀】　　　【방파판】

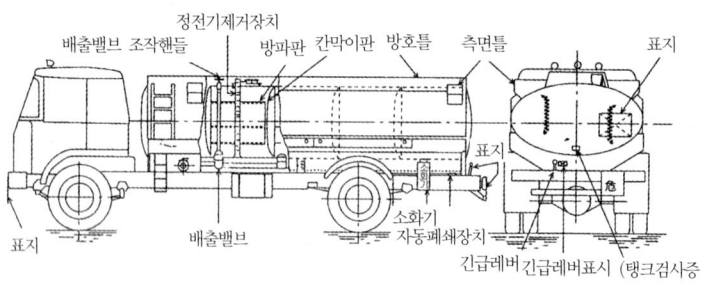

* 방호틀: 이동탱크 상부에 설치된 맨홀 및 안전장치 등을 보호하기 위한 장치(사진 A = 탱크외부 상부의 사각틀)
* 측면틀: 이동탱크가 전복 시에 탱크를 보호하기 위한 장치(사진 B = 사다리 좌측의 상단 모서리 부분)
* 방파판: 유조차의 급가속 급회전 등으로 원심력에 대비하여 탱크내부에 출렁거림을 방지하기위하여 칸막이 판.

6. 지하탱크저장소【칙 별표 8】*

(1) 지하탱크저장소의 탱크
① 탱크는 지하철, 지하가, 지하터널로부터 수평거리 <u>10m</u> 이내의 장소에 설치하지 말 것.
② 탱크를 그 수평투영의 세로 및 가로보다 각각 0.6m 이상 크고 두께가 0.3m 이상인 철근콘크리트 조의 뚜껑으로 할 것.
③ 탱크는 지하의 벽·피트·가스관 등으로부터 0.6m 이상 떨어진 곳에 매설할 것
④ 탱크전용실은 지하의 벽·피트·가스관 등으로부터 <u>0.1m 이상</u> 떨어진 곳에 설치하고, 지하저장탱크와 탱크전용실의 안쪽과의 사이는 <u>0.1m</u> 이상의 간격을 유지하며, 탱크 주위에 마른 모래 또는 습기 등에 의하여 응고되지 아니하는 <u>5mm</u> 이하의 마른 자갈분을 채워야 한다.
⑤ 지하저장탱크의 윗부분은 지면으로부터 <u>0.6m 이상 아래</u>에 있을 것

(2) 지하탱크저장소 액체위험물의 누설검사관
① 4개소 이상 적당한 위치에 설치할 것
② 이중관으로 할 것. 다만, 소공(小空)이 없는 상부는 단관으로 할 수 있다.
③ 재료는 금속관 또는 경질합성수지관으로 할 것
④ 관은 탱크전용실의 바닥 또는 탱크의 기초까지 닿게 할 것
⑤ 상부는 물이 침투하지 아니하는 구조로 하고, 뚜껑은 검사시 쉽게 열수 있도록 할 것
  ■ 해설: 지하탱크저장소는 지하에 방유제를 설치 할 수 없으니 액체 누설검사관을 설치한다.
  • 비교: "소방기본법 영 별표1 불을 사용하는 설비"에서 보일러는 뜨거우니까 금속관으로 하며 지하탱크저장소는 열이 없으니 금속관이나 경질합성수지관(플라스틱관)으로 할 수 있다는 뜻.

(3) 탱크용량의 90%가 찰 때 경보음을 울리는 방법으로 과충전을 방지하는 장치를 설치하여야 한다.

7. 간이탱크저장소【칙 별표 9】(▶ 중요도 적음)

(1) 탱크의 수 및 용량 등
① 하나의 간이탱크저장소에 설치하는 탱크는 3 이하로 하고 동일한 품질의 위험물의 간이저장탱크를 2 이상 설치하지 말 것
② 70kPa의 압력으로 10분간의 수압시험을 실시하여 새거나 변형되지 아니하여야 한다.
③ 옥외에 설치하는 경우 탱크주위에 너비 1m 이상의 공지를 두고 전용실 안에 설치하는 경우에는 탱크와 전용실의 벽과의 사이에 0.5m 이상의 간격을 유지하여야 한다.

  ■ 간이저장탱크의 용량: <u>600ℓ 이하</u>(육백ℓ 이하)

④ 통기관*의 지름은 25mm 이상으로 할 것   ▶ 통기관이오
⑤ 통기관은 옥외에 설치하되 그 선단의 높이는 지상 1.5m 이상으로 할 것

8. 암반탱크저장소【칙 별표 12】

암반탱크는 암반투수계수가 1초당 <u>십만분의 1m</u> 이하인 천연암반 내에 설치할 것   ▶ 암반십만

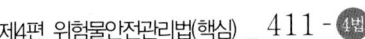

3- 취급소 위험물 취급소의 위치·구조 및 설비의 기준

1. 주유취급소 [칙 별표 13] **

위험물 시행규칙 별표 13에서 말하는 규정의 중요사항은 다음과 같다.

(1) 주유취급소의 주유공지*

① 주유취급소에는 고정주유설비의 주위에 주유를 받으려는 자동차 등이 출입할 수 있도록 너비 15m 이상, 길이 6m 이상의 콘크리트 등으로 포장한 공지를 보유하여야 하고, 고정급유설비를 설치하는 경우에는 고정급유설비의 호스기기 주위에 필요한 공지를 보유하여야 한다. ② 상기 ①번의 공지 바닥은 주위 지면보다 높게 하고, 배수구·집유설비 및 유분리장치를 한다.

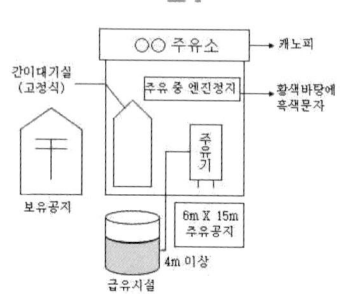

- 주유취급소의 주유 공지: 길이 6m 이상, 너비 15m 이상 ▶ 615(공동성명)

(2) 주유취급소의 표지 및 게시판***

주유취급소에는 보기 쉬운 곳에 "위험물 주유취급소"라는 표시를 한 표지 및 황색바탕에 흑색문자로 "주유 중 엔진정지"라는 표시를 한 게시판을 설치하여야 한다.

- 주유취급소의 게시판: 황색바탕에 흑색문자로 "주유 중 엔진정지" (0.3m × 0.6m 이상)

 표지 및 게시판 총요약. (칙 별표 제4, 6, 10, 13)

구 분	바탕 색상과 글씨 색상	기재 내용
① 제조소 표지	백색바탕에 흑색	"위험물제조소"
② 제조소 게시판	〃	배수, 성명, 직명, 최대(저장, 취급), 유별, 품명.
③ 위험물 게시판	적색·청색바탕에 백색	"화기주의", "화기엄금", "물기엄금"
④ 옥외탱크저장소 (주입구 게시판)	백색바탕에 흑색	"옥외저장탱크 주입구" 유별, 품명, 주의사항
⑤ 이동탱크 저장소	(명시 없음)	위험성을 알리는 표지 및 상치장소 위치 표시.
⑥ 주유소 표지	(명시 없음)	"위험물 주유취급소"
⑦ 주유소 게시판	황색바탕에 흑색	"주유 중 엔진정지"

(3) 주유취급소의 고정주유설비 및 고정급유설비
   ① 고정주유설비와 고정급유설비의 사이에는 4m 이상의 거리를 유지할 것
   ② 고정주유설비 또는 고정급유설비의 주유관의 길이 5m 이내로 할 것
   ③ 고정주유 및 급유설비의 중심선을 기점으로 도로경계선까지 4m 이상의 거리를 유지할 것

(4) 주유취급소의 건축물 등의 제한*
   주유취급소에는 주유 또는 그에 부대하는 업무를 위하여 사용되는 다음 각목의 건축물 또는 시설 외에는 다른 건축물 등을 설치할 수 없다.
   ① 주유 또는 등유·경유를 옮겨 담기 위한 작업장
   ② 주유취급소의 업무를 행하기 위한 사무소
   ③ 자동차 등의 점검 및 간이정비를 위한 작업장
   ④ 자동차 등의 세정을 위한 작업장
   ⑤ 주유취급소에 출입하는 사람을 대상으로 한 점포·휴게음식점 또는 전시장
   ⑥ 주유취급소의 관계자가 거주하는 주거시설
   ⑦ 그 밖의 소방청장이 정하여 고시하는 건축물 또는 시설
   제①호의 건축물 중 주유취급소의 직원 외의 자가 출입하는 ② (사무소), ③ (간이작업장), ⑤ (점포, 휴게음식점, 전시장)의 용도에 제공하는 부분의 면적의 합은 1,000㎡를 초과할 수 없다.

■ 주유취급소에 설치 가능한 시설**
   ① 주유 또는 등유·경유를 채우기 위한 작업장
   ② 주유취급소의 업무를 행하기 위한 사무소
   ③ 자동차 등의 점검 및 간이정비를 위한 작업장
   ④ 자동차 등의 세정을 위한 작업장
   ⑤ 주유취급소에 출입하는 사람을 대상으로 한 점포·휴게음식점 또는 전시장
   ⑥ 주유취급소의 관계자가 거주하는 주거시설 ▶ (세작정)사주점휴전 ▶ 작사주점휴전
   * 오답: 노래방, 볼링장, 폐기물처리장, 일반음식점

(5) 건축물 등의 구조
   ① 건축물의 벽·기둥·바닥·보 및 지붕을 내화구조 또는 불연재료로 할 것. 다만, (4) ②에 따른 면적의 합이 500㎡를 초과하는 경우에는 건축물의 벽을 내화구조로 하여야 한다.
   ② 주유취급소의 관계자가 거주하는 주거시설의 용도에 사용하는 부분은 개구부가 없는 내화구조의 바닥 또는 벽으로 해당 건축물의 다른 부분과 구획하고 주유를 위한 작업장 등 위험물 취급장소에 면한 쪽의 벽에는 출입구를 설치하지 아니할 것
   ③ 사무실 등의 창 및 출입구에 유리를 사용하는 경우에는 망입유리 또는 강화유리로 할 것. 이 경우 강화유리의 두께는 창에는 8mm 이상, 출입구에는 12mm 이상으로 하여야 한다.
   ④ 건축물 중 사무실 그 밖의 화기를 사용하는 곳(자동차 등의 점검 및 간이정비를 위한 작업장, 자동차 등의 세정을 위한 작업장에 사용하는 부분을 제외한다)은 누설한 가연성의 증기가 그 내부에 유입되지 아니하도록 다음의 기준에 적합한 구조로 할 것

㉠ 출입구는 건축물의 안에서 밖으로 수시로 개방할 수 있는 자동폐쇄식의 것으로 할 것
　　㉡ 출입구 또는 사이통로의 문턱의 높이를 15cm 이상으로 할 것
　　㉢ 높이 1m 이하의 부분에 있는 창 등은 밀폐시킬 것

(6) 자동차 등의 점검·정비를 행하는 설비
① 고정주유설비로부터 4m 이상, 도로경계선으로부터 2m 이상 떨어지게 할 것
② 위험물을 취급하는 설비는 위험물의 누설·넘침 또는 비산을 방지할 수 있는 구조로 할 것

(7) 자동차 등의 세정을 행하는 설비
증기세차기를 설치하는 경우에는 그 주위에 불연재료로 된 높이 1m 이상의 담을 설치하고 출입구가 고정주유설비에 면하지 아니하도록 할 것. 이 경우 담은 고정주유설비로부터 4m 이상 떨어지게 하여야 한다. 증기세차기 외의 세차기를 설치하는 경우에는 고정주유설비로부터 4m 이상, 도로경계선으로부터 2m 이상 떨어지게 할 것

(8) 주유원 간이대기실*
차량의 출입 및 주유작업에 지장을 주지 아니하는 위치의 기준에 의한다.
① 불연재료로 할 것
② 바퀴가 부착되지 아니한 고정식일 것
③ 바닥면적이 2.5m² 이하일 것.(단, 주유·급유공지 외는 제외.)

(*^^한사람이 서 있을 수 있는 수직박스를 말하며 주유소는 모든 시설에 "고정"을 원칙을 한다).

(9) 주유취급소의 담 또는 벽
주유취급소의 주위에는 자동차 등이 출입하는 쪽 외의 부분에 높이 2m 이상의 내화구조 또는 불연재료의 담 또는 벽을 설치할 것

(10) 고속국도 주유취급소의 특례*
고속국도의 도로변의 주유취급소에는 탱크의 용량을 60,000(육만)ℓ까지 할 수 있다.

【주유취급소의 주유시설】

2. 판매취급소의 위치·구조 및 설비의 기준【칙 별표 14】**

위험물 시행규칙 별표 14에서 말하는 규정의 중요사항은 다음과 같다.

(1) 1종 판매취급소
위험물 지정수량의 <u>20배</u> 이하까지 판매하는 취급소를 말한다.(예 휘발유 20드럼)
1. 건축물의 1층에 설치하여야 한다. (* 1층이 가장 안전)
2. "위험물 판매취급소" 표지와 방화에 필요한 사항을 게시한 게시판을 한다.
3. 창 또는 출입구에 유리를 이용하는 경우에는 망입유리로 한다.
4. 위험물을 배합하는 실의 위치·구조 및 설비의 기준은 다음과 같다.
   ① 바닥면적은 6m² 이상 15m² 이하일 것. (* 별표13 주유취급소 주유공지와 같은 숫자임)
   ② 내화구조 또는 불연재료로 된 벽으로 구획할 것
   ③ 바닥은 위험물이 침투하지 아니하는 구조로 하여 적당한 경사를 두고 집유설비를 할 것
   ④ 출입구에는 수시로 열 수 있는 자동폐쇄식의 갑종방화문을 설치할 것
   ⑤ 출입구 문턱의 높이는 바닥면으로부터 <u>0.1m</u> 이상으로 할 것
   ⑥ 내부에 체류한 가연성의 증기 또는 가연성의 미분을 지붕위로 방출하는 설비를 할 것

(2) 2종 판매취급소(* <u>1종판매취급소를 포함</u> = 원문 참고)
① 저장·취급하는 수량이 지정수량의 <u>40배</u> 이하인 판매취급소를 말한다.(예 휘발유 40드럼)

■ 해설
- 1종 판매취급소가 지정수량 20배 이하란? 휘발유일 때 지정수량 200ℓ(1드럼))의 20배 이하 즉, 20드럼 이하로 판매한다는 뜻이고, 2종판매취급소는 40드럼까지 판매할 수 있다는 뜻이다.
  ∴ 2종판매취급소는 제1종 판매취급소를 <u>포함</u>하여 더 강화된 기준들이 있다.
- 1·2종판매취급소가 건축물 1층에 설치하는 이유는? 계단이 없는 1층이 가장 안전하기 때문이다.
- "턱"은 소방기본법 [영 별표1]의 노·화덕 설비와 상기 1·2종판매취급소는 0.1m 이상이다.

3. 이송취급소【칙 별표 15】(▶ 중요도 적음)
위험물 시행규칙 별표 15에서 말하는 규정의 중요사항은 다음과 같다.

(1) 이송취급소의 설치 제외장소
① 철도 및 도로의 <u>터널</u> 안
② 급경사지역으로서 붕괴의 위험이 있는 지역
③ 고속국도, 자동차전용도로의 차도·길어깨 및 중앙분리대 ▶ 터널 어깨 분리
④ 호수, 저수지 등으로서 수리의 수원이 되는 곳 (* ③④ 횡단의 경우는 제외)

(2) 지하매설 기준
① 배관은 그 외면으로부터 다른 공작물에 대하여 0.3m 이상의 거리를 보유할 것
② 배관의 외면과 지표면과의 거리: 산이나 들: 0.9m 이상, 그 밖의 지역: 1.2m 이상

■ 이송취급소란 배관 및 이에 부속된 설비에 의하여 위험물을 이송하는 취급소를 말한다.

참고: 위험물 제조소등 안전거리 및 보유공지에 관한 제반사항

시행규칙 별표16까지 안전거리 및 보유공지의 유무를 정리하면 다음과 같다.

안전거리		보유공지	
규제를 받는 시설	규제 받지 않는 시설	규제를 받는 시설	규제 받지 않는 시설
제조소		제조소	
옥내 저장소 (1) 옥외 저장소 (2) 옥외탱크 저장소 (4)	옥내탱크·이동탱크 지하탱크·간이탱크 암반탱크 저장소	옥내 저장소 (1) 옥외 저장소 (2) 옥외탱크 저장소 (4) (옥외)간이탱크저장소 (7)	옥내탱크 저장소 이동탱크저장소 지하탱크 저장소 암반탱크 저장소
일반 취급소 이송 취급소	주유 취급소 판매 취급소	일반 취급소 이송 취급소	주유 취급소 판매 취급소

▶ (저장소) : ▶ 안전 : 1·2·4 ▶ 보유 : 1·2·4·7
(*예 옥내탱크 저장소는 보유공지가 없고, 옥내·외저장소 및 옥외탱크 저장소는 안전거리가 있다)

■ 저장소 종류 : 옥내저장소(1)·옥외저장소(2)·옥내탱크저장소(3)·옥외탱크저장소(4)·이동탱크저장소 (5)·지하탱크저장소(6)·간이탱크저장소(7)·암반탱크저장소(8) ▶ 옥내외 이지간암

■ 시험의 흐름 : 법이 변경되면 당분간은 법령 변경 전과 변경 후 모두를 알아야 한다.
출제자가 변경된 법령을 알고 낼 수도 있으나 모르고 출제하는 출제자들도 적지 않기 때문이다.
일반적으로 법령이 변경되면 잘 나오지 않으나 약 20% 정도는 바로 나오는 경향이 있었으므로
수험생의 입장에서는 변경된 법령에 유의 하도록 한다.

■ 내가 사랑하는 사람은

• 내가 사랑하는 사람은 어디를 가든지 빛이 나는 사람이었으면 합니다.
 함께 있음으로 해서 모든 게 아름답게 보이고 그 빛을 통해 바라본 세상을 보여주고 싶기 때문입니다.
• 내가 사랑하는 사람은 몇 번쯤 시험을 통해 떨어진 성숙한 사람이었으면 합니다.
 아파 본 사람만이 큰 가슴을 가질 수 있으며 그 성숙 속에서 더 큰사랑을 키울 수 있기 때문입니다.
• 내가 사랑하는 사람은 이번만큼은 꼭 약속을 허물지 않는 합격한 사람이었으면 합니다.
 사랑한다면서 힘없이 돌아서는 엇갈림 속에서 그 소중한 약속만큼 나를 지켜줄 수 있기 때문입니다.
• 내가 사랑하는 사람은 누구보다 학문을 좋아하고도 외로움을 싫어하는 사람이었으면 합니다.
 늘 혼자인 것에 익숙해 힘없이 걸어가는 길, 그 외로움 끝에 언제나 내가 기다리고 있기 때문입니다.
• 내가 사랑하는 사람은 하늘이 늦게라도 맺어 준 운명 같은 사람이었으면 합니다.
 지금쯤은 내 앞에 와 있을 운명을 믿고 마지막에는 힘차게 달려와 줄 최고의 행운이기 때문입니다.

4- 소화설비 | 위험물 제조소등에 대한 소화설비 및 운반 기준

1. 제조소등에 소화설비의 설치기준 [칙 별표 17]
제조소등에 소화설비의 설치기준은 다음과 같다.
(1) 소화난이도 1등급: 유황만을 저장취급하는 것은 물분무소화설비이다.
(2) 소화난이도 3등급: 소형수동식 소화기등에서 능력단위의 수치가 3 이상 2개 이상을 설치한다.
(3) 전기설비의 소화설비: 면적 100㎡ 마다 소형수동식소화기 1개 이상 설치
(4) 위험물의 소요단위: 지정수량의 10배를 말한다. ▶ 소지십(* 소지섭)
(5) 옥내소화전설비의 수원의 수량 = 설치개수(최대 5개) × 7.8㎥ 이상 = <u>39㎥</u>
(6) 옥외소화전설비의 수원의 수량 = 설치개수(최대 4개) × 13.5㎥ 이상(예) 4개 이상은 <u>54㎥</u>)
(7) 스프링클러설비의 설치 기준
　　하나의 스프링클러헤드의 수평거리는 <u>1.7m</u> 이하로 설치할 것.
(8) 수동식소화기의 설치 기준*
　　① 소형수동식소화기: 보행거리 20m 이하
　　② 대형수동식소화기: 보행거리 30m 이하

(9) 경보설비 중 자동화재탐지설비 설치대상은 지정수량의 10배 이상을 저장 또는 취급하는 것 중 <u>비상경보설비, 비상방송설비, 확성장치, 자동화재탐지설비</u> 중 1종 이상이다.
(10) 자동화재탐지설비의 설치기준
　　① 면적: 600㎡ 이하(강당 등 내부전체가 보이는 곳: 1,000㎡ 이하)
　　② 길이: 50m 이하(광전식 분리형 감지기 설치: 100m 이하)로서 층마다 설치한다.
　　③ 2개층의 면적이 500㎡ 이하일 때는 2개층을 하나의 경계구역으로 할 수 있다.
　　④ 자동화재탐지설비에는 비상전원을 설치할 것.

2. 위험물의 유별 저장·취급의 공동기준(중요기준) [칙 별표 18]
1. 제1류 위험물은 가연물과의 접촉·혼합이나 분해를 촉진하는 물품과의 접근 또는 과열·충격·마찰등을 피하는 한편, 알카리금속의 과산화물 및 이를 함유한 것에 있어서는 물과의 접촉을 피하여야 한다.
2. <u>제2류 위험물</u>은 산화제와의 접촉·혼합이나 불티·불꽃·고온체와의 접근 또는 과열을 피하는 한편, 철분·금속분·마그네슘 및 이를 함유한 것에 있어서는 물이나 산과의 접촉을 피하고 인화성 고체에 있어서는 함부로 증기를 발생시키지 아니하여야 한다.
3. 제3류 위험물 중 자연발화성물질에 있어서는 불티·불꽃 또는 고온체와의 접근·과열 또는 공기와의 접촉을 피하고, 금수성물질에 있어서는 물과의 접촉을 피하여야 한다.
4. 제4류 위험물은 불티·불꽃·고온체와의 접근, 과열을 피하고, 함부로 증기를 발생시키지 아니한다.
5. 제5류 위험물은 불티·불꽃·고온체와의 접근이나 과열·충격 또는 마찰을 피하여야 한다.
6. 제6류 위험물은 가연물과의 접촉·혼합이나 분해를 촉진하는 물품과의 접근 또는 과열을 피해야 한다.

3. 위험물의 운반에 관한 기준【칙 별표 19】 (▶ 중요도 적음)

운반용기의 재질은 강판·알루미늄판·양철판·유리·금속판·종이·플라스틱·섬유판·고무류·합성섬유·삼·짚 또는 나무로 한다.

1 - (1) 적재방법

위험물은 다음의 기준에 따라 수납하여 적재한다.(단, 덩어리 상태의 유황 등은 제외한다.)

① 위험물이 온도변화 등에 의하여 누설되지 아니하도록 운반용기를 밀봉하여 수납할 것.(단, 가스의 발생으로 압력이 상승할 경우에는 가스의 배출구를 설치한 운반용기에 수납할 수 있다.)
② 고체위험물은 운반용기 내용적의 95% 이하의 수납률로 수납할 것
③ 액체위험물은 운반용기 내용적의 98% 이하의 수납률로 수납하되, 55도의 온도에서 누설되지 아니하도록 충분한 공간용적을 유지하도록 할 것
④ 하나의 외장용기에는 다른 종류의 위험물을 수납하지 아니할 것
⑤ 제3류 위험물 중 자연발화성물질 중 알킬알루미늄 등은 운반용기의 내용적의 90% 이하의 수납률로 수납하되, 50℃의 온도에서 5% 이상의 공간용적을 유지하도록 할 것
⑥ 액체위험물을 수납하는 경우에는 55℃의 온도에서 증기압이 130kPa 이하가 되도록 수납할 것.
⑦ 경질플라스틱제의 운반용기 등은 제조된 때로부터 5년 이내의 것으로 할 것

(2) - 운반용기는 수납구를 위로 향하게 하여 적재하여야 한다.

(3) - 적재하는 위험물의 성질에 따라 일광의 직사 또는 빗물의 침투를 방지하기 위하여 유효하게 피복하는 등 다음에 정하는 기준에 따른 조치를 하여야 한다.(중요기준)

① 제1류 위험물, 제3류 위험물 중 자연발화성물질, 제4류 위험물 중 특수인화물, 제5류 위험물 또는 제6류 위험물은 차광성이 있는 피복으로 가릴 것
② 제1류 위험물 중 알칼리금속의 과산화물 또는 이를 함유한 것, 제2류 위험물 중 철분·금속분·마그네슘 등 또는 제3류 위험물 중 금수성물질은 방수성이 있는 피복으로 덮을 것
③ 제5류 위험물 중 55℃ 이하의 온도에서 분해될 우려가 있는 것은 보냉 컨테이너에 수납하는 등 적정한 온도관리를 할 것

(4) 위험물의 위험등급

1) 1등급 (* 주로 각 유별에서 지정수량이 적은 것 등)

① 제1류 위험물 중 아염소산염류 등 지정수량이 50kg인 위험물
② 제3류 위험물 중 칼륨, 황린 등 지정수량이 10kg 및 20kg인 위험물
③ 제4류 위험물 중 특수인화물 및 제6류 위험물(* 액체)
④ 제5류 위험물 중 유기과산화물, 질산에스테르류 등 지정수량이 10kg인 위험물

2) 2등급

① 제1류 위험물 중 지정수량 300kg인 위험물 ② 제2류 위험물 중 지정수량 100kg인 위험물
③ 제3류 위험물 중 지정수량 50kg인 위험물 ④ 제4류 위험물 중 제1석유류 및 알코올류
⑤ 제5류 위험물 중 제1등급 외의 위험물

※ 상기 외의 제1등급 및 제2등급으로 정하지 아니한 위험물은 제3등급으로 한다.

(5) 수납하는 위험물에 따라 다음의 규정에 의한 주의사항**
① 제1류 위험물에 있어서는 "화기·충격주의" 및 "가연물접촉주의" / 알칼리금속의 과산화물 등에 있어서는 "화기·충격주의", "물기엄금" 및 "가연물접촉주의"
② 제2류 위험물에 있어서는 "화기주의" / 인화성 고체에 있어서는 "화기엄금", / 철분·금속분·마그네슘 등에 있어서는 "화기주의" 및 "물기엄금"
③ 제3류 위험물 중 자연발화성물질에 있어서는 "화기엄금" 및 "공기접촉엄금" / 금수성물질에 있어서는 "물기엄금" (* 물기는 "엄금" 뿐이고, 충격은 "주의" 뿐이다.)
④ 제4류 위험물에 있어서는 "화기엄금"
⑤ 제5류 위험물에 있어서는 "화기엄금" 및 "충격주의"
⑥ 제6류 위험물에 있어서는 "가연물접촉주의"

■ 제3·5류 > 4류 > 2류 > 1·6류
주로 "엄금" ┘ └ 주로 "주의"

(6) 차량으로 운반할 때 : 흑색바탕에 황색의 반사도료로 "위험물"이라는 표지를 설치한다.
(7) 유별을 달리하는 위험물의 혼재기준
위험물 시행규칙 별표 19 부표 2에서 말하는 규정의 중요사항은 다음과 같다.

위험물의 구분	제1류	제2류	제3류	제4류	제5류	제6류
제1류		×	×	×	×	○
제2류	×		×	○	○	×
제3류	×	×		○	×	×
제4류	×	○	○		○	×
제5류	×	○	×	○		×
제6류	○	×	×	×	×	

단, 지정수량의 1/10 이하의 위험물에 대하여는 적용하지 아니함.

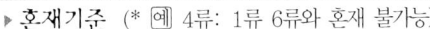

▶ 혼재기준 (* 예 4류: 1류 6류와 혼재 불가능)

■ 요약: 1류부터 6류 위험물까지 유별이 달라도 혼재할 수 있는 기준
1류+6류, 3류+4류, 5류+2류+4류 ▶ 일육, 삼사, 오이사

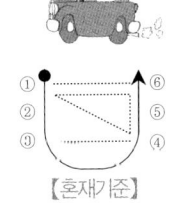
【혼재기준】

소방관계법규 핵심요점은 기출문제를 중심으로 정리된 것으로 실제시험은 원문에서도 출제될 수 있다. 원문 학습은 원문의 밑줄부분을 중심으로 "법조항"의 밑줄부분은 개념을 가지기 위하여 법조항의 문장 전체를 읽어야할 필요가 있으며, "문장의 단어 밑"의 밑줄은 그 단어를 중심으로 학습을 하면 시간을 절약할 수 있다. 또한 소방법령은 매년 10 여차례 이상 개정되고 있으며 개정된 후 시행일 기준이 아닌 개정일 기준으로 시험에 출제 된 적이 종종 있으니 개정된 법령 등에 유의 바란다.

- 시험은 포기하지 않으면 패배하지 않는다.
  포기란 그것을 딛고 일어서지 못하는 나약한 마음이다.
  패배란 나에게 약이 되고 포기란 가족에게서 벌이 된다.

제 4 편

04편 위험물안전관리법 150p

위험물안전관리법(원문) 150p

시행령·시행규칙·별표

(* 중요도 낮은 조항은 생략되었으니 법제처 참조바람)

http://www.moleg.go.kr/main.html

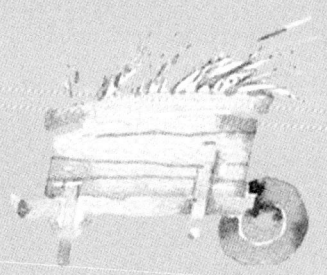

▶ 출제자들이 선호했던 소방관계시험의 중요문제 조항은 그 (법조항) 밑에
단어 문제는 그 문장의 단어 밑에 고딕체 및 밑줄로서 선별하였습니다.
※ 4분법 질문: 소방청(방호조사과) 044-205-7272 외 메일

제4편 위험물안전관리법(원문)

법 개정 2020.10.20 법률 제17518호

시행령
개정 2020.7.14 대통령령 제30839호

시행규칙
개정 2020.10.12 행정안전부령 제206호

제1장 총 칙

제1조 (목적)
이 법은 위험물의 저장·취급 및 운반과 이에 따른 안전관리에 관한 사항을 규정함으로써 위험물로 인한 위해를 방지하여 공공의 안전을 확보함을 목적으로 한다.

제2조 (정의)
① 이 법에서 사용하는 용어의 정의는 다음과 같다.
  1. "위험물"이란 인화성 또는 발화성 등의 성질을 가지는 것으로서 대통령령이 정하는 물품을 말한다.
  2. "지정수량"이란 위험물의 종류별로 위험성을 고려하여 대통령령이 정하는 수량으로서 제6호의 규정에 의한 제조소등의 설치허가 등에 있어서 최저의 기준이 되는 수량을 말한다.
  3. "제조소"란 위험물을 제조할 목적으로 지정수량 이상의 위험물을 취급하기 위하여 제6조제1항의 규정에 따른 허가(동조 제3항의 규정에 따라 허가가 면제된 경우 및 제7조제2항의 규정에 따라 협의로써 허가를 받은 것으로 보는 경우를 포함한다. 이하 제4호 및 제5호에서 같다)를 받은 장소를 말한다.
  4. "저장소"란 지정수량 이상의 위험물을 저장하기 위한 대통령령이 정하는 장소로서 제6조제1항의 규정에 따른 허가를 받은 장소를 말한다.
  5. "취급소"란 지정수량 이상의 위험물을 제조외의 목적으로 취급하기 위한 대통령령이 정하는 장소로서 제6조제1항의 규정에 따른 허가를 받은 장소를 말한다.
  6. "제조소등"이란 제3호 내지 제5호의 제조소·저장소 및 취급소를 말한다.
② 이 법에서 사용하는 용어의 정의는 제1항에서 규정하는 것을 제외하고는 「소방기본법」·「화재예방, 소방시설 설치유지 및 안전관리에 관한 법률」 및 「소방시설공사업법」에서 정하는 바에 따른다.

> **영** **제2조 (위험물)** 「위험물안전관리법」(이하 "법"이라 한다) 제2조제1항제1호에서 "대통령령이 정하는 물품"이란 별표 1에 규정된 위험물을 말한다.
> **제3조 (위험물의 지정수량)** 법 제2조제1항제2호에서 "대통령령이 정하는 수량"이란 별표 1의 위험물별로 지정수량란에 규정된 수량을 말한다.
> **제4조 (위험물을 저장하기 위한 장소 등)** 법 제2조제1항제4호의 규정에 의한 지정수량 이상의 위험물을 저장하기 위한 장소와 그에 따른 저장소의 구분은 별표 2와 같다.
> **제5조 (위험물을 취급하기 위한 장소 등)** 법 제2조제1항제5호에 의한 지정수량 이상의 위험물을 제조 외의 목적으로 취급하기 위한 장소와 그에 따른 취급소의 구분은 별표 3과 같다.

제2조 (정의)

이 규칙에서 사용하는 용어의 뜻은 다음과 같다.
1. "고속국도"란 「도로법」 제10조제1호의 규정에 의한 도로를 말한다.
2. "도로"란 다음 각목의 어느 하나에 해당하는 것을 말한다.
   가. 「도로법」 제2조제1호에 따른 도로
   나. 「항만법」 제2조제5호에 따른 항만시설 중 임항교통시설에 해당하는 도로
   다. 「사도법」 제2조의 규정에 의한 사도
   라. 그 밖에 일반교통에 이용되는 너비 2m 이상의 도로로서 자동차의 통행이 가능한 것
3. "하천"이란 「하천법」 제2조제1항제1호의 규정에 의한 하천을 말한다.
4. "내화구조"란 「건축법 시행령」 제2조제7호에 따른 내화구조를 말한다.
5. "불연재료"란 「건축법 시행령」 제2조제10호에 따른 불연재료 중 유리 외의 것을 말한다.

제3조 (위험물 품명의 지정)

① 「위험물안전관리법 시행령」(이하 "영"이라 한다) 별표 1 제1류의 품명란 제10호에서 "행정안전부령이 정하는 것"이란 다음 각 호의 어느 하나 해당하는 것을 말한다. 〈개정 2005.5.26〉
   1. 과요오드산염류
   2. 과요오드산
   3. 크롬, 납 또는 요오드의 산화물
   4. 아질산염류
   5. 차아염소산염류
   6. 염소화이소시아눌산
   7. 퍼옥소이황산염류
   8. 퍼옥소붕산염류

② 영 별표 1 제3류의 품명란 제11호에서 "행정안전부령이 정하는 것"이란 염소화규소화합물을 말한다.

③ 영 별표 1 제5류의 품명란 제10호에서 "행정안전부령이 정하는 것"이란 다음 각호의 1에 해당하는 것을 말한다.
   1. 금속의 아지화합물
   2. 질산구아니딘

④ 영 별표 1 제6류의 품명란 제4호에서 "행정안전부령이 정하는 것"이란 할로겐간화합물을 말한다.

제4조 (위험물의 품명)

① 제3조제1항 및 제3항 각호의 1에 해당하는 위험물은 각각 다른 품명의 위험물로 본다.

② 영 별표 1 제1류의 품명란 제11호, 동표 제2류의 품명란 제8호, 동표 제3류의 품명란 제12호, 동표 제5류의 품명란 제11호 또는 동표 제6류의 품명란 제5호의 위험물로서 해당 위험물에 함유된 위험물의 품명이 다른 것은 각각 다른 품명의 위험물로 본다.

제5조 (탱크 용적의 산정기준)

① 위험물을 저장 또는 취급하는 탱크의 용량은 해당 탱크의 내용적에서 공간용적을 뺀 용적으로 한다. 이 경우 위험물을 저장 또는 취급하는 영 별표 2 제6호에 따른 차량에 고정된 탱크(이하 "이동저장탱크"라 한다)의 용량은「자동차 및 자동차부품의 성능과 기준에 관한 규칙」에 따른 최대적재량 이하로 하여야 한다.

② 제1항의 규정에 의한 탱크의 내용적 및 공간용적의 계산방법은 소방청장이 정하여 고시한다.

③ 제1항의 규정에 불구하고 제조소 또는 일반취급소의 위험물을 취급하는 탱크 중 특수한 구조 또는 설비를 이용함에 따라 해당 탱크내의 위험물의 최대량이 제1항의 규정에 의한 용량 이하인 경우에는 해당 최대량을 용량으로 한다.

제3조 (적용제외)

이 법은 항공기·선박(「선박법」 제1조의2의 제1항의 규정에 따른 선박을 말한다)·철도 및 궤도에 의한 위험물의 저장·취급 및 운반에 있어서는 이를 적용하지 아니한다.

제3조의2 (국가의 책무)

① 국가는 위험물에 의한 사고를 예방하기 위하여 다음 각 호의 사항을 포함하는 시책을 수립·시행하여야 한다.
  1. 위험물의 유통실태 분석
  2. 위험물에 의한 사고 유형의 분석
  3. 사고 예방을 위한 안전기술 개발
  4. 전문인력 양성
  5. 그 밖에 사고 예방을 위하여 필요한 사항
② 국가는 지방자치단체가 위험물에 의한 사고의 예방·대비 및 대응을 위한 시책을 추진하는 데에 필요한 행정적·재정적 지원을 하여야 한다. [본조신설 2016.1.27]

제4조 (지정수량 미만인 위험물의 저장·취급)

지정수량 미만인 위험물의 저장 또는 취급에 관한 기술상의 기준은 특별시·광역시·특별자치시·도 및 특별자치도(이하 "시·도"라 한다)의 조례로 정한다.

제5조 (위험물의 저장 및 취급의 제한)

① 지정수량 이상의 위험물을 저장소가 아닌 장소에서 저장하거나 제조소등이 아닌 장소에서 취급하여서는 아니 된다.
② 제1항의 규정에 불구하고 다음 각 호의 어느 하나 해당하는 경우에는 제조소등이 아닌 장소에서 지정수량 이상의 위험물을 취급할 수 있다. 이 경우 임시로 저장 또는 취급하는 장소에서의 저장 또는 취급의 기준과 임시로 저장 또는 취급하는 장소의 위치·구조 및 설비의 기준은 시·도의 조례로 정한다.
  1. 시·도의 조례가 정하는 바에 따라 관할소방서장의 승인을 받아 지정수량 이상의 위험물을 90일 이내의 기간동안 임시로 저장 또는 취급하는 경우
  2. 군부대가 지정수량 이상의 위험물을 군사목적으로 임시로 저장 또는 취급하는 경우
③ 제조소등에서의 위험물의 저장 또는 취급에 관하여는 다음 각 호의 중요기준 및 세부기준에 따라야 한다.
  1. 중요기준: 화재 등 위해의 예방과 응급조치에 있어서 큰 영향을 미치거나 그 기준을 위반하는 경우 직접적으로 화재를 일으킬 가능성이 큰 기준으로서 행정안전부령이 정하는 기준
  2. 세부기준: 화재 등 위해의 예방과 응급조치에 있어서 중요기준보다 상대적으로 적은 영향을 미치거나 그 기준을 위반하는 경우 간접적으로 화재를 일으킬 수 있는 기준 및 위험물의 안전관리에 필요한 표시와 서류·기구 등의 비치에 관한 기준으로서 행정안전부령이 정하는 기준
④ 제1항의 규정에 따른 제조소등의 위치·구조 및 설비의 기술기준은 행정안전부령으로 정한다.
⑤ 둘 이상의 위험물을 같은 장소에서 저장 또는 취급하는 경우에 있어서 해당 장소에서 저장 또는 취급하는 각 위험물의 수량을 그 위험물의 지정수량으로 각각 나누어 얻은 수의 합계가 1 이상인 경우 해당 위험물은 지정수량 이상의 위험물로 본다.

제28조 (제조소의 기준) ~ 제40조 (일반취급소의 기준)
법 제5조제4항의 규정에 의한 제조소등의 위치·구조 및 설비의 기준 중 제조소는 별표 4와 같다.
- 이하 요약함 -
옥내저장소는 별표 5. 옥외탱크저장소는 별표 6. 옥내탱크저장소는 별표 7과 같다.
지하탱크저장소는 별표 8. 간이탱크저장소는 별표 9. 이동탱크저장소는 별표 10과 같다.
옥외저장소는 별표 11과 같다. 암반탱크저장소는 별표 12. 주유취급소는 별표 13과 같다.
판매취급소에 별표 14와 같다. 이송취급소는 별표 15와 같다. 일반취급소는 별표 16과 같다.

제41조 (소화설비의 기준)
① 법 제5조제4항의 규정에 따라 제조소등에는 화재발생시 소화가 곤란한 정도에 따라 그 소화에 적응성이 있는 소화설비를 설치하여야 한다.
② 제1항의 규정에 의한 소화가 곤란한 정도에 따른 소화난이도는 소화난이도등급Ⅰ 소화난이도등급Ⅱ 및 소화난이도등급Ⅲ으로 구분하되, 각 소화난이도등급에 해당하는 제조소등의 규모, 저장 또는 취급하는 위험물의 품명 및 최대수량 등과 그에 따라 제조소등별로 설치하여야 하는 소화설비의 종류, 각 소화설비의 적응성 및 소화설비의 설치기준은 별표 17과 같다.

제42조 (경보설비의 기준)
① 법 제5조제4항의 규정에 따라 영 별표 1의 규정에 의한 지정수량의 <u>10배 이상</u>의 위험물을 저장 또는 취급하는 제조소등(이동탱크저장소를 제외한다)에는 화재발생시 이를 알릴 수 있는 경보설비를 설치하여야 한다.
② 제1항에 따른 경보설비는 자동화재탐지설비·자동화재속보설비·비상경보설비(비상벨장치 또는 경종을 포함한다)·확성장치(휴대용확성기를 포함한다) 및 비상방송설비로 구분하되, 제조소등별로 설치하여야 하는 경보설비의 종류 및 설치기준은 별표 17과 같다.〈개정 2020 10 12〉
③ 자동신호장치를 갖춘 스프링클러설비 또는 물분무등소화설비를 설치한 제조소등에 있어서는 제2항의 규정에 의한 자동화재탐지설비를 설치한 것으로 본다.

제43조 (피난구조설비의 기준)
① 법 제5조제4항의 규정에 따라 주유취급소 중 건축물의 2층 이상의 부분을 점포·휴게음식점 또는 전시장의 용도로 사용하는 것과 옥내주유취급소에는 피난구조설비를 설치하여야 한다.
② 제1항의 규정에 의한 피난구조설비의 설치기준은 별표 17과 같다.

제44조 (소화설비 등의 설치에 관한 세부기준)
제41조 내지 제43조의 규정에 의한 기준 외에 소화설비·경보설비 및 피난구조설비의 설치에 관하여 필요한 세부기준은 소방청장이 정하여 고시한다.

제45조 (소화설비 등의 형식)
소화설비·경보설비 및 피난구조설비는 「화재예방, 소방시설 설치·유지 및 안전관리에 관한 법률」제36조에 따라 소방청장의 형식승인을 받은 것이어야 한다.

제46조 (화재안전기준의 적용)
제조소등에 설치하는 소화설비·경보설비 및 피난구조설비의 설치 기준 등에 관하여 제41조부터 제44조까지에 규정된 기준 외에는 「화재예방, 소방시설 설치·유지 및 안전관리에 관한 법률」에 따른 화재안전기준에 따른다.

칙 제47조 (제조소등의 기준의 특례)
① 시·도지사 또는 소방서장은 다음 각 호에 해당하는 경우에는 이 장의 규정을 적용하지 아니한다.
1. 위험물의 품명 및 최대수량, 지정수량의 배수, 위험물의 저장 또는 취급의 방법 및 제조소등의 주위의 지형 그 밖의 상황 등에 비추어 볼 때 화재의 발생 및 연소의 정도나 화재 등의 재난에 의한 피해가 이 장의 규정에 의한 제조소등의 위치·구조 및 설비의 기준에 의한 경우와 동등 이하가 된다고 인정되는 경우
2. 예상하지 아니한 특수한 구조나 설비를 이용하는 것으로서 이 장의 규정에 의한 제조소등의 위치·구조 및 설비의 기준에 의한 경우와 동등 이상의 효력이 있다고 인정되는 경우
② 시·도지사 또는 소방서장은 제조소등의 기준의 특례 적용 여부를 심사함에 있어서 전문기술적인 판단이 필요하다고 인정하는 사항에 대해서는 기술원이 실시한 해당 제조소등의 안전성에 관한 평가(이하 이 조에서 "안전성 평가"라 한다)를 참작할 수 있다.
③ 안전성 평가를 받으려는 자는 제6조제1호부터 제4호까지 및 같은 조 제7호부터 제9호까지의 규정에 따른 서류 중 해당 서류를 기술원에 제출하여 안전성 평가를 신청할 수 있다.
④ 안전성 평가의 신청을 받은 기술원은 소방기술사, 위험물기능장 등 해당분야의 전문가가 참여하는 위원회(이하 이 조에서 "안전성평가위원회"라 한다)의 심의를 거쳐 안전성 평가 결과를 30일 이내에 신청인에게 통보하여야 한다.
⑤ 그 밖에 안전성평가위원회의 구성 및 운영과 신청절차 등 안전성 평가에 관하여 필요한 사항은 기술원의 원장이 정한다.

칙 제48조 (화약류에 해당하는 위험물의 특례)
염소산염류·과염소산염류·질산염류·유황·철분·금속분·마그네슘·질산에스테르류·니트로화합물 중 「총포·도검·화약류 등의 안전관리에 관한 법률」에 따른 화약류에 해당하는 위험물을 저장 또는 취급하는 제조소 등에 대하여는 별표 4 Ⅱ·Ⅳ·Ⅸ·Ⅹ 및 별표 5 Ⅰ 제1호·제2호·제4호부터 제8호까지·제14호·제16호·Ⅱ·Ⅲ을 적용하지 않는다.〈개정 2020. 10. 12〉

칙 제49조 (제조소등에서의 위험물의 저장 및 취급의 기준)
법 제5조제3항의 규정에 의한 제조소등에서의 위험물의 저장 및 취급에 관한 기준은 별표 18과 같다.

제2장 위험물시설의 설치 및 변경

제6조 (위험물시설의 <u>설치 및 변경</u> 등)
① 제조소등을 설치하고자 하는 자는 대통령령이 정하는 바에 따라 그 설치장소를 관할하는 특별시장·광역시장·특별자치시장·도지사 또는 특별자치도지사(이하 "시·도지사"라 한다)의 허가를 받아야 한다. 제조소등의 <u>위치·구조 또는 설비</u> 가운데 행정안전부령이 정하는 사항을 변경하고자 하는 때에도 <u>또한 같다</u>.
② 제조소등의 위치·구조 또는 설비의 변경없이 해당 제조소등에서 저장하거나 취급하는 위험물의 품명·수량 또는 지정수량의 배수를 변경하고자 하는 자는 변경하고자 하는 날의 <u>1일</u> 전까지 행정안전부령이 정하는 바에 따라 <u>시·도지사</u>에게 신고하여야 한다.
③ 제1항 및 제2항의 규정에 불구하고 다음 각 호의 어느 하나 해당하는 제조소등의 경우에는 허가를 받지

아니하고 해당 제조소등을 설치하거나 그 위치·구조 또는 설비를 변경할 수 있으며, 신고를 하지 아니하고 위험물의 품명·수량 또는 지정수량의 배수를 변경할 수 있다.
1. 주택의 난방시설(공동주택의 중앙난방시설을 제외한다)을 위한 저장소 또는 취급소
2. 농예용·축산용 또는 수산용으로 필요한 난방시설 또는 건조시설을 위한 지정수량 20배 이하의 저장소

영 제6조 (제조소등의 설치 및 변경의 허가)
① 법 제6조제1항에 따라 제조소등의 설치허가 또는 변경허가를 받으려는 자는 설치허가 또는 변경허가신청서에 행정안전부령이 정하는 서류를 첨부하여 특별시장·광역시장특별자치시장도지사 또는 특별자치도지사(이하 "시·도지사"라 한다)에게 제출하여야 한다.
② 사도지사는 제1항에 따른 제조소등의 설치허가 또는 변경허가 신청 내용이 다음 각 호의 기준에 적합하다고 인정하는 경우에는 허가를 하여야 한다.
  1. 제조소등의 위치·구조 및 설비가 법 제5조제4항의 규정에 의한 기술기준에 적합할 것
  2. 제조소등에서의 위험물의 저장 또는 취급이 공공의 안전유지 또는 재해의 발생방지에 지장을 줄 우려가 없다고 인정될 것
  3. 다음 각 목의 제조소등은 해당 목에서 정한 사항에 대하여 「소방산업의 진흥에 관한 법률」 제14조에 따른 기술원의 기술검토를 받고 그 결과가 행정안전부령으로 정하는 기준에 적합한 것으로 인정될 것. 다만, 보수 등을 위한 부분적인 변경으로서 소방청장이 정하여 고시하는 사항에 대해서는 기술원의 기술검토를 받지 않을 수 있으나 행정안전부령으로 정하는 기준에는 적합해야 한다.
    가. 지정수량의 1천배 이상의 위험물을 취급하는 제조소 또는 일반취급소: 구조·설비에 관한 사항
    나. 옥외탱크저장소(저장용량이 50만 리터 이상인 것만 해당한다) 또는 암반탱크저장소: 위험물탱크의 기초·지반, 탱크본체 및 소화설비에 관한 사항
③ 제2항 제3호 각 목의 어느 하나에 해당하는 제조소등에 관한 설치허가 또는 변경허가를 신청하는 자는 그 시설의 설치계획에 관하여 미리 기술원의 기술검토를 받아 그 결과를 설치허가 또는 변경허가신청서류와 함께 제출할 수 있다.

칙 제6조 (제조소등의 설치허가의 신청)
「위험물안전관리법」(이하 "법"이라 한다) 제6조제1항 전단 및 영 제6조제1항에 따라 제조소등의 설치허가를 받으려는 자는 별지 제1호서식 또는 별지 제2호서식의 신청서(전자문서로 된 신청서를 포함한다)에 다음 각호의 서류(전자문서를 포함한다)를 첨부하여 특별시장·광역시장 특별자치시장도지사 또는 특별자치도지사(이하 "시·도지사"라 한다)나 소방서장에게 제출하여야 한다. 다만, 「전자정부법」 제36조제1항에 따른 행정정보의 공동이용을 통하여 첨부서류에 대한 정보를 확인할 수 있는 경우에는 그 확인으로 첨부서류에 갈음할 수 있다.
  1. 다음 각목의 사항을 기재한 제조소등의 위치·구조 및 설비에 관한 도면
    가. 해당 제조소등을 포함하는 사업소 안 및 주위의 주요 건축물과 공작물의 배치
    나. 해당 제조소등이 설치된 건축물 안에 제조소등의 용도로 사용되지 아니하는 부분이 있는 경우 그 부분의 배치 및 구조
    다. 해당 제조소등을 구성하는 건축물, 공작물 및 기계·기구 그 밖의 설비의 배치(제조소 또는

일반취급소의 경우에는 공정의 개요를 포함한다)
라. 해당 제조소등에서 위험물을 저장 또는 취급하는 건축물, 공작물 및 기계·기구 그 밖의 설비의 구조(주유취급소의 경우에는 별표 13 Ⅴ 제1호 각목의 규정에 의한 건축물 및 공작물의 구조를 포함한다)
마. 해당 제조소등에 설치하는 전기설비, 피뢰설비, 소화설비, 경보설비 및 피난구조설비의 개요
바. 압력안전장치·누설점검장치 및 긴급차단밸브 등 긴급대책에 관계된 설비를 설치하는 제조소등의 경우에는 해당 설비의 개요
2. 해당 제조소등에 해당하는 별지 제3호서식 내지 별지 제15호서식에 의한 구조설비명세표
3. 소화설비(소화기구를 제외한다)를 설치하는 제조소등의 경우에는 해당 설비의 설계도서
4. 화재탐지설비를 설치하는 제조소등의 경우에는 해당 설비의 설계도서
5. 50만리터 이상의 옥외탱크저장소의 경우에는 해당 옥외탱크저장소의 탱크(이하 "옥외저장탱크"라 한다)의 기초·지반 및 탱크본체의 설계도서, 공사계획서, 공사공정표, 지질조사자료 등 기초·지반에 관하여 필요한 자료와 용접부에 관한 설명서 등 탱크에 관한 자료
6. 암반탱크저장소의 경우에는 해당 암반탱크의 탱크본체·갱도(갱도) 및 배관 그 밖의 설비의 설계도서, 공사계획서, 공사공정표 및 지질·수리(수리)조사서
7. 옥외저장탱크가 지중탱크(저부가 지반면 아래에 있고 상부가 지반면 이상에 있으며 탱크내 위험물의 최고액면이 지반면 아래에 있는 원통종형식의 위험물탱크를 말한다. 이하 같다)인 경우에는 해당 지중탱크의 지반 및 탱크본체의 설계도서, 공사계획서, 공사공정표 및 지질조사자료 등 지반에 관한 자료
8. 옥외저장탱크가 해상탱크[해상의 동일장소에 정치(정치)되어 육상에 설치된 설비와 배관 등에 의하여 접속된 위험물탱크를 말한다. 이하 같다]인 경우에는 해당 해상탱크의 탱크본체·정치설비(해상탱크를 동일장소에 정치하기 위한 설비를 말한다. 이하 같다) 그 밖의 설비의 설계도서, 공사계획서 및 공사공정표
9. 이송취급소의 경우에는 공사계획서, 공사공정표 및 별표 1의 규정에 의한 서류
10. 「소방산업의 진흥에 관한 법률」 제14조에 따른 한국소방산업기술원(이하 "기술원")이 발급한 기술검토서(영 제6조제3항의 규정에 따라 기술원의 기술검토를 미리 받은 경우에 한한다)

칙 **제7조 (제조소등의 변경허가의 신청)**

법 제6조제1항 후단 및 영 제6조제1항의 규정에 따라 제조소등의 위치·구조 또는 설비의 변경허가를 받고자 하는 자는 별지 제16호서식 또는 별지 제17호서식의 신청서(전자문서로 된 신청서를 포함한다)에 다음 각호의 서류(전자문서를 포함한다)를 첨부하여 설치허가를 한 시·도지사 또는 소방서장에게 제출하여야 한다. 다만, 「전자정부법」 제36조제1항에 따른 행정정보의 공동이용을 통하여 첨부서류에 대한 정보를 확인할 수 있는 경우에는 그 확인으로 첨부서류에 갈음할 수 있다.
1. 제조소등의 완공검사필증
2. 제6조제1호의 규정에 의한 서류(라목 내지 바목의 서류는 변경에 관계된 것에 한한다)
3. 제6조제2호 내지 제10호의 규정에 의한 서류 중 변경에 관계된 서류
4. 법 제9조제1항 단서의 규정에 의한 화재예방에 관한 조치사항을 기재한 서류(변경공사와 관계가 없는 부분을 완공검사 전에 사용하고자 하는 경우에 한한다)

제8조 (제조소등의 변경허가를 받아야 하는 경우)
법 제6조제1항 후단에서 "행정안전부령이 정하는 사항"이란 별표 1의2에 따른 사항을 말한다.

제9조 (기술검토의 신청 등) - 생략 -

제10조 (품명 등의 변경신고서)
법 제6조제2항의 규정에 따라 저장 또는 취급하는 위험물의 품명·수량 또는 지정수량의 배수에 관한 변경신고를 하고자 하는 자는 별지 제19호서식의 신고서(전자문서로 된 신고서를 포함한다)에 제조소등의 완공검사필증을 첨부하여 시·도지사 또는 소방서장에게 제출하여야 한다.

제7조 (군용위험물시설의 설치 및 변경에 대한 특례)

① 군사목적 또는 군부대시설을 위한 제조소등을 설치하거나 그 위치·구조 또는 설비를 변경하고자 하는 군부대의 장은 대통령령이 정하는 바에 따라 미리 제조소등의 소재지를 관할하는 시·도지사와 협의하여야 한다.

② 군부대의 장이 제1항의 규정에 따라 제조소등의 소재지를 관할하는 시·도지사와 협의한 경우에는 제6조제1항의 규정에 따른 허가를 받은 것으로 본다.

③ 군부대의 장은 제1항의 규정에 따라 협의한 제조소등에 대하여는 제8조 및 제9조의 규정에 불구하고 탱크안전성능검사와 완공검사를 자체적으로 실시할 수 있다. 이 경우 완공검사를 자체적으로 실시한 군부대의 장은 지체없이 행정안전부령이 정하는 사항을 시·도지사에게 통보하여야 한다.

제7조 (군용위험물시설의 설치 및 변경에 대한 특례) [영]

① 군부대의 장은 법 제7조제1항의 규정에 따라 군사목적 또는 군부대시설을 위한 제조소등을 설치하거나 그 위치·구조 또는 설비를 변경하고자 하는 경우에는 해당 제조소등의 설치공사 또는 변경공사를 착수하기 전에 그 공사의 설계도서와 행정안전부령이 정하는 서류를 시·도지사에게 제출하여야 한다. 다만, 국가안보상 중요하거나 국가기밀에 속하는 제조소등을 설치 또는 변경하는 경우에는 해당 공사의 설계도서의 제출을 생략할 수 있다.

② 시·도지사는 제1항의 규정에 따라 제출받은 설계도서와 관계서류를 검토한 후 그 결과를 해당 군부대의 장에게 통지하여야 한다. 이 경우 시·도지사는 검토결과를 통지하기 전에 설계도서와 관계서류의 보완 요청을 할 수 있고, 보완요청을 받은 군부대의 장은 특별한 사유가 없는 한 이에 응하여야 한다.

제11조 (군용위험물시설의 설치 등에 관한 서류 등)

① 영 제7조제1항 본문에서 "행정안전부령이 정하는 서류"란 군사목적 또는 군부대시설을 위한 제조소등의 설치공사 또는 변경공사에 관한 제6조 또는 제7조의 규정에 의한 서류를 말한다.

② 법 제7조제3항 후단에서 "행정안전부령이 정하는 사항"이란 다음 각 호의 사항을 말한다.
1. 제조소등의 완공일 및 사용개시일
2. 탱크안전성능검사의 결과(영 제8조제1항의 규정에 의한 탱크안전성능검사의 대상이 되는 위험물탱크가 있는 경우에 한한다)
3. 완공검사의 결과
4. 안전관리자 선임계획
5. 예방규정(영 제15조 각 호의 어느 하나 해당하는 제조소등의 경우에 한한다)

제8조 (탱크안전성능검사)

① 위험물을 저장 또는 취급하는 탱크로서 대통령령이 정하는 탱크(이하 "위험물탱크"라 한다)가 있는 제조소등의 설치 또는 그 위치·구조 또는 설비의 변경에 관하여 제6조제1항의 규정에 따른 허가를 받은 자가

위험물탱크의 설치 또는 그 위치·구조 또는 설비의 변경공사를 하는 때에는 제9조제1항의 규정에 따른 완공검사를 받기 전에 제5조제4항의 규정에 따른 기술기준에 적합한지의 여부를 확인하기 위하여 시·도지사가 실시하는 탱크안전성능검사를 받아야 한다. 이 경우 시·도지사는 제6조제1항의 규정에 따른 허가를 받은 자가 제16조제1항의 규정에 따른 탱크안전성능시험자 또는 소방산업의 진흥에 관한 법률」제14조에 따른 한국소방산업기술원(이하 "기술원"이라 한다)으로부터 탱크안전성능시험을 받은 경우에는 대통령령이 정하는 바에 따라 해당 탱크안전성능검사의 전부 또는 일부를 면제할 수 있다.

② 제1항의 규정에 따른 탱크안전성능검사의 내용은 대통령령으로 정하고, 탱크안전성능검사의 실시 등에 관하여 필요한 사항은 행정안전부령으로 정한다.

> **영** 제8조 (탱크안전성능검사의 대상이 되는 탱크 등)
> ① 법 제8조제1항 전단에 따라 탱크안전성능검사를 받아야 하는 위험물탱크는 제2항에 따른 탱크안전성능검사별로 다음 각 호의 어느 하나에 해당하는 탱크로 한다.
>   1. 기초·지반검사: 옥외탱크저장소의 액체위험물탱크 중 그 용량이 100만ℓ 이상인 탱크
>   2. 충수(充水)·수압검사: 액체위험물을 저장 또는 취급하는 탱크. 다만, 다음 각목 어느 하나에 해당하는 탱크는 제외한다.
>   가. 제조소 또는 일반취급소에 설치된 탱크로서 용량이 지정수량 미만인 것
>   나. 「고압가스 안전관리법」제17조제1항에 따른 특정설비에 관한 검사에 합격한 탱크
>   다. 「산업안전보건법」제84조제1항에 따른 안전인증을 받은 탱크
>   3. 용접부검사: 제1호의 규정에 의한 탱크. 다만, 탱크의 저부에 관계된 변경공사(탱크의 옆판과 관련되는 공사를 포함하는 것을 제외한다)시에 행하여진 법 제18조제2항의 규정에 의한 정기검사에 의하여 용접부에 관한 사항이 행정안전부령으로 정하는 기준에 적합하다고 인정된 탱크를 제외한다.
>   4. 암반탱크검사: 액체위험물을 저장 또는 취급하는 암반내의 공간을 이용한 탱크
> ② 법 제8조제2항의 규정에 따라 탱크안전성능검사는 기초·지반검사, 충수·수압검사, 용접부검사 및 암반탱크검사로 구분하되, 그 내용은 별표 4와 같다.

> **영** 제9조 (탱크안전성능검사의 면제)
> ① 법 제8조제1항 후단의 규정에 따라 시·도지사가 면제할 수 있는 탱크안전성능검사는 제8조제2항 및 별표 4의 규정에 의한 충수·수압검사로 한다.
> ② 위험물탱크에 대한 충수·수압검사를 면제받고자 하는 자는 위험물탱크안전성능시험자(이하 "탱크시험자"라 한다) 또는 기술원으로부터 충수·수압검사에 관한 탱크안전성능시험을 받아 법 제9조제1항의 규정에 의한 완공검사를 받기 전(지하에 매설하는 위험물탱크에 있어서는 지하에 매설하기 전)에 해당 시험에 합격하였음을 증명하는 서류(이하 "탱크시험필증"이라 한다)를 시·도지사에게 제출하여야 한다.
> ③ 시·도지사는 제2항의 규정에 따라 제출받은 탱크시험필증과 해당 위험물탱크를 확인한 결과 법 제5조제4항의 규정에 의한 기술기준에 적합하다고 인정되는 때에는 해당 충수·수압검사를 면제한다.

> **칙** 제12조 (기초·지반검사에 관한 기준 등)
> ① 영 별표 4 제1호가목에서 "행정안전부령이 정하는 기준"이란 해당 위험물탱크의 구조 및 설비에 관한 사항 중 별표 6 Ⅳ 및 Ⅴ의 규정에 의한 기초 및 지반에 관한 기준을 말한다.

② 영 별표 4 제1호나목에서 "행정안전부령이 정하는 탱크"란 지중탱크 및 해상탱크(이하 "특수액체위험물탱크"라 한다)를 말한다.
③ 영 별표 4 제1호나목에서 "행정안전부령이 정하는 공사"란 지중탱크의 경우에는 지반에 관한 공사를 말하고, 해상탱크의 경우에는 정치설비의 지반에 관한 공사를 말한다.
④ 영 별표 4 제1호나목에서 "행정안전부령이 정하는 기준"이란 지중탱크의 경우에는 별표 6 XII제2호라목의 규정에 의한 기준을 말하고, 해상탱크의 경우에는 별표 6 XIII제3호라목의 규정에 의한 기준을 말한다.
⑤ 법 제8조제2항에 따라 기술원은 100만리터 이상 옥외탱크저장소의 기초·지반검사를 「엔지니어링산업 진흥법」에 따른 엔지니어링사업자가 실시하는 기초·지반에 관한 시험의 과정 및 결과를 확인하는 방법으로 할 수 있다.

제13조 (충수·수압검사에 관한 기준 등)
① 영 별표 4 제2호에서 "행정안전부령이 정하는 기준"이란 다음 각호의 1에 해당하는 기준을 말한다.
  1. 100만ℓ 이상의 액체위험물탱크의 경우
     별표 6 VI제1호의 규정에 의한 기준[충수시험(물 외의 적당한 액체를 채워서 실시하는 시험을 포함한다. 이하 같다) 또는 수압시험에 관한 부분에 한한다]
  2. 100만ℓ 미만의 액체위험물탱크의 경우
     별표 4 IX제1호가목, 별표 6 VI제1호, 별표 7 I 제1호마목, 별표 8 I 제6호·II제1호·제4호·제6호·III, 별표 9 제6호, 별표 10 II제1호·X제1호가목, 별표 13 III제3호, 별표 16 I 제1호의 규정에 의한 기준(충수시험·수압시험 및 그 밖의 탱크의 누설·변형에 대한 안전성에 관련된 탱크안전성능시험의 부분에 한한다)
② 법 제8조제2항의 규정에 따라 기술원은 제18조제6항의 규정에 의한 이중벽탱크에 대하여 제1항제2호의 규정의 의한 수압검사를 법 제16조제1항의 규정에 의한 탱크안전성능시험자(이하 "탱크시험자"라 한다)가 실시하는 수압시험의 과정 및 결과를 확인하는 방법으로 할 수 있다.

제14조 (용접부검사에 관한 기준 등)
① 영 별표 4 제3호에서 "행정안전부령이 정하는 기준"이란 다음 각 호의 어느 하나 해당하는 기준을 말한다.
  1. 특수액체위험물탱크 외의 위험물탱크의 경우: 별표 6 VI제2호의 규정에 의한 기준
  2. 지중탱크의 경우: 별표 6 XII제2호마목4)라)의 규정에 의한 기준(용접부에 관련된 부분에 한한다)
② 법 제8조제2항의 규정에 따라 기술원은 용접부검사를 탱크시험자가 실시하는 용접부에 관한 시험의 과정 및 결과를 확인하는 방법으로 할 수 있다.

제15조 (암반탱크검사에 관한 기준 등)
① 영 별표 4 제4호에서 "행정안전부령이 정하는 기준"이란 별표 12 I 의 규정에 의한 기준을 말한다.
② 법 제8조제2항에 따라 기술원은 암반탱크검사를 「엔지니어링산업 진흥법」에 따른 엔지니어링사업자가 실시하는 암반탱크에 관한 시험의 과정 및 결과를 확인하는 방법으로 할 수 있다.

제16조 (탱크안전성능검사에 관한 세부기준 등)
제13조부터 제15조까지에서 정한 사항 외에 탱크안전성능검사의 세부기준·방법·절차 및 탱크시험자 또는 엔지니어링사업자가 실시하는 탱크안전성능시험에 대한 기술원의 확인 등에 관하여 필요한 사항은 소방청장이 정하여 고시한다.

칙 제17조 (용접부검사의 제외기준)

② 영 제8조제1항제3호 단서의 규정에 따라 용접부검사 대상에서 제외되는 탱크로 인정되기 위한 기준은 별표 6 Ⅵ제2호의 규정에 의한 기준으로 한다. / ① 〈삭제 2006.8.3〉

칙 제18조 (탱크안전성능검사의 신청 등)

① 법 제8조제1항에 따라 탱크안전성능검사를 받아야 하는 자는 별지 제20호서식의 신청서(전자문서로 된 신청서를 포함한다)를 해당 위험물탱크의 설치장소를 관할하는 소방서장 또는 기술원에 제출하여야 한다. 다만, 설치장소에서 제작하지 아니하는 위험물탱크에 대한 탱크안전성능검사(충수·수압검사에 한한다)의 경우에는 별지 제20호서식의 신청서(전자문서로 된 신청서를 포함한다)에 해당 위험물탱크의 구조명세서 1부를 첨부하여 해당 위험물탱크의 제작지를 관할하는 소방서장에게 신청할 수 있다.

② 법 제8조제1항 후단에 따른 탱크안전성능시험을 받고자 하는 자는 별지 제20호서식의 신청서에 해당 위험물탱크의 구조명세서 1부를 첨부하여 기술원 또는 탱크시험자에게 신청할 수 있다.

③ 영 제9조제2항의 규정에 따라 충수·수압검사를 면제받고자 하는 자는 별지 제21호서식의 탱크시험필증에 탱크시험성적서를 첨부하여 소방서장에게 제출하여야 한다.

④ 제1항의 규정에 의한 탱크안전성능검사의 신청시기는 다음 각호의 구분에 의한다.
  1. 기초·지반검사: 위험물탱크의 기초 및 지반에 관한 공사의 개시 전
  2. 충수·수압검사: 위험물을 저장 또는 취급하는 탱크에 배관 그 밖의 부속설비를 부착하기 전
  3. 용접부검사: 탱크본체에 관한 공사의 개시 전
  4. 암반탱크검사: 암반탱크의 본체에 관한 공사의 개시 전

⑤ <u>소방서장 또는</u> 기술원은 탱크안전성능검사를 실시한 결과 제12조제1항·제4항, 제13조제1항, 제14조제1항 및 제15조제1항의 규정에 의한 기준에 적합하다고 인정되는 때에는 해당 탱크안전성능검사를 신청한 자에게 별지 제21호서식의 탱크검사필증을 교부하고, 적합하지 아니하다고 인정되는 때에는 신청인에게 서면으로 그 사유를 통보하여야 한다.

⑥ 영 제22조제1항 제1호 다목에서 "행정안전부령이 정하는 액체위험물탱크"란 별표 8 Ⅱ의 규정에 의한 이중벽탱크를 말한다.

제9조 (완공검사)

① 제6조제1항의 규정에 따른 허가를 받은 자가 제조소등의 설치를 마쳤거나 그 위치·구조 또는 설비의 변경을 마친 때에는 해당 제조소등마다 시·도지사가 행하는 완공검사를 받아 제5조제4항의 규정에 따른 기술기준에 적합하다고 인정받은 후가 아니면 이를 사용하여서는 아니 된다. 다만, 제조소등의 위치·구조 또는 설비를 변경함에 있어서 제6조제1항 후단의 규정에 따른 변경허가를 신청하는 때에 화재예방에 관한 조치사항을 기재한 서류를 제출하는 경우에는 해당 변경공사와 관계가 없는 부분은 <u>완공검사를 받기 전에 미리</u> 사용할 수 있다.

② 제1항 본문의 규정에 따른 완공검사를 받고자 하는 자가 제조소등의 일부에 대한 설치 또는 변경을 마친 후 그 일부를 미리 사용하고자 하는 경우에는 해당 제조소등의 일부에 대하여 완공검사를 받을 수 있다.

영 제10조 (완공검사의 신청 등)

① 법 제9조의 규정에 의한 제조소등에 대한 완공검사를 받고자 하는 자는 이를 <u>시·도지사</u>에게 신청하여야 한다.

② 제1항의 규정에 의한 신청을 받은 시·도지사는 제조소등에 대하여 완공검사를 실시하고, 완공검사를 실시한 결과 해당 제조소등이 법 제5조제4항의 규정에 의한 기술기준(탱크안전성능검사에 관련된 것을 제외한다)에 적합하다고 인정하는 때에는 완공검사필증을 교부하여야 한다.
③ 제2항의 완공검사필증을 교부받은 자는 완공검사필증을 잃어버리거나 멸실·훼손 또는 파손한 경우에는 이를 교부한 시·도지사에게 재교부를 신청할 수 있다.
④ 완공검사필증을 훼손 또는 파손하여 제3항의 규정에 의한 신청을 하는 경우에는 신청서에 해당 완공검사필증을 첨부하여 제출하여야 한다.
⑤ 제2항의 완공검사필증을 잃어버려 재교부를 받은 자는 잃어버린 완공검사필증을 발견하는 경우에는 이를 10일 이내에 완공검사필증을 재교부한 시·도지사에게 제출하여야 한다.

칙 제19조 (완공검사의 신청 등)

① 법 제9조에 따라 제조소등에 대한 완공검사를 받고자 하는 자는 별지 제22호서식 또는 별지 제23호서식의 신청서(전자문서로 된 신청서를 포함한다)에 다음 각 호의 서류(전자문서를 포함한다)를 첨부하여 시·도지사 또는 소방서장(영 제22조제1항제2호에 따라 완공검사를 기술원에 위탁하는 제조소등의 경우에는 기술원)에게 제출하여야 한다. 다만, 첨부서류는 완공검사를 실시할 때까지 제출할 수 있되, 「전자정부법」 제36조제1항에 따른 행정정보의 공동이용을 통하여 첨부서류에 대한 정보를 확인할 수 있는 경우에는 그 확인으로 첨부서류에 갈음할 수 있다.
1. 배관에 관한 내압시험, 비파괴시험 등에 합격하였음을 증명하는 서류(내압시험 등을 하여야 하는 배관이 있는 경우에 한한다)
2. 소방서장, 기술원 또는 탱크시험자가 교부한 탱크검사필증 또는 탱크시험필증(해당 위험물탱크의 완공검사를 실시하는 소방서장 또는 기술원이 그 위험물탱크의 탱크안전성능검사를 실시한 경우는 제외한다)
3. 재료의 성능을 증명하는 서류(이중벽탱크에 한한다)
② 영 제22조제1항제2호의 규정에 따라 기술원은 완공검사를 실시한 경우에는 완공검사결과서를 소방서장에게 송부하고, 검사대상명·접수일시·검사일·검사번호·검사자·검사결과 및 검사결과서 발송일 등을 기재한 완공검사업무대장을 작성하여 10년간 보관하여야 한다.
③ 영 제10조제2항의 완공검사필증은 별지 제24호서식 또는 별지 제25호서식에 의한다.
④ 영 제10조제3항의 규정에 의한 완공검사필증의 재교부신청은 별지 제26호서식의 신청서에 의한다.

칙 제20조 (완공검사의 신청시기)

① 법 제9조제1항의 규정에 의한 제조소등의 완공검사 신청시기는 다음 각 호의 구분에 의한다.
 1. 지하탱크가 있는 제조소등의 경우: 해당 지하탱크를 매설하기 전
 2. 이동탱크저장소의 경우: 이동저장탱크를 완공하고 상치장소를 확보한 후
 3. 이송취급소의 경우: 이송배관 공사의 전체 또는 일부를 완료한 후. 다만, 지하·하천 등에 매설하는 이송배관의 공사의 경우에는 이송배관을 매설하기 전
 4. 전체 공사가 완료된 후에는 완공검사를 실시하기 곤란한 경우: 다음 각목에서 정하는 시기
  가. 위험물설비 또는 배관의 설치가 완료되어 기밀시험 또는 내압시험을 실시하는 시기
  나. 배관을 지하에 설치하는 경우에는 시·도지사, 소방서장 또는 기술원이 지정하는 부분을 매몰하기 직전

다. 기술원이 지정하는 부분의 비파괴시험을 실시하는 시기
5. 제1호 내지 제4호에 해당하지 아니하는 제조소등의 경우: 제조소등의 공사를 <u>완료한 후</u>

칙 제21조 (변경공사 중 가사용의 신청)

법 제9조제1항 단서의 규정에 따라 제조소등의 변경공사 중에 변경공사와 관계없는 부분을 사용하고자 하는 자는 별지 제16호서식 또는 별지 제17호서식의 신청서(전자문서로 된 신청서를 포함한다) 또는 별지 제27호서식의 신청서(전자문서로 된 신청서를 포함한다)에 변경공사에 따른 화재예방에 관한 조치사항을 기재한 서류(전자문서를 포함한다)를 첨부하여 시·도지사 또는 소방서장에게 신청하여야 한다.

제10조 (제조소등 설치자의 지위승계)

① 제조소등의 설치자(제6조제1항의 규정에 따라 허가를 받아 제조소등을 설치한 자를 말한다. 이하 같다)가 사망하거나 그 제조소등을 양도·인도한 때 또는 법인인 제조소등의 설치자의 합병이 있는 때에는 그 상속인, 제조소등을 양수·인수한 자 또는 합병 후 존속하는 법인이나 <u>합병</u>에 의하여 설립되는 법인은 그 <u>설치자</u>의 지위를 승계한다.

② 민사집행법에 의한 경매, 「채무자 회생 및 파산에 관한 법률」에 의한 환가, 국세징수법·관세법 또는 지방세법에 의한 압류재산의 매각과 그 밖에 이에 준하는 절차에 따라 제조소등의 시설의 전부를 인수한 자는 그 설치자의 지위를 승계한다. 〈개정 2005.3.31〉

③ 제1항 또는 제2항의 규정에 따라 제조소등의 설치자의 지위를 승계한 자는 행정안전부령이 정하는 바에 따라 승계한 날부터 30일 이내에 <u>시·도지사</u>에게 그 사실을 신고하여야 한다.

칙 제22조 (지위승계의 신고)

법 제10조제3항의 규정에 따라 제조소등의 설치자의 지위승계를 신고하고자 하는 자는 별지 제28호서식의 신고서(전자문서로 된 신고서를 포함한다)에 제조소등의 <u>완공검사필증</u>과 지위승계를 증명하는 서류(전자문서를 포함한다)를 첨부하여 시·도지사 또는 소방서장에게 제출하여야 한다.

제11조 (제조소등의 폐지)

제조소등의 관계인(소유자·점유자 또는 관리자를 말한다. 이하 같다)은 해당 제조소등의 용도를 폐지(장래에 대하여 위험물시설로서의 기능을 완전히 상실시키는 것을 말한다)한 때에는 행정안전부령이 정하는 바에 따라 제조소등의 용도를 폐지한 날부터 <u>14일 이내에</u> 시·도지사에게 신고하여야 한다.

칙 제23조 (용도폐지의 신고)

① 법 제11조의 규정에 따라 제조소등의 용도폐지신고를 하고자 하는 자는 별지 제29호서식의 신고서(전자문서로 된 신고서를 포함한다)에 제조소등의 완공검사필증을 첨부하여 시·도지사 또는 소방서장에게 제출하여야 한다.

② 제1항의 규정에 의한 신고서를 접수한 시·도지사 또는 소방서장은 해당 제조소등을 확인하여 위험물시설의 철거 등 용도폐지에 필요한 안전조치를 한 것으로 인정하는 경우에는 해당 신고서의 사본에 수리사실을 표시하여 용도폐지신고를 한 자에게 통보하여야 한다.

칙 제24조 (처리결과의 통보)

① 시·도지사가 영 제7조제1항의 설치·변경 관련 서류제출, 제6조의 설치허가신청, 제7조의 변경허가신청, 제10조의 품명 등의 변경신고, 제19조제1항의 완공검사신청, 제21조의 가사용승인신청, 제

22조의 지위승계신고 또는 제23조제1항의 용도폐지신고를 각각 접수하고 처리한 경우 그 신청서 또는 신고서와 첨부서류의 사본 및 처리결과를 관할소방서장에게 송부하여야 한다.
② 시·도지사 또는 소방서장이 영 제7조제1항의 설치·변경 관련 서류제출, 제6조의 설치허가신청, 제7조의 변경허가신청, 제10조의 품명 등의 변경신고, 제19조제1항의 완공검사신청, 제22조의 지위승계신고 또는 제23조제1항의 용도폐지신고를 각각 접수하고 처리한 경우 그 신청서 또는 신고서와 구조설비명세표(설치허가신청 또는 변경허가신청에 한한다)의 사본 및 처리결과를 관할 시장·군수·구청장에게 송부하여야 한다.

제11조의2 (제조소등의 사용 중지 등)

① 제조소등의 관계인은 제조소등의 사용을 중지(경영상 형편, 대규모 공사 등의 사유로 3개월 이상 위험물을 저장하지 아니하거나 취급하지 아니하는 것을 말한다. 이하 같다)하려는 경우에는 위험물의 제거 및 제조소등에의 출입통제 등 행정안전부령으로 정하는 안전조치를 하여야 한다. 다만, 제조소등의 사용을 중지하는 기간에도 제15조제1항 본문에 따른 위험물안전관리자가 계속하여 직무를 수행하는 경우에는 안전조치를 아니할 수 있다.
② 제조소등의 관계인은 제조소등의 사용을 중지하거나 중지한 제조소등의 사용을 재개하려는 경우에는 해당 제조소등의 사용을 중지하려는 날 또는 재개하려는 날의 14일 전까지 행정안전부령으로 정하는 바에 따라 제조소등의 사용 중지 또는 재개를 시·도지사에게 신고하여야 한다.
③ 시·도지사는 제2항에 따라 신고를 받으면 제조소등의 관계인이 제1항 본문에 따른 안전조치를 적합하게 하였는지 또는 제15조제1항 본문에 따른 위험물안전관리자가 직무를 적합하게 수행하는지를 확인하고 위해 방지를 위하여 필요한 안전조치의 이행을 명할 수 있다.
④ 제조소등의 관계인은 제2항의 사용 중지신고에 따라 제조소등의 사용을 중지하는 기간 동안에는 제15조제1항 본문에도 불구하고 위험물안전관리자를 선임하지 아니할 수 있다.

제12조 (제조소등 설치허가의 취소와 사용정지 등)

시·도지사는 제조소등의 관계인이 다음 각호의 1에 해당하는 때에는 행정안전부령이 정하는 바에 따라 제6조제1항에 따른 허가를 취소하거나 6월 이내의 기간을 정하여 제조소등의 전부 또는 일부의 사용정지를 명할 수 있다.
1. 제6조제1항 후단의 규정에 따른 변경허가를 받지 아니하고 제조소등의 위치·구조 또는 설비를 변경한 때
2. 제9조의 규정에 따른 완공검사를 받지 아니하고 제조소등을 사용한 때
2의2. 제11조의2제3항에 따른 안전조치 이행명령을 따르지 아니한 때
3. 제14조제2항의 규정에 따른 수리·개조 또는 이전의 명령에 위반한 때
4. 제15조제1항 및 제2항의 규정에 따른 위험물안전관리자를 선임하지 아니한 때
5. 제15조제5항을 위반하여 대리자를 지정하지 아니한 때
6. 제18조제1항에 따른 정기점검을 하지 아니한 때
7. 제18조제3항에 따른 정기검사를 받지 아니한 때
8. 제26조에 따른 저장·취급기준 준수명령에 위반한 때

칙 제25조 (허가취소 등의 처분기준)
법 제12조의 규정에 의한 제조소등에 대한 허가취소 및 사용정지의 처분기준은 별표 2와 같다.

제13조 (과징금처분)
① 시·도지사는 제12조 각호의 1에 해당하는 경우로서 제조소등에 대한 사용의 정지가 그 이용자에게 심한 불편을 주거나 그 밖에 공익을 해칠 우려가 있는 때에는 사용정지처분에 갈음하여 2억 원 이하의 과징금을 부과할 수 있다.
② 제1항의 규정에 따른 과징금을 부과하는 위반행위의 종별·정도 등에 따른 과징금의 금액 그 밖의 필요한 사항은 행정안전부령으로 정한다.
③ 시·도지사는 제1항의 규정에 따른 과징금을 납부하여야 하는 자가 납부기한까지 이를 납부하지 아니한 때에는 「지방행정제재·부과금의 징수 등에 관한 법률」에 따라 징수한다.

칙 제26조 (과징금의 금액)
법 제13조제1항에 따라 과징금을 부과하는 위반행위의 종류와 위반 정도 등에 따른 과징금의 금액은 다음 각 호의 구분에 따른 기준에 따라 산정한다.
  1. 2016년 2월 1일부터 2018년 12월 31일까지의 기간 중에 위반행위를 한 경우: 별표 3
  2. 2019년 1월 1일 이후에 위반행위를 한 경우: 별표 3의2 [전문개정 2016.1.22]

칙 제27조 (과징금 징수절차)
법 제13조제2항 및 영 제23조제4항에 따른 과징금 및 과태료의 징수절차에 관하여는 「국고금 관리법 시행규칙」을 준용한다.

제3장 위험물시설의 안전관리

제14조 (위험물시설의 유지·관리)
① 제조소등의 관계인은 해당 제조소등의 위치·구조 및 설비가 제5조제4항의 규정에 따른 기술기준에 적합하도록 유지·관리하여야 한다.
② 시·도지사, 소방본부장 또는 소방서장은 제1항의 규정에 따른 유지·관리의 상황이 제5조제4항의 규정에 따른 기술기준에 부적합하다고 인정하는 때에는 그 기술기준에 적합하도록 제조소등의 위치·구조 및 설비의 수리·개조 또는 이전을 명할 수 있다.

제15조 (위험물안전관리자)
① 제조소등[제6조제3항의 규정에 따라 허가를 받지 아니하는 제조소등과 이동탱크저장소(차량에 고정된 탱크에 위험물을 저장 또는 취급하는 저장소를 말한다)를 제외한다. 이하 이 조에서 같다]의 관계인은 위험물의 안전관리에 관한 직무를 수행하게 하기 위하여 제조소등마다 대통령령이 정하는 위험물의 취급에 관한 자격이 있는 자(이하 "위험물취급자격자"라 한다)를 위험물안전관리자(이하 "안전관리자"라 한다)로 선임하여야 한다. 다만, 제조소등에서 저장·취급하는 위험물이 「화학물질관리법」에 따른 유독물질에 해당하는 경우 등 대통령령이 정하는 경우에는 해당 제조소등을 설치한 자는 다른 법률에 의하여 안전관리업무

를 하는 자로 선임된 자 가운데 대통령령이 정하는 자를 안전관리자로 선임할 수 있다.
② 제1항의 규정에 따라 안전관리자를 선임한 제조소등의 관계인은 그 안전관리자를 해임하거나 안전관리자가 퇴직한 때에는 해임하거나 퇴직한 날부터 30일 이내에 다시 안전관리자를 선임하여야 한다.
③ 제조소등의 관계인은 제1항 및 제2항에 따라 안전관리자를 선임한 경우에는 선임한 날부터 14일 이내에 행정안전부령으로 정하는 바에 따라 소방본부장 또는 소방서장에게 신고하여야 한다.
④ 제조소등의 관계인이 안전관리자를 해임하거나 안전관리자가 퇴직한 경우 그 관계인 또는 안전관리자는 소방본부장이나 소방서장에게 그 사실을 알려 해임되거나 퇴직한 사실을 확인받을 수 있다.
⑤ 제1항의 규정에 따라 안전관리자를 선임한 제조소등의 관계인은 안전관리자가 여행·질병 그 밖의 사유로 인하여 일시적으로 직무를 수행할 수 없거나 안전관리자의 해임 또는 퇴직과 동시에 다른 안전관리자를 선임하지 못하는 경우에는 국가기술자격법에 따른 위험물의 취급에 관한 자격취득자 또는 위험물안전에 관한 기본지식과 경험이 있는 자로서 행정안전부령이 정하는 자를 대리자(代理者)로 지정하여 그 직무를 대행하게 하여야 한다. 이 경우 대리자가 안전관리자의 직무를 대행하는 기간은 30일을 초과할 수 없다.
⑥ 안전관리자는 위험물을 취급하는 작업을 하는 때에는 작업자에게 안전관리에 관한 필요한 지시를 하는 등 행정안전부령이 정하는 바에 따라 위험물의 취급에 관한 안전관리와 감독을 하여야 하고, 제조소등의 관계인과 그 종사자는 안전관리자의 위험물 안전관리에 관한 의견을 존중하고 그 권고에 따라야 한다.
⑦ 제조소등에 있어서 위험물취급자격자가 아닌 자는 안전관리자 또는 제5항의 규정에 따른 대리자가 참여한 상태에서 위험물을 취급하여야 한다.
⑧ 다수의 제조소등을 동일인이 설치한 경우에는 제1항의 규정에 불구하고 관계인은 대통령령이 정하는 바에 따라 1인의 안전관리자를 중복하여 선임할 수 있다. 이 경우 대통령령이 정하는 제조소등의 관계인은 제4항의 규정에 따른 대리자의 자격이 있는 자를 각 제조소등별로 지정하여 안전관리자를 보조하게 하여야 한다.
⑨ 제조소등의 종류 및 규모에 따라 선임하여야 하는 안전관리자의 자격은 대통령령으로 정한다.

제11조 (위험물안전관리자로 선임할 수 있는 위험물취급자격자 등)
① 법 제15조제1항 본문에서 "대통령령이 정하는 위험물의 취급에 관한 자격이 있는 자"란 별표 5에 규정된 자를 말한다.
② 법 제15조제1항 단서에서 "대통령령이 정하는 경우"란 다음 각 호의 어느 하나에 해당하는 경우를 말한다.
  1. 제조소등에서 저장·취급하는 위험물이 「화학물질 관리법」 제2조제2호에 따른 유독물질에 해당하는 경우
  2. 「화재예방, 소방시설 설치·유지 및 안전관리에 관한 법률」 제2조제1항제3호에 따른 특정소방대상물의 난방·비상발전 또는 자가발전에 필요한 위험물을 저장·취급하기 위하여 설치된 저장소 또는 일반취급소가 해당 특정소방대상물 안에 있거나 인접하여 있는 경우
③ 법 제15조제1항 단서에서 "대통령령이 정하는 자"란 다음 각 호의 어느 하나에 해당하는 자를 말한다.
  1. 제2항제1호의 경우: 「화학물질 관리법」 제32조제1항에 따라 해당 제조소등의 유해화학물관리자로 선임된 자로서 법 제28조 또는 「화학물질 관리법」 제33조의 규정에 따라 위험물의 안전관리에 관한 교육을 받은 자
  2. 제2항제2호의 경우: 「화재예방, 소방시설 설치유지 및 안전관리에 관한 법률」 제20조제2항 또

는 「공공기관의 소방안전관리에 관한 규정」제5조의 규정에 따라 소방안전관리자로 선임된 자로서 법 제15조제9항에 따른 위험물안전관리자(이하 "안전관리자"라 한다)의 자격이 있는 자

영 제12조 (1인의 안전관리자를 중복하여 선임할 수 있는 경우 등)

① 법 제15조제8항 전단에 따라 다수의 제조소등을 설치한 자가 1인의 안전관리자를 중복하여 선임할 수 있는 경우는 다음 각 호의 어느 하나와 같다. 〈개정 2015.12.15〉

1. 보일러·버너 또는 이와 비슷한 것으로서 위험물을 소비하는 장치로 이루어진 <u>7개</u> 이하의 일반취급소와 그 일반취급소에 공급하기 위한 위험물을 저장하는 저장소[일반취급소 및 저장소가 모두 동일구내(같은 건물 안 또는 같은 울 안을 말한다. 이하 같다)에 있는 경우에 한한다. 이하 제2호에서 같다]를 <u>동일인이 설치한 경우</u>
2. 위험물을 차량에 고정된 탱크 또는 운반용기에 옮겨 담기 위한 5개 이하의 일반취급소[일반취급소간의 거리(보행거리를 말한다. 제3호 및 제4호에서 같다)가 <u>300m</u> 이내인 경우에 한한다]와 그 일반취급소에 공급하기 위한 위험물을 저장하는 저장소를 동일인이 설치한 경우
3. 동일구내에 있거나 상호 <u>100m</u> 이내의 거리에 있는 저장소로서 저장소의 규모, 저장하는 위험물의 종류 등을 고려하여 행정안전부령이 정하는 저장소를 동일인이 설치한 경우
4. 다음 각목의 기준에 모두 적합한 <u>5개 이하의 제조소등</u>을 동일인이 설치한 경우
   가. 각 제조소등이 동일구내에 위치하거나 상호 <u>100m 이내</u>의 거리에 있을 것
   나. 각 제조소등에서 저장 또는 취급하는 위험물의 최대수량이 지정수량의 3천배 미만일 것. 다만, 저장소의 경우에는 그러하지 아니하다.
5. 그 밖에 제1호 또는 제2호의 규정에 의한 제조소등과 비슷한 것으로서 행정안전부령이 정하는 제조소등을 동일인이 설치한 경우

② 법 제15조제8항 후단에서 "대통령령이 정하는 제조소등"이란 다음 각 호의 어느 하나에 해당하는 제조소등을 말한다.

1. 제조소   2. 이송취급소
3. 일반취급소. 다만, 인화점이 38℃ 이상인 제4류 위험물만을 지정수량의 30배 이하로 취급하는 일반취급소로서 다음 각목의 1에 해당하는 일반취급소를 제외한다.
   가. 보일러·버너 또는 이와 비슷한 것으로서 위험물을 소비하는 장치로 이루어진 일반취급소
   나. 위험물을 용기에 옮겨 담거나 차량에 고정된 탱크에 주입하는 일반취급소

영 제13조 (위험물안전관리자의 자격)

법 제15조제9항에 따라 제조소등의 종류 및 규모에 따라 선임하여야 하는 안전관리자의 자격은 별표 6과 같다.

칙 제53조 (안전관리자의 선임신고 등)

① 제조소등의 관계인은 법 제15조제3항의 규정에 따라 안전관리자(「기업활동 규제완화에 관한 특별조치법」 제29조제1항·제3항 및 제32조제1항의 규정에 따른 안전관리자와 제57조제1항의 규정에 따른 안전관리대행기관을 포함한다)의 선임을 신고하려는 경우에는 별지 제32호서식의 신고서(전자문서로 된 신고서를 포함한다)에 다음 각 호의 해당 서류(전자문서를 포함한다)를 첨부하여 <u>소방본부장 또는 소방서장</u>에게 제출하여야 한다. 〈개정 2015.7.17〉

1. <u>위험물안전관리업무대행계약서</u>(제57조제1항의 규정에 의한 안전관리대행기관에 한한다)

2. 위험물안전관리교육 수료증(제78조제1항 및 별표 24의 규정에 의한 안전관리자 강습교육을 받은 자에 한한다)
3. 위험물안전관리자를 겸직할 수 있는 관련 안전관리자로 선임된 사실을 증명할 수 있는 서류(「기업활동 규제완화에 관한 특별조치법」 제29조제1항제1호부터 제3호까지 및 제3항에 해당하는 안전관리자 또는 영 제11조제3항 각 호의 어느 하나에 해당하는 사람으로 위험물의 취급에 관한 국가기술자격자가 아닌 사람으로 한정한다)
4. 소방공무원 경력증명서(소방공무원 경력자에 한한다)

② 제1항에 따라 신고를 받은 담당 공무원은 「전자정부법」 제36조제1항에 따른 행정정보의 공동이용을 통하여 다음 각 호의 행정정보를 확인하여야 한다. 다만, 신고인이 확인에 동의하지 아니하는 경우에는 그 서류(국가기술자격증의 경우에는 그 사본을 말한다)를 제출하도록 하여야 한다.
1. 국가기술자격증(위험물의 취급에 관한 국가기술자격자에 한한다)
2. 국가기술자격증(「기업활동 규제완화에 관한 특별조치법」 제29조제1항 및 제3항의 규정에 해당하는 자로서 국가기술자격자에 한한다)

제54조 (안전관리자의 대리자)

법 제15조제5항 전단에서 "행정안전부령이 정하는 자"란 다음 각호에 해당하는 자를 말한다.
1. 법 제28조제1항에 따른 안전교육을 받은 자   2. 〈삭제 2016.8.2〉
3. 제조소등의 위험물 안전관리업무에 있어서 안전관리자를 지휘·감독하는 직위에 있는 자

제55조 (안전관리자의 책무)

법 제15조제6항에 따라 안전관리자는 위험물의 취급에 관한 안전관리와 감독에 관한 다음 각 호의 업무를 성실하게 수행하여야 한다.
1. 위험물의 취급작업에 참여하여 해당 작업이 법 제5조제3항의 규정에 의한 저장 또는 취급에 관한 기술기준과 법 제17조의 규정에 의한 예방규정에 적합하도록 해당 작업자(해당 작업에 참여하는 위험물취급자격자를 포함한다)에 대하여 지시 및 감독하는 업무
2. 화재 등의 재난이 발생한 경우 응급조치 및 소방관서 등에 대한 연락업무
3. 위험물시설의 안전을 담당하는 자를 따로 두는 제조소등의 경우에는 그 담당자에게 다음 각목의 규정에 의한 업무의 지시, 그 밖의 제조소등의 경우에는 다음 각목의 규정에 의한 업무
   가. 제조소등의 위치·구조 및 설비를 법 제5조제4항의 기술기준에 적합하도록 유지하기 위한 점검과 점검상황의 기록·보존
   나. 제조소등의 구조 또는 설비의 이상을 발견한 경우 관계자에 대한 연락 및 응급조치
   다. 화재가 발생하거나 화재발생의 위험성이 현저한 경우 소방관서 등에 대한 연락 및 응급조치
   라. 제조소등의 계측장치·제어장치 및 안전장치 등의 적정한 유지·관리
   마. 제조소등의 위치·구조 및 설비에 관한 설계도서 등의 정비·보존 및 제조소등의 구조 및 설비의 안전에 관한 사무의 관리
4. 화재 등의 재해의 방지와 응급조치에 관하여 인접하는 제조소등과 그 밖의 관련되는 시설의 관계자와 협조체제의 유지
5. 위험물의 취급에 관한 일지의 작성·기록
6. 그 밖에 위험물을 수납한 용기를 차량에 적재하는 작업, 위험물설비를 보수하는 작업 등 위험물

의 취급과 관련된 작업의 안전에 관하여 필요한 감독의 수행

칙 **제56조(1인의 안전관리자를 중복하여 선임할 수 있는 저장소 등)**

① 영 제12조제1항제3호에서 "행정안전부령이 정하는 저장소"란 다음 각 호의 어느 하나 해당하는 저장소를 말한다.
1. 10개 이하의 옥내저장소
2. 30개 이하의 옥외탱크저장소
3. 옥내탱크저장소
4. 지하탱크저장소
5. 간이탱크저장소
6. 10개 이하의 옥외저장소
7. 10개 이하의 암반탱크저장소

② 영 제12조제1항제5호에서 "행정안전부령이 정하는 제조소등"이란 선박주유취급소의 고정주유설비에 공급하기 위한 위험물을 저장하는 저장소와 해당 선박주유취급소를 말한다.

칙 **제57조(안전관리대행기관의 지정 등)**

① 「기업활동 규제완화에 관한 특별조치법」 제40조제1항제3호의 규정에 따라 위험물안전관리자의 업무를 위탁받아 수행할 수 있는 관리대행기관(이하 "안전관리대행기관"이라 한다)은 다음 각호의 1에 해당하는 기관으로서 별표 22의 안전관리대행기관의 지정기준을 갖추어 소방청장의 지정을 받아야 한다.
1. 법 제16조제2항의 규정에 의한 탱크시험자로 등록한 법인
2. 다른 법령에 의하여 안전관리업무를 대행하는 기관으로 지정·승인 등을 받은 법인

② 안전관리대행기관으로 지정받고자 하는 자는 별지 제33호서식의 신청서(전자문서로 된 신청서를 포함한다)에 다음 각호의 서류(전자문서를 포함한다)를 첨부하여 소방청장에게 제출하여야 한다.
1. 〈삭제 2006.8.3〉
2. 기술인력 연명부 및 기술자격증
3. 사무실의 확보를 증명할 수 있는 서류
4. 장비보유명세서

③ 제2항의 규정에 의한 지정신청을 받은 소방청장은 자격요건·기술인력 및 시설·장비보유현황 등을 검토하여 적합하다고 인정하는 때에는 별지 제34호서식의 위험물안전관리대행기관지정서를 발급하고, 제2항제2호의 규정에 따라 제출된 기술인력의 기술자격증에는 그 자격자가 안전관리대행기관의 기술인력자임을 기재하여 교부하여야 한다.

④ 소방청장은 안전관리대행기관에 대하여 필요한 지도·감독을 하여야 한다.

⑤ 안전관리대행기관은 지정받은 사항의 변경이 있는 때에는 그 사유가 있는 날부터 14일 이내에, 휴업·재개업 또는 폐업을 하고자 하는 때에는 휴업·재개업 또는 폐업하고자 하는 날의 14일 전에 별지 제35호서식의 신고서(전자문서로 된 신고서를 포함한다)에 다음 각호의 구분에 의한 해당 서류(전자문서를 포함한다)를 첨부하여 소방청장에게 제출하여야 한다.
1. 영업소의 소재지, 법인명칭 또는 대표자를 변경하는 경우
   가. 〈삭제 2006.8.3.〉
   나. 위험물안전관리대행기관지정서
2. 기술인력을 변경하는 경우
   가. 기술인력자의 연명부
   나. 변경된 기술인력자의 기술자격증
3. 휴업·재개업 또는 폐업을 하는 경우: 위험물안전관리대행기관지정서

⑥ 제2항에 따른 신청서 또는 제5항제1호에 따른 신고서를 제출받은 경우에 담당공무원은 법인등기사항증명서를 제출받는 것에 갈음하여 그 내용을 「전자정부법」 제36조제1항에 따른 행정정보의 공동

이용을 통하여 확인하여야 한다. 다만, 신청인 또는 신고인이 이에 동의하지 아니하는 경우에는 해당 서류를 첨부하도록 하여야 한다. 〈개정 2010.11.8〉

제58조 〔안전관리대행기관의 지정취소 등〕

① 「기업활동 규제완화에 관한 특별조치법」제40조제3항의 규정에 따라 소방청장은 안전관리대행기관이 다음 각호의 1에 해당하는 때에는 별표 2의 기준에 따라 그 지정을 취소하거나 6월 이내의 기간을 정하여 그 업무의 정지를 명하거나 시정하게 할 수 있다. 다만, 제1호 내지 제3호의 1에 해당하는 때에는 그 지정을 취소하여야 한다. 〈2005.5.26〉
 1. 허위 그 밖의 부정한 방법으로 지정을 받은 때
 2. 탱크시험자의 등록 또는 다른 법령에 의하여 안전관리업무를 대행하는 기관의 지정·승인 등이 취소된 때
 3. 다른 사람에게 지정서를 대여한 때
 4. 별표 22의 안전관리대행기관의 지정기준에 미달되는 때
 5. 제57조제4항의 규정에 의한 소방청장의 지도·감독에 정당한 이유 없이 따르지 아니하는 때
 6. 제57조제5항의 규정에 의한 변경·휴업 또는 재개업의 신고를 연간 2회 이상 하지 아니한 때
 7. 안전관리대행기관의 기술인력이 제59조의 규정에 의한 안전관리업무를 성실하게 수행하지 아니한 때

② 소방청장은 안전관리대행기관의 지정·업무정지 또는 지정취소를 한 때에는 이를 관보에 공고하여야 한다.

③ 안전관리대행기관의 지정을 취소한 때에는 지정서를 회수하여야 한다.

제59조 〔안전관리대행기관의 업무수행〕

① 안전관리대행기관은 안전관리자의 업무를 위탁받는 경우에는 영 제13조 및 영 별표 6의 규정에 적합한 기술인력을 해당 제조소등의 안전관리자로 지정하여 안전관리자의 업무를 하게 하여야 한다.

② 안전관리대행기관은 제1항의 규정에 따라 기술인력을 안전관리자로 지정함에 있어서 1인의 기술인력을 다수의 제조소등의 안전관리자로 중복하여 지정하는 경우에는 영 제12조제1항 및 이 규칙 제56조의 규정에 적합하게 지정하거나 안전관리자의 업무를 성실히 대행할 수 있는 범위 내에서 관리하는 제조소등의 수가 25를 초과하지 아니하도록 지정하여야 한다. 이 경우 각 제조소(지정수량의 20배 이하를 지장하는 저장소는 제외한다)등의 관계인은 해당 제조소등마다 위험물의 취급에 관한 국가기술자격자 또는 법 제28조제1항에 따른 안전교육을 받은 자를 안전관리원으로 지정하여 대행기관이 지정한 안전관리자의 업무를 보조하게 하여야 한다.

③ 제1항에 따라 안전관리자로 지정된 안전관리대행기관의 기술인력(이하 이항에서 "기술인력"이라 한다) 또는 제2항에 따라 안전관리원으로 지정된 자는 위험물의 취급작업에 참여하여 법 제15조 및 이 규칙 제55조에 따른 안전관리자의 책무를 성실히 수행하여야 하며, 기술인력이 위험물의 취급작업에 참여하지 아니하는 경우에 기술인력은 제55조제3호 가목에 따른 점검 및 동조제6호에 따른 감독을 매월 4회(저장소의 경우에는 매월 2회) 이상 실시하여야 한다.

④ 안전관리대행기관은 제1항의 규정에 따라 안전관리자로 지정된 안전관리대행기관의 기술인력이 여행·질병 그 밖의 사유로 인하여 일시적으로 직무를 수행할 수 없는 경우에는 안전관리대행기관에 소속된 다른 기술인력을 안전관리자로 지정하여 안전관리자의 책무를 계속 수행하게 하여야 한다.

제16조（탱크시험자의 등록 등）
① 시·도지사 또는 제조소등의 관계인은 안전관리업무를 전문적이고 효율적으로 수행하기 위하여 탱크안전성능시험자(이하 "탱크시험자"라 한다)로 하여금 이 법에 의한 검사 또는 점검의 일부를 실시하게 할 수 있다.
② 탱크시험자가 되고자 하는 자는 대통령령이 정하는 기술능력·시설 및 장비를 갖추어 시·도지사에게 등록하여야 한다.
③ 제2항의 규정에 따라 등록한 사항 가운데 행정안전부령이 정하는 중요사항을 변경한 경우에는 그 날부터 30일 이내에 시·도지사에게 변경신고를 하여야 한다.
④ 다음 각호의 1에 해당하는 자는 탱크시험자로 등록하거나 탱크시험자의 업무에 종사할 수 없다.
　1. 피성년후견인 또는 피한정후견인 [개정 2016.1.27]
　2. 〈삭제 2006.9.22〉
　3. 이 법, 「소방기본법」, 「화재예방, 소방시설 설치유지 및 안전관리에 관한 법률」 또는 「소방시설공사업법」에 의한 금고 이상의 실형의 선고를 받고 그 집행이 종료(집행이 종료된 것으로 보는 경우를 포함한다)되거나 집행이 면제된 날부터 2년이 지나지 아니한 자
　4. 이 법, 「소방기본법」, 「화재예방, 소방시설 설치유지 및 안전관리에 관한 법률」 또는 「소방시설공사업법」에 의한 금고 이상의 형의 집행유예 선고를 받고 그 유예기간 중에 있는 자
　5. 제5항의 규정에 따라 탱크시험자의 등록이 취소(제1호에 해당하여 자격이 취소된 경우는 제외한다)된 날부터 2년이 지나지 아니한 자
　6. 법인으로서 그 대표자가 제1호 내지 제5호의 1에 해당하는 경우
⑤ 시·도지사는 탱크시험자가 다음 각 호의 어느 하나 해당하는 경우에는 행정안전부령으로 정하는 바에 따라 그 등록을 취소하거나 6월 이내의 기간을 정하여 업무의 정지를 명할 수 있다. 다만, 제1호 내지 제3호에 해당하는 경우에는 그 등록을 취소하여야 한다.
　1. 허위 그 밖의 부정한 방법으로 등록을 한 경우
　2. 제4항 각 호의 1의 등록의 결격사유에 해당하게 된 경우
　3. 등록증을 다른 자에게 빌려준 경우
　4. 제2항의 규정에 따른 등록기준에 미달하게 된 경우
　5. 탱크안전성능시험 또는 점검을 허위로 하거나 이 법에 의한 기준에 맞지 아니하게 탱크안전성능시험 또는 점검을 실시하는 경우 등 탱크시험자로서 적합하지 아니하다고 인정하는 경우
⑥ 탱크시험자는 이 법 또는 이 법에 의한 명령에 따라 탱크안전성능시험 또는 점검에 관한 업무를 성실히 수행하여야 한다.

영 제14조（탱크시험자의 등록기준 등）
① 법 제16조제2항의 규정에 따라 탱크시험자가 갖추어야 하는 기술능력·시설 및 장비는 별표 7과 같다.
② 탱크시험자로 등록하고자 하는 자는 등록신청서에 행정안전부령이 정하는 서류를 첨부하여 시·도지사에게 제출하여야 한다.
③ 시·도지사는 제2항에 따른 등록신청을 접수한 경우에 다음 각 호의 어느 하나에 해당하는 경우를 제외하고는 등록을 해 주어야 한다.
　1. 제1항에 따른 기술능력·시설 및 장비 기준을 갖추지 못한 경우

2. 등록을 신청한 자가 법 제16조제4항 각 호의 어느 하나에 해당하는 경우
3. 그 밖에 법, 이 영 또는 다른 법령에 따른 제한에 위반되는 경우

칙 제60조 (탱크시험자의 등록신청 등)

① 법 제16조제2항에 따라 탱크시험자로 등록하려는 자는 별지 제36호서식의 신청서(전자문서로 된 신청서를 포함한다)에 다음 각 호의 서류(전자문서를 포함한다)를 첨부하여 시·도지사에게 제출하여야 한다. / 1. 〈삭제 2006.8.3〉
  2. <u>기술능력자 연명부 및 기술자격증</u>   3. <u>안전성능시험장비의 명세서</u>
  4. 보유장비 및 시험방법에 대한 기술검토를 기술원으로부터 받은 경우에는 그에 대한 자료
  5. 「원자력안전법」에 따른 방사성동위원소이동사용허가증 또는 방사선발생장치이동사용허가증의 사본 1부
  6. 사무실의 확보를 증명할 수 있는 서류

② 제1항에 따른 신청서를 제출받은 경우에 담당공무원은 법인등기사항증명서를 제출받는 것에 갈음하여 그 내용을 「전자정부법」 제36조제1항에 따른 행정정보의 공동이용을 통하여 확인하여야 한다. 다만, 신청인이 이에 동의하지 아니하는 경우에는 해당 서류를 첨부하도록 하여야 한다.

③ 시·도지사는 제1항의 신청서를 접수한 때에는 15일 이내에 그 신청이 영 제14조제1항의 규정에 의한 등록기준에 적합하다고 인정하는 때에는 별지 제37호서식의 위험물탱크안전성능시험자등록증을 교부하고, 제1항의 규정에 따라 제출된 기술인력자의 기술자격증에 그 기술인력자가 해당 탱크시험기관의 기술인력자임을 기재하여 교부하여야 한다. 〈개정 2009.9.15〉

칙 제61조 (변경사항의 신고 등)

① 탱크시험자는 법 제16조제3항의 규정에 따라 다음 각호의 1에 해당하는 중요사항을 변경한 경우에는 별지 제38호서식의 신고서(전자문서로 된 신고서를 포함한다)에 다음 각호의 구분에 따른 서류(전자문서를 포함한다)를 첨부하여 시·도지사에게 제출하여야 한다.
  1. 영업소 소재지의 변경: 사무소의 사용을 증명하는 서류와 위험물탱크안전성능시험자등록증
  2. 기술능력의 변경: 변경하는 기술인력의 자격증과 위험물탱크안전성능시험자등록증
  3. 대표자의 변경: 위험물탱크안전성능시험자등록증
  4. 상호 또는 명칭의 변경: 위험물탱크안전성능시험자등록증

② 제1항에 따른 신고서를 제출받은 경우에 담당공무원은 법인등기사항증명서를 제출받는 것에 갈음하여 그 내용을 「전자정부법」 제36조제1항에 따른 행정정보의 공동이용을 통하여 확인하여야 한다. 다만, 신고인이 이에 동의하지 아니하는 경우에는 해당 서류를 첨부하도록 하여야 한다.

③ 시·도지사는 제1항의 신고서를 수리한 때에는 등록증을 새로 교부하거나 제출된 등록증에 변경사항을 기재하여 교부하고, 기술자격증에는 그 변경된 사항을 기재하여 교부하여야 한다.

칙 제62조 (등록의 취소 등)

① 법 제16조제5항의 규정에 의한 탱크시험자의 등록취소 및 업무정지의 기준은 별표 2와 같다.

② 시·도지사는 법 제16조제2항에 따라 탱크시험자의 등록을 받거나 법 제16조제5항에 따라 등록의 취소 또는 업무의 정지를 한 때에는 이를 특별시·광역시·특별자치시·도 또는 특별자치도(이하 "시·도"라 한다)의 공보에 공고하여야 한다.

③ 시·도지사는 탱크시험자의 등록을 취소한 때에는 등록증을 회수하여야 한다.

제17조 (예방규정)

① 대통령령이 정하는 제조소등의 관계인은 해당 제조소등의 화재예방과 화재 등 재해발생시의 비상조치를 위하여 행정안전부령이 정하는 바에 따라 예방규정을 정하여 해당 제조소등의 사용을 시작하기 전에 시·도지사에게 제출하여야 한다. 예방규정을 변경한 때에도 또한 같다.

② 시·도지사는 제1항의 규정에 따라 제출한 예방규정이 제5조제3항의 규정에 따른 기준에 적합하지 아니하거나 화재예방이나 재해발생시의 비상조치를 위하여 필요하다고 인정하는 때에는 이를 반려하거나 그 변경을 명할 수 있다.

③ 제1항의 규정에 따른 제조소등의 관계인과 그 종업원은 예방규정을 충분히 잘 익히고 준수하여야 한다.

[영] 제15조 (관계인이 예방규정을 정하여야 하는 제조소등)

법 제17조제1항에서 "대통령령이 정하는 제조소등"이란 다음 각 호의 어느 하나 해당하는 제조소등을 말한다. 〈개정 2006.5.25〉

1. 지정수량의 10배 이상의 위험물을 취급하는 제조소
2. 지정수량의 100배 이상의 위험물을 저장하는 옥외저장소
3. 지정수량의 150배 이상의 위험물을 저장하는 옥내저장소
4. 지정수량의 200배 이상의 위험물을 저장하는 옥외탱크저장소
5. 암반탱크저장소
6. 이송취급소
7. 지정수량의 10배 이상의 위험물을 취급하는 일반취급소. 다만, 제4류 위험물(특수인화물을 제외한다)만을 지정수량의 50배 이하로 취급하는 일반취급소(제1석유류·알코올류의 취급량이 지정수량의 10배 이하인 경우에 한한다)로서 다음 각 목의 어느 하나에 해당하는 것을 제외한다.
   가. 보일러·버너 또는 이와 비슷한 것으로서 위험물을 소비하는 장치로 이루어진 일반취급소
   나. 위험물을 용기에 옮겨 담거나 차량에 고정된 탱크에 주입하는 일반취급소

[칙] 제63조 (예방규정의 작성 등)

① 법 제17조제1항에 따라 영 제15조 각 호의 어느 하나에 해당하는 제조소등의 관계인은 다음 각 호의 사항이 포함된 예방규정을 작성하여야 한다.

1. 위험물의 안전관리업무를 담당하는 자의 직무 및 조직에 관한 사항
2. 안전관리자가 여행·질병 등으로 인하여 그 직무를 수행할 수 없을 경우 그 직무의 대리자에 관한 사항
3. 영 제18조의 규정에 따라 자체소방대를 설치하여야 하는 경우에는 자체소방대의 편성과 화학소방자동차의 배치에 관한 사항
4. 위험물의 안전에 관계된 작업에 종사하는 자에 대한 안전교육 및 훈련에 관한 사항
5. 위험물시설 및 작업장에 대한 안전순찰에 관한 사항
6. 위험물시설·소방시설 그 밖의 관련시설에 대한 점검 및 정비에 관한 사항
7. 위험물시설의 운전 또는 조작에 관한 사항
8. 위험물 취급작업의 기준에 관한 사항
9. 이송취급소에 있어서는 배관공사 현장책임자의 조건 등 배관공사 현장에 대한 감독체제에 관한 사항과 배관주위에 있는 이송취급소 시설 외의 공사를 하는 경우 배관의 안전확보에 관한 사항
10. 재난 그 밖의 비상시의 경우에 취하여야 하는 조치에 관한 사항

11. 위험물의 안전에 관한 기록에 관한 사항
12. 제조소등의 위치·구조 및 설비를 명시한 서류와 도면의 정비에 관한 사항
13. 그 밖에 위험물의 안전관리에 관하여 필요한 사항

② 예방규정은 「산업안전보건법」 제20조의 규정에 의한 안전보건관리규정과 통합하여 작성할 수 있다.
③ 영 제15조 각 호의 어느 하나에 해당하는 제조소등의 관계인은 예방규정을 제정하거나 변경한 경우에는 별지 제39호서식의 예방규정제출서에 제정 또는 변경한 예방규정 1부를 첨부하여 시·도지사 또는 소방서장에게 제출하여야 한다. 〈개정 2009.9.15〉

제18조 (정기점검 및 정기검사)

① 대통령령이 정하는 제조소등의 관계인은 그 제조소등에 대하여 행정안전부령이 정하는 바에 따라 제5조제4항의 규정에 따른 기술기준에 적합한지의 여부를 정기적으로 점검하고 점검결과를 기록하여 보존하여야 한다.
② 제1항에 따라 정기점검을 한 제조소등의 관계인은 점검을 한 날부터 30일 이내에 점검결과를 시·도지사에게 제출하여야 한다.
③ 제1항에 따라 정기점검을 한 제조소등의 관계인 가운데 대통령령으로 정하는 제조소등의 관계인은 행정안전부령으로 정하는 바에 따라 소방본부장 또는 소방서장으로부터 해당 제조소등이 제5조제4항에 따른 기술기준에 적합하게 유지되고 있는지의 여부에 대하여 정기적으로 검사를 받아야 한다.

영 제16조 (정기점검의 대상인 제조소등)
법 제18조제1항에서 "대통령령이 정하는 제조소등"이란 다음 각 호의 어느 하나 해당하는 제조소등을 말한다.
1. 제15조 각 호의 어느 하나 해당하는 제조소등
2. 지하탱크저장소
3. 이동탱크저장소
4. 위험물을 취급하는 탱크로서 지하에 매설된 탱크가 있는 제조소·주유취급소 또는 일반취급소

영 제17조 (정기검사의 대상인 제조소등)
법 제18조제2항에서 "대통령령이 정하는 제조소등"이란 액체위험물을 저장 또는 취급하는 50만ℓ 이상의 옥외탱크저장소를 말한다.

칙 제64조 (정기점검의 횟수)
법 제18조제1항의 규정에 따라 제조소등의 관계인은 해당 제조소등에 대하여 연 1회 이상 정기점검을 실시하여야 한다.

칙 제65조 (특정·준특정옥외탱크저장소의 정기점검)
① 법 제18조제1항의 규정에 따라 옥외탱크저장소 중 저장 또는 취급하는 액체위험물의 최대수량이 50만ℓ 이상인 것(이하 "특정준특정옥외탱크저장소"라 한다)에 대해서는 제64조에 따른 정기점검 외에 다음 각 호의 어느 하나 해당하는 기간 이내에 1회 이상 특정·준특정옥외저장탱크(특정·준특정옥외탱크저장소의 탱크를 말한다. 이하 같다)의 구조 등에 관한 안전점검(이하 "구조안전점검"이라 한다)을 해야 한다. 다만, 해당 기간 이내에 특정·준특정옥외저장탱크의 사용중단 등으로 구조안전점검을 실시하기가 곤란한 경우에는 별지 제39호의 2서식에 따라 관할소방서장에게 구조안전점검의 실시기간

연장신청(전자문서에 의한 신청을 포함한다)을 할 수 있으며, 그 신청을 받은 소방서장은 1년(특정준특정옥외저장탱크의 사용을 중지한 경우에는 사용중지기간)의 범위 내에서 해당 기간을 연장할 수 있다. 〈개정 20.10.12〉
1. 특정준특정옥외저장탱크의 설치허가에 따른 완공검사필증을 발급받은 날부터 12년
2. 법 제70조제1항제1호에 따른 최근의 정밀정기검사를 받은 날부터 11년
3. 제2항의 규정에 따라 특정준특정옥외저장탱크에 안전조치를 한 후 제71조제2항의 규정에 따라 기술원에 구조안전점검시기 연장신청을 하여 해당 안전조치가 적정한 것으로 인정받은 경우에는 법 제70조제1항제1호에 따른 최근의 정밀정기검사를 받은 날부터 13년

② "제1항제3호에 따른 특정준특정옥외저장탱크의 안전조치는 특정준특정옥외저장탱크"의 부식 등에 대한 안전성을 확보하는 데 필요한 다음 각 호의 어느 하나의 조치로 한다.
1. 특정준특정옥외저장탱크의 부식방지 등을 위한 다음 각 목의 조치
  가. 특정준특정옥외저장탱크의 내부의 부식을 방지하기 위한 코팅[유리입자(글래스플레이크)코팅 또는 유리섬유강화플라스틱 라이닝에 한한다] 또는 이와 동등 이상의 조치
  나. 특정준특정옥외저장탱크의 에뉼러판 및 밑판 외면의 부식을 방지하는 조치
  다. 특정준특정옥외저장탱크의 에뉼러판 및 밑판의 두께가 적정하게 유지되도록 하는 조치
  라. 특정준특정옥외저장탱크에 구조상의 영향을 줄 우려가 있는 보수를 하지 아니하거나 변형이 없도록 하는 조치   마. 현저한 부등침하가 없도록 하는 조치
  바. 지반이 충분한 지지력을 확보하는 동시에 침하에 대하여 충분한 안전성을 확보하는 조치
  사. 특정준특정옥외저장탱크의 유지관리체제의 적정 유지
2. 위험물의 저장관리 등에 관한 다음 각목의 조치
  가. 부식의 발생에 영향을 주는 물 등의 성분의 적절한 관리
  나. 특정준특정옥외저장탱크에 대하여 현저한 부식성이 있는 위험물을 저장하지 아니하도록 하는 조치
  다. 부식의 발생에 현저한 영향을 미치는 저장조건의 변경을 하지 아니하도록 하는 조치
  라. 특정준특정옥외저장탱크의 에뉼러판 및 밑판의 부식률(에뉼러판 및 밑판이 부식에 의하여 감소한 값을 판의 경과년수로 나누어 얻은 값을 말한다)이 연간 0.05mm 이하일 것
  마. 특정준특정옥외저장탱크의 에뉼러판 및 밑판 외면의 부식을 방지하는 조치
  바. 특정준특정옥외저장탱크의 에뉼러판 및 밑판의 두께가 적정하게 유지되도록 하는 조치
  사. 특정준특정옥외저장탱크에 구조상의 영향을 줄 우려가 있는 보수를 하지 아니하거나 변형이 없도록 하는 조치   아. 현저한 부등침하가 없도록 하는 조치
  자. 지반이 충분한 지지력을 확보하는 동시에 침하에 대하여 충분한 안전성을 확보하는 조치
  차. 특정준특정옥외저장탱크의 유지관리체제의 적정 유지
③ 제1항제3호의 규정에 의한 신청은 별지 제40호서식 또는 별지 제41호서식의 신청서에 의한다.

제66조 (정기점검의 내용 등)
제조소등의 위치·구조 및 설비가 법 제5조제4항의 기술기준에 적합한지를 점검하는데 필요한 정기점검의 내용·방법 등에 관한 기술상의 기준과 그 밖의 점검에 관하여 필요한 사항은 소방청장이 정하여 고시한다.

제67조 (정기점검의 실시자)
① 제조소등의 관계인은 법 제18조제1항의 규정에 따라 해당 제조소등의 정기점검을 안전관리자(제65조의 규정에 의한 정기점검에 있어서는 제66조의 규정에 따라 소방청장이 정하여 고시하는 점검방법에 관한 지식 및 기능이 있는 자에 한한다) 또는 위험물운송자(이동탱크저장소의 경우에 한한다)로 하여금 실시하도록 하여야 한다. 이 경우 옥외탱크저장소에 대한 구조안전점검을 위험물안전관리자가 직접 실시하는 경우에는 점검에 필요한 영 별표 7의 인력 및 장비를 갖춘 후 이를 실시하여야 한다.
② 제1항에도 불구하고 제조소등의 관계인은 안전관리대행기관(제65조에 따른 특정·준특정옥외탱크저장소의 정기점검은 제외한다) 또는 탱크시험자에게 정기점검을 의뢰하여 실시할 수 있다. 이 경우 해당 제조소등의 안전관리자는 "안전관리대행기관 또는 탱크시험자의 점검현장에 입회하여야 한다.

제68조 (정기점검의 기록·유지)
① 법 제18조제1항의 규정에 따라 제조소등의 관계인은 정기점검 후 다음 각 호의 사항을 기록하여야 한다.
  1. 점검을 실시한 제조소등의 명칭   2. 점검의 방법 및 결과   3. 점검연월일
  4. 점검을 한 안전관리자 또는 점검을 한 탱크시험자와 점검에 입회한 안전관리자의 성명
② 제1항의 규정에 의한 정기점검기록은 다음 각 호의 구분에 의한 기간 동안 이를 보존하여야 한다.
  1. 제65조제1항의 규정에 의한 옥외저장탱크의 구조안전점검에 관한 기록: 25년(동항제3호에 규정한 기간의 적용을 받는 경우에는 30년) 2. 제1호에 해당하지 아니하는 정기점검의 기록: 3년

제69조 (정기점검의 의뢰 등)
① 제조소등의 관계인은 법 제18조제1항의 정기점검을 제67조제2항의 규정에 따라 탱크시험자에게 실시하게 하는 경우에는 별지 제42호서식의 정기점검의뢰서를 탱크시험자에게 제출하여야 한다.
② 탱크시험자는 정기점검을 실시한 결과 그 탱크 등의 유지관리상황이 적합하다고 인정되는 때에는 점검을 완료한 날부터 10일 이내에 별지 제43호서식의 정기점검결과서에 위험물탱크안전성능시험자등록증 사본 및 시험성적서를 첨부하여 제조소등의 관계인에게 교부하고, 적합하지 아니한 경우에는 개선하여야 하는 사항을 통보하여야 한다.
③ 제2항의 규정에 따라 개선하여야 하는 사항을 통보 받은 제조소등의 관계인은 이를 개선한 후 다시 점검을 의뢰하여야 한다. 이 경우 탱크시험자는 정기점검결과서에 개선하게 한 사항(탱크시험자가 직접 보수한 경우에는 그 보수한 사항을 포함한다)을 기재하여야 한다.
④ 탱크시험자는 제2항의 규정에 의한 정기점검결과서를 교부한 때에는 그 내용을 정기점검대장에 기록하고 이를 제68조제2항 각 호의 규정에 의한 기간동안 보관하여야 한다.

제70조 (정기검사의 시기)
① 법 제18조제2항에 따른 정기검사(이하 "정기검사"라 한다)로, "각 호에 규정한 기간 이내에 정기검사"를 "각 호의 구분에 따라 정밀정기검사 및 중간정기검사"로 하고, 같은 항 각 호 외의 부분 단서 중 "아니하다고"를 "않다고"로 하며, 같은 항 각 호를 다음과 같이 한다.
  1. 정밀정기검사 : 다음 각 목의 어느 하나에 해당하는 기간 내에 1회
    가. 특정·준특정옥외탱크저장소의 설치허가에 따른 완공검사필증을 발급받은 날부터 12년
    나. 최근의 정밀정기검사를 받은 날부터 11년
  2. 중간정기검사 : 다음 각 목의 어느 하나에 해당하는 기간 내에 1회

가. 특정·준특정옥외탱크저장소의 설치허가에 따른 완공검사필증을 발급받은 날부터 4년
나. 최근의 정밀정기검사 또는 중간정기검사를 받은 날부터 4년 / ② 〈삭제 2009.3.17〉
③ 제1항1호에 따른 정밀정기검사(이하 "정밀정기검사"라 한다)"를 받아야 하는 특정·준특정옥외탱크저장소의 관계인은 제1항에도 불구하고 정밀정기검사를 제65조제1항에 따른 구조안전점검을 실시하는 때에 함께 받을 수 있다. 〈전문개정 20.10.12〉

칙 제71조 (정기검사의 신청 등)
① 정기검사를 받아야 하는 특정·준특정옥외탱크저장소의 관계인은 별지 제44호서식의 신청서(전자문서로 된 신청서를 포함한다)에 다음 각 호의 서류(전자문서를 포함한다)를 첨부하여 기술원에 제출하고 별표 25 제8호에 따른 수수료를 기술원에 납부해야 한다. 다만, 제2호 및 제4호의 서류는 정기검사를 실시하는 때에 제출할 수 있다. 〈개정 20.10.12〉
  1. 별지 제5호서식의 구조설비명세표 2. 제조소등의 위치·구조 및 설비에 관한 도면
  3. 완공검사필증 4. 밑판, 옆판, 지붕판 및 개구부의 보수이력에 관한 서류
② 제65조제1항제3호에 따른 기간 이내에 구조안전점검을 받으려는 별지 제40호서식 또는 별지 제41호서식의 신청서(전자문서로 된 신청서를 포함한다)를 제1항 각 호 외의 부분 본문에 따라 정기검사를 신청하는 때에 함께 기술원에 제출해야 한다.
③ 제70조제1항 각 호 외의 부분 단서에 따라 정기검사 시기를 변경하려는 자는 별지 제45호서식의 신청서(전자문서로 된 신청서를 포함한다)에 정기검사 시기의 변경을 필요로 하는 사유를 기재한 서류(전자문서를 포함한다)를 첨부하여 소방서장에게 제출해야 한다.
④ 기술원은 제72조제4항의 소방청장이 정하여 고시하는 기준에 따라 정기검사를 실시한 결과 다음 각 호의 구분에 따른 사항이 적합하다고 인정되면 검사종료일부터 10일 이내에 별지 제46호서식의 정기검사필증을 관계인에게 발급하고, 그 결과보고서를 작성하여 소방서장에게 제출해야 한다.
  1. 정밀정기검사 대상인 경우: 특정·준특정옥외저장탱크에 대한 다음 각 목의 사항
    가. 수직도·수평도에 관한 사항(지중탱크에 대한 것은 제외한다)
    나. 밑판(지중탱크의 경우에는 누액방지판을 말한다)의 두께에 관한 사항
    다. 용접부에 관한 사항   라. 구조·설비의 외관에 관한 사항
  2. 제70조제1항제2호에 따른 중간정기검사 대상인 경우: 특정·준특정옥외저장탱크의 구조·설비의 외관에 관한 사항
⑤ 기술원은 정기검사를 실시한 결과 부적합한 경우에는 개선해야 하는 사항을 신청자에게 통보하고 개선할 사항을 통보받은 관계인은 개선을 완료한 후 별지 제44호서식의 신청서를 기술원에 다시 제출하여야 한다.
⑥ 정기검사를 받은 제조소등의 관계인과 정기검사를 실시한 기술원은 정기검사필증 등 정기검사에 관한 서류를 해당 제조소등에 대한 차기 정기검사 시까지 보관해야 한다. 〈전문개정 20.10.12〉

칙 제72조 (정기검사의 방법 등)
① 정기검사는 특정·준특정옥외탱크저장소의 위치·구조 및 설비의 특성을 감안하여 안전성 확인에 적합한 검사방법으로 실시하여야 한다.
② 특정·준특정옥외탱크저장소의 관계인이 제65조제1항에 따른 구조안전점검시에 제71조제4항1호 각 목에 따른 사항을 미리 점검한 후에 정밀정기검사를 신청하는 때에는 그 사항에 대한 정밀정기검사는

전체의 검사범위 중 임의의 부위를 발췌하여 검사하는 방법으로 실시한다.
③ 특정옥외탱크저장소의 변경허가에 따른 탱크안전성능검사를 하는 때에 정밀정기검사를 같이 실시하는 경우 검사범위가 중복되면 해당 검사범위에 대한 어느 하나의 검사를 생략한다.
④ 제1항부터 제3항까지의 규정에 따른 검사방법과 판정기준 그 밖의 정기검사의 실시에 관하여 필요한 사항은 소방청장이 정하여 고시한다. 〈개정 20.10.12〉

제19조 (자체소방대)

다량의 위험물을 저장·취급하는 제조소등으로서 대통령령이 정하는 제조소등이 있는 동일한 사업소에서 대통령령이 정하는 수량 이상의 위험물을 저장 또는 취급하는 경우 해당 사업소의 관계인은 대통령령이 정하는 바에 따라 해당 사업소에 자체소방대를 설치하여야 한다.

영 제18조 (자체소방대를 설치하여야 하는 사업소)

① 법 제19조에서 "대통령령이 정하는 제조소등"이란 다음 각 호의 어느 하나에 해당하는 제조소등을 말한다.
  1. 제4류 위험물을 취급하는 제조소 또는 일반취급소. 다만, 보일러로 위험물을 소비하는 일반취급소 등 행정안전부령으로 정하는 일반취급소는 제외한다.
  2. 제4류 위험물을 저장하는 옥외탱크저장소
② 법 제19조에서 "대통령령이 정하는 수량"이란 다음 각 호의 구분에 따른 수량을 말한다.
  1. 제1항제1호에 해당하는 경우: 제조소 또는 일반취급소에서 취급하는 제4류 위험물의 최대수량의 합이 지정수량의 3천 배 이상
  2. 제1항제2호에 해당하는 경우: 옥외탱크저장소에 저장하는 제4류 위험물의 최대수량이 지정수량의 50만 배 이상
③ 법 제19조의 규정에 따라 자체소방대를 설치하는 사업소의 관계인은 별표 8의 규정에 따라 자체소방대에 화학소방자동차 및 자체소방대원을 두어야 한다. 다만, 화재 그 밖의 재난발생시 다른 사업소 등과 상호응원에 관한 협정을 체결하고 있는 사업소에 있어서는 행정안전부령이 정하는 바에 따라 별표 8의 범위 안에서 화학소방자동차 및 인원의 수를 달리할 수 있다.

칙 제73조 (자체소방대의 설치 제외대상인 일반취급소)

영 제18조제1항 단서에서 "행정안전부령이 정하는 일반취급소"란 다음 각 호 1에 해당하는 일반취급소를 말한다.
  1. 보일러, 버너 그 밖에 이와 유사한 장치로 위험물을 소비하는 일반취급소
  2. 이동저장탱크 그 밖에 이와 유사한 것에 위험물을 주입하는 일반취급소
  3. 용기에 위험물을 옮겨 담는 일반취급소
  4. 유압장치, 윤활유순환장치 그 밖에 이와 유사한 장치로 위험물을 취급하는 일반취급소
  5. 「광산안전법」의 적용을 받는 일반취급소

칙 제74조 (자체소방대 편성의 특례)

영 제18조제3항 단서의 규정에 따라 2 이상의 사업소가 상호응원에 관한 협정을 체결하고 있는 경우에는 해당 모든 사업소를 하나의 사업소로 보고 제조소 또는 취급소에서 취급하는 제4류 위험물을 합산한 양을 하나의 사업소에서 취급하는 제4류 위험물의 최대수량으로 간주하여 동항 본문의 규정에 의한 화

학소방자동차의 대수 및 자체소방대원을 정할 수 있다. 이 경우 상호응원에 관한 협정을 체결하고 있는 각 사업소의 자체소방대에는 영 제18조제3항 본문의 규정에 의한 화학소방차 대수의 2분의 1 이상의 대수와 화학소방자동차마다 5인 이상의 자체소방대원을 두어야 한다.

칙 제75조 (화학소방차의 기준 등)
① 영 별표 8 비고의 규정에 따라 화학소방자동차(내폭화학차 및 제독차를 포함한다)에 갖추어야 하는 소화능력 및 설비의 기준은 별표 23과 같다.
② 포수용액을 방사하는 화학소방자동차의 대수는 영 제18조제3항의 규정에 의한 화학소방자동차의 대수의 2/3 이상으로 하여야 한다.

제4장 위험물의 운반 등

제20조 (위험물의 운반)
① 위험물의 운반은 그 용기·적재방법 및 운반방법에 관한 다음 각호의 중요기준과 세부기준에 따라 행하여야 한다.
  1. 중요기준: 화재 등 위해의 예방과 응급조치에 있어서 큰 영향을 미치거나 그 기준을 위반하는 경우 직접적으로 화재를 일으킬 가능성이 큰 기준으로서 행정안전부령이 정하는 기준
  2. 세부기준: 화재 등 위해의 예방과 응급조치에 있어서 중요기준보다 상대적으로 적은 영향을 미치거나 그 기준을 위반하는 경우 간접적으로 화재를 일으킬 수 있는 기준 및 위험물의 안전관리에 필요한 표시와 서류·기구 등의 비치에 관한 기준으로서 행정안전부령이 정하는 기준
② 제1항에 따라 운반용기에 수납된 위험물을 지정수량 이상으로 차량에 적재하여 운반하는 차량의 운전자 (이하 "위험물운반자"라 한다)는 다음 각 호의 어느 하나에 해당하는 요건을 갖추어야 한다.
  1. 「국가기술자격법」에 따른 위험물 분야의 자격을 취득할 것
  2. 제28조제1항에 따른 교육을 수료할 것
③ 시·도지사는 운반용기를 제작하거나 수입한 자 등의 신청에 따라 제1항의 규정에 따른 운반용기를 검사할 수 있다. 다만, 기계에 의하여 하역하는 구조로 된 대형의 운반용기로서 행정안전부령이 정하는 것을 제작하거나 수입한 자 등은 행정안전부령이 정하는 바에 따라 해당 용기를 사용하거나 유통시키기 전에 시·도지사가 실시하는 운반용기에 대한 검사를 받아야 한다.

칙 제50조 (위험물의 운반기준)
법 제20조제1항의 규정에 의한 위험물의 운반에 관한 기준은 별표 19와 같다.

칙 제51조 (운반용기의 검사)
① 법 제20조제2항 단서에서 "행정안전부령이 정하는 것"이란 별표 20의 규정에 의한 운반용기를 말한다.
② 법 제20조제2항의 규정에 따라 운반용기의 검사를 받고자 하는 자는 별지 제30호서식의 신청서(전자문서로 된 신청서를 포함한다)에 용기의 설계도면과 재료에 관한 설명서를 첨부하여 기술원에 제출하여야 한다. 다만, "UN의 위험물 운송에 관한 권고(RTDG, Recommendations on the Transport of Dangerous Goods)에서" 정한 기준에 따라 관련 검사기관으로부터 검사를 받은 때에는 그러하지 아니하다.

③ 기술원은 제2항의 규정에 의한 검사신청을 한 운반용기가 별표 19 I의 규정에 의한 기준에 적합하고 위험물의 운반상 지장이 없다고 인정되는 때에는 별지 제31호서식의 용기검사필증을 교부하여야 한다.
④ 기술원의 원장은 운반용기 검사업무의 처리절차와 방법을 정하여 운용하여야 한다.
⑤ 기술원의 원장은 전년도의 운반용기 검사업무 처리결과를 매년 1월 31일까지 시·도지사에게 보고하여야 하고, 시·도지사는 기술원으로부터 보고받은 운반용기 검사업무 처리결과를 매년 2월 말까지 소방청장에게 제출하여야 한다.

제21조 (위험물의 운송)

① 이동탱크저장소에 의하여 위험물을 운송하는 자(운송책임자 및 이동탱크저장소운전자를 말하며, 이하 "위험물운송자"라 한다)는 제20조제2항 각 호의 어느 하나에 해당하는 요건을 갖추어야 한다.
② 대통령령이 정하는 위험물의 운송에 있어서는 운송책임자(위험물 운송의 감독 또는 지원을 하는 자를 말한다. 이하 같다)의 감독 또는 지원을 받아 이를 운송하여야 한다. 운송책임자의 범위, 감독 또는 지원의 방법 등에 관한 구체적인 기준은 행정안전부령으로 정한다.
③ 위험물운송자는 이동탱크저장소에 의하여 위험물을 운송하는 때에는 행정안전부령으로 정하는 기준을 준수하는 등 해당 위험물의 안전확보를 위하여 세심한 주의를 기울여야 한다.

<영> 제19조 (운송책임자의 감독·지원을 받아 운송하여야 하는 위험물)
법 제21조제2항에서 "대통령령이 정하는 위험물"이란 다음 각 호의 어느 하나 해당하는 위험물을 말한다.
 1. 알킬알루미늄
 2. 알킬리튬
 3. 제1호 또는 제2호의 물질을 함유하는 위험물

<칙> 제52조 (위험물의 운송기준)
① 법 제21조제2항의 규정에 의한 위험물 운송책임자는 다음 각호의 1에 해당하는 자로 한다.
 1. 해당 위험물의 취급에 관한 국가기술자격을 취득하고 관련 업무에 1년 이상 종사한 경력이 있는 자
 2. 법 제28조제1항의 규정에 의한 위험물의 운송에 관한 안전교육을 수료하고 관련 업무에 2년 이상 종사한 경력이 있는 자
② 법 제21조제2항의 규정에 의한 위험물 운송책임자의 감독 또는 지원의 방법과 법 제21조제3항의 규정에 의한 위험물의 운송시에 준수하여야 하는 사항은 별표 21과 같다.

제5장 감독 및 조치명령

제22조 (출입·검사 등)

① 소방청장(중앙119구조본부장 및 그 소속 기관의 장을 포함한다. 이하 제22조의2에서 같다), 시·도지사, 소방본부장 또는 소방서장은 위험물의 저장 또는 취급에 따른 화재의 예방 또는 진압대책을 위하여 필요한 때에는 위험물을 저장 또는 취급하고 있다고 인정되는 장소의 관계인에 대하여 필요한 보고 또는 자료제출을 명할 수 있으며, 관계공무원으로 하여금 해당 장소에 출입하여 그 장소의 위치·구조·설비 및 위험물의 저장·취급상황에 대하여 검사하게 하거나 관계인에게 질문하게 하고 시험에 필요한 최소한의 위험물 또는 위험물로 의심되는 물품을 수거하게 할 수 있다. 다만, 개인의 주거는 관계인의 승낙을 얻은 경우 또는 화재발생의 우려가 커서 긴급한 필요가 있는 경우가 아니면 출입할 수 없다.

② <u>소방공무원 또는 국가경찰공무원</u>은 위험물운반자 또는 위험물운송자의 요건을 확인하기 위하여 필요하다고 인정하는 경우에는 주행 중인 위험물 운반 차량 또는 이동탱크저장소를 정지시켜 해당 위험물운반자 또는 위험물운송자에게 그 자격을 증명할 수 있는 국가기술자격증 또는 교육수료증의 제시를 요구할 수 있으며, 이를 제시하지 아니한 경우에는 주민등록증, 여권, 운전면허증 등 신원확인을 위한 증명서를 제시할 것을 요구하거나 신원확인을 위한 질문을 할 수 있다.

③ 제1항의 규정에 따른 출입·검사 등은 그 장소의 공개시간이나 근무시간내 또는 해가 뜬 후부터 해가 지기 전까지의 시간내에 행하여야 한다. 다만, 건축물 그 밖의 공작물의 관계인의 승낙을 얻은 경우 또는 화재발생의 우려가 커서 긴급한 필요가 있는 경우에는 그러하지 아니하다.

④ 제1항 및 제2항의 규정에 따라 출입·검사 등을 행하는 관계공무원은 관계인의 정당한 업무를 방해하거나 출입·검사 등을 수행하면서 알게 된 비밀을 다른 자에게 누설하여서는 아니 된다.

⑤ 시·도지사, 소방본부장 또는 소방서장은 탱크시험자에게 탱크시험자의 등록 또는 그 업무에 관하여 필요한 보고 또는 자료제출을 명하거나 관계공무원으로 하여금 해당 사무소에 출입하여 업무의 상황·시험기구·장부·서류와 그 밖의 물건을 검사하게 하거나 관계인에게 질문하게 할 수 있다.

⑥ 제1항·제2항 및 제5항의 규정에 따라 출입·검사 등을 하는 관계공무원은 그 권한을 표시하는 증표를 지니고 관계인에게 이를 내보여야 한다.

칙 제76조 (소방검사서)
법 제22조제1항의 규정에 의한 출입·검사 등을 행하는 관계공무원은 법 또는 법에 근거한 명령 또는 조례의 규정에 적합하지 아니한 사항을 발견한 때에는 그 내용을 기재한 별지 제47호서식의 위험물제조소등 소방검사서의 사본을 검사현장에서 제조소등의 관계인에게 교부하여야 한다. 다만, 도로상에서 주행중인 이동탱크저장소를 정지시켜 검사를 한 경우에는 그러하지 아니하다.

제22조의2 (위험물 누출 등의 사고 조사)

① <u>소방청장, 소방본부장 또는 소방서장</u>은 위험물의 누출·화재·폭발 등의 사고가 발생한 경우 사고의 원인 및 피해 등을 조사하여야 한다.

② 제1항에 따른 조사에 관하여는 제22조제1항·제3항·제4항 및 제6항을 준용한다.

③ 소방청장, 소방본부장 또는 소방서장은 제1항에 따른 사고 조사에 필요한 경우 자문을 하기 위하여 관련 분야에 전문지식이 있는 사람으로 구성된 사고조사위원회를 둘 수 있다.

④ 제3항에 따른 사고조사위원회의 구성과 운영 등에 필요한 사항은 대통령령으로 정한다.

제23조 (탱크시험자에 대한 명령)

시·도지사, 소방본부장 또는 소방서장은 탱크시험자에 대하여 해당 업무를 적정하게 실시하게 하기 위하여 필요하다고 인정하는 때에는 감독상 필요한 명령을 할 수 있다.

제24조 (무허가장소의 위험물에 대한 조치명령)

<u>시·도지사</u>, <u>소방본부장</u> 또는 <u>소방서장</u>은 위험물에 의한 재해를 방지하기 위하여 제6조제1항의 규정에 따른 허가를 받지 아니하고 지정수량 이상의 위험물을 <u>저장</u> 또는 <u>취급하는 자</u>(제6조제3항의 규정에 따라 허가를 받지 아니하는 자를 제외한다)에 대하여 그 위험물 및 시설의 제거 등 필요한 조치를 명할 수 있다.

제25조 (제조소등에 대한 긴급 사용정지명령 등)

시·도지사, 소방본부장 또는 소방서장은 공공의 안전을 유지하거나 재해의 발생을 방지하기 위하여 긴급한 필요가 있다고 인정하는 때에는 제조소등의 관계인에 대하여 해당 제조소등의 사용을 <u>일시정지</u>하거나 그 사용을 <u>제한</u>할 것을 명할 수 있다.

제26조 (저장·취급기준 준수명령 등)

① <u>시·도지사</u>, <u>소방본부장</u> 또는 <u>소방서장</u>은 제조소등에서의 위험물의 저장 또는 취급이 제5조제3항의 규정에 위반된다고 인정하는 때에는 해당 제조소등의 관계인에 대하여 동항의 기준에 따라 위험물을 저장 또는 취급하도록 명할 수 있다.

② 시·도지사, 소방본부장 또는 소방서장은 관할하는 구역에 있는 이동탱크저장소에서의 위험물의 저장 또는 취급이 제5조제3항의 규정에 위반된다고 인정하는 때에는 해당 이동탱크저장소의 관계인에 대하여 동항의 기준에 따라 위험물을 저장 또는 취급하도록 명할 수 있다.

③ 시·도지사, 소방본부장 또는 소방서장은 제2항의 규정에 따라 이동탱크저장소의 관계인에 대하여 명령을 한 경우에는 행정안전부령이 정하는 바에 따라 제6조제1항의 규정에 따라 해당 이동탱크저장소의 허가를 한 시·도지사, 소방본부장 또는 소방서장에게 신속히 그 취지를 통지하여야 한다.

[칙] 제77조 (이동탱크저장소에 관한 통보사항)

시·도지사, 소방본부장 또는 소방서장은 법 제26조제3항의 규정에 따라 이동탱크저장소의 관계인에 대하여 위험물의 저장 또는 취급기준 준수명령을 한 때에는 다음 각 호의 사항을 해당 이동탱크저장소의 허가를 한 소방서장에게 통보하여야 한다.

1. 명령을 한 시·도지사, 소방본부장 또는 소방서장   2. 명령을 받은 자의 성명·명칭 및 주소
3. 명령에 관계된 이동탱크저장소의 설치자, 상치장소 및 설치 또는 변경의 허가번호
4. 위반내용   5. 명령의 내용 및 그 이행사항
6. 그 밖에 명령을 한 시·도지사, 소방본부장 또는 소방서장이 통보할 필요가 있다고 인정하는 사항

제27조 (응급조치·통보 및 조치명령)

① 제조소등의 관계인은 해당 제조소등에서 위험물의 유출 그 밖의 사고가 발생한 때에는 즉시 그리고 지속적으로 위험물의 유출 및 확산의 방지, 유출된 위험물의 제거 그 밖에 재해의 발생방지를 위한 응급조치를 강구하여야 한다.

② 제1항의 사태를 발견한 자는 즉시 그 사실을 소방서, 경찰서 또는 그 밖의 관계기관에 통보하여야 한다.

③ <u>소방본부장</u> 또는 <u>소방서장</u>은 제조소등의 관계인이 제1항의 응급조치를 강구하지 아니하였다고 인정하는 때에는 제1항의 응급조치를 강구하도록 명할 수 있다.

④ 소방본부장 또는 소방서장은 그 관할하는 구역에 있는 이동탱크저장소의 관계인에 대하여 제3항의 규정의 예에 따라 제1항의 응급조치를 강구하도록 명할 수 있다.

제5장의2 사고조사위원회

[영] 제19조의2 (사고조사위원회 구성)

① 법 제22조의2제3항에 따른 사고조사위원회(이하 이 조에서 "위원회"라 한다)는 위원장 1명을 포함하여 7명 이내의 위원으로 구성한다.

② 위원회의 위원은 다음 각 호의 어느 하나에 해당하는 사람 중에서 소방청장, 소방본부장 또는 소방서

장이 임명하거나 위촉하고, 위원장은 위원 중에서 소방청장, 소방본부장 또는 소방서장이 임명하거나 위촉한다.
1. 소속 소방공무원
2. 기술원의 임직원 중 위험물 안전관리 관련 업무에 5년 이상 종사한 사람
3. 「소방기본법」 제40조에 따른 한국소방안전원의 임직원 중 위험물 안전관리 관련 업무에 5년 이상 종사한 사람
4. 위험물로 인한 사고의 원인·피해 조사 및 위험물 안전관리 관련 업무 등에 관한 학식과 경험이 풍부한 사람
③ 제2항제2호부터 제4호까지의 규정에 따라 위촉되는 민간위원의 임기는 2년으로 하며, 한 차례만 연임할 수 있다.
④ 위원회에 출석한 위원에게는 예산의 범위에서 수당, 여비, 그 밖에 필요한 경비를 지급할 수 있다. 다만, 공무원인 위원이 그 소관 업무와 직접 관련되어 위원회에 출석하는 경우에는 지급하지 않는다.
⑤ 제1항부터 제4항까지에서 규정한 사항 외에 위원회의 구성 및 운영에 필요한 사항은 소방청장이 정하여 고시할 수 있다.[본조신설 2020. 7. 14.]

제6장 보 칙

제28조 (안전교육)
① 안전관리자·탱크시험자·위험물운반자·위험물운송자 등 위험물의 안전관리와 관련된 업무를 수행하는 자로서 대통령령이 정하는 자는 해당 업무에 관한 능력의 습득 또는 향상을 위하여 소방청장이 실시하는 교육을 받아야 한다.
② 제조소등의 관계인은 제1항의 규정에 따른 교육대상자에 대하여 필요한 안전교육을 받게 하여야 한다.
③ 제1항의 규정에 따른 교육의 과정 및 기간과 그 밖에 교육의 실시에 관하여 필요한 사항은 행정안전부령으로 정한다.
④ 시·도지사, 소방본부장 또는 소방서장은 제1항의 규정에 따른 교육대상자가 교육을 받지 아니한 때에는 그 교육대상자가 교육을 받을 때까지 이 법의 규정에 따라 그 자격으로 행하는 행위를 제한할 수 있다.

영 제20조 (안전교육대상자)
법 제28조제1항에서 "대통령령이 정하는 자"란 다음 각 호의 어느 하나 해당하는 자를 말한다.
1. 안전관리자로 선임된 자
2. 탱크시험자의 기술인력으로 종사하는 자
3. 위험물운송자로 종사하는 자

칙 제78조 (안전교육)
① 법 제28조제3항의 규정에 따라 소방청장은 안전교육을 강습교육과 실무교육으로 구분하여 실시한다.
② 법 제28조제3항의 규정에 의한 안전교육의 과정·기간과 그 밖의 교육의 실시에 관한 사항은 별표 24와 같다.
③ 기술원 또는 「소방기본법」 제40조에 따른 한국소방안전원(이하 "안전원"라 한다)는 매년 교육실시계획을 수립하여 교육을 실시하는 해의 전년도 말까지 소방청장의 승인을 받아야 하고, 해당 연도 교육

실시결과를 교육을 실시한 해의 다음 연도 1월 31일까지 소방청장에게 보고하여야 한다.
④ 소방본부장은 매년 10월말까지 관할구역 안의 실무교육대상자 현황을 안전원에 통보하고 관할구역 안에서 안전원이 실시하는 안전교육에 관하여 지도·감독하여야 한다.

제29조 (청문)
시·도지사, 소방본부장 또는 소방서장은 다음 각 호의 어느 하나 해당하는 처분을 하고자 하는 경우에는 청문을 실시하여야 한다.
1. 제12조의 규정에 따른 제조소등 설치허가의 취소
2. 제16조제5항의 규정에 따른 탱크시험자의 등록취소

제30조 (권한의 위임·위탁)
① 소방청장 또는 시·도지사는 이 법에 따른 권한의 일부를 대통령령이 정하는 바에 따라 시·도지사, 소방본부장 또는 소방서장에게 위임할 수 있다.
② 소방청장, 시·도지사, 소방본부장 또는 소방서장은 이 법에 따른 업무의 일부를 대통령령이 정하는 바에 따라 소방기본법 제40조의 규정에 의한 한국소방안전원(이하 "안전원"라 한다) 또는 기술원에 위탁할 수 있다.

영 제21조 (권한의 위임)
법 제30조제1항의 규정에 따라 다음 각 호의 어느 하나 해당하는 시·도지사의 권한은 이를 소방서장에게 위임한다. 다만, 동일한 시·도에 있는 2 이상 소방서장의 관할구역에 걸쳐 설치되는 이송취급소에 관련된 권한을 제외한다.
1. 법 제6조제1항의 규정에 의한 제조소등의 설치허가 또는 변경허가
2. 법 제6조제2항의 규정에 의한 위험물의 품명·수량 또는 지정수량의 배수의 변경신고의 수리
3. 법 제7조제1항의 규정에 따라 군사목적 또는 군부대시설을 위한 제조소등을 설치하거나 그 위치·구조 또는 설비의 변경에 관한 군부대의 장과의 협의
4. 법 제8조제1항의 규정에 의한 탱크안전성능검사(제22조제1항제1호의 규정에 따라 기술원에 위탁하는 것을 제외한다)
5. 법 제9조의 규정에 의한 완공검사(제22조제1항제2호의 규정에 따라 기술원에 위탁하는 것을 제외한다)
6. 법 제10조제3항의 규정에 의한 제조소등의 설치자의 지위승계신고의 수리
7. 법 제11조의 규정에 의한 제조소등의 용도폐지신고의 수리
8. 법 제12조의 규정에 의한 제조소등의 설치허가의 취소와 사용정지
9. 법 제13조의 규정에 의한 과징금처분
10. 법 제17조의 규정에 의한 예방규정의 수리·반려 및 변경명령

영 제22조 (업무의 위탁)
① 법 제30조제2항에 따라 다음 각 호의 어느 하나에 해당하는 업무는 기술원에 위탁한다.
1. 법 제8조제1항의 규정에 의한 시·도지사의 탱크안전성능검사 중 다음 각목의 1에 해당하는 탱크에 대한 탱크안전성능검사
   가. 용량이 100만리터 이상인 액체위험물을 저장하는 탱크   나. 암반탱크

다. 지하탱크저장소의 위험물탱크 중 행정안전부령이 정하는 액체위험물탱크
2. 법 제9조제1항에 따른 시·도지사의 완공검사에 관한 권한 중 다음 각 목의 어느 하나에 해당하는 완공검사
    가. 지정수량의 3천배 이상의 위험물을 취급하는 제조소 또는 일반취급소의 설치 또는 변경(사용 중인 제조소 또는 일반취급소의 보수 또는 부분적인 증설은 제외한다)에 따른 완공검사
    나. 옥외탱크저장소(저장용량이 50만 리터 이상인 것만 해당한다) 또는 암반탱크저장소의 설치 또는 변경에 따른 완공검사
3. 법 제18조제2항의 규정에 의한 소방본부장 또는 소방서장의 정기검사
4. 법 제20조제2항의 규정에 따른 사·도지사의 운반용기검사.
5. 법 제28조제1항의 규정에 의한 소방청장의 안전교육에 관한 권한 중 제20조제2호에 해당하는 자에 대한 안전교육
② 법 제30조제2항의 규정에 따라 법 제28조제1항의 규정에 의한 소방청장의 안전교육 중 제20조제1호 및 제3호의 1에 해당하는 자에 대한 안전교육(별표 5의 안전관리자교육이수자 및 위험물운송자를 위한 안전교육을 포함한다)은 「소방기본법」 제40조의 규정에 의한 한국소방안전원에 위탁한다.

영 제22조의2 (고유식별정보의 처리) - 생략 법제처 참고 -
영 제22조의3 및 칙80조 (규제의 재검토) 〈삭제됨〉

제31조 (수수료 등)

다음 각 호의 어느 하나 해당하는 승인·허가·검사 또는 교육 등을 받으려는 자나 하거나 등록 또는 신고를 하려는 자는 자는 행정안전부령으로 정하는 바에 따라 수수료 또는 교육비를 납부하여야 한다.
1. 제5조제2항제1호의 규정에 따른 임시저장·취급의 승인
2. 제6조제1항의 규정에 따른 제조소등의 설치 또는 변경의 허가
3. 제8조의 규정에 따른 제조소등의 탱크안전성능검사
4. 제9조의 규정에 따른 제조소등의 완공검사
5. 제10조제3항의 규정에 따른 설치자의 지위승계신고
6. 제16조제2항의 규정에 따른 탱크시험자의 등록
7. 제16조제3항의 규정에 따른 탱크시험자의 등록사항 변경신고
8. 제18조제3항에 따른 정기검사
9. 제20조제3항의 규정에 따른 운반용기의 검사
10. 제28조의 규정에 따른 안전교육

칙 제79조 (수수료 등)
① 법 제31조의 규정에 의한 수수료 및 교육비는 별표 25와 같다.
② 제1항의 규정에 의한 수수료 또는 교육비는 해당 허가 등의 신청 또는 신고시에 해당 허가 등의 업무를 직접 행하는 기관에 납부하되, 시·도지사 또는 소방서장에게 납부하는 수수료는 해당 시·도의 수입증지로 납부하여야 한다. 다만, 시·도지사 또는 소방서장은 정보통신망을 이용하여 전자화폐·전자결제 등의 방법으로 이를 납부하게 할 수 있다.

제32조 (벌칙적용에 있어서의 공무원 의제)
다음 각 호의 자는 형법 제129조 내지 제132조의 적용에 있어서는 이를 공무원으로 본다.
1. 제8조제1항 후단의 규정에 따른 검사업무에 종사하는 기술원의 담당 임원 및 직원
2. 제16조제1항의 규정에 따른 탱크시험자의 업무에 종사하는 자
3. 제30조제2항의 규정에 따라 위탁받은 업무에 종사하는 안전원 및 기술원의 담당 임원 및 직원

제7장 벌 칙

제33조 (벌칙)
① 제조소등에서 위험물을 유출·방출 또는 확산시켜 사람의 생명·신체 또는 재산에 대하여 위험을 발생시킨 자는 1년 이상 10년 이하의 징역에 처한다.
② 제1항의 규정에 따른 죄를 범하여 사람을 상해(傷害)에 이르게 한 때에는 무기 또는 3년 이상의 징역에 처하며, 사망에 이르게 한 때에는 무기 또는 5년 이상의 징역에 처한다.

제34조 (벌칙)
① 업무상 과실로 제조소등에서 위험물을 유출·방출 또는 확산시켜 사람의 생명·신체 또는 재산에 대하여 위험을 발생시킨 자는 7년 이하의 금고 또는 7천만 원 이하의 벌금에 처한다.
② 제1항의 죄를 범하여 사람을 사상(死傷)에 이르게 한 자는 10년 이하의 징역 또는 금고나 1억 원 이하의 벌금에 처한다.

제34조의2 (벌칙)
제6조제1항 전단을 위반하여 제조소등의 설치허가를 받지 아니하고 제조소등을 설치한 자는 5년 이하의 징역 또는 1억 원 이하의 벌금에 처한다.

제34조의2 (벌칙)
제5조제1항을 위반하여 저장소 또는 제조소등이 아닌 장소에서 지정수량 이상의 위험물을 저장 또는 취급한 자는 3년 이하의 징역 또는 3천만 원 이하의 벌금에 처한다.

제35조 (벌칙)
다음 각 호의 어느 하나 해당하는 자는 1년 이하의 징역 또는 1천만 원 이하의 벌금에 처한다.
1. 〈삭 제〉 2. 〈삭 제〉
3. 제16조제2항의 규정에 따른 탱크시험자로 등록하지 아니하고 탱크시험자의 업무를 한 자
4. 제18조제1항의 규정을 위반하여 정기점검을 하지 아니하거나 점검기록을 허위로 작성한 관계인으로서 제6조제1항의 규정에 따른 허가(제6조제3항의 규정에 따라 허가가 면제된 경우 및 제7조제2항의 규정에 따라 협의로써 허가를 받은 것으로 보는 경우를 포함한다. 이하 제5호·제6호, 제36조제6호·7호·제10호 및 제37조제3호에서 같다)를 받은 자
5. 제18조제3항을 위반하여 정기검사를 받지 아니한 관계인으로서 제6조제1항에 따른 허가를 받은 자
6. 제19조의 규정을 위반하여 자체소방대를 두지 아니한 관계인으로서 제6조제1항의 규정에 따른 허가를 받은 자
7. 제20조제3항 단서의 규정을 위반하여 운반용기에 대한 검사를 받지 아니하고 운반용기를 사용하거나 유통시킨 자

8. 제22조제1항(제22조의2제2항에서 준용하는 경우를 포함한다)의 규정에 따른 명령을 위반하여 보고 또는 자료제출을 하지 아니하거나 허위의 보고 또는 자료제출을 한 자 또는 관계공무원의 출입·검사 또는 수거를 거부·방해 또는 기피한 자
9. 제25조의 규정에 따른 제조소등에 대한 긴급 사용정지·제한명령을 위반한 자

제36조 (벌칙)

다음 각 호의 어느 하나 해당하는 자는 1천500만 원 이하의 벌금에 처한다.

1. 제5조제3항제1호의 규정에 따른 위험물의 저장 또는 취급에 관한 중요기준에 따르지 아니한 자
2. 제6조제1항 후단의 규정을 위반하여 변경허가를 받지 아니하고 제조소등을 변경한 자
3. 제9조제1항의 규정을 위반하여 제조소등의 완공검사를 받지 아니하고 위험물을 저장·취급한 자
3의2. 제11조의2제3항에 따른 안전조치 이행명령을 따르지 아니한 자
4. 제12조의 규정에 따른 제조소등의 사용정지명령을 위반한 자
5. 제14조제2항의 규정에 따른 수리·개조 또는 이전의 명령에 따르지 아니한 자
6. 제15조제1항 또는 제2항의 규정을 위반하여 안전관리자를 선임하지 아니한 관계인으로서 제6조제1항의 규정에 따른 허가를 받은 자
7. 제15조제5항의 규정을 위반하여 대리자를 지정하지 아니한 관계인으로서 제6조제1항의 규정에 따른 허가를 받은 자
8. 제16조제5항의 규정에 따른 업무정지명령을 위반한 자
9. 제16조제6항의 규정을 위반하여 탱크안전성능시험 또는 점검에 관한 업무를 허위로 하거나 그 결과를 증명하는 서류를 허위로 교부한 자
10. 제17조제1항 전단의 규정을 위반하여 예방규정을 제출하지 아니하거나 동조제2항의 규정에 따른 변경명령을 위반한 관계인으로서 제6조제1항의 규정에 따른 허가를 받은 자
11. 제22조제2항에 따른 정지지시를 거부하거나 국가기술자격증, 교육수료증·신원확인을 위한 증명서의 제시 요구 또는 신원확인을 위한 질문에 응하지 아니한 사람
12. 제22조제5항의 규정에 따른 명령을 위반하여 보고 또는 자료제출을 하지 아니하거나 허위의 보고 또는 자료제출을 한 자 및 관계공무원의 출입 또는 조사·검사를 거부·방해 또는 기피한 자
13. 제23조의 규정에 따른 탱크시험자에 대한 감독상 명령에 따르지 아니한 자
14. 제24조의 규정에 따른 무허가장소의 위험물에 대한 조치명령에 따르지 아니한 자
15. 제26조제1항·제2항 또는 제27조의 규정에 따른 저장·취급기준 준수명령 또는 응급조치명령을 위반한 자

제37조 (벌칙)

다음 각 호의 어느 하나 해당하는 자는 1천만 원 이하의 벌금에 처한다.

1. 제15조제6항의 규정을 위반하여 위험물의 취급에 관한 안전관리와 감독을 하지 아니한 자
2. 제15조제7항의 규정을 위반하여 안전관리자 또는 그 대리자가 참여하지 아니한 상태에서 위험물을 취급한 자
3. 제17조제1항 후단의 규정을 위반하여 변경한 예방규정을 제출하지 아니한 관계인으로서 제6조제1항의 규정에 따른 허가를 받은 자
4. 제20조제1항제1호의 규정을 위반하여 위험물의 운반에 관한 중요기준에 따르지 아니한 자

4의2. 제20조제2항을 위반하여 요건을 갖추지 아니한 위험물운반자
5. 제21조제1항 또는 제2항의 규정을 위반한 위험물운송자
6. 제22조제4항(제22조의2제2항에서 준용하는 경우를 포함한다)의 규정을 위반하여 관계인의 정당한 업무를 방해하거나 출입·검사 등을 수행하면서 알게 된 비밀을 누설한 자

제38조 (양벌규정)

① 법인의 대표자나 법인 또는 개인의 대리인, 사용인, 그 밖의 종업원이 그 법인 또는 개인의 업무에 관하여 제33조제1항의 위반행위를 하면 그 행위자를 벌하는 외에 그 법인 또는 개인을 <u>5천만 원</u> 이하의 벌금에 처하고, 같은 조 제2항의 위반행위를 하면 그 행위자를 벌하는 외에 그 법인 또는 개인을 <u>1억 원</u> 이하의 벌금에 처한다. 다만, 법인 또는 개인이 그 위반행위를 방지하기 위하여 해당 업무에 관하여 상당한 주의와 감독을 게을리하지 아니한 경우에는 그러하지 아니하다.

② 법인의 대표자나 법인 또는 개인의 대리인, 사용인, 그 밖의 종업원이 그 법인 또는 개인의 업무에 관하여 제34조부터 제37조까지의 어느 하나에 해당하는 위반행위를 하면 그 행위자를 벌하는 외에 그 법인 또는 개인에게도 해당 조문의 벌금형을 과(科)한다. 다만, 법인 또는 개인이 그 위반행위를 방지하기 위하여 해당 업무에 관하여 상당한 주의와 감독을 게을리하지 아니한 경우에는 그러하지 아니하다.

제39조 (과태료)

① 다음 각 호의 어느 하나 해당하는 자는 500만 원 이하의 과태료에 처한다.
1. 제5조제2항제1호의 규정에 따른 <u>승인</u>을 받지 아니한 자
2. 제5조제3항제2호의 규정에 따른 위험물의 저장 또는 취급에 관한 세부기준을 위반한 자
3. 제6조제2항의 규정에 따른 품명 등의 <u>변경신고</u>를 기간 이내에 하지 아니하거나 허위로 한 자
4. 제10조제3항의 규정에 따른 지위승계신고를 기간 이내에 하지 아니하거나 허위로 한 자
5. 제11조의 규정에 따른 제조소등의 폐지신고 또는 제15조제3항의 규정에 따른 안전관리자의 선임신고를 기간 이내에 하지 아니하거나 허위로 한 자
5의2. 제11조의2제2항을 위반하여 사용 중지신고 또는 재개신고를 기간 이내에 하지 아니하거나 거짓으로 한 자
6. 제16조제3항의 규정을 위반하여 등록사항의 변경신고를 기간 이내에 하지 아니하거나 허위로 한 자
7. 제18조제1항이 규정을 위반하여 점검결과를 기록·보존하지 아니한 자
7의2. 제18조제2항을 위반하여 기간 이내에 점검결과를 제출하지 아니한 자
8. 제20조제1항제2호의 규정에 따른 위험물의 운반에 관한 <u>세부기준</u>을 위반한 자
9. 제21조제3항의 규정을 위반하여 위험물의 운송에 관한 기준을 따르지 아니한 자

② 제1항의 규정에 따른 과태료는 대통령령이 정하는 바에 따라 시·도지사, 소방본부장 또는 소방서장(이하 "부과권자"라 한다)이 부과·징수한다. ③ ④ ⑤ 〈삭제〉

⑥ 제4조 및 제5조제2항 각 호외의 부분 후단의 규정에 따른 조례에는 200만 원 이하의 과태료를 정할 수 있다. 이 경우 과태료는 부과권자가 부과·징수한다. ⑦ 〈삭제〉

> **제23조 (과태료 부과)**
> 법 제39조제1항에 따른 과태료의 부과기준은 별표 9와 같다.

시행령

[영 별표 1]

위험물 및 지정수량(제2조 및 제3조관련)

유별	성질	위험물 품명		지정수량
제1류	산화성 고체	1. 아염소산염류		50kg
		2. 염소산염류		50kg
		3. 과염소산염류		50kg
		4. 무기과산화물		50kg
		5. 브롬산염류		300kg
		6. 질산염류		300kg
		7. 요오드산염류		300kg
		8. 과망간산염류		1,000kg
		9. 중크롬산염류		1,000kg
		10. 그 밖에 행정안전부령으로 정하는 것 11. 제1호 내지 제10호의 1에 해당하는 어느 하나 이상을 함유한 것		50kg, 300kg 또는 1,000kg
제2류	가연성 고체	1. 황화린		100kg
		2. 적린		100kg
		3. 유황		100kg
		4. 철분		500kg
		5. 금속분		500kg
		6. 마그네슘		500kg
		7. 그 밖에 행정안전부령으로 정하는 것 8. 제1호 내지 제7호의 1에 해당하는 어느 하나 이상을 함유한 것		100kg 또는 500kg
		9. 인화성고체		1,000kg
제3류	자연발화성 물질 및 금수성 물질	1. 칼륨		10kg
		2. 나트륨		10kg
		3. 알킬알루미늄		10kg
		4. 알킬리튬		10kg
		5. 황린		20kg
		6. 알칼리금속(칼륨 및 나트륨을 제외한다) 및 알칼리토금속		50kg
		7. 유기금속화합물(알킬알루미늄 및 알킬리튬을 제외한다)		50kg
		8. 금속의 수소화물		300kg
		9. 금속의 인화물		300kg
		10. 칼슘 또는 알루미늄의 탄화물		300kg
		11. 그 밖에 행정안전부령으로 정하는 것 12. 제1호 내지 제11호의 1에 해당하는 어느 하나 이상을 함유한 것		10kg, 20kg, 50kg 또는 300kg
제4류	인화성 액체	1. 특수인화물		50ℓ
		2. 제1석유류	비수용성액체	200ℓ
			수용성액체	400ℓ

		3. 알코올류		400ℓ
		4. 제2석유류	비수용성액체	1,000ℓ
			수용성액체	2,000ℓ
		5. 제3석유류	비수용성액체	2,000ℓ
			수용성액체	4,000ℓ
		6. 제4석유류		6,000ℓ
		7. 동식물유류		10,000ℓ
제5류	자기반응성물질	1. 유기과산화물		10kg
		2. 질산에스테르류		10kg
		3. 니트로화합물		200kg
		4. 니트로소화합물		200kg
		5. 아조화합물		200kg
		6. 디아조화합물		200kg
		7. 히드라진 유도체		200kg
		8. 히드록실아민		100kg
		9. 히드록실아민염류		100kg
		10. 그 밖에 행정안전부령으로 정하는 것		10kg, 100kg 또는 200kg
		11. 제1호 내지 제10호의 1에 해당하는 어느 하나 이상을 함유한 것		
제6류	산화성액체	1. 과염소산		300kg
		2. 과산화수소		300kg
		3. 질산		300kg
		4. 그 밖에 행정안전부령으로 정하는 것		300kg
		5. 제1호 내지 제4호의 1에 해당하는 어느 하나 이상을 함유한 것		300kg

※ 비 고 〈개정 2019.2.26〉

1. "산화성고체"란 고체[액체(1기압 및 섭씨 20도에서 액상인 것 또는 섭씨 20℃ 초과 섭씨 40℃ 이하에서 액상인 것을 말한다. 이하 같다) 또는 기체(1기압 및 섭씨 20도에서 기상인 것을 말한다) 외의 것을 말한다. 이하 같다]로서 산화력의 잠재적인 위험성 또는 충격에 대한 민감성을 판단하기 위하여 소방청장이 정하여 고시(이하 "고시"라 한다)하는 시험에서 고시로 정하는 성질과 상태를 나타내는 것을 말한다. 이 경우 "액상"이란 수직으로 된 시험관(안지름 30mm, 높이 120mm의 원통형유리관을 말한다)에 시료를 55mm까지 채운 다음 해당 시험관을 수평으로 하였을 때 시료액면의 선단이 30mm를 이동하는데 걸리는 시간이 90초 이내에 있는 것을 말한다.
2. "가연성고체"란 고체로서 화염에 의한 발화의 위험성 또는 인화의 위험성을 판단하기 위하여 고시로 정하는 시험에서 고시로 정하는 성질과 상태를 나타내는 것을 말한다.
3. 유황은 순도가 60중량% 이상인 것을 말한다. 이 경우 순도측정에 있어서 불순물은 활석등 불연성물질과 수분에 한한다.
4. "철분"이란 철의 분말로서 53m-6의 표준체를 통과하는 것이 50중량% 미만인 것은 제외한다.
5. "금속분"이란 알칼리금속·알칼리토류금속·철 및 마그네슘 외의 금속의 분말을 말하고, 구리분·니켈분 및 150m-6의 체를 통과하는 것이 50중량% 미만인 것은 제외한다.
6. 마그네슘 및 제2류제8호의 물품 중 마그네슘을 함유한 것에 있어서는 다음 각목의 1에 해당하는 것은 제외한다.
   가. 2mm의 체를 통과하지 아니하는 덩어리 상태의 것
   나. 직경 2mm 이상의 막대 모양의 것
7. 황화린·적린·유황 및 철분은 제2호의 규정에 의한 성상이 있는 것으로 본다.
8. "인화성고체"란 고형알코올 그 밖에 1기압에서 인화점이 섭씨 40℃ 미만인 고체를 말한다.

9. "자연발화성물질 및 금수성물질"이란 고체 또는 액체로서 공기 중에서 발화의 위험성이 있거나 물과 접촉하여 발화하거나 가연성가스를 발생하는 위험성이 있는 것을 말한다.
10. 칼륨·나트륨·알킬알루미늄·알킬리튬 및 황린은 제9호의 규정에 의한 성상이 있는 것으로 본다.
11. "인화성액체"라 함은 액체(제3석유류, 제4석유류 및 동식물유류의 경우 1기압과 섭씨 20℃에서 액체인 것만 해당한다)로서 인화의 위험성이 있는 것을 말한다. 다만, 다음 각 목의 어느 하나에 해당하는 것을 법 제20조제1항의 중요기준과 세부기준에 따른 운반용기를 사용하여 운반하거나 저장(진열 및 판매를 포함한다)하는 경우는 제외한다.
    가. 「화장품법」 제2조제1호에 따른 화장품 중 인화성액체를 포함하고 있는 것
    나. 「약사법」 제2조제4호에 따른 의약품 중 인화성액체를 포함하고 있는 것
    다. 「약사법」 제2조제7호에 따른 의약외품(알코올류에 해당하는 것은 제외한다) 중 수용성인 인화성액체를 50부피퍼센트 이하로 포함하고 있는 것
    라. 「의료기기법」에 따른 체외진단용 의료기기 중 인화성액체를 포함하고 있는 것
    마. 「생활화학제품 및 살생물제의 안전관리에 관한 법률」 제3조제4호에 따른 안전확인대상생활화학제품(알코올류에 해당하는 것은 제외한다) 중 수용성인 인화성액체를 50V% 이하로 포함하고 있는 것
12. "특수인화물"이란 이황화탄소, 디에틸에테르 그 밖에 1기압에서 발화점이 섭씨 100℃ 이하인 것 또는 인화점이 섭씨 영하 20℃ 이하이고 비점이 섭씨 40℃ 이하인 것을 말한다.
13. "제1석유류"란 아세톤, 휘발유 그 밖에 1기압에서 인화점이 섭씨 21℃ 미만인 것을 말한다.
14. "알코올류"란 1분자를 구성하는 탄소원자의 수가 1개부터 3개까지인 포화1가 알코올(변성알코올을 포함한다)을 말한다. 다만, 다음 각목의 1에 해당하는 것은 제외한다.
    가. 1분자를 구성하는 탄소원자의 수가 1개 내지 3개의 포화1가 알코올의 함유량이 60중량% 미만인 수용액
    나. 가연성액체량이 60중량% 미만이고 인화점 및 연소점(태그개방식 인화점측정기에 의한 연소점을 말한다. 이하 같다)이 에틸알코올 60중량% 수용액의 인화점 및 연소점을 초과하는 것
15. "제2석유류"란 등유, 경유 그 밖에 1기압에서 인화점이 섭씨 21℃ 이상 70℃ 미만인 것을 말한다. 다만, 도료류 그 밖의 물품에 있어서 가연성 액체량이 40중량% 이하이면서 인화점이 섭씨 40℃ 이상인 동시에 연소점이 섭씨 60℃ 이상인 것은 제외한다.
16. "제3석유류"란 중유, 클레오소트유 그 밖에 1기압에서 인화점이 섭씨 70℃ 이상 200℃ 미만인 것을 말한다. 다만, 도료류 그 밖의 물품은 가연성 액체량이 40중량% 이하인 것은 제외한다.
17. "제4석유류"란 기어유, 실린더유 그 밖에 1기압에서 인화점이 섭씨 200℃ 이상 250℃ 미만의 것을 말한다. 다만, 도료류 그 밖의 물품은 가연성 액체량이 40중량% 이하인 것은 제외한다.
18. "동식물유류"란 동물의 지육 등 또는 식물의 종자나 과육으로부터 추출한 것으로서 1기압에서 인화점이 섭씨 250℃ 미만인 것을 말한다. 다만, 법 제20조제1항의 규정에 따라 행정안전부령이 정하는 용기기준과 수납·저장기준에 따라 수납되어 저장·보관되고 용기의 외부에 물품의 통칭명, 수량 및 화기엄금(화기엄금과 동일한 의미를 갖는 표시를 포함한다)의 표시가 있는 경우를 제외한다.
19. "자기반응성물질"이란 고체 또는 액체로서 폭발의 위험성 또는 가열분해의 격렬함을 판단하기 위하여 고시로 정하는 시험에서 고시로 정하는 성질과 상태를 나타내는 것을 말한다.
20. 제5류 제11호의 물품에 있어서는 유기과산화물을 함유하는 것 중에서 불활성고체를 함유하는 것으로서 다음 각목의 1에 해당하는 것은 제외한다.
    가. 과산화벤조일의 함유량이 35.5중량% 미만인 것으로서 전분가루, 황산칼슘2수화물 또는 인산1수소칼슘2수화물과의 혼합물
    나. 비스(4클로로벤조일)퍼옥사이드의 함유량이 30중량% 미만인 것으로서 불활성고체와의 혼합물
    다. 과산화지크밀의 함유량이 40중량% 미만인 것으로서 불활성고체와의 혼합물
    라. 1·4비스(2―터셔리부틸퍼옥시이소프로필)벤젠의 함유량이 40중량% 미만인 것으로서 불활성고체와의 혼합물
    마. 시크로헥사놀퍼옥사이드의 함유량이 30중량% 미만인 것으로서 불활성고체와의 혼합물

21. "산화성액체"란 액체로서 산화력의 잠재적인 위험성을 판단하기 위하여 고시로 정하는 시험에서 고시로 정하는 성질과 상태를 나타내는 것을 말한다.
22. 과산화수소는 그 농도가 36중량% 이상인 것에 한하며, 제21호의 성상이 있는 것으로 본다.
23. 질산은 그 비중이 1.49 이상인 것에 한하며, 제21호의 성상이 있는 것으로 본다.
24. 위 표의 성질란에 규정된 성상을 2가지 이상 포함하는 물품(이하 이 호에서 "복수성상물품"이라 한다)이 속하는 품명은 다음 가목의 1에 의한다.
    가. 복수성상물품이 산화성고체의 성상 및 가연성고체의 성상을 가지는 경우: 제2류제8호의 규정에 의한 품명
    나. 복수성상물품이 산화성고체의 성상 및 자기반응성물질의 성상을 가지는 경우: 제5류제11호의 규정에 의한 품명
    다. 복수성상물품이 가연성고체의 성상과 자연발화성물질의 성상 및 금수성물질의 성상을 가지는 경우: 제3류제12호의 규정에 의한 품명
    라. 복수성상물품이 자연발화성물질의 성상, 금수성물질의 성상 및 인화성액체의 성상을 가지는 경우: 제3류제12호의 규정에 의한 품명
    마. 복수성상물품이 인화성액체의 성상 및 자기반응성물질의 성상을 가지는 경우: 제5류제11호의 규정에 의한 품명
25. 위 표의 지정수량란에 정하는 수량이 복수로 있는 품명에 있어서는 해당 품명이 속하는 유(類)의 품명 가운데 위험성의 정도가 가장 유사한 품명의 지정수량란에 정하는 수량과 같은 수량을 해당 품명의 지정수량으로 한다. 이 경우 위험물의 위험성을 실험·비교하기 위한 기준은 고시로 정할 수 있다.
26. 위 표의 기준에 따라 위험물을 판정하고 지정수량을 결정하기 위하여 필요한 실험은 「국가표준기본법」 제23조에 따라 인정을 받은 시험·검사기관, 「소방산업의 진흥에 관한 법률」 제14조에 따른 한국소방산업기술원, 중앙소방학교 또는 소방청장이 지정하는 기관에서 실시할 수 있다. 이 경우 실험 결과에는 실험한 위험물에 해당하는 품명과 지정수량이 포함되어야 한다.

[영 별표 2]
지정수량 이상의 위험물을 저장하기 위한 장소와 그에 따른 저장소의 구분(제4조관련)

지정수량 이상의 위험물을 저장하기 위한 장소	저장소의 구분
1. 옥내(지붕과 기둥 또는 벽 등에 의하여 둘러싸인 곳을 말한다. 이하 같다)에 저장(위험물을 저장하는 데 따르는 취급을 포함한다. 이하 이 표에서 같다)하는 장소. 다만, 제3호의 장소를 제외한다.	옥내저장소
2. 옥외에 있는 탱크(제4호 내지 제6호 및 제8호에 규정된 탱크를 제외한다. 이하 제3호에서 같다)에 위험물을 저장하는 장소	옥외탱크저장소
3. 옥내에 있는 탱크에 위험물을 저장하는 장소	옥내탱크저장소
4. 지하에 매설한 탱크에 위험물을 저장하는 장소	지하탱크저장소
5. 간이탱크에 위험물을 저장하는 장소	간이탱크저장소
6. 차량(피견인자동차에 있어서는 앞차축을 갖지 아니하는 것으로서 해당 피견인자동차의 일부가 견인자동차에 적재되고 해당 피견인자동차와 그 적재물의 중량의 상당부분이 견인자동차에 의하여 지탱되는 구조의 것에 한한다)에 고정된 탱크에 위험물을 저장하는 장소	이동탱크저장소
7. 옥외에 다음 각목의 1에 해당하는 위험물을 저장하는 장소. 다만, 제2호의 장소를 제외한다. 　가. 제2류 위험물 중 유황 또는 인화성고체(인화점이 섭씨 0℃ 이상인 것에 한한다) 　나. 제4류 위험물 중 제1석유류(인화점이 섭씨 0℃ 이상인 것에 한한다)·알코올류·제2석유류·제3석유류·제4석유류 및 동식물유류 　다. 제6류 위험물	옥외저장소

라. 제2류 위험물 및 제4류 위험물 중 특별시·광역시 또는 도의 조례에서 정하는 위험물(「관세법」 제154조의 규정에 의한 보세구역 안에 저장하는 경우에 한한다) 마. 「국제해사기구에 관한 협약」에 의하여 설치된 국제해사기구가 채택한 「국제해상위험물규칙」(IMDG Code)에 적합한 용기에 수납된 위험물	
8. 암반내의 공간을 이용한 탱크에 액체의 위험물을 저장하는 장소	암반탱크저장소

[영 별표 3] 〈개정 2019.2.26〉

위험물을 제조 외의 목적으로 취급하기 위한 장소와 그에 따른 취급소의 구분(제5조관련)

위험물을 제조 외의 목적으로 취급하기 위한 장소	취급소의 구분
1. 고정된 주유설비(항공기에 주유하는 경우에는 차량에 설치된 주유설비를 포함한다)에 의하여 자동차·항공기 또는 선박 등의 연료탱크에 직접 주유하기 위하여 위험물(「석유 및 석유대체연료 사업법」 제29조의 규정에 의한 가짜석유제품에 해당하는 물품을 제외한다. 이하 제2호에서 같다)을 취급하는 장소(위험물을 용기에 옮겨 담거나 차량에 고정된 5천ℓ 이하의 탱크에 주입하기 위하여 고정된 급유설비를 병설한 장소를 포함한다)	주유취급소
2. 점포에서 위험물을 용기에 담아 판매하기 위하여 지정수량의 40배 이하의 위험물을 취급하는 장소	판매취급소
3. 배관 및 이에 부속된 설비에 의하여 위험물을 이송하는 장소. 다만, 다음 각목의 1에 해당하는 경우의 장소를 제외한다. 가. 「송유관 안전관리법」에 의한 송유관에 의하여 위험물을 이송하는 경우 나. 제조소등에 관계된 시설(배관을 제외한다) 및 그 부지가 같은 사업소 안에 있고 해당 사업소 안에서만 위험물을 이송하는 경우 다. 사업소와 사업소의 사이에 도로(폭 2m 이상의 일반교통에 이용되는 도로로서 자동차의 통행이 가능한 것을 말한다)만 있고 사업소와 사업소 사이의 이송배관이 그 도로를 횡단하는 경우 라. 사업소와 사업소 사이의 이송배관이 제3자(해당 사업소와 관련이 있거나 유사한 사업을 하는 자에 한한다)의 토지만을 통과하는 경우로서 해당 배관의 길이가 100m 이하인 경우 마. 해상구조물에 설치된 배관(이송되는 위험물이 별표 1의 제4류 위험물 중 제1석유류인 경우에는 배관의 내경이 30cm 미만인 것에 한한다)으로서 해당 해상구조물에 설치된 배관의 길이가 30m 이하인 경우 바. 사업소와 사업소 사이의 이송배관이 다목 내지 마목의 규정에 의한 경우 중 2 이상에 해당하는 경우 사. 「농어촌 전기공급사업 촉진법」에 따라 설치된 자가발전시설에 사용되는 위험물을 이송하는 경우	이송취급소
4. 제1호 내지 제3호 외의 장소(「석유 및 석유대체연료 사업법」 제29조의 규정에 의한 가짜석유제품에 해당하는 위험물을 취급하는 경우의 장소를 제외한다)	일반취급소

[영 별표 4]

탱크안전성능검사의 내용(제8조제2항관련)

구 분	검사내용
1. 기초·지반검사	가. 제8조제1항제1호의 규정에 의한 탱크 중 나목 외의 탱크: 탱크의 기초 및 지반에 관한 공사에 있어서 해당 탱크의 기초 및 지반이 행정안전부령으로 정하는 기준에 적합한지 여부를 확인함
	나. 제8조제1항제1호의 규정에 의한 탱크 중 행정안전부령이 정하는 탱크: 탱크의 기초 및 지반에 관한 공사에 상당한 것으로서 행정안전부령이 정하는 공사에 있어서 해당 탱크의 기초 및 지반에 상당하는 부분이 행정안전부령으로 정하는 기준에 적합한지 여부를 확인함
2. 충수·수압검사	탱크에 배관 그 밖의 부속설비를 부착하기 전에 해당 탱크 본체의 누설 및 변형에 대한 안전성이 행정안전부령으로 정하는 기준에 적합한지 여부를 확인함
3. 용접부검사	탱크에 배관 그 밖의 부속설비를 부착하기 전에 행하는 해당 탱크의 본체에 관한 공사에 있어서 탱크의 용접부가 행정안전부령으로 정하는 기준에 적합한지 여부를 확인함
4. 암반탱크검사	탱크의 본체에 관한 공사에 있어서 탱크의 구조가 행정안전부령으로 정하는 기준에 적합한지 여부를 확인함

[영 별표 5]

위험물취급자격자의 자격(제11조제1항관련)

위험물취급자격자의 구분	취급할 수 있는 위험물
1. 「국가기술자격법」에 따라 위험물기능장, 위험물산업기사, 위험물기능사의 자격을 취득한 자	별표 1의 모든 위험물
2. 안전관리자교육이수자(법 제28조제1항의 규정에 따라 소방청장이 실시하는 안전관리자교육을 이수한 자를 말한다. 이하 별표 6에서 같다)	별표 1의 위험물 중 제4류 위험물
3. 소방공무원 경력자(소방공무원으로 근무한 경력이 3년 이상인 자를 말한다. 이하 별표 6에서 같다)	별표 1의 위험물 중 제4류 위험물

[영 별표 6]

제조소등의 종류 및 규모에 따라 선임하여야 하는 안전관리자의 자격(제13조관련)

제조소등의 종류 및 규모			안전관리자의 자격
제조소	1. 제4류 위험물만을 취급하는 것으로서 지정수량 5배 이하의 것		위험물기능장, 위험물산업기사, 위험물기능사, 안전관리자교육이수자 또는 소방공무원경력자
	2. 제1호에 해당하지 아니하는 것		위험물기능장, 위험물산업기사 또는 또는 2년 이상 실무경력이 있는 위험물기능사
저장소	1. 옥내저장소	제4류 위험물만을 저장하는 것으로서 지정수량 5배 이하의 것	위험물기능장, 위험물산업기사, 위험물기능사, 안전관리자교육이수자 또는 소방공무원경력자
		제4류 위험물 중 알코올류·제2석유류·제3석유류·제4석유류·동식물유류만을 저장하는 것으로서 지정수량 40배 이하의 것	
	2. 옥외탱크 저장소	제4류 위험물만 저장하는 것으로서 지정수량 5배 이하의 것	
		제4류 위험물 중 제2석유류·제3석유류·제4석유류·동식물유류만	

		을 저장하는 것으로서 지정수량 40배 이하의 것	
	3. 옥내탱크 저장소	제4류 위험물만을 저장하는 것으로서 지정수량 5배 이하의 것	
		제4류 위험물 중 제2석유류·제3석유류·제4석유류·동식물유류만을 저장하는 것	
	4. 지하탱크 저장소	제4류 위험물만을 저장하는 것으로서 지정수량 40배 이하의 것	
		제4류 위험물 중 제1석유류·알코올류·제2석유류·제3석유류·제4석유류·동식물유류만을 저장하는 것으로서 지정수량 250배 이하의 것	
	5. 간이탱크저장소로서 제4류 위험물만을 저장하는 것		
	6. 옥외저장소 중 제4류 위험물만을 저장하는 것으로서 지정수량의 40배 이하의 것		
	7. 보일러, 버너 그 밖에 이와 유사한 장치에 공급하기 위한 위험물을 저장하는 탱크저장소		
	8. 선박주유취급소, 철도주유취급소 또는 항공기주유취급소의 고정주유설비에 공급하기 위한 위험물을 저장하는 탱크저장소로서 지정수량의 250배(제1석유류의 경우에는 지정수량의 100배)이하의 것		
	9. 제1호 내지 제8호에 해당하지 아니하는 저장소		위험물기능장, 위험물산업기사 또는 2년 이상 실무경력이 있는 위험물기능사
취급소	1. 주유취급소		
	2. 판매취급소	제4류 위험물만을 취급하는 것으로 지정수량 5배 이하의 것	
		제4류 위험물 중 제1석유류·알코올류·제2석유류·제3석유류·제4석유류·동식물유류만을 취급하는 것	
	3. 제4류 위험물 중 제1류 석유류·알코올류·제2석유류·제3석유류·제4석유류·동식물유류만을 지정수량 50배 이하로 취급하는 일반취급소(제1석유류·알코올류의 취급량이 지정수량의 10배 이하인 경우에 한한다)로서 다음 각목의 어느 하나에 해당하는 것 가. 보일러, 버너 그 밖에 이와 유사한 장치에 의하여 위험물을 소비하는 것 나. 위험물을 용기 또는 차량에 고정된 탱크에 주입하는 것		위험물기능장, 위험물산업기사, 위험물기능사, 안전관리자교육이수자 또는 소방공무원경력자
	4. 제4류 위험물만을 취급하는 일반취급소로서 지정수량 10배 이하의 것		
	5. 제4류 위험물 중 제2석유류·제3석유류·제4석유류·동식물유류만을 취급하는 일반취급소로서 지정수량 20배 이하의 것		
	6. 「농어촌 전기공급사업 촉진법」에 따라 설치된 자가발전시설에 사용되는 위험물을 취급하는 일반취급소		
	7. 제1호 내지 제6호에 해당하지 아니하는 취급소		위험물기능장, 위험물산업기사 또는 2년 이상 실무경력이 있는 위험물기능사

※ 비 고
1. 왼쪽란의 제조소등의 종류 및 규모에 따라 오른쪽란에 규정된 안전관리자의 자격이 있는 위험물취급자격자는 별표 5에 따라 해당 제조소등에서 저장 또는 취급하는 위험물을 취급할 수 있는 자격이 있어야 한다.
2. 위험물기능사의 실무경력 기간은 위험물기능사 자격을 취득한 이후「위험물안전관리법」제15조에 따른 위험물안전관리자로 선임된 기간 또는 위험물안전관리자를 보조한 기간을 말한다.

[영 별표 7] **탱크시험자의 기술능력·시설 및 장비**(제14조제1항관련) 〈개정 2016.12.15〉
1. 기술능력
   가. 필수인력
      (1) 위험물기능장·위험물산업기사 또는 위험물기능사 중 1인 이상
      (2) 비파괴검사기술사 1명 이상 또는 초음파비파괴검사·자기비파괴검사 및 침투비파괴검사의 기사 또는 산업기사 1명 이상
   나. 필요한 경우에 두는 인력
      1) 충·수압시험, 진공시험, 기밀시험 또는 내압시험의 경우: 누설비파괴검사 기사, 산업기사 또는 기능사
      2) 수직·수평도시험의 경우: 측량 및 지형공간정보 기술사, 기사, 산업기사 또는 측량기능사
      3) 방사선투과시험의 경우: 방사선비파괴검사 기사 또는 산업기사
      4) 필수 인력의 보조: 방사선비파괴검사·초음파비파괴검사·자기비파괴검사 또는 침투비파괴검사 기능사
2. 시 설: 전용사무실
3. 장 비
   가. 필수장비: 자기탐상시험기, 초음파두께측정기 및 다음 1) 또는 2) 중 어느 하나
      1) 영상초음파탐상시험기   2) 방사선투과시험기 및 초음파탐상시험기
   나. 필요한 경우에 두는 장비
      1) 충·수압시험, 진공시험, 기밀시험 또는 내압시험의 경우
         가) 진공능력 53KPa 이상의 진공누설시험기
         나) 기밀시험장치(안전장치가 부착된 것으로서 가압능력 200KPa 이상, 감압의 경우에는 감압능력 10KPa 이상·감도 10Pa 이하의 것으로서 각각의 압력 변화를 스스로 기록할 수 있는 것)
      2) 수직·수평도시험의 경우: 수직·수평도 측정기

※ 비 고 : 둘 이상의 기능을 함께 가지고 있는 장비를 갖춘 경우에는 각각의 장비를 갖춘 것으로 본다.

[영 별표 8] **자체소방대에 두는 화학소방자동차 및 인원**(제18조제3항관련)

사업소의 구분	화학소방자동차	자체소방대원의 수
1. 제조소 또는 일반취급소에서 취급하는 제4류 위험물의 최대수량의 합이 지정수량의 3천배 이상 12만배 미만인 사업소	1대	5인
2. 제조소 또는 일반취급소에서 취급하는 제4류 위험물의 최대수량의 합이 지정수량의 12만배 이상 24만배 미만인 사업소	2대	10인
3. 제조소 또는 일반취급소에서 취급하는 제4류 위험물의 최대수량의 합이 지정수량의 24만배 이상 48만배 미만인 사업소	3대	15인
4. 제조소 또는 일반취급소에서 취급하는 제4류 위험물의 최대수량의 합이 지정수량의 48만배 이상인 사업소	4대	20인
5. 옥외탱크저장소에 저장하는 제4류 위험물의 최대수량이 지정수량의 50만배 이상인 사업소	2대	10인

※ 비 고 : 화학소방자동차에는 행성안전부령으로 정하는 소화능력 및 설비를 갖추어야 하고, 소화활동에 필요한 소화약제 및 기구(방열복 등 개인장구를 포함한다)를 비치하여야 한다.

[영 별표 9]

과태료의 부과기준 및 금액(제23조제3항관련) 〈개정 2017.12.29〉

1. 일반기준
    가. 과태료 부과권자는 다음의 어느 하나에 해당하는 경우에는 제2호의 개별기준에 따른 과태료 금액의 2분의 1까지 그 금액을 줄일 수 있다. 다만, 과태료를 체납하고 있는 위반행위자에 대해서는 그러하지 아니하다.
        1) 위반행위자가 「질서위반행위규제법 시행령」 제2조의2제1항 각 호의 어느 하나에 해당하는 경우
        2) 위반행위자가 처음 위반행위를 한 경우로서 3년 이상 해당 업종을 모범적으로 경영한 사실이 인정되는 경우
        3) 위반행위가 사소한 부주의나 오류 등 과실로 인한 것으로 인정되는 경우
        4) 위반행위자가 같은 위반행위로 다른 법률에 따라 과태료·벌금·영업정지 등의 처분을 받은 경우
        5) 위반행위자가 위법행위로 인한 결과를 시정하거나 해소한 경우
        6) 그 밖에 위반행위의 정도, 위반행위의 동기와 그 결과 등을 고려하여 과태료를 줄일 필요가 있다고 인정되는 경우
    나. 위반행위의 횟수에 따른 과태료의 부과기준은 최근 1년간 같은 위반행위로 과태료 부과처분을 받은 경우에 적용한다. 이 경우 위반횟수는 과태료 부과처분을 한 날과 다시 같은 위반행위를 적발한 날을 각각 기준으로 하여 계산한다.

2. 개별기준(단위: 만 원) 〈개정 2017.12.29〉

위반행위	해당법조문	과태료금액
가. 법 제5조제2항제1호의 규정에 의한 승인을 받지 아니한 자	법 제39조 제1항제1호	
(1) 승인기한(임시 저장 또는 취급 개시일의 전날)의 다음 날을 기산일로 하여 30일 이내에 승인을 신청한 자		50
(2) 승인기한(임시 저장 또는 취급 개시일의 전날)의 다음 날을 기산일로 하여 31일 이후에 승인을 신청한 자		100
(3) 승인을 받지 아니한 자		200
나. 법 제5조제3항제2호의 규정에 의한 위험물의 저장 또는 취급에 관한 세부기준을 위반한 자	법 제39조 제1항제2호	
(1) 1차 위반 시		50
(2) 2차 위반 시		100
(3) 3차 이상 위반 시		200
다. 법 제6조제2항의 규정에 의한 품명 등의 변경신고를 기간 이내에 하지 아니하거나 허위로 한 자	법 제39조 제1항제3호	
(1) 신고기한(변경하고자 하는 날의 1일 전날)의 다음 날을 기산일로 하여 30일 이내에 신고한 자		30
(2) 신고기한(변경하고자 하는 날의 일 전날)의 다음 날을 기산일로 하여 31일 이후에 신고한 자		70
(3) 허위로 신고한 자		200
(4) 신고를 하지 아니한 자		200
라. 법 제10조제3항의 규정에 의한 지위승계신고를 기간 이내에 하지 아니하거나 허위로 한 자	법 제39조 제1항제4호	
(1) 신고기한(지위승계일의 다음 날을 기산일로 하여 30일이 되는 날)의 다음 날을 기산일로 하여 30일 이내에 신고한 자		30
(2) 신고기한(지위승계일의 다음 날을 기산일로 하여 30일이 되는 날)의 다음 날을 기산일로 하여 31일 이후에 신고한 자		70

(3) 허위로 신고한 자		200
(4) 신고를 하지 아니한 자		200
마. 법 제11조의 규정에 의한 폐지신고를 기간 이내에 하지 아니하거나 허위로 한 자	법 제39조 제1항제5호	
(1) 신고기한(폐지일의 다음 날을 기산일로 하여 14일이 되는 날)의 다음 날을 기산일로 하여 30일 이내에 신고한 자		30
(2) 신고기한(폐지일의 다음 날을 기산일로 하여 14일이 되는 날)의 다음 날을 기산일로 하여 31일 이후에 신고한 자		70
(3) 허위로 신고한 자		200
(4) 신고를 하지 아니한 자		200
바. 법 제15조제3항의 규정에 의한 안전관리자의 선임신고를 기간 이내에 하지 아니하거나 허위로 한 자	법 제39조 제1항제5호	
(1) 신고기한(선임한 날의 다음 날을 기산일로 하여 14일이 되는 날)의 다음 날을 기산일로 하여 30일 이내에 신고한 자		30
(2) 신고기한(선임한 날의 다음 날을 기산일로 하여 14일이 되는 날)의 다음 날을 기산일로 하여 31일 이후에 신고한 자		70
(3) 허위로 신고한 자		200
(4) 신고를 하지 아니한 자		200
사. 법 제16조제3항의 규정을 위반하여 등록사항의 변경신고를 기간 이내에 하지 아니하거나 허위로 한 자	법 제39조 제1항제6호	
(1) 신고기한(변경일의 다음 날을 기산일로 하여 30일이 되는 날)의 다음 날을 기산일로 하여 30일 이내에 신고한 경우		30
(2) 신고기한(변경일의 다음 날을 기산일로 하여 30일이 되는 날)의 다음 날을 기산일로 하여 31일 이후에 신고한 경우		70
(3) 허위로 신고한 자		200
(4) 신고를 하지 아니한 자		200
아. 법 제18조제1항의 규정을 위반하여 점검결과를 기록하지 않거나 보존하지 않은 경우	법 제39조 제1항제7호	
(1) 1차 위반 시		50
(2) 2차 위반 시		100
(3) 3차 이상 위반 시		200
자. 법 제20조제1항제2호의 규정에 의한 위험물의 운반에 관한 세부기준을 위반한 자	법 제39조 제1항제8호	
(1) 1차 위반 시		50
(2) 2차 위반 시		100
(3) 3차 이상 위반 시		200
차. 〈삭제〉 2016. 12. 15		
카. 법 제21조제3항의 규정을 위반하여 위험물의 운송에 관한 기준을 따르지 아니한 자	법 제39조 제1항제9호	
(1) 1차 위반 시		50
(2) 2차 위반 시		100
(3) 3차 이상 위반 시		200

■ 빛은 길을 가르쳐주기 때문에 빛을 사랑한다.
  어둠은 별을 보여주기 때문에 나는 그 어둠을 견딘다.　　　　- 헬렌 켈러 -

시행규칙

[규칙 별표 1]

이송취급소 허가신청의 첨부서류(제6조제9호관련)

구조 및 설비	첨 부 서 류
1. 배 관	1. 위치도(축척: 1/50,000 이상, 배관의 경로 및 이송기지의 위치를 기재할 것) 2. 평면도[축척: 1/3,000 이상, 배관의 중심선에서 좌우 300m 이내의 지형, 부근의 도로·하천·철도 및 건축물 그 밖의 시설의 위치, 배관의 중심선·신축구조·감진장치·배관계 내의 압력을 측정하여 자동적으로 위험물의 누설을 감지할 수 있는 장치의 압력계·방호장치 및 밸브의 위치, 시가지·별표 15 Ⅰ제1호각목의 규정에 의한 장소 그리고 행정구역의 경계를 기재하고 배관의 중심선에는 200m마다 체가(遞加)거리를 기재할 것] 3. 종단도면(축척: 가로는 1/3,000·세로는 1/300 이상, 지면으로부터 배관의 깊이·배관의 경사도·주요한 공작물의 종류 및 위치를 기재할 것) 4. 횡단도면(축척: 1/200 이상, 배관을 부설한 도로·철도 등의 횡단면에 배관의 중심과 지상 및 지하의 공작물의 위치를 기재할 것) 5. 도로·하천·수로 또는 철도의 지하를 횡단하는 금속관 또는 방호구조물 안에 배관을 설치하거나 배관을 가공횡단 하여 설치하는 경우에는 해당 횡단 개소의 상세도면 6. 강도계산서 7. 접합부의 구조도 8. 용접에 관한 설명서 9. 접합방법에 관하여 기재한 서류 10. 배관의 기점·분기점 및 종점의 위치에 관하여 기재한 서류 11. 연장에 관하여 기재한 서류(도로밑·철도밑·해저·하천밑·지상·해상 등의 위치에 따라 구별하여 기재할 것) 12. 배관 내의 최대상용 압력에 관하여 기재한 서류 13. 주요 규격 및 재료에 관하여 기재한 서류 14. 그 밖에 배관에 대한 설비 등에 관한 설명도서
2. 긴급차단밸브 및 차단밸브	1. 구조설명서(부대설비를 포함한다) 2. 기능설명서 3. 강도에 관한 설명서 4. 제어계통도 5. 밸브의 종류·형식 및 재료에 관하여 기재한 서류
3. 누설탐지설비	
1) 배관계 내의 위험물의 유량 측정에 의하여 자동적으로 위험물의 누설을 검지할 수 있는 장치 또는 이와 동등 이상의 성능이 있는 장치	1. 누설검지능력에 관한 설명서 2. 누설검지에 관한 흐름도 3. 연산처리장치의 처리능력에 관한 설명서 4. 누설의 검지능력에 관하여 기재한 서류 5. 유량계의 종류·형식·정밀도 및 측정범위에 관하여 기재한 서류

		6. 연산처리장치의 종류 및 형식에 관하여 기재한 서류
	2) 배관계 내의 압력을 측정하여 자동적으로 위험물의 누설을 검지할 수 있는 장치 또는 이와 동등 이상의 성능이 있는 장치	1. 누설검지능력에 관한 설명서 2. 누설검지에 관한 흐름도 3. 수신부의 구조에 관한 설명서 4. 누설검지능력에 관하여 기재한 서류 5. 압력계의 종류·형식·정밀도 및 측정범위에 관하여 기재한 서류
	3) 배관계 내의 압력을 일정하게 유지하고 해당 압력을 측정하여 위험물의 누설을 검지할 수 있는 장치 또는 이와 동등 이상의 성능이 있는 장치	1. 누설검지능력에 관한 설명서 2. 누설검지능력에 관하여 기재한 서류 3. 압력계의 종류·형식·정밀도 및 측정범위에 관하여 기재한 서류
4. 압력안전장치		구조설명도 또는 압력제어방식에 관한 설명서
5. 감진장치 및 강진계		1. 구조설명도 2. 지진검지에 관한 흐름도 3. 종류 및 형식에 관하여 기재한 서류
6. 펌프		1. 구조설명도 2. 강도에 관한 설명서 3. 용적식펌프의 압력상승방지장치에 관한 설명서 4. 고압판넬·변압기 등 전기설비의 계통도 (원동기를 움직이기 위한 전기설비에 한한다) 5. 종류·형식·용량·양정·회전수 및 상용·예비의 구별에 관하여 기재한 서류 6. 실린더 등의 주요 규격 및 재료에 관하여 기재한 서류 7. 원동기의 종류 및 출력에 관하여 기재한 서류 8. 고압판넬의 용량에 관하여 기재한 서류 9. 변압기용량에 관하여 기재한 서류
7. 피그취급장치		구조설명도
8. 전기방식설비, 가열·보온설비, 지지물, 누설확산방지설비, 운전상태감시장치, 안전제어장치, 경보설비, 비상전원, 위험물주입·취출구, 금속관, 방호구조물, 보호설비, 신축흡수장치, 위험물제거장치, 통보설비, 가연성증기체류방지설비, 부등침하측정설비, 기자재창고, 점검상자, 표지 그 밖에 이송취급소에 관한 설비		1. 설비의 설치에 관하여 필요한 설명서 및 도면 2. 설비의 종류·형식·재료·강도 및 그 밖의 기능·성능 등에 관하여 기재한 서류

[규칙 별표 1의2]

제조소등의 변경허가를 받아야 하는 경우(제8조관련)

제조소등의 구분	변경허가를 받아야 하는 경우
1. 제조소 또는 일반취급소	가. 제조소 또는 일반취급소의 위치를 이전하는 경우 나. 건축물의 벽·기둥·바닥·보 또는 지붕을 신설·증설 또는 철거하는 경우 다. 배출설비를 신설하는 경우 라. 위험물취급탱크를 신설·교체·철거 또는 보수(탱크의 본체를 절개하는 경우에 한한다)하는 경우 마. 위험물취급탱크의 노즐 또는 맨홀을 신설하는 경우(노즐 또는 맨홀의 직경이 250mm를 초과하는 경우에 한한다) 바. 위험물취급탱크의 방유제의 높이 또는 방유제 내의 면적을 변경하는 경우 사. 위험물취급탱크의 탱크전용실을 증설 또는 교체하는 경우 아. 300미터(지상에 설치하지 아니하는 배관의 경우에는 30미터)를 초과하는 위험물배관을 신설·교체·철거 또는 보수(배관을 절개하는 경우에 한한다)하는 경우 자. 불활성기체의 봉입장치를 신설하는 경우 차. 별표 4 Ⅻ제2호 가목에 따른 누설범위를 국한하기 위한 설비를 신설하는 경우 카. 별표 4 Ⅻ제3호 다목에 따른 냉각장치 또는 보냉장치를 신설하는 경우 타. 별표 4 Ⅻ제3호 마목에 따른 탱크전용실을 신설·증설 또는 교체하는 경우 파. 별표 4 Ⅻ제4호 나목에 따른 담 또는 토제를 신설·철거 또는 이설하는 경우 하. 별표 4 Ⅻ제4호 다목에 따른 온도 및 농도의 상승에 의한 위험한 반응을 방지하기 위한 설비를 신설하는 경우 거. 별표 4 Ⅻ제4호 라목에 따른 철이온 등의 혼입에 의한 위험한 반응을 방지하기 위한 설비를 신설하는 경우 너. 방화상 유효한 담을 신설·철거 또는 이설하는 경우 더. 위험물의 제조설비 또는 취급설비(펌프설비를 제외한다)를 증설하는 경우 러. 옥내소화전설비·옥외소화전설비·스프링클러설비·물분무등 소화설비를 신설·교체(배관·밸브·압력계·소화전본체·소화약제탱크·포헤드·포방출구 등의 교체는 제외한다) 또는 철거하는 경우 머. 자동화재탐지설비를 신설 또는 철거하는 경우
2. 옥내저장소	가. 건축물의 벽·기둥·바닥·보 또는 지붕을 신설·증설 또는 철거하는 경우 나. 배출설비를 신설하는 경우 다. 별표 5 Ⅷ 제3호가목에 따른 누설범위를 국한하기 위한 설비를 신설하는 경우 라. 별표 5 Ⅷ 제4호에 따른 온도의 상승에 의한 위험한 반응을 방지하기 위한 설비를 신설하는 경우 마. 별표 5 부표 1 비고 제1호 또는 같은 별표 부표 2 비고 제1호에 따른 담 또는 토제를 신설·철거 또는 이설하는 경우 바. 옥외소화전설비·스프링클러설비·물분무등소화설비를 신설·교체(배관·밸브·압력계·소화전본체·소화약제탱크·포헤드·포방출구 등의 교체는 제외한다) 또는 철거하는 경우 사. 자동화재탐지설비를 신설 또는 철거하는 경우
3. 옥외탱크저장소	가. 옥외탱크저장소의 위치를 이전하는 경우 나. 옥외탱크저장소의 기초·지반을 정비하는 경우 다. 별표 6 Ⅱ제5호에 따른 물분무 설비를 신설 또는 철거하는 경우 라. 주입구의 위치를 이전하거나 신설하는 경우 마. 300m(지상에 설치하지 아니하는 배관의 경우에는 30m)를 초과하는 위험물배관을 신설·교체·철거 또는 보수(배관을 절개하는 경우에 한한다)하는 경우 바. 별표 6 Ⅵ제20호에 따른 수조를 교체하는 경우 사. 방유제(간막이 둑을 포함한다)의 높이 또는 방유제 내의 면적을 변경하는 경우 아. 옥외저장탱크의 밑판 또는 옆판을 교체하는 경우 자. 옥외저장탱크의 노즐 또는 맨홀을 신설하는 경우(노즐 또는 맨홀의 직경이 250mm를 초과하는 경우에 한한다) 차. 옥외저장탱크의 밑판 또는 옆판의 표면적의 20%를 초과하는 겹침보수공사 또는 육성보수공사를 하는 경우 카. 옥외저장탱크의 에뉼러판의 겹침보수공사 또는 육성보수공사를 하는 경우

	타. 옥외저장탱크의 에눌러판 또는 밑판이 옆판과 접하는 용접이음부의 겹침보수공사 또는 육성보수공사를 하는 경우(용접길이가 300㎜를 초과하는 경우에 한한다) 파. 옥외저장탱크의 옆판 또는 밑판(에눌러판을 포함한다) 용접부의 절개보수공사를 하는 경우 하. 옥외저장탱크의 지붕판 표면적 30% 이상을 교체하거나 구조·재질 또는 두께를 변경하는 경우 거. 별표 6 XI제1호가목에 따른 누설범위를 국한하기 위한 설비를 신설하는 경우 너. 별표 6 XI제2호나목에 따른 냉각장치 또는 보냉장치를 신설하는 경우 더. 별표 6 XI제3호가목에 따른 온도의 상승에 의한 위험한 반응을 방지하기 위한 설비를 신설하는 경우 러. 별표 6 XI제3호나목에 따른 철이온 등의 혼입에 의한 위험한 반응을 방지하기 위한 설비를 신설하는 경우 머. 불활성기체의 봉입장치를 신설하는 경우 버. 지중탱크의 누액방지판을 교체하는 경우 서. 해상탱크의 정치설비를 교체하는 경우 어. 물분무등소화설비를 신설·교체(배관·밸브·압력계·소화전본체·소화약제탱크·포헤드·포방출구 등의 교체는 제외한다) 또는 철거하는 경우 저. 자동화재탐지설비를 신설 또는 철거하는 경우
4. 옥내탱크저장소	가. 옥내탱크저장소의 위치를 이전하는 경우 나. 주입구 또는 펌프설비의 위치를 이전하거나 신설하는 경우 다. 300미터(지상에 설치하지 아니하는 배관의 경우에는 30미터)를 초과하는 위험물배관을 신설·교체·철거 또는 보수(배관을 절개하는 경우에 한한다)하는 경우 라. 옥내저장탱크를 신설·교체 또는 철거하는 경우 마. 옥내저장탱크를 보수(탱크본체를 절개하는 경우에 한한다)하는 경우 바. 옥내저장탱크의 노즐 또는 맨홀을 신설하는 경우(노즐 또는 맨홀의 직경이 250㎜를 초과하는 경우에 한한다) 사. 건축물의 벽·기둥·바닥·보 또는 지붕을 증설 또는 철거하는 경우 아. 배출설비를 신설하는 경우 자. 별표 7 II에 따른 누설범위를 국한하기 위한 설비·냉각장치·보냉장치·온도의 상승에 의한 위험한 반응을 방지하기 위한 설비 또는 철이온 등의 혼입에 의한 위험한 반응을 방지하기 위한 설비를 신설하는 경우 차. 불활성기체의 봉입장치를 신설하는 경우 카. 물분무등 소화설비를 신설·교체(배관·밸브·압력계·소화전본체·소화약제탱크·포헤드·포방출구 등의 교체는 제외한다) 또는 철거하는 경우 타. 자동화재탐지설비를 신설 또는 철거하는 경우
5. 지하탱크저장소	가. 지하탱크저장소의 위치를 이전하는 경우 나. 탱크전용실을 증설 또는 보수하는 경우 다. 지하저장탱크를 신설·교체 또는 철거하는 경우 라. 지하저장탱크를 보수(탱크본체를 절개하는 경우에 한한다)하는 경우 마. 지하저장탱크의 노즐 또는 맨홀을 신설하는 경우(노즐 또는 맨홀의 직경이 250㎜를 초과하는 경우에 한한다) 바. 주입구 또는 펌프설비의 위치를 이전하거나 신설하는 경우 사. 300미터(지상에 설치하지 아니하는 배관의 경우에는 30미터)를 초과하는 위험물배관을 신설·교체·철거 또는 보수(배관을 절개하는 경우에 한한다)하는 경우 아. 특수누설방지구조를 보수하는 경우 자. 별표 8 IV제2호 나목 및 같은항제3호에 따른 냉각장치·보냉장치·온도의 상승에 의한 위험한 반응을 방지하기 위한 설비 또는 철이온 등의 혼입에 의한 위험한 반응을 방지하기 위한 설비를 신설하는 경우 차. 불활성기체의 봉입장치를 신설하는 경우 카. 자동화재탐지설비를 신설 또는 철거하는 경우 타. 지하저장탱크의 내부에 탱크를 추가로 설치하거나 철판 등을 이용하여 탱크 내부를 구획하는 경우
6. 간이탱크저장소	가. 간이탱크저장소의 위치를 이전하는 경우 나. 건축물의 벽·기둥·바닥·보 또는 지붕을 신설·증설 또는 철거하는 경우 다. 간이저장탱크를 신설·교체 또는 철거하는 경우 라. 간이저장탱크를 보수(탱크본체를 절개하는 경우에 한한다)하는 경우

		마. 간이저장탱크의 노즐 또는 맨홀을 신설하는 경우(노즐 또는 맨홀의 직경이 250mm를 초과하는 경우에 한한다)
7. 이동탱크저장소		가. 상치장소의 위치를 이전하는 경우(같은 사업장 또는 같은 울안에서 이전하는 경우는 제외한다) 나. 이동저장탱크를 보수(탱크본체를 절개하는 경우에 한한다)하는 경우 다. 이동저장탱크의 노즐 또는 맨홀을 신설하는 경우(노즐 또는 맨홀의 직경이 250mm를 초과하는 경우에 한한다) 라. 이동저장탱크의 구조를 변경하는 경우 마. 별표 10 Ⅳ제3호에 따른 주입설비를 설치 또는 철거하는 경우 바. 펌프설비를 신설하는 경우
8. 옥외저장소		가. 옥외저장소의 면적을 변경하는 경우 나. 별표 11 Ⅲ제1호에 따른 살수설비 등을 신설 또는 철거하는 경우 다. 옥외소화전설비·스프링클러설비·물분무등 소화설비를 신설·교체(배관·밸브·압력계·소화전본체·소화약제탱크·포헤드·포방출구 등의 교체는 제외한다) 또는 철거하는 경우
9. 암반탱크저장소		가. 암반탱크저장소의 내용적을 변경하는 경우 나. 암반탱크의 내벽을 정비하는 경우 다. 배수시설·압력계 또는 안전장치를 신설하는 경우 라. 주입구 위치를 이전하거나 신설하는 경우 마. 300미터(지상에 설치하지 아니하는 배관의 경우에는 30미터)를 초과하는 위험물배관을 신설·교체·철거 또는 보수(배관을 절개하는 경우에 한한다)하는 경우 바. 물분무등 소화설비를 신설·교체(배관·밸브·압력계·소화전본체·소화약제탱크·포헤드·포방출구 등의 교체는 제외한다) 또는 철거하는 경우 사. 자동화재탐지설비를 신설 또는 철거하는 경우

10. 주유취급소		가. 지하에 매설하는 탱크의 변경 중 다음의 어느 하나에 해당하는 경우
		  1) 탱크의 위치를 이전하는 경우
		  2) 탱크전용실을 보수하는 경우
		  3) 탱크를 신설·교체 또는 철거하는 경우
		  4) 탱크를 보수(탱크본체를 절개하는 경우에 한한다)하는 경우
		  5) 탱크의 노즐 또는 맨홀을 신설하는 경우(노즐 또는 맨홀의 직경이 250mm를 초과하는 경우에 한한다)
		  6) 특수누설방지구조를 보수하는 경우
		나. 옥내에 설치하는 탱크의 변경 중 다음의 어느 하나에 해당하는 경우
		  1) 탱크의 위치를 이전하는 경우
		  2) 탱크를 신설·교체 또는 철거하는 경우
		  3) 탱크를 보수(탱크본체를 절개하는 경우에 한한다)하는 경우
		  4) 탱크의 노즐 또는 맨홀을 신설하는 경우(노즐 또는 맨홀의 직경이 250mm를 초과하는 경우에 한한다)
		다. 고정주유설비 또는 고정급유설비를 신설 또는 철거하는 경우
		라. 고정주유설비 또는 고정급유설비의 위치를 이전하는 경우
		마. 건축물의 벽·기둥·바닥·보 또는 지붕을 증설 또는 철거하는 경우
		바. 담 또는 캐노피를 신설 또는 철거(유리를 부착하기 위하여 담의 일부를 철거하는 경우를 포함한다)하는 경우
		사. <u>주입구 위치를 이전하거나 신설하는 경우</u>
		아. 별표 13 ⅩⅥ에 따른 개질장치(改質裝置), 압축기(壓縮機), 충전설비, 축압기(蓄壓器) 또는 수입설비(受入設備)를 신설하는 경우
		자. 별표 13 Ⅴ제1호 가목에 따른 시설과 관계된 공작물(바닥면적이 4㎡ 이상인 것에 한한다)을 신설 또는 증축하는 경우
		차. 자동화재탐지설비를 신설 또는 철거하는 경우
		카. 셀프용이 아닌 고정주유설비를 셀프용 고정주유설비로 변경하는 경우
		타. 주유취급소 부지의 면적 또는 위치를 변경하는 경우
		파. 300m(지상에 설치하지 않는 배관의 경우에는 30m)를 초과하는 위험물의 배관을 신설·교체·철거 또는 보수(배관을 자르는 경우만 해당한다)하는 경우

	하. 탱크의 내부에 탱크를 추가로 설치하거나 철판 등을 이용하여 탱크 내부를 구획하는 경우	
11. 판매취급소	가. 건축물의 벽·기둥·바닥·보 또는 지붕을 증설 또는 철거하는 경우 나. 자동화재탐지설비를 신설 또는 철거하는 경우	
12. 이송취급소	가. 이송취급소의 위치를 이전하는 경우 나. 300미터(지상에 설치하지 아니하는 배관의 경우에는 30미터)를 초과하는 위험물배관을 신설·교체·철거 또는 보수(배관을 절개하는 경우에 한한다)하는 경우 다. 방호구조물을 신설 또는 철거하는 경우 라. 누설확산방지조치·운전상태의 감시장치·안전제어장치·압력안전장치·누설검지장치를 신설하는 경우 마. 주입구·토출구 또는 펌프설비의 위치를 이전하거나 신설하는 경우 바. 옥내소화전설비·옥외소화전설비·스프링클러설비·물분무등 소화설비를 신설·교체(배관·밸브·압력계·소화전본체·소화약제탱크·포헤드·포방출구 등의 교체는 제외한다) 또는 철거하는 경우 사. 자동화재탐지설비를 신설 또는 철거하는 경우	

[규칙 별표 2] 행정처분기준(제25조, 제58조제1항 및 제62조제1항관련)

1. 일반기준
   가. 위반행위가 2 이상인 때에는 그 중 중한 처분기준(중한 처분기준이 동일한 때에는 그 중 하나의 처분기준을 말한다. 이하 이 호에서 같다)에 의하되, 2 이상의 처분기준이 동일한 사용정지이거나 업무정지인 경우에는 중한 처분의 1/2까지 가중처분할 수 있다.
   나. 사용정지 또는 업무정지의 처분기간중에 사용정지 또는 업무정지에 해당하는 새로운 위반행위가 있는 때에는 종전의 처분기간 만료일의 다음 날부터 새로운 위반행위에 따른 사용정지 또는 업무정지의 행정처분을 한다.
   다. 차수에 따른 행정처분기준은 최근 2년간 같은 위반행위로 행정처분을 받은 경우에 적용한다. 이 경우 기준적용일은 최근의 위반행위에 대한 행정처분일과 그 처분 후에 같은 위반행위를 한 날을 기준으로 한다.
   라. 사용정지 또는 업무정지의 처분기간이 완료될 때까지 위반행위가 계속되는 경우에는 사용정지 또는 업무정지의 행정처분을 다시 한다.
   마. 사용정지 또는 업무정지에 해당하는 위반행위로서 위반행위의 동기·내용·횟수 또는 그 결과 등을 고려할 때 제2호 각목의 기준을 적용하는 것이 불합리하다고 인정되는 경우에는 그 처분기준의 1/2기간까지 경감하여 처분할 수 있다.
2. 개별기준
   가. 제조소등에 대한 행정처분기준

위 반 사 항	근거법규	행정처분기준		
		1차	2차	3차
(1) 법 제6조제1항의 후단의 규정에 의한 변경허가를 받지 아니하고, 제조소등의 위치·구조 또는 설비를 변경한 때	법 제12조	경고 또는 사용정지 15일	사용정지 60일	허가 취소
(2) 법 제9조의 규정에 의한 완공검사를 받지 아니하고 제조소등을 사용한 때	법 제12조	사용정지 15일	사용정지 60일	허가 취소
(3) 법 제14조제2항의 규정에 의한 수리·개조 또는 이전의 명령에 위반한 때	법 제12조	사용정지 30일	사용정지 90일	허가 취소
(4) 법 제15조제1항 및 제2항의 규정에 의한 위험물안전관리자를 선임하지 아니한 때	법 제12조	사용정지 15일	사용정지 60일	허가 취소

위 반 사 항	근거법규	1차	2차	3차
(5) 법 제15조제5항의 규정을 위반하여 대리자를 지정하지 아니한 때	법 제12조	사용정지 10일	사용정지 30일	허가 취소
(6) 법 제18조제1항의 규정에 의한 정기점검을 하지 아니한 때	법 제12조	사용정지 10일	사용정지 30일	허가 취소
(7) 법 제18조제2항의 규정에 의한 정기검사를 받지 아니한 때	법 제12조	사용정지 10일	사용정지 30일	허가 취소
(8) 법 제26조의 규정에 의한 저장·취급기준 준수명령을 위반한 때	법 제12조	사용정지 30일	사용정지 60일	허가 취소

나. 안전관리대행기관에 대한 행정처분기준

위 반 사 항	근거법규	행정처분기준		
		1차	2차	3차
(1) 허위 그 밖의 부정한 방법으로 등록을 한 때	제58조	지정취소		
(2) 탱크시험자의 등록 또는 다른 법령에 의한 안전관리업무대행기관의 지정·승인 등이 취소된 때	제58조	지정취소		
(3) 다른 사람에게 지정서를 대여한 때	제58조	지정취소		
(4) 별표 22의 규정에 의한 안전관리대행기관의 지정기준에 미달되는 때	제58조	업무정지 30일	업무정지 60일	지정 취소
(5) 제57조제4항의 규정에 의한 소방청장의 지도·감독에 정당한 이유 없이 따르지 아니한 때	제58조	업무정지 30일	업무정지 60일	지정 취소
(6) 제57조제5항의 규정에 의한 변경등의 신고를 연간 2회 이상 하지 아니한 때	제58조	경고 또는 업무정지 30일	업무정지 90일	지정 취소
(7) 안전관리대행기관의 기술인력이 제59조의 규정에 의한 안전관리업무를 성실하게 수행하지 아니한 때	제58조	경고	업무정지 90일	지정 취소

다. 탱크시험자에 대한 행정처분기준

위 반 사 항	근거법규	행정처분기준		
		1차	2차	3차
(1) 허위 그 밖의 부정한 방법으로 등록을 한 경우	법 제16조제5항	등록취소		
(2) 법 제16조제4항 각호의 1의 등록의 결격사유에 해당하게 된 경우	법 제16조 제5항	등록취소		
(3) 다른 자에게 등록증을 빌려 준 경우	법 제16조제5항	등록취소		
(4) 법 제16조제2항의 규정에 의한 등록기준에 미달하게 된 경우	법 제16조 제5항	업무정지 30일	업무정지 60일	등록 취소
(5) 탱크안전성능시험 또는 점검을 허위로 하거나 이 법에 의한 기준에 맞지 아니하게 탱크안전성능시험 또는 점검을 실시하는 경우 등 탱크시험자로서 적합하지 아니하다고 인정되는 경우	법 제16조 제5항	업무정지 30일	업무정지 <u>90일</u>	<u>등록 취소</u>

[규칙 별표 3]

과징금의 금액(제26조1호관련)

1. 일반기준
   가. 과징금을 부과하는 위반행위의 종별에 따른 과징금의 금액은 제25조 및 별표 2의 규정에 의한 사용정지의 기간에 나목 또는 다목에 의하여 산정한 1일당 과징금의 금액을 곱하여 얻은 금액으로 한다.
   나. 1일당 과징금의 금액은 해당 제조소등의 연간 매출액을 기준으로 하여 제2호가목의 기준에 의하여 산정한다. 이 경우 연간 매출액은 전년도의 1년간의 총 매출액을 기준으로 하되, 신규사업·휴업 등으로 인하여 1년간의 총 매출액을 산출할 수 없는 경우에는 분기별·월별 또는 일별 매출액을 기준으로 하여 연간 매출액을 환산한다.
   다. 연간 매출액이 없거나 연간 매출액의 산출이 곤란한 제조소등의 경우에는 해당 제조소등에서 저장 또는 취급하는 위험물의 허가수량(지정수량의 배수)을 기준으로 하여 제2호나목의 기준에 의하여 산정한다.

2. 과징금 산정기준
   가. 연간 매출액을 기준으로 한 과징금 산정기준

등급	연간 매출액(단위: 원)	1일당 과징금의 금액(단위: 천원)
1	5천만 원 이하	7,000
2	5천만 원 초과~ 1억 원 이하	20,000
3	1억 원 초과~ 2억 원 이하	41,000
4~21	생략~ (법제처 참고)	생략~ (법제처 참고)
22	500억 초과~ 600억 원 이하	2,168,000
23	600억 원 초과	2,222,000

   나. 저장 또는 취급하는 위험물의 허가수량을 기준으로 한 과징금 산정기준

등급	저장 또는 취급하는 위험물의 허가수량(지정수량의 배수)		1일당 과징금의 금액 (단위: 천원)
	저장량	취급량	
1	50배 이하	30배 이하	100
2	50배 초과 ~ 100배 이하	30배 초과 ~ 100배 이하	400
3	100배 초과 ~ 1,000배 이하	100배 초과 ~ 500배 이하	600
4	1,000배 초과 ~ 10,000배 이하	500배 초과 ~ 1,000배 이하	800
5	10,000배 초과 ~ 100,000배 이하	1,000배 초과 ~ 2,000배 이하	1000
6	100,000배 초과	2,000배 초과	

※ 비 고
1. 저장량과 취급량이 다른 경우에는 둘 중 많은 수량을 기준으로 한다.
2. 자가발전, 자가난방 그 밖의 이와 유사한 목적의 제조소등에 있어서는 이 표에 의한 금액의 1/2을 과징금의 금액으로 한다.

[규칙 별표 4]

제조소의 위치·구조 및 설비의 기준(제28조관련)

I. 안전거리

1. 제조소(제6류 위험물을 취급하는 제조소를 제외한다)는 다음 각목의 규정에 의한 건축물의 외벽 또는 이에 상당하는 공작물의 외측으로부터 해당 제조소의 외벽 또는 이에 상당하는 공작물의 외측까지의 사이에 다음 각목의 규정에 의한 수평거리(이하 "안전거리"라 한다)를 두어야 한다.
   가. 나목 내지 라목의 규정에 의한 것 외의 건축물 그 밖의 공작물로서 주거용으로 사용되는 것(제조소가 설치된 부지내에 있는 것을 제외한다)에 있어서는 10m 이상
   나. 학교·병원·극장 그 밖에 다수인을 수용하는 시설로서 다음의 1에 해당하는 것에 있어서는 30m 이상
      (1) 「초·중등교육법」제2조 및 「고등교육법」제2조에 정하는 학교
      (2) 「의료법」제3조제2항제3호에 따른 병원급 의료기관
      (3) 「공연법」제2조제4호의 규정에 의한 공연장, 「영화진흥법」제2조제13호의 규정에 의한 영화상영관 그 밖에 이와 유사한 시설로서 3백명 이상의 인원을 수용할 수 있는 것
      (4) 「아동복지법」제3조제10호에 따른 아동복지시설, 「노인복지법」제31조제1호부터 제3호까지에 해당하는 노인복지시설, 「장애인복지법」제58조제1항에 따른 장애인복지시설, 「한부모가족지원법」제19조제1항에 따른 한부모가족복지시설, 「영유아보육법」제2조제3호에 따른 어린이집, 「성매매방지 및 피해자보호 등에 관한 법률」제9조제1항에 따른 성매매피해자등을 위한 지원시설, 「정신건강증진 및 정신질환자 복지서비스 지원에 관한 법률」제3조제4호에 따른 정신건강증진시설, 「가정폭력방지 및 피해자보호 등에 관한 법률」제7조의2제1항에 따른 보호시설 및 그 밖에 이와 유사한 시설로서 20명 이상의 인원을 수용할 수 있는 것
   다. 「문화재보호법」의 규정에 의한 유형문화재와 기념물 중 지정문화재에 있어서는 50m 이상
   라. 고압가스, 액화석유가스 또는 도시가스를 저장 또는 취급하는 시설로서 다음의 1에 해당하는 것에 있어서는 20m 이상. 다만, 해당 시설의 배관 중 제조소가 설치된 부지 내에 있는 것은 제외한다.
      (1) 「고압가스 안전관리법」의 규정에 따라 허가를 받거나 신고를 하여야 하는 고압가스제조시설(용기에 충전하는 것을 포함한다) 또는 고압가스사용시설로서 1일 30m³ 이상의 용적을 취급하는 시설이 있는 것
      (2) 「고압가스 안전관리법」의 규정에 따라 허가를 받거나 신고를 하여야 하는 고압가스저장시설
      (3) 「고압가스 안전관리법」의 규정에 따라 허가를 받거나 신고를 하여야 하는 액화산소를 소비하는 시설
      (4) 「액화석유가스의 안전관리 및 사업법」의 규정에 따라 허가를 받아야 하는 액화석유가스제조시설 및 액화석유가스저장시설   (5) 「도시가스사업법」제2조제5호의 규정에 의한 가스공급시설
   마. 사용전압이 7,000V 초과 35,000V 이하의 특고압 가공전선에 있어서는 3m 이상
   바. 사용전압이 35,000V를 초과하는 특고압 가공전선에 있어서는 5m 이상
2. 제1호가목 내지 다목의 규정에 의한 건축물 등은 부표의 기준에 의하여 불연재료로 된 방화상 유효한 담 또는 벽을 설치하는 경우에는 동표의 기준에 의하여 안전거리를 단축할 수 있다.

II. 보유공지

1. 위험물을 취급하는 건축물 그 밖의 시설(위험물을 이송하기 위한 배관 그 밖에 이와 유사한 시설을 제외한다)의 주위에는 그 취급하는 위험물의 최대수량에 따라 다음 표에 의한 너비의 공지를 보유하여야 한다.

취급하는 위험물의 최대수량	공지의 너비
지정수량의 10배 이하	3m 이상
지정수량의 10배 초과	5m 이상

2. 제조소의 작업공정이 다른 작업장의 작업공정과 연속되어 있어 제조소의 건축물 그 밖의 공작물의 주위에 공지를 두게 되면 그 제조소의 작업에 현저한 지장이 생길 우려가 있는 경우 해당 제조소와 다른 작업장 사이에 다음 각목의 기준에 따라 방화상 유효한 격벽을 설치한 때에는 해당 제조소와 다른 작업장 사이에 제1호의 규정에 의한 공지를 보유하지 아니할 수 있다.
   가. 방화벽은 내화구조로 할 것. 다만, 취급하는 위험물이 제6류 위험물인 경우에는 불연재료로 할 수 있다.
   나. 방화벽에 설치하는 출입구 및 창 등의 개구부는 가능한 한 최소로 하고, 출입구 및 창에는 자동폐쇄식의 갑종방화문을 설치할 것
   다. 방화벽의 양단 및 상단이 외벽 또는 지붕으로부터 50cm 이상 돌출하도록 할 것

III. 표지 및 게시판

1. 제조소에는 보기 쉬운 곳에 다음 각목의 기준에 따라 "위험물 제조소"라는 표시를 한 표지를 설치하여야 한다.
   가. <u>표지는 한변의 길이가 0.3m 이상, 다른 한변의 길이가 0.6m 이상인</u> 직사각형으로 할 것
   나. <u>표지의 바탕은 백색으로, 문자는 흑색으로</u> 할 것
2. 제조소에는 보기 쉬운 곳에 다음 각목의 기준에 따라 방화에 관하여 필요한 사항을 게시한 게시판을 설치하여야 한다.
   가. 게시판은 한변의 길이가 0.3m 이상, 다른 한변의 길이가 0.6m 이상인 직사각형으로 할 것
   나. 게시판에는 저장 또는 취급하는 위험물의 유별·품명 및 저장최대수량 또는 취급최대수량, 지정수량의 배수 및 안전관리자의 성명 또는 직명을 기재할 것
   다. 나목의 게시판의 바탕은 <u>백색</u>으로, 문자는 <u>흑색</u>으로 할 것
   라. 나목의 게시판 외에 저장 또는 취급하는 위험물에 따라 다음의 규정에 의한 주의사항을 표시한 게시판을 설치할 것
      (1) 제1류 위험물 중 알칼리금속의 과산화물과 이를 함유한 것 또는 제3류 위험물 중 금수성물질에 있어서는 "물기엄금"
      (2) 제2류 위험물(인화성고체를 제외한다)에 있어서는 "<u>화기주의</u>"
      (3) 제2류 위험물 중 인화성고체, 제3류 위험물 중 자연발화성물질, 제4류 위험물 또는 제5류 위험물에 있어서는 "화기엄금"
   마. 라목의 게시판의 색은 "물기엄금"을 표시하는 것에 있어서는 청색바탕에 백색문자로, "화기주의" 또는 "화기엄금"을 표시하는 것에 있어서는 적색바탕에 백색문자로 할 것

IV. 건축물의 구조

위험물을 취급하는 건축물의 구조는 다음 각 호의 기준에 의하여야 한다.
1. <u>지하층이 없도록</u> 하여야 한다. 다만, 위험물을 취급하지 아니하는 지하층으로서 위험물의 취급장소에서 새어나온 위험물 또는 가연성의 증기가 흘러 들어갈 우려가 없는 구조로 된 경우에는 그러하지 아니하다.
2. 벽·기둥·바닥·보·서까래 및 계단을 <u>불연재료</u>로 하고, 연소(延燒)의 우려가 있는 외벽(소방청장이 정하여 고시하는 것에 한한다. 이하 같다)은 출입구 외의 개구부가 없는 내화구조의 벽으로 하여야 한다. 이 경우 제6류 위험물을 취급하는 건축물에 있어서 위험물이 스며들 우려가 있는 부분에 대하여는 아스팔트 그 밖에 부식되지 아니하는 재료로 피복하여야 한다.
3. 지붕(작업공정상 제조기계시설 등이 2층 이상에 연결되어 설치된 경우에는 최상층의 지붕을 말한다)은 폭발력이 위로 방출될 정도의 <u>가벼운 불연재료</u>로 덮어야 한다. 다만, 위험물을 취급하는 건축물이 다음 각목의 1에 해당하는 경우에는 그 지붕을 내화구조로 할 수 있다.
   가. 제2류 위험물(분상의 것과 인화성고체를 제외한다), 제4류 위험물 중 제4석유류·동식물유류 또는 제6류 위험물을 취급하는 건축물인 경우

나. 다음의 기준에 적합한 밀폐형 구조의 건축물인 경우
  (1) 발생할 수 있는 내부의 과압(過壓) 또는 부압(負壓)에 견딜 수 있는 철근콘크리트조일 것
  (2) 외부화재에 90분 이상 견딜 수 있는 구조일 것
4. 출입구와 「산업안전보건기준에 관한 규칙」 제17조에 따라 설치하여야 하는 비상구에는 갑종방화문 또는 을종방화문을 설치하되, 연소의 우려가 있는 외벽에 설치하는 출입구에는 수시로 열 수 있는 자동폐쇄식의 갑종방화문을 설치하여야 한다.
5. 위험물을 취급하는 건축물의 창 및 출입구에 유리를 이용하는 경우에는 망입유리로 하여야 한다.
6. 액체의 위험물을 취급하는 건축물의 바닥은 위험물이 스며들지 못하는 재료를 사용하고, 적당한 경사를 두어 그 최저부에 집유설비를 하여야 한다.

V. 채광·조명 및 환기설비

1. 위험물을 취급하는 건축물에는 다음 각목의 기준에 의하여 위험물을 취급하는데 필요한 채광·조명 및 환기의 설비를 설치하여야 한다.
  가. 채광설비는 불연재료로 하고, 연소의 우려가 없는 장소에 설치하되 채광면적을 최소로 할 것
  나. 조명설비는 다음의 기준에 적합하게 설치할 것
    (1) 가연성 가스 등이 체류할 우려가 있는 장소의 조명등은 방폭등으로 할 것
    (2) 전선은 내화·내열전선으로 할 것
    (3) 점멸스위치는 출입구 바깥부분에 설치할 것. 다만, 스위치의 스파크로 인한 화재·폭발의 우려가 없는 경우에는 그러하지 아니하다.
  다. 환기설비는 다음의 기준에 의할 것
    (1) 환기는 자연배기방식으로 할 것
    (2) 급기구는 해당 급기구가 설치된 실의 바닥면적 150m²마다 1개 이상으로 하되, 급기구의 크기는 800cm² 이상으로 할 것. 다만, 바닥면적이 150cm² 미만인 경우에는 다음의 크기로 하여야 한다.

바닥면적	급기구의 면적
60m² 미만	150cm² 이상
60m² 이상 90m² 미만	300cm² 이상
90m² 이상 120m² 미만	450cm² 이상
120m² 이상 150m² 미만	600cm² 이상

    (3) 급기구는 낮은 곳에 설치하고 가는 눈의 구리망 등으로 인화방지망을 설치할 것
    (4) 환기구는 지붕위 또는 지상 2m 이상의 높이에 회전식 고정벤티레이터 또는 루푸팬방식으로 설치할 것
2. 배출설비가 설치되어 유효하게 환기가 되는 건축물에는 환기설비를 하지 아니할 수 있고, 조명설비가 설치되어 유효하게 조도가 확보되는 건축물에는 채광설비를 하지 아니할 수 있다.

VI. 배출설비

가연성의 증기 또는 미분이 체류할 우려가 있는 건축물에는 그 증기 또는 미분을 옥외의 높은 곳으로 배출할 수 있도록 다음 각 호의 기준에 의하여 배출설비를 설치하여야 한다.
1. 배출설비는 국소방식으로 하여야 한다. 다만, 다음 각목의 1에 해당하는 경우에는 전역방식으로 할 수 있다.
  가. 위험물취급설비가 배관이음 등으로만 된 경우
  나. 건축물의 구조·작업장소의 분포 등의 조건에 의하여 전역방식이 유효한 경우
2. 배출설비는 배풍기·배출 덕트(duct)·후드 등을 이용하여 강제적으로 배출하는 것으로 해야 한다.
3. 배출능력은 1시간당 배출장소 용적의 20배 이상인 것으로 하여야 한다. 다만, 전역방식의 경우에는 바닥면적

1m²당 18m³ 이상으로 할 수 있다.
4. 배출설비의 급기구 및 배출구는 다음 각목의 기준에 의하여야 한다.
   가. 급기구는 높은 곳에 설치하고, 가는 눈의 구리망 등으로 인화방지망을 설치할 것
   나. 배출구는 지상 2m 이상으로서 연소의 우려가 없는 장소에 설치하고, 배출 덕트가 관통하는 벽부분의 바로 가까이에 화재시 자동으로 폐쇄되는 방화댐퍼를 설치할 것
5. 배풍기는 강제배기방식으로 하고, 옥내 덕트의 내압이 대기압 이상이 되지 아니하는 위치에 설치하여야 한다.

Ⅶ. 옥외설비의 바닥

옥외에서 액체위험물을 취급하는 설비의 바닥은 다음 각호의 기준에 의하여야 한다.
1. 바닥의 둘레에 높이 0.15m 이상의 턱을 설치하는 등 위험물이 외부로 흘러나가지 아니하도록 하여야 한다.
2. 바닥은 콘크리트 등 위험물이 스며들지 아니하는 재료로 하고, 제1호의 턱이 있는 쪽이 낮게 경사지게 하여야 한다.
3. 바닥의 최저부에 집유설비를 하여야 한다.
4. 위험물(온도 20℃의 물 100g에 용해되는 양이 1g 미만인 것에 한한다)을 취급하는 설비에 있어서는 해당 위험물이 직접 배수구에 흘러들어가지 아니하도록 집유설비에 유분리장치를 설치하여야 한다.

Ⅷ. 기타 설비

1. 위험물의 누출·비산방지 - 위험물을 취급하는 기계·기구 그 밖의 설비는 위험물이 새거나 넘치거나 비산하는 것을 방지할 수 있는 구조로 하여야 한다. 다만, 해당 설비에 위험물의 누출등으로 인한 재해를 방지할 수 있는 부대설비(되돌림관·수막 등)를 한 때에는 그러하지 아니하다.
2. 가열·냉각설비 등의 온도측정장치 - 위험물을 가열하거나 냉각하는 설비 또는 위험물의 취급에 수반하여 온도변화가 생기는 설비에는 온도측정장치를 설치하여야 한다.
3. 가열건조설비 - 위험물을 가열 또는 건조하는 설비는 직접 불을 사용하지 아니하는 구조로 하여야 한다. 다만, 해당 설비가 방화상 안전한 장소에 설치되어 있거나 화재를 방지할 수 있는 부대설비를 한 때에는 그러하지 아니하다.
4. 압력계 및 안전장치 - 위험물을 가압하는 설비 또는 그 취급하는 위험물의 압력이 상승할 우려가 있는 설비에는 압력계 및 다음 각목의 1에 해당하는 안전장치를 설치하여야 한다. 다만, 라목의 파괴판은 위험물의 성질에 따라 안전밸브의 작동이 곤란한 가압설비에 한한다.
   가. 자동적으로 압력의 상승을 정지시키는 장치   나. 감압측에 안전밸브를 부착한 감압밸브
   다. 안전밸브를 병용하는 경보장치   라. 파괴판
5. 전기설비 - 제조소에 설치하는 전기설비는「전기사업법」에 의한 전기설비기술기준에 의하여야 한다.
6. 정전기 제거설비 - 위험물을 취급함에 있어서 정전기가 발생할 우려가 있는 설비에는 다음 각목의 1에 해당하는 방법으로 정전기를 유효하게 제거할 수 있는 설비를 설치하여야 한다.
   가. 접지에 의한 방법
   나. 공기 중의 상대습도를 70% 이상으로 하는 방법
   다. 공기를 이온화하는 방법
7. 피뢰설비 - 지정수량의 10배 이상의 위험물을 취급하는 제조소(제6류 위험물을 취급하는 위험물제조소를 제외한다)에는 피뢰침(「산업표준화법」제12조에 따른 한국산업표준 중 피뢰설비 표준에 적합한 것을 말한다. 이하 같다)을 설치하여야 한다. 다만, 제조소의 주위의 상황에 따라 안전상 지장이 없는 경우에는 피뢰침을 설치하지 아니할 수 있다.
8. 전동기 등 - 전동기 및 위험물을 취급하는 설비의 펌프·밸브·스위치 등은 화재예방상 지장이 없는 위치에 부착하여야 한다.

Ⅸ. 위험물취급탱크

1. 위험물제조소의 옥외에 있는 위험물취급탱크(용량이 지정수량의 1/5 미만인 것을 제외한다)는 다음 각목의 기준에 의하여 설치하여야 한다.
   가. 옥외에 있는 위험물취급탱크의 구조 및 설비는 별표 6 Ⅵ제1호(특정옥외저장탱크 및 준특정옥외저장탱크와 관련되는 부분을 제외한다)·제3호 내지 제9호·제11호 내지 제14호 및 ⅩⅣ의 규정에 의한 옥외탱크저장소의 탱크의 구조 및 설비의 기준을 준용할 것
   나. 옥외에 있는 위험물취급탱크로서 액체위험물(이황화탄소를 제외한다)을 취급하는 것의 주위에는 다음의 기준에 의하여 방유제를 설치할 것
      (1) 하나의 취급탱크 주위에 설치하는 방유제의 용량은 해당 탱크용량의 50% 이상으로 하고, 2 이상의 취급탱크 주위에 하나의 방유제를 설치하는 경우 그 방유제의 용량은 해당 탱크중 용량이 최대인 것의 50%에 나머지 탱크용량 합계의 10%를 가산한 양 이상이 되게 할 것. 이 경우 방유제의 용량은 해당 방유제의 내용적에서 용량이 최대인 탱크 외의 탱크의 방유제 높이 이하 부분의 용적, 해당 방유제 내에 있는 모든 탱크의 지반면 이상 부분의 기초의 체적, 간막이 둑의 체적 및 해당 방유제 내에 있는 배관 등의 체적을 뺀 것으로 한다.
      (2) 방유제의 구조 및 설비는 별표 6 Ⅸ 제1호나목·사목·차목·카목 및 파목의 규정에 의한 옥외저장탱크의 방유제의 기준에 적합하게 할 것
2. 위험물제조소의 옥내에 있는 위험물취급탱크(용량이 지정수량의 1/5 미만인 것을 제외한다)는 다음 각목의 기준에 의하여 설치하여야 한다.
   가. 탱크의 구조 및 설비는 별표 7 Ⅰ 제1호마목 내지 자목 및 카목 내지 파목의 규정에 의한 옥내탱크저장소의 위험물을 저장 또는 취급하는 탱크의 구조 및 설비의 기준을 준용할 것
   나. 위험물취급탱크의 주위에는 턱(이하 "방유턱"이라 한다)을 설치하는 등 위험물이 누설된 경우에 그 유출을 방지하기 위한 조치를 할 것. 이 경우 해당 조치는 탱크에 수납하는 위험물의 양(하나의 방유턱안에 2 이상의 탱크가 있는 경우는 해당 탱크 중 실제로 수납하는 위험물의 양이 최대인 탱크의 양)을 전부 수용할 수 있도록 하여야 한다.
3. 위험물제조소의 지하에 있는 위험물취급탱크의 위치·구조 및 설비는 별표 8 Ⅰ(제5호·제11호 및 제14호를 제외한다), Ⅱ(Ⅰ제5호·제11호 및 제14호의 규정을 적용하도록 하는 부분을 제외한다) 또는 Ⅲ(Ⅰ제5호·제11호 및 제14호의 규정을 적용하도록 하는 부분을 제외한다)의 규정에 의한 지하탱크저장소의 위험물을 저장 또는 취급하는 탱크의 위치·구조 및 설비의 기준에 준하여 설치하여야 한다.

Ⅹ. 배 관

위험물제조소내의 위험물을 취급하는 배관은 다음 각호의 기준에 의하여 설치하여야 한다.

1. 배관의 재질은 강관 그 밖에 이와 유사한 금속성으로 하여야 한다. 다만, 다음 각 목의 기준에 적합한 경우에는 그러하지 아니하다.
   가. 배관의 재질은 한국산업규격의 유리섬유강화플라스틱·고밀도폴리에틸렌 또는 폴리우레탄으로 할 것
   나. 배관의 구조는 내관 및 외관의 이중으로 하고, 내관과 외관의 사이에는 틈새공간을 두어 누설여부를 외부에서 쉽게 확인할 수 있도록 할 것 다만, 배관의 재질이 취급하는 위험물에 의해 쉽게 열화될 우려가 없는 경우에는 그러하지 아니하다.
   다. 국내 또는 국외의 관련 공인시험기관으로부터 안전성에 대한 시험 또는 인증을 받을 것
   라. 배관은 지하에 매설할 것. 다만, 화재 등 열에 의하여 쉽게 변형될 우려가 없는 재질이거나 화재 등 열에 의한 악영향을 받을 우려가 없는 장소에 설치되는 경우에는 그러하지 아니하다.
2. 배관에 걸리는 최대상용압력의 1.5배 이상의 압력으로 수압시험(불연성의 액체 또는 기체를 이용하여 실시하는

시험을 포함한다)을 실시하여 누설 그 밖의 이상이 없는 것으로 하여야 한다.
3. 배관을 지상에 설치하는 경우에는 지진·풍압·지반침하 및 온도변화에 안전한 구조의 지지물에 설치하되, 지면에 닿지 아니하도록 하고 배관의 외면에 부식방지를 위한 도장을 하여야 한다. 다만, 불변강관 또는 부식의 우려가 없는 재질의 배관의 경우에는 부식방지를 위한 도장을 아니할 수 있다.
4. 배관을 지하에 매설하는 경우에는 다음 각목의 기준에 적합하게 하여야 한다.
   가. 금속성 배관의 외면에는 부식방지를 위하여 도복장·코팅 또는 전기방식 등의 필요한 조치를 할 것
   나. 배관의 접합부분(용접에 의한 접합부 또는 위험물의 누설의 우려가 없다고 인정되는 방법에 의하여 접합된 부분을 제외한다)에는 위험물의 누설여부를 점검할 수 있는 점검구를 설치할 것
   다. 지면에 미치는 중량이 해당 배관에 미치지 아니하도록 보호할 것
5. 배관에 가열 또는 보온을 위한 설비를 설치하는 경우에는 화재예방상 안전한 구조로 하여야 한다.

XI. 고인화점 위험물의 제조소의 특례

인화점이 100℃ 이상인 제4류 위험물(이하 "고인화점위험물"이라 한다)만을 100℃ 미만의 온도에서 취급하는 제조소로서 그 위치 및 구조가 다음 각호의 기준에 모두 적합한 제조소에 대하여는 Ⅰ, Ⅱ, Ⅳ제1호, Ⅳ제3호 내지 제5호, Ⅷ제6호·제7호 및 Ⅸ제1호나목2)에 의하여 준용되는 별표 6 Ⅸ 제1호나목의 규정을 적용하지 아니한다.

1. 다음 각목의 규정에 의한 건축물의 외벽 또는 이에 상당하는 공작물의 외측으로부터 해당 제조소의 외벽 또는 이에 상당하는 공작물의 외측까지의 사이에 다음 각목의 규정에 의한 안전거리를 두어야 한다. 다만, 가목 내지 다목의 규정에 의한 건축물 등에 부표의 기준에 의하여 불연재료로 된 방화상 유효한 담 또는 벽을 설치하여 소방본부장 또는 소방서장이 안전하다고 인정하는 거리로 할 수 있다.
   가. 나목 내지 라목 외의 건축물 그 밖의 공작물로서 주거용으로 제공하는 것(제조소가 있는 부지와 동일한 부지 내에 있는 것을 제외한다)에 있어서는 10m 이상
   나. Ⅰ제1호나목 1) 내지 4)의 규정에 의한 시설에 있어서는 30m 이상
   다. 「문화재보호법」의 규정에 의한 유형문화재와 기념물 중 지정문화재에 있어서는 50m 이상
   라. Ⅰ제1호라목 1) 내지 5)의 규정에 의한 시설(불활성 가스만을 저장 또는 취급하는 것을 제외한다)에 있어서는 20m 이상
2. 위험물을 취급하는 건축물 그 밖의 공작물(위험물을 이송하기 위한 배관 그 밖에 이에 준하는 공작물을 제외한다)의 주위에 3m 이상의 너비의 공지를 보유하여야 한다. 다만, Ⅱ제2호 각목의 규정에 따라 방화상 유효한 격벽을 설치하는 경우에는 그러하지 아니하다.
3. 위험물을 취급하는 건축물은 그 지붕을 불연재료로 하여야 한다.
4. 위험물을 취급하는 건축물의 창 및 출입구에는 을종방화문·갑종방화문 또는 불연재료나 유리로 만든 문을 달고, 연소의 우려가 있는 외벽에 두는 출입구에는 수시로 열 수 있는 자동폐쇄식의 갑종방화문을 설치하여야 한다.
5. 위험물을 취급하는 건축물의 연소의 우려가 있는 외벽에 두는 출입구에 유리를 이용하는 경우에는 망입유리로 하여야 한다.

XII. 위험물의 성질에 따른 제조소의 특례

1. 다음 각목의 1에 해당하는 위험물을 취급하는 제조소에 있어서는 Ⅰ 내지 제Ⅷ의 규정에 의한 기준에 의하는 외에 해당 위험물의 성질에 따라 제2호 내지 제4호의 기준에 의하여야 한다.
   가. 제3류 위험물 중 알킬알루미늄·알킬리튬 또는 이중 어느 하나 이상을 함유하는 것(이하 "알킬알루미늄등"이라 한다)
   나. 제4류 위험물 중 특수인화물의 아세트알데히드·산화프로필렌 또는 이중 어느 하나 이상을 함유하는 것(이하 "아세트알데히드등"이라 한다)
   다. 제5류 위험물 중 히드록실아민·히드록실아민염류 또는 이중 어느 하나 이상을 함유하는 것(이하 "히드록실

아민등"이라 한다)
2. 알킬알루미늄등을 취급하는 제조소의 특례는 다음 각목과 같다.
    가. 알킬알루미늄등을 취급하는 설비의 주위에는 누설범위를 국한하기 위한 설비와 누설된 알킬알루미늄등을 안전한 장소에 설치된 저장실에 유입시킬 수 있는 설비를 갖출 것
    나. 알킬알루미늄등을 취급하는 설비에는 불활성기체를 봉입하는 장치를 갖출 것
3. 아세트알데히드등을 취급하는 제조소의 특례는 다음 각목과 같다.
    가. 아세트알데히드등을 취급하는 설비는 은·수은·동·마그네슘 또는 이들을 성분으로 하는 합금으로 만들지 아니할 것
    나. 아세트알데히드등을 취급하는 설비에는 연소성 혼합기체의 생성에 의한 폭발을 방지하기 위한 불활성기체 또는 수증기를 봉입하는 장치를 갖출 것
    다. 아세트알데히드등을 취급하는 탱크(옥외에 있는 탱크 또는 옥내에 있는 탱크로서 그 용량이 지정수량의 1/5 미만의 것을 제외한다)에는 냉각장치 또는 저온을 유지하기 위한 장치(이하 "보냉장치"라 한다) 및 연소성 혼합기체의 생성에 의한 폭발을 방지하기 위한 불활성기체를 봉입하는 장치를 갖출 것. 다만, 지하에 있는 탱크가 아세트알데히드등의 온도를 저온으로 유지할 수 있는 구조인 경우에는 냉각장치 및 보냉장치를 갖추지 아니할 수 있다.
    라. 다목의 규정에 의한 냉각장치 또는 보냉장치는 2 이상 설치하여 하나의 냉각장치 또는 보냉장치가 고장난 때에도 일정 온도를 유지할 수 있도록 하고, 다음의 기준에 적합한 비상전원을 갖출 것
        (1) 상용전력원이 고장인 경우에 자동으로 비상전원으로 전환되어 가동되도록 할 것
        (2) 비상전원의 용량은 냉각장치 또는 보냉장치를 유효하게 작동할 수 있는 정도일 것
    마. 아세트알데히드등을 취급하는 탱크를 지하에 매설하는 경우에는 Ⅸ제3호의 규정에 따라 적용되는 별표 8 Ⅰ제1호 단서의 규정에 불구하고 해당 탱크를 탱크전용실에 설치할 것
4. 히드록실아민 등을 취급하는 제조소의 특례는 다음 각목과 같다.
    가. Ⅰ제1호가목부터 라목까지의 규정에도 불구하고 지정수량 이상의 히드록실아민등을 취급하는 제조소의 위치는 Ⅰ제1호가목부터 라목까지의 규정에 의한 건축물의 벽 또는 이에 상당하는 공작물의 외측으로부터 해당 제조소의 외벽 또는 이에 상당하는 공작물의 외측까지의 사이에 다음 식에 의하여 요구되는 거리 이상의 안전거리를 둘 것

$$D = 51.1\sqrt[3]{N}$$

   D: 거리(m) N: 해당 제조소에서 취급하는 히드록실아민등의 지정수량의 배수

    나. 가목의 제조소의 주위에는 다음에 정하는 기준에 적합한 담 또는 토제(土堤)를 설치할 것
        (1) 담 또는 토제는 해당 제조소의 외벽 또는 이에 상당하는 공작물의 외측으로부터 2m 이상 떨어진 장소에 설치할 것
        (2) 담 또는 토제의 높이는 해당 제조소에 있어서 히드록실아민등을 취급하는 부분의 높이 이상으로 할 것
        (3) 담은 두께 15cm 이상의 철근콘크리트조·철골철근콘크리트조 또는 두께 20cm 이상의 보강콘크리트블록조로 할 것
        (4) 토제의 경사면의 경사도는 60℃ 미만으로 할 것
    다. 히드록실아민등을 취급하는 설비에는 히드록실아민등의 온도 및 농도의 상승에 의한 위험한 반응을 방지하기 위한 조치를 강구할 것
    라. 히드록실아민등을 취급하는 설비에는 철이온 등의 혼입에 의한 위험한 반응을 방지하기 위한 조치를 강구할 것

[규칙 별표 4의 부표] **제조소등의 안전거리의 단축기준**(별표 4관련)

1. 방화상 유효한 담을 설치한 경우의 안전거리는 다음 표와 같다. (단위: m)

구 분	취급하는 위험물의 최대수량 (지정수량의 배수)	안전거리(이상)		
		주거용 건축물	학교·유치원등	문화재
제조소·일반취급소(취급하는 위험물의 양이 주거지역에 있어서는 30배, 상업지역에 있어서는 35배, 공업지역에 있어서는 50배 이상인 것을 제외한다)	10배 미만	6.5	20.0	35.0
	10배 이상	7.0	22.0	38.0
옥내저장소(취급하는 위험물의 양이 주거지역에 있어서는 지정수량의 120배, 상업지역에 있어서는 150배, 공업지역에 있어서는 200배 이상인 것을 제외한다)	5배 미만	4.0	12.0	23.0
	5배 이상 10배 미만	4.5	12.0	23.0
	10배 이상 20배 미만	5.0	14.0	26.0
	20배 이상 50배 미만	6.0	18.0	32.0
	50배 이상 200배 미만	7.0	22.0	38.0
옥외탱크저장소(취급하는 위험물의 양이 주거지역에 있어서는 지정수량의 600배, 상업지역에 있어서는 700배, 공업지역에 있어서는 1,000배 이상인 것을 제외한다)	500배 미만	6.0	18.0	32.0
	500배 이상 1,000배 미만	7.0	22.0	38.0
옥외저장소(취급하는 위험물의 양이 주거지역에 있어서는 지정수량의 10배, 상업지역에 있어서는 15배, 공업지역에 있어서는 20배 이상인 것을 제외한다)	10배 미만	6.0	18.0	32.0
	10배 이상 20배 미만	8.5	25.0	44.0

2. 방화상 유효한 담의 높이는 다음에 의하여 산정한 높이 이상으로 한다.

   가. $H \leq pD^2 + a$ 인 경우 $h = 2$
   나. $H > pD^2 + a$ 인 경우 $h = H - p(D^2 + d^2)$
   다. 가목 및 나목에서 D, H, a, d, h 및 p는 다음과 같다.

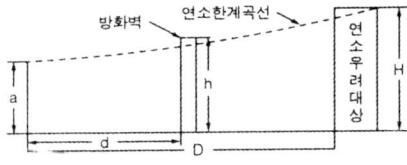

D : 제조소등과 인근 건축물 또는 공작물과의 거리(m)
H : 인근 건축물 또는 공작물의 높이(m)
a : 제조소등의 외벽의 높이(m)
d : 제조소등과 방화상 유효한 담과의 거리(m)
h : 방화상 유효한 담의 높이(m)
p : 상수

구분	제조소등의 높이(a)	비 고
제조소·일반취급소·옥내저장소	(그림)	벽체가 내화구조로 되어 있고, 인접축에 면한 개구부가 없거나, 개구부에 갑종방화문이 있는 경우
	(그림)	벽체가 내화구조이고, 개구부에 갑종방화문이 없는 경우
	a = 0	벽체가 내화구조외의 것으로 된 경우

		옮겨 담는 작업장 그 밖의 공작물
옥외탱크 저장소		옥외에 있는 종형탱크
		옥외에 있는 횡형탱크. 다만, 탱크내의 증기를 상부로 방출하는 구조로 된 것은 탱크의 최상단까지의 높이로 한다.
옥외 저장소		

인근 건축물 또는 공작물의 구분	P의 값
• 학교·주택·문화재 등이 건축물 또는 공작물이 목조인 경우 • 학교·주택·문화재 등의 건축물 또는 공작물이 방화구조 또는 내화구조이고, 제조소등에 면한 부분의 개구부에 방화문이 설치되지 아니한 경우	0.04
• 학교·주택·문화재 등의 건축물 또는 공작물이 방화구조인 경우 • 학교·주택·문화재 등의 건축물 또는 공작물이 방화구조 또는 내화구조이고, 제조소등에 면한 부분의 개구부에 을종방화문이 설치된 경우	0.15
• 학교·주택·문화재 등의 건축물 또는 공작물이 내화구조이고, 제조소등에 면한 개구부에 갑종방화문이 설치된 경우	∞

    라. 가목 내지 다목에 의하여 산출된 수치가 2 미만일 때에는 벽의 높이를 2m로, 4 이상일 때에는 담의 높이를 4m로 하되, 다음의 소화설비를 보강하여야 한다.
      (1) 해당 제조소등의 소형소화기 설치대상인 것에 있어서는 대형소화기를 1개 이상 증설을 할 것
      (2) 해당 제조소등이 대형소화기 설치대상인 것에 있어서는 대형소화기 대신 옥내소화전설비·옥외소화전설비·스프링클러설비·물분무소화설비·포소화설비·불활성가스소화설비·할로겐화물소화설비·분말소화설비 중 적응소화설비를 설치할 것
      (3) 해당 제조소등이 옥내소화전설비·옥외소화전설비·스프링클러설비·물분무소화설비·포소화설비·불활성가스소화설비·할로겐화물소화설비 또는 분말소화설비 설치대상인 것에 있어서는 반경 30m마다 대형소화기 1개 이상을 증설할 것

3. 방화상 유효한 담의 길이는 제조소등의 외벽의 양단(a1, a2)을 중심으로 I 제1호 각목에 정한 인근 건축물 또는 공작물(이 호에서 "인근 건축물등"이라 한다)에 따른 안전거리를 반지름으로 한 원을 그려서 해당 원의 내부에 들어오는 인근 건축물등의 부분 중 최외측 양단(p1, p2)을 구한 다음, a1과 p1을 연결한 선분(ℓ1)과 a2와 p2를 연결한 선분(ℓ2) 상호간의 간격(L)으로 한다.

4. 방화상 유효한 담은 제조소등으로부터 5m 미만의 거리에 설치하는 경우에는 내화구조로, 5m 이상의 거리에 설치하는 경우에는 불연재료로 하고, 제조소등의 벽을 높게 하여 방화상 유효한 담을 갈음하는 경우에는 그 벽을 내화구조로 하고 개구부를 설치하여서는 아니 된다.

[규칙 별표 5]

옥내저장소의 위치·구조 및 설비의 기준(제29조관련)

I. 옥내저장소의 기준 (II 및 III의 규정에 의한 것을 제외한다)

1. 옥내저장소는 별표 4 I의 규정에 준하여 안전거리를 두어야 한다. 다만, 다음 각목의 1에 해당하는 옥내저장소는 안전거리를 두지 아니할 수 있다.
   가. 제4석유류 또는 동식물유류의 위험물을 저장 또는 취급하는 옥내저장소로서 그 최대수량이 지정수량의 20배 미만인 것
   나. 제6류 위험물을 저장 또는 취급하는 옥내저장소
   다. 지정수량의 20배(하나의 저장창고의 바닥면적이 150m² 이하인 경우에는 50배) 이하의 위험물을 저장 또는 취급하는 옥내저장소로서 다음의 기준에 적합한 것
      (1) 저장창고의 벽·기둥·바닥·보 및 지붕이 내화구조일 것
      (2) 저장창고의 출입구에 수시로 열 수 있는 자동폐쇄방식의 갑종방화문이 설치되어 있을 것
      (3) 저장창고에 창이 설치하지 아니할 것
2. 옥내저장소의 주위에는 그 저장 또는 취급하는 위험물의 최대수량에 따라 다음 표에 의한 너비의 공지를 보유하여야 한다. 다만, 지정수량의 20배를 초과하는 옥내저장소와 동일한 부지내에 있는 다른 옥내저장소와의 사이에는 동표에 정하는 공지의 너비의 1/3(해당 수치가 3m 미만인 경우에는 3m)의 공지를 보유할 수 있다.

저장 또는 취급하는 위험물의 최대수량	공지의 너비	
	벽·기둥 및 바닥이 내화구조로 된 건축물	그 밖의 건축물
지정수량의 5배 이하		0.5m 이상
지정수량의 5배 초과 10배 이하	1m 이상	1.5m 이상
지정수량의 10배 초과 20배 이하	2m 이상	3m 이상
지정수량의 20배 초과 50배 이하	3m 이상	5m 이상
지정수량의 50배 초과 200배 이하	5m 이상	10m 이상
지정수량의 200배 초과	10m 이상	15m 이상

3. 옥내저장소에는 별표 4 III제1호의 기준에 따라 보기 쉬운 곳에 "위험물 옥내저장소"라는 표시를 한 표지와 동표 III제2호의 기준에 따라 방화에 관하여 필요한 사항을 게시한 게시판을 설치하여야 한다.
4. 저장창고는 위험물의 저장을 전용으로 하는 독립된 건축물로 하여야 한다.
5. 저장창고는 지면에서 처마까지의 높이(이하 "처마높이"라 한다)가 6m 미만인 단층건물로 하고 그 바닥을 지반면보다 높게 하여야 한다. 다만, 제2류 또는 제4류의 위험물만을 저장하는 창고로서 다음 각목의 기준에 적합한 창고의 경우에는 20m 이하로 할 수 있다.
   가. 벽·기둥·보 및 바닥을 내화구조로 할 것   나. 출입구에 갑종방화문을 설치할 것
   다. 피뢰침을 설치할 것. 다만, 주위상황에 의하여 안전상 지장이 없는 경우에는 그러하지 아니하다.
6. 하나의 저장창고의 바닥면적(2 이상의 구획된 실이 있는 경우에는 각 실의 바닥면적의 합계)은 다음 각목의 구분에 의한 면적 이하로 하여야 한다. 이 경우 가목의 위험물과 나목의 위험물을 같은 저장창고에 저장하는 때에는 가목의 위험물을 저장하는 것으로 보아 그에 따른 바닥면적을 적용한다.
   가. 다음의 위험물을 저장하는 창고: 1,000m²
      1) 제1류 위험물 중 아염소산염류, 염소산염류, 과염소산염류, 무기과산화물 그 밖에 지정수량이 50kg인

위험물

    2) <u>제3류 위험물 중 칼륨, 나트륨, 알킬알루미늄, 알킬리튬 그밖에 지정수량이 10kg인 위험물</u> 및 황린

    3) 제4류 위험물 중 특수인화물, 제1석유류 및 알코올류

    4) 제5류 위험물 중 유기과산화물, 질산에스테르류 그 밖에 지정수량이 10kg인 위험물

    5) <u>제6류 위험물</u>

  나. 가목의 위험물 외의 위험물을 저장하는 창고: $2,000m^2$

  다. 가목의 위험물과 나목의 위험물을 내화구조의 격벽으로 완전히 구획된 실에 각각 저장하는 창고: $1,500m^2$ (가목의 위험물을 저장하는 실의 면적은 $500m^2$를 초과할 수 없다)

7. 저장창고의 벽·기둥 및 바닥은 내화구조로 하고, 보와 서까래는 불연재료로 하여야 한다. 다만, 지정수량의 10배 이하의 위험물의 저장창고 또는 제2류와 제4류의 위험물(인화성고체 및 인화점이 70℃ 미만인 제4류 위험물을 제외한다)만의 저장창고에 있어서는 연소의 우려가 없는 벽·기둥 및 바닥은 불연재료로 할 수 있다.

8. 저장창고는 지붕을 폭발력이 위로 방출될 정도의 <u>가벼운 불연재료</u>로 하고, 천장을 만들지 아니하여야 한다. 다만, 제2류 위험물(분상의 것과 인화성고체를 제외한다)과 제6류 위험물만의 저장창고에 있어서는 지붕을 내화구조로 할 수 있고, 제5류 위험물만의 저장창고에 있어서는 해당 저장창고내의 온도를 저온으로 유지하기 위하여 난연재료 또는 불연재료로 된 천장을 설치할 수 있다.

9. 저장창고의 출입구에는 갑종방화문 또는 을종방화문을 설치하되, 연소의 우려가 있는 외벽에 있는 출입구에는 수시로 열 수 있는 자동폐쇄식의 갑종방화문을 설치하여야 한다.

10. 저장창고의 창 또는 출입구에 유리를 이용하는 경우에는 망입유리로 하여야 한다.

11. 제1류 위험물 중 알칼리금속의 과산화물 또는 이를 함유하는 것, 제2류 위험물 중 철분·금속분·마그네슘 또는 이중 어느 하나 이상을 함유하는 것, 제3류 위험물 중 금수성물질 또는 제4류 위험물의 저장창고의 바닥은 물이 스며 나오거나 스며들지 아니하는 구조로 하여야 한다.

12. 액상의 위험물의 저장창고의 바닥은 위험물이 스며들지 아니하는 구조로 하고, 적당하게 경사지게 하여 그 최저부에 집유설비를 하여야 한다.

13. 저장창고에 선반 등의 수납장을 설치하는 경우에는 다음 각목의 기준에 적합하게 하여야 한다.

  가. 수납장은 불연재료로 만들어 견고한 기초위에 고정할 것

  나. 수납장은 해당 수납장 및 그 부속설비의 자중, 저장하는 위험물의 중량 등의 하중에 의하여 생기는 응력에 대하여 안전한 것으로 할 것

  다. 수납장에는 위험물을 수납한 용기가 쉽게 떨어지지 아니하게 하는 조치를 할 것

14. 저장창고에는 별표 4 Ⅴ 및 Ⅵ의 규정에 준하여 채광·조명 및 환기의 설비를 갖추어야 하고, 인화점이 70℃ 미만인 위험물의 저장창고에 있어서는 내부에 체류한 가연성의 증기를 지붕 위로 배출하는 설비를 갖추어야 한다.

15. 저장창고에 설치하는 전기설비는 「전기사업법」에 의한 전기설비기술기준에 의하여야 한다.

16. 지정수량의 10배 이상의 저장창고(제6류 위험물의 저장창고를 제외한다)에는 피뢰침을 설치하여야 한다. 다만, 저장창고의 주위의 상황에 따라 안전상 지장이 없는 경우에는 피뢰침을 설치하지 아니할 수 있다.

17. 제5류 위험물 중 셀룰로이드 그 밖에 온도의 상승에 의하여 분해·발화할 우려가 있는 것의 저장창고는 해당 위험물이 발화하는 온도에 달하지 아니하는 온도를 유지하는 구조로 하거나 다음 각목의 기준에 적합한 비상전원을 갖춘 통풍장치 또는 냉방장치 등의 설비를 2 이상 설치하여야 한다.

  가. 상용전력원이 고장인 경우에 자동으로 비상전원으로 전환되어 가동되도록 할 것

  나. 비상전원의 용량은 통풍장치 또는 냉방장치 등의 설비를 유효하게 작동할 수 있는 정도일 것

Ⅱ. 다층건물의 옥내저장소의 기준

옥내저장소중 제2류 또는 제4류의 위험물(인화성고체 및 인화점이 70℃ 미만인 제4류 위험물을 제외한다)만을 저장

또는 취급하는 저장창고가 다층건물인 옥내저장소의 위치·구조 및 설비의 기술기준은 Ⅰ제1호 내지 제4호 및 제8호 내지 제16호의 규정에 의하는 외에 다음 각호의 기준에 의하여야 한다.

1. 저장창고는 각층의 바닥을 지면보다 높게 하고, 바닥면으로부터 상층의 바닥(상층이 없는 경우에는 처마)까지의 높이(이하 "층고"라 한다)를 6m 미만으로 하여야 한다.
2. 하나의 저장창고의 바닥면적 합계는 1,000m² 이하로 하여야 한다.
3. 저장창고의 벽·기둥·바닥 및 보를 내화구조로 하고, 계단을 불연재료로 하며, 연소의 우려가 있는 외벽은 출입구 외의 개구부를 갖지 아니하는 벽으로 하여야 한다.
4. 2층 이상의 층의 바닥에는 개구부를 두지 아니하여야 한다. 다만, 내화구조의 벽과 갑종방화문 또는 을종방화문으로 구획된 계단실에 있어서는 그러하지 아니하다.

Ⅲ. 복합용도 건축물의 옥내저장소의 기준

옥내저장소 중 지정수량의 20배 이하의 것(옥내저장소 외의 용도로 사용하는 부분이 있는 건축물에 설치하는 것에 한한다)의 위치·구조 및 설비의 기술기준은 Ⅰ제3호, 제11호 내지 제17호의 규정에 의하는 외에 다음 각 호의 기준에 의하여야 한다.

1. 옥내저장소는 벽·기둥·바닥 및 보가 내화구조인 건축물의 1층 또는 2층의 어느 하나의 층에 설치하여야 한다.
2. 옥내저장소의 용도에 사용되는 부분의 바닥은 지면보다 높게 설치하고 그 층고를 6m 미만으로 하여야 한다.
3. 옥내저장소의 용도에 사용되는 부분의 바닥면적은 75m² 이하로 하여야 한다.
4. 옥내저장소의 용도에 사용되는 부분은 벽·기둥·바닥·보 및 지붕(상층이 있는 경우에는 상층의 바닥)을 내화구조로 하고, 출입구 외의 개구부가 없는 두께 70mm 이상의 철근콘크리트조 또는 이와 동등 이상의 강도가 있는 구조의 바닥 또는 벽으로 해당 건축물의 다른 부분과 구획되도록 하여야 한다.
5. 옥내저장소의 용도에 사용되는 부분의 출입구에는 수시로 열 수 있는 자동폐쇄방식의 갑종방화문을 설치하여야 한다.
6. 옥내저장소의 용도에 사용되는 부분에는 창을 설치하지 아니하여야 한다.
7. 옥내저장소의 용도에 사용되는 부분의 환기설비 및 배출설비에는 방화상 유효한 댐퍼 등을 설치하여야 한다.

Ⅳ. 소규모 옥내저장소의 특례

1. 지정수량의 50배 이하인 소규모의 옥내저장소 중 저장창고의 처마높이가 6m 미만인 것으로서 저장창고가 다음 각목에 정하는 기준에 적합한 것에 대하여는 Ⅰ제1호·제2호 및 제6호 내지 제9호의 규정은 적용하지 아니한다.
    가. 저장창고의 주위에는 다음 표에 정하는 너비의 공지를 보유할 것

저장 또는 취급하는 위험물의 최대수량	공지의 너비
지정수량의 5배 이하	
지정수량의 5배 초과 20배 이하	1m 이상
지정수량의 20배 초과 50배 이하	2m 이상

    나. 하나의 저장창고 바닥면적은 150m² 이하로 할 것
    다. 저장창고는 벽·기둥·바닥·보 및 지붕을 내화구조로 할 것
    라. 저장창고의 출입구에는 수시로 개방할 수 있는 자동폐쇄방식의 갑종방화문을 설치할 것
    마. 저장창고에는 창을 설치하지 아니할 것
2. 지정수량의 50배 이하인 소규모의 옥내저장소 중 저장창고의 처마높이가 6m 이상인 것으로서 저장창고가 제1호나목 내지 마목의 규정에 의한 기준에 적합한 것에 대하여는 Ⅰ제1호 및 제6호 내지 제9호의 규정은 적용하지 아니한다.

Ⅴ. 고인화점 위험물의 단층건물 옥내저장소의 특례

1. 고인화점 위험물만을 저장 또는 취급하는 단층건물의 옥내저장소 중 저장창고의 처마높이가 6m 미만인 것으로

서 위치 및 구조가 다음 각목의 규정에 적합한 것은 Ⅰ제1호·제2호·제8호 내지 제10호 및 제16호의 규정은 적용하지 아니한다.

가. 지정수량의 20배를 초과하는 옥내저장소에 있어서는 별표 4 제1호의 규정에 준하여 안전거리를 둘 것
나. 저장창고의 주위에는 다음 표에 정하는 너비의 공지를 보유할 것

저장 또는 취급하는 위험물의 최대수량	공지의 너비	
	해당 건축물의 벽·기둥 및 바닥이 내화구조로 된 경우	왼쪽란에 정하는 경우 외의 경우
20배 이하		0.5m 이상
20배 초과 50배 이하	1m 이상	1.5m 이상
50배 초과 200배 이하	2m 이상	3m 이상
200배 초과	3m 이상	5m 이상

다. 저장창고는 지붕을 불연재료로 할 것
라. 저장창고의 창 및 출입구에는 방화문 또는 불연재료나 유리로 된 문을 달고, 연소의 우려가 있는 외벽에 두는 출입구에는 수시로 열 수 있는 자동폐쇄방식의 갑종방화문을 설치할 것
마. 저장창고의 연소의 우려가 있는 외벽에 설치하는 출입구에 유리를 이용하는 경우에는 망입유리로 할 것

2. 고인화점 위험물만을 저장 또는 취급하는 단층건물의 옥내저장소 중 저장창고의 처마높이가 6m 이상인 것으로서 위치가 제1호가목의 규정에 의한 기준에 적합한 것은 Ⅰ제1호의 규정은 적용하지 아니한다.

Ⅵ. 고인화점 위험물의 다층건물 옥내저장소의 특례

1. 고인화점 위험물만을 저장 또는 취급하는 다층건물의 옥내저장소 중 그 위치 및 구조가 다음 각목의 규정에 의한 기준에 적합한 것에 대하여는 Ⅰ제1호·제2호·제8호 내지 제10호 및 제16호와 Ⅱ제3호의 규정은 적용하지 아니한다.

   가. Ⅴ제1호 각목의 기준에 적합할 것
   나. 저장창고는 벽·기둥·바닥·보 및 계단을 불연재료로 만들고, 연소의 우려가 있는 외벽은 출입구 외의 개구부가 없는 내화구조의 벽으로 할 것

Ⅶ. 고인화점 위험물의 소규모 옥내저장소의 특례

1. 고인화점 위험물만을 지정수량의 50배 이하로 저장 또는 취급하는 옥내저장소 중 저장창고의 처마높이가 6m 미만인 것으로서 Ⅳ제1호나목 내지 마목의 규정에 의한 기준에 적합한 것에 대하여는 Ⅰ제1호·제2호·제6호 내지 제9호 및 제16호의 규정은 적용하지 아니한다.

2. 고인화점 위험물만을 지정수량의 50배 이하로 저장 또는 취급하는 옥내저장소 중 처마높이가 6m 이상인 것으로서 저장창고가 Ⅳ제1호 각목의 규정에 의한 기준에 적합한 것에 대하여는 Ⅰ제1호·제2호 및 제6호 내지 제9호의 규정은 적용하지 아니한다.

Ⅷ. 위험물의 성질에 따른 옥내저장소의 특례

1. 다음 각목의 1에 해당하는 위험물을 저장 또는 취급하는 옥내저장소에 있어서는 Ⅰ 내지 Ⅳ의 규정에 의하되, 해당 위험물의 성질에 따라 강화되는 기준은 제2호 내지 제4호에 의하여야 한다.

   가. 제5류 위험물 중 유기과산화물 또는 이를 함유하는 것으로서 지정수량이 10kg인 것(이하 "지정과산화물"이라 한다)
   나. 알킬알루미늄 등   다. 히드록실아민 등

2. 지정과산화물을 저장 또는 취급하는 옥내저장소에 대하여 강화되는 기준은 다음 각목과 같다.
   가. 옥내저장소는 해당 옥내저장소의 외벽으로부터 별표 4 Ⅰ제1호 가목 내지 다목의 규정에 의한 건축물의 외

벽 또는 이에 상당하는 공작물의 외측까지의 사이에 부표 1에 정하는 안전거리를 두어야 한다.
나. 옥내저장소의 저장창고 주위에는 부표 2에 정하는 너비의 공지를 보유하여야 한다. 다만, 2 이상의 옥내저장소를 동일한 부지내에 인접하여 설치하는 때에는 해당 옥내저장소의 상호간 공지의 너비를 동표에 정하는 공지 너비의 2/3로 할 수 있다.
다. 옥내저장소의 저장창고의 기준은 다음과 같다.
　　1) 저장창고는 150㎡ 이내마다 격벽으로 완전하게 구획할 것. 이 경우 해당 격벽은 두께 30cm 이상의 철근콘크리트조 또는 철골철근콘크리트조로 하거나 두께 40cm 이상의 보강콘크리트블록조로 하고, 해당 저장창고의 양측의 외벽으로부터 1m 이상, 상부의 지붕으로부터 50cm 이상 돌출하게 하여야 한다.
　　2) 저장창고의 외벽은 두께 20cm 이상의 철근콘크리트조나 철골철근콘크리트조 또는 두께 30cm 이상의 보강콘크리트블록조로 할 것
　　3) 저장창고의 지붕은 다음 각목의 1에 적합할 것
　　　　가) 중도리 또는 서까래의 간격은 30cm 이하로 할 것
　　　　나) 지붕의 아래쪽 면에는 한 변의 길이가 45cm 이하의 환강(丸鋼)·경량형강(輕量型鋼) 등으로 된 강제(鋼製)의 격자를 설치할 것
　　　　다) 지붕의 아래쪽 면에 철망을 쳐서 불연재료의 도리·보 또는 서까래에 단단히 결합할 것
　　　　라) 두께 5cm 이상, 너비 30cm 이상의 목재로 만든 받침대를 설치할 것
　　4) 저장창고의 출입구에는 갑종방화문을 설치할 것
　　5) 저장창고의 창은 바닥면으로부터 2m 이상의 높이에 두되, 하나의 벽면에 두는 창의 면적의 합계를 해당 벽면의 면적의 1/80 이내로 하고, 하나의 창의 면적을 0.4㎡ 이내로 할 것
라. Ⅱ 내지 Ⅳ의 규정은 적용하지 아니한다.
3. 알킬알루미늄등을 저장 또는 취급하는 옥내저장소에 대하여 강화되는 기준은 다음 각목과 같다.
가. 옥내저장소에는 누설범위를 국한하기 위한 설비 및 누설한 알킬알루미늄등을 안전한 장소에 설치된 조(槽)로 끌어들일 수 있는 설비를 설치하여야 한다.
나. Ⅱ 내지 Ⅳ의 규정은 적용하지 아니한다.
4. 히드록실아민등을 저장 또는 취급하는 옥내저장소에 대하여 강화되는 기준은 히드록실아민등의 온도의 상승에 의한 위험한 반응을 방지하기 위한 조치를 강구하는 것으로 한다.

Ⅸ. 수출입 하역장소의 옥내저장소의 특례

「관세법」 제154조에 따른 보세구역, 「항만법」 제2조제1호에 따른 항만 또는 같은 조 제7호에 따른 항만배후단지 내에서 수출입을 위한 위험물을 저 상 또는 취급하는 옥내저장소 중 Ⅰ(제2호는 제외한다)의 규정에 적합한 것은 다음 표에 정하는 너비의 공지(공지)를 보유할 수 있다.

저장 또는 취급하는 위험물의 최대수량	공지의 너비	
	벽·기둥 및 바닥이 내화구조로 된 건축물	그 밖의 건축물
지정수량의 5배 이하		0.5m 이상
지정수량의 5배 초과 10배 이하	1m 이상	1.5m 이상
지정수량의 10배 초과 20배 이하	2m 이상	3m 이상
지정수량의 20배 초과 50 이하	3m 이상	3.3m 이상
지정수량의 5배 초과 20 이하	3.3m 이상	3.5m 이상
지정수량의 200배 초과	3.5 m 이상	5m 이상

[규칙 별표 5의 부표 1] **지정과산화물의 옥내저장소의 안전거리**(별표 5관련)

저장 또는 취급하는 위험물의 최대수량	안전거리(m)					
	별표 4 Ⅰ제1호가목에 정하는 것		별표 4 Ⅰ제1호나목에 정하는 것		별표 4 Ⅰ제1호다목에 정하는 것	
	저장창고의 주위에 비고 제1호에 정하는 담 또는 토제를 설치한 경우	왼쪽란에 정하는 경우 외의 경우	저장창고의 주위에 비고 제1호에 정하는 담 또는 토제를 설치한 경우	왼쪽란에 정하는 경우 외의 경우	저장창고의 주위에 비고 제1호에 정하는 담 또는 토제를 설치한 경우	왼쪽란에 정하는 경우 외의 경우
10배 이하	20m 이상	40m 이상	30m 이상	50m 이상	50m 이상	60m 이상
10배 초과 20배 이하	22m 이상	45m 이상	33m 이상	55m 이상	54m 이상	65m 이상
20배 초과 40배 이하	24m 이상	50m 이상	36m 이상	60m 이상	58m 이상	70m 이상
40배 초과 60배 이하	27m 이상	55m 이상	39m 이상	65m 이상	62m 이상	75m 이상
60배 초과 90배 이하	32m 이상	65m 이상	45m 이상	75m 이상	70m 이상	85m 이상
90배 초과 150배 이하	37m 이상	75m 이상	51m 이상	85m 이상	79m 이상	95m 이상
150배 초과 300배 이하	42m 이상	85m 이상	57m 이상	95m 이상	87m 이상	105m 이상
300배 초과	47m 이상	95m 이상	66m 이상	110m 이상	100m 이상	120m 이상

※ 비 고
1. 담 또는 토제는 다음 각목에 적합한 것으로 하여야 한다. 다만, 지정수량의 5배 이하인 지정과산화물의 옥내저장소에 대하여는 해당 옥내저장소의 저장창고의 외벽을 두께 30cm 이상의 철근콘크리트조 또는 철골철근콘크리트조로 만드는 것으로서 담 또는 토제에 대신할 수 있다.
   가. 담 또는 토제는 저장창고의 외벽으로부터 2m 이상 떨어진 장소에 설치할 것. 다만, 담 또는 토제와 해당 저장창고와의 간격은 해당 옥내저장소의 공지의 너비의 1/5을 초과할 수 없다.
   나. 담 또는 토제의 높이는 저장창고의 처마높이 이상으로 할 것
   다. 담은 두께 15cm 이상의 철근콘크리트조나 철골철근콘크리트조 또는 두께 20cm 이상의 보강콘크리트블록조로 할 것
   라. 토제의 경사면의 경사도는 60도 미만으로 할 것
2. 지정수량의 5배 이하인 지정과산화물의 옥내저장소에 해당 옥내저장소의 저장창고의 외벽을 제1호 단서의 규정에 의한 구조로 하고 주위에 제1호 각목 의 규정에 의한 담 또는 토제를 설치하는 때에는 별표 4 Ⅰ제1호가목에 정하는 건축물 등까지의 사이의 거리를 10m 이상으로 할 수 있다.

[규칙 별표 5의 부표 2] **지정과산화물의 옥내저장소의 보유공지**(별표 5관련)

저장 또는 취급하는 위험물의 최대수량	공지의 너비	
	저장창고의 주위에 비고 제1호에 담 또는 토제를 설치하는 경우	왼쪽란에 정하는 경우 외의 경우
5배 이하	3.0m 이상	10m 이상
5배 초과 10배 이하	5.0m 이상	15m 이상
10배 초과 20배 이하	6.5m 이상	20m 이상

20배 초과 40배 이하	8.0m 이상	25m 이상
40배 초과 60배 이하	10.0m 이상	30m 이상
60배 초과 90배 이하	11.5m 이상	35m 이상
90배 초과 150배 이하	13.0m 이상	40m 이상
150배 초과 300배 이하	15.0m 이상	45m 이상
300배 초과	16.5m 이상	50m 이상

※ 비 고
1. 담 또는 토제는 다음 각목에 적합한 것으로 하여야 한다. 다만, 지정수량의 5배 이하인 지정과산화물의 옥내저장소에 대하여는 해당 옥내저장소의 저장창고의 외벽을 두께 30cm 이상의 철근콘크리트조 또는 철골철근콘크리트조로 만드는 것으로서 담 또는 토제에 대신할 수 있다.
   가. 담 또는 토제는 저장창고의 외벽으로부터 2m 이상 떨어진 장소에 설치할 것. 다만, 담 또는 토제와 해당 저장창고와의 간격은 해당 옥내저장소의 공지의 너비의 1/5을 초과할 수 없다.
   나. 담 또는 토제의 높이는 저장창고의 처마높이 이상으로 할 것
   다. 담은 두께 15cm 이상의 철근콘크리트조나 철골철근콘크리트조 또는 두께 20cm 이상의 보강콘크리트블록조로 할 것
   라. 토제의 경사면의 경사도는 60도 미만으로 할 것
2. 지정수량의 5배 이하인 지정과산화물의 옥내저장소에 해당 옥내저장소의 저장창고의 외벽을 제1호 단서의 규정에 의한 구조로 하고 주위에 제1호각목 규정에 의한 담 또는 토제를 설치하는 때에는 그 공지의 너비를 2m 이상으로 할 수 있다.

[규칙 별표 6] 옥외탱크저장소의 위치·구조 및 설비의 기준(제30조관련)

Ⅰ. 안전거리

옥외저장탱크의 안전거리는 별표 4 Ⅰ을 준용한다.

Ⅱ. 보유공지

1. 옥외저장탱크(위험물을 이송하기 위한 배관 그 밖에 이에 준하는 공작물을 제외한다)의 주위에는 그 저장 또는 취급하는 위험물의 최대수량에 따라 옥외저장탱크의 측면으로부터 다음 표에 의한 너비의 공지를 보유하여야 한다.

저장 또는 취급하는 위험물의 최대수량	공지의 너비
지정수량의 500배 이하	3m 이상
지정수량의 500배 초과 1,000배 이하	5m 이상
지정수량의 1,000배 초과 2,000배 이하	9m 이상
지정수량의 2,000배 초과 3,000배 이하	12m 이상
지정수량의 3,000배 초과 4,000배 이하	15m 이상
지정수량의 4,000배 초과	해당 탱크의 수평단면의 최대지름(횡형인 경우에는 긴변)과 높이 중 큰 것과 같은 거리 이상. 다만, 30m 초과의 경우에는 30m 이상으로 할 수 있고, 15m 미만의 경우에는 15m 이상으로 하여야 한다.

2. 제6류 위험물 외의 위험물을 저장 또는 취급하는 옥외저장탱크(지정수량의 4,000배를 초과하여 저장 또는 취급

하는 옥외저장탱크를 제외한다)를 동일한 방유제안에 2개 이상 인접하여 설치하는 경우 그 인접하는 방향의 보유공지는 제1호의 규정에 의한 보유공지의 1/3 이상의 너비로 할 수 있다. 이 경우 보유공지의 너비는 3m 이상이 되어야 한다.
3. 제6류 위험물을 저장 또는 취급하는 옥외저장탱크는 제1호의 규정에 의한 보유공지의 1/3 이상의 너비로 할 수 있다. 이 경우 보유공지의 너비는 1.5m 이상이 되어야 한다.
4. 제6류 위험물을 저장 또는 취급하는 옥외저장탱크를 동일구내에 2개 이상 인접하여 설치하는 경우 그 인접하는 방향의 보유공지는 제3호의 규정에 따라 산출된 너비의 1/3 이상의 너비로 할 수 있다. 이 경우 보유공지의 너비는 1.5m 이상이 되어야 한다.
5. 제1호의 규정에 불구하고, 옥외저장탱크(이하 이 호에서 "공지단축 옥외저장탱크"라 한다)에 다음 각목의 기준에 적합한 물분무설비로 방호조치를 하는 경우에는 그 보유공지를 제1호의 규정에 의한 보유공지의 1/2 이상의 너비(최소 3m 이상)로 할 수 있다.
   가. 탱크의 표면에 방사하는 물의 양은 탱크의 15m 이하마다 원주길이 1m에 대하여 분당 37ℓ 이상으로 할 것
   나. 수원의 양은 가목의 규정에 의한 수량으로 20분 이상 방사할 수 있는 수량으로 할 것
   다. 탱크에 보강링이 설치된 경우에는 보강링의 아래에 분무헤드를 설치하되, 분무헤드는 탱크의 높이 및 구조를 고려하여 분무가 적정하게 이루어 질 수 있도록 배치할 것
   라. 물분무소화설비의 설치기준에 준할 것

Ⅲ. 표지 및 게시판

1. 옥외탱크저장소에는 별표 4 Ⅲ제1호의 기준에 따라 보기 쉬운 곳에 "위험물 옥외탱크저장소"라는 표시를 한 표지와 동표 Ⅲ제2호의 기준에 따라 방화에 관하여 필요한 사항을 게시한 게시판을 설치하여야 한다.
2. 탱크의 군(群)에 있어서는 제1호의 표지 및 게시판을 그 의미 전달에 지장이 없는 범위 안에서 보기 쉬운 곳에 일괄하여 설치할 수 있다. 이 경우 게시판과 각 탱크가 대응될 수 있도록 하는 조치를 강구하여야 한다.

Ⅳ. 특정옥외저장탱크의 기초 및 지반

1. 옥외탱크저장소 중 그 저장 또는 취급하는 액체위험물의 최대수량이 100만ℓ 이상의 것(이하 "특정옥외탱크저장소"라 한다)의 옥외저장탱크(이하 "특정옥외저장탱크"라 한다)의 기초 및 지반은 해당 기초 및 지반상에 설치하는 특정옥외저장탱크 및 그 부속설비의 자중, 저장하는 위험물의 중량 등의 하중(이하 "탱크하중"이라 한다)에 의하여 발생하는 응력에 대하여 안전한 것으로 하여야 한다.
2. 기초 및 지반은 다음 각목에 정하는 기준에 적합하여야 한다.
   가. 지반은 암반의 단층, 절토 및 성토에 걸쳐 있는 등 활동(滑動)을 일으킬 우려가 있는 경우가 아닐 것
   나. 지반은 다음의 1에 적합할 것
      1) 소방청장이 정하여 고시하는 범위내에 있는 지반이 표준관입시험(標準貫入試驗) 및 평판재하시험(平板載荷試驗)에 의하여 각각 표준관입시험치가 20 이상 및 평판재하시험치[5mm 침하시에 있어서의 시험치(K30치)로 한다. 제4호에서 같다]가 1m³당 100MN 이상의 값일 것
      2) 소방청장이 정하여 고시하는 범위내에 있는 지반이 다음의 기준에 적합할 것
         가) 탱크하중에 대한 지지력 계산에 있어서의 지지력안전율 및 침하량 계산에 있어서의 계산침하량이 소방청장이 정하여 고시하는 값일 것
         나) 기초(소방청장이 정하여 고시하는 것에 한한다. 이하 이 호에서 같다)의 표면으로부터 3m 이내의 기초직하의 지반부분이 기초와 동등 이상의 견고성이 있고, 지표면으로부터의 깊이가 15m까지의 지질(기초의 표면으로부터 3m 이내의 기초직하의 지반부분을 제외한다)이 소방청장이 정하여 고시하는 것 외의 것일 것

다) 점성토 지반은 압밀도시험에서, 사질토 지반은 표준관입시험에서 각각 압밀하중에 대하여 압밀도가 90%[미소한 침하가 장기간 계속되는 경우에는 10일간(이하 이 호에서 "미소침하측정기간"이라 한다) 계속하여 측정한 침하량의 합의 1일당 평균침하량이 침하의 측정을 개시한 날부터 미소침하측정기간의 최종일까지의 총침하량의 0.3% 이하인 때에는 해당 지반에서의 압밀도가 90%인 것으로 본다] 이상 또는 표준관입시험치가 평균 15 이상의 값일 것

　　3) 1) 또는 2)와 동등 이상의 견고함이 있을 것
　다. 지반이 바다, 하천, 호수와 늪 등에 접하고 있는 경우에는 활동에 관하여 소방청장이 정하여 고시하는 안전율이 있을 것
　라. 기초는 사질토 또는 이와 동등 이상의 견고성이 있는 것을 이용하여 소방청장이 정하여 고시하는 바에 따라 만드는 것으로서 평판재하시험의 평판재하시험치가 1m³당 100MN 이상의 값을 나타내는 것(이하 "성토"라 한다) 또는 이와 동등 이상의 견고함이 있는 것으로 할 것
　마. 기초(성토인 것에 한한다. 이하 바목에서 같다)는 그 윗면이 특정옥외저장탱크를 설치하는 장소의 지하수위와 2m 이상의 간격을 확보할 것
　바. 기초 또는 기초의 주위에는 소방청장이 정하여 고시하는 바에 따라 해당 기초를 보강하기 위한 조치를 강구할 것
3. 제1호 및 제2호에 규정하는 것 외에 기초 및 지반에 관하여 필요한 사항은 소방청장이 정하여 고시한다.
4. 특정옥외저장탱크의 기초 및 지반은 제2호나목1)의 규정에 의한 표준관입시험 및 평판재하시험, 동목2)다)의 규정에 의한 압밀도시험 또는 표준관입시험, 동호라목의 규정에 의한 평판재하시험 및 그 밖에 소방청장이 정하여 고시하는 시험을 실시하였을 때 해당 시험과 관련되는 규정에 의한 기준에 적합하여야 한다.

Ⅴ. 준특정옥외저장탱크의 기초 및 지반

1. 옥외탱크저장소 중 그 저장 또는 취급하는 액체위험물의 최대수량이 50만ℓ 이상 100만ℓ 미만의 것(이하 "준특정 옥외탱크저장소"라 한다)의 옥외저장탱크(이하 "준특정 옥외저장탱크"라 한다)의 기초 및 지반은 제2호 및 제3호에서 정하는 바에 따라 견고하게 하여야 한다.
2. 기초 및 지반은 탱크하중에 의하여 발생하는 응력에 대하여 안전한 것으로 하여야 한다.
3. 기초 및 지반은 다음의 각목에 정하는 기준에 적합하여야 한다.
　가. 지반은 암반의 단층, 절토 및 성토에 걸쳐 있는 등 활동을 일으킬 우려가 없을 것
　나. 지반은 다음의 1에 적합할 것
　　1) 소방청장이 정하여 고시하는 범위 내에 있는 지반이 암반 그 밖의 견고한 것일 것
　　2) 소방청장이 정하여 고시하는 범위 내에 있는 지반이 다음의 기준에 적합할 것
　　　가) 해당 지반에 설치하는 준특정옥외저장탱크의 탱크하중에 대한 지지력 계산에 있어서의 지지력안전율 및 침하량 계산에 있어서의 계산침하량이 소방청장이 정하여 고시하는 값일 것
　　　나) 소방청장이 정하여 고시하는 지질 외의 것일 것(기초가 소방청장이 정하여 고시하는 구조인 경우를 제외한다)
　　3) 2)와 동등 이상의 견고함이 있을 것
　다. 지반이 바다, 하천, 호수와 늪 등에 접하고 있는 경우에는 활동에 관하여 소방청장이 정하여 고시하는 안전율이 있을 것
　라. 기초는 사질토 또는 이와 동등 이상의 견고성이 있는 것을 이용하여 소방청장이 정하여 고시하는 바에 따라 만들거나 이와 동등 이상의 견고함이 있는 것으로 할 것
　마. 기초(사질토 또는 이와 동등 이상의 견고성이 있는 것을 이용하여 소방청장이 정하여 고시하는 바에 따라 만드는 것에 한한다)는 그 윗면이 준특정옥외저장탱크를 설치하는 장소의 지하수위와 2m 이상의 간격을 확

보할 것

4. 제2호 및 제3호에 규정하는 것 외에 기초 및 지반에 관하여 필요한 사항은 소방청장이 정하여 고시한다.

Ⅵ. 옥외저장탱크의 외부구조 및 설비

1. 옥외저장탱크는 특정옥외저장탱크 및 준특정옥외저장탱크 외에는 두께 3.2mm 이상의 강철판 또는 소방청장이 정하여 고시하는 규격에 적합한 재료로, 특정옥외저장탱크 및 준특정옥외저장탱크는 Ⅶ 및 Ⅷ에 의하여 소방청장이 정하여 고시하는 규격에 적합한 강철판 또는 이와 동등 이상의 기계적 성질 및 용접성이 있는 재료로 틈이 없도록 제작하여야 하고, 압력탱크(최대상용압력이 대기압을 초과하는 탱크를 말한다) 외의 탱크는 충수시험, 압력탱크는 최대상용압력의 1.5배의 압력으로 10분간 실시하는 수압시험에서 각각 새거나 변형되지 아니하여야 한다.

2. 특정옥외저장탱크의 용접부는 소방청장이 정하여 고시하는 바에 따라 실시하는 방사선투과시험, 진공시험 등의 비파괴시험에 있어서 소방청장이 정하여 고시하는 기준에 적합한 것이어야 한다.

3. 특정옥외저장탱크 및 준특정옥외저장탱크 외의 탱크는 다음 각목에 정하는 바에 따라, 특정옥외저장탱크 및 준특정옥외저장탱크는 Ⅶ 및 Ⅷ의 규정에 의한 바에 따라 지진 및 풍압에 견딜 수 있는 구조로 하고 그 지주는 철근콘크리트조, 철골콘크리트조 그 밖에 이와 동등 이상의 내화성능이 있는 것이어야 한다.

    가. 지진동에 의한 관성력 또는 풍하중에 의한 응력이 옥외저장탱크의 옆판 또는 지주의 특정한 점에 집중하지 아니하도록 해당 탱크를 견고한 기초 및 지반 위에 고정할 것

    나. 가목의 지진동에 의한 관성력 및 풍하중의 계산방법은 소방청장이 정하여 고시하는 바에 의할 것

4. 옥외저장탱크는 위험물의 폭발 등에 의하여 탱크내의 압력이 비정상적으로 상승하는 경우에 내부의 가스 또는 증기를 상부로 방출할 수 있는 구조로 하여야 한다.

5. 옥외저장탱크의 외면에는 녹을 방지하기 위한 도장을 하여야 한다. 다만, 탱크의 재질이 부식의 우려가 없는 스테인레스 강판 등인 경우에는 그러하지 아니하다.

6. 옥외저장탱크의 밑판[에뉼러판(특정옥외저장탱크의 옆판의 최하단 두께가 15mm를 초과하는 경우, 내경이 30m를 초과하는 경우 또는 옆판을 고장력강으로 사용하는 경우에 옆판의 직하에 설치하여야 하는 판을 말한다. 이하 같다)을 설치하는 특정옥외저장탱크에 있어서는 에뉼러판을 포함한다. 이하 이 호에서 같다]을 지반면에 접하게 설치하는 경우에는 다음 각목의 1의 기준에 따라 밑판 외면의 부식을 방지하기 위한 조치를 강구하여야 한다.

    가. 탱크의 밑판 아래에 밑판의 부식을 유효하게 방지할 수 있도록 아스팔트샌드 등의 방식재료를 댈 것

    나. 탱크의 밑판에 전기방식의 조치를 강구할 것

    다. 가목 또는 나목의 규정에 의한 것과 동등 이상으로 밑판의 부식을 방지할 수 있는 조치를 강구할 것

7. 옥외저장탱크 중 압력탱크(최대상용압력이 부압 또는 정압 5kPa을 초과하는 탱크를 말한다) 외의 탱크(제4류 위험물의 옥외저장탱크에 한한다)에 있어서는 밸브 없는 통기관 또는 대기밸브부착 통기관을 다음 각목에 정하는 바에 의하여 설치하여야 하고, 압력탱크에 있어서는 별표 4 Ⅷ제4호의 규정에 의한 안전장치를 설치하여야 한다.

    가. 밸브 없는 통기관

    1) 직경은 30mm 이상일 것

    2) 선단은 수평면보다 45도 이상 구부려 빗물등의 침투를 막는 구조로 할 것

    3) 인화점이 38℃ 미만인 위험물만을 저장 또는 취급하는 탱크에 설치하는 통기관에는 화염방지장치를 설치하고, 그 외의 탱크에 설치하는 통기관에는 40메쉬(mesh) 이상의 구리망 또는 동등 이상의 성능을 가진 인화방지장치를 설치할 것. 다만, 인화점이 70℃ 이상인 위험물만을 해당 위험물의 인화점 미만의 온도로 저장 또는 취급하는 탱크에 설치하는 통기관에는 인화방지장치를 설치하지 않을 수 있다.

4) 가연성의 증기를 회수하기 위한 밸브를 통기관에 설치하는 경우에 있어서는 해당 통기관의 밸브는 저장탱크에 위험물을 주입하는 경우를 제외하고는 항상 개방되어 있는 구조로 하는 한편, 폐쇄하였을 경우에 있어서는 10kPa 이하의 압력에서 개방되는 구조로 할 것. 이 경우 개방된 부분의 유효단면적은 777.15mm² 이상이어야 한다.

나. 대기밸브부착 통기관
 1) 5kPa 이하의 압력차로 작동할 수 있을 것 2) 가목3)의 기준에 적합할 것

8. 액체위험물의 옥외저장탱크에는 위험물의 양을 자동적으로 표시할 수 있도록 기밀부유식 계량장치, 증기가 비산하지 아니하는 구조의 부유식 계량장치, 전기압력자동방식이나 방사성동위원소를 이용한 방식에 의한 자동계량장치 또는 유리게이지(금속관으로 보호된 경질유리등으로 되어있고 게이지가 파손되었을 때 위험물의 유출을 자동적으로 정지할 수 있는 장치가 되어있는 것에 한한다)를 설치하여야 한다.

9. 액체위험물의 옥외저장탱크의 주입구는 다음 각목의 기준에 의하여야 한다.
 가. 화재예방상 지장이 없는 장소에 설치할 것
 나. 주입호스 또는 주입관과 결합할 수 있고, 결합하였을 때 위험물이 새지 아니할 것
 다. 주입구에는 밸브 또는 뚜껑을 설치할 것
 라. 휘발유, 벤젠 그 밖에 정전기에 의한 재해가 발생할 우려가 있는 액체위험물의 옥외저장탱크의 주입구 부근에는 정전기를 유효하게 제거하기 위한 접지전극을 설치할 것
 마. 인화점이 21℃ 미만인 위험물의 옥외저장탱크의 주입구에는 보기 쉬운 곳에 다음의 기준에 의한 게시판을 설치할 것. 다만, 소방본부장 또는 소방서장이 화재예방상 해당 게시판을 설치할 필요가 없다고 인정하는 경우에는 그러하지 아니하다.
  1) 게시판은 한변이 0.3m 이상, 다른 한변이 0.6m 이상인 직사각형으로 할 것
  2) 게시판에는 "옥외저장탱크 주입구"라고 표시하는 것 외에 취급하는 위험물의 유별, 품명 및 별표 4 Ⅲ제2호라목의 규정에 준하여 주의사항을 표시할 것
  3) 게시판은 백색바탕에 흑색문자(별표 4 Ⅲ제2호라목의 주의사항은 적색문자)로 할 것
 바. 주입구 주위에는 새어나온 기름 등 액체가 외부로 유출되지 아니하도록 방유턱을 설치하거나 집유설비 등의 장치를 설치할 것

10. 옥외저장탱크의 펌프설비(펌프 및 이에 부속하는 전동기를 말하며, 해당 펌프 및 전동기를 위한 건축물 그 밖의 공작물을 설치하는 경우에는 해당 공작물을 포함한다. 이하 같다)는 다음 각목에 의하여야 한다.
 가. 펌프설비의 주위에는 <u>너비 3m 이상의 공지를 보유</u>할 것. 다만, 방화상 유효한 격벽을 설치하는 경우와 제6류 위험물 또는 지정수량의 10배 이하 위험물의 옥외저장탱크의 펌프설비에 있어서는 그러하지 아니하다.
 나. 펌프설비로부터 옥외저장탱크까지의 사이에는 해당 옥외저장탱크의 보유공지 너비의 1/3 이상의 거리를 유지할 것
 다. 펌프설비는 견고한 기초 위에 고정할 것
 라. 펌프 및 이에 부속하는 전동기를 위한 건축물 그 밖의 공작물(이하 "펌프실"이라 한다)의 벽·기둥·바닥 및 보는 불연재료로 할 것
 마. 펌프실의 지붕을 폭발력이 위로 방출될 정도의 가벼운 불연재료로 할 것
 바. 펌프실의 창 및 출입구에는 갑종방화문 또는 을종방화문을 설치할 것
 사. 펌프실의 창 및 출입구에 유리를 이용하는 경우에는 망입유리로 할 것
 아. 펌프실의 바닥의 주위에는 높이 0.2m 이상의 턱을 만들고 바닥은 콘크리트 등 위험물이 스며들지 아니하는 재료로 적당히 경사지게 하여 그 최저부에는 집유설비를 설치할 것
 자. 펌프실에는 위험물을 취급하는데 필요한 채광, 조명 및 환기의 설비를 설치할 것
 차. 가연성 증기가 체류할 우려가 있는 펌프실에는 그 증기를 옥외의 높은 곳으로 배출하는 설비를 설치할 것

카. 펌프실 외의 장소에 설치하는 펌프설비에는 그 직하의 지반면의 주위에 높이 0.15m 이상의 턱을 만들고 해당 지반면은 콘크리트 등 위험물이 스며들지 아니하는 재료로 적당히 경사지게 하여 그 최저부에는 집유설비를 할 것. 이 경우 제4류 위험물(온도 20℃의 물 100g에 용해되는 양이 1g 미만인 것에 한한다)을 취급하는 펌프설비에 있어서는 해당 위험물이 직접 배수구에 유입하지 아니하도록 집유설비에 유분리장치를 설치하여야 한다.

타. 인화점이 21℃ 미만인 위험물을 취급하는 펌프설비에는 보기 쉬운 곳에 제9호마목의 규정에 준하여 "옥외저장탱크 펌프설비"라는 표시를 한 게시판과 방화에 관하여 필요한 사항을 게시한 게시판을 설치할 것. 다만, 소방본부장 또는 소방서장이 화재예방상 해당 게시판을 설치할 필요가 없다고 인정하는 경우에는 그러하지 아니하다.

11. 옥외저장탱크의 밸브는 주강 또는 이와 동등 이상의 기계적 성질이 있는 재료로 되어 있고, 위험물이 새지 아니하여야 한다.
12. <u>옥외저장탱크의 배수관</u>은 <u>탱크의 옆판</u>에 설치하여야 한다. 다만, 탱크와 배수관과의 결합부분이 지진 등에 의하여 손상을 받을 우려가 없는 방법으로 배수관을 설치하는 경우에는 탱크의 <u>밑판</u>에 설치할 수 있다.
13. 부상지붕이 있는 옥외저장탱크의 옆판 또는 부상지붕에 설치하는 설비는 지진 등에 의하여 부상지붕 또는 옆판에 손상을 주지 아니하게 설치하여야 한다. 다만, 해당 옥외저장탱크에 저장하는 위험물의 안전관리에 필요한 가동(可動)사다리, 회전방지기구, 검척관(檢尺管), 샘플링(sampling)설비 및 이에 부속하는 설비에 있어서는 그러하지 아니하다.
14. 옥외저장탱크의 배관의 위치·구조 및 설비는 제15호의 규정에 의한 것 외에 별표 4 X의 규정에 의한 제조소의 배관의 기준을 준용하여야 한다.
15. 액체위험물을 이송하기 위한 옥외저장탱크의 배관은 지진 등에 의하여 해당 배관과 탱크와의 결합부분에 손상을 주지 아니하게 설치하여야 한다.
16. 옥외저장탱크에 설치하는 전기설비는 전기사업법에 의한 전기설비기술기준에 의하여야 한다.
17. 지정수량의 10배 이상인 옥외탱크저장소(제6류 위험물의 옥외탱크저장소를 제외한다)에는 별표 4 Ⅷ제7호의 규정에 준하여 피뢰침을 설치하여야 한다. 다만, 탱크에 저항이 5Ω 이하인 접지시설을 설치하거나 인근 피뢰설비의 보호범위 내에 들어가는 등 주위의 상황에 따라 안전상 지장이 없는 경우에는 피뢰침을 설치하지 아니할 수 있다.
18. 액체위험물의 옥외저장탱크의 주위에는 Ⅸ의 기준에 따라 위험물이 새었을 경우에 그 유출을 방지하기 위한 방유제를 설치하여야 한다.
19. 제3류 위험물 중 금수성물질(<u>고체에 한한다</u>)의 옥외저장탱크에는 방수성의 불연재로 만든 피복설비를 <u>설치하여야 한다</u>.
20. <u>이황화탄소</u>의 옥외저장탱크는 벽 및 바닥의 두께가 <u>0.2m 이상</u>이고 누수가 되지 아니하는 철근콘크리트의 수조에 넣어 보관하여야 한다. 이 경우 보유공지·통기관 및 자동계량장치는 생략할 수 있다.
21. 옥외저장탱크에 부착되는 부속설비(교반기, 밸브, 폼챔버, 화염방지장치, 통기관대기밸브, 비상압력배출장치를 말한다)는 기술원 또는 소방청장이 정하여 고시하는 국내·외 공인시험기관에서 시험 또는 인증 받은 제품을 사용하여야 한다.

Ⅶ. 특정옥외저장탱크의 구조

1. 특정옥외저장탱크는 주하중(탱크하중, 탱크와 관련되는 내압, 온도변화의 영향 등에 의한 것을 말한다. 이하 같다) 및 종하중(적설하중, 풍하중, 지진의 영향 등에 의한 것을 말한다. 이하 같다)에 의하여 발생하는 응력 및 변형에 대하여 안전한 것으로 하여야 한다.
2. 특정옥외저장탱크의 구조는 다음 각목에 정하는 기준에 적합하여야 한다.

가. 주하중과 주하중 및 종하중의 조합에 의하여 특정옥외저장탱크의 본체에 발생하는 응력은 소방청장이 정하여 고시하는 허용응력 이하일 것
나. 특정옥외저장탱크의 보유수평내력(保有水平耐力)은 지진의 영향에 의한 필요보유수평내력(必要保有水平耐力) 이상일 것. 이 경우에 있어서의 보유수평내력 및 필요보유수평내력의 계산방법은 소방청장이 정하여 고시한다.
다. 옆판, 밑판 및 지붕의 최소두께와 에뉼러판의 너비(옆판외면에서 바깥으로 연장하는 최소길이, 옆판내면에서 탱크중심부로 연장하는 최소길이를 말한다) 및 최소두께는 소방청장이 정하여 고시하는 기준에 적합할 것

3. 특정옥외저장탱크의 용접(겹침보수 및 육성보수와 관련되는 것을 제외한다)방법은 다음 각목에 정하는 바에 의한다. 이러한 용접방법은 소방청장이 정하여 고시하는 용접시공방법확인시험의 방법 및 기준에 적합한 것이거나 이와 동등 이상의 것임이 미리 확인되어 있어야 한다.
   가. 옆판의 용접은 다음에 의할 것
      1) 세로이음 및 가로이음은 완전용입 맞대기용접으로 할 것
      2) 옆판의 세로이음은 단을 달리하는 옆판의 각각의 세로이음과 동일선상에 위치하지 아니하도록 할 것. 이 경우 해당 세로이음간의 간격은 서로 접하는 옆판 중 두꺼운 쪽 옆판의 두께의 5배 이상으로 하여야 한다.
   나. 옆판과 에뉼러판(에뉼러판이 없는 경우에는 밑판)과의 용접은 부분용입그룹용접 또는 이와 동등 이상의 용접강도가 있는 용접방법으로 용접할 것. 이 경우에 있어서 용접 비드(bead)는 매끄러운 형상을 가져야 한다.
   다. 에뉼러판과 에뉼러판은 뒷면에 재료를 댄 맞대기용접으로 하고, 에뉼러판과 밑판 및 밑판과 밑판의 용접은 뒷면에 재료를 댄 맞대기용접 또는 겹치기용접으로 용접할 것. 이 경우에 에뉼러판과 밑판이 접하는 면 및 밑판과 밑판이 접하는 면은 해당 에뉼러판과 밑판의 용접부의 강도 및 밑판과 밑판의 용접부의 강도에 유해한 영향을 주는 흠이 있어서는 아니 된다.
   라. 필렛용접의 사이즈(부등사이즈가 되는 경우에는 작은 쪽의 사이즈를 말한다)는 다음 식에 의하여 구한 값으로 할 것

$$t_1 \geq S \geq \sqrt{2t_2} \text{ (단, } S \geq 4.5\text{)}$$

t_1 : 얇은 쪽의 강판의 두께(mm) t_2 : 두꺼운 쪽의 강판의 두께(mm) S : 사이즈(mm)

4. 제1호 내지 제3호에 규정하는 것 외의 특정옥외저장탱크의 구조에 관하여 필요한 사항은 소방청장이 정하여 고시한다.

Ⅷ. 준특정옥외저장탱크의 구조

1. 준특정옥외저장탱크는 주하중 및 종하중에 의하여 발생하는 응력 및 변형에 대하여 안전한 것으로 하여야 한다.
2. 준특정옥외저장탱크의 구조는 다음 각목에 정하는 기준에 적합하여야 한다.
   가. 두께가 3.2mm 이상일 것
   나. 준특정옥외저장탱크의 옆판에 발생하는 상시의 원주방향인장응력은 소방청장이 정하여 고시하는 허용응력 이하일 것
   다. 준특정옥외저장탱크의 옆판에 발생하는 지진시의 축방향압축응력은 소방청장이 정하여 고시하는 허용응력 이하일 것
3. 준특정옥외저장탱크의 보유수평내력은 지진의 영향에 의한 필요보유수평내력 이상이어야 한다. 이 경우에 있어서의 보유수평내력 및 필요보유수평내력의 계산방법은 소방청장이 정하여 고시한다.
4. 제2호 및 제3호에 규정하는 것 외의 준특정옥외저장탱크의 구조에 관하여 필요한 사항은 소방청장이 정하여 고시한다.

Ⅸ. 방유제

1. 인화성액체위험물(이황화탄소를 제외한다)의 옥외탱크저장소의 탱크 주위에는 다음 각목의 기준에 의하여 방유제를 설치하여야 한다.
   가. 방유제의 용량은 방유제안에 설치된 탱크가 하나인 때에는 그 탱크 용량의 110% 이상, 2기 이상인 때에는 그 탱크 중 용량이 최대인 것의 용량의 110% 이상으로 할 것. 이 경우 방유제의 용량은 해당 방유제의 내용적에서 용량이 최대인 탱크 외의 탱크의 방유제 높이 이하 부분의 용적, 해당 방유제 내에 있는 모든 탱크의 지반면 이상 부분의 기초의 체적, 간막이 둑의 체적 및 해당 방유제 내에 있는 배관 등의 체적을 뺀 것으로 한다.
   나. 방유제는 높이 0.5m 이상 3m 이하, 두께 0.2m 이상, 지하매설깊이 1m 이상으로 할 것. 다만, 방유제와 옥외저장탱크 사이의 지반면 아래에 불침윤성(不浸潤性) 구조물을 설치하는 경우에는 지하매설깊이를 해당 불침윤성 구조물까지로 할 수 있다.
   다. 방유제내의 면적은 8만㎡ 이하로 할 것
   라. 방유제내에 설치하는 옥외저장탱크의 수는 10(방유제내에 설치하는 모든 옥외저장탱크의 용량이 20만ℓ 이하이고, 해당 옥외저장탱크에 저장 또는 취급하는 위험물의 인화점이 70℃ 이상 200℃ 미만인 경우에는 20) 이하로 할 것. 다만, 인화점이 200℃ 이상인 위험물을 저장 또는 취급하는 옥외저장탱크에 있어서는 그러하지 아니하다.
   마. 방유제 외면의 1/2 이상은 자동차 등이 통행할 수 있는 3m 이상의 노면폭을 확보한 구내도로(옥외저장탱크가 있는 부지내의 도로를 말한다. 이하 같다)에 직접 접하도록 할 것. 다만, 방유제내에 설치하는 옥외저장탱크의 용량합계가 20만ℓ 이하인 경우에는 소화활동에 지장이 없다고 인정되는 3m 이상의 노면폭을 확보한 도로 또는 공지에 접하는 것으로 할 수 있다.
   바. 방유제는 옥외저장탱크의 지름에 따라 그 탱크의 옆판으로부터 다음에 정하는 거리를 유지할 것. 다만, 인화점이 200℃ 이상인 위험물을 저장 또는 취급하는 것에 있어서는 그러하지 아니하다.
      1) 지름이 15m 미만인 경우에는 탱크 높이의 1/3 이상
      2) 지름이 15m 이상인 경우에는 탱크 높이의 1/2 이상
   사. 방유제는 철근콘크리트로 하고, 방유제와 옥외저장탱크 사이의 지표면은 불연성과 불침윤성이 있는 구조(철근콘크리트 등)로 할 것. 다만, 누출된 위험물을 수용할 수 있는 전용유조(專用油槽) 및 펌프 등의 설비를 갖춘 경우에는 방유제와 옥외저장탱크 사이의 지표면을 흙으로 할 수 있다.
   아. 용량이 1,000만ℓ 이상인 옥외저장탱크의 주위에 설치하는 방유제에는 다음의 규정에 따라 해당 탱크마다 간막이 둑을 설치할 것
      1) 간막이 둑의 높이는 0.3m(방유제내에 설치되는 옥외저장탱크의 용량의 합계가 2억ℓ를 넘는 방유제에 있어서는 1m) 이상으로 하되, 방유제의 높이보다 0.2m 이상 낮게 할 것
      2) 간막이 둑은 흙 또는 철근콘크리트로 할 것
      3) 간막이 둑의 용량은 간막이 둑안에 설치된 탱크의 용량의 10% 이상일 것
   자. 방유제내에는 해당 방유제내에 설치하는 옥외저장탱크를 위한 배관(해당 옥외저장탱크의 소화설비를 위한 배관을 포함한다), 조명설비 및 계기시스템과 이들에 부속하는 설비 그 밖의 안전확보에 지장이 없는 부속설비 외에는 다른 설비를 설치하지 아니할 것
   차. 방유제 또는 간막이 둑에는 해당 방유제를 관통하는 배관을 설치하지 아니할 것. 다만, 위험물을 이송하는 배관의 경우에는 배관이 관통하는 지점의 좌우방향으로 각 1m 이상까지의 방유제 또는 간막이 둑의 외면에 두께 0.1m 이상, 지하매설깊이 0.1m 이상의 구조물을 설치하여 방유제 또는 간막이 둑을 이중구조로 하고, 그 사이에 토사를 채운 후, 관통하는 부분을 완충재 등으로 마감하는 방식으로 설치할 수 있다.
   카. 방유제에는 그 내부에 고인 물을 외부로 배출하기 위한 배수구를 설치하고 이를 개폐하는 밸브 등을 방유제의 외부에 설치할 것

타. 용량이 100만ℓ 이상인 위험물을 저장하는 옥외저장탱크에 있어서는 간막이 밸브 등에 그 개폐상황을 쉽게 확인할 수 있는 장치를 설치할 것
파. 높이가 1m를 넘는 방유제 및 간막이 둑의 안팎에는 방유제내에 출입하기 위한 계단 또는 경사로를 약 50m마다 설치할 것
하. 용량이 50만리터 이상인 옥외탱크저장소가 해안 또는 강변에 설치되어 방유제 외부로 누출된 위험물이 바다 또는 강으로 유입될 우려가 있는 경우에는 해당 옥외탱크저장소가 설치된 부지 내에 전용유조(專用油槽) 등 누출위험물 수용설비를 설치할 것

2. 제1호 가목·나목·사목 내지 파목의 규정은 인화성이 없는 액체위험물의 옥외저장탱크의 주위에 설치하는 방유제의 기술기준에 대하여 준용한다. 이 경우에 있어서 제1호가목 중 "110%"는 "100%"로 본다.
3. 그 밖에 방유제의 기술기준에 관하여 필요한 사항은 소방청장이 정하여 고시한다.

X. 고인화점 위험물의 옥외탱크저장소의 특례

고인화점 위험물만을 100℃ 미만의 온도로 저장 또는 취급하는 옥외탱크저장소 중 그 위치·구조 및 설비가 다음 각목에 정하는 기준에 적합한 경우에는 Ⅰ·Ⅱ·Ⅵ제3호(지주와 관련되는 부분에 한한다)·제10호·제17호 및 제18호의 규정은 적용하지 아니한다.

가. 옥외탱크저장소는 별표 4 Ⅺ제1호의 규정에 준하여 안전거리를 둘 것
나. 옥외저장탱크(위험물을 이송하기 위한 배관 그 밖에 이에 준하는 공작물을 제외한다)의 주위에 다음의 표에 정하는 너비의 공지를 보유할 것

저장 또는 취급하는 위험물의 최대수량	공지의 너비
지정수량의 2,000배 이하	3m 이상
지정수량의 2,000배 초과 4,000배 이하	5m 이상
지정수량의 4,000배 초과	해당 탱크의 수평단면의 최대지름(횡형인 경우에는 긴변)과 높이 중 큰 것의 1/3과 같은 거리 이상. 다만, 5m 미만으로 하여서는 아니 된다.

다. 옥외저장탱크의 지주는 철근콘크리트조, 철골콘크리트구조 그 밖에 이들과 동등 이상의 내화성능이 있을 것. 다만, 하나의 방유제 안에 설치하는 모든 옥외저장탱크가 고인화점 위험물만을 100℃ 미만의 온도로 저장 또는 취급하는 경우에는 지주를 불연재료로 할 수 있다.
라. 옥외저장탱크의 펌프설비는 Ⅵ제10호(가목·바목 및 사목을 제외한다)의 규정에 준하는 것 외에 다음의 기준에 의할 것
　1) 펌프설비의 주위에 1m 이상의 너비의 공지를 보유할 것. 다만, 내화구조로 된 방화상 유효한 격벽을 설치하는 경우 또는 지정수량의 10배 이하의 위험물을 저장하는 옥외저장탱크의 펌프설비에 있어서는 그러하지 아니하다.
　2) 펌프실의 창 및 출입구에는 갑종방화문 또는 을종방화문을 설치할 것. 다만, 연소의 우려가 없는 외벽에 설치하는 창 및 출입구에는 불연재료 또는 유리로 만든 문을 달 수 있다.
　3) 펌프실의 연소의 우려가 있는 외벽에 설치하는 창 및 출입구에 유리를 이용하는 경우는 망입유리를 이용할 것
마. 옥외저장탱크의 주위에는 위험물이 새었을 경우에 그 유출을 방지하기 위한 방유제를 설치할 것
바. Ⅸ제1호가목 내지 다목 및 사목 내지 파목의 규정은 마목의 방유제의 기준에 대하여 준용한다. 이 경우에 있어서 동호가목 중 "110%"는 "100%"로 본다.

XI. 위험물의 성질에 따른 옥외탱크저장소의 특례

알킬알루미늄등, 아세트알데히드등 및 히드록실아민등을 저장 또는 취급하는 옥외탱크저장소는 Ⅰ 내지 Ⅸ에 의하

는 외에 해당 위험물의 성질에 따라 다음 각호에 정하는 기준에 의하여야 한다.
1. 알킬알루미늄등의 옥외탱크저장소
   가. 옥외저장탱크의 주위에는 누설범위를 국한하기 위한 설비 및 누설된 알킬알루미늄등을 안전한 장소에 설치된 조에 이끌어 들일 수 있는 설비를 설치할 것
   나. 옥외저장탱크에는 불활성의 기체를 봉입하는 장치를 설치할 것
2. 아세트알데히드등의 옥외탱크저장소
   가. 옥외저장탱크의 설비는 동·마그네슘·은·수은 또는 이들을 성분으로 하는 합금으로 만들지 아니할 것
   나. 옥외저장탱크에는 냉각장치 또는 보냉장치, 그리고 연소성 혼합기체의 생성에 의한 폭발을 방지하기 위한 불활성의 기체를 봉입하는 장치를 설치할 것
3. 히드록실아민등의 옥외탱크저장소
   가. 옥외탱크저장소에는 히드록실아민등의 온도의 상승에 의한 위험한 반응을 방지하기 위한 조치를 강구할 것
   나. 옥외탱크저장소에는 철이온등의 혼입에 의한 위험한 반응을 방지하기 위한 조치를 강구할 것

XII. 지중탱크에 관계된 옥외탱크저장소의 특례

1. 제4류 위험물을 지중탱크에 저장 또는 취급하는 옥외탱크저장소는 Ⅰ 내지 Ⅸ의 기준 중 Ⅰ·Ⅱ·Ⅳ·Ⅴ·Ⅵ제1호(충수시험 또는 수압시험에 관한 부분을 제외한다)·제2호·제3호·제5호·제6호·제10호·제12호·제16호 및 제18호의 규정은 적용하지 아니한다.
2. 제1호에 정하는 것 외에 다음 각목에 정하는 기준에 적합하여야 한다.
   가. 지중탱크의 옥외탱크저장소는 다음에 정하는 장소와 그 밖에 소방청장이 정하여 고시하는 장소에 설치하지 아니할 것
      1) 급경사지 등으로서 지반붕괴, 산사태 등의 위험이 있는 장소
      2) 융기, 침강 등의 지반변동이 생기고 있거나 지중탱크의 구조에 지장을 미치는 지반변동이 발생할 우려가 있는 장소
   나. 지중탱크의 옥외탱크저장소의 위치는 Ⅰ의 규정에 의하는 것 외에 해당 옥외탱크저장소가 보유하는 부지의 경계선에서 지중탱크의 지반면의 옆판까지의 사이에, 해당 지중탱크 수평단면의 내경의 수치에 0.5를 곱하여 얻은 수치(해당 수치가 지중탱크의 밑판표면에서 지반면까지 높이의 수치보다 작은 경우에는 해당 높이의 수치) 또는 50m(해당 지중탱크에 저장 또는 취급하는 위험물의 인화점이 21℃ 이상 70℃ 미만의 경우에 있어서는 40m, 70℃ 이상의 경우에 있어서는 30m)중 큰 것과 동일한 거리 이상의 거리를 유지할 것
   다. 지중탱크(위험물을 이송하기 위한 배관 그 밖의 이에 준하는 공작물을 제외한다)의 주위에는 해당 지중탱크 수평단면의 내경의 수치에 0.5를 곱하여 얻은 수치 또는 지중탱크의 밑판표면에서 지반면까지 높이의 수치 중 큰 것과 동일한 거리 이상의 너비의 공지를 보유할 것
   라. 지중탱크의 지반은 다음에 의할 것
      1) 지반은 해당 지반에 설치하는 지중탱크 및 그 부속설비의 자중, 저장하는 위험물의 중량 등의 하중(이하 "지중탱크하중"이라 한다)에 의하여 발생하는 응력에 대하여 안전할 것
      2) 지반은 다음에 정하는 기준에 적합할 것
         가) 지반은 Ⅳ제2호가목의 기준에 적합할 것
         나) 소방청장이 정하여 고시하는 범위내의 지반은 지중탱크하중에 대한 지지력계산에서의 지지력안전율 및 침하량계산에서의 계산침하량이 소방청장이 정하여 고시하는 수치에 적합하고, Ⅳ제2호나목2)다)의 기준에 적합할 것
         다) 지중탱크 하부의 지반[마목3)에 정하는 양수설비를 설치하는 경우에는 해당 양수설비의 배수층하의 지반]의 표면의 평판재하시험에 있어서 평판재하시험치(극한 지지력의 값으로 한다)가 지중탱크하중

에 나)의 안전율을 곱하여 얻은 값 이상의 값일 것
   라) 소방청장이 정하여 고시하는 범위내의 지반의 지질이 소방청장이 정하여 고시하는 것 외의 것일 것
   마) 지반이 바다·하천·호소(湖沼)·늪 등에 접하고 있는 경우 또는 인공지반을 조성하는 경우에는 활동과 관련하여 소방청장이 정하여 고시하는 안전율이 있을 것
   바) 인공지반에 있어서는 가) 내지 마)에 정하는 것 외에 소방청장이 정하여 고시하는 기준에 적합할 것
마. 지중탱크의 구조는 다음에 의할 것
   1) 지중탱크는 옆판 및 밑판을 철근콘크리트 또는 프리스트레스트 콘크리트로 만들고 지붕을 강철판으로 만들며, 옆판 및 밑판의 안쪽에는 누액방지판을 설치하여 틈이 없도록 할 것
   2) 지중탱크의 재료는 소방청장이 정하여 고시하는 규격에 적합한 것 또는 이와 동등 이상의 강도 등이 있을 것
   3) 지중탱크는 해당 지중탱크 및 그 부속설비의 자중, 저장하는 위험물의 중량, 토압, 지하수압, 양압력(揚壓力), 콘크리트의 건조수축 및 크립(creep)의 영향, 온도변화의 영향, 지진의 영향등의 하중에 의하여 발생하는 응력 및 변형에 대해서 안전하게 하고, 유해한 침하 및 부상(浮上)을 일으키지 아니하도록 할 것. 다만, 소방청장이 정하여 고시하는 기준에 적합한 양수설비를 설치하는 경우는 양압력을 고려하지 아니할 수 있다.
   4) 지중탱크의 구조는 1) 내지 3)에 의하는 외에 다음에 정하는 기준에 적합할 것
      가) 하중에 의하여 지중탱크본체(지붕 및 누액방지판을 포함한다)에 발생하는 응력은 소방청장이 정하여 고시하는 허용응력 이하일 것
      나) 옆판 및 밑판의 최소두께는 소방청장이 정하여 고시하는 기준에 적합한 것으로 할 것
      다) 지붕은 2매판 구조의 부상지붕으로 하고, 그 외면에는 녹 방지를 위한 도장을 하는 동시에 소방청장이 정하여 고시하는 기준에 적합하게 할 것
      라) 누액방지판은 소방청장이 정하여 고시하는 바에 따라 강철판으로 만들고, 그 용접부는 소방청장이 정하여 고시하는 바에 따라 실시한 자분탐상시험 등의 시험에 있어서 소방청장이 정하여 고시하는 기준에 적합하도록 할 것
바. 지중탱크의 펌프설비는 다음의 기준에 적합한 것으로 할 것
   1) 위험물 중에 설치하는 펌프설비는 그 전동기의 내부에 냉각수를 순환시키는 동시에 금속제의 보호관내에 설치할 것
   2) 1)에 해당하지 아니하는 펌프설비는 Ⅵ제10호(갱도에 설치하는 것에 있어서는 가목·나목·마목 및 카목을 제외한다)의 규정에 의한 옥외저장탱크의 펌프설비의 기준을 준용할 것
사. 지중탱크에는 해당 지중탱크내의 물을 적절히 배수할 수 있는 설비를 설치할 것
아. 지중탱크의 옥외탱크저장소에 갱도를 설치하는 경우에 있어서는 다음에 의할 것
   1) 갱도의 출입구는 지중탱크내의 위험물의 최고액면보다 높은 위치에 설치할 것. 다만, 최고액면을 넘는 위치를 경유하는 경우에 있어서는 그러하지 아니하다.
   2) 가연성의 증기가 체류할 우려가 있는 갱도에는 가연성의 증기를 외부에 배출할 수 있는 설비를 설치할 것
자. 지중탱크는 그 주위가 소방청장이 정하여 고시하는 구내도로에 직접 면하도록 설치할 것. 다만, 2기 이상의 지중탱크를 인접하여 설치하는 경우에는 해당 지중탱크 전체가 포위될 수 있도록 하되, 각 탱크의 2 방향 이상이 구내도로에 직접 면하도록 하는 것으로 할 수 있다.
차. 지중탱크의 옥외탱크저장소에는 소방청장이 정하여 고시하는 바에 따라 위험물 또는 가연성 증기의 누설을 자동적으로 검지하는 설비 및 지하수위의 변동을 감시하는 설비를 설치할 것
카. 지중탱크의 옥외탱크저장소에는 소방청장이 정하여 고시하는 바에 따라 지중벽을 설치할 것. 단, 주위의 지반상황등에 의하여 누설된 위험물이 확산할 우려가 없는 경우에는 그러하지 아니하다.

3. 제1호 및 제2호에 규정하는 것 외에 지중탱크의 옥외탱크저장소에 관한 세부기준은 소방청장이 정하여 고시한다.

XIII. 해상탱크에 관계된 옥외탱크저장소의 특례

1. 원유·등유·경유 또는 중유를 해상탱크에 저장 또는 취급하는 옥외탱크저장소 중 해상탱크를 용량 10만ℓ 이하마다 물로 채운 이중의 격벽으로 완전하게 구분하고, 해상탱크의 옆부분 및 밑부분을 물로 채운 이중벽의 구조로 한 것은 Ⅰ 내지 Ⅸ의 규정에 불구하고 제2호 및 제3호의 규정에 의할 수 있다.
2. 제1호의 옥외탱크저장소에 대하여는 Ⅱ·Ⅳ·Ⅴ·Ⅵ제1호 내지 제7호 및 제10호 내지 제18호의 규정은 적용하지 아니한다.
3. 제2호에 정하는 것 외에 해상탱크에 관계된 옥외탱크저장소의 특례는 다음 각목과 같다.
    가. 해상탱크의 위치는 다음에 의할 것
        1) 해상탱크는 자연적 또는 인공적으로 거의 폐쇄된 평온한 해역에 설치할 것
        2) 해상탱크의 위치는 육지, 해저 또는 해당 해상탱크에 관계된 옥외탱크저장소와 관련되는 공작물 외의 해양 공작물로부터 해당 해상탱크의 외면까지의 사이에 안전을 확보하는데 필요하다고 인정되는 거리를 유지할 것
    나. 해상탱크의 구조는 선박안전법에 정하는 바에 의할 것
    다. 해상탱크의 정치(定置)설비는 다음에 의할 것
        1) 정치설비는 해상탱크를 안전하게 보존·유지할 수 있도록 배치할 것
        2) 정치설비는 해당 정치설비에 작용하는 하중에 의하여 발생하는 응력 및 변형에 대하여 안전한 구조로 할 것
    라. 정치설비의 직하의 해저면으로부터 정치설비의 자중 및 정치설비에 작용하는 하중에 의한 응력에 대하여 정치설비를 안전하게 지지하는데 필요한 깊이까지의 지반은 표준관입시험에서의 표준관입시험치가 평균적으로 15 이상의 값을 나타내는 동시에 정치설비의 자중 및 정치설비에 작용하는 하중에 의한 응력에 대하여 안전할 것
    마. 해상탱크의 펌프설비는 Ⅵ제10호의 규정에 의한 옥외저장탱크의 펌프설비의 기준을 준용하되, 현장상황에 따라 동 규정의 기준에 의하는 것이 곤란한 경우에는 안전조치를 강구하여 동 규정의 기준 중 일부를 적용하지 아니할 수 있다.
    바. 위험물을 취급하는 배관은 다음의 기준에 의할 것
        1) 해상탱크의 배관의 위치·구조 및 설비는 Ⅵ제14호의 규정에 의한 옥외저장탱크의 배관의 기준을 준용할 것. 다만, 현장상황에 따라 동 규정의 기준에 의하는 것이 곤란한 경우에는 안전조치를 강구하여 동 규정의 기준 중 일부를 적용하지 아니할 수 있다.
        2) 해상탱크에 설치하는 배관과 그 밖의 배관과의 결합부분은 파도 등에 의하여 해당 부분에 손상을 주지 아니하도록 조치할 것
    사. 전기설비는 「전기사업법」에 의한 전기설비기술기준의 규정에 의하는 외에, 열 및 부식에 대하여 내구성이 있는 동시에 기후의 변화에 내성이 있을 것
    아. 마목 내지 사목의 규정에 불구하고 해상탱크에 설치하는 펌프설비, 배관 및 전기설비(차목에 정하는 설비와 관련되는 전기설비 및 소화설비와 관련되는 전기설비를 제외한다)에 있어서는 「선박안전법」에 정하는 바에 의할 것
    자. 해상탱크의 주위에는 위험물이 새었을 경우에 그 유출을 방지하기 위한 방유제(부유식의 것을 포함한다)를 설치할 것
    차. 해상탱크에 관계된 옥외탱크저장소에는 위험물 또는 가연성 증기의 누설 또는 위험물의 폭발등의 재해의 발생 또는 확대를 방지하는 설비를 설치할 것

XIV. 옥외탱크저장소의 충수시험의 특례

옥외탱크저장소의 구조 또는 설비에 관한 변경공사(탱크의 옆판 또는 밑판의 교체공사를 제외한다) 중 탱크본체에 관한 공사를 포함하는 변경공사로서 해당 탱크본체에 관한 공사가 다음 각호(특정옥외탱크저장소 외의 옥외탱크저장소에 있어서는 제1호·제2호·제3호·제5호·제6호 및 제8호)에 정하는 변경공사에 해당하는 경우에는 해당 변경공사에 관계된 옥외탱크저장소에 대하여 Ⅵ제1호의 규정(충수시험에 관한 기준과 관련되는 부분에 한한다)은 적용하지 아니한다.

1. 노즐·맨홀 등의 설치공사
2. 노즐·맨홀 등과 관련되는 용접부의 보수공사
3. 지붕에 관련되는 공사(고정지붕식으로 된 옥외탱크저장소에 내부부상지붕을 설치하는 공사를 포함한다)
4. 옆판과 관련되는 겹침보수공사
5. 옆판과 관련되는 육성보수공사(용접부에 대한 열영향이 경미한 것에 한한다)
6. 최대저장높이 이상의 옆판에 관련되는 용접부의 보수공사
7. 에뉼러판 또는 밑판의 겹침보수공사 중 옆판으로부터 600mm 범위 외의 부분에 관련된 것으로서 해당 겹침보수 부분이 저부면적(에뉼러판 및 밑판의 면적을 말한다)의 1/2 미만인 것
8. 에뉼러판 또는 밑판에 관한 육성보수공사(용접부에 대한 열영향이 경미한 것에 한한다)
9. 밑판 또는 에뉼러판이 옆판과 접하는 용접이음부의 겹침보수공사 또는 육성보수공사(용접부에 대한 열영향이 경미한 것에 한한다)

[규칙 별표 7] 옥내탱크저장소의 위치·구조 및 설비의 기준(제31조관련)

Ⅰ. 옥내탱크저장소의 기준

1. 옥내탱크저장소(제2호에 정하는 것을 제외한다)의 위치·구조 및 설비의 기술기준은 다음 각목과 같다.
    가. 위험물을 저장 또는 취급하는 옥내탱크(이하 "옥내저장탱크"라 한다)는 단층건축물에 설치된 탱크전용실에 설치할 것
    나. 옥내저장탱크와 탱크전용실의 벽과의 사이 및 옥내저장탱크의 상호간에는 <u>0.5m</u> 이상의 간격을 유지할 것. 다만, 탱크의 점검 및 보수에 지장이 없는 경우에는 그러하지 아니하다.
    다. 옥내탱크저장소에는 별표 4 Ⅲ제1호의 기준에 따라 보기 쉬운 곳에 "위험물 옥내탱크저장소"라는 표시를 한 표지와 동표 Ⅲ제2호의 기준에 따라 방화에 관하여 필요한 사항을 게시한 게시판을 설치하여야 한다.
    라. 옥내저장탱크의 용량(동일한 탱크전용실에 옥내저장탱크를 2 이상 설치하는 경우에는 각 탱크의 용량의 합계를 말한다)은 지정수량의 40배(제4석유류 및 동식물유류 외의 제4류 위험물에 있어서 해당 수량이 20,000ℓ를 초과할 때에는 20,000ℓ) 이하일 것
    마. 옥내저장탱크의 구조는 별표 6 Ⅵ제1호 및 ⅩⅣ의 규정에 의한 옥외저장탱크의 구조의 기준을 준용할 것
    바. 옥내저장탱크의 외면에는 녹을 방지하기 위한 도장을 할 것
    사. 옥내저장탱크 중 압력탱크(최대상용압력이 부압 또는 정압 5kPa을 초과하는 탱크를 말한다) 외의 탱크(제4류 위험물의 옥내저장탱크에 한한다)에 있어서는 밸브 없는 통기관 대기밸브 부착 통기관을 다음의 기준에 의하여 설치하고, 압력탱크에 있어서는 별표 4 Ⅷ제4호의 규정에 의한 안전장치를 설치할 것
        1) 밸브 없는 통기관
            가) 통기관의 선단은 건축물의 창·출입구 등의 개구부로부터 1m 이상 떨어진 옥외의 장소에 지면으로부터 4m 이상의 높이로 설치하되, 인화점이 40℃ 미만인 위험물의 탱크에 설치하는 통기관에 있어서는 부지경계선으로부터 1.5m 이상 이격할 것. 다만, 고인화점 위험물만을 100℃ 미만의 온도로 저장 또는 취급하는 탱크에 설치하는 통기관은 그 선단을 탱크전용실 내에 설치할 수 있다.

　　　　나) 통기관은 가스등이 체류할 우려가 있는 굴곡이 없도록 할 것
　　　　다) 별표 6 Ⅵ제7호가목의 기준에 적합할 것
　　2) 대기밸브 부착 통기관
　　　　가) 1)가) 및 나)의 기준에 적합할 것　　　　나) 별표 6 Ⅵ제7호나목의 기준에 적합할 것
아. 액체위험물의 옥내저장탱크에는 위험물의 양을 자동적으로 표시하는 장치를 설치할 것
자. 액체위험물의 옥내저장탱크의 주입구는 별표 6 Ⅵ제9호의 규정에 의한 옥외저장탱크의 주입구의 기준을 준용할 것
차. 옥내저장탱크의 펌프설비 중 탱크전용실이 있는 건축물 외의 장소에 설치하는 펌프설비에 있어서는 별표 6 Ⅵ제10호(가목 및 나목을 제외한다)의 규정에 의한 옥외저장탱크의 펌프설비의 기준을 준용하고, 탱크전용실이 있는 건축물에 설치하는 펌프설비에 있어서는 다음의 1에 정하는 바에 의할 것
　1) 탱크전용실외의 장소에 설치하는 경우에는 별표 6 Ⅵ제10호다목 내지 차목 및 타목의 규정에 의할 것. 다만, 펌프실의 지붕은 내화구조 또는 불연재료로 할 수 있다.
　2) 탱크전용실에 설치하는 경우에는 펌프설비를 견고한 기초위에 고정시킨 다음 그 주위에 불연재료로 된 턱을 탱크전용실의 문턱높이 이상으로 설치할 것. 다만, 펌프설비의 기초를 탱크전용실의 문턱높이 이상으로 하는 경우를 제외한다.
카. 옥내저장탱크의 밸브는 별표 6 Ⅵ제11호의 규정에 의한 옥외저장탱크의 밸브의 기준을 준용할 것
타. 옥내저장탱크의 배수관은 별표 6 Ⅵ제12호의 규정에 의한 옥외저장탱크의 배수관의 기준을 준용할 것
파. 옥내저장탱크의 배관의 위치·구조 및 설비는 하목의 규정에 의하는 외에 별표 4 Ⅹ의 규정에 의한 제조소의 위험물을 취급하는 배관의 기준을 준용할 것
하. 액체위험물을 이송하기 위한 옥내저장탱크의 배관은 별표 6 Ⅵ제15호의 규정에 의한 옥외저장탱크의 배관의 기준을 준용할 것
거. 탱크전용실은 벽·기둥 및 바닥을 내화구조로 하고, 보를 불연재료로 하며, 연소의 우려가 있는 외벽은 출입구 외에는 개구부가 없도록 할 것. 다만, 인화점이 70℃ 이상인 제4류 위험물만의 옥내저장탱크를 설치하는 탱크전용실에 있어서는 연소의 우려가 없는 외벽·기둥 및 바닥을 불연재료로 할 수 있다.
너. 탱크전용실은 지붕을 불연재료로 하고, 천장을 설치하지 아니할 것
더. 탱크전용실의 창 및 출입구에는 갑종방화문 또는 을종방화문을 설치하는 동시에, 연소의 우려가 있는 외벽에 두는 출입구에는 수시로 열 수 있는 자동폐쇄식의 갑종방화문을 설치할 것
러. 탱크전용실의 창 또는 출입구에 유리를 이용하는 경우에는 망입유리로 할 것
머. 액상의 위험물의 옥내저장탱크를 설치하는 탱크전용실의 바닥은 위험물이 침투하지 아니하는 구조로 하고, 적당한 경사를 두는 한편, 집유설비를 설치할 것
버. 탱크전용실의 출입구의 턱의 높이를 해당 탱크전용실내의 옥내저장탱크(옥내저장탱크가 2 이상인 경우에는 최대용량의 탱크)의 용량을 수용할 수 있는 높이 이상으로 하거나 옥내저장탱크로부터 누설된 위험물이 탱크전용실 외의 부분으로 유출하지 아니하는 구 조로 할 것
서. 탱크전용실의 채광·조명·환기 및 배출의 설비는 별표 5 Ⅰ14호의 규정에 의한 옥내저장소의 채광·조명·환기 및 배출의 설비의 기준을 준용할 것
어. 전기설비는 「전기사업법」에 의한 전기설비기술기준에 의하여야 한다.
2. 옥내탱크저장소 중 탱크전용실을 단층건물 외의 건축물에 설치하는 것(제2류 위험물 중 황화린·적린 및 덩어리 유황, 제3류 위험물 중 황린, 제6류 위험물 중 질산 및 제4류 위험물 중 인화점이 38℃ 이상인 위험물만을 저장 또는 취급하는 것에 한한다)의 위치·구조 및 설비의 기술기준은 제1호나목·다목·마목 내지 자목·차목(탱크전용실이 있는 건축물 외의 장소에 설치하는 펌프설비에 관한 기준과 관련되는 부분에 한한다)·카목 내지 하목·머목·서목 및 어목의 규정을 준용하는 외에 다음 각목의 기준에 의하여야 한다.
　가. 옥내저장탱크는 탱크전용실에 설치할 것. 이 경우 제2류 위험물 중 황화린·적린 및 덩어리 유황, 제3류 위험물

중 황린, 제6류 위험물 중 질산의 탱크전용실은 건축물의 1층 또는 지하층에 설치하여야 한다.
나. 옥내저장탱크의 주입구 부근에는 해당 옥내저장탱크의 위험물의 양을 표시하는 장치를 설치할 것. 다만, 해당 위험물의 양을 쉽게 확인할 수 있는 경우에는 그러하지 아니하다.
다. 탱크전용실이 있는 건축물에 설치하는 옥내저장탱크의 펌프설비는 다음의 1에 정하는 바에 의할 것
  1) 탱크전용실외의 장소에 설치하는 경우에는 다음의 기준에 의할 것
    가) 이 펌프실은 벽·기둥·바닥 및 보를 내화구조로 할 것
    나) 펌프실은 상층이 있는 경우에 있어서는 상층의 바닥을 내화구조로 하고, 상층이 없는 경우에 있어서는 지붕을 불연재료로 하며, 천장을 설치하지 아니할 것
    다) 펌프실에는 창을 설치하지 아니할 것. 다만, 제6류 위험물의 탱크전용실에 있어서는 갑종방화문 또는 을종방화문이 있는 창을 설치할 수 있다.
    라) 펌프실의 출입구에는 갑종방화문을 설치할 것. 다만, 제6류 위험물의 탱크전용실에 있어서는 을종방화문을 설치할 수 있다.
    마) 펌프실의 환기 및 배출의 설비에는 방화상 유효한 댐퍼 등을 설치할 것
    바) 그 밖의 기준은 별표 6 Ⅵ제10호다목·아목 내지 차목 및 타목의 규정을 준용할 것
  2) 탱크전용실에 펌프설비를 설치하는 경우에는 견고한 기초위에 고정한 다음 그 주위에는 불연재료로 된 턱을 0.2m 이상의 높이로 설치하는 등 누설된 위험물이 유출되거나 유입되지 아니하도록 하는 조치를 할 것
라. 탱크전용실은 벽·기둥·바닥 및 보를 내화구조로 할 것
마. 탱크전용실은 상층이 있는 경우에 있어서는 상층의 바닥을 내화구조로 하고, 상층이 없는 경우에 있어서는 지붕을 불연재료로 하며, 천장을 설치하지 아니할 것
바. 탱크전용실에는 창을 설치하지 아니할 것
사. 탱크전용실의 출입구에는 수시로 열 수 있는 자동폐쇄식의 갑종방화문을 설치할 것
아. 탱크전용실의 환기 및 배출의 설비에는 방화상 유효한 댐퍼 등을 설치할 것
자. 탱크전용실의 출입구의 턱의 높이를 해당 탱크전용실내의 옥내저장탱크(옥내저장탱크가 2 이상인 경우에는 모든 탱크)의 용량을 수용할 수 있는 높이 이상으로 하거나 옥내저장탱크로부터 누설된 위험물이 탱크전용실 외의 부분으로 유출하지 아니하는 구조로 할 것
차. 옥내저장탱크의 용량(동일한 탱크전용실에 옥내저장탱크를 2 이상 설치하는 경우에는 각 탱크의 용량의 합계를 말한다)은 1층 이하의 층에 있어서는 지정수량의 40배(제4석유류 및 동식물유류 외의 제4류 위험물에 있어서 해당 수량이 2만ℓ를 초과할 때에는 2만ℓ) 이하, 2층 이상의 층에 있어서는 지정수량의 10배(제4석유류 및 동식물유류 외의 제4류 위험물에 있어서 해당 수량이 5천ℓ를 초과할 때에는 5천ℓ) 이하일 것

Ⅱ. 위험물의 성질에 따른 옥내탱크저장소의 특례

알킬알루미늄등, 아세트알데히드등 및 히드록실아민등을 저장 또는 취급하는 옥내탱크저장소에 있어서는 Ⅰ 제1호의 규정에 의하는 외에 별표 6 Ⅺ 각호의 규정에 의한 알킬알루미늄등의 옥외탱크저장소, 아세트알데히드등의 옥외탱크저장소 및 히드록실아민등의 옥외탱크저장소의 규정을 준용하여야 한다.

■ 독일의 한 심리학자의 연구결과에 의하면

배운 것을 실행에 옮기지 않는 사람은 무려 95%, 그 때문에 성공확률은 5% 이다. 배운 후에 그대로 방치해 둘 경우 기억은 1시간 만에 56%, 하루가 지나면 74%를 망각한다는 연구 결과가 있다.
그 방지책으로는 빨리, 그리고 끊임없는 반복학습과 꾸준한 실천뿐이다. 지금!

[규칙 별표 8]

지하탱크저장소의 위치·구조 및 설비의 기준(제32조관련)

Ⅰ. 지하탱크저장소의 기준(Ⅱ 및 Ⅲ에 정하는 것을 제외한다)

1. 위험물을 저장 또는 취급하는 지하탱크(이하 Ⅰ, 별표 13 Ⅲ 및 별표 18 Ⅲ에서 "지하저장탱크"라 한다)는 지면 하에 설치된 탱크전용실에 설치하여야 한다. 다만, 제4류 위험물의 지하저장탱크가 다음 가목 내지 마목의 기준에 적합한 때에는 그러하지 아니하다.
   가. 해당 탱크를 지하철·지하가 또는 지하터널로부터 수평거리 10m 이내의 장소 또는 지하건축물내의 장소에 설치하지 아니할 것
   나. 해당 탱크를 그 수평투영의 세로 및 가로보다 각각 0.6m 이상 크고 두께가 0.3m 이상인 철근콘크리트조의 뚜껑으로 덮을 것
   다. 뚜껑에 걸리는 중량이 직접 해당 탱크에 걸리지 아니하는 구조일 것
   라. 해당 탱크를 견고한 기초 위에 고정할 것
   마. 해당 탱크를 지하의 가장 가까운 벽·피트·가스관 등의 시설물 및 대지경계선으로부터 0.6m 이상 떨어진 곳에 매설할 것

2. 탱크전용실은 지하의 가장 가까운 벽·피트·가스관 등의 시설물 및 대지경계선으로부터 0.1m 이상 떨어진 곳에 설치하고, 지하저장탱크와 탱크전용실의 안쪽과의 사이는 0.1m 이상의 간격을 유지하도록 하며, 해당 탱크의 주위에 마른 모래 또는 습기등에 의하여 응고되지 아니하는 입자지름 5mm 이하의 마른 자갈분을 채워야 한다.

3. 지하저장탱크의 윗 부분은 지면으로부터 0.6m 이상 아래에 있어야 한다.

4. 지하저장탱크를 2 이상 인접해 설치하는 경우에는 그 상호간에 1m(해당 2 이상의 지하저장탱크의 용량의 합계가 지정수량의 100배 이하인 때에는 0.5m) 이상의 간격을 유지하여야 한다. 다만, 그 사이에 탱크전용실의 벽이나 두께 20㎝ 이상의 콘크리트 구조물이 있는 경우에는 그러하지 아니하다.

5. 지하탱크저장소에는 별표 4 Ⅲ제1호의 기준에 따라 보기 쉬운 곳에 "위험물 지하탱크저장소"라는 표시를 한 표지와 동표 Ⅲ제2호의 기준에 따라 방화에 관하여 필요한 사항을 게시한 게시판을 설치하여야 한다.

6. 지하저장탱크는 용량에 따라 다음 표에 정하는 기준에 적합하게 강철판 또는 동등 이상의 성능이 있는 금속재질로 완전용입용접 또는 양면겹침이음용접으로 틈이 없도록 만드는 동시에, 압력탱크(최대상용압력이 46.7kPa 이상인 탱크를 말한다) 외의 탱크에 있어서는 70kPa의 압력으로, 압력탱크에 있어서는 최대상용압력의 1.5배의 압력으로 각각 10분간 수압시험을 실시하여 새거나 변형되지 아니하여야 한다. 이 경우 수압시험은 소방청장이 정하여 고시하는 기밀시험과 비파괴시험을 동시에 실시하는 방법으로 대신할 수 있다.

저장탱크용량(단위 ℓ)	탱크의 최대직경(단위 mm)	강철판의 최소두께(단위 mm)
1,000 이하	1,067	3.20
1,000 초과 2,000 이하	1,219	3.20
2,000 초과 4,000 이하	1,625	3.20
4,000 초과 15,000 이하	2,450	4.24
15,000 초과 45,000 이하	3,200	6.10
45,000 초과 75,000 이하	3,657	7.67
75,000 초과 189,000 이하	3,657	9.27
189,000 초과		10.00

7. 지하저장탱크의 외면은 다음 각목에 정하는 바에 따라 보호하여야 한다. 다만, 지하저장탱크의 재질이 부식의 우려가 없는 스테인레스 강판 등인 경우에는 방청도장을 하지 않을 수 있다.
    가. 탱크전용실에 설치하는 지하저장탱크의 외면은 다음의 1에 해당하는 방법으로 보호할 것
        1) 탱크의 외면에 방청도장을 할 것
        2) 탱크의 외면에 방청제 및 아스팔트프라이머의 순으로 도장을 한 후 아스팔트 루핑 및 철망의 순으로 탱크를 피복하고, 그 표면에 두께가 2cm 이상에 이를 때까지 모르타르를 도장할 것. 이 경우에 있어서 다음에 정하는 기준에 적합하여야 한다.
            가) 아스팔트루핑은 아스팔트루핑(KS F 4902)(35kg)의 규격에 의한 것 이상의 성능이 있을 것
            나) 철망은 와이어라스(KS F 4551)의 규격에 의한 것 이상의 성능이 있을 것
            다) 모르타르에는 방수제를 혼합할 것. 다만, 모르타르를 도장한 표면에 방수제를 도장하는 경우에는 그러하지 아니하다.
        3) 탱크의 외면에 방청도장을 실시하고, 그 표면에 아스팔트 및 아스팔트루핑에 의한 피복을 두께 1cm에 이를 때까지 교대로 실시할 것. 이 경우 아스팔트루핑은 2)가)의 기준에 적합하여야 한다.
        4) 탱크의 외면에 프라이머를 도장하고, 그 표면에 복장재를 휘감은 후 에폭시수지 또는 타르에폭시수지에 의한 피복을 탱크의 외면으로부터 두께 2mm 이상에 이를 때까지 실시할 것. 이 경우에 있어서 복장재는 수도용 강관아스팔트도복장방법(KS D 8306)으로 정하는 비닐론클로스 또는 헤시안클래스에 적합하여야 한다.
        5) 탱크의 외면에 프라이머를 도장하고, 그 표면에 유리섬유등을 강화재로 한 강화플라스틱에 의한 피복을 두께 3mm 이상에 이를 때까지 실시할 것
    나. 탱크전용실 외의 장소에 설치하는 지하저장탱크의 외면은 가목2) 내지 4)의 1에 해당하는 방법으로 보호할 것
8. 지하저장탱크 중 압력탱크(최대상용압력이 부압 또는 정압 5kPa을 초과하는 탱크를 말한다) 외의 제4류 위험물의 탱크에 있어서는 밸브 없는 통기관 또는 대기밸브 부착 통기관을 다음 각목에 정하는 바에 따라 설치하고, 압력탱크에 있어서는 별표 4 Ⅷ제4호의 규정에 의한 제조소의 안전장치의 기준을 준용하여야 한다.
    가. 밸브 없는 통기관
        1) 통기관은 지하저장탱크의 윗 부분에 연결할 것
        2) 통기관중 지하의 부분은 그 상부의 지면에 걸리는 중량이 직접 해당 부분에 미치지 아니하도록 보호하고, 해당 통기관의 접합부분(용접 그 밖의 위험물의 누설의 우려가 없다고 인정되는 방법에 의하여 접합된 것을 제외한다)에 대하여는 해당 접합부분의 손상유무를 점검할 수 있는 조치를 할 것
        3) 별표 7 Ⅰ 제1호 사목의 규정에 의한 옥내저장탱크의 통기관의 기준에 적합할 것
    나. 대기밸브 부착 통기관
        1) 가목1) 및 2)의 기준에 적합할 것
        2) 별표 6 Ⅵ제7호나목의 기준에 적합할 것. 다만, 제4류 제1석유류를 저장하는 탱크는 다음의 압력 차이에서 작동하여야 한다.
            가) 정압: 0.6kPa 이상 1.5kPa 이하   나) 부압: 1.5kPa 이상 3kPa 이하
        3) 별표 7 Ⅰ제1호사목1)가) 및 나)의 기준에 적합할 것
9. 액체위험물의 지하저장탱크에는 위험물의 양을 자동적으로 표시하는 장치 및 계량구를 설치하고, 계량구 직하에 있는 탱크의 밑판에 그 손상을 방지하기 위한 조치를 하여야 한다.
10. 액체위험물의 지하저장탱크의 주입구는 별표 6 Ⅵ제9호의 규정에 의한 옥외저장탱크의 주입구의 기준을 준용하여 옥외에 설치하여야 한다.
11. 지하저장탱크의 펌프설비는 펌프 및 전동기를 지하저장탱크 밖에 설치하는 펌프설비에 있어서는 별표 6 Ⅵ제

10호(가목 및 나목을 제외한다)의 규정에 의한 옥외저장탱크의 펌프설비의 기준에 준하여 설치하고, 펌프 또는 전동기를 지하저장탱크 안에 설치하는 펌프설비(이하 "액중펌프설비"라 한다)에 있어서는 다음 각목의 기준에 따라 설치하여야 한다.
   가. 액중펌프설비의 전동기의 구조는 다음에 정하는 기준에 의할 것
      1) 고정자는 위험물에 침투되지 아니하는 수지가 충전된 금속제의 용기에 수납되어 있을 것
      2) 운전중에 고정자가 냉각되는 구조로 할 것
      3) 전동기의 내부에 공기가 체류하지 아니하는 구조로 할 것
   나. 전동기에 접속되는 전선은 위험물이 침투되지 아니하는 것으로 하고, 직접 위험물에 접하지 아니하도록 보호할 것
   다. 액중펌프설비는 체절운전에 의한 전동기의 온도상승을 방지하기 위한 조치가 강구될 것
   라. 액중펌프설비는 다음의 경우에 있어서 전동기를 정지하는 조치가 강구될 것
      1) 전동기의 온도가 현저하게 상승한 경우
      2) 펌프의 흡입구가 노출된 경우
   마. 액중펌프설비는 다음에 의하여 설치할 것
      1) 액중펌프설비는 지하저장탱크와 플랜지접합으로 할 것
      2) 액중펌프설비 중 지하저장탱크내에 설치되는 부분은 보호관내에 설치할 것. 다만, 해당 부분이 충분한 강도가 있는 외장에 의하여 보호되어 있는 경우에 있어서는 그러하지 아니하다.
      3) 액중펌프설비 중 지하저장탱크의 상부에 설치되는 부분은 위험물의 누설을 점검할 수 있는 조치가 강구된 안전상 필요한 강도가 있는 피트내에 설치할 것
12. 지하저장탱크의 배관은 제13호의 규정에 의한 것 외에 별표 4 Ⅹ의 규정에 의한 제조소의 배관의 기준을 준용하여야 한다.
13. 지하저장탱크의 배관은 해당 탱크의 윗 부분에 설치하여야 한다. 다만, 제4류 위험물 중 제2석유류(인화점이 40℃ 이상인 것에 한한다), 제3석유류, 제4석유류 및 동식물유류의 탱크에 있어서 그 직근에 유효한 제어밸브를 설치한 경우에는 그러하지 아니하다.
14. 지하저장탱크에 설치하는 전기설비는 「전기사업법」에 의한 전기설비기술기준에 의하여야 한다.
15. 지하저장탱크의 주위에는 해당 탱크로부터의 액체위험물의 누설을 검사하기 위한 관을 다음의 각목의 기준에 따라 4개소 이상 적당한 위치에 설치하여야 한다.
   가. 이중관으로 할 것. 다만, 소공이 없는 상부는 단관으로 할 수 있다.
   나. 재료는 금속관 또는 경질합성수지관으로 할 것
   다. 관은 탱크전용실의 바닥 또는 탱크의 기초까지 닿게 할 것
   라. 관의 밑부분으로부터 탱크의 중심 높이까지의 부분에는 소공이 뚫려 있을 것. 다만, 지하수위가 높은 장소에 있어서는 지하수위 높이까지의 부분에 소공이 뚫려 있어야 한다.
   마. 상부는 물이 침투하지 아니하는 구조로 하고, 뚜껑은 검사 시에 쉽게 열 수 있도록 할 것
16. 탱크전용실은 벽·바닥 및 뚜껑을 다음 각 목에 정한 기준에 적합한 철근콘크리트구조 또는 이와 동등 이상의 강도가 있는 구조로 설치하여야 한다.
   가. 벽·바닥 및 뚜껑의 두께는 0.3m 이상일 것
   나. 벽·바닥 및 뚜껑의 내부에는 직경 9㎜부터 13㎜까지의 철근을 가로 및 세로로 5㎝부터 20㎝까지 의 간격으로 배치할 것
   다. 벽·바닥 및 뚜껑의 재료에 수밀콘크리트를 혼입하거나 벽·바닥 및 뚜껑의 중간에 아스팔트층을 만드는 방법으로 적정한 방수조치를 할 것.
17. 지하저장탱크에는 다음 각목의 1에 해당하는 방법으로 과충전을 방지하는 장치를 설치하여야 한다.

가. 탱크용량을 초과하는 위험물이 주입될 때 자동으로 그 주입구를 폐쇄하거나 위험물의 공급을 자동으로 차단하는 방법
나. 탱크용량의 90%가 찰 때 경보음을 울리는 방법
18. 지하탱크저장소에는 다음 각목의 기준에 의하여 맨홀을 설치하여야 한다.
    가. 맨홀은 지면까지 올라오지 아니하도록 하되, 가급적 낮게 할 것
    나. 보호틀을 다음 각목에 정하는 기준에 따라 설치할 것
        1) 보호틀을 탱크에 완전히 용접하는 등 보호틀과 탱크를 기밀하게 접합할 것
        2) 보호틀의 뚜껑에 걸리는 하중이 직접 보호틀에 미치지 아니하도록 설치하고, 빗물등이 침투하지 아니하도록 할 것
    다. 배관이 보호틀을 관통하는 경우에는 해당 부분을 용접하는 등 침수를 방지하는 조치를 할 것

II. 이중벽탱크의 지하탱크저장소의 기준

1. 지하탱크저장소[지하저장탱크의 외면에 누설을 감지할 수 있는 틈(이하 "감지층"이라 한다)이 생기도록 강판 또는 강화플라스틱 등으로 피복한 것을 설치하는 지하탱크저장소에 한한다]의 위치·구조 및 설비의 기술기준은 Ⅰ제3호 내지 제5호·제6호(수압시험과 관련되는 부분에 한한다)·제8호 내지 제14호·제17호·제18호 및 다음 각목의 1의 규정에 의한 기준을 준용하는 외에 Ⅱ에 정하는 바에 의한다.
    가. Ⅰ제1호나목 내지 마목(해당 지하저장탱크를 탱크전용실 외의 장소에 설치하는 경우에 한한다)
    나. Ⅰ제2호 및 제16호(해당 지하저장탱크를 지반면하에 설치된 탱크전용실에 설치하는 경우에 한한다)
2. 지하저장탱크는 다음 각목의 1 이상의 조치를 하여 지반면하에 설치하여야 한다.
    가. 지하저장탱크(제3호가목의 규정에 의한 재료로 만든 것에 한한다)에 다음 에 정하는 바에 따라 강판을 피복하고, 위험물의 누설을 상시 감지하기 위한 설비를 갖출 것
        1) 지하저장탱크에 해당 탱크의 저부로부터 위험물의 최고액면을 넘는 부분까지의 외측에 감지층이 생기도록 두께 3.2mm 이상의 강판을 피복할 것
        2) 1)의 규정에 따라 피복된 강판과 지하저장탱크 사이의 감지층에는 적당한 액체를 채우고 채워진 액체의 누설을 감지할 수 있는 설비를 갖출 것. 이 경우 감지층에 채워진 액체는 강판의 부식을 방지하는 조치를 강구한 것이어야 한다.
    나. 지하저장탱크에 다음에 정하는 바에 따라 강화플라스틱 또는 고밀도폴리에틸렌을 피복하고, 위험물의 누설을 상시 감지하기 위한 설비를 갖출 것
        1) 지하저장탱크는 다음에 정하는 바에 따라 피복할 것
            가) 제3호가목에 정하는 재료로 만든 지하저장탱크: 해당 탱크이 저부로부터 위험물의 최고액면을 넘는 부분까지의 외측에 감지층이 생기도록 두께 3mm 이상의 유리섬유강화플라스틱 또는 고밀도폴리에틸렌을 피복할 것. 이 경우 유리섬유강화플라스틱 또는 고밀도폴리에틸렌의 휨강도, 인장강도 등은 소방청장이 정하여 고시하는 성능이 있어야 한다.
            나) 제3호나목에 정하는 재료로 만든 지하저장탱크: 해당 탱크의 외측에 감지층이 생기도록 유리섬유강화플라스틱을 피복할 것
        2) 1)의 규정에 따라 피복된 강화플라스틱 또는 고밀도폴리에틸렌과 지하저장탱크의 사이의 감지층에는 누설한 위험물을 감지할 수 있는 설비를 갖출 것
3. 지하저장탱크는 다음 각목의 1의 재료로 기밀하게 만들어야 한다.
    가. 두께 3.2mm 이상의 강판
    나. 저장 또는 취급하는 위험물의 종류에 대응하여 다음 표에 정하는 수지 및 강화재로 만들어진 강화플라스틱

저장 또는 취급하는 위험물의 종류	수 지		강화재
휘발유(KS M 2612에 규정한 자동차용가솔린), 등유, 경유 또는 중유(KS M 2614에 규정한 것 중 1종에 한한다)	위험물과 접하는 부분	그 밖의 부분	제2호나목1)나)에 정하는 강화재
	KS M 3305(섬유강화플라스틱용액상불포화폴리에스테르수지)(UP-CM, UP-CE 또는 UP-CEE에 관한 규격에 한한다)에 적합한 수지 또는 이와 동등 이상의 내약품성이 있는 비닐에스테르수지	제2호나목1)가)에 정하는 수지	

4. 제3호나목에 정하는 재료로 만든 지하저장탱크에 제2호나목에 정하는 조치를 강구한 것(이하 이 호에서 "강화플라스틱제 이중벽탱크"라 한다)은 다음 각목에 정하는 하중이 작용하는 경우에 있어서 변형이 해당 지하저장탱크의 직경의 3% 이하이고, 휨응력도비(휨응력을 허용휨응력으로 나눈 것을 말한다)의 절대치와 축방향 응력도비(인장응력 또는 압축응력을 허용축방향응력으로 나눈 것을 말한다)의 절대치의 합이 1 이하인 구조이어야 한다. 이 경우 허용응력을 산정하는 때의 안전율은 4 이상의 값으로 한다.
   가. 강화플라스틱제 이중벽탱크의 윗 부분이 수면으로부터 0.5m 아래에 있는 경우에 해당 탱크에 작용하는 압력
   나. 탱크의 종류에 대응하여 다음에 정하는 압력의 내수압
      1) 압력탱크(최대상용압력이 46.7kPa 이상인 탱크를 말한다) 외의 탱크: 70kPa
      2) 압력탱크: 최대상용압력의 1.5배의 압력
5. 제3호가목의 규정에 의한 재료로 만든 지하저장탱크 또는 동목의 규정에 의한 재료로 만든 지하저장탱크에 제2호가목의 규정에 의한 조치를 강구한 것(이하 나목 및 다목에서 "강제이중벽탱크"라 한다)의 외면은 다음 각목에 정하는 바에 따라 보호하여야 한다.
   가. 제3호가목에 정하는 재료로 만든 지하저장탱크에 제2호나목에 정하는 조치를 강구한 것의 지하저장탱크의 외면은 제2호나목1)가)의 규정에 따라 강화플라스틱을 피복한 부분에 있어서는 Ⅰ제7호가목1)에 정하는 방법에 따라, 그 밖의 부분에 있어서는 동목5)에 정하는 방법에 따라 보호할 것
   나. 탱크전용실 외의 장소에 설치된 강제이중벽탱크의 외면은 Ⅰ제7호가목2) 내지 5)에 정하는 어느 하나 이상의 방법에 따라 보호할 것
   다. 탱크전용실에 설치된 강제이중벽탱크의 외면은 Ⅰ제7호가목1) 내지 5)에 정하는 어느 하나의 방법에 따라 보호할 것
6. 제1호 내지 제5호의 규정에 의한 기준 외에 이중벽탱크의 구조(재질 및 강도를 포함한다)·성능시험·표시사항·운반 및 설치 등에 관한 기준은 소방청장이 정하여 고시한다.

Ⅲ. 특수누설방지구조의 지하탱크저장소의 기준

지하탱크저장소 [지하저장탱크를 위험물의 누설을 방지할 수 있도록 두께 15cm(측방 및 하부에 있어서는 30cm) 이상의 콘크리트로 피복하는 구조로 하여 지면하에 설치하는 것에 한한다]의 위치·구조 및 설비의 기술기준은 Ⅰ제1호 나목 내지 마목·제3호·제5호·제6호·제8호 내지 제15호·제17호 및 제18호의 규정을 준용하는 외에 지하저장탱크의 외면을 Ⅰ제7호 가목2) 내지 5)의 어느 하나에 해당하는 방법으로 보호하여야 한다.

Ⅳ. 위험물의 성질에 따른 지하탱크저장소의 특례

1. 아세트알데히드등 및 히드록실아민등을 저장 또는 취급하는 지하탱크저장소는 해당 위험물의 성질에 따라 Ⅰ 내지 Ⅲ의 규정에 의한 기준에 의하되, 강화되는 기준은 제2호 및 제3호의 규정에 따라야 한다.
2. 아세트알데히드등을 저장 또는 취급하는 지하탱크저장소에 대하여 강화되는 기준은 다음 각목과 같다.
   가. Ⅰ제1호 단서의 규정에 불구하고 지하저장탱크는 지반면하에 설치된 탱크전용실에 설치할 것
   나. 지하저장탱크의 설비는 별표 6의 규정에 의한 아세트알데히드등의 옥외저장탱크의 설비의 기준을 준용할

것. 다만, 지하저장탱크가 아세트알데히드등의 온도를 적당한 온도로 유지할 수 있는 구조인 경우에는 냉각장치 또는 보냉장치를 설치하지 아니할 수 있다.
3. 히드록실아민등을 저장 또는 취급하는 지하탱크저장소에 대하여 강화되는 기준은 별표 6의 규정에 의한 히드록실아민등을 저장 또는 취급하는 옥외탱크저장소의 규정을 준용한다.

[규칙 별표 9] **간이탱크저장소의 위치·구조 및 설비의 기준**(제33조관련)

1. 위험물을 저장 또는 취급하는 간이탱크(이하 Ⅰ, 별표 13 Ⅲ 및 별표 18 Ⅲ에서 "간이저장탱크"라 한다)는 옥외에 설치하여야 한다. 다만, 다음 각목의 기준에 적합한 전용실안에 설치하는 경우에는 그러하지 아니하다.
    가. 전용실의 구조는 별표 7 Ⅰ제1호가목 및 너목의 규정에 의한 옥내탱크저장소의 탱크전용실의 구조의 기준에 적합할 것
    나. 전용실의 창 및 출입구는 별표 7 Ⅰ제1호더목 및 러목의 규정에 의한 옥내탱크저장소의 창 및 출입구의 기준에 적합할 것
    다. 전용실의 바닥은 별표 7 Ⅰ제1호머목의 규정에 의한 옥내탱크저장소의 탱크전용실의 바닥의 구조의 기준에 적합할 것
    라. 전용실의 채광·조명·환기 및 배출의 설비는 별표 5 Ⅰ제14호의 규정에 의한 옥내저장소의 채광·조명·환기 및 배출의 설비의 기준에 적합할 것
2. 하나의 간이탱크저장소에 설치하는 간이저장탱크는 그 수를 3 이하로 하고, 동일한 품질의 위험물의 간이저장탱크를 2 이상 설치하지 아니하여야 한다.
3. 간이탱크저장소에는 별표 4 Ⅲ제1호의 기준에 따라 보기 쉬운 곳에 "위험물 간이탱크저장소"라는 표시를 한 표지와 동표 Ⅲ제2호의 기준에 따라 방화에 관하여 필요한 사항을 게시한 게시판을 설치하여야 한다.
4. 간이저장탱크는 움직이거나 넘어지지 아니하도록 지면 또는 가설대에 고정시키되, 옥외에 설치하는 경우에는 그 탱크의 주위에 너비 1m <u>이상의 공지를 두고, 전용실안에 설치하는 경우에는 탱크와 전용실의 벽과의 사이에 0.5m 이상의 간격</u>을 유지하여야 한다.
5. <u>간이저장탱크의 용량은 600ℓ 이하</u>이어야 한다.
6. 간이저장탱크는 두께 3.2mm 이상의 강판으로 흠이 없도록 제작하여야 하며, <u>70kPa의 압력으로 10분간</u>의 수압시험을 실시하여 새거나 변형되지 아니하여야 한다.
7. 간이저장탱크의 외면에는 녹을 방지하기 위한 도장을 하여야 한다.
8. 간이저장탱크에는 다음 각목의 기준에 적합한 밸브 없는 통기관 또는 대기밸브부착 통기관을 설치하여야 한다.
    가. 밸브 없는 통기관
        1) <u>통기관의 지름은 25mm 이상</u>으로 할 것
        2) 통기관은 옥외에 설치하되, 그 선단의 높이는 지상 1.5m 이상으로 할 것
        3) 통기관의 선단은 수평면에 대하여 아래로 45도 이상 구부려 빗물등이 침투하지 아니하도록 할 것
        4) 가는 눈의 구리망 등으로 인화방지장치를 할 것다만, 인화점 70℃ 이상의 위험물만을 해당 위험물의 인화점미만의 온도로 저장 또는 취급하는 탱크에 설치하는 통기관에 있어서는 그러하지 아니하다.
    나. 대기밸브 부착 통기관
        1) 가목2) 및 4)의 기준에 적합할 것
        2) 별표 6 Ⅵ제7호나목1)의 기준에 적합할 것
9. 간이저장탱크에 고정주유설비 또는 고정급유설비를 설치하는 경우에는 별표 13 Ⅳ의 규정에 의한 고정주유설비 또는 고정급유설비의 기준에 적합하여야 한다.

[규칙 별표 10]

이동탱크저장소의 위치·구조 및 설비의 기준(제34조관련)

I. 상치장소
이동탱크저장소의 상치장소는 다음 각호의 기준에 적합하여야 한다.
1. 옥외에 있는 상치장소는 화기를 취급하는 장소 또는 인근의 건축물로부터 5m 이상(인근의 건축물이 1층인 경우에는 3m 이상)의 거리를 확보하여야 한다. 다만, 하천의 공지나 수면, 내화구조 또는 불연재료의 담 또는 벽 그 밖에 이와 유사한 것에 접하는 경우를 제외한다.
2. 옥내에 있는 상치장소는 벽·바닥·보·서까래 및 지붕이 내화구조 또는 불연재료로 된 건축물의 1층에 설치하여야 한다.

II. 이동저장탱크의 구조
1. 이동저장탱크의 구조는 다음 각목의 기준에 의하여야 한다.
   가. 탱크(맨홀 및 주입관의 뚜껑을 포함한다)는 두께 3.2mm 이상의 강철판 또는 이와 동등 이상의 강도·내식성 및 내열성이 있다고 인정하여 소방청장이 정하여 고시하는 재료 및 구조로 위험물이 새지 아니하게 제작할 것
   나. 압력탱크(최대상용압력이 46.7kPa 이상인 탱크를 말한다) 외의 탱크는 70kPa의 압력으로, 압력탱크는 최대상용압력의 1.5배의 압력으로 각각 10분간의 수압시험을 실시하여 새거나 변형되지 아니할 것. 이 경우 수압시험은 용접부에 대한 비파괴시험과 기밀시험으로 대신할 수 있다.
2. 이동저장탱크는 그 내부에 4,000ℓ 이하마다 3.2mm 이상의 강철판 또는 이와 동등 이상의 강도·내식성 및 내열성이 있는 금속성의 것으로 칸막이를 설치하여야 한다. 다만, 고체인 위험물을 저장하거나 고체인 위험물을 가열하여 액체 상태로 저장하는 경우에는 그러하지 아니하다.
3. 제2호의 규정에 의한 칸막이로 구획된 각 부분마다 맨홀과 다음 각목의 기준에 의한 안전장치 및 방파판을 설치하여야 한다. 다만, 칸막이로 구획된 부분의 용량이 2,000ℓ 미만인 부분에는 방파판을 설치하지 아니할 수 있다.
   가. 안전장치
   상용압력이 20kPa 이하인 탱크에 있어서는 20kPa 이상 24kPa 이하의 압력에서, 상용압력이 20kPa을 초과하는 탱크에 있어서는 상용압력의 1.1배 이하의 압력에서 작동하는 것으로 할 것
   나. 방파판
   1) 두께 1.6mm 이상의 강철판 또는 이와 동등 이상의 강도·내열성 및 내식성이 있는 금속성의 것으로 할 것
   2) 하나의 구획부분에 2개 이상의 방파판을 이동탱크저장소의 진행방향과 평행으로 설치하되, 각 방파판은 그 높이 및 칸막이로부터의 거리를 다르게 할 것
   3) 하나의 구획부분에 설치하는 각 방파판의 면적의 합계는 해당 구획부분의 최대 수직단면적의 50% 이상으로 할 것. 다만, 수직단면이 원형이거나 짧은 지름이 1m 이하의 타원형일 경우에는 40% 이상으로 할 수 있다.
4. 맨홀·주입구 및 안전장치등이 탱크의 상부에 돌출되어 있는 탱크에 있어서는 다음 각목의 기준에 의하여 부속장치의 손상을 방지하기 위한 측면틀 및 방호틀을 설치하여야 한다. 다만, 피견인자동차에 고정된 탱크에는 측면틀을 설치하지 아니할 수 있다.
   가. 측면틀
   1) 탱크 뒷부분의 입면도에 있어서 측면틀의 최외측과 탱크의 최외측을 연결하는 직선(이하 II에서 "최외측선"이라 한다)의 수평면에 대한 내각이 75도 이상이 되도록 하고, 최대수량의 위험물을 저장한 상태에 있을 때의 해당 탱크중량의 중심점과 측면틀의 최외측을 연결하는 직선과 그 중심점을 지나는 직선중 최외

측선과 직각을 이루는 직선과의 내각이 35도 이상이 되도록 할 것
2) 외부로부터의 하중에 견딜 수 있는 구조로 할 것
3) 탱크상부의 네 모퉁이에 해당 탱크의 전단 또는 후단으로부터 각각 1m 이내의 위치에 설치할 것
4) 측면틀에 걸리는 하중에 의하여 탱크가 손상되지 아니하도록 측면틀의 부착부분에 받침판을 설치할 것

나. 방호틀
1) 두께 2.3mm 이상의 강철판 또는 이와 동등 이상의 기계적 성질이 있는 재료로써 산모양의 형상으로 하거나 이와 동등 이상의 강도가 있는 형상으로 할 것
2) 정상부분은 부속장치보다 50mm 이상 높게 하거나 이와 동등 이상의 성능이 있는 것으로 할 것

5. 탱크의 외면에는 방청도장을 하여야 한다.

Ⅲ. 배출밸브 및 폐쇄장치

1. 이동저장탱크의 아랫부분에 배출구를 설치하는 경우에는 해당 탱크의 배출구에 밸브(이하 Ⅲ에서 "배출밸브"라 한다)를 설치하고 비상시에 직접 해당 배출밸브를 폐쇄할 수 있는 수동폐쇄장치 또는 자동폐쇄장치를 설치하여야 한다.
2. 제1호에 따른 수동폐쇄장치를 설치하는 경우에는 수동폐쇄장치를 작동시킬 수 있는 레버 또는 이와 유사한 기능을 하는 것을 설치하고, 그 바로 옆에 해당 장치의 작동방식을 표시하여야 한다. 이 경우 레버를 설치하는 경우에는 다음 각 목의 기준에 따라 설치하여야 한다.
    가. 손으로 잡아당겨 수동폐쇄장치를 작동시킬 수 있도록 할 것   나. 길이는 15cm 이상으로 할 것
3. 제1호의 규정에 따라 배출밸브를 설치하는 경우, 그 배출밸브에 대하여 외부로부터의 충격으로 인한 손상을 방지하기 위하여 필요한 장치를 하여야 한다.
4. 탱크의 배관의 선단부에는 개폐밸브를 설치하여야 한다.

Ⅳ. 결합금속구 등

1. 액체위험물의 이동탱크저장소의 주입호스(이동저장탱크로부터 위험물을 저장 또는 취급하는 다른 탱크로 위험물을 공급하는 호스를 말한다. 제2호 및 제3호에서 같다)는 위험물을 저장 또는 취급하는 탱크의 주입구와 결합할 수 있는 금속구를 사용하되, 그 결합금속구(제6류 위험물의 탱크의 것을 제외한다)는 놋쇠 그 밖에 마찰 등에 의하여 불꽃이 생기지 아니하는 재료로 하여야 한다.
2. 제1호의 규정에 의한 주입호스의 재질과 규격 및 결합금속구의 규격은 소방청장이 정하여 고시한다.
3. 이동탱크저장소에 주입설비(주입호스의 선단에 개폐밸브를 설치한 것을 말한다)를 설치하는 경우에는 다음 각목의 기준에 의하여야 한다.
    가. 위험물이 샐 우려가 없고 화재예방상 안전한 구조로 할 것
    나. 주입설비의 길이는 50m 이내로 하고, 그 선단에 축적되는 정전기를 유효하게 제거할 수 있는 장치를 할 것
    다. 분당 토출량은 200ℓ 이하로 할 것

Ⅴ. 표지 및 상치장소 표시

1. 이동탱크저장소에는 소방청장이 정하여 고시하는 바에 따라 저장하는 위험물의 위험성을 알리는 표지를 설치하여야 한다.
2. 이동탱크저장소의 탱크외부에는 소방청장이 정하여 고시하는 바에 따라 도장 등을 하여 쉽게 식별할 수 있도록 하고, 보기 쉬운 곳에 Ⅰ의 규정에 의한 상치장소의 위치를 표시하여야 한다.

Ⅵ. 펌프설비

1. 이동탱크저장소에 설치하는 펌프설비는 해당 이동탱크저장소의 차량구동용 엔진(피견인식 이동탱크저장소의 견인부분에 설치된 것은 제외한다)의 동력원을 이용하여 위험물을 이송하여야 한다. 다만, 다음 각목의 기준에 의

하여 외부로부터 전원을 공급받는 방식의 모터펌프를 설치할 수 있다.
   가. 저장 또는 취급가능한 위험물은 인화점 40℃ 이상의 것 또는 비인화성의 것에 한할 것
   나. 화재예방상 지장이 없는 위치에 고정하여 설치할 것
2. 피견인식 이동탱크저장소의 견인부분에 설치된 차량구동용 엔진의 동력원을 이용하여 위험물을 이송하는 경우에는 다음 각목의 기준에 적합하여야 한다.
   가. 견인부분에 작동유탱크 및 유압펌프를 설치하고, 피견인부분에 오일모터 및 펌프를 설치할 것
   나. 트랜스미션(Transmission)으로부터 동력전동축을 경유하여 견인부분의 유압펌프를 작동시키고 그 유압에 의하여 피견인부분의 오일모터를 경유하여 펌프를 작동시키는 구조일 것
3. 이동탱크저장소에 설치하는 펌프설비는 해당 이동저장탱크로부터 위험물을 토출하는 용도에 한한다. 다만, 폐유의 회수등의 용도에 사용되는 이동탱크저장소에는 다음의 각목의 기준에 의하여 진공흡입방식의 펌프를 설치할 수 있다.
   가. 저장 또는 취급가능한 위험물은 인화점이 70℃ 이상인 폐유 또는 비인화성의 것에 한할 것
   나. 감압장치의 배관 및 배관의 이음은 금속제일 것. 다만, 완충용이음은 내압 및 내유성이 있는 고무제품을, 배기통의 최상부는 합성수지제품을 사용할 수 있다.
   다. 호스 선단에는 돌등의 고형물이 혼입되지 아니하도록 망 등을 설치할 것
   라. 이동저장탱크로부터 위험물을 다른 저장소로 옮겨 담는 경우에는 해당 저장소의 펌프 또는 자연하류의 방식에 의하는 구조일 것

Ⅶ. 접지도선

제4류 위험물 중 특수인화물, 제1석유류 또는 제2석유류의 이동탱크저장소에는 다음의 각호의 기준에 의하여 접지도선을 설치하여야 한다.
1. 양도체(良導體)의 도선에 비닐 등 절연재료로 피복하여 선단에 접지전극 등을 결착시킬 수 있는 클립(clip) 등을 부착할 것
2. 도선이 손상되지 아니하도록 도선을 수납할 수 있는 장치를 부착할 것

Ⅷ. 컨테이너식 이동탱크저장소의 특례

1. 이동저장탱크를 차량 등에 옮겨 싣는 구조로 된 이동탱크저장소(이하 "컨테이너식 이동탱크저장소"라 한다)에 대하여는 Ⅳ의 규정을 적용하지 아니하되, 다음 각목의 기준에 적합하여야 한다.
   가. 이동저장탱크는 옮겨 싣는 때에 이동저장탱크하중에 의하여 생기는 응력 및 변형에 대하여 안전한 구조로 할 것
   나. 컨테이너식 이동탱크저장소에는 이동저장탱크하중의 4배의 전단하중에 견디는 걸고리체결금속구 및 모서리체결금속구를 설치할 것. 다만, 용량이 6,000ℓ 이하인 이동저장탱크를 싣는 이동탱크저장소의 경우에는 이동저장탱크를 차량의 샤시프레임에 체결하도록 만든 구조의 유(U)자볼트를 설치할 수 있다.
   다. 컨테이너식 이동탱크저장소에 주입호스를 설치하는 경우에는 Ⅳ의 기준에 의할 것
2. 다음 각목의 기준에 적합한 이동저장탱크로 된 컨테이너식 이동탱크저장소에 대하여는 Ⅲ제2호 내지 제4호의 규정을 적용하지 아니한다.
   가. 이동저장탱크 및 부속장치(맨홀·주입구 및 안전장치 등을 말한다)는 강재로 된 상자형태의 틀(이하 "상자틀"이라 한다)에 수납할 것
   나. 상자틀의 구조물중 이동저장탱크의 이동방향과 평행한 것과 수직인 것은 해당 이동저장탱크·부속장치 및 상자틀의 자중과 저장하는 위험물의 무게를 합한 하중(이하 "이동저장탱크하중"이라 한다)의 2배 이상의 하중에, 그 외 이동저장탱크의 이동방향과 직각인 것은 이동저장탱크하중 이상의 하중에 각각 견딜 수 있는 강도가 있는 구조로 할 것

다. 이동저장탱크·맨홀 및 주입구의 뚜껑은 두께 6mm(해당 탱크의 직경 또는 장경이 1.8m 이하인 것은 5mm) 이상의 강판 또는 이와 동등 이상의 기계적 성질이 있는 재료로 할 것

라. 이동저장탱크에 칸막이를 설치하는 경우에는 해당 탱크의 내부를 완전히 구획하는 구조로 하고, 두께 <u>3.2mm</u> 이상의 강판 또는 이와 동등 이상의 기계적 성질이 있는 재료로 할 것

마. 이동저장탱크에는 맨홀 및 안전장치를 설치할 것

바. 부속장치는 상자틀의 최외측과 50mm 이상의 간격을 유지할 것

3. 컨테이너식 이동탱크저장소에 대하여는 Ⅴ제2호를 적용하지 아니하되, 이동저장탱크의 보기 쉬운 곳에 가로 0.4m 이상, 세로 0.15m 이상의 백색 바탕에 흑색 문자로 허가청의 명칭 및 완공검사번호를 표시하여야 한다.

Ⅸ. 주유탱크차의 특례

1. 항공기주유취급소(별표 13 Ⅹ의 규정에 의한 항공기주유취급소를 말한다. 이하 같다)에 있어서 항공기의 연료탱크에 직접 주유하기 위한 주유설비를 갖춘 이동탱크저장소(이하 "주유탱크차"라 한다)에 대하여는 Ⅳ의 규정을 적용하지 아니하되, 다음 각목의 기준에 적합하여야 한다.

    가. 주유탱크차에는 엔진배기통의 선단부에 화염의 분출을 방지하는 장치를 설치할 것

    나. 주유탱크차에는 주유호스 등이 적정하게 격납되지 아니하면 발진되지 아니하는 장치를 설치할 것

    다. 주유설비는 다음의 기준에 적합한 구조로 할 것

      1) 배관은 금속제로서 최대상용압력의 1.5배 이상의 압력으로 10분간 수압시험을 실시하였을 때 누설 그 밖의 이상이 없는 것으로 할 것

      2) 주유호스의 선단에 설치하는 밸브는 위험물의 누설을 방지할 수 있는 구조로 할 것

      3) 외장은 난연성이 있는 재료로 할 것

    라. 주유설비에는 해당 주유설비의 펌프기기를 정지하는 등의 방법에 의하여 이동저장탱크로부터의 위험물 이송을 긴급히 정지할 수 있는 장치를 설치할 것

    마. 주유설비에는 개방조작시에만 개방하는 자동폐쇄식의 개폐장치를 설치하고, 주유호스의 선단부에는 연료탱크의 주입구에 연결하는 결합금속구를 설치할 것. 다만, 주유호스의 선단부에 수동개폐장치를 설치한 주유노즐(수동개폐장치를 개방상태에서 고정하는 장치를 설치한 것을 제외한다)을 설치한 경우에는 그러하지 아니하다.

    바. 주유설비에는 주유호스의 선단에 축적된 정전기를 유효하게 제거하는 장치를 설치할 것

    사. 주유호스는 최대상용압력의 2배 이상의 압력으로 수압시험을 실시하여 누설 그 밖의 이상이 없는 것으로 할 것

2. 공항 안에서 시속 40km 이하로 운행하도록 된 주유탱크차에는 Ⅱ제2호와 제3호(방파판에 관한 부분으로 한정한다)의 규정을 적용하지 아니하되, 다음 각 목의 기준에 적합하여야 한다.

    가. 이동저장탱크는 그 내부에 길이 1.5m 이하 또는 부피 4천ℓ 이하마다 3.2mm 이상의 강철판 또는 이와 같은 수준 이상의 강도·내열성 및 내식성이 있는 금속성의 것으로 칸막이를 설치할 것

    나. 가목에 따른 칸막이에 구멍을 낼 수 있되, 그 직경이 40㎝ 이내일 것

Ⅹ. 위험물의 성질에 따른 이동탱크저장소의 특례

1. 알킬알루미늄등을 저장 또는 취급하는 이동탱크저장소는 Ⅰ 내지 Ⅷ의 규정에 의한 기준에 의하되, 해당 위험물의 성질에 따라 강화되는 기준은 다음 각목에 의하여야 한다.

    가. Ⅱ제1호의 규정에 불구하고 이동저장탱크는 두께 10mm 이상의 강판 또는 이와 동등 이상의 기계적 성질이 있는 재료로 기밀하게 제작되고 1MPa 이상의 압력으로 10분간 실시하는 수압시험에서 새거나 변형하지 아니하는 것일 것

    나. 이동저장탱크의 용량은 1,900ℓ 미만일 것

다. Ⅱ제3호가목의 규정에 불구하고, 안전장치는 이동저장탱크의 수압시험의 압력의 2/3를 초과하고 4/5를 넘지 아니하는 범위의 압력으로 작동할 것
라. Ⅱ제1호가목의 규정에 불구하고, 이동저장탱크의 맨홀 및 주입구의 뚜껑은 두께 10mm 이상의 강판 또는 이와 동등 이상의 기계적 성질이 있는 재료로 할 것
마. Ⅲ제1호의 규정에 불구하고, 이동저장탱크의 배관 및 밸브 등은 해당 탱크의 윗부분에 설치할 것
바. Ⅷ제1호나목의 규정에 불구하고, 이동탱크저장소에는 이동저장탱크하중의 4배의 전단하중에 견딜 수 있는 걸고리체결금속구 및 모서리체결금속구를 설치할 것
사. 이동저장탱크는 불활성의 기체를 봉입할 수 있는 구조로 할 것
아. 이동저장탱크는 그 외면을 적색으로 도장하는 한편, 백색 문자로서 동판(胴板)의 양측면 및 경판(鏡板)에 별표 4 Ⅲ제2호라목의 규정에 의한 주의사항을 표시할 것
2. 아세트알데히드등을 저장 또는 취급하는 이동탱크저장소는 Ⅰ 내지 Ⅷ의 규정에 의하되, 해당 위험물의 성질에 따라 강화되는 기준은 다음 각목에 의하여야 한다.
가. 이동저장탱크는 불활성의 기체를 봉입할 수 있는 구조로 할 것
나. 이동저장탱크 및 그 설비는 은·수은·동·마그네슘 또는 이들을 성분으로 하는 합금으로 만들지 아니할 것
3. 히드록실아민등을 저장 또는 취급하는 이동탱크저장소는 Ⅰ 내지 Ⅷ의 규정에 의하되, 강화되는 기준은 별표 6 ⅩⅠ제3호의 규정에 의한 히드록실아민등을 저장 또는 취급하는 옥외탱크저장소의 규정을 준용하여야 한다.

[규칙 별표 11]
옥외저장소의 위치·구조 및 설비의 기준(제35조관련)

Ⅰ. 옥외저장소의 기준

1. 옥외저장소 중 위험물을 용기에 수납하여 저장 또는 취급하는 것의 위치·구조 및 설비의 기술기준은 다음 각목과 같다.
    가. 옥외저장소는 별표 4 Ⅰ의 규정에 준하여 안전거리를 둘 것
    나. 옥외저장소는 습기가 없고 배수가 잘 되는 장소에 설치할 것
    다. 위험물을 저장 또는 취급하는 장소의 주위에는 경계표시(울타리의 기능이 있는 것에 한한다. 이와 같다)를 하여 명확하게 구분할 것
    라. 다목의 경계표시의 주위에는 그 저장 또는 취급하는 위험물의 최대수량에 따라 다음 표에 의한 너비의 공지를 보유할 것. 다만, 제4류 위험물 중 제4석유류와 제6류 위험물을 저장 또는 취급하는 옥외저장소의 보유공지는 다음 표에 의한 공지의 너비의 1/3 이상의 너비로 할 수 있다.

저장 또는 취급하는 위험물의 최대수량	공지의 너비
지정수량의 10배 이하	3m 이상
지정수량의 10배 초과 20배 이하	5m 이상
지정수량의 20배 초과 50배 이하	9m 이상
지정수량의 50배 초과 200배 이하	12m 이상
지정수량의 200배 초과	15m 이상

마. 옥외저장소에는 별표 4 Ⅲ제1호의 기준에 따라 보기 쉬운 곳에 "위험물 옥외저장소"라는 표시를 한 표지와 동표 Ⅲ제2호의 기준에 따라 방화에 관하여 필요한 사항을 게시한 게시판을 설치하여야 한다.

바. 옥외저장소에 선반을 설치하는 경우에는 다음의 기준에 의할 것
   1) 선반은 불연재료로 만들고 견고한 지반면에 고정할 것
   2) 선반은 해당 선반 및 그 부속설비의 자중·저장하는 위험물의 중량·풍하중·지진의 영향등에 의하여 생기는 응력에 대하여 안전할 것
   3) 선반의 높이는 6m를 초과하지 아니할 것
   4) 선반에는 위험물을 수납한 용기가 쉽게 낙하하지 아니하는 조치를 강구할 것
사. 과산화수소 또는 과염소산을 저장하는 옥외저장소에는 불연성 또는 난연성의 천막 등을 설치하여 햇빛을 가릴 것
아. 눈·비 등을 피하거나 차광 등을 위하여 옥외저장소에 캐노피 또는 지붕을 설치하는 경우에는 환기 및 소화활동에 지장을 주지 아니하는 구조로 할 것. 이 경우 기둥은 내화구조로 하고, 캐노피 또는 지붕을 불연재료로 하며, 벽을 설치하지 아니하여야 한다.

2. 옥외저장소 중 덩어리 상태의 유황만을 지반면에 설치한 경계표시의 안쪽에서 저장 또는 취급하는 것(제1호에 정하는 것을 제외한다)의 위치·구조 및 설비의 기술기준은 제1호 각목의 기준 및 다음 각목과 같다.
   가. 하나의 경계표시의 내부의 면적은 100m² 이하일 것
   나. 2 이상의 경계표시를 설치하는 경우에 있어서는 각각의 경계표시 내부의 면적을 합산한 면적은 1,000m² 이하로 하고, 인접하는 경계표시와 경계표시와의 간격을 제1호라목의 규정에 의한 공지의 너비의 1/2 이상으로 할 것. 다만, 저장 또는 취급하는 위험물의 최대수량이 지정수량의 200배 이상인 경우에는 10m 이상으로 하여야 한다.
   다. 경계표시는 불연재료로 만드는 동시에 유황이 새지 아니하는 구조로 할 것
   라. 경계표시의 높이는 1.5m 이하로 할 것
   마. 경계표시에는 유황이 넘치거나 비산하는 것을 방지하기 위한 천막 등을 고정하는 장치를 설치하되, 천막 등을 고정하는 장치는 경계표시의 길이 2m마다 한 개 이상 설치할 것
   바. 유황을 저장 또는 취급하는 장소의 주위에는 배수구와 분리장치를 설치할 것

II. 고인화점 위험물의 옥외저장소의 특례

1. 고인화점 위험물만을 저장 또는 취급하는 옥외저장소 중 그 위치가 다음 각목에 정하는 기준에 적합한 것에 대하여는 I 제1호가목 및 라목의 규정을 적용하지 아니한다.
   가. 옥외저장소는 별표 4 제1호의 규정에 준하여 안전거리를 둘 것
   나. I 제1호다목의 경계표시의 주위에는 다음 표에 정하는 너비의 공지를 보유할 것

저장 또는 취급하는 위험물의 최대수량	공지의 너비
지정수량의 50배 이하	3m 이상
지정수량의 50배 초과 200배 이하	6m 이상
지정수량의 200배 초과	10m 이상

III. 인화성고체, 제1석유류 또는 알코올류의 옥외저장소의 특례

제2류 위험물 중 인화성고체(인화점이 21℃ 미만인 것에 한한다. 이하 III에서 같다) 또는 제4류 위험물 중 제1석유류 또는 알코올류를 저장 또는 취급하는 옥외저장소에 있어서는 I 제1호의 규정에 의한 기준에 의하는 외에 해당 위험물의 성질에 따라 다음 각호에 정하는 기준에 의한다.

1. 인화성고체, 제1석유류 또는 알코올류를 저장 또는 취급하는 장소에는 해당 위험물을 적당한 온도로 유지하기 위한 살수설비 등을 설치하여야 한다.
2. 제1석유류 또는 알코올류를 저장 또는 취급하는 장소의 주위에는 배수구 및 집유설비를 설치하여야 한다. 이 경우 제1석유류(온도 20℃의 물 100g에 용해되는 양이 1g 미만인 것에 한한다)를 저장 또는 취급하는 장소에

있어서는 집유설비에 유분리장치를 설치하여야 한다.

Ⅳ. 수출입 하역장소의 옥외저장소의 특례

「관세법」제154조에 따른 보세구역, 「항만법」제2조제1호에 따른 항만 또는 같은 조 제7호에 따른 항만배후단지 내에서 수출입을 위한 위험물을 저장 또는 취급하는 옥외저장소 중 Ⅰ제1호(라목은 제외한다)의 규정에 적합한 것은 다음 표에 정하는 너비의 공지(空地)를 보유할 수 있다.

저장 또는 취급하는 위험물의 최대수량	공지의 너비
지정수량의 50배 이하	3m 이상
지정수량의 50배 초과 200배 이하	4m 이상
지정수량의 200배 초과	5m 이상

[규칙 별표 12] 암반탱크저장소의 위치·구조 및 설비의 기준(제36조관련)

Ⅰ. 암반탱크

1. 암반탱크저장소의 암반탱크는 다음 각목의 기준에 의하여 설치하여야 한다.
    가. 암반탱크는 암반투수계수가 <u>1초당 10만분의 1m 이하</u>인 천연암반내에 설치할 것
    나. 암반탱크는 저장할 위험물의 증기압을 억제할 수 있는 지하수면하에 설치할 것
    다. 암반탱크의 내벽은 암반균열에 의한 낙반을 방지할 수 있도록 볼트·콘크리트등으로 보강할 것
2. 암반탱크는 다음 각목의 기준에 적합한 수리조건을 갖추어야 한다.
    가. 암반탱크내로 유입되는 지하수의 양은 암반내의 지하수 충전량보다 적을 것
    나. 암반탱크의 상부로 물을 주입하여 수압을 유지할 필요가 있는 경우에는 수벽공을 설치할 것
    다. 암반탱크에 가해지는 지하수압은 저장소의 최대운영압보다 항상 크게 유지할 것

Ⅱ. 지하수위 관측공의 설치

암반탱크저장소 주위에는 지하수위 및 지하수의 흐름 등을 확인·통제할 수 있는 관측공을 설치하여야 한다.

Ⅲ. 계량장치

암반탱크저장소에는 위험물의 양과 내부로 유입되는 지하수의 양을 측정할 수 있는 계량구와 자동측정이 가능한 계량장치를 설치하여야 한다.

Ⅳ. 배수시설

암반탱크저장소에는 주변 암반으로부터 유입되는 침출수를 자동으로 배출할 수 있는 시설을 설치하고 침출수에 섞인 위험물이 직접 배수구로 흘러 들어가지 아니하도록 유분리장치를 설치하여야 한다.

Ⅴ. 펌프설비

암반탱크저장소의 펌프설비는 점검 및 보수를 위하여 사람의 출입이 용이한 구조의 전용공동에 설치하여야 한다. 다만, 액중펌프(펌프 또는 전동기를 저장탱크 또는 암반탱크 안에 설치하는 것을 말한다. 이하 같다)를 설치한 경우에는 그러하지 아니하다.

Ⅵ. 위험물제조소 및 옥외탱크저장소에 관한 기준의 준용

1. 암반탱크저장소에는 별표 4 Ⅲ제1호의 기준에 따라 보기 쉬운 곳에 "위험물 암반탱크저장소"라는 표시를 한 표지와 동표 Ⅲ제2호의 기준에 따라 방화에 관하여 필요한 사항을 게시한 게시판을 설치하여야 한다.
2. 별표 4 Ⅷ제4호·제6호, 동표 Ⅹ 및 별표 6 Ⅵ제9호의 규정은 암반탱크저장소의 압력계·안전장치, 정전기 제거설비, 배관 및 주입구의 설치에 관하여 이를 준용한다.

[규칙 별표 13]

주유취급소의 위치·구조 및 설비의 기준(제37조관련)

I. 주유공지 및 급유공지

1. 주유취급소의 고정주유설비(펌프기기 및 호스기기로 되어 위험물을 자동차 등에 직접 주유하기 위한 설비로서 현수식의 것을 포함한다. 이하 같다)의 주위에는 주유를 받으려는 자동차 등이 출입할 수 있도록 너비 15m 이상, 길이 6m 이상의 콘크리트 등으로 포장한 공지(이하 "주유공지"라 한다)를 보유하여야 하고, 고정급유설비(펌프기기 및 호스기기로 되어 위험물을 용기에 옮겨 담거나 이동저장탱크에 주입하기 위한 설비로서 현수식의 것을 포함한다. 이하 같다)를 설치하는 경우에는 고정급유설비의 호스기기의 주위에 필요한 공지(이하 "급유공지"라 한다)를 보유하여야 한다.
2. 제1호의 규정에 의한 공지의 바닥은 주위 지면보다 높게 하고, 그 표면을 적당하게 경사지게 하여 새어나온 기름 그 밖의 액체가 공지의 외부로 유출되지 아니하도록 배수구·집유설비 및 유분리장치를 하여야 한다.

II. 표지 및 게시판

주유취급소에는 별표 4 Ⅲ제1호의 기준에 준하여 보기 쉬운 곳에 "위험물 주유취급소"라는 표시를 한 표지, 동표 Ⅲ제2호의 기준에 준하여 방화에 관하여 필요한 사항을 게시한 게시판 및 황색바탕에 흑색문자로 "주유중엔진정지"라는 표시를 한 게시판을 설치하여야 한다.

III. 탱크

1. 주유취급소에는 다음 각목의 탱크 외에는 위험물을 저장 또는 취급하는 탱크를 설치할 수 없다. 다만, 별표 10 Ⅰ의 규정에 의한 이동탱크저장소의 상치장소를 주유공지 또는 급유공지 외의 장소에 확보하여 이동탱크저장소(해당 주유취급소의 위험물의 저장 또는 취급에 관계된 것에 한한다)를 설치하는 경우에는 그러하지 아니하다.
   가. 자동차 등에 주유하기 위한 고정주유설비에 직접 접속하는 전용탱크로서 50,000ℓ 이하의 것
   나. 고정급유설비에 직접 접속하는 전용탱크로서 50,000ℓ 이하의 것
   다. 보일러 등에 직접 접속하는 전용탱크로서 10,000ℓ 이하의 것
   라. 자동차 등을 점검·정비하는 작업장 등(주유취급소안에 설치된 것에 한한다)에서 사용하는 폐유·윤활유 등의 위험물을 저장하는 탱크로서 용량(2 이상 설치하는 경우에는 각 용량의 합계를 말한다)이 2,000ℓ 이하인 탱크(이하 "폐유탱크등"이라 한다)
   마. 고정주유설비 또는 고정급유설비에 직접 접속하는 3기 이하의 간이탱크. 다만, 「국토의 계획 및 이용에 관한 법률」에 의한 방화지구안에 위치하는 주유취급소의 경우를 제외한다.
2. 제1호가목 내지 라목의 규정에 의한 탱크(나목 및 라목의 규정에 의한 탱크는 용량이 1,000ℓ를 초과하는 것에 한한다)는 옥외의 지하 또는 캐노피 아래의 지하(캐노피 기둥의 하부를 제외한다)에 매설하여야 한다.
3. 제1호의 규정에 따라 설치하는 전용탱크·폐유탱크등 또는 간이탱크의 위치·구조 및 설비의 기준은 다음 각목과 같다.
   가. 지하에 매설하는 전용탱크 또는 폐유탱크등의 위치·구조 및 설비는 별표 8 Ⅰ[제5호·제10호(게시판에 관한 부분에 한한다)·제11호(액중펌프설비에 관한 부분을 제외한다)·제14호 및 용량 10,000ℓ를 넘는 탱크를 설치하는 경우에 있어서는 제1호 단서를 제외한다]·별표 8 Ⅱ[별표 8 Ⅰ제5호·제10호(게시판에 관한 부분에 한한다)·제11호(액중펌프설비에 관한 부분을 제외한다)·제14호를 제외한다] 또는 별표 8 Ⅲ[별표 8 Ⅰ제5호·제10호(게시판에 관한 부분에 한한다)·제11호(액중펌프설비에 관한 부분을 제외한다)·제14호를 제외한다]의 규정에 의한 지하저장탱크의 위치·구조 및 설비의 기준을 준용할 것
   나. 지하에 매설하지 아니하는 폐유탱크등의 위치·구조 및 설비는 별표 7 Ⅰ(제1호다목을 제외한다)의 규정에

의한 옥내저장탱크의 위치·구조·설비 또는 시·도의 조례에 정하는 지정수량 미만인 탱크의 위치·구조 및 설비의 기준을 준용할 것

다. 간이탱크의 구조 및 설비는 별표 9 제4호 내지 제8호의 규정에 의한 간이저장탱크의 구조 및 설비의 기준을 준용하되, 자동차 등과 충돌할 우려가 없도록 설치할 것

Ⅳ. 고정주유설비 등

1. 주유취급소에는 자동차 등의 연료탱크에 직접 주유하기 위한 고정주유설비를 설치하여야 한다.
2. 주유취급소의 고정주유설비 또는 고정급유설비는 Ⅲ제1호가목·나목 또는 마목의 규정에 의한 탱크중 하나의 탱크만으로부터 위험물을 공급받을 수 있도록 하고, 다음 각목의 기준에 적합한 구조로 하여야 한다.
    가. 펌프기기는 주유관 선단에서의 최대토출량이 <u>제1석유류의 경우에는 분당 50ℓ 이하, 경유의 경우에는 분당 180ℓ 이하, 등유의 경우에는 분당 80ℓ 이하인 것으로 할 것. 다만, 이동저장탱크에 주입하기 위한 고정급유설비의 펌프기기는 최대토출량이 분당 300ℓ 이하인 것으로 할 수 있으며, 분당 토출량이 200ℓ 이상인 것의 경우에는 주유설비에 관계된 모든 배관의 안지름을 40mm 이상으로 하여야 한다.</u>
    나. 이동저장탱크의 상부를 통하여 주입하는 고정급유설비의 주유관에는 해당 탱크의 밑부분에 달하는 주입관을 설치하고, 그 토출량이 분당 80ℓ를 초과하는 것은 이동저장탱크에 주입하는 용도로만 사용할 것
    다. 고정주유설비 또는 고정급유설비는 난연성 재료로 만들어진 외장을 설치할 것. 다만, Ⅸ의 규정에 의한 기준에 적합한 펌프실에 설치하는 펌프기기 또는 액중펌프에 있어서는 그러하지 아니하다.
    라. 고정주유설비 또는 고정급유설비의 본체 또는 노즐 손잡이에 주유작업자의 인체에 축적되는 정전기를 유효하게 제거할 수 있는 장치를 설치할 것
3. 고정주유설비 또는 <u>고정급유설비의 주유관의 길이</u>(선단의 개폐밸브를 포함한다)는 5m(현수식의 경우에는 지면위 0.5m의 수평면에 수직으로 내려 만나는 점을 중심으로 반경 3m)이내로 하고 그 선단에는 축적된 정전기를 유효하게 제거할 수 있는 장치를 설치하여야 한다.
4. 고정주유설비 또는 고정급유설비는 다음 각목의 기준에 적합한 위치에 설치하여야 한다.
    가. 고정주유설비의 중심선을 기점으로 하여 도로경계선까지 4m 이상, 부지경계선·담 및 건축물의 벽까지 2m(개구부가 없는 벽까지는 1m) 이상의 거리를 유지하고, 고정급유설비의 중심선을 기점으로 하여 도로경계선까지 4m 이상, 부지경계선 및 담까지 1m 이상, 건축물의 벽까지 2m(개구부가 없는 벽까지는 1m) 이상의 거리를 유지할 것
    나. <u>고정주유설비와 고정급유설비의 사이</u>에는 <u>4m 이상의 거리</u>를 유지할 것

Ⅴ. 건축물 등의 제한 등

1. 주유취급소에는 주유 또는 그에 부대하는 업무를 위하여 사용되는 다음 각목의 건축물 또는 시설 외에는 다른 건축물 그 밖의 공작물을 설치할 수 없다.
    가. 주유 또는 등유·경유를 옮겨 담기 위한 작업장
    나. 주유취급소의 업무를 행하기 위한 사무소
    다. 자동차 등의 점검 및 간이정비를 위한 작업장
    라. 자동차 등의 세정을 위한 작업장
    마. 주유취급소에 출입하는 사람을 대상으로 한 점포·휴게음식점 또는 전시장
    바. 주유취급소의 관계자가 거주하는 주거시설
    사. 전기자동차용 충전설비(전기를 동력원으로 하는 자동차에 직접 전기를 공급하는 설비를 말한다. 이하 같다)
    아. 그 밖의 소방청장이 정하여 고시하는 건축물 또는 시설
2. 제1호 각목의 건축물 중 주유취급소의 직원 외의 자가 출입하는 나목·다목 및 마목의 용도에 제공하는 부분의 면적의 합은 <u>1,000㎡를 초과할 수 없다.</u>
3. 다음 각목의 1에 해당하는 주유취급소(이하 "옥내주유취급소"라 한다)는 소방청장이 정하여 고시하는 용도로 사용하는 부분이 없는 건축물(옥내주유취급소에서 발생한 화재를 옥내주유취급소의 용도로 사용하는 부분 외의 부

분에 자동적으로 유효하게 알릴 수 있는 자동화재탐지설비 등을 설치한 건축물에 한한다)에 설치할 수 있다.
가. 건축물 안에 설치하는 주유취급소
나. 캐노피·처마·차양·부연·발코니 및 루버의 수평투영면적이 주유취급소의 공지면적(주유취급소의 부지면적에서 건축물 중 벽 및 바닥으로 구획된 부분의 수평투영면적을 뺀 면적을 말한다)의 1/3을 초과하는 주유취급소

Ⅵ. 건축물 등의 구조

1. 주유취급소에 설치하는 건축물 등은 다음 각목의 규정에 의한 위치 및 구조의 기준에 적합하여야 한다.
    가. 건축물, 창 및 출입구의 구조는 다음의 기준에 적합하게 할 것
        1) 건축물의 벽·기둥·바닥·보 및 지붕을 내화구조 또는 불연재료로 할 것. 다만, Ⅴ제2호에 따른 면적의 합이 500㎡를 초과하는 경우에는 건축물의 벽을 내화구조로 하여야 한다.
        2) 창 및 출입구(Ⅴ제1호 다목 및 라목의 용도에 사용하는 부분에 설치한 자동차 등의 출입구를 제외한다)에는 방화문 또는 불연재료로 된 문을 설치할 것. 이 경우 Ⅴ제2호에 따른 면적의 합이 500㎡를 초과하는 주유취급소로서 하나의 구획실의 면적이 500㎡를 초과하거나 2층 이상의 층에 설치하는 경우에는 해당 구획실 또는 해당 층의 2면 이상의 벽에 각각 출입구를 설치하여야 한다.
    나. Ⅴ제1호바목의 용도에 사용하는 부분은 개구부가 없는 내화구조의 바닥 또는 벽으로 해당 건축물의 다른 부분과 구획하고 주유를 위한 작업장 등 위험물취급장소에 면한 쪽의 벽에는 출입구를 설치하지 아니할 것
    다. 사무실 등의 창 및 출입구에 유리를 사용하는 경우에는 망입유리 또는 강화유리로 할 것. 이 경우 강화유리의 두께는 <u>창에는 8mm 이상</u>, <u>출입구에는 12mm 이상</u>으로 하여야 한다.
    라. 건축물 중 사무실 그 밖의 화기를 사용하는 곳(Ⅴ제1호다목 및 라목의 용도에 사용하는 부분을 제외한다)은 누설한 가연성의 증기가 그 내부에 유입되지 아니하도록 다음의 기준에 적합한 구조로 할 것
        1) 출입구는 건축물의 안에서 밖으로 수시로 개방할 수 있는 자동폐쇄식의 것으로 할 것
        2) 출입구 또는 사이통로의 문턱의 높이를 15cm 이상으로 할 것
        3) 높이 1m 이하의 부분에 있는 창 등은 밀폐시킬 것
    마. 자동차 등의 점검·정비를 행하는 설비는 다음의 기준에 적합하게 할 것
        1) <u>고정주유설비로부터 4m 이상</u>, <u>도로경계선으로부터 2m 이상</u> 떨어지게 할 것. 다만, Ⅴ제1호다목의 규정에 의한 작업장 중 바닥 및 벽으로 구획된 옥내의 작업장에 설치하는 경우에는 그러하지 아니하다.
        2) 위험물을 취급하는 설비는 위험물의 누설·넘침 또는 비산을 방지할 수 있는 구조로 할 것
    바. <u>자동차 등의 세정</u>을 행하는 설비는 다음의 기준에 적합하게 할 것
        1) 증기세차기를 설치하는 경우에는 그 주위에 불연재료로 된 높이 1m 이상의 담을 설치하고 출입구가 고정주유설비에 면하지 아니하도록 할 것. 이 경우 담은 고정주유설비로부터 4m 이상 떨어지게 하여야 한다.
        2) 증기세차기 외의 세차기를 설치하는 경우에는 <u>고정주유설비로부터 4m 이상</u>, <u>도로경계선으로부터 2m 이상</u> 떨어지게 할 것. 다만, Ⅴ제1호라목의 규정에 의한 작업장 중 바닥 및 벽으로 구획된 옥내의 작업장에 설치하는 경우에는 그러하지 아니하다.
    사. 주유원간이대기실은 다음의 기준에 적합할 것
        1) 불연재료로 할 것   2) 바퀴가 부착되지 아니한 고정식일 것
        3) 차량의 출입 및 주유작업에 장애를 주지 아니하는 위치에 설치할 것
        4) 바닥면적이 2.5㎡ 이하일 것. 다만, 주유공지 및 급유공지 외의 장소에 설치하는 것은 그러하지 아니하다.
    아. 전기자동차용 충전설비는 다음의 기준에 적합할 것
        1) 충전기기(충전케이블로 전기자동차에 전기를 직접 공급하는 기기를 말한다. 이하 같다)의 주위에 전기자동차 충전을 위한 전용 공지(주유공지 또는 급유공지 외의 장소를 말하며, 이하 "충전공지"라 한다)를 확

보하고, 충전공지 주위를 페인트 등으로 표시하여 그 범위를 알아보기 쉽게 할 것
2) 전기자동차용 충전설비를 Ⅴ. 건축물 등의 제한 등의 제1호 각 목의 건축물 밖에 설치하는 경우 충전공지는 고정주유설비 및 고정급유설비의 주유관을 최대한 펼친 끝 부분에서 1m 이상 떨어지도록 할 것
3) 전기자동차용 충전설비를 Ⅴ. 건축물 등의 제한 등의 제1호 각 목의 건축물 안에 설치하는 경우에는 다음의 기준에 적합할 것
   가) 해당 건축물의 1층에 설치할 것   나) 해당 건축물에 가연성 증기가 남아 있을 우려가 없도록 별표 4 Ⅴ 제1호다목에 따른 환기설비 또는 별표 4 Ⅵ에 따른 배출설비를 설치할 것
4) 전기자동차용 충전설비의 전력공급설비[전기자동차에 전원을 공급하기 위한 전기설비로서 전력량계, 인입구(리시드) 배선, 분전반 및 배선용 차단기 등을 말한다]는 다음의 기준에 적합할 것
   가) 분전반은 방폭성능을 갖출 것 다만, 분전반을 고정주유설비(제1석유류를 취급하는 고정주유설비만 해당한다. 이하 이 목에서 같다)의 중심선으로부터 6미터 이상, 전용탱크(제1석유류를 취급하는 전용탱크만 해당한다. 이하 이 목에서 같다) 주입구의 중심선으로부터 4미터 이상, 전용탱크 통기관 선단의 중심선으로부터 2미터 이상 이격하여 설치하는 경우에는 그러하지 아니하다.〈개정 2016.8.2〉
   나) 전력량계, 누전차단기 및 배선용 차단기는 분전반 내에 설치할 것
   다) 인입구 배선은 지하에 설치할 것   라) 「전기사업법」에 따른 전기설비의 기술기준에 적합할 것
5) 충전기기와 인터페이스[충전기기에서 전기자동차에 전기를 공급하기 위하여 연결하는 커플러(coupler), 인렛(inlet), 케이블 등을 말한다. 이하 같다]는 다음의 기준에 적합할 것
   가) 충전기기는 방폭성능을 갖출 것 다만, 충전설비의 전원공급을 긴급히 차단할 수 있는 장치를 사무소 내부 또는 충전기기 주변에 설치하고, 충전기기를 고정주유설비의 중심선으로부터 6미터 이상, 전용탱크 주입구의 중심선으로부터 4미터 이상, 전용탱크 통기관 선단의 중심선으로부터 2미터 이상 이격하여 설치하는 경우에는 그러하지 아니하다.
   나) 인터페이스의 구성 부품은 「전기용품안전 관리법」에 따른 기준에 적합할 것
6) 충전작업에 필요한 주차장을 설치하는 경우에는 다음의 기준에 적합할 것
   가) 주유공지, 급유공지 및 충전공지 외의 장소로서 주유를 위한 자동차 등의 진입·출입에 지장을 주지 않는 장소에 설치할 것
   나) 주차장의 주위를 페인트 등으로 표시하여 그 범위를 알아보기 쉽게 할 것
   다) 지면에 직접 주차하는 구조로 할 것
2. Ⅴ제3호의 규정에 의한 옥내주유취급소는 제1호의 기준에 의하는 외에 다음 각목에 정하는 기준에 적합한 구조로 하여야 한다.
   가. 건축물에서 옥내주유취급소의 용도에 사용하는 부분은 벽·기둥·바닥·보 및 지붕을 내화구조로 하고, 개구부가 없는 내화구조의 바닥 또는 벽으로 해당 건축물의 다른 부분과 구획할 것. 다만, 건축물의 옥내주유취급소의 용도에 사용하는 부분의 상부에 상층이 없는 경우에는 지붕을 불연재료로 할 수 있다.
   나. 건축물에서 옥내주유취급소(건축물안에 설치하는 것에 한한다)의 용도에 사용하는 부분의 2 이상의 방면은 자동차 등이 출입하는 측 또는 통풍 및 피난상 필요한 공지에 접하도록 하고 벽을 설치하지 아니할 것
   다. 건축물에서 옥내주유취급소의 용도에 사용하는 부분에는 가연성증기가 체류할 우려가 있는 구멍·구덩이 등이 없도록 할 것
   라. 건축물에서 옥내주유취급소의 용도에 사용하는 부분에 상층이 있는 경우에는 상층으로의 연소를 방지하기 위하여 다음의 기준에 적합하게 내화구조로 된 캔틸레버를 설치할 것
      1) 옥내주유취급소의 용도에 사용하는 부분(고정주유설비와 접하는 방향 및 나목의 규정에 따라 벽이 개방된 부분에 한한다)의 바로 윗층의 바닥에 이어서 1.5m 이상 내어 붙일 것. 다만, 바로 윗층의 바닥으로부터 높이 7m 이내에 있는 윗층의 외벽에 개구부가 없는 경우에는 그러하지 아니하다.

2) 캔틸레버 선단과 윗층의 개구부(열지 못하게 만든 방화문과 연소방지상 필요한 조치를 한 것을 제외한다) 까지의 사이에는 7m에서 해당 캔틸레버의 내어 붙인 거리를 뺀 길이 이상의 거리를 보유할 것
마. 건축물 중 옥내주유취급소의 용도에 사용하는 부분외에는 주유를 위한 작업장 등 위험물취급장소와 접하는 외벽에 창(망입유리로 된 붙박이 창을 제외한다) 및 출입구를 설치하지 아니할 것

Ⅶ. 담 또는 벽

1. 주유취급소의 주위에는 자동차 등이 출입하는 쪽 외의 부분에 높이 2m 이상의 내화구조 또는 불연재료의 담 또는 벽을 설치하되, 주유취급소의 인근에 연소의 우려가 있는 건축물이 있는 경우에는 소방청장이 정하여 고시하는 바에 따라 방화상 유효한 높이로 하여야 한다.
2. 제1호에도 불구하고 다음 각 목의 기준에 모두 적합한 경우에는 담 또는 벽의 일부분에 방화상 유효한 구조의 유리를 부착할 수 있다.
   가. 유리를 부착하는 위치는 주입구, 고정주유설비 및 고정급유설비로부터 4m 이상 이격될 것
   나. 유리를 부착하는 방법은 다음의 기준에 모두 적합할 것
      1) 주유취급소 내의 지반면으로부터 70㎝를 초과하는 부분에 한하여 유리를 부착할 것
      2) 하나의 유리판의 가로의 길이는 2m 이내일 것
      3) 유리판의 테두리를 금속제의 구조물에 견고하게 고정하고 해당 구조물을 담 또는 벽에 견고하게 부착할 것
      4) 유리의 구조는 접합유리(두장의 유리를 두께 0.76㎜ 이상의 폴리비닐부티랄 필름으로 접합한 구조를 말한다)로 하되, 「유리구획 부분의 내화시험방법(KS F 2845)」에 따라 시험하여 비차열 30분 이상의 방화성능이 인정될 것
   다. 유리를 부착하는 범위는 전체의 담 또는 벽의 길이의 10분의 2를 초과하지 아니할 것

Ⅷ. 캐노피

주유취급소에 캐노피를 설치하는 경우에는 다음 각목의 기준에 의하여야 한다.
   가. 배관이 캐노피 내부를 통과할 경우에는 1개 이상의 점검구를 설치할 것
   나. 캐노피 외부의 점검이 곤란한 장소에 배관을 설치하는 경우에는 용접이음으로 할 것
   다. 캐노피 외부의 배관이 일광열의 영향을 받을 우려가 있는 경우에는 단열재로 피복할 것

Ⅸ. 펌프실 등의 구조

주유취급소에 펌프실 그 밖에 위험물을 취급하는 실(이하 Ⅸ에서 "펌프실등"이라 한다)을 설치하는 경우에는 다음 각목의 기준에 적합하게 하여야 한다.
   가. 바닥은 위험물이 침투하지 아니하는 구조로 하고 적당한 경사를 두어 집유설비를 설치할 것
   나. 펌프실등에는 위험물을 취급하는데 필요한 채광·조명 및 환기의 설비를 할 것
   다. 가연성증기가 체류할 우려가 있는 펌프실등에는 그 증기를 옥외에 배출하는 설비를 설치할 것
   라. 고정주유설비 또는 고정급유설비중 펌프기기를 호스기기와 분리하여 설치하는 경우에는 펌프실의 출입구를 주유공지 또는 급유공지에 접하도록 하고, 자동폐쇄식의 갑종방화문을 설치할 것
   마. 펌프실등에는 별표 4 Ⅲ제1호의 기준에 따라 보기 쉬운 곳에 "위험물 펌프실", "위험물 취급실" 등의 표시를 한 표지와 동표 Ⅲ제2호의 기준에 따라 방화에 관하여 필요한 사항을 게시한 게시판을 설치하여야 한다.
   바. 출입구에는 바닥으로부터 0.1m 이상의 턱을 설치할 것

Ⅹ. 항공기주유취급소의 특례

1. 비행장에서 항공기, 비행장에 소속된 차량등에 주유하는 주유취급소에 대하여는 Ⅰ, Ⅱ, Ⅲ제1호·제2호, Ⅳ제2호·제3호(주유관의 길이에 관한 규정에 한한다), Ⅶ 및 Ⅷ의 규정을 적용하지 아니한다.
2. 제1호에서 규정한 것 외의 항공기 주유취급소에 대한 특례는 다음 각목과 같다.

가. 항공기 주유취급소에는 항공기 등에 직접 주유하는데 필요한 공지를 보유할 것
나. 제1호의 규정에 의한 공지는 그 지면을 콘크리트 등으로 포장할 것
다. 제1호의 규정에 의한 공지에는 누설한 위험물 그 밖의 액체가 공지의 외부로 유출되지 아니하도록 배수구 및 유분리장치를 설치할 것. 다만, 누설한 위험물등의 유출을 방지하기 위한 조치를 한 경우에는 그러하지 아니하다.
라. 지하식(호스기기가 지하의 상자에 설치된 형식을 말한다. 이하 같다)의 고정주유설비를 사용하여 주유하는 항공기 주유취급소의 경우에는 다음의 기준에 의할 것
 1) 호스기기를 설치한 상자에는 적당한 방수조치를 할 것
 2) 고정주유설비의 펌프기기와 호스기기를 분리하여 설치한 항공기 주유취급소의 경우에는 해당 고정주유설비의 펌프기기를 정지하는 등의 방법에 의하여 위험물저장탱크로부터 위험물의 이송을 긴급히 정지할 수 있는 장치를 설치할 것
마. 연료를 이송하기 위한 배관(이하 "주유배관"이라 한다) 및 해당 주유배관의 선단부에 접속하는 호스기기를 사용하여 주유하는 항공기 주유취급소의 경우에는 다음의 기준에 의할 것
 1) 주유배관의 선단부에는 밸브를 설치할 것
 2) 주유배관의 선단부를 지면 아래의 상자에 설치한 경우에는 해당 상자에 대하여 적당한 방수조치를 할 것
 3) 주유배관의 선단부에 접속하는 호스기기는 누설우려가 없도록 하는 등 화재예방상 안전한 구조로 할 것
 4) 주유배관의 선단부에 접속하는 호스기기에는 주유호스의 선단에 축적되는 정전기를 유효하게 제거하는 장치를 설치할 것
 5) 항공기주유취급소에는 펌프기기를 정지하는 등의 방법에 의하여 위험물저장탱크로부터 위험물의 이송을 긴급히 정지할 수 있는 장치를 설치할 것
바. 주유배관의 선단부에 접속하는 호스기기를 적재한 차량(이하 "주유호스차"라 한다)을 사용하여 주유하는 항공기 주유취급소의 경우에는 마목1)·2) 및 5)의 규정에 의하는 외에 다음의 기준에 의할 것
 1) 주유호스차는 화재예방상 안전한 장소에 상치할 것
 2) 주유호스차에는 별표 10 Ⅸ제1호가목 및 나목의 규정에 의한 장치를 설치할 것
 3) 주유호스차의 호스기기는 별표 10 Ⅸ제1호다목, 마목 본문 및 사목의 규정에 의한 주유탱크차의 주유설비의 기준을 준용할 것
 4) 주유호스차의 호스기기에는 접지도선을 설치하고 주유호스의 선단에 축적되는 정전기를 유효하게 제거할 수 있는 장치를 설치할 것
 5) 항공기 주유취급소에는 정전기를 유효하게 제거할 수 있는 접지전극을 설치할 것
사. 주유탱크차를 사용하여 주유하는 항공기 주유취급소에는 정전기를 유효하게 제거할 수 있는 접지전극을 설치할 것

Ⅺ. 철도주유취급소의 특례

1. 철도 또는 궤도에 의하여 운행하는 차량에 주유하는 주유취급소에 대하여는 Ⅰ 내지 Ⅷ의 규정을 적용하지 아니한다.
2. 제1호에서 규정한 것 외의 철도주유취급소에 대한 특례는 다음 각목과 같다.
 가. 철도 또는 궤도에 의하여 운행하는 차량에 직접 주유하는데 필요한 공지를 보유할 것
 나. 가목의 규정에 의한 공지 중 위험물이 누설할 우려가 있는 부분과 고정주유설비 또는 주유배관의 선단부 주위에 있어서는 그 지면을 콘크리트 등으로 포장할 것
 다. 나목의 규정에 따라 포장한 부분에는 누설한 위험물 그 밖의 액체가 외부로 유출되지 아니하도록 배수구 및 유분리장치를 설치할 것

라. 지하식의 고정주유설비를 이용하여 주유하는 경우에는 Ⅹ제2호라목의 규정을 준용할 것
3. 주유배관의 선단부에 접속한 호스기기를 이용하여 주유하는 경우에는 Ⅹ제2호마목의 규정을 준용할 것

Ⅻ. 고속국도주유취급소의 특례

고속국도의 도로변에 설치된 주유취급소에 있어서는 Ⅲ제1호가목 및 나목의 규정에 의한 탱크의 용량을 <u>60,000ℓ</u>까지 할 수 있다.

ⅩⅢ. 자가용주유취급소의 특례

주유취급소의 관계인이 소유·관리 또는 점유한 자동차 등에 대하여만 주유하기 위하여 설치하는 자가용주유취급소에 대하여는 Ⅰ제1호의 규정을 적용하지 아니한다.

ⅩⅣ. 선박주유취급소의 특례

1. 선박에 주유하는 주유취급소에 대하여는 Ⅰ제1호, Ⅲ제1호 및 제2호, Ⅳ제3호(주유관의 길이에 관한 규정에 한한다) 및 Ⅶ의 규정을 적용하지 아니한다.
2. 제1호에서 규정한 것외의 선박 주유취급소(고정주유설비를 수상의 구조물에 설치하는 선박주유취급소는 제외한다)에 대한 특례는 다음 각목과 같다.
   가. 선박주유취급소에는 선박에 직접 주유하기 위한 공지와 계류시설을 보유할 것
   나. 가목의 규정에 의한 공지, 고정주유설비 및 주유배관의 선단부의 주위에는 그 지반면을 콘크리트 등으로 포장할 것
   다. 나목의 규정에 따라 포장된 부분에는 누설한 위험물 그 밖의 액체가 공지의 외부로 유출되지 아니하도록 배수구 및 유분리장치를 설치할 것. 다만, 누설한 위험물등의 유출을 방지하기 위한 조치를 한 경우에는 그러하지 아니하다.
   라. 지하식의 고정주유설비를 이용하여 주유하는 경우에는 Ⅹ제2호라목의 규정을 준용할 것
   마. 주유배관의 선단부에 접속한 호스기기를 이용하여 주유하는 경우에는 Ⅹ제2호마목의 규정을 준용할 것
   바. 선박주유취급소에는 위험물이 유출될 경우 회수 등의 응급조치를 강구할 수 있는 설비를 설치할 것
3. 제1호에서 규정한 것 외의 고정주유설비를 수상의 구조물에 설치하는 선박주유취급소에 대한 특례는 다음 각목과 같다.
   가. Ⅰ제2호 및 Ⅳ제4호를 적용하지 않을 것
   나. 선박주유취급소에는 선박에 직접 주유하는 주유작업과 선박의 계류를 위한 수상구조물을 다음의 기준에 따라 설치할 것
      1) 수상구조물은 철재·목재 등의 견고한 재질이어야 하며, 그 기둥을 해저 또는 하저에 견고하게 고정 시킬 것
      2) 선박의 충돌로부터 수상구조물의 손상을 방지할 수 있는 철재로 된 보호구조물을 해저 또는 하저에 견고하게 고정시킬 것
   다. 수상구조물에 설치하는 고정주유설비의 주유작업 장소의 바닥은 불침윤성·불연성의 재료로 포장을 하고, 그 주위에 새어나온 위험물이 외부로 유출되지 않도록 집유설비를 다음의 기준에 따라 설치할 것
      1) 새어나온 위험물을 직접 또는 배수구를 통하여 집유설비로 수용할 수 있는 구조로 할 것
      2) 집유설비는 수시로 용이하게 개방하여 고여 있는 빗물과 위험물을 제거할 수 있는 구조로 할 것
   라. 수상구조물에 설치하는 고정주유설비는 다음의 기준에 따라 설치할 것
      1) 주유호스의 선단부에 수동개폐장치를 부착한 주유노즐을 설치하고, 개방한 상태로 고정시키는 장치를 부착하지 않을 것
      2) 주유노즐은 선박의 연료탱크가 가득 찬 경우 자동적으로 정지시키는 구조일 것
      3) 주유호스는 200kg중 이하의 하중에 의하여 파단(破斷) 또는 이탈되어야 하고, 파단 또는 이탈된 부분으로부터의 위험물 누출을 방지할 수 있는 구조일 것

마. 수상구조물에 설치하는 고정주유설비에 위험물을 공급하는 배관계에 위험물 차단밸브를 다음의 기준에 따라 설치할 것. 다만, 위험물을 공급하는 탱크의 최고 액표면의 높이가 해당 배관계의 높이보다 낮은 경우에는 그렇지 않다.
   1) 고정주유설비의 인근에서 주유작업자가 직접 위험물의 공급을 차단할 수 있는 수동식의 차단밸브를 설치할 것
   2) 배관 경로 중 육지 내의 지점에서 위험물의 공급을 차단할 수 있는 수동식의 차단밸브를 설치할 것
바. 긴급한 경우에 고정주유설비의 펌프를 정지시킬 수 있는 긴급제어장치를 설치할 것
사. 지하식의 고정주유설비를 이용하여 주유하는 경우에는 X제2호라목을 준용할 것
아. 주유배관의 선단부에 접속하는 호스기기를 이용하여 주유하는 경우에는 X제2호마목을 준용할 것
자. 선박주유취급소에는 위험물이 유출될 경우 회수 등의 응급조치를 강구할 수 있는 설비를 다음의 기준에 따라 준비하여 둘 것
   1) 오일펜스: 수면 위로 20㎝ 이상 30㎝ 미만으로 노출되고, 수면 아래로 30㎝ 이상 40㎝ 미만으로 잠기는 것으로서, 60m 이상의 길이일 것
   2) 유처리제, 유흡착제 또는 유겔화제: 다음의 계산식을 충족하는 양 이상일 것
      $20X + 50Y + 15Z = 10,000$
      X: 유처리제의 양(ℓ)   Y: 유흡착제의 양(kg)   Z: 유겔화제의 양[액상(ℓ), 분말(kg)]

XV. 고객이 직접 주유하는 주유취급소의 특례

1. 고객이 직접 자동차 등의 연료탱크 또는 용기에 위험물을 주입하는 고정주유설비 또는 고정급유설비(이하 "셀프용고정주유설비" 또는 "셀프용고정급유설비"라 한다)를 설치하는 주유취급소의 특례는 제2호 내지 제5호와 같다.
2. <u>셀프용고정주유설비의 기준</u>은 다음의 각목과 같다.
   가. 주유호스의 선단부에 수동개폐장치를 부착한 주유노즐을 설치할 것. 다만, 수동개폐장치를 개방한 상태로 고정시키는 장치가 부착된 경우에는 다음의 기준에 적합하여야 한다.
      1) 주유작업을 개시함에 있어서 주유노즐의 수동개폐장치가 개방상태에 있는 때에는 해당 수동개폐장치를 일단 폐쇄시켜야만 다시 주유를 개시할 수 있는 구조로 할 것
      2) 주유노즐이 자동차 등의 주유구로부터 <u>이탈된 경우 주유를 자동적으로 정지시키는 구조일 것</u>
   나. 주유노즐은 자동차 등의 연료탱크가 가득 찬 경우 자동적으로 정지시키는 구조일 것
   다. 주유호스는 200kg 중 이하의 하중에 의하여 파단(破斷) 또는 이탈되어야 하고, 파단 또는 이탈된 부분으로부터의 위험물 누출을 방지할 수 있는 구조일 것
   라. 휘발유와 경유 상호간의 오인에 의한 주유를 방지할 수 있는 구조일 것
   마. 1회의 연속주유량 및 주유시간의 상한을 미리 설정할 수 있는 구조일 것. 이 경우 주유량의 상한은 휘발유는 100ℓ 이하, 경유는 200ℓ 이하로 하며, 주유시간의 상한은 4분 이하로 한다.
3. 셀프용고정급유설비의 기준은 다음 각목과 같다.
   가. 급유호스의 선단부에 수동개폐장치를 부착한 급유노즐을 설치할 것
   나. 급유노즐은 용기가 가득찬 경우에 자동적으로 정지시키는 구조일 것
   다. 1회의 연속급유량 및 급유시간의 상한을 미리 설정할 수 있는 구조일 것. 이 경우 급유량의 상한은 100ℓ 이하, 급유시간의 상한은 6분 이하로 한다.
4. 셀프용고정주유설비 또는 셀프용고정급유설비의 주위에는 다음 각목에 의하여 표시를 하여야 한다.
   가. 셀프용고정주유설비 또는 셀프용고정급유설비의 주위의 보기 쉬운 곳에 고객이 직접 주유할 수 있다는 의미의 표시를 하고 자동차의 정차위치 또는 용기를 놓는 위치를 표시할 것
   나. 주유호스 등의 직근에 호스기기 등의 사용방법 및 위험물의 품목을 표시할 것

다. 셀프용고정주유설비 또는 셀프용고정급유설비와 셀프용이 아닌 고정주유설비 또는 고정급유설비를 함께 설치하는 경우에는 셀프용이 아닌 것의 주위에 고객이 직접 사용할 수 없다는 의미의 표시를 할 것
5. 고객에 의한 주유작업을 감시·제어하고 고객에 대한 필요한 지시를 하기 위한 감시대와 필요한 설비를 다음 각목의 기준에 의하여 설치하여야 한다.
  가. 감시대는 모든 셀프용고정주유설비 또는 셀프용고정급유설비에서의 고객의 취급작업을 직접 볼 수 있는 위치에 설치할 것
  나. 주유중인 자동차 등에 의하여 고객의 취급작업을 직접 볼 수 없는 부분이 있는 경우에는 해당 부분의 감시를 위한 카메라를 설치할 것
  다. 감시대에는 모든 셀프용고정주유설비 또는 셀프용고정급유설비로의 위험물 공급을 정지시킬 수 있는 제어장치를 설치할 것
  라. 감시대에는 고객에게 필요한 지시를 할 수 있는 방송설비를 설치할 것

ⅩⅥ. 수소충전설비를 설치한 주유취급소의 특례

1. 전기를 원동력으로 하는 자동차등에 수소를 충전하기 위한 설비(압축수소를 충전하는 설비에 한정한다)를 설치하는 주유취급소(옥내주유취급소 외의 주유취급소에 한정하며, 이하 "압축수소충전설비 설치 주유취급소"라 한다)의 특례는 제2호부터 제5호까지와 같다.
2. 압축수소충전설비 설치 주유취급소에는 Ⅲ 제1호의 규정에 불구하고 인화성 액체를 원료로 하여 수소를 제조하기 위한 개질장치(改質裝置)(이하 "개질장치"라 한다)에 접속하는 원료탱크(50,000ℓ 이하의 것에 한정한다)를 설치할 수 있다. 이 경우 원료탱크는 지하에 매설하되, 그 위치, 구조 및 설비는 Ⅲ 제3호가 목을 준용한다.
3. 압축수소충전설비 설치 주유취급소에 설치하는 설비의 기술기준은 다음의 각목과 같다.
  가. 개질장치의 위치, 구조 및 설비는 별표 4 Ⅶ, 같은 표 Ⅷ 제1호부터 제4호까지, 제6호 및 제8호와 같은 표 Ⅹ에서 정하는 사항 외에 다음의 기준에 적합하여야 한다.
    1) 개질장치는 자동차등이 충돌할 우려가 없는 옥외에 설치할 것
    2) 개질원료 및 수소가 누출된 경우에 개질장치의 운전을 자동으로 정지시키는 장치를 설치할 것
    3) 펌프설비에는 개질원료의 토출압력이 최대상용압력을 초과하여 상승하는 것을 방지하기 위한 장치를 설치할 것
    4) 개질장치의 위험물 취급량은 지정수량의 10배 미만일 것
  나. 압축기(壓縮機)는 다음의 기준에 적합하여야 한다.
    1) 가스의 토출압력이 최대상용압력을 초과하여 상승하는 경우에 압축기의 운전을 자동으로 정지시키는 장치를 설치할 것
    2) 토출측과 가장 가까운 배관에 역류방지밸브를 설치할 것
    3) 자동차등의 충돌을 방지하는 조치를 마련할 것
  다. 충전설비는 다음의 기준에 적합하여야 한다.
    1) 위치는 주유공지 또는 급유공지 외의 장소로 하되, 주유공지 또는 급유공지에서 압축수소를 충전하는 것이 불가능한 장소로 할 것
    2) 충전호스는 자동차등의 가스충전구와 정상적으로 접속하지 않는 경우에는 가스가 공급되지 않는 구조로 하고, 200kg중 이하의 하중에 의하여 파단 또는 이탈되어야 하며, 파단 또는 이탈된 부분으로부터 가스누출을 방지할 수 있는 구조일 것
    3) 자동차등의 충돌을 방지하는 조치를 마련할 것
    4) 자동차등의 충돌을 감지하여 운전을 자동으로 정지시키는 구조일 것
  라. 가스배관은 다음의 기준에 적합하여야 한다.

1) 위치는 주유공지 또는 급유공지 외의 장소로 하되, 자동차등이 충돌할 우려가 없는 장소로 하거나 자동차등의 충돌을 방지하는 조치를 마련할 것
2) 가스배관으로부터 화재가 발생한 경우에 주유공지·급유공지 및 전용탱크·폐유탱크등·간이탱크의 주입구로의 연소확대를 방지하는 조치를 마련할 것
3) 누출된 가스가 체류할 우려가 있는 장소에 설치하는 경우에는 접속부를 용접할 것. 다만, 해당 접속부의 주위에 가스누출 검지설비를 설치한 경우에는 그러하지 아니하다.
4) 축압기(蓄壓器)로부터 충전설비로의 가스 공급을 긴급히 정지시킬 수 있는 장치를 설치할 것. 이 경우 해당 장치의 기동장치는 화재발생 시 신속히 조작할 수 있는 장소에 두어야 한다.
마. 압축수소의 수입설비(受入設備)는 다음의 기준에 적합하여야 한다.
1) 위치는 주유공지 또는 급유공지 외의 장소로 하되, 주유공지 또는 급유공지에서 가스를 수입하는 것이 불가능한 장소로 할 것
2) 자동차등의 충돌을 방지하는 조치를 마련할 것
4. 압축수소충전설비 설치 주유취급소의 기타 안전조치의 기술기준은 다음 각 목과 같다.
가. 압축기, 축압기 및 개질장치가 설치된 장소와 주유공지, 급유공지 및 전용탱크·폐유탱크등·간이탱크의 주입구가 설치된 장소 사이에는 화재가 발생한 경우에 상호 연소확대를 방지하기 위하여 높이 1.5m 정도의 불연재료의 담을 설치할 것
나. 고정주유설비·고정급유설비 및 전용탱크·폐유탱크등·간이탱크의 주입구로부터 누출된 위험물이 충전 설비·축압기·개질장치에 도달하지 않도록 깊이 30㎝, 폭 10㎝의 집유 구조물을 설치할 것
다. 고정주유설비(현수식의 것을 제외한다)·고정급유설비(현수식의 것을 제외한다) 및 간이탱크의 주위에는 자동차등의 충돌을 방지하는 조치를 마련할 것
5. 압축수소충전설비와 관련된 설비의 기술기준은 제2호부터 제4호까지에서 규정한 사항 외에 「고압가스 안전 관리법 시행규칙」 별표 5에서 정하는 바에 따른다.

[규칙 별표 14]

판매취급소의 위치·구조 및 설비의 기준(제38조관련)

Ⅰ. 판매취급소의 기준

1. 저장 또는 취급하는 위험물의 수량이 지정수량의 20배 이하인 판매취급소(이하 "제1종 판매취급소"라 한다)의 위치·구조 및 설비의 기준은 다음 각목과 같다.
  가. 제1종 판매취급소는 건축물의 1층에 설치할 것
  나. 제1종 판매취급소에는 별표 4 Ⅲ제1호의 기준에 따라 보기 쉬운 곳에 "위험물 판매취급소(제1종)"라는 표시를 한 표지와 동표 Ⅲ제2호의 기준에 따라 방화에 관하여 필요한 사항을 게시한 게시판을 설치하여야 한다.
  다. 제1종 판매취급소의 용도로 사용되는 건축물의 부분은 내화구조 또는 불연재료로 하고, 판매취급소로 사용되는 부분과 다른 부분과의 격벽은 내화구조로 할 것
  라. 제1종 판매취급소의 용도로 사용하는 건축물의 부분은 보를 불연재료로 하고, 천장을 설치하는 경우에는 천장을 불연재료로 할 것
  마. 제1종 판매취급소의 용도로 사용하는 부분에 상층이 있는 경우에 있어서는 그 상층의 바닥을 내화구조로 하고, 상층이 없는 경우에 있어서는 지붕을 내화구조로 또는 불연재료로 할 것
  바. 제1종 판매취급소의 용도로 사용하는 부분의 창 및 출입구에는 갑종방화문 또는 을종방화문을 설치할 것
  사. 제1종 판매취급소의 용도로 사용하는 부분의 창 또는 출입구에 유리를 이용하는 경우에는 망입유리로 할 것

아. 제1종 판매취급소의 용도로 사용하는 건축물에 설치하는 전기설비는 전기사업법에 의한 전기설비기술기준에 의할 것
자. 위험물을 배합하는 실은 다음에 의할 것
   1) 바닥면적은 6m² 이상 15m² 이하일 것
   2) 내화구조 또는 불연재료로 된 벽으로 구획할 것
   3) 바닥은 위험물이 침투하지 아니하는 구조로 하여 적당한 경사를 두고 집유설비를 할 것
   4) 출입구에는 수시로 열 수 있는 자동폐쇄식의 갑종방화문을 설치할 것
   5) 출입구 문턱의 높이는 바닥면으로부터 0.1m 이상으로 할 것
   6) 내부에 체류한 가연성의 증기 또는 가연성의 미분을 지붕위로 방출하는 설비를 할 것
2. 저장 또는 취급하는 위험물의 수량이 지정수량의 40배 이하인 판매취급소(이하 "제2종 판매취급소"라 한다)의 위치·구조 및 설비의 기준은 제1호가목·나목 및 사목 내지 자목의 규정을 준용하는 외에 다음 각목의 기준에 의한다.
   가. 제2종 판매취급소의 용도로 사용하는 부분은 벽·기둥·바닥 및 보를 내화구조 하고, 천장이 있는 경우에는 이를 불연재료로 하며, 판매취급소로 사용되는 부분과 다른 부분과의 격벽은 내화구조로 할 것
   나. 제2종 판매취급소의 용도로 사용하는 부분에 있어서 상층이 있는 경우에는 상층의 바닥을 내화구조로 하는 동시에 상층으로의 연소를 방지하기 위한 조치를 강구하고, 상층이 없는 경우에는 지붕을 내화구조로 할 것
   다. 제2종 판매취급소의 용도로 사용하는 부분중 연소의 우려가 없는 부분에 한하여 창을 두되, 해당 창에는 갑종방화문 또는 을종방화문을 설치할 것
   라. 제2종 판매취급소의 용도로 사용하는 부분의 출입구에는 갑종방화문 또는 을종방화문을 설치할 것. 다만, 해당 부분중 연소의 우려가 있는 벽 또는 창의 부분에 설치하는 출입구에는 수시로 열 수 있는 자동폐쇄식의 갑종방화문을 설치하여야 한다.

[규칙 별표 15]

이송취급소의 위치·구조 및 설비의 기준 (제39조관련)

Ⅰ. 설치장소

1. 이송취급소는 다음 각목의 장소 외의 장소에 설치하여야 한다.
   가. 철도 및 도로의 터널안
   나. 고속국도 및 자동차전용도로(「도로법」 제48조제1항에 따라 지정된 도로를 말한다)의 차도·길 어깨 및 중앙분리대
   다. 호수·저수지 등으로서 수리의 수원이 되는 곳
   라. 급경사지역으로서 붕괴의 위험이 있는 지역
2. 제1호의 규정에 불구하고 다음 각목의 1에 해당하는 경우에는 제1호 각목의 장소에 이송취급소를 설치할 수 있다.
   가. 지형상황 등 부득이한 사유가 있고 안전에 필요한 조치를 하는 경우
   나. 제1호나목 또는 다목의 장소에 횡단하여 설치하는 경우

Ⅱ. 배관 등의 재료 및 구조

1. 배관·관이음쇠 및 밸브(이하 "배관등"이라 한다)의 재료는 다음 각목의 규격에 적합한 것으로 하거나 이와 동등 이상의 기계적 성질이 있는 것으로 하여야 한다.
   가. 배관: 고압배관용 탄소강관(KS D 3564), 압력배관용 탄소강관(KS D 3562), 고온배관용 탄소강관(KS D 3570) 또는 배관용 스테인레스강관(KS D 3576)

나. 관이음쇠: 배관용강제 맞대기용접식 관이음쇠(KS B 1541), 철강제 관플랜지 압력단계(KS B 1501), 관플랜지의 치수허용차(KS B 1502), 강제 용접식 관플랜지(KS B 1503), 철강제 관플랜지의 기본치수(KS B 1511) 또는 관플랜지의 개스킷자리치수(KS B 1519)

다. 밸브: 주강 플랜지형 밸브(KS B 2361)

2. 배관등의 구조는 다음 각목의 하중에 의하여 생기는 응력에 대한 안전성이 있어야 한다.

    가. 위험물의 중량, 배관등의 내압, 배관등과 그 부속설비의 자중, 토압, 수압, 열차하중, 자동차하중 및 부력 등의 주하중

    나. 풍하중, 설하중, 온도변화의 영향, 진동의 영향, 지진의 영향, 배의 닻에 의한 충격의 영향, 파도와 조류의 영향, 설치공정상의 영향 및 다른 공사에 의한 영향 등의 종하중

3. 교량에 설치하는 배관은 교량의 굴곡·신축·진동 등에 대하여 안전한 구조로 하여야 한다.

4. 배관의 두께는 배관의 외경에 따라 다음 표에 정한 것 이상으로 하여야 한다.

배관의 외경(단위 mm)	배관의 두께(단위 mm)
114.3 미만	4.5
114.3 이상 139.8 미만	4.9
139.8 이상 165.2 미만	5.1
165.2 이상 216.3 미만	5.5
216.3 이상 355.6 미만	6.4
355.6 이상 508.0 미만	7.9
508.0 이상	9.5

5. 제2호 내지 제4호에 규정한 것 외에 배관등의 구조에 관하여 필요한 사항은 소방청장이 정하여 고시한다.

6. 배관의 안전에 영향을 미칠 수 있는 신축이 생길 우려가 있는 부분에는 그 신축을 흡수하는 조치를 강구하여야 한다.

7. 배관등의 이음은 아크용접 또는 이와 동등 이상의 효과를 갖는 용접방법에 의하여야 한다. 다만, 용접에 의하는 것이 적당하지 아니한 경우는 안전상 필요한 강도가 있는 플랜지이음으로 할 수 있다.

8. 플랜지이음을 하는 경우에는 해당 이음부분의 점검을 하고 위험물의 누설확산을 방지하기 위한 조치를 하여야 한다. 다만, 해저 입하배관의 경우에는 누설확산방지조치를 아니할 수 있다.

9. 지하 또는 해저에 설치한 배관등에는 다음의 각목의 기준에 의하여 내구성이 있고 전기절연저항이 큰 도복장재료를 사용하여 외면부식을 방지하기 위한 조치를 하여야 한다.

    가. 도장재(塗裝材) 및 복장재(覆裝材)는 다음의 기준 또는 이와 동등 이상의 방식효과를 갖는 것으로 할 것

       1) 도장재는 수도용강관아스팔트도복장방법(KS D 8306)에 정한 아스팔트에나멜, 수도용강관콜타르에나멜도복장방법(KS D 8307)에 정한 콜타르 에나멜

       2) 복장재는 수도용강관아스팔트도복장방법(KS D 8306)에 정한 비니론크로즈, 글라스크로즈, 글라스매트 또는 폴리에틸렌, 헤시안크로스, 타르에폭시, 페트로라튬테이프, 경질염화비닐라이닝강관, 폴리에틸렌 열수축튜브, 나이론12수지

    나. 방식피복의 방법은 수도용강관아스팔트도복장방법(KS D 8306)에 정한 방법, 수도용강관콜타르에나멜도복장방법(KS D 8307)에 정한 방법 또는 이와 동등 이상의 부식방지효과가 있는 방법에 의할 것

10. 지상 또는 해상에 설치한 배관등에는 외면부식을 방지하기 위한 도장을 실시하여야 한다.

11. 지하 또는 해저에 설치한 배관등에는 다음의 각목의 기준에 의하여 전기방식조치를 하여야 한다. 이 경우 근접한 매설물 그 밖의 구조물에 대하여 영향을 미치지 아니하도록 필요한 조치를 하여야 한다.

가. 방식전위는 포화황산동전극 기준으로 마이너스 0.8V 이하로 할 것
나. 적절한 간격(200m 내지 500m)으로 전위측정단자를 설치할 것
다. 전기철로 부지 등 전류의 영향을 받는 장소에 배관등을 매설하는 경우에는 강제배류법 등에 의한 조치를 할 것
12. 배관등에 가열 또는 보온하기 위한 설비를 설치하는 경우에는 화재예방상 안전하고 다른 시설물에 영향을 주지 아니하는 구조로 하여야 한다.

Ⅲ. 배관설치의 기준

1. 지하매설
배관을 지하에 매설하는 경우에는 다음 각목의 기준에 의하여야 한다.
   가. 배관은 그 외면으로부터 건축물·지하가·터널 또는 수도시설까지 각각 다음의 규정에 의한 안전거리를 둘 것. 다만, 2) 또는 3)의 공작물에 있어서는 적절한 누설확산방지조치를 하는 경우에 그 안전거리를 1/2의 범위 안에서 단축할 수 있다.
      1) 건축물(지하가 내의 건축물을 제외한다): 1.5m 이상   2) 지하가 및 터널: 10m 이상
      3) 「수도법」에 의한 수도시설(위험물의 유입우려가 있는 것에 한한다): 300m 이상
   나. 배관은 그 외면으로부터 다른 공작물에 대하여 0.3m 이상의 거리를 보유할 것. 다만, 0.3m 이상의 거리를 보유하기 곤란한 경우로서 해당 공작물의 보전을 위하여 필요한 조치를 하는 경우에는 그러하지 아니하다.
   다. 배관의 외면과 지표면과의 거리는 산이나 들에 있어서는 0.9m 이상, 그 밖의 지역에 있어서는 1.2m 이상으로 할 것. 다만, 해당 배관을 각각의 깊이로 매설하는 경우와 동등 이상의 안전성이 확보되는 견고하고 내구성이 있는 구조물(이하 "방호구조물"이라 한다) 안에 설치하는 경우에는 그러하지 아니하다.
   라. 배관은 지반의 동결로 인한 손상을 받지 아니하는 적절한 깊이로 매설할 것
   마. 성토 또는 절토를 한 경사면의 부근에 배관을 매설하는 경우에는 경사면의 붕괴에 의한 피해가 발생하지 아니하도록 매설할 것
   바. 배관의 입상부, 지반의 급변부 등 지지조건이 급변하는 장소에 있어서는 굽은관을 사용하거나 지반개량 그 밖에 필요한 조치를 강구할 것
   사. 배관의 하부에는 사질토 또는 모래로 20cm(자동차 등의 하중이 없는 경우에는 10cm) 이상, 배관의 상부에는 사질토 또는 모래로 30cm(자동차 등의 하중이 없는 경우에는 20cm) 이상 채울 것

2. 도로 밑 매설
배관을 도로 밑에 매설하는 경우에는 제1호(나목 및 다목을 제외한다)의 규정에 의하는 외에 다음 각목의 기준에 의하여야 한다.
   가. 배관은 원칙적으로 자동차하중의 영향이 적은 장소에 매설할 것
   나. 배관은 그 외면으로부터 도로의 경계에 대하여 1m 이상의 안전거리를 둘 것
   다. 시가지(「국토의 계획 및 이용에 관한 법률」 제6조제1호의 규정에 의한 도시지역을 말한다. 다만, 동법 제36조제1항제1호다목의 규정에 의한 공업지역을 제외한다. 이하 같다) 도로의 밑에 매설하는 경우에는 배관의 외경보다 10cm 이상 넓은 견고하고 내구성이 있는 재질의 판(이하 "보호판"이라 한다)을 배관의 상부로부터 30cm 이상 위에 설치할 것. 다만, 방호구조물 안에 설치하는 경우에는 그러하지 아니하다.
   라. 배관(보호판 또는 방호구조물에 의하여 배관을 보호하는 경우에는 해당 보호판 또는 방호구조물을 말한다. 이하 바목 및 사목에서 같다)은 그 외면으로부터 다른 공작물에 대하여 0.3m 이상의 거리를 보유할 것. 다만, 배관의 외면에서 다른 공작물에 대하여 0.3m 이상의 거리를 보유하기 곤란한 경우로서 해당 공작물의 보전을 위하여 필요한 조치를 하는 경우에는 그러하지 아니하다.
   마. 시가지 도로의 노면 아래에 매설하는 경우에는 배관(방호구조물의 안에 설치된 것을 제외한다)의 외면과 노

면과의 거리는 1.5m 이상, 보호판 또는 방호구조물의 외면과 노면과의 거리는 1.2m 이상으로 할 것
바. 시가지 외의 도로의 노면아래에 매설하는 경우에는 배관의 외면과 노면과의 거리는 1.2m 이상으로 할 것
사. 포장된 차도에 매설하는 경우에는 포장부분의 노반(차단층이 있는 경우는 해당 차단층을 말한다. 이하 같다)의 밑에 매설하고, 배관의 외면과 노반의 최하부와의 거리는 0.5m 이상으로 할 것
아. 노면밑 외의 도로밑에 매설하는 경우에는 배관의 외면과 지표면과의 거리는 1.2m[보호판 또는 방호구조물에 의하여 보호된 배관에 있어서는 0.6m(시가지의 도로밑에 매설하는 경우에는 0.9m)] 이상으로 할 것
자. 전선·수도관·하수도관·가스관 또는 이와 유사한 것이 매설되어 있거나 매설할 계획이 있는 도로에 매설하는 경우에는 이들의 상부에 매설하지 아니할 것. 다만, 다른 매설물의 깊이가 2m 이상인 때에는 그러하지 아니하다.

3. 철도부지 밑 매설
   배관을 철도부지(철도차량을 운행하기 위한 궤도와 이를 받치는 노반 또는 공작물로 구성된 시설을 설치하거나 설치하기 위한 용지를 말한다. 이하 같다)에 인접하여 매설하는 경우에는 제1호(다목을 제외한다)의 규정에 의하는 외에 다음 각목의 기준에 의하여야 한다.
   가. 배관은 그 외면으로부터 철도 중심선에 대하여는 4m 이상, 해당 철도부지(도로에 인접한 경우를 제외한다)의 용지경계에 대하여는 1m 이상의 거리를 유지할 것. 다만, 열차하중의 영향을 받지 아니하도록 매설하거나 배관의 구조가 열차하중에 견딜 수 있도록 된 경우에는 그러하지 아니하다.
   나. 배관의 외면과 지표면과의 거리는 1.2m 이상으로 할 것

4. 하천홍수관리구역내 매설
   배관을 「하천법」 제12조에 따라 지정된 홍수관리구역내에 매설하는 경우에는 제1호의 규정을 준용하는 외에 제방(堤防) 또는 호안(護岸)이 하천연안구역의 지반면과 접하는 부분으로부터 하천관리상 필요한 거리를 유지하여야 한다.

5. 지상설치
   배관을 지상에 설치하는 경우에는 다음 각목의 기준에 의하여야 한다.
   가. 배관이 지표면에 접하지 아니하도록 할 것
   나. 배관[이송기지(펌프에 의하여 위험물을 보내거나 받는 작업을 행하는 장소를 말한다. 이하 같다)의 구내에 설치되어진 것을 제외한다]은 다음의 기준에 의한 안전거리를 둘 것
      1) 철도(화물수송용으로만 쓰이는 것을 제외한다) 또는 도로(「국토의 계획 및 이용에 관한 법률」에 의한 공업지역 또는 전용공업지역에 있는 것을 제외한다)의 경계선으로부터 25m 이상
      2) 별표 4 Ⅰ제1호나목1)·2)·3) 또는 4)의 규정에 의한 시설로부터 45m 이상
      3) 별표 4 Ⅰ제1호다목의 규정에 의한 시설로부터 65m 이상
      4) 별표 4 Ⅰ제1호라목1)·2)·3)·4) 또는 5)의 규정에 의한 시설로부터 35m 이상
      5) 「국토의 계획 및 이용에 관한 법률」에 의한 공공공지 또는 「도시공원법」에 의한 도시공원으로부터 45m 이상
      6) 판매시설·숙박시설·위락시설 등 불특정다중을 수용하는 시설 중 연면적 1,000m² 이상인 것으로부터 45m 이상
      7) 1일 평균 20,000명 이상 이용하는 기차역 또는 버스터미널로부터 45m 이상
      8) 「수도법」에 의한 수도시설 중 위험물이 유입될 가능성이 있는 것으로부터 300m 이상
      9) 주택 또는 1) 내지 8)와 유사한 시설 중 다수의 사람이 출입하거나 근무하는 것으로부터 25m 이상
   다. 배관(이송기지의 구내에 설치된 것을 제외한다)의 양측면으로부터 해당 배관의 최대상용압력에 따라 다음 표에 의한 너비(「국토의 계획 및 이용에 관한 법률」에 의한 공업지역 또는 전용공업지역에 설치한 배관에 있어서는 그 너비의 1/3)의 공지를 보유할 것. 다만, 양단을 폐쇄한 밀폐구조의 방호구조물 안에 배관을

설치하거나 위험물의 유출확산을 방지할 수 있는 방화상 유효한 담을 설치하는 등 안전상 필요한 조치를 하는 경우에는 그러하지 아니하다.

배관의 최대상용압력	공지의 너비
0.3MPa 미만	5m 이상
0.3MPa 이상 1MPa 미만	9m 이상
1MPa 이상	15m 이상

라. 배관은 지진·풍압·지반침하·온도변화에 의한 신축 등에 대하여 안전성이 있는 철근콘크리트조 또는 이와 동등 이상의 내화성이 있는 지지물에 의하여 지지되도록 할 것. 다만, 화재에 의하여 해당 구조물이 변형될 우려가 없는 지지물에 의하여 지지되는 경우에는 그러하지 아니하다.
마. 자동차·선박 등의 충돌에 의하여 배관 또는 그 지지물이 손상을 받을 우려가 있는 경우에는 견고하고 내구성이 있는 보호설비를 설치할 것
바. 배관은 다른 공작물(해당 배관의 지지물을 제외한다)에 대하여 배관의 유지관리상 필요한 간격을 가질 것
사. 단열재 등으로 배관을 감싸는 경우에는 일정구간마다 점검구를 두거나 단열재 등을 쉽게 떼고 붙일 수 있도록 하는 등 점검이 쉬운 구조로 할 것

6. 해저설치
배관을 해저에 설치하는 경우에는 다음 각목의 기준에 의하여야 한다.
가. 배관은 해저면 밑에 매설할 것. 다만, 선박의 닻 내림 등에 의하여 배관이 손상을 받을 우려가 없거나 그 밖에 부득이한 경우에는 그러하지 아니하다.
나. 배관은 이미 설치된 배관과 교차하지 말 것. 다만, 교차가 불가피한 경우로서 배관의 손상을 방지하기 위한 방호조치를 하는 경우에는 그러하지 아니하다.
다. 배관은 원칙적으로 이미 설치된 배관에 대하여 30m 이상의 안전거리를 둘 것
라. 2본 이상의 배관을 동시에 설치하는 경우에는 배관이 상호 접촉하지 아니하도록 필요한 조치를 할 것
마. 배관의 입상부에는 방호시설물을 설치할 것. 다만, 계선부표(繫船浮標)에 도달하는 입상배관이 강제 외의 재질인 경우에는 그러하지 아니하다.
바. 배관을 매설하는 경우에는 배관외면과 해저면(해당 배관을 매설하는 해저에 대한 준설계획이 있는 경우에는 그 계획에 의한 준설 후 해저면의 0.6m 아래를 말한다)과의 거리는 닻 내림의 충격, 토질, 매설하는 재료, 선박교통사정 등을 감안하여 안전한 거리로 할 것
사. 패일 우려가 있는 해저면 아래에 매설하는 경우에는 배관의 노출을 방지하기 위한 조치를 할 것
아. 배관을 매설하지 아니하고 설치하는 경우에는 배관이 연속적으로 지지되도록 해저면을 고를 것
자. 배관이 부양 또는 이동할 우려가 있는 경우에는 이를 방지하기 위한 조치를 할 것

7. 해상설치
배관을 해상에 설치하는 경우에는 다음 각목의 기준에 의하여야 한다.
가. 배관은 지진·풍압·파도 등에 대하여 안전한 구조의 지지물에 의하여 지지할 것
나. 배관은 선박 등의 항행에 의하여 손상을 받지 아니하도록 해면과의 사이에 필요한 공간을 확보하여 설치할 것
다. 선박의 충돌 등에 의해서 배관 또는 그 지지물이 손상을 받을 우려가 있는 경우에는 견고하고 내구력이 있는 보호설비를 설치할 것
라. 배관은 다른 공작물(해당 배관의 지지물을 제외한다)에 대하여 배관의 유지관리상 필요한 간격을 보유할 것

8. 도로횡단설치
도로를 횡단하여 배관을 설치하는 경우에는 다음 각목의 기준에 의하여야 한다.
가. 배관을 도로 아래에 매설할 것. 다만, 지형의 상황 그 밖에 특별한 사유에 의하여 도로 상공외의 적당한

장소가 없는 경우에는 안전상 적절한 조치를 강구하여 도로상공을 횡단하여 설치할 수 있다.
나. 배관을 매설하는 경우에는 제2호(가목 및 나목을 제외한다)의 규정을 준용하되, 배관을 금속관 또는 방호구조물 안에 설치할 것
다. 배관을 도로상공을 횡단하여 설치하는 경우에는 제5호(가목을 제외한다)의 규정을 준용하되, 배관 및 해당 배관에 관계된 부속설비는 그 아래의 노면과 5m 이상의 수직거리를 유지할 것

9. 철도 밑 횡단 매설

   철도부지를 횡단하여 배관을 매설하는 경우에는 제3호(가목을 제외)및 제8호나목의 규정을 준용한다.

10. 하천 등 횡단설치

    하천 또는 수로를 횡단하여 배관을 설치하는 경우에는 다음 각목의 기준에 의하여야 한다.
    가. 하천 또는 수로를 횡단하여 배관을 설치하는 경우에는 배관에 과대한 응력이 생기지 아니하도록 필요한 조치를 하여 교량에 설치할 것. 다만, 교량에 설치하는 것이 적당하지 아니한 경우에는 하천 또는 수로의 밑에 매설할 수 있다.
    나. 하천 또는 수로를 횡단하여 배관을 매설하는 경우에는 배관을 금속관 또는 방호구조물 안에 설치하고, 해당 금속관 또는 방호구조물의 부양이나 선박의 닻 내림 등에 의한 손상을 방지하기 위한 조치를 할 것
    다. 하천 또는 수로의 밑에 배관을 매설하는 경우에는 배관의 외면과 계획하상(계획하상이 최심하상 보다 높은 경우에는 최심하상)과의 거리는 다음의 규정에 의한 거리 이상으로 하되, 호안 그 밖에 하천관리시설의 기초에 영향을 주지 아니하고 하천바닥의 변동·패임 등에 의한 영향을 받지 아니하는 깊이로 매설하여야 한다.
       1) 하천을 횡단하는 경우: 4.0m
       2) 수로를 횡단하는 경우
          가)「하수도법」제2조제3호에 따른 하수도(상부가 개방되는 구조로 된 것에 한한다) 또는 운하: 2.5m
          나) 가)의 규정에 의한 수로에 해당하지 아니하는 좁은 수로(용수로 그 밖에 이와 유사한 것을 제외한다): 1.2m
    라. 하천 또는 수로를 횡단하여 배관을 설치하는 경우에는 가목 내지 다목의 규정에 의하는 외에 제2호(나목·다목 및 사목을 제외한다) 및 제5호(가목을 제외한다)의 규정을 준용할 것

Ⅳ. 기타 설비 등

1. 누설확산방지조치

   배관을 시가지·하천·수로·터널·도로·철도 또는 투수성(透水性) 지반에 설치하는 경우에는 누설된 위험물의 확산을 방지할 수 있는 강철제의 관·철근콘크리트조의 방호구조물 등 견고하고 내구성이 있는 구조물의 안에 설치하여야 한다.

2. 가연성증기의 체류방지조치

   배관을 설치하기 위하여 설치하는 터널(높이 1.5m 이상인 것에 한한다)에는 가연성증기의 체류를 방지하는 조치를 하여야 한다.

3. 부등침하 등의 우려가 있는 장소에 설치하는 배관

   부등침하 등 지반의 변동이 발생할 우려가 있는 장소에 배관을 설치하는 경우에는 배관이 손상을 받지 아니하도록 필요한 조치를 하여야 한다.

4. 굴착에 의하여 주위가 노출된 배관의 보호

   굴착에 의하여 주위가 일시 노출되는 배관은 손상되지 아니하도록 적절한 보호조치를 하여야 한다.

5. 비파괴시험

   가. 배관등의 용접부는 비파괴시험을 실시하여 합격할 것. 이 경우 이송기지 내의 지상에 설치된 배관등은 전체 용접부의 20% 이상을 발췌하여 시험할 수 있다.

나. 가목의 규정에 의한 비파괴시험의 방법, 판정기준 등은 소방청장이 정하여 고시하는 바에 의할 것
6. 내압시험
   가. 배관등은 최대상용압력의 1.25배 이상의 압력으로 4시간 이상 수압을 가하여 누설 그 밖의 이상이 없을 것. 다만, 수압시험을 실시한 배관등의 시험구간 상호간을 연결하는 부분 또는 수압시험을 위하여 배관등의 내부 공기를 뽑아낸 후 폐쇄한 곳의 용접부는 제5호의 비파괴시험으로 갈음할 수 있다.
   나. 가목의 규정에 의한 내압시험의 방법, 판정기준 등은 소방청장이 정하여 고시하는 바에 의할 것
7. 운전상태의 감시장치
   가. 배관계(배관등 및 위험물 이송에 사용되는 일체의 부속설비를 말한다. 이하 같다)에는 펌프 및 밸브의 작동상황 등 배관계의 운전상태를 감시하는 장치를 설치할 것
   나. 배관계에는 압력 또는 유량의 이상변동 등 이상한 상태가 발생하는 경우에 그 상황을 경보하는 장치를 설치할 것
8. 안전제어장치
   배관계에는 다음 각목에 정한 제어기능이 있는 안전제어장치를 설치하여야 한다.
   가. 압력안전장치·누설검지장치·긴급차단밸브 그 밖의 안전설비의 제어회로가 정상으로 있지 아니하면 펌프가 작동하지 아니하도록 하는 제어기능
   나. 안전상 이상상태가 발생한 경우에 펌프·긴급차단밸브 등이 자동 또는 수동으로 연동하여 신속히 정지 또는 폐쇄되도록 하는 제어기능
9. 압력안전장치
   가. 배관계에는 배관내의 압력이 최대상용압력을 초과하거나 유격작용 등에 의하여 생긴 압력이 최대상용압력의 1.1배를 초과하지 아니하도록 제어하는 장치(이하 "압력안전장치"라 한다)를 설치할 것
   나. 압력안전장치의 재료 및 구조는 Ⅱ제1호 내지 제5호의 기준에 의할 것
   다. 압력안전장치는 배관계의 압력변동을 충분히 흡수할 수 있는 용량을 가질 것
10. 누설검지장치 등
    가. 배관계에는 다음의 기준에 적합한 누설검지장치를 설치할 것
       1) 가연성증기를 발생하는 위험물을 이송하는 배관계의 점검상자에는 가연성증기를 검지하는 장치
       2) 배관계내의 위험물의 양을 측정하는 방법에 의하여 자동적으로 위험물의 누설을 검지하는 장치 또는 이와 동등 이상의 성능이 있는 장치
       3) 배관계내의 압력을 측정하는 방법에 의하여 위험물의 누설을 자동적으로 검지하는 장치 또는 이와 동등 이상의 성능이 있는 장치
       4) 배관계내의 압력을 일정하게 정지시키고 해당 압력을 측정하는 방법에 의하여 위험물의 누설을 검지하는 장치 또는 이와 동등 이상의 성능이 있는 장치
    나. 배관을 지하에 매설한 경우에는 안전상 필요한 장소(하천 등의 아래에 매설한 경우에는 금속관 또는 방호구조물의 안을 말한다)에 누설검지구를 설치할 것. 다만, 배관을 따라 일정한 간격으로 누설을 검지할 수 있는 장치를 설치하는 경우에는 그러하지 아니하다.
11. 긴급차단밸브
    가. 배관에는 다음의 기준에 의하여 긴급차단밸브를 설치할 것. 다만, 2) 또는 3)에 해당하는 경우로서 해당 지역을 횡단하는 부분의 양단의 높이 차이로 인하여 하류측으로부터 상류측으로 역류될 우려가 없는 때에는 하류측에는 설치하지 아니할 수 있으며, 4) 또는 5)에 해당하는 경우로서 방호구조물을 설치하는 등 안전상 필요한 조치를 하는 경우에는 설치하지 아니할 수 있다.
       1) 시가지에 설치하는 경우에는 약 4km의 간격
       2) 하천·호소 등을 횡단하여 설치하는 경우에는 횡단하는 부분의 양 끝

        3) 해상 또는 해저를 통과하여 설치하는 경우에는 통과하는 부분의 양 끝
        4) 산림지역에 설치하는 경우에는 약 10km의 간격
        5) 도로 또는 철도를 횡단하여 설치하는 경우에는 횡단하는 부분의 양 끝
    나. 긴급차단밸브는 다음의 기능이 있을 것
        1) 원격조작 및 현지조작에 의하여 폐쇄되는 기능
        2) 제10호의 규정에 의한 누설검지장치에 의하여 이상이 검지된 경우에 자동으로 폐쇄되는 기능
    다. 긴급차단밸브는 그 개폐상태가 해당 긴급차단밸브의 설치장소에서 용이하게 확인될 수 있을 것
    라. 긴급차단밸브를 지하에 설치하는 경우에는 긴급차단밸브를 점검상자 안에 유지할 것. 다만, 긴급차단밸브를 도로 외의 장소에 설치하고 해당 긴급차단밸브의 점검이 가능하도록 조치하는 경우에는 그러하지 아니하다.
    마. 긴급차단밸브는 해당 긴급차단밸브의 관리에 관계하는 자 외의 자가 수동으로 개폐할 수 없도록 할 것
12. 위험물 제거조치 – 배관에는 서로 인접하는 2개의 긴급차단밸브 사이의 구간마다 해당 배관 안의 위험물을 안전하게 물 또는 불연성기체로 치환할 수 있는 조치를 하여야 한다.
13. 감진장치 등 – 배관 경로에는 안전상 필요한 장소와 25km의 거리마다 감진장치 및 강진계를 설치하여야 한다.
14. 경보설비 – 이송취급소에는 다음 각목의 기준에 의하여 경보설비를 설치하여야 한다.
    가. 이송기지에는 비상벨장치 및 확성장치를 설치할 것
    나. 가연성증기를 발생하는 위험물을 취급하는 펌프실등에는 가연성증기 경보설비를 설치할 것
15. 순찰차 등 – 배관의 경로에는 다음 각목의 기준에 따라 순찰차를 배치하고 기자재창고를 설치하여야 한다.
    가. 순찰차
        1) 배관계의 안전관리상 필요한 장소에 둘 것
        2) 평면도·종횡단면도 그 밖에 배관등의 설치상황을 표시한 도면, 가스탐지기, 통신장비, 휴대용조명기구, 응급누설방지기구, 확성기, 방화복(또는 방열복), 소화기, 경계로프, 삽, 곡괭이 등 점검·정비에 필요한 기자재를 비치할 것
    나. 기자재창고
        1) 이송기지, 배관경로(5km 이하인 것을 제외한다)의 5km 이내마다의 방재상 유효한 장소 및 주요한 하천·호소·해상·해저를 횡단하는 장소의 근처에 각각 설치할 것. 다만, 특정이송취급소 외의 이송취급소에 있어서는 배관경로에는 설치하지 아니할 수 있다.
        2) 기자재창고에는 다음의 기자재를 비치할 것
            가) 3%로 희석하여 사용하는 포소화약제 400ℓ 이상, 방화복(또는 방열복) 5벌 이상, 삽 및 곡괭이 각 5개 이상
            나) 유출한 위험물을 처리하기 위한 기자재 및 응급조치를 위한 기자재
16. 비상전원 – 운전상태의 감시장치·안전제어장치·압력안전장치·누설검지장치·긴급차단밸브·소화설비 및 경보설비에는 상용전원이 고장인 경우에 자동적으로 작동할 수 있는 비상전원을 설치하여야 한다.
17. 접지 등
    가. 배관계에는 안전상 필요에 따라 접지 등의 설비를 할 것
    나. 배관계는 안전상 필요에 따라 지지물 그 밖의 구조물로부터 절연할 것
    다. 배관계에는 안전상 필요에 따라 절연용접속을 할 것
    라. 피뢰설비의 접지장소에 근접하여 배관을 설치하는 경우에는 절연을 위하여 필요한 조치를 할 것
18. 피뢰설비 – 이송취급소(위험물을 이송하는 배관등의 부분을 제외한다)에는 피뢰설비를 설치하여야 한다. 다만, 주위의 상황에 의하여 안전상 지장이 없는 경우에는 그러하지 아니하다.
19. 전기설비 – 이송취급소에 설치하는 전기설비는 「전기사업법」에 의한 전기설비기술기준에 의하여야 한다.
20. 표지 및 게시판

가. 이송취급소(위험물을 이송하는 배관등의 부분을 제외한다)에는 별표 4 Ⅲ제1호의 기준에 따라 보기 쉬운 곳에 "위험물 이송취급소"라는 표시를 한 표지와 동표 Ⅲ제2호의 기준에 따라 방화에 관하여 필요한 사항을 게시한 게시판을 설치하여야 한다.

나. 배관의 경로에는 소방청장이 정하여 고시하는 바에 따라 위치표지·주의표시 및 주의표지를 설치하여야 한다.

21. 안전설비의 작동시험 – 안전설비로서 소방청장이 정하여 고시하는 것은 소방청장이 정하여 고시하는 방법에 따라 시험을 실시하여 정상으로 작동하는 것이어야 한다.

22. 선박에 관계된 배관계의 안전설비 등 – 위험물을 선박으로부터 이송하거나 선박에 이송하는 경우의 배관계의 안전설비 등에 있어서 제7호 내지 제21호의 규정에 의하는 것이 현저히 곤란한 경우에는 다른 안전조치를 강구할 수 있다.

23. 펌프등– 펌프 및 그 부속설비(이하 "펌프등"이라 한다)를 설치하는 경우에는 다음 각목의 기준에 의하여야 한다.

가. 펌프등(펌프를 펌프실 내에 설치한 경우에는 해당 펌프실을 말한다. 이하 나목에서 같다)은 그 주위에 다음 표에 의한 공지를 보유할 것. 다만, 벽·기둥 및 보를 내화구조로 하고 지붕을 폭발력이 위로 방출될 정도의 가벼운 불연재료로 한 펌프실에 펌프를 설치한 경우에는 다음 표에 의한 공지의 너비의 1/3로 할 수 있다.

펌프등의 최대상용압력	공지의 너비
1MPa 미만	3m 이상
1MPa 이상 3MPa 미만	5m 이상
3MPa 이상	15m 이상

나. 펌프등은 Ⅲ제5호나목의 규정에 준하여 그 주변에 안전거리를 둘 것. 다만, 위험물의 유출확산을 방지할 수 있는 방화상 유효한 담 등의 공작물을 주위상황에 따라 설치하는 등 안전상 필요한 조치를 하는 경우에는 그러하지 아니하다.

다. 펌프는 견고한 기초위에 고정하여 설치할 것

라. 펌프를 설치하는 펌프실은 다음의 기준에 적합하게 할 것
   1) 불연재료의 구조로 할 것. 이 경우 지붕은 폭발력이 위로 방출될 정도의 가벼운 불연재료이어야 한다.
   2) 창 또는 출입구를 설치하는 경우에는 갑종방화문 또는 을종방화문으로 할 것
   3) 창 또는 출입구에 유리를 이용하는 경우에는 망입유리로 할 것
   4) 바닥은 위험물이 침투하지 아니하는 구조로 하고 그 주변에 높이 20cm 이상의 턱을 설치할 것
   5) 누설한 위험물이 외부로 유출되지 아니하도록 바닥은 적당한 경사를 두고 그 최저부에 집유설비를 할 것
   6) 가연성증기가 체류할 우려가 있는 펌프실에는 배출설비를 할 것
   7) 펌프실에는 위험물을 취급하는데 필요한 채광·조명 및 환기 설비를 할 것

마. 펌프등을 옥외에 설치하는 경우에는 다음의 기준에 의할 것
   1) 펌프등을 설치하는 부분의 지반은 위험물이 침투하지 아니하는 구조로 하고 그 주위에는 높이 15cm 이상의 턱을 설치할 것
   2) 누설한 위험물이 외부로 유출되지 아니하도록 배수구 및 집유설비를 설치할 것

24. 피그장치

피그장치를 설치하는 경우에는 다음 각목의 기준에 의하여야 한다.

가. 피그장치는 배관의 강도와 동등 이상의 강도를 가질 것

나. 피그장치는 해당 장치의 내부압력을 안전하게 방출할 수 있고 내부압력을 방출한 후가 아니면 피그를 삽입하거나 배출할 수 없는 구조로 할 것

다. 피그장치는 배관 내에 이상응력이 발생하지 아니하도록 설치할 것

라. 피그장치를 설치한 장소의 바닥은 위험물이 침투하지 아니하는 구조로 하고 누설한 위험물이 외부로 유출되

지 아니하도록 배수구 및 집유설비를 설치할 것
　마. 피그장치의 주변에는 너비 3m 이상의 공지를 보유할 것. 다만, 펌프실내에 설치하는 경우에는 그러하지 아니하다.
25. 밸브
　교체밸브·제어밸브 등은 다음 각목의 기준에 의하여 설치하여야 한다.
　가. 밸브는 원칙적으로 이송기지 또는 전용부지내에 설치할 것
　나. 밸브는 그 개폐상태가 해당 밸브의 설치장소에서 쉽게 확인할 수 있도록 할 것
　다. 밸브를 지하에 설치하는 경우에는 점검상자 안에 설치할 것
　라. 밸브는 해당 밸브의 관리에 관계하는 자가 아니면 수동으로 개폐할 수 없도록 할 것
26. 위험물의 주입구 및 토출구
　위험물의 주입구 및 토출구는 다음 각목의 기준에 의하여야 한다.
　가. 위험물의 주입구 및 토출구는 화재예방상 지장이 없는 장소에 설치할 것
　나. 위험물의 주입구 및 토출구는 위험물을 주입하거나 토출하는 호스 또는 배관과 결합이 가능하고 위험물의 유출이 없도록 할 것
　다. 위험물의 주입구 및 토출구에는 위험물의 주입구 또는 토출구가 있다는 내용과 화재예방과 관련된 주의사항을 표시한 게시판을 설치할 것
　라. 위험물의 주입구 및 토출구에는 개폐가 가능한 밸브를 설치할 것
27. 이송기지의 안전조치
　가. 이송기지의 구내에는 관계자 외의 자가 함부로 출입할 수 없도록 경계표시를 할 것. 다만, 주위의 상황에 의하여 관계자 외의 자가 출입할 우려가 없는 경우에는 그러하지 아니하다.
　나. 이송기지에는 다음의 기준에 의하여 해당 이송기지 밖으로 위험물이 유출되는 것을 방지할 수 있는 조치를 할 것
　　1) 위험물을 취급하는 시설(지하에 설치된 것을 제외한다)은 이송기지의 부지경계선으로부터 해당 배관의 최대상용압력에 따라 다음 표에 정한 거리(「국토의 계획 및 이용에 관한 법률」에 의한 전용공업지역 또는 공업지역에 설치하는 경우에는 해당 거리의 1/3의 거리)를 둘 것

배관의 최대상용압력	거 리
0.3MPa 미만	5m 이상
0.3MPa 이상 1MPa 미만	9m 이상
1MPa 이상	15m 이상

　　2) 제4류 위험물(온도 20℃의 물 100g에 용해되는 양이 1g 미만인 것에 한한다)을 취급하는 장소에는 누설한 위험물이 외부로 유출되지 아니하도록 유분리장치를 설치할 것
　　3) 이송기지의 부지경계선에 높이 50cm 이상의 방유제를 설치할 것

V. 이송취급소의 기준의 특례

1. 위험물을 이송하기 위한 배관의 연장(해당 배관의 기점 또는 종점이 2 이상인 경우에는 임의의 기점에서 임의의 종점까지의 해당 배관의 연장 중 최대의 것을 말한다. 이하 같다)이 15km를 초과하거나 위험물을 이송하기 위한 배관에 관계된 최대상용압력이 950kPa 이상이고 위험물을 이송하기 위한 배관의 연장이 7km 이상인 것(이하 "특정이송취급소"라 한다)이 아닌 이송취급소에 대하여는 Ⅳ제7호가목, Ⅳ제8호가목, Ⅳ제10호가목2) 및 3)과 제13호의 규정은 적용하지 아니한다.
2. Ⅳ제9호가목의 규정은 유격작용등에 의하여 배관에 생긴 응력이 주하중에 대한 허용응력도를 초과하지 아니하는 배관계로서 특정이송취급소외의 이송취급소에 관계된 것에는 적용하지 아니한다.

3. Ⅳ제10호나목의 규정은 위험물을 이송하기 위한 배관에 관계된 최대상용압력이 1MPa 미만이고 내경이 100mm 이하인 배관으로서 특정이송취급소 외의 이송취급소에 관계된 것에는 적용하지 아니한다.
4. 특정이송취급소 외의 이송취급소에 설치된 배관의 긴급차단밸브는 Ⅳ제11호나목1)의 규정에 불구하고 현지조작에 의하여 폐쇄하는 기능이 있는 것으로 할 수 있다. 다만, 긴급차단밸브가 다음 각목의 1에 해당하는 배관에 설치된 경우에는 그러하지 아니하다.
   가. 「하천법」 제7조제2항에 따른 국가하천·하류부근에 「수도법」 제3조제7호에 따른 수도시설(취수시설에 한한다)이 있는 하천 또는 계획하폭이 50m 이상인 하천으로서 위험물이 유입될 우려가 있는 하천을 횡단하여 설치된 배관
   나. 해상·해저·호소등을 횡단하여 설치된 배관
   다. 산 등 경사가 있는 지역에 설치된 배관
   라. 철도 또는 도로 중 산이나 언덕을 절개하여 만든 부분을 횡단하여 설치된 배관
5. 제1호 내지 제4호에 규정하지 아니한 것으로서 특정이송취급소가 아닌 이송취급소의 기준의 특례에 관하여 필요한 사항은 소방청장이 정하여 고시할 수 있다.

[규칙 별표 16]

일반취급소의 위치·구조 및 설비의 기준(제40조관련)

Ⅰ. 일반

[취급소의 기준]

1. 별표 4 Ⅰ부터 Ⅹ의 규정은 일반취급소의 위치·구조 및 설비의 기술기준에 대하여 준용한다.
2. 제1호의 규정에도 불구하고 다음 각 목에 정하는 일반취급소에 대하여는 각각 제Ⅱ 부터 Ⅹ의 규정 및 Ⅹ의2에서 정한 특례에 의할 수 있다.
   가. 도장, 인쇄 또는 도포를 위하여 제2류 위험물 또는 제4류 위험물(특수인화물을 제외한다)을 취급하는 일반취급소로서 지정수량의 30배 미만의 것(위험물을 취급하는 설비를 건축물에 설치하는 것에 한하며, 이하 "분무도장작업등의 일반취급소"라 한다)
   나. 세정을 위하여 위험물(인화점이 40℃ 이상인 제4류 위험물에 한한다)을 취급하는 일반취급소로서 지정수량의 30배 미만의 것(위험물을 취급하는 설비를 건축물에 설치하는 것에 한하며, 이하 "세정작업의 일반취급소"라 한다)
   다. 열처리작업 또는 방전가공을 위하여 위험물(인화점이 70℃ 이상인 제4류 위험물에 한한다)을 취급하는 일반취급소로서 지정수량의 30배 미만의 것(위험물을 취급하는 설비를 건축물에 설치하는 것에 한하며, 이하 "열처리작업등의 일반취급소"라 한다)
   라. 보일러, 버너 그 밖의 이와 유사한 장치로 위험물(인화점이 38℃ 이상인 제4류 위험물에 한한다)을 소비하는 일반취급소로서 지정수량의 30배 미만의 것(위험물을 취급하는 설비를 건축물에 설치하는 것에 한하며, 이하 "보일러등으로 위험물을 소비하는 일반취급소"라 한다)
   마. 이동저장탱크에 액체위험물(알킬알루미늄등, 아세트알데히드등 및 히드록실아민등을 제외한다. 이하 이 호에서 같다)을 주입하는 일반취급소(액체위험물을 용기에 옮겨 담는 취급소를 포함하며, 이하 "충전하는 일반취급소"라 한다)
   바. 고정급유설비에 의하여 위험물(인화점이 38℃ 이상인 제4류 위험물에 한한다)을 용기에 옮겨 담거나 4,000ℓ 이하의 이동저장탱크(용량이 2,000ℓ를 넘는 탱크에 있어서는 그 내부를 2,000ℓ 이하마다 구획한 것에 한한다)에 주입하는 일반취급소로서 지정수량의 40배 미만인 것(이하 "옮겨 담는 일반취급소"라 한다)

사. 위험물을 이용한 유압장치 또는 윤활유 순환장치를 설치하는 일반취급소(고인화점 위험물만을 100℃ 미만의 온도로 취급하는 것에 한한다)로서 지정수량의 50배 미만의 것(위험물을 취급하는 설비를 건축물에 설치하는 것에 한하며, 이하 "유압장치등을 설치하는 일반취급소"라 한다)

아. 절삭유의 위험물을 이용한 절삭장치, 연삭장치 그 밖의 이와 유사한 장치를 설치하는 일반취급소(고인화점 위험물만을 100℃ 미만의 온도로 취급하는 것에 한한다)로서 지정수량의 30배 미만의 것(위험물을 취급하는 설비를 건축물에 설치하는 것에 한하며, 이하 "절삭장치등을 설치하는 일반취급소"라 한다)

자. 위험물 외의 물건을 가열하기 위하여 위험물(고인화점 위험물에 한한다)을 이용한 열매체유 순환장치를 설치하는 일반취급소로서 지정수량의 30배 미만의 것(위험물을 취급하는 설비를 건축물에 설치하는 것에 한하며, 이하 "열매체유 순환장치를 설치하는 일반취급소"라 한다)

차. 화학실험을 위하여 위험물을 취급하는 일반취급소로서 지정수량의 30배 미만의 것(위험물을 취급하는 설비를 건축물에 설치하는 것만 해당하며, 이하 "화학실험의 일반취급소"라 한다)

3. 제1호 및 제2호의 규정에 불구하고 고인화점 위험물만을 XI의 규정에 의한 바에 따라 취급하는 일반취급소에 있어서는 XI에 정하는 특례에 의할 수 있다.
4. 알킬알루미늄등, 아세트알데히드등 또는 히드록실아민등을 취급하는 일반취급소는 제1호의 규정에 의하되, 해당 위험물의 성질에 따라 강화되는 기준은 제XII의 규정에 따라야 한다.
5. 제1호의 규정에 불구하고 발전소·변전소·개폐소 그 밖에 이에 준하는 장소(이하 이 호에서 "발전소등"이라 한다)에 설치되는 일반취급소에 대하여는 I제1호의 규정에 따라 준용되는 별표 4 I·II·IV 및 VII의 규정을 적용하지 아니하며, 발전소등에 설치되는 변압기·반응기·전압조정기·유입(유입)개폐기·차단기·유입콘덴서·유입케이블 및 이에 부속된 장치로서 기기의 냉각 또는 절연을 위한 유류를 내장하여 사용하는 것에 대하여는 I제1호의 규정에 따라 준용되는 별표 4의 규정을 적용하지 아니한다.

II. 분무도장작업등의 일반취급소의 특례

I제2호가목의 일반취급소 중 그 위치·구조 및 설비가 다음 각 호의 규정에 의한 기준에 적합한 것에 대하여는 I제1호의 규정에 따라 준용되는 별표 4 I·II·IV·V 및 VI의 규정은 적용하지 아니한다.

1. 건축물 중 일반취급소의 용도로 사용하는 부분에 지하층이 없을 것
2. 건축물 중 일반취급소의 용도로 사용하는 부분은 벽·기둥·바닥·보 및 지붕(상층이 있는 경우에는 상층의 바닥)을 내화구조로 하고, 출입구 외의 개구부가 없는 두께 70mm 이상의 철근콘크리트조 또는 이와 동등 이상의 강도가 있는 구조의 바닥 또는 벽으로 해당 건축물의 다른 부분과 구획될 것
3. 건축물 중 일반취급소의 용도로 사용하는 부분에는 창을 설치하지 아니할 것
4. 건축물 중 일반취급소의 용도로 사용하는 부분의 출입구에는 갑종방화문을 설치하되, 연소의 우려가 있는 외벽 및 해당 부분 외의 부분과의 격벽에 있는 출입구에는 수시로 열 수 있는 자동폐쇄식의 것으로 할 것
5. 액상의 위험물을 취급하는 건축물 중 일반취급소의 용도로 사용하는 부분의 바닥은 위험물이 침투하지 아니하는 구조로 하고, 적당한 경사를 두어 집유설비를 설치할 것
6. 건축물 중 일반취급소의 용도로 사용하는 부분에는 위험물을 취급하는데 필요한 채광·조명 및 환기의 설비를 설치할 것
7. 가연성의 증기 또는 가연성의 미분이 체류할 우려가 있는 일반취급소의 용도로 사용하는 부분에는 그 증기 또는 미분을 옥외의 높은 곳으로 배출하는 설비를 설치할 것
8. 환기설비 및 배출설비에는 방화상 유효한 댐퍼 등을 설치할 것

III. 세정작업의 일반취급소의 특례

1. I제2호나목의 일반취급소 중 그 위치·구조 및 설비가 다음 각목에 정하는 기준에 적합한 것에 대하여는 I제1호의 규정에 따라 준용되는 별표 4 I·II·IV·V 및 VI의 규정은 적용하지 아니한다.

가. 위험물을 취급하는 탱크(용량이 지정수량의 1/5 미만인 것을 제외한다)의 주위에는 별표 4 Ⅸ제1호나목1)의 규정을 준용하여 방유턱을 설치할 것
나. 위험물을 가열하는 설비에는 위험물의 과열을 방지할 수 있는 장치를 설치할 것
다. Ⅱ 각호의 기준에 적합할 것

2. Ⅰ제2호나목의 일반취급소 중 지정수량의 10배 미만의 것으로서 그 위치·구조 및 설비가 다음 각목에 정하는 기준에 적합한 것에 대하여는 Ⅰ제1호의 규정에 따라 준용되는 별표 4 Ⅰ·Ⅱ·Ⅳ·Ⅴ 및 Ⅵ의 규정은 적용하지 아니한다.
가. 일반취급소는 벽·기둥·바닥·보 및 지붕이 불연재료로 되어 있고, 천장이 없는 단층 건축물에 설치할 것
나. 위험물을 취급하는 설비(위험물을 이송하기 위한 배관을 제외한다)는 바닥에 고정하고, 해당 설비의 주위에 <u>너비 3m 이상의 공지를 보유할 것</u>. 다만, 해당 설비로부터 3m 미만의 거리에 있는 건축물의 벽(수시로 열 수 있는 자동폐쇄식의 갑종방화문이 달려 있는 출입구 외의 개구부가 없는 것에 한한다) 및 기둥이 내화구조인 경우에는 해당 설비에서 해당 벽 및 기둥까지의 공지를 보유하는 것으로 할 수 있다.
다. 건축물 중 일반취급소의 용도로 사용하는 부분(나목의 공지를 포함한다. 이하 바목에서 같다)의 바닥은 위험물이 침투하지 아니하는 구조로 하고 적당한 경사를 두어 집유설비를 설치하는 한편, 집유설비 및 해당 바닥의 주위에 배수구를 설치할 것
라. 위험물을 취급하는 설비는 해당 설비의 내부에서 발생한 가연성의 증기 또는 가연성의 미분이 해당 설비의 외부에 확산하지 아니하는 구조로 할 것. 다만, 그 증기 또는 미분을 직접 옥외의 높은 곳으로 유효하게 배출할 수 있는 설비를 설치하는 경우에는 그러하지 아니하다.
마. 라목 단서의 설비에는 방화상 유효한 댐퍼 등을 설치할 것
바. Ⅱ제6호 내지 제8호, 제1호가목 및 나목의 기준에 적합할 것

Ⅳ. 열처리작업등의 일반취급소의 특례

1. Ⅰ제2호다목의 일반취급소 중 그 위치·구조 및 설비가 다음 각목에 정하는 기준에 적합한 것에 대하여는 Ⅰ제1호의 규정에 따라 준용되는 별표 4 Ⅰ·Ⅱ·Ⅳ·Ⅴ 및 Ⅵ의 규정은 적용하지 아니한다.
가. 건축물 중 일반취급소의 용도로 사용하는 부분은 벽·기둥·바닥 및 보를 내화구조로 하고, 출입구 외의 개구부가 없는 두께 70mm 이상의 철근콘크리트조 또는 이와 동등 이상의 강도가 있는 구조의 바닥 또는 벽으로 해당 건축물의 다른 부분과 구획될 것
나. 건축물 중 일반취급소의 용도로 사용하는 부분은 상층이 있는 경우에 있어서는 상층의 바닥을 내화구조로 하고, 상층이 없는 경우에 있어서는 지붕을 불연재료로 할 것
다. 건축물 중 일반취급소의 용도로 사용하는 부분에는 위험물이 위험한 온도에 이르는 것을 경보할 수 있는 장치를 설치할 것
라. Ⅱ(제2호를 제외한다)의 기준에 적합할 것

2. Ⅰ제2호다목의 일반취급소 중 지정수량의 10배 미만의 것으로서 그 위치·구조 및 설비가 다음 각목에 정하는 기준에 적합한 것에 대하여는 Ⅰ제1호의 규정에 따라 준용되는 별표 4 Ⅰ·Ⅱ·Ⅳ·Ⅴ 및 Ⅵ의 규정은 적용하지 아니한다.
가. 위험물을 취급하는 설비(위험물을 이송하기 위한 배관을 제외한다)는 바닥에 고정하고, <u>해당 설비의 주위에 너비 3m 이상의 공지를 보유할 것</u>. 다만, 해당 설비로부터 3m 미만의 거리에 있는 건축물의 벽(수시로 열 수 있는 자동폐쇄식의 갑종방화문이 달려 있는 출입구 외의 개구부가 없는 것에 한한다) 및 기둥이 내화구조인 경우에는 해당 설비에서 해당 벽 및 기둥까지의 공지를 보유하는 것으로 할 수 있다.
나. 건축물 중 일반취급소의 용도로 사용하는 부분(가목의 공지를 포함한다. 이하 다목에서 같다)의 바닥은 위험물이 침투하지 아니하는 구조로 하고 적당한 경사를 두어 집유설비를 설치하는 한편, 집유설비 및 해당 바닥

의 주위에 배수구를 설치할 것
다. Ⅱ제6호 내지 제8호, Ⅲ제2호가목 및 제1호다목의 기준에 적합할 것

Ⅴ. 보일러등으로 위험물을 소비하는 일반취급소의 특례

1. Ⅰ제2호라목의 일반취급소 중 그 위치·구조 및 설비가 다음 각목에 정하는 기준에 적합한 것에 대하여는 Ⅰ제1호의 규정에 따라 준용되는 별표 4 Ⅰ·Ⅱ·Ⅳ·Ⅴ 및 Ⅵ의 규정은 적용하지 아니한다.
   가. Ⅱ제3호 내지 제8호 및 Ⅳ제1호가목 및 나목의 규정에 의한 기준에 적합할 것
   나. 건축물 중 일반취급소의 용도로 제공하는 부분에는 지진시 및 정전시 등의 긴급시에 보일러, 버너 그 밖에 이와 유사한 장치(비상용전원과 관련되는 것을 제외한다)에 대한 위험물의 공급을 자동적으로 차단하는 장치를 설치할 것
   다. 위험물을 취급하는 탱크는 그 용량의 총계를 지정수량 미만으로 하고, 해당 탱크(용량이 지정수량의 1/5 미만의 것을 제외한다)의 주위에 별표 4 Ⅸ제1호나목1)의 규정을 준용하여 방유턱을 설치할 것

2. Ⅰ제2호라목의 일반취급소 중 지정수량의 10배 미만의 것으로서 그 위치·구조 및 설비가 다음 각목에 정하는 기준에 적합한 것에 대하여는 Ⅰ제1호의 규정에 따라 준용되는 별표 4 Ⅰ·Ⅱ·Ⅳ·Ⅴ 및 Ⅵ의 규정은 적용하지 아니한다.
   가. 위험물을 취급하는 설비(위험물을 이송하기 위한 배관을 제외한다)는 바닥에 고정하고, <u>해당 설비의 주위에 너비 3m 이상의 공지를 보유할 것.</u> 다만, 해당 설비로부터 3m 미만의 거리에 있는 건축물의 벽(수시로 열 수 있는 자동폐쇄식의 갑종방화문이 달려 있는 출입구 외의 개구부가 없는 것에 한한다) 및 기둥이 내화구조인 경우에는 해당 설비에서 해당 벽 및 기둥까지의 공지를 보유하는 것으로 할 수 있다.
   나. 건축물 중 일반취급소의 용도로 사용하는 부분(가목의 공지를 포함한다. 이하 다목에서 같다)의 바닥은 위험물이 침투하지 아니하는 구조로 하고 적당한 경사를 두는 한편, 집유설비 및 해당 바닥의 주위에 배수구를 설치할 것
   다. Ⅱ제6호 내지 제8호, Ⅲ제2호가목, 제1호나목 및 다목의 기준에 적합할 것

3. Ⅰ제2호라목의 일반취급소 중 지정수량의 10배 미만의 것으로서 그 위치·구조 및 설비가 다음 각목의 규정에 의한 기준에 적합한 것에 대하여는 Ⅰ제1호의 규정에 따라 준용되는 별표 4 Ⅰ·Ⅱ·Ⅴ·Ⅵ·Ⅶ 및 Ⅸ제1호나목의 규정은 적용하지 아니한다.
   가. 일반취급소는 벽·기둥·바닥·보 및 지붕이 내화구조인 건축물의 옥상에 설치할 것
   나. 위험물을 취급하는 설비(위험물을 이송하기 위한 배관을 제외한다)는 옥상에 고정할 것
   다. 위험물을 취급하는 설비(위험물을 취급하는 탱크 및 위험물을 이송하기 위한 배관을 제외한다)는 큐비클식(강판으로 만들어진 보호상자에 수납되어 있는 방식을 말한다)의 것으로 하고, 해당 설비의 주위에 높이 0.15m 이상의 방유턱을 설치할 것
   라. 다목의 설비의 내부에는 위험물을 취급하는데 필요한 채광·조명 및 환기의 설비를 설치할 것
   마. 위험물을 취급하는 탱크는 그 용량의 총계를 지정수량 미만으로 할 것
   바. 옥외에 있는 위험물을 취급하는 탱크의 주위에는 별표 4 Ⅸ제1호나목1)의 규정을 준용하여 높이 0.15m 이상의 방유턱을 설치할 것
   사. 다목 및 바목의 <u>방유턱의 주위에 너비 3m 이상의 공지를 보유할 것.</u> 다만, 해당 설비로부터 3m 미만의 거리에 있는 건축물의 벽(수시로 열 수 있는 자동폐쇄식의 갑종방화문이 달려 있는 출입구 외의 개구부가 없는 것에 한한다) 및 기둥이 내화구조인 경우에는 해당 설비에서 해당 벽 및 기둥까지의 공지를 보유하는 것으로 할 수 있다.
   아. 다목 및 바목의 방유턱의 내부는 위험물이 침투하지 아니하는 구조로 하고, 적당한 경사를 두어 집유설비를 설치할 것. 이 경우 위험물이 직접 배수구에 유입하지 아니하도록 집유설비에 유분리장치를 설치하여야 한다.

자. 옥내에 있는 위험물을 취급하는 탱크는 다음의 기준에 적합한 탱크전용실에 설치할 것
  1) 별표 7 Ⅰ제1호너목 내지 머목의 기준을 준용할 것
  2) 탱크전용실은 바닥을 내화구조로 하고, 벽·기둥 및 보를 불연재료로 할 것
  3) 탱크전용실에는 위험물을 취급하는데 필요한 채광·조명 및 환기의 설비를 설치할 것
  4) 가연성의 증기 또는 가연성의 미분이 체류할 우려가 있는 탱크전용실에는 그 증기 또는 미분을 옥외의 높은 곳으로 배출하는 설비를 설치할 것
  5) 위험물을 취급하는 탱크의 주위에는 별표 4 Ⅸ제1호나목1)의 규정을 준용하여 방유턱을 설치하거나 탱크전용실의 출입구의 턱의 높이를 높게 할 것
차. 환기설비 및 배출설비에는 방화상 유효한 댐퍼 등을 설치할 것
카. 제1호나목의 기준에 적합할 것

Ⅵ. 충전하는 일반취급소의 특례

Ⅰ제2호마목의 일반취급소 중 그 위치·구조 및 설비가 다음 각호의 규정에 의한 기준에 적합한 것에 대하여는 Ⅰ제1호의 규정에 따라 준용되는 별표 4 Ⅳ제2호 내지 제6호·Ⅴ·Ⅵ 및 Ⅶ의 규정은 적용하지 아니한다.

1. 건축물을 설치하는 경우에 있어서 해당 건축물은 벽·기둥·바닥·보 및 지붕을 내화구조 또는 불연재료로 하고, 창 및 출입구에 갑종방화문 또는 을종방화문을 설치하여야 한다.
2. 제1호의 건축물의 창 또는 출입구에 유리를 설치하는 경우에는 망입유리로 하여야 한다.
3. 제1호의 건축물의 2 방향 이상은 통풍을 위하여 벽을 설치하지 아니하여야 한다.
4. 위험물을 이동저장탱크에 주입하기 위한 설비(위험물을 이송하는 배관을 제외한다)의 주위에 필요한 공지를 보유하여야 한다.
5. 위험물을 용기에 옮겨 담기 위한 설비를 설치하는 경우에는 해당 설비(위험물을 이송하는 배관을 제외한다)의 주위에 필요한 공지를 제4호의 공지 외의 장소에 보유하여야 한다.
6. 제4호 및 제5호의 공지는 그 지반면을 주위의 지반면보다 높게 하고, 그 표면에 적당한 경사를 두며, 콘크리트 등으로 포장하여야 한다.
7. 제4호 및 제5호의 공지에는 누설한 위험물 그 밖의 액체가 해당 공지 외의 부분에 유출하지 아니하도록 집유설비 및 주위에 배수구를 설치하여야 한다. 이 경우 제4류 위험물(온도 20℃의 물 100g에 용해되는 양이 1g 미만인 것에 한한다)을 취급하는 공지에 있어서는 집유설비에 유분리장치를 설치하여야 한다.

Ⅶ. 옮겨 담는 일반취급소의 특례

Ⅰ제2호 바목의 일반취급소 중 그 위치·구조 및 설비가 다음 각호의 규정에 의한 기준에 적합한 것에 대하여는 Ⅰ제1호의 규정에 따라 준용되는 별표 4 Ⅰ·Ⅱ·Ⅳ·Ⅴ 내지 Ⅶ·Ⅷ(제5호를 제외한다) 및 Ⅸ의 규정은 적용하지 아니한다.

1. 일반취급소에는 고정급유설비 중 호스기기의 주위(현수식의 고정급유설비에 있어서는 호스기기의 아래)에 용기에 옮겨 담거나 탱크에 주입하는데 필요한 공지를 보유하여야 한다.
2. 제1호의 공지는 그 지반면을 주위의 지반면보다 높게 하고, 그 표면에 적당한 경사를 두며, 콘크리트등으로 포장하여야 한다.
3. 제1호의 공지에는 누설한 위험물 그 밖의 액체가 해당 공지 외의 부분에 유출하지 아니하도록 배수구 및 유분리장치를 설치하여야 한다.
4. 일반취급소에는 고정급유설비에 접속하는 용량 40,000ℓ 이하의 지하의 전용탱크(이하 "지하전용탱크"라 한다)를 지반면하에 매설하는 경우 외에는 위험물을 취급하는 탱크를 설치하지 아니하여야 한다.
5. 지하전용탱크의 위치·구조 및 설비는 별표 8 Ⅰ[제5호·제10호(게시판에 관한 부분에 한한다)·제11호·제14호를 제외한다]·별표 8 Ⅱ[별표 8 Ⅰ제5호·제10호(게시판에 관한 부분에 한한다)·제11호·제14호를 제외한다]

또는 별표 8 Ⅲ[별표 8 Ⅰ제5호·제10호(게시판에 관한 부분에 한한다)·제11호·제14호를 제외한다]의 규정에 의한 지하저장탱크의 위치·구조 및 설비의 기준을 준용하여야 한다.

6. 고정급유설비에 위험물을 주입하기 위한 배관은 해당 고정급유설비에 접속하는 지하전용탱크로부터의 배관만으로 하여야 한다.
7. 고정급유설비는 별표 13 Ⅳ(제4호를 제외한다)의 규정에 의한 주유취급소의 고정주유설비 또는 고정급유설비의 기준을 준용하여야 한다.
8. 고정급유설비는 도로경계선으로부터 다음 표에 정하는 거리 이상, 건축물의 벽으로부터 2m(일반취급소의 건축물의 벽에 개구부가 없는 경우에는 해당 벽으로부터 1m) 이상, 부지경계선으로부터 1m 이상의 간격을 유지하여야 한다. 다만, 호스기기와 분리하여 별표 13 Ⅸ의 기준에 적합하고 벽·기둥·바닥·보 및 지붕(상층이 있는 경우에는 상층의 바닥)이 내화구조인 펌프실에 설치하는 펌프기기 또는 액중펌프기기에 있어서는 그러하지 아니하다.

고정급유설비의 구분		거 리
현수식의 고정급유설비		4m
그 밖의 고정급유설비	고정급유설비에 접속되는 급유호스중 그 전체길이가 최대인 것의 전체길이(이하 이 표에서 "최대급유호스길이"라 한다)가 3m 이하의 것	4m
	최대급유호스길이가 3m 초과 4m 이하의 것	5m
	최대급유호스길이가 4m 초과 5m 이하의 것	6m

9. 현수식의 고정급유설비를 설치하는 일반취급소에는 해당 고정급유설비의 펌프기기를 정지하는 등에 의하여 지하전용탱크로부터의 위험물의 이송을 긴급히 중단할 수 있는 장치를 설치하여야 한다.
10. 일반취급소의 주위에는 높이 2m 이상의 내화구조 또는 불연재료로 된 담 또는 벽을 설치하여야 한다. 이 경우 해당 일반취급소에 인접하여 연소의 우려가 있는 건축물이 있을 때에는 담 또는 벽을 별표 13 Ⅶ. 담 또는 벽의 제1호의 규정에 준하여 방화상 안전한 높이로 하여야 한다.
11. 일반취급소의 출입구에는 갑종방화문 또는 을종방화문을 설치하여야 한다.
12. 펌프실 그 밖에 위험물을 취급하는 실은 별표 13 Ⅸ의 규정에 의한 주유취급소의 펌프실 그 밖에 위험물을 취급하는 실의 기준을 준용하여야 한다.
13. 일반취급소에 지붕, 캐노피 그 밖에 위험물을 옮겨 담는데 필요한 건축물(이하 이 호 및 제14호에서 "지붕등"이라 한다)을 설치하는 경우에는 지붕등은 불연재료로 하여야 한다.
14. 지붕등의 수평투영면적은 일반취급소의 부지면적의 1/3 이하이어야 한다.

Ⅷ. 유압장치 등을 설치하는 일반취급소의 특례

1. Ⅰ제2호사목의 일반취급소 중 그 위치·구조 및 설비가 다음 각목의 규정에 의한 기준에 적합한 것에 대하여는 Ⅰ제1호의 규정에 따라 준용되는 별표 4 Ⅰ·Ⅱ·Ⅳ·Ⅴ·Ⅵ 및 Ⅷ제6호·제7호의 규정은 적용하지 아니한다.
   가. 일반취급소는 벽·기둥·바닥·보 및 지붕이 불연재료로 만들어진 단층의 건축물에 설치할 것
   나. 건축물 중 일반취급소의 용도로 사용하는 부분은 벽·기둥·바닥·보 및 지붕을 불연재료로 하고, 연소의 우려가 있는 외벽은 출입구 외의 개구부가 없는 내화구조의 벽으로 할 것
   다. 건축물 중 일반취급소의 용도로 사용하는 부분의 창 및 출입구에는 갑종방화문 또는 을종방화문을 설치하고, 연소의 우려가 있는 외벽에 있는 출입구에는 수시로 열 수 있는 자동폐쇄식의 갑종방화문을 설치할 것
   라. 건축물 중 일반취급소의 용도로 사용하는 부분의 창 또는 출입구에 유리를 이용하는 경우에는 망입유리로 할 것

마. 위험물을 취급하는 설비(위험물을 이송하기 위한 배관을 제외한다. 이하 제3호에서 같다)는 건축물 중 일반취급소의 용도로 사용하는 부분의 바닥에 견고하게 고정할 것
바. 위험물을 취급하는 탱크(용량이 지정수량의 1/5 미만인 것을 제외한다)의 직하에는 별표 4 Ⅸ제1호나목1)의 규정을 준용하여 방유턱을 설치하거나 건축물 중 일반취급소의 용도로 사용하는 부분의 문턱의 높이를 높게 할 것
사. Ⅱ제5호 내지 제8호의 기준에 적합할 것

2. Ⅰ제2호사목의 일반취급소 중 그 위치·구조 및 설비가 다음의 각목의 규정에 의한 기준에 적합한 것에 대하여는 Ⅰ제1호의 규정에 따라 준용되는 별표 4 Ⅰ·Ⅱ·Ⅳ·Ⅴ·Ⅵ 및 Ⅷ제6호·제7호의 규정은 적용하지 아니한다.
   가. 건축물 중 일반취급소의 용도로 사용하는 부분은 벽·기둥·바닥 및 보를 내화구조로 할 것
   나. Ⅱ제3호 내지 제8호, Ⅳ제1호나목 및 제1호바목의 기준에 적합할 것

3. Ⅰ제2호사목의 일반취급소 중 지정수량의 30배 미만의 것으로서 그 위치·구조 및 설비가 다음 각목의 규정에 의한 기준에 적합한 것에 대하여는 Ⅰ제1호의 규정에 따라 준용되는 별표 4 Ⅰ·Ⅱ·Ⅳ·Ⅴ·Ⅵ 및 Ⅷ제6호·제7호의 규정은 적용하지 아니한다.
   가. 위험물을 취급하는 설비는 바닥에 고정하고, 해당 설비의 주위에 <u>너비 3m 이상의 공지를 보유할 것</u>. 다만, 해당 설비로부터 3m 미만의 거리에 있는 건축물의 벽(수시로 열 수 있는 자동폐쇄식의 갑종방화문이 달려 있는 출입구 외의 개구부가 없는 것에 한한다) 및 기둥이 내화구조인 경우에는 해당 설비에서 해당 벽 및 기둥까지의 공지를 보유하는 것으로 할 수 있다.
   나. 건축물 중 일반취급소의 용도로 사용하는 부분(가목의 공지를 포함한다. 이하 라목에서 같다)의 바닥은 위험물이 침투하지 아니하는 구조로 하고, 적당한 경사를 두어 집유설비 및 해당 바닥의 주위에 배수구를 설치할 것
   다. 위험물을 취급하는 탱크(용량이 지정수량의 1/5 미만의 것을 제외한다)의 직하에는 별표 4 Ⅸ제1호나목1)의 규정을 준용하여 방유턱을 설치할 것
   라. Ⅱ제6호 내지 제8호 및 Ⅲ제2호가목의 기준에 적합할 것

Ⅸ. 절삭장치 등을 설치하는 일반취급소의 특례

1. Ⅰ제2호아목의 일반취급소 중 그 위치·구조 및 설비가 Ⅱ제1호 및 제3호 내지 제8호, Ⅳ제1호나목 및 Ⅷ제1호바목·제2호가목의 규정에 의한 기준에 적합한 것에 대하여는 Ⅰ제1호의 규정에 따라 준용되는 별표 4 Ⅰ·Ⅱ·Ⅳ 및 Ⅷ제6호·제7호의 규정은 적용하지 아니한다.

2. Ⅰ제2호아목의 일반취급소 중 지정수량의 10배 미만의 것으로서 그 위치·구조 및 설비가 다음 각목의 규정에 의한 기준에 적합한 것에 대하여는 Ⅰ제1호의 규정에 따라 준용되는 별표 4 Ⅰ·Ⅱ·Ⅳ 및 Ⅷ제6호·제7호의 규정은 적용하지 아니한다.
   가. 위험물을 취급하는 설비(위험물을 이송하기 위한 배관을 제외한다)는 바닥에 고정하고, 해당 설비의 주위에 <u>너비 3m 이상의 공지를 보유할 것</u>. 다만, 해당 설비로부터 3m 미만의 거리에 있는 건축물의 벽(수시로 열 수 있는 자동폐쇄식의 갑종방화문이 달려 있는 출입구 외의 개구부가 없는 것에 한한다) 및 기둥이 내화구조인 경우에는 해당 설비에서 해당 벽 및 기둥까지의 공지를 보유하는 것으로 할 수 있다.
   나. 건축물 중 일반취급소의 용도로 사용하는 부분(가목의 공지를 포함한다. 이하 다목에서 같다)의 바닥은 위험물이 침투하지 아니하는 구조로 하고, 적당한 경사를 두어 집유설비 및 해당 바닥의 주위에 배수구를 설치할 것
   다. Ⅱ제6호 내지 제8호, Ⅲ제2호가목 및 Ⅷ제3호다목의 기준에 적합할 것

Ⅹ. 열매체유 순환장치를 설치하는 일반취급소의 특례

Ⅰ제2호자목의 일반취급소 중 그 위치·구조 및 설비가 다음 각 호의 규정에 의한 기준에 적합한 것에 대하여는 Ⅰ제1호의 규정에 따라 준용되는 별표 4 Ⅰ·Ⅱ·Ⅳ·Ⅴ 및 Ⅵ의 규정은 적용하지 아니한다.

1. 위험물을 취급하는 설비는 위험물의 체적팽창에 의한 위험물의 누설을 방지할 수 있는 구조의 것으로 하여야 한다.
2. Ⅱ제1호·제3호 내지 제8호, Ⅲ제1호가목·나목 및 Ⅳ제1호가목·나목의 규정에 의한 기준에 적합하여야 한다.

Ⅹ의2. 화학실험의 일반취급소의 특례

Ⅰ제2호차목의 화학실험의 일반취급소 중 그 위치·구조 및 설비가 다음 각 호에 정한 기준에 적합한 것에 대해서는 Ⅰ제1호에 따라 준용되는 규정 중 별표 4 Ⅰ·Ⅱ·Ⅳ·Ⅴ·Ⅵ·Ⅶ·Ⅷ (제5호는 제외한다)·Ⅸ 및 Ⅹ의 규정은 준용하지 아니한다.

1. 화학실험의 일반취급소는 벽·기둥·바닥 및 보가 내화구조인 건축물의 지하층 외의 층에 설치할 것
2. 건축물 중 화학실험의 일반취급소의 용도로 사용하는 부분은 벽·기둥·바닥·보 및 지붕(상층이 있는 경우에는 상층의 바닥)을 내화구조로 하고, 벽에 설치하는 창 또는 출입구에 관한 기준은 다음 각 목의 기준에 모두 적합할 것
    가. 해당 건축물의 다른 용도 부분(복도를 제외한다)과 구획하는 벽에는 창 또는 출입구를 설치하지 않을 것
    나. 해당 건축물의 복도 또는 외부와 구획하는 벽에 설치하는 창은 망입유리 또는 방화유리로 하고, 출입구에는 수시로 열 수 있는 자동폐쇄식의 갑종방화문을 설치할 것
3. 건축물 중 화학실험의 일반취급소의 용도로 사용하는 부분에는 위험물을 취급하는데 필요한 채광·조명 및 환기를 위한 설비를 설치할 것
4. 가연성의 증기 또는 가연성의 미분이 체류할 우려가 있는 화학실험의 일반취급소의 용도로 사용하는 부분에는 그 증기 또는 미분을 옥외의 높은 곳으로 배출하는 설비를 설치하고, 배출덕트가 관통하는 벽부분의 바로 가까이에 화재 시 자동으로 폐쇄되는 방화댐퍼를 설치할 것
5. 위험물을 보관하는 설비는 외장을 불연재료로 하되, 제3류 위험물 중 자연발화성물질 또는 제5류 위험물을 보관하는 설비는 다음 각 목의 기준에 모두 적합한 것으로 할 것
    가. 외장을 금속재질로 할 것 나. 보냉장치를 갖출 것 다. 밀폐형 구조로 할 것
    라. 문에 유리를 부착하는 경우에는 망입유리 또는 방화유리로 할 것

Ⅺ. 고인화점 위험물의 일반취급소의 특례

1. Ⅰ제3호의 일반취급소 중 그 위치 및 구조가 별표 4 Ⅺ 각호의 규정에 의한 기준에 적합한 것에 대하여는 Ⅰ제1호의 규정에 따라 준용되는 별표 4 Ⅰ·Ⅱ·Ⅳ·제1호·제3호 내지 제5호·Ⅷ제6호·제7호 및 Ⅸ제1호나목2)에 의하여 준용하는 별표 6 Ⅸ제1호나목의 규정은 적용하지 아니한다.
2. Ⅰ제3호의 일반취급소 중 충전하는 일반취급소로서 그 위치·구조 및 설비가 다음 각목의 규정에 의한 기준에 적합한 것에 대하여는 Ⅰ제1호의 규정에 따라 준용되는 별표 4 Ⅰ·Ⅱ·Ⅳ·Ⅴ 내지 Ⅶ·Ⅷ제6호·제7호 및 Ⅸ제1호나목2)에 의하여 준용하는 별표 6 Ⅸ제1호나목의 규정은 적용하지 아니한다.
    가. 별표 4 Ⅺ제1호·제2호 및 Ⅵ제3호 내지 제7호의 규정에 의한 기준에 적합할 것
    나. 건축물을 설치하는 경우에 있어서는 해당 건축물은 벽·기둥·바닥·보 및 지붕을 내화구조 또는 불연재료로 하고, 창 및 출입구에는 갑종방화문·을종방화문 또는 불연재료나 유리로 된 문을 설치할 것

Ⅻ. 위험물의 성질에 따른 일반취급소의 특례

1. 별표 4 Ⅻ제2호의 규정은 알킬알루미늄등을 취급하는 일반취급소에 대하여 강화되는 기준에 있어서 준용한다.
2. 별표 4 Ⅻ제3호의 규정은 아세트알데히드등을 취급하는 일반취급소에 대하여 강화되는 기준에 있어서 준용한다.
3. 별표 4 Ⅻ제4호의 규정은 히드록실아민등을 취급하는 일반취급소에 대하여 강화되는 기준에 있어서 준용한다.

[규칙 별표 17] 소화설비, 경보설비 및 피난구조설비의 기준

(제41조제2항·제42조제2항 및 제43조제2항관련)

Ⅰ. 소화설비

1. 소화난이도등급 Ⅰ 의 제조소등 및 소화설비

가. 소화난이도등급 Ⅰ 에 해당하는 제조소등

제조소등의 구분	제조소등의 규모, 저장 또는 취급하는 위험물의 품명 및 최대수량 등
제조소 일반취급소	연면적 1,000m² 이상인 것
	지정수량의 100배 이상인 것(고인화점위험물만을 100℃ 미만의 온도에서 취급하는 것 및 제48조의 위험물을 취급하는 것은 제외)
	지반면으로 부터 6m 이상의 높이에 위험물 취급설비가 있는 것(고인화점위험물만을 100℃ 미만의 온도에서 취급하는 것은 제외)
	일반취급소로 사용되는 부분 외의 부분을 갖는 건축물에 설치된 것(내화구조로 개구부 없이 구획 된 것 및 고인화점위험물만을 100℃ 미만의 온도에서 취급하는 것 및 별표 16 Ⅹ의2의 화학실험의 일반취급소는 은 제외)
주유취급소	별표13 Ⅴ제2호에 따른 면적의 합이 500m²를 초과하는 것
옥내저장소	지정수량의 150배 이상인 것(고인화점위험물만을 저장하는 것 및 제48조의 위험물을 저장하는 것은 제외)
	연면적 150m²을 초과하는 것(150m² 이내마다 불연재료로 개구부 없이 구획 된 것 및 인화성고체 외의 제2류 위험물 또는 인화점 70℃ 이상의 제4류 위험물만을 저장하는 것은 제외)
	처마높이가 6m 이상인 단층건물의 것
	옥내저장소로 사용되는 부분 외의 부분이 있는 건축물에 설치된 것(내화구조로 개구부 없이 구획 된 것 및 인화성고체 외의 제2류 위험물 또는 인화점 70℃ 이상의 제4류 위험물만을 저장하는 것은 제외)
옥외 탱크저장소	액표면적이 40m² 이상인 것(제6류 위험물을 저장하는 것 및 고인화점위험물만을 100℃ 미만의 온도에서 저장하는 것은 제외)
	지반면으로부터 탱크 옆판의 상단까지 높이가 6m 이상인 것(제6류 위험물을 저장하는 것 및 고인화점위험물만을 100℃ 미만의 온도에서 저장하는 것은 제외)
	지중탱크 또는 해상탱크로서 지정수량의 100배 이상인 것(제6류 위험물을 저장하는 것 및 고인화점위험물만을 100℃ 미만의 온도에서 저장하는 것은 제외)
	고체위험물을 저장하는 것으로서 지정수량의 100배 이상인 것
옥내 탱크저장소	액표면적이 40m² 이상인 것(제6류 위험물을 저장하는 것 및 고인화점위험물만을 100℃ 미만의 온도에서 저장하는 것은 제외)
	바닥면으로부터 탱크 옆판의 상단까지 높이가 6m 이상인 것(제6류 위험물을 저장하는 것 및 고인화점위험물만을 100℃ 미만의 온도에서 저장하는 것은 제외)
	탱크전용실이 단층건물 외의 건축물에 있는 것으로서 인화점 38℃ 이상 70℃ 미만의 위험물을 지정수량의 5배 이상 저장하는 것(내화구조로 개구부 없이 구획된 것은 제외한다)
옥외저장소	덩어리 상태의 유황을 저장하는 것으로서 경계표시 내부의 면적(2 이상의 경계표시가 있는 경우에는 각 경계표시의 내부의 면적을 합한 면적)이 100m² 이상인 것
	별표 11 Ⅲ의 위험물을 저장하는 것으로서 지정수량의 100배 이상인 것
암반 탱크저장소	액표면적이 40m² 이상인 것(제6류 위험물을 저장하는 것 및 고인화점위험물만을 100℃ 미만의 온도에서 저장하는 것은 제외)
	고체위험물을 저장하는 것으로서 지정수량의 100배 이상인 것
이송취급소	모든 대상

※ 비고 : 제조소등의 구분별로 오른쪽란에 정한 제조소등의 규모, 저장 또는 취급하는 위험물의 수량 및 최대수량 등의 어느 하나에 해당하는 제조소등은 소화난이도등급 Ⅰ에 해당하는 것으로 한다.

나. 소화난이도등급 I 의 제조소등에 설치하여야 하는 소화설비

제조소등의 구분			소화설비
제조소 및 일반취급소			옥내소화전설비, 옥외소화전설비, 스프링클러설비 또는 물분무등소화설비(화재발생시 연기가 충만할 우려가 있는 장소에는 스프링클러설비 또는 이동식 외의 물분무등소화설비에 한한다)
주유취급소			스프링클러설비(건축물에 한정한다), 소형수동식소화기등(능력단위의 수치가 건축물 그 밖의 공작물 및 위험물의 소요단위의 수치에 이르도록 설치할 것)
옥내저장소	처마높이가 6m 이상인 단층건물 또는 다른 용도의 부분이 있는 건축물에 설치한 옥내저장소		스프링클러설비 또는 이동식 외의 물분무등소화설비
	그 밖의 것		옥외소화전설비, 스프링클러설비, 이동식 외의 물분무등소화설비 또는 이동식 포소화설비(포소화전을 옥외에 설치하는 것에 한한다)
옥외탱크저장소	지중탱크 또는 해상탱크 외의 것	유황만을 저장 취급하는 것	물분무소화설비
		인화점 70℃ 이상의 제4류 위험물만을 저장취급하는 것	물분무소화설비 또는 고정식 포소화설비
		그 밖의 것	고정식 포소화설비(포소화설비가 적응성이 없는 경우에는 분말소화설비)
	지중탱크		고정식 포소화설비, 이동식 이외의 불활성가스소화설비 또는 이동식 이외의 할로겐화합물소화설비
	해상탱크		고정식 포소화설비, 물분무소화설비, 이동식 이외의 불활성가스소화설비 또는 이동식 이외의 할로겐화합물소화설비
옥내탱크저장소	유황만을 저장취급하는 것		물분무소화설비
	인화점 70℃ 이상의 제4류 위험물만을 저장취급하는 것		물분무소화설비, 고정식 포소화설비, 이동식 이외의 불활성가스소화설비, 이동식 이외의 할로겐화합물소화설비 또는 이동식 이외의 분말소화설비
	그 밖의 것		고정식 포소화설비, 이동식 이외의 불활성가스소화설비, 이동식 이외의 할론겐화합물소화설비 또는 이동식 이외의 분말소화설비
옥외저장소 및 이송취급소			옥내소화전설비, 옥외소화전설비, 스프링클러설비 또는 물분무등소화설비(화재발생시 연기가 충만할 우려가 있는 장소에는 스프링클러설비 또는 이동식 이외의 물분무등소화설비에 한한다)
암반탱크저장소	유황만을 저장 취급하는 것		물분무소화설비
	인화점 70℃ 이상의 제4류 위험물만을 저장취급하는 것		물분무소화설비 또는 고정식 포소화설비
	그 밖의 것		고정식 포소화설비(포소화설비가 적응성이 없는 경우에는 분말소화설비)

※ 비 고
1. 위 표 오른쪽란의 소화설비를 설치함에 있어서는 해당 소화설비의 방사범위가 해당 제조소, 일반취급소, 옥내저장소, 옥외탱크저장소, 옥내탱크저장소, 옥외저장소, 암반탱크저장소(암반탱크에 관계되는 부분을 제외한다) 또는 이송취급소(이송기지 내에 한한다)의 건축물, 그 밖의 공작물 및 위험물을 포함하도록 하여야 한다. 다만, 고인화점위험물만을 100℃ 미만의 온도에서 취급하는 제조소 또는 일반취급소의 경우에는 해당 제조소 또는 일반취급소의 건축물 및 그 밖의 공작물만 포함하도록 할 수 있다.
2. 고인화점위험물만을 100℃ 미만의 온도에서 취급하는 제조소 또는 일반취급소의 위험물에 대해서는 대형수동식소화기 1개 이상과 해당 위험물의 소요단위에 해당하는 능력단위의 소형수동식소화기를 설치하여야 한다. 다만, 해당 제조소 또는 일반취급소에 옥내·외소화전설비, 스프링클러설비 또는 물분무등소화설비를 설치한 경우에는 해당 소화설비의 방사능력범위 내에는 대형수동식소화기를 설치하지 아니할 수 있다.

3. 가연성증기 또는 가연성미분이 체류할 우려가 있는 건축물 또는 실내에는 대형수동식소화기 1개 이상과 해당 건축물, 그 밖의 공작물 및 위험물의 소요단위에 해당하는 능력단위의 소형수동식소화기 등을 추가로 설치하여야 한다.
4. 제4류 위험물을 저장 또는 취급하는 옥외탱크저장소 또는 옥내탱크저장소에는 소형수동식소화기 등을 2개 이상 설치하여야 한다.
5. 제조소, 옥내탱크저장소, 이송취급소, 또는 일반취급소의 작업공정상 소화설비의 방사능력범위 내에 해당 제조소등에서 저장 또는 취급하는 위험물의 전부가 포함되지 아니하는 경우에는 해당 위험물에 대하여 대형수동식소화기 1개 이상과 해당 위험물의 소요단위에 해당하는 능력단위의 소형수동식소화기 등을 추가로 설치하여야 한다.

2. 소화난이도등급Ⅱ의 제조소등 및 소화설비
가. 소화난이도등급Ⅱ에 해당하는 제조소등

제조소등의 구분	제조소등의 규모, 저장 또는 취급하는 위험물의 품명 및 최대수량 등
제 조 소 일반취급소	연면적 600m² 이상인 것
	지정수량의 10배 이상인 것(고인화점위험물만을 100℃ 미만의 온도에서 취급하는 것 및 제48조의 위험물을 취급하는 것은 제외)
	별표 16 Ⅱ·Ⅲ·Ⅳ·Ⅴ·Ⅷ·Ⅸ 또는 Ⅹ 또는 Ⅹ의2 일반취급소로서 소화난이도등급Ⅰ의 제조소등에 해당하지 아니하는 것(고인화점위험물만을 100℃ 미만의 온도에서 취급하는 것은 제외)
옥내저장소	단층건물 이외의 것
	별표 5 Ⅱ 또는 Ⅳ제1호의 옥내저장소
	지정수량의 10배 이상인 것(고인화점위험물만을 저장하는 것 및 제48조의 위험물을 저장하는 것은 제외)
	연면적 150m² 초과인 것
	별표 5 Ⅲ의 옥내저장소로서 소화난이도등급Ⅰ의 제조소등에 해당하지 아니하는 것
옥외탱크저장소 옥내탱크저장소	소화난이도등급Ⅰ의 제조소등 외의 것(고인화점위험물만을 100℃ 미만의 온도로 저장하는 것 및 제6류 위험물만을 저장하는 것은 제외)
옥외저장소	덩어리 상태의 유황을 저장하는 것으로서 경계표시 내부의 면적(2 이상의 경계표시가 있는 경우에는 각 경계표시의 내부의 면적을 합한 면적)이 5m² 이상 100m² 미만인 것
	별표 11 Ⅲ의 위험물을 저장하는 것으로서 지정수량의 10배 이상 100배 미만인 것
	지정수량의 100배 이상인 것(괴상의 유황등 또는 고인화점위험물을 저장하는 것은 제외)
주유취급소	옥내주유취급소로서 소화난이도 등급 1의 제조소에 해당하지 아니하는 것
판매취급소	제2종 판매취급소

※ 비고 : 제조소등의 구분별로 오른쪽란에 정한 제조소등의 규모, 저장 또는 취급하는 위험물의 수량 및 최대수량 등의 어느 하나에 해당하는 제조소등은 소화난이도등급Ⅱ에 해당하는 것으로 한다.

나. 소화난이도등급Ⅱ의 제조소등에 설치하여야 하는 소화설비

제조소등의 구분	소 화 설 비
제조소, 옥내저장소 옥외저장소, 주유취급소 판매취급소, 일반취급소	방사능력범위 내에 해당 건축물, 그 밖의 공작물 및 위험물이 포함되도록 대형수동식소화기를 설치하고, 해당 위험물의 소요단위의 1/5 이상에 해당하는 능력단위의 소형수동식소화기등을 설치할 것
옥외탱크저장소 옥내탱크저장소	대형수동식소화기 및 소형수동식소화기등을 각각 1개 이상 설치할 것

※ 비 고 :

1. 옥내소화전설비, 옥외소화전설비, 스프링클러설비 또는 물분무등소화설비를 설치한 경우에는 해당 소화설비의 방사능력범위 내의 부분에 대해서는 대형수동식소화기를 설치하지 아니할 수 있다.
2. 소형수동식소화기등이란 제4호의 규정에 의한 소형수동식소화기 또는 기타 소화설비를 말한다. 이하 같다.
3. 소화난이도등급Ⅲ의 제조소등 및 소화설비

가. 소화난이도등급Ⅲ에 해당하는 제조소등

제조소등의 구분	제조소등의 규모, 저장 또는 취급하는 위험물의 품명 및 최대수량 등
제 조 소 일반취급소	제48조의 위험물을 취급하는 것
	제48조의 위험물 외의 것을 취급하는 것으로서 소화난이도등급Ⅰ 또는 소화난이도등급Ⅱ의 제조소등에 해당하지 아니하는 것
옥내저장소	제48조의 위험물을 취급하는 것
	제48조의 위험물 외의 것을 취급하는 것으로서 소화난이도등급Ⅰ 또는 소화난이도등급Ⅱ의 제조소등에 해당하지 아니하는 것
지하탱크, 간이탱크, 이동탱크저장소	모든 대상
옥외저장소	덩어리 상태의 유황을 저장하는 것으로서 경계표시 내부의 면적(2 이상의 경계표시가 있는 경우에는 각 경계표시의 내부의 면적을 합한 면적)이 $5m^2$ 미만인 것
	덩어리 상태의 유황 외의 것을 저장하는 것으로서 소화난이도등급Ⅰ 또는 소화난이도등급Ⅱ의 제조소등에 해당하지 아니하는 것
주유취급소	옥내주유취급소 외의 것으로서 소화난이도 등급 1의 제조소에 해당하지 아니하는 것.
제1종 판매취급소	모든 대상

※ 비고 : 제조소등의 구분별로 오른쪽란에 정한 제조소등의 규모, 저장 또는 취급하는 위험물의 수량 및 최대수량 등의 어느 하나에 해당하는 제조소등은 소화난이도등급Ⅲ에 해당하는 것으로 한다.

나. 소화난이도등급Ⅲ의 제조소등에 설치하여야 하는 소화설비

제조소등의 구분	소화설비	설치기준	
지하탱크저장소	소형수동식 소화기등	능력단위의 수치가 3 이상	2개 이상
이동탱크저장소	자동차용소화기	무상의 강화액 8ℓ 이상	2개 이상
		이산화탄소 3.2kg 이상	
		일브롬화일염화이플루오르화메탄(CF_2ClBr) 2ℓ 이상	
		일브롬화삼플루오르화메탄(CF_3Br) 2ℓ 이상	
		이브롬화사플루오르화에탄($C_2F_4Br_2$) 1ℓ 이상	
		소화분말 3.3kg 이상	
	마른모래 및 팽창질석 또는 팽창진주암	마른모래 150ℓ 이상	
		팽창질석 또는 팽창진주암 640ℓ 이상	
그 밖의 제조소등	소형수동식 소화기등	능력단위의 수치가 건축물 그 밖의 공작물 및 위험물의 소요단위의 수치에 이르도록 설치할 것. 다만, 옥내소화전설비, 옥외소화전설비, 스프링클러설비, 물분무등소화설비 또는 대형수동식소화기를 설치한 경우에	

	는 해당 소화설비의 방사능력범위 내의 부분에 대하여는 수동식소화기 등을 그 능력단위의 수치가 해당 소요단위의 수치의 1/5 이상이 되도록 하는 것으로 족하다.

※ 비 고 : 알킬알루미늄등을 저장 또는 취급하는 이동탱크저장소에 있어서는 자동차용소화기를 설치하는 외에 마른 모래나 팽창질석 또는 팽창진주암을 추가로 설치하여야 한다.

4. 소화설비의 적응성 - 생략 -
5. 소화설비의 설치기준
   가. 전기설비의 소화설비
      제조소등에 전기설비(전기배선, 조명기구 등은 제외한다)가 설치된 경우에는 해당 장소의 면적 100㎡마다 소형수동식소화기를 1개 이상 설치할 것
   나. 소요단위 및 능력단위
      1) 소요단위: 소화설비의 설치대상이 되는 건축물 그 밖의 공작물의 규모 또는 위험물의 양의 기준단위
      2) 능력단위: 1)의 소요단위에 대응하는 소화설비의 소화능력의 기준단위
   다. 소요단위의 계산방법
      건축물 그 밖의 공작물 또는 위험물의 소요단위의 계산방법은 다음의 기준에 의할 것
      1) 제조소 또는 취급소의 건축물은 외벽이 내화구조인 것은 연면적(제조소등의 용도로 사용되는 부분 외의 부분이 있는 건축물에 설치된 제조소등에 있어서는 해당 건축물중 제조소등에 사용되는 부분의 바닥면적의 합계를 말한다. 이하 같다) 100㎡를 1소요단위로 하며, 외벽이 내화구조가 아닌 것은 연면적 50㎡를 1소요단위로 할 것
      2) 저장소의 건축물은 외벽이 내화구조인 것은 연면적 150㎡를 1소요단위로 하고, 외벽이 내화구조가 아닌 것은 연면적 75㎡를 1소요단위로 할 것
      3) 제조소등의 옥외에 설치된 공작물은 외벽이 내화구조인 것으로 간주하고 공작물의 최대수평투영면적을 연면적으로 간주하여 1) 및 2)의 규정에 따라 소요단위를 산정할 것
      4) 위험물은 지정수량의 10배를 1소요단위로 할 것
   라. 소화설비의 능력단위 - 생략 -
   마. 옥내소화전설비의 설치기준은 다음의 기준에 의할 것
      1) 옥내소화전은 제조소등의 건축물의 층마다 해당 층의 각 부분에서 하나의 호스접속구까지의 수평거리가 25m 이하가 되도록 설치할 것. 이 경우 옥내소화전은 각층의 출입구 부근에 1개 이상 설치하여야 한다.
      2) 수원의 수량은 옥내소화전이 가장 많이 설치된 층의 옥내소화전 설치개수(설치개수가 5개 이상인 경우는 5개)에 7.8㎥를 곱한 양 이상이 되도록 설치할 것
      3) 옥내소화전설비는 각층을 기준으로 하여 해당 층의 모든 옥내소화전(설치개수가 5개 이상인 경우는 5개의 옥내소화전)을 동시에 사용할 경우에 각 노즐선단의 방수압력이 350kPa 이상이고 방수량이 1분당 260 ℓ 이상의 성능이 되도록 할 것 / 4) 옥내소화전설비에는 비상전원을 설치할 것
   바. 옥외소화전설비의 설치기준은 다음의 기준에 의할 것
      1) 옥외소화전은 방호대상물(해당 소화설비에 의하여 소화하여야 할 제조소등의 건축물, 그 밖의 공작물 및 위험물을 말한다. 이하 같다)의 각 부분(건축물의 경우에는 해당 건축물의 1층 및 2층의 부분에 한한다)에서 하나의 호스접속구까지의 수평거리가 40m 이하가 되도록 설치할 것. 이 경우 그 설치개수가 1개일 때는 2개로 하여야 한다.
      2) 수원의 수량은 옥외소화전의 설치개수(설치개수가 4개 이상인 경우는 4개의 옥외소화전)에 13.5㎥를 곱한

양 이상이 되도록 설치할 것
  3) 옥외소화전설비는 모든 옥외소화전(설치개수가 4개 이상인 경우는 4개의 옥외소화전)을 동시에 사용할 경우에 각 노즐선단의 방수압력이 350kPa 이상이고, 방수량이 1분당 450ℓ 이상의 성능이 되도록 할 것
  4) 옥외소화전설비에는 비상전원을 설치할 것
사. 스프링클러설비의 설치기준은 다음의 기준에 의할 것
  1) 스프링클러헤드는 방호대상물의 천장 또는 건축물의 최상부 부근(천장이 설치되지 아니한 경우)에 설치하되, 방호대상물의 각 부분에서 하나의 스프링클러헤드까지의 수평거리가 1.7m(제4호 비고 제1호의 표에 정한 살수밀도의 기준을 충족하는 경우에는 2.6m) 이하가 되도록 설치할 것
  2) 개방형 스프링클러헤드를 이용한 스프링클러설비의 방사구역(하나의 일제개방밸브에 의하여 동시에 방사되는 구역을 말한다. 이하 같다)은 150m² 이상(방호대상물의 바닥면적이 150m² 미만인 경우에는 해당 바닥면적)으로 할 것
  3) 수원의 수량은 폐쇄형 스프링클러헤드를 사용하는 것은 30(헤드의 설치개수가 30 미만인 방호대상물인 경우에는 해당 설치개수), 개방형 스프링클러헤드를 사용하는 것은 스프링클러헤드가 가장 많이 설치된 방사구역의 스프링클러헤드 설치개수에 2.4m³를 곱한 양 이상이 되도록 설치할 것
  4) 스프링클러설비는 3)의 규정에 의한 개수의 스프링클러헤드를 동시에 사용할 경우에 각 선단의 방사압력이 100kPa(제4호 비고 제1호의 표에 정한 살수밀도의 기준을 충족하는 경우에는 50kPa) 이상이고, 방수량이 1분당 80ℓ(제4호 비고 제1호의 표에 정한 살수밀도의 기준을 충족하는 경우에는 56ℓ) 이상의 성능이 되도록 할 것 / 5) 스프링클러설비에는 비상전원을 설치할 것
아. 물분무소화설비의 설치기준은 다음의 기준에 의할 것
  1) 분무헤드의 개수 및 배치는 다음 각목에 의할 것
    가) 분무헤드로부터 방사되는 물분무에 의하여 방호대상물의 모든 표면을 유효하게 소화할 수 있도록 설치할 것
    나) 방호대상물의 표면적(건축물에 있어서는 바닥면적. 이하 이 목에서 같다) 1m²당 3)의 규정에 의한 양의 비율로 계산한 수량을 표준방사량(해당 소화설비의 헤드의 설계압력에 의한 방사량을 말한다. 이하 같다)으로 방사할 수 있도록 설치할 것
  2) 물분무소화설비의 방사구역은 150m² 이상(방호대상물의 표면적이 150m² 미만인 경우에는 해당 표면적)으로 할 것
  3) 수원의 수량은 분무헤드가 가장 많이 설치된 방사구역의 모든 분무헤드를 동시에 사용할 경우에 해당 방사구역의 표면적 1m²당 1분당 20ℓ의 비율로 계산한 양으로 30분간 방사할 수 있는 양 이상이 되도록 설치할 것
  4) 물분무소화설비는 3)의 규정에 의한 분무헤드를 동시에 사용할 경우에 각 선단의 방사압력이 350kPa 이상으로 표준방사량을 방사할 수 있는 성능이 되도록 할 것
  5) 물분무소화설비에는 비상전원을 설치할 것
자. 포소화설비의 설치기준은 다음의 기준에 의할 것
  1) 고정식 포소화설비의 포방출구등은 방호대상물의 형상, 구조, 성질, 수량 또는 취급방법에 따라 표준방사량으로 해당 방호대상물의 화재를 유효하게 소화할 수 있도록 필요한 개수를 적당한 위치에 설치할 것
  2) 이동식 포소화설비(포소화전 등 고정된 포수용액 공급장치로부터 호스를 통하여 포수용액을 공급받아 이동식 노즐에 의하여 방사하도록 된 소화설비를 말한다. 이하 같다)의 포소화전은 옥내에 설치하는 것은 마목1), 옥외에 설치하는 것은 바목1)의 규정을 준용할 것
  3) 수원의 수량 및 포소화약제의 저장량은 방호대상물의 화재를 유효하게 소화할 수 있는 양 이상이 되도록 할 것 / 4) 포소화설비에는 비상전원을 설치할 것

차. 불활성가스소화설비의 설치기준은 다음의 기준에 의할 것
  1) 전역방출방식 불활성가스소화설비의 분사헤드는 불연재료의 벽·기둥·바닥·보 및 지붕(천장이 있는 경우에는 천장)으로 구획되고 개구부에 자동폐쇄장치(갑종방화문, 을종방화문 또는 불연재료의 문으로 불활성가스소화약제가 방사되기 직전에 개구부를 자동적으로 폐쇄하는 장치를 말한다)가 설치되어 있는 부분(이하 "방호구역"이라 한다)에 해당 부분의 용적 및 방호대상물의 성질에 따라 표준방사량으로 방호대상물의 화재를 유효하게 소화할 수 있도록 필요한 개수를 적당한 위치에 설치할 것. 다만, 해당 부분에서 외부로 누설되는 양 이상의 불활성가스소화약제를 유효하게 추가하여 방출할 수 있는 설비가 있는 경우는 해당 개구부의 자동폐쇄장치를 설치하지 아니할 수 있다.
  2) 국소방출방식 불활성가스소화설비의 분사헤드는 방호대상물의 형상, 구조, 성질, 수량 또는 취급방법에 따라 방호대상물에 이산화탄소소화약제를 직접 방사하여 표준방사량으로 방호대상물의 화재를 유효하게 소화할 수 있도록 필요한 개수를 적당한 위치에 설치할 것
  3) 이동식 불활성가스소화설비(고정된 이산화탄소소화약제 공급장치로부터 호스를 통하여 이산화탄소소화약제를 공급받아 이동식 노즐에 의하여 방사하도록 된 소화설비를 말한다. 이하 같다)의 호스접속구는 모든 방호대상물에 대하여 해당 방호 대상물의 각 부분으로부터 하나의 호스접속구까지의 수평거리가 15m 이하가 되도록 설치할 것
  4) 불활성가스소화약제용기에 저장하는 불활성가스소화약제의 양은 방호대상물의 화재를 유효하게 소화할 수 있는 양 이상이 되도록 할 것
  5) 전역방출방식 또는 국소방출방식의 불활성가스소화설비에는 비상전원을 설치할 것
카. 할로겐화물소화설비의 설치기준은 차목의 불활성가스소화설비의 기준을 준용할 것
타. 분말소화설비의 설치기준은 차목의 불활성가스소화설비의 기준을 준용할 것
파. <u>대형수동식소화기</u>의 설치기준은 방호대상물의 각 부분으로부터 하나의 대형수동식소화기까지의 <u>보행거리가 30m 이하</u>가 되도록 설치할 것. 다만, 옥내소화전설비, 옥외소화전설비, 스프링클러설비 또는 물분무등소화설비와 함께 설치하는 경우에는 그러하지 아니하다.
하. <u>소형수동식소화기</u>등의 설치기준은 소형수동식소화기 또는 그 밖의 소화설비는 지하탱크저장소, 간이탱크저장소, 이동탱크저장소, 주유취급소 또는 판매취급소에서는 유효하게 소화할 수 있는 위치에 설치하여야 하며, 그 밖의 제조소등에서는 방호대상물의 각 부분으로부터 하나의 소형수동식소화기까지의 보행거리가 <u>20m 이하</u>가 되도록 설치할 것. 다만, 옥내소화전설비, 옥외소화전설비, 스프링클러설비, 물분무등소화설비 또는 대형수동식소화기와 함께 설치하는 경우에는 그러하지 아니하다.

II. 경보설비

1. 제조소등별로 설치하여야 하는 경보설비의 종류

제조소등의 구분	제조소등의 규모, 저장 또는 취급하는 위험물의 종류 및 최대수량 등	경보설비
가. 제조소 및 일반취급소	• 연면적 500m² 이상인 것 • 옥내에서 지정수량의 100배 이상을 취급하는 것(고인화점 위험물만을 100℃ 미만의 온도에서 취급하는 것을 제외한다) • 일반취급소로 사용되는 부분 외의 부분이 있는 건축물에 설치된 일반취급소(일반취급소와 일반취급소 외의 부분이 내화구조의 바닥 또는 벽으로 개구부 없이 구획된 것을 제외한다)	자동화재탐지설비
나. 옥내저장소	• 지정수량의 100배 이상을 저장 또는 취급하는 것(고인화점위험물만을 저장 또는 취급하는 것을 제외한다) • 저장창고의 연면적이 150m²를 초과하는 것[연면적 150m² 이내마다 불연	자동화재탐지설비

	재료의 격벽으로 개구부 없이 완전히 구획된 저장창고와 제2류위험물(인화성고체는 제외한다) 또는 제4류의 위험물(인화점이 70℃ 미만인 것을 제외한다)만을 저장 또는 취급하는 저장창고는 그 연면적이 500m² 이상의 것을 말한다] • 처마높이가 6m 이상인 단층 건물의 것 • 옥내저장소로 사용되는 부분 외의 부분이 있는 건축물에 설치된 옥내저장소 [옥내저장소와 옥내저장소 외의 부분이 내화구조의 바닥 또는 벽으로 개구부 없이 구획된 것과 제2류(인화성고체는 제외한다) 또는 제4류의 위험물(인화점이 70℃ 미만인 것은 제외한다)만을 저장 또는 취급하는 것을 제외한다]	
다. 옥내탱크저장소	단층 건물 외의 건축물에 설치된 옥내탱크저장소로서 제41조2항에 따른 소화난이도등급 Ⅰ에 해당하는 것	자동화재탐지설비
라. 주유취급소	옥내주유취급소	자동화재탐지설비
마. 옥외탱크저장소		자동화재탐지설비, 자동화재속보설비
바. 가목부터 마목까지의 규정에 따른 자동화재탐지설비 설치대상 제조소 등에 해당하지 아니하는 제조소등(이송취급소는 제외한다)	지정수량의 10배 이상을 저장 또는 취급하는 것	**자동 화재탐지설비, 비상경보설비, 확성장치 또는 비상방송설비** 중 1종 이상

※ 비고 : 이송취급소의 경보설비는 별표 15 Ⅳ제14호에 따른다.

2. 자동화재탐지설비의 설치기준
   가. 자동화재탐지설비의 경계구역(화재가 발생한 구역을 다른 구역과 구분하여 식별할 수 있는 최소단위의 구역을 말한다. 이하 이 호에서 같다)은 건축물 그 밖의 공작물의 2 이상의 층에 걸치지 아니하도록 할 것. 다만, 하나의 경계구역의 면적이 500m² 이하이면서 해당 경계구역이 두개의 층에 걸치는 경우이거나 계단·경사로·승강기의 승강로 그 밖에 이와 유사한 장소에 연기감지기를 설치하는 경우에는 그러하지 아니하다.
   나. 하나의 경계구역의 면적은 600m² 이하로 하고 그 한변의 길이는 50m(광전식분리형 감지기를 설치할 경우에는 100m)이하로 할 것. 다만, 해당 건축물 그 밖의 공작물의 주요한 출입구에서 그 내부의 전체를 볼 수 있는 경우에 있어서는 그 면적을 1,000m² 이하로 할 수 있다.
   다. 자동화재탐지설비의 감지기(옥외탱크저장소에 설치하는 자동화재탐지설비의 감지기는 제외한다)는 지붕(상층이 있는 경우에는 상층의 바닥) 또는 벽의 옥내에 면한 부분(천장이 있는 경우에는 천장 또는 벽의 옥내에 면한 부분 및 천장의 뒷 부분)에 유효하게 화재의 발생을 감지할 수 있도록 설치할 것
   라. 옥외탱크저장소에 설치하는 자동화재탐지설비의 감지기 설치기준
      1) 불꽃감지기를 설치할 것. 다만, 불꽃을 감지하는 기능이 있는 지능형 폐쇄회로텔레비전(CCTV)을 설치한 경우 불꽃감지기를 설치한 것으로 본다.
      2) 옥외저장탱크 외측과 별표 6 Ⅱ에 따른 보유공지 내에서 발생하는 화재를 유효하게 감지할 수 있는 위치에 설치할 것
      3) 지지대를 설치하고 그 곳에 감지기를 설치하는 경우 지지대는 벼락에 영향을 받지 않도록 설치할 것
   마. 자동화재탐지설비에는 비상전원을 설치할 것
   바. 옥외탱크저장소가 다음의 어느 하나에 해당하는 경우에는 자동화재탐지설비를 설치하지 않을 수 있다.

1) 옥외탱크저장소의 방유제(防油堤)와 옥외저장탱크 사이의 지표면을 불연성 및 불침윤성(수분에 젖지 않는 성질)이 있는 철근콘크리트 구조 등으로 한 경우
2) 「화학물질관리법 시행규칙」 별표 5 제6호의 화학물질안전원장이 정하는 고시에 따라 가스감지기를 설치한 경우

3. 옥외탱크저장소가 다음 각 목의 어느 하나에 해당하는 경우에는 자동화재속보설비를 설치하지 않을 수 있다.
  가. 제2호바목1) 또는 2)에 해당하는 경우
  나. 법 제19조에 따른 자체소방대를 설치한 경우
  다. 안전관리자가 해당 사업소에 24시간 상주하는 경우

Ⅲ. 피난구조설비

1. 주유취급소 중 건축물의 2층 이상의 부분을 점포·휴게음식점 또는 전시장의 용도로 사용하는 것에 있어서는 해당 건축물의 2층 이상으로부터 주유취급소의 부지 밖으로 통하는 출입구와 해당 출입구로 통하는 통로·계단 및 출입구에 유도등을 설치하여야 한다.
2. 옥내주유취급소에 있어서는 해당 사무소 등의 출입구 및 피난구와 해당 피난구로 통하는 통로·계단 및 출입구에 유도등을 설치하여야 한다.
3. 유도등에는 비상전원을 설치하여야 한다.

[규칙 별표 18]
제조소등에서의 위험물의 저장 및 취급에 관한 기준(제49조관련)

Ⅰ. 저장·취급의 공통기준

1. 제조소등에서 법 제6조제1항의 규정에 의한 허가 및 법 제6조제2항의 규정에 의한 신고와 관련되는 품명 외의 위험물 또는 이러한 허가 및 신고와 관련되는 수량 또는 지정수량의 배수를 초과하는 위험물을 저장 또는 취급하지 아니하여야 한다(중요기준).
7. 위험물을 저장 또는 취급하는 건축물 그 밖의 공작물 또는 설비는 해당 위험물의 성질에 따라 차광 또는 환기를 실시하여야 한다.
8. 위험물은 온도계, 습도계, 압력계 그 밖의 계기를 감시하여 해당 위험물의 성질에 맞는 적정한 온도, 습도 또는 압력을 유지하도록 저장 또는 취급하여야 한다.
10. 위험물을 저장 또는 취급하는 경우에는 위험물의 변질, 이물의 혼입등에 의하여 해당 위험물의 위험성이 증대되지 아니하도록 필요한 조치를 강구하여야 한다.
11. 위험물이 남아 있거나 남아 있을 우려가 있는 설비, 기계·기구, 용기 등을 수리하는 경우에는 안전한 장소에서 위험물을 완전하게 제거한 후에 실시하여야 한다.
12. 위험물을 용기에 수납하여 저장 또는 취급할 때에는 그 용기는 해당 위험물의 성질에 적응하고 파손·부식·균열 등이 없는 것으로 하여야 한다.
14. 가연성의 액체·증기 또는 가스가 새거나 체류할 우려가 있는 장소 또는 가연성의 미분이 현저하게 부유할 우려가 있는 장소에서는 전선과 전기기구를 완전히 접속하고 불꽃을 발하는 기계·기구·공구·신발 등을 사용하지 아니하여야 한다.
15. 위험물을 보호액중에 보존하는 경우에는 해당 위험물이 보호액으로부터 노출되지 아니하도록 하여야 한다.
        - 2~6. 9. 13. 〈삭제 2009.3.17.〉 -

Ⅱ. 위험물의 유별 저장·취급의 공통기준(중요기준)

1. 제1류 위험물은 가연물과의 접촉·혼합이나 분해를 촉진하는 물품과의 접근 또는 과열·충격·마찰등을 피하는 한편, 알카리금속의 과산화물 및 이를 함유한 것에 있어서는 물과의 접촉을 피하여야 한다.
2. <u>제2류 위험물</u>은 산화제와의 접촉·혼합이나 불티·불꽃·고온체와의 접근 또는 과열을 피하는 한편, 철분·금속분·마그네슘 및 이를 함유한 것에 있어서는 물이나 산과의 접촉을 피하고 인화성 고체에 있어서는 함부로 증기를 발생시키지 아니하여야 한다.
3. 제3류 위험물 중 자연발화성물질에 있어서는 불티·불꽃 또는 고온체와의 접근·과열 또는 공기와의 접촉을 피하고, 금수성물질에 있어서는 물과의 접촉을 피하여야 한다.
4. 제4류 위험물은 불티·불꽃·고온체와의 접근 또는 과열을 피하고, 함부로 증기를 발생시키지 아니하여야 한다.
5. 제5류 위험물은 불티·불꽃·고온체와의 접근이나 과열·충격 또는 마찰을 피하여야 한다.
6. 제6류 위험물은 가연물과의 접촉·혼합이나 분해를 촉진하는 물품과의 접근 또는 과열을 피하여야 한다.
7. 제1호 내지 제6호의 기준은 위험물을 저장 또는 취급함에 있어서 해당 각 호의 기준에 의하지 아니하는 것이 통상인 경우는 해당 각 호를 적용하지 아니한다. 이 경우 해당 저장 또는 취급에 대하여는 재해의 발생을 방지하기 위한 충분한 조치를 강구하여야 한다.

Ⅲ. 저장의 기준

1. 저장소에는 위험물 외의 물품을 저장하지 아니하여야 한다. 다만, 다음 각목의 1에 해당하는 경우에는 그러하지 아니하다(중요기준).
   가. 옥내저장소 또는 옥외저장소에서 다음의 규정에 의한 위험물과 위험물이 아닌 물품을 함께 저장하는 경우. 이 경우 위험물과 위험물이 아닌 물품은 각각 모아서 저장하고 상호간에는 1m 이상의 간격을 두어야 한다.
      1) 위험물(제2류 위험물 중 인화성고체와 제4류 위험물을 제외한다)과 영 별표 1에서 해당 위험물이 속하는 품명란에 정한 물품(동표 제1류의 품명란 제11호, 제2류의 품명란 제8호, 제3류의 품명란 제12호, 제5류의 품명란 제11호 및 제6류의 품명란 제5호의 규정에 의한 물품을 제외한다)을 주성분으로 함유한 것으로서 위험물에 해당하지 아니하는 물품
      2) 제2류 위험물 중 인화성고체와 위험물에 해당하지 아니하는 고체 또는 액체로서 인화점을 갖는 것 또는 합성수지류(「소방기본법 시행령」 별표 2 비고 제8호의 합성수지류를 말한다)(이하 Ⅲ에서 "합성수지류등"이라 한다) 또는 이들중 어느 하나 이상을 주성분으로 함유한 것으로서 위험물에 해당하지 아니하는 물품
      3) 제4류 위험물과 합성수지류등 또는 영 별표 1의 제4류의 품명란에 정한 물품을 주성분으로 함유한 것으로서 위험물에 해당하지 아니하는 물품
      4) 제4류 위험물 중 유기과산화물 또는 이를 함유한 것과 유기과산화물 또는 유기과산화물만을 함유한 것으로서 위험물에 해당하지 아니하는 물품
      5) 제48조의 규정에 의한 위험물과 위험물에 해당하지 아니하는 화약류(「총포·도검·화약류 등 단속법」에 의한 화약류에 해당하는 것을 말한다)
      6) 위험물과 위험물에 해당하지 아니하는 불연성의 물품(저장하는 위험물 및 위험물외의 물품과 위험한 반응을 일으키지 아니하는 것에 한한다)
   나. 옥외탱크저장소·옥내탱크저장소·지하탱크저장소 또는 이동탱크저장소(이하 이 목에서 "옥외탱크저장소등"이라 한다)에서 해당 옥외탱크저장소등의 구조 및 설비에 나쁜 영향을 주지 아니하면서 다음에서 정하는 위험물이 아닌 물품을 저장하는 경우
      1) 제4류 위험물을 저장 또는 취급하는 옥외탱크저장소등: 합성수지류등 또는 영 별표 1의 제4류의 품명란에 정한 물품을 주성분으로 함유한 것으로서 위험물에 해당하지 아니하는 물품 또는 위험물에 해당하지 아니하는 불연성 물품(저장 또는 취급하는 위험물 및 위험물외의 물품과 위험한 반응을 일으키지 아니하는 것에 한한다)

2) 제6류 위험물을 저장 또는 취급하는 옥외탱크저장소등: 영 별표 1의 제6류의 품명란에 정한 물품(동표 제6류의 품명란 제5호의 규정에 의한 물품을 제외한다)을 주성분으로 함유한 것으로서 위험물에 해당하지 아니하는 물품 또는 위험물에 해당하지 아니하는 불연성 물품(저장 또는 취급하는 위험물 및 위험물 외의 물품과 위험한 반응을 일으키지 아니하는 것에 한한다)

2. 영 별표 1의 유별을 달리하는 위험물은 동일한 저장소(내화구조의 격벽으로 완전히 구획된 실이 2 이상 있는 저장소에 있어서는 동일한 실. 이하 제3호에서 같다)에 저장하지 아니하여야 한다. 다만, 옥내저장소 또는 옥외저장소에 있어서 다음의 각목의 규정에 의한 위험물을 저장하는 경우로서 위험물을 유별로 정리하여 저장하는 한편, 서로 1m 이상의 간격을 두는 경우에는 그러하지 아니하다(중요기준).
   가. 제1류 위험물(알칼리금속의 과산화물 또는 이를 함유한 것을 제외한다)과 제5류 위험물을 저장하는 경우
   나. 제1류 위험물과 제6류 위험물을 저장하는 경우
   다. 제1류 위험물과 제3류 위험물 중 자연발화성물질(황린 또는 이를 함유한 것에 한한다)을 저장하는 경우
   라. 제2류 위험물 중 인화성고체와 제4류 위험물을 저장하는 경우
   마. 제3류 위험물 중 알킬알루미늄등과 제4류 위험물(알킬알루미늄 또는 알킬리튬을 함유한 것에 한한다)을 저장하는 경우
   바. 제4류 위험물 중 유기과산화물 또는 이를 함유하는 것과 제5류 위험물 중 유기과산화물 또는 이를 함유한 것을 저장하는 경우

3. 제3류 위험물 중 황린 그 밖에 물속에 저장하는 물품과 금수성물질은 동일한 저장소에서 저장하지 아니하여야 한다(중요기준).

4. 옥내저장소에 있어서 위험물은 Ⅴ의 규정에 의한 바에 따라 용기에 수납하여 저장하여야 한다. 다만, 덩어리 상태의 유황과 제48조의 규정에 의한 위험물에 있어서는 그러하지 아니하다.

5. 옥내저장소에서 동일 품명의 위험물이더라도 자연발화할 우려가 있는 위험물 또는 재해가 현저하게 증대할 우려가 있는 위험물을 다량 저장하는 경우에는 지정수량의 10배 이하마다 구분하여 상호간 0.3m 이상의 간격을 두어 저장하여야 한다. 다만, 제48조의 규정에 의한 위험물 또는 기계에 의하여 하역하는 구조로 된 용기에 수납한 위험물에 있어서는 그러하지 아니하다(중요기준).

6. 옥내저장소에서 위험물을 저장하는 경우에는 다음 각목의 규정에 의한 높이를 초과하여 용기를 겹쳐 쌓지 아니하여야 한다.
   가. 기계에 의하여 하역하는 구조로 된 용기만을 겹쳐 쌓는 경우에 있어서는 6m
   나. 제4류 위험물 중 제3석유류, 제4석유류 및 동식물유류를 수납하는 용기만을 겹쳐 쌓는 경우에 있어서는 4m
   다. 그 밖의 경우에 있어서는 3m

7. 옥내저장소에서는 용기에 수납하여 저장하는 위험물의 온도가 55℃를 넘지 아니하도록 필요한 조치를 강구하여야 한다(중요기준).   8. 〈삭제 2009.3.17〉

9. 옥외저장탱크·옥내저장탱크 또는 지하저장탱크의 주된 밸브(액체의 위험물을 이송하기 위한 배관에 설치된 밸브 중 탱크의 바로 옆에 있는 것을 말한다) 및 주입구의 밸브 또는 뚜껑은 위험물을 넣거나 빼낼 때 외에는 폐쇄하여야 한다.

10. 옥외저장탱크의 주위에 방유제가 있는 경우에는 그 배수구를 평상시 폐쇄하여 두고, 해당 방유제의 내부에 유류 또는 물이 괴었을 때에는 지체 없이 이를 배출하여야 한다.

11. 이동저장탱크에는 해당 탱크에 저장 또는 취급하는 위험물의 위험성을 알리는 표지를 부착하고 잘 보일 수 있도록 관리하여야 한다.

12. 이동저장탱크 및 그 안전장치와 그 밖의 부속배관은 균열, 결합불량, 극단적인 변형, 주입호스의 손상 등에 의한 위험물의 누설이 일어나지 아니하도록 하고, 해당 탱크의 배출밸브는 사용시 외에는 완전하게 폐쇄하여야 한다.

13. 피견인자동차에 고정된 이동저장탱크에 위험물을 저장할 때에는 해당 피견인자동차에 견인자동차를 결합한 상태로 두어야 한다. 다만, 다음 각목의 기준에 따라 피견인자동차를 철도·궤도상의 차량(이하 이 호에서 "차량"이라 한다)에 싣거나 차량으로부터 내리는 경우에는 그러하지 아니하다.
    가. 피견인자동차를 싣는 작업은 화재예방상 안전한 장소에서 실시하고, 화재가 발생하였을 경우에 그 피해의 확대를 방지할 수 있도록 필요한 조치를 강구할 것
    나. 피견인자동차를 실을 때에는 이동저장탱크에 변형 또는 손상을 주지 아니하도록 필요한 조치를 강구할 것
    다. 피견인자동차를 차량에 싣는 것은 견인자동차를 분리한 즉시 실시하고, 피견인자동차를 차량으로부터 내렸을 때에는 즉시 해당 피견인자동차를 견인자동차에 결합할 것
14. 컨테이너식 이동탱크저장소외의 이동탱크저장소에 있어서는 위험물을 저장한 상태로 이동저장탱크를 옮겨 싣지 아니하여야 한다(중요기준).
15. 이동탱크저장소에는 해당 이동탱크저장소의 완공검사필증 및 정기점검기록을 비치하여야 한다.
16. 알킬알루미늄등을 저장 또는 취급하는 이동탱크저장소에는 긴급시의 연락처, 응급조치에 관하여 필요한 사항을 기재한 서류, 방호복, 고무장갑, 밸브 등을 죄는 결합공구 및 휴대용 확성기를 비치하여야 한다.
17. 옥외저장소(제20호의 규정에 의한 경우를 제외한다)에 있어서 위험물은 V에 정하는 바에 따라 용기에 수납하여 저장하여야 한다.
18. 옥외저장소에서 위험물을 저장하는 경우에 있어서는 제6호 각목의 규정에 의한 높이를 초과하여 용기를 겹쳐 쌓지 아니하여야 한다.
19. 옥외저장소에서 위험물을 수납한 용기를 선반에 저장하는 경우에는 6m를 초과하여 저장하지 아니하여야 한다.
20. 유황을 용기에 수납하지 아니하고 저장하는 옥외저장소에서는 유황을 경계표시의 높이 이하로 저장하고, 유황이 넘치거나 비산하는 것을 방지할 수 있도록 경계표시 내부의 전체를 난연성 또는 불연성의 천막 등으로 덮고 해당 천막 등을 경계표시에 고정하여야 한다.
21. 알킬알루미늄등, 아세트알데히드등 및 디에틸에테르등(디에틸에테르 또는 이를 함유한 것을 말한다. 이하 같다)의 저장기준은 제1호 내지 제20호의 규정에 의하는 외에 다음 각목과 같다(중요기준).
    가. 옥외저장탱크 또는 옥내저장탱크 중 압력탱크(최대상용압력이 대기압을 초과하는 탱크를 말한다. 이하 이 호에서 같다)에 있어서는 알킬알루미늄등의 취출에 의하여 해당 탱크내의 압력이 상용압력 이하로 저하하지 아니하도록, 압력탱크 외의 탱크에 있어서는 알킬알루미늄등의 취출이나 온도의 저하에 의한 공기의 혼입을 방지할 수 있도록 불활성의 기체를 봉입할 것
    나. 옥외저장탱크·옥내저장탱크 또는 이동저장탱크에 새롭게 알킬알루미늄등을 주입하는 때에는 미리 해당 탱크 안의 공기를 불활성기체와 치환하여 둘 것
    다. 이동저장탱크에 알킬알루미늄등을 저장하는 경우에는 20kPa 이하의 압력으로 불활성의 기체를 봉입하여 둘 것
    라. 옥외저장탱크·옥내저장탱크 또는 지하저장탱크 중 압력탱크에 있어서는 아세트알데히드등의 취출에 의하여 해당 탱크내의 압력이 상용압력 이하로 저하하지 아니하도록, 압력탱크 외의 탱크에 있어서는 아세트알데히드등의 취출이나 온도의 저하에 의한 공기의 혼입을 방지할 수 있도록 불활성 기체를 봉입할 것
    마. 옥외저장탱크·옥내저장탱크·지하저장탱크 또는 이동저장탱크에 새롭게 아세트알데히드등을 주입하는 때에는 미리 해당 탱크안의 공기를 불활성 기체와 치환하여 둘 것
    바. 이동저장탱크에 아세트알데히드등을 저장하는 경우에는 항상 불활성의 기체를 봉입하여 둘 것
    사. 옥외저장탱크·옥내저장탱크 또는 지하저장탱크 중 압력탱크 외의 탱크에 저장하는 디에틸에테르등 또는 아세트알데히드등의 온도는 산화프로필렌과 이를 함유한 것 또는 디에틸에테르등에 있어서는 30℃ 이하로, 아세트알데히드 또는 이를 함유한 것에 있어서는 15℃ 이하로 각각 유지할 것
    아. 옥외저장탱크·옥내저장탱크 또는 지하저장탱크 중 압력탱크에 저장하는 아세트알데히드등 또는 디에틸에테르등의 온도는 40℃ 이하로 유지할 것

자. 보냉장치가 있는 이동저장탱크에 저장하는 아세트알데히드등 또는 디에틸에테르등의 온도는 해당 위험물의 비점 이하로 유지할 것
차. 보냉장치가 없는 이동저장탱크에 저장하는 아세트알데히드등 또는 디에틸에테르등의 온도는 40℃ 이하로 유지할 것

Ⅳ. 취급의 기준

1. 위험물의 취급 중 제조에 관한 기준은 다음 각목과 같다(중요기준).
   가. 증류공정에 있어서는 위험물을 취급하는 설비의 내부압력의 변동 등에 의하여 액체 또는 증기가 새지 아니하도록 할 것
   나. 추출공정에 있어서는 추출관의 내부압력이 비정상으로 상승하지 아니하도록 할 것
   다. 건조공정에 있어서는 위험물의 온도가 국부적으로 상승하지 아니하는 방법으로 가열 또는 건조할 것
   라. 분쇄공정에 있어서는 위험물의 분말이 현저하게 부유하고 있거나 위험물의 분말이 현저하게 기계·기구 등에 부착하고 있는 상태로 그 기계·기구를 취급하지 아니할 것
2. 위험물의 취급중 용기에 옮겨 담는데 대한 기준은 다음 각목과 같다.
   가. 위험물을 용기에 옮겨 담는 경우에는 Ⅴ에 정하는 바에 따라 수납할 것 / 나. 〈삭제 2009.3.17〉
3. 위험물의 취급 중 소비에 관한 기준은 다음 각목과 같다(중요기준).
   가. 분사도장작업은 방화상 유효한 격벽 등으로 구획된 안전한 장소에서 실시할 것 / 다. 〈삭제 09.3.17〉
   나. 담금질 또는 열처리작업은 위험물이 위험한 온도에 이르지 아니하도록 하여 실시할 것
   라. 버너를 사용하는 경우에는 버너의 역화를 방지하고 위험물이 넘치지 아니하도록 할 것/ 4. 〈삭제 09.3.17〉
5. 주유취급소·판매취급소·이송취급소 또는 이동탱크저장소에서의 위험물의 취급기준은 다음 각목과 같다.
   가. 주유취급소(항공기주유취급소·선박주유취급소 및 철도주유취급소를 제외한다)에서의 취급기준
      1) 자동차 등에 주유할 때에는 고정주유설비를 사용하여 직접 주유할 것(중요기준)
      2) 자동차 등에 인화점 40℃ 미만의 위험물을 주유할 때에는 자동차 등의 원동기를 정지시킬 것. 다만, 연료탱크에 위험물을 주유하는 동안 방출되는 가연성 증기를 회수하는 설비가 부착된 고정주유설비에 의하여 주유하는 경우에는 그러하지 아니하다.
      3) 이동저장탱크에 급유할 때에는 고정급유설비를 사용하여 직접 급유할 것 / 4)5) 〈삭제 2009.3.17〉
      6) 고정주유설비 또는 고정급유설비에 접속하는 탱크에 위험물을 주입할 때에는 해당 탱크에 접속된 고정주유설비 또는 고정급유설비의 사용을 중지하고, 자동차 등을 해당 탱크의 주입구에 접근시키지 아니할 것
      7) 고정주유설비 또는 고정급유설비에는 해당 설비에 접속한 전용탱크 또는 간이탱크의 배관외의 것을 통하여서는 위험물을 공급하지 아니할 것
      8) 자동차 등에 주유할 때에는 고정주유설비 또는 고정주유설비에 접속된 탱크의 주입구로부터 4m 이내의 부분(별표 13 Ⅴ제1호다목 및 라목의 용도에 제공하는 부분 중 바닥 및 벽에서 구획된 것의 내부를 제외한다)에, 이동저장탱크로부터 전용탱크에 위험물을 주입할 때에는 전용탱크의 주입구로부터 3m 이내의 부분 및 전용탱크 통기관의 선단으로부터 수평거리 1.5m 이내의 부분에 있어서는 다른 자동차 등의 주차를 금지하고 자동차 등의 점검·정비 또는 세정을 하지 아니할 것 / 9), 10)〈삭제 2014.6.23〉
      11) 주유원간이대기실 내에서는 화기를 사용하지 아니할 것
      12) 전기자동차 충전설비를 사용하는 때에는 다음의 기준을 준수할 것
         가) 충전기기와 전기자동차를 연결할 때에는 연장코드를 사용하지 아니할 것
         나) 전기자동차의 전자·인터페이스 등이 충전기기의 규격에 적합한지 확인한 후 충전을 시작할 것
         다) 충전 중에는 자동차 등을 작동시키지 아니할 것
   나. 항공기주유취급소에서의 취급기준은 가목[1) 및 7)은 제외한다]의 규정을 준용하는 외에 다음의 기준에 의할 것

1) 항공기에 주유하는 때에는 고정주유설비, 주유배관의 선단부에 접속한 호스기기, 주유호스차 또는 주유탱크차를 사용하여 직접 주유할 것(중요기준) / 2) 〈삭제 2009.3.17〉
3) 고정주유설비에는 해당 주유설비에 접속한 전용탱크 또는 위험물을 저장 또는 취급하는 탱크의 배관외의 것을 통하여서는 위험물을 주입하지 아니할 것
4) 주유호스차 또는 주유탱크차에 의하여 주유하는 때에는 주유호스의 선단을 항공기의 연료탱크의 급유구에 긴밀히 결합할 것. 다만, 주유탱크차에서 주유호스 선단부에 수동개폐장치를 설치한 주유노즐에 의하여 주유하는 때에는 그러하지 아니하다.
5) 주유호스차 또는 주유탱크차에서 주유하는 때에는 주유호스차의 호스기기 또는 주유탱크차의 주유설비를 접지하고 항공기와 전기적인 접속을 할 것

다. 철도주유취급소에서의 취급기준은 가목[(1) 및 7)은 제외한다]의 규정 및 나목3)의 규정을 준용하는 외에 다음의 기준에 의할 것
　1) 철도 또는 궤도에 의하여 운행하는 차량에 주유하는 때에는 고정주유설비 또는 주유배관의 선단부에 접속한 호스기기를 사용하여 직접 주유할 것(중요기준)
　2) 철도 또는 궤도에 의하여 운행하는 차량에 주유하는 때에는 콘크리트 등으로 포장된 부분에서 주유할 것

라. 선박주유취급소에서의 취급기준은 가목[(1)·3) 및 7)을 제외한다]의 규정 및 나목3)의 규정을 준용하는 외에 다음의 기준에 의할 것
　1) 선박에 주유하는 때에는 고정주유설비 또는 주유배관의 선단부에 접속한 호스기기를 사용하여 직접 주유할 것(중요기준)
　2) 선박에 주유하는 때에는 선박이 이동하지 아니하도록 계류시킬 것
　3) 수상구조물에 설치하는 고정주유설비를 이용하여 주유작업을 할 때에는 5m 이내에 다른 선박의 정박 또는 계류를 금지할 것
　4) 수상구조물에 설치하는 고정주유설비의 주위에 설치하는 집유설비 내에 고인 빗물 또는 위험물은 넘치지 않도록 수시로 수거하고, 수거물은 유분리장치를 이용하거나 폐기물 처리 방법에 따라 처리할 것
　5) 수상구조물에 설치하는 고정주유설비를 이용한 주유작업은 위험물을 공급하는 배관·펌프 및 그 부속 설비의 안전을 확인한 후에 시작할 것(중요기준)
　6) 수상구조물에 설치하는 고정주유설비를 이용한 주유작업이 종료된 후에는 별표 13 ⅩⅣ제3호마목에 따른 차단밸브를 모두 잠글 것(중요기준)
　7) 수상구조물에 설치하는 고정주유설비를 이용한 주유작업은 총 톤수가 300미만인 선박에 대해서만 실시할 것(중요기준)

마. 고객이 직접 주유하는 주유취급소에서의 기준
　1) 셀프용고정주유설비 및 셀프용고정급유설비 외의 고정주유설비 또는 고정급유설비를 사용하여 고객에 의한 주유 또는 용기에 옮겨 담는 작업을 행하지 아니할 것(중요기준) / 2) 〈삭제 2009.3.17〉
　3) 감시대에서 고객이 주유하거나 용기에 옮겨 담는 작업을 직시하는 등 적절한 감시를 할 것
　4) 고객에 의한 주유 또는 용기에 옮겨 담는 작업을 개시할 때에는 안전상 지장이 없음을 확인 한 후 제어장치에 의하여 호스기기에 대한 위험물의 공급을 개시할 것
　5) 고객에 의한 주유 또는 용기에 옮겨 담는 작업을 종료한 때에는 제어장치에 의하여 호스기기에 대한 위험물의 공급을 정지할 것
　6) 비상시 그 밖에 안전상 지장이 발생한 경우에는 제어장치에 의하여 호스기기에 위험물의 공급을 일제히 정지하고, 주유취급소 내의 모든 고정주유설비 및 고정급유설비에 의한 위험물 취급을 중단할 것
　7) 감시대의 방송설비를 이용하여 고객에 의한 주유 또는 용기에 옮겨 담는 작업에 대한 필요한 지시를 할 것
　8) 감시대에서 근무하는 감시원은 안전관리자 또는 위험물안전관리에 관한 전문지식이 있는 자일 것

바. 판매취급소에서의 취급기준
　　1) 판매취급소에서는 도료류, 제1류 위험물 중 염소산염류 및 염소산염류만을 함유한 것, 유황 또는 인화점이 38℃ 이상인 제4류 위험물을 배합실에서 배합하는 경우 외에는 위험물을 배합하거나 옮겨 담는 작업을 하지 아니할 것
　　2) 위험물은 별표 19 Ⅰ의 규정에 의한 운반용기에 수납한 채로 판매할 것
　　3) 판매취급소에서 위험물을 판매할 때에는 위험물이 넘치거나 비산하는 계량기(액용되를 포함한다)를 사용하지 아니할 것
사. 이송취급소에서의 취급기준
　　1) 위험물의 이송은 위험물을 이송하기 위한 배관·펌프 및 그에 부속한 설비(위험물을 운반하는 선박으로부터 육상으로 위험물의 이송취급을 하는 이송취급소에 있어서는 위험물을 이송하기 위한 배관 및 그에 부속된 설비를 말한다. 이하 나목에서 같다)의 안전을 확인한 후에 개시할 것(중요기준)
　　2) 위험물을 이송하기 위한 배관·펌프 및 이에 부속한 설비의 안전을 확인하기 위한 순찰을 행하고, 위험물을 이송하는 중에는 이송하는 위험물의 압력 및 유량을 항상 감시할 것(중요기준)
　　3) 이송취급소를 설치한 지역의 지진을 감지하거나 지진의 정보를 얻은 경우에는 소방청장이 정하여 고시하는 바에 따라 재해의 발생 또는 확대를 방지하기 위한 조치를 강구할 것
아. 이동탱크저장소(컨테이너식 이동탱크저장소를 제외한다)에서의 취급기준
　　1) 이동저장탱크로부터 위험물을 저장 또는 취급하는 탱크에 액체의 위험물을 주입할 경우에는 그 탱크의 주입구에 이동저장탱크의 주입호스를 견고하게 결합할 것. 다만, 주입호스의 선단부에 수동개폐장치를 한 주입노즐(수동개폐장치를 개방상태로 고정하는 장치를 한 것을 제외한다)을 사용하여 지정수량 미만의 양의 위험물을 저장 또는 취급하는 탱크에 인화점이 40℃ 이상인 위험물을 주입하는 경우에는 그러하지 아니하다.
　　2) 이동저장탱크로부터 액체위험물을 용기에 옮겨 담지 아니할 것. 다만, 주입호스의 선단부에 수동개폐장치를 한 주입노즐(수동개폐장치를 개방상태로 고정하는 장치를 한 것을 제외한다)을 사용하여 별표 19 Ⅰ의 기준에 적합한 운반용기에 인화점 40℃ 이상의 제4류 위험물을 옮겨 담는 경우에는 그러하지 아니하다.
　　3) 이동저장탱크로부터 위험물을 저장 또는 취급하는 탱크에 인화점 40℃ 미만인 위험물을 주입할 때에는 이동탱크저장소의 원동기를 정지시킬 것
　　4) 이동저장탱크로부터 직접 위험물을 자동차(「자동차관리법」 제2조제1호의 규정에 의한 자동차와 「건설기계관리법」 제2조제1항제1호의 규정에 의한 건설기계 중 덤프트럭 및 콘크리트믹서트럭을 말한다)의 연료탱크에 주입하지 말 것. 다만, 「건설산업기본법」 제2조제4호에 따른 건설공사를 하는 장소에서 별표 10 Ⅳ제3호에 따른 주입설비를 부착한 이동탱크저장소로부터 해당 건설공사와 관련된 자동차(「건설기계관리법」 제2조제1항제1호에 따른 건설기계 중 덤프트럭과 콘크리트믹서트럭으로 한정한다)의 연료탱크에 인화점 40℃ 이상의 위험물을 주입하는 경우에는 그러하지 아니하다.
　　5) 휘발유·벤젠 그 밖에 정전기에 의한 재해발생의 우려가 있는 액체의 위험물을 이동저장탱크에 주입하거나 이동저장탱크로부터 배출하는 때에는 도선으로 이동저장탱크와 접지전극 등과의 사이를 긴밀하게 연결하여 해당 이동저장탱크를 접지할 것
　　6) 휘발유·벤젠·그밖에 정전기에 의한 재해발생의 우려가 있는 액체의 위험물을 이동저장탱크의 상부로 주입하는 때에는 주입관을 사용하되, 해당 주입관의 선단을 이동저장탱크의 밑바닥에 밀착할 것
　　7) 휘발유를 저장하던 이동저장탱크에 등유나 경유를 주입할 때 또는 등유나 경유를 저장하던 이동저장탱크에 휘발유를 주입할 때에는 다음의 기준에 따라 정전기등에 의한 재해를 방지하기 위한 조치를 할 것
　　　가) 이동저장탱크의 상부로부터 위험물을 주입할 때에는 위험물의 액표면이 주입관의 선단을 넘는 높이가 될 때까지 그 주입관내의 유속을 초당 1m 이하로 할 것

나) 이동저장탱크의 밑부분으로부터 위험물을 주입할 때에는 위험물의 액표면이 주입관의 정상부분을 넘는 높이가 될 때까지 그 주입배관내의 유속을 초당 1m 이하로 할 것

다) 그 밖의 방법에 의한 위험물의 주입은 이동저장탱크에 가연성증기가 잔류하지 아니하도록 조치하고 안전한 상태로 있음을 확인한 후에 할 것

8) 이동탱크저장소는 별표 10 Ⅰ의 규정에 의한 상치장소에 주차할 것. 다만, 원거리 운행 등으로 상치장소에 주차할 수 없는 경우에는 다음의 장소에도 주차할 수 있다.

가) 다른 이동탱크저장소의 상치장소

나) 「화물자동차 운수사업법」에 의한 일반화물자동차운송사업을 위한 차고로서 별표 10 Ⅰ의 규정에 적합한 장소

다) 「물류시설의 개발 및 운영에 관한 법률」에 따른 물류터미널의 주차장으로서 별표 10 Ⅰ의 규정에 적합한 장소

라) 「주차장법」에 의한 주차장중 노외의 옥외주차장으로서 별표 10 Ⅰ의 규정에 적합한 장소

마) 제조소등이 설치된 사업장 내의 안전한 장소

바) 도로(길어깨 및 노상주차장을 포함한다) 외의 장소로서 화기취급장소 또는 건축물로부터 10m 이상 이격된 장소

사) 벽·기둥·바닥·보·서까래 및 지붕이 내화구조로 된 건축물의 1층으로서 개구부가 없는 내하구조의 격벽 등으로 해당 건축물의 다른 용도의 부분과 구획된 장소

아) 소방본부장 또는 소방서장으로부터 승인을 받은 장소

9) 이동저장탱크를 8)의 규정에 의한 상치장소 등에 주차시킬 때에는 완전히 빈 상태로 할 것. 다만, 해당 장소가 별표 6 Ⅰ·Ⅱ 및 Ⅸ의 규정에 적합한 경우에는 그러하지 아니하다.

10) 이동저장탱크로부터 직접 위험물을 선박의 연료탱크에 주입하는 경우에는 다음의 기준에 따를 것

가) 선박이 이동하지 아니하도록 계류(繫留)시킬 것

나) 이동탱크저장소가 움직이지 않도록 조치를 강구할 것

다) 이동탱크저장소의 주입호스의 선단을 선박의 연료탱크의 급유구에 긴밀히 결합할 것. 다만, 주입호스 선단부에 수동개폐장치를 설치한 주유노즐로 주입하는 때에는 그러하지 아니하다.

라) 이동탱크저장소의 주입설비를 접지할 것. 다만, 인화점 40℃ 이상의 위험물을 주입하는 경우에는 그러하지 아니하다.

자. 컨테이너식 이동탱크저장소에서의 위험물취급은 아목[(1)을 제외한다]의 규정을 준용하는 외에 다음의 기준에 의할 것

1) 이동저장탱크에서 위험물을 저장 또는 취급하는 탱크에 액체위험물을 주입하는 때에는 주입구에 주입호스를 긴밀히 연결할 것. 다만, 주입호스의 선단부에 수동개폐장치를 설비한 주입노즐(수동개폐장치를 개방상태로 고정하는 장치를 한 것을 제외한다)에 의하여 지정수량 미만의 탱크에 인화점이 40℃ 이상인 제4류 위험물을 주입하는 때에는 그러하지 아니하다.

2) 이동저장탱크를 체결금속구, 변형금속구 또는 샤시프레임에 긴밀히 결합한 구조의 유(U)볼트를 이용하여 차량에 긴밀히 연결할 것

6. 알킬알루미늄등 및 아세트알데히드등의 취급기준은 제1호 내지 제5호에 정하는 것 외에 해당 위험물의 성질에 따라 다음 각목에 정하는 바에 의한다(중요기준).

가. 알킬알루미늄등의 제조소 또는 일반취급소에 있어서 알킬알루미늄등을 취급하는 설비에는 불활성의 기체를 봉입할 것

나. 알킬알루미늄등의 이동탱크저장소에 있어서 이동저장탱크로부터 알킬알루미늄등을 꺼낼 때에는 동시에 200kPa 이하의 압력으로 불활성의 기체를 봉입할 것

다. 아세트알데히드등의 제조소 또는 일반취급소에 있어서 아세트알데히드등을 취급하는 설비에는 연소성 혼합기체의 생성에 의한 폭발의 위험이 생겼을 경우에 불활성의 기체 또는 수증기[아세트알데히드등을 취급하는 탱크(옥외에 있는 탱크 또는 옥내에 있는 탱크로서 그 용량이 지정수량의 1/5 미만의 것을 제외한다)에 있어서는 불활성의 기체]를 봉입할 것

라. 아세트알데히드등의 이동탱크저장소에 있어서 이동저장탱크로부터 아세트알데히드등을 꺼낼 때에는 동시에 100kPa 이하의 압력으로 불활성의 기체를 봉입할 것

V. 위험물의 용기 및 수납

1. Ⅲ제4호 및 제17호의 규정에 따라 위험물을 용기에 수납할 때 또는 Ⅳ제2호가목의 규정에 따라 위험물을 용기에 옮겨 담을 때에는 다음 각목에 정하는 용기의 구분에 따라 해당 각목에 정하는 바에 의한다. 다만, 제조소등이 설치된 부지와 동일한 부지내에서 위험물을 저장 또는 취급하기 위하여 다음 각목에 정하는 용기 외의 용기에 수납하거나 옮겨 담는 경우에 있어서 해당 용기의 저장 또는 취급이 화재의 예방상 안전하다고 인정될 때에는 그러하지 아니하다.
    가. 나목에 정하는 용기 외의 용기: 고체의 위험물에 있어서는 부표 제1호, 액체의 위험물에 있어서는 부표 제2호에 정하는 기준에 적합한 내장용기(내장용기의 용기의 종류란이 공란인 것에 있어서는 외장용기) 또는 저장 또는 취급의 안전상 이러한 기준에 적합한 용기와 동등 이상이라고 인정하여 소방청장이 정하여 고시하는 것(이하 V에서 "내장용기등"이라고 한다)으로서 별표 19 Ⅱ제1호에 정하는 수납의 기준에 적합할 것
    나. 기계에 의하여 하역하는 구조로 된 용기(기계에 의하여 들어 올리기 위한 고리·기구·포크리프트포켓 등이 있는 용기를 말한다. 이하 같다): 별표 19 Ⅰ제3호나목에 규정하는 운반용기로서 별표 19 Ⅱ제2호에 정하는 수납의 기준에 적합할 것

2. 제1호가목의 내장용기등(내장용기등을 다른 용기에 수납하는 경우에 있어서는 해당 용기를 포함한다. 이하 V에서 같다)에 있어서는 별표 19 Ⅱ제8호에 정하는 표시를, 제1호나목의 용기에 있어서는 별표 19 Ⅱ제8호 및 별표 19 Ⅱ제13호에 정하는 표시를 각각 보기 쉬운 위치에 하여야 한다.

3. 제2호의 규정에 불구하고 제1류·제2류 또는 제4류의 위험물(별표 19 Ⅴ제1호의 규정에 의한 위험등급 Ⅰ의 위험물을 제외한다)의 내장용기등으로서 최대용적이 1ℓ 이하의 것에 있어서는 별표 19 Ⅱ제8호가목 및 다목의 표시를 각각 위험물의 통칭명 및 동호의 규정에 의한 표시와 동일한 의미가 있는 다른 표시로 대신할 수 있다.

4. 제2호 및 제3호의 규정에 불구하고 제4류 위험물에 해당하는 화장품(에어졸을 제외한다)의 내장용기등으로서 최대용적이 150mℓ 이하의 것에 있어서는 별표 19 Ⅱ제8호가목 및 다목에 정하는 표시를 하지 아니할 수 있고, 최대용적이 150mℓ 초과 300mℓ 이하의 것에 있어서는 별표 19 Ⅱ제8호가목에 정하는 표시를 하지 아니할 수 있으며, 별표 19 Ⅱ제8호다목의 주의사항은 동목의 규정에 의한 표시와 동일한 의미가 있는 다른 표시로 대신할 수 있다.

5. 제2호 및 제3호의 규정에 불구하고 제4류 위험물에 해당하는 에어졸의 내장용기등으로서 최대 용적이 300mℓ 이하의 것에 있어서는 별표 19 Ⅱ제8호가목의 규정에 의한 표시를 하지 아니할 수 있고, 별표 19 Ⅱ제8호다목의 주의사항을 동목의 규정에 의한 표시와 동일한 의미가 있는 다른 표시로 대신할 수 있다.

6. 제2호 및 제3호의 규정에 불구하고 제4류 위험물 중 동식물유류의 내장용기등으로서 최대용적이 3ℓ 이하의 것에 있어서는 별표 19 Ⅱ제8호가목 및 다목의 표시를 각각 해당 위험물의 통칭명 및 동호의 규정에 의한 표시와 동일한 의미가 있는 다른 표시로 대신할 수 있다.

Ⅵ. 법 제5조제3항의 규정에 의한 중요기준 및 세부기준은 다음 각 호의 구분에 의한다.

1. 중요기준: Ⅰ 내지 Ⅴ의 저장 또는 취급기준 중 "중요기준"이라 표기한 것 / 2. 세부기준: 중요기준 외의 것

[규칙 별표 18의 부표] – 생략 –

[규칙 별표 19]

위험물의 운반에 관한 기준(제50조관련)

I. 운반용기

1. 운반용기의 재질은 강판·알루미늄판·양철판·유리·금속판·종이·플라스틱·섬유판·고무류·합성섬유·삼·짚 또는 나무로 한다.
2. 운반용기는 견고하여 쉽게 파손될 우려가 없고, 그 입구로부터 수납된 위험물이 샐 우려가 없도록 하여야 한다.
3. 운반용기의 구조 및 최대용적은 다음 각호의 규정에 의한 용기의 구분에 따라 해당 각목에 정하는 바에 의한다.
   가. 나목의 규정에 의한 용기 외의 용기
      고체의 위험물을 수납하는 것에 있어서는 부표 1 제1호, 액체의 위험물을 수납하는 것에 있어서는 부표 1 제2호에 정하는 기준에 적합할 것. 다만, 운반의 안전상 이러한 기준에 적합한 운반용기와 동등 이상이라고 인정하여 소방청장이 정하여 고시하는 것에 있어서는 그러하지 아니하다.
   나. 기계에 의하여 하역하는 구조로 된 용기
      고체의 위험물을 수납하는 것에 있어서는 별표 20 제1호, 액체의 위험물을 수납하는 것에 있어서는 별표 20 제2호에 정하는 기준 및 1) 내지 6)에 정하는 기준에 적합할 것. 다만, 운반의 안전상 이러한 기준에 적합한 운반용기와 동등 이상이라고 인정하여 소방청장이 정하여 고시하는 것과 UN의 위험물 운송에 관한 권고(RTDG, Recommendations on the Transport of Dangerous Goods)에서 정한 기준에 적합한 것으로 인정된 용기에 있어서는 그러하지 아니하다.
      1) 운반용기는 부식 등의 열화에 대하여 적절히 보호될 것
      2) 운반용기는 수납하는 위험물의 내압 및 취급시와 운반시의 하중에 의하여 해당 용기에 생기는 응력에 대하여 안전할 것
      3) 운반용기의 부속설비에는 수납하는 위험물이 해당 부속설비로부터 누설되지 아니하도록 하는 조치가 강구되어 있을 것
      4) 용기본체가 틀로 둘러싸인 운반용기는 다음의 요건에 적합할 것
         가) 용기본체는 항상 틀내에 보호되어 있을 것
         나) 용기본체는 틀과의 접촉에 의하여 손상을 입을 우려가 없을 것
         다) 운반용기는 용기본체 또는 틀의 신축등에 의하여 손상이 생기지 아니할 것
      5) 하부에 배출구가 있는 운반용기는 다음의 요건에 적합할 것
         가) 배출구에는 개폐위치에 고정할 수 있는 밸브가 설치되어 있을 것
         나) 배출을 위한 배관 및 밸브에는 외부로부터의 충격에 의한 손상을 방지하기 위한 조치가 강구되어 있을 것
         다) 폐지판등에 의하여 배출구를 이중으로 밀폐할 수 있는 구조일 것. 다만, 고체의 위험물을 수납하는 운반용기에 있어서는 그러하지 아니하다.
      6) 1) 내지 5)에 규정하는 것 외의 운반용기의 구조에 관하여 필요한 사항은 소방청장이 정하여 고시한다.
4. 제3호의 규정에 불구하고 승용차량(승용으로 제공하는 차실내에 화물용으로 제공하는 부분이 있는 구조의 것을 포함한다)으로 인화점이 40℃ 미만인 위험물 중 소방청장이 정하여 고시하는 것을 운반하는 경우의 운반용기의 구조 및 최대용적의 기준은 소방청장이 정하여 고시한다.
5. 제3호의 규정에 불구하고 운반의 안전상 제한이 필요하다고 인정되는 경우에는 위험물의 종류, 운반용기의 구조 및 최대용적의 기준을 소방청장이 정하여 고시할 수 있다.
6. 제3호 내지 제5호의 운반용기는 다음 각목의 규정에 의한 용기의 구분에 따라 해당 각목에 정하는 성능이 있어야 한다.

가. 나목의 규정에 의한 용기 외의 용기
　　소방청장이 정하여 고시하는 낙하시험, 기밀시험, 내압시험 및 겹쳐쌓기시험에서 소방청장이 정하여 고시하는 기준에 적합할 것. 다만, 수납하는 위험물의 품명, 수량, 성질과 상태 등에 따라 소방청장이 정하여 고시하는 용기에 있어서는 그러하지 아니하다.
나. 기계에 의하여 하역하는 구조로 된 용기
　　소방청장이 정하여 고시하는 낙하시험, 기밀시험, 내압시험, 겹쳐쌓기시험, 아랫부분 인상시험, 윗부분 인상시험, 파열전파시험, 넘어뜨리기시험 및 일으키기시험에서 소방청장이 정하여 고시하는 기준에 적합할 것. 다만, 수납하는 위험물의 품명, 수량, 성질과 상태 등에 따라 소방청장이 정하여 고시하는 용기에 있어서는 그러하지 아니하다.

II. 적재방법

1. 위험물은 I의 규정에 의한 운반용기에 다음 각목의 기준에 따라 수납하여 적재하여야 한다. 다만, 덩어리 상태의 유황을 운반하기 위하여 적재하는 경우 또는 위험물을 동일구내에 있는 제조소등의 상호간에 운반하기 위하여 적재하는 경우에는 그러하지 아니하다(중요기준).
    가. 위험물이 온도변화 등에 의하여 누설되지 아니하도록 운반용기를 밀봉하여 수납할 것. 다만, 온도변화 등에 의한 위험물로부터의 가스의 발생으로 운반용기안의 압력이 상승할 우려가 있는 경우(발생한 가스가 독성 또는 인화성을 갖는 등 위험성이 있는 경우를 제외한다)에는 가스의 배출구(위험물의 누설 및 다른 물질의 침투를 방지하는 구조로 된 것에 한한다)를 설치한 운반용기에 수납할 수 있다.
    나. 수납하는 위험물과 위험한 반응을 일으키지 아니하는 등 해당 위험물의 성질에 적합한 재질의 운반용기에 수납할 것
    다. <u>고체위험물은 운반용기 내용적의 95% 이하의 수납률로 수납할 것</u>
    라. 액체위험물은 운반용기 내용적의 98% 이하의 수납률로 수납하되, 55도의 온도에서 누설되지 아니하도록 충분한 공간용적을 유지하도록 할 것
    마. 하나의 외장용기에는 다른 종류의 위험물을 수납하지 아니할 것
    바. 제3류 위험물은 다음의 기준에 따라 운반용기에 수납할 것
        1) 자연발화성물질에 있어서는 불활성 기체를 봉입하여 밀봉하는 등 공기와 접하지 아니하도록 할 것
        2) 자연발화성물질외의 물품에 있어서는 파라핀·경유·등유 등의 보호액으로 채워 밀봉하거나 불활성 기체를 봉입하여 밀봉하는 등 수분과 접하지 아니하도록 할 것
        3) 라목의 규정에 불구하고 자연발화성물질중 알킬알루미늄등은 운반용기의 내용적의 90% 이하의 수납률로 수납하되, 50℃의 온도에서 5% 이상의 공간용적을 유지하도록 할 것
2. 기계에 의하여 하역하는 구조로 된 운반용기에 대한 수납은 제1호(다목을 제외한다)의 규정을 준용하는 외에 다음 각목의 기준에 따라야 한다(중요기준).
    가. 다음의 규정에 의한 요건에 적합한 운반용기에 수납할 것
        1) 부식, 손상 등 이상이 없을 것
        2) 금속제의 운반용기, 경질플라스틱제의 운반용기 또는 플라스틱내용기 부착의 운반용기에 있어서는 다음에 정하는 시험 및 점검에서 누설 등 이상이 없을 것
            가) 2년 6개월 이내에 실시한 기밀시험(액체의 위험물 또는 10kPa 이상의 압력을 가하여 수납 또는 배출하는 고체의 위험물을 수납하는 운반용기에 한한다)
            나) 2년 6개월 이내에 실시한 운반용기의 외부의 점검·부속설비의 기능점검 및 5년 이내의 사이에 실시한 운반용기의 내부의 점검
    나. 복수의 폐쇄장치가 연속하여 설치되어 있는 운반용기에 위험물을 수납하는 경우에는 용기본체에 가까운 폐쇄

장치를 먼저 폐쇄할 것
다. 휘발유, 벤젠 그 밖의 정전기에 의한 재해가 발생할 우려가 있는 액체의 위험물을 운반용기에 수납 또는 배출할 때에는 해당 재해의 발생을 방지하기 위한 조치를 강구할 것
라. 온도변화 등에 의하여 액상이 되는 고체의 위험물은 액상으로 되었을 때 해당 위험물이 새지 아니하는 운반용기에 수납할 것
마. 액체위험물을 수납하는 경우에는 <u>55℃의 온도에서의 증기압이 130kPa 이하</u>가 되도록 수납할 것
바. 경질플라스틱제의 운반용기 또는 플라스틱내기 부착의 운반용기에 액체위험물을 수납하는 경우에는 해당 운반용기는 제조된 때로부터 5년 이내의 것으로 할 것
사. 가목 내지 바목에 규정하는 것 외에 운반용기에의 수납에 관하여 필요한 사항은 소방청장이 정하여 고시한다.
3. 위험물은 해당 위험물이 전락(轉落)하거나 위험물을 수납한 운반용기가 전도·낙하 또는 파손되지 아니하도록 적재하여야 한다(중요기준).
4. 운반용기는 수납구를 <u>위로 향하게</u> 하여 적재하여야 한다(중요기준).
5. 적재하는 위험물의 성질에 따라 일광의 직사 또는 빗물의 침투를 방지하기 위하여 유효하게 피복하는 등 다음 각목에 정하는 기준에 따른 조치를 하여야 한다(중요기준).
   가. 제1류 위험물, 제3류 위험물 중 자연발화성물질, 제4류 위험물 중 특수인화물, 제5류 위험물 또는 제6류 위험물은 <u>차광성이 있는 피복으로</u> 가릴 것
   나. 제1류 위험물 중 알칼리금속의 과산화물 또는 이를 함유한 것, 제2류 위험물 중 철분·금속분·마그네슘 또는 이들 중 어느 하나 이상을 함유한 것 또는 제3류 위험물 중 금수성물질은 방수성이 있는 피복으로 덮을 것
   다. 제5류 위험물 중 55℃ 이하의 온도에서 분해될 우려가 있는 것은 보냉 컨테이너에 수납하는 등 적정한 온도관리를 할 것
   라. 액체위험물 또는 위험등급Ⅱ의 고체위험물을 기계에 의하여 하역하는 구조로 된 운반용기에 수납하여 적재하는 경우에는 해당 용기에 대한 충격등을 방지하기 위한 조치를 강구할 것. 다만, 위험등급Ⅱ의 고체위험물을 플렉서블(flexible)의 운반용기, 파이버판제의 운반용기 및 목제의 운반용기 외의 운반용기에 수납하여 적재하는 경우에는 그러하지 아니하다.
6. 위험물은 다음 각목의 규정에 의한 바에 따라 종류를 달리하는 그 밖의 위험물 또는 재해를 발생시킬 우려가 있는 물품과 함께 적재하지 아니하여야 한다(중요기준).
   가. 부표 2의 규정에서 혼재가 금지되고 있는 위험물
   나. 「고압가스 안전관리법」에 의한 고압가스(소방청장이 정하여 고시하는 것을 제외한다)
7. 위험물을 수납한 운반용기를 겹쳐 쌓는 경우에는 그 높이를 3m 이하로 하고, 용기의 상부에 걸리는 하중은 해당 용기 위에 해당 용기와 동종의 용기를 겹쳐 쌓아 3m의 높이로 하였을 때에 걸리는 하중 이하로 하여야 한다(중요기준).
8. 위험물은 그 운반용기의 외부에 다음 각목에 정하는 바에 따라 위험물의 품명, 수량 등을 표시하여 적재하여야 한다. 다만, UN의 위험물 운송에 관한 권고(RTDG, Recommendations on the Transport of Dangerous Goods)에서 정한 기준 또는 소방청장이 정하여 고시하는 기준에 적합한 표시를 한 경우에는 그러하지 아니하다.
   가. 위험물의 품명·위험등급·화학명 및 수용성("수용성" 표시는 제4류 위험물로서 수용성인 것에 한한다)
   나. 위험물의 수량
   다. 수납하는 위험물에 따라 다음의 규정에 의한 주의사항
      1) 제1류 위험물 중 알칼리금속의 과산화물 또는 이를 함유한 것에 있어서는 "화기·충격주의", "물기엄금" 및 "가연물접촉주의", 그 밖의 것에 있어서는 "화기·충격주의" 및 "가연물접촉주의"
      2) 제2류 위험물 중 철분·금속분·마그네슘 또는 이들 중 어느 하나 이상을 함유한 것에 있어서는 "화기주의"

및 "물기엄금", 인화성고체에 있어서는 "화기엄금", 그 밖의 것에 있어서는 "화기주의"
3) 제3류 위험물 중 자연발화성물질에 있어서는 "화기엄금" 및 "공기접촉엄금", 금수성물질에 있어서는 "물기엄금"
4) 제4류 위험물에 있어서는 "화기엄금"
5) 제5류 위험물에 있어서는 "화기엄금" 및 "충격주의"
6) 제6류 위험물에 있어서는 "가연물접촉주의"

9. 제8호의 규정에 불구하고 제1류·제2류 또는 제4류 위험물(위험등급Ⅰ의 위험물을 제외한다)의 운반용기로서 최대용적이 1ℓ 이하인 운반용기의 품명 및 주의사항은 위험물의 통칭명 및 해당 주의사항과 동일한 의미가 있는 다른 표시로 대신할 수 있다.
10. 제8호 및 제9호의 규정에 불구하고 제4류 위험물에 해당하는 화장품(에어졸을 제외한다)의 운반용기중 최대용적이 150㎖ 이하인 것에 대하여는 제8호가목 및 다목의 규정에 의한 표시를 하지 아니할 수 있고, 최대용적이 150㎖ 초과 300㎖ 이하의 것에 대하여는 제8호가목의 규정에 의한 표시를 하지 아니할 수 있으며, 동호다목의 규정에 의한 주의사항을 해당 주의사항과 동일한 의미가 있는 다른 표시로 대신할 수 있다.
11. 제8호 및 제9호의 규정에 불구하고 제4류 위험물에 해당하는 에어졸의 운반용기로서 최대용적이 300㎖ 이하의 것에 대하여는 제8호가목의 규정에 의한 표시를 하지 아니할 수 있으며, 동호다목의 규정에 의한 주의사항을 해당 주의사항과 동일한 의미가 있는 다른 표시로 대신할 수 있다.
12. 제8호 및 제9호의 규정에 불구하고 제4류 위험물 중 동식물유류의 운반용기로서 최대용적이 3ℓ 이하인 것에 대하여는 제8호가목 및 다목의 표시에 대하여 각각 위험물의 통칭명 및 동호의 규정에 의한 표시와 동일한 의미가 있는 다른 표시로 대신할 수 있다.
13. 기계에 의하여 하역하는 구조로 된 운반용기의 외부에 행하는 표시는 제8호 각목의 규정에 의하는 외에 다음 각목의 사항을 포함하여야 한다. 다만, UN의 위험물 운송에 관한 권고(RTDG, Recommendations on the Transport of Dangerous Goods)에서 정한 기준 또는 소방청장이 정하여 고시하는 기준에 적합한 표시를 한 경우에는 그러하지 아니하다.
    가. 운반용기의 제조년월 및 제조자의 명칭   나. 겹쳐쌓기시험하중
    다. 운반용기의 종류에 따라 다음의 규정에 의한 중량
        1) 플렉서블 외의 운반용기: 최대총중량(최대수용중량의 위험물을 수납하였을 경우의 운반용기의 전중량을 말한다)
        2) 플렉서블 운반용기: 최대수용중량
    라. 가목 내지 다목에 규정하는 것 외에 운반용기의 외부에 행하는 표시에 관하여 필요한 사항으로서 소방청장이 정하여 고시하는 것

Ⅲ. 운반방법

1. 위험물 또는 위험물을 수납한 운반용기가 현저하게 마찰 또는 동요를 일으키지 아니하도록 운반하여야 한다(중요기준).
2. 지정수량 이상의 위험물을 차량으로 운반하는 경우에는 해당 차량에 소방청장이 정하여 고시하는 바에 따라 운반하는 위험물의 위험성을 알리는 표지를 설치하여야 한다.
    가. 한변의 길이가 0.3m 이상, 다른 한변의 길이가 0.6m 이상인 직사각형의 판으로 할 것
    나. 바탕은 흑색으로 하고, 황색의 반사도료 그 밖의 반사성이 있는 재료로 "위험물"이라고 표시할 것
    다. 표지는 차량의 전면 및 후면의 보기 쉬운 곳에 내걸 것
3. 지정수량 이상의 위험물을 차량으로 운반하는 경우에 있어서 다른 차량에 바꾸어 싣거나 휴식·고장 등으로 차량을 일시 정차시킬 때에는 안전한 장소를 택하고 운반하는 위험물의 안전확보에 주의하여야 한다.

4. 지정수량 이상의 위험물을 차량으로 운반하는 경우에는 해당 위험물에 적응성이 있는 소형수동식소화기를 해당 위험물의 소요단위에 상응하는 능력단위 이상 갖추어야 한다.
5. 위험물의 운반도중 위험물이 현저하게 새는 등 재난발생의 우려가 있는 경우에는 응급조치를 강구하는 동시에 가까운 소방관서 그 밖의 관계기관에 통보하여야 한다.
6. 제1호 내지 제5호의 적용에 있어서 품명 또는 지정수량을 달리하는 2 이상의 위험물을 운반하는 경우에 있어서 운반하는 각각의 위험물의 수량을 해당 위험물의 지정수량으로 나누어 얻은 수의 합이 1 이상인 때에는 지정수량 이상의 위험물을 운반하는 것으로 본다.

Ⅳ. 법 제20조제1항의 규정에 의한 중요기준 및 세부기준은 다음 각 호의 구분에 의한다.
1. 중요기준: Ⅰ 내지 Ⅲ의 운반기준 중 "중요기준"이라 표기한 것   2. 세부기준: 중요기준 외의 것

Ⅴ. 위험물의 위험등급

별표 18 Ⅴ, 이 표 Ⅰ 및 Ⅱ에 있어서 위험물의 위험등급은 위험등급Ⅰ·위험등급Ⅱ 및 위험등급Ⅲ으로 구분하며, 각 위험등급에 해당하는 위험물은 다음 각 호와 같다.

1. 위험등급Ⅰ의 위험물
    가. 제1류 위험물 중 아염소산염류, 염소산염류, 과염소산염류, 무기과산화물 그 밖에 지정수량이 50kg인 위험물
    나. 제3류 위험물 중 칼륨, 나트륨, 알킬알루미늄, 알킬리튬, 황린 그 밖에 지정수량이 10kg 또는 20kg인 위험물
    다. 제4류 위험물 중 <u>특수인화물</u>
    라. 제5류 위험물 중 유기과산화물, 질산에스테르류 그 밖에 지정수량이 10kg인 위험물
    마. 제6류 위험물
2. 위험등급Ⅱ의 위험물
    가. 제1류 위험물 중 브롬산염류, 질산염류, 요오드산염류 그 밖에 지정수량이 300kg인 위험물
    나. 제2류 위험물 중 황화린, 적린, 유황 그 밖에 지정수량이 100kg인 위험물
    다. 제3류 위험물 중 알칼리금속(칼륨 및 나트륨을 제외한다) 및 알칼리토금속, 유기금속화합물(알킬알루미늄 및 알킬리튬을 제외한다) 그 밖에 지정수량이 50kg인 위험물
    라. 제4류 위험물 중 <u>제1석유류 및 알코올류</u>
    마. 제5류 위험물 중 제1호라목에 정하는 위험물 외의 것
3. 위험등급Ⅲ의 위험물: 제1호 및 제2호에 정하지 아니한 위험물

[규칙 별표19의 부표 1] 운반용기의 최대용적 또는 중량(별표 19관련) -생략-

[규칙 별표19의 부표 2] 유별을 달리하는 위험물의 혼재기준(별표 19관련)

위험물의 구분	제1류	제2류	제3류	제4류	제5류	제6류
제1류		×	×	×	×	○
제2류	×		×	○	○	×
제3류	×	×		○	×	×
제4류	×	○	○		○	×
제5류	×	○	×	○		×
제6류	○	×	×	×	×	

※ 비 고 - 1. "×"표시는 혼재할 수 없음을 표시하고, "○"표시는 혼재할 수 있음을 표시한다.
            2. 이 표는 지정수량의 1/10 이하의 위험물에 대하여는 적용하지 아니한다.

[규칙 별표 20] 기계에 의하여 하역하는 구조로 된 운반용기의 최대용적(제51조제1항관련) -생략-

[규칙 별표 21] 위험물 운송책임자의 감독 또는 지원의 방법과 위험물의 운송 시에 준수하여야 하는 사항(제52조제2항 관련)

1. 운송책임자의 감독 또는 지원의 방법은 다음 각목의 1과 같다.
   가. 운송책임자가 이동탱크저장소에 동승하여 운송 중인 위험물의 안전확보에 관하여 운전자에게 필요한 감독 또는 지원을 하는 방법. 다만, 운전자가 운송책임자의 자격이 있는 경우에는 운송책임자의 자격이 없는 자가 동승할 수 있다.
   나. 운송의 감독 또는 지원을 위하여 마련한 별도의 사무실에 운송책임자가 대기하면서 다음의 사항을 이행하는 방법
      1) 운송경로를 미리 파악하고 관할 소방관서 또는 관련 업체(비상대응에 관한 협력을 얻을 수 있는 업체를 말한다)에 대한 연락체계를 갖추는 것
      2) 이동탱크저장소의 운전자에 대하여 수시로 안전확보 상황을 확인하는 것
      3) 비상시의 응급처치에 관하여 조언을 하는 것
      4) 그 밖에 위험물의 운송 중 안전확보에 관하여 필요한 정보를 제공하고 감독 또는 지원하는 것
2. 이동탱크저장소에 의한 위험물의 운송 시에 준수하여야 하는 기준은 다음 각목과 같다.
   가. 위험물운송자는 운송의 개시전에 이동저장탱크의 배출밸브 등의 밸브와 폐쇄장치, 맨홀 및 주입구의 뚜껑, 소화기 등의 점검을 충분히 실시할 것
   나. 위험물운송자는 장거리(고속국도에 있어서는 340km 이상, 그 밖의 도로에 있어서는 200km 이상을 말한다)에 걸치는 운송을 하는 때에는 2명 이상의 운전자로 할 것. 다만, 다음의 1에 해당하는 경우에는 그러하지 아니하다.
      1) 제1호가목의 규정에 따라 운송책임자를 동승시킨 경우
      2) 운송하는 위험물이 제2류 위험물·제3류 위험물(칼슘 또는 알루미늄의 탄화물과 이것만을 함유한 것에 한한다) 또는 제4류 위험물(특수인화물을 제외한다)인 경우
      3) 운송도중에 2시간 이내마다 20분 이상씩 휴식하는 경우
   다. 위험물운송자는 이동탱크저장소를 휴식·고장 등으로 일시 정차시킬 때에는 안전한 장소를 택하고 해당 이동탱크저장소의 안전을 위한 감시를 할 수 있는 위치에 있는 등 운송하는 위험물의 안전확보에 주의할 것
   라. 위험물운송자는 이동저장탱크로부터 위험물이 현저하게 새는 등 재해발생의 우려가 있는 경우에는 재난을 방지하기 위한 응급조치를 강구하는 동시에 소방관서 그 밖의 관계기관에 통보할 것
   마. 위험물(제4류 위험물에 있어서는 특수인화물 및 제1석유류에 한한다)을 운송하게 하는 자는 별지 제48호서식의 위험물안전카드를 위험물운송자로 하여금 휴대하게 할 것
   바. 위험물운송자는 위험물안전카드를 휴대하고 해당 카드에 기재된 내용에 따를 것. 다만, 재난 그 밖의 불가피한 이유가 있는 경우에는 해당 기재된 내용에 따르지 아니할 수 있다.

[규칙 별표 22] 안전관리대행기관의 지정기준(제57조제1항관련)

기술인력	1. 위험물기능장 또는 위험물산업기사 1인 이상 2. 위험물산업기사 또는 위험물기능사 2인 이상 3. 기계분야 및 전기분야의 소방설비기사 1인 이상
시 설	전용사무실을 갖출 것
장 비	1. 절연저항계 2. 접지저항측정기(최소눈금 0.1Ω 이하) 3. 가스농도측정기(탄화수소계 가스의 농도측정이 가능할 것) 4. 정전기 전위측정기 5. 토크렌치 6. 진동시험기 7. 〈삭제 2016.8.2〉 8. 표면온도계(-10℃ ~ 300℃) 9. 두께측정기(1.5mm ~ 99.9mm) 10. 〈삭제 2016.8.2〉 11. 안전용구(안전모, 안전화, 손전등, 안전로프 등) 12. 소화설비점검기구(소화전밸브압력계, 방수압력측정계, 포콜렉터, 헤드렌치, 포콘테이너)

※ 비고: 기술인력란의 각호에 정한 2 이상의 기술인력을 동일인이 겸할 수 없다.

[규칙 별표 23]
화학소방자동차에 갖추어야 하는 소화능력 및 설비의 기준(제75조제1항관련)

화학소방자동차의 구분	소화능력 및 설비의 기준
포수용액 방사차	포수용액의 방사능력이 매분 2,000ℓ **이상일 것**
	소화약액탱크 및 소화약액혼합장치를 비치할 것
	10만ℓ 이상의 포수용액을 방사할 수 있는 양의 소화약제를 비치할 것
분말 방사차	분말의 방사능력이 매초 35kg 이상일 것
	분말탱크 및 가압용가스설비를 비치할 것
	1,400kg 이상의 분말을 비치할 것
할로겐화물 방사차	할로겐화물의 방사능력이 매초 40kg 이상일 것
	할로겐화물탱크 및 가압용가스설비를 비치할 것
	1,000kg 이상의 할로겐화물을 비치할 것
이산화탄소 방사차	이산화탄소의 방사능력이 매초 40kg 이상일 것
	이산화탄소저장용기를 비치할 것
	3,000kg 이상의 이산화탄소를 비치할 것
제독차	가성소오다 및 규조토를 각각 50kg **이상** 비치할 것

[규칙 별표 24] 안전교육의 과정·기간과 그 밖의 교육의 실시에 관한 사항 등(제78조제2항관련)
1. 교육과정·교육대상자·교육시간·교육시기 및 교육기관

교육과정	교육대상자	교육시간	교육시기	교육기관
강습교육	안전관리자가 되려는 사람	24시간	최초 선임되기 전	안전원
	위험물운송자가 되려는 사람	16시간	최초 종사하기 전	안전원
실무교육	안전관리자	8시간 이내	가. 제조소등의 안전관리자로 선임된 날부터 6개월 이내 나. 가목에 따른 교육을 받은 후 2년마다 1회	안전원
	위험물운송자	8시간 이내	가. 이동탱크저장소의 위험물운송자로 종사한 날부터 6개월 이내 나. 가목에 따른 교육을 받은 후 3년마다 1회	안전원
	탱크시험자의 기술인력	8시간 이내	가. 탱크시험자의 기술인력으로 등록한 날부터 6개월 이내 나. 가목에 따른 교육을 받은 후 2년마다 1회	기술원

- 이하 생략 -

[규칙 별표 25] 수수료 및 교육비(제79조제1항관련)- 생략 -

실전 능력 기르기

▶ 현, 출간일까지 소방관계시험에 기출된 기본문제만 선별하였습니다.

위험물안전관리법

01 위험물에 관한 내용으로 옳지 않은 것은?** • 관찰 2단계

① 위험물은 대통령령이 정하는 인화성·발화성 등의 물품을 말한다.
② 지정수량이란 위험물의 종류별로 위험성을 고려하여 대통령령이 정하는 수량으로서 규정에 의한 제조소등의 설치허가 등에 있어서 최저의 기준이 되는 수량을 말한다.
③ 취급소란 지정수량 이상의 위험물을 저장 외의 목적으로 취급하기 위한 행정안전부령이 정하는 규정에 따른 허가를 받은 장소로서 이송·주유·일반·판매취급소가 있다.
④ 저장소란 지정수량 이상의 위험물을 저장하기 위한 대통령령이 정하는 장소로서 규정에 따른 허가를 받은 장소로서 옥내·옥외·옥내탱크·옥외탱크·이동탱크·지하탱크·간이탱크·암반탱크저장소가 있다.

▷ 취급소란 지정수량 이상의 위험물을 <u>제조 외의 목적으로</u> 취급하기 위한 <u>대통령령</u>이 정하는 장소로서 규정에 따른 허가를 받은 장소로서 이송·주유·일반·판매취급소가 있다.(위험물안전관리법 제2조)

02 위험물안전관리법에서 위험물에 관한 내용으로 옳지 <u>않은</u> 것은?* • 개념 2단계

① 지정수량 미만의 위험물 취급기준은 시·도의 조례에 의한다.
② 제조소등이 아닌 장소에서 위험물의 임시저장 최대일수는 90일 이내이다
③ 제조소등이란 대통령령이 정하는 장소로서 저장소, 취급소, 제조소를 말한다.
④ 위험물은 모든 물질로서 이루어진 대통령령이 정하는 인화성 발화성 등의 물품이다.

▷ 위험물은 대통령령이 정하는 인화성·발화성 물품이다. / 여기서 대통령령이라는 뜻은 시행령을 가리키며, 즉 위험물안전관리법 [시행령 별표1]에 1류위험물~6류위험물까지 명시되어있다는 뜻이며 인화성이란 인화물질로서 쉽게 연소가 가능한 성질을 뜻하며 발화성이란 자연발화 할 수 있는 물질을 말한다. 참고로 기체는 고체 및 액체보다 더 위험한 물질로서 가스(고압가스, 액화석유가스, 도시가스)법에서 다루고 있으며 위험물안전관리법상에 위험물에 해당되지 않는다. 그러므로 위험물은 모든 물질로서 이루어진 인화성 발화성 물품이라 할 수는 없다. (위험물안전관리법 제2·제4·제5조)

Ans. 01. ③   02. ④

03 위험물의 저장·취급기준에 대한 설명으로 틀린 것은?** • 학습 2단계

① 둘 이상의 위험물을 같은 장소에서 저장 또는 취급하는 경우에 있어서 해당 장소에서 저장 또는 취급하는 각 위험물의 수량을 그 위험물의 지정수량으로 각각 나누어 얻은 수의 합계가 1 이상인 경우 해당 위험물은 지정수량 이상의 위험물로 본다.
② 제조소등을 설치하고자 하는 자는 대통령령이 정하는 바에 따라 그 설치장소를 관할하는 시·도지사의 허가를 받아야 한다.
③ 제조소등의 위치·구조 또는 설비의 변경없이 해당 제조소등에서 저장하거나 취급하는 위험물에 대한 지정수량의 배수, 품명·수량을 변경하고자 하는 자는 1일 전까지 행정안전부령이 정하는 바에 따라 시·도지사에게 신고하여야 한다.
④ 농예용·축산용 또는 수산용으로 필요한 난방시설 또는 건조시설을 위한 지정수량 30배 이하의 저장소는 허가를 받지 아니하고 해당 제조소등을 설치할 수 있다.

➡ 농예용·축산용 또는 수산용으로 필요한 난방시설 또는 건조시설을 위한 지정수량 20배 이하의 저장소는 허가를 받지 아니하고 해당 제조소등을 설치할 수 있다. (위험물법 제5·제6조)

04 다음 중 제조소등의 경우 완공검사 신청시기로 옳지 않은 것은? • 개념 1단계

① 이동탱크저장소의 경우: 이동저장탱크를 완공하고 상치장소를 확보한 후
② 지하탱크가 있는 제조소등의 경우: 해당 지하탱크를 매설한 후
③ 이송취급소의 경우: 이송배관 공사의 전체 또는 일부를 완료한 후. 다만, 지하·하천 등에 매설하는 이송배관의 공사의 경우에는 이송배관을 매설하기 전
④ 전체 공사가 완료된 후에는 완공검사를 실시하기 곤란한 경우: 위험물설비 또는 배관의 설치가 완료되어 기밀시험 또는 내압시험을 실시하는 시기 및 배관을 지하에 설치하는 경우에는 시·도지사, 소방서장 또는 기술원이 지정하는 부분을 매몰하기 직전 또는 기술원이 지정하는 부분의 비파괴시험을 실시하는 시기

➡ 지하탱크가 있는 제조소의 경우 위험물의 완공검사 신청시기는 지하탱크 매설 전에 신청한다. (위험물법 시행규칙 제20조)

■ 제조소등의 완공검사 신청 시기
1. 지하탱크가 있는 제조소등의 경우: 해당 지하탱크를 매설하기 전
2. 이동탱크저장소의 경우: 이동저장탱크를 완공하고 상치장소를 확보한 후
3. 이송취급소의 경우: 이송배관 공사의 전체 또는 일부를 완료한 후.
   다만, 지하·하천 등에 매설하는 이송배관의 공사의 경우에는 이송배관을 매설하기 전

Ans. ‖ 03. ④ 04. ②

05 제조소등의 용도를 폐지한 때에는 며칠 이내에 폐지 신고를 하여야 하는가? • 기본 1단계

① 7일 이내   ② 10일 이내   ③ 14일 이내   ④ 30일 이내

➡ 제조소등의 용도를 폐지한 때에는 폐지한 날부터 14일 이내에 시·도지사에게 신고하여야 한다. (위험물법 제11조)

06 다음 중 소방서장의 업무에 해당되는 것을 모두 고르시오.   • 난도 3단계

┌─────────────────────────────────────┐
│ ㉠ 과태료 부과권자   ㉡ 옥외탱크저장소 정기검사 │
│ ㉢ 위험물 예방규정 작성   ㉣ 옥외탱크저장소 정기점검 │
└─────────────────────────────────────┘

① ㉠, ㉡   ② ㉡, ㉣
③ ㉠, ㉢, ㉣   ④ ㉠, ㉡, ㉢, ㉣

➡ 예방규정작성은 관계인이 하며, 정기점검은 안전관리자 등이 실시한다. (위험물법 제17조, 규칙 제67조)

07 제조소 관계인이 위험물안전관리자를 해임 후 재 선임해야 하는 기간은? • 기본 1단계

① 10일 이내   ② 15일 이내
③ 20일 이내   ④ 30일 이내

➡ 위험물안전관리자를 해임 후 다시 재 선임해야 하는 기간은 30일 이내이다. (위험물법 제15조)

08 안전관리자의 선임·해임·퇴직 시 신고하는 대상과 기간은? • 개념 2단계

① 시·도지사에게 14일 이내   ② 시·도지사에게 30일 이내
③ 소방본부장, 소방서장에게 14일 이내   ④ 소방본부장, 소방서장에게 30일 이내

➡ 위험물안전관리자를 선임 또는 해임하거나 안전관리자가 퇴직할 때에는 14일 이내에 소방본부장·소방서장에게 신고하여야 한다. (위험물법 제15조)

09 위험물 법령에서 관계인이 예방규정을 하는 것은? • 필수 1단계

① 지정수량 10배 이상의 제조소   ② 지정수량 50배 이상의 옥외저장소
③ 지정수량 100배 이상의 옥내저장소   ④ 지정수량 150배 이상의 옥내탱크저장소

➡ 관계인이 예방규정을 정하는 제조소는 지정수량 10배 이상의 제조소, 100배 이상의 옥외저장소, 150배 이상의 옥내저장소, 200배 이상의 옥외탱크저장소에 해당된다. (위험물법 시행령 제15조)
· 소방간부후보시험, 소방설비기사.

Ans. 05. ③ 06. ① 07. ④ 08. ③ 09. ①

10 자체소방대의 설치기준은 지정수량 몇 배 이상의 제4류 위험물을 저장 취급하는 제조소 또는 일반취급소를 말하는가?** • 기본 1단계

① 지정수량 3,000배 이상
② 지정수량 5,000배 이상
③ 지정수량 10,000배 이상
④ 지정수량 20,000배 이상

➡ 자체소방대의 설치기준은 제4류 위험물을 지정수량 3천배 이상 저장·취급하는 제조소 또는 일반취급소이다. (위험물법 시행령 제18조) ·소방설비기사

11 다음 중 위험물의 특성이 바르게 연결된 것은?*** • 이도 1단계

① 제1류 위험물 – 인화성 액체
② 제2류 위험물 – 가연성 고체
③ 제4류 위험물 – 산화성 액체
④ 제5류 위험물 – 자연발화성 물질

➡ 1류 – 산화성고체, 2류 – 가연성고체, 3류 – 자연발화성 및 금수성물질, 4류 – 인화성액체, 5류 – 자기반응성물질, 6류 – 산화성액체이다. (위험물법 시행령 별표1)

12 다음 중 제2류 위험물의 종류가 <u>아닌</u> 것은? • 혼동 1단계

① 황화린
② 적린
③ 유황
④ 황린

➡ 황린은 3류 위험물이다. (위험물법 시행령 별표1)

13 다음에서 제4류 위험물과 관련된 것이 <u>아닌</u> 것은? • 기본 1단계

① 액체로서 인화의 위험성이 있는 것을 말한다.
② 동·식물 유류에 있어서는 1기압과 섭씨 20도에서 액상인 것을 말한다.
③ 산화성 액체로서 산화력의 잠재적인 위험성을 정하는 성질과 상태를 말한다.
④ 휘발유는 전기의 부도체이며 연소 시 공기보다 무거운 인화성 증기가 발생한다.

➡ 4류위험물은 인화성 액체로서 비점(비등점=끓는점)이 높은 3~4 석유류 및 동식물유류는 표준대기압인 1기압과 섭씨 20도에서 액체상태인 것을 말한다. 산화성액체는 6류위험물에 속한다.(위험물법 시행령 별표 비고)

14 다음 중 위험물과 지정수량의 연결이 잘못된 것은?* • 학습 2단계

① 유기과산화물 – 50kg
② 과염소산 – 300kg
③ 요오드산염류 – 300kg
④ 금속의 인화물 – 300kg

➡ 유기과산화물은 제5류 위험물로서 매우 위험하므로 제일 무게가 적은 지정수량인 10kg이다. (위험물법 시행령 별표1)

Ans. | 10. ① 11. ② 12. ④ 13. ③ 14. ①

15 다음 위험물 중 지정수량이 다른 하나는? •학습 3단계

① 유기과산화물 ② 금속의 수소화물
③ 과염소산 ④ 요오드산염류

▶ 만점방지용 문제로서 10kg = 유기과산화물(5류 위험물), 300kg = 금속의 수소화물(3류 위험물), 과염소산(6류 위험물), 요오드산염류(1류 위험물)에 해당된다. (위험물법 시행령 별표1)

16 위험물 지정수량이 48만 배 이상일 때 자체 화학소방차 보유대수는?** •학습 2단계

① 1대 ② 2대 ③ 3대 ④ 4대

▶ 48만 배 이상은 4대 이상이다. (위험물법 시행령 별표8)

17 다음 중 위험물 안전교육을 받아야하는 안전교육 대상자가 아닌 자는? •혼동 2단계

① 안전관리자로 선임된 자 ② 위험물운송자로 종사하는 자
③ 탱크대행기관, 관계인 ④ 탱크시험자의 기술인력으로 종사하는 자

▶ 위험물 제조소의 탱크대행기관이나 관계인은 안전교육 대상자에 해당하지 않는다. (위험물안전관리법 시행령 제20조)

18 제2류 위험물의 철분을 수납하는 위험물의 표시사항으로 옳은 것은? •개념 2단계

① 화기엄금 및 공기접촉엄금 ② 화기주의 및 물기엄금
③ 충격주의 및 화기엄금 ④ 물기주의 및 화기주의

▶ 제2류 위험물 중 철분·금속분·마그네슘 등에 있어서 수납하는 위험물의 표시사항은 "화기주의" 및 "물기엄금"에 해당된다. (위험물안전관리법 시행규칙 별표19)

19 위험물시설에 대한 설명 중 틀린 것은? •개념 2단계

① 벽, 계단의 시설은 불연재료를 사용한다.
② 원칙적으로 지하층이 없도록 한다.
③ 지붕은 무겁고 두꺼운 철판으로 된 재료를 사용한다.
④ 출입구와 비상구에는 갑종방화문 또는 을종방화문을 설치한다.

▶ 지붕은 폭발력이 위로 방출될 정도의 가벼운 불연재료로 덮어야 한다. (위험물법 시행규칙 별표4-4)

Ans. 15. ① 16. ④ 17. ③ 18. ② 19. ③

20 다음 중 정전기를 유효하게 제거하는 방법으로 가장 거리가 <u>먼</u> 것은? • 기본 1단계

① 접지에 의한 방법
② 도체를 사용하는 방법
③ 공기를 이온화하는 방법
④ 공기 중의 절대습도를 70% 이상으로 하는 방법

▷ 전도체를 사용하여 접지를 하며 공기를 변화시켜 이온화하고, 공기 중의 상대습도를 70% 이상으로 한다. (위험물법 시행규칙 별표4)

21 주유소에서 "주유 중 엔진정지" 게시판의 색깔은? • 개념 1단계

① 흰색바탕-흑색문자
② 흑색바탕-황색문자
③ 황색바탕-흑색문자
④ 흰색바탕-황색문자

▷ 게시판은 황색바탕에 흑색문자로 "주유 중 엔진정지"라는 표시를 하여야 한다. 황색이 멀리서 가장 잘 보이고 기름이 황색이기도 하니 황색바탕으로 생각한다. (위험물법 시행규칙 별표13)

22 다음 중 저장 또는 취급하는 1종 판매취급소의 지정수량은 몇 배 이하인가? • 기본 1단계

① 지정수량의 10배 이하를 말한다.
② 지정수량의 20배 이하를 말한다.
③ 지정수량의 40배 이하를 말한다.
④ 지정수량의 100배 이하를 말한다.

▷ 제1종 판매취급소는 건축물의 1층에 설치할 것이며 저장 또는 취급하는 위험물의 수량이 지정수량의 20배 이하인 판매취급소를 말하며, 제2종 판매취급소는 지정수량의 40배 이하인 판매취급소이다. (위험물법 시행규칙 별표14)

23 다음 중 소형 수동소화기를 설치할 때 몇 m마다 설치해야 하는가? • 기본 1단계

① 보행거리 10미터마다 설치한다.
② 보행거리 20미터마다 설치한다.
③ 수평거리 10미터마다 설치한다.
④ 수평거리 20미터마다 설치한다.

▷ 소형은 보행거리 20m 이내, 대형은 보행거리 30m 이내에 해당된다. (위험물법 시행규칙 별표 제17 또는 소화기구 화재안전기준 제4조)

Ans. ∥ 20. ④　21. ③　22. ②　23. ②

24 다음 중 유별을 달리하는 위험물을 동일장소에 함께 보관할 수 있는 위험물로 묶어 놓은 것은?
• 학습 3단계

① 적린, 황린
② 염소산염류, 경유
③ 유황, 니트로화합물
④ 칼륨, 질산

➡ 보기의 위험물은 각각 ①번 2·3류 ②번 1·4류 ③번 2·5류 ④번 3·6류에 해당하므로 규정에 따라서 ①②④번은 혼재할 수 없으나 ③번 보기 2류와 5류 위험물은 혼재할 수 있다. (위험물법 규칙 별표19)

25 제조소등에서 위험물을 유출·방출 또는 확산시켜 사람의 생명·신체 또는 재산에 대하여 위험을 발생시킨 자에 대한 벌칙은?
• 학습 2단계

① 1년 이상 10년 이하의 징역
② 무기 또는 3년 이상의 징역
③ 무기 또는 5년 이상의 징역
④ 7년 이하의 금고나 7천만 원 이하의 벌금

➡ 1년 이상 10년 이하의 징역에 해당된다. ②는 제조소등에서 위험물을 유출·방출 또는 확산시켜 사람을 상해에 이르게 한 자 ③은 제조소등에서 위험물을 유출·방출 또는 확산시켜 사람을 사망에 이르게 한 자이다. (위험물안전관리법 제33조)

■ 생각➡행동➡습성➡성격➡운명
생각이 바뀌면 행동이 바뀌고, 행동이 바뀌면 습성이 바뀌고, 습성이 바뀌면 성격이 바뀌고, 성격이 바뀌면 운명이 바뀐다. 운명! 나의 운명이...
세계 역사에는 나름대로 자기 분야에서 명성이 있었던 훌륭한 사람들이 있다
시저, 노벨, 반 고흐, 소크라데스, 차이코프스키, 피타고라스, 알렉산더, 나폴레옹 등은
왜? 생기는가 의문도 모르게... 발작 증상이 일어나면 1~2분은 누가 어떤 처치도 할 수 없는
뇌전증(간질, 발작) 증세를 가지고 있었는데도 굴하지 않고 꿋꿋하게 역사의 이름을 남겼다.

Ans. 24. ③ 25. ①

당신은 인생의 가장 큰 사업을 기획하고 있다
사업의 승패가 곧 당신에게 인생의 승패가 된다.
이 세상의 성공자들은 한곳에 기꺼이 미친사람들이다
당신도 즐겁게 기꺼이 미칠 수있는 공부가 있지않는가?

부 록

다중이용업소의 안전관리에 관한 특별법(45p)

※ 최근 기출문제 수록

※ 다중법 법령질문: 소방청(화재예방과) 044-205-7456 국민신문고 메일가능.

 다중이용업소의 안전관리에 관한 특별법 핵심요약

▶ 2020년 6월 9일까지 개정된 법령에 의하여 편집하였습니다.

 총 칙

【법 제1조】 목적

이 법은 화재 등 재난 그 밖의 위급한 상황으로부터 국민의 생명·신체 및 재산을 보호하기 위하여 다중이용업소의 소방시설·안전시설 등의 설치·유지 및 안전관리와 화재위험평가 다중이용업주의 화재배상책임보험에 관하여 필요한 사항을 정함으로써 공공의 안전과 복리증진에 이바지함을 목적으로 한다.

【법 제2조】 용어의 정의

1. 다중이용업: 불특정 다수인이 이용하는 영업 중 화재 등 재난발생 시 생명·신체·재산상의 피해가 발생할 우려가 높은 것으로서 대통령령이 정하는 영업.
2. 안전시설등: 소방시설, 비상구, 영업장 내부 피난통로, 그 밖의 안전시설로서 대통령령으로 정하는 것을 말한다.
3. 실내장식물: 건축물 내부의 천장 또는 벽에 설치하는 것으로서 대통령령이 정하는 것.
4. 화재위험평가: 다중이용업의 영업소(이하 "다중이용업소")가 밀집한 지역 또는 건축물에 대하여 화재의 가능성과 화재로 인한 불특정 다수인의 생명·신체·재산상의 피해 및 주변에 미치는 영향을 예측·분석하고 이에 대한 대책을 강구하는 것.
5. 밀폐구조의 영업장: 지상층의 다중이용업소의 영업장 중 채광·환기·통풍 및 피난 등이 용이하지 못한 구조로 되어 있으면서 대통령령으로 정하는 기준에 해당하는 영업장.
6. 영업장의 내부구획: 다중이용업소의 영업장 내부를 이용객들이 사용할 수 있도록 벽 또는 칸막이 등을 사용하여 구획된 실(室)을 만드는 것을 말한다.

> **예제** 다중이용업의 영업소가 밀집한 지역에 불특정 다수인의 생명·신체·재산상의 피해 및 주변에 미치는 영향을 예측·분석하고 이에 대한 대책을 강구하는 것을 무엇이라 하는가?
> ① 안전시설등 ② 화재예방평가 ③ 영업장의 내부구획 ④ 화재위험평가
> ■ 해설: 설문을 "화재위험평가"라고 한다. // ④

【영 제2조】 다중이용업

1. 휴게음식점영업·제과점영업 또는 일반음식점 영업장 바닥면적 합계가 100㎡(지하층은 66㎡) 이상인 것, 게임제공업·인터넷컴퓨터게임시설제공업(PC방)
   다만, 영업장이 지상 1층 또는 지상과 직접 접하는 층에 설치되고 그 영업장의 주된 출입구가 건축물 외부의 지면과 곧바로 연결된 구조에 해당하는 경우를 제외한다.
2. 단란주점, 유흥주점 영업 및 영화상영관, 산후조리업, 고시원업, 복합영상물제공업
3. 기숙사와 함께 있는 수용인원 100인 이상, 소방법에서 산정된 수용인원 300인 이상의 학원
4. 비디오물 감상실업·비디오물 소극장업·노래연습장업·복합유통게임제공업.
5. 목욕장업 중 맥반석 또는 대리석 등 돌을 가열하여 발생되는 열기 또는 원적외선 등을 이용하여 땀을 배출하게 할 수 있는 시설로서 수용인원이 100인 이상인 것
6. 안마시술소, 실내의 권총사격장 또는 골프 연습장업
   ▶ 암기: 유재석 고음영 휴게산 안사골 노인단 복학비 * 오답: 숙박시설, 백화점, 종합병원

【규칙 제2조】 다중이용업
1. 종류: 수면방업, 전화방업, 화상대화방업, 콜라텍업
   ▶암기: 수 전화콜 (* 연상: 수는 다중이용업에서 전화를 했다.)

 요점정리(영 제2조+규칙 제2조)**

① 유흥주점, 제과점, 맥반석 등의 찜질방류, 고시원업, 일반음식점, 영화상영관
② 휴게음식점영업, 게임제공업, 산후조리업, 안마시술소, (실내)권총사격장, 골프연습장
③ 노래연습장업, 인터넷컴퓨터게임업, 단란주점, 복합유통게임제공업, 복합영상물제공업, 학원, 비디오물업. ④ 수면방업·전화방업·화상대화방업·콜라텍업
[단, 제과점영업, 휴게음식점영업, 일반음식점영업 100㎡ 이상(지하층은 66㎡ 이상), 게임제공업, 인터넷컴퓨터게임시설제공업(PC방)이 외부의 지면과 곧바로 연결된 구조는 경우를 제외.]
(*^^ ① ② ③은 대통령령에 의한 다중이용업소 대상물이며, ④는 행정안전부령에 의한 다중이용업소 대상물에 해당한다.) ▶ 암기: 유재석 고음영 휴게산 안사골 노인단 복학비 + 수 전화콜

【영 별표1】 안전시설등
다중이용업소의 영업장에 설치·유지하여야 하는 안전시설등이란 다음과 같다.
1. 소방시설
   ① 소화설비: 소화기, 자동확산소화기, 간이스프링클러설비(캐비닛형 포함)
   ② 경보설비: 비상벨설비, 자동화재탐지설비, 가스누설경보기
   ③ 피난구조설비: 피난기구(= 미끄럼대, 피난사다리, 구조대, 완강기, 다수인피난장비, 승강식 피난기), 피난유도선, 유도등, 유도표지, 비상조명등, 휴대용비상조명등
2. 비상구
3. 영업장 내부 피난통로
4. 그 밖의 안전시설: 영상음향차단장치, 누전차단기, 창문.

다중이용업소의 안전관리기본계획 등

【법 제5조】 안전관리기본계획의 수립·시행 등*

소방청장은 다중이용업소의 화재 등 재난 그 밖의 위급한 상황으로 인한 인적·물적 피해의 감소, 안전기준의 개발, 자율적인 안전관리능력의 향상, 화재배상책임보험제도의 정착 등을 위하여 5년마다 다중이용업소의 안전관리기본계획("기본계획")을 수립·시행하여야 한다. 기본계획에는 다음 각 호의 사항이 포함되어야 한다.

① 다중이용업소의 안전관리에 관한 기본방향
② 다중이용업소의 자율적인 안전관리의 촉진에 관한 사항
③ 다중이용업소의 화재안전에 관한 정보체계의 구축 및 관리
④ 다중이용업소의 안전 관련 법령의 정비 등 제도개선에 관한 사항
⑤ 다중이용업소의 적정한 유지·관리에 필요한 교육과 기술연구·개발
⑥ 다중이용업소의 화재위험평가의 연구·개발에 관한 사항
⑦ 그 밖에 다중이용업소의 안전관리에 관하여 대통령령이 정하는 사항

【법 제8조】 소방안전교육

다중이용업주와 종업원은 소방청장·소방본부장, 소방서장이 실시하는 소방안전교육을 2년에 1회 이상 받아야 한다. (다만, 다중이용업주나 종업원이 그 해당년도에 "소방안전관리자 강습 또는 실무교육"이나 "위험물안전관리자 교육"을 받은 경우에는 그러하지 아니하다.)

【법 제9조】 다중이용업소의 안전관리기준 등

숙박을 제공하는 형태의 다중이용업소의 영업장과 밀폐구조의 영업장에는 소방시설 중 간이스프링클러설비를 행정안전부령으로 정하는 기준에 따라 설치하여야 한다.

【법 제10조】 다중이용업소의 실내 장식물*

반자돌림대등의 너비가 10cm 이하를 제외하고 다중이용업소에 설치 또는 교체하는 실내장식물은 불연재료(부연재료) 또는 준불연재료로 하여야 한다.
(단, 합판 또는 목재로 실내장식물의 설치하는 경우, 그 면적이 영업장의 천장과 벽을 합한 면적의 10분의 3(스프링클러, 간이스프링클러의 경우는 10분의 5) 이하의 부분은 방염성능기준 이상의 것으로 설치할 수 있다.)

【법 제10조의2】 영업장의 내부구획

다중이용업소의 영업장 내부를 구획하고자 할 때에는 불연재료로 구획하여야 한다.
이 경우 다음의 어느 하나에 해당하는 영업장은 천장(반자속)까지 구획하여야 한다.
① 단란주점 ② 유흥주점 영업 ③ 노래연습장업

> 【영 제3조】 실내장식물
> 건축물 내부의 천장이나 벽에 설치하는 것으로서 다음의 어느 하나에 해당하는 것을 말한다. 다만, 가구류(옷장, 찬장, 식탁, 식탁용 의자, 사무용 책상, 사무용 의자 및 계산대 등)와 너비 10cm 이하인 반자돌림대를 제외한다.
> ① 종이류(두께가 2mm 이상인 것), 합성수지류, 섬유류를 주원료로 한 물품
> ② 공간을 구획하기 위하여 설치하는 간이 칸막이(접이식 등 이동 가능한 벽체나 천장 또는 반자가 실내에 접하는 부분까지 구획하지 아니하는 벽체를 말한다)
> ③ 흡음(吸音)이나 방음(防音)을 위하여 설치하는 흡음재 (흡음용 커튼 포함) 또는 방음재(방음용 커튼 포함)
> ④ 합판이나 목재.

【법 제12조】 피난안내도 비치 또는 피난안내 영상물의 상영

다중이용업주는 이용객들이 안전하게 피난할 수 있도록 피난계단·피난통로, 피난설비 등이 표시되어 있는 피난안내도를 갖추거나 피난안내에 관한 영상물을 상영하여야 한다.
그 밖에 피난안내도 위치, 피난안내 영상물의 상영시간 등은 행정안전부령으로 정한다.

> 【규칙 별표2의2】 피난안내도의 비치 등
> 1. 피난안내도 비치대상: 영 제2조의 영업장(단, 다음의 경우 비치를 제외)
>   ① 영업장으로 사용하는 바닥면적의 합계가 33㎡ 이하인 경우
>   ② 영업장내 구획된 실이 없고, 영업장에서 출입구나 비상구를 확인할 수 있는 경우
> 2. 피난안내 영상물 상영대상: ① 영화상영관, 노래연습장, 비디오물 소극장업. / ② 유흥주점, 단란주점은 피난영상물이 설치된 경우에 한한다. / ③ 인터넷컴퓨터게임시설제공업(pc방)의 영업장.(단, 인터넷컴퓨터게임시설이 설치된 책상마다 피난안내도를 비치한 경우는 제외.) / ④ 위험유발지수가 D등급, E등급인 경우로서 영상물상영시설을 갖춘 영업장.

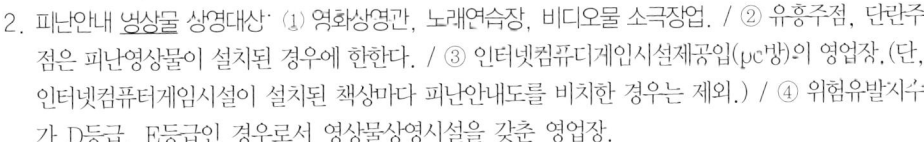

【법 제13조】 다중이용업주의 안전시설등에 대한 정기점검 등

1. 점검결과서: 다중이용업주는 정기적으로 안전시설 등을 점검하고 그 점검결과서를 1년간 보관하여야 한다.

【법 제15조】 다중이용업소에 대한 화재위험평가 등*

소방청장·소방본부장·소방서장은 화재위험평가를 실시할 수 있다.

① 2천㎡ 지역 안에 다중이용업소가 50개 이상 밀집하여 있는 경우
② 5층 이상인 건축물로서 다중이용업소가 10개 이상 있는 경우
③ 하나의 다중이용업소로 사용하는 바닥면적 합계가 1천㎡ 이상인 경우

(*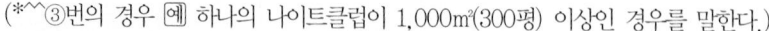③번의 경우 예 하나의 나이트클럽이 1,000㎡(300평) 이상인 경우를 말한다.)

【법 제16조】 화재위험평가대행자의 등록 등

화재위험평가대행자(= 화재위험평가대행업)에 대한 내용은 다음과 같다.33)

① 화재위험평가를 대행하고자 하는 자는 대통령령이 정하는 기술인력·시설 및 장비를 갖추고 행정안전부령이 정하는 바에 따라 소방청장에게 화재위험평가대행자(이하 "평가대행자")로 등록하여야 한다. (* 중요사항을 변경하는 때에도 또한 같다.)
　　-------*
② 다음 각 호의 어느 하나에 해당하는 자는 평가대행자로 등록할 수 없다.
　㉠ 피성년후견인 또는 피한정후견인
　㉡ 제17조제1항의 규정에 따라 등록이 취소된 후 2년이 경과되지 아니한 자
　㉢ 징역 이상의 실형의 선고를 받고 그 형의 집행이 종료되거나 집행을 받지 아니하기로 확정된 후 2년이 경과되지 아니한 자
　㉣ 임원 중 제1호 내지 제3호의 어느 하나에 해당하는 자가 있는 법인
③ 평가대행자는 다음 각 호의 사항을 준수하여야 한다.
　㉠ 평가서를 허위로 작성하지 아니하며, 다른 평가서의 내용을 복제하지 아니할 것
　㉡ 평가서를 행정안전부령이 정하는 기간 동안 보존할 것
　㉢ 평가대행자는 등록증이나 명의를 다른 사람에게 대여하거나 도급받은 화재위험평가 업무를 하도급하지 아니할 것
④ 평가대행자는 업무를 휴지 또는 폐지하고자 하는 때에는 소방청장에게 신고하여야 한다. 규정에 따른 휴지, 폐지의 신고에 필요한 사항은 행정안전부령으로 정한다.

【법 제17의2조】 청문

소방청장은 평가대행자의 등록을 취소하거나 업무를 정지하려면 청문을 하여야 한다.

---

* 피성년후견인: 법률상의 무능력자. 금치산자.　　　* 징역: 노동을 하는 교도소(감옥) 생활.
* 피한정후견인: 심신박약자, 낭비자 등 의사능력이 불충분한 사람에게 치산을 금함. 한정치산자

【법 제23조】 벌칙

다음 어느 하나에 해당하는 자는 1년 이하의 징역 또는 1천만 원 이하의 벌금에 처한다.
1. 화재위험평가대행자로 등록하지 아니하고 화재위험평가 업무를 대행한 자
2. 직무상 알게 된 정보를 누설 및 다른 사람에게 제공하거나 부당한 목적으로 이용한 자

【법 제24조】 양벌규정

행위자를 벌하는 외에 그 법인 또는 개인에 대하여도 벌금형을 과한다.

【법 제25조】 300만 원 이하의 과태료

과태료 부과권자는 소방청장·소방본부장 또는 소방서장으로 한다.
1. 소방안전교육을 받지 아니하거나 종업원이 소방안전교육을 받도록 하지 아니한 업주
2의2. 제9조제3항을 위반하여 설치신고를 하지 아니하고 안전시설등을 설치하거나 영업장 내부구조를 변경한 자 또는 안전시설등의 공사를 마친 후 신고를 하지 아니한 자
3. 피난시설 또는 방화시설을 폐쇄·훼손·변경 등의 행위를 한 자
3의2. 제10조의2 제1항 및 제2항 규정을 위반하여 영업장의 내부구획을 기준에 따라 설치·유지하지 아니한 자
4. 피난안내도를 비치하지 아니하거나 피난안내에 관한 영상물을 상영하지 아니한 자
5. 정기점검결과서를 보관하지 아니한 자 또는 소방안전관리업무를 하지 아니한 자
6. 화재배상책임보험에 가입하지 아니한 자, 통지를 하지 아니한 보험회사, 다중이용업주와의 화재배상책임보험 계약 체결을 거부하거나 임의로 계약을 해제·해지한 보험회사

【법 제26조】 이행강제금

1. 소방청장·소방본부장 또는 소방서장은 규정에 따라 조치 명령을 받은 후 기간 내 명령을 이행하지 아니하는 자에 대하여는 1천만 원 이하의 이행강제금을 부과한다.
2. 소방청장·소방본부장 또는 소방서장은 최초의 조치 명령을 한 날을 기준으로 매년 2회의 범위에서 그 조치 명령이 이행될 때까지 반복하여 제1항에 따른 이행강제금을 부과·징수할 수 있다.

■ 개념: 이 법은 특별법으로서 대부분의 법조항에 있어서 "소방청장"이 책임자로 명시되어 있으며 그 "소방청장"의 권한과 책임을 묻고 있다.

【규칙 별표2】 다중이용업에 설치하는 안전시설 등의 설치기준*

1. 공통기준**
   ① 설치대상: 비상구는 영 제2조의 다중이용업소의 영업장 마다 1개 이상 설치할 것.
      다만, 다음에 해당하는 영업장의 경우에는 비상구를 설치하지 아니할 수 있다.
      ㉠ 주 출입구 외에 해당 영업장 내부에서 피난층 또는 지상으로 통하는 직통계단이 별도로 설치된 경우
      ㉡ 피난층에 설치된 영업장(영업장으로 사용하는 바닥면적이 33제곱미터 이하인 경우로서 영업장 내부에 구획된 실(室)이 없는 영업장 전체가 개방된 구조의 영업장을 말한다)으로서 그 영업장의 각 부분으로부터 출입구까지의 수평거리가 10미터 이하인 경우
   ② 설치위치: 비상구는 영업장의 주된 출입구의 반대방향에 설치하되, 주된 출입구 중심선으로부터의 수평거리가 영업장의 긴 변 길이의 2분의 1 이상 떨어진 위치에 설치할 것. (다만, 건물구조로 인하여 주된 출입구의 반대방향에 설치할 수 없는 경우에는 주된 출입구 중심선으로부터의 수평거리가 영업장의 긴 변 길이의 2분의 1 이상 떨어진 위치에 설치할 수 있다.)
   ③ 비상구 규격: <u>가로 75cm 이상, 세로 150cm 이상</u>(문틀을 제외한 가로×세로를 말한다)

   - 비상구 규격: 비상구 문틀을 제외한 가로 75cm 이상, 세로 150cm 이상

   ④ 비상구 구조: 비상구는 구획된 실 또는 천장으로 통하는 구조가 아닌 것으로 할 것. 다만, 영업장 바닥에서 천장까지 불연재료(不燃材料) 이상의 것으로 구획된 부속실(전실)은 그러하지 아니하다.
   ⑤ <u>문의 열림 방향</u>: 문이 열리는 방향: 피난방향으로 열리는 구조로 할 것. 다만, 주된 출입구의 문이 「건축법 시행령」제35조에 따른 피난계단 또는 특별피난계단의 설치 기준에 따라 설치하여야 하는 문이 아니거나 같은 법 시행령 제46조에 따라 설치되는 방화구획이 아닌 곳에 위치한 주된 출입구가 다음의 기준을 충족하는 경우에는 자동문[미서기(슬라이딩)문을 말한다]으로 설치할 수 있다.
      ㉠ 화재감지기와 연동하여 개방되는 구조
      ㉡ 정전 시 자동으로 개방되는 구조
      ㉢ 수동으로 개방되는 구조
   ⑥ 문의 재질: 주요구조부(영업장의 벽, 천장, 바닥을 말한다. 이하 같다)가 내화구조(耐火構造)인 경우 <u>비상구 및 주 출입구의 문은 방화문으로 설치할 것</u>. 다만, 다음 어느 하나에 해당하는 경우에는 불연재료로 설치할 수 있다.
      ㉠ 주요 구조부가 내화구조가 아닌 경우
      ㉡ 건물의 구조상 비상구 또는 주 출입구의 문이 지표면과 접하는 경우로서 화재의 연소 확대 우려가 없는 경우
      ㉢ 비상구 또는 주 출입구의 문이 「건축법 시행령」제35조에 따른 피난계단 또는 특별피난계단의 설치 기준에 따라 설치하여야 하는 문이 아니거나 같은 법 시행령 제46조에 따라 설치되는 방화구획이 아닌 곳에 위치한 경우

2. 복층(複層)구조의 영업장의 비상구 설치기준

영업장 구조	설치기준	특례기준
각각 다른 2개 이상의 층을 내부계단 또는 통로가 설치되어 하나의 층의 내부에서 다른 층으로 출입할 수 있도록 되어 있는 구조의 영업장	① 각 층마다 영업장 외부의 계단 등으로 피난할 수 있는 비상구를 설치할 것. ② 비상구의 문은 방화문의 구조로 설치할 것 ③ 비상구문의 열림 방향은 실내에서 외부로 열리는 구조로 할 것	영업장의 위치·구조가 다음에 해당하는 경우에는 그 영업장으로 사용하는 어느 하나의 층에 비상구를 설치할 것. ① 건축물 주요구조부를 훼손하는 경우 ② 옹벽 또는 외벽이 유리로 설치된 경우 등

3. 영업장의 위치가 4층(지하층을 제외한다) 이하인 경우 비상구 설치 기준
   ① 피난 시에 유효한 발코니(가로 75cm 이상, 세로 150cm 이상, 높이 100cm 이상 난간을 설치한 것을 말한다) 또는 부속실(불연재료로 바닥에서 천장까지 구획된 실로서 가로 75센티미터 이상, 세로 150센티미터 이상인 것을 말한다)을 설치하고, 그 장소에 적합한 피난기구를 설치할 것
   ② 부속실을 설치하는 경우 부속실 입구의 문과 건물 외부로 나가는 문의 규격은 가목2)에 따른 비상구 규격으로 할 것. 다만, 120센티미터 이상의 난간이 있는 경우에는 발판 등을 설치하고 건축물 외부로 나가는 문의 규격과 재질을 가로 75센티미터 이상, 세로 100센티미터 이상의 창호로 설치할 수 있다.

4. 영상음향차단장치 설치기준
   ① 설치대상: 노래반주기 등 영상음향장치를 사용하는 영업장
   ② 설치기준: 영상음향차단장치는 화재 시 감지기에 의하여 자동으로 음향 및 영상이 정지될 수 있는 구조로 설치하되, 수동으로도 조작할 수 있도록 설치 할 것. 단, 소방법령에 따른 자동화재탐지설비 설치 대상이 아닌 경우에는 수동으로 설치할 수 있다.

5. 피난유도선 설치기준
   ① 영업장에 통로 또는 복도가 있는 경우에는 피난유도선을 설치할 것. 다만, 통로 또는 복도에 유도등·유도표지 또는 비상조명등이 설치되어 있거나 통로 또는 복도가 유사시 대피하기 쉬운 구조인 경우에는 그러하지 아니하다.
   ② ①의 단서에도 불구하고 숙박을 제공하는 형태의 다중이용업소 중 고시원업 또는 산후조리업의 영업장에 있는 통로 또는 복도에는 전류에 의해 빛을 내는 방식의 피난유도선을 설치하여야 한다.

6. 영업장 내부·통로 설치기준 - (고시원 영업장)
   ① 적용대상: 내부에 구획된 실이 있는 고시원 영업장
   ② 내부·통로 폭 기준: 내부·통로 폭은 양 옆에 구획된 실이 있는 경우에는 최소 150cm 이상으로 하고 그 밖의 경우는 120 cm 이상으로 하여야 한다. 구획된 실에서부터 주 출입구 또는 비상구까지 이르는 내부·통로의 구조는 3번 이상 구부러지는 형태로 설치하여서는 아니 된다.

7. 영업장 창문설치기준 - (고시원 영업장)
   ① 적용대상: 고시원업의 영업장
   ② 창문의 설치기준: 층별 영업장 내부에는 가로 50cm 이상, 세로 50cm 이상 크기의 창문을 바깥 공기와 접하는 부분에 1개 이상 설치할 것

실전 능력 기르기

다중이용업소의 안전관리에 관한 특별법

01 다음 중 다중이용업소에 해당되지 <u>않는</u> 것은?
① 식품위생법 시행령에 따른 단란주점영업 및 유흥주점영업
② 음악산업진흥에 관한 법률에 따른 노래연습장업
③ 숙박업계에 의한 호텔 및 모텔
④ 모자보건법에 따른 산후조리원

▷ 숙박업계에 의한 호텔 및 모텔은 다중이용업소에 해당되지 않는다. (다중이용업소의 안전관리에 관한 특별법 시행령 제2조)

02 다음 중 다중이용업소가 <u>아닌</u> 것은?
① 단란주점, 유흥주점
② 숙박인원 100인 이상의 숙박 학원
③ 도매시장, 숙박업소, 종합병원
④ 고시원업, 노래연습장

▷ 도매시장, 숙박업소, 종합병원 등은 다중이용업소에 해당되지 않는다. (다중이용업소의 안전관리에 관한 특별법 시행규칙 제5조)

03 다중이용업소에 설치하는 안전시설등의 종류 중 경보설비에 해당하지 <u>않는</u> 것은?
① 비상벨설비
② 누전경보기
③ 자동화재탐지설비
④ 가스누설경보기

▷ 누전경보기, 옥내소화전 등은 해당되지 않는다. (다중이용업소의 안전관리에 관한 특별법 시행령 제9조)

구 분		종 류
소방시설	소화설비	소화기, 자동확산소화기, 간이스프링클러설비(캐비닛형 포함)
	경보설비	비상벨설비, 자동화재탐지설비, 가스누설경보기
	피난구조설비	유도등 및 유도표지, 비상조명등 및 휴대용비상조명등, 피난기구
2. 비상구 3. 영업장 내부 피난통로 4. 기타시설: 영상음향차단장치, 누전차단기, 창문		

Ans. ∥ 01. ③ 02. ③ 03. ②

04 다중이용업소의 안전관리에 관한 특별법에서 지하층에 있는 일반음식점의 다중이용업소 면적의 기준은 ㎡인가?

① 33㎡ ② 66㎡
③ 100㎡ ④ 200㎡

▶ 지하층에 있는 일반음식점의 다중이용업소 면적은 66㎡ (지상은 100㎡) 이상. 단, 지면과 곧바로 연결되는 곳은 제외한다. 여기서 지하층 66㎡ 이상은 20평으로 생각하면 쉽다. (다중이용업소의 안전관리에 관한 특별법 시행령 제2조)

05 다중이용업소에 설치 또는 교체하는 실내장식물에 관한 내용으로 틀린 것은?

① 다중이용업소 실내장식물은 불연재료로만 해야 한다.
② 합성수지류 또는 섬유류를 주원료로 한 물품을 말한다.
③ 옷장, 찬장, 식탁, 식탁용 의자, 사무용 책상, 사무용 의자 및 계산대 등은 실내장식물에서 제외한다.
④ 합판, 목재, 또는 종이류(두께 2밀리미터 이상인 것)를 말한다.

▶ 다중이용업소에 설치 또는 교체하는 실내장식물은 반자돌림대 등의 너비가 10cm 이하를 제외하고 그 실내장식물은 불연재료 또는 준불연재료로 한다. 단, 합판 또는 목재로 실내장식물의 설치하는 경우로서 그 면적이 영업장의 천장과 벽을 합한 면적의 10분의 3(스프링클러, 간이스프링클러의 경우는 10분의 5) 이하의 부분은 방염성능기준 이상의 것으로 설치할 수 있다.

06 다중이용업소의 안전관리에 관한 설명 중 옳지 않는 것은?

① 다중이용업소는 안전시설 등을 점검하고 그 점검결과서를 1년간 보관하여야 한다.
② 소방청장은 5년마다 다중이용업소의 소방계획을 수립·시행한다.
③ 다중이용업소에는 피난안내도를 비치하거나 피난안내에 관한 영상물을 상영하여야 한다.
④ 소방안전교육을 다중이용업주 및 종업원에게 실시할 경우 소방안전관리지 강습·실무교육 또는 위험물안전관리자교육을 받은 경우에는 실시하지 않아도 된다.

▶ 소방청장은 5년마다 다중이용업소의 안전관리기본계획을 수립·시행한다. 단어함정문제로서 만점방지용문제로 출제되었다 할 수 있다. (다중이용업소의 안전관리에 관한 특별법 제5조, 제8조, 제12조, 제13조).

Ans. 04. ② 05. ① 06. ②

07 다음 중 비상구 가로와 세로의 크기로 옳은 것은?

① 문틀을 제외하고 50cm, 100cm 이상
② 문틀을 포함하고 50cm, 100cm 이상
③ 문틀을 제외하고 75cm, 150cm 이상
④ 문틀을 포함하고 75cm, 150cm 이상

➡ 비상구란 문틀을 제외하고 가로 75cm, 세로 150cm 이상 크기의 출입구를 말한다. 참고로 건축법에서 비상구의 통로란 75cm 이상에 해당한다. (다중이용업소의 안전관리에 관한 특별법 시행규칙 별표2)

08 다음 중 다중이용업소에 대한 화재위험평가 등에 해당되지 <u>않는</u> 것은?

① 소방청장·소방본부장 또는 소방서장은 화재위험평가를 실시할 수 있다.
② 1,000m² 지역 안에 다중이용업소가 50개 이상 밀집하여 있는 경우
③ 5층 이상인 건축물로서 다중이용업소가 10개 이상 있는 경우
④ 하나의 건축물에 다중이용업소로 사용하는 바닥면적 합계가 1천제곱미터 이상인 경우

➡ 다중이용업소에 대한 화재위험평가는 2,000m² 지역 안에 다중이용업소가 50개 이상 밀집하여 있는 경우에 한한다.(다중이용업소의 안전관리에 관한 특별법 제15조)

09 다음 중 다중이용업의 범위에 해당하지 <u>않는</u> 것은?

① 백화점   ② 노래연습장   ③ 영화상영관   ④ PC방

➡ 백화점은 다중이용업의 범위에 해당하지 않는다.

10 다음 중 고시원 내부 통로의 폭과 창문의 크기로 옳은 것은?

① 폭: 90cm 이상, 창문: 75 × 50cm 이상
② 폭: 75cm 이상, 창문: 75cm × 50cm 이상
③ 폭: 75cm 이상, 창문: 50cm × 50cm 이상
④ 폭: 150cm 이상, 창문: 50cm × 50cm 이상

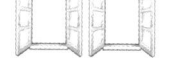

➡ 고시원 내부통로의 폭의 크기: 150cm 이상, 창문: 50cm × 50cm 이상 크기를 말한다. (다중이용업소의 안전관리에 관한 특별법 시행규칙 별표2)

 07. ③ 08. ② 09. ① 10. ④

다중이용업소의 안전관리에 관한 특별법(원문) (일부요약)

법 개정 2020.6.9 법률 제17369호

시행령
개정 2019. 4.2 대통령령 제29674호

시행규칙
개정 2019. 4.22 행정안전부령 제113호

제1장 총 칙

제1조 (목적)

이 법은 화재 등 재난 그 밖의 위급한 상황으로부터 국민의 생명·신체 및 재산을 보호하기 위하여 다중이용업소의 소방시설·안전시설등의 설치·유지 및 안전관리와 화재위험평가, 다중이용업주의 화재배상책임보험에 관하여 필요한 사항을 정함으로써 공공의 안전과 복리증진에 이바지함을 목적으로 한다.

제2조 (정의)

① 이 법에서 사용하는 용어의 정의는 다음과 같다.
 1. "다중이용업"이란 불특정 다수인이 이용하는 영업 중 화재 등 재난발생시 생명·신체·재산상의 피해가 발생할 우려가 높은 것으로서 대통령령이 정하는 영업을 말한다.
 2. "안전시설등"이란 소방시설과 비상구, 영업장 내부 피난통로, 그 밖의 안전시설로서 대통령령으로 정하는 것을 말한다. 〈2014.1.7〉
 3. "실내장식물"이란 건축물 내부의 천장 또는 벽에 설치하는 것으로서 대통령령이 정하는 것을 말한다.
 4. "화재위험평가"란 다중이용업의 영업소(이하 "다중이용업소"라 한다)가 밀집한 지역 또는 건축물에 대하여 화재의 가능성과 화재로 인한 불특정 다수인의 생명·신체·재산상의 피해 및 주변에 미치는 영향을 예측·분석하고 이에 대한 대책을 강구하는 것을 말한다.
 5. "밀폐구조의 영업장"이란 지상층에 있는 다중이용업소의 영업장 중 채광·환기·통풍 및 피난 등이 용이하지 못한 구조로 되어 있으면서 대통령령으로 정하는 기준에 해당하는 영업장을 말한다.
 6. "영업장의 내부구획"이란 다중이용업소의 영업장 내부를 이용객들이 사용할 수 있도록 벽 또는 칸막이 등을 사용하여 구획된 실(室)을 만드는 것을 말한다.

영 제2조 (다중이용업)

「다중이용업소의 안전관리에 관한 특별법」(이하 "법"이라 한다) 제2조 제1항 제1호에서 "대통령령으로 정하는 영업"이란 다음 각 호의 어느 하나에 해당하는 영업을 말한다.
 1. 「식품위생법 시행령」 제21조제8호에 따른 식품접객업 중 다음 각 목의 어느 하나에 해당하는 것
  가. 휴게음식점영업·제과점영업 또는 일반음식점영업으로서 영업장으로 사용하는 바닥면적(「건축법 시행령」 제119조제1항제3호에 따라 산정한 면적을 말한다. 이하같다)의 합계가 100제곱미터(영업장이 지하층에 설치된 경우에는 그 영업장의 바닥면적 합계가 66제곱미터) 이상인 것. 다만, 영업장(내부계단으로 연결된 복층구조의 영업장을 제외한다)이 다음 어느 하나에 해당하는 층에 설치되고 그 영업장의 주된 출입구가 건축물 외부의 지면과 직접 연결되는 곳

에서 하는 영업을 제외한다.
   1) 지상 1층   2) 지상과 직접 접하는 층
 나. 단란주점영업과 유흥주점영업
2. 「영화 및 비디오물의 진흥에 관한 법률」 제2조제10호, 같은 조 제16호 가목·나목 및 라목에 따른 영화상영관·비디오물감상실업·비디오물소극장업 및 복합영상물제공업
3. 「학원의 설립·운영 및 과외교습에 관한 법률」 제2조제1호에 따른 학원(이하 "학원"이라 한다)으로서 다음 각 목의 어느 하나에 해당하는 것
 가. 「화재예방, 소방시설 설치유지 및 안전관리에 관한 법률 시행령」 별표 4에 따라 산정된 수용인원(이하 "수용인원"이라 한다)이 300명 이상인 것
 나. 수용인원 100명 이상 300명 미만으로서 다음의 어느 하나에 해당하는 것. 다만, 학원으로 사용하는 부분과 다른 용도로 사용하는 부분(학원의 운영권자를 달리하는 학원과 학원을 포함한다)이 「건축법 시행령」 제46조에 따른 방화구획으로 나누어진 경우는 제외한다.
   (1) 하나의 건축물에 학원과 기숙사가 함께 있는 학원
   (2) 하나의 건축물에 학원이 둘 이상 있는 경우로서 학원의 수용인원이 300명 이상인 학원
   (3) 하나의 건축물에 제1호, 제2호, 제4호부터 제7호까지, 제7호의2부터 제7호의5까지 및 제8호의 다중이용업 중 어느 하나 이상의 다중이용업과 학원이 함께 있는 경우
4. 목욕장업으로서 다음 각 목에 해당하는 것
 가. 하나의 영업장에서 「공중위생관리법」 제2조제1항제3호가목에 따른 목욕장업 중 맥반석·황토옥 등을 직접 또는 간접 가열하여 발생하는 열기나 원적외선 등을 이용하여 땀을 배출하게 할 수 있는 시설 및 설비를 갖춘 것으로서 수용인원(물로 목욕을 할 수 있는 시설부분의 수용인원은 제외한다)이 100명 이상인 것
 나. 「공중위생관리법」 제2조 제1항 제3호 나목의 시설 및 설비를 갖춘 목욕장업
5. 「게임산업진흥에 관한 법률」 제2조 제6호·제6호의2·제7호 및 제8호의 게임제공업·인터넷컴퓨터게임시설제공업 및 복합유통게임제공업. 다만, 게임제공업 및 인터넷컴퓨터게임시설제공업의 경우에는 영업장(내부계단으로 연결된 복층구조의 영업장은 제외한다)이 다음 어느 하나에 해당하는 층에 설치되고 그 영업장의 주된 출입구가 건축물 외부의 지면과 직접 연결된 구조에 해당하는 경우는 제외한다.
   1) 지상 1층   2) 지상과 직접 접하는 층
6. 「음악산업진흥에 관한 법률」 제2조제10호에 따른 노래연습장업
7. 「모자보건법」 제2조제12호에 따른 산후조리업
7의2. 고시원업[구획된 실(室) 안에 학습자가 공부할 수 있는 시설을 갖추고 숙박 또는 숙식을 제공하는 형태의 영업]
7의3. 「사격 및 사격장 안전관리에 관한 법률 시행령」 제2조제1항에 따른 권총사격장(실내사격장에 한정하며, 같은 조 제1항에 따른 종합사격장에 설치된 경우를 포함한다)
7의4. 「체육시설의 설치·이용에 관한 법률」 제10조제1항제2호에 따른 골프 연습장업(실내에 1개 이상의 별도의 구획된 실을 만들어 스크린과 영사기 등의 시설을 갖추고 골프를 연습할 수 있도록 공중의 이용에 제공하는 영업에 한정한다)

7의5. 「의료법」 제82조제4항에 따른 안마시술소
8. 법 제15조제2항에 따른 화재위험평가결과 위험유발지수가 제11조제1항에 해당하거나 화재발생 시 인명피해가 발생할 우려가 높은 불특정다수인이 출입하는 영업으로서 소방청장이 관계 중앙행정기관의 장과 협의하여 행정안전부령으로 정하는 영업.

영 제2조의2 (안전시설등)
법 제2조 제1항 제2호에서 "대통령령으로 정하는 것"이란 별표 1의 시설을 말한다.

영 제3조 (실내장식물)
법 제2조 1항 제3호에서 "대통령령으로 정하는 것"이란 건축물 내부의 천장이나 벽에 붙이는(설치하는) 것으로서 다음 각 호의 어느 하나에 해당하는 것을 말한다. 다만, 가구류(옷장, 찬장, 식탁, 식탁용 의자, 사무용 책상, 사무용 의자 및 계산대, 그 밖에 이와 비슷한 것을 말한다)와 <u>너비 10cm 이하인 반자돌림대</u> 등과 「건축법」 제52조에 따른 내부마감재료는 제외한다.
1. <u>종이류(두께 2밀리미터 이상인 것을 말한다)</u>·합성수지류 또는 섬유류를 주원료로 한 물품
2. <u>합판이나 목재</u>
3. 공간을 구획하기 위하여 설치하는 <u>간이 칸막이</u>(접이식 등 이동 가능한 벽체나 천장 또는 반자가 실내에 접하는 부분까지 구획하지 아니하는 벽체를 말한다.)
4. 흡음(흡음)이나 방음(방음)을 위하여 설치하는 흡음재(흡음용 커튼을 포함한다) 또는 방음재(방음용 커튼을 포함한다)

영 제3조의2 (밀폐구조의 영업장)
법 제2조 1항 제5호에서 "대통령령으로 정하는 기준"이란 「화재예방, 소방시설 설치·유지 및 안전관리에 관한 법률 시행령」 제2조에 따른 요건을 모두 갖춘 개구부의 면적의 합계가 영업장으로 사용하는 바닥면적의 <u>30분의 1 이하</u>가 되는 것을 말한다.

칙 제2조 (다중이용업)
「다중이용업소의 안전관리에 관한 특별법 시행령」(이하 "영"이라 한다) 제2조제8호에서 "행정안전부령으로 정하는 영업"이란 다음 각 호의 어느 하나에 해당하는 영업을 말한다.
1. 전화방업·화상대화방업: 구획된 실(실) 안에 전화기·텔레비전·모니터 또는 카메라 등 상대방과 대화할 수 있는 시설을 갖춘 형태의 영업
2. 수면방업: 구획된 실(실) 안에 침대·간이침대 그 밖에 휴식을 취할 수 있는 시설을 갖춘 형태의 영업
3. 콜라텍업: 손님이 춤을 추는 시설 등을 갖춘 형태의 영업으로서 주류 판매가 허용되지 아니하는 영업

제3조 (국가 등의 책무)
① 국가 및 지방자치단체는 국민의 생명·신체 및 재산을 보호하기 위하여 불특정 다수인이 이용하는 다중이용업소의 소방시설등·안전시설등의 설치·유지 및 안전관리에 필요한 시책을 강구하여야 한다.
② 다중이용업을 영위하는 자(이하 "다중이용업주"라 한다)는 국가 및 지방자치단체가 실시하는 다중이용업소의 안전관리 등에 관한 시책에 협조하여야 하며, 다중이용업소를 이용하는 사람들을 화재 등 재난 그 밖의 위급한 상황으로부터 보호하기 위하여 노력하여야 한다.

제2장 다중이용업소의 안전관리기본계획 등

제5조 (안전관리기본계획의 수립·시행 등)
① 소방청장은 다중이용업소의 화재 등 재난 그 밖의 위급한 상황으로 인한 인적·물적 피해의 감소, 안전기준의 개발, 자율적인 안전관리능력의 향상, 화재배상책임보험제도의 정착 등을 위하여 5년마다 다중이용업소의 안전관리기본계획(이하 "기본계획"이라 한다)을 수립·시행하여야 한다.
② 기본계획에는 다음 각 호의 사항이 포함되어야 한다.
　　1. 다중이용업소의 안전관리에 관한 기본방향
　　2. 다중이용업소의 자율적인 안전관리의 촉진에 관한 사항
　　3. 다중이용업소의 화재안전에 관한 정보체계의 구축 및 관리
　　4. 다중이용업소의 안전 관련 법령의 정비 등 제도개선에 관한 사항
　　5. 다중이용업소의 적정한 유지·관리에 필요한 교육과 기술연구·개발
　　5의2 다중이용업소의 화재배상책임보험에 관한 기본 방향
　　5의3 다중이용업소의 화재배상책임보험 가입관리전산망(이하 "책임보험전산망"이라 한다)의 구축·운영
　　5의4 다중이용업소의 화재배상책임보험제도의 정비 및 개선에 관한 사항
　　6. 다중이용업소의 화재위험평가의 연구·개발에 관한 사항
　　7. 그 밖에 다중이용업소의 안전관리에 관하여 대통령령이 정하는 사항
③ 소방청장은 기본계획에 따라 매년 연도별 안전관리계획(이하 "연도별계획"이라 한다)을 수립·시행하여야 한다.
④ 소방청장은 제1항 및 제3항의 규정에 따라 수립된 기본계획 및 연도별계획을 관계 중앙행정기관의 장과 특별시장·광역시장·도지사 또는 특별자치도지사(이하 "시·도지사"라 한다)에게 통보하여야 한다.
⑤ 소방청장은 기본계획 및 연도별계획을 수립하기 위하여 필요한 경우에는 관계 중앙행정기관의 장 및 시·도지사에게 관련된 자료의 제출을 요구할 수 있다. 이 경우 자료제출의 요구를 받은 관계 중앙행정기관의 장 또는 시·도지사는 특별한 사유가 없는 한 이에 응하여야 한다.

　영 제4조 (안전관리기본계획의 수립절차 등)
　　① 소방청장은 법 제5조제1항에 따라 다중이용업소의 안전관리기본계획(이하 "기본계획"이라 한다)을 관계 중앙행정기관의 장과 협의를 거쳐 5년마다 수립해야 한다.
　　② 소방청장은 관계 중앙행정기관의 장과 협의를 거쳐 기본계획 수립지침을 작성하고 이를 관계 중앙행정기관의 장에게 통보해야 한다.
　　③ 소방청장은 기본계획을 수립하면 국무총리에게 보고하고 관계 중앙행정기관의 장과 특별시장·광역시장·도지사 또는 특별자치도지사("시·도지사")에게 통보한 후 이를 공고해야 한다.

　영 제5조 (안전관리기본계획 수립지침)
　　제4조제2항에 따른 기본계획 수립지침에는 다음 각 호의 내용을 포함시켜야 한다.
　　　1. 화재 등 재난 발생 경감대책
　　　　가. 화재피해 원인조사 및 분석　　　　나. 안전관리정보의 전달·관리체계 구축
　　　　다. 화재 등 재난 발생에 대비한 교육·훈련과 예방에 관한 홍보

2. 화재 등 재난 발생을 줄이기 위한 중·장기 대책
   가. 다중이용업소 안전시설 등의 관리 및 유지계획   나. 소관법령 및 관련기준의 정비

영 제6조(안전관리기본계획 등에 관한 사항)
법 제5조제2항제7호에 따른 "대통령령이 정하는 사항"이란 다음 각 호의 사항을 말한다.
1. 안전관리 중·장기 기본계획에 관한 사항
   가. 다중이용업소의 안전관리체제   나. 안전관리실태평가 및 개선계획
2. 시·도 안전관리기본계획에 관한 사항

영 제7조(연도별 안전관리계획의 통보 등)
① 소방청장은 법 제5조제3항에 따라 매년 연도별 안전관리계획(이하 "연도별 계획"이라 한다)을 전년도 12월 31일까지 수립해야 한다.
② 소방청장은 제1항에 따라 연도별 계획을 수립하면 지체 없이 관계 중앙행정기관의 장과 시·도지사 및 소방본부장에게 통보해야 한다.

제6조(집행계획의 수립·시행 등)
① 소방본부장은 기본계획 및 연도별계획에 따라 관할지역의 다중이용업소에 대한 안전관리를 위하여 매년 안전관리집행계획(이하 "집행계획"이라 한다)을 수립하여 소방청장에게 제출하여야 한다.
② 소방본부장은 집행계획을 수립하기 위하여 필요한 경우에는 해당 시장·군수·구청장(자치구의 구청장을 말한다. 이하 같다)에게 관련 자료의 제출을 요구할 수 있다. 이 경우 자료제출의 요구를 받은 해당 시장·군수·구청장은 특별한 사유가 없는 한 이에 응하여야 한다.
③ 집행계획의 수립시기·대상·내용 등에 관하여 필요한 사항은 대통령령으로 정한다.

영 제8조(집행계획의 내용 등)
① 소방본부장은 제4조제3항에 따라 공고된 기본계획과 제7조제2항에 따라 통보된 연도별 계획에 따라 안전관리집행계획(이하 "집행계획"이라 한다)을 수립해야 하며, 수립된 집행계획과 전년도 추진실적을 매년 1월 31일까지 소방청장에게 제출해야 한다.
② 소방본부장은 법 제6조제1항에 따라 관할지역의 다중이용업소에 대한 집행계획을 수립할 때에는 다음 각 호의 사항을 포함시켜야 한다.
  1. 다중이용업소 밀집 지역의 소방시설 설치, 유지·관리와 개선계획
  2. 다중이용업주와 종업원에 대한 소방안전교육·훈련계획
  3. 다중이용업주와 종업원에 대한 자체지도 계획
  4. 법 제15조제1항 각 호의 어느 하나에 해당하는 다중이용업소의 화재위험평가의 실시 및 평가
  5. 제4호에 따른 평가결과에 따른 조치계획(화재위험지역이나 건축물에 대한 안전관리와 시설정비 등에 관한 사항을 포함한다)
③ 법 제6조제3항에 따른 집행계획의 수립시기는 해당 연도 전년 12월 31일까지로 하며, 그 수립대상은 제2조의 다중이용업으로 한다.

제3장 허가관청의 통보 등

제7조(관련 행정기관의 통보사항)
① 다른 법률에 의하여 다중이용업의 허가·인가·등록·신고수리(이하 "허가등"이라 한다)를 하는 행정기관(이

하 "허가관청"이라 한다)은 허가 등을 한 날부터 14일 이내에 행정안전부령이 정하는 바에 따라 다중이용업의 소재지를 관할하는 소방본부장 또는 소방서장에게 다음 각 호의 사항을 통보하여야 한다.
1. 다중이용업주의 성명 및 주소
2. 다중이용업소의 상호 및 주소
3. 다중이용업의 업종 및 영업장 면적

② 허가관청은 다중이용업주가 다음 각 호의 어느 하나에 해당하는 행위를 하는 때에는 그 신고를 수리한 날부터 30일 이내에 소방본부장 또는 소방서장에게 통보하여야 한다.
1. 휴·폐업을 한 때 또는 휴업 후 영업을 재개한 때
2. 영업내용을 변경한 때
3. 다중이용업주의 변경 또는 다중이용업주의 주소의 변경
4. 다중이용업소의 상호 또는 주소를 변경한 때

제7조의2 (허가관청의 확인사항)
허가관청은 다른 법률에 따라 다중이용업주의 변경신고 또는 다중이용업주의 지위승계 신고를 수리하기 전에 변경된 다중이용업을 하려는 자가 다음 각 호의 사항을 이행하였는지를 확인하여야 한다.
1. 제8조에 따른 소방안전교육 이수
2. 제13조의2에 따른 화재배상책임보험 가입

칙 제4조 (관련 행정기관의 허가등의 통보)
① 「다중이용업소의 안전관리에 관한 특별법」(이하 "법"이라 한다) 제7조제1항에 따른 다중이용업의 허가·인가·등록·신고수리(이하 "허가등"이라 한다)를 하는 행정기관(이하 "허가관청"이라 한다)은 허가등을 한 날부터 14일 이내에 다음 각 호의 사항을 별지 제1호서식의 다중이용업 허가등 사항(변경사항)통보서에 따라 관할 소방본부장 또는 소방서장에게 통보하여야 한다.
1. 영업주의 성명·주소
2. 다중이용업소의 상호·소재지
3. 다중이용업의 종류·영업장 면적
4. 허가등 일자

② 허가관청은 법 제7조제2항제1호에 따른 휴·폐업과 휴업 후 영업재개신고를 수리한 때에는 별지 제1호서식의 다중이용업 허가등 사항(변경사항)통보서에 따라 30일 이내에 소방본부장 또는 소방서장에게 통보하여야 한다.

③ 허가관청은 법 제7조제2항제2호부터 제4호까지의 규정에 따른 변경사항의 신고를 수리한 때에는 수리한 날부터 30일 이내에 별지 제1호서식의 다중이용업 허가등 사항(변경사항)통보서에 따라 그 변경내용을 관할 소방본부장 또는 소방서장에게 통보하여야 한다.

④ 소방본부장 또는 소방서장은 허가관청으로부터 제1항부터 제3항까지에 따른 통보를 받은 경우에는 별지 제2호서식의 다중이용업 허가등 사항 처리 접수대장에 그 사실을 기록하여 관리하여야 한다.

⑤ 허가관청은 제1항부터 제3항까지에 따른 통보를 할 때에는 법 제19조 제1항에 따른 전산시스템을 이용하여 통보할 수 있다.

제8조 (소방안전교육)
① 다중이용업주와 종업원 및 다중이용업을 하려는 자는 소방청장·소방본부장 또는 소방서장이 실시하는 소방안전교육을 받아야 한다. 다만, 다중이용업주나 종업원이 그 해당년도에 다음 각 호의 어느 하나에 해당하는 교육을 받은 경우에는 그러하지 아니하다.
1. 「화재예방, 소방시설 설치·유지 및 안전관리에 관한 법률」제41조에 따른 소방안전관리자 강습 또는 실

무교육
2. 「위험물안전관리법」제28조에 따른 위험물안전관리자 교육

② 다중이용업주는 제4항의 규정에 의한 종업원에 대하여 소방안전교육을 받도록 하여야 한다.

③ 소방청장·소방본부장 또는 소방서장은 제1항의 규정에 따라 소방안전교육을 받은 자에게는 교육이수를 증명하는 서류(이하 "소방안전교육이수증명서"라 한다)를 발급하여야 한다.

④ 제1항의 규정에 의한 소방안전교육의 대상자, 횟수, 시기, 교육시간 그 밖에 교육에 관하여 필요한 사항은 행정안전부령으로 정한다.

직 **제5조 (소방안전교육의 대상자 등)**

① 법 제8조제1항에 따라 소방청장·소방본부장 또는 소방서장이 실시하는 소방안전교육(이하 "소방안전교육"이라 한다)을 받아야 하는 대상자(이하 "교육대상자"라 한다)는 다음 각 호와 같다.
  1. 다중이용업을 운영하는 자(이하 "다중이용업주"라 한다)
  2. 다중이용업주 외에 해당 영업장(다중이용업주가 둘 이상의 영업장을 운영하는 경우에는 각각의 영업장을 말한다)을 관리하는 종업원 1명 이상 또는 「국민연금법」 제8조제1항에 따라 국민연금 가입의무대상자인 종업원 1명 이상.
  3. 다중이용업을 하려는 자

② 제1항제1호에도 불구하고 다중이용업주가 직접 소방안전교육을 받기 곤란한 경우로서 소방청장이 정하는 경우에는 영업장의 종업원 중 소방청장이 정하는 자로 하여금 다중이용업주를 대신하여 소방안전교육을 받게 할 수 있다.

③ 교육대상자는 다음 각 호의 구분에 따른 시기에 소방안전교육을 받아야 한다. 다만, 교육대상자가 국외에 체류하고 있거나, 질병·부상 등으로 입원해 있는 등 정해진 기간 안에 소방안전교육을 받을 수 없는 사유가 있는 때에는 소방청장이 정하는 바에 따라 3개월의 범위에서 소방안전교육을 연기할 수 있다.
  1. 신규 교육
     가. 다중이용업을 하려는 자: 다중이용업을 시작하기 전. 다만, 다음의 경우에는 1) 또는 2)에서 정한 시기에 소방안전교육을 받아야 한다.
        1) 다른 법률에 따라 다중이용업주의 변경신고 또는 다중이용업주의 지위승계 신고를 하는 경우: 허가관청이 해당 신고를 수리하기 전까지
        2) 법 제9조제3항에 따라 안전시설등의 설치신고 또는 영업장 내부구조 변경신고를 한 경우: 법 제9조제3항제3호에 따른 완공신고를 하기 전까지
     나. 교육대상 종업원: 다중이용업에 종사하기 전
  2. 수시 교육: 법 제8조제1항 및 제2항, 법 제9조제1항·제10조·제11조·제12조제1항·제13조제1항 또는 법 제14조를 위반한 다중이용업주와 교육대상 종업원은 위반행위가 적발된 날부터 3개월 이내. 다만, 법 제9조제1항의 위반행위의 경우에는 과태료 부과대상이 되는 위반행위인 경우에만 해당한다.〈2018. 3.21 단서 신설〉
  3. 보수 교육: 제1호의 신규 교육 또는 직전의 보수 교육을 받은 날이 속하는 달의 마지막 날부터 2년 이내에 1회 이상

④ 소방청장·소방본부장 또는 소방서장은 소방안전교육을 실시하려는 때에는 교육 일시 및 장소 등 소방안전교육에 필요한 사항을 교육일 30일 전까지 소방청·소방본부 또는 소방서의 홈페이지에 게재해야 한다. 이 경우 다음 각 호에서 정하는 시기에 교육대상자에게 알려야 한다.
  1. 신규 교육 대상자 중 법 제9조제3항에 따라 안전시설등의 설치신고 또는 영업장 내부구조 변경 신고를 하는 자: 신고 접수 시
  2. 수시 교육 및 보수 교육 대상자: 교육일 10일 전
⑤ 소방청장·소방본부장 또는 소방서장이 소방안전교육을 하려는 때에는 다중이용업과 관련된 「직능인 경제활동지원에 관한 법률」 제2조에 따른 직능단체 및 민법상의 비영리법인과 협의하여 다른 법령에서 정하는 다중이용업 관련 교육과 병행하여 실시할 수 있다.
⑥ 소방안전교육 시간은 4시간 이내로 한다.
⑦ 제3항에 따라 소방안전교육을 받은 사람이 교육받은 날부터 2년 이내에 다중이용업을 하려는 경우 또는 다중이용업에 종사하려는 경우에는 제3항제1호에 따른 신규 교육을 받은 것으로 본다.
⑧ 소방청장·소방본부장 또는 소방서장은 소방안전교육을 이수한 사람에게 별지 제3호서식의 소방안전교육 이수증명서를 발급하고, 그 내용을 별지 제4호서식의 소방안전교육 이수증명서 발급(재발급)대장에 적어 관리하여야 한다.
⑨ 제8항에 따라 소방안전교육 이수증명서를 발급받은 사람은 소방안전교육 이수증명서를 잃어버렸거나 헐어서 쓸 수 없게 되어 소방안전교육 이수증명서를 재발급받으려면 별지 제5호서식의 소방안전교육 이수증명서 재발급 신청서에 이전에 발급받은 소방안전교육 이수증명서를 첨부(잃어버린 경우는 제외한다)하여 소방본부장 또는 소방서장에게 제출하여야 한다. 이 경우 재발급 신청을 받은 소방본부장 또는 소방서장은 소방안전교육 이수증명서를 즉시 재발급하고, 별지 제4호서식의 소방안전교육 이수증명서 발급(재발급) 대장에 그 사실을 적어 관리하여야 한다.
⑩ 제1항~제9항까지에서 정한 사항 외에 소방안전교육을 위하여 필요한 사항은 소방청장이 정한다.

직 **제6조 (인터넷 홈페이지를 이용한 사이버 소방안전교육)**
① 소방청장, 소방본부장 또는 소방서장은 다중이용업주와 그 종업원 및 다중이용업을 하려는 자에 대한 자율안전관리 책임의식을 높이고 화재발생시 초기대응능력을 향상하기 위하여 인터넷 홈페이지를 이용한 사이버 소방안전교육(이하 "사이버교육"이라 한다)을 위한 환경을 조성하여야 한다.
② 소방청장, 소방본부장, 소방서장은 제1항에 따른 사이버교육을 위하여 해당 소방본부와 소방서 인터넷 홈페이지에 누구나 쉽게 접속하여 사이버교육을 받을 수 있도록 시스템을 구축·운영하여야 한다.
③ 제2항의 사이버교육을 위한 시스템 구축과 그 밖에 필요한 사항은 소방청장이 정한다.

직 **제7조 (소방안전교육의 교과과정 등)**
① 법 제8조제1항에 따른 소방안전교육의 교과과정은 다음 각 호와 같다.
  1. 화재안전과 관련된 법령 및 제도
  2. 다중이용업소에서 화재가 발생한 경우 초기대응 및 대피요령
  3. 소방시설 및 방화시설(방화시설)의 유지·관리 및 사용방법
  4. 심폐소생술 등 응급처치 요령
② 그 밖에 다중이용업소의 안전관리에 관한 교육내용과 관련된 세부사항은 소방청장이 정한다.

제9조 (다중이용업소의 안전관리기준 등)
① 다중이용업주 및 다중이용업을 하고자 하는 자는 영업장에 대통령령이 정하는 안전시설등을 행정안전부령이 정하는 기준에 따라 설치·유지하여야 한다. 이 경우 다음 각 호의 어느 하나에 해당하는 영업장 중 대통령령으로 정하는 영업장에는 소방시설 중 간이스프링클러설비를 행정안전부령으로 정하는 기준에 따라 설치하여야 한다.
  1. 숙박을 제공하는 형태의 다중이용업소의 영업장   2. 밀폐구조의 영업장
② 소방본부장 또는 소방서장은 안전시설 등이 행정안전부령이 정하는 기준에 적합하게 설치 또는 유지되어 있지 아니한 때에는 그 다중이용업주에게 안전시설등에 대하여 보완 등 필요한 조치를 명하거나 허가관청에 관계 법령에 따른 영업정지 처분 또는 허가등의 취소를 요청할 수 있다.
③ 다중이용업을 하고자 하는 자(다중이용업을 하고 있는 자를 포함한다)는 다음 각 호의 어느 하나에 해당하는 때에는 안전시설등을 설치하기 전에 미리 소방본부장 또는 소방서장에게 행정안전부령이 정하는 안전시설등의 설계도서를 첨부하여 행정안전부령이 정하는 바에 따라 신고를 하여야 한다.
  1. 안전시설등을 설치하고자 하는 때
  2. 영업장 내부구조를 변경하려는 경우로서 다음 각 목의 어느 하나에 해당하는 경우
      가. 영업장 면적의 증가   나. 영업장의 구획된 실의 증가   다. 내부통로 구조의 변경
  3. 안전시설등의 공사를 마친 때
④ 소방본부장 또는 소방서장은 제3항제1호와 제2호에 따라 신고를 받은 때에는 설계도서가 행정안전부령이 정하는 기준에 적합한지의 여부를 확인하고, 그에 적합하도록 지도하여야 한다. 〈2009.1.7〉
⑤ 소방본부장 또는 소방서장은 제3항제3호에 따라 공사완료의 신고를 받은 때에는 안전시설등이 행정안전부령이 정하는 기준에 적합하다고 인정하는 경우에는 행정안전부령이 정하는 바에 따라 안전시설등 완비증명서를 발급하여야 하며, 그에 적합하지 아니한 때에는 시정될 때까지 안전시설등 완비증명서를 발급하여서는 아니 된다.
⑥ 법률 제9330호 다중이용업소의 안전관리에 관한 특별법 일부개정법률 부칙 제3항에 따라 대통령령으로 정하는 숙박을 제공하는 형태의 다중이용업소의 영업장으로서 2009년 7월 8일 전에 영업을 개시한 후 영업장의 내부구조·실내장식물·안전시설등 또는 영업주를 변경한 사실이 없는 영업장을 운영하는 다중이용업주가 제1항 후단에 따라 해당 영업장에 간이스프링클러설비를 설치하는 경우 국가와 지방자치단체는 필요한 비용의 일부를 대통령령으로 정하는 바에 따라 지원할 수 있다.

칙 제11조 (안전시설등의 설치신고)
  ① 다중이용업을 하려는 자는 다중이용업소에 안전시설등을 설치하거나 안전시설등의 공사를 마친 경우에는 법 제9조제3항에 따라 별지 제6호서식의 안전시설등 설치(완공)신고서(전자문서로 된 신고서를 포함한다)에 다음 각 호의 서류(전자문서를 포함하며, 설치신고 시에는 제1호부터 제3호까지의 서류를 말한다)를 첨부하여 소방본부장 또는 소방서장에게 제출하여야 한다.
    1. 「소방시설공사업법」 제4조제1항에 따른 소방시설설계업자가 작성한 안전시설등의 설계도서(소방시설의 계통도, 실내장식물의 재료 및 설치면적, 내부구획의 재료, 비상구 및 창호도 등이 표시된 것을 말한다)1부. 다만, 완공신고의 경우에는 설치신고 시 제출한 설계도서와 달라진 내용이 있는 경우에만 제출한다.

2. 별지 제6호의2서식의 안전시설등 설치명세서 1부. 다만 완공신고의 경우에는 설치내용이 설치신고 시와 달라진 경우에만 제출한다.
3. 구획된 실의 세부용도 등이 표시된 영업장의 평면도(복도, 계단 등 해당 영업장의 부수시설이 포함된 평면도를 말한다) 1부 다만, 완공신고의 경우에는 설치내용이 설치신고 시와 달라진 경우에만 제출한다.
4. 법 제13조의3제1항에 따른 화재배상책임보험 증권 사본 등 화재배상책임보험 가입을 증명할 수 있는 서류 1부
5. 「전기사업법」 제66조의2에 따라 받은 전기안전점검확인서(고시원업, 전화방업·화상대화방업, 수면방업, 콜라텍업만 해당한다) 1부   - ②, ③ 생략(중요도 낮음) -
④ 다중이용업주는 다음 각 호의 어느 하나에 해당하여 제2항에 따라 발급받은 안전시설등 완비증명서를 재발급받으려는 경우에는 별지 제9호서식의 안전시설등 완비증명서 재발급 신청서에 이전에 발급받은 안전시설등 완비증명서를 첨부(제1호의 경우는 제외한다)하여 소방본부장 또는 소방서장에게 제출하여야 한다.
1. 안전시설등 완비증명서를 잃어버린 경우
2. 안전시설등 완비증명서가 헐어서 쓸 수 없게 된 경우
3. 안전시설등 및 영업장 내부구조 변경 등이 없이 법 제7조제2항제3호 및 제4호에 해당하는 경우
4. 안전시설등을 추가하지 아니하는 업종으로 업종 변경을 한 경우. 다만, 내부구조 변경 등이 있거나 업종 변경에 따라 강화된 기준을 적용받는 경우는 제외한다.
⑤ 소방본부장 또는 소방서장은 제4항에 따른 신청을 받은 날부터 3일 이내에 안전시설등 완비증명서를 재발급하고, 별지 제8호서식의 안전시설등 완비증명서 발급 대장에 그 사실을 기록하여 관리하여야 한다.

제9조의2 (다중이용업소의 비상구 추락방지)

다중이용업주 및 다중이용업을 하려는 자는 제9조제1항에 따라 설치·유지하는 안전시설등 중 행정안전부령으로 정하는 비상구에 추락위험을 알리는 표지 등 추락 등의 방지를 위한 장치를 행정안전부령으로 정하는 기준에 따라 갖추어야 한다.〈2017.12.26 신설〉

칙 제11조의2 (다중이용업소의 비상구 추락방지 기준)
① 법 제9조의2에서 "행정안전부령으로 정하는 비상구"란 영업장의 위치가 4층 이하(지하층인 경우는 제외한다)인 경우 그 영업장에 설치하는 비상구를 말한다.
② 제1항에 따른 비상구의 설치 기준과 법 제9조의2에 따른 추락 등의 방지를 위한 장치의 설치 기준은 별표 2 제2호다목과 같다.

제10조 (다중이용업의 실내장식물)

① 다중이용업소에 설치 또는 교체하는 실내장식물(반자돌림대 등의 너비가 10cm 이하인 경우를 제외한다)은 <u>불연재료</u> 또는 <u>준불연재료</u>로 설치하여야 한다.
② 제1항의 규정에 불구하고 합판 또는 목재로 실내장식물을 설치하는 경우로서 그 면적이 영업장의 천장과 벽을 합한 면적의 <u>10분의 3</u>(스프링클러설비 또는 간이스프링클러설비가 설치된 경우에는 <u>10분의 5</u>)이하의 부분은 「소방시설 설치·유지 및 안전관리에 관한 법률」 제12조제3항의 규정에 따른 방염성능기준 이상의

것으로 설치할 수 있다.
③ 소방본부장이나 소방서장은 다중이용업소의 실내장식물이 제1항 및 제2항에 따른 실내장식물의 기준에 맞지 아니하는 경우 그 다중이용업주에게 해당 부분의 실내장식물을 교체하거나 제거하게 하는 등 필요한 조치를 하도록 명하거나 허가관청에 관계 법령에 따른 영업정지 처분 또는 허가등의 취소를 요청할 수 있다.

제10조의2 (영업장의 내부구획)
① 다중이용업소의 영업장 내부를 구획하고자 할 때에는 불연재료로 구획하여야 한다. 이 경우 다음 각 호의 어느 하나에 해당하는 다중이용업소의 영업장은 천장(반자속)까지 구획하여야 한다.
  1. 단란주점 및 유흥주점 영업
  2. 노래연습장업
② 제1항에 따른 영업장의 내부구획 기준은 행정안전부령으로 정한다.
③ 소방본부장이나 소방서장은 영업장의 내부구획이 제1항 및 제2항에 따른 기준에 맞지 아니하는 경우에는 그 다중이용업주에게 보완 등 필요한 조치를 명하거나 허가관청에 관계 법령에 따른 영업정지 처분 또는 허가등의 취소를 요청할 수 있다.

칙 제11조의3 (영업장의 내부구획 기준)
법 제10조의2제1항에 따라 다중이용업소의 영업장 내부를 구획함에 있어 배관 및 전선관 등이 영업장 또는 천장(반자속)의 내부구획된 부분을 관통하여 틈이 생긴 때에는 다음 각 호의 어느 하나에 해당하는 재료를 사용하여 그 틈을 메워야 한다.
  1. 「산업표준화법」에 따른 한국산업표준에서 내화충전성능을 인정한 구조로 된 것
  2. 「과학기술분야 정부출연연구기관 등의 설립·운영에 관한 법률」에 따라 설립된 한국건설기술연구원의 장이 국토교통부장관이 정하여 고시하는 기준에 따라 내화충전성능을 인정한 구조로 된 것

제11조 (피난시설 및 방화시설의 유지·관리) -생략-

제12조 (피난안내도의 비치 또는 피난안내 영상물의 상영)
① 다중이용업주는 화재 등 재난 그 밖의 위급한 상황의 발생 시 이용객들이 안전하게 피난할 수 있도록 피난계단·피난통로, 피난설비 등이 표시되어 있는 피난안내도를 갖추어 두거나 피난안내에 관한 영상물을 상영하여야 한다.
② 제1항에 따라 피난안내도를 갖추어 두거나 피난안내에 관한 영상물을 상영하여야 하는 대상, 피난안내도를 비치하여야 하는 위치, 피난안내에 관한 영상물의 상영시간, 피난안내도 및 피난안내에 관한 영상물에 포함되어야 할 내용 그 밖에 필요한 사항은 행정안전부령으로 정한다.

칙 제12조 (피난안내도의 비치 등)
  ① 법 제12조제2항에 따른 피난안내도 비치 대상, 피난안내 영상물 상영 대상, 피난안내도 비치 위치 및 피난안내 영상물 상영 시간 등은 별표 2의2와 같다.
  ② 제1항에 따라 피난안내도를 비치하거나 피난안내에 관한 영상물을 상영하여야 하는 다중이용업주는 법 제13조제1항에 따라 안전시설등을 점검할 때에 피난안내도 및 피난안내에 관한 영상물을 포함하여 점검하여야 한다.

제13조(다중이용업주의 안전시설등에 대한 정기점검 등)
① 다중이용업주는 다중이용업소의 안전관리를 위하여 정기적으로 안전시설 등을 점검하고 그 점검결과서를 <u>1년간</u> 보관하여야 한다.
② 다중이용업주는 제1항에 따른 정기점검을 행정안전부령으로 정하는 바에 따라 「화재예방, 소방시설설치유지 및 안전관리에 관한법률」 제29조의 규정에 따른 소방시설관리업자에게 위탁할 수 있다.
③ 제1항에 따른 안전점검의 대상, 점검자의 자격, 점검주기, 점검방법 그 밖에 필요한 사항은 행정안전부령으로 정한다.

칙 제14조(안전점검의 대상, 점검자의 자격 등)
법 제13조제3항에 따른 안전점검의 대상, 점검자의 자격, 점검주기, 점검방법은 다음 각 호와 같다.
1. 안전점검 대상: 다중이용업소의 영업장에 설치된 영 제9조의 안전시설등
2. 안전점검자의 자격은 다음 각 목과 같다.
   가. 해당 영업장의 다중이용업주 또는 다중이용업소가 위치한 특정소방대상물의 소방안전관리자(소방안전관리자가 선임된 경우에 한한다)
   나. 해당 업소의 종업원 중 「화재예방, 소방시설 설치유지 및 안전관리에 관한 법률 시행령」 제23조제2항제7호마목 또는 제3항제5호자목에 따라 소방안전관리자 자격을 취득한 자, 「국가기술자격법」에 따라 소방기술사·소방설비기사 또는 소방설비산업기사 자격을 취득한 자
   다. 「화재예방, 소방시설설치유지 및 안전관리에 관한 법률」 제29조에 따른 소방시설관리업자
3. 점검주기: 매 <u>분기별 1회 이상 점검</u>. 다만, 「화재예방, 소방시설설치유지 및 안전관리에 관한 법률」 제25조제1항에 따라 자체점검을 실시한 경우에는 자체점검을 실시한 그 분기에는 점검을 실시하지 아니할 수 있다.
4. 점검방법: 안전시설등의 작동 및 유지·관리 상태를 점검한다.

제13조의2(화재배상책임보험 가입 의무)
① 다중이용업주 및 다중이용업을 하려는 자는 다중이용업소의 화재(폭발을 포함한다. 이하 같다)로 인하여 다른 사람이 사망·부상하거나 재산상의 손해를 입은 경우 피해자(피해자가 사망한 경우에는 손해배상을 받을 권리를 가진 자를 말한다)에게 대통령령으로 정하는 금액을 지급할 책임을 지는 책임보험(이하 "화재배상책임보험"이라 한다)에 <u>가입하여야 한다.</u>
② 「보험업법」 제2조제1호에 따른 다른 종류의 보험상품에 제1항에서 정한 화재배상책임보험의 내용이 포함되는 경우에는 이 법에 따른 화재배상책임보험으로 본다.
③ 보험회사는 제1항에 따른 화재배상책임보험 계약을 체결하는 경우 해당 다중이용업소의 안전시설등의 설치·유지 및 안전관리에 관한 사항을 고려하여 보험료율을 차등 적용할 수 있다.
④ 제3항에 따라 보험회사가 보험료율을 차등 적용하는 경우에는 다중이용업소의 업종 및 면적 등 대통령령으로 정하는 사항을 고려하여야 한다.

영 제9조의2(화재배상책임보험의 보험금액)
① 법 제13조의2제1항에 따라 다중이용업주가 가입하여야 하는 화재배상책임보험은 다음 각 호의 기준을 충족하는 것이어야 한다.
1. 사망의 경우: 피해자 1명당 <u>1억5천만 원의 범위</u>에서 피해자에게 발생한 손해액을 지급할 것. 다만, 그 손해액이 2천만 원 미만인 경우에는 <u>2천만 원</u>으로 한다.

2. 부상의 경우: 피해자 1명당 별표 2에서 정하는 금액의 범위에서 피해자에게 발생한 손해액을 지급할 것
3. 부상에 대한 치료를 마친 후 더 이상의 치료효과를 기대할 수 없고 그 증상이 고정된 상태에서 그 부상이 원인이 되어 신체의 장애(이하"후유장애"라 한다)가 생긴 경우: 피해자 1명당 별표 3에서 정하는 금액의 범위에서 피해자에게 발생한 손해액을 지급할 것
4. 재산상 손해의 경우: 사고 1건당 10억원의 범위에서 피해자에게 발생한 손해액을 지급할 것

② 제1항에 따른 화재배상책임보험은 하나의 사고로 제1항 제1호부터 제3호까지 중 둘 이상에 해당하게 된 경우 다음 각 호의 기준을 충족하는 것이어야 한다.
1. 부상당한 사람이 치료 중 그 부상이 원인이 되어 사망한 경우: 피해자 1명당 제1항 제1호에 따른 금액과 제1항제2호에 따른 금액을 더한 금액을 지급할 것
2. 부상당한 사람에게 후유장애가 생긴 경우: 피해자 1명당 제1항 제2호에 따른 금액과 제1항 제3호에 따른 금액을 더한 금액을 지급할 것
3. 제1항제3호에 따른 금액을 지급한 후 그 부상이 원인이 되어 사망한 경우: 피해자 1명당 제1항제1호에 따른 금액에서 제1항 제3호에 따른 금액 중 사망한 날 이후에 해당하는 손해액을 뺀 금액을 지급할 것

제9조의3 (화재배상책임보험의 보험요율 차등 적용 등)

① 법 제13조의2제4항에서 "다중이용업소의 업종 및 면적 등 대통령령으로 정하는 사항"이란 다음 각 호의 사항을 말한다.
1. 해당 다중이용업소가 속한 업종의 화재발생빈도
2. 해당 다중이용업소의 영업장 면적
3. 법 제20조제1항에 따라 공개된 법령위반업소에 해당하는지 여부
4. 법 제21조제1항에 따라 공표된 안전관리우수업소에 해당하는지 여부

② 소방청장은 법 제13조의2제3항에 따라 보험회사가 보험요율을 차등 적용하는 데 활용할 수 있도록 다음 각 호의 자료를 매년 1월 31일까지 「보험업법」 제176조에 따른 보험요율 산출기관에 제공하여야 한다.
1. 법 제20조제1항에 따른 법령위반업소 현황 2. 법 제21조제1항에 따른 안전관리우수업소 현황

제13조의3 (화재배상책임보험 가입 촉신 및 관리)

① 다중이용업주는 다음 각 호의 어느 하나에 해당하는 경우에는 화재배상책임보험에 가입한 후 그 증명서(보험증권을 포함한다)를 소방본부장 또는 소방서장에게 제출하여야 한다.
1. 제7조제2항제3호 중 다중이용업주를 변경한 경우   2. 제9조제3항 각 호에 따른 신고를 할 경우

② 화재배상책임보험에 가입한 다중이용업주는 행정안전부령으로 정하는 바에 따라 화재배상책임보험에 가입한 영업소임을 표시하는 표지를 부착할 수 있다.

③ 보험회사는 화재배상책임보험의 계약을 체결하고 있는 다중이용업주에게 그 계약 종료일의 75일 전부터 30일 전까지의 기간 및 30일 전부터 10일 전까지의 기간에 각각 그 계약이 끝난다는 사실을 알려야 한다. 다만, 다음 각 호의 어느 하나에 해당하는 경우에는 그러하지 아니하다.
1. 보험기간이 1개월 이내인 계약의 경우

2. 다중이용업주가 자기와 다시 계약을 체결한 경우
3. 다중이용업주가 다른 보험회사와 새로운 계약을 체결한 사실을 안 경우

④ 보험회사는 화재배상책임보험에 가입하여야 할 자가 다음 각 호의 어느 하나에 해당하면 그 사실을 행정안전부령으로 정하는 기간 내에 소방청장, 소방본부장 또는 소방서장에게 알려야 한다.
1. 화재배상책임보험 계약을 체결한 경우
2. 화재배상책임보험 계약을 체결한 후 계약 기간이 끝나기 전에 그 계약을 해지한 경우
3. 화재배상책임보험 계약을 체결한 자가 그 계약 기간이 끝난 후 자기와 다시 계약을 체결하지 아니한 경우

⑤ 소방본부장 또는 소방서장은 다중이용업주가 화재배상책임보험에 가입하지 아니하였을 때에는 허가관청에 다중이용업주에 대한 인가·허가의 취소, 영업의 정지 등 필요한 조치를 취할 것을 <u>요청할 수 있다</u>.

⑥ 소방청장, 소방본부장 또는 소방서장은 다중이용업주의 화재배상책임보험 가입을 관리하기 위하여 필요한 경우에는 사업자등록번호를 기재하여 관할 세무관서의 장에게 다음 각 호의 사항에 대한 과세정보 제공을 요청할 수 있다.
1. 대표자 성명 및 주민등록번호, 사업장 소재지
2. 휴업·폐업한 사업자의 성명 및 주민등록번호, 휴업일·폐업일

칙 제14조의3(화재배상책임보험 계약 체결 사실 등의 통지 시기 등)

① 보험회사는 법 제13조의3제4항에 따라 화재배상책임보험 계약 체결 사실 등을 다음 각 호의 구분에 따른 시기에 소방청장, 소방본부장 또는 소방서장에게 알려야 한다.
1. 법 제13조의3제4항제1호에 해당하는 경우: 계약 체결 사실을 보험회사의 전산시스템에 입력한 날부터 5일 이내. 다만, 계약의 효력발생일부터 30일을 초과하여서는 아니 된다.
2. 법 제13조의3제4항제2호에 해당하는 경우: 계약 해지 사실을 보험회사의 전산시스템에 입력한 날부터 5일 이내. 다만, 계약의 효력소멸일부터 30일을 초과하여서는 아니 된다.
3. 법 제13조의3제4항제3호에 해당하는 경우에는 다음 각 목의 시기
   가. 매월 1일부터 10일까지의 기간 내에 계약이 끝난 경우: 같은 달 20일까지
   나. 매월 11일부터 20일까지의 기간 내에 계약이 끝난 경우: 같은 달 말일까지
   다. 매월 21일부터 말일까지의 기간 내에 계약이 끝난 경우: 그 다음 달 10일까지

② 보험회사가 제1항에 따라 화재배상책임보험 계약 체결 사실 등을 알릴 때에는 다음 각 호의 사항을 포함하여야 한다.
1. 다중이용업주의 성명, 주민등록번호 및 주소(법인의 경우에는 법인의 명칭, 법인등록번호 및 주소를 말한다)
2. 다중이용업소의 상호, 영 제2조에 따른 다중이용업의 종류, 영업장 면적 및 영업장 주소
3. 화재배상책임보험 계약 기간(법 제13조의3제4항제1호의 경우만 해당한다)

③ 보험회사가 제1항에 따라 화재배상책임보험 계약 체결 사실 등을 알릴 때에는 법 제19조제2항에 따른 책임보험전산망을 이용하여야 한다. 다만, 전산망의 장애 등으로 책임보험전산망을 이용하기 곤란한 경우에는 문서 또는 전자우편 등의 방법으로 알릴 수 있다.

제13조의4 (보험금의 지급)
　보험회사는 화재배상책임보험의 보험금 청구를 받은 때에는 지체 없이 지급할 보험금을 결정하고 보험금 결정 후 14일 이내에 피해자에게 보험금을 지급하여야 한다.

제13조의5 (화재배상책임보험 계약의 체결의무 및 가입강요 금지)
　① 보험회사는 다중이용업주가 화재배상책임보험에 가입할 때에는 계약의 체결을 거부할 수 없다. 다만, 대통령령으로 정하는 경우에는 그러하지 아니하다.
　② 다중이용업소에서 화재가 발생할 개연성이 높은 경우 등 행정안전부령으로 정하는 사유가 있으면 다수의 보험회사가 공동으로 화재배상책임보험 계약을 체결할 수 있다. 이 경우 보험회사는 다중이용업주에게 공동계약체결의 절차 및 보험료에 대한 안내를 하여야 한다.
　③ 보험회사는 화재배상책임보험 외에 다른 보험의 가입을 다중이용업주에게 강요할 수 없다.

　영칙 제9조의4 (화재배상책임보험 계약의 체결 거부)
　　　제14조의4(공동계약 체결이 가능한 경우) －생략－

제13조의6 (화재배상책임보험 계약의 해제·해지)
　보험회사는 다음 각 호의 어느 하나에 해당하는 경우 외에는 다중이용업주와의 화재배상책임보험 계약을 해제하거나 해지하여서는 아니 된다.
　　1. 제7조제2항제3호에 따라 다중이용업주가 변경된 경우. 다만, 변경된 다중이용업주가 화재배상책임보험 계약을 승계한 경우는 제외한다.
　　2. 다중이용업주가 화재배상책임보험에 이중으로 가입되어 그 중 하나의 계약을 해제 또는 해지하려는 경우
　　3. 그 밖에 행정안전부령으로 정하는 경우

　칙 제14조의5(화재배상책임보험 계약의 해제·해지 가능 사유)
　　법 제13조의6제3호에서 "행정안전부령으로 정하는 경우"란 다음 각 호의 어느 하나에 해당하는 경우를 말한다.
　　　1. 폐업한 경우 / 2. 영 제2조에 따른 다중이용업에 해당하지 않게 된 경우 / 3. 천재지변, 사고 등의 사유로 다중이용업주가 다중이용업을 더 이상 운영할 수 없게 된 사실을 증명한 경우
　　　4. 「상법」 제650조 제1항제2항, 제651조, 제652조 제1항 또는 제654조에 따른 계약 해지 사유가 발생한 경우

제4장 다중이용업소 안전관리를 위한 기반조성

제14조 (다중이용업소의 소방안전관리)
　다중이용업주는 「화재예방, 소방시설 설치·유지 및 안전관리에 관한 법률」 제20조제6항제3호·제5호 내지 제7호의 규정에 따라 소방안전관리업무를 수행하여야 한다.

제15조 (다중이용업소에 대한 화재위험평가 등)
　① 소방청장·소방본부장 또는 소방서장은 다음 각 호의 어느 하나에 해당하는 지역 또는 건축물에 대하여 화재

예방과 화재로 인한 생명·신체·재산상의 피해를 방지하기 위하여 필요하다고 인정되는 경우에는 화재위험평가를 실시할 수 있다.
  1. 2천제곱미터 지역 안에 다중이용업소가 50개 이상 밀집하여 있는 경우
  2. 5층 이상인 건축물로서 다중이용업소가 10개 이상 있는 경우
  3. 하나의 건축물에 다중이용업소로 사용하는 영업장 바닥면적의 합계가 1천제곱미터 이상인 경우
② 소방청장·소방본부장 또는 소방서장은 화재위험평가의 결과 그 위험유발지수가 대통령령이 정하는 기준 이상인 경우에는 해당 다중이용업주에 대하여 「화재예방, 소방시설 설치·유지 및 안전관리에 관한 법률」 제5조의 규정에 의한 조치를 명할 수 있다.
③ 소방청장·소방본부장 또는 소방서장은 제2항의 규정에 따른 명령으로 인하여 손실을 받은 자가 있는 경우에는 대통령령이 정하는 바에 따라 이를 보상하여야 한다. 다만, 법령을 위반하여 건축 또는 설비된 다중이용업소에 대하여는 그러하지 아니하다.
④ 소방청장·소방본부장 또는 소방서장은 화재위험평가의 결과 그 위험유발지수가 대통령령이 정하는 기준 미만인 다중이용업소에 대하여는 안전시설 등의 일부를 설치하지 아니하게 할 수 있다.
⑤ 소방청장·소방본부장 또는 소방서장은 화재위험평가를 제16조제1항의 규정에 의한 화재위험평가대행자로 하여금 대행하게 할 수 있다.

영 제10조 (화재위험평가의 대상기준)
법 제15조제1항제1호에 따른 화재위험평가대상은 도로로 둘러싸인 일단(일단)의 지역의 중심지점을 기준으로 한다.

영 제11조 (화재위험유발지수)
① 법 제15조제2항에서 "대통령령으로 정하는 기준 이상인 경우"란 별표 4의 디(D) 등급 또는 이(E) 등급인 경우를 말한다.
② 제1항에 따른 위험유발지수의 산정기준·방법 등은 소방청장이 정하여 고시한다.

영 제12조 (손실보상)
① 법 제15조제3항에 따라 소방청장·소방본부장 또는 소방서장이 손실을 보상하는 경우에는 법 제15조제2항에 따른 명령으로 인하여 생긴 손실을 시가로 보상해야 한다.
② 제1항에 따른 손실보상에 관하여는 소방청장·소방본부장 또는 소방서장과 손실을 입은 자가 협의해야 한다.
③ 제2항에 따른 보상금액에 관한 협의가 성립되지 아니한 경우에는 소방청장·소방본부장 또는 소방서장은 그 보상금액을 지급하여야 한다. 다만, 보상금액의 수령을 거부하거나 수령할 자가 불분명한 경우에는 그 보상금액을 공탁하고 이 사실을 통지하여야 한다.
④ 제3항에 따른 보상금의 지급 또는 공탁의 통지에 불복하는 자는 지급 또는 공탁의 통지를 받은 날부터 30일 이내에 행정안전부령으로 정하는 바에 따라 「공익사업을 위한 토지 등의 취득 및 보상에 관한 법률」 제49조에 따른 중앙토지수용위원회에 재결(재결)을 신청할 수 있다.
⑤ 제1항에 따른 손실보상의 범위, 협의절차, 방법 등에 관하여 필요한 사항은 「공익사업을 위한 토지 등의 취득 및 보상에 관한 법률」이 정하는 바에 따른다.

직 제15조 (손실보상 재결신청) -생략-
영 제13조 (안전시설 등의 설치 일부 면제)

법 제15조제4항에서"대통령령으로 정하는 기준 미만인 다중이용업소"란 별표 4의 에이(A) 등급인 다중이용업소를 말한다.

제16조 (화재위험평가대행자의 등록 등)

① 제15조제5항의 규정에 따라 화재위험평가를 대행하고자 하는 자는 대통령령이 정하는 기술인력·시설 및 장비를 갖추고 행정안전부령이 정하는 바에 따라 소방청장에게 화재위험평가대행자(이하 "평가대행자"라 한다)로 등록하여야 한다. 등록사항 중 대통령령이 정하는 중요사항을 변경하는 때에도 또한 같다.

② 다음 각 호의 어느 하나에 해당하는 자는 평가대행자로 등록할 수 없다.
 1. 피성년후견인 또는 피한정후견인　　　　2. 〈삭제〉
 3. 제17조제1항의 규정에 따라 등록이 취소(이 항 제1호에 해당하여 등록이 취소된 경우는 제외한다)된 후 2년이 경과되지 아니한 자
 4. 이 법, 「소방기본법」, 「소방시설공사업법」, 「화재예방, 소방시설 설치·유지 및 안전관리에 관한 법률」, 「위험물안전관리법」에 위반하여 징역 이상의 실형의 선고를 받고 그 형의 집행이 종료되거나 집행을 받지 아니하기로 확정된 후 2년이 경과되지 아니한 자
 5. 임원 중 제1호 내지 제4호의 어느 하나에 해당하는 자가 있는 법인

③ 평가대행자는 다음 각 호의 사항을 준수하여야 한다.
 1. 평가서를 허위로 작성하지 아니할 것　　2. 다른 평가서의 내용을 복제하지 아니할 것
 3. 평가서를 행정안전부령이 정하는 기간 동안 보존할 것
 4. 평가대행자는 등록증이나 명의를 다른 사람에게 대여하거나 도급받은 화재위험평가 업무를 하도급하지 아니할 것

④ 평가대행자는 업무를 휴지 또는 폐지하고자 하는 때에는 소방청장에게 신고하여야 한다.

⑤ 제4항의 규정에 따른 휴지 또는 폐지의 신고에 관하여 필요한 사항은 행정안전부령으로 정한다.

영 제14조 (화재위험평가대행자의 등록신청 등)

법 제16조제1항에 따라 화재위험평가를 대행하려는 자가 갖추어야 할 기술인력·시설 및 장비는 별표 5와 같다.

영 제15조 (화재위험평가대행자의 등록사항 변경신청)

① 법 제16조제1항에서 "대통령령이 정하는 중요사항"이란 다음 각 호의 사항을 말한다.
 1. 대표자　　　　　　　　　　　　　　2. 사무소의 소재지
 3. 평가대행자의 명칭이나 상호　　　　4. 기술인력의 보유현황

② 평가대행자는 제1항 각 호의 어느 하나에 해당하는 변경사유가 발생하면 변경사유가 발생한 날부터 30일 이내에 행정안전부령으로 정하는 서류를 첨부하여 행정안전부령으로 정하는 바에 따라 소방청장에게 변경등록을 해야 한다.

영 제16조 (화재위험평가대행자의 등록 등의 공고)

소방청장은 다음 어느 하나에 해당하는 경우에는 이를 소방청 인터넷 홈페이지 등에 공고해야 한다.
 1. 법 제16조제1항에 따라 화재위험평가대행자로 등록한 경우
 2. 법 제16조제4항에 따른 업무의 폐지신고를 받은 경우
 3. 법 제17조제1항에 따라 등록을 취소한 경우

제16조(화재위험평가대행자의 등록신청 등)
① 법 제16조제1항에 따라 화재위험평가를 대행하려는 자는 별지 제12호서식의 화재위험평가대행자(이하 "평가대행자"라 한다) 등록신청서에 다음 각 호의 서류(전자(이하 "평가대행자"라 한다)문서를 포함한다)를 첨부하여 소방청장에게 제출하여야 한다.
  1. 별지 제14호서식의 기술인력명부 및 기술자격을 증명하는 서류(「국가기술자격법」에 따라 발급받은 국가기술자격증이 없는 경우만 해당한다)
  2. 실무경력증명서(해당자에 한한다) 1부   3. 영 별표 5에 따른 시설 및 장비명세서 1부
③ 소방청장은 제1항에 따른 등록신청이 영 제14조 및 영 별표 5에 따른 기준에 적합하다고 인정되는 경우에는 등록신청을 받은 날부터 30일 이내에 별지 제15호서식의 화재위험평가대행자등록증을 발부하고, 별지 제13호서식의 화재위험평가대행자등록증 발급(재발급) 대장에 기록하여 관리하여야 한다. - ② ④~⑦ 생략(중요도 낮음) -

제17조(평가대행자의 등록사항 변경신청 등) -생략-

제18조(화재위험평가서의 보존기간)
법 제16조제3항제3호의 "행정안전부령으로 정하는 기간 동안"이란 화재위험평가결과보고서를 소방청장·소방본부장 또는 소방서장 등에게 제출한 날부터 2년간을 말한다.

제19조(휴업 및 폐업신고 등)
① 평가대행자는 법 제16조제4항에 따라 휴업 또는 폐업을 하려는 때에는 별지 제17호서식의 화재위험평가대행자 휴업(폐업)신고서에 화재위험평가대행자 등록증을 첨부하여 소방청장에게 제출한다.
② 소방청장은 제1항에 따라 휴업 또는 폐업신고를 받은 때에는 이를 특별시장·광역시장·도지사 또는 특별자치도지사에게 통보하여야 한다.

제17조(평가대행자의 등록취소 등)
① 소방청장은 평가대행자가 다음 각 호의 어느 하나에 해당하는 경우에는 그 등록을 취소하거나 6월 이내의 기간을 정하여 업무의 정지를 명할 수 있다. 다만, 제1호 내지 제4호의 어느 하나에 해당하는 경우에는 그 등록을 취소하여야 한다.
  1. 제16조 제2항 각 호의 어느 하나에 해당하는 경우. 다만, 법인의 임원 중 제16조 제2항 제5호에 해당하는 자가 있는 경우에는 6월 이내에 그 임원을 개임한 때에는 그러하지 아니하다.
  2. 거짓 그 밖의 부정한 방법으로 등록한 경우
  3. 최근 1년 이내에 2회의 업무정지처분을 받고 다시 업무정지처분 사유에 해당하는 행위를 한 경우
  4. 다른 사람에게 등록증이나 명의를 대여한 경우
  5. 제16조제1항의 규정에 의한 등록기준에 미달하게 된 경우
  6. 제16조제3항제2호의 규정을 위반하여 다른 평가서의 내용을 복제한 경우
  7. 제16조제3항제3호의 규정을 위반하여 평가서를 행정안전부령이 정하는 기간동안 보존하지 아니한 경우
  8. 제16조제3항제4호의 규정을 위반하여 도급받은 화재위험평가 업무를 하도급한 경우
  9. 평가서를 허위로 작성하거나 고의 또는 중대한 과실로 평가서를 부실하게 작성한 경우
  10. 등록 후 2년 이내에 화재위험평가 대행업무를 개시하지 아니하거나 계속하여 2년 이상 화재위험평가 대행실적이 없는 경우

② 제1항의 규정에 따라 등록취소 또는 업무정지의 처분을 받은 자는 그 처분을 받은 날부터 화재위험평가 대행업무를 수행할 수 없다.
③ 제1항의 규정에 의한 행정처분의 기준 그 밖에 필요한 사항은 행정안전부령으로 정한다.

제17조의2 (청문)
소방청장은 제17조제1항에 따라 평가대행자의 등록을 취소하거나 업무를 정지하려면 청문을 실시한다.

제18조 (평가서의 작성방법 및 평가대행비용의 산정기준)
소방청장은 평가서의 작성방법 및 화재위험평가의 대행에 필요한 비용의 산정기준을 정하여 고시하여야 한다.

제19조 (안전관리에 관한 전산시스템의 구축·운영)
① 소방청장은 허가 등 또는 그 변경 사항과 관련 통계 등 업무수행에 필요한 행정정보를 다중이용업소의 안전관리에 관한 정책수립, 연구·조사 등에 활용하기 위하여 전산시스템을 구축·운영하여야 한다.
②~④ 생략

제20조 (법령위반업소의 공개)
① 소방청장·소방본부장 또는 소방서장은 다중이용업주가 제9조제2항 및 제15조제2항의 규정에 의한 조치명령을 2회 이상 받고도 이를 이행하지 아니하는 때에는 그 조치 내용(동 위반사항에 대하여 수사기관에 고발된 경우에는 그 고발된 사실을 포함)을 인터넷 등에 공개할 수 있다.
② 제1항의 규정에 따라 위반업소를 공개하는 경우 그 내용·기간 및 방법 등에 관하여 필요한 사항은 대통령령으로 정한다.

> 영 제17조 (조치명령 미이행업소 공개사항의 제한)
> 법 제20조제1항에 따른 조치명령 미이행업소의 공개가 제3자의 법익을 침해하는 경우에는 제3자와 관련된 사실을 공개하여서는 아니 된다.

> 영 제18조 (조치명령 미이행업소의 공개사항 등)
> ① 법 제20조제1항에 따라 소방청장·소방본부장 또는 소방서장이 조치명령 미이행업소를 공개하려면 공개내용과 공개방법 등을 그 업소의 관계인(영업주와 소속 종업원을 말한다)에게 미리 알려야 한다.
> ② 법 제20조제1항에 따라 조치명령 미이행업소를 공개할 때에는 다음 각 호의 사항을 포함해야 하며, 공개기간은 그 업소가 조치명령을 이행하지 아니한 때부터 조치명령을 이행할 때까지로 한다.
>   1. 미이행업소명   2. 미이행업소의 주소
>   3. 소방청장·소방본부장 또는 소방서상이 조치한 내용   4. 미이행이 횟수
> ③ 소방청장·소방본부장 또는 소방서장은 제2항에 따른 사항을 다음 각 호의 2개 이상의 매체에 공개한다.
>   1. 관보 또는 시·도의 공보   2. 소방청, 시·도 소방본부 또는 소방서의 인터넷 홈페이지
>   3. 중앙일간지 신문 또는 해당 지역 일간지 신문   4. 유선방송   5. 반상회보(반상회보)
>   6. 시·군·구청 소식지(시·군·구청에서 지역 주민들에게 무료로 배포하는 소식지를 말한다)
> ④ 소방청장, 소방본부장 또는 소방서장은 제3항 제2호에 따라 소방청, 소방본부 또는 소방서의 인터넷 홈페이지에 공개한 경우로서 다중이용업주가 사후에 법 제9조제2항 또는 법 제15조제2항에 따른 조치명령을 이행한 경우에는 이를 확인한 날부터 2일 이내에 공개내용을 해당 인터넷 홈페이지에서 삭제해야 한다.

제21조 (안전관리우수업소표지 등)

① 소방본부장 또는 소방서장은 다중이용업소의 안전관리업무 이행실태가 우수하여 대통령령이 정하는 요건에 해당한다고 인정하는 때에는 그 사실을 해당 다중이용업주에게 통보하고 이를 공표할 수 있다.
② 제1항의 규정에 따라 통보받은 다중이용업주는 해당 사실을 나타내는 표지(이하 "안전관리우수업소표지"라 한다)를 영업소의 명칭과 함께 영업소의 출입구에 부착할 수 있다.
③ 소방본부장 또는 소방서장은 제1항의 규정에 해당하는 다중이용업소에 대하여는 행정안전부령이 정하는 기간동안 「화재예방, 소방시설 설치·유지 및 안전관리에 관한 법률」 제4조의 규정에 의한 소방특별조사 및 제8조의 규정에 의한 소방안전교육을 면제할 수 있다.
④ 안전관리우수업소표지에 관하여 필요한 사항은 행정안전부령으로 정한다.

영 제19조 (안전관리우수업소)

법 제21조제1항에 따른 안전관리우수업소(이하 "안전관리우수업소")의 요건은 다음 각 호와 같다.
1. 공표일 기준으로 최근 3년 동안 「화재예방, 소방시설 설치유지 및 안전관리에 관한 법률」 제10조 제1항 각 호의 위반행위가 없을 것
2. 공표일 기준으로 최근 3년 동안 소방·건축·전기 및 가스 관련 법령 위반 사실이 없을 것
3. 공표일 기준으로 최근 3년 동안 화재 발생 사실이 없을 것
4. 자체계획을 수립하여 종업원의 소방교육 또는 소방훈련을 정기적으로 실시하고 공표일 기준으로 최근 3년 동안 그 기록을 보관하고 있을 것

영 제20조 (안전관리우수업소의 공표절차 등)

① 소방본부장이나 소방서장은 법 제21조제1항에 따라 안전관리우수업소를 인정하여 공표하려면 제19조 각 호의 내용을 제18조 제3항 제1호부터 제3호까지의 규정에서 정한 매체에 안전관리우수업소 인정 예정공고를 해야 한다.
② 제1항의 공고에 따른 안전관리우수업소 인정 예정공고의 내용에 이의가 있는 사람은 안전관리우수업소 인정 예정공고일부터 20일 이내에 소방본부장이나 소방서장에게 전자우편이나 서면으로 이의신청을 할 수 있다.
③ 소방본부장이나 소방서장은 제2항에 따른 이의신청이 있으면 이에 대하여 조사·검토한 후, 그 결과를 이의신청을 한 당사자와 해당 다중이용업주에게 알려야 한다.
④ 소방본부장이나 소방서장은 법 제21조제1항에 따라 안전관리우수업소를 인정하여 공표하려는 경우에는 공표일부터 2년의 범위에서 안전관리우수업소표지 사용기간을 정하여 공표해야 한다.

영 제21조 (안전관리우수업소의 표지 등)

① 소방본부장이나 소방서장은 안전관리우수업소에 대하여 안전관리우수업소 표지를 내준 날부터 2년마다 정기적으로 심사를 하여 위반사항이 없는 경우에는 안전관리우수업소표지를 갱신하여 내줘야 한다.
② 제1항에 따른 정기심사와 안전관리우수업소표지 갱신절차에 관하여 필요한 사항은 행정안전부령으로 정한다.

영 제22조 (다중이용업주의 신청에 의한 안전관리우수업소 공표 등)
영 제22조의2 (고유식별정보의 처리) - 생략-

제22조의3 (규제의 재검토)

> **칙** 제21조 (안전관리우수업소 표지 크기 등)
> ① 법 제21조제3항에서 "행정안전부령으로 정하는 기간 동안"이란 법 제21조제1항에 따라 소방본부장 또는 소방서장으로부터 안전관리업무 이행실태가 우수하다고 통보 받은 날부터 2년이 되는 날까지를 말한다. / ② 법 제21조제1항에 따른 안전관리우수업소(이하 "안전관리우수업소"라 한다) 표지의 규격·재질·부착기간 등은 별표 4와 같다.

> **칙** 제22조 (안전관리우수업소 표지 발급대장의 관리 등)
> ① 소방본부장 또는 소방서장은 영 제21조제1항에 따라 안전관리우수업소 표지를 발급한 날부터 2년이 되는 날 이후 30일 이내에 정기심사를 실시하여 영 제19조에 따른 요건에 적합한 경우에는 안전관리우수업소표지를 갱신해 주어야 한다.
> ② 소방본부장 또는 소방서장은 안전관리우수업소 표지를 발급 또는 갱신발급 때에는 별지 제18호서식의 안전관리우수업소 표지 발급(갱신발급)대장에 그 사실을 기록하고 관리하여야 한다.

> **칙** 제23조 (안전관리우수업소의 공표)
> ① 소방본부장 또는 소방서장은 영 제21조제1항에 따라 안전관리우수업소의 표지를 발급한 때에는 이를 지체 없이 공표하여야 한다.
> ② 제1항에 따른 공표는 영 제18조제3항에 따른 매체에 다음 각 호의 구분에 따라 그 내용을 기재하여 이를 공표한다.
>   1. 안전관리우수업소의 공표 또는 갱신공표의 경우
>   가. 안전관리우수업소의 명칭과 다중이용업주 이름   나. 안전관리우수업무의 내용
>   다. 안전관리우수업소 표지를 부착할 수 있는 기간
>   2. 안전관리우수업소의 표지 사용정지의 경우
>   가. 안전관리우수업소의 표지 사용정지대상인 다중이용업소의 명칭과 다중이용업주 이름
>   나. 안전관리우수업소 표지의 사용을 정지하는 사유   다. 안전관리우수업소 표지의 사용정지일

> **칙** 제24조 (안전관리우수업소의 공표신청 등)

제21조의2 (압류의 금지)
이 법에 따른 화재배상책임보험의 보험금 청구권 중 다른 사람의 사망 또는 부상으로 인하여 발생한 청구권은 이를 압류할 수 없다.

제5장 보 칙

제22조 (권한의 위탁 등)
① 소방청장·소방본부장 또는 소방서장은 제8조제1항의 규정에 의한 다중이용업주 및 그 종업원에 대한 소방안전교육 업무, 제19조제2항의 책임보험전산망의 구축·운영에 관한 업무를 대통령령이 정하는 바에 따라 관련 법인 또는 단체에 위탁할 수 있다.
② 제1항의 규정에 따라 위탁받은 업무에 종사하는 법인 또는 단체의 임원 및 직원은 「형법」 제129조 내지

제132조의 적용에 있어서는 이를 공무원으로 본다.
③ 제1항의 규정에 따라 위탁받은 법인 또는 단체의 장은 행정안전부령이 정하는 바에 의하여 위탁받은 업무의 수행에 소요되는 경비를 교육대상자로부터 징수할 수 있다.
④ 제1항의 규정에 따라 소방안전교육을 위탁받은 자가 갖추어야 할 시설기준, 교수요원의 자격 등에 관하여 필요한 사항은 행정안전부령으로 정한다.
⑤ 제1항에 따라 업무를 위탁받은 자는 그 직무상 알게 된 정보를 누설하거나 다른 사람에게 제공하는 등 부당한 목적을 위하여 사용하여서는 아니 된다.

> **칙** 제25조 (소방안전교육 위탁기관이 갖추어야 하는 시설기준 등)

제22조의2 (벌칙 적용시의 공무원의 의제)

> **칙** 제25조의2 (규제의 재검토) – 이하 생략(법제처 참고) (*중요도 없음) –

제6장 벌 칙

제23조 (벌칙)
다음 각 호의 어느 하나에 해당하는 자는 1년 이하의 징역 또는 1천만 원 이하의 벌금에 처한다.
1. 제16조제1항을 위반하여 평가대행자로 등록하지 아니하고 화재위험평가 업무를 대행한 자
2. 제22조제5항을 위반하여 다른 사람에게 정보를 제공하거나 부당한 목적으로 이용한 자

제24조 (양벌규정)
법인의 대표자나 법인 또는 개인의 대리인, 사용인, 그 밖의 종업원이 그 법인 또는 개인의 업무에 관하여 제23조의 위반행위를 하면 그 행위자를 벌하는 외에 그 법인 또는 개인에게도 해당 조문의 벌금형을 과(科)한다. 다만, 법인 또는 개인이 그 위반행위를 방지하기 위하여 해당 업무에 관하여 상당한 주의와 감독을 게을리하지 아니한 경우에는 그러하지 아니한다.

제25조 (과태료)
① 다음 각 호의 어느 하나에 해당하는 자에게는 300만 원 이하의 과태료를 부과한다.
1. 제8조제1항 및 제2항의 규정을 위반하여 소방안전교육을 받지 아니하거나 종업원에 대하여 소방안전교육을 받도록 하지 아니한 다중이용업주
2. 제9조제1항의 규정을 위반하여 안전시설등을 기준에 따라 설치·유지하지 아니한 자
2의2. 제9조제3항을 위반하여 설치신고를 하지 아니하고 안전시설등을 설치하거나 영업장 내부구조를 변경한 자 또는 안전시설등의 공사를 마친 후 신고를 하지 아니한 자
2의3. 제9조의2를 위반하여 비상구에 추락 등의 방지를 위한 장치를 기준에 따라 갖추지 아니한 자
3. 제10조 제1항 및 제2항을 위반하여 실내장식물을 기준에 따라 설치·유지하지 아니한 자
3의2. 제10조의2제1항 및 제2항을 위반하여 영업장의 내부구획을 기준에 따라 설치·유지하지 아니한 자
4. 제11조의 규정을 위반하여 피난시설 또는 방화시설을 폐쇄·훼손·변경 등의 행위를 한 자

5. 제12조제1항의 규정을 위반하여 피난안내도를 비치하지 아니하거나 피난안내에 관한 영상물을 상영하지 아니한 자
6. 제13조제1항의 규정을 위반하여 정기점검결과서를 보관하지 아니한 자
6의2. 제13조의2제1항을 위반하여 화재배상책임보험에 가입하지 아니한 다중이용업주
6의3. 제13조의3제3항 또는 제4항을 위반하여 통지를 하지 아니한 보험회사
6의4. 제13조의5제1항을 위반하여 다중이용업주와의 화재배상책임보험 계약 체결을 거부하거나 제13조의6을 위반하여 임의로 계약을 해제 또는 해지한 보험회사
7. 제14조의 규정에 따른 소방안전관리업무를 하지 아니한 자

② 제1항에 따른 과태료는 대통령령으로 정하는 바에 따라 <u>소방청장·소방본부장 또는 소방서장</u>이 부과·징수한다. / ③ ④ ⑤항 〈삭제 2010.2.4〉

제23조 (과태료 부과기준)
제24조 (이행강제금의 부과·징수)
  ① 법 제26조제7항에 따른 이행강제금의 부과기준은 별표 7과 같다.
  ② 이행강제금의 부과·징수절차는 행정안전부령으로 정한다.
제26조 (이행강제금 징수절차)

제26조 (이행강제금)

① 소방청장·소방본부장 또는 소방서장은 제9조제2항, 제10조제3항, 제10조의2 제3항 또는 제15조제2항에 따라 조치 명령을 받은 후 그 정한 기간 이내에 그 명령을 이행하지 아니하는 자에게는 1천만 원 이하의 이행강제금을 부과한다.
② 소방청장·소방본부장 또는 소방서장은 제1항에 따른 이행강제금을 부과하기 전에 제1항에 따른 이행강제금을 부과·징수한다는 것을 미리 문서로 알려 주어야 한다.
③ 소방청장·소방본부장 또는 소방서장은 제1항에 따라 이행강제금을 부과할 때에는 이행강제금의 금액, 이행강제금의 부과사유, 납부기한, 수납기관, 이의 제기 방법 및 이의 제기 기관 등을 기재한 문서로 하여야 한다.
④ 소방청장·소방본부장 또는 소방서장은 최초의 조치 명령을 한 날을 기준으로 매년 2회의 범위에서 그 조치 명령이 이행될 때까지 반복하여 제1항에 따른 이행강제금을 부과·징수할 수 있다.
⑤ 소방청장·소방본부장 또는 소방서장은 조치 명령을 받은 자가 명령을 이행하면 새로운 이행강제금의 부과를 즉시 중지하되, 이미 부과된 이행강제금은 징수하여야 한다.
⑥ 소방청장·소방본부장 또는 소방서장은 제1항에 따라 이행강제금 부과처분을 받은 자가 이행강제금을 기한까지 납부하지 아니하면 체납처분의 예 또는 「지방행정제재·부과금의 징수 등에 관한 법률」에 따라 징수한다.
⑦ 제1항에 따라 이행강제금을 부과하는 위반행위의 종류와 위반 정도에 따른 금액과 이의 제기 절차, 그 밖에 필요한 사항은 대통령령으로 정한다.

― 기출문제(승진 등) 위주로 출제에 중요도가 거의 없는 부분은 학습 향상을 위해 일부 요약됨을 알립니다. ―

시행령

[영 별표 1]

안전시설등(제2조의2 관련)

1. 소방시설
   가. 소화설비
   1) 소화기 또는 자동확산소   2) 간이스프링클러설비(캐비닛형 간이스프링클러설비를 포함한다).
   나. 경보설비
   1) 비상벨설비 또는 자동화재탐지설비   2) 가스누설경보기
   다. 피난구조설비
   1) 피난기구 : 가) 미끄럼대 나) 피난사다리 다) 구조대 라) 완강기 마) 다수인피난장비 바) 승강식피난기
   2) 피난유도선   3) 유도등, 유도표지 또는 비상조명등   4) 휴대용 비상조명등
2. 비상구
3. 영업장 내부 피난통로
4. 그 밖의 안전시설 : 가. 영상음향차단장치   나. 누전차단기   다. 창문

[영 별표 1의2]

다중이용업소에 설치·유지하여야 하는 안전시설등(제9조 관련)

1. 소방시설
   가. 소화설비
   1) 소화기 또는 자동확산소화기
   2) 간이스프링클러설비(캐비닛형 간이스프링클러설비를 포함한다). 다만, 다음의 영업장에만 설치한다.
      가) 지하층에 설치된 영업장
      나) 밀폐구조의 영업장
      다) 제2조제7호에 따른 산후조리업(이하 이 표에서 "산후조리업"이라 한다) 및 같은 조 제7호의2에 따른 고시원업(이하 이 표에서 "고시원업"이라 한다)의 영업장. 다만, 지상 1층에 있거나 지상과 직접 맞닿아 있는 층(영업장의 주된 출입구가 건축물의 외부의 지면과 직접 연결된 경우를 포함한다)에 설치된 영업장은 제외한다.
      라) 제2조제7호의3에 따른 권총사격장의 영업장
   나. 경보설비
   1) 비상벨설비 또는 자동화재탐지설비. 다만, 노래반주기 등 영상음향장치를 사용하는 영업장에는 자동화재탐지설비를 설치하여야 한다.
   2) 가스누설경보기. 다만, 가스시설을 사용하는 주방이나 난방시설이 있는 영업장에만 설치한다.
   다. 피난구조설비
   1) 피난기구
      가) 미끄럼대   나) 피난사다리   다) 구조대   라) 완강기   마) 다수인피난장비   바) 승강식피난기
   2) 피난유도선. 다만, 영업장 내부 피난통로 또는 복도가 있는 영업장에만 설치한다.
      가) 제2조제1호나목에 따른 단란주점영업(이하 이 표에서 "단란주점영업"이라 한다)과 유흥주점영업(이하

이 표에서 "유흥주점영업"이라 한다)의 영업장
나) 제2조제2호에 따른 영화상영관, 비디오물감상실업(이하 이 표에서 "비디오물감상실업"이라 한다) 및 복합영상물제공업(이하 이 표에서 "복합영상물제공업"이라 한다)의 영업장
다) 제2조제6호에 따른 노래연습장업(이하 이 표에서 "노래연습장업"이라 한다)의 영업장
라) 산후조리업의 영업장   마) 고시원업의 영업장
3) 유도등, 유도표지 또는 비상조명등   4) 휴대용 비상조명등

2. 비상구. 다만, 다음 각 목의 어느 하나에 해당하는 영업장에는 비상구를 설치하지 않을 수 있다.
    가. 주된 출입구 외에 해당 영업장 내부에서 피난층 또는 지상으로 통하는 직통계단이 주된 출입구 중심선으로부터 수평거리로부터 영업장의 긴 변 길이의 2분의 1 이상 떨어진 위치에 별도로 설치된 경우
    나. 피난층에 설치된 영업장(영업장으로 사용하는 바닥면적이 33제곱미터 이하인 경우로서 영업장 내부에 구획된 실(室)이 없고, 영업장 전체가 개방된 구조의 영업장을 말한다)으로서 그 영업장의 각 부분으로부터 출입구까지의 수평거리가 10미터 이하인 경우

3. 영업장 내부 피난통로. 다만, 구획된 실(室)이 있는 영업장에만 설치한다.
    가. 단란주점영업과 유흥주점영업의 영업장   나. 비디오물감상실업의 영업장과 복합영상물제공업의 영업장
    다. 노래연습장업의 영업장   라. 산후조리업의 영업장   마. 고시원업의 영업장   4. 〈삭제 2014.12.23.〉

5. 그 밖의 안전시설
    가. 영상음향차단장치. 다만, 노래반주기 등 영상음향장치를 사용하는 영업장에만 설치한다.
    나. 누전차단기   다. 창문. 다만, 고시원업의 영업장에만 설치한다.

※ 비 고

1. "피난유도선(避難誘導線)"이란 햇빛이나 전등불로 축광(蓄光)하여 빛을 내거나 전류에 의하여 빛을 내는 유도체로서 화재 발생 시 등 어두운 상태에서 피난을 유도할 수 있는 시설을 말한다.
2. "비상구"란 주된 출입구와 주된 출입구 외에 화재 발생 시 등 비상시 영업장의 내부로부터 지상·옥상 또는 그 밖의 안전한 곳으로 피난할 수 있도록 「건축법 시행령」에 따른 직통계단·피난계단·옥외피난계단 또는 발코니에 연결된 출입구를 말한다.
3. "구획된 실(室)"이란 영업장 내부에 이용객 등이 사용할 수 있는 공간을 벽이나 칸막이 등으로 구획한 공간을 말한다. 다만, 영업장 내부를 벽이나 칸막이 등으로 구획한 공간이 없는 경우에는 영업장 내부 전체 공간을 하나의 구획된 실(室)로 본다.
4. "영상음향차단장치"란 영상 모니터에 화상(畵像) 및 음반 재생장치가 설치되어 있어 영화, 음악 등을 감상할 수 있는 시설이니 화상 재생장치 또는 음반 재생장치 중 한 가지 기능만 있는 시설을 차단하는 장치를 말한다.

[영 별표 2] 부상 등급별 화재배상책임보험 보험금액의 한도 – 생략(법제처 참고) –
[영 별표 3] 후유장애 등급별 화재배상책임보험 보험금액의 한도– 생략(법제처 참고) –
[영 별표 4] 화재위험유발지수(제11조제1항 및 제13조 관련)

등급	평가점수	위험수준
A	80 이상	20 미만
B	60 ~ 79	20 이상 ~ 39 미만
C	40 ~ 59	40 이상 ~ 59 미만
D	20 ~ 39	60 이상 ~ 79 미만
E	20 미만	80 이상

※ 비 고
1. 평가점수: 영업소 등에 사용 또는 설치된 가연물의 양, 소방시설의 화재진화를 위한 성능 등을 고려한 영업소의 화재안정성을 100점 만점 기준으로 환산한 점수를 말한다.
2. 위험수준: 영업소 등에 사용 또는 설치된 가연물의 양, 화기취급의 종류 등을 고려한 영업소의 화재발생가능성을 100점 만점 기준으로 환산한 점수를 말한다.

[영 별표 5] 화재위험평가대행자가 갖추어야 할 기술인력·시설·장비기준(제14조 관련)

기술인력 (1명 이상)	장비

가. 소방기술사 자격을 취득한 사람 1명이상
나. 다음 1) 또는 2)의 어느 하나에 해당하는 사람 2명 이상
  1) 소방기술사, 소방설비기사 또는 소방설비산업기사 자격을 가진 사람
  2) 「소방시설공사업법」 제28조제1항에 따라 소방기술과 관련된 자격·학력 및 경력을 인정받은 사람으로서 같은 조 제2항에 따른 자격수첩을 발급받은 사람.
	가. 화재모의시험이 가능한 컴퓨터 1대 이상
	나. 화재모의시험을 위한 프로그램
	다. 삭제〈2014. 12. 23〉

※ 비 고
1. 두 종류 이상의 자격을 가진 기술인력은 그 중 한 종류의 자격을 가진 기술인력으로 본다.
2. 화재위험평가 대행자가 화재위험평가 대행업무와 「소방시설공사업법」 및 같은 법 시행령에 따른 전문 소방시설설계업 또는 전문 소방공사감리업을 함께 하는 경우에는 전문 소방시설설계업 또는 전문 소방공사감리업 보유 기술인력으로 등록된 소방기술사는 제1호가목에 따라 갖추어야 하는 소방기술사로 볼 수 있다.

[영 별표 6] 과태료부과기준(제23조관련)

1. 일반기준
    가. 위반행위의 횟수에 따른 과태료의 부과기준은 최근 1년간 같은 위반행위로 과태료 부과처분을 받은 경우에 적용한다. 이 경우 기준 적용일은 위반행위에 대한 처분일과 그 처분 후에 한 위반행위가 다시 적발된 날을 기준으로 하고, 적발된 위반행위에 대해서는 위반행위 직전 처분의 다음 횟수에 따른 처분을 한다.
    나. 과태료 부과권자는 위반행위자가 다음의 어느 하나에 해당하는 경우에는 제2호에 따른 과태료 금액의 2분의 1의 범위에서 그 금액을 감경하여 부과할 수 있다. 다만, 과태료를 체납하고 있는 위반행위자의 경우에는 그러하지 아니하다.
        1) 위반행위자가 「질서위반행위규제법 시행령」 제2조의2제1항 각 호의 어느 하나에 해당하는 경우
        2) 위반행위자가 처음 위반행위를 한 경우로서, 3년 이상 해당 업종을 모범적으로 영위한 사실이 인정되는 경우
        3) 위반행위자가 화재 등 재난으로 재산에 현저한 손실이 발생하거나 사업여건의 악화로 사업이 중대한 위기에 처하는 등의 사정이 있는 경우
        4) 위반행위가 고의나 중대한 과실이 아닌 사소한 부주의나 오류로 인한 것으로 인정되는 경우
        5) 위반행위자가 같은 위반행위로 다른 법률에 따라 과태료·벌금·영업정지 등의 제재를 받은 경우
        6) 위반행위자자 위법행위로 인한 결과를 시정하거나 해소한 경우
        7) 그 밖에 위반행위의 정도, 위반행위의 동기와 그 결과 등을 고려하여 감경할 필요가 있다고 인정되는 경우
2. 개별기준(단위: 만 원)

위반행위	근거 법조문	과태료금액(만 원)		
		1회	2회	3회↑
가. 다중이용업주가 법 제8조제1항 및 제2항을 위반하여 소방안전교육을 받지 않거나 종업원이 소방안전교육을 받도록 하지 않은 경우	법 제25조 제1항 제1호	50	100	300
나. 법 제9조제1항을 위반하여 안전시설 등을 기준에 따라 설치·유지하지 아니한 경우	법 제25 조제1항 제2호			
1) 안전시설등의 작동·기능에 지장을 주지 아니하는 경미한 사항을 2회 이상 위반한 경우		50		
2) 안전시설등을 다음에 해당하는 고장상태 등으로 방치한 경우				
가) 소화펌프를 고장상태로 방치한 경우		100		
나) 수신반(受信盤)의 전원을 차단한 상태로 방치한 경우				
다) 동력(감시)제어반을 고장상태로 방치하거나 전원을 차단한 경우				
라) 소방시설용 비상전원을 차단한 경우				
마) 소화배관의 밸브를 잠금상태로 두어 소방시설이 작동할 때 소화수가 나오지 아니하거나 소화약제(消火藥劑)가 방출되지 아니한 상태로 방치한 경우		300		
3) 안전시설등을 설치하지 않은 경우		50	100	300
4) 비상구를 폐쇄·훼손·변경하는 등의 행위를 한 경우				
5) 영업장 내부 피난통로에 피난에 지장을 주는 물건 등을 쌓아 놓은 경우		50	100	300
다. 법 제9조제3항을 위반한 경우	법 제25조 제1항 제2호의2			
1) 안전시설등 설치신고를 하지 않고 안전시설등을 설치한 경우		50		
2) 안전시설등 설치신고를 하지 않고 영업장 내부구조를 변경한 경우		50		
3) 안전시설등의 공사를 마친 후 신고를 하지 않은 경우		300		
라. 법 제9조의 2를 위반하여 비상구에 추락 등의 방지를 위한 장치를 기준에 따라 갖추지 않은 경우	법 제25조 제1항 제2호의3	300		
마. 법 제10조 제1항 및 2항을 위반하여 실내장식물을 기준에 따라 설치·유지하지 않은 경우	법 제25조 제1항 제3호	300		
바. 법 제10조의2제1항 및 제2항을 위반하여 영업장의 내부구획 기준에 따라 내부구획을 설치·유지하지 않은 경우	법 제25조 제1항 제3호의2	300		
사. 법 제11조를 위반하여 피난시설이나 방화시설을 폐쇄·훼손·변경하는 등의 행위를 한 경우	법 제25조 제1항 제4호	50	100	300
아. 법 제12조제1항을 위반하여 피난안내도를 갖추어 두지 않거나 피난안내에 관한 영상물을 상영하지 아니한 경우	법 제25조 제1항 제5호	50	100	300
자. 법 제13조제1항을 위반하여 정기점검결과서를 보관하지 아니한 경우	법 제25조 제1항 제6호	50		
차. 다중이용업주가 법 제13조의2제1항을 위반하여 화재배상책임보험에 가입하지 않은 경우	법 제25조 제1항 제6호의2	10		
1) 가입하지 않은 기간이 10일 이하인 경우		10만 원에 11일째부터 1일마다 1만 원을 더한 금액		
2) 가입하지 않은 기간이 10일 초과 30일 이하인 경우		30만 원에 31일째부터 1일마다 3만 원을 더한 금액		
3) 가입하지 않은 기간이 30일 초과 60일 이하인 경우				
4) 가입하지 않은 기간이 60일 초과인 경우		120만 원에 61일째부터 1일마다 6만 원을 더한 금액.		
카. 보험회사가 법 제13조의3제3항 또는 제4항을 위반하여 통지를 하지 않은 경우	법 제25조 제1항6호의3	300		
타. 보험회사가 법 제13조의5제1항을 위반하여 다중이용업주와의 화재배상책임보험 계약 체결을 거부한 경우	법 제25조 제1항제6호의4	300		
파. 보험회사가 법 제13조의6을 위반하여 임의로 계약을 해제 또는 해지한 경우	법 제25조 제1항제6호의4	300		
하. 법 제14조에 따른 소방안전관리 업무를 하지 않은 경우	법 제25조 제1항 제7호	50	100	300

시행규칙

[규칙 별표 1] 〈개정 2018.3.21〉

소방안전교육에 필요한 교육인력 및 시설·장비기준(제8조관련)

1. 교육인력
   가. 인원: 강사 4인 및 교무요원 2인 이상
   나. 강사의 자격요건
      (1) 강사
         (가) 소방 관련학의 석사학위 이상을 가진 자
         (나) 전문대학 또는 이와 동등 이상의 교육기관에서 소방안전 관련 학과 전임강사 이상으로 재직한 자
         (다) 「국가기술자격법 시행규칙」 별표 2의 소방기술사, 위험물기능장, 「화재예방, 소방시설 설치유지 및 안전관리에 관한 법률」 제26조에 따른 소방시설관리사, 「소방기본법」 제17조의2에 따른 소방안전교육사 자격을 소지한 자
         (라) 「국가기술자격법 시행규칙」 별표 2의 소방설비기사 및 위험물산업기사 자격을 소지한 자로서 소방 관련 기관(단체)에서 2년 이상 강의경력이 있는 자
         (마) 「국가기술자격법 시행규칙」 별표 2의 소방설비산업기사 및 위험물기능사 자격을 소지한 자로서 소방 관련 기관(단체)에서 5년 이상 강의경력이 있는 자
         (바) 대학 또는 이와 동등 이상의 교육기관에서 소방안전 관련 학과를 졸업하고 소방 관련 기관(단체)에서 5년 이상 강의경력이 있는 자
         (사) 소방 관련 기관(단체)에서 10년 이상 실무경력이 있는 자로서 5년 이상 강의경력이 있는 자
         (아) 소방위 또는 지방소방위 이상의 소방공무원 또는 소방설비기사 자격을 소지한 소방장 또는 지방소방장 이상의 소방공무원
         (자) 간호사 또는 「응급의료에 관한 법률」 제36조에 따른 응급구조사 자격을 소지한 소방공무원(응급처치 교육에 한한다)
      (2) 외래 초빙강사: 강사의 자격요건에 해당하는 자일 것

2. 교육시설 및 교육용기자재
   가. 사무실: 바닥면적이 60제곱미터 이상일 것
   나. 강의실: 바닥면적이 100제곱미터 이상이고, 의자·탁자 및 교육용 비품을 갖출 것
   다. 실습실·체험실: 바닥면적이 100제곱미터 이상
   라. 교육용 기자재

기자재명	규격	수량 (단위: 개)
빔 프로젝터(beam projector) 셋트		1
소화기(단면절개: 斷面切開)	3종	1
경보설비시스템		각 1
간이스프링클러 계통도		1
자동화재탐지설비 세트		1
소화설비 계통도 세트		1
소화기 시뮬레이터 세트		1
응급교육기자재 세트		1
심폐소생술(CPR) 실습용 마네킹		1

[규칙 별표 2] 안전시설등의 설치·유지 기준(제9조관련) 〈개정 2019.4.22〉

안전시설등 종류	설차유지 기준
1. 소방시설	
가. 소화설비	
1) 소화기 또는 자동확산소화기	영업장 안의 구획된 실마다 설치할 것
2) 간이스프링클러설비	「화재예방, 소방시설 설치유지 및 안전관리에 관한 법률」 제9조제1항에 따른 화재안전기준에 따라 설치할 것. 다만, 영업장의 구획된 실마다 간이스프링클러헤드 또는 스프링클러헤드가 설치된 경우에는 그 설비의 유효범위 부분에는 간이스프링클러설비를 설치하지 않을 수 있다.
나. 비상벨설비 또는 자동화재탐지설비	가) 영업장의 구획된 실마다 비상벨설비 또는 자동화재탐지설비 중 하나 이상을 「화재예방, 소방시설 설치·유지 및 안전관리에 관한 법률」 제9조제1항에 따른 화재안전기준에 따라 설치할 것 나) 자동화재탐지설비를 설치하는 경우에는 감지기와 지구음향장치는 영업장의 구획된 실마다 설치할 것. 다만, 영업장의 구획된 실에 비상방송설비의 음향장치가 설치된 경우 해당 실에는 지구음향장치를 설치하지 않을 수 있다. 다) 영상음향차단장치가 설치된 영업장에 자동화재탐지설비의 수신기를 별도로 설치할 것
다. 피난구조설비	
1) 영 별표 1의2 제1호 다목1)에 따른 피난기구	4층 이하 영업장의 비상구(발코니 또는 부속실)에는 피난기구를 「화재예방, 소방시설 설치유지 및 안전관리에 관한 법률」 제9조제1항에 따른 화재안전기준에 따라 설치할 것
2) 피난유도선	가) 영업장 내부 피난통로 또는 복도에 「화재예방, 소방시설 설치·유지 및 안전관리에 관한 법률」 제9조제1항에 따라 소방청장이 정하여 고시하는 유도등 및 유도표지의 화재안전기준에 따라 설치할 것 나) 전류에 의하여 빛을 내는 방식으로 할 것
3) 유도등, 유도표지 또는 비상조명등	영업장의 구획된 실마다 유도등, 유도표지 또는 비상조명등 중 하나 이상을 「화재예방, 소방시설 설치유지 및 안전관리에 관한 법률」 제9조제1항에 따른 화재안전기준에 따라 설치할 것
4) 휴대용 비상조명등	영업장안의 구획된 실마다 휴대용 비상조명등을 「화재예방, 소방시설 설치유지 및 안전관리에 관한 법률」 제9조제1항에 따른 화재안전기준에 따라 설치할 것
2. 비상구	가. 공통 기준 1) 설치 위치: 비상구는 영업장(2개 이상의 층이 있는 경우에는 각각의 층별 영업장을 말한다. 이하 이 표에서 같다) 주된 출입구의 반대방향에 설치하되, 주된 출입구 중심선으로부터의 수평거리가 영업장의 긴 변 길이의 2분의 1 이상 떨어진 위치에 설치할 것. 다만, 건물구조로 인하여 주된 출입구의 반대방향에 설치할 수 없는 경우에는 주된 출입구 중심선으로부터의 수평거리가 영업장의 긴 변 길이의 2분의 1 이상 떨어진 위치에 설치할 수 있다. 2) 비상구 규격: 가로 75센티미터 이상, 세로 150센티미터 이상(비상구 문틀을 제외한 비상구의 가로길이 및 세로길이를 말한다)으로 할 것 3) 비상구 구조 　가) 비상구는 구획된 실 또는 천장으로 통하는 구조가 아닌 것으로 할 것. 다만, 영업장 바닥에서 천장까지 불연재료(不燃材料)로 구획된 부속실(전실)은 그러하지 아니하다. 　나) 비상구는 다른 영업장 또는 다른 용도의 시설(주차장은 제외한다)을 경유하는 구조가 아닌 것이어야 하고, 층별 영업장은 다른 영업장 또는 다른 용도의 시설과 불연재료·준불연재료로 된 차단벽이나 간막이로 분리되도록 할 것. 다만, 둘 이상의 영업소가 주방 외에 객실부분을 공동으로 사용하는 등의 구조 또는 「식품위생법 시행규칙」 별표 14 제8호가목5)다)에 따라 각 영업소와 영업소

사이를 분리 또는 구획하는 별도의 차단벽이나 칸막이 등을 설치하지 않을 수 있는 경우는 그러하지 아니하다.
4) 문이 열리는 방향: 피난방향으로 열리는 구조로 할 것. 다만, 주된 출입구의 문이 「건축법 시행령」 제35조에 따른 피난계단 또는 특별피난계단의 설치 기준에 따라 설치하여야 하는 문이 아니거나 같은 법 시행령 제46조에 따라 설치되는 방화구획이 아닌 곳에 위치한 주된 출입구가 다음의 기준을 충족하는 경우에는 자동문[미서기(슬라이딩)문을 말한다]으로 설치할 수 있다.
  가) 화재감지기와 연동하여 개방되는 구조
  나) 정전 시 자동으로 개방되는 구조
  다) 정전 시 수동으로 개방되는 구조
5) 문의 재질: 주요 구조부(영업장의 벽, 천장 및 바닥을 말한다. 이하 이 표에서 같다)가 내화구조(耐火構造)인 경우 비상구와 주된 출입구의 문은 방화문(防火門)으로 설치할 것. 다만, 다음의 어느 하나에 해당하는 경우에는 불연재료로 설치할 수 있다.
  가) 주요 구조부가 내화구조가 아닌 경우
  나) 건물의 구조상 비상구 또는 주된 출입구의 문이 지표면과 접하는 경우로서 화재의 연소 확대 우려가 없는 경우
  다) 비상구 또는 주 출입구의 문이 「건축법 시행령」 제35조에 따른 피난계단 또는 특별피난계단의 설치 기준에 따라 설치하여야 하는 문이 아니거나 같은 법 시행령 제46조에 따라 설치되는 방화구획이 아닌 곳에 위치한 경우

나. 복층구조(複層構造) 영업장(각각 다른 2개 이상의 층을 내부계단 또는 통로가 설치되어 하나의 층의 내부에서 다른 층으로 출입할 수 있도록 되어 있는 구조의 영업장을 말한다)의 기준
1) 각 층마다 영업장 외부의 계단 등으로 피난할 수 있는 비상구를 설치할 것
2) 비상구의 문은 가목5)에 따른 재질로 설치할 것
3) 비상구의 문이 열리는 방향은 실내에서 외부로 열리는 구조로 할 것
4) 영업장의 위치 및 구조가 다음의 어느 하나에 해당하는 경우에는 1)에도 불구하고 그 영업장으로 사용하는 어느 하나의 층에 비상구를 설치할 것
  가) 건축물 주요 구조부를 훼손하는 경우
  나) 옹벽 또는 외벽이 유리로 설치된 경우 등

다. 영업장의 위치가 4층 이하(지하층인 경우는 제외한다)인 경우의 기준
1) 피난 시에 유효한 발코니(가로 75센티미터 이상, 세로 150센티미터 이상, 높이 100센티미터 이상인 난간을 말한다) 또는 부속실(불연재료로 바닥에서 천장까지 구획된 실로서 가로 75센티미터 이상, 세로 150센티미터 이상인 것을 말한다. 이하 이 목에서 같다)을 설치하고, 그 장소에 적합한 피난기구를 설치할 것
2) 부속실을 설치하는 경우 부속실 입구의 문과 건물 외부로 나가는 문의 규격은 가목2)에 따른 비상구 규격으로 할 것. 다만, 120센티미터 이상의 난간이 있는 경우에는 발판 등을 설치하고 건축물 외부로 나가는 문의 규격과 재질을 가로 75센티미터 이상, 세로 100센티미터 이상의 창호로 설치할 수 있다.
3) 추락 등의 방지를 위하여 다음 사항을 갖추도록 할 것
  가) 발코니 및 부속실 입구의 문을 개방하면 경보음이 울리도록 경보음 발생 장치를 설치하고, 추락위험을 알리는 표지를 문(부속실의 경우 외부로 나가는 문도 포함한다)에 부착할 것
  나) 부속실에서 건물 외부로 나가는 문 안쪽에는 기둥·바닥·벽 등의 견고한 부분에 탈착이 가능한 쇠사슬 또는 안전로프 등을 바닥에서부터 120센티미터 이상의 높이에 가로로 설치할 것. 다만, 120센티미터 이상의 난간이 설치된 경우에는 쇠사슬 또는 안전로프 등을 설치하지 않을 수 있다.

3. 영업장 내부 피난통로

가. 내부 피난통로의 폭은 120센티미터 이상으로 할 것. 다만, 양 옆에 구획된 실이 있는 영업장으로서 구획된 실의 출입문 열리는 방향이 피난통로 방향인 경우에는 150센티미터 이상으로 설치하여야 한다.
나. 구획된 실부터 주된 출입구 또는 비상구까지의 내부 피난통로의 구조는 세 번 이상 구부러지는 형태로 설치하지 말 것

4. 창문	가. 영업장 층별로 가로 50센티미터 이상, 세로 50센티미터 이상 열리는 창문을 1개 이상 설치할 것 나. 영업장 내부 피난통로 또는 복도에 바깥 공기와 접하는 부분에 설치할 것(구획된 실에 설치하는 것을 제외한다)	
5. 영상음향차단 장치	가. 화재 시 자동화재탐지설비의 감지기에 의하여 자동으로 음향 및 영상이 정지될 수 있는 구조로 설치하되, 수동(하나의 스위치로 전체의 음향 및 영상장치를 제어할 수 있는 구조를 말한다)으로도 조작할 수 있도록 설치할 것 나. 영상음향차단장치의 수동차단스위치를 설치하는 경우에는 관계인이 일정하게 거주하거나 일정하게 근무하는 장소에 설치할 것. 이 경우 수동차단스위치와 가장 가까운 곳에 "영상음향차단스위치"라는 표지를 부착하여야 한다. 다. 전기로 인한 화재발생 위험을 예방하기 위하여 부하용량에 알맞은 누전차단기(과전류차단기를 포함한다)를 설치할 것 라. 영상음향차단장치의 작동으로 실내 등의 전원이 차단되지 않는 구조로 설치할 것	
6. 보일러실과 영업장 사이의 방화구획	보일러실과 영업장 사이의 출입문은 방화문으로 설치하고, 개구부(開口部)에는 자동방화댐퍼(damper)를 설치할 것	

※ 비 고
1. "방화문(防火門)"이란 「건축법 시행령」 제64조에 따른 갑종방화문 또는 을종방화문으로서 언제나 닫힌 상태를 유지하거나 화재로 인한 연기의 발생 또는 온도의 상승에 따라 자동적으로 닫히는 구조를 말한다. 다만, 자동으로 닫히는 구조 중 열에 의하여 녹는 퓨즈[도화선(導火線)을 말한다]타입 구조의 방화문은 제외한다.
2. 법 제15조제4항에 따라 소방청장·소방본부장 또는 소방서장은 해당 영업장에 대해 화재위험평가를 실시한 결과 화재위험유발지수가 영 제13조에 따른 기준 미만인 업종에 대해서는 소방시설·비상구 또는 그 밖의 안전시설등의 설치를 면제한다.
3. 소방본부장 또는 소방서장은 비상구의 크기, 비상구의 설치 거리, 간이스프링클러설비의 배관 구경(口徑) 등 소방청장이 정하여 고시하는 안전시설등에 대해서는 소방청장이 고시하는 바에 따라 안전시설등의 설치·유지 기준의 일부를 적용하지 않을 수 있다.

[규칙 별표 2의2] **피난안내도 비치 대상 등**(제12조제1항 관련) 〈개정 2019.4.22〉

1. 피난안내도 비치 대상: 영 제2조에 따른 다중이용업의 영업장. 다만, 다음 각 목의 어느 하나에 해당하는 경우에는 비치하지 않을 수 있다.
    가. 영업장으로 사용하는 바닥면적의 합계가 33제곱미터 이하인 경우
    나. 영업장내 구획된 실이 없고, 영업장 어느 부분에서도 출입구 및 비상구를 확인할 수 있는 경우
2. 피난안내 영상물 상영 대상
    가. 「영화 및 비디오물 진흥에 관한 법률」 제2조제10호 및 제16호나목의 영화상영관 및 비디오물소극장업의 영업장
    나. 「음악산업 진흥에 관한 법률」 제2조제13호의 노래연습장업의 영업장
    다. 「식품위생법 시행령」 제21조제8호다목 및 라목의 단란주점영업 및 유흥주점영업의 영업장. 다만, 피난안내 영상물을 상영할 수 있는 시설이 설치된 경우만 해당한다.   라. 〈삭제〉
    마. 영 제2조제8호에 해당하는 영업으로서 피난안내 영상물을 상영할 수 있는 시설을 갖춘 영업장
3. 피난안내도 비치 위치: 다음 각 목의 어느 하나에 해당하는 위치에 모두 설치할 것
    가. 영업장 주 출입구 부분의 손님이 쉽게 볼 수 있는 위치

나. 구획된 실의 벽, 탁자 등 손님이 쉽게 볼 수 있는 위치
다. 「게임산업진흥에 관한 법률」 제2조제7호의 인터넷컴퓨터게임시설제공업의 영업장의 인터넷컴퓨터게임시설이 설치된 책상. 다만, 책상 위에 비치된 컴퓨터에 피난안내도를 내장하여 새로운 이용객이 컴퓨터를 작동할 때마다 피난안내도가 모니터에 나오는 경우에는 책상에 피난안내도가 비치된 것으로 본다.
4. 피난안내 영상물 상영 시간: 영업장의 내부구조 등을 고려하여 정하되, 상영 시기(時期)는 다음 각 목과 같다.
   가. 영화상영관 및 비디오물소극장업: 매 회 영화상영 또는 비디오물 상영 시작 전
   나. 노래연습장업 등 그 밖의 영업: 매 회 새로운 이용객이 입장하여 노래방 기기(機器) 등을 작동할 때
5. 피난안내도 및 피난안내 영상물에 포함되어야 할 내용: 다음 각 호의 내용을 모두 포함할 것. 이 경우 광고 등 피난안내에 혼선을 초래하는 내용을 포함해서는 안 된다.
   가. 화재 시 대피할 수 있는 비상구 위치
   나. 구획된 실 등에서 비상구 및 출입구까지의 피난 동선
   다. 소화기, 옥내소화전 등 소방시설의 위치 및 사용방법
   라. 피난 및 대처방법
6. 피난안내도의 크기 및 재질
   가. 크기: B4(257㎜×364㎜) 이상의 크기로 할 것. 다만, 각 층별 영업장의 면적 또는 영업장이 위치한 층의 바닥면적이 각각 400㎡ 이상인 경우에는 A3(297㎜×420㎜) 이상의 크기로 하여야 한다.
   나. 재질: 종이(코팅처리한 것을 말한다), 아크릴, 강판 등 쉽게 훼손 또는 변형되지 않는 것으로 할 것
7. 피난안내도 및 피난안내 영상물에 사용하는 언어: 피난안내도 및 피난안내영상물은 한글 및 1개 이상의 외국어를 사용하여 작성하여야 한다.
8. 장애인을 위한 피난안내 영상물 상영: 「영화 및 비디오물의 진흥에 관한 법률」 제2조제10호에 따른 영화상영관 중 전체 객석 수의 합계가 300석 이상인 영화상영관의 경우 피난안내 영상물은 장애인을 위한 한국수어·폐쇄자막·화면해설 등을 이용하여 상영해야 한다.

[규칙 별표 3]

평가대행자에 대한 행정처분의 기준(제20조관련)

1. 일반기준
   가. 위반행위가 둘 이상인 경우로서 그에 해당하는 각각의 행정처분기준이 다른 경우에는 그 중 무거운 처분기준에 따른다. 다만, 둘 이상의 처분기준이 동일한 업무정지인 경우에는 각 처분기준을 합산한 기간을 넘지 아니하는 범위에서 다음 각 세목에 해당하는 사유를 고려하여 무거운 처분기준의 2분의 1 범위에서 가중할 수 있다.
      1) 위반행위가 고의나 중대한 과실에 의한 것으로 인정되는 경우
      2) 위반의 내용·정도가 중하다고 인정되는 경우
   나. 위반행위의 횟수에 따른 행정처분기준은 최근 1년간[제2호(10)의 경우에는 3년간] 같은 위반행위로 행정처분을 받은 경우에 적용한다. 이 경우 행정처분 기준의 적용은 같은 위반행위에 대하여 최초로 행정처분을 한 날을 기준으로 한다.
   다. 처분권자는 위반행위의 동기·내용·횟수 및 위반의 정도 등 다음 각 세목에 해당하는 사유를 고려하여 그 처분기준의 2분의 1 범위에서 감경할 수 있다.
      1) 위반행위가 고의나 중대한 과실이 아닌 사소한 부주의나 오류로 인한 것으로 인정되는 경우

2) 위반의 내용·정도가 경미하다고 인정되는 경우
3) 위반 행위자가 처음 해당 위반행위를 한 경우로서, 5년 이상 평가대행업을 모범적으로 해온 사실이 인정되는 경우
4) 위반 행위자가 해당 위반행위로 인하여 검사로부터 기소유예처분을 받거나 법원으로부터 선고유예의 판결을 받은 경우

2. 개별기준

위반사항	관련 조항	행정처분기준			
		1차	2차	3차	4차 이상
(1) 법 제16조에 따른 평가대행자가 갖추어야 하는 기술인력·시설·장비가 등록요건에 미달하게 된 경우	법 제17조 제1항제5호				
(가) 등록요건의 기술능력에 속하는 기술인력이 부족한 경우		경고	업무정지 1월	업무정지 3월	업무정지 6월
(나) 등록요건의 기술인력에 속하는 기술인력이 전혀 없는 경우		등록취소			
(다) 1월 이상 시험장비가 없는 경우		업무정지 6월	등록취소		
(라) 구비하여야 하는 장비가 부족한 경우		경고	업무정지 1월	업무정지 3월	업무정지 6월
(마) 구비하여야 하는 장비가 전혀 없는 경우		등록취소			
(2) 법 제16조제2항 각 호의 어느 하나에 해당하는 경우	법 제17조 제1항제1호	등록취소			
(3) 거짓, 그 밖의 부정한 방법으로 등록한 경우	법 제17조제1항제2호	등록취소			
(4) 최근 1년 이내에 2회의 업무정지처분을 받고 다시 업무정지처분 사유에 해당하는 행위를 한 경우	법 제17조 제1항제3호	등록취소			
(5) 다른 사람에게 등록증이나 명의를 대여한 경우	법 제17조 제1항제4호	등록취소			
(6) 법 제16조제3항제2호에 위반하여 다른 평가서의 내용을 복제한 경우	법 제17조 제1항제6호	업무정지 3월	업무정지 6월	등록취소	
(7) 법 제16조제3항제3호에 위반하여 평가서를 행정안전부령으로 정하는 기간 동안 보존하지 아니한 경우	법 제17조 제1항제7호	경고	업무정지 1월	업무정지 3월	업무정지 6월
(8) 법 제16조제3항제4호에 위반하여 도급받은 화재위험평가 업무를 하도급한 경우	법 제17조 제1항제8호	업무정지 6월	등록취소		
(9) 화재위험평가서를 허위로 작성하거나 고의 또는 중대한 과실로 평가서를 부실하게 작성한	법 제17조 제1항제9호	업무정지 6월	등록취소		

	경우				
(10)	등록 후 2년 이내에 화재위험평가 대행업무를 개시하지 아니하거나 계속하여 2년 이상 화재위험평가 대행실적이 없는 경우	법 제17조 제1항제10호	경고	등록취소	
(11)	업무정지처분기간 중 신규계약에 의하여 화재위험평가대행업무를 한 경우	법 제17조 제2항	등록취소		

[규칙 별표 4] 안전관리우수업소 표지의 규격, 재질 등(제21조 제2항관련) — 생략—
[규칙 별표 5] 소방안전교육 위탁기관이 갖추어야 하는 시설기준(제25조관련) 〈개정 2018.3.21〉
1. 사무실: 바닥면적 60제곱미터 이상일 것
2. 강의실: 바닥면적 100제곱미터 이상이고 의자·탁자 및 교육용 비품을 갖출 것
3. 실습·체험실: 바닥면적 100제곱미터 이상일 것
4. 교육용기자재

갖추어야 할 교육용기자재의 종류	
1. 빔 프로젝터 1개(스크린 포함)	2. 소화기(단면절개: 斷面切開) : 3종 각 1개
3. 경보설비시스템 1개	4. 스프링클러 계통도 1개
5. 자동화재탐지설비 세트	6. 소화설비 계통도 세트
7. 소화기 시뮬레이터 세트	
8. 「화재예방, 소방시설 설치유지 및 안전관리에 관한 법률 시행규칙」 제18조제3항에 따른 소방시설 점검기구 각 1개	

생길 것 같죠?
생겨요,
좋은일!

■ 날고 있는새는 걱정할틈이 없다.
　일어나 날자구나 더워도 날자구나. 상처없는 새는 없다.
　세상에 태어나자 마자 죽은새 빼고는 상처없는 새가 어디 있으랴··

최근기출문제

소방관계법규 테스트 (중앙통합 2020.06.20 시행)

▶ 분석: 본문제는 박스가 40%

1회	2회
채점	채점

01 「소방기본법」상 소방업무에 관한 종합계획의 수립·시행 등에 대한 설명이다. (가) (나) 안에 안에 들어갈 내용으로 옳은 것은?

> (가)은 화재, 재난·재해, 그 밖의 위급한 상황으로부터 국민의 생명·신체 및 재산을 보호하기 위하여 소방업무에 관한 종합계획을 (나)마다 수립·시행하여야 하고, 이에 필요한 재원을 확보하도록 노력하여야 한다.

① 소방청장, 3년
② 소방청장, 5년
③ 행정안전부장관, 3년
④ 행정안전부장관, 5년

02 「소방기본법」상 소방대의 생활안전활동으로 옳지 않은 것은?

① 단전사고 시 비상전원 또는 조명 공급
② 소방시설 오작동 신고에 따른 조치 활동
③ 위해동물, 벌 등의 포획 및 퇴치 활동
④ 끼임, 고립 등에 따른 위험제거 및 구출 활동

03 「소방기본법 시행령」상 보일러 등의 위치·구조 및 관리와 화재예방을 위하여 불의 사용에 있어서 지켜야 하는 사항으로, 용접 또는 용단 작업장에서 지켜야 할 사항이다. (가) (나) 안에 들어갈 내용으로 옳은 것은? (단, 「산업안전보건법」제38조의 적용을 받는 사업장의 경우에는 적용하지 아니한다.)

> ○ 용접 또는 용단 작업자로부터 (가) 이내에 소화기를 갖추어 둘 것
> ○ 용접 또는 용단 작업장 주변 (나) 이내에는 가연물을 쌓아두거나 놓아두지 말 것.
> 다만, 가연물의 제거가 곤란하여 방지포 등으로 방호조치를 한 경우는 제외한다.

① 반경 5m 반경 10m
② 반경 6m 반경 12m
③ 직경 5m 직경 10m
④ 직경 6m 직경 12m

04 「소방기본법」상 시·도지사가 소방활동에 필요하여 설치하고 유지·관리하는 소방용수시설로 옳지 않은 것은?

① 소화전　　　② 저수조　　　③ 급수탑　　　④ 상수도소화용수설비

05 「소방기본법」상 소방대의 구성원으로 옳은 것은?

> ㄱ. 소방안전관리자　ㄴ. 의무소방원　ㄷ. 자체소방대원　ㄹ. 의용소방대원　ㅁ. 자위소방대원

① ㄱ, ㄷ　　　② ㄴ, ㄹ　　　③ ㄴ, ㅁ　　　④ ㄷ, ㅁ

06 「화재예방, 소방시설 설치·유지 및 안전관리에 관한 법률 시행령」상 특정소방대상물의 관계인이 특정소방대상물의 규모·용도 및 수용인원 등을 고려하여 갖추어야 하는 소방시설의 종류 중 단독경보형 감지기를 설치하여야 하는 특정소방대상물로 옳은 것은?

① 연면적 500㎡인 숙박시설
② 연면적 600㎡인 유치원
③ 연면적 2,000㎡인 기숙사
④ 교육연구시설 또는 수련시설 내에 있는 합숙소 또는 기숙사로서 연면적 3,000㎡인 것

07 「화재예방, 소방시설 설치·유지 및 안전관리에 관한 법률 시행령」상 피난구조설비로 옳지 않은 것은?

① 구조대　　　② 방열복　　　③ 시각경보기　　　④ 비상조명등

08 「화재예방, 소방시설 설치·유지 및 안전관리에 관한 법률 시행령」상 소방안전관리보조자를 두어야 하는 특정소방대상물에 대한 설명이다. ( ) 안에 들어갈 용어로 옳은 것은?

> ○ 「건축법 시행령」별표 1 제2호가목에 따른 아파트 (가)세대 이상인 아파트만 해당한다)
> ○ 아파트를 제외한 연면적이 (나) 이상인 특정소방대상물

　　(가) (나)　　　　　　　　　　(가) (나)
① 150　1만제곱미터　　　　② 150　1만5천제곱미터
③ 300　1만제곱미터　　　　④ 300　1만5천제곱미터

09 「화재예방, 소방시설 설치·유지 및 안전관리에 관한 법률 시행령」상 의료시설에 해당되는 특정소방대상물을 모두 고른 것은?

| ㄱ. 노인의료복지시설   ㄴ. 정신의료기관   ㄷ. 마약진료소   ㄹ. 한방의원 |

① ㄱ, ㄷ   ② ㄱ, ㄹ   ③ ㄴ, ㄷ   ④ ㄷ, ㄹ

10 「화재예방, 소방시설 설치·유지 및 안전관리에 관한 법률 시행령」상 특정소방대상물이 증축되는 경우, 원칙적으로 소방시설기준 적용에 관한 설명으로 옳은 것은?

① 기존 부분을 포함한 특정소방대상물의 전체에 대하여 증축 전 소방시설의 설치에 관한 대통령령 또는 화재안전기준을 적용하여야 한다.
② 기존 부분은 증축 전에 적용되던 소방시설의 설치에 관한 대통령령 또는 화재안전기준을 적용하고 증축부분은 증축 당시의 소방시설의 설치에 관한 대통령령 또는 화재안전기준을 적용하여야 한다.
③ 증축 부분은 증축 전에 적용되던 소방시설의 설치에 관한 대통령령 또는 화재안전기준을 적용하고 기존부분은 증축 당시의 소방시설의 설치에 관한 대통령령 또는 화재안전기준을 적용하여야 한다.
④ 기존 부분을 포함한 특정소방대상물의 전체에 대하여 증축 당시의 소방시설의 설치에 관한 대통령령 또는 화재안전기준을 적용하여야 한다.

11 「소방시설공사업법 시행령」상 하자보수 대상 소방시설 중 하자보수보증기간이 다른 것은?

① 비상조명등   ② 비상방송설비   ③ 비상콘센트설비   ④ 무선통신보조설비

12 「소방시설공사업법 시행령」상 소방본부장 또는 소방서장의 소방시설공사 완공검사를 위한 현장확인 대상 특정소방대상물로 옳지 않은 것은?

① 창고시설
② 스프링클러설비등이 설치되는 특정소방대상물
③ 연면적 1만제곱미터 이상이거나 11층 이상인 아파트
④ 가연성 가스를 제조·저장 또는 취급하는 시설 중 지상에 노출된 가연성가스탱크의 저장용량 합계가 1천톤 이상인 시설

13 「소방시설공사업법」상 벌칙 중 1년 이하의 징역 또는 1천만 원 이하의 벌금에 해당하는 자로 옳지 않은 것은?

① 소방시설업 등록을 하지 아니하고 영업을 한 자
② 영업정지처분을 받고 그 영업정지 기간에 영업을 한 자
③ 소방시설업자가 아닌 자에게 소방시설공사등을 도급한 자
④ 공사감리 결과의 통보 또는 공사감리 결과보고서의 제출을 거짓으로 한 자

14 「소방시설공사업법」상 공사의 도급에 관한 사항으로 옳지 않은 것은?

① 특정소방대상물의 관계인 또는 발주자는 소방시설공사등을 도급할 때에는 해당 소방시설업자에게 도급하여야 한다.
② 공사업자가 도급받은 소방시설공사의 도급금액 중 그 공사(하도급한 공사를 포함한다)의 근로자에게 지급하여야 할 노임(勞賃)에 해당하는 금액은 압류할 수 없다.
③ 도급을 받은 자는 소방시설공사의 전부를 한 번만 제3자에게 하도급할 수 있다.
④ 도급을 받은 자가 해당 소방시설공사등을 하도급할 때에는 행정안전부령으로 정하는 바에 따라 미리 관계인과 발주자에게 알려야 한다.

15 「소방시설공사업법」상 감리업자가 감리를 할 때 위반사항에 대하여 조치하여야 할 사항이다. (가) (나) 안에 들어갈 용어로 옳은 것은?

> 감리업자는 감리를 할 때 소방시설공사가 설계도서나 화재안전기준에 맞지 아니할 때에는
> (가)에게 알리고, (나)에게 그 공사의 시정 또는 보완 등을 요구하여야 한다.

① 관계인, 공사업자
② 관계인, 소방서장
③ 소방본부장, 공사업자
④ 소방본부장, 소방서장

16 「위험물안전관리법」상 벌칙 기준이 다른 것은?

① 제조소등의 사용정지명령을 위반한 자
② 변경허가를 받지 아니하고 제조소등을 변경한 자
③ 위험물의 저장 또는 취급에 관한 중요기준에 따르지 아니한 자
④ 위험물안전관리자 또는 그 대리자가 참여하지 아니한 상태에서 위험물을 취급한 자

17 위험물안전관리자의 선임 등에 관한 사항이다. (가) (나) 안에 들어갈 숫자로 옳은 것은?

> ○ 위험물안전관리자를 선임한 제조소등의 관계인은 그 위험물안전관리자를 해임하거나 위험물안전관리자가 퇴직한 때에는 해임하거나 퇴직한 날부터 (가)일 이내에 다시 위험물안전관리자를 선임하여야 한다.
> ○ 제조소등의 관계인은 위험물안전관리자를 선임한 경우에는 선임한 날부터 (나)일 이내에 행정안전부령으로 정하는 바에 따라 소방본부장 또는 소방서장에게 신고하여야 한다.
> ① 15, 14 ② 15, 30 ③ 30, 14 ④ 30, 30

18 「위험물안전관리법」상 용어의 정의에 관한 내용으로 옳지 않은 것은?
① "취급소"라 함은 지정수량 이상의 위험물을 제조 외의 목적으로 취급하기 위한 대통령령이 정하는 장소로서 「위험물안전관리법」에 따른 허가를 받은 장소를 말한다.
② "지정수량"이라 함은 위험물의 종류별로 위험성을 고려하여 대통령령이 정하는 수량으로서 제조소등의 설치허가 등에 있어서 최대의 기준이 되는 수량을 말한다.
③ "제조소등"이라 함은 제조소·저장소 및 취급소를 말한다.
④ "저장소"라 함은 지정수량 이상의 위험물을 저장하기 위하여 대통령령이 정하는 장소로서 「위험물안전관리법」에 따른 허가를 받은 장소를 말한다.

19 「위험물안전관리법」상 위험물에 대한 정의이다. ( ) 안에 들어갈 용어로 옳은 것은?

> "위험물"이라 함은 (가) 또는 (나) 등의 성질을 가지는 것으로서 (다)이 정하는 물품을 말한다.
>
> (가) (나) (다) (가) (나) (다)
> ① 인화성 가연성 대통령령 ② 인화성 발화성 대통령령
> ③ 휘발성 가연성 행정안전부령 ④ 인화성 휘발성 행정안전부령

20 위험물 제조소등(이동탱크저장소를 제외한다)에 설치하는 경보설비로 옳지 않은 것은?
① 확성장치 ② 비상방송설비 ③ 비상경보설비 ④ 자동화재속보설비

▶ 최근 주요 기출문제를 1개를 수록합니다.
2005년부터 2020년 까지 "총 16년 기출문제집"은 동(同) 출판사에 별도의 책으로 구성되어있습니다.

20년 중앙 소방	정답 및 해설				
	01.②	02.②	03.①	04.④	05.②
	06.①	07.③	08.④	09.③	10.④
	11.③	12.③	13.①	14.③	15.①
	16.①	17.③	18.④	19.②	20.④

01 소방청장, 5년에 해당한다.(소방기본법 제6조) / 핵심p25

02 소방시설 오작동 신고에 따른 조치 활동은 소방지원활동이다.(소방기본법 제16조의3) / 핵심p32

03 반경 5m 반경 10m에 해당한다.(소방기본법 시행령 별표1) / 핵심p49

04 소방용수시설은 ① 소화전 ② 저수조 ③ 급수탑에 해당한다.(소방기본법 제10조) / 핵심p27

05 소방대는 소방공무원, 의무소방원, 의용소방대원에 해당된다. 그러므로 ② ㄴ, ㄹ 이 된다.(소방기본법 제2조) / 핵심p22

06 연면적 600㎡ 미만인 숙박시설이니 ① 연면적 500㎡인 숙박시설이 정답이 된다. / 원문p240
※ 참고: 단독경보형 감지기를 설치하여야 하는 특정소방대상물은 다음의 어느 하나와 같다.
① 연면적 600㎡ 미만의 숙박시설 ② 연면적 400㎡ 미만 유치원 ③ 연면적 1천㎡ 미만의 기숙사 ④ 교육연구시설 또는 수련시설 내에 있는 합숙소 또는 기숙사로서 연면적 2천㎡ 미만인 것 ⑤ 연면적 1천㎡ 미만의 아파트등

07 시각경보기는 경보설비이다.(화재예방, 소방시설 설치·유지 및 안전관리에 관한 법률 시행령 별표1) / 핵심p14

08 300세대, 1만5천제곱미터 이상에 해당된다.(화재예방, 소방시설 설치·유지 및 안전관리에 관한 법률 시행령 제22조의2) / 핵심p125

09 의료시설에 해당되는 것은 ㄴ. 정신의료기관 ㄷ. 마약진료소 ㄹ. 한방의원에 해당된다.(* ㄹ에서 한방병원은 해당하나, 한방의원은 해당하지 않는다. (화재예방, 소방시설 설치·유지 및 안전관리에 관한 법률 시행령 별표2) / 핵심p145

10 증축되는 경우, 원칙적으로 소방시설기준은 기존 부분을 포함한 특정소방대상물의 전체에 대하여 증축 전 소방시설의 설치에 관한 대통령령 또는 화재안전기준을 적용하여야 한다. (화재예방, 소방시설 설치·유지 및 안전관리에 관한 법률 시행령 제7조) / 핵심p119

11 비상콘센트설비는 3년이며, 나머지는 2년에 해당한다.(소방시설공사업법 시행령 제6조) / 핵심p282

12 연면적 1만제곱미터 이상 특정소방대상물은 해당되나 11층 이상인 아파트는 제외된다.(소방시설공사업법 시행령 제5조) / 핵심p281

13 소방시설업 등록을 하지 아니하고 영업을 한 자는 3년 이하의 징역 또는 3천만 원 이하의 벌금에 해당한다.(소방시설공사업법 제35조) / 핵심p292

14 도급을 받은 자는 소방시설의 설계, 시공, 감리를 제3자에게 하도급할 수 없다. 다만, 시공의 경우에는 대통령령으로 정하는·바에 따라 도급받은 소방시설공사의 일부를 다른 공사업자에게 하도급할 수 있다. (소방시설공사업법 제21~22조) / 핵심p286

15 (관계인)에게 알리고, (공사업자)에게 그 공사의 시정 또는 보완 등을 요구하여야 한다.(소방시설공사업법 제19조) / 핵심p285

16 ①②③번은 1천5백만 원 이하의 벌금 ④ 1천만 원 이하의 벌금에 해당된다.(위험물안전관리법 제37조) / 핵심p397

17 30일, 14일에 해당한다.(위험물안전관리법 제15조) / 핵심p384

18 ①②③번은 1천5백만 원 이하의 벌금 ④ 1천만 원 이하의 벌금에 해당된다.(위험물안전관리법 제37조) / 핵심p397

19 위험물"이라 함은 (인화성) 또는 (발화성) 등의 성질을 가지는 것으로서 (대통령령)이 정하는 물품을 말한다.(위험물안전관리법 제2조) / 핵심p370

20 경보설비 중 자동화재탐지설비 설치대상은 지정수량의 10배 이상을 저장 또는 취급하는 것 중 비상경보설비, 비상방송설비, 확성장치, 자동화재탐지설비 중 1종 이상이다..(위험물안전관리법 시행규칙 제42조 관련 별표17) / 핵심p415

 제이디훈(J.D.Hoon)의 아이큐 이론

- 아이큐(IQ)란 정신 연령을 실제연령으로 나누어 백을 곱한 지수이다.
세계석으로 아이큐가 제일 높은 나라를 대한민국으로 꼽는데 평균 IQ는 105~106이다.
1그룹(IQ 약105): 한국, 홍콩, 북한, 일본, 중국, 대만, 싱가폼, 주로 동북아시아인이다.
2그룹(IQ 약102): 독일 네델란드, 이태리 등 주로 서유럽이다.
3그룹(IQ 약100): 영국, 미국, 프랑스, 이스라엘 외 필리핀 IQ 86, 84등을 비롯,
하위권인 180위인 이디오피아 IQ 63, / 185위 상투에라는 나라는 IQ 59이다.
멘사 가입조건은 IQ 148 이상이면 되고, IQ 130 이상이면 "영재" 라고 하는데 대한민국에서
인정해주는 국립대학교 서울대생의 평균 IQ는 114이다.
그들은 멘사도 영재도 아니고 우리하고 별 차이가 없는 평범한 학생일 뿐이다.
단지 그들은 하나를 모르면 집요하게 밤을 새워서라도 파고 공부하는 성질 때문에
인정받는 일류 학생이 된 것이다. IQ는 성적하고는 별개이다.
여기서 필자는 약 800만 인구의 이스라엘을 얘기하고 싶은데 그들은 머리가 아니고
전술, 상술, 교육 등 방법이 좋아서 노벨상 수상자의 20%가 넘는 꽤 인정받는 민족이다.

참고 　법률의 구성과 문장

▶ 소방관계법규 법률의 구성과 문장 해설을 정리합니다.

① 본문·단서의 구조 : 일반적 표현방식은 "다만, "단" 또는 "그러나"라는 용어를 사용한다.
② 가운뎃점(·) : 일정 기준으로 묶거나, 짝을 이루는 어구들 사이에, 공통 성분을 줄여서 하나로 묶을 때.
　　반점(,) : 첫 머리 접속이나 연결의 쉼표, 콤마.(그러나, 그러므로, 그리고, 그런데 등 뒤에는 쓰지 않음)
③ "본다(간주한다)"는 법률상 확정된 것이므로 반대 증거를 제출하더라도 번복되지 않는다.
　　"추정한다"고 하는 것은 당사자가 반대 증거를 제출하면 번복이 가능하다.
④ "적용한다"고 함은 규정이 조금도 수정됨이 없이 그대로 적용되는 경우에 사용한다.
　　"준용한다"고 함은 대체로 유사한 사항에 대해 다소 수정되어 적용이 가능한 경우에 사용된다.
⑤ 법률 규정을 포괄적으로 다른 동종의 것에 적용하려고 하는 경우에는 "예(例)에 의한다(정하는 바에 의한다)"를
　　사용하고, 법률의 개별 규정에 한정하여 다른 사항에 적용할 경우에는 "준용한다"를 사용한다.
⑥ "과(科)한다"는 형벌 또는 과태료를 부담시킬 것인가를 추상적으로 규정할 때 사용된다.
　　그러나 "처(處)한다"는 표현은 형벌이나 과태료를 구체적으로 규정할 때 사용한다.
⑦ 시간(時間)을 표시할 때에는 "내"로, 지역(地域)이나 범위(範圍)를 표시할 때에는 "안"으로 한다.
　　(※ 즉 "…… 기간 내에", "…… 범위 안에서"와 같이 구별하여 사용한다.)
⑧ "기일"이란 어떤 행위나 사실이 발생하는 일정한 시점 또는 시기를 말하고,
　　"기간"은 일정 시점부터 다른 시점까지라고 하는 시간적인 간격을 의미한다.
　　"기한"은 법률효과의 발생 또는 소멸을 일정한 시점의 도달에 의존하게 하는 경우에 쓴다.
⑨ "경우"는 가정적 조건을 가리키고, "때"는 시점 또는 시간에 사용한다.
⑩ "즉시"는 바로 해야 한다는 빠르고 강한 것이다. / 그러나 "지체 없이"는 즉시보다 약하며 정당하고 합리적인 이유
　　가 있는 지체는 허용된다고 해석되고, 사정이 허락하는 한 가장 신속하게 하여야 한다는 뜻.
⑪ "또는"이란 둘 이상의 사항 중에서 선택적 경우에 사용하는 선택적 접속사이다.(영어의 "or"에 해당.)
　　"및"이란 둘 이상의 사항을 함께 필요로 하는 경우에 사용하는 병합적 접속사(영어의 "and"에 해당.)
　　셋 이상의 사항을 열거할 때에는 마지막으로 연결되는 사항 앞에만 "또는"이나 "및"을 쓰고 그 앞에서는 가운뎃점(·)
　　또는 반점(,)으로 연결한다. 이 경우 접속사인 "또는"이나 "및"에 의해 의미가 결정된다.
　　(예) ㉠ 가.나.다 또는 라 : 4가지 중 하나라는 의미. 　㉡ 가.나.다 및 라 : 4가지 모두라는 의미.)
⑫ "이상"과 "이하"는 기준점(숫자)을 포함하여 그보다 많거나 적은 경우를 표시하는 것이다.
　　"초과"와 "미만"은 기준점(숫자)을 포함하지 않고 그보다 많거나 적은 경우를 표시하는 것이다.
　　(예) ㉠ 5 이상은 5, 6∼ / 5 초과는 6, 7∼ 　　㉡ 5 이하는 5, 4∼ / 5 미만은 4, 3∼)
⑬ "이전"과 "이후"는 기준시점을 포함하는 것. / "전"과 "후"는 기준 시점을 포함하지 않는 것.
　　(예) "4월 1일 이후 15간"은 4월 1일∼15일까지, "4월 1일 후 15일간"은 4월 2일∼4월 16일까지)
⑭ 제1조 내지 ∼ 제5조라 함은 제1조부터 제5조까지 1.2.3.4.5조 모두를 포함한다.
⑮ 기타 용어에서 협의는 대등한자들이 의견을 모으는 일, / 승인은 윗분이 하위자에게 허락하는 것 /
　　동의는 대등한자 또는 상위자가 하위자에게 찬성의 의사표시, / 등록은 서류를 갖추어 제출하는 것 /
　　(※ 인가는 있어야 할 것을 상위 기관에서 인정, / 허가는 없는 것을 조건에 타당하니 허락하는 것).

··· 필자 주요저서 (현, 네이버 통계 : 약 150권) ···

※ 대학교재편 (5개 출판사) −
1. 소방실무 : 부산 경상대학 출판부 (2006년 초판발행)
2. 소방학개론 : 도서출판 기문당 (06년 초판~07년 2쇄)
3. 소방학개론 : 출판 신광문화사 (12년 초판~14년 4쇄)
4. 소방전기시설 : 신광문화사 (08년 초판 ~ 19년 9쇄)
5. 소방학개론(5색 컬러판) : 도서출판 화수목 (19년 5쇄)
6. 소방관계법규 : 도서출판 화수목(16년초판~19년 4쇄)
7. 소방관계법규 : 도서출판 동화기술 (05년~19년 16쇄)
8. 소방기계시설 : 도서출판 화수목 (2020년~1쇄 예정)

※ 소방설비(산업)기사편 −
1. 소방법규(아인슈타인~) : 기다리출판사(1999년~)
2. 소방법규(消防法規) : 도서출판 동화기술 (1999년)
3. 소방원론(消防原論) : 도서출판 동화기술 (2000년)
4. 소방전기시설의 구조 및 원리 : 신광문화사(2003년)
5. 소방관계법규 : 도서출판 예문사 2020초판(19예정)

※ 소방공무원 승진편 (3개 출판사) −
1. 방호실무 예상문제집 : 도서출판 와이즈고시(2008년)
2. 구조·구급실무 예상문제집 : 출판 와이즈고시 (08년)
3. 예방실무 예상문제집 : 도서출판 와이즈고시(2008년)
4. 소방전술(1)−화재분야 승진도서 : 법학원(18년 5쇄출간)
5. 소방전술(2)−구조분야 승진도서 : 법학원(18년 5쇄출간)
6. 소방전술(3)−구급분야 승진도서 : 법학원(18년 5쇄출간)
7. 소방법령(1) 소방공무원법승진: 법학원(19년 6쇄 출간)
8. 소방법령(2) 1·2분법 승진도서 : 법학원(19년 6쇄출간)
9. 소방법령(3) 4·5분법 승진도서 : 법학원(19년 6쇄출간)
10. 소방법령(4) 공무원법 + 4분법 법학원(18년 5쇄출간)
11. 소방전술(1) 화재분야 기출문제집 : 밝은내일 (14초판)
12. 소방전술(2·3) 구조 구급분야 기출집 : 밝은 (14년초판)

※ 소방공무원 면접책 및 용어사전 (3개 출판사) −
1. 조동훈면접가이드(상) : 화수목(16년 초판~ 16년 4쇄)
2. 조동훈(개별+집단)면접가이드(중) : 뉴욕출(17년 2쇄)
3. 조동훈(개별+집단)면접가이드(하) : 뉴욕출(18년 초판.)
4. 조동훈 소방전문용어사전 : 밝은내일출판 (16년 2쇄)
5. 조동훈면접가이드(상) : 뉴욕출(18년 초판~18년 1쇄)

※ 소방공무원 임용편 (5개 출판사) −
1. 소방학개론(1), (2) : 박문각(05년 초판~2008년 12쇄)
2. 조동훈 소방법규 및 개론 : 박문각(07년~08년 5쇄)
3. 조동훈 문제소방학 : 도서출판문각 (06년 초판~2쇄)
4. 조동훈(소방직)문제소방학 : 박문각 (07년 초판~2쇄)
5. 조동훈(특채직)문제소방학 : 도서출판박문각(2007년)
6. 아인슈타인~소방관계법규 : 월드라인 (08년 1~2쇄)
7. 조동훈 문제소방법규 : 메드라인(07초판~ 08년 2쇄)
8. 조동훈 소방학(777해설문제) : 월드라인 (2008년 출간)

9. 소방직(공개채용)적중집 : 서울고시각출판 (08~12년)
10. 소방직(구조·구급직)적중집 : 서울고시각 (08~12년)
11. 소방직(소방학과)적중집 : 서울고시각 (08~12년) 매년
12. 참쉬운소방학개론(1)·(2) : 베리타스(08년~10년 6쇄)
13. 아인슈타인~ 소방관계법규 : 베리타스M (09년 7쇄)
14. 815(개론테스트) : 베리타스M 출판사(2009년 1·2쇄)
15. 625(법규테스트) : 도서출판 베리타스M (09년 출간)
16. 핵심이론 및 총5년기출집 : 베리타스M (10년 총4쇄)
17. 소방법규(5년)총기출집: 베리타스출판사(10초판~2쇄)
18. (공채) 911 : 베리타스M 출판사 (2010년 초판~2쇄)
19. (특채) 쓰리세븐 : 베리타스M 출판사(2010년 1~2쇄)
20. 조동훈소방학: 아름다운새벽 (10년 8쇄~13년 18쇄)
21. 조동훈소방관계법규: 아름다운(10년 8쇄~13년 17쇄)
22. 900선테스트(소방학개론): 아름다운새벽 (11년 출간)
23. 800선테스트(소방법규) : 아름다운(2011년 1쇄~2쇄)
24. 실전모고(공개채용) : 아름다운출판사 (11~13년)발행
25. 실전모고(구조·구급직): 아름다운출판사(2011~13년)
26. 실전모고(소방학과): 아름다운출판(11~13년)매년발행
27. 핵심이론+총8년 소방법규기출집 : (11~13년) 총3쇄
28. 뉴소방핵심+총7년기출집 아름다운~ (2012년 총3쇄)
29. 소방법규 516테스트 : 아름다운새벽출판사(12년출간)
30. 소방학 760테스트 : 아름다운새벽출판사(12년1~2쇄)
31. 소방법규 최근총4년기출문제집 : 아름다운(13년 초판)
32. 소방학개론780테스트: 아름다운새벽출판사(13 출간)
33. 소방법규 620테스트 : 아름다운새벽출판 (13년 출간)
34. 간부후보+중앙특채 법규 : 아름다운출판사(10년출간)
35. 800일파 (소방학개론 테스트) : 밝은내일 (14년 초판)
36. 700일파 (소방법규 테스트) : 밝은내일(14년초판 발행)
37. 717기본법 및 2분법−승진(임용)집 : 밝은내일 (14 출간)
38. 815소방기출집− 소방학: 밝은내일 출판(2014년 출간)
39. 809 (소방학개론 테스트) : 밝은내일(15년 초판 발행)
40. 709(소방관계법규 테스트) : 밝은내일(15년 초판 발행)
41. 소방법령(1·2분법)−승진 겸용 : 밝은내일(15년초판발행)
42. 16년 소방법규 700+ 소방법령 (1·2분법) 밝은내일 출간
43. 880단원별 명품(16년개론) : 더에이스출판사(초판출간)
44. 17년 실전모의고사(공채, 특채 각 보직별) : 뉴욕 (16년)
45. 817소방학개론 단원별테스트 : 뉴욕출판사 (17년 출간)
46. 717소방법규 및 소방법령 1·2분법 뉴욕출판사(2017년)
47. 818개론(단원별) 718 법규 / 소방법령1·2법 (2018 출간)
48. 공채·경채 각 과목 실전집 : 뉴욕출판사 (2018년 출간)
49. <u>819개론(단원별), 719(단원별)법규, 소방법령 1·2법 (19년)</u>
50. <u>21년 조동훈 소방학개론(상하) 기본서 : 티앤(20년 1쇄)</u>
51. <u>21년 조동훈 소방관계법규 기본서 : 티앤에스(20년1쇄)</u>
52. <u>21년 소방학개론 기출집 3종 : 티앤에스출판(20년 1쇄)</u>
53. <u>21년 소방법규 총16년 기출집 : 티앤에스출 (20년 1쇄)</u>
54. <u>22년 소방학 서브노트(개론+법규) 등 출간예정(2021년)</u>

※ 법개정: 본 필자의 도서는 항상 인쇄 들어가기 직전까지, 변경된 법을 현 시험에 흐름에 맞게 수정하여 출간이 됩니다.

- 한국고시신문, 공무원매거진 출제위원
- 소방학개론, 소방법규 적중률 95%↑
- 인터넷투표 소방학 국내 제1위 선정
- 소방학 강의경력 국내 최고(25)경력
- 다집필 필자(조선 정약용 다음) 교재
- 전 119매거진, 연합신문 등 출제위원
- 전 부산경상대학 소방안전학과 교수
- 전 EBS 소방학개론 / 소방법규강좌

◉ 동영상(인강) 사이트(조동훈스파르타 소방사관 촬영)
- www.jodh.co.kr : 소방학개론/소방관계법규 등

◉ 필자 카페 사이트 (오답, 오타, 질문)
- 카페명 : 완전정복소방학교 119
- 카페주소 : http://cafe.daum.net/goto119
- 홈피주소 : jodh.co.kr
- 필자메일 : jodh119@hanmail.net(직접 질문)

◉ 소방학 출강(직강) 사이트~
- **부산** 조동훈(소방전문) 사관학원
- **전국** 시험전 특강(문풀)출강사이트 – 서울, 부산, 대전, 광주 등

조동훈 소방관계법규 2021~2022년 대비

― 2008년 초판 발행 ~ 2020년 총 46차 개정 ―

- 인　쇄　| 2020년 11월 18일 1쇄
- 출　간　| 2020년 12월 10일 1쇄
- 저　자　| 조동훈(상담T: 051 503 0106)
- 발행인　| 김형선
- 발행처　| 주식회사 티앤에스컴퍼니
- 주　소　| 부산광역시 수영구 연수로 423, 4F(수영동)
- T E L　| 070 4251 0307
- F A X　| 0505 284 8481

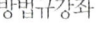

※ 필자와 발행처의 동의가 없는 무단 인용, 전재 또는 복제 행위는 저작권법 제136조에 의거 5년 이하의 징역 또는 5,000만 원 이하의 벌금에 처하거나 이를 병과할 수 있다. ▶ **암기** : 암기내용도 무단 복제할 수 없습니다.

정가 29,000원